Handbuch Kundenbindungsmanagement

Manfred Bruhn · Christian Homburg
(Hrsg.)

Handbuch Kundenbindungsmanagement

Strategien und Instrumente
für ein erfolgreiches CRM

9., überarbeitete Auflage

Herausgeber
Prof. Dr. Dr. h.c. mult. Manfred Bruhn
Basel, Schweiz

Prof. Dr. Dr. h.c. mult. Christian Homburg
Mannheim, Deutschland

ISBN 978-3-658-13649-9

Die Deutsche Nationalbibliothek verzeichnet diese Publikation in der Deutschen Nationalbibliografie; detaillierte bibliografische Daten sind im Internet über http://dnb.d-nb.de abrufbar.

Springer Gabler
© Springer Fachmedien Wiesbaden GmbH 1998, 1999, 2000, 2003, 2005, 2008, 2010, 2013, 2017
Das Werk einschließlich aller seiner Teile ist urheberrechtlich geschützt. Jede Verwertung, die nicht ausdrücklich vom Urheberrechtsgesetz zugelassen ist, bedarf der vorherigen Zustimmung des Verlags. Das gilt insbesondere für Vervielfältigungen, Bearbeitungen, Übersetzungen, Mikroverfilmungen und die Einspeicherung und Verarbeitung in elektronischen Systemen.
Die Wiedergabe von Gebrauchsnamen, Handelsnamen, Warenbezeichnungen usw. in diesem Werk berechtigt auch ohne besondere Kennzeichnung nicht zu der Annahme, dass solche Namen im Sinne der Warenzeichen- und Markenschutz-Gesetzgebung als frei zu betrachten wären und daher von jedermann benutzt werden dürften.
Der Verlag, die Autoren und die Herausgeber gehen davon aus, dass die Angaben und Informationen in diesem Werk zum Zeitpunkt der Veröffentlichung vollständig und korrekt sind. Weder der Verlag noch die Autoren oder die Herausgeber übernehmen, ausdrücklich oder implizit, Gewähr für den Inhalt des Werkes, etwaige Fehler oder Äußerungen. Der Verlag bleibt im Hinblick auf geografische Zuordnungen und Gebietsbezeichnungen in veröffentlichten Karten und Institutionsadressen neutral.

Lektorat: Barbara Roscher

Gedruckt auf säurefreiem und chlorfrei gebleichtem Papier

Springer Gabler ist Teil von Springer Nature
Die eingetragene Gesellschaft ist Springer Fachmedien Wiesbaden GmbH
Die Anschrift der Gesellschaft ist: Abraham-Lincoln-Str. 46, 65189 Wiesbaden, Germany

Vorwort zur neunten Auflage

Das „Handbuch Kundenbindungsmanagement" hat in seiner achten Auflage wie auch in den vorangegangenen Auflagen eine überaus erfreuliche und rasche Aufnahme im Markt erfahren. Die Reaktionen der Leser haben verdeutlicht, dass die Bedeutung eines Kundenbindungsmanagements weiterhin wächst, und sich darüber hinaus in der Unternehmenspraxis die Strategien zur Kundenbindung mehr und mehr voneinander differenzieren. Die Effizienz von Kundenbindungsstrategien steht dabei zunehmend im Vordergrund. Neben aktualisierten und überarbeiteten Beiträgen aus der achten Auflage werden entsprechende Aspekte in neuen Beiträgen aufgegriffen, um auch weiterhin den „State of the Art" des Kundenbindungsmanagements darzustellen.

Die Gliederung bleibt in der neunten Auflage unverändert. Einige Beiträge aus der achten Auflage wurden aus Aktualitätsgründen nicht mehr in die neunte Auflage aufgenommen. Im Gegenzug hierzu konnten für die neue Ausgabe weitere Autoren gewonnen werden, deren Beiträge das aktuelle thematische Spektrum des Kundenbindungsmanagements vervollständigen.

Im dritten Teil wurde die strategische Perspektive durch den Beitrag von Florian Becker, Stephanie Bothe und Karsten Hadwich um eine ausführliche Darstellung der Kundenbegeisterung als Determinante der Kundenbindung erweitert. Der dritte Teil berücksichtigt mit dem Beitrag von Sebastian Schubach, Janina Garbas und Jan Hendrik Schumann die Kundenbindung im digitalen Zeitalter. Die einzelnen aus der achten Auflage weiterhin aufgeführten Beiträge und ihre Literaturverzeichnisse wurden zum Teil in erheblichem Maße aktualisiert.

Wie auch bei den vorangegangenen Auflagen bedanken wir uns an dieser Stelle bei den Autoren, die uns bei der Konzeption der Neuauflage wesentlich unterstützt haben. Unser ganz besonderer Dank gilt außerdem Frau Dr. Verena Batt und Frau Petra Härle, M.Sc., vom Lehrstuhl für Marketing und Unternehmensführung der Universität Basel für die Koordination und Durchsicht der Beiträge. Frau Mira Koerner, M.Sc., und Frau Fiona Priester sei für die Unterstützung bei der Formatierung der Beiträge gedankt.

Kundenbindung hat sich als ein bedeutendes Thema herausgestellt. Die Herausgeber würden sich freuen, wenn auch die neunte Auflage des Handbuches einen Beitrag zur Diskussion in Wissenschaft und Praxis über die vielfältigen Aspekte des Kundenbindungsmanagements zur Steigerung der Wettbewerbsfähigkeit von Unternehmen beiträgt. Es kann davon ausgegangen werden, dass Unternehmen auch zukünftig ihre Fähigkeit unter Beweis zu stellen haben, durch Maßnahmen der Kundenbindung erfolgreich im Markt zu bestehen.

Basel und Mannheim *Manfred Bruhn* und *Christian Homburg*

Vorwort zur ersten Auflage

Die abnehmerorientierten Zielvorstellungen vieler Unternehmen haben sich in den vergangenen Jahren erheblich gewandelt. Stand noch vor einiger Zeit die Gewinnung neuer Kunden eindeutig im Vordergrund der Marketingstrategien, so rückt seit geraumer Zeit die langfristige Bindung der vorhandenen Kunden in das Zentrum der marketingpolitischen Überlegungen. In zahlreichen Branchen lassen sich diese Veränderungen an der Realisation von Kundenclubs, Kundenzeitschriften, Kundenkarten oder attraktiven Bonussystemen erkennen.

Der ausschlaggebende Grund für diese Entwicklung ist die – insbesondere von *Reichheld* und *Sasser* in die breite Öffentlichkeit getragene – Erkenntnis, daß durch eine systematische Kundenbindung die ökonomischen Erfolgsgrößen eines Unternehmens wesentlich gesteigert werden können. In der Folgezeit vollzog sich eine intensive wissenschaftliche Diskussion, bei der das Thema Kundenbindungsmanagement aus unterschiedlichen Perspektiven beleuchtet wurde. Diese fand jedoch insbesondere in den einschlägigen Fachzeitschriften statt, so daß ein umfangreiches Grundlagenwerk, das sämtliche Aspekte des Kundenbindungsmanagements beleuchtet, bis dato im deutschsprachigen Raum nicht vorliegt.

Das Handbuch Kundenbindungsmanagement soll diese Lücke schließen. Ziel ist es, einen „State of the Art" zum Thema Kundenbindung sowohl aus wissenschaftlicher als auch praxisorientierter Sicht aufzuzeigen. Die Herausgeber verstehen dabei unter dem Begriff der Kundenbindung ein Bündel von Aktivitäten, die geeignet erscheinen, die Beziehung zwischen Kunde und Unternehmen enger zu gestalten. Wie diese Aktivitäten analysiert, geplant, implementiert und kontrolliert werden sollten, wird in diesem Handbuch dokumentiert.

Vor diesem Hintergrund erfolgt im ersten Teil des Buches zunächst eine wissenschaftliche Auseinandersetzung mit den Grundlagen des Kundenbindungsmanagements. Darauf aufbauend werden im zweiten Teil die theoretischen Erklärungsansätze der Kundenbindung näher beleuchtet. Strategische Überlegungen zur Stellung der Kundenbindung im Zielsystem von Unternehmen beziehungsweise als Element zur Steigerung der Wettbewerbsfähigkeit werden im dritten Teil angestellt. Im Anschluß an die strategische folgt die operative Betrachtung des Kundenbindungsmanagements, wobei im vierten Teil verschiedene Kundenbindungsinstrumente, wie zum Beispiel Kundenclubs, Beschwerdemanagement, Kundenintegration, Preispolitik sowie Services, dargestellt werden. Der fünfte Teil beschäftigt sich mit der Implementierung der geplanten Kundenbindungsstrategie, wobei insbesondere die notwendigen Voraussetzungen im Rechnungswesen thematisiert werden. Der Managementprozeß schließt mit dem sechsten Teil, in dem Aspekte der Operationalisierung von Kundenbindung sowie Überlegungen zur Analyse der Wirtschaftlichkeit des Kundenbindungsmanagements behandelt werden.

Das Buch wird durch eine große Anzahl von Erfahrungsberichten aus der Unternehmenspraxis erweitert und vertieft, die im siebten Teil des Handbuches abschließend zusammengestellt sind. Neben Erfahrungen aus dem Dienstleistungsbereich, in dem das Ziel der Kundenbindung aufgrund der konstitutiven Merkmale dieser Branche seit jeher dominant ist, sind Erfahrungen aus dem Handel sowie aus der Gebrauchsgüter-, Verbrauchsgüter- und Industriegüterbranche eingeflossen.

Das Buch richtet sich an Wissenschaftler und Unternehmensvertreter gleichermaßen. Dem Wissenschaftler soll in kompakter Form ein Überblick zum Thema Kundenbindungsmanagement sowie Hinweise auf offene Forschungsbereiche gegeben werden. Leser aus der Unternehmenspraxis finden zahlreiche Hilfestellungen zur systematischen Planung und Umsetzung eines professionellen Kundenbindungsmanagements. Ferner können die Unternehmensbeispiele im Sinne des Benchmarking genutzt werden.

An der Erstellung dieses Buches haben eine Reihe von Personen mitgewirkt, bei denen wir uns an dieser Stelle herzlich bedanken möchten. Dies gilt zunächst den zahlreichen Autoren aus Wissenschaft und Praxis, die neben ihrem normalen Tagesgeschäft die Zeit gefunden haben, einen Beitrag zu diesem Handbuch zu leisten. Darüber hinaus danken wir ganz besonders Frau Dipl.-Kfm. Silke Michalski vom Lehrstuhl für Marketing und Unternehmensführung der Universität Basel sowie Herrn Dipl.-Volksw. Nikolas Beutin vom Lehrstuhl für Marketing an der WHU Koblenz für ihre tatkräftige Unterstützung und Hilfestellung bei der Fertigstellung des Handbuches.

Die Herausgeber wünschen sich eine intensive Diskussion in Wissenschaft und Praxis über die vielfältigen Aspekte des Kundenbindungsmanagements zur Steigerung der Wettbewerbsfähigkeit von Unternehmen. Es kann davon ausgegangen werden, daß Unternehmen zukünftig ihre Fähigkeit unter Beweis stellen müssen, ihre Kundenorientierung und Kundennähe durch konkrete Maßnahmen der Kundenbindung zu dokumentieren, um erfolgreich im Markt zu sein.

Basel und Koblenz, im Frühjahr 1998   *MANFRED BRUHN* und *CHRISTIAN HOMBURG*

Inhaltsverzeichnis

Vorwort V

Autorenverzeichnis XIII

Erster Teil
Begriff und Grundlagen des Kundenbindungsmanagements

Christian Homburg und Manfred Bruhn
Kundenbindungsmanagement – Eine Einführung
in die theoretischen und praktischen Problemstellungen 3

Zweiter Teil
Kundenbindung aus theoretischer Perspektive

Andrea Gröppel-Klein, Jörg Königstorfer und Ralf Terlutter
Verhaltenswissenschaftliche Aspekte der Kundenbindung 37

Marcella Grohmann, Christian Heumann und Florian von Wangenheim
Determinanten der Kundenbindung 77

Christian Homburg, Annette Becker und Frederike Hentschel
Der Zusammenhang zwischen Kundenzufriedenheit und Kundenbindung ... 99

Sabrina Helm
Kundenbindung und Kundenempfehlungen 125

Marion Büttgen
Kundenbindung durch Kundenintegration 145

Dritter Teil
Kundenbindung aus strategischer Perspektive

Andreas Eggert und Ina Garnefeld
Kundenbindung auf Basis des Relationship Value 171

Bernhard Swoboda und Dirk Morschett
Kundenbindung im vertikalen Marketing 191

Klaus Backhaus, Luise Hildebrand und Sascha Witt
Kundenbindung im Industriegütermarketing 221

Manfred Bruhn und Silke Boenigk
Kundenabwanderung als Herausforderung des Kundenbindungsmanagements 249

Florian Becker, Stephanie Bothe und Karsten Hadwich
Kundenbindung durch Kundenbegeisterung 273

Sebastian Schubach, Janina Garbas und Jan Hendrik Schumann
Kundenbindung im digitalen Zeitalter 301

Vierter Teil

Instrumente der Kundenbindung

Laura Braun, Sven Reinecke und Torsten Tomczak
Kundenbindung durch Loyalitätsprogramme 335

Bernd Stauss
Vermeidung von Kundenverlusten durch Beschwerdemanagement 365

Hermann Diller und Björn Sven Ivens
Kundenbindung durch Preispolitik 389

Dirk Möhlenbruch, Steffen Dölling und Falk Ritschel
Instrumente des Web 2.0 im Kundenbindungsmanagement des Multichannel
E-Commerce 417

Fünfter Teil

Implementierung des Kundenbindungsmanagements

Sven Reinecke
Controlling der Kundenbindung 449

Christina Kühnl und Jana-Kristin Prigge
Kundenpriorisierung zur Wahrung profitabler Geschäftsbeziehungen 473

Oliver Götz und Manfred Krafft
Erfolgreiche Implementierung von CRM-Strategien 499

Sechster Teil

Kontrolle der Kundenbindung

Andreas Fürst und Katharina Thomas
Messung der KPIs der Kundenbindung 529

Manfred Bruhn und Dominik Georgi
Wirtschaftlichkeit des Kundenbindungsmanagements 561

Manfred Bruhn, Karsten Hadwich und Dominik Georgi
Kundenwert als Steuerungsgröße des Kundenbindungsmanagements 583

Siebter Teil

Kundenbindungsmanagement in ausgewählten Branchen und Unternehmen

1. Kapitel: Dienstleistungen

Ulrich Hauschild, Sascia Hilverkus und Andreas Koch
Fallstudie Miles & More: Profitable Kundenbindung in der Airline Industrie 609

2. Kapitel: Verbrauchs- und Gebrauchsgüter

Michael Löffler
Regelkreis Customer Experience Management –
mit Kundenbegeisterung zur Kundenbindung... 627

Rolf Kunold
Kundenloyalität im Automobilsegment 645

Mark Schröder
Aktives Kundenbindungsmanagement anhand segmentspezifischer Preis-
durchsetzungstaktik aus Sicht eines Zulieferers.. 663

Henning von Boxberg, Jürgen Mamber und Marc Jost-Benz
Kundenbindungsmanagement im Elektrowerkzeugmarkt –
das Beispiel Bosch Elektrowerkzeuge 685

3. Kapitel: Industriegüter

Matthias Kottenhahn, Heinz Gehri und Sven Kühlborn
Kundenbindungsmanagement in der Spezialchemie am Beispiel der Evonik
Industries AG 709

4. Kapitel: Nonprofit-Bereich

Bernd Helmig und Hellen P. Gross
Bindung interner Kunden im Nonprofit-Sektor –
Der Fall „Freiwillige" 727

Stichwortverzeichnis 753

Autorenverzeichnis

BACKHAUS, KLAUS, Prof. Dr. Dr. h.c., Direktor des Betriebswirtschaftlichen Instituts für Anlagen und Systemtechnologien an der Westfälischen Wilhelms-Universität Münster, Marketing Centrum Münster, Münster.

BECKER, ANNETTE, Dr., Leiterin der Zentralabteilung „User Experience" bei der Robert Bosch GmbH, Stuttgart.

BECKER, FLORIAN, Dr., Referent des Vorstands bei GFT Technologies SE.

BOENIGK, SILKE, Prof. Dr., Professur für Betriebswirtschaftslehre, insb. für das Management von Öffentlichen, Privaten & Nonprofit-Organisationen, an der Universität Hamburg, Hamburg.

BOTHE, STEPHANIE, Dr., Dozentin an der Hochschule Luzern, Luzern.

BOXBERG von, HENNING, Vorsitzender des Bereichsvorstandes Power Tools bei der Robert Bosch GmbH, Stuttgart.

BRAUN, LAURA, M.Sc., Wissenschaftliche Mitarbeiterin am Institut für Marketing an der Universität St. Gallen (IfM-HSG), St. Gallen.

BRUHN, MANFRED, Prof. Dr. Dr. h.c. mult., Ordinarius für Betriebswirtschaftslehre, insbesondere Marketing und Unternehmensführung, an der Wirtschaftswissenschaftlichen Fakultät der Universität Basel, Basel, und Honorarprofessor an der Technischen Universität München, München.

BÜTTGEN, MARION, Prof. Dr., Inhaberin des Lehrstuhls für Unternehmensführung an der Universität Hohenheim, Stuttgart.

DILLER, HERMANN, Prof. Dr., Emeritus am Lehrstuhls für Marketing an der Universität Erlangen-Nürnberg und Vizepräsident der Wissenschaftlichen Gesellschaft für Innovatives Marketing e.V.

DÖLLING, STEFFEN, Dipl.-Kfm., Doktorand am Lehrstuhl für Marketing & Handel an der Martin-Luther-Universität Halle-Wittenberg, Halle.

EGGERT, ANDREAS, Prof. Dr., Inhaber des Lehrstuhls für Betriebswirtschaftslehre, insbesondere Marketing, an der Universität Paderborn, Paderborn.

FÜRST, ANDREAS, Prof. Dr., Inhaber des Lehrstuhls für BWL, insbesondere Marketing, an der Friedrich-Alexander-Universität Erlangen-Nürnberg und Präsident der Wissenschaftlichen Gesellschaft für Innovatives Marketing (WiGIM).

GARBAS, JANINA, M.Sc., Wissenschaftliche Mitarbeiterin am Lehrstuhl für Marketing und Innovation an der Universität Passau, Passau.

GARNEFELD, INA, Prof. Dr., Inhaberin des Lehrstuhls für Betriebswirtschaftslehre, insbesondere Dienstleistungsmanagement, an der Bergischen Universität Wuppertal, Wuppertal.

GEHRI, HEINZ, Leiter des Moduls Strategic Partnership Management der Marketing & Sales Excellence Abteilung der Evonik Industries AG.

GEORGI, DOMINIK, Prof. Dr., Professor für Marketing an der Hochschule Luzern (HSLU), Luzern.

GÖTZ, OLIVER, Prof. Dr., Professor für internationales Business-to-Business Marketing und Sales Management an der ESB Business School der Hochschule Reutlingen, Reutlingen.

GRÖPPEL-KLEIN, ANDREA, Prof. Dr., Direktorin des Instituts für Konsum- und Verhaltensforschung und Inhaberin des Lehrstuhls für Marketing an der Universität des Saarlandes, Saarbrücken.

GROHMANN, MARCELLA, Dipl.-Kffr., Wissenschaftliche Mitarbeiterin am Chair of Technology Marketing der ETH Zürich, Zürich.

GROSS, HELLEN P., Prof. Dr., Professorin für Allgemeine Betriebswirtschaftslehre und Nonprofit Management an der Hochschule für Technik und Wirtschaft des Saarlands, Saarbrücken.

HADWICH, KARSTEN, Prof. Dr., Inhaber des Lehrstuhls für Dienstleistungsmanagement an der Universität Hohenheim, Stuttgart.

HAUSCHILD, ULRICH, verantwortete von 2004-2008 als Vice President Kundenbindung der Deutsche Lufthansa AG das Vielfliegerprogramm Miles & More.

HELM, SABRINA, Prof. Dr., Associate Professor for Retailing an der University of Arizona, Tucson, USA.

HELMIG, BERND, Prof. Dr., Inhaber des Lehrstuhls für Allgemeine Betriebswirtschaftslehre, Public & Nonprofit Management an der Universität Mannheim, Mannheim.

HENTSCHEL, FREDERIKE, Dipl.-Kffr., Bereichsleiterin Strategisches Marketing bei der Allianz Private Krankenversicherung AG, München.

HEUMANN, CHRISTIAN, Dr., Projektleiter und Dozent am Kompetenzzentrum für Marketing Management an der FHS St. Gallen, St. Gallen.

HILDEBRAND, LUISE, Dr., Wissenschaftliche Mitarbeiterin am Betriebswirtschaftlichen Institut für Anlagen und Systemtechnologien an der Westfälischen Wilhelms-Universität Münster, Marketing Center Münster, Münster.

HILVERKUS, SASCIA, Leiterin Marketing Support bei der Deutsche Lufthansa AG (2004-2008).

HOMBURG, CHRISTIAN, Prof. Dr. Dr. h.c. mult., Inhaber des Lehrstuhls für Business-to-Business Marketing, Sales & Pricing an der Universität Mannheim, Mannheim.

IVENS, BJÖRN SVEN, Prof. Dr., Inhaber des Lehrstuhls für Marketing an der Otto-Friedrich-Universität Bamberg, Bamberg.

JOST-BENZ, MARC, Dr., Leiter der Abteilung User Experience Power Tools bei der Robert Bosch GmbH.

KOCH, ANDREAS, als Leiter Kundenbindungsprogramme seit April 2005 bei Lufthansa für die Weiterentwicklung des Miles & More Programms zuständig.

KÖNIGSTORFER, JÖRG, Univ.-Prof. Dr., Inhaber der Professur für Sport- und Gesundheitsmanagement an der Technischen Universität München, München.

KOTTENHAHN, MATTHIAS, Dr., Leiter des Geschäftsgebiets High Performance Polymers der Evonik Industries AG.

KRAFFT, MANFRED, Prof. Dr., Direktor des Instituts für Marketing und Wissenschaftlicher Leiter des Centrums für Interaktives Marketing an der Westfälischen Wilhelms-Universität Münster, Münster.

KÜHLBORN, SVEN, Dr., Geschäftsführer und Partner und leitet die Kompetenzzentren Chemicals sowie Building & Construction bei Homburg & Partner, Mannheim, einer international tätigen Unternehmensberatung.

KÜHNL, CHRISTINA, Prof. Dr., Professorin für Allgemeine Betriebswirtschaftslehre, insbesondere Unternehmensführung, an der ESB Business School an der Hochschule Reutlingen, Reutlingen.

KUNOLD, ROLF, ist Partner und leitet die Kompetenzzentren Industrial Goods & Machinery sowie Automotive bei Homburg & Partner, Mannheim, einer international tätigen Unternehmensberatung.

LÖFFLER, MICHAEL, Dr., Hauptabteilungsleiter Customer Relations der Dr. Ing. h.c. F. Porsche Aktiengesellschaft, Stuttgart.

MAMBER, JÜRGEN, Leiter der Abteilung Sales Consulting and Training Power Tools bei der Robert Bosch GmbH.

MÖHLENBRUCH, DIRK, Prof. Dr., Inhaber des Lehrstuhls für Marketing & Handel an der Martin-Luther-Universität Halle-Wittenberg, Halle.

MORSCHETT, DIRK, Prof. Dr., Inhaber des Stiftungslehrstuhls Liebherr/Richemont für Internationales Management an der Universität Freiburg, Schweiz.

PRIGGE, JANA-KRISTIN, Dr., Wissenschaftliche Assistentin am Lehrstuhl für Business-to-Business Marketing, Sales & Pricing an der Universität Mannheim, Mannheim

REINECKE, SVEN, Prof. Dr., Direktor des Instituts für Marketing sowie Titularprofessor für Betriebswirtschaftslehre mit besonderer Berücksichtigung des Marketing an der Universität St. Gallen (HSG), St. Gallen.

RITSCHEL, FALK, Dr., Geschäftsführer der Unternehmensberatung Conomic Marketing & Strategy Consultants GmbH, Halle an der Saale.

SCHRÖDER, MARK, Partner und leitet das Kompetenzzentrum Industrial Goods & Machinery bei Homburg & Partner, Mannheim, einer international tätigen Unternehmensberatung.

SCHUBACH, SEBASTIAN, M.A., M.Sc., Wissenschaftlicher Mitarbeiter am Lehrstuhl für Marketing und Innovation an der Universität Passau, Passau.

SCHUMANN, JAN HENDRIK, Prof. Dr., Inhaber des Lehrstuhls für Marketing und Innovation der Universität Passau, Passau.

STAUSS, BERND, Prof. Dr. Dr. h.c. (em.), Ingolstadt School of Management, Katholische Universität Eichstätt-Ingolstadt, Ingolstadt.

SWOBODA, BERNHARD, Prof. Dr., Inhaber der Professur für Marketing und Handel an der Universität Trier, Trier.

TERLUTTER, RALF, Prof. Dr., Inhaber der Professur für Marketing und Internationales Management an der Alpen-Adria Universität Klagenfurt, Klagenfurt.

THOMAS, KATHARINA, Doktorandin am Lehrstuhl für BWL, insbesondere Marketing, an der Friedrich-Alexander-Universität Erlangen-Nürnberg, Erlangen.

TOMCZAK, TORSTEN, Prof. Dr., Direktor der Forschungsstelle für Customer Insight an der Universität St. Gallen (FCI-HSG), St. Gallen.

WANGENHEIM von, FLORIAN, Prof. Dr., Inhaber des Chair of Technology Marketing der ETH Zürich, Zürich.

WITT, SASCHA, Dr., Assistant to the CEO, DMG Mori USA.

Erster Teil

Begriff und Grundlagen des Kundenbindungsmanagements

Christian Homburg und Manfred Bruhn

Kundenbindungsmanagement
– Eine Einführung in die theoretischen und praktischen Problemstellungen

1. Grundlagen der Kundenbindung
   1.1 Strategische Bedeutung der Kundenbindung
   1.2 Entwicklungsgeschichte der Kundenbindung
   1.3 Begriff der Kundenbindung und des Kundenbindungsmanagements
   1.4 Wirkungskette der Kundenbindung
   1.5 Typologisierung von Bindungsursachen

2. Kundenbindung aus theoretischer Perspektive
   2.1 Kundenbindung aus sozialpsychologischer Perspektive
   2.2 Kundenbindung aus interaktionsorientierter Perspektive
   2.3 Kundenbindung aus verhaltenswissenschaftlicher Perspektive
   2.4 Kundenbindung aus transaktionskostenorientierter Perspektive

3. Kundenbindung aus strategischer Perspektive
   3.1 Kundenbindung im Zielsystem des Unternehmens
   3.2 Strategische Dimensionen des Kundenbindungsmanagements

4. Instrumente des Kundenbindungsmanagements
   4.1 Ansatzpunkte eines isolierten Kundenbindungsmanagements
   4.2 Ansatzpunkte eines integrierten Kundenbindungsmanagements

5. Implementierung des Kundenbindungsmanagements

6. Kontrolle des Kundenbindungsmanagements
   6.1 Bewertung der Effektivität des Kundenbindungsmanagements
   6.2 Bewertung der Effizienz des Kundenbindungsmanagements

7. Zum Aufbau des Handbuches

Literaturverzeichnis

Prof. Dr. Dr. h.c. mult. Christian Homburg ist Inhaber des Lehrstuhls für Business-to-Business Marketing, Sales & Pricing an der Universität Mannheim. Prof. Dr. Dr. h.c. mult. Manfred Bruhn ist Ordinarius für Betriebswirtschaftslehre, insbesondere Marketing und Unternehmensführung, an der Wirtschaftswissenschaftlichen Fakultät der Universität Basel und Honorarprofessor an der Technischen Universität München.

1. Grundlagen der Kundenbindung

1.1 Strategische Bedeutung der Kundenbindung

Die Bedeutung des Themas Kundenbindung hat in den letzten Jahren sowohl in der Praxis als auch in der wissenschaftlichen Forschung stark zugenommen. Ein wesentlicher Grund hierfür war auf *Unternehmensseite* die globale Verstärkung der Wettbewerbsintensität. Das gilt auch heute noch für viele Branchen. Die markt- und wettbewerbsbezogenen Veränderungen hatten zur Folge, dass die Gewinne sanken bzw. es wesentlich problematischer wurde, die Ergebnisse und Wachstumsraten der Vergangenheit aufrechtzuerhalten. Dies wiederum löste eine Phase der internen Orientierung gegen Ende der 1980er Jahre aus, die vor allem auf Kostensenkungen abzielte, und an die sich eine Phase der externen Orientierung – hin zum Kunden – anschloss.

Auf Seiten der Wissenschaft vollzog sich diese Entwicklung durch den Vorschlag eines *Paradigmenwechsels im Marketing* (Grönroos 1994; Ryals 2005; kritisch hierzu Constatinides 2006; Hinterhuber/Matzler 2009). Diese neue Sichtweise äußert sich darin, dass Vertreter aus der Wissenschaft die herkömmliche Konzentration auf einzelne Transaktionen und die klassischen Marketinginstrumente (4Ps) unter bestimmten Voraussetzungen nicht mehr als die effizienteste Form eines Austausches ansehen (z.B. Gummesson 2008). Vielmehr wird postuliert, dass es notwendig sei, die gesamte Geschäftsbeziehung mit all ihren Facetten zu bewerten. Die Pflege einer solchen Geschäftsbeziehung prägte in der Folge den Begriff des *Relationship Marketing* (vgl. hierzu im deutschsprachigen Raum Bruhn 2016c und im englischsprachigen Raum Hennig-Thurau/Hansen 2000; Bruhn 2003; Gummesson 2008). Das Konzept des Relationship Marketing (vgl. hierzu Homburg 2015 sowie Bruhn 2016c) wurde schnell von wesentlichen Bereichen der Wissenschaft akzeptiert und ist heute – explizit oder implizit – stark verbreitet. Das Kundenbindungsmanagement wird in diesem Zusammenhang als ein Teilaspekt dieses umfassenden Ansatzes gesehen.

Etwa zeitgleich fand eine intensive wissenschaftliche Auseinandersetzung mit Fragen der *Zufriedenheitsforschung* statt, die ihrerseits dazu beigetragen hat, dass das Thema Kundenbindung an Bedeutung gewann (vgl. auch Abbildung 1). Die Grundannahme der Zufriedenheitsforscher lautete, dass Kunden als zufrieden bezeichnet werden können, wenn ein Produkt bzw. eine Dienstleistung die Erwartungen des Kunden erfüllt (Confirmation/Disconfirmation (CD) Paradigma; vgl. z.B. Oliver 2009). Es stellte sich jedoch heraus, dass die reine Zufriedenheit eines Kunden nicht immer dessen zukünftiges Verhalten bestimmt. Vielmehr ist es notwendig, gegenwärtige und zukünftige positive Verhaltensweisen und Einstellungen – also eine stabile Kundenbindung – zu generieren. Vor diesem Hintergrund wurden zu Beginn der 1990er Jahre erstmals Studien zur *Beziehung zwischen Kundenzufriedenheit* und *Kundenbindung* erstellt (vgl. z.B. Reichheld/Sasser 1990; Fornell et al. 1996; für einen umfassenden Überblick vgl. Giering 2000 sowie Homburg/Becker/Hentschel in dem vorliegenden Handbuch). Reichheld und Sasser (1990), die durch ihre Analysen das Augenmerk auf diesen Sachverhalt lenkten, zeigten erstmals, dass Kundenzufriedenheit zwar positiv für ein Unternehmen ist, letztlich jedoch die Kundenbindung das zukünftige Ergebnis eines Unternehmens nachhaltiger bestimmt. Diese Erkenntnis stieß in Wissenschaft und Unternehmenspraxis auf große Aufmerksamkeit. In zahlreichen Studien wurde das Ergebnis in der Folgezeit bestätigt (vgl. für eine Bestandsaufnahme der neueren empirischen Forschung den Beitrag von Homburg/Becker/Hentschel in dem vorliegenden Handbuch sowie Gerpott 2000). Infolgedessen wurde ein zunehmendes Augenmerk auf die Erzielung von Kundenbindung im Rahmen des Relationship Marketing gelegt. Insbesondere ist zu beobachten, dass die Wissenschaft zunehmend ihren Fokus auf ein integriertes Kundenbindungsmanagement legt, im Rahmen dessen ein aufeinander abgestimmter, kombinierter Einsatz von mehreren Relationship-Management-Maßnahmen erfolgt. Eine hohe Kundenbindung zu erreichen wurde so zu einer bedeutsamen strategischen Aufgabenstellung für marktorientierte Unternehmen. Abbildung 1 zeigt die Entwicklungstendenzen des Kundenbindungsmanagements im Überblick.

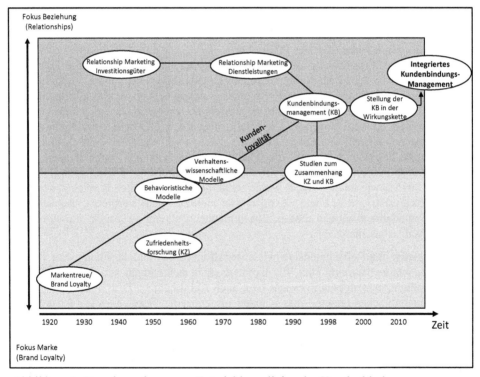

Abbildung 1: Forschungsbezogene Entwicklungslinien des Kundenbindungsmanagements

1.2 Entwicklungsgeschichte der Kundenbindung

Seit Beginn der 1920er Jahre beschäftigt sich die Wissenschaft damit, Ausmaß und Determinanten des Wiederkaufverhaltens von Kunden zu untersuchen. Fragen des *Wiederkaufs von Marken* wurden dabei erstmalig von Copeland (1923) näher untersucht, wobei er noch nicht den Begriff „Brand Loyalty", sondern den Term „Brand Insistence" verwendete (vgl. hierzu auch Jacoby/Chestnut 1978, S. 10ff.). Der Fokus der Analyse verschob sich jedoch im Zeitablauf (Abbildung 1). Standen in den 1970er Jahren die behavioristischen Modelle im Mittelpunkt, die statisches und dynamisches Wiederkaufverhalten untersuchten (ein Überblick zu den *behavioristischen Modellen* findet sich bei Oliver 2009), so wechselte später der Fokus hin zu *verhaltenswissenschaftlichen Modellen*. (vgl. hierzu den Beitrag von Gröppel-Klein/Königstorfer/ Terlutter in dem vorliegenden Handbuch).

Jacoby und Kyner (1973) waren unseres Wissens die ersten, die dieser psychologischen Perspektive der *Kundenloyalität* ein wissenschaftliches und insbesondere empirisches Fundament gaben. In der Folgezeit wurden Aspekte der Kundenloyalität zu einem vieldiskutierten Thema in der betriebswirtschaftlichen Literatur (Oliver 2009). Die Arbeiten richteten sich jedoch primär auf die Analyse der Nachfragersicht. Auch wurden die verhaltenswissenschaftlichen Modelle und hierbei insbesondere das Konzept der Kundenloyalität vertieft bzw. verfeinert. Dick und Basu (1994) beispielsweise identifizieren drei Arten von Kundenloyalität: „Echte Loyalität" mit hohem Wiederkaufverhalten und positiver Einstellung, „latente Loyalität" bei positiver Einstellung, aber geringem Wiederkaufverhalten, und „unechte Loyalität" bei hohem Wiederkaufverhalten, aber negativer Einstellung.

Mit der Arbeit von Reichheld und Sasser (1990) wurde zudem auf die Handlungsnotwendigkeit der Unternehmen hingewiesen und somit auch der Begriff des *Kundenbindungsmanagements* als Aktivität eines Unternehmens geprägt. Im deutschsprachigen Raum lässt sich in diesem Zusammenhang insbesondere die Arbeit von Diller (1995) hervorheben, die sich u.a. mit den Zusammenhängen zwischen Kundenbindung und Involvement, Commitment, Vertrauen und Zufriedenheit beschäftigt.

In den letzten Jahren wird in der Praxis häufig der Ausdruck *Customer Relationship Management* (CRM) verwendet. Obwohl sich diese wörtliche Übersetzung für den Begriff Kundenbeziehungsmanagement oftmals auf den informationstechnologischen Rahmen dieses Managements bezieht, beschäftigt sich dieser Ansatz im Kern letztlich mit der Kundenbindung.

Das Kundenbindungsmanagement hat sich somit in den vergangenen Jahren kontinuierlich weiterentwickelt und wurde in zahlreichen Unternehmen im Zuge der Kundenorientierung implementiert. Auch zukünftig wird es von zunehmender Bedeutung sein, die zurzeit teilweise noch isoliert eingesetzten Instrumente des Kundenbindungsmanagements in ein Gesamtkonzept zu integrieren. Dies beinhaltet vor allem den Einsatz elektronischer Plattformen im Rahmen eines ganzheitlichen und zeitgerechten Kundenbindungsmanagements.

1.3 Begriff der Kundenbindung und des Kundenbindungsmanagements

In der Literatur gibt es viele Begriffe, die synonym zu dem Begriff der Kundenbindung verwendet werden. Insbesondere die Begriffe Relationship Marketing, Retention Marketing, Geschäftsbeziehungsmanagement, Beziehungsmanagement, Markentreue und Produkttreue, aber auch Kundenzufriedenheit werden oft falsch oder auch gleichbedeutend mit Kundenbindung oder Kundenbindungsmanagement verwendet. Deshalb ist eine Klärung der Begriffe Kundenbindung und Kundenbindungsmanagement notwendig: In Anlehnung an die bereits vorliegenden Definitionen von Diller (1996) wird *Kundenbindung* wie folgt definiert:

> Kundenbindung umfasst sämtliche Maßnahmen eines Unternehmens, die darauf abzielen, sowohl die Verhaltensabsichten als auch das tatsächliche Verhalten eines Kunden gegenüber einem Anbieter oder dessen Leistungen positiv zu gestalten, um die Beziehung zu diesem Kunden für die Zukunft zu stabilisieren bzw. auszuweiten.

Anhand dieser Definition wird deutlich, dass grundsätzlich eine nachfrager- und eine anbieterbezogene Sicht der Kundenbindung zu unterscheiden ist (Meffert et al. 2015; Bruhn 2016c). Es ist somit zweckmäßig, Kundenbindung von dem Begriff der Kundenloyalität abzugrenzen. Der Begriff *Kundenloyalität* beschreibt lediglich die nachfragerbezogene Perspektive einer Bindung, d.h., der Kunde hat seinerseits eine verringerte Wechselbereitschaft. *Kundenbindung* kann hingegen sowohl auf Nachfrager- als auch auf Anbieterseite existieren.

Das Management der Kundenbindung wiederum bezieht sich auf die anbieterseitigen Aktivitäten. Aufbauend auf diesen Überlegungen legen wir folgende Definition des Begriffs *Kundenbindungsmanagement* zugrunde:

> Kundenbindungsmanagement ist die systematische Analyse, Planung, Durchführung sowie Kontrolle sämtlicher auf den aktuellen Kundenstamm gerichteten Maßnahmen mit dem Ziel, dass diese Kunden auch in Zukunft die Geschäftsbeziehung aufrechterhalten oder intensiver pflegen.

Analog zur erstgenannten Definition ist das Phänomen der Kundenbindung als faktisches Verhalten sowie als Verhaltensabsicht zu konzeptualisieren (vgl. auch den Beitrag von Homburg/Becker/Hentschel in dem vorliegenden Handbuch sowie Homburg/Faßnacht 2001). Das *faktische Verhalten* beinhaltet hierbei den Wiederkauf, das Cross Buying, das Weiterempfehlungsverhalten sowie die Preiserhöhungsakzeptanz von Kunden. Die zukünftigen *Verhaltensabsichten* können erfasst werden durch die Wiederkauf-, Cross-

Buying- und Weiterempfehlungsabsichten sowie die Preiserhöhungstoleranz der Kunden (Szymanski/Henard 2001; Bruhn 2016c). Hieraus leitet sich das Konstrukt der Kundenbindung, wie in Abbildung 2 dargestellt, ab.

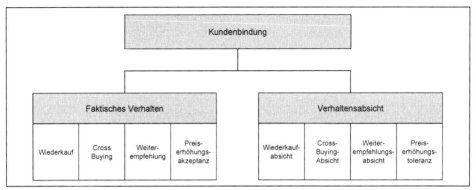

Abbildung 2: Konzeptualisierung des Konstruktes Kundenbindung
(Quelle: in Anlehnung an Bruhn 2016c, S. 97)

1.4 Wirkungskette der Kundenbindung

Aufbauend auf diesem Grundverständnis wird die klassische Wirkungskette, die zu durchlaufen ist, bis eine Kundenbindung und darüber hinaus ökonomische Effekte eintreten, näher betrachtet. Stark vereinfacht sind hierbei fünf Phasen zu unterscheiden (Abbildung 3).

Phase 1 der Wirkungskette umfasst den Erstkontakt des Kunden mit dem Anbieter durch den Kauf eines Produktes oder die Inanspruchnahme einer Dienstleistung. Nachdem der Erstkontakt abgeschlossen ist, schließt sich *Phase 2* an, in der der Kunde die Situation bzw. Interaktion bewertet und sich sein persönliches Zufriedenheitsurteil bildet (vgl. für ein alternatives Konstrukt zur Kundenzufriedenheit den Relationship Value in dem Beitrag von Eggert/Garnefeld in dem vorliegenden Handbuch). Fällt diese Bewertung positiv aus oder wurden die Erwartungen des Kunden sogar übertroffen, kann in *Phase 3* Kundenloyalität entstehen. Diese besteht aus einem grundsätzlichen Vertrauensverhältnis, einer allgemein positiven Einstellung und der Akzeptanz des Kunden hinsichtlich der Leistungsfähigkeit des Anbieters. Der Kunde zeigt in dieser Situation bereits eine verringerte Wechselbereitschaft und beabsichtigt, in der nächsten Konsumsituation wieder die entsprechende Marke, das entsprechende Produkt bzw. die entsprechende Einkaufsstätte auszuwählen. Der Übergang zur Kundenbindung wird in *Phase 4* vollzogen, wenn sich diese Überzeugung auch in einem realen Wiederkauf-oder Cross-Buying-Verhalten des Kunden bzw. in Weiterempfehlungen an potenzielle Kunden niederschlägt (vgl. hierzu auch den Beitrag von Helm in dem vorliegenden Handbuch). Die Wirkungskette schließt in *Phase 5* mit einer Steigerung des ökonomischen Erfolgs aufgrund der eingetretenen Wirkungseffekte. Der Ablauf der Wirkungskette wird beeinflusst von moderierenden externen und internen Faktoren, die entweder positiv oder negativ auf den gewünschten Prozess wirken (vgl. hierzu auch den Beitrag von Bruhn/Georgi in dem vorliegenden Handbuch). Abbildung 3 zeigt die Wirkungskette der Kundenbindung im Überblick. In diesem Zusammenhang ist jedoch auch zu berücksichtigen, dass die Kundenbindung nicht immer einen positiven Einfluss auf den ökonomischen Erfolg hat. Vielmehr ist zu berücksichtigen, dass die Kündigung eines unprofitablen Kunden ebenfalls positiv auf den ökonomischen Erfolg wirkt.

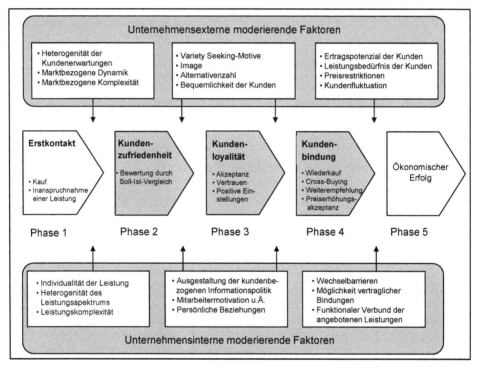

Abbildung 3: Wirkungskette der Kundenbindung
(Quelle: in Anlehnung an Bruhn 2015, S. 73)

1.5 Typologisierung von Bindungsursachen

Es sind unterschiedliche Ursachen und Gründe denkbar, warum sich ein Kunde an ein Unternehmen bindet. Eine Möglichkeit, die Bindungsursachen zu typologisieren, besteht darin, zwischen habitueller, freiwilliger und unfreiwilliger Bindung zu unterscheiden.

Meyer/Oevermann (1995) gliedern diese übergeordneten *Bindungsursachen* in fünf weitere Aspekte:

- Situative Bindungsursachen,
- Vertragliche Bindungsursachen,
- Ökonomische Bindungsursachen,
- Technisch-funktionale Bindungsursachen sowie
- Psychologische Bindungsursachen.

Situative Bindungsursachen sind äußere Faktoren, z.B. die Beschaffenheit des Marktes oder der günstige Standort eines Anbieters aus Sicht des Kunden, die bewirken, dass ein Kunde einen Anbieter primär frequentiert (z.B. aus Bequemlichkeit). *Vertragliche Bindungsursachen* bestehen, wenn der Kunde an den jeweiligen Anbieter aufgrund einer verbindlichen Vereinbarung gebunden ist und somit zeitweise keine (rechtliche) Möglichkeit zu einem Wechsel hat (Kleinaltenkamp et al. 2011; Geiß 2015). Klassische Beispiele für eine vertragliche Bindung stellen Mobilfunkverträge, Zeitschriftenabonnements oder Fitnessstudioverträge dar.

Wird eine Geschäftsbeziehung so gestaltet, dass es für eine Partei finanziell unvorteilhaft wird, sie zu beenden, so wird von *ökonomischer Bindung* gesprochen (Geiß 2015). Ein Wechsel findet aufgrund objektiver oder subjektiv zu hoch empfundener Wechselkosten nicht statt. Von *technisch-funktionaler Bindung* wird gesprochen, wenn Abhängigkeiten in technischer Hinsicht bestehen und ein Wechsel des Geschäftspartners mit Beschaffungsschwierigkeiten oder Kompatibilitätsproblemen verbunden wäre (z.B. im Computer- oder HiFi-Bereich). Zu den *psychologischen Bindungsursachen* zählen die Kundenzufriedenheit, persönliche Beziehungen, aber auch Gewohnheiten des Kunden.

2. Kundenbindung aus theoretischer Perspektive

Die Marketingforschung ist eine interdisziplinäre Wissenschaft, in der relativ häufig Ansätze angrenzender Bereiche zur Erklärung marketingrelevanter Phänomene herangezogen werden. Dies gilt auch für die Kundenbindung, die entweder mehr aus verhaltenswissenschaftlicher oder aus ökonomischer Sicht interpretierbar ist. Vor diesem Hintergrund werden auch verschiedene Erklärungsansätze betrachtet, die – je nach Forschungsausrichtung – unterschiedliche Determinanten der Kundenbindung erklären können (vgl. für einen Überblick über die Determinanten der Kundenbindung den Beitrag von Grohmann/Heumann/Wangenheim in dem vorliegenden Handbuch). Die sozialpsychologischen, interaktionsorientierten, verhaltenswissenschaftlichen und transaktionskostenorientierten Erklärungsansätze sind für eine theoretische Durchdringung der Kundenbindung von besonderer Bedeutung.

2.1 Kundenbindung aus sozialpsychologischer Perspektive

Die *soziale Austauschtheorie* – der erste Erklärungsansatz für das Phänomen der Kundenbindung – basiert auf der Arbeit von Thibaut/Kelley (1959). Grundlage dieser Theorie ist der soziale Austausch als eine Situation, in der das Verhalten eines Akteurs das eines anderen entweder verstärken oder abschwächen kann. Der Mensch wird somit als Reaktionsmechanismus im Sinne der behavioristischen Forschung betrachtet. Eine weitere Annahme ist, dass die Akteure versuchen, ihren positiven Nutzen, der aufgrund ihrer Handlungen entsteht, zu maximieren und negative Effekte zu minimieren.

Thibaut/Kelley (1959) postulieren, dass Akteure ein bestimmtes Vergleichsniveau (Comparison Level, CL) sowie ein alternativenbezogenes Vergleichsniveau (Comparison Level Given Alternatives, CL_{alt}) unterscheiden. Ein Individuum vergleicht somit nach der sozialen Austauschtheorie sein wahrgenommenes Nettoergebnis (Outcome, OC) mit seinem Vergleichsniveau CL. Liegt das Nettoergebnis über dem Vergleichsniveau, entsteht Zufriedenheit; liegt es darunter, kommt es zu Unzufriedenheit. Erst der Vergleich mit einem alternativen Vergleichsniveau CL_{alt} bestimmt jedoch, ob eine Geschäftsbeziehung beendet wird oder nicht. Die soziale Austauschtheorie macht die Fortsetzung einer Beziehung von der Zufriedenheit mit vergangenen Interaktionen im Vergleich zu einem Vergleichsniveau für eine alternative Interaktion abhängig. Somit leistet sie insbesondere einen Beitrag zur Beantwortung der Frage, von welchen Determinanten die Fortsetzung von Interaktionen zwischen zwei Akteuren abhängt.

Ebenfalls in diesen Forschungsbereich einzuordnen ist die *soziale Beziehungslehre,* die als Weiterentwicklung der sozialen Austauschtheorie angesehen werden kann (Rusbult 1983). Bei der sozialen Beziehungslehre wird nicht mehr von einzelnen, sondern von mehreren zusammenhängenden Interaktionen ausgegangen. Zusätzlich zur Zufriedenheit und Qualität einer Alternative können weitere Einflussgrößen auf den Fortbestand einer Geschäftsbeziehung wirken. Hierunter fallen soziale, emotionale und legale Wechselkosten. In diesem Zusammenhang sei das Modell von Rusbult (1983) erwähnt, in dem Bindung (in Form von Commitment) in die soziale Austauschtheorie integriert wird. Bindung entsteht in diesem Modell durch beziehungsspezifische Investitionen, die von einem Wechsel abhalten. Die Bindung wird umso höher, je größer die Zufriedenheit und je kleiner die Attraktivität der anderen Optionen ist.

Die soziale Austauschtheorie legt den Grundstein zu einer theoretischen Erklärung von Geschäftsbeziehungen. Sie zeigt außerdem, wie Bindung entstehen kann und welcher Nutzen sich aus der Fortführung einer Geschäftsbeziehung ergibt bzw. welche Kosten hierbei auftreten und wie sich diese im Vergleich zu anderen Optionen verhalten.

2.2 Kundenbindung aus interaktionsorientierter Perspektive

Die *Interaktionsansätze*, die im Industriegüterbereich bereits seit langem eine zentrale Bedeutung einnehmen, basieren auf der Betrachtung einer Kunden-Lieferanten-Beziehung, die insbesondere auf der Grundlage sozialpsychologischer Konstrukte wie Vertrauen, Zufriedenheit und Commitment beruht (vgl. für die Kundenbindung im Industriegütermarketing den Beitrag von Backhaus/Hildebrand/Witt in dem vorliegenden Handbuch). Bei den Interaktionsansätzen wird zwischen Prozess- und Strukturmodellen unterschieden, wovon im Folgenden lediglich die Prozessansätze weiterverfolgt werden, da nur diese die Veränderungen im Zeitablauf erfassen und somit die Entstehung von Bindung erklären können. Die wichtigsten Modelle sind hierbei die über Geschäftsbeziehungen in den Marketingkanälen (z.B. Anderson/Weitz 1992; Mauritz 2013) sowie die Interaktionsmodelle für Geschäftsbeziehungen zwischen Kunden und Lieferanten (z.B. Möller/Wilson 1992; Diller/Kusterer 1995; Zimmer 2013). Angesichts der Vielzahl unterschiedlicher Interaktionsansätze erscheint es sinnvoll, eine differenzierte Betrachtung vorzunehmen. Aus diesem Grunde wird im Folgenden zwischen Total- und Partialmodellen unterschieden.

Die *Totalmodelle* versuchen, die Gesamtheit der Facetten einer Geschäftsbeziehung zu erfassen. Hierzu zählt insbesondere das Modell der Industrial Marketing and Purchasing (IMP)-Group, deren Netzwerkansatz zur Sicherung dauerhafter Geschäftsbeziehungen in der Folgezeit von verschiedenen Autoren weiterentwickelt wurde (z.B. von Wilson/Mummalaneni 1988; Möller/Wilson 1992, Turnbull/Valla 2013; Wuehrer/Smejkal 2013). Im Mittelpunkt der Interaktionsansätze steht die Analyse des Interaktionsprozesses, innerhalb dessen verschiedene Gründe für eine langfristige Geschäftsbeziehung vermutet werden. Wilson/Mummalaneni (1988) identifizieren persönliche (Social Bonds) und strukturelle Bindungen (Structural Bonds), die versuchen, die Entstehung einer Kunden-Lieferanten-Beziehung zu erklären. Diese stehen mit den beziehungsspezifischen Investitionen, der Zufriedenheit und dem Commitment in einem Wirkungszusammenhang. Möller/Wilson (1992) entwickelten diesen Ansatz durch die Einführung von zwei Stufen in das Modell weiter. Hierbei beeinflusst die persönliche Beziehung aus der ersten Stufe das Vertrauen dem Interaktionspartner gegenüber in der zweiten Stufe. Das Vertrauen wiederum wirkt letztlich auf das Commitment, das hier die Stärke einer Bindung misst. Neu sind bei diesem Ansatz die Integration des Konstruktes Vertrauen sowie die Zweistufigkeit. Einen bibliometrischen Überblick über die Forschungsbeiträge der IMP-Group der vergangenen 20 Jahre findet sich bei Wuehrer/Smejkal (2013).

Die *Partialmodelle* hingegen betrachten lediglich bestimmte Beziehungsstrukturen und -phasen oder aber die Entstehung von Beziehungen. Hier sei auf das Modell von Dwyer et al. (1987) verwiesen, in dem fünf verschiedene Beziehungsphasen beschrieben werden. Eine Geschäftsbeziehung durchläuft demnach die Phase der Wahrnehmung, der Exploration sowie der Expansion hin zum Commitment als höchster Stufe einer Geschäftsbeziehung, in der beide Akteure einen Wechsel zu einem anderen Geschäftspartner ausschließen. Die letzte Phase ist idealtypischerweise die der Auflösung der Geschäftsbeziehung; sie kann jedoch bereits früher, d.h. bevor eine Geschäftsbeziehung in die Commitmentphase kommt, eintreten.

Die Interaktionsansätze liefern einen bedeutsamen theoretischen Beitrag zur Erklärung des Konstruktes Kundenbindung. Sie identifizieren Voraussetzungen sowie Entstehungsverläufe und klassifizieren die Art der Bindung.

2.3 Kundenbindung aus verhaltenswissenschaftlicher Perspektive

Aus verhaltenswissenschaftlicher Perspektive können insbesondere die Lerntheorie, die Risikotheorie, die Dissonanztheorie sowie die Attributionstheorie als Erklärungsansätze von Kundenbindung herangezogen werden (vgl. hierzu den Beitrag von Homburg/Becker/Hentschel in dem vorliegenden Handbuch). Aus der Vielzahl unterschiedlicher *Lerntheorien* sei in diesem Zusammenhang auf die des *Lernens durch das Verstärkungsprinzip* verwiesen. Sie besagt, dass Nutzen bringende Verhaltensweisen der Vergangenheit beibehalten werden und Verhaltensweisen, die wenig Nutzen gebracht haben, zu Verhaltensänderungen führen (Hanna et al. 2009; Kroeber-Riel/Gröppel-Klein 2013). Auf die Kundenbindung bezogen bedeutet dies, dass Kunden eine Geschäftsbeziehung eher beibehalten, wenn sie in dieser Geschäftsbeziehung einen klaren Nutzen wahrnehmen bzw. mit der Geschäftsbeziehung zufrieden sind.

Die *Risikotheorie* besagt, dass Individuen versuchen, ihr subjektiv wahrgenommenes kaufspezifisches Risiko möglichst gering zu halten. Das subjektiv empfundene Risiko setzt sich hierbei aus der Bedeutsamkeit negativer Konsequenzen einer möglichen Fehlentscheidung sowie der bestehenden Unsicherheit hinsichtlich des Eintretens dieser Negativfolgen zusammen (Hoyer et al. 2012). In der Literatur werden hierbei funktionelles, finanzielles, physisches, psychologisches und soziales Risiko unterschieden (Yadav et al. 2013). Auch die Risikotheorie leistet einen Beitrag zur Erklärung der Kundenbindung, da ein Kunde durch die Wiederholung einer ihm vertrauten Kaufentscheidung bzw. Anbieterwahl versuchen kann, das Risiko einer potenziellen Unzufriedenheit so gering wie möglich zu halten (Kroeber-Riel/Gröppel-Klein 2013).

Die *Dissonanztheorie* (vgl. Festinger 1957) geht davon aus, dass Individuen ein dauerhaftes Gleichgewicht ihres kognitiven Systems anstreben. Ziel eines Individuums ist es, die entstehenden Dissonanzen abzubauen und somit dieses Gleichgewicht wiederherzustellen (Kroeber-Riel/Gröppel-Klein 2013). In Bezug auf eine Geschäftsbeziehung bedeutet dies, dass nach einem Kauf versucht wird, dissonanzerhöhende Informationen zu vermeiden. Gleichzeitig wird nach dissonanzmindernden Informationen gesucht. Umbewertung, Ergänzung oder auch Verdrängung von Informationen sind typische Verhaltensweisen eines Kunden, der vorhandene Dissonanzen abbauen will (Geiß 2015). Nehmen die kognitiven Dissonanzen und damit auch die Wechselabsicht im Laufe einer

Geschäftsbeziehung ab, so kann die Dissonanztheorie einen Erklärungsbeitrag leisten, weshalb langfristige Geschäftsbeziehungen (Bindung) entstehen. In diesem Zusammenhang ist auf ein Problemfeld hinzuweisen: Wird davon ausgegangen, dass kognitive Dissonanzen nach dem Erstkauf eines Produktes vorhanden sind, so kann die Dissonanztheorie die Wiederholung einer Erstentscheidung mitbegründen. Kritisch ist jedoch zu fragen, ob ein Erklärungsbeitrag über diese Erstentscheidung hinaus gegeben ist. Studien aus den frühen 1980er Jahren haben deutlich gezeigt, dass die Wahrscheinlichkeit des Vorhandenseins kognitiver Dissonanzen nach mehrmaligen Käufen nur noch sehr gering ist (von Rosenstiel/Ewald 1979, S. 112).

Die *Attributionstheorie* setzt sich mit subjektiv erlebten Kausalitäten auseinander (Langer et al. 2008). Der Ansatz geht davon aus, dass Menschen auf der Basis vorliegender Informationen nach Ursachen für ein bestimmtes Verhalten suchen (Kroeber-Riel/Gröppel-Klein 2013). Als Bezugsobjekte einer Zuschreibung von Ursachen kommt das Unternehmen, ein Produkt, der einzelne Mitarbeitende oder die Beziehung zum Unternehmen in Frage. Die Ursachen werden dabei der jeweiligen Situation (Umweltfaktoren) oder der beobachteten Person selbst (Personenfaktoren) zugeordnet. Auf dieser Grundlage erklärt die Attributionstheorie, wie das Zuschreiben von Ursachen zu einem beobachteten Verhalten Einfluss auf das Verhalten des Beobachters selbst ausübt (Trommsdorff/Teichert 2011). Die Zuschreibung von Ursachen zu den Leistungen des Unternehmens oder einem Kontaktmitarbeiter hat somit möglicherweise Auswirkungen auf die Entwicklung der Anbieter-Kunde-Beziehung. Die Erkenntnisse der Attributionstheorie liefern folglich wichtige Implikationen für die Steuerung von Kundenbeziehungen. In diesem Zusammenhang ist unternehmensseitig die Wahrnehmung des Kunden innerhalb der Interaktion mit dem Unternehmen so zu lenken, dass positive Urteile über die Leistung, den Mitarbeitenden oder das Unternehmen diesen auch zugeschrieben werden; die Ursache des Leistungsergebnisses lässt sich z.B. auf das besondere Können oder Bemühen eines Mitarbeitenden zurückführen. Es ist jedoch kritisch anzumerken, dass der Einfluss kognitiver Einsichten auf die Beurteilung durch Kunden vielfach überschätzt wird (Kroeber-Riel/Gröppel-Klein 2013).

2.4 Kundenbindung aus transaktionskostenorientierter Perspektive

Einen weiteren Beitrag zur Erklärung des Phänomens Kundenbindung kann die *Transaktionskostentheorie* leisten. Diese geht auf Arbeiten von Coase (1937) zurück und wurde von Williamson (1991) weiterentwickelt. Im Rahmen der Transaktionskostentheorie wird der Versuch unternommen, eine Verbindung zwischen der mikroökonomischen Theorie und den Verhaltenswissenschaften zu schaffen. Grundüberlegung ist, dass Individuen nicht rational – wie es die klassische mikroökonomische Theorie postuliert –, sondern opportunistisch und eingeschränkt rational handeln. Darüber hinaus geht die

Transaktionskostentheorie davon aus, dass die Koordination einer (Geschäfts-) Beziehung mit so genannten Transaktionskosten verbunden ist, die es zu minimieren gilt.

Die *Transaktionskosten* setzen sich aus den Kosten für die Anbahnung, Abwicklung, Kontrolle, Anpassung und Auflösung von Verträgen sowie aus den Opportunitätskosten zusammen. Diese Kosten steigen nach der Transaktionskostentheorie mit steigender Unsicherheit, Spezifizität und Häufigkeit einer Transaktion überproportional an (Williamson 1991; Williamson/Ghani 2011). Aufbauend auf diesen Grundüberlegungen entwickelte die Transaktionskostentheorie normative Aussagen zur optimalen Markt- bzw. Koordinationsform. Sie gibt an, unter welchen Voraussetzungen die *Hierarchie* (vertikale Integration), die *Geschäftsbeziehung* (Kooperation) oder der *Marktwettbewerb* (Konfrontation) die geeignete (also transaktionskostenminimale) Organisationsform ist.

Ab einer gewissen Höhe von Unsicherheit, Spezifizität oder Häufigkeit steigen die Transaktionskosten in der Organisationsform Markt so stark an, dass eine Geschäftsbeziehung kostengünstiger wird (Williamson 1991). Bei einem weiteren Anstieg ist möglicherweise sogar eine Hierarchie (z.B. als vertikale Integration) die transaktionskostengünstigste Alternative (Williamson 1991). Somit kann die Transaktionskostentheorie die Entstehung von langfristigen Geschäftsbeziehungen (als kostenoptimale Organisationsform für ein Unternehmen) auf der Basis von Transaktionskosten begründen und eine Erklärung von Kundenbindung geben.

3. Kundenbindung aus strategischer Perspektive

3.1 Kundenbindung im Zielsystem des Unternehmens

Für die Betrachtung der Kundenbindung aus strategischer Perspektive ist deren Einbindung in einen strukturierten Managementprozess mit einem klaren Zielsystem erforderlich. Den Beginn eines Managementprozesses bildet im Idealfall die Zielfestlegung. Diese bestimmt in Verbindung mit den erarbeiteten Strategien Ausmaß und Richtung zukünftiger Entwicklungen von Unternehmen. Voraussetzung der Zielfestlegung ist eine eindeutige Operationalisierung nach Inhalt, Ausmaß, Zeit und Segment sowie die Formulierung eines eindeutigen Zielsystems. Die Unternehmensführung hat hierbei die Aufgabe, das Ziel der Kundenbindung möglichst zielharmonisch in das bestehende *Zielsystem* einzugliedern.

Diese Integration wurde in den letzten Jahren in zahlreichen Unternehmen vollzogen. Der ausschlaggebende Grund hierfür liegt in den vielfältigen Einflüssen der Kundenbindung auf psychografische und vor allem ökonomische Ziele. Werden die Zusammenhänge im betriebswirtschaftlichen Zielsystem genauer betrachtet, so sind neben diesem direkten Zusammenhang noch weitere vorökonomische Zielgrößen – und hier sei insbesondere auf die mitarbeitergerichteten Ziele verwiesen – zu berücksichtigen, die die ökonomischen Ziele positiv beeinflussen können und deren Zusammenhänge einer näheren Betrachtung bedürfen. Abbildung 4 stellt die relevanten Zusammenhänge grafisch dar.

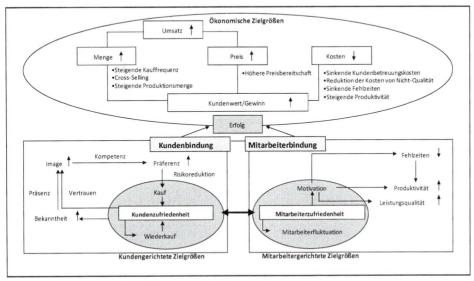

Abbildung 4: Kundenbindung im Zielsystem des Unternehmens
(Quelle: Meffert et al. 2015, S. 152)

Kundenbindung ist eine *psychografische Zielgröße*, die ebenso wie die Mitarbeiterbindung maßgeblichen Einfluss auf den langfristigen Erfolg (als ökonomische Zielgröße) eines Unternehmens hat (Fritz 1995; Grund 1998). Die Gründe für die postulierten positiven Wirkungen von Kundenbindung auf die Zielgröße Erfolg sind vielfältig. Wird die *Umsatzkomponente* in einer Kundenbeziehung betrachtet, so wird deutlich, dass (freiwillig) gebundene Kunden häufig eine höhere Preisbereitschaft aufweisen als nichtgebundene Kunden. Hier existiert also ein Preissteigerungs-potenzial. Gleichzeitig wirkt sich eine hohe Kundenbindung positiv auf die Verkaufsmenge eines Unternehmens aus. Bei gebundenen Kunden ist oftmals eine steigende Kauffrequenz zu beobachten, und auch Cross-Buying-Potenziale lassen sich leichter ausschöpfen. Durch eine steigende Menge an verkauften Produkten sowie die Möglichkeit, die Preise zu erhöhen, können in der Folge der Umsatz und der Gewinn eines Unternehmens steigen. Diese positive Entwicklung lässt sich ferner an gestiegenen Kundenwerten, d.h. dem Wert, den ein Kunde für ein Unternehmen hat, im Zeitablauf ablesen (vgl. zum Kundenwert z.B. Cornelsen

2000; Günter/Helm 2015; Bruhn 2016c sowie den Beitrag von Bruhn/Hadwich/Georgi in dem vorliegenden Handbuch).

Auf der *Kostenseite* hat ein erfolgreiches Kundenbindungsmanagement ebenfalls positive Auswirkungen. Hier sind vor allem sinkende Kundenbetreuungskosten durch eine Konzentration auf die wichtigen, treuen Kunden zu vermerken. Auch können durch eine Integration der Kunden in den Entwicklungs- und Produktionsprozess erhebliche Kosten eingespart werden. Ferner werden auf Distributionsseite durch neue Interaktionsmöglichkeiten (Internet, elektronische Bestellungen) Transaktionskosten verringert.

Zusätzlich zu diesen ökonomischen Zielgrößen wirkt sich Kundenbindung auch im Bereich der *psychografischen Zielgrößen* aus. Freiwillige Kundenbindung, entstanden durch kundenseitige Begeisterung, ist das Ergebnis größerer Bekanntheit eines Unternehmens, größeren Vertrauens der Kunden gegenüber dem Unternehmen und eines besseren Images – alles positive psychografische Effekte, die mit einer erfolgreichen Kundenbindung einhergehen (Weißenberger 1998; Bruhn 2016c sowie den Beitrag von Becker/Bothe/Hadwich in dem vorliegenden Handbuch).

3.2 Strategische Dimensionen des Kundenbindungsmanagements

In engem Zusammenhang mit der Zieldefinition ist auch über die *Kundenbindungsstrategie* zu entscheiden. Darunter ist ein bedingter, langfristiger und globaler Verhaltensplan zur Erreichung der Kundenbindungsziele zu verstehen. Grundsätzlich lassen sich die in Abbildung 5 dargestellten *Kundenbindungsdimensionen* unterscheiden, die bei der Planung eines individuellen Kundenbindungskonzeptes zu beachten sind.

In einem ersten Schritt der Strategiefestlegung ist das *Bezugsobjekt der Kundenbindung* zu konkretisieren, d.h., es ist festzulegen, um welches Objekt (z.B. Produkt, Hersteller, Absatzmittler) es sich handelt, an das ein Kunde gebunden werden soll (Worauf bezieht sich die Kundenbindungsstrategie?). Innerhalb der *Zielgruppendefinition* als zweite Strategiedimension geht es primär um die Frage, mit welcher Priorität Investitionen in die verschiedenen Kundensegmente zur Steigerung der Kundenbindung sinnvoll sind.

Häufig ergeben sich dabei Differenzierungen in der Art, dass bedeutsame A-Kunden eine individuellere Kundenbindungsansprache erhalten als beispielsweise C-Kunden mit sehr geringen Kundenwerten. Um eine Kernzielgruppe für aktive Kundenbindungsmaßnahmen zu identifizieren, sind verschiedene Voraussetzungen (z.B. Database Management) im Unternehmen zu erfüllen. Eine Definition der Kundenbindungszielgruppe ist notwendig, um eine gezielte und individualisierte Ansprache zu erreichen.

In einem nächsten Schritt ist die *Art der Kundenbindung* näher zu bestimmen (Wie soll der Kunde gebunden werden?). In diesem Zusammenhang wurde bereits auf die situative, technisch-funktionale, vertragliche, ökonomische oder auch psychologische Kundenbindung verwiesen.

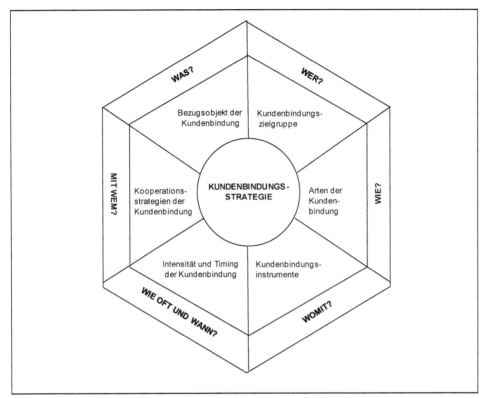

Abbildung 5: Dimensionen einer Kundenbindungsstrategie
(Quelle: Bruhn 2016a, S. 101)

Als weitere Strategiedimension folgt die Festlegung der *Kundenbindungsinstrumente*, die – je nach vorab festgelegter Kundenbindungsstrategie – eher auf den Aufbau von Dialog und Interaktion sowie Kundenzufriedenheit oder auf den Aufbau von Wechselbarrieren ausgerichtet sein können.

Ferner gilt es, *Intensität* und *Einsatzzeitpunkt* (Timing) der Kundenbindung zu konkretisieren (z.B. Versendung von Mailings alle zwei Monate oder nur einmal im Jahr). Als sechste Dimension einer Kundenbindungsstrategie bleibt festzulegen, mit wem eine Abstimmung und *Koordination der eigenen Kundenbindungsmaßnahmen* sinnvoll erscheint, um den Gesamterfolg zu erhöhen. Zu denken ist hier insbesondere an eine Kooperation zwischen Hersteller und Handel, um Synergien optimal auszunutzen und die Wirkungen der Kundenbindungsmaßnahmen aufgrund der Abstimmung von Maßnahmen zu erhöhen (Bruhn 2016a). Diese sechs Dimensionen bilden die Eckpunkte einer Kundenbindungsstrategie, die vom Unternehmen im Voraus zu analysieren und festzulegen sind.

4. Instrumente des Kundenbindungsmanagements

4.1 Ansatzpunkte eines isolierten Kundenbindungsmanagements

Die Umsetzung der Strategie durch konkrete Maßnahmen steht im Zentrum des operativen Kundenbindungsmanagements. Die herangezogenen Instrumente lassen sich hierbei insgesamt in zwei Teile unterscheiden. Zum einen in ein isoliertes und zum anderen in ein integriertes Kundenbindungsmanagement. Werden in diesem Zusammenhang die in der Praxis eingesetzten Maßnahmen betrachtet, so ist festzustellen, dass diese vorwiegend isoliert, d.h. nicht aufeinander abgestimmt, Anwendung finden. In jüngster Zeit ist jedoch eine Tendenz zur Integration von Kundenbindungsmaßnahmen zu erkennen.

Die Differenzierung der einzelnen Kundenbindungsmaßnahmen kann analog zu den klassischen Marketinginstrumenten vorgenommen werden, sodass folglich zwischen Maßnahmen der Produkt-, Preis-, Kommunikations- sowie Distributionspolitik unterschieden wird (Diller 1995). Im Rahmen der *Produktpolitik* liegt der Fokus zum einem auf der Verbesserung des Leistungsprogramms sowie zum anderen auf der Servicekomponente. Es wird angenommen, dass diese die Zufriedenheit des Kunden positiv beeinflussen. Als Kundenbindungsmaßnahmen bieten sich beispielsweise eine gemeinsame Produktentwicklung, individualisierte Produktangebote, besonderes Produktdesign, kernleistungsbezogene Zusatzleistungen sowie die Einführung von besonderen Qualitätsstandards an.

Preispolitische Kundenbindungsinstrumente können insbesondere auf die Wechselkosten des Kunden Einfluss ausüben. Hierbei werden durch den Einsatz preispolitischer Maßnahmen monetäre Anreize geschaffen, die für den Kunden ein Grund sein können, die Geschäftsbeziehung aufrechtzuerhalten (vgl. den Beitrag von Diller/Ivens in dem vorliegenden Handbuch). Hier handelt es sich z.B. um den Einsatz attraktiver Bonussysteme, Preisgarantien sowie bestimmte Arten der Preisdifferenzierung.

Maßnahmen der *Kommunikationspolitik* werden mit dem Ziel eingesetzt, in einen kontinuierlichen Dialog mit den Kunden zu treten. Insbesondere die interaktiven Kommunikationsformen bieten hierzu zahlreiche Möglichkeiten, z.B. Kundenforen, Events, Servicenummern, Beschwerdemanagement (vgl. den Beitrag von Stauss in dem vorliegenden Handbuch), Kundenrückgewinnung (vgl. hierzu Michalski 2001; Neu/Günter 2015 sowie den Beitrag von Bruhn/Boenigk in dem vorliegenden Handbuch) sowie alle Maßnahmen der persönlichen Kommunikation mit dem Kunden. Neue

Möglichkeiten zur Intensivierung der direkten Kundenansprache bietet vor allem das Internet, z.B. durch WWW-basierte Online-Kundenberatung oder elektronische Kundenforen und Communities (vgl. hierzu die Beiträge von Schubach/Garbas/Schumann sowie Möhlenbruch/Dölling/Ritschel in dem vorliegenden Handbuch. Auch die klassischen Kundenzeitschriften sowie Direct-Mail-Aktionen können dem Bereich der Kommunikationspolitik zugeordnet werden.

Als Beispiele der *Distributionspolitik* können elektronische Bestellmöglichkeiten, Katalogverkauf sowie Abonnements herausgegriffen werden, die geeignet erscheinen, den Kunden langfristig zu binden. Abbildung 6 zeigt mögliche Kundenbindungsinstrumente im Überblick, wobei nicht nur eine Unterscheidung in die vier Marketingmix-Bereiche, sondern zudem eine Einteilung bezüglich der Aufgaben des jeweiligen Instruments zur Realisierung der Kundenbindung vorgenommen wird. Dabei wird die Bindung des Kunden an das Unternehmen durch eine Individualisierung der Beziehung, durch eine Steigerung der Leistungsnutzung und den Aufbau von Wechselbarrieren angestrebt. Der letztgenannte Aufgabenbereich wurde von Gudergan und Siegers (2016) als besonders empfehlenswert herausgestellt.

Da Vertrauen und Vertrautheit des Kunden maßgeblich im persönlichen Kundenkontakt aufgebaut werden, sind zuverlässige und empathische Mitarbeitende und Ansprechpartner unerlässlich (Bruhn 2016c). Entsprechend ist auch die *Personalpolitik* für ein erfolgreiches Kundenbindungsmanagement unerlässlich. Weiterhin bildet die Flexibilität der Mitarbeitende eine wichtige personalpolitische Voraussetzung der Kundenintegration und der Individualisierung. Kundenkontaktmitarbeiter haben daher sowohl die Fähigkeit als auch die Bereitschaft zur flexiblen Reaktion auf Kundenwünsche mitzubringen oder zu lernen (Bruhn 2016c). Letztlich kommt der Personalpolitik insbesondere auch die Aufgabe zu, Mitarbeitenden die für die Steigerung der Leistungsnutzung und für das Cross Selling notwendigen Kenntnisse zu vermitteln. Hat der Mitarbeitende umfangreiches Wissen über das Leistungsangebot des Unternehmens, kann er Kunden entsprechende Auskünfte erteilen und Hinweise geben (Bruhn 2016c). Vor allem bei technischen Produkten ist die Kenntnis über möglicherweise bestehende Inkompatibilitäten von großer Bedeutung.

Bei aller Notwendigkeit einer Kundenbindung aus Sicht des Anbieters ist auch zu beachten, dass Kundenbindungsmaßnahmen bereits von sehr vielen Unternehmen realisiert und von den Kunden selbst nicht immer als positiv empfunden werden. Zudem ist zu bedenken, dass derartige Maßnahmen den Koordinationsaufwand des Kunden erheblich erhöhen, z.B., dass der Kunde bei einem Stadteinkauf sämtliche Kundenkarten benötigt. Setzt sich die Entwicklung des Kundenbindungsmanagements in der bisherigen Geschwindigkeit fort, verlangt dies von Unternehmen, sich auf möglicherweise auftretende Reaktanzen einzustellen und über adäquate Reaktionen nachzudenken. Diese Tendenzen sind im Bereich der klassischen Werbung (z.B. Zapping) bereits seit einigen Jahren zu beobachten. Als weitere Reaktion kann z.B. der Zusammenschluss mehrerer Unternehmen gedeutet werden, die z.B. mit der so genannten Payback-Karte gemeinsam Kundenaktivitäten verfolgen (vgl. den Beitrag von Braun/Reinecke/Tomczak in dem vorliegenden Handbuch).

Aufgaben / Instrumente	Individualisierung	Steigerung der Leistungsnutzung	Stabilisierung
Leistung	• Leistungsindividualisierung • Kundenintegration • Value Added Services	• Programmerweiterung • Leistungsbündelung • Servicepolitik • Qualitätsmanagement • Technische Weiterentwicklungen und neue Designs	• Funktionale Wechselbarrieren durch Kompatibilität • Leistungsentwicklung • Leistungsbündelung
Kommunikation	• Dialogkommunikation • Verstärktes Angebot persönlicher Kommunikation (persönlicher Ansprechpartner)	• Direct Marketing zur Bekanntmachung weiterer Unternehmensleistungen • Unternehmens- oder leistungsbezogene Mediawerbung zur Erinnerung	• Thematisierung von Lock-in- Effekten und Leistungsqualität • Vorankündigungen • Emotionale Wechselbarrieren durch Präferenzbildung
Preis	• Preisdifferenzierung • Preisindividualisierung, i.V.m. Leistungsindividualisierung (mit oder ohne Aufpreis) • Relationship Pricing	• Preisbündelung • Individuelle Preisnachlässe für andere Leistungen • Kundenkarten mit Rabattfunktion	• Vertragliche Wechselbarrieren • Ökonomische Wechselbarrieren
Distribution	• Individualisierung durch flexibles Angebot an Vertriebskanälen • Flexible und kundenindividuelle Lieferung bzw. Lieferzeiten	• Hohe regionale und zeitliche Verfügbarkeit durch innovative Vertriebskanäle	• Bauliche oder technologische Installation eines Vertriebskanals beim Kunden • Multichanneling
Personal	• Flexibilisierung der Mitarbeiter • Förderung von Zuverlässigkeit und Empathie der Mitarbeiter • Entscheidungskompetenzen	• Sicherstellung umfassender Leistungskenntnisse der Mitarbeiter • Förderung der Empathie der Mitarbeiter	• Emotionale Wechselbarrieren • Mitarbeiterzufriedenheit und -motivation • Kontinuität der Ansprechpartner • Kundenbindung durch Mitarbeiterbindung

Abbildung 6: Instrumente des Kundenbindungsmanagements im Überblick
(Quelle: in Anlehnung an Bruhn 2016c, S. 205)

4.2 Ansatzpunkte eines integrierten Kundenbindungsmanagements

Die hier vorgenommene Aufzählung verschiedener Instrumente der Kundenbindung (vgl. auch Homburg 2015 zu Instrumenten der Kundenbindung) ist keinesfalls erschöpfend. Weiterhin ist zu beachten, dass der Einsatz eines dieser Instrumente das Ziel der Kundenbindung nicht alleine bewirken kann. Vielmehr ist es notwendig, einen aufeinander abgestimmten, kombinierten Einsatz von mehreren Maßnahmen vorzunehmen (Kundenbindungsinstrumente-Mix). Dieses Ziel lässt sich auch unter dem Begriff des *integrierten Kundenbindungsmanagements* subsumieren. Allerdings ist der Integrationsgedanke in der Unternehmenspraxis noch nicht so weit umgesetzt, dass von einem ganzheitlichen Integrationskonzept gesprochen werden kann. Vielmehr existieren nur erste Ansatzpunkte der Koordination von Maßnahmen.

Bevor näher auf die Umsetzung eines integrierten Kundenbindungsmanagements eingegangen wird, werden fünf übergeordnete *Prinzipien* vorgestellt, die bei der Auswahl der Instrumente zu beachten sind, um einen geschlossenen Gesamteindruck zu erreichen (vgl. Diller 1995; Homburg/Werner 1998):

- Zugang zu den *Informationen* über das Kundenbindungsmanagement,
- Ausgewogenheit der *Investitionen* in Geschäftsbeziehungen,

- Erhaltung der *Individualität* eines Kunden bzw. eines Kundensegmentes,
- Sicherstellung einer hohen *Interaktion* mit dem Kunden, da diese als wesentliche Voraussetzung für die Effektivität und das Funktionieren von Kundenbindungsinstrumenten gilt,
- Sicherstellung der Gewährleistung einer *Integration* des Kunden in das Unternehmen (d.h. in die Strukturen und Prozesse) durch die Verantwortlichen des Kundenbindungsmanagements (vgl. zur Kundenbindung durch Kundenintegration den Beitrag von Büttgen in dem vorliegenden Handbuch).

Die beschriebenen Prinzipien werden beispielsweise durch das Instrument *Kundenclub* realisiert (Schweitzer 2012). Ein Kundenclub zeichnet sich dadurch aus, dass Kunden aufgrund ihrer freiwilligen Mitgliedschaft in dem entsprechenden Club bestimmte Vorteile nutzen können. Je nach Zielsetzung des Unternehmens werden dabei unterschiedliche Club-Arten wie VIP-Club, Fan-Club, Vorteils-Club, Life-Style-Club oder Product-Interest-Club angeboten (Homburg/Faßnacht 1998; Gummesson 2008 sowie Braun/Reinecke/Tomczak in dem vorliegenden Handbuch). Kundenclubs können als erster Schritt in die Richtung einer integrierten Kundenbindungsstrategie gesehen werden, da hier der Versuch unternommen wird, die einzelnen (produkt-, preis-, kommunikations- sowie distributionspolitischen) Instrumente aufeinander abzustimmen. Die Potenziale zur Steigerung der Kundenbindung im Rahmen eines Kundenclubkonzeptes sind beachtlich (Diller 1997; Hinterhuber/Matzler 2009).

5. Implementierung des Kundenbindungsmanagements

Unter dem Begriff Implementierung wird ein Prozess verstanden, durch den „Marketingpläne in fassbare Einzelaufgaben umgewandelt werden" und durch den sichergestellt wird, dass diese Aufgaben auch die Ziele des Plans erfüllen können (Meffert et al. 2015 sowie auch den Beitrag von Götz/Krafft in dem vorliegenden Handbuch). Grundsätzlich lassen sich als zentrale Problemfelder der Implementierung die *Umsetzung* (Spezifizierung der Strategie) sowie die *Durchsetzung* einer Strategie (Akzeptanz sowie interne Voraussetzungen schaffen) identifizieren (Bruhn 2016c). Im Hinblick auf die Kundenbindung werden hier vor allem die Anpassung der *Systeme*, der *Strukturen* sowie der *Kultur* eines Unternehmens betrachtet, um ein Kundenbindungsprogramm zu implementieren (Bruhn 2016c). Abbildung 7 greift diese Systematisierung auf und weist den drei Dimensionen ausgewählte Maßnahmen zur *Implementierung des Kundenbindungsmanagements* zu.

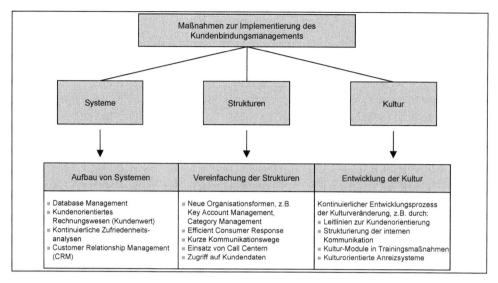

Abbildung 7: Maßnahmen zur Implementierung des Kundenbindungsmanagements
(Quelle: in Anlehnung an Bruhn 2016c, S. 257)

Systemorientierte Maßnahmen

Ein professionelles *Database Management* ist eine bedeutende Grundlage für ein erfolgreiches Kundenbindungsmanagement. Um seine Kunden analysieren zu können, ist es für ein Unternehmen notwendig, dass es nicht nur Informationen über die Adressen der Kunden und ihre vergangenen „Kaufgeschichten", sondern zudem ihre erklärten oder prognostizierten zukünftigen Kaufabsichten abrufen kann. Im Rahmen eines professionellen Database Management werden systematisch Kundendaten erfasst und ausgewertet. Hierdurch können Zielgruppen identifiziert, eine Segmentierung vorgenommen sowie Befragungen besser initialisiert werden. Ferner bietet ein Database Management die Basis zur Berechnung von individuellen Kundenwerten. Eine weitere Maßnahme ist die regelmäßige Durchführung von *Kundenzufriedenheitsanalysen*. Im Rahmen der betrieblichen Marktforschung werden die Kunden hinsichtlich ihrer Zufriedenheit und ihrer Bindung zum entsprechenden Objekt befragt. Hieraus lassen sich Rückschlüsse auf neue Entwicklungen sowohl im Bereich der Zufriedenheit als auch im Bereich der Kundenbindung ziehen. Ebenfalls können die für Kunden zentralen Leistungsbereiche identifiziert und gezieltere Maßnahmen ergriffen werden.

Darüber hinaus ist ein *kundenorientiertes Rechnungswesen* als notwendige Voraussetzung für die Implementierung des Kundenbindungsmanagements anzusehen. Im Rahmen der Realisierung von Kundenbindungskonzepten entsteht in der Regel die Notwendigkeit, spezifische Informationen, die in der traditionellen Kosten- und Leistungsrechnung nicht erhoben werden, im Rechnungswesen aufzuarbeiten. Der *Kundenwert* kann hier als zentrale Kenngröße angeführt werden. Zudem geht es um die Evaluierung der Attraktivität von Kunden und ihres Potenzials, die auf Basis der Daten aus dem Rechnungswesen beurteilt werden. Einen bedeutenden Beitrag liefert die ABC-Kundenanalyse, mit deren Hilfe das gegenwärtige sowie zukünftige Potenzial geschätzt wird. Aufgrund dieser Ergebnisse lassen sich somit die Kosten eines Kundenbindungsmanagements und seiner Instrumente kalkulieren (vgl. hierzu auch die Beiträge von Bruhn/Hadwich/Georgi sowie Kühnl/Prigge in dem vorliegenden Handbuch). Hieraus wiederum entsteht die Möglichkeit, über dynamische Kapitalbudgetierungstechniken auch zukünftige Kundenwerte abzuschätzen.

Strukturelle Maßnahmen

Letztlich sind auch organisatorische Voraussetzungen für die Implementierung eines Kundenbindungsmanagements zu beachten. Wird beispielsweise die Gestaltung der Geschäftsbeziehung zwischen Absatzmittler und Hersteller betrachtet, so sind (neue) *Organisationsformen*, z.B. Key Account Management, Category Management oder Efficient Consumer Response (ECR) (vgl. zu ECR den Beitrag von Swoboda/Morschett in dem vorliegenden Handbuch) zu nennen, die den Dialog und die Interaktion mit der Kundenbindungszielgruppe effizienter gestalten und zudem in der Lage sind, die *interne Kommunikation* zu verbessern. Organisatorisch bietet sich hier auch der Einsatz von Call Centern an. Über diese Voraussetzungen hinaus ist ein problemloser Zugriff auf die vorhandenen Kundendaten eine weitere Notwendigkeit, die durch die Unternehmensführung sicher zu stellen ist.

Kulturelle Maßnahmen

Sämtliche Ansätze zur Kundenbindung können nur dann erfolgreich umgesetzt werden, wenn sie von den Mitarbeitenden getragen und aktiv gestaltet werden. Dies impliziert für den Mitarbeitenden bzw. das Unternehmen, dass gerade in sich schnell verändernden Wettbewerbssituationen der Wille zur ständigen Anpassung und Veränderung in der Unternehmenskultur verankert wird und die Bedeutung der Kundenbindung allgemein bekannt und anerkannt ist (Hinterhuber/Matzler 2009). Über die Frage der Anpassungsfähigkeit bestehender Kulturtypen wurde in der Vergangenheit intensiv und vor allem kontrovers diskutiert (Homburg 2000). Mittlerweile hat sich jedoch die Erkenntnis durchgesetzt, dass ein Kulturveränderungsprozess – wenn auch nur sehr langsam – durchaus möglich und auch steuerbar ist. Als mögliche Maßnahmen sei beispielsweise auf die gemeinsame Erarbeitung von Unternehmensleitlinien, die Restrukturierung der internen Kommunikation oder die Integration von „Kultur-Modulen" im Rahmen von kundenorientierten Schulungs- und Trainingsmaßnahmen verwiesen. Auch *kundenorientierte Anreizsysteme*, wie die Verknüpfung eines variablen Gehaltsanteiles an Kennzahlen zur Kundenbindung (vgl. hierzu Homburg/Jensen 2000), können einen Beitrag zur Veränderung der Unternehmenskultur leisten. Dies ist somit eine übergeordnete Voraussetzung, die nicht ausschließlich dem Kundenbindungsmanagement im engeren Sinne zuzurechnen ist.

Festzuhalten bleibt, dass interne Voraussetzungen zu schaffen sind, bevor das Kundenbindungsmanagement in der Unternehmenspraxis implementiert werden kann. Diese sind mit Investitionen verbunden, bringen jedoch auch außerhalb des Kundenbindungsmanagements zusätzliche Vorteile für ein Unternehmen.

6. Kontrolle des Kundenbindungsmanagements

Für die Gewährleistung einer systematischen Gestaltung des Kundenbindungsmanagements vor dem Hintergrund der Unternehmensziele ist eine Kontrolle der geplanten und umgesetzten Aktivitäten des Kundenbindungsmanagements erforderlich. Die wirkungsbezogene Bewertung des Kundenbindungsmanagements hat sowohl nach Effektivitäts- als auch nach Effizienzkriterien zu erfolgen (vgl. den Beitrag von Reinecke in dem vorliegenden Handbuch).

6.1 Bewertung der Effektivität des Kundenbindungsmanagements

Im Rahmen einer *Effektivitätskontrolle* des Kundenbindungsmanagements wird die Eignung von Kundenbindungsmaßnahmen beurteilt, ein bestimmtes Ziel (z.B. Wiederkauf, Cross Buying, Weiterempfehlung) zu realisieren. Hinsichtlich des Erhebungszeitpunktes von Effektivitätskennziffern des Kundenbindungsmanagements (für einen Überblick vgl. Diller 1996) werden eine *intentionale* und eine *faktische* Effektivitätskontrolle unterschieden.

Bei der *intentionalen Effektivitätskontrolle* werden Wirkungen des Kundenbindungsmanagements vor ihrer tatsächlichen Realisierung erfasst. Als Kontrollgrößen werden Indikatoren für das beabsichtigte Kaufverhalten ermittelt, z.B. die Wiederkauf-, Cross-Buying- oder Weiterempfehlungsabsicht. Diese Kenngrößen lassen sich vor allem durch Kundenbefragungen erfassen. Aufgrund der nicht gegebenen objektiven Beobachtbarkeit dieser Indikatoren erfährt dieser Ansatz eine Einschränkung. Zur *faktischen Effektivitätskontrolle* werden die Konsequenzen des Kundenbindungsmanagements nach ihrem tatsächlichen Auftreten erhoben. Hierbei wird das tatsächliche Kundenverhalten gemessen, indem als Kenngrößen u.a. die Anzahl der Wiederkäufe, das Cross Buying oder die Weiterempfehlungen erfasst werden. Diese Größen sind objektiv beobachtbar und leicht zu erfassen, da sie in einigen Unternehmen in einer Datenbank bereits vorhanden sind. Zur umfassenden Effektivitätskontrolle des Kundenbindungsmanagements reicht es nicht aus, eine einseitige Kontrolle dieser Dimensionen durchzuführen. Vielmehr gilt es, beide Kundenbindungsdimensionen – Absichten und tatsächliches Verhalten – kontinuierlich

6.2 Bewertung der Effizienz des Kundenbindungsmanagements

zu messen (für eine Betrachtung der KPIs der Kundenbindung vgl. den Beitrag von Fürst/Thomas in dem vorliegenden Handbuch).

Eine *Effizienzkontrolle* hat die Untersuchung von Input-Output-Relationen des Kundenbindungsmanagements zum Gegenstand und kann durch die Wirtschaftlichkeitsanalyse des Kundenbindungsmanagements erfolgen (vgl. den Beitrag von Bruhn/Georgi in dem vorliegenden Handbuch). Hierbei wird der Nutzen des Kundenbindungsmanagements seinen Kosten gegenübergestellt, um somit die Profitabilität zu beurteilen. Die *Kosten des Kundenbindungsmanagements* entsprechen den für Kundenbindungsaktivitäten aufgewendeten Mitteln. Aufgrund des Gemeinkostencharakters der kundenbindungsbezogenen Kosten ist der Entwurf einer Prozesskostenrechnung des Kundenbindungsmanagements erforderlich. Der *Nutzen des Kundenbindungsmanagements* steht in engem Zusammenhang zu den oben genannten Effektivitätskennziffern und repräsentiert das bewertete Maß der Zielerreichung durch Kundenbindungsaktivitäten. Grundlage des Kundenbindungsnutzens sind die Verhaltensweisen aktueller und potenzieller Kunden des Unternehmens, die in adäquater Weise zu monetarisieren sind.

Für Aussagen über die Effizienz des Kundenbindungsmanagements, sind die ermittelten Kosten- und Nutzenausprägungen durch die Bildung von Wirtschaftlichkeitskennziffern zu vergleichen. Im Hinblick auf die Berücksichtigung von Zeitaspekten lassen sich statische und dynamische *Ansätze der Wirtschaftlichkeitsanalyse* des Kundenbindungsmanagements unterscheiden (für das Qualitätsmanagement vgl. Bruhn/Georgi 1999; Bruhn 2016b). Bei der statischen Wirtschaftlichkeitsanalyse dienen der Kundenbindungsgewinn und die Kundenbindungsrendite als Wirtschaftlichkeitskenngrößen, während der Kundenbindungswert im Mittelpunkt der dynamischen Analyse steht.

Sowohl bei der Effektivitäts- als auch bei der Effizienzkontrolle des Kundenbindungsmanagements ist zu berücksichtigen, dass die Kontrollphase idealtypisch die „letzte" Phase des Kundenbindungsmanagements darstellt. Aufgrund des engen Zusammenhangs zur strategischen Planung und deren Zukunftsbezogenheit dürfen sich Kundenbindungskontrollen nicht in der Ex-post-Kontrolle der Kundenbindungsaktivitäten erschöpfen, sondern sind zudem zeitlich nach vorne gerichtet und erfolgen parallel zu den Planungs- und Umsetzungsprozessen.

7. Zum Aufbau des Handbuches

Ziel des Handbuches ist es, einen möglichst umfassenden Überblick über die verschiedenen Aspekte des Kundenbindungsmanagements sowie Anregungen sowohl für die Forschung als auch für die Implementierung von Kundenbindungskonzepten in der Praxis zu geben. Für die Erleichterung der Nutzung des Handbuches, werden der Aufbau und die Einordnung der einzelnen Beiträge innerhalb der gewählten Systematik kurz erläutert. Im ersten Teil des Handbuches – also in diesem Einführungsbeitrag – erfolgte eine überblicksartige Auseinandersetzung mit den Grundlagen des Kundenbindungsmanagements. Darauf aufbauend werden in Teil II ausgewählte theoretische Erklärungsansätze betrachtet. Auf dieser Grundlage werden in Teil III strategische Überlegungen zur systematischen Planung des Kundenbindungsmanagements vorgestellt. In Teil IV folgt die Betrachtung von ausgewählten Kundenbindungsinstrumenten. Dargestellt werden in diesem Zusammenhang z.B. Kundenclubs, Beschwerdemanagement und Preispolitik. Teil V beschäftigt sich darauf aufbauend mit der Implementierung des Kundenbindungsmanagements, wobei vor allem die Aspekte der Informationstechnologie ausführlich behandelt werden. Der Managementprozess schließt mit Teil VI, in dem die Kontrolle des Kundenbindungsmanagements thematisiert wird. Das Handbuch wird durch eine Vielzahl von Erfahrungsberichten aus der Unternehmenspraxis erweitert und vertieft, die in Teil VII abschließend zusammengestellt sind. Hierbei sind Erfahrungen aus der Dienstleistungs-, Gebrauchsgüter-, Verbrauchsgüter- und Industriegüterbranche sowie dem Nonprofit-Bereich eingeflossen. Abbildung 8 zeigt den Aufbau des Handbuches und die Einzelbeiträge im Überblick.

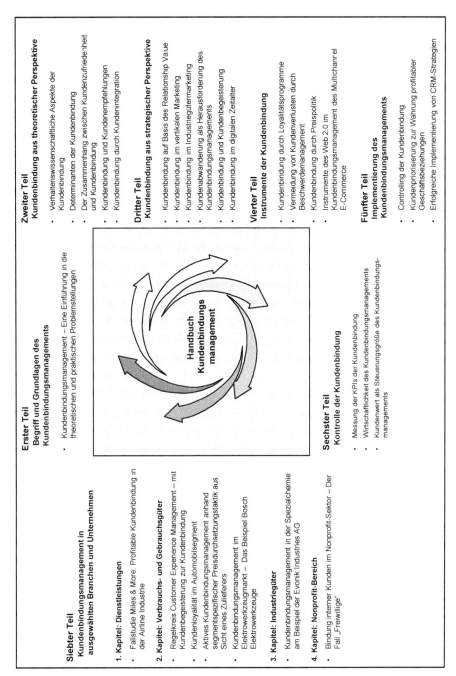

Abb. 8: Übersicht zum Aufbau des Handbuchs

Literaturverzeichnis

Anderson, J./Weitz, B. (1992): The Use of Pledges to Build and Sustain Commitment in Distribution Channels, in: Journal of Marketing Research, Vol. 29, No. 1, S. 18-34.

Bruhn, M. (2003): Relationship Marketing. Management of Customer Relationships. Harlow u.a..

Bruhn (2016a): Kundenorientierung. Bausteine für ein exzellentes Customer Relationship Management (CRM), 5. Aufl., München

Bruhn, M. (2016b): Qualitätsmanagement für Dienstleistungen. Handbuch für ein erfolgreiches Qualitätsmanagement. Grundlagen – Konzepte – Methoden, 10. Aufl., Berlin/Heidelberg.

Bruhn, M. (2016c): Relationship Marketing. Das Management von Kundenbeziehungen, 5. Aufl., München.

Bruhn, M./Georgi, D. (1999): Kosten und Nutzen des Qualitätsmanagements. Grundlagen – Konzepte – Fallstudien, München.

Coase, R. (1937): The Nature of the Firm, in: Economica, Vol. 4, S. 386-405.

Constantinides, E. (2006): The Marketing Mix Revisited: Towards the 21st Century Marketing, in: Journal of Marketing Management, Vol. 22, No. 2-3, S. 4070-0438.

Copeland, M. (1923): Relation of Consumer's Buying Habit to Marketing Methods, in: Harvard Business Review, Vol. 1, April, S. 282-289.

Cornelsen, J. (2000): Kundenwertanalysen im Beziehungsmarketing. Theoretische Grundlegung und Ergebnisse einer empirischen Studie im Automobilbereich, Nürnberg.

Dick, A.S./Basu, K. (1994): Customer Loyalty: Toward an Integrated Conceptual Framework, in: Journal of the Academy of Marketing Science, Vol. 22, No. 2, S. 99-113.

Diller, H. (1995): Kundenbindung als Zielvorgabe im Beziehungs-Marketing, Arbeitspapier Nr. 40, Lehrstuhl für Marketing, Universität Erlangen-Nürnberg, Nürnberg.

Diller, H. (1996): Kundenbindung als Marketingziel, in: Marketing ZFP, 18. Jg., Nr. 2, S. 81-94.

Diller, H. (1997): Was leisten Kundenclubs? Ein Testbeispiel, in: Marketing ZFP, 19. Jg., Nr. 1, S. 33-41.

Diller, H./Kusterer, M. (1995): Beziehungsmanagement, in: Tietz, B./Köhler, R./Zentes, J. (Hrsg.), Handwörterbuch des Marketing, 2. Aufl., Stuttgart, Sp. 286-300.

Dwyer, F.R./Schurr, P.H./Oh, S. (1987): Developing Buyer-Seller Relationships, in: Journal of Marketing, Vol. 51, No. 2, S. 11-27.

Festinger, L. (1957): A Theory of Cognitive Dissonance, Stanford.

Fornell, C./Johnson, M./Anderson, E./Cha, J./Bryant, B. (1996): The American Customer Satisfaction Index: Nature, Purpose and Findings, in: Journal of Marketing, Vol. 60, No. 4, S. 7-18.

Fritz, W. (1995): Marketing-Management und Unternehmenserfolg. Grundlagen und Ergebnisse einer empirischen Untersuchung, 2. Aufl., Stuttgart.

Geiß, M. R. (2015): Marketing-Konzeption zur Rückgewinnung ausgewählter Einzelhandelskunden: Ein Relationship Management-Ansatz am Beispiel des deutschen Buchhandels, Wiesbaden.

Gerpott, T.J. (2000): Kundenbindung – Konzepteinordnung und Bestandsaufnahme der neueren empirischen Forschung, in: Die Unternehmung, 54. Jg., Nr. 1, S. 23-42.

Giering, A. (2000): Der Zusammenhang zwischen Kundenzufriedenheit und Kundenloyalität. Eine Untersuchung moderierender Effekte, Wiesbaden.

Grönroos, C. (1994): From Marketing Mix to Relationship Marketing: Towards a Paradigm Shift in Marketing, in: Management Decision, Vol. 32, No. 2, S. 4-20.

Grund, M.A. (1998): Interaktionsbeziehungen im Dienstleistungsmarketing. Zusammenhänge zwischen Zufriedenheit und Bindung von Kunden und Mitarbeitern, Wiesbaden.

Gudergan, I. G./Siegers, D. W. I. J. (2016): Kundensysteme, in: Schuh, G./Gudergan, I. G./Kampker, A. (Hrsg.) Management industrieller Dienstleistungen: Handbuch Produktion und Management, Wiesbaden, S. 141-168.

Gummesson, E. (2008): Total Relationship Marketing, 3. Aufl., Oxford.

Günter, B./Helm, S. (2015): Die Bewertung von Kundenbeziehungen im Industriegütermarketing, in: Backhaus, K./Voeth, M. (Hrsg.): Handbuch Business-to-Business-Marketing, Wiesbaden, S. 605-622.

Hanna, N./Wozniak, R./Hanna, M. (2009): Consumer Behavior. An Applied Approach, 3. Aufl., Dubuque.

Hennig-Thurau, T./Hansen, U. (Hrsg.) (2000): Relationship Marketing – Gaining Competitive Advantage Trough Customer Satisfaction and Customer Retention, Berlin u.a.

Hinterhuber, H.H./ Matzler, K. (2009): Kundenorientierte Unternehmensführung. Kundenorientierung – Kundenzufriedenheit – Kundenbindung, 6. Aufl., Wiesbaden.

Homburg, Ch. (2000): Kundennähe von Industriegüterunternehmen. Konzeption – Erfolgsauswirkungen – Determinanten, 3. Aufl., Wiesbaden.

Homburg, Ch. (2015): Marketingmanagement. Strategie – Instrumente – Umsetzung – Unternehmensführung, 5. Aufl., Wiesbaden.

Homburg, Ch./Faßnacht, M. (2001): Kundennähe, Kundenzufriedenheit und Kundenbindung bei Dienstleistungsunternehmen, in: Bruhn, M./Meffert, H. (Hrsg.), Handbuch Dienstleistungsmanagement. Von der strategischen Konzeption zur praktischen Umsetzung, 2. Aufl., Wiesbaden, S. 441-464.

Homburg, Ch./Jensen, O. (2000): Kundenorientierte Vergütungssysteme: Voraussetzungen, Verbreitung, Determinanten, in: Zeitschrift für Betriebswirtschaft, 70. Jg., Nr. 1, S. 55-74.

Homburg, Ch./Werner, H. (1998): Kundenorientierung mit System, Frankfurt a.M.

Hoyer, W./McInnis, D./Pieters, R. (2012): Consumer Behavior, 6. Aufl., Boston.

Jacoby, J./Chestnut, R.W. (1978): Brand Loyalty Measurement and Management, New York.

Jacoby, J./Kyner, D. (1973): Brand Loyalty versus Repeat Purchasing Behavior, in: Journal of Marketing Research, Vol. 10, No. 1, S. 1-9.

Kleinaltenkamp, M./Plinke, W./Geiger, I./Jacob, F./Söllner, A. (Hrsg.) (2011): Geschäftsbeziehungsmanagement, 2. Aufl., Wiesbaden.

Kroeber-Riel, W./Gröppel-Klein (2013): Konsumentenverhalten, 10. Aufl., München.

Langer, A./Eisend, M./Kuß, A. (2008): Zu viel des Guten? Zum Einfluss der Anzahl von Ökolabels auf die Konsumentenverwirrtheit, in: Marketing ZFP, 30. Jg., Nr. 1, S. 19-28.

Mauritz, H. (2013): Interkulturelle Geschäftsbeziehungen: eine interkulturelle Perspektive für das Marketing, Wiesbaden.

Meffert, H./Bruhn, M./Hadwich, K. (2015): Dienstleistungsmarketing. Grundlagen – Konzepte – Methoden, 8. Aufl. Wiesbaden.

Meyer, A./Oevermann, D. (1995): Kundenbindung, in: Tietz, B./Köhler, R./Zentes, J. (Hrsg.), Handwörterbuch des Marketing, 2. Aufl., Stuttgart, Sp. 1340-1351.

Michalski, S. (2001): Kundenabwanderungs- und Kundenrückgewinnungsprozesse – eine theoretische und empirische Untersuchung am Beispiel von Banken, Wiesbaden.

Möller, K./Wilson, D. (1992): Interaction and Network Approach to Business Marketing. A Review and Evaluation, Working Paper, Institute for the Study of Business Markets, Pennsylvania State University, Pennsylvania.

Neu, M./Günter, J. (2015): Erfolgreiche Kundenrückgewinnung: Verlorene Kunden identifizieren, halten und zurückgewinnen, Wiesbaden.

Oliver, R. (2009): Satisfaction. A Behavioral Perspective on the Consumer, 2. Aufl., New York.

Reichheld, F.F./Sasser, E.W. (1990): Zero Defections: Quality Comes to Services, in: Harvard Business Review, Vol. 68, No. 5, S. 105-111.

Rusbult, C. (1983): A Longitudinal Test of the Investment Model: The Development (and Deterioration) of Satisfaction and Commitment in Heterosexual Involvements, in: Journal of Personality and Social Psychology, Vol. 45, No. 1, S. 101-117.

Ryals, L. (2005): Making Customer Relationship Management Work: The Measurement and Profitable Management of Customer Relationships, in: Journal of Marketing, Vol. 69, No. 4, S. 252-261.

Schweitzer, S. (2012): Kundenkarten und Kundenclubs, Berlin.

Szymanski, D./Henard, D. (2001): Customer Satisfaction: A Meta-Analysis of the Empirical Evidence, in: Journal of the Academy of Marketing Science, Vol. 29, No. 1, S. 16-35.

Thibaut, J./Kelley, H. (1959): The Social Psychology of Groups, New York.

Trommsdorff, V./Teichert, T. (2011): Konsumentenverhalten, 8. Aufl., Stuttgart.

Turnbull, P. W./Valla, J. P. (2013): Strategies for international industrial marketing, Routledge.

von Rosenstiel, L./Ewald, G. (1979): Marktpsychologie, Konsumverhalten und Kaufentscheidung, Band 1, Stuttgart u.a.

Weißenberger, B.E. (1998): Zur Bedeutung von Vertrauensstrategien für den Aufbau und Erhalt von Kundenbindung im Konsumgüterbereich, in: Zeitschrift für betriebswirtschaftliche Forschung, 50. Jg., Nr. 7/8, S. 614-640.

Williamson, O. (1991): Comparative Economic Organizations: The Analysis of Discrete Structural Alternatives, in: Administrative Science Quaterly, Vol. 36, S. 269-296.

Williamson, O./Ghani, T. (2011). Transaction cost economics and its uses in marketing, in: Journal of the Academy of Marketing Science, Vol. 40, No. 1, S. 74-85.

Wilson, D./Mummalaneni, V. (1988): Modeling and Measuring Buyer-Seller Relationships, Working Paper, Institute for the Study of Business Markets, Pennsylvania State University, Pennsylvania.

Wuehrer, G. A./Smejkal, A. E. (2013): Diversity in Homogeneity – A longitudinal bibliometric review of Industrial Marketing and Purchasing (IMP) Group Conferences from 1984 to 2012, in: IMP Journal, Vol. 7, No. 3, S. 140-158.

Yadav, M. S./De Valck, K./Hennig-Thurau, T./Hoffman, D. L./Spann, M. (2013): Social commerce: a contingency framework for assessing marketing potential, in: Journal of Interactive Marketing, Vol. 27, No. 4, S. 311-323.

Zimmer, P. (2013): Commitment in Geschäftsbeziehungen, Wiesbaden.

Summary

In the past decades the traditional perspective of marketing (4 Ps) has been challenged to a relationship approach. The „new paradigm" has been used to reflect a number of different aspects of relationships between customers and companies – one aspect is to build customer loyalty. Many companies have recently implemented customer loyalty programs to retain their customers. This article gives an overview of the theoretical background of customer retention management and its recent developments in marketing science. Marketing instruments to retain customers and methods to implement and control a customer retention management concept are discussed.

Zweiter Teil

Kundenbindung aus theoretischer Perspektive

Andrea Gröppel-Klein, Jörg Königstorfer und Ralf Terlutter

Verhaltenswissenschaftliche Aspekte der Kundenbindung

1. Einführung und Ziele des Beitrags
2. Verhaltenswissenschaftliche Verankerung der Kundenbindung
3. Theoretische Grundlagen der verhaltenswissenschaftlichen Kundenbindungsanalyse
   3.1 Die Bedeutung von Emotionen, Motivationen, Kognitionen und unbewussten Prozessen
   3.2 Theoretische Ansätze zu sozialen Einflüssen
   3.3 Theoretische Ansätze zu institutionellen Einflüssen
4. Aktuelle Trends im Konsumentenverhalten, Lebensstile, Wertvorstellungen und Konsumentenkultur
5. Sozialtechnische Implikationen für das Marketing

Literaturverzeichnis

Univ.-Prof. Dr. Andrea Gröppel-Klein ist Direktorin des Instituts für Konsum- und Verhaltensforschung und Inhaberin des Lehrstuhls für Marketing an der Universität des Saarlandes, Saarbrücken. Univ.-Prof. Dr. Jörg Königstorfer ist Inhaber der Professur für Sport- und Gesundheitsmanagement an der Technischen Universität München. Univ.-Prof. Dr. Ralf Terlutter ist Inhaber der Professur für Marketing und Internationales Management an der Alpen-Adria Universität Klagenfurt.

1. Einführung und Ziele des Beitrags

Kundenbindung steht seit mehr als zehn Jahren im Fokus der wissenschaftlichen Marketingliteratur. Eggert (2006, S. 43) spricht gar vom „Leitwort" der heutigen Marketingdisziplin. Für Unternehmen stellt Kundenbindung ein strategisch reizvolles Ziel dar. Treue Kunden werden mit kontinuierlicher Umsatzgenerierung, Kostenersparnissen im Marketingbereich, positiver Mund-zu-Mund-Propaganda, dem Aufbau von Wechselbarrieren und kanalübergreifenden Käufen in Verbindung gebracht (Diller 1996; Reichheld/Teal 1996) und haben daher in der Regel einen höheren Kundenwert („customer value") als Kunden, die häufiger Anbieter wechseln. Kundenbindungsmaßnahmen liefern zudem Informationen, die als gesammeltes Wissen und Erfahrungen in zukünftige Marketingmaßnahmen eingebracht werden können. Zudem können Daten gewonnen werden, die für ein Auslösen, Erhalten und Beenden einer Geschäftsbeziehung herangezogen werden können (Reinartz et al. 2004). Auch die Möglichkeit, auf der Basis von kundenindividuellen Informationen Angebote zu individualisieren oder rasch auf sich ändernde Bedürfnisse zu reagieren, kann Wettbewerbsvorteile mit sich bringen – jedenfalls immer dann, wenn individualisierte Lösungen mit höheren Zahlungsbereitschaften der Kunden einhergehen (Mithas et al. 2005). Aus Unternehmenssicht ist somit die Bindung von Kunden aus vielfältigen Gründen erstrebenswert. Im Rahmen dieses Beitrags werden die verhaltenswissenschaftlichen Grundlagen der Kundenbindung dargestellt. Vor allem wird der Frage nachgegangen, welche Kundenbindungsmaßnahmen für Konsumenten vorteilhaft sind und was sie dazu motiviert, eine (teilweise langfristige) Bindung an ein bestimmtes Unternehmen einzugehen und durch dieses „Treueverhalten" auf Alternativen zu verzichten. Daneben geht der Beitrag auch auf das in der verhaltenswissenschaftlichen Literatur diskutierte Phänomen ein, dass manchen Konsumenten gar nicht bewusst wird, dass sie sich durch langfristige Verträge in ihren Wahlfreiheiten einschränken, während andere sich als „Opfer" von externen Kundenbindungsprogrammen sehen, bei denen man ihnen gar keine andere Wahl gelassen habe.

Grundsätzlich kann die Analyse von Kundenbindung aus zwei unterschiedlichen Perspektiven erfolgen:

(1) Fokus auf den *Anbieter*, bei dem es darum geht, die Instrumente zur Kundenbindung von Seiten des Anbieters förderlich zu steuern; man spricht von Kundenbindungsmanagement („customer relationship management", „relationship marketing").

(2) Fokus auf den *Nachfrager*, bei dem es v.a. darum geht, die Voraussetzungen und Konsequenzen der Kundenbindung („customer loyalty", „customer retention") beim Nachfrager zu identifizieren und die beim Nachfrager ablaufenden Prozesse zu verstehen, um Ansatzpunkte für eine Beeinflussung zu finden.

Der vorliegende Beitrag widmet sich beiden Fragestellungen, wobei die zweite Betrachtungsmöglichkeit ausführlichere Beachtung findet, da hier Konsumenten im Mittelpunkt stehen. Aus einer *verhaltenswissenschaftlichen Perspektive* werden zentrale motivationale sowie sozial und institutionell begründbare Konzepte angesprochen, die für dauerhafte Beziehungen im B2C-Bereich von Bedeutung sind. Der verhaltenswissenschaftliche Ansatz im Marketing versucht in einer Abwendung von den Vorstellungen des vollkommenen Marktes, vom Rationalprinzip bzw. von dem Menschenbild des *Homo oeconomicus*, das tatsächliche (Entscheidungs-)Verhalten von Einzelpersonen, Gruppen (auch unterschiedlichen Kulturen) und ganzen Organisationen mithilfe der Erkenntnisse der Verhaltenswissenschaften, d.h. der auf Erklärung des menschlichen Verhaltens gerichteten Sozialwissenschaften (Psychologie, Sozialpsychologie und Soziologie), sowie der Physiologie, der Biologie und Gehirnforschung, der Anthropologie und der vergleichenden Verhaltensforschung, zu erfassen (Gröppel-Klein 2007). Ziel des Beitrags ist es, das Verständnis von Kundenbindung aus Sicht der Verhaltenswissenschaften und insbesondere der Konsumentenverhaltensforschung darzulegen und darauf aufbauend einen „State of the Art" der wichtigsten theoretischen Grundlagen für die Kundenbindung aufzuzeigen. Diese Erkenntnisse werden genutzt, um anschließend sozialtechnische Implikationen für Anbieter abzuleiten. Grundlage dieses Beitrages bilden sowohl *erklärende* verhaltenswissenschaftliche Ansätze (Positivismus), die darauf abzielen, generalisierbare und prognostizierbare Muster des Kundenbindungsverhaltens aufzudecken, als auch *verstehende* (interpretative) Ansätze, die erklären möchten, warum sich ein bestimmter Konsument bzw. eine Gruppe von Konsumenten an ein Produkt, eine Dienstleistung, ein Unternehmen bzw. eine Marke bindet (Gröppel-Klein 2007; Kroeber-Riel/Gröppel-Klein 2013).

2. Verhaltenswissenschaftliche Verankerung der Kundenbindung

Im Mittelpunkt des Beziehungsmarketing steht die langfristige Kundenbindung. Nach dem typologischen Ansatz von Meyer/Oevermann (1995, S. 1340ff.) lassen sich die folgenden fünf Bindungsursachen aufführen:

- Situative Bindungsursachen (z.B. der günstige Standort eines Handelsunternehmens aus Kundensicht),
- Vertragliche Bindungsursachen (z.B. die 24-Monats-Verträge von Mobilfunkanbietern),
- Technisch-funktionale Bindungsursachen (z.B. aufgrund einer einheitlichen PC-Software),
- Ökonomische Bindungsursachen (z.B. aufgrund hoher Wechselkosten) und
- Psychologische Bindungsursachen (z.B. aufgrund von Kundenzufriedenheit oder persönlichen Beziehungen).

Folgt man einer solchen Klassifizierung, so stellt sich die Frage nach der Bedeutung der einzelnen Bindungsursachen für die Kundenbindung. Obwohl eine solch komplexe Frage die Spezifika von Branchen, Produkten usw. berücksichtigen muss, kann Folgendes festgestellt werden: Die psychologischen Bindungsursachen sind zumindest insoweit von dominanter Bedeutung, als psychische Prozesse implizit bei den anderen vier Bindungsursachen beteiligt sind. So kann z.B. eine vertragliche Bindung bei Kunden zu einem Gefühl der unfreiwilligen Gebundenheit und weiter zu negativen Einstellungen führen; der Standortvorteil eines Anbieters als situative Bindungsursache führt zur habituellen Wahl des Anbieters (auch wenn dessen Preis-Leistungs-Angebot nicht überlegen ist); oder eine auf ökonomischen Faktoren beruhende Kundenbindung geht mit zu hohen psychischen Wechselkosten einher. Weiterhin sind psychologische Bindungsursachen auch dann noch relevant, wenn die anderen beschriebenen Bindungsursachen im Zeitverlauf entfallen. Wenn also beispielsweise ein 24-Monats-Vertrag mit einem Mobilfunkanbieter ausläuft, entscheiden die psychischen Bindungsfaktoren (z.B. aufgrund von Zufriedenheit) über das Ausmaß der zukünftigen Kundenbindung. Es ist ebenso möglich, dass die psychologischen Bindungsursachen erst die weiteren Bindungsursachen ermöglichen: Beispielsweise führt erst das Gefühl einer freiwilligen Bindung aufgrund von Zufriedenheit zum Abschluss eines verpflichtenden Vertrages oder zur Einwilligung zu der Nutzung bestimmter technischer Standards, die der Kunde sonst nicht erwogen hätte. Insbesondere die große Bedeutung der psychologischen Faktoren für die Kundenbindung zeigt die zwingende Notwendigkeit auf, diese Thematik aus verhaltenswissenschaftlicher Sicht zu untersuchen.

Diller (1996) und Verhoef et al. (2002) identifizieren Involvement, Commitment, Vertrauen, Preisfairness und Zufriedenheit als Hauptdeterminanten der Kundenbindung. In der Literatur wurde insbesondere die Bedeutung der psychologischen Bindungsursache „Kundenzufriedenheit" für die Kundenbindung in einer Vielzahl empirischer Studien näher analysiert. Diese wurden mit den Untersuchungszielen durchgeführt, entweder direkte (positive) Zusammenhänge zwischen Zufriedenheit und Bindung zu untersuchen, funktionale Zusammenhänge zu betrachten oder moderierende Effekte aufzudecken (Homburg/Bucerius 2012). „Kundenzufriedenheit" bezeichnet die Bewertung der wahrgenommenen Qualität in der Nachkaufphase auf Basis tatsächlich mit einem Unternehmen gemachter Erfahrungen in Relation zu den Leistungserwartungen vor einem Kauf (Homburg et al. 2005). Generell gilt Kundenzufriedenheit als eine Schlüsselgröße für den langfristigen Erfolg von Unternehmen (z.B. Oliver 1999). Dem liegt die Vermutung zugrunde, dass Zufriedenheit sowohl die psychischen Determinanten im Kunden (z.B. Einstellung, Vertrauen) als auch wichtige Verhaltensvariablen (z.B. Wiederkaufverhalten, Weiterempfehlung, Zusatzkaufverhalten) positiv beeinflusst, die langfristig den ökonomischen Erfolg des Unternehmens wesentlich (mit-)bestimmen (z.B. Halstead/Page 1992; Anderson/Sullivan 1993; Zeithaml et al. 1996; Mittal et al. 1999; vgl. Homburg/Bucerius 2012 für eine zusammenfassende Darstellung). Damit ist die Erreichung von Kundenzufriedenheit ein wichtiges Unternehmensziel, v.a. in wettbewerbsintensiven Märkten (Fornell 1992). Kundenzufriedenheit wird sowohl von affektiven als auch von kognitiven Prozessen determiniert (Szymanski/Henard 2001; Smith/Bolton 2002; Homburg et al. 2006; Oliver 2014) und besitzt einen dynamischen Charakter, d.h. im Zeitverlauf treten Veränderungen in der Wahrnehmung ein (Bolton/Lemon 1999; Mittal et al. 1999; Mittal et al. 2001; Slotegraaf/Inman 2004; Homburg et al. 2006). In der Literatur wird zumeist das CD-Paradigma (Confirmation/Disconfirmation-Paradigma) als theoretische Grundlage für Kundenzufriedenheitsstudien herangezogen. Dieses besagt, dass Kundenzufriedenheit aus dem Vergleich der tatsächlichen Erfahrung bei der Inanspruchnahme einer Leistung (Ist-Leistung) mit einem individuell ausgeprägten Vergleichsstandard des Konsumenten (Soll-Leistung) resultiert. Typische Untersuchungsgegenstände in empirischen Studien sind z.B. Autos, Kreditkarten, Handyverträge oder CDs. Dabei wurden einige Variablen identifiziert, die einen Moderatoreffekt auf den Zusammenhang zwischen Kundenzufriedenheit und Kundenbindung besitzen. Diese Moderatorvariablen lassen sich in Charakteristika der Konsumenten, Eigenschaften einer formellen oder informellen Bindung sowie Besonderheiten des Marktplatzes unterscheiden:[1]

- Charakteristika der Konsumenten: Involvement (+) (Giering 2000; Homburg/Giering 2001 (-); Seiders et al. 2005), persönliche Bindungsstile (Wirkung über den Konsumbindungsstil „Suche nach Nähe" (+) bzw. „sicher" (n.s.) (Paulssen/Fournier 2005), latentes Zufriedenheitsurteil (-) (Bloemer/Kasper 1995), Wunsch nach Abwechslung (-) (Peter 1999; Giering 2000 (+); Homburg/Giering 2001), kognitiv-aktive Unsicherheitsreduktion (+) (Giering 2000), Commitment (-) (Brown et al. 2005), soziale Beeinflussbarkeit (-) (Giering 2000), „heavy user" (+) (Bowman/Narayandas 2001), Haushaltseinkommen (-) (Homburg/Giering 2001; Seiders et al. 2005; Cooil et al. 2007), Alter (+) (Homburg/Giering 2001; Mittal/Kamakura 2001; Baumann et al. 2005), weibliches Geschlecht (+) (Mittal/Kamakura 2001), Bildung (-) (Mittal/Kamakura 2001), Ausmaß der Zufriedenheit (+) (Chandrashekaran et al. 2007).

- Charakteristika der formellen und informellen Bindung: Alter der Bindung (+) (Bolton 1998; Verhoef et al. 2002; Homburg et al. 2003; Verhoef 2003; Baumann et al. 2005; Cooil et al. 2007), bisherige Loyalität (+) (Bowman/Narayandas 2001; van Doorn/Verhoef 2008), transaktionsorientierte Beziehungsorientierung (+) (Garbarino/Johnson 1999), Transaktionskosten (+) (Oliva/Oliver/MacMillan 1992), Erstkontakt mit einem Anbieter (+) (Bowman/Narayandas 2001), Vertrauen (+) (Homburg et al. 2003; Chandrashekaran et al. 2007), Stärke der interpersönlichen Beziehungen (-) (Jones et al. 2000), Wert der Beziehung (+) (Agustin/Singh 2005), negative kritische Ereignisse (+) (van Doorn/Verhoef 2008 in Bezug auf die Preiszufriedenheit).

- Marktplatzcharakteristika: Bequemlichkeit der Angebote (+) (Seiders et al. 2005), wahrgenommene Wechselkosten (-) (Peter 1999; Jones et al. 2000), Produktkomplexität (-) (Giering 2000), Produktbedeutung (+) (Giering 2000), Verfügbarkeit bzw.

---

[1] (+) Symbole bezeichnen positive moderierende Effekte, (-) Symbole negative moderierende Effekte, d.h. der Effekt von Kundenzufriedenheit auf die entsprechende abhängige Variable nimmt mit zunehmendem Einfluss der Moderatorvariablen zu bzw. ab; den übergreifenden Erkenntnissen *widersprechende* Ergebnisse sind *direkt* den Autoren zugeordnet. Bei dieser Übersicht muss jedoch beachtet werden, dass z.T. verschiedene abhängige Variablen untersucht wurden.

Attraktivität von Alternativen (-) (Peter 1999; Giering 2000; Jones et al. 2000), technologische Dynamik (-) (Giering 2000), Onlinehandel im Vergleich zum stationären Handel (-) (Shankar/Smith/Rangaswamy 2003).

Die Ergebnisse der Studien zu direkten Effekten der Kundenzufriedenheit auf die Kundenbindung sowie die oben erwähnten Studien zu moderierenden Effekten belegen zumeist den positiven Effekt der Zufriedenheit auf die Kundenbindung; sie zeigen jedoch ebenfalls, dass Kundenzufriedenheit eine – mit wenigen Ausnahmen – notwendige, aber nicht hinreichende Bedingung für eine (psychische) Kundenbindung zu sein scheint. Der Zusammenhang von Kundenzufriedenheit und Kundenbindung ist also nicht so eng und nicht so stringent wie häufig angenommen. Ebenso besteht Unklarheit über die funktionale Beziehung dieser beiden Konstrukte (Homburg et al. 2005). Yi/La (2004) betonen die Relevanz von *Erwartungen* im Kundenzufriedenheitsprozess: Angepasste Erwartungen sind *Post hoc*-Erwartungen nach einer Kaufentscheidung und können als intervenierende Variablen die Beziehung zwischen Zufriedenheit und Wiederkaufabsicht beeinflussen. Dieser Effekt ist bei wenig loyalen Kunden stärker als bei loyalen Kunden (Yi/La 2004). Auch eine Veränderung des Anspruchsniveaus in Abhängigkeit von vorangegangenen und neuen Erfahrungen kann die subjektiv empfundene Zufriedenheitseinschätzung im Zeitablauf verändern. Zusammenfassend sei gesagt, dass bisherige Untersuchungen auf einen z.T. nicht-linearen Zusammenhang von Kundenzufriedenheit und Kundenbindung hindeuten, der von verschiedenen moderierenden Variablen abhängig ist, worauf an dieser Stelle jedoch nicht weiter eingegangen werden kann.

Viele Konzeptionen von Kundenbindung gehen davon aus, dass Kundenbindung zum einen das bisherige Verhalten von Kunden erklärt und zum anderen die zukünftigen Verhaltensabsichten von Kunden gegenüber Anbietern prognostiziert (Homburg/Faßnacht 2001; Kumar/Shah 2004). Die zukünftigen Verhaltensabsichten beziehen sich auf drei Dimensionen: 1. auf das Wiederkaufverhalten, 2. auf das Zusatzkaufverhalten im Hinblick auf weitere Produkte der Unternehmung sowie 3. auf das Weiterempfehlungsverhalten des Kunden gegenüber seinen Mitmenschen. Oliver (2014, S. 434) definiert Kundenbindung als „deeply held commitment to rebuy or repatronize a preferred product or service consistently in the future, despite situational influences and marketing efforts having the potential to cause switching behavior" und spricht somit neben den verhaltensrelevanten Kriterien indirekt eine Einstellungsdimension von Kundenbindung an. Die Messung der Verhaltensdimension der Kundenbindung erfolgte in empirischen Studien nur selten anhand objektiv gemessener Daten (z.B. Anzahl der gekauften Produkte, Dauer der Geschäftsbeziehung). Eine Vielzahl von Autoren greift auf Selbstauskünfte der Versuchspersonen zurück oder erfasst zukünftige Verhaltensabsichten als abhängige Variable (z.B. Absicht des Wiederkaufs, des Anbieterwechsels oder Weiterempfehlungsabsicht). Seiders et al. (2005) weisen auf das Problem hin, dass sich die Effekte der Moderatoren auf die Verhaltensabsichten verlieren, wenn als abhängige Variable objektive Absatzzahlen statt subjektiv eingeschätzter Kaufintentionen erhoben werden. Der Grund hierfür liegt darin, dass Konsumenten ihr Kaufverhalten inkorrekt prognostizieren und dass Messskalen nur unzureichend ausgeschöpft werden. Mit der

Erfassung von bisherigem Verhalten und zukünftigen Verhaltensabsichten liege zwar ein operables Konzept vor, das allerdings eher an den vom Anbieter gewünschten Resultaten einer Kundenbindung ansetzt, statt die Ursachen der Kundenbindung valide zu erfassen.

Das Einstellungskonstrukt mit seinen affektiven, kognitiven und konativen Bestandteilen und seiner Fähigkeit, auch Aspekte des Commitments und der Markenpräferenz zu erfassen, wurde nur selten in das Konstrukt der Kundenbindung integriert (eine Ausnahme bilden z.B. die Studien von Chaudhuri/Holbrook 2001 und Chiou/Droge 2006). Im Gegensatz zu einer *reinen* Erfassung von Verhalten (bzw. Verhaltensabsichten) bietet die Einbeziehung der affektiven und kognitiven Einstellungsdimension einen Betrachtungshorizont, der auf einer übergeordneten Ebene ansetzt und die Konsistenz von Denken, Fühlen und Handeln erfasst (Kroeber-Riel/Gröppel-Klein 2013). Aaker/Fournier/Brasel (2004) schlagen vor, sich von dem zu weit gefächerten und die Verhaltensdimension überbetonenden Begriff der Kundenbindung zu lösen und stattdessen die Indikatoren Commitment, Intimität, Zufriedenheit und Selbstanbindung als Maß für die Stärke der Bindung an eine Marke zu verwenden. Auch Fournier (1998, S. 343) weist in der folgenden Aussage darauf hin, dass es sich bei der Kundenbindung um ein mehrdimensionales Konstrukt handelt, das aus verschiedenen Perspektiven betrachtet werden muss:

„Conceptualizing loyalty as a long-term, commited, and affect-laden partnership has also constrained relationship-inspired insight by implicitly encouraging ignorance of the many other potentially valuable relationship forms that may characterize consumer-brand bonds."

Dieser Sichtweise wird zugestimmt, und in Anlehnung an Fournier (1998), wird *Kundenbindung* aus verhaltenswissenschaftlicher Sicht als ein psychisches Konstrukt der *Verbundenheit* oder *Verpflichtung* einer Person gegenüber einer anderen Person oder einem Unternehmen verstanden. Kundenbindung kann auch ein Zustand der *Gebundenheit* sein, wobei diese Situation der Abhängigkeit des Kunden immer mit psychischen Konsequenzen einhergeht. Der Definitionskern von Kundenbindung ist damit der innere Zustand eines Individuums. Das Gefühl der *Verbundenheit* ist freiwillig, positiv belegt und beruht auf der Zufriedenheit des Kunden. Das Gefühl der *Verpflichtung* kann positiv *oder* negativ empfunden werden. Der Konsument, der seit Jahren aufgrund persönlicher Beziehungen beim gleichen Autohändler ein Auto kauft, fühlt sich diesem Autohändler möglicherweise verpflichtet, obwohl er mittlerweile lieber ein anderes Auto fahren möchte. Ist der Kunde dem Anbieter neben der Verpflichtung auch verbunden und möchte er weiterhin sein Auto fahren, löst diese Verpflichtung kein unangenehmes Gefühl aus. *Gebundenheit* kann freiwilliger und unfreiwilliger Art sein. Sie basiert auf der wahrgenommenen Einschränkung der zukünftigen Wahlfreiheit des Kunden (Eggert 1999). Eine Gebundenheit kann durch einen Vertrag, den der Kunde auflösen möchte, entstehen, ist unfreiwilliger Art und kann zu negativen psychischen Konsequenzen, wie z.B. zu Reaktanz, führen. Gebundenheit kann jedoch auch freiwillig sein, wenn bei ohnehin guter Einstellung einem Anbieter gegenüber mit diesem auch ein Vertrag abgeschlossen wird. Gebundenheit geht in einem solchen Fall konform mit Verbundenheit und gegebenenfalls Verpflichtung einher.

Gehen Konsumenten eine (langfristige) Bindung mit einem Unternehmen ein, so „berauben" sie sich selbst weiterer Wahlmöglichkeiten. Es stellt sich die Frage, wieso Konsumenten bewusst und freiwillig auf eine möglichst große Anzahl an Entscheidungsalternativen im Konsum verzichten. Die verhaltenswissenschaftlichen Forschungsrichtungen bieten einige Antworten auf diese Frage: Beispielsweise streben Konsumenten danach, die Prozesse der Informationsaufnahme und -verarbeitung effizient und widerspruchsfrei zu gestalten sowie die wahrgenommenen Risiken einer Kaufentscheidung zu minimieren. Teilweise suchen Konsumenten nach persönlichen Kontakten oder möchten einen individuellen Lebensstil und sind daher einem Unternehmen verbunden, von dem sie glauben, dass es diesen Lebensstil repräsentiert. Ebenfalls können soziale Einflüsse der Familie, Kollegen oder der Bezugsgruppe sowie gesetzliche Vorschriften, religiöse Sitten oder Einflüsse des Arbeitgebers auf die individuellen Kaufentscheidungsprozesse einwirken, durch die Kundenbindung entsteht (Sheth/Parvatiyar 1995).

Diese Ausführungen verdeutlichen die weit reichenden Ursachen für Kundenbindung, die auf die persönliche Motivation, soziale Einflüsse oder institutionelle Besonderheiten zurückzuführen sind, sowie die Breite der damit assoziierten Phänomene im Alltagsverhalten von Konsumenten. Im positiven Fall drückt psychische Kundenbindung mit dem Gefühl von *Verbundenheit* und/oder *Verpflichtung* den *Wunsch nach einer dauerhaften Geschäftsbeziehung* aus und berücksichtigt auch die *persönliche Bereitschaft*, sich *vertrauensvoll* in diese Beziehung selbst einzubringen. Diese Definition kommt auch der Alltagssprache entgegen, die zwischenmenschliche Bindungen als ein „Wir-Gefühl" versteht, dem im positiven Fall ein Bedürfnis nach gegenseitiger Verbundenheit und eine gegenseitige Wertschätzung zugrunde liegt und mit dem eine positive Verhaltensdisposition verbunden ist. Sympathie, d.h. die emotionale Wertschätzung der Geschäftspartner, die z.B. aufgrund vergleichbarer Werte und Einstellungen innerhalb einer Geschäftsbeziehung entstehen kann, gewinnt in diesem Zusammenhang ebenfalls an Bedeutung. Oftmals wird versucht, soziale Motive (wie das „Wir-Gefühl") über verstärkte zwischenmenschliche Kontakte anzusprechen. Fournier (1998, S. 360f.) geht sogar so weit, dass sie sagt, dass Beziehungen zu Marken dem menschlichen Leben Bedeutungen geben, die funktioneller und nützlicher Art oder auch psychosozialer und emotionaler Art sein können.

> „Brands cohere into systems that consumers create not only to aid in living but also to give meanings to their lives. Put simply, consumers do not choose brands, they choose lives" (Fournier 1998, S. 367).

Das tatsächliche Verhalten ist als Resultat und Ausdruck der psychischen Kundenbindung anzusehen. Verglichen mit den eingangs erwähnten Konzeptionen, umfasst Kundenbindung somit auch psychische Variablen, die den Verhaltensabsichten vorgelagert sind, und lehnt sich somit an jüngere Erkenntnisse der Marken-Kunden-Beziehungsforschung an.

3. Theoretische Grundlagen der verhaltenswissenschaftlichen Kundenbindungsanalyse

In der Konsumentenverhaltensforschung liegt kein geschlossenes Theoriewerk über das Konstrukt „Kundenbindung" vor. Stattdessen leisten verschiedene, in der Biologie, Psychologie, Sozialpsychologie und Soziologie etablierte Theorien Erklärungsansätze für diverse Aspekte und Phänomene der Kundenbindung. Diese theoretischen Ansätze können danach klassifiziert werden, ob sie die persönliche Motivation von Konsumenten, die soziologischen Gründe oder Charakteristika von Institutionen ansprechen, die zu einer Bindung von Konsumenten an Unternehmen führen können (Sheth/Parvatiyar 1995).

3.1 Die Bedeutung von Emotionen, Motivationen, Kognitionen und unbewussten Prozessen

Kundenbindung als ein innerer Zustand von Konsumenten lässt sich auch auf das System der psychischen Variablen nach Kroeber-Riel/Gröppel-Klein (2013) zurückführen. Kundenbindung kann (im positiven Fall) z.B. bereits das Gefühl der Verbundenheit (*Emotion*) sein, das mit *Motivationen* einhergeht, sich weiterhin in der Beziehung mit einem Unternehmen zu engagieren. Dabei sind Emotionen innere Erregungsvorgänge, die mehr oder weniger bewusst als angenehm oder unangenehm erlebt werden und mit neurophysiologischen Reaktionen sowie häufig mit beobachtbarem Ausdrucksverhalten einhergehen (Gröppel-Klein 2004a). Bagozzi et al. (1999, S. 201) verweisen auf die Bedeutung von Emotionen für einige verhaltensrelevante Indikatoren der Kundenbindung:

> „The implications of emotional reactions in purchase situations on complaint behaviors, word-of-mouth communications, repurchase, and related actions may differ for various positive and negative emotions and be of more relevance than reactions to satisfaction or dissatisfaction, per se."

Jüngere Studien, die v.a. den Dienstleistungsbereich als Untersuchungsgegenstand heranzogen, belegen den erstmals von Westbrook (1980; 1987) empirisch nachgewiesenen Einfluss von mit positiver bzw. negativer Valenz behafteten Emotionen auf einige (einfach zu operationalisierende) Konstrukte der Kundenzufriedenheit und Kundenbindung. Johnson et al. (2006) können einen positiven Effekt des affektiven Commitments zu Mobilfunkanbietern auf die weiteren Bindungsabsichten von Kunden belegen. Louro et al. (2005) konzentrieren sich auf spezifische Emotionen und zeigen u.a., dass der Einfluss der Emotion Stolz auf die Wiederkaufabsicht von selbstregulierenden Zielen abhängig ist und diese Emotion die Wiederkaufabsicht beeinflussen kann. Bougie et al. (2003) widmen sich der Emotion Ärger und stellen einen direkten negativen Einfluss sowie eine Mediatorfunktion auf den Zusammenhang zwischen subjektiv erlebter Unzufriedenheit auf der einen Seite und negativer Mund-zu-Mund-Propaganda, Wechselabsicht und Beschwerdeverhalten auf der anderen Seite fest. Für die in Dienstleistungen erlebten Emotionen Bedauern und Enttäuschung können ähnliche verhaltensrelevante Effekte belegt werden (Zeelenberg/Pieters 2004). Koenigstorfer/Groeppel-Klein/Schmitt (2010) zeigen, dass Sportfans bei einem Abstieg ihres Lieblingsvereins spezifische Emotionen erleben, die sie jedoch nicht dazu veranlassen, sich von einem Verein zu distanzieren, sondern ein „Jetzt-erst-Recht"-Gefühl der Verbundenheit auslösen und sie näher an ihren Verein rücken lassen. Dunn/Hoegg (2014) weisen nach, dass Konsumenten, die bei der Nutzung einer Marke der Emotion Angst ausgesetzt werden (z.B. im Umfeld eines Horrorfilms), eine stärkere Markenbindung entwickeln, als Konsumenten, die mit den Emotionen Freude, Trauer oder Spannung konfrontiert werden. Die Marke dient den Konsumenten in diesem Zusammenhang als eine Art Partner, mit dem die beängstigende Situation durchlebt werden kann. Allerdings verfolgen die Autoren der zitierten Studien den kognitiv orientierten Ansatz in der Emotionsforschung (auch unter dem Stichwort „appraisal theories" bekannt; Gröppel-Klein 2004a, Kroeber-Riel/Gröppel-Klein 2013). Die konkurrierende Forschungsrichtung kritisiert die Annahme einer bewussten Zielabwägung der kognitiven Perspektive und stellt die Aktivierungstheorie und die biologische Programmierung von Emotionen in den Vordergrund. Auf der Basis dieser biologisch orientierten Forschungsrichtung existieren nach Wissen der Autoren jedoch noch keine empirischen Ergebnisse zu den Einflüssen von Emotionen auf die (psychische) Kundenbindung.

Auch der Motivationsbegriff kann aus einer eher kognitiven und einer eher biologischen Perspektive definiert werden (Gröppel-Klein 2004b). Stehen im Mittelpunkt des Motivationskonstrukts die grundlegenden menschlichen Antriebskräfte, die mit einer kognitiven Zielorientierung gekoppelt werden, dann schließt man sich eher der biologischen Sichtweise an. Die kognitive Motivationsforschung definiert dagegen das Konstrukt in Analogie zu dem bereits diskutierten Einstellungsbegriff (Kroeber-Riel/Gröppel-Klein 2013).

In der verhaltenswissenschaftlichen Forschung werden beide Forschungsrichtungen verfolgt und die Beziehungen zwischen Motivationen und Loyalitätsabsichten bzw. tatsächlicher Loyalität untersucht. In der Literatur werden Kaufentscheidungsmodelle, Lerntheorien, Gedächtnistheorien und Erkenntnisse aus der Gehirnforschung, Assimilationstheorien, Risikotheorien, Bindungs- und Austauschtheorien herangezogen, um die Motivationen von Konsumenten, sich langfristig an ein Unternehmen zu binden, zu erklären. Es folgt eine kurze Erläuterung dieser Theorien und ihrer Bedeutung für wichtige Aspekte der Kundenbindung.

Kaufentscheidungsmodelle

In der Literatur existieren einige Kaufentscheidungsmodelle, die so genannten Totalmodelle, die jedoch bisher in ihrer Ganzheitlichkeit nicht empirisch überprüft werden konnten (z.B. Howard/Sheth 1969; Bettman et al. 1998; Blackwell et al. 2000; Kroeber-Riel/Gröppel-Klein 2013). Diese Modelle bieten einen theoretischen Rahmen, der dazu dienen kann, die Relevanz von Teilaspekten von (wiederholten) Kaufentscheidungen in dem Phänomen Kundenbindung hervorzuheben. So vereinfachen Konsumenten beispielsweise eine Problemlösungssituation, indem die Anzahl der in Erwägung gezogenen Produkte, Dienstleistungen oder Marken *bewusst* reduziert wird (Howard/Sheth 1969), um komplexe Entscheidungsprobleme bewältigen zu können. Konsumenten wählen bei diesen sogenannten limitierten Kaufentscheidungen (Kroeber-Riel/Gröppel-Klein 2013) aus einem „*evoked set*", das auf Basis von eigenen oder übernommenen Kauferfahrungen gebildet worden ist, und achten dabei insbesondere auf relevante Schlüsselinformationen. Die Motivation dieses Vorgehens aus Sicht des Konsumenten ist eine Vereinfachung der Entscheidungssituation. Diese überwiegend kognitiven Prozesse bei Kaufentscheidungen können so weit abgebaut werden, dass eine *Habitualisierung* eintritt. In diesem Falle legen Konsumenten verfestigte Verhaltensmuster bzw. routinemäßiges Verhalten an den Tag, die dazu dienen, bereits vorgefertigte Entscheidungen in Kaufhandlungen umzusetzen. Habitualisierte Kaufentscheidungen führen i.d.R. zu einem loyalen Verhalten gegenüber dem gewöhnlich gewählten Anbieter, ohne dass dies den Konsumenten in einer konkreten Kaufentscheidung bewusst wird. Konsumenten streben jedoch nicht ausschließlich nach kognitiver Entlastung und der damit einhergehenden Bindung an Unternehmen, sondern wünschen sich ebenfalls Abwechslung im Konsum („variety seeking"), achten auf Sparsamkeit im Konsum („Geiz ist geil"-Mentalität) oder entwickeln den Hang zu Genügsamkeit oder Luxuskonsum (McAlister/Pessemier 1982; Lastovicka et al. 1999; Gröppel-Klein/Germelmann 2004). In der heutigen Zeit greifen Video-Streaming-Plattformen oder Onlinehändler oftmals auf kostenlose Probemitgliedschaften zurück, um eine langfristige und somit einträgliche Kundenbindung zu initiieren oder Kunden der Konkurrenzunternehmen abzuwerben. Untersuchungsergebnisse belegen, dass Kunden, die auf diese Art und Weise angeworben wurden, dem Unternehmen über die gesamte Bindungsdauer hinweg einen wesentlich geringeren finanziellen Wertzuwachs bescheren als reguläre Kunden (Datta/Foubert/Van Heerde 2015). Diese Wertvorstellungen und Konsumtrends können dazu führen, dass die zuvor beschriebenen Bestrebungen von Konsumenten, sich aus verschiedenen Gründen an Unternehmen zu binden, bewusst aufgegeben werden, auch wenn sie mit den Produkten eigentlich sehr zufrieden waren. Weitere Ausführungen hierzu folgen im vierten Kapitel.

Lerntheorien

In der Konsumentenverhaltensforschung angesiedelte Lerntheorien besagen, dass bei Konsumenten Lernprozesse in der Interaktion mit Unternehmen eintreten, z.B. beim Treffen einer Kaufentscheidung, bei der Konfrontation mit Werbung oder bei der Nutzung eines Produkts bzw. einer Dienstleistung. Lernen bezeichnet eine relativ überdauernde Veränderung im Organismus, die auf Erfahrung und/oder Erkenntnissen basiert, wobei die psychischen Dispositionen modifiziert werden, was wiederum zu einer Erneuerung oder Veränderung des Verhaltenspotenzials führt (Gröppel-Klein 2004c, S. 461). Aufgrund des wiederholten Kontakts mit einem Unternehmen treten bei Konsumenten Konditionierungsprozesse ein, die es den Konsumenten ermöglichen, Erfahrungen aus der Vergangenheit auf ähnliche Problemlösungen oder Situationen zu übertragen. Die *klassische Konditionierung* basiert auf dem Lernen nach dem Kontiguitätsprinzip: Ein Umweltreiz wird vor einer Verhaltensreaktion dargeboten und hat somit eine Auslösefunktion (Zajonc 1968). Bei der *emotionalen Konditionierung* wird dem neutralen Reiz ein emotionaler Reiz beigefügt, wodurch der neutrale Reiz selbst die Fähigkeit gewinnt, emotionale Reaktionen auszulösen (Kroeber-Riel 1984). Das Prinzip der *instrumentellen Konditionierung* beruht auf der Erkenntnis, dass über Belohnungen und Bestrafungen das zukünftige Verhalten von Individuen beeinflusst werden kann. Das Lernen erfolgt nach dem Verstärkungsprinzip, und die nach einer Verhaltensreaktion dargebotenen Umweltreize erfüllen eine Informationsfunktion (Skinner 1953; Behrens 1995). Die angesprochenen Konditionierungsprozesse führen dazu, dass Konsumenten in der Lage sind, Reize zu generalisieren, d.h. bei ähnlichen Umweltreizen mit ähnlichen Verhaltensweisen zu reagieren. In einem komplementären Vorgang lernen Konsumenten Reize zu diskriminieren, d.h. auf verschiedene Umweltreize in unterschiedlicher Weise zu reagieren (Berlyne 1960). Im Falle der Bindung an ein Unternehmen führt eine Reizgeneralisierung zu positiven Effekten, wenn Konsumenten z.B. einzelne überragende Eigenschaften, Fähigkeiten oder Wettbewerbsvorteile generalisieren und auf das gesamte Unternehmen bzw. alle Produkte des Anbieters übertragen. Beispielsweise führt ein außergewöhnlich gutes Essen in einem Restaurant dazu, dass auch die Bedienung positiv beurteilt wird; oder bei einer exzellenten Nachkaufbetreuung werden im Nachhinein alle Marketingmaßnahmen des Anbieters wertgeschätzt. Ebenfalls können Erwartungen an Belohnungen, wie z.B. in Form von Geschenken, Einkaufsgutscheinen, Treueprogrammen usw. gebildet werden, die im Idealfall zu einer größeren Bereitschaft von Konsumenten führen, sich an Unternehmen zu binden. Machen Konsumenten keine eigenen lerntheoretischen Erfahrungen, sondern beobachten sie andere Konsumenten mit einer hohen Kundenbindung zu einem Unternehmen sowie die dadurch entstehenden Konsequenzen und richten sie anschließend ihr Verhalten an diesen Beobachtungen aus, so wird dies als *Lernen am Modell* bezeichnet. Diese soziale Lerntheorie basiert auf der Grundannahme, dass Individuen neue Einstellungen und Verhaltensweisen durch das Beobachten von Verhaltensweisen anderer Individuen erlernen (Bandura 1977). Das beobachtende Lernen ermöglicht eine Imitation des entweder direkt beobachteten oder von den Massenmedien vermittelten Verhaltens von Modellen. Verstärkungsprozesse beeinflussen den Lernerfolg in positiver Weise. Dabei werden bildliche und/oder sprachliche Kommunikationsprozesse im Gedächtnis gespeichert, was wiederum den dauerhaften Abruf des beobachteten und zu imitierenden Verhaltens fördert.

Gedächtnistheorien und Gehirnforschung

Gedächtnistheorien betrachten „Lernen" als den aktiven Aufbau von Wissensstrukturen und betonen den kognitiven Charakter der Aufnahme von Informationen und des Erwerbs von Erfahrungen. Die gedanklichen Leistungen hängen dabei von dem Lernpotenzial, den situativen Gegebenheiten, dem Involvement sowie den persönlichen Fähigkeiten bzw. der subjektiv empfundenen Notwendigkeit des Lernens ab. Werden Informationen in das Langzeitgedächtnis aufgenommen, finden sogenannte Kodierungen mit den vorhandenen Wissensstrukturen statt. Das Ausmaß der gedanklichen Verankerung von neuen Informationen wird als Verarbeitungstiefe bezeichnet (Gröppel-Klein 2004c). Simon (1955) verweist mit dem Konzept der „*bounded rationality*" auf die Tatsache, dass Konsumenten nur eine limitierte Kapazität zur Informationsverarbeitung besitzen. Dies führt dazu, dass Konsumenten in Kaufentscheidungssituationen Heuristiken anwenden, um den Informationsüberfluss zu bewältigen. Nur einige ausgewählte Informationen werden verarbeitet und im Gedächtnis abgespeichert (Jacoby et al. 1974; Bettman 1979; Alba et al. 1991). Wenngleich die Loyalität zu einer Marke als ein den kognitiven Aufwand reduzierender Anker bezeichnet werden kann (s.o.), ist ebenfalls bekannt, dass Konsumenten mit zunehmender Erfahrung und zunehmendem Wissen sowohl Unternehmen (Produkte, Produktkategorien, Vorgänge, Regeln und Normen) als auch den Markt (Konkurrenzangebote, Preispraktiken) besser bewerten können (Alba/Hutchinson 1987; Heilman et al. 2000). Dabei werden Wissensstrukturen aufgebaut und Markeneinstellungen und Markensets werden fest im Gedächtnis verankert. Es bestehen zwei konträre Ansichten über das Vergessen von einst Gelerntem: Die Interferenztheorie besagt, dass altes Wissen von neuem Wissen überlagert wird; gemäß der Theorie des autonomen Verfalls muss altes Wissen eliminiert werden, um neuem Wissen Platz zu schaffen. Die Forschungsergebnisse scheinen die erste Hypothese zu bestätigen. Hier besteht allerdings noch ein großer Forschungsbedarf.

Eine interessante neurophysiologische Studie stammt von McClure et al. (2004), in der die Gehirnaktivität von Coca-Cola- und Pepsi-Trinkern über fMRI (functional Magnetic Resonance Imaging) erfasst wurde. Die Ergebnisse zeigen, dass Aktivierungszustände in Hippocampus und dorsolateralem präfrontalem Kortex zugunsten Coca-Cola bestehen – und dies war bei allen Probanden der Fall, auch bei den Pepsi präferierenden und Pepsi trinkenden Versuchspersonen. Da angenommen wird, dass die in diesem Experiment angesprochenen Gehirnregionen das Verhalten auf Basis von Affekten und Emotionen beeinflussen, wird Coca-Cola eine größere Konnotation zugesprochen als Pepsi, d.h. die Marke ist emotional aufgeladen und besitzt möglicherweise somit ein größeres Kundenbindungspotenzial als ihre Konkurrenzmarke. Deppe et al. (2005) stellen in einer fMRI-Studie fest, dass beim Betrachten von *starken* Marken die Gehirnareale, die für die gedankliche Verarbeitung zuständig sind, weniger durchblutet werden als bei *schwachen* Marken, und werten dieses als kognitive Entlastung. Die neurophysiologischen Untersuchungsergebnisse von Esch et al. (2012) lassen vermuten, dass sich Konsumenten bei der Bewertung von Marken stärker von erlebten Emotionen leiten lassen, als sich von deklaratorischen Informationen beeinflussen zu lassen. Des Weiteren konnte nachgewiesen werden, dass zwar die emotionale Erregung im Rahmen der Kunden-Marken-Beziehung im Zeitablauf abnimmt, jedoch lässt sich beobachten, dass sich bei vertrauten Marken regelrecht eine Integration in das Selbstkonzept der Konsumenten vollzieht (Reimann et al. 2012). Zusammenfassend könnte man auf der Basis dieser neurologischen Untersuchungen die Hypothese ableiten, dass Loyalität eher mit einer emotionalen Aktivierung als mit einer kognitiven Aktivierung des Gehirns einhergeht. Dennoch sollen im Folgenden auch die kognitiven Theorien auf ihren Erklärungsbeitrag für Kundenbindung hin betrachtet werden.

Theorien des kognitiven Gleichgewichts

Theorien des kognitiven Gleichgewichts basieren auf der Annahme, dass Individuen nach Konsistenz, d.h. einer harmonischen und widerspruchsfreien Verknüpfung von Überzeugungen, Einstellungen, neuen Erfahrungen und Gefühlen streben (McGuire 1976; Meyers-Levy/Tybout 1989). Diese Theorien sind v.a. in der *Nachkaufphase* relevant, welche über die gemachten Erfahrungen bei der Nutzung von Produkten und Dienstleistungen maßgeblich die Kundenzufriedenheit und auch die Kundenbindung beeinflusst. Dissonanz – das Vorhandensein nicht miteinander harmonierender Kognitionen im gedanklichen System von Konsumenten (Festinger 1978) – kann insbesondere nach Wahlentscheidungen entstehen, z.B. nach dem Kauf eines Produkts („War das wirklich die beste Entscheidung?") oder nach der Aufnahme neuer Informationen, z.B. nach abfälligen Äußerungen eines Freundes, aktuellen Werbebotschaften oder Medienberichten. Gaus et al. (2006) konnten zeigen, dass eine starke Markenbeziehung eine Art Immunisierung gegen negative Berichterstattungen über eine bestimmte Marke in den Medien ist. Dissonanz nach Kaufentscheidungen kann ebenfalls dann auftreten, wenn ein Kauf inkonsistentes Wissen hinterlässt. In diesem Falle müssen Konsumenten die Nachteile der gewählten Alternative hinnehmen und können die Vorteile der nicht gewählten Alternative nicht nutzen. Diese kognitiven Inkonsistenzen rufen psychologische Spannungen hervor, welche der Konsument i.d.R. vermeiden möchte. Konsumenten können auftretende Dissonanzen reduzieren, indem bestimmte Informationen gemieden, nicht wahrgenommen oder verleugnet werden. Inkonsistente Informationen werden umdefiniert oder verdrängt. Diese Vorgänge machen die Dynamik kognitiver Prozesse bei Produktkäufen deutlich, welche ebenfalls für die Kundenbindung Bedeutung erlangt. Olsen (2002) verweist beispielsweise auf die Möglichkeit, diese Dynamik messtechnisch in empirischen Studien zu berücksichtigen und Antezedenzien der Kundenbindung in Relation zu Alternativangeboten abzufragen, womit den Versuchspersonen die Möglichkeit genommen wäre, bestimmte Konkurrenzangebote bewusst oder unbewusst gedanklich auszublenden und hierdurch kognitive Dissonanzen abzubauen. Allerdings stellt sich dann die Frage, ob das Konsumverhalten hierbei noch realistisch abgebildet wird.

Risikotheorien

In der verhaltenswissenschaftlichen Risikotheorie wird thematisiert, welche Mittel Konsumenten einsetzen, um wahrgenommene Risiken bei Kaufentscheidungen zu minimieren (Bauer 1960; Taylor 1974). Aufgrund einer unvollständigen Informationslage sind Konsumenten häufig unwissend über die Konsequenzen von bestimmten Kaufentscheidungen. Stone/Mason (1995) unterscheiden funktionale, finanzielle, physische, soziale und psychologische Risiken, die je nach wahrgenommener Unannehmlichkeit der Konsequenzen und je nach Wahrscheinlichkeit des Auftretens der Konsequenzen verhaltenswirksam werden. Unerfahrene Konsumenten verspüren i.d.R. größere Risiken in ihrer Entscheidungsfindung als erfahrene Konsumenten (Heilman et al. 2000). Konsumenten bauen Risiken ab, indem sie aktive Informationssuche betreiben and somit das

Vertrauen in ihre eigenen Fähigkeiten der Produktbewertung und -auswahl stärken (Beatty/Smith 1987; Dowling/Staelin 1994) – oder indem sie *loyal* gegenüber Marken, Produkten oder Anbietern werden (Howard 1965; Derbaix 1983; Punj/Staelin 1983; Hentschel 1991). In letzterem Falle nehmen Konsumenten aufgrund (positiver) Erfahrungen aus der Vergangenheit an, dass das bereits gewählte Unternehmen in der Zukunft wiederum die gewünschte Befriedigung der Bedürfnisse in der gewohnten Qualität erfüllen kann (Sheth/Parvatiyar 1995), und bauen somit Vertrauen zu dem Unternehmen auf. Wahrscheinlich ist auch, dass das wiederholte Kaufen ein und derselben Marke einen Bestätigungseffekt auf Konsumenten ausübt. Ebenso können sich Botschaften seitens der Unternehmen (wie z.B. Garantien, Qualitätsversprechen oder Kundenintegrität) vorteilhaft auf die von Unternehmen angestrebte Risikoreduktion aufseiten der Konsumenten auswirken (Shimp/Bearden 1982).

Bindungstheorien

Bindungstheorien beantworten die Frage, warum sich persönliche Beziehungen hinsichtlich ihrer Qualität und ihres interpersönlichen Charakters unterscheiden (Ainsworth/Bowlby 1991). Im B2C-Marketing steht der Aufbau langfristiger Beziehungen zwischen Konsumenten und Unternehmen im Mittelpunkt. Hazan/Shaver (1987) unterscheiden die drei Bindungsstile „sicher", „ängstlich/ambivalent" und „vermeidend". Individuen mit einem sicheren Bindungsstil betrachten sich selbst als von anderen wertgeschätzt und würdigen ihre Beziehungspartner als nahbar, verlässlich, vertrauenswürdig und gutwillig. Ihnen fällt es leicht, anderen Mitmenschen zu trauen, von anderen abhängig zu sein und Beziehungen einzugehen (Hazan/Shaver 1987). Die Variablen Vertrauen, Commitment und Zufriedenheit sind in ihren Partnerschaften hoch ausgeprägt (Collins/Read 1990; Simpson 1990). Individuen mit einem ängstlichen/ambivalenten Bindungsstil fühlen sich missverstanden, unsicher und unterschätzt. Mitmenschen schätzen solche Personen als unabhängig und entweder als unfähig oder als nicht willig ein, sich auf langfristige Beziehungen einzulassen (Hazan/Shaver 1987). Ihre Beziehungen sind durch ein geringes Niveau an Vertrauen, Commitment und Zufriedenheit gekennzeichnet (Collins/Read 1990; Simpson 1990). Individuen mit einem vermeidenden Bindungsstil haben Angst vor Nähe und misstrauen Mitmenschen regelmäßig. Solche Personen vermeiden persönliche Beziehungen, haben Angst verletzt zu werden und wollen lieber unabhängig sein. Vertrauen, Commitment und Zufriedenheit in den persönlichen Beziehungen sind gering ausgeprägt (Collins/Read 1990). Paulssen/Fournier (2005) bilden auf Basis dieser Bindungsstile die *Konsumbindungsstile* „sicher" und „Suche nach Nähe", wobei ersterer die Fähigkeit und Bereitschaft beschreibt, sich auf Marken bzw. Unternehmen *zu verlassen* und eine Abhängigkeit einzugehen, und letzterer den Wunsch bzw. die Motivation bezeichnet, eine *persönliche* Beziehung zu Marken, Unternehmen bzw. Mitarbeitern eines Unternehmens aufzubauen. Beide Konsumbindungsstile werden von den persönlichen Bindungsstilen determiniert (Paulssen/Fournier 2005) und wirken sich im Falle eines sicheren Konsumbindungsstils positiv auf die Zufriedenheit mit der Marke und dem Händler (untersucht wurde die Automobilbranche) und das Vertrauen in diese aus. Bei dem Bindungsstil „Suche nach Nähe" werden die Zufriedenheit mit dem Händler und die Loyalität gegenüber dem Händler positiv beeinflusst (Paulssen/Fournier 2005). Diese Studie zeigt, dass Persönlichkeitsvariablen wichtige Aspekte der Kundenbindung beeinflussen, und dass die Bindungstheorie grundsätzlich geeignet ist, um die Kundenheterogenität hinsichtlich Kundenzufriedenheit und -bindung zu erklären und Bindungsstile für das Marketing und insbesondere das Kundenbindungsmanagement nutzbar zu machen.

Austauschtheorien

Beziehungen zwischen zwei oder mehreren Parteien bzw. Personen lassen sich nach Mills/Clark (1994) in Austauschbeziehungen („exchange relations") und in gemeinschaftliche Beziehungen („communal relations") einteilen, denen unterschiedliche Normen zugrunde liegen. Gemeinschaftliche Beziehungen basieren auf einem altruistischen Verhältnis der beteiligten Parteien. Für die eigenen Leistungen werden keine Gegenleistungen erwartet. Die beteiligten Personen verfolgen das Ziel, die Wünsche der anderen zu erfüllen oder dem anderen etwas Gutes zu tun. Typischerweise findet man gemeinschaftliche Beziehungen innerhalb von Familien oder bei engen Freundschaften. Bei Austauschbeziehungen erwarten die beteiligten Partner Leistungen und Gegenleistungen, d.h. *quid pro quo*. Eine Partei leistet einen Beitrag mit der Erwartung einer entsprechenden Gegenleistung. Wenn ein Partner eine Leistung erhält, entsteht entweder ein Schuldgefühl oder eine Verpflichtung, die erhaltene Leistung mit einer entsprechenden Gegenleistung auszugleichen.

Beziehungen zwischen Anbietern und Kunden sind typischerweise vom Typ Austauschbeziehung, d.h. sowohl Anbieter als auch Kunden erwarten Gegenleistungen für das Erbringen eigener Leistungen. Diese Beziehungen können jedoch ebenfalls Aspekte von gemeinschaftlichen Beziehungen enthalten, z.B. wenn Kunden einer Marke sehr nahe stehen (Fournier 1998; Aggarwal 2004). Die Aktivitäten vollziehen sich in einer Art Tauschprozess, in dem i.d.R. immer monetäre Gegenleistungen stattfinden und in dem die beteiligten Personen je nach Verlauf dieses Prozesses der wechselseitigen Belohnung und Bestrafung unterliegen. Als typische Formen von Belohnungen können nach Foa/Foa (1980) die sechs Kategorien Liebe (Zuneigung, Wärme, Beistand), Status (Prestige, Selbstwert, Selbstachtung), Information (Rat, Meinung, Instruktion, Aufklärung), Geld, Güter und Dienstleistungen unterschieden werden. Dabei gehen die Austauschtheorien davon aus, dass Individuen, die an der Interaktion beteiligt sind, versuchen, die positiven Konsequenzen ihres eigenen Handelns zu maximieren und die negativen Konsequenzen zu minimieren. Nach den Austauschtheorien wird eine (freiwillige) Beziehung langfristig nur dann aufrechterhalten, wenn beide beteiligten Parteien von der gegenseitigen Beziehung profitieren, also Belohnungen erhalten (Mills/Clark 1994). Aggarwal (2004) konnte in Experimentalstudien zeigen, dass Konsumenten mit einer gemeinschaftlichen Beziehung zu einem Unternehmen bei Verletzungen der zugrunde liegenden Normen bzw. bei einer Bitte um Hilfe von Seiten des Unternehmens die Marke und deren Marketingaktionen positiver bewerten als Konsumenten, die in einer Austauschbeziehung zu dem Unternehmen stehen. In einer Längsschnittstudie konnte der Einfluss von Regelverstößen von Seiten des Unternehmens bestätigt und darüber hinaus demonstriert werden, dass Markenpersönlichkeiten („sincere" vs. „exciting") die Stärke der Beziehung zwischen Kunden und Marken im Zeitverlauf prägen (Aaker et al. 2004). Auch die „Equity Theory" (Gerechtigkeitstheorie) kann erklären, wann sich Partner zu einem gegenseitigen Austausch verpflichtet fühlen (Adams 1963, 1965; Huppertz et al. 1978).

Verschiedene Aspekte der grundlegenden Thesen zur Erklärung und Prognose von Verhalten in Austauschbeziehungen können auf Kundenbeziehungen übertragen werden. Werden Kunden in einer Interaktionssituation im Rahmen von Anbieter-Kunde-Beziehungen belohnt, steigt die Wahrscheinlichkeit, dass sich das Verhalten der Kunden in einer ähnlichen Reizsituation wiederholt. Gehen Kunden von einer zufriedenstellenden Belohnung im Rahmen einer Geschäftsverbindung aus, erhöht sich die Wahrscheinlichkeit einer erfolgreichen Geschäftsbeziehung. Geschäftsbeziehungen unterliegen weiterhin sozialtechnischen Regeln (Weinberg 2000). Wird gegen diese Regeln, z.B. durch Unfreundlichkeit oder mangelnde Empathie des Anbieters, verstoßen, beeinträchtigt das die vom Kunden empfundene Belohnung, und die Anbieter-Kunde-Beziehung wird als weniger attraktiv eingeschätzt. Damit verringert sich die Wahrscheinlichkeit einer langfristig erfolgreichen Beziehung (Aggarwal 2004).

3.2 Theoretische Ansätze zu sozialen Einflüssen

Die in der Kommunikationspolitik als Sender bezeichneten Quellen von sozialen Einflüssen werden hinsichtlich einer Förderung der Bindung von Konsumenten an Produkte, Dienstleistungen, Unternehmen oder Marken v.a. in *Familien und Bezugsgruppen* sowie *Meinungsführern* gesehen. In sozialen Netzwerken existieren Normen, und die persönliche Kommunikation entfaltet aufgrund der persönlichen Nähe der Individuen eine größere Wirkung als bei rein individuell motivierten Entscheidungen. Diese Aspekte führen dazu, dass die treibenden Faktoren der Kundenbindung sozial beeinflusst werden, indem Konsumenten z.B. durch einen entsprechenden Konsum in eine Gruppe integriert werden möchten, Belohnungen anstreben und Bestrafungen vermeiden, wahrgenommene Risiken reduzieren und z.T. auch im Konsum nach persönlicher Nähe streben.

Familie und Bezugsgruppen

Familienmitglieder und Bezugsgruppen sind der näheren sozialen Umwelt von Konsumenten zuzuordnen (Kroeber-Riel/Gröppel-Klein 2013). Bezugsgruppen bestimmen die Art und Weise, wie Personen ihre Umwelt und sich selbst wahrnehmen und beurteilen, und sie liefern soziale Normen (Hyman 1942). Das familiäre Zusammenleben prägt die soziale Sichtweise von Menschen und beeinflusst ebenfalls das Kaufverhalten der Familienmitglieder (z.B. Childers/Rao 1992). Die Familienmitglieder haben unterschiedliche Rollen, wobei gemeinschaftliche Entscheidungen auf einer stärkeren Vorauswahl beruhen als Einzelentscheidungen und zumeist Familieninteressen und Normen Berücksichtigung finden (Böcker 1987). Bei gemeinschaftlichen Käufen müssen Kompromisse getroffen werden, mit denen alle Familienmitglieder zufrieden sind.

In der Literatur werden vier Faktoren für die Beeinflussung von Entscheidungen in einem Familien- oder Gruppenkontext verantwortlich gemacht: Die Macht von sozialen Gruppen (Autorität, Bedeutung von Belohnungen und Bestrafungen, Erfahrung), Konflikte (siehe die Ausführungen zur kognitiven Dissonanz), Kooperation zur Erreichung eines gemeinsamen Ziels (Anerkennung von Regeln und Normen) und sozialer Austausch (Reziprozität) (Homans 1961; Nisbet 1973). Diese Familien- und Bezugsgruppeneinflüsse üben einen Anpassungsdruck aus und führen dazu, dass sich Individuen in vielen Fällen konform verhalten, jedoch z.T. auch bewusst konträr handeln (Kroeber-Riel/Gröppel-Klein 2013). Diese Einflüsse wirken sich auch auf die Bindung an bestimmte Produkte, Dienstleistungen, Marken oder Unternehmen aus. Bearden/Etzel (1982) konstatieren, dass hierbei die Markenwahl stark beeinflusst wird und dies insbesondere bei öffentlichem Konsum und Luxusgütern ausgeprägt ist. Eine Markenbindung wird über familiäre Gewohnheitskäufe (siehe Ausführungen zur Habitualisierung in Kaufentscheidungsmodellen), wie z.B. bei bestimmten Haushalts- und Nahrungsmitteln, oder einen direkt wahrgenommenen bzw. medial vermittelten Druck von Bezugsgruppen (siehe Ausführungen zur instrumentellen Konditionierung und zum Lernen am Modell), wie z.B. die Wahl eines Trikots als Fan eines Sportvereins oder eines Schulrucksacks bei Kindern und Jugendlichen, gefördert. Diese das Verhalten bestimmenden Faktoren können auch im Nachhinein eine Wirkung auf die Einstellung und Bindung zu bestimmten Marken haben (z.B. Wahl des gleichen Sportvereins als Lieblingsverein wie der Vater) und somit die Kundenbindung erhöhen.

Mund-zu-Mund-Propaganda und Meinungsführerschaft

Forschungsarbeiten zur Mund-zu-Mund-Propaganda und ihren Auswirkungen auf Kundenbindung beziehen sich i.d.R. auf drei Aspekte: die Identifikation von Individuen, die sich als Auslöser für eine (positive) Mund-zu-Mund-Propaganda eignen (Meinungsführer), die Erforschung des sozialen Netzwerks, in dem persönliche Kommunikation betrieben wird, und das Erfassen der Einflüsse auf den interpersonellen Prozess der Informationssuche. Rogers (1962) fand in seinen Pionierstudien zur Diffusion von Innovationen heraus, dass Meinungsführer über die persönliche Kommunikation ihre Mitmenschen zu einer Adoption von Innovationen überzeugen können. Meinungsführer haben eine *Schlüsselstellung* in einer Gruppe, besitzen ein hohes persönliches und anhaltendes Involvement, haben eine hohe soziale und fachliche Kompetenz, sind in hohem Maße glaubwürdig und werden deshalb häufig nach ihren Ansichten gefragt und geben anderen Ratschläge (Kroeber-Riel/Gröppel-Klein 2013). Die *Glaubwürdigkeit* wird als entscheidendes Kriterium eines (erfolgreichen) Senders persönlicher Kommunikation angesehen (Dholakia/Sternthal 1977). Ist ein soziales Netzwerk von engen interpersönlichen Strukturen geprägt, zeigt die persönliche Kommunikation eine noch stärkere Wirkung (Brown/Reingen 1987). Konsumenten suchen z.T. aktiv die persönliche Kommunikation bzw. lassen deren Wirkungen zu, um wahrgenommene Risiken bei Kaufent-

Kaufentscheidungen zu reduzieren (siehe die Ausführungen zur Risikotheorie), kognitive Dissonanzen in allen Entscheidungsphasen abzubauen (siehe die Ausführungen zum kognitiven Gleichgewicht), und sehen eventuell Unternehmen bzw. die Angestellten von Unternehmen als Meinungsführer an, z.B. wenn sich Konsumenten diesen aufgrund ihres persönlichen Bindungsstils nahestehend fühlen (siehe Ausführungen zu den Beziehungstheorien).

Reaktanztheorie

Die Reaktanztheorie (Brehm 1966, 1989; Clee/Wicklund 1980) liefert Erklärungsansätze für die Frage, wieso sich Konsumenten sozialen Einflüssen widersetzen, und stellt somit das Gegenstück zu den bereits erläuterten theoretischen Grundlagen sozialer Einflüsse im Konsumentenverhalten dar. Reaktanz ist der *Widerstand* gegen einen subjektiv wahrgenommenen Beeinflussungsdruck, der von der sozialen Umwelt oder von den Medien ausgeübt wird. Konsumenten zeigen v.a. dann Reaktanz, wenn sie sich in ihrer Freiheit bedroht fühlen und diese als persönlich wichtig empfinden (Brehm 1966, 1989; Clee/Wicklund 1980). In empirischen Studien konnte Reaktanz als Folge von Ausverkäufen gewünschter Produkte (Fitzsimons 2000; Moore/Fitzsimons 2014) und unerbetenen Ratschlägen (Fitzsimons/Lehmann 2004) beobachtet werden. Häufig werden Wechselkosten bewusst von Unternehmen dazu genutzt, um Konsumenten von einem Anbieterwechsel abzuhalten. In Abhängigkeit von der Art der Wechselkosten ergeben sich unterschiedliche Effekte für die Kundenbindung. Hierbei lassen sich interne Wechselkosten (individuelle Wechselkosten des Konsumenten, wie z.B. mangelnde Erfahrung in Bezug auf das Produkt oder die Dienstleistung) und externe Wechselkosten (allgemeine finanzielle Barrieren) unterscheiden. Im Rahmen einer empirischen Untersuchung hat sich herausgestellt, dass externe Wechselkosten einen stärkeren Einfluss auf die Kundenbindung ausüben als interne Wechselkosten (Blut et al. 2014). Für das Kundenbindungsmarketing sind die Problematik und Auswirkungen von Reaktanz zu beachten, wenn z.B. große psychische Barrieren (z.B. Herausgabe sämtlicher persönlicher Daten in einem Kundenbindungsprogramm) oder hohe Wechselkosten (z.B. bei langfristigen und nur schwer kündbaren Verträgen) von Konsumenten wahrgenommen werden könnten. Somit können Maßnahmen der Kundenbindung nicht ausschließlich positive Reaktionen bei Kunden, sondern auch gegenteilige Effekte bewirken, wie z.B. den Abbruch der Geschäftsbeziehung, den Nicht-Kauf von Produkten oder eine negative Mund-zu-Mund-Propaganda.

3.3 Theoretische Ansätze zu institutionellen Einflüssen

Es werden drei Institutionen betrachtet, die für eine Kundenbindung ursächlich sein können, dies sind die Regierung, die Religion und die Unternehmen. Deren Einflüsse differieren stark zwischen einzelnen Konsumenten und Kulturen. Die Ausführungen zu diesen Aspekten werden knapp gehalten, da institutionelle Einflussfaktoren oftmals auch das gesamte Marketing betreffen, und deshalb z.T. nur eingeschränkte sozialtechnische Möglichkeiten für Kundenbindungsmaßnahmen gegeben sind.

Regierungspolitische Maßnahmen umfassen Gesetze, Normen, Regeln, technische Standards und das Ausmaß des öffentlichen Konsums. Dementsprechend wird die Auswahl von Produkten und Dienstleistungen für Konsumenten beschränkt (z.B. Verbraucherschutz, Zulassung von Autos, Richtlinien für Nahrungsmittel, Regulierungsbehörde der Telekommunikationsbranche usw.). Heute stellt sich z.B. aufgrund der unterschiedlichen Ladenöffnungszeiten von Bundesländern die Frage, ob Konsumenten in Grenzgebieten ihre bisher treuen Kaufgewohnheiten aufgeben. Das Einkommen kann beispielsweise einen Einfluss auf Kundenbindung ausüben, da bei einem hohen Einkommen Fehlkäufe aus Neugier eher verschmerzt werden können. Autoren, die sich dieser Forschungsthematik widmen, ziehen als theoretische Grundlagen häufig die Ausarbeitungen zur Wohlfahrtstheorie (z.B. Kamakura et al. 1988), zur Compliance-Theorie (z.B. Brockner et al. 1984) und zur Theorie der sozialen und staatsbürgerlichen Verantwortung (z.B. McNeil 1974) heran.

Religiöse Einflüsse fanden bisher, abgesehen von einigen wenigen Ausnahmen (Hirschman 1988; Delener 1994; Kozinets/Handelman 2004; Lord/Putrevu 2005; Mathras et al. 2016), kaum Beachtung in der Literatur zum Konsumentenverhalten. Symbolische und ritualisierte Käufe finden oftmals in Anlehnung an religiöse Bräuche und Sitten statt, und es besteht ein weltweiter Konsens über die Bedeutungen solcher Käufe innerhalb der Religionen. Hierdurch entsteht ein erhebliches Machtpotenzial religiöser Institutionen, welches sich, wie bei den Einflüssen durch den Gesetzgeber, auch auf das (treue) Konsumentenverhalten auswirken kann (z.B. Gestaltung von Sonn- und Feiertagen, Ernährung, Nutzung von Verhütungsmitteln usw.). Lord/Putrevu (2005) klassifizieren religiöse Auswirkungen in Einflüsse von Glaubenslehre, persönlichen Zuwendungen, Werten, ästhetischen Eigenschaften religiöser Produkte und sozialen Gruppen in religiösen Gemeinschaften. Sheth/Parvatiyar (1995) diskutieren den Glauben, die Selbstwirksamkeit und die Angst vor negativen Folgen als motivationale Determinanten religiöser Verhaltensweisen von Individuen.

Unternehmen selbst sind als weitere institutionelle Einflussfaktoren auf die Kundenbindung zu betrachten, zumal in Unternehmen zum einen offizielle und zum anderen inoffizielle, sozial erwünschte Normen und Regeln gelten (z.B. was Kleidung, Auto, Familie, Essensgewohnheiten oder Wohngegend anbetrifft, aber auch Dinge wie Altersvorsorge, Weihnachtsgeld usw.) und auch unterschiedliche Unternehmenskulturen herrschen. Einen direkten Effekt auf die Kundenbindung haben unternehmerische Tätigkeiten durch die klassischen Instrumente des Marketing-Mix, z.B. die Distribution (z.B. Wo werden Produkte angeboten?) oder die Produktpolitik (z.B. Welche Produkte sollen eliminiert werden?).

4. Aktuelle Trends im Konsumentenverhalten, Lebensstile, Wertvorstellungen und Konsumentenkultur

Die bislang erörterten Theorien sollen dazu dienen, Kundenbindung im Lichte verschiedener verhaltenswissenschaftlicher Ansätze zu betrachten. Über die Inhalte dieser Theorien hinaus sind im Konsumentenverhalten aktuelle Entwicklungen zu beobachten, die in diesen Theorien keine Berücksichtigung finden und deshalb in diesem ergänzenden Kapitel diskutiert werden.

Einige Sozialforscher (z.B. Schulze 2000) sehen in der zunehmenden *Erlebnisorientierung* den grundlegenden Wertewandel in der heutigen Gesellschaft. Er wird begleitet vom langfristig zunehmenden Umweltbewusstsein in allen Wohlstandsgesellschaften. Der erlebnisorientierte Mensch will sich emotional verwirklichen. Seine Individualität spiegelt sich in allen Lebensbereichen wider: in der Mitverantwortung für einzelne Lebensbereiche, im zunehmenden gesellschaftlichen Involvement und nicht zuletzt im Bedarf an Produkten und Dienstleistungen, der von persönlich gestaltbaren Geschäftsbeziehungen abhängt. Diese Werteorientierung lässt sich als Ausdruck eines übergeordneten Trends zur Verwirklichung eines *individuellen Lebensstils* auffassen (Kroeber-Riel/Gröppel-Klein 2013). Dabei können Konsumenten nach Einzigartigkeit streben, wenn sie sich bewusst von der Uniformität der Konsumgesellschaft abheben möchten (Tian et al. 2001). Konsumenten fragen sich deshalb, welchen Beitrag ein Angebot eines Unternehmens zu ihrem individuellen Lebensstil leisten kann. Dazu sind die funktionalen Sacheigenschaften von austauschbaren, technisch ausgereiften Produkten kaum noch geeignet. Vielmehr sind es die *emotionalen Komponenten*, die das Angebot in den Augen der Kunden attraktiv machen und zur Differenzierung beitragen. Die emotionalen Komponenten sind es damit auch zunehmend, die eine Bindung der Kunden an ein Unternehmen bestimmen. Erlebnisorientierung als Lebensstil ist nicht zu verwechseln mit demonstrativen Konsumerlebnissen als Ersatzwerte in einer oberflächlichen Gesellschaft (Weinberg 1992). Die oft beklagte Erlebnisdichte ersetzt keine ethische Lebensausrichtung. Die Erlebnissuche ist mit jedem Lebensethos vereinbar und charakterisiert die Individualität, mit der Lebenswerte immaterieller und materieller Art formuliert und subjektiv wahrgenommen werden. Das Individuum dieser Gesellschaft zeichnet sich durch ein kommunikatives Verhalten aus, das es in den Mittelpunkt von zwischenmenschlichen Beziehungen rückt.

Hinter dem Konzept des *Wunsches nach Abwechslung* („variety seeking") steht die Erkenntnis, dass Menschen unter bestimmten Voraussetzungen nach Abwechslung in ihrem täglichen Leben streben (Faison 1977; McAlister/Pessemier 1982). Dies schlägt sich auch im Konsumverhalten nieder, wenn Konsumenten Monotonie und Langeweile einer einseitigen Produkt- bzw. Markenwahl vermeiden wollen (Menon/Kahn 1995). Der Wunsch nach Abwechslung basiert auf einer intrinsischen Motivation von Individuen.

Selbst wenn Konsumenten mit ihrer alten Lösung zufrieden waren bzw. es noch sind, wechseln sie das Produkt bzw. die Marke, nur der Abwechslung und der von der Wahl der neuen Lösung ausgehenden Reize halber (Steenkamp/Baumgartner 1992). Ein weiterer Konsumtrend und Lebensstil, der in den letzten Jahren bei Konsumenten zunehmend zu beobachten war, ist das Aufkommen einer *genügsamen* und *bescheidenen* Einstellung den Konsum betreffend (Lastovicka et al. 1999; Gröppel-Klein/Germelmann 2004). Wer ein *genügsames Leben* („frugality") anstrebt, sieht sich als diszipliniert bezüglich finanzieller Ausgaben, die Knappheit an Ressourcen beachtend, im Konsum weniger impulsiv handelnd und weniger von Freunden und Verwandten beeinflussbar (Lastovicka et al. 1999). Dabei wird eine langfristige Perspektive eingenommen und Konsumenten verzichten freiwillig auf überflüssigen Luxus, um ihre Lebensqualität und Zufriedenheit zu steigern und ein Gefühl von Freiheit zu verspüren. Sogenannte „voluntary simplifiers" sind unabhängig von wirtschaftlichem Wachstum, Konsum und technologischen Fortschritten glücklich (Cherrier/Murray 2002). Gould et al. (1997) bringen diesen Aspekt auch mit dem Motiv der Selbstdarstellung in Verbindung, Schor (1998) mit „downshifting" als Phänomen der freiwilligen Veränderung des Lebensstils mit einem geringeren Konsum und ohne materialistisch geprägte Gedanken. Der LOHAS-Lebensstil („lifestyle of health and sustainability") beschreibt diese Werte in Bezug auf gesunden und nachhaltigen Konsum. Konsumenten erwarten in zunehmendem Maße, dass Unternehmen sozial verantwortlich handeln und nicht nur nach Profiten streben, sie erwarten verstärkt *Corporate Social Responsibility (CSR)*. Viele Konsumenten sind bereit, Unternehmen, die ein starkes gesellschaftliches Engagement zeigen, durch entsprechendes Konsumverhalten zu belohnen (Bhattacharya/Sen 2004; Becker-Olsen et al. 2006). Dabei kommt der richtigen Kommunikation über das CSR Engagement eine große Bedeutung zu (Diehl et al. 2016).

Abschließend ist das „*smart shopping*" zu nennen. So genannte „smart shopper" sind stolz auf ihre umfassenden Preiskenntnisse und befinden sich stets auf der Suche nach preisgünstigen Angeboten, wobei nicht nur Produkte und Produktkategorien niedriger Qualität, sondern auch hoher Qualität bis hin zu Luxusprodukten im evoked set der smart shopper einbegriffen sind (Mano/Elliot 1997; Gröppel-Klein/Germelmann 2004). Auch das Sammeln von Bonuspunkten (im Vergleich zu Preisnachlässen) kann die Kundenbindung beeinflussen (Zhang/Breugelmans 2012). Die Werte Genügsamkeit, Gesundheit und Nachhaltigkeit sowie smart shopping können dazu führen, dass zufriedene Kunden die bisher gekauften Produkte bewusst nicht mehr wählen.

Aufgrund der hohen Relevanz sozialer Medien für den Alltag eines Teils der Konsumenten und den stets wachsenden Marketinginvestitionen in diesem Bereich, beschäftigen sich Untersuchungen zunehmend auch damit, welche Auswirkungen die Kommunikation von Marken mit Konsumenten via Social Media auf die Konsumenten-Marken-Beziehung hat. Es zeigt sich, dass Konsumenten, die über die sozialen Medien mit ihren favorisierten Marken in Kontakt treten, eine intensivere Beziehung zur Marke aufbauen und eine höhere Mund-zu-Mund-Propaganda pflegen, als Konsumenten, die diese Möglichkeit der Kontaktaufnahme nicht praktizieren. Marken ist es durch diese Art der

Kommunikation möglich, einen höheren Grad an Anthropomorphismus zu erlangen und somit der Unsicherheit der Konsumenten entgegenzuwirken (Hudson et al. 2016). Nicht zu vernachlässigen ist jedoch auch der Umstand, dass den Konsumenten mit den sozialen Medien eine geeignete Plattform zur Verfügung steht, um ihren Unmut bezüglich bestimmter Marken ohne großen Aufwand kundzutun und somit der Marke zu schaden (Kähr et al. 2016).

5. Sozialtechnische Implikationen für das Marketing

Unter *Sozialtechnik* versteht man die Anwendung verhaltenswissenschaftlicher Erkenntnisse zur Gestaltung bzw. Beeinflussung des sozialen Lebens (Kroeber-Riel/Gröppel-Klein 2013). Sie helfen einerseits, kreative Leistungen im Rahmen des Marketing zu bewerten, und sie bieten andererseits ein „Sicherheitsnetz" gegen spekulative und damit ökonomisch riskante Zufallstreffer. Spezielle Kundenbindungsprogramme zielen darauf ab, die Kundenloyalität in profitablen Segmenten zu erhöhen, indem Konsumenten idealerweise Mehrwerte wahrnehmen, die ein Unternehmen im Vergleich zur Konkurrenz bietet (Bolton et al. 2000).

Zentrale *Ansatzpunkte für das Marketing* von Geschäftsbeziehungen sind die psychischen Determinanten der Kundenbindung:

- Das „Wir-Gefühl" des Kunden als Ausdruck des Wunsches nach gegenseitiger Verbundenheit mit dem Geschäftspartner, bei dem er im Rahmen der Geschäftsbeziehung die beste Möglichkeit sieht, seine ökonomischen und auch persönlichen Bedürfnisse zu befriedigen. Es geht also um die Ansprache der emotionalen und motivationalen Grundlagen der psychischen Kundenbindung. Dabei sollten positive Emotionen bei Konsumenten während der Kaufentscheidungen am Point of Sale sowie nach Kaufentscheidungen angesprochen werden. Hennig-Thurau et al. (2006) untersuchen die Auswirkungen der wahrgenommenen Authentizität des Lächelns von Angestellten in Interaktionen mit Kunden auf deren Zufriedenheit mit dem Verkaufsgespräch. Die Ergebnisse zeigen, dass negative emotionale Reaktionen bei Konsumenten möglichst vermieden werden sollten. Treten dennoch negative Emotionen auf, sollten diese (in ihrer Mimik, Gestik und in den verbalen Äußerungen der Kunden) vom Personal erkannt werden und es sollten individuell angepasste Maßnahmen eingeleitet werden, die ein Coping bei Konsumenten unterstützen und gleichzeitig die Zufriedenheit und (psychische) Kundenbindung aufrechterhalten und negative (Verhaltens-)Reaktionen vermeiden. Die Kreativität von Unternehmen ist gefordert, um mit einem „gewissen Extra" Konsumenten zu begeistern und wieder auf ihre Seite zu ziehen (z.B. bei Nichteinhalten eines versprochenen Termins, einem Produktfehler o.ä.).

- Die Lebensstile, Konsum- und Wertetrends der Kunden beachten, die Kundenbindung im Rahmen der Anbieter-Kunde-Beziehung mittragen. Es geht also um die Ansprache der Wertetrends, in die eine (psychische) Kundenbindung eingebettet ist. Im Rahmen des Angebotes versprechen hier v.a. erlebnisorientierte Konzepte viel Kundenbindungspotenzial. Der Wunsch nach Abwechslung kann z.B. entweder im eigenen Unternehmen, z.B. mit Produktvariationen oder Alternativprodukten, oder durch Kooperationsunternehmen („Coopetition": Kooperation im Wettbewerb, wie z.B. in Tourismus, Sport und Kultur zu beobachten) bedient werden. Somit ist ein abwandernder Konsument nicht zwangsläufig als ein verlorener Konsument zu betrachten. Für Unternehmen ist es durchaus lohnenswert, auch die Konsumenten zufrieden zu stellen, die dem Unternehmen nach einer Transaktion den Rücken zukehren, da sich Lebensstile, Wertvorstellungen und Trends ebenso wieder ändern können und trotz ausbleibender Käufe z.B. eine positive Mund-zu-Mund-Propaganda stattfinden und eine innere Bindung weiterhin bestehen bleiben kann. Im Lebensmitteleinzelhandel beispielsweise führten Konsumtrends dazu, dass Anbieter zunehmend Handelsmarken in ihr Sortiment aufnehmen; dies wiederum kann Kundenloyalität fördern (Ailawadi/Pauwels/Steenkamp 2008). In diesem Zusammenhang konnte herausgefunden werden, dass eine positive Beziehung zwischen Handelsmarken und Kundenloyalität vor allem dann zu beobachten ist, wenn die Kunden eine hohe Preisorientierung aufweisen, das Handelsunternehmen gleichzeitig eine Niedrigpreisstrategie verfolgt, es sich um weniger standardisierte Produktkategorien handelt und ein verhältnismäßig hohes Involvement der Konsumenten vorliegt (Koschate-Fischer/Cramer/Hoyer 2014).

- Beziehungsmarketing wörtlich nehmen und Konsumenten als (Geschäfts-)Partner betrachten. Um eine (psychische) Kundenbindung bei Konsumenten zu erzielen, reicht es nicht aus, alleine mithilfe von technologischen Entwicklungen Kundenbindungsprogramme zu implementieren (Reinartz et al. 2004). Für Konsumenten ist häufig der Kontakt mit dem Verkaufspersonal die wichtigste Interaktion mit einem Anbieter. Palmatier et al. (2007) konnten in einer Quer- und Längsschnittstudie die hohe Bedeutung des Verkaufspersonals, mit denen Kunden in Geschäftsbeziehungen stehen, nachweisen: Wichtige Erfolgsgrößen, die ein Ergebnis einer hohen Kundenbindung darstellen, wie z.B. Umsatz von Kunden, Zahlungsbereitschaft für Premiumpreise und Verkaufseffizienz, werden v.a. von der Loyalität von Kunden gegenüber dem Verkaufspersonal determiniert – und weniger von der Loyalität gegenüber dem Anbieter. Konsumenten streben nach persönlichen Kontakten mit einem Unternehmen und dessen Angestellten, insbesondere in der Initiierungsphase einer Geschäftsbeziehung (Reinartz et al. 2004) und bei Produkten im Premiumpreissegment, bei Kaufentscheidungen mit einem hohen Involvement und bei Produkten mit einem hohen Anteil an Serviceleistungen (Chiou/Droge 2006). Sind Konsumenten hoch involviert und sind sie interessiert an den zukünftigen Entwicklungen von Produkten, bietet sich sogar eine Integration in das Marketing an, wie im Falle von Dienstleistungen, bei denen Konsumenten als externe Faktoren in die Leistungsprozesse integriert werden (z.B. über Produkttests, Innovationen, Designs, Informationsmanagement usw.). Beispielsweise zeigen Auh et al. (2007), dass ein positiver Zusammen-

Zusammenhang zwischen dem Ausmaß, in dem sich Kunden von Finanzdienstleistungen als Koproduzenten der Dienstleistung verstehen, und der Kundenbindung auf Einstellungsebene besteht. Gleichzeitig wird von den Angestellten der Anbieter jedoch Feingefühl erwartet, um zu spüren, welche Kunden bereit und gewillt sind, persönliche Geschäftsbeziehungen mit einem Unternehmen aufzubauen, und welche Kunden eventuell Reaktanzverhalten zeigen, wenn dies als „zuviel des Guten" wahrgenommen wird.

- Ein „Festhalten" an nicht bindungswilligen Konsumenten kann negativ wirken. Streben Konsumenten nach anderen Dingen, die das Erreichen ihrer Lebensziele unterstützen (Wunsch nach Abwechslung, Genügsamkeit, Gesundheit oder Nachhaltigkeit), oder haben bestimmte Kunden aufgrund ihres persönlichen Bindungsstils eine Aversion gegen persönliche Nähe in Geschäftsbeziehungen, können Kundenbindungsmaßnahmen z.T. sogar schädlich für ein Unternehmen sein. Entscheidungen über Kundenbindungsmaßnahmen dürfen die Individualität des Kunden nicht vernachlässigen und müssen sich von der Vorstellung lösen, zum einen alle Kunden und zum anderen alle mit gleichen Methoden und Anreizen an das Unternehmen binden zu wollen. Ökonomische Anreize, die den finanziellen Mehrwert der Beziehung betonen, werden in empirischen Studien zwar mit einer erhöhten Kundenbindung in Verbindung gebracht (Verhoef 2003; Liu 2008). In Fokusgruppen konnte jedoch gezeigt werden, dass Verweigerer von Kundenbindungsprogrammen Gründe des großen Aufwands und Zeitverlusts sowie soziale und private Gründe für eine ablehnende Haltung anführen, die vom Anbieter z.T. gar nicht beeinflusst werden können (Noble/Phillips 2004). Auch Konsumenten, die verstärkt mehrere Einkaufskanäle nutzen, sind weniger loyal im Vergleich zu anderen Gruppen von Konsumenten (Konuş/Verhoef/Neslin 2008). Gleichzeitig bietet dies jedoch auch Chancen für Unternehmen, z.B. wenn durch ein eigenes Multi-Channel-Retailing oder durch Kooperationen mit anderen Unternehmen Konsumentenbindungen aufgebaut werden.

- Beachtung der Ladenatmosphäre am Point of Sale (Gröppel-Klein 2012), der Gestaltung des Verkaufs von Produkten und Dienstleistungen (inklusive Gespräch und der mit dem Produkt verbundenen Leistungen) und insbesondere auch der Nachkaufphase. So wie sich Kundenzufriedenheit und Kundenbindung als dynamische Phänomene äußern, sollten auch die Interaktionen von Unternehmen mit Kunden betrachtet werden. Aspekte gehen von der Gestaltung der Ladenatmosphäre (z.B. Orientierungsfreundlichkeit, Darbietung der Produkte usw.) über den Kontakt mit dem Kunden beim eigentlichen Verkauf (Freundlichkeit des Personals, Lieferservice usw.) bis hin zur Nachkaufphase, in der eventuell auftretende kognitive Dissonanzen abgebaut werden sollten (Ziel ist es, eine nachträgliche Höherschätzung des gekauften Produktes zu erzielen, z.B. durch Werbeanzeigen, briefliche Nachkaufwerbung, Rückgaberechte oder Preisgarantien). Homburg/Giering (2001) bestätigen dies und weisen darauf hin, dass nicht die Zufriedenheit mit einem Produkt an sich, sondern die damit verbundenen Prozesse während und nach einem Kauf ausschlaggebend für eine Kundenbindung sind.

Innerhalb von Dienstleistungen bzw. innerhalb von produktbegleitenden Dienstleistungen sind es dabei vor allem die Geschäftsbeziehungen und damit die Vielzahl von Anbieter-Kunde-Interaktionen, an denen die Maßnahmen der Kundenbindung ansetzen sollten, insbesondere dann, wenn sich ein Unternehmen in gesättigten Märkten mit qualitativ ausgereiften Produkten bewegt. Auch die Serviceumgebung bietet Potenzial zur Kundenbindung, indem eine angenehme und am Lebensstil der Zielgruppe ausgerichtete Atmosphäre geschaffen wird.

Sozialtechnische Maßnahmen zur Beeinflussung der verhaltenswissenschaftlichen Determinanten der Kundenbindung können auf zwei Ebenen greifen:

(1) Auf der *Objektebene* lassen sich alle Maßnahmen zusammenfassen, die einerseits die Zufriedenheit mit dem ökonomischen Erfolg des Geschäftsergebnisses betreffen (also z.B. mittels Preis-, Konditionen- sowie Sortimentspolitik) und andererseits die Zufriedenheit mit dem Geschäftspartner und seiner Organisation (also z.B. mittels Verkaufsförderungsaktionen und Servicepolitik, die spezielle Maßnahmen der persönlichen Kundenpflege einschließen).

(2) Auf der *kommunikativen Ebene* geht es vor allem um Strategien der emotionalen Beeinflussung, wozu die Bildkommunikation (Kroeber-Riel 1993) und das Erlebnismarketing (Weinberg 1992) zahlreiche empirisch bewährte Techniken beigetragen haben. Dazu zählt z.B. die Ansprache der emotionalen Schlüsselreize, die einerseits das Motivations- und Einstellungssystem der Kundenbindung betreffen und andererseits in dem Wertesystem, das auch der Geschäftsbeziehung zugrunde liegt, verankert sind.

Diese sozialtechnischen Maßnahmen sollten *zielgruppengerecht* durchgeführt werden. So konnten z.B. Yi/Jeon (2003) Unterschiede in der Wirkung von Kundenbindungsmaßnahmen in Abhängigkeit vom Involvement nachweisen: Zeitlich verzögerte Belohnungen in einem Kundenbindungsprogramm wirken nur bei hoch involvierten Kunden, wenn sie darin einen Mehrwert sehen. Bei niedrig involvierten Konsumenten drohen Interessenkonflikte zwischen Kunden und Anbietern, denn solche Kunden achten v.a. auf das zeitnahe Eintreten einer Belohnung und weniger darauf, ob die Belohnung mit dem Produkt verbunden oder produktfremd ist. Paulssen/Fournier (2005) konnten erstmals Zusammenhänge zwischen dem persönlichen Bindungsstil und dem Wunsch nach Bindung an ein Unternehmen herstellen und fanden heraus, dass sich ein signifikant hoher Anteil an (bereits loyalen) Kunden von Kundenbindungsmaßnahmen belästigt fühlt und abwandert. Die Untersuchungsergebnisse von Evanschitzky et al. (2012) belegen wiederum die Relevanz von als positiv bzw. angenehm empfundenen Kundenbindungsprogrammen, die sich als wesentlich für das Kaufverhalten der Konsumenten herausgestellt haben.

Eine Ausrichtung des Marketing im Sinne der verschiedenen zur Verfügung stehenden Sozialtechniken hilft, langfristige Geschäftsbeziehungen zu stabilisieren. Kundenbindungsmaßnahmen sollten strategisch – im Sinne der Unternehmensziele – geplant werden (vgl. z.B. das Rahmenkonzept von Kumar/Shah 2004). Dies verhindert Fehlinvestitionen in der Kommunikation, im Servicebereich, bei der Geschäftsgestaltung oder der Produktentwicklung und soll den Unternehmenserfolg fördern.

Literaturverzeichnis

Aaker, J./Fournier, S./Brasel, S. A. (2004): When Good Brands Do Bad, in: Journal of Consumer Research, Vol. 31, No. 1, S. 1-16.

Adams, J. S. (1963): Toward an Understanding of Inequity, in: Journal of Abnormal and Social Psychology, Vol. 67, No. 5, S. 422-436.

Adams, J. S. (1965): Inequity in Social Exchange, in: Berkowitz, L. (Hrsg.), Advances in Experimental Social Psychology, Vol. 2, o. No., S. 267-299.

Aggarwal, P. (2004): The Effects of Brand Relationship Norms on Consumer Attitudes and Behaviour, in: Journal of Consumer Research, Vol. 31, No. 1, S. 87-101.

Agustin, C./Singh, J. (2005): Curvilinear Effects of Consumer Loyalty Determinants in Relational Exchanges, in: Journal of Marketing Research, Vol. 42, No. 1, S. 96-108.

Ailawadi, K. L./Pauwels, K./Steenkamp, J.-B. E. M. (2008): Private-Label Use and Store Loyalty, in: Journal of Marketing, Vol. 72, No. 6, S. 19-30.

Ainsworth, M. D./Bowlby, J. (1991): An Ethological Approach to Personality Development, in: American Psychologist, Vol. 46, No. 4, S. 333-341.

Alba, J. W./Hutchinson, J. W. (1987): Dimensions of Consumer Expertise, in: Journal of Consumer Research, Vol. 13, No. 4, S. 411-454.

Alba, J. W./Hutchinson, J. W./Lynch, J. G. Jr. (1991): Memory and Decision Making, in: Robertson, T. S./Kassarjian, H. H. (Hrsg.), Handbook of Consumer Behavior, Englewood Cliffs, S. 1-49.

Anderson, E. W./Sullivan, M. W. (1993): The Antecedents and Consequences of Customer Satisfaction for Firms, in: Marketing Science, Vol. 12, No. 2, S. 125-143.

Auh, S./Bell, S. J./Mc Leod, C. S./Shih, E. (2007): Co-Production and Customer Loyalty in Financial Services, in Journal of Retailing, Vol. 83, No. 3, S. 359-370.

Bagozzi, R. P./Gopinath, M./Nyer, P. U. (1999): The Role of Emotions in Marketing, in: Journal of the Academy of Marketing Science, Vol. 27, No. 2, S. 184-206.

Bandura, A. (1977): Social Learning Theory, Englewood Cliffs.

Bauer, R. A. (1960): Consumer Behavior as Risk Taking, in: Hancock, R. S. (Hrsg.), Dynamic marketing for a changing world – Proceedings of the 43rd Conference of the American Marketing Association, Chicago, S. 389-398.

Baumann, C./Burton, S./Elliott, G. (2005): Determinants of Customer Loyalty and Share of Wallet in Retail Banking, in: Journal of Fincancial Services Marketing, Vol. 9, No. 3, S. 231-248.

Bearden, W. O./Etzel, M. J. (1982): Reference Group Influence on Product and Brand Purchase Decisions, in: Journal of Consumer Research, Vol. 9, No. 2, S. 183-194.

Beatty, S. E./Smith, S. M. (1987): External Search Effort: an Investigation across Several Product Categories, in: Journal of Consumer Research, Vol. 14, No. 1, S. 83-95.

Becker-Olsen, K. L./Cudmore, B. A./Hill, R. P. (2006): The Impact of Perceived Corporate Social Responsibility on Consumer Behavior, in: Journal of Business Research, Vol. 59, No. 1, S. 46-53.

Behrens, G. (1995): Lerntheorien, in: Tietz, B./Köhler, R./Zentes, J. (Hrsg.), Handwörterbuch des Marketing, 2. Aufl., Stuttgart, S. 1405-1415.

Berlyne, D. E. (1960): Conflict, Arousal and Curiosity, New York u.a.

Bettman, J. R. (1979): An Information Processing Theory of Consumer Choice, Reading, u.a.

Bettman, J. R./Luce, M. F./Payne, J. W. (1998): Constructive Consumer Choice Processes, in: Journal of Consumer Research, Vol. 25, No. 3, S. 187-217.

Bhattacharya, C. B./Sen, S. (2004): Doing Better at Doing Good: When, Why, and How Consumers Respond to Corporate Social Initiatives, in: California Management Review, Vol. 47, No. 1, S. 9-24.

Blackwell, R. D./Miniard, P. W./Engel, J. F. (2000): Consumer Behavior, 10. Aufl., Cincinatti.

Bloemer, J. M. M./Kasper, H. D. P. (1995): The Complex Relationship between Consumer Satisfaction and Brand Loyalty, in: Journal of Economic Psychology, Vol. 16, No. 2, S. 311-329.

Blut, M./Beatty, S. E./Evanschitzky, H./Brock, C. (2014): The Impact of Service Characteristics on the Switching Costs-Customer Loyalty Link, in: Journal of Retailing, Vol. 90, No. 2, S. 275-290.

Böcker, F. (1987): Die Bildung von Präferenzen für langlebige Konsumgüter in Familien, in: Marketing ZFP, 9. Jg., Nr. 1, S. 16-24.

Bolton, R. N. (1998): A Dynamic Model of the Duration of the Customer's Relationship with a Continuous Service Provider: the Role of Satisfaction, in: Marketing Science, Vol. 17, No. 1, S. 45-65.

Bolton, R. N./Lemon, K. (1999): A Dynamic Model of Customers' Usage of Services: Usage as an Antecedent and Consequence of Satisfaction, in: Journal of Marketing Research, Vol. 36, No. 2, S. 171-186.

Bolton, R. N./Kannan, P. K./Bramlett, M. D. (2000): Implications of Loyalty Program Membership and Service Experiences for Customer Retention and Value, in: Journal of the Academy of Marketing Science, Vol. 28, No. 1, S. 95-108.

Bougie, R./Pieters, R./Zeelenberg, M. (2003): Angry Customers Don't Come Back, They Get Back: the Experience and Behavioral Implications of Anger and Dissatisfaction in Services, in: Journal of the Academy of Marketing Science, Vol. 31, No. 4, S. 377-393.

Bowman, D./Narayandas, D. (2001): Managing Customer-Initiated Contacts with Manufacturers: the Impact on Share of Category Requirements and Word-of-Mouth Behavior, in: Journal of Marketing Research, Vol. 38, No. 3, S. 281-297.

Brehm, J. W. (1966): A Theory of Psychological Reactance, New York.

Brehm, J. W. (1989): Psychological Reactance: Theory and Applications, in: Srull, T.K. (Hrsg.), Advances in Consumer Research, Vol. 16, o. No., S. 72-75.

Brown, J. J./Reingen, P. (1987): Social Ties and Word of Mouth Referral Behavior, in: Journal of Consumer Research, Vol. 14, No. 3, S. 350-362.

Brockner, J./Guzi, B./Kane, J./Levine, E./Shaplen, K. (1984): Organizational Fundraising: Further Evidence on the Effect of Legitimizing Small Donations, in: Journal of Consumer Research, Vol. 11, No. 1, S. 611-614.

Brown, T. J./Barry, T. E./Dacin, P. A./Gunst, R. F. (2005): Spreading the Word: Investigating Antecedents of Consumers' Positive Word-of-Mouth Intentions and Behaviors in a Retailing Context, in: Journal of the Academy of Marketing Science, Vol. 33, No. 2, S. 123-138.

Chaudhuri, A./Holbrook, M. B. (2001): The Chain of Effects from Brand Trust and Brand Affect to Brand Performance: the Role of Brand Loyalty, in: Journal of Marketing, Vol. 65, No. 2, S. 81-93.

Chandrashekaran, M./Rotte, K./Tax, S./Grewal, R. (2007): Satisfaction Strength and Customer Loyalty, in: Journal of Marketing Research, Vol. 44, No. 1, S. 153-163.

Cherrier, H./Murray, J. (2002): Drifting Away from Excessive Consumption: a New Social Movement Based on Identity Construction, in: Broniarczyk, S./Nakamoto, K. (Hrsg.), Advances in Consumer Research, Vol. 29, o. No., S. 245-248.

Childers, T. L./Rao, A. R. (1992): Influence of Familial and Peer-Based Reference Groups on Consumer Decisions, in: Journal of Consumer Research, Vol. 19, No. 2, S. 198-211.

Chiou, J.-S./Droge, C. (2006): Service Quality, Trust, Specific Asset Investment, and Expertise: Direct and Indirect Effects in a Satisfaction-Loyalty Framework, in: Journal of the Academy of Marketing Science, Vol. 34, No. 4, S. 613-627.

Clee, M. A./Wicklund, R. A. (1980): Consumer Behavior and Psychological Reactance, in: Journal of Consumer Research, Vol. 6, No. 4, S. 389-405.

Collins, N. L./Read, S. J. (1990): Adult Attachment, Working Models, and Relationships Quality in Dating Couples, in: Journal of Personality and Social Psychology, Vol. 58, No. 4, S. 644-663.

Cooil, B./Keiningham, T. L./Aksoy, L./Hsu, M. (2007): A Longitudinal Analysis of Customer Satisfaction and Share of Wallet: Investigating the Moderating Effect of Customer Characteristics, in: Journal of Marketing, Vol. 71, No. 1, S. 67-83.

Datta, H./Foubert, B./Van Heerde, H. J. (2015): The Challenge of Retaining Customers Acquired with Free Trials, in: Journal of Marketing Research, Vol. 52, No. 2, S. 217-234.

Delener, N. (1994): Religious Contrasts in Consumer Decision Behaviour Patterns: Their Dimensions and Marketing Implications, in: European Journal of Marketing, Vol. 28, No. 5, S. 36-45.

Deppe, M./Schwindt, W./Kugel, H./Plassmann, H./Kenning, P. (2005): Nonlinear Responses within the Medial Prefrontal Cortex Reveal When Specific Implicit Information Influences Economic Decision Making, in: Journal of Neuroimaging, Vol. 15, No. 2, S. 171-182.

Derbaix, C. (1983): Perceived Risk and Risk Relievers: an Empirical Investigation, in: Journal of Economic Psychology, Vol. 3, No. 1, S. 19-38.

Dholakia, R. R./Sternthal, B. (1977): Highly Credible Sources: Persuasive Facilitators or Persuasive Liabilities?, in: Journal of Consumer Research, Vol. 3, No. 3, S. 223-232.

Diehl, S./Terlutter, R./Mueller, B. (2016): Doing Good Matters to Consumers: The Effectiveness of Humane-oriented CSR Appeals in Cross-cultural Standardized Advertising Campaigns, in: International Journal of Advertising, Vol. 34, No. 4, S. 730-757.

Diller, H. (1996): Kundenbindung als Marketingziel, in: Marketing ZFP, 18. Jg., Nr. 2, S. 81-92.

Dowling, G./Staelin, R. (1994): A Model of Perceived Risk and Intended Risk-Handling Activity, in: Journal of Consumer Research, Vol. 21, No. 1, S. 119-134.

Dunn, L./Hoegg, J. (2014): The Impact of Fear on Emotional Brand Attachment, in: Journal of Consumer Research, Vol. 41, No. 1, S. 152-168.

Eggert, A. (1999): Kundenbindung aus Kundensicht, Wiesbaden.

Eggert, U. (2006): Wettbewerbliches Umfeld – Konsumenten, Lieferanten, Konkurrenten, in: Zentes, J. (Hrsg.), Handbuch Handel, Wiesbaden, S. 23-47.

Esch, F.-R./Möll, T./Schmitt, B./Elger, C. E./Neuhaus, C./Weber, B. (2012): Brands on the Brain: Do Consumers Use Declarative Information or Experienced Emotions to Evaluate Brands?, in: Journal of Consumer Psychology, Vol. 22, No. 1, S. 75-85.

Evanschitzky, H./Ramaseshan, B./Woisetschläger, D. M./Richelsen, V./Blut, M./Backhaus, C. (2012): Consequences of Customer Loyalty to the Loyalty Program and to the Company, in: Journal of the Academy of Marketing Science, Vol. 40, No. 5, S. 625-638.

Faison, E. (1977): The Neglected Variety Drive: a Useful Concept for Consumer Behavior, in: Journal of Consumer Research, Vol. 4, No. 3, S. 172-175.

Festinger, L. (1978): Theorie der kognitiven Dissonanz, Bern u.a.

Fitzsimons, G. J. (2000): Consumer Response to Stockouts, in: Journal of Consumer Research, Vol. 27, No. 2, S. 249-266.

Fitzsimons, G. J./Lehmann, D. R. (2004): Reactance to Recommendations: When Unsolicited Advice Yields Contrary Responses, in: Marketing Science, Vol. 23, No. 1, S. 82-94.

Fornell, C. (1992): A National Customer Satisfaction Barometer: the Swedish Experience, in: Journal of Marketing, Vol. 56, No. 1, S. 6-21.

Foa, E. B./Foa, U. G. (1980): Resource Theory. Interpersonal Behavior as Exchange, in: Gergen, K. J./Greenberg, M. S./Willis, R. H. (Hrsg.), Social Exchange – Advances in Theory and Research, New York, S. 77-94.

Fournier, S. (1998): Consumers and Their Brands: Developing Relationship Theory in Consumer Research, in: Journal of Consumer Research, Vol. 24, No. 4, S. 343-373.

Garbarino, E./Johnson, M. S. (1999): The Different Roles of Satisfaction, Trust, and Commitment in Customer Relationships, in: Journal of Marketing, Vol. 63, No. 2, S. 70-87.

Gaus, H./Weißgerber, A./Zanger, C. (2006): Brand Relationships and Consumer Reaction to Negative Media Information, in: Proceedings of the 34th European Marketing Academy Conference, Athens.

Giering, A. (2000): Der Zusammenhang zwischen Kundenzufriedenheit und Kundenloyalität. Eine Untersuchung moderierender Effekte, Wiesbaden.

Gould, S. J./Houston, F. S./Mundt, J. (1997): Failing to Try to Consume: a Reversal of the Usual Consumer Research Perspective, in: Brucks, M./MacInnis, D. (Hrsg.), Advances in Consumer Research, Vol. 24, o. No., S. 211-216.

Gröppel-Klein, A. (2004a): Emotion, in: Bruhn, M./Homburg, Ch. (Hrsg.), Gabler Lexikon Marketing, 2. Aufl., Wiesbaden, S. 221-223.

Gröppel-Klein, A. (2004b): Motivation, in: Bruhn, M./Homburg, Ch. (Hrsg.), Gabler Lexikon Marketing, 2. Aufl., Wiesbaden, S. 569-572.

Gröppel-Klein, A. (2004c): Lernen, in: Bruhn, M./Homburg, Ch. (Hrsg.), Gabler Lexikon Marketing, 2. Aufl., Wiesbaden, S. 461-462.

Gröppel-Klein, A. (2012): Point-of-Sale-Marketing, in: Zentes, J./Swoboda, B./Morschett, D./Schramm-Klein, H. (Hrsg.), Handbuch Handel, 2. Aufl., Wiesbaden, S. 645-669.

Gröppel-Klein, A. (2007): Verhaltenswissenschaftliche Ansätze im Marketing, in: Köhler, H./Küpper, H.-U./Pfingsten, A. (Hrsg.), Handwörterbuch der Betriebswirtschaft, 6. Aufl., Stuttgart, S. 1880-1888.

Gröppel-Klein, A./Germelmann, C. C. (2004): „Genügsamkeit" oder „Hang zum Luxus"? Werte und ihre Bedeutung für das Konsumentenverhalten, in: Wiedmann, K.-P. (Hrsg.), Fundierung des Marketing – Verhaltenswissenschaftliche Erkenntnisse als Grundlage einer angewandten Marketingforschung, Wiesbaden, S. 177-203.

Halstead, D./Page, T. J. (1992): The Effects of Satisfaction and Complaining Behavior on Consumer Repurchase Intentions, in: Journal of Consumer Satisfaction, Dissatisfaction and Complaining Behavior, Vol. 5, o. No., S. 1-11.

Hazan, C./Shaver, P. R. (1987): Romantic Love Conceptualized as an Attachment Process, in: Journal of Personality and Social Psychology, Vol. 52, No. 3, S. 511-524.

Heilman, C. M./Bowman, D./Wright, G. P. (2000): The Evolution of Brand Preferences and Choice Behaviors of Consumers New to a Market, in: Journal of Marketing Research, Vol. 37, No. 2, S. 139-155.

Hennig-Thurau, Th./Groth, M./Paul, M./Gremler, D. D. (2006): Are All Smiles Created Equal? How Emotional Contagion and Emotional Labor Affect Service Relationships, in: Journal of Marketing, Vol. 70, No. 3, S. 58-73.

Hentschel, B. (1991): Beziehungsmarketing, in: Das Wirtschaftsstudium 20. Jg., Nr. 1, S. 25-28.

Hirschman, E. C. (1988): The Ideology of Consumption: a Structural-Analytic Analysis of Dallas and Dynasty, in: Journal of Consumer Research, Vol. 15, No. 3, S. 344-359.

Homans, G. (1961): Social Behavior: its Elementary Forms, New York.

Homburg, Ch./Bucerius, M. (2012): Kundenzufriedenheit als Managementherausforderung, in: Homburg, Ch. (Hrsg.), Kundenzufriedenheit. Konzepte – Methoden – Erfahrungen, 8. Aufl., Wiesbaden, S. 53-91.

Homburg, Ch./Faßnacht, M. (2001): Kundennähe, Kundenzufriedenheit und Kundenbindung bei Dienstleistungsunternehmen, in: Bruhn, M./Meffert, H. (Hrsg.), Handbuch Dienstleistungsmanagement, 2. Aufl., Wiesbaden, S. 441-464.

Homburg, Ch./Giering, A. (2001): Personal Characteristics as Moderators of the Relationship between Customer Satisfaction and Loyalty. An Empirical Analysis, in: Psychology & Marketing, Vol. 18, No. 1, S. 43-66.

Homburg, Ch./Giering, A./Menon, A. (2003): Relationship Characteristics as Moderators of the Satisfaction-Loyalty Link: Findings in a Business-to-Business Context, in: Journal of Business-to-Business Marketing, Vol. 10, No. 3, S. 35-62.

Homburg, Ch./Koschate, N./Hoyer, W. D. (2005): Do Satisfied Customers Really Pay More? A Study of the Relationship between Customer Satisfaction and Willingness to Pay, in: Journal of Marketing, Vol. 69, No. 2, S. 84-96.

Homburg, Ch./Koschate, N./Hoyer, W. D. (2006): The Role of Cognition and Affect in the Formation of Customer Satisfaction: a Dynamic Perspective, in: Journal of Marketing, Vol. 70, No. 3, S. 21-31.

Howard, J.A. (1965): Marketing Theory, Boston.

Howard, J. A./Sheth, J. N. (1969): The Theory of Buyer Behavior, New York u.a.

Hudson, S./Huang, L./Roth, M. S./Madden, T. J. (2016): The Influence of Social Media Interactions on Consumer-Brand Relationships: A Three-Country Study of Brand

Perceptions and Marketing Behaviors, in: International Journal of Research in Marketing, Vol. 33, No. 1, S. 27-41.

Huppertz, J. W./Arenson, S. J./Evans, R. H. (1978): An Application of Equity Theory to Buyer-Seller Exchange Situations, in: Journal of Marketing Research, Vol. 15, No. 2, S. 250-260.

Hyman, H. H. (1942): The Psychology of Subjective Status, in: Psychological Bulletin, Vol. 39, S. 473-474.

Jacoby, J./Speller, D. E./Kohn, C. A. (1974): Brand Choice Behavior as a Function of Information Load, in: Journal of Marketing Research, Vol. 11, No. 1, S. 63-69.

Johnson, M. D./Herrmann, A./Huber, F. (2006): The Evolution of Loyalty Intentions, in: Journal of Marketing, Vol. 70, No. 2, S. 122-132.

Jones, M. A./Mothersbaugh, D. L./Beatty, S. E. (2000): Switching Barriers and Repurchase Intentions in Services, in: Journal of Retailing, Vol. 76, No. 2, S. 259-274.

Kähr, A./Nyffenegger, B./Krohmer, H./Hoyer, W. D. (2016): When Hostile Consumers Wreak Havoc on Your Brand: The Phenomenon of Consumer Brand Sabotage, in: Journal of Marketing, Vol. 80, No. 3, S. 25-41.

Kamakura, W. A./Ratchford, B. T./Agrawal, J. (1988): Measuring Market Efficiency and Welfare Loss, in: Journal of Consumer Research, Vol. 15, No. 3, S. 289-302.

Koenigstorfer, J./Groeppel-Klein, A./Schmitt, M. (2010): "You'll Never Walk Alone" – How Loyal are Soccer Fans to Their Clubs When They are Struggling Against Relegation?, in: Journal of Sport Management, Vol. 24, No. 6, S. 649-675.

Konuş, U./Verhoef, P. C./Neslin, S. A. (2008): Multichannel Shopper Segments and Their Covariates, in: Journal of Retailing, Vol. 84, No. 4, S. 398-413.

Koschate-Fischer, N./Cramer, J./Hoyer, W. D. (2014): Moderating Effects of the Relationship Between Private Label Share and Store Loyalty, in: Journal of Marketing, Vol. 78, No. 2, S. 69-82.

Kozinets, R. V./Handelman, J. M. (2004): Adversaries of Consumption: Consumer Movements, Activism, and Ideology, in: Journal of Consumer Research, Vol. 31, No. 3, S. 691-704.

Kroeber-Riel, W. (1984): Emotional Product Differentiation by Classical Conditioning, in: Kinnear, T. C. (Hrsg.), Advances in Consumer Research, Vol. 11, No. 1, S. 538-543.

Kroeber-Riel, W. (1993): Bildkommunikation. Imagerystrategien für die Werbung, München.

Kroeber-Riel, W./Gröppel-Klein, A. (2013): Konsumentenverhalten, 10. Aufl., München.

Kumar, V./Shah, D. (2004): Building and Sustainable *Profitable* Customer Loyalty for the 21st Century, in: Journal of Retailing, Vol. 80, No. 4, S. 317-330.

Lastovicka, J. L./Bettencourt, L. A./Hughner, R. S./Kuntze, R. J. (1999): Lifestyle of the Tight and Frugal: Theory and Measurement, in: Journal of Consumer Research, Vol. 26, No. 1, S. 85-98.

Liu, Y. (2008): The Long-Term Impact of Loyalty Programs on Consumer Purchase Behavior and Loyalty, in: Journal of Marketing, Vol. 71, No. 4, S. 19-35.

Lord, K. R./Putrevu, S. (2005): Religious Influence on Consumer Behavior: Classification and Measurement, in: Menon, G./Rao, A. (Hrsg.), Advances in Consumer Research, Vol. 32, o. No., S. 651-652.

Louro, M. J./Pieters, R./Zeelenberg, M. (2005): Negative Returns on Positive Emotions: the Influence of Pride and Self-Regulatory Goals on Purchase Decisions, in: Journal of Consumer Research, Vol. 31, No. 4, S. 833-840.

Mano, H./Elliot, M. T. (1997): Smart Shopping: The Original Consequences of Price Savings, in: Brucks, M./MacInnis, D. (Hrsg.), Advances in Consumer Research, Vol. 24, o. No., S. 504-510.

Mathras, D./Cohen, A. B./Mandel, N./Mick, D. G. (2016): The Effects of Religion on Consumer Behaviour: A Conceptual Framework and Research Agenda, in: Journal of Consumer Psychology, Vol. 26, No. 2, S. 289-311.

McAlister, L./Pessemier, E. (1982): Variety Seeking Behavior: an Interdisciplinary Review, in: Journal of Consumer Research, Vol. 9, No. 3, S. 311-322.

McGuire, W. J. (1976): Some Internal Psychological Factors Influencing Consumer Choice, in: Journal of Consumer Research, Vol. 2, No. 4, S. 302-319.

McClure, S. M./Li, J./Tomlin, D./Cypert, K. S./Montague, L. M./Montague, P. R. (2004): Neural Correlates of Behavioral Preference for Culturally Familiar Drinks, in: Neuron, Vol. 44, o. No., S. 379-387.

McNeil, J. (1974): Federal Programs to Measure Consumer Purchase Expectations, 1946-1973: a Post-Mortem, in: Journal of Consumer Research, Vol. 1, No. 3, S. 1-10.

Menon, S./Kahn, B. E. (1995): The Impact of Context on Variety Seeking in Product Choices, in: Journal of Consumer Research, Vol. 22, No. 3, S. 285-295.

Meyer, A./Oevermann, D. (1995): Kundenbindung, in: Tietz, B./Köhler, R./Zentes, J. (Hrsg.), Handwörterbuch des Marketing, 2. Aufl., Stuttgart, S. 1340-1351.

Meyers-Levy, J./Tybout, A. M. (1989): Schema Congruity as a Basis for Product Evaluation, in: Journal of Consumer Research, Vol. 16, No. 1, S. 39-54.

Mills, J./Clark, M. C. (1982): Exchange and Communal Relationships, in: Wheeler, L. (Hrsg.), Review of Personality and Social Psychology, CA, S. 121-145.

Mills, J./Clark, M. S. (1994): Communal and Exchange Relationships: Controversies and Research, in: Erber, R./Gilmour, R. (Hrsg.), Theoretical Frameworks for Personal Relationships, Hillsdale, NJ, S. 29-42.

Mithas, S./Krishnan, M.S./Fornell, C. (2005): Why do Customer Relationship Management Applications Affect Customer Satisfaction?, in: Journal of Marketing, Vol. 69, No. 4, S. 201-209.

Mittal, V./Kamakura, W. A. (2001): Satisfaction, Repurchase Intent, and Repurchase Behavior. Investigating the Moderating Effect of Customer Characteristics, in: Journal of Marketing Research, Vol. 38, No. 1, S. 131-142.

Mittal, V./Kumar, P./Tsiros, M. (1999): Attribute-Level Performance, Satisfaction, and Behavioral Intentions Over Time. A Consumption-System Approach, in: Journal of Marketing, Vol. 63, No. 2, S. 88-101.

Mittal, V./Katrichis, J. M./Kumar, P. (2001): Attribute Performance and Customer Satisfaction Over Time: Evidence from Two Field Studies, in: Journal of Services Marketing, Vol. 15, No. 5, S. 343-356.

Moore, S. G./Fitzsimons, G. J. (2014): Yes, We Have No Bananas: Consumer Responses to Restoration of Freedom, in: Journal of Consumer Psychology, Vol. 24, No. 4, S. 541-548.

Nisbet, R. A. (1973): Behavior as Seen by the Actor and as Seen by the Observer, in: Journal of Personality and Social Psychology, Vol. 27, S. 154-164.

Noble, S. M./Phillips, J. (2004): Relationship Hindrance: Why Would Consumers Not Want a Relationship with a Retailer?, in: Journal of Retailing, Vol. 80, No. 4, S. 289-303.

Oliva, T. A./Oliver, R. L./MacMillan, I. C. (1992): A Catastrophe Model for Developing Service Satisfaction Strategies, in: Journal of Marketing, Vol. 56, No. 3, S. 83-95.

Oliver, R.L. (1999): Whence Consumer Loyalty?, in: Journal of Marketing, Vol. 63, Special Issue, No. 4, S. 33-44.

Oliver, R. L. (2014): Satisfaction. A Behavioral Perspective on the Consumer, 2. Aufl., New York.

Olsen, S. O. (2002): Comparative Evaluation and the Relationship between Quality, Satisfaction, and Repurchase Loyalty, in: Journal of the Academy of Marketing Science, Vol. 30, No. 3, S. 240-249.

Palmatier, R. W./Scheer, L. K./Steenkamp, J.-B. (2007): Customer Loyalty to Whom? Managing the Benefits and Risks of Salesperson-Owned Loyalty, in: Journal of Marketing Research, Vol. 44, No. 2, S. 185-199.

Paulssen, M./Fournier, S. (2005): Konsumentenheterogenität im Beziehungsmarketing. Ein bindungstheoretischer Ansatz, in: Posselt, Th./Schade, Ch. (Hrsg.), Quantitative Marketingforschung in Deutschland, Entrepreneurship, Marketing, Innovation, Band 1, Berlin, S. 197-221.

Peter, S. I. (1999): Marktforschung in der Automobilindustrie: Kundenbindung als Marketingziel, in: Hermann, A./Homburg, Ch. (Hrsg.), Marktforschung – Methoden, Anwendungen, Praxisbeispiele, Wiesbaden, S. 1028-1044.

Punj, G. N./Staelin, R. (1983): A Model of Consumer Information Search Behavior for New Automobiles, in: Journal of Consumer Research, Vol. 9, No. 4, S. 366-380.

Reichheld, F./Teal, Th. (1996): The Loyalty Effect, Boston, MA.

Reimann, M./Castaño, R./Zaichkowsky, J./Bechara, A. (2012): How We Relate to Brands: Psychological and Neurophysiological Insights into Consumer-Brand Relationships, in: Journal of Consumer Psychology, Vol. 22, No. 1, S. 128-142.

Reinartz, W./Krafft, M./Hoyer, W. (2004): The Customer Relationship Management Process: its Measurement and Impact on Performance, in: Journal of Marketing Research, Vol. 41, No. 3, S. 293-305.

Rogers, E. M. (1962): Diffusion of Innovations, New York.

Schor, J. B. (1998): Downshifters: Architects of a New American Dream?, in: Alba, J. W./Hutchinson, J. W. (Hrsg.), Advances in Consumer Research, Vol. 24, o. No., S. 88-89.

Schulze, G. (2000): Die Erlebnisgesellschaft, 8. Aufl., Frankfurt am Main.

Seiders, K./Voss, G. B./Grewal, D./Godfrey, A. L. (2005): Do Satisfied Customers Buy More? Examining Moderating Influences in a Retailing Context, in: Journal of Marketing, Vol. 69, No. 4, S. 26-43.

Shankar, V./Smith, A. K./Rangaswamy, A. (2003): Customer Satisfaction in Online and Offline Environments, in: International Journal of Research in Marketing, Vol. 20, No. 2, S. 153-175.

Sheth, J. N./Parvatiyar, A. (1995): Relationship Marketing in Consumer Markets: Antecedents and Consequences, in: Journal of the Academy of Marketing Science, Vol. 23, No. 4, S. 255-271.

Shimp, T. A./Bearden, W. O. (1982): Warranty and Other Extrinsic Cue Effects on Consumers' Risk Perceptions, in: Journal of Consumer Research, Vol. 9, No. 1, S. 38-46.

Simon, H. A. (1955): A Behavioral Model of Rational Choice, in: Quarterly Journal of Economics, Vol. 69, No. 1, S. 99-118.

Simpson, J. A. (1990): Influence of Attachment Styles on Romantic Relationships, in: Journal of Personality and Social Psychology, Vol. 59, No. 5, S. 971-980.

Skinner, B. F. (1953): Science and Human Behavior, New York.

Slotegraaf, R. J./Inman, J. J. (2004): Longitudinal Shifts in the Drivers of Perceived Product Quality: the Role of Attribute Resolvability, in: Journal of Marketing Research, Vol. 41, No. 3, S. 269-280.

Smith, A. K./Bolton, R. N. (2002): The Effect of Customers' Emotional Responses to Service Failures on Their Recovery Effort Evaluations and Satisfaction Judgments, in: Journal of the Academy of Marketing Science, Vol. 30, No. 1, S. 5-23.

Steenkamp, J./Baumgartner, H. (1992): The Role of Optimum Stimulation Level in Exploratory Consumer Behavior, in: Journal of Consumer Research, Vol. 19, No. 3, S. 434-448.

Stone, R./Mason, J. (1995): Attitude and Risk: Exploring the Relationship, in: Psychology & Marketing, Vol. 12, No. 2, S. 135-153.

Szymanski, D. M./Henard, D. M. (2001): Customer Satisfaction: a Meta-Analysis of the Empirical Evidence, in: Journal of the Academy of Marketing Science, Vol. 29, No. 1, S. 16-35.

Taylor, J. W. (1974): The Role of Risk in Consumer Behavior, in: Journal of Marketing, Vol. 39, No. 2, S. 54-60.

Tian, K. T./Bearden, W. O./Hunter, G. L. (2001): Consumers' Need for Uniqueness: Scale Development and Validation, in: Journal of Consumer Research, Vol. 28, No. 1, S. 50-66.

van Doorn, J./Verhoef, P. C. (2008): Critical Incidents and the Impact of Satisfaction on Customer Share, in: Journal of Marketing, Vol. 72, No. 4, S. 123-142.

Verhoef, P. C. (2003): Understanding the Effect of Customer Relationship Management Efforts on Customer Retention and Customer Share Development, in: Journal of Marketing, Vol. 67, No. 4, S. 30-45.

Verhoef, P. C./Franses, P. H./Hoekstra, J. C. (2002): The Effects of Relational Constructs on Consumer Referrals and Number of Services Purchased From a Multiservice Provider: Does Age of Relationship Matter?, in: Journal of the Academy of Marketing Science, Vol. 30, No. 3, S. 202-216.

Weinberg, P. (1992): Erlebnismarketing, München.

Weinberg, P. (2000): Verhaltenswissenschaftliche Aspekte der Kundenbindung, in: Bruhn, M./Homburg, Ch. (Hrsg.), Handbuch Kundenbindungsmanagement, 3. Aufl., Wiesbaden, S. 39-53.

Westbrook, R. A. (1980): Intrapersonal Affective Influences on Consumer Satisfaction with Products, in: Journal of Consumer Research, Vol. 7, No. 1, S. 49-54.

Westbrook, R. A. (1987): Product/Consumption-Based Affective Responses and Postpurchase Processes, in: Journal of Marketing Research, Vol. 24, No. 3, S. 258-270.

Yi, Y./Jeon, H. (2003): Effects of Loyalty Programs on Value Perception, Program Loyalty, and Brand Loyalty, in: Journal of the Academy of Marketing Science, Vol. 31, No. 3, S. 229-240.

Yi, Y./La, S. (2004): What Influences the Relationship between Customer Satisfaction and Repurchase Intention? Investigating the Effects of Adjusted Expectations and Customer Loyalty, in: Psychology & Marketing, Vol. 21, No. 5, S. 351-373.

Zajonc, R. B. (1968): Attitudinal Effects of Mere Exposure, in: Journal of Personality and Social Psychology, Monograph Supplement, Vol. 9, No. 2, Part 2, S. 1-27.

Zeelenberg, M./Pieters, R. (2004): Beyond Valence in Customer Dissatisfaction: a Review and New Findings on Behavioral Responses to Regret and Disappointment in Failed Services, in: Journal of Business Research, Vol. 57, No. 4, S. 445-455.

Zeithaml, V. A./Berry, L. L./Parasuraman, A. (1996): The Behavioral Consequences of Service Quality, in: Journal of Marketing, Vol. 60, No. 2, S. 31-46.

Zhang, J./Breugelmans, E. (2012): The Impact of an Item-Based Loyalty Program on Consumer Purchase Behavior, in: Journal of Marketing Research, Vol. 49, No. 1, S. 50-65.

Summary

In this article we consider the theoretical basis of customer loyalty from the perspective of behavioural theory. We understand customer loyalty to be a psychic construct of the commitment or obligation of one person to another person, brand or company. This is close to the term's meaning in everyday speech: the "we-feeling" experienced by consumers and driven by their need for mutual solidarity.

The question arises of why consumers are willing to give up their free choice and (consciously or unconsciously) choose particular brands or companies. Several different theories suggest explanations, often dealing with consumers' emotional and cognitive states and motivations. Theories include buying-decision models, learning theories, memory theories (including brain research), theories of cognitive balance, risk theories, attachment theories and exchange theories.

Social influences also affect customer loyalty. Networks such as family or peer groups impose certain norms. Within the network, personal communication is more effective than individually motivated decisions, since people feel close to other network members and are also rewarded and punished within the network. Customer loyalty is further influenced by institutions – governmental, religious, workplace – and cultural factors such as consumer trends, lifestyles and values.

Our findings have a number of implications for marketing managers, especially with regard to relationship marketing. In particular, we look at the implications for social technological instruments – on the objective as well as on the communicative level – that aim to establish a long-term business-to-consumer relationship.

Marcella Grohmann, Christian Heumann und Florian von Wangenheim

Determinanten der Kundenbindung

1. Einleitung

2. Formen der Kundenloyalität
   2.1 Einstellungsloyalität
   2.2 Verhaltensloyalität

3. Bestimmungsfaktoren der Kundenbindung
   3.1 Psychologische Determinanten
   3.2 Ökonomische Determinanten
   3.3 Soziale Determinanten

4. Aktuelle Entwicklungen

5. Fazit

Literaturverzeichnis

Dipl.-Kffr. Marcella Grohmann ist Wissenschaftliche Mitarbeiterin am Chair of Technology Marketing der ETH Zürich. Dr. Christian Heumann ist Projektleiter und Dozent am Kompetenzzentrum für Marketing Management an der FHS St. Gallen. Prof. Dr. Florian von Wangenheim ist Inhaber des Chair of Technology Marketing der ETH Zürich.

1. Einleitung

Seit über drei Jahrzehnten wird der Kundenbindung große Bedeutung als Treiber für unternehmerischen Erfolg beigemessen. Zahlreiche Studien untersuchen ihre Wirkungen und belegen unter anderem einen positiven Einfluss auf den Wert des Kundenstamms (Rust et al. 2004), das Unternehmensergebnis (Reichheld/Sasser 1990) und den Firmenwert (Gupta et al. 2004). Vor diesem Hintergrund ist das Bestreben in der Unternehmenspraxis groß, ein hohes Maß an Kundenbindung zu erreichen. Dies spiegelt sich auch in der Tatsache wider, dass Konzepte des Beziehungsmarketings und Customer Relationship Managements seit der Jahrtausendwende erhöhte Aufmerksamkeit erfuhren und Unternehmen große Summen in eine kundenzentrierte, organisatorische Neuausrichtung und technische Infrastruktur zur systematischen Gestaltung von Kundenbeziehungen investierten (Kale 2004).

Ein erfolgreiches Kundenbeziehungsmanagement setzt Wissen über die beeinflussenden Faktoren der Kundenbindung voraus. Eine Vielzahl an Determinanten der Kundenbindung wurde hierzu von der Marketingforschung identifiziert und empirisch untersucht. Eine Meta-Analyse über 100 Studien konsolidiert die wichtigsten Erkenntnisse (Palmatier et al. 2006) und ermittelt Zufriedenheit, Qualität, Commitment und Vertrauen als zentrale (übergeordnete) Erfolgsfaktoren. Jedoch gibt es aktuell wenige Forschungsergebnisse darüber, ob die in den vergangenen Jahrzehnten erfassten Determinanten auch im modernen technologiegetriebenen Marktumfeld die Kundenbindung noch in gleichem Maß beeinflussen können. Der jüngste Trend zu einer generell schwindenden Kundenloyalität und erhöhten Transaktionsorientierung (Hagel et al. 2011; Spenner/Freeman 2012) wurde in diesem Zusammenhang forschungsseitig kaum berücksichtigt.

Vor diesem Hintergrund verfolgt dieser Beitrag die folgenden drei Zielsetzungen: Erstens werden Formen der Kundenloyalität beschrieben, die durch das Kundenbindungsmanagement typischerweise erreicht werden sollen. Zweitens werden zentrale Theorien vorgestellt, die allgemein zur Erklärung beitragen können, warum verschiedene Kundenbindungsdeterminanten diese Loyalitätsformen begünstigen. Zudem wird ein Überblick zu bestehendem Wissen über die wichtigsten Bestimmungsfaktoren gegeben. Drittens wird im darauffolgenden Abschnitt diskutiert, wie die Wirksamkeit der Determinanten angesichts der aktuellen Entwicklungen im modernen Marktumfeld zu bewerten ist.

2. Formen der Kundenloyalität

In der Forschungs- und Managementliteratur finden sich vielfältige Ansätze zur Begriffsabgrenzung der Kundenbindung. Das *Verständnis der Kundenbindung* als zentrales Element des Beziehungsmarketings ist weitläufig etabliert und beschreibt die Perspektive eines Unternehmens auf seine Kunden in Verbindung mit dem Ziel, diese durch geeignete Strategien und Maßnahmen langfristig zu loyalisieren. In der Literatur herrscht weitgehend Einigkeit darüber, dass Kundenloyalität *einstellungs- und verhaltensbezogene Komponenten* umfasst.

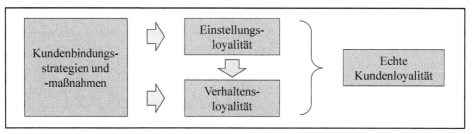

Abbildung 1: Kundenbindungsmanagement und Loyalitätsformen
(Quelle: In Anlehnung an Kumar/Reinartz 2006)

2.1 Einstellungsloyalität

Die Einstellungsloyalität (*attitudinal loyalty*) bezieht sich auf die Wahrnehmung und Einstellung, die ein Kunde in Bezug auf Produkte, Dienstleistungen oder den generellen Markenauftritt eines Unternehmens hat. Nach Jacoby/Chestnut (1978) umfasst diese Form der Loyalität Überzeugungen, Affekte und Intentionen, aus welchen in allen Phasen der Kaufentscheidung eine spezifische Marken- bzw. Anbieterpräferenz erwächst: (1) die Bewertung der Markenattribute (*beliefs*) muss gegenüber Angeboten des Wettbewerbs überlegen sein, (2) dies soll mit einer affektiven Präferenz (*affect*) für den betreffenden Anbieter zusammenfallen und (3) die Absicht des Kunden beim betreffenden Anbieter zu kaufen (*intention*) muss stärker ausgeprägt sein als die Intention bei Wettbewerbern zu kaufen. Oliver (1999, 2010) greift dieses Muster auf und postuliert in seinem Bezugsrahmen vier Phasen, in welchen Kunden jeweils in Abhängigkeit verschiedener, phasenspezifischer Faktoren eine loyale Einstellung entwickeln: (1) Am Anfang steht der Aufbau der *kognitiven Loyalität*, die auf Basis von Informationen über die Attribute der Leistungen eines Anbieters entsteht (z.B. Preis und Qualität); (2) das Stadium der *affektiven Loyalität* umfasst eine erfahrungsbasierte Komponente und wird erreicht, wenn Kunden positive, erfreuliche Erfahrungen mit einem Anbieter unter hoher Zufriedenheit sammeln, woraus in (3) der dritten Phase der Einstellungsentwicklung *konative*

Loyalität erwächst, die ein anbieterspezifisches, starkes Commitment herstellt und mit großer Motivation und Absichten über zukünftige, loyale Verhaltensweisen verbunden ist, welche in (4) der Phase der *Aktionsloyalität* in tatsächliches Verhalten (z.B. Wiederholungskauf) konvertiert werden. Je fortgeschrittener das Stadium der Einstellungsentwicklung, desto stärker ist die Kundenbindung zu bewerten. Umgekehrt sind Kunden mit rein kognitiver Loyalität abwanderungsgefährdet, da diese potenziell großes Interesse an Angeboten des Wettbewerbs mit attraktiven Leistungsmerkmalen entwickeln. Wie im Phasenmodell beschrieben, sind Absichten über zukünftige loyale Verhaltensweisen, wie Wiederkauf und Weiterempfehlung, demnach der Einstellungsloyalität inhärent. Gemeinhin wird daher die einstellungsbezogene Loyalität als Vorläufer der Verhaltensloyalität aufgefasst (Dick/Basu 1994).

2.2 Verhaltensloyalität

Die verhaltensbezogene Loyalität (*behavioral loyalty*) bezieht sich auf das tatsächliche Verhalten, das Kunden in Bezug auf die Leistungen eines Anbieters an den Tag legen. Dies umfasst die Realisierung eines Wiederkaufs, Cross- und Up-Buying, Akzeptanz gegenüber relativen Preiserhöhungen und die Abgabe von Weiterempfehlungen. Verhaltensloyalität ist zwar häufig eine Konsequenz der Einstellungsloyalität, kann aber auch unabhängig von dieser auftreten und von anderen Faktoren begünstigt werden. Beispielsweise können Wiederholungskäufe aus reinen Preisgründen oder Gleichgültigkeit, Gewohnheit und Bequemlichkeit zu Stande kommen, ohne dass der Kunde dabei einer inneren Überzeugung folgt und so zum Beispiel Leistungen des Anbieters auch nicht weiterempfehlen würde. Diese Erscheinung wurde u.a. von Dick/Basu (1994) als unechte Loyalität (*spurious loyalty*) bezeichnet. Daher ist das reine Kaufverhalten isoliert betrachtet kein guter Indikator für echte Kundenloyalität.

Umgekehrt kann auch die Einstellungsloyalität unabhängig von Verhaltensloyalität auftreten, zum Beispiel aufgrund schlechter räumlicher Erreichbarkeit des Anbieters oder wegen zu hoher Preise, die das Budget des Kunden übersteigen. In Abhängigkeit der Ausgestaltung von Maßnahmen des Kundenbindungsmanagements können die beiden Komponenten mehr oder minder effektiv beeinflusst werden. Beispielsweise können starke ökonomische Anreize die Verhaltensloyalität häufig günstig beeinflussen (ohne notwendigerweise eine Wirkung auf die Einstellungsloyalität zu haben), dagegen können Markenpositionierung, Qualität, Produkt- und Servicedesign die Einstellungsloyalität eines Konsumenten fördern (was sich jedoch nicht notwendigerweise auf die Verhaltensloyalität auswirkt). Die Herausforderung besteht darin, ein hohes Maß an Einstellungs- und Verhaltensloyalität zu erreichen; dann wird von echter Kundenloyalität (*true loyalty*) gesprochen, welche als nachhaltigste und wertvollste Form der Kundenbindung zu bewerten ist.

Auch wenn sich Einstellungsloyalität (bzw. Verhaltensabsichten) und Verhaltensloyalität auf konzeptioneller Ebene gut voneinander abgrenzen lassen, stehen diese in der empirischen Markt- und Marketingforschung nicht immer in Einklang mit der tatsächlichen Operationalisierung. Häufig wird Kaufverhalten in der empirischen Fragebogenforschung zwar als Kaufverhaltensabsicht erfasst, jedoch als Verhaltensloyalität ausgewiesen. Vor diesem Hintergrund ist im Allgemeinen bei der bisherigen wissenschaftlichen Evidenz zu Kundenbindungsdeterminanten jeweils zu berücksichtigen, ob positive Effekte einzelner Bestimmungsfaktoren nachweislich auf Komponenten der Einstellungsloyalität oder der Verhaltensloyalität wirken (Chandon et al. 2005).

3. Bestimmungsfaktoren der Kundenbindung

Für ein erfolgreiches Kundenmanagement wird eine langfristige Ausrichtung der zugrundeliegenden Geschäftsbeziehungen immer wieder betont. Die Kenntnis einzelner Variablen und deren Einfluss auf die Kundenbindung ist daher essenziell und zahlreiche Forschungsarbeiten beschäftigen sich bereits mit dem Einfluss spezifischer Faktoren auf die Kundenbindung. Paul et al. (2009) stellen heraus, dass in den vergangenen 25 Jahren allein in den neun führenden Zeitschriften der Marketingwissenschaft 65 Studien veröffentlicht wurden, die insgesamt in etwa 90 verschiedene Bestimmungsfaktoren von Kundenbindung identifizieren konnten.

Als bedeutsamste Determinante von Kundenbindung wird vielfach die *Kundenzufriedenheit* genannt. Seit den 1980er Jahren hat sich dieses Konstrukt zu einem Kernthema in der Marketingforschung entwickelt, was sich alleine beispielsweise in den richtungsweisenden Arbeiten von Oliver widerspiegelt (vgl. Oliver 1977). Oliver (2010) beschreibt Kundenzufriedenheit als „(post-consumption) judgment that a product/service feature, or the product or service itself, provided (or is providing) a pleasurable level of consumption-related fulfillment" (S. 8). Sowohl in der Wissenschaft, als auch in der Praxis besteht Konsens darüber, dass Kundenzufriedenheit und Kundenbindung untrennbar miteinander verbunden sind. Dieser Wirkungszusammenhang ist jedoch asymmetrisch und alles andere als trivial. Obwohl loyale Konsumenten im Allgemeinen als zufrieden gelten, muss Zufriedenheit nicht zwangsläufig in einer langfristigen Bindung des Kunden münden. Als moderierende Einflussgrößen, das heißt jene Variablen, die je nach Ausprägung den Zusammenhang zwischen Kundenzufriedenheit und Kundenbindung verstärken oder abschwächen, wurden verschiedene Produktvariablen, Persönlichkeitsvariablen des Kunden und Anbieters, sowie Merkmale der Geschäftsbeziehung und des Marktumfeldes identifiziert (Giering 2000). Zentrale empirische Arbeiten nennen hierbei beispielsweise das Alter, das Einkommen, das individuelle Bedürfnis nach Abwechslung (*variety seeking*) oder die Ich-Bedeutung des Produktes (*involvement*), aber auch das Geschlecht und die Dauer der Kundenbeziehung im Konsumgüterbereich sowie die Schwierigkeit und Unsicherheit der Anbieterauswahl und die Dauer der Kundenbeziehung im Industriegüterbereich (Bolton 1998; Homburg/Giering 2001; Mittal/Kamakura 2001; von Wangenheim 2003a). Somit zeigt sich, dass Zufriedenheit ein notwendiger Aspekt in Hinsicht auf die Entstehung von Loyalität und damit analog zur Kundenbindung ist, jedoch keineswegs den einzigen und damit hinreichenden Bestimmungsfaktor darstellt (Eggert 1999; Oliver 1999).

Neben der Kundenzufriedenheit, einem Vergleichsniveau für Alternativen und dem Streben nach Abwechslung, hält Peter (1999) für den Konsumgüterbereich *psychische, ökonomische und soziale Wechselbarrieren*, das heißt Faktoren, die den Wechsel des Kunden zu einem anderen Anbieter hemmen, als positive Einflussfaktoren auf die Kundenbindung fest. Diese Wechselhemmnisse haben Bindungswirkungen zur Folge und basieren auf psychologischen, ökonomischen und sozialen „Anziehungskräften" (Müller 2005, S. 211). Auf diese Einteilung hinsichtlich der Determinanten der Kundenbindung soll nun im Folgenden näher eingegangen und diese für den Rest dieses Beitrages übernommen werden. Zusammen mit den bereits erwähnten Zusammenhängen und moderierenden Einflüssen ergibt sich die Übersicht in Abbildung 2.

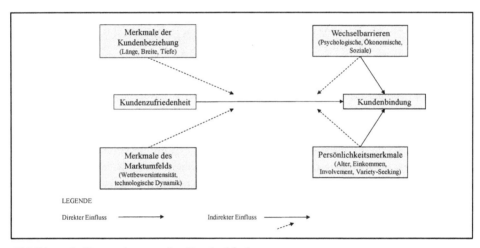

Abbildung 2: Determinanten der Kundenbindung
(Quelle: In Anlehnung an von Wangenheim 2003b)

In den folgenden Abschnitten werden nun die Kernaussagen ausgewählter (sozial-) psychologischer, ökonomischer und sozialer Theorien, Konzepte und Forschungsansätze vorgestellt, aus denen sich relevante Bestimmungsfaktoren ableiten lassen, die Kunden dazu anregen, langfristige Beziehungen zu einem Anbieter und dessen Leistungen aufzubauen. Damit soll zunächst ein theoretisches Vorverständnis geschaffen werden, bevor schließlich konkrete Forschungsergebnisse zu spezifischen Determinanten der Kundenbindung aufgegriffen werden. Insbesondere die sozialpsychologischen Ansätze von Thibaut/Kelley (1959), die ökonomische Sichtweise im Rahmen der Transaktionskostentheorie und die etwas jüngere Theorie sozialer Netzwerke, werden in den nächsten Abschnitten vorgestellt, um Hinweise für die Kundenbindung daraus deduzieren zu können.

3.1 Psychologische Determinanten

Psychologische Theorien, Konzepte und Ansätze setzen sich mit dem tatsächlichen Verhalten von Menschen auseinander und sind damit in das Gebiet der Verhaltenswissenschaften eingegliedert. Für die Erläuterung des Phänomens Wiederkaufverhalten werden vielfach die Theorie des wahrgenommenen Risikos und Ansätze der Lerntheorie aufgegriffen. Insbesondere aber auch bestehende *Forschungsarbeiten aus dem Bereich der Sozialpsychologie* werden für die nähere Betrachtung des Käuferverhaltens sehr häufig herangezogen (Dittrich 2000). Sie verbinden psychische, individuelle und soziale Aspekte des Verhaltens und versuchen das Verhalten des Menschen in seiner sozialen Umwelt zu beschreiben und zu erklären. Von besonderer Relevanz sind hierbei die Theorie der kognitiven Dissonanz oder auch die Fairnesstheorien. Ein besonderer Fokus wird in diesem Zusammenhang jedoch immer wieder auf die sozialpsychologischen Interaktionsbeziehungsweise Austauschtheorien gelegt – eine Reihe von Ansätzen, die sich mit den Umständen zu Beginn, Aufrechterhaltung und Beendigung von sozialen Beziehungen und damit auch von Kundenbeziehungen befassen. Besonders der Ansatz von Thibaut/Kelley (1959) stellt einen geeigneten Rahmen für die Erklärung von Kundenbindung dar, weshalb dieser im Folgenden näher erläutert wird, ohne die zuvor genannten Ansätze vernachlässigen oder für irrelevant erklären zu wollen.

Thibaut/Kelley (1959) gehen davon aus, dass die Anbieter-Nachfrager Beziehung von der Tatsache geprägt ist, dass die beteiligten Geschäftspartner ihren Nutzen beziehungsweise ihre Nettobelohnungen (Bruttobelohnungen minus Kosten) innerhalb der Geschäftsbeziehung zu maximieren versuchen. Je nachdem wie der Nutzen und die Kosten dabei empfunden werden, beurteilt somit auch der Kunde die Attraktivität der Beziehung und entscheidet dann über die Fortführung beziehungsweise den Verbleib in der Geschäftsbeziehung. Dieser Ansatz trägt also dazu bei, das *Nutzen- und Kostenempfinden* seitens des Kunden besser verstehen zu können und gewährt tiefere Einblicke in die Attraktivität einer Geschäftsbeziehung und in die Abhängigkeit des Kunden vom Anbieter. Zudem liegt das Ziel der Gleichheit zugrunde, das heißt Geben und Nehmen muss aus Sicht beider Interaktionspartner ausgewogen sein (Homans 1961). Eine langfristige Kundenbindung ist demnach nur dann möglich, wenn der Kunde, etwa durch eine angemessene Preisstellung des Anbieters, nicht benachteiligt wird. Die Bewertung der Beziehung und der erwarteten Handlungskonsequenzen erfolgt hierbei mithilfe von Beurteilungsmaßstäben.

Thibaut/Kelley (1959) ziehen dabei eine Reihe von Vergleichsalternativen heran, die jedem Interaktionspartner zur Verfügung stehen. Jede Alternative ist mit einem gewissen Wert beziehungsweise einer Nettobelohnung verbunden. Um die *Attraktivität der Beziehung* zu beurteilen, wird schließlich ein erstes *Comparison Level* (CL), also ein Vergleichsniveau zugrunde gelegt. Das ist ein interner Bewertungsstand, der sich aus kumulierten positiven und negativen Erfahrungen im Rahmen zurückliegender und ähnlicher Austauschbeziehungen ergibt. Je positiver die bisherigen Erfahrungen waren, desto höher ist das Vergleichsniveau CL im Sinne eines subjektiven Nullpunktes und desto schwieriger wird es für einen aktuellen Anbieter werden, diese Erwartungen zu überschreiten. Eine Geschäftsbeziehung gilt dann als attraktiv, wenn die Nettobelohnung beziehungsweise der Nettonutzen W der aktuellen Interaktionsbeziehung mit einem Unternehmen das Vergleichsniveau CL übersteigt. Eine Unterschreitung des Niveaus hingegen wird zu einer Enttäuschung des Kunden führen. Alleine die Attraktivität einer Geschäftsbeziehung ist allerdings nicht ausreichend für die Frage, ob der Kunde eine langfristige Beziehung mit dem anbietenden Unternehmen eingeht. Auch bei fehlender Attraktivität kann die Beziehung möglicherweise aufrechterhalten werden und zwar wenn eine gewisse Abhängigkeit des Kunden vom Anbieter besteht. Diese Abhängigkeit wird durch ein zweites Vergleichsniveau beurteilt, nämlich dem Comparison Level for Alternatives (CL_{ALT}). Dieses spiegelt die Nettobelohnung der besten alternativen Geschäftsbeziehung wider, die dem Kunden zur Verfügung steht. CL_{ALT} bestimmt also das geringste Niveau von Erwartungen, bei dem der Kunde angesichts der verfügbaren Alternativen gerade noch bereit ist, eine Beziehung fortzuführen.

Das Vergleichsniveau CL, das sich, wie bereits erläutert, aus der Differenz von Belohnungen oder Nutzen und Kosten errechnet, scheint eng mit dem Ansatz der *Kundenzufriedenheit* verwandt zu sein (Klee 2000). Das zur Erklärung der Kundenzufriedenheit häufig angeführte Confirmation-Disconfirmation (C/D)-Paradigma bezieht sich ebenfalls auf einen Abgleich zwischen einem Erwartungsniveau und der tatsächlich wahrgenommenen Leistung seitens des Kunden (Oliver 1980). Wird die Erwartung erfüllt oder gar übererfüllt, so ist der Kunde mit dem Anbieter oder der Leistung des Anbieters zufrieden, wohingegen Unzufriedenheit aus einer negativen Nichtübereinstimmung erfolgt. Diese Analogie lässt den Schluss zu, dass das Konstrukt der Kundenzufriedenheit durchaus als Bestimmungsfaktor der Kundenbindung im Sinne der sozialpsychologischen Austauschtheorien aufgefasst werden kann. Wie bereits erwähnt wurde, verschafft das reine Zufriedenstellen der Kunden einem Unternehmen aber keinen entscheidenden Wettbewerbsvorteil mehr (Oliver 2010). Insbesondere bei Kunden, die eine sehr enge Beziehung zum Anbieter haben, werden zukünftige Verhaltensabsichten vor allem durch Commitment und Vertrauen (trust) und weniger durch die Zufriedenheit bestimmt (Garbarino/Johnson 1999).

Commitment oder in diesem Kontext besser *Relationship Commitment* ist ein verhaltenswissenschaftliches Konstrukt und bezeichnet dabei eine gewisse freiwillige innere Verpflichtung und das Bestreben des Kunden, die Geschäftsbeziehung aufrecht zu erhalten (Morgan/Hunt 1994; Diller 1996) und sogar für den Fall, dass die Zufriedenheit niedrig sein sollte, ist der Kunde bereit, die Geschäftsbeziehung zu pflegen und dem Anbieter treu zu bleiben (Gustafsson et al. 2005). Diese Tatsache zeigt die enge Vernetzung des Commitments mit dem Konstrukt Vertrauen bzw. Trust.

Vertrauen (Trust) entsteht, wenn „eine Geschäftsbeziehung nicht nur unter wirtschaftlichen, sondern auch unter persönlichen Gesichtspunkten als erfolgreich wahrgenommen wird" (Müller 2005). Obwohl es auch hier, ähnlich wie beim Commitment, diverse Definitionsansätze gibt, wird Vertrauen grundsätzlich bei wahrgenommener Glaubwürdigkeit und bei Wohlwollen und Integrität des Anbieters generiert (Morgan/Hunt 1994; Doney/Cannon 1997). Unter Vertrauen werden die Erwartungen des Konsumenten verstanden, dass der Anbieter verlässlich ist und seine Zusagen einhält (Sirdeshmukh et al. 2002), so dass der Kunde bereit ist, eine langfristige Bindung mit einem anbietenden Unternehmen einzugehen.

Häufig wird neben den Determinanten Trust und Commitment als weiterer Bestimmungsfaktor für Kundenbindung das *Involvement* angeführt. Laut Diller (1996) kennzeichnet es das Interesse und die Zentralität von bestimmten Dingen im Wertesystem des Menschen und hat damit entscheidenden Einfluss auf die Bereitschaft, mit einem Geschäftspartner Bindungen einzugehen. Hohes Involvement ist mit einer ausführlichen und emotional fundierten Hinwendung gekoppelt und hat damit eine „heiße Kundenbindung" beziehungsweise „Begeisterung" zur Folge (Homburg et al. 2015).

Dies erinnert an das Konstrukt des sogenannten *Customer Delight*, das einen höchst positiven emotionalen Zustand beschreibt, der sich einstellt, wenn die Erwartungen des Kunden überraschenderweise nicht nur erfüllt, sondern übererfüllt werden (Oliver et al. 1997). Da Customer Delight in gewisser Weise der Zufriedenheit als überlegen betrachtet wird, erhöht es die Wiederkaufsabsicht, schafft damit Wettbewerbsvorteile und scheint somit auch in Bezug auf die Kundenbindung eine größere Rolle einzunehmen. Tatsächlich sind aber auch hier Nachteile zu erwarten. So wird etwa der Kunde in der Folge höhere Anforderungen an den Anbieter stellen (Rust/Oliver 2000). Neueste Untersuchungen betrachten Customer Delight gar als eigenständige Variable, die genauso kontrolliert und gehandhabt werden muss, wie die Kundenzufriedenheit selbst (Finn 2012).

Erwähnenswert ist schließlich auch die Determinante *Gratitude*, die mit *Dankbarkeit* übersetzt werden kann. Dieser Bestimmungsfaktor wurde 2009 in der Arbeit von Palmatier et al. als notwendiger Zusatz für die von Morgan/Hunt (1994) eingeführte Commitment-Trust Theorie empfohlen. Die Ergebnisse ihrer Studie zeigen, dass Gratitude neben Commitment und Trust eine Schlüsselgröße im Rahmen von Kundenbeziehungen darstellt. Gratitude ist eine fundamentale emotionale Komponente im Kontext von menschlichen Interaktionen und damit auch von Geschäftsbeziehungen und wird als Kraft definiert, die den Menschen hilft, ihre wechselseitigen Verpflichtungen einzuhalten (Gouldner 1960). Um Dankbarkeit beim Kunden zu generieren, sollten Anbieter spezifische Programme einführen, die den freien Willen und das Wohlwollen des anbietenden Unternehmens gegenüber dem Konsumenten unterstreichen. Darunter versteht man Maßnahmen, die dem Kunden beispielsweise eine gewisse Wahlfreiheit oder Personalisierung der dem Geschäft zugrundeliegenden Bedingungen zugestehen. Loyalitäts- beziehungsweise Kundenbindungsprogramme im herkömmlichen Sinne, basierend auf festgelegten Geschäftsbedingungen und Punktesystemen, etwa wie bei Fluggesellschaften, sind nicht geeignet, um eine signifikante Dankbarkeit zu erzeugen, da sie die Freiwilligkeit des Anbieters nicht widerspiegeln (Palmatier et al. 2009). Kundenbindungsprogramme dieser Art sind eher dazu geeignet, ökonomische Wechselbarrieren, die im folgenden Kapitel näher erläutert werden, zu generieren.

Einen ersten Forschungsansatz um die Frage zu beantworten, welche Determinanten auch im modernen, technologiegetriebenen Marktumfeld eine wesentliche Rolle bei der Bildung von Kundenbindung einnehmen, liefern Verma et al. (2015). Sie erweitern damit die von Palmatier et al. (2006) durchgeführte Meta-Analyse um den Anwendungsbereich des Online-Handels. Dabei stellen sie insbesondere fest, dass Zufriedenheit den stärksten beeinflussenden Faktor in Hinsicht auf die Kundenloyalität in der Online-Domäne darstellt und damit Commitment als zentrales Konstrukt aus dem klassischen Kontext ablöst.

Um auch im Zeitalter der Digitalisierung und der damit einhergehenden Transparenz und Stärkung der Verbrauchermärkte wesentliche Determinanten einer langfristigen Kundenbindung, wie etwa Zufriedenheit, Customer Delight, Involvement oder Gratitude in der Einstellung des Kunden nachhaltig erzeugen zu können, haben Praktiker und Forscher das *Customer Experience Management* identifiziert (Homburg et al. 2015). Dieser Ansatz impliziert den ganzheitlichen Prozess, die Erfahrung und das Erlebnis des Kunden (Customer Experience) mit einem Produkt oder einem Unternehmen strategisch zu managen (Schmitt 2003). Dabei gilt es, die kulturelle Denkweise, die strategische Ausrichtung und die betrieblichen Fähigkeiten im Unternehmen so zu gestalten, dass Kundenkontaktpunkte entstehen, die ein unvergessliches Kundenerlebnis garantieren (Pine/Gilmore 1998; Homburg et al. 2015).

Die in diesem Abschnitt vorgestellten psychologischen Bestimmungsfaktoren tragen hauptsächlich dazu bei, die Einstellungsloyalität zu festigen. Eine hohe Zufriedenheit und ein ausgeprägtes Vertrauen zum Anbieter und dessen Produkte werden hauptsächlich die affektive Loyalität stärken, wohingegen, wie bereits erwähnt, ein anbieterspezifisches, starkes Commitment insbesondere die konative Loyalität unterstreicht.

Die im vorangegangenen Abschnitt erläuterte Übersicht an psychologischen Determinanten der Kundenbindung erhebt keinen Anspruch auf Vollständigkeit. Neben den genannten Bestimmungsfaktoren können beispielsweise auch Markentreue, Sympathie und Macht einen Einfluss auf die Bindung des Kunden nehmen.

3.2 Ökonomische Determinanten

Neben den bereits dargestellten psychologischen und insbesondere sozialpsychologischen Theorien liefern auch ökonomische Ansätze einen Erklärungsbeitrag zum Phänomen der Kundenbindung. Die Ansätze der Neuen mikroökonomischen Theorie, auch *Neue Institutionenlehre* genannt, sind besonders geeignet, um Konsumentenverhalten erklären zu können. Sie erweitern die als eher restriktiv und unrealistisch geltenden neoklassischen Annahmen durch die Ergänzung um verhaltenswissenschaftliche Erkenntnisse und befassen sich mit Interaktionen zwischen Akteuren vor dem Hintergrund der asymmetrischen Informationsverteilung unter eben diesen Akteuren und dem Versuch der Reduktion der daraus resultierenden Unsicherheit (Stigler 1961). Zu beachten ist zudem die Gefahr etwaigen opportunistischen Verhaltens desjenigen Transaktionspartners, der Informationsvorsprünge zu seinen Gunsten ausnutzen kann. Zentraler Gegenstand der Neuen Institutionenlehre sind die sogenannten Institutionen in Form von etwa Gesetzen, Normen, Verträgen, aber auch Geld oder Sprache, die als verhaltensstabilisierende Mechanismen fungieren und so die Interaktion erleichtern bzw. die Unsicherheit der Akteure reduzieren können (Picot et al. 2003).

Im Folgenden soll nun ein besonderes Augenmerk auf die *Transaktionskostentheorie* gelegt werden, da diese versucht, unter Effizienzgesichtspunkten die Bedingungen zu erklären, die im Kontext von Kundenbeziehungen dazu beitragen, eine dauerhafte Bindung zwischen Geschäftspartnern herzustellen. Die Akteure einer Transaktion wählen dabei diejenige Ausgestaltung der Geschäftsbeziehung, bei der das *Transaktionsrisiko* und die *Transaktionskosten* möglichst gering sind. Unter Transaktionskosten fallen monetäre Kosten für Anbahnung, Aushandlung, Kontrolle, Anpassung und Durchsetzung von Anbieter-Kunden-Beziehungen, aber auch nicht-monetäre, meist schwer quantifizierbare ökonomische Nachteile wie etwa kognitive Anstrengungen, Zeit, Mühe und dergleichen (Roth 2001). Langfristige Bindungen mit dem Ziel minimierter Transaktionskosten sind umso attraktiver, je höher der Spezifitätsgrad der im Kontext der Transaktion getätigten Investitionen ist. Laut Williamson (1985) haben *spezifische Investitionen* einen sogenannten *Lock-in Effekt* zur Folge, so dass ein Geschäftspartner, nämlich im vorliegend betrachteten Fall einer Anbieter-Kunden-Beziehung also der Kunde, in eben diese Beziehung „eingeschlossen" ist. Dieser Effekt entsteht, wenn die getätigten Investitionen spezifisch auf den Anbieter zugeschnitten werden und nicht oder nur mit den folglich anfallenden *Wechselkosten* (*switching costs*) auf andere Geschäftsbeziehungen übertragen werden können. „Die Transaktionskostentheorie empfiehlt deshalb generell, spezifische Transaktionen nicht über kurzfristige Marktbeziehungen abzuwickeln, sondern stärker hierarchisch einzubinden, z.B. im Rahmen eines langfristigen Vertrages" (Picot et al. 2003, S. 51).

Spezifische Investitionen sind ein zentraler, jedoch nicht der einzige Grund für Wechselkosten und folglich längerfristige Geschäftsbeziehungen. Entscheidend sind auch die *strategische Bedeutung* der Transaktion im Wettbewerb und die *Unsicherheit* als Umweltfaktor. Hohe Unsicherheit drückt sich durch nicht vorhersehbare Änderungen aus, etwa in Form einer Modifikation von Terminen, Preisen, Konditionen und dergleichen (Picot et al. 2003). Darunter fällt auch, wie einleitend bereits erwähnt, die Situation einer von Williamson (1975) bezeichneten *Informationsverkeilung*, die bei ungleich verteilter Information eintritt, falls ein Transaktionspartner seinen Informationsvorsprung opportunistisch, also zur Maximierung des eigenen Nutzens, verwertet. Weiterhin sind die *Transaktionshäufigkeit* und die *Transaktionsatmosphäre* zu beachten. Die Transaktionsatmosphäre bestimmt alle sozialen, rechtlichen und technologischen Rahmenbedingungen einer Transaktion und hat somit direkten Einfluss auf die anfallenden Transaktionskosten. Zugrundeliegende technische Infrastrukturen beispielsweise können die Interaktion der Transaktionspartner erleichtern und somit die Transaktionskosten senken (Picot et al. 2003). Ein Beispiel im Kontext des E-Commerce ist das one-click-shopping Verfahren von Amazon, wodurch mithilfe gespeicherter Kundendaten aus früheren Transaktionen, ein einfacher und schneller Einkauf mit nur einem Click möglich ist (Müller 2005).

Investitionen mit hohem Spezifitätsgrad, eine hohe strategische Bedeutung, Unsicherheit und Informationsverkeilung sowie häufige Austauschvorgänge mit intensiver Transaktionsatmosphäre schaffen *ökonomische Wechselbarrieren*, die in langfristigen Beziehungen und somit in einer Bindung des Kunden münden. Ökonomische Wechselbarrieren können unter anderem auch dazu beitragen, dass ein Kunde mit geringer Einstellungsloyalität zu hoher Verhaltensloyalität tendiert, weil die monetären und nicht-monetären Kosten des Wechsels zu hoch sind. Grundsätzlich gilt, dass der Kunde in jedem Fall eine Vermeidung von Wechselkosten anvisieren wird. Wechselkosten im Sinne *direkter Wechselkosten* können entweder unmittelbar bei der Hinwendung zu einem neuen Anbieter anfallen und zwar durch eine erneut notwendige Anbahnung, Aushandlung, Kontrolle, Anpassung und Durchsetzung einer Anbieter-Kunden-Beziehung, aber auch im Rahmen der Beendigung der bisherigen Transaktion. Entscheidend sind auch die *Opportunitätskosten des Wechsels*, die eher psychologisch einzuordnen sind und Nutzenverluste bei einem Wechsel charakterisieren, die aufgrund von Zufriedenheit und Vertrauen zum bisherigen Anbieter entstehen. Nicht zuletzt sind die *künstlichen Wechselkosten* anzuführen, die ein Anbieter bewusst generiert, um eine Abwanderung des Kunden zur Konkurrenz zu erschweren und diesen somit an sich zu binden. In diesem Zusammenhang finden Bonus- oder Rabattprogramme, wie etwa Vielfliegerprogramme, ihre sinnvolle Anwendung. Als *sunk costs* werden schließlich diejenigen Kosten respektive spezifische Investitionen verstanden, die bei einer Abwanderung zu einem neuen Anbieter unwiderruflich verloren gehen (Dittrich 2000).

Diese Einteilung der Wechselkosten ist nicht abschließend festgelegt. Abweichende Charakterisierungen finden sich beispielsweise bei Burnham et al. (2003) die zwischen prozeduralen, finanziellen und relationalen Wechselkosten unterscheiden.

Die Höhe der Wechselkosten steigt mit zunehmendem Aufwand, den ein Kunde für das Verlassen der Beziehung aufbringen muss (Müller 2005). Je höher die Wechselkosten sind, desto eher ist der Kunde bereit, die bisherige Geschäftsbeziehung aufrecht zu erhalten und zu pflegen, anstatt zu einem neuen Anbieter zu wechseln. „Kundenbindung ist (...) dann vorhanden, wenn Wechselkosten die Abwanderung zur Konkurrenz erschweren oder – zumindest kurzfristig – verhindern" (Dittrich 2000, S. 32).

3.3 Soziale Determinanten

Neben psychologischen und ökonomischen Elementen sind ebenso *soziale Aspekte* entscheidend, wenn es darum geht, Wechselbarrieren für den Kunden zu erfassen. Die bisher dargestellten Ansätze und Theorien beziehen sich auf Bestimmungsfaktoren von Kundenbindung auf individueller Ebene – die Stellung des einzelnen Akteurs beziehungsweise Kunden innerhalb seines sozialen Beziehungsgeflechtes wurde bislang noch vernachlässigt. Für das Verständnis, welche Größen darauf einwirken, ob ein Kunde sich an einen Anbieter bindet, ist es allerdings bedeutsam, auch die Makroperspektive und damit auch die Einflüsse anderer Akteure desselben sozialen Netzwerkes zu berücksichtigen. Besonders die aktuellen Entwicklungen in der Informations- und Kommunikationstechnologie schaffen relativ einfache und verbesserte Möglichkeiten der Vernetzung von Individuen, Kollektiven von Individuen und Organisationen (Ahrens 2011). Obwohl die *Bedeutung sozialer Netzwerke* beispielsweise in der Innovations- und Kommunikationsforschung – einen ersten Ansatz hierzu leistete Rogers (1976) – aber auch in zahlreichen weiteren wissenschaftlichen und praktischen Bereichen ansteigend ist, existiert bislang keine umfassende und abgeschlossene Theorie sozialer Netzwerke. Vielmehr werden darunter eine Reihe an Forschungsansätzen und Einzelkonzepten aus der Soziologie verstanden, die sich mit sozialen Netzwerken in vielfältiger Art und Weise befassen und parallel nebeneinander bestehen.

Ahrens (2011) definiert soziale Netzwerke als „Gefüge von konkreten und abstrakten Akteuren, die durch Beziehungen miteinander verbunden sind" (S. 299). Zentraler Punkt der Theorie ist demnach der *Einfluss sozialer Beziehungsgeflechte* auf das Individuum und dessen Handeln. Daraus abgeleitet ist anzunehmen, dass das soziale Umfeld eines Kunden auch Einwirkung auf dessen Kaufverhalten und damit auch auf die mögliche Bindung an ein anbietendes Unternehmen und dessen Leistungen hat.

Granovetter (1973) unterscheidet die Stärke der Verbindungen zwischen den Akteuren innerhalb ihrer sozialen Netzwerke in starke und schwache Bindungen (*strong ties* und *weak ties*). Dabei ergibt sich die Stärke einer Verbindung aus einer Kombination der eingesetzten Zeit, der emotionalen Intensität, der Intimität beziehungsweise gegenseitigen Vertrautheit und der wechselseitigen Dienste, die diese Bindung charakterisieren. Dabei stehen starke Bindungen für enge soziale Netzwerke wie etwa dem nahen Familien- oder Freundeskreis, wohingegen schwache Bindungen jene sozialen Beziehungen darstellen, die nur sporadische Interaktion aufweisen, wie bei fernen Bekannten oder Mitgliedern des gleichen Vereins (von Wangenheim 2003b). Starke Bindungen weisen beispielsweise einen signifikanteren Einfluss in ihrer Kommunikationswirkung auf, wobei schwache Bindungen nicht vernachlässigt werden dürfen, da sie häufig als „Brücken" zwischen sozialen Systemen dienen.

Nitzan/Libai (2011) untersuchen in ihrer Studie die Rolle des sozialen Netzwerkes eines Kunden und dessen Bindung zu einem Dienstleistungsanbieter. Im Kontext eines Mobilfunkunternehmens wird ermittelt, welchen Einfluss soziale Effekte auf die Entscheidung des Kunden zur Abwanderung beziehungsweise zu einem Wechsel nehmen. Die Ergebnisse dieser Untersuchung zeigen, dass die Wahrscheinlichkeit einer Abwanderung mit der Stärke der Bindung und mit dem *Grad der Homophilie*, also Ähnlichkeit zu anderen abwandernden Akteuren innerhalb des sozialen Netzwerkes des Kunden, steigt. Je stärker also ein Kunde mit anderen abwandernden Kunden vernetzt ist, desto wahrscheinlicher wird auch dieser eine Kündigung oder einen Wechsel zu einem anderen Anbieter in Erwägung ziehen. Diese Ergebnisse geben wertvolle Hinweise für das Verständnis und die Erklärung von Kundenbindung, denn das soziale Netzwerk und vor allem eine starke Beziehung und Vernetzung mit anderen loyalen Kunden kann die Funktion einer sozialen Wechselbarriere einnehmen. Je stärker der Kunde mit anderen loyalen Kunden verbunden ist, desto eher wird auch er selbst bereit sein, sich an das anbietende Unternehmen zu binden und weniger über eine Abwanderung nachdenken.

Gerade vor dem Hintergrund aktueller Entwicklungen insbesondere in der Informations- und Kommunikationsindustrie und der daraus erwachsende Trend hin zu einer immer stärkeren Vernetzung, werden soziale Determinanten der Kundenbindung immer mehr an Bedeutung gewinnen.

4. Aktuelle Entwicklungen

Die *technologischen Entwicklungen* des letzten Jahrzehnts brachten in einigen Branchen grundlegende Veränderungen der Marktsituation mit sich. Das Internet fördert Preistransparenz, reduziert Informationsasymmetrien, senkt Wechselkosten und verhilft den Konsumenten so zu einer größeren Marktmacht (Rezabakhsh et al. 2006). Es lassen sich derzeit Trends zu einer allgemeinen, gesteigerten *Disloyalität von Kunden* erkennen (Hagel et al. 2011; Spenner/Freeman 2012), die von Online-Preisvergleichsportalen für Produkte und Dienstleistungen begünstigt werden und in Phänomenen wie dem sogenannten Anbieter-Hopping gipfeln.

Hinsichtlich der beschriebenen Kundenbindungsdeterminanten stellt allem voran die drastische *Reduktion von ökonomischen Wechselbarrieren* im modernen Marktumfeld eine der größten Herausforderungen dar. „Buyers can often switch suppliers with just a few mouse clicks" (Porter 2001, S. 8). Im Internet können Kunden mit geringem Aufwand vor jedem Kauf die besten, tagesaktuellen Konditionen konkurrierender Anbieter ermitteln und Transaktionen mit bisher unbekannten Händlern abschließen. Eine länger andauernde Kundenbeziehung ist in diesem Umfeld eher schwer zu etablieren und lässt sich häufig nur durch starke ökonomische Anreize wie aufwändige Kundenbindungsprogramme oder ein konstant niedriges Preisniveau realisieren. Durch die weitgehend anonyme Transaktionsabwicklung im E-Commerce sind auch die psychologischen Kundenbindungsdeterminanten in ihrer Wirksamkeit gehemmt, da sich beispielsweise Commitment und Gratitude ohne persönliche Interaktion nur erschwert aufbauen lassen.

Im Rahmen einer Online-Geschäftsbeziehung interagieren Kunden zumeist ausschließlich über die Webseite oder über mobile Applikationen mit dem Anbieter. Daher kommt der *Customer Experience/User Experience* eine zentrale Bedeutung zu. Sie definiert den Gestaltungsraum innerhalb dessen Kundenbindungsdeterminanten beeinflusst werden können und umfasst eine *kognitive* sowie eine *affektive Erfahrungsdimension* (Rose et al. 2011). Über die beiden Erfahrungsdimensionen lässt sich Kundenzufriedenheit herstellen und Vertrauen aufbauen (Rose et al. 2012).

Die zahlreichen Einflussfaktoren der Online-Erfahrung bzw. der Online-Loyalität sind bisher nur teilweise empirisch überprüft. Ein wichtiger Vorläufer ist das *Website Design*, das beispielsweise nach den Unterkategorien des *Information Design*, *Navigation Design*, und *Visual Design* als elementare Gestaltungsfelder unterschieden werden kann (Cyr 2014). Ein starkes Design des Online-Auftritts kann Wiederholungskäufe begünstigen und gilt als Grundvoraussetzung für den Aufbau einer nachhaltigen Kundenbeziehung (Rosen/Purinton 2005). Ein weiterer zentraler Eckpfeiler ist *Privacy/Security*. Dies beinhaltet beispielsweise umfassenden Schutz der hinterlegten persönlichen Daten sowie Sicherheit bei der Zahlungsabwicklung. Die Wahrnehmung einer sicheren Transaktionsumgebung gilt als kritische Voraussetzung zum Aufbau von Vertrauen im Online-Bereich (Wang/Emurian 2005). Einen Überblick über weitere mögliche Einflussfaktoren gibt die Studie von Toufaily et al. (2013). Insgesamt ist zu berücksichtigen, dass die Vorläufer der Kundenbindung je nach Kontext und Situation in ihrer Bedeutung variieren können.

5. Fazit

Insgesamt lässt sich angesichts der veränderten Marktsituation konsumentenseitig eine zunehmende Transaktionsorientierung mit ihren klassischen Erfolgsfaktoren Produkt, Preis und Qualität erkennen. Dies gilt insbesondere im Online-Bereich. In diesem Zusammenhang ergibt sich die Notwendigkeit für Forschung und Praxis zu überprüfen, in welchem Kontext (z. B. online/offline oder B2C/B2B) und unter welchen Rahmenbedingungen (z. B. high/low involvement) das Paradigma des Beziehungsmarketings gültig und weiterhin erfolgsträchtig ist.

Literaturverzeichnis

Ahrens, S. (2011): Soziale Netzwerktheorie, in: Schwaiger, M./ Meyer, A. (Hrsg.), Theorien und Methoden der Betriebswirtschaft: Handbuch für Wissenschaftler und Studierende, 1. Aufl., München, S. 298-314.

Bolton, R. N. (1998): A Dynamic Model of the Duration of the Customer's Relationship with a Continuous Service Provider: The Role of Satisfaction, in: Marketing Science, Vol. 17, No. 1, S. 45-65.

Burnham, T. A./Frels, J. K./Mahajan, V. (2003): Consumer Switching Costs: A Typology, Antecedents, and Consequences, in: Journal of the Academy of Marketing Science, Vol. 31, No. 2, S. 109-126.

Chandon, P./Morwitz, V. G./Reinartz, W. J. (2005): Do Intentions Really Predict Behavior? Self-Generated Validity Effects in Survey Research, in: Journal of Marketing, Vol. 69, No. 2, S. 1-14.

Cyr, D. (2014): Return Visits: A Review of How Web Site Design Can Engender Visitor Loyalty, in: Journal of Information Technology, Vol. 29, No. 1, S. 1-26.

Dick, A. S./Basu, K. (1994): Customer Loyalty: Toward an Integrated Conceptual Framework, in: Journal of the Academy of Marketing Science, Vol. 22, No. 2, S. 99-113.

Diller, H. (1996): Kundenbindung als Marketingziel, in: Marketing ZFP, 18. Jg., Nr. 2, S. 81-94.

Dittrich, S. (2000): Kundenbindung als Kernaufgabe im Marketing, Scheßlitz.

Doney, P. M./Cannon, J. P. (1997): An Examination of the Nature of Trust in Buyer-Seller Relationships, in: Journal of Marketing, Vol. 61, No. 2, S. 35-51.

Eggert, A. (1999): Kundenbindung aus Kundensicht, Wiesbaden.

Finn, A. (2012): Customer Delight: Distinct Construct or Zone of Nonlinear Response to Customer Satisfaction?, in: Journal of Service Research, Vol. 15, No. 1, S. 99-110.

Garbarino, E./Johnson, M. S. (1999): The Different Roles of Satisfaction, Trust, and Commitment in Customer Relationships, in: Journal of Marketing, Vol. 63, No. 2, S. 70-87.

Giering, A. (2000): Der Zusammenhang zwischen Kundenzufriedenheit und Kundenloyalität: Eine Untersuchung moderierender Effekte, Wiesbaden.

Gouldner, A. W. (1960): The Norm of Reciprocity: A Preliminary Statement, in: American Sociology Review, Vol. 25, No. 2, S. 161-178.

Granovetter, M. S. (1973): The Strength of Weak Ties, in: American Journal of Sociology, Vol. 78, No. 6, S. 1360-1380.

Gupta, S./Lehmann, D. R./Stuart, J. A. (2004): Valuing Customers, in: Journal of Marketing Research, Vol. 41, No. 1, S. 7-18.

Gustafsson, A./Johnson, M. D./Roos, I. (2005): The Effects of Customer Satisfaction, Relationship Commitment Dimensions, and Triggers on Customer Retention, in: Journal of Marketing, Vol. 69, No. 4, S. 210-218.

Hagel, J./Brown, J. S./Kulasooriya, D. (2011): The 2011 Shift Index: Measuring the Forces of Long-Term Change, http://www.deloitte.com/assets/Dcom-UnitedStates/LocalAssets/Dokuments//us_tmt_2011shiftindex_111011.pdf. (Zugriff am 30.04.2012).

Homans, G. C. (1961): Social Behavior: Its Elementary Forms, London.

Homburg, C./Giering, A. (2001): Personal Characteristics as Moderators of the Relationship between Customer Satisfaction and Loyalty: An Empirical Analysis, in: Psychology & Marketing, Vol. 18, No. 1, S. 43-66.

Homburg, Ch./Jozić, D./Kuehnl, C. (2015): Customer Experience Management: Toward Implementing an Evolving Marketing Concept, in: Journal of the Academy of Marketing Science, online vorveröffentlicht.

Jacoby, J./Chestnut, R. W. (1978): Brand Loyalty, New York.

Kale, S. (2004): CRM Failure and the Seven Deadly Sins, in: Marketing Management, Vol. 13, No. 5, S. 42-46.

Klee, A. (2000): Strategisches Beziehungsmanagement, Herzogenrath.

Kumar, V./Reinartz, W. (2006): Customer Relationship Management: A Databased Approach, New York.

Mittal, V./Kamakura, W. A. (2001): Satisfaction, Repurchase Intent, and Repurchase Behavior: Investigating the Moderating Effect of Customer Characteristics, in: Journal of Marketing Research, Vol. 38, No. 1, S. 131-142.

Morgan, R. M./Hunt, S. D. (1994): The Commitment-Trust Theory of Relationship Marketing, in: Journal of Marketing, Vol. 58, No. 3, S. 20-38.

Müller, U. (2005): Kundenbindung im E-Commerce: Personalisierung als Instrument Des Customer Relationship Marketing, Wiesbaden.

Nitzan, I./Libai, B. (2011): Social Effects on Customer Retention, in: Journal of Marketing, Vol. 75, No. 6, S. 24-38.

Oliver, R. L. (1977): Effect of Expectation and Disconfirmation on Postexposure Product Evaluations: An Alternative Interpretation, in: Journal of Applied Psychology, Vol. 62, No. 4, S. 480-486.

Oliver, R. L. (1980): A Cognitive Model of the Antecedents and Consequences of Satisfaction Decisions, in: Journal of Marketing Research, Vol. 17, No. 4, S. 460-469.

Oliver, R. L. (1999): Whence Consumer Loyalty?, in: Journal of Marketing, Vol. 63, No. 4, S. 33-44.

Oliver, R. L. (2010): Satisfaction: A Behavioral Perspective on the Consumer, New York.

Oliver, R. L./Rust, R. T./Varki, S. (1997): Customer Delight: Foundations, Findings, and Managerial Insight, in: Journal of Retailing, Vol. 73, No. 3, S. 311-336.

Palmatier, R. W./Dant, R. P./Grewal, D./Evans, K. R. (2006): Factors Influencing the Effectiveness of Relationship Marketing: A Meta-Analysis, in: Journal of Marketing, Vol. 70, No. 4, S. 136-153.

Palmatier, R. W./Jarvis, C. B./Bechkoff, J. R./Kardes, F. R. (2009): The Role of Customer Gratitude in Relationship Marketing, in: Journal of Marketing, Vol. 73, No. 5, S. 1-18.

Paul, M./Hennig-Thurau, T./Gremler, D. D./Gwinner, K. P./Wiertz, C. (2009): Toward a Theory of Repeat Purchase Drivers for Consumer Services, in: Journal of the Academy of Marketing Science, Vol. 37, No. 2, S. 215-237.

Peter, S. I. (1999): Kundenbindung als Marketingziel: Identifikation und Analyse zentraler Determinanten, Wiesbaden.

Picot, A./Reichwald, R./Wigand, R. T. (2003): Die grenzenlose Unternehmung: Information, Organisation und Management: Lehrbuch zur Unternehmensführung im Informationszeitalter, Wiesbaden.

Pine, B. J./Gilmore, J. J. (1998): Welcome to the Experience Economy, in: Harvard Business Review, Vol. 76, No. 4, S. 97-105.

Porter, M. E. (2001): Strategy and the Internet, in: Harvard Business Review, Vol. 79, No. 3, S. 62-79.

Reichheld, F. F./Sasser, W. E. (1990): Zero Defections: Quality Comes to Services, in: Harvard Business Review, Vol. 68, No. 5, S. 105-111.

Rezabakhsh, B./Bornemann, D./Hansen, U./Schrader, U. (2006): Consumer Power: A Comparison of the Old Economy and the Internet Economy, in: Journal of Consumer Policy, Vol. 29, No. 1, S. 3-36.

Rogers, E. M. (1976): New Product Adoption and Diffusion, in: Journal of Consumer Research, Vol. 2, No. 4, S. 290-301.

Rose, S./Hair, N./Clark, M. (2011): Online Customer Experience: A Review of the Business-to-Consumer Online Purchase Context, in: International Journal of Management Reviews, Vol. 13, No. 1, S. 24-39.

Rose, S./Clark, M./Samouel, P./Hair, N. (2012): Online Customer Experience in e-Retailing: An Empirical Model of Antecedents and Outcomes, in: Journal of Retailing, Vol. 88, No. 2, S. 308-322.

Rosen, D. E./Purinton, E. (2004): Website Design: Viewing the Web as a Cognitive Landscape, in: Journal of Business Research, Vol. 57, No. 7, S. 787-794.

Roth, S. (2001): Interaktionen im Dienstleistungsmanagement – Eine informationsökonomische Analyse, in: Bruhn, M./Stauss, B. (Hrsg.), Jahrbuch Dienstleistungsmanagement 2001, Wiesbaden.

Rust, R. T./Lemon, K. N./Zeithaml, V. A. (2004): Return on Marketing: Using Customer Equity to Focus Marketing Strategy, in: Journal of Marketing, Vol. 68, No. 1, S. 109-127.

Rust, R. T./Oliver, R. L. (2000): Should We Delight the Customer?, in: Journal of the Academy of Marketing Science, Vol. 28, No. 1, S. 86-94.

Schmitt, B. H. (2003): Customer Experience Management: A Revolutionary Approach to Connecting with Your Customers, Hoboken.

Sirdeshmukh, D./Singh, J./Sabol, B. (2002): Consumer Trust, Value, and Loyalty in Relational Exchanges, in: Journal of Marketing, Vol. 66, No. 1, S. 15-37.

Spenner, P./Freeman, K. (2012): To Keep Your Customers, Keep It Simple, in: Harvard Business Review, Vol. 90, No. 5, S. 108-114.

Stigler, G. J. (1961): The Economics of Information, in: The Journal of Political Economy, Vol. 69, No. 3, S. 213-225.

Thibaut, J. W./Kelley, H. H. (1959): The Social Psychology of Groups, New York.

Verma, V./Sharma, D./Sheth, J. (2016): Does Relationship Marketing Matter in Online Retailing? A Meta-Analytic Approch, in: Journal of the Academy of Marketing Science, Vol. 44, No. 2, S. 206-217.

Toufaily, E./Ricard, L./Perrien, J. (2013): Customer Loyalty to a Commercial Website: Descriptive Meta-Analysis of the Empirical Literature and Proposal of an Integrative Model, in: Journal of Business Research, Vol. 66, No. 9, S. 1436-1447.

von Wangenheim, F. (2003a): Situational Characteristics as Moderators of the Satisfaction-Loyalty Link: An Investigation in a Business-to-Business Context, in: Journal of Consumer Satisfaction, Dissatisfaction and Complaining Behavior, Vol. 16, o. No., S. 145-156.

von Wangenheim, F. (2003b): Weiterempfehlung und Kundenwert, Wiesbaden.

Wang, Y. D./Emurian, H. H. (2005): An Overview of Online Trust: Concepts, Elements, and Implications, in: Computers in Human Behavior, Vol. 21, No. 1, S. 105-125.

Williamson, O. E. (1975): Markets and Hierarchies: Analysis and Antitrust Implications. A Study in the Economics of Internal Organization, New York.

Williamson, O. E. (1985): The Economic Institutions of Capitalism. Firms, Markets, Relational Contracting, New York.

Summary

For more than three decades customer retention is known as a key driver of corporate success. In line with an effective customer relationship management, it is important to gain extensive knowledge concerning the determinants that have a relevant impact on customer retention. For this purpose, this article gives an overview of the antecedents of customer loyalty. Existing theories are presented to explain the mechanisms that take place when different factors lead to either attitudinal or behavioral loyalty. A critical reflection of the timeliness of traditional determinants against the background of ever declining customer loyalty and increasing transaction orientation complements this article.

Christian Homburg, Annette Becker und Frederike Hentschel

Der Zusammenhang zwischen Kundenzufriedenheit und Kundenbindung

1. Einleitung

2. Kundenzufriedenheit
   2.1 Kenntnisstand der Kundenzufriedenheitsforschung
   2.2 Auswirkungen von Kunden(un)zufriedenheit

3. Kundenbindung

4. Analyse des Zusammenhangs zwischen der Zufriedenheit und der Bindung von Kunden
   4.1 Verhaltenstheoretische Grundlagen
      4.1.1 Die Theorie der kognitiven Dissonanz
      4.1.2 Die Lerntheorie
      4.1.3 Die Risikotheorie
   4.2 Der Zusammenhang zwischen Kundenzufriedenheit und Kundenbindung in der Literatur
   4.3 Moderierende Einflussgrößen des Zusammenhangs

5. Schlussbemerkungen

Literaturverzeichnis

Prof. Dr. Dr. h.c. mult. Christian Homburg ist Inhaber des Lehrstuhls für Business-to-Business Marketing, Sales & Pricing an der Universität Mannheim. Frau Dr. Annette Becker leitet die Zentralabteilung „User Experience" bei der Robert Bosch GmbH, Stuttgart. Dipl.-Kffr. Frederike Hentschel ist Bereichsleiterin Strategisches Marketing bei der Allianz Private Krankenversicherung AG, München.

[Es handelt sich um eine aktualisierte Version des Artikels Homburg, Ch./Giering, A./Hentschel, F. (1999): Der Zusammenhang zwischen Kundenzufriedenheit und Kundenbindung, in: Die Betriebswirtschaft, 59. Jg., Nr. 2, S. 173-195]

1. Einleitung

Die Erzielung einer zufriedenen Kundenbasis hat sich in den letzten Jahrzehnten sowohl in der Wissenschaft als auch in der Praxis zu einem Schwerpunktthema entwickelt. Die wissenschaftlichen Publikationen, die sich mit dem Konstrukt Kundenzufriedenheit, dessen Determinanten und Messmöglichkeiten auseinandersetzen, haben seit Anfang der 1980er Jahre stetig zugenommen (vgl. die richtungsweisenden Arbeiten von Day 1977; 1982a; 1982b; 1984; Oliver 1977; 1980; 1981; Churchill/Suprenant 1982; LaBarbera/Mazursky 1983; Woodruff et al. 1983; 1987; Oliver/DeSarbo 1988; Fornell 1992; Anderson et al. 1994). Das zunehmende Interesse der Marketingforscher an dem Phänomen der zufriedenen Kunden hat in der Unternehmenspraxis ein Pendant: Viele Unternehmen sehen in der Kundenzufriedenheit ein bedeutendes Ziel und betrachten das Management dieser Zufriedenheit als entscheidende Herausforderung (Anderson et al. 1994; Rust et al. 1995; Oliver 1997; Anderson/Mittal 2000; Mittal/Kamakura 2001).

In jüngster Zeit vermehrt sich jedoch die Kritik am Sinn des Ziels Kundenzufriedenheit. Allen Bemühungen, die Zufriedenheit von Kunden zu erhöhen, liegt implizit die Annahme zugrunde, dass zufriedene Kunden ihrem Anbieter treu bleiben und somit diesem zu einer Reihe von wirtschaftlichen Vorteilen (z.B. durch Wiederkauf, Mehrkauf, Cross-Selling-Effekte, positive Mundpropaganda und geringere Preiselastizität) verhelfen (Keaveney 1995, S. 71; Rust et al. 1995, S. 59 oder die Übersicht bei Luo/Homburg 2007). Dass diese Annahme keineswegs immer zutreffen muss, zeigen Aussagen wie „Forty percent of customers who claimed to be satisfied switched suppliers without looking back" (Stum/Thiry 1991, S. 35), „(...) selbst Zufriedenheit mit dem Produkt schützt nicht vor Untreue, denn gerade zufriedene Kunden gehören zu dauerhaften Markenwechslern" (Gierl 1993, S. 90) oder auch „Even though the results of customer-satisfaction surveys are an important indicator of the health of the business, relying solely on them can be fatal" (Jones/Sasser 1995, S. 91).

Kundenzufriedenheit scheint demnach keineswegs in jedem Fall zu Kundenbindung zu führen – verliert damit das Ziel Kundenzufriedenheit seine Relevanz? Die Frage ist zu verneinen: Die Zufriedenheit von Kunden stellt zwar keinen Garanten für deren Bindung dar, allerdings ist die Zufriedenheit unbestritten doch in den meisten Fällen eine zentrale Voraussetzung für diese (Burmann 1991, S. 249; Jones/Sasser 1995, S. 89). Allerdings scheint es dringend erforderlich, den *Zusammenhang zwischen Kundenzufriedenheit und Kundenbindung* näher zu analysieren. Bloemer und Kasper (1995, S. 311) schreiben hierzu: „Also some other effects are found indicating that the relationship between consumer satisfaction and brand loyalty is not simple and straightforward".

Der vorliegende Beitrag analysiert die Beziehung zwischen Kundenzufriedenheit und Kundenbindung. Dazu beschäftigen wir uns in einem ersten Schritt sukzessive mit den beiden Konstrukten Kundenzufriedenheit und Kundenbindung. Im Anschluss werden die verhaltenstheoretischen Grundlagen des Zusammenhangs zwischen Kundenzufriedenheit und Kundenbindung dargestellt. Darauf aufbauend analysieren wir Publikationen, die diese Beziehung bereits theoretisch oder empirisch untersucht haben. Abschließend erfolgt eine kurze Darstellung moderierender Einflussgrößen.

2. Kundenzufriedenheit

2.1 Kenntnisstand der Kundenzufriedenheitsforschung

Der theoretischen Erklärung des Kundenzufriedenheitskonzeptes wurde in der Marketingwissenschaft sehr viel Aufmerksamkeit zuteil. Obwohl es nach Ansicht einiger Autoren nicht gelungen ist, eine allgemein anerkannte Basistheorie für die Konzeptualisierung von Kundenzufriedenheit zu entwickeln (Hempel 1977, S. 275; Day 1982b, S. 1), ist doch eine eindeutige Tendenz im Hinblick auf den Erklärungsansatz des *Confirmation/Disconfirmation-Paradigm* (C/D-Paradigma) festzustellen (Yi 1989, S. 69; Wirtz 1993, S. 2; Agrawal 1995, S. 4). Ausgangspunkt des C/D-Paradigmas ist der Vergleich der tatsächlichen Erfahrung bei der Produktnutzung (Ist-Leistung) mit einem bestimmten Vergleichsstandard des Kunden (Soll-Leistung). Entspricht die wahrgenommene Produktleistung dem zugrunde liegenden Vergleichsstandard, spricht man von Konfirmation (Bestätigung), woraus dann die Zufriedenheit des Kunden entsteht. Übertrifft die Ist-Leistung die Soll-Leistung (positive Diskonfirmation), resultiert ebenfalls Zufriedenheit, wohingegen eine im Vergleich zur Soll-Leistung zu geringe Ist-Leistung (negative Diskonfirmation) zu Unzufriedenheit führt (hierzu auch Olshavsky/Miller 1972; Oliver 1980; Hoyer/MacInnis 2010; Homburg/Stock 2012). Abbildung 1 verdeutlicht das dem C/D-Paradigma zugrunde liegende Prinzip.

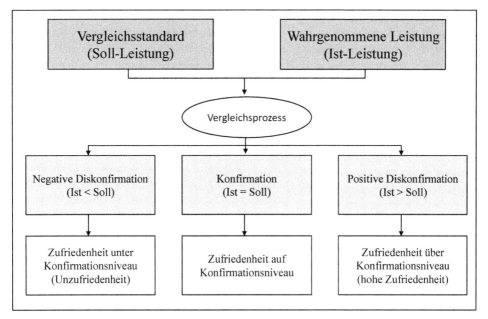

Abbildung 1: Das Konfirmations/Diskonfirmations-Paradigma

Im Einklang mit dem Modell des C/D-Paradigmas lässt sich Kundenzufriedenheit folglich definieren als „a postchoice evaluative judgement concerning a specific purchase selection" (Westbrook/Oliver 1991, S. 84). Diese Einordnung der Kundenzufriedenheit als ein *transaktionsspezifisches* Phänomen, d.h. ein Urteil, das sich stets auf eine bestimmte Kauf- bzw. Nutzungserfahrung bezieht, wurde lange Zeit in der Literatur propagiert – nicht zuletzt, um eine Abgrenzung der Kundenzufriedenheit von dem zeitlich stabilen und weitgehend transaktionsunabhängigen Einstellungskonstrukt zu ermöglichen (Oliver 1980, S. 461; Runow 1982, S. 85f.; Kaas/Runow 1984, S. 454; Hausknecht 1990, S. 1). Insbesondere im Hinblick auf den Zusammenhang zwischen Kundenzufriedenheit und Kundenbindung stellt sich jedoch die Frage, ob es wirklich die Zufriedenheit mit einer *einzelnen* Transaktion ist, die die Treue eines Kunden determiniert. Ist es nicht vielmehr wahrscheinlich, dass die Auswirkungen eines Zufriedenheitsurteils, das auf wiederholter Erfahrung basiert und sich somit bei dem Kunden stabilisiert hat, auf die Kundentreue größer sind, als die der Zufriedenheit mit einer singulären Kauferfahrung?

Viele Autoren unterstreichen diese Hypothese (Sheth 1968, S. 25; Wilton/Nicosia 1986, S. 9ff.; Bayus 1992, S. 23; Dick/Basu 1994, S. 101; Rust et al. 1995, S. 64). Anderson et al. (1994, S. 54) schreiben hierzu: „Whereas transaction-specific satisfaction may provide diagnostic information about a particular product or service encounter, cumulative satisfaction is a more fundamental indicator of a firm's past, current, and future performance". Die transaktionsspezifische Perspektive von Kundenzufriedenheit ist insbesondere dadurch problematisch, dass sich ihre Anwendbarkeit auf spezielle Fragestellungen des Konsumgüterbereiches beschränkt. Im Industriegüterbereich hingegen ist die einzelne Transaktion in den meisten Fällen von eher nachrangiger Bedeutung – hier tritt vielmehr die Geschäftsbeziehung mit der Gesamtheit ihrer Facetten als Beurteilungsobjekt in den Vordergrund. Nicht zuletzt durch den in seiner Popularität stets wachsenden Forschungszweig des *Relationship Marketing* wird eine diesbezügliche Umorientierung des Marketingfokus propagiert. Die Vertreter dieses Konzeptes stellen nicht die einzelne Transaktion, sondern die Langlebigkeit von Geschäftsbeziehungen in den Mittelpunkt des Marketinginteresses. Grundvoraussetzung für eine lange Geschäftsbeziehung ist demnach eine stabile Zufriedenheit beider Geschäftspartner mit ihrem Austauschprozess, um hierdurch das Entstehen von Vertrauen und Commitment und – damit verbunden – das Andauern der Geschäftsbeziehung überhaupt erst zu ermöglichen (vgl. beispielsweise Ping 1993, S. 343; Grönroos 1994, S. 11f.; Heide/Weiss 1995, S. 32).

Zusammenfassend empfiehlt sich insbesondere im Hinblick auf die Untersuchung des Zusammenhangs zwischen der Zufriedenheit und Treue von Kunden die Modellierung von Kundenzufriedenheit als *kognitive und affektive Evaluierung der gesamten Erfahrungen mit einem bestimmten Anbieter und dessen Produkten.*

2.2 Auswirkungen von Kunden(un)zufriedenheit

Wie bereits angedeutet, ist das Interesse von Wissenschaft und Praxis an der Kundenzufriedenheit insbesondere durch deren Einfluss auf die Kundenbindung begründet. Doch die Treue der Kunden stellt nur eine der möglichen *Auswirkungen von Kunden(un)zufriedenheit* dar (Abbildung 2).

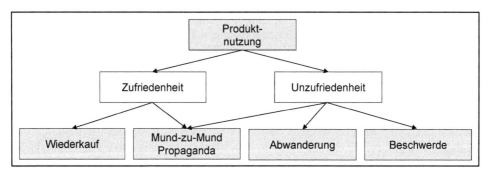

Abbildung 2: Mögliche Reaktionen einzelner Kunden auf Zufriedenheit bzw. Unzufriedenheit

Eine Sichtung der relevanten Literatur zeigt, dass die meisten Untersuchungen einen positiven Zusammenhang zwischen der *Zufriedenheit* und dem *Wiederkauf* unterstellen oder auch empirisch zeigen, ohne allerdings die funktionale Form bzw. die Determinanten dieses Zusammenhangs genauer zu analysieren. Die Studien, die auf eine tiefere Durchdringung dieses Zusammenhangs abzielen, werden in Abschnitt 4.2 genauer behandelt.

Wie Abbildung 2 zeigt, können Kunden mit *Abwanderung* bzw. *Markenwechsel* auf nicht zufrieden stellende Erfahrungen reagieren. Analog zu dem die Beziehung zwischen Zufriedenheit und Treue betreffenden Forschungsdefizit muss in der Marketingliteratur auch ein Defizit im Hinblick auf die Untersuchung des Zusammenhangs zwischen Unzufriedenheit und „Untreue" konstatiert werden. Als einer der wenigen Autoren, die diesen Zusammenhang näher betrachteten, fand Andreasen (1985, S. 140) in seiner Studie heraus, dass ein Großteil der unzufriedenen Kunden nicht aktiv reagiert (also z.B. durch Beschwerde versucht, seine Unzufriedenheit zu beseitigen), sondern die passive Alternative der Abwanderung wählt. In Analogie zu der *Theorie von Hirschman* (1970), die die drei Verhaltensweisen „Exit, Voice, and Loyalty" von Kunden identifiziert, bleibt unzufriedenen Kunden auch die Möglichkeit des Widerspruchs bzw. der *Beschwerde*. Das Beschwerdeverhalten von unzufriedenen Kunden hat in der Literatur, die sich mit den Auswirkungen von Kunden(un)zufriedenheit beschäftigt, die meiste Beachtung gefunden (Grønhaugh 1977; Oliver 1987; Singh 1988; siehe Prakash 1991 für Übersichten). Ohne die auf diesem Gebiet ermittelten Erkenntnisse hier detaillierter aufzeigen zu wollen, sei an dieser Stelle jedoch auf einen insbesondere im Hinblick auf die Kundenbindung relevanten Aspekt hingewiesen: Gelingt es dem Unternehmen, einen ursprünglich unzufriedenen Kunden durch eine erfolgreiche Beschwerdehandhabung zufrieden zu stellen, führt diese Beschwerdezufriedenheit nach Auffassung zahlreicher Autoren dazu, dass die Bindung des Kunden an das betreffende Unternehmen erhöht wird (Richins 1983, S. 68; Fornell/Westbrook 1984, S. 68; Homburg/Fürst 2005).

Die Beschwerdeaktivitäten von unzufriedenen Kunden müssen sich jedoch keineswegs immer an den betreffenden Anbieter richten. Oft wird die empfundene Unzufriedenheit auch gegenüber anderen Personen, beispielsweise aus der Familie oder dem Bekanntenkreis, geäußert (Richins 1983; Westbrook 1987). In diesem Fall wirkt sich die Unzufriedenheit über einen *Multiplikatoreffekt* auf die anderen Kunden des Unternehmens aus (Singh 1988, S. 95). Dieser Multiplikatoreffekt kann auch bei zufriedenen Kunden eintreten: Durch die positive *Mund-zu-Mund-Propaganda* betreiben zufriedene Kunden kostenlose Werbung für das entsprechende Unternehmen (u.a. Müller/Riesenbeck 1991, S. 69; Dick/Basu 1994, S. 107).

Eine im Auftrag der amerikanischen Regierung durchgeführte Studie (TARP 1979; 1986) zeigt jedoch, dass zufriedene Kunden ihre Erfahrung im Durchschnitt nur drei Personen mitteilen, wohingegen unzufriedene Kunden ihre Enttäuschung gegenüber durchschnittlich neun Personen kommunizieren.

3. Kundenbindung

Bezugsobjekt des Konstrukts Kundenbindung ist die Geschäftsbeziehung zwischen einem Anbieter und einem Kunden (Diller 1996, S. 81). Vor diesem Hintergrund sind zwei grundlegende *Sichtweisen von Kundenbindung* möglich:

- Anbieterbezogene Perspektive, bei der Kundenbindung einen eher instrumentellen Charakter hat
- Nachfragerorientierte Perspektive, in deren Rahmen Kundenbindung eher verhaltensorientiert interpretiert wird.

Bei Bezugnahme auf den Anbieter umfasst Kundenbindung alle Aktivitäten, die auf die Herstellung oder Intensivierung der Bindung aktueller Kunden gerichtet sind und die somit „(...) geeignet erscheinen, Geschäftsbeziehungen zu Kunden enger zu gestalten" (Diller 1996, S. 82). Häufig werden diese Bindungsaktivitäten der Anbieter auch mit dem Begriff des *Kundenbindungsmanagements* belegt (Meyer/Oevermann 1995, S. 1344; vgl. hierzu auch die Ausführungen von Homburg 2015).

Für die dem vorliegenden Beitrag zugrunde liegende Zielsetzung ist jedoch insbesondere die nachfragerbezogene Perspektive der Kundenbindung von Relevanz. In diesem Fall ist die Bindung eines Kunden mit dessen Treue gleichzusetzen, d.h., ein Kunde ist gebunden, wenn er gegenüber dem jeweiligen Anbieter loyal ist. Diese Loyalität bezieht sich hierbei sowohl auf bisheriges Verhalten (Ex-post-Betrachtung) als auch auf die Absicht zu zukünftigem Verhalten (Ex-ante-Betrachtung).

Lange Zeit war in der Literatur umstritten, ob die Bindung bzw. Loyalität eines Kunden rein behavioristisch über sein Kaufverhalten zu erfassen ist. In diesem Sinne gilt ein Kunde als loyal, wenn er ein Produkt wiederholt nachfragt (Weinberg 1977, S. 12). Hierbei wird auf jede Berücksichtigung von Verhaltensursachen verzichtet (u.a. Brown 1952; Cunningham 1956; Jacoby/Chestnut 1978, S. 35ff.; Assael 1992 zu einer Metaanalyse über die behavioristische Loyalitätsmessung). Diese Interpretation von Kundenbindung als ein ausschließlich über das Kaufverhalten operationalisierbares Phänomen ist jedoch starker Kritik ausgesetzt (u.a. Guest 1942; Jacoby/Olson 1970; Newman/Werbel 1973, S. 404; Monroe/Guiltinan 1975; Jarvix/Wicox 1976). Hauptansatzpunkt dieser Kritik ist dabei, dass in Wiederholungsmustern des Kaufverhaltens auch ein gewisser Teil an „Spurious Loyalty" (Day 1969) aufgrund situativer und anderer Faktoren vermutet wird, der mit tatsächlicher Kundenbindung recht wenig zu tun hat.

Aus diesem Grund herrscht in der Literatur mittlerweile weitestgehend Übereinstimmung dahingehend, dass die Bindung eines Kunden neben seinem reinen Kaufverhalten ebenfalls dessen positive Einstellung gegenüber dem Anbieter erfassen sollte (Jacoby 1971, S. 655; Jacoby/Kyner 1973; Newman/Werbel 1973; Pritchard et al. 1992). Als praktikable Möglichkeit zur Erfassung der positiven Einstellung eines Kunden bietet sich dessen Weiterempfehlungsverhalten an: Wenn ein Kunde die Leistungen eines bestimmten Anbieters wiederholt nachfragt und zudem noch positive Mund-zu-Mund-Propaganda für diesen Anbieter betreibt, ist davon auszugehen, dass er auch tatsächlich gebunden ist und nicht lediglich durch Zufallseinflüsse oder Wechselbarrieren an einem Anbieterwechsel gehindert wird. Auch die Absicht eines Kunden, unabhängig von dem bereits erstandenen Produkt in Zukunft noch weitere Produkte eines bestimmten Anbieters nachzufragen, stellt ein Indiz für dessen „wirkliche Loyalität" dar.

Fassen wir unsere bisherigen Überlegungen zusammen, so kommen wir zu der folgenden *Konzeptualisierung von Kundenbindung.* Das Konstrukt Kundenbindung besteht aus zwei Dimensionen: der Dimension des bisherigen Verhaltens und der der Verhaltensabsicht. Zudem konstatieren wir in Anlehnung an Meyer und Oevermann (1995, Sp. 1341), dass der Verhaltensdimension sowohl das bisherige Kauf- wie auch das bisherige Weiterempfehlungsverhalten zugeordnet sind. Die Absichtsdimension umfasst hingegen die zukünftige Wiederkauf-, Zusatzkauf- und Weiterempfehlungsabsicht eines Kunden (vgl. hierzu auch Szymanski/Henard 2001). Abbildung 3 verdeutlicht die Konzeptualisierung von Kundenbindung in diesem Beitrag. Hierbei orientieren wir uns an der bei Homburg/Giering (1996) entwickelten Terminologie zur Charakterisierung komplexer (insbesondere mehrdimensionaler) Konstrukte.

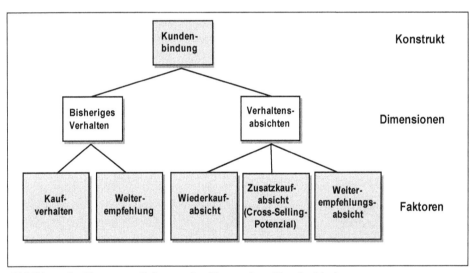

Abbildung 3: Konzeptualisierung des Konstruktes Kundenbindung

4. Analyse des Zusammenhangs zwischen der Zufriedenheit und der Bindung von Kunden

4.1 Verhaltenstheoretische Grundlagen

Im folgenden Abschnitt diskutieren wir kurz Dissonanz-, Lern- und Risikotheorie als ausgewählte *verhaltenstheoretische Erklärungsansätze*, die in der Marketingforschung zur Analyse loyalen Kaufverhaltens bereits Anwendung gefunden haben. Sie erklären den Zusammenhang zwischen Kundenzufriedenheit und Kundenbindung mit der psychologischen Motivation und den kognitiven Entscheidungsprozessen des Kunden und stellen die Zufriedenheit als eine wesentliche Determinante des Treueverhaltens heraus.

4.1.1 Die Theorie der kognitiven Dissonanz

Die von Festinger (1957, deutsch 1978) entworfene *Theorie der kognitiven Dissonanz* geht von der Annahme aus, dass Individuen ein dauerhaftes Gleichgewicht ihres kognitiven Systems anstreben. Ein kognitives System ergibt sich aus der Summe von Kognitionen (Wissen, Erfahrungen, Meinungen) und ihren Beziehungen zueinander (Raffée et al. 1973, S. 13f.). Geraten die Kognitionen eines Individuums in ein Ungleichgewicht (man spricht dann von kognitiver Dissonanz), so entstehen als unbequem empfundene psychische Spannungen. Sobald die kognitive Dissonanz eine individuell unterschiedliche Toleranzschwelle überschreitet, wird sie verhaltenswirksam, d.h., das Individuum ist bemüht, durch sein Verhalten sein kognitives Gleichgewicht wiederherzustellen (Kroeber-Riel/Gröppel-Klein 2013, S. 256f.). Die Beziehung zwischen Dissonanz, Kundenzufriedenheit und Kundenbindung entsteht dadurch, dass sich ein zufriedener Kunde in einem psychischen Gleichgewicht befindet. Um dieses zu erhalten, wird er sich loyal verhalten, d.h., er vermeidet kognitive Dissonanzen, indem er das entsprechende Produkt wieder kauft (vgl. auch Weinberg 1987, S. 165).

4.1.2 Die Lerntheorie

Vor dem Hintergrund der Komplexität und Vielschichtigkeit der menschlichen Lernprozesse entwickelte sich im Laufe der Zeit ein Spektrum an Theorien, die alle darauf abzielen, das Lernverhalten von Individuen zu erklären (vgl. Bower/Hilgard 1984 für einem Überblick). Unter Lernen versteht man in einer sehr weiten Definition den Prozess, durch den Erfahrung zu einer Einstellungs- oder Verhaltensänderung führt (Engel et al. 1993, S. 426; Hanna/Wozniak 2001, S. 137). Die Literatur unterscheidet vier *Arten des Lernens* (Sheth et al. 1999, S. 310):

- Klassische Konditionierung,
- Instrumentelle bzw. operante Konditionierung,
- Kognitives Lernen und
- Modelllernen.

Für die theoretische Fundierung des Zusammenhangs zwischen Kundenzufriedenheit und Kundenbindung ist insbesondere eine dieser Arten des Lernens von Relevanz, auf deren Darstellung wir uns auch aus eben diesem Grund beschränken wollen: die *instrumentelle bzw. operante Konditionierung* (Lernen nach dem Verstärkerprinzip), in der englischsprachigen Literatur als „Operant Conditioning" oder „Instrumental Learning" bezeichnet (Nord/Peter 1980; Rothschild/Gaidis 1981; Peter/Nord 1982; Foxall 1986). „This form of conditioning is concerned with how the *consequences* of a behavior will affect the frequency or probability of the behavior performed again" (Engel et al. 1993, S. 446). Es wird hier folglich davon ausgegangen, dass nur diejenigen Verhaltensweisen beibehalten werden, für die das Individuum in der Vergangenheit „belohnt" wurde, wohingegen die „Bestrafung" von Verhalten stets zu Verhaltensänderungen führt (Wilkie 1994, S. 270; Hanna/Wozniak 2001, S. 142).

Der enge Bezug der Lerntheorie zum Kaufverhalten von Individuen ist offensichtlich: Ist ein Kunde zufrieden mit einem Produkt, so wirkt diese Zufriedenheit als positive Verhaltensverstärkung und erhöht somit die Wahrscheinlichkeit, dass der Kunde das Produkt wieder kauft. Je kontinuierlicher der Kunde diese positive Verhaltensverstärkung erfährt (im Fall von wiederholter Zufriedenheit), desto enger wird er an den entsprechenden Anbieter gebunden (vgl. auch Assael 1992, S. 72).

4.1.3 Die Risikotheorie

Die *Risikotheorie* geht davon aus, dass das Kaufverhalten von Kunden wesentlich durch Versuche zur Reduzierung von subjektiv wahrgenommenem, kaufspezifischem Risiko bestimmt wird (Bauer 1960). Dieses Risiko entsteht dadurch, dass Kunden aufgrund unvollständiger Information Abweichungen zwischen ihren Ansprüchen bzw. Erwartungen und den potenziell absehbaren Folgen ihrer Kaufhandlungen wahrnehmen (Kroeber-Riel/Gröppel-Klein 2013, S. 352f.; Hoyer/MacInnis 2010). Somit kann das wahrgenommene Risiko auch als kognitiver Konflikt (als Vorentscheidungsdissonanz) interpretiert werden und steht deshalb in enger Verbindung mit der Dissonanztheorie (Kroeber-Riel/Gröppel-Klein 2013, S. 258f.).

Es wird angenommen, dass Kunden ab einer individuellen Toleranzschwelle versuchen, das Ausgangsrisiko durch bestimmte *Risikoreduktionsstrategien* auf ein akzeptables Restrisikoniveau zu reduzieren (Kroeber-Riel/Gröppel-Klein 2013, S. 353f.). Als mögliche Risikoreduktionsstrategie für einen Kunden bietet sich neben der Beschaffung zusätzlicher Informationen oder der Orientierung an Meinungsführern insbesondere loyales Kaufverhalten an (Hentschel 1991, S. 25; Kroeber-Riel/Gröppel-Klein 2013, S. 352).

Ein zufriedener Kunde bleibt folglich dem betreffenden Anbieter treu, um das Risiko der Unzufriedenheit möglichst gering zu halten.

4.2 Der Zusammenhang zwischen Kundenzufriedenheit und Kundenbindung in der Literatur

Vor dem Hintergrund, dass die dargestellten verhaltenswissenschaftlichen Theorien einen signifikanten Einfluss der Zufriedenheit der Kunden auf deren Bindung vermuten lassen, soll in einem nächsten Schritt durch Sichtung der relevanten Literatur geprüft werden, inwieweit der Zusammenhang bereits genauer untersucht und spezifiziert wurde.

Es existieren in der Literatur zunächst zahlreiche Ansätze, die einen *positiven Zusammenhang zwischen Kundenzufriedenheit und Kundenbindung* postulieren, ohne diesen auf empirischem Weg zu untersuchen (Fornell/Wernerfelt 1987; Bolton/Drew 1991; Heskett et al. 1994). Dass eine a priori Unterstellung des positiven Zusammenhangs zwischen Zufriedenheit und Kundentreue jedoch keineswegs immer der Realität gerecht wird, zeigt beispielsweise eine Studie von Reichheld (1993), in der (allerdings ohne die Beziehung näher zu untersuchen) herausgefunden wird, dass zwischen 65 und 85 Prozent der von einem Anbieter abgewanderten Kunden mit diesem durchaus zufrieden bzw. sehr zufrieden waren. Die Untersuchung zeigt zudem, dass in der untersuchten Branche (Automobilindustrie) den 85 bis 95 Prozent an zufriedenen Kunden nur 40 Prozent an loyalen Kunden gegenüberstehen (Reichheld 1993). Zahlreiche empirische Studien weisen allerdings einen positiven Effekt der Kundenzufriedenheit auf die Kundenloyalität nach (z.B. Bitner 1990; Anderson/Sullivan 1993; Biong 1993; Garbarino/Johnson 1999; Olsen 2002 u.v.m.).

Neben der Frage nach der Existenz dieses positiven Effektes interessiert auch die *funktionale Form des Zusammenhangs zwischen Kundenzufriedenheit und Kundenloyalität*. Diese ist sowohl Gegenstand theoretischer Überlegungen als auch empirischer Analysen (z.B. Auh/Johnson 1997; Mittal/Kamakura 2001; Keiningham et al. 2003; Agustin/Singh 2005). Mögliche funktionale Verläufe werden in Abbildung 4 aufgezeigt.

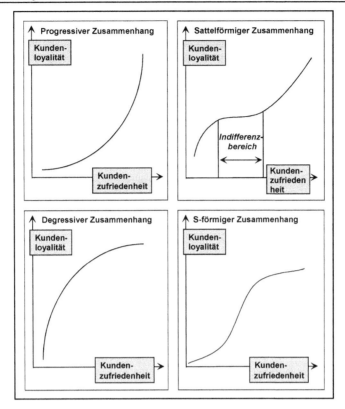

Abbildung 4: Mögliche funktionale Zusammenhänge zwischen
Kundenzufriedenheit und Kundenbindung
(Quelle: in Anlehnung an Homburg/Bucerius 2012, S. 60)

Meyer und Dornach (1996) vermuten beispielsweise auf der Basis einer Gegenüberstellung von Zufriedenheitswerten und Wiederkaufverhalten im Rahmen des *Deutschen Kundenmonitors* einen progressiven Zusammenhang zwischen Kundenzufriedenheit und Kundenbindung (zu ähnlichen Erkenntnissen kommen indirekt auch die Autoren, die zwischen zufriedenen und begeisterten Kunden differenzieren; Heskett et al. 1994; Rust et al. 1995; Taher et al. 1996).

Andere Autoren hingegen legen die Vermutung nahe, dass der Zusammenhang zwischen Kundenzufriedenheit und Kundenbindung am besten durch eine sattelförmige Funktion beschrieben werden kann (z.B. Coyne 1989; Finkelman/Goland 1990; Müller 1990). Der Indifferenzbereich wird von Woodruff et al. (1983) vorgeschlagen: Bei mittlerer Zufriedenheit bringen die Kunden dem Anbieter keine besondere emotionale Bindung entgegen. Erst nach Überschreitung einer bestimmten Wahrnehmungsschwelle führt Zufriedenheit zu Bindung. Ab dieser Schwelle haben jedoch auch geringe Steigerungen der Kundenzufriedenheit bereits hohe Auswirkungen auf die Kundenbindung.

Im Rahmen empirischer Studien konnten verschiedene Funktionsverläufe nachgewiesen werden. Burmann (1991) ermittelt beispielsweise auf Basis einer empirischen Studie einen konkaven Funktionsverlauf für den Zusammenhang zwischen Zufriedenheit und Markentreue, wohingegen der Zusammenhang zwischen Zufriedenheit und Händlertreue einen konvexen Verlauf aufweist. Auch Auh und Johnson (1997) untersuchen den Verlauf der Funktion zwischen Zufriedenheit und Treue empirisch und kommen durch den Vergleich unterschiedlicher Regressionsmodelle zu dem Ergebnis, dass eine konvexe Funktionsform diesen Zusammenhang am besten beschreibt.

Müller und Riesenbeck (1991) gelingt es, empirisch einen sattelförmigen Verlauf zu zeigen. Herrmann und Johnson (1999) wiederum weisen anhand von Daten des US-amerikanischen Kundenzufriedenheitsbarometers einen S-förmigen Zusammenhang zwischen Kundenzufriedenheit und Kundenbindung nach.

Insgesamt zeigt die Sichtung der relevanten Literatur, dass verschiedene Formen des funktionalen Zusammenhangs zwischen Kundenzufriedenheit und Kundenbindung möglich sind, wobei sich die Diskussion im Wesentlichen auf einen progressiven bzw. einen sattelförmigen Verlauf konzentriert. Bemerkenswert ist, dass beide Funktionen in ihrem oberen Bereich jeweils eine konvexe Form annehmen, d.h., hier führt eine geringe Steigerung der Zufriedenheit bereits zu einem starken Anstieg der Kundenbindung. Verglichen mit anderen Marketing-Response-Funktionen ist dieses Phänomen sicher ungewöhnlich.

Trotz der zahlreichen empirischen Studien, die einen *nicht-linearen Zusammenhang zwischen Kundenzufriedenheit und Kundenbindung* nachweisen, kommen Streukens und Ruyter (2004) in ihrer Untersuchung zu dem Ergebnis, dass nicht-lineare Modelle keine bessere Erklärung des Zusammenhangs liefern als lineare Modelle. Die Autoren verweisen jedoch mit Blick auf das spezielle „research setting" ihrer Studie auf die begrenzte Verallgemeinerungsfähigkeit ihrer Ergebnisse.

4.3 Moderierende Einflussgrößen des Zusammenhangs

Die Beziehung zwischen Kundenzufriedenheit und Kundenbindung scheint keineswegs immer gleich stark ausgeprägt zu sein. Vielmehr scheint es *Einflussfaktoren* zu geben, die je nach ihrer Ausprägung den Zusammenhang verstärken oder abschwächen (Kumar et al. 2013, S. 250). Solche Einflussgrößen, die auf einen bestimmten Zusammenhang einwirken, indem sie seine Stärke determinieren, werden als *moderierende Variablen* bezeichnet (vgl. hierzu ausführlich Sharma et al. 1981; Arnold 1982; Darrow/Kahl 1982). Giering (2000) hat sich als eine der ersten Autoren ausgiebig mit dieser Thematik befasst und auf einer theoretischen Basis mögliche Moderatoren identifiziert. Diese sind in Tabelle 1 dargestellt.

Merkmale der Geschäftsbeziehung	■ Vertrauen zum Anbieter ■ Gegenseitiger Informationsaustausch ■ Kooperative Zusammenarbeit ■ Flexibilität des Anbieters ■ Dauer der Geschäftsbeziehung
Merkmale des Kunden	*Unternehmen als Kunde:* ■ Zentralisierung ■ Strukturelle Unruhe ■ Risikoaversion des Managements *Individuum als Kunde:* ■ Kognitive Unsicherheitsorientierung ■ Variety Seeking ■ Involvement ■ Soziale Beeinflussbarkeit
Merkmale des Produktes	■ Produktbedeutung ■ Produktkomplexität
Merkmale des Anbieters	■ Reputation ■ Generierung von Zusatznutzen
Merkmale des Marktumfeldes	■ Verfügbarkeit von Alternativen ■ Technologische Dynamik ■ Wettbewerbsintensität auf dem Absatzmarkt

Tabelle 1: Mögliche Moderatoren des Zusammenhangs zwischen Kundenzufriedenheit und Kundenbindung (Quelle: Giering 2000, S. 103)

Zentrale *empirische Arbeiten*, die sich mit Moderatoren des Zusammenhangs zwischen Kundenzufriedenheit und Kundenbindung befassen, sind in Tabelle 2 dargestellt.

Autoren	Charakteristika der empirischen Studie	Ergebnis
Bloemer/Kasper (1995)	Verwender von Haarshampoo und Leerkassetten, n = 838, moderierte Regressionsanalyse	Informationsverarbeitungskapazität des Kunden als positiver Moderator des Zusammenhangs
Bloemer et al. (1996)	Automobilkunden, n = 407, moderierte Regressionsanalyse	Moderierender Effekt von Involvement kann nicht empirisch nachgewiesen werden
Chandrashekaran et al. (2007)	Kunden eines Anbieters von Unternehmensdienstleistungen, n = 25.489, Regressionsanalyse	Stärke des Kundenzufriedenheitsurteils (= geringe Unsicherheit) als positiver Moderator des Zusammenhanges
Cooil et al. (2007)	Bankkunden, n=4.319, Zeitreihe über 5 Jahre (2000-2004), Regressionsanalyse	Einkommen und Dauer der Geschäftsbeziehung als positive Moderatoren des Zusammenhanges von Kundenzufriedenheit und Share of Wallet; kein moderierender Effekt von Alter, Bildungsgrad und Kundenwissen
Dagger/David (2012)	Kunden aus neun Servicebereichen, n=509, Regressionsanalyse	Switching costs als negativer Moderator des Zusammenhangs im Service Bereich; abnehmender Einfluss bei steigendem Involvement und zunehmender Einfluss bei Wahrnehmung von Benefits
Giering (2000)	Studenten, n = 317, Kausalanalyse	Involvement, Variety Seeking, kognitiv-aktive Unsicherheitsreduktion und Produktbedeutung als positive Moderatoren Produktkomplexität, Verfügbarkeit von Alternativen und technologische Dynamik als negative Moderatoren
Homburg/Giering (2001)	Automobilkunden, n = 943, Kausalanalyse	Alter als positiver, Einkommen und Variety Seeking als negative Moderatoren des Zusammenhangs
Homburg et al. (2003)	Einkaufsmanager (der Kundenunternehmen), n = 981, Kausalanalyse	Vertrauen, gegenseitiger Informationsaustausch sowie kooperative Zusammenarbeit zwischen Zuliefer- und Kundenunternehmen, Flexibilität des Zulieferers und Dauer der Geschäftsbeziehung als negative Moderatoren
Mittal/Kamakura (2001)	Automobilkunden, n = 100.040, Regressionsanalyse	Alter als positiver, Bildungsniveau als negativer Moderator des Zusammenhangs Frauen sind loyaler als Männer, Kunden mit Kindern sind weniger loyal als kinderlose Kunden
Seiders et al. (2005)	Kunden eines Handelsunternehmens, n=945, Regressionsanalyse	Involvement, Haushaltseinkommen und Bequemlichkeit des Angebotes als positive Moderatoren des Zusammenhanges

Tabelle 2: Empirische Arbeiten zur Untersuchung von Moderatoren des Zusammenhangs zwischen Kundenzufriedenheit und Kundenbindung (Quelle: In Anlehnung an Homburg/Bucerius 2012, S. 62)

Vor dem Hintergrund des moderierenden Einflusses von Merkmalen einer Geschäftsbeziehung sprechen Homburg und Giering (2000) von „angereicherten" und „nackten" Geschäftsbeziehungen. Während in *angereicherten Geschäftsbeziehungen* ein hohes Maß an Vertrauen und Kooperation sowie ein intensiver Informationsaustausch vorliegen, liegt der Fokus in *nackten Geschäftsbeziehungen* auf dem Leistungsaustausch und der Leistungsbezahlung. Wie Abbildung 5 zeigt, ist die Kundenloyalität in angereicherten Geschäftsbeziehungen höher und der Zusammenhang zwischen Kundenzufriedenheit und Kundenloyalität ist schwächer.

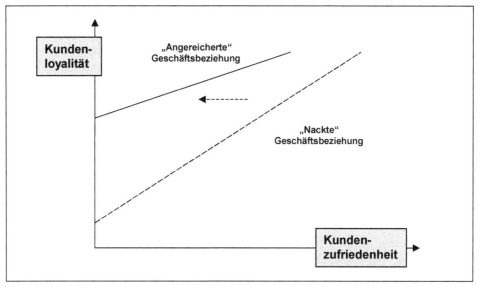

Abbildung 5: Art der Geschäftsbeziehung als Moderator des Zusammenhangs zwischen Kundenzufriedenheit und -loyalität
(Quelle: in Anlehnung an Homburg/Giering 2000; Homburg et al. 2003)

5. Schlussbemerkungen

Ziel dieses Beitrages war es, den Zusammenhang zwischen Kundenzufriedenheit und Kundenbindung näher zu beleuchten. Diese Beziehung wird trotz ihrer für die Wissenschaft und Praxis enormen Bedeutung meist als gegeben angenommen; oft wird sogar implizit oder explizit ein positiv-linearer Zusammenhang unterstellt. Unsere Darstellungen haben verdeutlicht, dass dieses Vorgehen leicht zu der Ableitung falscher Schlussfolgerungen führen kann. Eine Vielzahl an Studien, die einen nicht-linearen Zusammenhang empirisch nachweisen, lassen vermuten, dass die Beziehung zwischen Kundenzufriedenheit und Kundenbindung nicht einfach und linearer Natur ist, sondern einen äußerst komplexen Charakter aufweist. Abschließend wollen wir den Beitrag unseres Artikels in fünf *Thesen* zusammenfassen:

- These 1: Zur Analyse des Zusammenhangs zwischen Kundenzufriedenheit und Kundenbindung ist Kundenzufriedenheit als kognitive und affektive Evaluierung der gesamten Erfahrungen mit einem bestimmten Anbieter und dessen Produkten zu modellieren.

- These 2: Das Konstrukt Kundenbindung besteht aus den zwei Dimensionen bisheriges Verhalten (Kauf- und Weiterempfehlungsverhalten) und Verhaltensabsicht (Wiederkauf-, Zusatzkauf- und Weiterempfehlungsabsicht).

- These 3: Zwischen Kundenzufriedenheit und Kundenbindung besteht ein positiver Zusammenhang: Je stärker die Zufriedenheit mit der Leistung eines Anbieters, desto stärker die Bindung des Kunden an diesen Anbieter.

- These 4: Die Darstellungen des funktionalen Zusammenhangs zwischen Kundenzufriedenheit und Kundenbindung in der Literatur konzentrieren sich im Wesentlichen auf progressive bzw. sattelförmige Funktionsverläufe.

- These 5: Die Stärke des Zusammenhangs zwischen Kundenzufriedenheit und Kundenbindung kann durch moderierende Variablen aus folgenden Bereichen beeinflusst werden: Merkmale des Marktumfeldes, des Anbieters, des Produktes, des Kunden und der Geschäftsbeziehung.

Wir hoffen, dass in Zukunft nicht mehr so leichtfertig postuliert wird, dass zufriedene Kunden loyal sind, sondern dass Wissenschaftler und Praktiker eher Stum und Thiry zustimmen, wenn sie schreiben: „A satisfied customer is a repeat customer – maybe" (1991, S. 34).

Literaturverzeichnis

Agrawal, M. (1995): You Haven't Seen All: Hypotheses for Extending Research on the Benefits of Customer Satisfaction, Marketing Today and for the 21st Century, in: Proceedings of the 24th Annual Conference of the European Marketing Academy, S. 1-17.

Agustin, C./Singh, J. (2005): Curvilinear Effects of Consumer Loyalty Determinants in Relational Exchanges, in: Journal of Marketing Research, Vol. 42, No. 1, S. 96-108.

Anderson, E./Fornell, C./Lehmann, D. (1994): Customer Satisfaction, Market Share, and Profitability: Findings from Sweden, in: Journal of Marketing, Vol. 58, No. 3, S. 53-66.

Anderson, E./Mittal, V. (2000): Strengthening the Satisfacion-Profit Chain, in: Journal of Service Research, Vol. 3, No. 2, S. 107-120.

Anderson, E./Sullivan, M. (1993): The Antecedents and Consequences of Customer Satisfaction for Firms, in: Marketing Science, Vol. 12, No. 2, S. 125-143.

Andreasen, A. (1985): Consumer Response to Dissatisfaction in Loose Monopolies, in: Journal of Consumer Research, Vol. 12, No. 2, S. 135-141.

Arnold, H. (1982): Moderator Variables: A Clarification of Conceptual, Analytic, and Psychometric Issues, in: Organizational Behavior and Human Performance, Vol. 29, No. 2, S. 143-174.

Assael, H. (1998): Consumer Behavior and Marketing Action, 6. Aufl., Cincinnati.

Auh, S./Johnson, M. (1997): The Complex Relationship between Customer Satisfaction and Loyalty for Automobiles, Arbeitspapier, University of Michigan Business School, Ann Arbor.

Bauer, R. (1960): Consumer Behavior as Risk-Taking, in: Hancock, R. (Hrsg.), Proceedings of the 43th Conference of the American Marketing Association, Chicago, S. 389-398.

Bayus, B. (1992): Brand Loyalty and Marketing Strategy: An Application to Home Appliances, in: Marketing Science, Vol. 11, No. 1, S. 21-38.

Biong, H. (1993): Satisfaction and Loyalty to Suppliers within the Grocery Trade, in: European Journal of Marketing, Vol. 27, No. 7, S. 21-38.

Bitner, M. (1990): Evaluating Service Encounters: The Effects of Physical Surroundings and Employee Responses, in: Journal of Marketing, Vol. 54, No. 2, S. 69-82.

Bloemer, J./Kasper, H. (1995): The Complex Relationship between Consumer Satisfaction and Brand Loyalty, in: Journal of Economic Psychology, Vol. 16, No. 2, S. 311-329.

Bolton, R./Drew, J. (1991): A Multistage Model of Customers' Assessments of Service Quality and Value, in: Journal of Consumer Research, Vol. 17, No. 4, S. 375-384.

Bower, G./Hilgard, E. (1984): Theories of Learning, 3. Aufl., Englewood Cliffs.

Brown, G. (1952): Brand Loyalty: Fact or Fiction?, in: Advertising Age, Vol. 23, No. 25, S. 53-55.

Burmann, Ch. (1991): Konsumentenzufriedenheit als Determinante der Marken- und Händlerloyalität, in: Marketing ZFP, 13. Jg., Nr. 4, S. 249-258.

Chandrashekaran, M./Rotte, K./Tax, S. S./Grewal, R. (2007): Satisfaction Strength and Customer Loyalty, in: Journal of Marketing Research, Vol. 44, No. 1, S. 153-163.

Churchill, G./Suprenant, C. (1982): An Investigation into the Determinants of Customer Satisfaction, in: Journal of Marketing Research, Vol. 19, No. 4, S. 64-73.

Coyne, K. (1989): Beyond Service Fads – Meaningful Strategies for the Real World, in: Sloan Management Review, Vol. 30, No. 4, S. 69-76.

Cunningham, R. (1956): Brand Loyalty: What, Where, How Much?, in: Harvard Business Review, Vol. 34, No. 1, S. 116-128.

Darrow, A./Kahl, D. (1982): A Comparison of Moderated Regression Techniques Considering Strength of Effect, in: Journal of Management, Vol. 8, No. 2, S. 35-47.

Day, G. (1969): A Two-Dimensional Concept of Brand Loyalty, in: Journal of Advertising Research, Vol. 9, No. 3, S. 29-35.

Day, R. (1977): Toward a Process Model of Consumer Satisfaction, in: Hunt, K. (Hrsg.), Conceptualization and Measurement of Consumer Satisfaction and Dissatisfaction, Cambridge, S. 153-183.

Day, R. (1982a): The Next Step: Commonly Accepted Constructs for Satisfaction Research, in: Day, R./Hunt, H. (Hrsg.), International Fare in Consumer Satisfaction and Complaining Behavior, Bloomington, School of Business, Indiana University, S. 113-117.

Day, R. (1982b): The Next Step: Commonly Accepted Constructs for Satisfaction Research, Arbeitspapier, präsentiert bei der 7. Kundenzufriedenheitskonferenz, Knoxville.

Day, R. (1984): Modeling Choices Among Alternative Responses to Dissatisfaction, in: Kinnear, T. (Hrsg.), Advances in Consumer Research, Ann Arbor, S. 496-499.

Dick, A./Basu, K. (1994): Customer Loyalty: Toward an Integrated Conceptual Framework, in: Journal of the Academy of Marketing Science, Vol. 22, No. 2, S. 99-113.

Diller, H. (1996): Kundenbindung als Marketingziel, in: Marketing ZFP, 18. Jg., Nr. 2, S. 81-94.

Festinger, L. (1957): A Theory of Cognitive Dissonance, Stanford.

Festinger, L. (1978): Theorie der Kognitiven Dissonanz, Bern.

Finkelman, D./Goland, A. (1990): How Not to Satisfy Your Customers, in: The McKinsey Quarterly, Vol. 2, No. 4, S. 2-12.

Fornell, C. (1992): A National Customer Satisfaction Barometer: The Swedish Experience, in: Journal of Marketing, Vol. 56, No. 1, S. 6-21.

Fornell, C./Wernerfelt, B. (1987): Defensive Marketing Strategy by Customer Complaint Management: A Theoretical Analysis, in: Journal of Marketing Research, Vol. 24, No. 4, S. 337-346.

Fornell, C./Westbrook, R. (1984): The Vicious Circle of Consumer Complaints, in: Journal of Marketing, Vol. 48, No. 3, S. 68-78.

Foxall, G. (1986): The Role of Radical Behaviorism in the Explanation of Consumer Choice, in: Lutz, R. (Hrsg.), Advances in Consumer Research, Vol. 13, No. 1, S. 187-191.

Garbarino, E./Johnson, M. (1999): The Different Roles of Satisfaction, Trust, and Commitment in Customer Relations, in: Journal of Marketing, Vol. 63, No. 2, S. 70-87.

Giering, A. (2000): Der Zusammenhang zwischen Kundenzufriedenheit und Kundenloyalität. Eine Untersuchung moderierender Effekte, Wiesbaden.

Gierl, H. (1993): Zufriedene Kunden als Markenwechsler, in: Absatzwirtschaft, 36. Jg., Nr. 2, S. 90-94.

Grönroos, Ch. (1994): From Marketing Mix to Relationship Marketing: Towards a Paradigm Shift in Marketing, in: Management Decision, Vol. 32, No. 2, S. 4-20.

Grønhaugh, K. (1977): Exploring Consumer Complaining Behavior, in: Perreault, W. (Hrsg.), Advances in Consumer Research, Atlanta, S. 159-165.

Guest, L. (1942): Last Versus Usual Purchase Questions, in: Journal of Applied Psychology, Vol. 26, No. 2, S. 180-186.

Hanna, N./Wozniak, R. (2001): Consumer Behavior. An Applied Approach, New York.

Hausknecht, D. (1990): Measurement Scales in Consumer Satisfaction/Dissatisfaction, in: Journal of Consumer Satisfaction, Dissatisfaction, and Complaining Behavior, Vol. 3, No. 1, S. 1-10.

Heide, J./Weiss, A. (1995): Vendor Consideration and Switching Behavior for Buyers in High-Technology Markets, in: Journal of Marketing, Vol. 59, No. 3, S. 30-43.

Hempel, D. (1977): Consumer Satisfaction with the Home Buying Process: Conceptualization and Measurement, in: Hunt, H. (Hrsg.), Conceptualization and Measurement of Consumer Satisfaction and Dissatisfaction, Cambridge, S. 275-299.

Hentschel, B. (1991): Beziehungsmarketing, in: Das Wirtschaftsstudium, 2. Jg., Nr. 1, S. 25-28.

Herrmann, A./Johnson, M. D. (1999): Die Kundenzufriedenheit als Bestimmungsfaktor der Kundenbindung, in: Zeitschrift für betriebswirtschaftliche Forschung, 51. Jg., Nr. 6, S. 579-598.

Heskett, J./Jones, T./Loveman, G./Sasser, E. W./Schlesinger, L. (1994): Putting the Service-Profit Chain to Work, in: Harvard Business Review, Vol. 72, No. 2, S. 164-174.

Hirschman, A. (1970): Exit, Voice and Loyalty, Cambridge.

Homburg, Ch. (2015): Marketingmanagement. Strategie – Instrumente – Umsetzung – Unternehmensführung, 5. Aufl., Wiesbaden.

Homburg, Ch./Bucerius, M. (2012): Kundenzufriedenheit als Managementherausforderung, in: Homburg, Ch. (Hrsg.), Kundenzufriedenheit. Konzepte – Methoden – Erfahrungen, 8. Aufl., Wiesbaden, S. 53-92.

Homburg, Ch./Fürst, A. (2005): How Organizational Complaint Handling Drives Customer Loyalty: An Analysis of the Mechanistic and the Organic Approach, in: Journal of Marketing, Vol. 69, No. 3, S. 95-114.

Homburg, Ch./Giering, A. (1996): Konzeptualisierung und Operationalisierung komplexer Konstrukte – Ein Leitfaden für die Marketingforschung, in: Marketing ZFP, 18. Jg., Nr. 1, S. 5-24.

Homburg, Ch./Giering, A. (2000): Kundenzufriedenheit: Ein Garant für Kundenloyalität?, in: Absatzwirtschaft, 43. Jg., Nr. 1-2, S. 82-91.

Homburg, Ch./Giering, A. (2001): Personal Characteristics as Moderators of the Relationship between Customer Satisfaction and Loyalty – An Empirical Analysis, in: Psychology & Marketing, Vol. 18, No. 1, S. 43-66.

Homburg, Ch./Stock, R. (2012): Theoretische Perspektiven zur Kundenzufriedenheit, in: Homburg, Ch. (Hrsg.), Kundenzufriedenheit. Konzepte – Methoden – Erfahrungen, 8. Aufl., Wiesbaden, S. 17-52.

Hoyer, W./MacInnis, D. (2010): Consumer Behavior, 5. Aufl., Boston.

Jacoby, J. (1971): Brand Loyalty: A Conceptual Definition, in: Proceedings of the American Psychological Association, Vol. 6, S. 655-656.

Jacoby, J./Chestnut, R. (1978): Brand Loyalty Measurement and Management, New York.

Jacoby, J./Kyner, D. (1973): Brand Loyalty versus Repeat Purchasing Behavior, in: Journal of Marketing Research, Vol. 10, No. 1, S. 1-9.

Jacoby, J./Olson, J. (1970): An Attitudinal Model of Brand Loyalty: Conceptual Underpinnings and Instrumentation Research, Arbeitspapier, präsentiert auf der Konferenz für Einstellungsforschung und Konsumentenverhalten, Urbana, Illinois.

Jones, T./Sasser, E. W. (1995): Why Satisfied Customers Defect, in: Harvard Business Review, Vol. 73, No. 6, S. 88-99.

Kaas, K./Runow, H. (1984): Wie befriedigend sind die Ergebnisse der Forschung zur Verbraucherzufriedenheit?, in: Die Betriebswirtschaft, 44. Jg., Nr. 3, S. 451-460.

Keaveney, S. (1995): Customer Switching Behavior in Service Industries: An Exploratory Study, in: Journal of Marketing, Vol. 59, No. 2, S. 71-82.

Keiningham, T. L./Perkins-Munn, T./Evans, H. (2003): The Impact of Customer Satisfaction on Share-of-Wallet in a Business-to-Business Environment, in: Journal of Service Research, Vol. 6, No. 1, S 37-51.

Kroeber-Riel, W./Gröppel-Klein, A. (2013): Konsumentenverhalten, 10. Aufl., München.

Kumar, V./Pozza, I./Ganesh, J. (2013): Revisiting the Satisfaction-Loyalty Relationship: Empirical Generalizations and Directions for Future Research, Journal of Retailing, Vol. 89, No. 3, 246-262.

LaBarbera, P./Mazursky, D. (1983): A Longitudinal Assessment of Consumer Satisfaction, Dissatisfaction: The Dynamic Aspect of the Cognitive Process, in: Journal of Marketing Research, Vol. 20, No. 4, S. 393-404.

Luo, X./Homburg, Ch. (2007): Neglected Outcomes of Customer Satisfaction, in: Journal of Marketing, Vol. 71, No. 4, S. 133-149.

Meyer, A./Dornach, F. (1996): Das Deutsche Kundenbarometer 1996 – Qualität und Zufriedenheit, in: Jahrbuch der Kundenzufriedenheit in Deutschland 1996, Deutsche Marketing-Vereinigung e. V. und Deutsche Post AG (Hrsg.), München.

Meyer, A./Oevermann, D. (1995): Kundenbindung, in: Tietz B. (Hrsg.), Handwörterbuch des Marketing (HWM), 2. Aufl., Stuttgart, S. 1340-1351.

Mittal, V./Kamakura, W. (2001): Satisfaction, Repurchase Intent, and Repurchase Behavior: Investigating the Moderating Effect of Customer Characteristics, in: Journal of Marketing Research, Vol. 38, No. 1, S. 131-142.

Monroe, K./Guiltinan, J. (1975): A Path-Analytic Exploration of Retail Patronage Influences, in: Journal of Consumer Research, Vol. 2, No. 1, S. 19-28.

Müller, W. (1990): Loyales Kundenpotential als strategischer Wettbewerbsfaktor – Kundenzufriedenheit ist oberstes Ziel, in: Gablers Magazin, Nr. 9, S. 41-46.

Müller, W./Riesenbeck, H.-J. (1991): Wie aus zufriedenen auch anhängliche Kunden werden, in: Harvard Manager, 13. Jg., Nr. 3, S. 67-79.

Newman, J./Werbel, R. (1973): Multivariate Analysis of Brand Loyalty for Major Household Appliances, in: Journal of Marketing Research, Vol. 10, No. 4, S. 404-409.

Nord, W./Peter, P. (1980): A Behavior Modification Perspective on Marketing, in: Journal of Marketing, Vol. 44, No. 2, S. 36-47.

Oliver, R. (1977): Effects of Expectation and Disconfirmation on Postexposure Product Evaluations: An Alternative Interpretation, in: Journal of Applied Psychology, Vol. 62, No. 4, S. 480-486.

Oliver, R. (1980): A Cognitive Model of the Antecedents and Consequences of Satisfaction Decisions, in: Journal of Marketing Research, Vol. 17, No. 4, S. 460-469.

Oliver, R. (1981): Measurement and Evaluation of Satisfaction Process in Retail Setting, in: Journal of Retailing, Vol. 57, No. 3, S. 25-48.

Oliver, R. (1987): An Investigation of the Interrelationship Between Consumer Dissatisfaction and Complaint Reports, in: Wallendorf, M./Anderson, P. (Hrsg.), Advances in Consumer Research, Vol. 14, Ann Arbor, S. 218-222.

Oliver, R./DeSarbo, W. (1988): Response Determinants in Satisfaction Judgements, in: Journal of Consumer Research, Vol. 14, No. 4, S. 495-507.

Olsen, S. O. (2002): Comparative Evaluation and the Relationship between Quality, Satisfaction, and Repurchase Loyalty, in: Journal of the Academy of Marketing Science, Vol. 30, No. 3, S. 240-249.

Olshavsky, R./Miller, J. (1972): Consumer Expectations, Product Performance, and Perceived Product Quality, in: Journal of Marketing Research, Vol. 9, No. 1, S. 19-21.

Peter, P./Nord, W. (1982): A Clarification and Extension of Operant Conditioning Principles in Marketing, in: Journal of Marketing, Vol. 46, No. 3, S. 102-107.

Ping, R. (1993): The Effects of Satisfaction and Structural Constraints on Retailer Existing, Voice, Loyalty, Opportunism, and Neglect, in: Journal of Retailing, Vol. 69, No. 3, S. 320-352.

Prakash, V. (1991): Intensity of Dissatisfaction and Consumer Complaint Behaviors, in: Journal of Consumer Satisfaction, Dissatisfaction, and Complaining Behavior, Vol. 4, o. No., S. 110-122.

Pritchard, M./Howard, D./Havitz, M. (1992): Loyalty Measurement: A Critical Examination and Theoretical Extension, in: Leisure Sciences, Vol. 14, No. 2, S. 155-164.

Raffée, H./Sauter, B./Silberer, G. (1973): Theorie der kognitiven Dissonanz und Konsumgüter-Marketing, Wiesbaden.

Reichheld, F. F. (1993): Loyalty-Based Management, in: Harvard Business Review, Vol. 71, No. 2, S. 64-73.

Richins, M. (1983): Negative Word-of-Mouth by Dissatisfied Consumers: A Pilot Study, in: Journal of Marketing, Vol. 47, No. 1, S. 68-78.

Rothschild, M./Gaidis, W. (1981): Behavioral Learning Theory: Its Relevance to Marketing and Promotions, in: Journal of Marketing, Vol. 45, No. 2, S. 70-78.

Runow, H. (1982): Zur Theorie und Messung der Verbraucherzufriedenheit, Frankfurt.

Rust, R./Zahorik, A./Keiningham, T. (1995): Return on Quality (ROQ): Making Service Quality Financially Accountable, in: Journal of Marketing, Vol. 59, No. 2, S. 58-70.

Seiders, K./Voss, G. B./Grewal, D./Godfrey, A. L. (2005): Do Satisfied Customers Buy More? Examining Moderating Influences in a Retailing Context, in: Journal of Marketing, Vol. 69, No. 4, S. 26-43.

Sharma, S./Durand, R./Gur-Arie, O. (1981): Identification and Analysis of Moderator Variables, in: Journal of Marketing Research, Vol. 18, No. 3, S. 291-300.

Sheth, J. (1968): How Adults Learn Brand Preferences, in: Journal of Advertising Research, Vol. 8, No. 3, S. 25-36.

Sheth, J./Mittal, B./Newman, B. (1999): Customer Behavior. Consumer Behavior and Beyond, Orlando.

Singh, J. (1988): Consumer Complaint Intentions and Behavior: Definitional and Taxonomical Issues, in: Journal of Marketing, Vol. 52, No. 1, S. 93-107.

Streukens, S./Ruyter, K. D. (2004): Reconsidering Nonlinearity and Asymmetry in Customer Satisfaction and Loyalty Models: An Empirical Study in Three Retail Service Settings, in: Marketing Letters, Vol. 15, No. 2/3, S. 99-111.

Stum, D./Thiry, A. (1991): Building Customer Loyalty, in: Training & Development Journal, April, S. 34-36.

Szymanski, D./Henard, D. (2001): Customer Satisfaction: A Meta-Analysis of the Empirical Evidence, in: Journal of the Academy of Marketing Science, Vol. 29, No. 1, S. 16-35.

Taher, A./Leigh, T./French, W. (1996): Augmented Retail Services: The Lifetime Value of Affection, in: Journal of Business Research, Vol. 35, No. 3, S. 217-228.

TARP (Technical Assistance Research Program) (1979): Consumer Complaint Handling in America: Summary of Findings and Recommendations, White House Office of Consumer Affairs, Washington, D.C.

TARP (Technical Assistance Research Program) (1986): Consumer Complaint Handling in America: An Updated Study Part 2, White House Office of Consumer Affairs, Washington, D.C.

Weinberg, P. (1977): Die Produkttreue der Konsumenten, Wiesbaden.

Weinberg, P. (1987): Markentreue und Markenwechsel, in: Hoyos, C. Graf/Kroeber-Riel, W./Rosenstiel, L. (Hrsg.), Wirtschaftspsychologie in Grundbegriffen: Gesamtwirtschaft – Markt – Organisation – Arbeit, München, S. 162-169.

Westbrook, R. (1987): Product, Consumption-Based Affective Responses and Postpurchase Processes, in: Journal of Marketing Research, Vol. 14, No. 3, S. 258-270.

Westbrook, R./Oliver, R. (1991): The Dimensionality of Consumption Emotion Patterns and Consumer Satisfaction, in: Journal of Consumer Research, Vol. 18, No. 1, S. 84-91.

Wilkie, W. L. (1994): Consumer Behavior, 3. Aufl., New York.

Wilton, P./Nicosia, M. (1986): Emerging Paradigms for the Study of Consumer Satisfaction, in: European Research, Vol. 14, No. 1, S. 4-11.

Wirtz, J. (1993): A Critical Review of Models in Consumer Satisfaction, in: Asian Journal of Marketing, Vol. 2, No. 1, S. 7-22.

Woodruff, R./Cadotte, E./Jenkins, R. (1983): Modeling Consumer Satisfaction Process Using Experienced-Based Norms, in: Journal of Marketing Research, Vol. 20, No. 3, S. 296-304.

Woodruff, R./Cadotte, E./Jenkins, R. (1987): Expectations and Norms in Models of Consumer Satisfaction, in: Journal of Marketing Research, Vol. 24, No. 3, S. 305-314.

Yi, Y. (1989): A Critical Review of Consumer Satisfaction, in: Zeithaml, V. (Hrsg.), Review of Marketing, Vol. 4, No. 1, Chicago, S. 68-123.

Summary

This paper analyses the complex relationship between customer satisfaction and customer loyalty. First, both constructs are discussed in detail. To explore their relationship, several subtheories of consumer behavior, such as cognitive dissonance, learning and risk theory, are explained. Next, an overview of the present status of literature is given. Finally, we present moderating variables and empirical studies analyzing their impact on the relationship between customer satisfaction and customer loyalty.

Sabrina Helm

Kundenbindung und Kundenempfehlungen

1. Einleitung

2. Grundlagen zur Diskussion von Kundenempfehlungen und Kundenbindung
   2.1 Kundenempfehlungen: Begriffsverständnis und Ausprägungsformen
   2.2 Kundenbindung: Begriffsverständnis und Ausprägungsformen

3. Wirkungsbeziehungen zwischen Kundenempfehlungen und Kundenbindung
   3.1 Bindungswirkungen der Empfehlung auf gewonnene Neukunden als Rezipienten
   3.2 Bindungswirkungen der Empfehlung auf Bestandskunden als Rezipienten
   3.3 Bindungswirkungen der Empfehlung auf den Empfehler

4. Implikationen für das Kundenbindungsmanagement

5. Fazit und Ausblick

Literaturverzeichnis

Prof. Dr. Sabrina Helm ist Petsmart Associate Professor for Retailing & Consumer Sciences an der University of Arizona in Tucson, USA.

1. Einleitung

Kundenempfehlungen sind in vielen Branchen die bedeutendste Quelle der Neukundengewinnung (Tax/Chandrashekaran 1992, S. 58; Reichheld 1996, S. 48). Ihr Bezug zur Kundenbindung wird aktuell in der Literatur zum „Customer Engagement" (van Dorn et al., 2010) sowie im Kontext der Bewertung von Kundenbeziehungen (Kumar/Libai 2010) intensiver thematisiert. Da Unternehmen in der Regel neu akquirierte Kunden (selektiv) binden wollen (Blattberg/Deighton 1996, S. 137), dienen Kundenempfehlungen indirekt auch dieser Strategieoption. Darüber hinaus wird der Gewinn durch Empfehlungen zufriedener Kunden aus Anbietersicht als nicht unerheblicher Baustein ihres Wertes interpretiert. So konstatieren bereits Reichheld und Sasser (1990) in ihrer Analyse des Zusammenhangs zwischen der Dauer einer Geschäftsbeziehung und dem Gewinn pro Kunde die in Abbildung 1 veranschaulichte Relation.

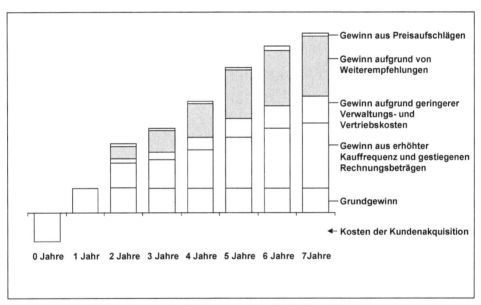

Abbildung 1: Effekte der Kundenbindung nach Reichheld und Sasser
(Quelle: in Anlehnung an Reichheld/Sasser 1990, S. 108)

Die starke Resonanz dieser Studie in Wissenschaft und Praxis rückte mit der Kundenbindung auch die Bedeutung von Empfehlungen in den Mittelpunkt. Heskett et al. (1994) stellen beispielsweise fest: „The lifetime value of a loyal customer can be astronomical, especially when referrals are added" (Heskett et al. 1994, S. 164). Fraglich bleibt allerdings in Bezug auf die Studie von Reichheld und Sasser (1990), ob der „Gewinn aufgrund von Weiterempfehlungen" grundsätzlich mit der Dauer der Kundenbeziehung ansteigt. Dies könnte beispielsweise durch kontinuierlich wachsendes Involvement des Kunden gewährleistet werden (Nießling 2007, S. 30), womit aber allenfalls in ausgewählten Branchen bzw. Produktbereichen oder bei besonders starken Marken zu rechnen ist.

Aus Perspektive des Kundenbindungsmanagements sind neben der Wirkung der Kundenempfehlung auf neue (zu bindende) Kunden weitere relevant. So lässt sich die These aufstellen, dass der empfehlende Kunde selbst durch seine Empfehlung stärker an den Anbieter gebunden wird (Helm 2000; Garnefeld et al. 2011, 2013). Ziel des vorliegenden Beitrags ist es deshalb, die verschiedenen Kundenbindungswirkungen von Kundenempfehlungen zu diskutieren und hieraus Implikationen für das Kundenbindungsmanagement abzuleiten. Der Beitrag ist wie folgt gegliedert: Im Anschluss an diese Einleitung wird detaillierter auf das Begriffsverständnis und Ausprägungsformen von Kundenempfehlungen und Kundenbindung eingegangen. Sodann werden im dritten Kapitel die unterschiedlichen Wirkungszusammenhänge zwischen Kundenempfehlung und -bindung erörtert. Kapitel 4 umfasst Anwendungsbeispiele aus dem B2B und B2C-Bereich. Ein kurzes Fazit beschließt die Ausführungen.

2. Grundlagen zur Diskussion von Kundenempfehlungen und Kundenbindung

2.1 Kundenempfehlungen: Begriffsverständnis und Ausprägungsformen

Kundenempfehlungen sind negative, neutrale oder positive Berichterstattungen eines Kunden über die objektiven und/oder subjektiv wahrgenommenen Merkmale einer Anbieterleistung bzw. des Anbieters selbst, die im privaten und/oder beruflichen Umfeld verbreitet werden. Als eine zentrale Form des Kundenengagements erfolgen Kundenempfehlungen über vielfältige und parallel nutzbare Kommunikationskanäle wie beispielsweise persönlich zwischen einander bekannten Personen, in der direkten Anbieterinteraktion sowie natürlich über das Internet (van Dorn et al. 2010). Diese Kommunikation kann von Anbieter- oder Nachfragerseite initiiert werden (Helm 2000, S. 7f.), so dass die in Abbildung 2 dargestellten Unterfälle differenziert werden können.

Die *Mundwerbung* von Nachfragern („*Word of Mouth*") umfasst die anbieterunabhängige, informelle Kommunikation – in negativer oder positiver Ausrichtung – über Eigenschaften und Leistungen von Unternehmen zwischen aktuellen und potenziellen Kunden. Beispiele sind Gespräche zwischen zwei Konsumenten über die von dem einen gesammelten Beschwerdeerfahrungen mit einem bestimmten Anbieter oder der Rat ein bestimmtes Produkt zu kaufen. Mit zunehmender Verbreitung sozialer Medien wie Facebook, Instagram oder WhatsApp wächst die Bedeutung des eWOM (Electronic Word of Mouth), welches zudem in Form von web-basierten Meinungsplattformen, Diskussionsforen, Boykottseiten oder auch Transaktionsbewertungen auf den Webseiten von Anbietern (z.B. Amazon, Zalando) auftritt (Hennig-Thurau et al. 2004; King/Racherla 2015).

Im letzteren Fall liegt bereits ein Übergang zu den anbieterinitiierten *Referenzen* vor. Referenzen beinhalten ebenfalls Auskünfte von aktuellen oder ehemaligen Kunden über die Ausprägung des von diesen bereits in Anspruch genommenen Leistungsbündels eines bestimmten Anbieters. Auf diese wird durch den Anbieter in anderen Transaktionen Bezug genommen, es findet also eine direkte Einflussnahme des Anbieters auf die Empfehlung des Kunden statt (Salminen 1997; Helm 2000, S. 20ff.). Ein typisches Beispiel aus dem Business-to-Business-Bereich ist ein Referenzbesuch bei einem Kunden, an dem Mitarbeiter des Anbieter- und des potenziellen Kundenunternehmens teilnehmen. Der Fokus der nachfolgenden Ausführungen ist im Wesentlichen auf den ersten Fall, also die Mundwerbung, gerichtet, wobei positive Empfehlungen im Vordergrund stehen.

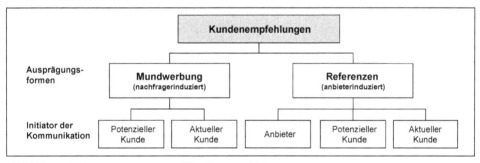

Abbildung 2: Ausprägungen von Kundenempfehlungen

Aus Anbietersicht ist die *Wirkung von Kundenempfehlungen* in quantitativer und qualitativer Hinsicht differenzierbar. Die *quantitative Komponente* bezieht sich auf die Anzahl möglicher Kommunikationspartner eines Kunden, die von den Leistungen des Anbieters erfahren. Hier kommt den Online-Bewertungen auf Meinungsplattformen oder bei marktführenden Anbietern wie Amazon eine besondere Bedeutung zu (Chevalier/Mayzlin 2006; Floyd et al. 2014). Van Doorn et al. (2010) konstatieren im Hinblick auf Online-Reviews auf einer Webseite, die routinemäßig von vielen Personen besucht wird, dass eine solche Bewertung langlebiger ist als persönliches WOM („in-person WOM"), welches potenziell schnell wieder vergessen wird. In der digitalen Welt mit hoher Kundenkonnektivität zu vielen anderen Webnutzern spielen zudem die Unmittelbarkeit und Intensität der Kommunikation sowie die verfügbare Themenbreite eine wichtige Rolle. So ist on- wie offline in *qualitativer Hinsicht* die Intensität der hierdurch beim jeweiligen Rezipienten realisierten Wirkung von Interesse, die im Begutachten oder im Kauf der Anbieterleistungen durch die geworbenen Kunden liegen kann (Helm 2000, S.

30). Das Empfehlungspotenzial einzelner Kunden oder auch des gesamten Kundenstamms kann auf diese Weise evaluiert und es können gegebenenfalls Empfehlungswerte berechnet werden. Kumar et al. (2010) schlagen im Hinblick auf ihre Konzeptualisierung eines „Customer Engagement Value" vor, hierunter auch einen „Customer Referral Value", der sich auf anbieterinitiiertes Referenzverhalten von Kunden etwa im Rahmen von Kunden-werben-Kunden-Kampagnen bezieht, sowie einen „Customer Influence Value", der die kommunikative Einflussnahme auf aktuelle und potenzielle Kunden umfasst, zu integrieren (Kumar et al. 2010). Konkrete Bewertungsansätze für den Empfehlungswert eines individuellen Kunden liefern beispielsweise Cornelsen (2000), Kumar et al. (2007) und im Überblick Helm (2003). Anwendungsbeispiele finden sich u.a. bei Schmitt et al. (2011) und Armelini et al. (2015).

2.2 Kundenbindung: Begriffsverständnis und Ausprägungsformen

Unter *Kundenbindung* bzw. „Customer Loyalty" verstehen Dick und Basu (1994) die „favorable correspondence between relative attitude and repeat patronage" (Dick/Basu 1994, S. 102). In der deutschsprachigen Literatur betrachten manche Autoren Loyalität und Kundenbindung als Synonyme (vgl. z.B. den Beitrag von Homburg/Becker/ Hentschel in dem vorliegenden Handbuch), während beispielsweise Eggert (1999, S. 28f.) Unterschiede der Konstrukte darin sieht, dass die Loyalität der positiven Einstellung von Kunden bedarf, während Kundenbindung auch bei negativer Einstellung existieren (siehe auch Peter 1999, S. 10). Den letztgenannten Zustand des Kunden bezeichnet Eggert als *Gebundenheit*. Diese entsteht unter dem Einfluss technologischer und ökonomischer Wechselbarrieren, die die zukünftige Wahlfreiheit des Kunden einschränken. Dagegen repräsentiert der auf positiven Einstellungen basierende Zustand eine *Verbundenheit*, die zum Nicht-Wechseln-Wollen des Kunden führt (Eggert 1999, S. 53).

Dagegen unterscheiden Homburg und Faßnacht (2001, S. 450f.) zwischen zwei *Dimensionen der Kundenbindung*. Diese beziehen sich „sowohl auf bisheriges Verhalten (Ex-post-Betrachtung) als auch auf die Absicht zu zukünftigem Verhalten". Der Grad der Bindung wird damit an beobachtbares Verhalten oder abfragbare Verhaltensintentionen geknüpft. Letztere sind Grundlage der Definition von Giering (2000), die unter Kundenbindung „die Absicht eines Kunden, die Produkte eines bestimmten Anbieters wieder zu kaufen, den entsprechenden Anbieter weiterzuempfehlen und die Einkäufe bei diesem Anbieter auszudehnen" versteht (Giering 2000, S. 18). Eine solche Konzeptualisierung macht das realisierte Empfehlungsverhalten bzw. die Weiterempfehlungsabsicht zu einem *Indikator der Kundenbindung*. Nach dem Verständnis von Eggert dagegen ist die Verbundenheit als innerer Bindungszustand des Kunden eine mögliche *Voraussetzung für die Abgabe von Empfehlungen* (Eggert/Helm 2000, S. 66; Nießling 2007, S. 118f.).

Von besonderer Bedeutung im Rahmen des Kundenmanagements ist das Empfehlungsverhalten von Kunden in Analysen zum *Customer Engagement*, welches van Dorn et al.

(2010, S. 254) definieren als „a customer's behavioral manifestations that have a brand or firm focus, beyond purchase, resulting from motivational drivers", wobei die Kundenloyalität als Einstellung zur Marke oder dem Unternehmen die Wahl des Kundenverhaltens mit determiniert. Eine Vernachlässigung solchen nicht-transaktionalen Kundenverhaltens kann zu vertanen Chancen führen (z.B. wenn Kundenempfehlungen nicht ausgeschöpft werden) oder sogar katastrophale Folgen haben (z.B. bei Vorliegen negativer Kundenbewertungen im Internet; Verhoef et al. 2010). Zudem kann es zu Fehlbewertungen individueller Kundenbeziehungen, Fehlallokation von Ressourcen im Kundenmanagement und möglicherweise fehlerhaften Einschätzungen des ROI von Marketingmaßnahmen kommen (Kumar et al. 2010; Verhoef et al. 2010).

3. Wirkungsbeziehungen zwischen Kundenempfehlungen und Kundenbindung

Empfehlungen sind an das Vorhandensein von zwei oder mehr Personen gebunden, die in einem wechselseitigen Prozess stehen, in dem ein Individuum mehr oder weniger ausgeprägt die Rolle des *Kommunikators* (Sender) übernimmt. Dem einen oder den anderen fällt die Rolle des/der *Rezipienten* (Empfänger) zu. Jedem Rezipienten wiederum steht offen, in einem späteren Stadium innerhalb des Mundwerbeprozesses die Rolle des Kommunikators zu übernehmen. In Abbildung 3 sind die im Folgenden betrachteten Kommunikationsrichtungen und kundenbindungsrelevanten Effekte verzeichnet.

Dabei wird von dem unten näher analysierten Zirkelschluss ausgegangen, dass Kundenbindung des Kommunikators – verstanden als innerer Zustand der Verbundenheit des Kunden – zu Kundenempfehlungen führt, mittels derer der Kommunikator stärker gebunden sowie andere Kunden gewonnen bzw. gebunden werden können. Typischerweise wird in der Literatur die Wirkung der Empfehlung auf einen Empfänger analysiert, der noch nicht Kunde des Anbieterunternehmens ist (Rezipient 1). Daneben sind auch Wirkungen auf Bestandskunden des Anbieters zu verzeichnen, die mit der Empfehlung des Kommunikators in Kontakt kommen (Rezipient 2). Letztlich kann die artikulierte Empfehlung auch Rückwirkungen auf den sie aussprechenden Kunden, den Kommunikator, besitzen. Alle drei Effekte werden nachfolgend analysiert. Nicht betrachtet wird die Möglichkeit, dass die Rezipienten ihrerseits über die Empfehlung kommunizieren („Schneeball-Effekt"; siehe Helm 2000, S. 23, 157).

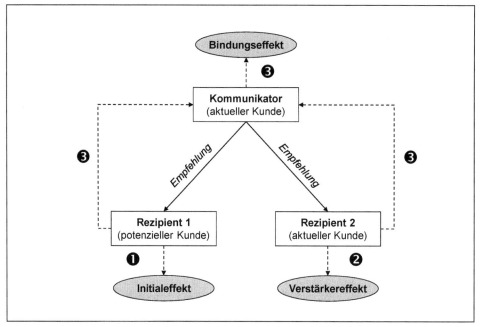

Abbildung 3: Wirkungsrichtungen von Kundenempfehlungen

3.1 Bindungswirkungen der Empfehlung auf gewonnene Neukunden als Rezipienten

Die Kundenempfehlung kann der Auslöser für den Erstkauf eines Produktes und die anschließende Bindung des Kunden sein (*Initialeffekt;* Pfad ❶ in Abb. 3). Dabei gilt als weithin akzeptiert, dass bei einem Vergleich der Massen- und der persönlichen Kommunikation letztere die wirkungsvollere ist. In besonderem Maße gilt dies für die Mundwerbung unter Kunden. Dabei können die Thesen aufgestellt werden, dass (a) mit zunehmender Verbundenheit des aktuellen Kunden (Kommunikator) seine Empfehlungsbereitschaft steigt, dass (b) mit zunehmender Verbundenheit des Kommunikators die Empfehlung für den Rezipienten überzeugender und damit wirkungsvoller wird und dass (c) durch Empfehlungen gewonnene Kunden vom Anbieter effektiver und effizienter gebunden werden können als auf andere Weise akquirierte Kunden.

Der erstgenannte Zusammenhang (*These a*) ist weitgehend akzeptiert. So wird beispielsweise im Loyalitätsleiter-Konzept davon ausgegangen, dass die höchste Stufe der Kundenbindung dann erreicht ist, wenn ein Kunde von den Anbieterleistungen so überzeugt ist, dass er versucht, andere Kunden „zu bekehren". Entsprechend werden solche Kunden auch als „Apostel" bezeichnet (Heskett et al. 1994, S. 166) bzw. als Brand Ambassadors (Hammedi et al. 2015). Ebenfalls kann ein starker Zusammenhang zwischen der Bereitschaft zur Empfehlung und zum Wiederkauf festgestellt werden. Beispielsweise wurde für die am Deutschen Kundenbarometer teilnehmenden Automobilhersteller der in Abbildung 4 dargestellte Zusammenhang festgestellt. Peter (1999, S. 45) zieht aus dem fast linearen Zusammenhang der beiden Größen den Schluss, dass aktuelle Kunden gezielt und effizient zur Neukundengewinnung einsetzbar sind, beispielsweise im Rahmen von Kunden-werben-Kunden-Kampagnen.

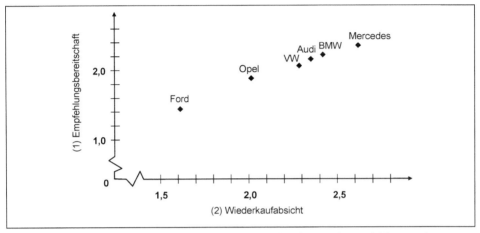

Abbildung 4: Zusammenhang zwischen Wiederkaufabsicht und Empfehlungsneigung von Kunden ausgewählter Automobilhersteller
(Quelle: Deutsche Marketing-Vereinigung/Postdienst 1994, S. 75)

Neben diesem quantitativen Effekt geht von stärker verbundenen Kunden vermutlich auch eine stärkere Wirkung auf den Rezipienten aus (*These b*). Dabei ist festzustellen, dass die „Wirkung" von Empfehlungen in der Regel als Beeinflussung des Kaufverhaltens bzw. als Änderung von produktbezogenen Einstellungen und Meinungen des Rezipienten interpretiert wird. Als Begründung für die überlegene Wirksamkeit der persönlichen Kommunikation werden unter anderem die größere Glaubwürdigkeit, die stärkere soziale Kontrolle des Kommunikators in der direkten Gesprächssituation, die für den Rezipienten mögliche selektive Informationsaufnahme sowie die größere Flexibilität beim gegenseitigen Informationsaustausch genannt (Kaas 1973, S. 55ff.). Zudem erscheint plausibel, dass verbundene Kunden sich besondere Mühe geben, den Rezipienten von den Vorzügen der Anbieterleistungen zu überzeugen und durch ihr hohes Involvement beeinflussend wirken. Eggert und Helm (2000, S. 69) belegen in einer empirischen Studie, dass der Zusammenhang zwischen Verbundenheit (als spezifischer Bindungszustand) und Empfehlungsabsicht stärker ausgeprägt ist als der Zusammenhang zwischen Zufriedenheit und Empfehlungsabsicht (Nießling 2007, S. 311ff.).

Zudem könnte der Bindungsgrad der durch Empfehlungen gewonnenen Kunden höher sein als bei anderweitig akquirierten Kunden (Reichheld 1996, S. 48) (*These c*). Dies kann beispielsweise mit der Homogenität des aktuellen und neugewonnenen Kunden im Falle persönlicher Empfehlungen begründet werden. Wenn man davon ausgeht, dass ein aktueller Kunde die relevanten „Qualitäten" eines von ihm empfohlenen Kunden besser kennt und beobachten kann als der Anbieter, so ist es einerseits möglich, dass der Kunde nur „gute" Interessenten anspricht (vgl. sinngemäß Reichheld 1996, S. 48) bzw. solche, die ihm ähnlich sind und vergleichbare Produktanforderungen stellen. Andererseits kann durch die Kommunikation zwischen den beiden Kunden ein Großteil der Unsicherheit des Rezipienten abgebaut, die Adäquanz der Anbieterleistungen für seine Bedürfnisse sichergestellt und auf diese Weise die Voraussetzungen für eine effektive und effiziente Bindung des Neukunden geschaffen werden (Helm 2000, S. 335). Forschungsarbeiten deuten darauf hin, dass durch Empfehlungen gewonnene Kunden aus Anbietersicht mindestens längerfristig wertvoller sein können als auf andere Weise gewonnene Kunden (Schmitt et al. 2011; siehe auch Armelini et al. 2015).

3.2 Bindungswirkungen der Empfehlung auf Bestandskunden als Rezipienten

Bindungswirkungen der Kundenempfehlung können auch auf Rezipienten verzeichnet werden, die bereits Kunde des betrachteten Anbieters sind (von Wangenheim 2003, S. 73ff.). So kann analog zu Abschnitt 3.1 die These aufgestellt und begründet werden, dass mit zunehmender Verbundenheit des empfehlenden Kunden die Wirkung der Empfehlung auf den Rezipienten zunimmt.

Darüber hinaus ist zu vermuten, dass – unter anderem in Abhängigkeit von der Glaubwürdigkeit des Kommunikators – die positive Empfehlung die eigenen positiven (negativen) Erfahrungen des Rezipienten verstärkt (abschwächt). Beispielsweise können durch Empfehlungen die zufrieden stellenden eigenen Erfahrungen des Rezipienten verstärkt oder kognitive Dissonanzen aufgrund nicht zufrieden stellender Anbieterleistungen verringert werden (Helm 2000, S. 167f.). Die positive Empfehlung fungiert hier also als Verstärker bei positiven eigenen Erfahrungen bzw. abschwächend bei negativen eigenen Erfahrungen (*Verstärkereffekt*; Pfad ❷ in Abb. 3). Insbesondere die Ubiquität von Online-Reviews könnte diesen Effekt untermauern, da für viele Produkte sowohl positive als auch negative Reviews vorliegen, die die eigene Meinung zu bestätigen vermögen.

Allerdings fanden Herr, Kardes und Kim (1991, S. 459) in ihrer Studie zum Automobilkauf heraus, dass Mundwerbung weniger entscheidend ist, wenn der Empfänger bereits starke Markenloyalität oder positive Einstellungen aufweist. Wird der Kunde mit negativer Mundwerbung konfrontiert, ist diese weniger wirksam als bei fehlender Markentreue oder negativen Einstellungen. Diesbezüglich ist darauf hinzuweisen, dass von anderen erlangte Empfehlungen in der Regel weniger verhaltensrelevant sind als eigene Erfahrungen von Kunden (Christiansen/Tax 2000, S. 190; Helm 2000, S. 180); dies schließt jedoch nicht deren verstärkende/abschwächende Wirkung aus.

3.3 Bindungswirkungen der Empfehlung auf den Empfehler

Wirkungen von Kundenempfehlungen werden traditionell im Hinblick auf Rezipienten analysiert, sind jedoch auch im Hinblick auf den empfehlenden Kunden, den Kommunikator, zu verzeichnen (*Bindungseffekt*; Pfad ❸ in Abb. 3). In Bezug auf die hier relevanten Kundenbindungswirkungen lässt sich die These aufstellen, dass Kunden, die andere geworben haben, zu ihrem Anbieter stehen. Eine Reihe unterschiedlicher Gründe kann hierfür verantwortlich sein.

Eine mögliche Erklärung für den kommunikatorbezogenen Bindungseffekt von Kundenempfehlungen liegt in den Nutzen und Risiken, die mit der Weitergabe von Empfehlungen im persönlichen Umfeld verbunden sind. Der aktuelle Kunde hat aus der Empfehlung einen altruistischen Nutzen, da er dem potenziellen Kunden hilfreich zur Seite stehen kann (Arndt 1967, S. 49); zudem vermag er seinen Expertenstatus auszukosten (Dichter 1966, S. 150). Insofern stellt für ihn die Kommunikation eine *Gratifikation* dar. Das Gespräch über das von ihm präferierte Produkt vermittelt ihm einen „psychologischen Gewinn" (Helm 2000, S. 42).

Darüber hinaus resultieren aus der Empfehlung Feedback-Effekte vom Rezipienten, der mit der Empfehlung zufrieden oder unzufrieden sein kann. Die *Dissonanztheorie* geht davon aus, dass kognitive Dissonanzen zu psychologischen Spannungszuständen führen, die abgebaut werden sollen (Festinger 1957). Der Kommunikator positiver Mundwerbung wird sich folglich loyal dem Anbieter gegenüber verhalten, um Inkonsistenzen zwischen der ausgesprochenen Empfehlung und seinem eigenen Verhalten zu vermeiden, die für ihn psychologisch belastend wären (Garnefeld 2008; Herrmann 2009). Die Theorie des *Impression Management* bietet einen weiteren Rahmen für die Erklärung des Bindungseffektes von Empfehlungen. Tedeschi und Riess (1981) etwa gehen davon aus, dass Individuen sich bemühen, sozial negativ sanktionierte Aktivitäten zu vermeiden, aber gern das Lob für positiv wahrgenommene Aktionen für sich in Anspruch nehmen. Konsistentes Verhalten wird generell positiv wahrgenommen, während es negativ interpretiert würde, wenn man jemandem ein Produkt empfiehlt, selbst aber den Anbieter wechselt. Die sozialen Sanktionen für ein solches inkonsistentes Verhalten können auch als eine Form von Wechselkosten interpretiert werden. Die Vermeidung solcher Wechselkosten würde also zu stärkerer Gebundenheit führen (Garnefeld et al. 2011, 2013).

Auch gemäß der *Theorie der Selbstwahrnehmung* (Bem 1993) stünden Glaubwürdigkeit und Verlässlichkeit des Kommunikators sowie sein Status als Experte und/oder Altruist auf dem Spiel, sofern er nicht im Einklang mit seiner Empfehlung agiert. Sein Personen-Involvement (bezogen auf den Empfänger; siehe Dichter 1966, S. 150; Helm 2000, S.

161), seine Verantwortlichkeit gegenüber dem Empfänger und der Umstand, dass er durch seine Empfehlung (längerfristig) mit dem Anbieterunternehmen in Verbindung gebracht wird, könnten zu einer Zunahme seiner Bindung an den Anbieter führen (Garnefeld et al. 2011).

Ansätze zu einer Konzeptualisierung der Bindungswirkung von Empfehlungen auf den Kommunikator liegen darin, den Grad der Ver- oder Gebundenheit von empfehlenden mit dem von nicht-empfehlenden Kunden zu vergleichen. Einen signifikanten Einfluss der Abgabe von Empfehlungen auf die Verbundenheit des Kommunikators weisen Garnefeld et al. (2011) nach. Dass auch der monetäre Wert eines Kunden durch die Empfehlungsabgabe steigt, können Garnefeld et al. (2013) für den Mobilfunksektor belegen. Darüber hinaus können Einflüsse auf den Zusammenhang zwischen Empfehlungsverhalten bzw. -absicht und dem Grad der Kundenbindung in der Motivation des Kommunikators (Sundaram et al. 1998), dem Grad des Expertentums, der Dauer der Geschäftsbeziehung zum Anbieter und/oder im Grad der Begeisterung für die Anbieterleistungen („Customer Delight"; siehe Biyalogorski et al. 2001) liegen. Zudem könnte dieser (moderierte) Zusammenhang eher als Interdependenzbeziehung modelliert werden anstatt als einseitig gerichtete Wirkbeziehung. Dies wurde in Abbildung 3 durch die Feedback-Schleifen veranschaulicht.

4. Implikationen für das Kundenbindungsmanagement

Dem Eingeständnis der ausgeprägten Wirkung von Kundenempfehlungen steht als Herausforderung für die Anbieterunternehmen deren begrenzte Steuerbarkeit gegenüber, da sich der Beeinflussungsprozess zwischen aktuellem und potenziellem Kunden in der Regel der Kontrolle des Anbieters entzieht. Dennoch kann eine Reihe von Instrumenten zur Nutzung von Kundenempfehlungen benannt werden, aus der nachfolgend drei im Hinblick auf ihre Bindungswirkungen näher analysiert werden (zu einem Überblick der Instrumente siehe Helm 2000, S. 291ff.).

Im Konsumgüterbereich kann eine Verbindung der Hauptansatzpunkte des Kundenmanagements – Neukundenakquisition und Kundenbindung – durch den Einsatz von *Kunden-werben-Kunden-Kampagnen* erreicht werden (Biyalogorski et al. 2001; Deterding 2006; Nießling 2007). Im Rahmen derartiger Aktionen werden Kunden vom Anbieterunternehmen um die aktive Ansprache möglicher Interessenten aus ihrem sozialen Umfeld gebeten. Kommt es zum Kauf durch die Interessenten, erhält der Empfehlende als Gegenleistung im Regelfall eine finanzielle oder materielle Prämie. Wie die Glaubwürdigkeit des Empfehlungsgebers und damit die Wirksamkeit von Kundenempfehlungen durch die Prämiengewährung beeinflusst wird, ist noch näher zu untersuchen (Helm 2000; Ryu/Feick 2007). Implizit wird unterstellt, dass nur zufriedene Kunden den

Anbieter weiterempfehlen, denn dies ist das Fundament für ein längerfristiges Funktionieren dieser Form der Neukundenakquisition und der anschließenden Kundenbindung (Biyalogorsky et al. 2001, S. 84; Wirtz/Chew 2002). Unzureichende Leistungen durch Kundenempfehlungen schnell im Markt zu diffundieren, erscheint mit Blick auf das Ziel der Kundenbindung kontraproduktiv. Zudem ist bei diesen Kampagnen ein möglicher „Domino-Effekt" zu beachten: Durch Empfehlungsaktionen wird längerfristig ein relativ homogener, untereinander verwobener Kundenstamm entwickelt, der sich durch persönliche Empfehlungen an den Anbieter gebunden fühlt. Dies hat Konsequenzen für den Informationsfluss innerhalb der Marktstrukturen. Sind Kunden einander persönlich bekannt, verbreiten sich Informationen über Anbieterleistungen schneller und effektiver als bei anonymen Nachfragerstrukturen. Die skizzierten Bindungseffekte von Empfehlungen können so schnell wirksam werden. Allerdings gilt dies auch im negativen Sinne: Bei Unzufriedenheit des einen (vormals verbundenen) Kunden kann dies auf andere Kunden abstrahlen und zu Abwanderungen führen (Helm 2000).

Im Business-to-Business-Bereich kann der Anbieter durch *Referenzkunden* nachweisen, dass er grundsätzlich zur Erbringung von Leistungen eines bestimmten Typs befähigt ist (Salminen 1997). Unter einer *Referenz* wird hier die Auskunft eines aktuellen oder ehemaligen Kunden über die Ausprägung des von ihm bereits in Anspruch genommenen Leistungsbündels eines bestimmten Anbieters verstanden, auf die vom Anbieter oder auch von (potenziellen) Kunden in mindestens einer weiteren Transaktion Bezug genommen wird (Helm 2000, S. 340). Bezieht sich diese Referenz auf ein Leistungsbündel, das in einem Funktionszusammenhang steht wie etwa ein Anlagenprojekt, so spricht man von *Referenzanlagen* oder *-installationen*. Bekanntheit und Reputation eines Kunden sind dabei in der Regel ausschlaggebend für seine Auswahl als Referenz (Helm/Salminen 2010; Aarikka/Sakari 2014). Die Ziele, die mit dem Einsatz von Referenzen verfolgt werden, liegen sowohl in der Gewinnung neuer wie auch in der Bindung bisheriger Kunden (Salminen 1997, S. 91; Helm 2000, S. 341). Dabei sind Bindungswirkungen in zweierlei Hinsicht relevant: Sofern Nachfrager ihre Kaufentscheidungen von anderen Nachfragern abhängig machen (Kundenverbund), kann analog zu den obigen Ausführungen davon ausgegangen werden, dass eine Bindung der neuen Kunden effektiver und effizienter erfolgen kann als bei anderen Akquisitionsmaßnahmen. Zudem existieren zeitliche Nachfrageverbunde, da auch beim Referenzkunden selbst Folgeaufträge (im Sinne einer Kundenbindungswirkung) vom Referenzprojekt abhängen können („Eigenreferenzen"; Günter 1979, S. 200). Eine empirische Klärung der Frage, ob sich Referenzkunden in höherem Maße an den Anbieter gebunden fühlen, steht allerdings noch aus.

Bei der Auswahl von Referenzkunden ist ihre Zufriedenheit mit den Anbieterleistungen (Salminen 1997, S. 51) und ihre Verbundenheit mit dem Anbieter von besonderer Bedeutung, während die Gebundenheit des Kunden weniger als positive Referenzeigenschaft gelten kann. Je höher der durchschnittliche Grad an Verbundenheit, desto mehr Kunden sind theoretisch als Referenz nutzbar. Damit sinkt jedoch – ceteris paribus – die

Bedeutung des einzelnen Referenzkunden für den Anbieter. Im Vergleich zu Kunden-werben-Kunden-Aktionen ist hier ein Grenznutzen des Referenzeinsatzes eher erreicht, zumal mit dem Aufbau und der Pflege der Referenzquellen beträchtliche Kosten verbunden sind (zu einer Betrachtung des monetären Kundenwertes von Referenzkunden siehe Jalkala et al. 2007).

Im B2B wie auch im B2C-Bereich wächst die Bedeutung von *Online-Reviews*, also von kundenverfassten schriftlichen Produkt- oder Anbieterevaluationen auf Webseiten des evaluierten Unternehmens oder auf Drittportalen (Mudambi/Schuff 2010). Im Gegensatz zur traditionellen Empfehlung werden Online-Reviews oft von anonymen Sendern verfasst, an eine anonyme Masse anderer Kunden gerichtet, sind weniger interaktiv, bleiben dafür jedoch langfristig abrufbar (Dellarocas/Zhang/Awad 2007). Die Zufriedenheit des Senders mit der Anbieterleistung nimmt auch bei Online-Reviews eine zentrale Rolle ein, wobei sich eine extrem negative oder positive Produktevaluation im Vergleich zu einer moderaten Bewertung überproportional stark auf die Veröffentlichungsabsicht auswirkt (Moe/Schweidel 2012). Empfänger präferieren Online-Reviews von Sendern, die Erfahrungen mit dem in Frage stehenden Produkt nachweisen können (Li/Zhan 2011). Detaillierte Studien zum Zusammenhang von Online-Reviews und der Kundenbindung von Review-Sender und -Empfänger stehen allerdings noch aus. Die weitflächige Nutzung des Internets, sozialer Medien sowie der mobilen Kanäle durch Kunden verstärken die Bedeutung von Kundenempfehlungen für Unternehmen um ein Vielfaches, was ihre wachsende Abhängigkeit von engagierten und loyalen Kunden akzentuiert: „It is essential to grasp the facets of business performance that persuade customers to become repeat purchasers, to exhibit behavioral loyalty ... and to enhance their engagement with the firm" (Kandampully et al. 2015, S. 402).

5. Fazit und Ausblick

Kundenempfehlungen bieten ein wesentliches Potenzial zur Gewinnung von Neukunden und auch zur Kundenbindung. Aus Anbietersicht liegt in den Kundenbindungseffekten von Kundenempfehlungen ein Chancen- wie auch Risikopotenzial, das der weiteren wissenschaftlichen und praktischen Durchdringung bedarf. Weitere empirische Untersuchungen in verschiedenen Branchen sowie hinsichtlich von Online-Reviews und eWOM sind beispielsweise zur Absicherung der Erkenntnisse über den Wirkzusammenhang zwischen der Kundenzufriedenheit, der Verbundenheit und der Empfehlung erforderlich.

In diesem Beitrag wurde der *Zusammenhang zwischen negativer Mundwerbung und Kundenbindung* vernachlässigt. Negative Kommunikation kann die Neukundenakquisition vereiteln, Rezipienten wie auch den Kommunikator zur Abwanderung veranlassen und damit negativ auf den Grad der Kundenbindung einwirken. Diese Kundenbindungswirkungen negativer Mundwerbung sind ebenfalls näher zu analysieren, zumal negativer Mundwerbung eine höhere Wirkung als der positiven bescheinigt wird. So wird oft vermutet, dass unzufriedene Kunden doppelt so häufig von negativen Erlebnissen berichten wie zufriedene von ihren positiven Erfahrungen. De facto kommen Untersuchungen bezüglich dieser quantitativen Komponente zu divergenten Ergebnissen (siehe z.B. Anderson 1998, S. 15; Helm 2000, S. 231ff.), was allerdings nicht die negativen Auswirkungen der „Negative Word of Mouth" auf die Kundenbindung in Frage stellt. Schließlich wird auch in qualitativer Sicht davon ausgegangen, dass im Vergleich zur positiven Mundwerbung die negative einen stärkeren „Impact" auf die Rezipienten verzeichnet (Mizerski 1982; Anderson 1998, S. 15).

Abschließend ist noch nach der Rolle von *Empfehlungen als Wertbeitrag eines Kunden* zu fragen. In der aktuellen Diskussion des Kundenbindungsmanagements wird gefordert, nicht alle Kunden um jeden Preis zu binden, sondern Kunden hinsichtlich ihres Wertbeitrags zu den Anbieterzielen zu selektieren und zu binden. Hinsichtlich des Empfehlungswertes ist dies diffizil, wie Rust et al. (2000, S. 46) feststellen: „The effect of Word-of-Mouth is significantly large but notoriously hard to measure". Der in der Praxis immer noch heiß diskutierte Net Promotor Score (Reichheld 2006; Reichheld et al. 2006) geht sogar so weit, die Empfehlungsbereitschaft von aktuellen Kunden als maßgebliches Steuerungsinstrument für Unternehmen zu propagieren; die Aussagekraft des Modells wurde allerdings durch wissenschaftliche Untersuchungen bezweifelt (Keiningham et al. 2007; Leisen Pollack/Alexandrov 2013). Die aktuelle Literatur zum *Customer Engagement Value* weist empfehlungsbezogenen Wertbeiträgen von Kunden hohe Bedeutung für einen aussagekräftigen Customer Lifetime Value zu (Kumar et al. 2010). In einer differenzierten Analyse kommen Villanueva et al. (2008) zu dem Schluss, dass eine schnelle Kundenakquisition am besten mit Methoden der klassischen Werbung erreicht werden kann; ein höherer Wert des Kundenstamms wird langfristig allerdings bei der Neukundengewinnung durch Kundenempfehlungen erreicht. Letzteres wird auch von Schmitt et al. (2011) bestätigt, die durch Empfehlungen gewonnenen Neukunden langfristig einen höheren Kundenwert zumessen. Wie bereits erwähnt zeigen weitere Analysen zudem auf, dass der Bindungseffekt der ausgesprochenen Empfehlung zu einem höheren Kundenwert des Empfehlers führt (Garnefeld et al. 2013). Im Empfehlungsmanagement liegt damit ein Schlüssel für das wertorientierte Kundenbindungsmanagement.

Literaturverzeichnis

Aarikka-Stenroos, L./Sakari Makkonen, H. (2014): Industrial buyers' use of references, word-of-mouth and reputation in complex buying situation, in: Journal of Business & Industrial Marketing, Vol. 29, No. 4, S. 344-352.

Armelini, G./Barrot, C./Becker, J. U. (2015): Referral programs, customer value, and the relevance of dyadic characteristics, in: International Journal of Research in Marketing, Vol. 32, No. 4, S. 449-452.

Anderson, E. W. (1998): Customer Satisfaction and Word of Mouth, in: Journal of Service Research, Vol. 1, No. 1, S. 5-17.

Arndt, J. (1967): Word of Mouth Advertising: A Review of the Literature, New York.

Bem, D. J. (1993): Theorie der Selbstwahrnehmung, in: Filipp, S.-H. (Hrsg.), Selbstkonzeptforschung. Probleme, Befunde, Perspektiven, Stuttgart, S. 97-120.

Biyalogorsky, E./Gerstner, E./Libai, B. (2001): Customer Referral Management: Optimal Reward Programs, in: Marketing Science, Vol. 20, No. 1, S. 82-95.

Blattberg, R. C./Deighton, J. (1996): Manage Marketing by the Customer Equity, in: Harvard Business Review, Vol. 74, No. 4, S. 136-144.

Chevalier, J. A./Mayzlin, D. (2006): The Effect of Word of Mouth on Sales: Online Book Reviews, in: Journal of Marketing Research, Vol. 43, No. 3, S. 345-354.

Christiansen, T./Tax, S. S. (2000): Measuring Word-of-Mouth: The Questions of Who and When?, in: Journal of Marketing Communication, Vol. 6, No. 3, S. 185-199.

Cornelsen, J. (2000): Kundenwertanalysen im Beziehungsmarketing, Nürnberg.

Dellarocas, C./Zhang, X./Awad, N. F. (2007): Exploring the value of online product reviews in fore-casting sales: The case of motion pictures, in: Journal of Interactive Marketing, Vol. 21, No. 4, S. 23-45.

Deterding, A. K. (2006): Erfolgsfaktoren von Kunden-werben-Kunden-Kampagnen, Saarbrücken.

Deutsche Marketing-Vereinigung/Postdienst (Hrsg.) (1994): Das Deutsche Kundenbarometer 1994. Eine Studie zur Kundenzufriedenheit in der Bundesrepublik Deutschland, Düsseldorf/Bonn.

Dichter, E. (1966): How Word-of-Mouth Advertising Works, in: Harvard Business Review, Vol. 44, No. 6, S. 147-166.

Dick, A. S./Basu, K. (1994): Customer Loyalty. Toward an Integrated Conceptual Framework, in: Journal of the Academy of Marketing Science, Vol. 22, No. 2, S. 99-113.

Eggert, A. (1999): Kundenbindung aus Kundensicht, Wiesbaden.

Eggert, A./Helm, S./Garnefeld, I. (2007): Kundenbindung durch Weiterempfehlung?, in: Marketing ZFP, 29. Jg., Nr. 4, S. 235-247.

Festinger, L. (1957): A Theory of Cognitive Dissonance, Stanford.

Floyd, K./Freling, R./Alhoqail, S./Cho, H.Y./Freling, T. (2014): How online product reviews affect retail sales: A meta-analysis, in: Journal of Retailing, Vol. 90, No. 2, S. 217-232.

Garnefeld, I. (2008): Kundenbindung durch Weiterempfehlung, Wiesbaden.

Garnefeld, I./Helm, S./Eggert, A. (2011): Walk Your Talk: An Experimental Investigation of the Relationship between Word of Mouth and Communicators' Loyalty, in: Journal of Service Research, Vol. 14, No. 1, S. 93-107.

Garnefeld, I./Eggert, A./Helm, S. V./Tax, S. S. (2013): Growing existing customers' revenue streams through customer referral programs, in: Journal of Marketing, Vol. 77, No. 4, S. 17-32.

Giering, A. (2000): Der Zusammenhang zwischen Kundenzufriedenheit und Kundenloyalität, Wiesbaden.

Günter, B. (1979): Das Marketing von Großanlagen. Strategieprobleme des Systems Selling, Berlin.

Hammedi, W./Kandampully, J./Zhang, T. T./Bouquiaux, L. (2015): Online customer engagement: Creating social environments through brand community constellations, in: Journal of Service Management, Vol. 26, No. 5, S. 777-806.

Helm, S. (2000): Kundenempfehlungen als Marketinginstrument, Wiesbaden.

Helm, S. (2003): Calculating the Value of Customers' Referrals, in: Managing Service Quality, Vol. 13, No. 2, S. 124-133.

Helm, S./Salminen, R. T. (2010): Basking in Reflected Glory: Using Customer Reference Relationships to Build Reputation in Industrial Markets, in: Industrial Marketing Management, Vol. 39, No. 5, S. 737-743.

Hennig-Thurau, T./Gwinner, K. P./Walsh, G./Gremler, D. D. (2004): Electronic Word-of-Mouth via Consumer-Opinion Platforms: What Motivates Consumers to Articulate Themselves on the Internet?, in: Journal of Interactive Marketing, Vol. 18, No. 1, S. 38-52.

Herr, P. M./Kardes, F. R./Kim, J. (1991): Effects of Word-of-Mouth and Product-Attribute Information on Persuasion: An Accessibility-Diagnosticity Perspective, in: Journal of Consumer Research, Vol. 17, No. 3, S. 454-462.

Herrmann, L. (2009): Empfehlungsmarketing als Instrument der Kundenbindung, Hamburg.

Heskett, J. L./Jones, T. D./Lovemann, G. W./Sasser, W. E./ Schlesinger, L. A. (1994): Putting the Service-Profit Chain to Work, in: Harvard Business Review, Vol. 72, No. 2, S. 164-174.

Homburg, Ch./Faßnacht, M. (2001): Kundennähe, Kundenzufriedenheit und Kundenbindung bei Dienstleistungsunternehmen, in: Bruhn, M./Meffert, H. (Hrsg.), Handbuch Dienstleistungsmanagement. Von der strategischen Konzeption zur praktischen Umsetzung, 2. Aufl., Wiesbaden, S. 441-463.

Jalkala, A./Salminen, R. T./Helm, S. V. (2007): Reference Value of Customer Relationships, in: Proceedings of the Australian and New Zealand Marketing Academy (ANZMAC) Conference 2007, Dunedin, New Zealand.

Kaas, K.P. (1973): Diffusion und Marketing, Stuttgart.

Kandampully, J./Zhang, T./Bilgihan, A. (2015): Customer loyalty: a review and future directions with a special focus on the hospitality industry, in: International Journal of Contemporary Hospitality Management, Vol. 27, No. 3, S. 379-414.

Keiningham, T./Cooil, B./Andreassen, T. W./Aksoy, L. (2008): A Longitudinal Examination of Net Promoter and Firm Revenue Growth, in: Journal of Marketing, Vol. 71, No. 3, S. 39-51.

King, R./Racherla, P. (2015): The Evolution and Impact of Online Word-of-Mouth (eWOM) Research: A Structured Review and Integrated Model, in: Marketing Dynamism & Sustainability: Things Change, Things Stay the Same..., Proceedings of the Academy of Marketing Science (S. 124-127). Springer International Publishing.

Kumar, V./Aksoy, L./Donkes, B./Venkatesan, R./Wiesel, T./Tillmanns, S. (2010): Undervalued or Overvalued Customers: Capturing Total Customer Engagement Value, in: Journal of Service Research, Vol. 13, No. 3, S. 297-310.

Kumar, V./Petersen, J. A./Leone, R. P. (2010): Driving profitability by encouraging customer referrals: who, when, and how, in: Journal of Marketing, Vol. 74, No. 5, S. 1-17.

Kumar, V./Petersen, J. A./Leone, R. P. (2007): How Valuable is Word of Mouth?, in: Harvard Business Review, Vol. 85, No. 10, S. 139-146.

Leisen Pollack, B./Alexandrov, A. (2013): Nomological validity of the Net Promoter Index question, in: Journal of Services Marketing, Vol. 27, No. 2, S. 118-129.

Li, J./Zhan, L. (2011): Online persuasion: How the written word drives wom, in: Journal of Advertising Research, Vol. 51, No. 1, S. 239-257.

Markert, G. (2008): Weiterempfehlung als Marketingziel, Wiesbaden.

Mizerski, R. W. (1982): An Attribution Explanation of the Disproportionate Influence of Unfavorable Information, in: Journal of Consumer Research, Vol. 9, No. 12, S. 301-310.

Moe, W. W./Schweidel, D. A. (2012): Online product opinions: Incidence, evaluation, and evolution, in: Marketing Science, Vol. 31, No. 3, S. 372-386.

Mudambi, S. M./Schuff, D. (2010): What makes a helpful online review? A study of customer reviews on amazon.com, in: MIS Quarterly, Vol. 34, No. 1, S. 185-200.

Nießling, D. (2007): Kunden-werben-Kunden-Kampagnen, Wiesbaden.

Peter, S.I. (1999): Kundenbindung als Marketingziel, 2. Aufl., Wiesbaden.

Reichheld, F. F. (1996): The Loyalty Effect, Boston.

Reichheld, F. (2006): The One Number You Need to Grow, in: Harvard Business Review, Vol. 81, No. 12, S. 46-54.

Reichheld, F. F./Sasser, W. E. (1990): Zero Defections: Quality Comes to Services, in: Harvard Business Review, Vol. 68, No. 4, S. 105-110.

Reichheld, F./Seidensticker, F.-J./Proß-Gill, I. (2006): Die Ultimative Frage, München.

Rust, R. T./Zeithaml, V. A./Lemon, K. N. (2000): Driving Customer Equity, New York u.a.

Ryu, G./Feick, L. F. (2007): A Penny for Your Thoughts. Referral Reward Programs and Referral Likelihood, in: Journal of Marketing, Vol. 71, No. 1, S. 84-94.

Salminen, R. (1997): Role of References in International Industrial Marketing, Research Paper Nr. 66, Lappeenranta University of Technology, Lappeenranta.

Schmitt, P./Skiera, B./van den Bulte, C. (2011): Referral Programs and Customer Value, in: Journal of Marketing, Vol. 75, No. 1, S. 46-59.

Sundaraman, D. S./Mitra, K./ Webster, C. (1998): Word-of-Mouth Communications: A Motivational Analysis, in: Advances in Consumer Research, Vol. 25, No. 1, S. 527-531.

Tax, S. S./Chandrashekaran, M. (1992): Consumer Decision Making Following a Failed Service Encounter: A Pilot Study, in: Journal of Consumer Satisfaction, Dissatisfaction and Complaining Behavior, Vol. 5, o. No., S. 55-68.

Tedeschi, J. T./Riess, M. (1981): Identities, the Phenomenal Self, and Laboratory Research, in: Tedeschi, J. T. (Hrsg.), Impression Management Theory and Social Psychological Research, New York, S. 3-22.

Verhoef, P. C./Reinartz, W. J./Krafft, M. (2010): Customer Engagement as a New Perspective in Customer Management, in: Journal of Service Research, Vol. 13, No. 3, S. 247-252.

Villanueva, J./Yoo, S./Hanssens, D. M. (2008): The Impact of Marketing-Induced Versus Word-of-Mouth Customer Acquisition on Customer Equity Growth, in: Journal of Marketing Research, Vol. 45, No. 1, S. 48-59.

van Doorn, J./Lemon, K. N./Mittal, V./Nass, S./Pick, D./Pirner, P./Verhoef, P. C. (2010): Customer Engagement Behavior: Theoretical Foundations and Research Directions, in: Journal of Service Research, Vol. 13, No. 3, S. 253-66.

von Wangenheim, F. (2003): Weiterempfehlung und Kundenwert, Wiesbaden.

Wirtz, J./Chew, P. (2002): The Effects of Incentives, Deal Proneness, Satisfaction and Tie Strength on Word-of-Mouth Behaviour, in: International Journal of Service Industry Management, Vol. 13, No. 2, S. 141-162.

Summary

Customer referrals are discussed as both an indicator of conative loyalty and an outcome of affective loyalty. The discussion of this interrelatedness is the main focus of the paper. After an introduction and definition of customer referrals and loyalty, the relationship between customer loyalty and customer referrals is investigated. Three facets of this relationship can be analyzed: Referrals are used to acquire new customers for products and services, enabling firms to bond these customers. Furthermore, referrals have an effect on those recipients that are already customers of the firm. And lastly, by articulating a referral, the communicator is also bonded more tightly to the firm. The implications for loyalty management are pointed out taking the examples of customer referral programs in business-to-consumer-markets, references in business-to-business-markets, and online product reviews. In conclusion, it can be determined that referral management plays an important role in customer equity management.

Marion Büttgen

Kundenbindung durch Kundenintegration

1. Einleitung

2. Grundlagen der Kundenintegration
   2.1 Begriff der Kundenintegration
   2.2 Systematisierung der Kundenintegration anhand von Kundenfunktionen
       2.2.1 Leistungserstellungsbezogene Kundenfunktionen
       2.2.2 Vor- und nachgelagerte Kundenfunktionen

3. Bestimmungsfaktoren der Kundenintegration und Wirkungen auf die Kundenbindung
   3.1 Kundenseitige Bestimmungsfaktoren einer effektiven Beteiligung
   3.2 Zusammenhang zwischen Kundenintegration und Kundenbindung
   3.3 Kundenqualifizierung durch den Anbieter und deren Wirkung auf die Kundenbeteiligung und -bindung
   3.4 Zusammenfassung der Wirkungsbeziehungen

4. Schlussfolgerungen für ein bindungsorientiertes Kundenintegrationsmanagement

5. Fazit

Literaturverzeichnis

Prof. Dr. Marion Büttgen ist Inhaberin des Lehrstuhls für Unternehmensführung an der Universität Hohenheim.

1. Einleitung

Die Einbindung von Kunden in die Leistungserstellung wie auch in vor- und nachgelagerte Wertschöpfungsaktivitäten findet immer stärkere Verbreitung in der Unternehmenspraxis. Bei vielen Leistungsangeboten – speziell im Dienstleistungsbereich – ist es sogar erforderlich, dass der Kunde sich aktiv in die Leistungserstellung einbringt, damit diese erfolgreich vollzogen werden kann. Er kann dabei in die verschiedensten Leistungsaktivitäten (Beratungsgespräche, Problemdiagnose, Leistungsspezifizierung, (automatisierte) Leistungsabwicklung usw.) einbezogen sein und Einfluss auf deren Verlauf und Ergebnis nehmen. Man spricht in dem Zusammenhang auch vom *Kunden als Co-Produzenten* (Bettencourt et al. 2002; Bendapudi/Leone 2003). Zudem kann er als Co-Designer oder Ideenlieferant bereits an der Entwicklung neuer Produkte oder Dienstleistungen mitwirken (Chang/Taylor 2016) oder auch als Co-Marketer Multiplikatorfunktionen bei der Vermarktung von Leistungsangeboten wahrnehmen (Bettencourt 1997).

Neben den Wirkungen der Kundenbeteiligung auf das unmittelbare Ergebnis der Leistungserstellung und die dabei realisierte Wirtschaftlichkeit sowie auf die Wertschöpfung für und Zufriedenheit des Kunden (Bendapudi/Leone 2003; Chan et al. 2010; Yim et al. 2012) kann eine Kundenintegration auch zur *Steigerung der Kundenbindung* beitragen (Auh et al. 2007; Bruhn 2009; Chan et al. 2010). Kunden, die von Unternehmen aktiv in die Wertschöpfungsaktivitäten eingebunden und im Hinblick auf die Ausübung der verschiedenen Kundenrollen angemessen qualifiziert und sozialisiert werden, weisen mitunter ein besonders ausgeprägtes Commitment und eine hohe Loyalität gegenüber dem Anbieter und seinen Leistungsangeboten auf (Büttgen 2007). Während sich die wissenschaftliche Forschung im Kontext der Kundenbeteiligung früher stark auf solche positiven Wirkungen der Kundenintegration konzentriert hat, werden in der jüngeren Vergangenheit aber auch zunehmend mögliche negative Effekte thematisiert und analysiert (Bendapudi/Leone 2003; Chan et al. 2010; Haumann et al. 2015; Heidenreich et al. 2015). So geht eine ausgeprägte Mitwirkung des Kunden nicht zwangsläufig mit einer höheren Zufriedenheit oder Bindung einher; dies hängt vielmehr von verschiedenen Bestimmungsfaktoren und Rahmenbedingungen ab, welche im Verlauf des vorliegenden Beitrags näher beleuchtet werden.

Ziel dieses Beitrags ist die Analyse der Wirkungsbeziehungen zwischen relevanten Determinanten der Kundenbeteiligung an Wertschöpfungsaktivitäten, anbieterseitigen Aktivitäten zur Verbesserung der Kundenintegration und dem kundenseitigen Commitment sowie der damit korrespondierenden Kundenbindung gegenüber dem Anbieter. Nach einer grundlegenden Klärung des Begriffs der Kundenintegration sowie deren verschiedenen Erscheinungsformen werden diese Wirkungsbeziehungen theoretisch fundiert untersucht. Kundenseitige Bestimmungsfaktoren wie das integrationsrelevante Wissen und die Fähigkeiten, Emotionen, Überzeugungen und die Motivation zur Mitwirkung spielen dabei ebenso eine Rolle wie anbieterseitige Aktivitäten zur Verbesserung dieser Aspekte, insbesondere die fachliche und ablaufbezogene Kundenqualifizierung sowie die

Motivierung der Kunden zur sachgerechten Mitwirkung. Aus den gewonnenen Erkenntnissen sollen Empfehlungen für die Gestaltung eines bindungsorientierten Kundenintegra-tionsmanagements abgeleitet werden.

2. Grundlagen der Kundenintegration

2.1 Begriff der Kundenintegration

Der Begriff der Kundenintegration kann grundsätzlich aus zwei Blickwinkeln betrachtet werden. Aus der *Kundenperspektive* ist er als Kundenbeteiligung (customer participation) im Sinne eines verhaltensbezogenen Konstrukts zu verstehen, "[which] refers to the extent to which customers expend time and effort to share information, provide suggestions, and get involved in decision making during the service production and delivery process" (Yim et al. 2012, S. 122). Diese Definition betont die aktive Beteiligung des Kunden und das damit einhergehende Einbringen von Ressourcen, beschränkt sich allerdings auf eine mentale Beteiligung und vernachlässigt somit mögliche physische Leistungsbeiträge, wie sie z.B. bei medizinischen Behandlungen oder auch im Kontext von Selbstbaumöbeln (IKEA) typisch sind. In einem ganzheitlicheren Verständnis lässt sich Kundenintegration definieren als aktive Teilnahme des Nachfragers an einer vertraglich vereinbarten Leistungserstellung durch Einbringung externer Faktoren bzw. Ressourcen und/oder Übernahme von Teilleistungen, sodass die Leistungsaktivitäten des Anbieters beeinflusst bzw. partiell ersetzt werden können (Büttgen 2007). Der Bezug zur Anbieterperspektive wird durch den Hinweis auf eine mögliche Beeinflussung von Wertschöpfungsprozessen bereits deutlich.

Aus dem Blickwinkel des Anbieters ist ergänzend jedoch seine eigene, idealtypisch fördernde Rolle im Kontext der Kundenbeteiligung zu berücksichtigen. *Kundenintegration aus Anbietersicht* ist demnach die *aktive Einbindung des Nachfragers* in die eigentliche Leistungserstellung und/oder deren vor- oder nachgelagerte Wertschöpfungsaktivitäten, indem *Wissen, Fähigkeiten und Motivation* des Kunden zum Zwecke der erfolgreichen Leistungserbringung gefördert und genutzt werden.

Der zu fördernde kundenseitige Input kann dabei in vielfältiger Form, z.B. durch das Einbringen von Ideen und Anregungen, persönlichen (Bedarfs-) Informationen, sach- und anwendungsbezogenem Know-how sowie entsprechenden Fähigkeiten, der Übernahme konkreter Teilleistungen (sowohl im Rahmen der eigentlichen Leistungserstellung als auch bei einer eventuellen Problembewältigung in der Verwendungsphase), der Rückkopplung qualitätsbezogener Informationen oder der Bereitstellung und Nutzung persönlicher Kontakte und sozialer Netzwerke erfolgen. Um ein klares und differenziertes Verständnis alternativer Formen der Kundenintegration zu entwickeln, wird zunächst ein rollen- bzw. funktionenbezogener Ansatz vorgestellt, der eine Systematisierung unterschiedlicher Arten und Ausmaße der Kundenbeteiligung ermöglicht und auch bereits erste Rückschlüsse auf deren Konsequenzen für die Kundenbindung zulässt.

2.2 Systematisierung der Kundenintegration anhand von Kundenfunktionen

Innerhalb der in der Literatur verfügbaren Ansätze zur Differenzierung unterschiedlicher Erscheinungsformen der Kundenintegration sind Ansätze, die auf die Rollen bzw. Funktionen des Kunden im Rahmen einer integrativen Wertschöpfung ausgerichtet sind, relativ verbreitet (Bettencourt 1997; Dullinger 2001; Büttgen 2007; Zeithaml et al. 2012). In den diesbezüglichen Ansätzen finden sich neben den auf die eigentliche Leistungserstellung gerichteten Funktionen des Kunden auch solche, die vor- oder nachgelagerte Aufgaben betreffen. Abbildung 1 gibt einen Überblick über die potenziellen Kundenrollen bzw. -funktionen im Rahmen der Wertschöpfung.

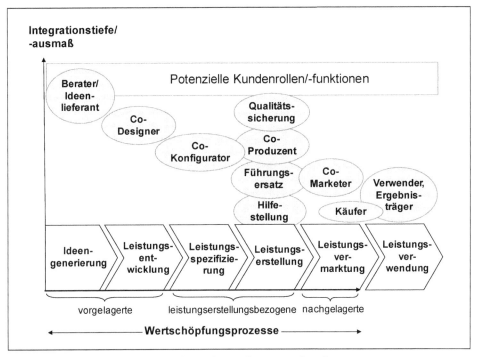

Abbildung 1: Kundenfunktionen im Rahmen der Wertschöpfung

Entscheidend für sämtliche Kundenfunktionen ist, dass sie sich nicht gegenseitig ausschließen. Die Kunden können durchaus mehrere Rollen im Rahmen ihrer Austauschbeziehung mit dem Anbieter wahrnehmen.

2.2.1 Leistungserstellungsbezogene Kundenfunktionen

Zu den unmittelbar *leistungserstellungsbezogenen Kundenfunktionen* gehören im Wesentlichen die Folgenden:

In der *Funktion der Leistungsspezifizierung* (Martin et al. 2001) fungiert der Kunde als *Co-Konfigurator*: Diese Funktion kommt v.a. bei kundenindividuell erstellten Leistungen (z.B. im Rahmen von Mass-Customization-Ansätzen) zum Tragen, bei denen Art und Ausmaß der Leistungserbringung vor der eigentlichen Erstellung festzulegen sind. Der Kunde hat hierbei die Aufgabe, die von ihm gewünschte Leistung möglichst genau zu konkretisieren. Dies erfolgt i.d.R. im Rahmen von Gesprächen mit Mitarbeitern des Anbieters oder auf medialem Wege (z.B. durch den Einsatz von Online-Konfiguratoren). Je genauer der Kunde sich seiner Bedürfnisse bewusst ist, je konkreter seine Erwartungen und je ausgeprägter seine Kenntnisse über die Gestaltungsoptionen sind, desto besser wird er diese Funktion wahrnehmen können. Für die *Kundenbindung* ist diese Rolle insofern von Bedeutung, als dass der informationelle Input und die bedarfsorientierte Konfigurationsleistung des Kunden zur Realisierung einer maßgeschneiderten Problemlösung beitragen (Etgar 2008) und für den Kunden bei einem Anbieterwechsel sunk costs darstellen, die eine Wechselbarriere darstellen können. Speziell bei hochindividualisierten Leistungen und wiederholter Leistungsinanspruchnahme dürften Kunden den erneuten Spezifizierungsaufwand scheuen.

Die Rolle des *Kunden als Co-Produzent* (Lengnick-Hall 1996; Dullinger 2001; Zeithaml et al. 2012): Hiermit ist gemeint, dass der Kunde einen Input im Sinne von Produktionsfaktoren zur Leistungserstellung beisteuert. Der Kunde ist physisch (z.B. bei Sportkursen, Selbstbedienungsangeboten oder teilgefertigten Produkten wie IKEA-Möbeln) und/oder kognitiv (z.B. bei Finanz- oder Rechtsberatungen, Schulungs- oder Bildungsleistungen) an der Leistungserstellung beteiligt und bringt somit eigene Ressourcen in Form von Arbeit, Know-how, Informationen usw. in die Leistungserstellung ein. Dadurch übernimmt er die Rolle eines Co-Produzenten oder „Partial Employee" (Bettencourt 1997). Sein Wissen und seine Erfahrung (customer expertise; Auh et al. 2007), seine Fähigkeiten, seine Motivation und sein Engagement haben – ähnlich wie bei permanenten Mitarbeitern – einen erheblichen Einfluss auf das Leistungsergebnis und die erzielbare Produktivität. Zur Kundenbindung kann diese Funktion beitragen, wenn der Kunde für die sachgerechte Ausübung seiner Co-Produzenten-Rolle zunächst relevantes Wissen und erforderliche Fähigkeiten erwerben muss, welche ihm idealtypisch durch den Anbieter vermittelt werden. Dadurch kann sich seine Verbundenheit gegenüber dem Unternehmen verstärken, wie in Abschnitt 3.3 noch näher erläutert wird.

Die *Funktion der Qualitätssicherung* (Zeithaml et al. 2012): Durch seine Beteiligung an der Leistungserstellung kann der Kunde als Kontrollorgan wirksam werden und über ein rechtzeitiges Feedback an die verantwortlichen Mitarbeiter eventuell erforderliche, seinen Wünschen entsprechende Anpassungen bei der Leistungserstellung bewirken. So kann er z.B. durch laufende Überwachung der Kursentwicklung von Wertpapierdepots rechtzeitige Interventionen bewirken oder durch präzise Schilderungen über die Wirkungen einer Therapie eventuell erforderliche Anpassungen einleiten. Zudem kann er durch gezieltes Feedback und Hinweise auf vorhandene Leistungserstellungsprobleme zur allgemeinen Qualitätssicherung für alle Leistungsempfänger beitragen. Dies ist z.B. der Fall, wenn ein Kunde das Personal über defekte Geräte, unsaubere Einrichtungen, problematische Abläufe oder unklare Erläuterungen informiert. Die Aufgabe des Anbieters besteht dabei darin, den Kunden dazu zu ermuntern, seine Kontrollfunktion wahrzunehmen und sich nicht zu scheuen, auf Probleme und Missstände hinzuweisen. Wird die Qualitätssicherungsfunktion durch den Kunden ausgeübt, so kommen darin – ähnlich wie bei der Übermittlung von Beschwerden – der Wunsch und die Überzeugung zum Ausdruck, dass der Anbieter vorhandene Missstände behebt und bestmöglich zu einer zufriedenstellenden Leistungserstellung beiträgt. Den Aufwand einer qualitätssichernden Rückkopplung oder gar einer Beteiligung an der Problembewältigung nimmt der Kunde i.d.R. nur dann auf sich, wenn er beabsichtigt, die Leistung auch weiterhin von dem entsprechenden Anbieter in Anspruch zu nehmen und somit von den Qualitätsverbesserungen persönlich zu profitieren.

Die *Führungsersatzfunktion (Substitute for Leadership)* (Schneider/Bowen 1995; Dullinger 2001): Diese entsteht dadurch, dass für viele Mitarbeiter im Kundenkontakt der unmittelbare Einfluss ihrer Vorgesetzten kaum spürbar ist. Da sie oft weder die gewünschte Anerkennung für ihre Leistung noch eine adäquate aufgabenbezogene Führung erhalten, orientieren sie sich in ihrem Verhalten stärker an den Erwartungen der Kunden, mit denen sie in direkter Interaktion stehen, und entscheiden sich im Zweifelsfall für die Interessen des Kunden, ggf. auch gegen die Interessen des Unternehmens (Vorziehen des Kunden gegenüber dem Unternehmen). Die Kunden tragen durch ihr unmittelbares Feedback, durch Lob, Anerkennung, fachliche Hinweise und emotionale Reaktionen wesentlich zur Arbeitserfahrung und Zufriedenheit des Mitarbeiters bei und übernehmen damit – meist unbewusst – die Rolle eines so genannten „Substitute for Leadership". Dies kann v.a. bei kontaktintensiven Leistungsarten dazu führen, dass Kunden in zunehmendem Maße Führungsfunktionen wahrnehmen, indem sie Aufgaben, Kompetenzen und Verantwortlichkeiten der Mitarbeiter mitbestimmen. Auf die *Kundenbindung* kann sich dies positiv auswirken, da der Kunde seine eigenen Interessen bei erfolgreicher Ausübung dieser Rolle in hohem Maße durchsetzen kann und zudem u.U. eine persönliche Beziehung zu dem jeweiligen Mitarbeiter aufbaut. Allerdings bezieht sich die Bindung des Kunden dann oftmals eher auf den jeweiligen Mitarbeiter als auf das Unternehmen, was im Extremfall dazu führen kann, dass der Kunde bei einem eventuellen Unternehmenswechsel des Mitarbeiters ebenfalls wechselt (bedingter Wechsel) (Bove/Johnson 2006). Ein weiterer Problemaspekt einer zu ausgeprägten kundenseitigen Ausübung der Führungsersatzfunktion besteht darin, dass – wie empirische Studien gezeigt haben – Mitarbeiter es oftmals nicht mögen, von Kunden gesagt zu bekommen, was sie machen sollen (Schneider/Bowen 1995). Da Kunden sich aufgrund der Tatsache, dass sie für eine Leistung bezahlen, aber oft das Recht nehmen, Anweisungen zu geben, kann dieser „Kundenbeitrag" durchaus auch negative Konsequenzen für die zu erbringende Leistung und damit auch für die resultierende Kundenbindung haben. Diese Art der Kundenintegration muss also durch den Anbieter mit sehr viel Vorsicht gehandhabt werden und sollte nur in begrenztem, kontrollierbarem Rahmen zugelassen werden, da sie ein in hohem Maße „zweischneidiges Schwert" darstellt.

Die *Hilfestellungsfunktion*: Diese bislang kaum berücksichtigte Funktion kommt v.a. zur Geltung, wenn eine Leistung für mehrere Kunden gleichzeitig erbracht wird (z.B. im öffentlichen Personennahverkehr, bei Gruppenreisen sowie kulturellen oder sportlichen Veranstaltungen). In jüngerer Zeit erlangt sie aber auch im Kontext elektronischer (Zusatz-)Angebote zunehmende Bedeutung und wird von Unternehmen (speziell im IT-Bereich wie z.B. von HP oder IBM) bereits aktiv eingesetzt. Hier bieten Kundenforen oder Virtuelle Communities die Möglichkeit, Erfahrungen auszutauschen, Ratschläge und Tipps zu geben bzw. zu erhalten. Eine Unterstützung von Kunden untereinander kann grundsätzlich in Form von Entscheidungshilfen, Erläuterungen zum Ablauf einer Leistungserstellung, als Orientierungshilfe oder physische Hilfestellung (z.B. bei der Handhabung von Geräten) erfolgen. Aus Anbietersicht können sie produktivitätsfördernd wirken, da die ausgeführten Aktivitäten ansonsten durch eigene Mitarbeiter wahrgenommen werden müssten. Mitunter nehmen die Kunden die Aufgaben sogar besser wahr, da sie durch ihre eigenen Erfahrungen oft mehr Verständnis und Einfühlungsvermögen bezüglich typischer Kundenprobleme haben. Zudem gelten Empfehlungen und Ratschläge anderer Kunden meist als glaubwürdiger, da ihnen kaum opportunistische Motive unterstellt werden können, wie es bei Mitarbeitern u.U. der Fall ist. Die im Rahmen solcher Unterstützungsaktivitäten erhaltene soziale Anerkennung kann durchaus eine *Kundenbindungswirkung* entfalten. Andererseits sind solche Austausche zwischen Kunden durch den Anbieter kaum steuerbar und könnten somit auch kontraproduktiv wirken. Zudem stärken sie die Nachfragerautonomie und können sich damit auch negativ auf die Kundenbindung gegenüber dem Anbieter auswirken. Umso wichtiger ist es für den Anbieter, diese Erscheinungsform der Kundenintegration zu beachten und im Rahmen der gegebenen Möglichkeiten darauf Einfluss zu nehmen.

2.2.2 Vor- und nachgelagerte Kundenfunktionen

Neben den unmittelbar leistungserstellungsbezogenen Funktionen kann der Kunde sich auch im Rahmen vor- und nachgelagerter Aufgaben in die Leistungsbeziehung mit dem Anbieter einbringen. Entsprechende *Kundenfunktionen* sind:

Beiträge zur *Ideengenerierung* und *Leistungsentwicklung* (Kunde als *Ideenlieferant* und *Co-Designer*) (Schneider/Bowen 1995; Bettencourt 1997; Chang/Taylor 2016): Die Kreativität, das Wissen und die Erfahrungen des Kunden als Leistungsempfänger werden genutzt, um Leistungsverbesserungen zu bewirken oder auch neue Leistungen zu entwickeln. Im B-to-B-Bereich ist dies unter der Bezeichnung *Lead-User-Konzept* bereits seit längerer Zeit gängige Praxis (von Hippel 1986). Hier werden besonders fortschrittliche und kompetente Produktverwender bereits in den frühen Phasen der (Neu-) Produktentwicklung aktiv eingebunden. Werden kundenseitig eingebrachte Produktideen realisiert, spricht man auch von *Pull-Innovationen* (Vahs/Burmester 2013). Aufgrund ihres anwenderseitigen Ursprungs ist die Wahrscheinlichkeit der Marktakzeptanz bei diesen Innovationen meist höher als bei unternehmensgetriebenen Push-Innovationen. Dies ist insbesondere dann zu erwarten, wenn sich Unternehmen die so genannte *Wisdom of Crowds* (Surowiecki 2004) zunutze machen. Im Kontext der Ideengenerierung und Leistungsentwicklung bedeutet dies, dass Ideen und Konzepte, die in ähnlicher Form von mehreren Kunden eingebracht werden bzw. von zahlreichen Kunden positiv bewertet werden, ein besonders hohes Akzeptanzpotenzial am Markt aufweisen. Eine solche Kundenintegration kann z.B. in persönlicher Form mittels Workshops, Gruppendiskussionen oder persönlichen Interviews erfolgen, aber auch durch mediale Anwendungen wie Innovationsplattformen oder webbasierte Konfigurations- und Innovationstools realisiert werden. So genannte *„Toolkits for Open Innovation"* (Reichwald/Piller 2009, S. 189) ermöglichen z.B. die Integration der Kunden bzw. Anwender in unterschiedliche Phasen des Innovations- und Leistungsgestaltungsprozesses. Diese virtuellen Designwerkzeuge stellen Interaktionsplattformen für Kunden dar, über die sie ihre spezifischen Wünsche artikulieren und zu bedarfsgerechten Lösungen beitragen können. Beteiligen sich Kunden in dieser Form an der Entwicklung von Produkten und Dienstleistungen, so weisen sie i.d.R. ein hohes produkt- oder anbieterbezogenes Involvement auf und fühlen sich dem Unternehmen meist verbunden (Cheung/To 2011). Gelingt es dem Anbieter, seine Kunden bereits in frühe Phasen der Leistungsentwicklung zu integrieren (z.B. durch Verdeutlichung des für sie erzielbaren Nutzens), so kann er dadurch auch die *Kundenbindung* erhöhen.

Die *Marketingfunktion* (Kunde als *Co-Marketer*) (Bettencourt 1997; Dullinger 2001): Diese bezieht sich insbesondere auf die (persönliche) Mund-zu-Mund-Kommunikation zufriedener Kunden (Weiterempfehlung), welche gerade bei unsicherheitsbehafteten, integrativ erstellten Leistungen eine hohe Bedeutung für die Kaufentscheidung potenzieller Kunden hat. Ein gezieltes Weiterempfehlungsmarketing durch den Anbieter, welches eine positive Mund-zu-Mund-Kommunikation der Kunden fördert und belohnt, kann die Ausübung dieser Funktion stärken. In jüngerer Vergangenheit erlangen in dem Zusammenhang auch Ansätze des *Social Marketing* oder *Social Commerce* (Krisch/Haderlein 2008), bei denen soziale Netzwerke der Kunden gezielt zur Bekanntmachung von Leistungsangeboten und zur Verkaufsförderung genutzt werden, zunehmende Bedeutung. Können Kunden dazu bewegt werden, als Co-Marketer Multiplikatorfunktionen wahrzunehmen, so kann dies die *Kundenbindung* idealtypisch in zweifacher Weise erhöhen: Zum einen werden Kunden, die eine bewusste Weiterempfehlung gegenüber Personen aus ihrem Bezugskreis abgeben, ein gewisses Commitment im Hinblick auf die empfohlene Leistung empfinden, welches eine psychologische Wechselbarriere aufgrund des drohenden Glaubwürdigkeitsverlustes für sie darstellen kann (Bruhn 2009). Zum anderen kann die Empfehlung auch bei deren Empfängern eine leistungs- und/oder anbieterbezogene Bindung bewirken, insbesondere dann, wenn die Kaufentscheidung – wie bereits erwähnt – unsicherheitsbehaftet ist und die erhaltene Empfehlung von einer als kompetent und vertrauenswürdig angesehenen Bezugsperson diese Unsicherheit reduziert.

Die Vielfalt der dargestellten Kundenfunktionen verdeutlicht bereits, wie breit das Spektrum möglicher Formen der Kundenintegration ist und welches Potenzial für den Anbieter darin liegt. Die Herausforderung für Unternehmen besteht darin, sich zunächst ein klares Bild von den möglichen Beiträgen des Kunden zur jeweils angebotenen Leistung sowie deren Wirkungen zu machen, um den Kunden dann an eine sachgerechte Ausübung der als wünschenswert angesehenen Funktionen heranzuführen und die positiven kundenbindungsbezogenen Wirkungen für sich nutzbar zu machen. Hierfür ist es erforderlich, dass der Anbieter die (kundenseitigen) Bestimmungsfaktoren einer effektiven Beteiligung kennt und sich im Klaren darüber ist, wie er diese Faktoren und damit auch deren Wirkungen auf die Kundenbeteiligung und die Kundenbindung positiv beeinflussen kann.

3. Bestimmungsfaktoren der Kundenintegration und Wirkungen auf die Kundenbindung

3.1 Kundenseitige Bestimmungsfaktoren einer effektiven Beteiligung

In den Forschungsbeiträgen zur Kundenbeteiligung wird dem Zusammenspiel der folgenden drei *Bestimmungsfaktoren auf Nachfragerseite* besondere Bedeutung im Hinblick auf ein effektives Integrationsverhalten von Kunden beigemessen (Schneider/Bowen 1995; Canziani 1997; Bettencourt et al. 2002; Gouthier 2003):

- *Können*: Hierbei handelt es sich um Fähigkeiten und Fertigkeiten des Kunden, die für eine adäquate Ausübung seiner Kundenrollen bzw. -funktionen erforderlich oder nützlich sind.
- *Wissen*: Hierunter versteht man die leistungs-, aufgaben- und unternehmensbezogenen Kenntnisse des Kunden, welche aus eigenen Erfahrungen oder anderen Informationsquellen stammen und einer kooperativen Aufgabenerfüllung dienlich sind.
- *Wollen*: Hiermit ist die Bereitschaft des Kunden zur Übernahme und zielgerichteten Erfüllung der erforderlichen Beiträge sowie gegebenenfalls freiwilliger Zusatzleistungen im Rahmen unternehmerischer Wertschöpfungsprozesse gemeint.

Man geht davon aus, dass Wertschöpfungsaktivitäten, an denen der Kunde aktiv beteiligt ist, nur dann mit dem angestrebten Erfolg erbracht werden können, wenn sämtliche der drei Kundeneigenschaften in einem gewissen Maße vorhanden sind, und dass die konkreten Ausprägungen dieser Eigenschaften sich auf Ausmaß und Qualität der Kundenbeteiligung auswirken. Die Übereinstimmung dieser beim Kunden insgesamt vorhandenen Eigenschaften mit seinen konkreten Aufgaben im Wertschöpfungsprozess bezeichnet Canziani als „Customer Competence" (Canziani 1997, S. 8). Sie betont dabei, dass Kundenkompetenz keine allgemeingültige Eigenschaft ist, sondern stets in Relation zu den jeweiligen Aufgabenstellungen zu beurteilen ist.

Die empirische Forschung zum Thema Kundenbeteiligung hat zudem gezeigt, dass das „Wollen" des Kunden, d.h. seine *Beteiligungsbereitschaft*, im Hinblick auf das konkrete Kundenverhalten im Leistungserstellungsprozess eine zentrale Stellung einnimmt (Kelley et al. 1992; Lengnick-Hall et al. 2000; Büttgen 2007). In der Studie von Büttgen weist der Einfluss der Beteiligungsbereitschaft auf das Beteiligungsverhalten von Kunden unter den vorab aufgezeigten Bestimmungsfaktoren die mit Abstand höchste Effektstärke auf (Büttgen 2007). Ihr ist somit bei der im weiteren Verlauf vorzunehmenden Analyse von Einflussmöglichkeiten des Anbieters auf die Kundenbeteiligung besondere Beachtung zu schenken.

Neben den bisher thematisierten Bestimmungsfaktoren wird in der empirischen Forschung weiteren kundenseitigen Determinanten Beachtung geschenkt. Hierzu zählen der wahrgenommene Aufwand der Beteiligung (Keh/Teo 2001), die wahrgenommene Kontrolle bzw. die Selbstwirksamkeit (Yim et al. 2012), positive Emotionen bzw. eine positive Einstellung des Kunden (Gallan et al. 2013) sowie das (organisationale) Commitment des Kunden gegenüber dem Anbieter (Bettencourt 1997; Lengnick-Hall et al. 2000; Keh/Teo 2001). Dem Commitment kommt im vorliegenden Untersuchungskontext aufgrund seiner inhaltlichen Nähe zur Kundenbindung besondere Bedeutung zu.

Unter organisationalem *Commitment* versteht man „the relative strength of an individual's identification with and involvement in a particular organization" (Porter et al. 1974, S. 604). Es drückt die Verbundenheit mit und die Verpflichtung gegenüber einem Unternehmen aus, welche gemeinhin mit einer ausgeprägten Loyalität und Einsatzbereitschaft einhergehen (Fischer/Tewes 2001). Ein Mitarbeiter, der seinem Unternehmen gegenüber „committed" ist, setzt sich für dieses ein, teilt dessen Werte und strebt nach einer langfristigen Bindung an das Unternehmen (Bettencourt 1997). Angewendet auf das Commitment von leistungsbeteiligten Kunden ist das Konstrukt zu verstehen als Verbundenheit und Verpflichtung des Kunden gegenüber dem Anbieter, mit dem er eine Leistungsbeziehung eingegangen ist. Diese Verbundenheit drückt sich im Ausmaß aus, mit dem er hinter den Zielen und Werten des Anbieters steht, dem Aufwand, den er bereit ist, für das Unternehmen und die Leistungsbeziehung auf sich zu nehmen sowie dem Wunsch bzw. der Intention, die Leistungsbeziehung fortzusetzen. Die Verbindung zwischen Commitment und Kundenbindung wird damit bereits deutlich.

3.2 Zusammenhang zwischen Kundenintegration und Kundenbindung

Die Wirkung der Kundenbeteiligung bzw. Kundenintegration auf die Kundenbindung wurde bisher erst in wenigen Studien empirisch untersucht. In den vorhandenen Studien zeigt sich meist ein positiver Effekt, d.h. eine stärkere Beteiligung des Kunden an der Leistungserstellung erhöht die Bindung an das Unternehmen. So bestätigen Auh et al. (2007) in zwei unterschiedlichen Untersuchungskontexten (Finanzdienstleistungen und medizinische Dienstleistungen) eine positive Wirkung der Kundenbeteiligung, sowohl auf die einstellungsbezogene als auch die verhaltensbezogene Loyalität gegenüber dem Dienstleistungsanbieter. Yim et al. (2012) untersuchen die Wirkung einer aktiven Kundenbeteiligung auf die Kundenzufriedenheit und in Folge auf die Wiederkaufabsicht unter Berücksichtigung der mediierenden Wirkung des kundenseitigen Vergnügens bei der Leistungserstellung sowie des empfundenen ökonomischen und beziehungsbezogenen Wertes. In ihrer triadischen Studie im Finanzdienstleistungskontext können sie die unterstellten Wirkungsbeziehungen bestätigen und stellen zudem eine positiv moderierende Wirkung der empfundenen Selbstwirksamkeit der Kunden fest. Diese verstärkt die Beziehung zwischen der Kundenbeteiligung und dem bei der interaktiven Leistungserstellung empfundenen Vergnügen, d.h. Kunden, die ein ausgeprägtes Selbstwirksamkeitsempfinden haben, ziehen aus einer starken Beteiligung mehr Genuss als Kunden, die sich nicht als selbstwirksam empfinden. Die Bedeutung von Emotionen in Verbindung mit Kundenzufriedenheit und Kundenbindung wird auch von Bloemer/de Ruyter (1999) im Kontext von High-Involvement- versus Low-Involvement-Leistungen untersucht. Sie stellen in unterschiedlichen Branchenkontexten (öffentliche Dienstleistungen, Bahnverkehr, Fast Food-Restaurants, herkömmliche Restaurants, Feriencamps und Reisebüros) fest, dass positive Emotionen nur im Fall von High-Involvement-Leistungen einen verstärkenden Effekt auf die Verbindung zwischen Kundenzufriedenheit und Kundenbindung haben, während dieser bei Leistungen ohne starkes Kundeninvolvement nicht auftritt. Da ein ausgeprägtes Kundeninvolvement oftmals auch mit einer starken Kundenbeteiligung einhergeht, lassen sich diese Erkenntnisse zumindest ansatzweise auf den Untersuchungskontext der Kundenintegration übertragen.

Wie sich an den zuletzt dargestellten Forschungsergebnissen bereits zeigt, tritt eine positive Wirkung der aktiven Kundenbeteiligung an der Leistungserstellung auf die Kundenbindung nicht per se ein, sondern hängt von verschiedenen Kontextfaktoren ab. So zeigen Heidenreich et al. (2015), dass im Falle von Dienstleistungsfehlern eine ausgeprägte Kundenbeteiligung zu größerer Unzufriedenheit führt als eine geringe Beteiligung, und zwar unabhängig davon, ob der Kunde den Fehler sich selbst zuschreibt (interne Attribution) oder nicht. Bei erfolgreicher Leistungserstellung hingegen führt eine stärkere Kundenbeteiligung zu einer Steigerung der Kundenzufriedenheit und damit – gemäß etablierter Forschungsergebnisse – indirekt auch zu einer Steigerung der Kundenbindung. Allerdings zeigt eine ergänzende Studie der Autoren, dass bei Problemlösungs- bzw. Wiedergutmachungsaktivitäten im Kontext beteiligungsintensiver, fehlerhafter Dienstleistungen die Zufriedenheit durch eine stärkere Kundenbeteiligung am Problemlösungsprozess wiederum gesteigert werden kann. Dies bestätigen auch die Ergebnisse von Dong et al. (2008), die in ihrer Studie im Kontext von Selbstbedienungstechnologien einen positiven Zusammenhang zwischen der Kundenbeteiligung an Problemlösungsaktivitäten (Service Recovery) und der Absicht des Kunden, sich auch zukünftig in Wertschöpfungsaktivitäten des Unternehmens einzubringen, feststellen.

Die bisherigen Ausführungen zu den kundenseitigen Determinanten der Kundenbeteiligung sowie zu den daraus resultierenden Wirkungen auf die Kundenzufriedenheit und Kundenbindung verdeutlichen, dass es für eine erfolgreiche, bindungssteigernde Kundenbeteiligung wesentlich ist, dass der Kunde sich durch seine Beteiligung nicht überfordert fühlt, sondern vielmehr Spaß an der Beteiligung hat und dadurch eine ausgeprägte Motivation und Bereitschaft zur Mitwirkung entwickelt. Wie der Anbieter hierauf positiv einwirken kann, wird im Folgenden näher betrachtet.

3.3 Kundenqualifizierung durch den Anbieter und deren Wirkung auf die Kundenbeteiligung und -bindung

Um Kunden bei der sachgerechten Ausübung der verschiedenen Kundenrollen – insbesondere bei den Beiträgen zur eigentlichen Leistungserstellung – zu unterstützen und die dafür erforderlichen Voraussetzungen (Können, Wissen und Wollen des Kunden) zu schaffen, stehen dem Anbieter Ansätze der Kundenqualifizierung und -sozialisation zur Verfügung. Inwiefern solche Qualifizierungsbestrebungen den Kunden zu einem geeigneten Leistungsträger machen und seine Bindung an das Unternehmen stärken, wird im Folgenden analysiert. Dabei gilt es zunächst, den Begriff der Kundenqualifizierung zu spezifizieren und ihn gegenüber dem verwandten Begriff der *Kundensozialisation* abzugrenzen.

Unter *Kundenqualifizierung* versteht Gouthier die „Einarbeitung von Kunden zur Erfüllung seiner instrumentellen Handlungen" (Gouthier 2003, S. 84). Er grenzt sie explizit von der Kundensozialisation ab, die seiner Auffassung nach nur die Vermittlung von Werten, Normen und sozialen Verhaltensweisen innerhalb des Leistungserstellungskontextes umfasst, nicht jedoch die Vermittlung von Integrationsqualifikationen, d.h. relevanten Fähigkeiten und Wissen. Mit der Kundensozialisation meint er demnach die *soziale Eingliederung* des Kunden; mit der Qualifizierung hingegen seine *fachliche Einarbeitung*. Dies deckt sich weitgehend mit dem allgemeinen Begriffsverständnis von Sozialisation in der deutschsprachigen Forschung, welches das Lernen von Verhaltensweisen, Meinungen und Werthaltungen umfasst, mit denen sich ein Individuum in ein soziales System einfügt (Fischer/Wiswede 2009). Das Individuum vollzieht dabei einen interaktiven Prozess, in dem sein Verhalten so modifiziert wird, dass es mit den Erwartungen der Mitglieder einer Gruppe, einer Organisation oder der Gesellschaft insgesamt übereinstimmt. *Soziale Aspekte* der Eingliederung stehen hierbei im Vordergrund.

Demgegenüber wird in der anglo-amerikanischen Forschung häufig ein weiter gefasstes Verständnis von Sozialisation vertreten, insbesondere bei Anwendungen im betriebswirtschaftlichen Bereich. Hier wird Sozialisation als „the means through which people acquire the knowledge, skills, dispositions, and motivations that make it possible for them to effectively participate in a social system" verstanden (Claycomb et al. 2001, S. 52). In diesem Verständnis rücken *Qualifikationsaspekte* des Individuums stärker in den Vordergrund, die für die Ausübung einer Rolle innerhalb eines sozialen Systems erforderlich oder nützlich sind. Hierzu zählt neben dem Wissen und den Fähigkeiten auch die Motivation zur effektiven Eingliederung in das soziale System. Diesem Verständnis folgend ist *Kundensozialisation* in einem umfassenden Sinne als Prozess zu verstehen, durch den der Kunde die unternehmensspezifischen Werte und Normen ebenso wie die beteiligungsrelevanten Fähigkeiten erlernt, Wissen und Motivation im Hinblick auf seine auszuübende(n) Rolle(n) erwirbt und die diesbezüglichen Erwartungen des Unternehmens wie auch ggf. weiterer Kunden kennen lernt.

Unter *Kundenqualifizierung* lassen sich in dem Zusammenhang die anbieterseitigen Aktivitäten zusammenfassen, die den Prozess der Kundensozialisation unterstützen. Sie beinhaltet demnach alle Maßnahmen, jedes fachliche und persönliche Engagement des Anbieters und seiner Mitarbeiter, den Kunden zu einem kompetenten und motivierten Wertschöpfungspartner zu machen. Das Ziel besteht letztlich darin, das konkrete Beteiligungsverhalten des Kunden im Sinne der Leistungsanforderungen und Vorstellungen des Anbieters zu beeinflussen und die Eigenverantwortung des Kunden zu stärken (Bettencourt et al. 2002). Auf diese Weise soll die adäquate Ausübung der dem Kunden zugedachten Rollen sichergestellt und das Erfordernis anbieterseitiger Kontrollen reduziert werden (Dullinger 2001). Hierbei spielt insbesondere die Wirkung der anbieterseitigen Qualifizierungsmaßnahmen auf das durch den Kunden empfundene (organisationale) Commitment eine entscheidende Rolle.

Die Relevanz des (organisationalen) Commitment im Kontext der Kundenintegration beruht im Wesentlichen auf Erkenntnissen der organisationspsychologischen Forschung, die in einer Vielzahl von Studien den Zusammenhang zwischen organisationalem Commitment von Mitarbeitern und deren Arbeitsverhalten bzw. -leistung, Zufriedenheit und Bindung untersucht hat (Porter et al. 1974; Meyer et al. 1989; Mathieu/Zajac 1990).

Das Hauptanliegen der meisten Studien besteht darin, den Zusammenhang zwischen Commitment und Leistung von Mitarbeitern zu ergründen, wobei zunächst meist von einer direkten Wirkungsbeziehung ausgegangen wurde. Diese ließ sich jedoch in vielen Fällen nicht – oder nur in schwacher Ausprägung – bestätigen (Leong et al. 1994), wie auch die zusammenfassende Ergebnisbeurteilung der Meta-Analyse von Mathieu/Zajac (1990) zum Ausdruck bringt: „Although higher levels of commitment may relate to improved job performance in some situations [...], the present findings suggest that commitment has relatively little direct influence on performance in most instances." (Mathieu/Zajac 1990, S. 184). Es erscheint daher sinnvoll, von einem komplexeren

Wirkungsgefüge auszugehen, das indirekte Zusammenhänge zwischen Commitment und Leistung berücksichtigt (Randall 1990).

Innerhalb des vorliegenden Untersuchungskontextes ist der Motivation bzw. Beteiligungsbereitschaft als vermittelnde Variable zwischen dem Commitment des Kunden und seinem konkreten Beteiligungsverhalten besondere Beachtung zu schenken. Bereits der enge Bezug zu einem Teilaspekt des Begriffsverständnisses von Commitment legt eine solche Verbindung nahe (Mathieu/Zajac 1990). Die Bereitschaft, zugunsten des Unternehmens einen beträchtlichen Aufwand zu betreiben, die als eine Komponente oder Ausdrucksform des Commitment definiert wurde, steht in enger Verbindung mit der Bereitschaft des Kunden, seine Rolle(n) im Rahmen der integrativen Wertschöpfung aktiv und im Sinne des Unternehmens auszuüben. Das Engagement, das der Kunde dabei an den Tag legt, kann als eine Form des Aufwands verstanden werden, den er zugunsten des Anbieters bereit ist, auf sich zu nehmen. Demnach würde die Leistungsbereitschaft des Kunden nicht nur aus der Erwartung heraus entstehen, für sich selbst bessere Ergebnisse zu erzielen, sondern auch aus einem Gefühl der *Verbundenheit* oder *Verpflichtung* gegenüber dem Anbieter.

Ein solches Gefühl der Verpflichtung ist v.a. dann in hoher Ausprägung zu erwarten, wenn der Anbieter seinerseits (aus Sicht des Kunden) einen erheblichen Beitrag für die Leistungsbeziehung erbringt bzw. erbracht hat. Hier spielen grundlegende austausch- und gerechtigkeitstheoretische Überlegungen eine Rolle. Der zentrale Gegenstand der *sozialen Austauschtheorie* ist der gegenseitige Austausch von Belohnungen zwischen den Beteiligten einer sozialen Beziehung, wobei die Beteiligten ihr Verhalten an Kosten-Nutzen-Überlegungen ausrichten (Homans 1972). Eine längerfristig angelegte Beziehung basiert darauf, dass die Lieferung einer Belohnung durch den einen Partner früher oder später durch die Lieferung einer entsprechenden Belohnung durch den anderen Partner kompensiert wird, denn die Beteiligten beurteilen eine Beziehung unter anderem danach, ob sie ausgewogen und gerecht ist (Homans 1972). So identifizieren auch Auh et al. (2007) im Dienstleistungskontext die kundenseitig wahrgenommene interaktionale Gerechtigkeit als relevanten Bestimmungsfaktor für das Co-Produktionsverhalten: „According to the notions of social exchange […], the degree to which clients perceive their treatment as fair influences the extent to which they reciprocate with cooperative behaviors. In other words, fairness perceptions increase the level of co-production".

Dies ist aus Sicht der *Equity-Theorie* dann der Fall, wenn der Einsatz, den eine Partei in die Beziehung einbringt, im gleichen Verhältnis zu ihrem erzielten Ergebnis steht wie der Einsatz der anderen Partei zu deren Ergebnis (Adams 1965). Es wird davon ausgegangen, dass jeder Interaktionspartner Beiträge leistet (in Form von Zeitaufwand, Anstrengung, Fähigkeiten, Wissen, Erfahrung usw.) und Ergebnisse aus der Beziehung erzielt (Belohnungen und Bestrafungen im weitesten Sinne). Ist ein solcher Ausgleich in der Beziehung nicht gegeben, reagiert die sich benachteiligt fühlende Person mit Unbehagen oder Verärgerung und versucht, die angestrebte Ausgewogenheit wiederherzustellen (Huppertz et al. 1978). Hierbei stehen ihr verschiedene Möglichkeiten zur Verfügung: Sie kann entweder verhaltensbezogene Konsequenzen ziehen, wie z.B. eine Reduktion ihrer eigenen Investitionen in die Beziehung oder gar die Beendigung der Beziehung, oder sie nimmt eine psychologische Umbewertung der von ihr wahrgenommenen Input-Output-Relationen vor.

Das Streben nach einer ausgewogenen Beziehung impliziert allerdings nicht nur, dass die Austauschpartner darauf achten, von der jeweils anderen Seite nicht übervorteilt zu werden, sondern auch, dass sie selbst die andere Seite nicht übervorteilen, da dies i.d.R. ebenfalls Unbehagen (üblicherweise in Form von Schuldgefühlen) hervorruft und zudem negative Konsequenzen für sie selbst haben kann (Adams 1965). Ein nachlassendes Engagement der Gegenseite oder im Extremfall eine Auflösung der Beziehung durch den Partner könnten mögliche Folgen sein.

Eine integrative Leistungsbeziehung zwischen Anbieter und Nachfrager kann – wie bereits verdeutlicht – als eine solche Austauschbeziehung verstanden werden. Die Leistungsbeiträge des Kunden bestehen in dem Preis, den er als Entgelt bezahlt, im Arbeits- oder sonstigen Input, den er in die Leistungsbeziehung einbringt sowie in der dem Anbieter entgegengebrachten Treue bzw. Loyalität. Sein Ergebnis ist der Nutzen, den er aus der Leistungsinanspruchnahme sowie gegebenenfalls auch aus zukünftigen Verbesserungen, der Anerkennung für seinen Input oder aus den sozialen Interaktionen zieht. Auf der anderen Seite bestehen die Beiträge des Anbieters sowohl in den von ihm unmittelbar ausgeführten Leistungserstellungsaktivitäten und eingesetzten Ressourcen (Leistungsausmaß und -qualität) als auch in dem Aufwand, den er zur Qualifizierung und Betreuung des Kunden betreibt. Im vorliegenden Kontext ist dem zweiten Aspekt besondere Beachtung zu schenken. Der Kunde wird demnach nur dann bereit sein, die Beziehung zum Unternehmen aufrecht zu erhalten und den erforderlichen oder gewünschten Input zu leisten, wenn er ihn in angemessenem Verhältnis zu dem (Qualifizierungs- und Betreuungs-) Aufwand des Anbieters sieht, bzw. wenn er den eigenen Aufwand in gleicher Relation zu seinem erwarteten Nutzen sieht wie den Aufwand des Anbieters zu dessen Ertrag. Nur dann wird er sich im Sinne einer ausgleichenden Gerechtigkeit dem Unternehmen verpflichtet und verbunden fühlen. Das Commitment spiegelt somit das Gerechtigkeitsstreben innerhalb der Austauschbeziehung wider, welches zu einer hohen Leistungsbereitschaft und ausgeprägten Kundenbindung führen kann, wenn auch der betriebene Aufwand des Anbieters (u.a. seine Qualifizierungsleistungen zur besseren Integration des Kunden) entsprechend ausgeprägt sind.

3.4 Zusammenfassung der Wirkungsbeziehungen

Aus den Ausführungen dieses Kapitels lassen sich verschiedene Wirkungsbeziehungen im Kontext der Kundenintegration und Kundenbindung ableiten. Wie Abbildung 2 zeigt, ist davon auszugehen, dass der Anbieter durch geeignete Qualifizierungs- und Betreuungsmaßnahmen die relevanten Fähigkeiten, Kenntnisse und die erforderliche Beteiligungsbereitschaft des Kunden für eine sachgerechte Ausübung der ihm zugedachten

Kundenrollen bzw. -funktionen aufbauen oder zumindest positiv darauf einwirken kann. Auch lässt sich – basierend auf den theoretischen Überlegungen – erwarten, dass sich die Qualifizierungsmaßnahmen, sofern sie vom Kunden entsprechend als anbieterseitige Beziehungsbeiträge wahrgenommen werden, positiv auf das Commitment des Kunden und damit auf seine Verbundenheit gegenüber dem Unternehmen auswirken. Ein ausgeprägtes Commitment hat wiederum eine begünstigende Wirkung auf die Beteiligungsbereitschaft des Kunden, welche gemeinsam mit seinen leistungsrelevanten Fähigkeiten und dem entsprechenden Wissen die konkrete Ausübung der Kundenrollen beeinflusst. Zudem steht das organisationale Commitment in einer positiven Beziehung zur Kundenbindung und verstärkt diese.

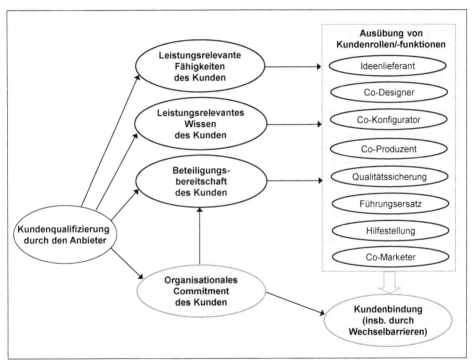

Abbildung 2: Wirkungsbeziehungen im Kontext von Kundenintegration und Kundenbindung

Wie in Abschnitt 3.1 bereits ausgeführt, kann eine positive Wirkung der kundenseitigen Faktoren ‚leistungsrelevantes Wissen', ‚leistungsrelevante Fähigkeiten' und ‚Beteiligungsbereitschaft' des Kunden auf das konkrete Beteiligungsverhalten des Kunden (Ausübung der Kundenfunktionen) auch empirisch bestätigt werden, wobei der motivationale Faktor der Beteiligungsbereitschaft unter den getesteten Wirkungen den stärksten Einfluss aufweist (Büttgen 2007). Im Kontext der Kundensozialisation wurde zudem der Zusammenhang zwischen der wahrgenommenen Unterstützung des Kunden (perceived support for customers), welcher einen inhaltlichen Bezug zur Kundenqualifizierung im hier verstandenen Sinne aufweist, und dem Commitment des Kunden gegenüber dem Unternehmen untersucht und bestätigt (Bettencourt 1997). Auch der Einfluss der Kundenqualifizierung im eigentlichen Sinne auf das Commitment gegenüber dem Unternehmen konnte bereits empirisch bestätigt werden, ebenso wie der Einfluss des Commitment auf die Beteiligungsbereitschaft von Kunden und die positive Wirkung der Kundenqualifizierung auf die Fähigkeiten, das Wissen und die Motivation des Kunden im Hinblick auf seine Mitwirkung an Wertschöpfungsaktivitäten (Büttgen 2007).

Die grundlegenden Ausführungen zu den verschiedenen Kundenrollen bzw. -funktionen in Kapitel 2 dieses Beitrags legen zudem nahe, dass die Funktionsausübung durch den Kunden ihrerseits wiederum eine kundenbindende Wirkung entfalten kann, indem Wechselbarrieren unterschiedlicher Art (psychologisch wie auch ökonomisch) aufgebaut werden.

4. Schlussfolgerungen für ein bindungsorientiertes Kundenintegrationsmanagement

Wie die Analyse der Wirkungsbeziehungen im Kontext der Kundenintegration und Kundenbindung verdeutlicht hat, stellt die Kundenqualifizierung durch den Anbieter einen wesentlichen Ansatzpunkt dar, um einerseits den Kunden auf die sachgerechte Ausübung seiner verschiedenen potenziellen Funktionen vorzubereiten und ihn diesbezüglich zu motivieren und andererseits auch sein Commitment gegenüber dem Unternehmen zu stärken. Ein bindungsorientiertes Integrationsmanagement sollte daher auf den systematischen Einsatz qualifizierender und motivierender Maßnahmen ausgerichtet sein.

Gemäß den in Abschnitt 3.4 postulierten Wirkungsbeziehungen würden dabei die Fähigkeiten und das Wissen der Kunden erste wesentliche Ansatzpunkte darstellen. Zur Steigerung der integrationsrelevanten Fähigkeiten sowie des entsprechenden Wissens ihrer Kunden können Unternehmen z.B. Schulungsmaßnahmen anbieten, die auf die Schaffung konkreter Handlungskompetenz für die Ausführung der gewünschten Aktivitäten ausgerichtet sind (Burton 2002; Auh et al. 2007). Bei dem Angebot von Kundenschulungen lassen sich grundsätzlich *formale und informale Qualifizierungsmaßnahmen* unterscheiden (siehe hierzu im Kontext der Mitarbeitersozialisation van Maanen 1978). Die Unterscheidung differenziert danach, ob der Kunde ein gezieltes Training im Vorfeld der eigentlichen Leistungsbeziehung erhält, das ihn mit seinen Aufgaben (z.B. als Co-Produzent) vertraut macht und ihm die dafür erforderlichen Fähigkeiten und Kenntnisse vermitteln soll oder ob er seine Kundenrolle unmittelbar durch die Ausführung derselben, also durch „learning-by-doing", erlernt.

Das aufwändigere und damit auch kostenintensivere formale Training empfiehlt sich v.a. bei komplexen, fehleranfälligen und besonders erfolgskritischen Leistungsbeiträgen des Kunden, die auch mit besonderem Unsicherheitsempfinden auf der Kundenseite einhergehen können. Als Schulungsform, die zwischen diesen beiden Varianten angesiedelt ist, könnte auch eine begleitete Einführungsphase für den Kunden angeboten werden, in der geschulte Mitarbeiter als Kunden-Coaches fungieren (Bowers et al. 1990), die die Aufgabenausführung unterstützen und überwachen und den Kunden die erforderlichen Fähigkeiten und Kenntnisse durch gezielte Übungen, Tipps und Hilfestellungen vermitteln. Ergänzend können auch spezielle Kundenseminare angeboten werden, wie sie z.B. im Finanzdienstleistungsbereich relativ verbreitet sind (Burton 2002; Gouthier 2003). Solche Seminare sollten interaktiv gestaltet sein und die Möglichkeit bieten, auch auf den individuellen Informationsbedarf des Kunden näher einzugehen. Sie dienen meist vorrangig dazu, relevantes Hintergrundwissen zu vermitteln (z.B. zu verschiedenen Anlageformen im Finanzdienstleistungsbereich), können aber auch einen expliziten Schulungscharakter im Hinblick auf die Kundenbeteiligung (z.B. beim Online-Banking) annehmen.

Bei dem Einsatz von Schulungsmaßnahmen durch den Anbieter ist in jedem Fall darauf zu achten, dass diese möglichst aufgabennah und anwendungsorientiert im Sinne eines Training-on-the-job durchgeführt werden und dem Kunden ein Gefühl echter Hilfestellung und nicht einer autoritären Bevormundung vermitteln, da er ansonsten entsprechende Angebote vermutlich nicht nutzen wird, sondern eher auf kundenseitige Alternativen (z.B. Internetforen) zurückgreifen könnte und sich damit die positive Commitment-Wirkung, die durch anbieterseitiges Qualifizierungsengagement entsteht, nicht einstellt. Auch sollten solche Maßnahmen den individuellen Kenntnisstand und die Fähigkeiten des Kunden berücksichtigen, um eine mögliche Überforderung zu vermeiden, die stresserzeugend und damit kontraproduktiv wirken kann.

Neben den Kundenfähigkeiten und dem Wissen als Einflussgrößen der Kundenbeteiligung stellt – wie bereits mehrfach erwähnt – vor allem die *Beteiligungsbereitschaft* des Kunden einen ganz zentralen Ansatzpunkt für anbieterseitige Maßnahmen dar. Sie kann zum einen durch besonderes Beziehungsengagement des Anbieters und dem daraus resultierenden Verbundenheits- oder Verpflichtungsgefühl des Kunden verstärkt werden. Zum anderen ist auch davon auszugehen, dass der Kunde zu einer aktiven und anforderungsgerechten Teilnahme an Wertschöpfungsaktivitäten bereit sein wird, wenn für ihn dadurch ein erkennbarer Nutzen entsteht. Demnach ist ein weiterer Ansatzpunkt zur Motivationsförderung darin zu sehen, den resultierenden Nutzen für den Kunden zu verdeutlichen und ggf. zu erhöhen. Gelingt es dem Anbieter, den Kunden davon zu überzeugen, dass eine engagierte, sachgerechte Beteiligung nicht nur Vorteile für den Anbieter bewirkt (z.B. Kosten- und Zeitersparnisse durch geringeren eigenen Input), sondern insbesondere auch dem Kunden selbst dienlich ist (z.B. durch ein besseres, bedarfsgerechteres Leistungsergebnis), so wird dieser in stärkerem Maße gewillt sein, sich entsprechend einzubringen. Ergänzend zu dieser „Überzeugungsarbeit" können auch gezielte materielle oder immaterielle Leistungsanreize (z.B. Preisnachlässe, Zeitvorteile, Lob und Anerkennung für besonders gute Kundenbeiträge, exklusiver Zugang zu bestimmten Leistungsangeboten oder Informationen) zur extrinsischen Motivation der Kunden eingesetzt werden. Die Bereitschaft zur aktiven und konsequenten Beteiligung kann mitunter auch dadurch erhöht werden, dass dem Kunden ein größeres Maß an Kontrolle über den Leistungsprozess und das resultierende Ergebnis gewährt bzw. seine Kontrollüberzeugung (interner Locus of Control) gestärkt wird (Büttgen et al. 2012). In Verbindung mit der entsprechend vermittelten Handlungskompetenz kann dies auch intrinsisch motivierend wirken, da die Aufgabenstellung einerseits an Verantwortlichkeit und Attraktivität zunimmt und der Kunde somit mehr Befriedigung aus der Tätigkeit selbst ziehen kann und er sich andererseits stärker verantwortlich für das Leistungsergebnis fühlt und damit ein ausgeprägteres Engagement zeigt. So konnten Büttgen et al. (2012) in einer empirischen Studie im Gesundheitsbereich zeigen, dass eine interne Kontrollüberzeugung bei Kunden, die durch Qualifizierungsmaßnahmen des Anbieters verstärkt werden kann, sowohl die Bereitschaft zur Mitwirkung als auch das konkrete Beteiligungsverhalten des Kunden steigern. Gelingt es dem Anbieter zudem, dass der Kunde Spaß an seiner Aufgabe hat, so ist die Wahrscheinlichkeit einer engagierten und leistungsfördernden Kundenbeteiligung besonders hoch. So haben Studien im Kontext des so genannten *User Generated Content* bei Online-Angeboten, die durch ein hohes Maß an Kundenintegration und kundenseitigen Leistungsbeiträgen gekennzeichnet sind, gezeigt, dass die intrinsische Motivation eine wesentliche Einflussgröße der aktiven Beteiligung von Usern darstellt (Schroer/Hertel 2009).

5. Fazit

Die Teilnahme der Kunden an Wertschöpfungsprozessen des Anbieters kann sich in vielfältigen Erscheinungsformen vollziehen und ist aufgrund ihrer Konsequenzen für das Leistungsergebnis, die Wirtschaftlichkeit und die Kundenbindung ein bedeutsames Thema für Unternehmen. Um eine kundengerechte Leistungsgestaltung und -erstellung sowie dauerhafte Leistungsbeziehungen mit den Kunden zu gewährleisten, sollte es daher ein zentrales Anliegen sein, sich mit den Chancen und Herausforderungen der Kundenbeteiligung zu beschäftigen und die dabei bestehenden Gestaltungsmöglichkeiten aktiv zu nutzen.

Die Art und das Ausmaß, in dem ein Kunde als effektiver Wertschöpfungspartner einsetzbar ist, hängen jedoch von verschiedenen, hauptsächlich kundenbezogenen Faktoren ab. Diese Faktoren durch gezielte Schulungsmaßnahmen und die Schaffung von Leistungsbereitschaft positiv zu beeinflussen, ist demnach eine wichtige Aufgabe des Anbieters. Gelingt ihm eine anforderungsgerechte Kundenqualifizierung und -motivation, so kann er oft sogar von der weitergehenden Möglichkeit Gebrauch machen, bestimmte Leistungsaktivitäten oder -prozesse vollständig auf den Kunden zu verlagern. Der Einsatz einer solch weitgehenden Kundenintegration ist aber nur dann Erfolg versprechend, wenn der Kunde die Austauschbeziehung als gerecht empfindet und seine geleisteten Beiträge sowie den für ihn resultierenden Nutzen im Vergleich zu den Beiträgen und Erträgen des Anbieters als angemessen ansieht.

Literaturverzeichnis

Adams, J. S. (1965): Inequity in Social Exchange, in: Berkowitz, L. (Hrsg.), Advances in Experimental Social Psychology, Vol. 2, o. No., New York, S. 267-299.

Auh, S./Bell, S. J./McLeod, C. S./Shih, E. (2007): Co-Production and Customer Loyalty in Financial Services, in: Journal of Retailing, Vol. 83, No. 3, S. 359-370.

Bendapudi, N./Leone, R. P. (2003): Psychological Implications of Customer Participation in Co-Production, in: Journal of Marketing, Vol. 67, No. 1, S. 14-28.

Bettencourt, L. A. (1997): Customer Voluntary Performance: Customers as Partners in Service Delivery, in: Journal of Retailing, Vol. 73, No. 3, S. 383-406.

Bettencourt, L. A./Ostrom, A. L./Brown, S. W./Roundtree, R. I. (2002): Client Co-Production in Knowledge-Intensive Business Services, in: California Management Review, Vol. 44, No. 4, S. 100-128.

Bloemer, J./de Ruyter, K. (1999): Customer Loyalty in High and Low Involvement Service Settings: The Moderating Impact of Positive Emotions, in: Journal of Marketing Management, Vol. 15, No. 4, S. 315-330.

Bove, L. L./Johnson, L. W. (2006): Customer Loyalty to One Service Worker: Should It Be Discouraged?, in: International Journal of Research in Marketing, Vol. 23, No. 1, S. 79-91.

Bowers, M. R./Martin, C. L./Luker, A. (1990): Trading Places: Employees as Customers, Customers as Employees, in: Journal of Services Marketing, Vol. 4, No. 2, S. 55-69.

Bruhn, M. (2009): Kundenintegration und Relationship Marketing, in: Bruhn, M./Stauss, B. (Hrsg.), Kundenintegration. Forum Dienstleistungsmanagement, Wiesbaden, S. 111-132.

Burton, D. (2002): Consumer Education and Service Quality: Conceptual Issues and Practical Implications, in: Journal of Services Marketing, Vol. 16, No. 2, S. 125-142.

Büttgen, M. (2007): Kundenintegration in den Dienstleistungsprozess – Eine verhaltenswissenschaftliche Untersuchung, Wiesbaden.

Büttgen, M./Schumann, J./Ates, Z. (2012): Service Locus of Control and Customer Co-Production: The Role of Prior Service Experience and Organizational Socialization, in: Journal of Service Research, Vol. 15, No. 2, S. 166-181.

Canziani, B. F. (1997): Leveraging Customer Competency in Service Firms, in: International Journal of Service Industry Management, Vol. 8, No. 1, S. 5-25.

Chan, K. W./Yim, C. K./Lam, S. S. (2010): Is Customer Participation in Value Creation a Double-Edged Sword? Evidence from Professional Financial Services Across Cultures, in: Journal of Marketing, Vol. 74, No. 3, S. 48-64.

Chang, W./Taylor, S. A. (2016): The Effectiveness of Customer Participation in New Product Development: A Meta-Analysis, in: Journal of Marketing, Vol. 80, No. 1, S. 47-64.

Cheung, M. F. Y./To, W. M. (2011): Customer Involvement and Perceptions: The Moderating Role of Customer Co-Production, in: Journal of Retailing and Consumer Services, Vol. 18, No. 4, S. 271-277.

Claycomb, C./Lengnick-Hall, C. A./Inks, L. W. (2001): The Customer as a Productive Resource: A Pilot Study and Strategic Implications, in: Journal of Business Strategies, Vol. 18, No. 1, S. 47-69.

Dong, B./Evans, K. R./Zou, S. (2008): The Effects of Customer Participation in Co-Created Services Recovery, in: Journal of the Academy of Marketing Science, Vol. 36, No. 1, S. 123-137.

Dullinger, F. (2001): Compliance-abhängige Dienstleistungen. Konzeption und Anwendung am Beispiel der Gesundheitsleistungen, München.

Etgar, M. (2008): A Descriptive Model of the Consumer Co-Production Process, in: Journal of the Academy of Marketing Science, Vol. 36, No. 1, S. 97-108.

Fischer, L./Wiswede, G. (2009): Grundlagen der Sozialpsychologie, 3. Aufl., München.

Fischer, T./Tewes, M. (2001): Vertrauen und Commitment in der Dienstleistungsinteraktion, in: Bruhn, M./Stauss, B. (Hrsg.), Dienstleistungsmanagement Jahrbuch 2001. Interaktionen im Dienstleistungsbereich, Wiesbaden, S. 299-318.

Gallan, A. S./Burke Jarvis, C./Brown, S. W./Bitner, M. J. (2013): Customer Positivity and Participation in Services: an Empirical Test in a Health Care Context, in: Journal of the Academy of Marketing Science, Vol. 41, No. 3, S. 338-356.

Gouthier, M. (2003): Kundenentwicklung im Dienstleistungsbereich, Wiesbaden.

Haumann, T./Güntürkün, P./Schons, L. M./Wieseke, J. (2015): Engaging Customers in Coproduction Processes: How Value-Enhancing and Intensity-Reducing Communication Strategies Mitigate the Negative Effects of Coproduction Intensity, in: Journal of Marketing, Vol. 79, No. 6, S. 17-33.

Heidenreich, S./Wittkowski, K./Handrich, M./Falk, T. (2015): The Dark Side of Customer Co-Creation: Exploring the Consequences of Failed Co-Created Services, in: Journal of the Academy of Marketing Science, Vol. 43, No. 3, S. 279-96.

Homans, G. C. (1972): Elementarformen sozialen Verhaltens, 2. Aufl., Köln-Opladen.

Huppertz, J. W./Arenson, S. J./Evens, R. H. (1978): An Application of Equity Theory to Buyer-Seller Exchange Situations, in: Journal of Marketing Research, Vol. 15, No. 2, S. 250-260.

Keh, H. T./Teo, C. W. (2001): Retail Customers as Partial Employees in Service Provision: a Conceptual Framework, in: International Journal of Retail & Distribution Management, Vol. 29, No. 8, S. 370-378.

Kelley, S. W./Skinner, S. J./Donnelly, J. H. Jr. (1992): Organizational Socialisation of Service Customers, in: Journal of Business Research, Vol. 25, No. 3, S. 197-214.

Krisch, J./Haderlein, A. (2008): Social Commerce. Verkaufen im Community-Zeitalter, Zukunftsinstitut Kelkheim.

Lengnick-Hall, C. A. (1996): Customer Contributions to Quality: A Different View of the Customer-Oriented Firm, in: Academy of Management Journal, Vol. 21, No. 3, S. 791-824.

Lengnick-Hall, C. A./Claycomb, V./Inks, L. W. (2000): From Recipient to Contributor: Examining Customer Roles and Experienced Outcomes, in: European Journal of Marketing, Vol. 3, No. 3/4, S. 359-383.

Leong, S. M./Randoll, D. N./Cote, J. A. (1994): Exploring the Organizational Commitment-Performance, in: Journal of Business Research, Vol. 29, No. 1, S. 57-63.

Martin, C.R. Jr./Horne, D.A./Chan, W.S. (2001): A Perspective on Client Productivity in Business-to-Business Consulting Services, in: International Journal of Service Industry Management, Vol. 12, No. 2, S. 137-157.

Mathieu, J. E./Zajac, D. M. (1990): A Review and Meta-Analysis of the Antecedents, Correlates, and Consequences of Organizational Commitment, in: Psychological Bulletin, Vol. 108, No. 2, S. 171-194.

Meyer, J. P./Paunonen, S. V./Gellatly, I. R./Goffin, R. D./Jackson, D. N. (1989): Organizational Commitment and Job Performance: It's the Nature of the Commitment that Counts, in: Journal of Applied Psychology, Vol. 74, No. 1, S. 152-156.

Porter, L. W./Steers, R. M./Mowday, R. T./Boulian, P. (1974): Organizational Commitment, Job Satisfaction, and Turnover among Psychiatric Technicians, in: Journal of Applied Psychology, Vol. 59, No. 5, S. 603-609.

Randall, D. M. (1990): The Consequences of Organizational Commitment: Methodological Investigation, in: Journal of Organizational Behavior, Vol. 11, No. 5, S. 361-378.

Reichwald, R./Piller, F. (2009): Interaktive Wertschöpfung. Open Innovation, Individualisierung und neue Formen der Arbeitsteilung, 2. Aufl., Wiesbaden.

Schneider, B./Bowen, D. E. (1995): Winning the Service Game, Boston.

Schroer, J./Hertel, G. (2009): Voluntary Engagement in an Open Web-based Encyclopedia: Wikipedians, and Why They Do It. in: Media Psychology, Vol. 12, No. 1, S. 96-120.

Surowiecki, J. (2004): The Wisdom of Crowd. Why the Many Are Smarter Than the Few and How Collective Wisdom Shapes Business, Economies, Societies and Nations, New York u.a.

Vahs, D./Burmester, R. (2013): Innovationsmanagement. Von der Produktidee zur erfolgreichen Vermarktung, 4. Aufl., Stuttgart.

van Maanen, J. (1978): People Processing: Strategies of Organizational Socialization, in: Organizational Dynamics, Vol. 7, No. 1, S. 19-36.

von Hippel, E. (1986): Lead Users: A Source of Novel Product Concepts, in: Management Science, Vol. 32, No. 7, S. 791-805.

Yim, C. K./ Chan, K. W./ Lam, S. S. (2012): Do Customers and Employees Enjoy Service Participation? Synergistic Effects of Self- and Other-Efficacy, in: Journal of Marketing, Vol. 76, No. 6, S. 121-140.

Zeithaml, V. A./Bitner, M. J./Gremler, D. D. (2012): Services Marketing. Integrating Customer Focus Across the Firm, 6. Aufl., Boston u.a.

Summary

Involving customers in the value-added process of companies is getting more and more common. Customers participate in the production of services and goods as well as in preceding and following value-creation activities (e.g. product development and marketing). To fulfil the different tasks as co-designers, co-producers, co-marketers etc. in a useful and effective way, customers need to possess the required skills and knowledge, and in particular a sufficient amount of willingness to participate. This paper investigates how companies can improve customer participation through qualifying and preparing customers for their tasks and therewith enhance customer retention. It provides insight into the relations between companies' effort into customer qualification and care, customer commitment and customer participation, concluding from social exchange theory and equity theory-based reflections. The results provide specific managerial guidelines on how to build a retention-focused customer participation management.

Dritter Teil

Kundenbindung aus strategischer Perspektive

Andreas Eggert und Ina Garnefeld

Kundenbindung auf Basis des Relationship Value

1. Relationship Value als Grundlage der Verbundenheitsstrategie

2. Grundlagen des Value-Konstrukts
   2.1 Abgrenzung zum Konstrukt „Kundenzufriedenheit"
   2.2 Konstituierende Merkmale
      2.2.1 Persönliche und situative Abhängigkeit
      2.2.2 Abgleich von Nutzen und Kosten
      2.2.3 Vergleich mit Konkurrenzangeboten
      2.2.4 Multidimensionalität

3. Relationship Value in Kunden-Lieferanten-Beziehungen

4. Zusammenfassung und weiterer Forschungsbedarf

Literaturverzeichnis

Prof. Dr. Andreas Eggert ist Inhaber des Lehrstuhls für Betriebswirtschaftslehre, insbesondere Marketing, an der Universität Paderborn. Prof. Dr. Ina Garnefeld ist Inhaberin des Lehrstuhls für Betriebswirtschaftslehre, insbesondere Dienstleistungsmanagement, an der Bergischen Universität Wuppertal.

1. Relationship Value als Grundlage der Verbundenheitsstrategie

Der Aufbau und das *Management von Kundenbindung* gehört zu den zentralen Themen der Marketingwissenschaft und -praxis (Zhang et al. 2014). Loyale Kunden verursachen in der Regel geringere Kundenbearbeitungskosten (Reichheld/Teal 1996, S. 45ff.; Krüger 2000, S. 248; Conze 2007, S. 43) und verfügen über eine geringere Preiselastizität (Kalwani/Narayandas 1995, S. 9f.; Chaudhuri/Holbrook 2001, S. 89; Seiders et al. 2005). Da loyale Kunden oftmals ihren Kundenanteil erhöhen und ein erhöhtes Referenzpotenzial besitzen (Reichheld/Sasser 1990), tragen sie zum Wachstum des Unternehmens bei (Eggert 1999, S. 147; Schnauffer/Jung 2004, S. 13f.; Hippner/Hubrich/Wilde 2011, S. 256). Des Weiteren wirkt Kundenbindung positiv auf die Sicherheit und Stabilität eines Unternehmens (Moore/Lehmann 1980, S. 302; Furse et al. 1984, S. 421; Buchanan/Gillies 1990; Eggert 1999, S. 150ff.).

In der Marketingliteratur wird Kundenbindung aus drei sich ergänzenden *Perspektiven* diskutiert (siehe Abbildung 1):

- Erstens wird die Kundenbindung als ein Bündel von *Aktivitäten und Maßnahmen des Anbieters* interpretiert.
- Zweitens wird unter Kundenbindung ein *komplexes Merkmal des Kunden* verstanden.
- Drittens beschreibt der Begriff der Kundenbindung ein *komplexes Merkmal der Geschäftsbeziehung* zwischen Anbieter und Kunde.

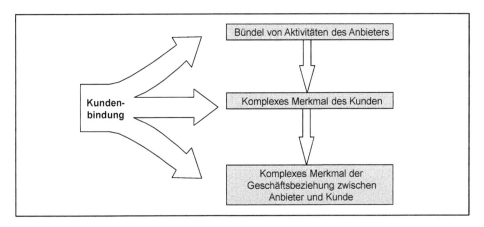

Abbildung 1: Drei Perspektiven der Kundenbindung
(Quelle: In Anlehnung an Diller 1996, S. 84)

Als ein Merkmal der Geschäftsbeziehung verstanden, stellt die Kundenbindung insbesondere auf das Wiederkaufverhalten der Kunden ab (Homburg/Faßnacht 2001; Romaniuk/Nenycz-Thiel 2013). Dabei können zwei grundsätzliche Ursachen für den Verzicht der Kunden auf einen Anbieterwechsel identifiziert werden. „People stay in relations for two major reasons: because they want to or because they have to" (Johnson 1982, S. 52). Diese beiden Bindungsursachen korrespondieren auf der Ebene der Kunden mit den beiden generischen Bindungszuständen der *Verbundenheit* bzw. *Gebundenheit*. Verbundenheit tritt ein, wenn die Kunden die Geschäftsbeziehung mit dem Anbieter wertschätzen und den Anbieter nicht wechseln möchten. Der Zustand der Gebundenheit liegt hingegen vor, wenn die Geschäftsbeziehung nicht freiwillig, sondern aufgrund wahrgenommener Wechselbarrieren fortgesetzt wird (Bliemel/Eggert 1998; Eggert 2000; Hippner/Hubrich/Wilde 2011, S. 256).

Bliemel und Eggert (1998) argumentieren, dass eine generische Gebundenheitsstrategie nur zur Überbrückung einer vorübergehenden Wettbewerbsschwäche empfohlen werden kann. Auf kompetitiven Märkten wird eine reine Gebundenheit der Kunden nicht lange bestehen können. „Sie würde zerstört werden, sobald ein Wettbewerber den Anbieterwechsel trotz Wechselbarrieren attraktiv macht oder die gesetzliche Lage einen Abbruch der Beziehung mit geringem Schaden für die Kunden erlaubt" (Bliemel/Eggert 1998, S. 42). Eine dauerhaft angelegte Bindungsstrategie muss folglich auf die Verbundenheit der Kunden abzielen. Weil Kunden eine Geschäftsbeziehung nur dann dauerhaft aufrecht erhalten möchten, wenn der Anbieter ihnen ein überlegenes Wertangebot unterbreitet, sind Kundenbindungsmaßnahmen auf ihren Beitrag zur Steigerung des Relationship Value, d.h. des wahrgenommenen Werts einer Geschäftsbeziehung, zu untersuchen.

Ziel dieses Beitrags ist es, das *Konstrukt des Relationship Value* als Grundlage der Verbundenheitsstrategie vorzustellen. Dazu wird das Value-Konstrukt zunächst vom Konstrukt der Kundenzufriedenheit abgegrenzt und es werden dessen konstituierende Merkmale diskutiert. In einem nächsten Schritt wird auf die Besonderheiten des Value-Konstrukts in relationalen Austauschbeziehungen eingegangen und es werden die Dimensionen des Relationship Value am Beispiel industrieller Kunden-Lieferanten-Beziehungen aufgezeigt. Abschließend wird dargelegt, dass der Relationship Value nicht nur im Kontext der Kundenbindung, sondern auch für Maßnahmen der Kundengewinnung eine geeignete Bewertungsgröße darstellt. Damit wird dem Relationship Value eine zentrale Bedeutung innerhalb des Beziehungsmarketing zugewiesen.

2. Grundlagen des Value-Konstrukts

Im Folgenden wird die Entstehung eines wertorientierten Forschungsprogramms innerhalb der Marketingliteratur skizziert und das Value-Konstrukt von der Zufriedenheit abgegrenzt (siehe Abschnitt 2.1). Im Anschluss werden die konstituierenden Merkmale des Value-Konstrukts herausgearbeitet (siehe Abschnitt 2.2).

2.1 Abgrenzung zum Konstrukt „Kundenzufriedenheit"

Bis in die Mitte der 1990er Jahre fand das *Value-Konstrukt* nur selten Berücksichtigung in der Marketingliteratur. Trotz vereinzelter Beiträge, die vor allem im Bereich der Konsumentenforschung angesiedelt waren (Holbrook 1985; Monroe 2002), konnte von einem wertorientierten Forschungsprogramm in der Marketingdisziplin keine Rede sein. Angesichts der engen Anbindung des Wertkonstrukts an die Definition des Marketing überrascht diese Feststellung. So definiert die American Marketing Association (2013, o.S.) Marketing als „the activity, set of institutions, and processes for creating, communicating, delivering, and exchanging offerings that have value for customers, clients, partners, and society at large". In diesem Sinne kritisiert Holbrook (1994, S. 22): „But despite this obvious importance of customer value to the study of marketing in general and buyer behavior in particular, consumer researchers have thus far devoted surprisingly little attention to central questions concerning the nature of value."

Die Marketingforschung konzentrierte sich traditionell auf die *Kundenzufriedenheit* als wichtigste kundenbezogene Zielgröße (Stauss 1999, S. 5). Aus der Sicht des Anbieters ist die Relevanz des Zufriedenheitskonstrukts vor allem in der Annahme begründet, dass zufriedene Kunden ihren Austauschprozess mit einem bestimmten Anbieter auch in Zukunft fortsetzen werden. So leiten Simon und Homburg (1995, S. 19) ihren Sammelband zur Kundenzufriedenheit mit der Aussage ein: „Zufriedene Kunden kommen und kaufen wieder". In seiner vielbeachteten Monographie mit dem Titel „Managing Customer Value" stellt Gale (2010) diese Annahme in Frage. Er weist darauf hin, dass unter bestimmten Umständen auch zufriedene Kunden ihren Anbieter wechseln. „Unfortunately, it isn't unusual for customers to say performance is 'good' – occasionally even 'excellent' – and nonetheless stop buying a product" (Gale 2010, S. 33). Gale (2010, S. 13) kritisiert zwei konzeptionelle *Beschränkungen des Zufriedenheitskonstrukts*:

> Kundenzufriedenheit *kann nur für tatsächliche und nicht für potenzielle Kunden erhoben werden.* Weil Zufriedenheit das Ergebnis eines Abgleichs erwarteter und tatsächlich erhaltener Leistung darstellt, setzt ihre Erhebung einen bereits erfolgten Kaufakt voraus. Folglich können Kundenzufriedenheitsanalysen zwar wichtige Erkenntnisse für taktische Fragestellungen zur Optimierung des Marketingmix bringen, für strategische Fragestellungen – z.B. zur optimalen Produkt-Markt-Kombination (Ansoff 1957) – sind Kundenzufriedenheitsanalysen hingegen nur bedingt geeignet.
>
> Der *Einfluss konkurrierender Leistungsangebote wird in Kundenzufriedenheitsstudien nur indirekt über die Erwartungen der Kunden berücksichtigt.* Die Attraktivität konkurrierender Leistungsangebote bildet jedoch eine wesentliche Determinante des Wiederkaufverhaltens. „Why do customers choose one product or

service or another? The reason is simple: They believe that they'll get better value than they could expect from the alternative" (Gale 2010, S. 25).

Die Kritik an den konzeptionellen Grenzen des Kundenzufriedenheitskonstrukts mündete in der Forderung, den vom Kunden erwarteten bzw. wahrgenommenen Wert als kundenbezogene Zielgröße im Marketing zu etablieren. Das *Plädoyer für den Customer Value* traf in der Marketingwissenschaft und -praxis auf große Resonanz (Donath 1997, S. 3; Higgins 1998, S. 39f.). Innerhalb kurzer Zeit entwickelte sich Customer Value zu einem vielbeachteten Schlagwort der Marketing- und Managementliteratur (Sinha/DeSarbo 1998, S. 236). 1997 gab das *Journal of the Academy of Marketing Science* ein Special Issue zum Thema „Customer Value" heraus. 2001 und 2012 folgten Special Issues der Fachzeitschrift *Industrial Marketing Management*. Auf mehreren wissenschaftlichen Konferenzen fanden Special Sessions zum Wertkonzept statt und 2004 stellte die *American Marketing Association* ihre Winter Educators' Conference unter das Oberthema „Marketing's Role in Creating Value". In Anbetracht der regen Forschungs- und Veröffentlichungsaktivitäten spricht Voeth (2003, S. 58) von einer Renaissance der Nutzen- bzw. Wertüberlegungen im Marketing.

In der wissenschaftlich ausgerichteten Marketingliteratur hat die Renaissance der Wertüberlegungen zu einer kaum noch überschaubaren Zahl von Veröffentlichungen geführt. Insbesondere im englischsprachigen Raum wurde eine Vielzahl unterschiedlicher Definitionen entwickelt, deren gemeinsamer Kern auf den ersten Blick nicht immer zu erkennen ist (Flint et al. 2002, S. 102f.; Macdonald et al. 2016, S. 99f.). Daher werden im Folgenden die konstituierenden Merkmale des Value-Konstrukts diskutiert.

2.2 Konstituierende Merkmale

In den nachfolgenden Abschnitten werden vier *konstituierende Merkmale des Wertkonstrukts* identifiziert. Demnach ist das Wertkonstrukt von der Person und der Verwendungssituation abhängig (Abschnitt 2.2.1), es wird als Ergebnis eines kognitiven Abgleichprozesses von Nutzen und Kosten konzeptualisiert (Abschnitt 2.2.2), es geht aus dem Vergleich mit einem Konkurrenzangebot hervor (Abschnitt 2.2.3) sowie Nutzen und Kosten sind multidimensionaler Natur (Abschnitt 2.2.4).

2.2.1 Persönliche und situative Abhängigkeit

Weil ein freiwilliger Austausch nur dann zu Stande kommt, wenn der Wert der Austauschobjekte von den Austauschpartnern unterschiedlich eingeschätzt wird (Lewis 1946, S. 527), geht das Marketing notwendigerweise von einem *subjektiven Wertverständnis* aus. „With the exception of the most extreme objectivists, widespread agreement exists concerning the interpersonal relativity of value" (Holbrook 1994, S. 35). In Tiefeninterviews mit Konsumenten konnte die Abhängigkeit des Wertkonstrukts von der

Person des Wertenden bestätigt werden. „What constitutes value – even in a single product category – appears to be highly personal and idiosyncratic. Though many respondents in the exploratory study agreed on cues that signalled quality, they differed considerably in expressions of value" (Zeithaml 1988, S. 13). Auch im Kontext des Business-to-Business Marketing sind Werteinschätzungen persönlich determiniert. Obwohl sich Einkaufsmanager in der Regel stärker um intersubjektiv nachvollziehbare Bewertungen bemühen als private Konsumenten (Woodall 2003, S. 18), gehen moderne Theorien des organisationellen Käuferverhaltens von einem Einfluss persönlicher Motive aus (Dwyer/Tanner 2006, S. 96). Verlässliche Auskunft über das Wertkonstrukt können folglich nur die bewertenden Personen geben. Eine Schätzung des Customer Value z.B. durch die Vertriebsmitarbeiter des Anbieters ist in der Regel mit erheblichen Fehlern behaftet (Flint et al. 1997, S. 164). „In sum, value varies among the people who make evaluations" (Holbrook 1994, S. 36). Um die subjektive Natur des Wertkonstrukts zu betonen, wird in der englischsprachigen Literatur der Begriff „Customer Perceived Value" verwendet (z.B. Patterson/Spreng 1997; Ulaga/Chacour 2001; Eggert/Ulaga 2002).

Neben der Person des Wertenden nimmt die *Bewertungssituation* Einfluss auf das Bewertungsergebnis. „We would like to suggest that the customer-perceived value of an offering, seen through the eyes of the customer and related to his own value chain, must also be highly situation specific. [...] Think of a situation where your car breaks down and you end up in the middle of nowhere, miles from your destination. Even a very expensive repair (high sacrifice) that turns out to last no further than the destination (low quality) might still result in a high perceived value" (Ravald/Grönroos 1996, S. 22). Die Abhängigkeit des Wertkonstrukts von der Verwendungssituation wird in den Begriffen „Value in Use" bzw. „Use Value" zum Ausdruck gebracht. „Especially in industrial products, the value analyst is primarily concerned with use value – the performance and reliability of the product – rather than its existing value (based on prestige or aesthetics, cost value, or exchange value)" (Reuter 1986, S. 79).

2.2.2 Abgleich von Nutzen und Kosten

In einer qualitativen Studie unter Konsumenten identifiziert Zeithaml (1988, S. 13f.) vier *Interpretationsmöglichkeiten des Wertbegriffs*:

- Manche Konsumenten setzen Wert mit einem *geringen Preis* gleich.
- Für andere umschreibt Wert all das, *was sie sich von einem Produkt erhoffen*.
- Einige Konsumenten verstehen unter Wert in erster Linie *die Qualität, die sie für den gezahlten Preis erhalten*.
- Für eine vierte Gruppe von Konsumenten ergibt sich der Wert eines Produkts aus dem, was sie erhalten, im *Vergleich* zu dem, was sie dafür hingeben müssen.

Die erstgenannte Sichtweise wird in der Marketingwissenschaft weitgehend abgelehnt und als Beispiel für eine missverständliche Verwendung des Wertbegriffs angeführt

(Dodds et al. 1991, S. 307). Für die zweite und dritte Sichtweise finden sich vereinzelte Befürworter. Beispielsweise definiert Albrecht (1995, S. 2): „Customer value is the ultimate benefit as defined by the customer of the product or service you provide." Hutt und Speh (2000, S. 280) behaupten: „In essence, value equals quality relative to price."

Die Mehrheit der Marketingforscher vertritt die letztgenannte Sichtweise und konzeptualisiert das *Wertkonstrukt als Ergebnis eines kognitiven Abgleichprozesses von Nutzen und Kosten*. Zeithaml (1988, S. 14) definiert Wert als „the consumer's overall assessment of the utility of a product based on perceptions of what is received and what is given. Though what is received varies across consumers (i.e., some may want volume, others high quality, still others convenience) and what is given varies (i.e., some are concerned only with money expended, others with time and effort), value represents a tradeoff of the salient give and get components."

2.2.3 Vergleich mit Konkurrenzangeboten

Den Erkenntnissen der Kognitionspsychologie zufolge ist die menschliche Wahrnehmung grundsätzlich auf einen als Vergleichsmaßstab dienenden *Referenzpunkt* bezogen (Rosch 1975; Thaler 1985; Tversky/Kahneman 1991). Nach Sinha und DeSarbo (1998, S. 238) ist auch das Wertkonstrukt relativer Natur: „Perceived value is typically a relative judgement – when people evaluate a certain brand as a good buy, it is in comparison with other similar brands".

Nach einer umfassenden Literaturdurchsicht stellt Beutin (2000, S. 10) fest, dass die frühen Forschungsarbeiten zum Wertkonstrukt überwiegend von einem abstrakten Vergleichsmaßstab, dem so genannten *Referenzrahmen*, ausgehen. In den Referenzrahmen gehen unter anderem die verfügbaren Alternativen, Umweltfaktoren und Kundencharakteristika ein (Bolton/Drew 1991). Als Antwort auf die im Rahmen der Kundenzufriedenheitsforschung geäußerte Kritik an einer mangelnden Berücksichtigung konkurrierender Leistungsangebote, wird in den jüngeren Arbeiten zum Wertkonstrukt in der Regel ein *konkretes Konkurrenzangebot* als Vergleichsobjekt gewählt (Anderson/Narus 1998; Chacour/Ulaga 1998; Werani 1998).

2.2.4 Multidimensionalität

Zu Beginn seiner Renaissance wurde das Wertkonstrukt vor allem als *Trade-off zwischen der wahrgenommenen Qualität und dem Preis* konzeptualisiert (Buzzell/Gale 1987, S. 8; Gale 2010). Mit fortschreitender Forschung setzte sich die Erkenntnis durch, dass der Value ein komplexeres Konstrukt darstellt. In einer empirischen Studie zum Value im Dienstleistungsbereich stellen Bolton und Drew (1991, S. 383f.) fest: „Most authors have viewed value as the outcome of a trade-off between a single, overall quality' construct and sacrifice. However, these results suggest that the customer's value function is more complex." Zu einer ähnlichen Einschätzung gelangen Dorsch et al.

(1998, S. 128) in einer Studie zum Value im Kontext industrieller Kunden-Lieferantenbeziehungen: „Although it may be argued that company decisions to retain particular vendors should be based on product quality and price, such an argument seems overly simplistic".

In der aktuellen Marketingliteratur wird übereinstimmend die *multidimensionale Natur des Wertkonstrukts* betont. „Perceived value is clearly a multidimensional construct" (Sinha/DeSarbo 1998, S. 237). Damit lautet eine der zentralen Fragen der Wertforschung: „What are the dimensions of value that customers care about?" (Treacy/Wiersema 1995, S. 165). Obwohl diese Frage bislang recht unterschiedlich beantwortet wurde (Woodall 2003, S. 10ff.), resümieren Grisaffe und Kumar (1998, S. 8): „Clearly, there is a general convergence in literature from various fields strongly suggesting that customer value is derived from sources that include, but also go beyond the price-quality trade-off."

3. Relationship Value in Kunden-Lieferanten-Beziehungen

Die Mehrzahl der Forschungsarbeiten zum Wertkonstrukt geht von der Vorstellung eines episodenhaft gestalteten Austauschprozesses aus. Nach Parasuraman und Grewal (2000, S. 169) zeigt sich die episodenhafte Ausrichtung unter anderem in der Fokussierung auf den Produktnutzen als dominierende „Get"-Komponente und den Preis als zentrale „Give"-Komponente in der empirischen Forschung. Erst in den letzten Jahren entstand ein Forschungszweig, der sich mit den *Besonderheiten des Wertkonzepts in relationalen Austauschprozessen* beschäftigt. „The most recent development has been to consider customer value from the viewpoint of relationship marketing. This is described as ‚relationship value'. However, both theories and empirical findings of relationship value are very limited" (Payne/Holt 1999, S. 47).

Weil die Mehrheit der Austauschprozesse auf Business-to-Business Märkten relational organisiert ist (Dwyer/Tanner 2006, S. 8), vermag es nicht zu überraschen, dass die ersten Konzeptualisierungen des Relationship Value der Literatur dem Business-to-Business-Marketing entstammen. Eine theoriegeleitete *Typologie der Wertdimensionen* einer Austauschbeziehung schlägt Plinke (2000, S. 44ff.) vor. Erstens unterscheidet er nach der Art des Werts zwischen Nutzen- und Kostendimensionen. Zweitens differenziert er nach der Quelle des Werts zwischen dem Wert des Vertragsgegenstands, dem Wert der Durchführung des Austauschs und dem Wert von Folgewirkungen. In einer Austauschbeziehung ergeben sich Nutzen- und Kostenwirkungen aus dem Kaufvertrag. „Der Käufer erhält mit der vertraglich zugesicherten Leistung des Anbieters den Nutzen des Vertragsgegenstands. Dieser ist der Beitrag des Produkts zur Problemlösung, d.h. zur

Bewältigung der Aufgabe, derentwegen es beschafft wurde [...]. Dem Nutzen des Käufers stehen seine Kosten gegenüber" (Plinke 2000, S. 45 ff.). Weiterhin verursacht die Durchführung eines Austauschprozesses Transaktionskosten. Den Transaktionskosten steht als logisches Pendant der Transaktionsnutzen gegenüber. Alderson (1958) und Bagozzi (1978) gehen davon aus, dass die Durchführung eines Austauschprozesses per se einen Nutzen stiften kann. „That is, there can be value in the performing of the task as well as in the end result" (Houston et al. 1992, S. 14). „Als drittes Element tritt der Nutzen aus Folgewirkungen des Austauschs (Folgenutzen) hinzu, wenn zukünftige Austausche in die Bewertung eines aktuellen Austauschs einfließen" (Plinke 2000, S. 46; Hervorhebung im Original). Dem Folgenutzen entsprechen auf der Kostenseite die Folgekosten.

Auf der Basis einer qualitativen Studie unter US-amerikanischen Einkaufsmanagern der produzierenden Industrie identifizieren Ulaga und Eggert (2006) neun saliente *Werttreiber in Kunden-Lieferanten-Beziehungen*. Diese lassen sich, wie in Tabelle 1 dargestellt, der Typologie von Plinke (2000) zuordnen. Eine quantitative Studie zeigt das Differenzierungspotenzial der einzelnen Wertdimensionen auf. Hierfür wurden Einkaufsmanager gebeten, die Geschäftsbeziehung mit einem Hauptlieferanten wichtiger Komponenten im Vergleich zu dem Zweitlieferanten zu bewerten. Während die Hauptlieferanten im Durchschnitt über 70 Prozent des Beschaffungsvolumens in der entsprechenden Produktkategorie für sich gewinnen konnten, entfielen auf die Zweitlieferanten nur knapp 20 Prozent. Das restliche Beschaffungsvolumen verteilte sich auf alle übrigen Lieferanten (Ulaga/Eggert 2006, S. 130). Aus der Analyse der erhobenen Daten zum Relationship Value geht hervor, dass sich Hauptlieferanten von Zweitlieferanten insbesondere bezüglich des Transaktionsnutzens unterscheiden. Er erklärt 52 Prozent der Varianz im Relationship Value Konstrukt. An zweiter Stelle steht der Nutzen aus Folgewirkungen des Austauschs mit 21 Prozent Varianzerklärung, gefolgt von den Kosten aus Folgewirkungen des Austauschs (10 Prozent Varianzerklärung) und den Transaktionskosten (7 Prozent Varianzerklärung). Der Nutzen sowie die Kosten aus dem Vertragsgegenstand belegen die beiden letzten Plätze.

		Art des Werts	
		Nutzen	Kosten
Quelle des Werts	Wert des Vertragsgegenstands	Nutzen aus dem Vertragsgegenstand: • Produkt • Lieferleistung 8 % Varianzerklärung	Kosten aus dem Vertragsgegenstand: 3 % Varianzerklärung
	Wert der Durchführung des Austauschs	Transaktionsnutzen: • Sozialer Nutzen • Service 52 % Varianzerklärung	Transaktionskosten: 7 % Varianzerklärung
	Wert von Folgewirkungen	Nutzen aus Folgewirkungen des Austauschs: • Knowhow-Transfer • Beschleunigte Marktreife 21 % Varianzerklärung	Kosten aus Folgewirkungen des Austauschs: 10 % Varianzerklärung

Tabelle 1: Saliente Wertdimensionen in Kunden-Lieferanten-Beziehungen (Quelle: In Anlehnung an Ulaga/Eggert 2006, S. 136)

Auf den ersten Blick scheinen diese Ergebnisse im Widerspruch zur einschlägigen Literatur zu stehen. In Lehrbüchern und Forschungsbeiträgen zum Beschaffungsmanagement (Anderson et al. 2000, S. 310; Koppelmann 2000, S. 6f.; Anderson/Narus 2009, S. 95ff.) wird übereinstimmend die hohe Bedeutung der Kosten für die Lieferantenauswahl hervorgehoben. Auch ist die geringe Varianzerklärung des Nutzens aus dem Vertragsgegenstand zunächst nur schwer in Einklang zu bringen mit der Bemerkung von Homburg und Rudolph (2001, S. 17): „The product is the core of the exchange." Beide Widersprüche lösen sich jedoch bei näherer Betrachtung der Erhebungssituation auf. Um dem Vergleich mit Konkurrenzangeboten als einem konstituierenden Merkmal des Relationship Value Konstrukts Rechnung zu tragen, wurde in der Studie von Ulaga und Eggert (2006) die Geschäftsbeziehung zum Hauptlieferanten mit der Geschäftsbeziehung zum Zweitlieferanten verglichen. Die in Tabelle 1 dokumentierten Ergebnisse belegen, dass sich die untersuchten Lieferantenbeziehungen hinsichtlich der Kosten relativ wenig unterscheiden. Eine naheliegende Erklärung dafür lautet, dass beide Lieferanten den Prozess der Lieferantenauswahl erfolgreich durchlaufen haben, und eine wettbewerbsfähige Kostenstruktur eine notwendige Voraussetzung zur Aufnahme in das Lieferantenportfolio darstellt. Die gleiche Argumentation gilt für den Nutzen aus dem Vertragsgegenstand. Vor diesem Hintergrund lassen sich die Ergebnisse der quantitativen Studie mit der einschlägigen Literatur in Einklang bringen. So bemerken Vandenbosch und Dawar (2002), dass in vielen Märkten eine Differenzierung über den Nutzen des Kernprodukts immer schwieriger wird. In dieser Situation empfehlen die Autoren die persönliche Interaktion als einen Ansatzpunkt zur wirksamen Differenzierung vom Wettbewerb. Diese Empfehlung wird durch den hohen Beitrag des sozial verorteten Transaktionsnutzens zur Varianzerklärung empirisch gestützt.

Der *Wert einer Kunden-Lieferanten-Beziehung* stellt jedoch eine dynamische Größe dar, weil sich Kundenbedürfnisse über die Zeit verändern. Blocker et al. (2011) identifizieren in diesem Zusammenhang eine proaktive Bedürfnisidentifizierung durch den Lieferanten als wichtigen Werttreiber in Kunden-Lieferanten-Beziehungen. Kunden schätzen demzufolge die Fähigkeit von Lieferanten, veränderte Bedürfnisse frühzeitig zu antizipieren und messen dieser eine wichtige Bedeutung im Vergleich zu klassischen Werttreibern bei.

Ob sich ein Kunde aufgrund eines wahrgenommenen Kosten- oder Nutzenvorteils in der Geschäftsbeziehung mit dem Anbieter befindet, spielt auch für die *Profitabilität der Kundenbeziehung* aus Anbietersicht eine Rolle und bietet damit Möglichkeiten zur Differenzierung. Wieseke et al. (2016) zufolge verhandeln loyale Kunden bessere Konditionen und sind damit weniger profitabel für den Anbieter, wenn sie aufgrund eines wahrgenommenen Kostenvorteils loyal sind. Hingegen zeigen sich loyale Kunden, die v.a. den Nutzen in Form eines guten Services und hoher Produktqualität wertschätzen, weniger geneigt, über den Preis zu verhandeln und weisen daher eine höhere Profitabilität für den Anbieter auf. Die Art des durch den Kunden wahrgenommenen Werts lässt sich folglich auch zur Ableitung kundengruppenspezifischer Strategien nutzen.

Für die Auswahl geeigneter Kundenbindungsmaßnahmen sind diese Ergebnisse von hoher Relevanz. Sie zeigen dem Marketingmanager die wertstiftenden Dimensionen einer Geschäftsbeziehung auf, die eine wirksame Differenzierung vom Wettbewerb ermöglichen und sich damit für die Ausgestaltung einer Verbundenheitsstrategie besonders eignen. In Kunden-Lieferanten-Beziehungen der produzierenden Industrie stellen demnach Maßnahmen zur Verbesserung der sozialen Interaktion, des Service, des Know-how-Transfers und der beschleunigten Marktreife besonders Erfolg versprechende Ansatzpunkte für eine Verbundenheitsstrategie dar.

4. Zusammenfassung und weiterer Forschungsbedarf

Wenn Kundenbindung als Wiederkaufverhalten interpretiert wird, können zwei grundsätzliche Ursachen der Kundenbindung identifiziert werden. Kunden verzichten auf einen Anbieterwechsel, weil sie es wollen oder weil sie es müssen. Ein Unternehmen, das Kunden an sich binden möchte, hat zwei Möglichkeiten: Es kann eine Verbundenheits-

oder eine Gebundenheitsstrategie verfolgen. Weil generische Gebundenheitsstrategien auf kompetitiven Märkten keinen dauerhaften Bestand haben (Bliemel/Eggert 1998), sollten Anbieterunternehmen auf eine Steigerung der Verbundenheit ihrer Kunden abstellen. Im Rahmen der Verbundenheitsstrategie kommt dem Management des Relationship Value eine zentrale Bedeutung zu.

Ziel dieses Beitrags war es, das Konstrukt des Relationship Value als Grundlage der Verbundenheitsstrategie näher zu ergründen. In einem ersten Schritt wurde dazu das Value-Konstrukt vom Konstrukt der Kundenzufriedenheit abgegrenzt und es wurden dessen konstituierende Merkmale diskutiert. Dabei zeigte sich, dass das Value-Konstrukt wesentliche Vorteile gegenüber der Kundenzufriedenheit besitzt. Im Gegensatz zur Kundenzufriedenheit setzt das Value-Konstrukt nicht notwendigerweise eine eigene Produkterfahrung des Beurteilenden voraus. Damit eignet sich das Wertkonstrukt nicht nur als Grundlage für die Ausgestaltung von Kundenbindungs-, sondern auch von Kundengewinnungsmaßnahmen.

In einem nächsten Schritt wurde auf die Besonderheiten des Value-Konstrukts in relationalen Austauschbeziehungen eingegangen. Um den Relationship Value wirksam zu managen, müssen Anbieterunternehmen dessen Treiber identifizieren und deren Differenzierungspotenzial abschätzen können. Am Beispiel industrieller Kunden-Lieferanten-Beziehungen wurden die Dimensionen des Relationship Value diskutiert. Dabei zeigte sich, dass in Kunden-Lieferanten-Beziehungen eine Differenzierung über Produktnutzen und -kosten nur noch begrenzt möglich ist. Andere Wertdimensionen einer Austauschbeziehung bieten einen Erfolg versprechenderen Ansatzpunkt zur Abhebung des eigenen Leistungsangebots von dem der Konkurrenz. Aus der situativen Abhängigkeit als einem konstituierenden Merkmal des Wertkonstrukts ergibt sich jedoch die Vermutung, dass die salienten Dimensionen des Relationship Value branchenspezifisch sind. So identifizieren z.B. Barry und Terry (2008, S. 238) in einer Studie zu industriellen Dienstleistungen andere Werttreiber mit unterschiedlichem Erklärungsbeitrag zum Relationship Value Konstrukt. Im Vergleich zum industriellen Produktgeschäft scheint es bei industriellen Dienstleistungen noch ein ausgeprägteres Differenzierungspotenzial bei dem Nutzen des Vertragsgegenstands zu geben. Ähnliche Vermutungen lassen sich hinsichtlich der kulturspezifischen Bedeutung der einzelnen Wertdimensionen anstellen (Blocker et al. 2011, Ulaga 2011). Während das Konstrukt des Relationship Value global eine wichtige Rolle für die Zufriedenheit mit und die Bereitschaft zur Fortsetzung der Kunden-Lieferanten-Beziehung spielt, scheint die Bedeutung der einzelnen Wertdimensionen zwischen unterschiedlichen Kulturen zu variieren (Blocker 2011). Blocker (2011, S. 539) identifiziert hier weiteren Forschungsbedarf: „Future research should extent customer value modeling into other contexts (…) such as developing markets, and a larger number of culturally-diverse markets."

Für den Marketingmanager ergibt sich aus diesen Ergebnissen die Notwendigkeit, die wesentlichen Wertdimensionen aus der Sicht seiner Kunden zu identifizieren und deren Differenzierungspotenzial zu quantifizieren. Das Wissen um die salienten Wertdimensionen bildet eine wesentliche Voraussetzung für ein wirksames Management der Verbundenheit der Kunden.

Literaturverzeichnis

Albrecht, K. (1995): Delivering Customer Value: It's Everyone's Job, Portland.

Alderson, W. (1958): The Analytical Framework for Marketing, Nachdruck in: Brown, S. W./Fisk, R. P. (Hrsg.), Marketing Theory: Distinguished Contributions, New York, 1984.

American Marketing Association (2013): Definition of Marketing, https://www.ama.org/AboutAMA/Pages/Definition-of-Marketing.aspx (Zugriff am 3.6.2016).

Anderson, J. C/Narus, J. A. (1998): Business Marketing: Understand What Customers Value, in: Harvard Business Review, Vol. 76, No. 6, S. 53-65.

Anderson, J. C./Narus, J. A. (2009): Business Market Management: Understanding, Creating, and Delivering Value, New York.

Anderson, J. C./Thomson, J. B. L./Wynstra, F. (2000): Combining Value and Price to Make Purchase Decisions in Business Markets, in: International Journal of Research in Marketing, Vol. 17, No. 4, S. 307-329.

Ansoff, I. (1957): Strategies for Diversification, in: Harvard Business Review, Vol. 35, No. 5, S. 113-124.

Bagozzi, R. P. (1978): Marketing as Exchange. A Theory of Transactions in the Marketplace, in: American Behavioral Scientist, Vol. 21, No. 4, S. 535-556.

Barry, J./Terry, T. S. (2008): Empirical Study of Relationship Value in Industrial Services, in: Journal of Business & Industrial Marketing, Vol. 23, No. 4, S. 228-241.

Beutin, N. (2000): Kundennutzen in industriellen Geschäftsbeziehungen, Wiesbaden.

Bliemel, F./Eggert, A. (1998): Kundenbindung – die neue Sollstrategie?, in: Marketing ZFP, 20. Jg., Nr. 1, S. 37-46.

Blocker (2011): Modeling Customer Value Perceptions in Cross-Cultural Business Markets, in: Journal of Business Research, Vol. 64, No. 8, S. 533-540.

Blocker, C. P./Flint, D. J./Myers, M. B., Slater, S. F. (2011): Proactive Customer Orientation and its Role for Creating Customer Value in Global Markets, in: Journal of the Academy of Marketing Science, Vol. 39, No. 2, S. 216-233.

Bolton, R. N./Drew, J. H. (1991): A Multistage Model of Customers' Assessments of Service Quality and Value, in: Journal of Consumer Research, Vol. 17, No. 4, S. 375-384.

Buchanan, R./Gillies, C. (1990): Value Managed Relationships: The Key to Customer Retention and Profitability, in: European Management Journal, Vol. 8, No. 4, S. 523-526.

Buzzell, R./Gale, B. T. (1987): The PIMS Principles: Linking Strategy to Performance, New York.

Chacour, S./Ulaga, W. (1998): Customer Value Audit in Business Markets: The Case of a Chemicals Supplier in International Markets. Arbeitspapier, EDHEC Graduate School of Management, Lille.

Chaudhuri, A./Holbrook, M. B. (2001): The Chain of Effects from Brand Trust and Brand Affect to Brand Performance: The Role of Brand Loyalty, in: Journal of Marketing, Vol. 65, No. 2, S. 81-93.

Conze, O. (2007): Kundenloyalität durch Kundenvorteile: Segmentspezifische Analyse und Implikationen für das Kundenbeziehungsmanagement, Wiesbaden.

Diller, H. (1996): Kundenbindung als Marketingziel, in: Marketing ZFP, 18. Jg., Nr. 2, S. 81-94.

Dodds, W. B./Monroe, K. B./Grewal, D. (1991): Effects of Price, Brand, and Store Information on Buyers Product Evaluations, in: Journal of Marketing Research, Vol. 28, No. 3, S. 307-319.

Donath, B. (1997): Customer Value: Moving Forward – Back to Basics. ISBM Report 13-1997, Institute for the Study of Business Markets, Pennsylvania State University, University Park, PA.

Dorsch, M. J./Swanson, S. R./Kelley, S. W. (1998): The Role of Relationship Quality in the Stratification of Vendors as Perceived by Customers, in: Journal of the Academy of Marketing Science, Vol. 26, No. 2, S. 128-142.

Dwyer, R. F./Tanner, J. F. Jr. (2006): Business Marketing: Connecting Strategy, Relationships and Learning, Burr Ridge, IL.

Eggert, A. (1999): Kundenbindung aus Kundensicht, Wiesbaden.

Eggert, A. (2000): Konzeptualisierung und Operationalisierung der Kundenbindung aus Kundensicht, in: Marketing ZFP, 22. Jg., Nr. 2, S. 119-130.

Eggert, A./Ulaga, W. (2002): Customer Perceived Value: A Substitute for Satisfaction in Business Markets?, in: Journal of Business and Industrial Marketing, Vol. 17, No. 2/3, S. 107-118.

Flint, D. J./Woodruff, R. B./Gardial, S. F. (1997): Customer Value Change in Industrial Marketing Relationships. A Call for New Strategies and Research, in: Industrial Marketing Management, Vol. 26, No. 2, S.163-175.

Flint, D. J./Woodruff, R. B./Gardial, S. F. (2002): Exploring the Phenomenon of Customer's Desired Value Change in a Business-to-Business Context, in: Journal of Marketing, Vol. 66, No. 4, S. 102-117.

Furse, D. H./Punj, G. N./Stewart, D. W. (1984): A Typology of Individual Search Strategies among Purchasers of New Automobiles, in: Journal of Consumer Research, Vol. 10, No. 4, S. 417-431.

Gale, B. T. (2010): Managing Customer Value: Creating Quality and Service that Customers Can See, New York.

Grisaffe, D. B./Kumar, A. (1998): Antecedents and Consequences of Customer Value: Testing an Expanded Framework. Working Paper 107, Marketing Science Institute, Cambridge.

Higgins, K. T. (1998): The Value of Customer Value Analysis. Customer Value Analysis becomes the Starting Point in Marketing Research, in: Marketing Research, Vol. 10, No. 4, S. 39-44.

Hippner, H./Hubrich, B./Wilde, K. D. (2011): Grundlagen des CRM: Strategie, Geschäftsprozesse und IT-Unterstützung, Berlin

Holbrook, M. B. (1985): Why Business is Bad for Consumer Research, in: Hirschman, E. C./Holbrook, M. B. (Hrsg.), Advances in Consumer Research, Vol. 12, S. 145-156.

Holbrook, M. B. (1994): The Nature of Customer Value. An Axiology of Services in the Consumption Experience, in: Rust, R. T./Oliver, R. L. (Hrsg.), Service Quality: New Directions in Theory and Practice, Thousand Oaks, S. 21-71.

Homburg, Ch./Faßnacht, M. (2001): Kundennähe, Kundenzufriedenheit und Kundenbindung bei Dienstleistungsunternehmen, in: Bruhn, M./Meffert, H. (Hrsg.), Handbuch Dienstleistungsmanagement. Von der strategischen Konzeption zur praktischen Umsetzung, 2. Aufl., Wiesbaden, S. 441-464.

Homburg, Ch./Rudolph, B. (2001): Customer Satisfaction in Industrial Markets: Dimensional and Multiple Role Issues, in: Journal of Business Research, Vol. 52, No.1, S. 15-33.

Houston, F. S./Gassenheimer, J. B./Maskulka, J. M. (1992): Marketing Exchange Transactions and Relationships, Westport, CT u.a.

Hutt, M. D./Speh, T. W. (2000): Business Marketing Management: A Strategic View of Industrial and Organizational Markets, New York.

Johnson, M. P. (1982): Social and Cognitive Features of the Dissolution of Commitment to Relationships, in: Duck, S. (Hrsg.), Personal Relationships: Dissolving Personal Relationships, London u.a., S. 51-73.

Kalwani, M. U./Narayandas, N. (1995): Long-Term Manufacturer-Supplier Relationships: Do They Pay Off for Supplier Firms?, in: Journal of Marketing, Vol. 59, No. 1, S. 1-16.

Koppelmann, U. (2003): Beschaffungsmarketing, Berlin u.a.

Krüger, S.M. (2000): Profitabilitätsorientierte Kundenbindung durch Zufriedenheitsmanagement. Kundenzufriedenheit und Kundenwert als Steuerungsgröße für die Kundenbindung in marktorientierten Dienstleistungsunternehmen, München.

Lewis, C.I. (1946): An Analysis of Knowledge and Valuation, La Salle.

Macdonald, E. K./Kleinaltenkamp, M./Wilson, H. N. (2016): How Business Customers Judge Solutions: Solution Quality and Value in Use, in: Journal of Marketing, Vol. 80, No. 3, S. 96-120.

Monroe, K. B. (2002): Pricing: Making Profitable Decisions, New York.

Moore, W. L./Lehmann, D. R. (1980): Individual Differences in Search Behavior for a Nondurable, in: Journal of Consumer Research, Vol. 7, No. 3, S. 296-307.

Parasuraman, A./Grewal, D. (2000): The Impact of Technology on the Quality-Value-Loyalty Chain: A Research Agenda, in: Journal of the Academy of Marketing Science, Vol. 28, No. 1, S. 168-174.

Patterson, P. G./Spreng, R. A. (1997): Modelling the Relationship between Perceived Value, Satisfaction and Repurchase Intentions in a Business-to-Business Services Context: An Empirical Examination, in: International Journal of Service Industry Management, Vol. 8, No. 5, S. 414-434.

Payne, A./Holt, S. (1999): A Review of the "Value" Literature and Implications for Relationship Marketing, in: Australasian Marketing Journal, Vol. 7, No. 1, S. 41-51.

Plinke, W. (2000): Grundlagen des Marktprozesses, in: Kleinaltenkamp, M./Plinke, W. (Hrsg.), Technischer Vertrieb: Grundlagen des Business-to-Business Marketing, 2. Aufl., Berlin u.a., S. 3-98.

Ravald, A./Grönroos, C. (1996): The Value Concept and Relationship Marketing, in: European Journal of Marketing, Vol. 30, No. 2, S. 19-30.

Reichheld, F. P./Sasser, W. E. (1990): Zero defections: Quality comes to services, in: Harvard Business Review, Vol. 68, No. 5, S. 105-111.

Reichheld, F. F./Teal, T. (1996): The Loyalty Effect, Boston.

Reuter, V. G. (1986): What Good are Value Analysis Programs, in: Business Horizons, Vol. 29, No. 2, S. 73-79.

Romaniuk, J./Nenycz-Thiel, M. (2013): Behavioral Brand Loyalty and Consumer Brand Associations, in: Journal of Business Research, Vol. 66, No. 1, S. 67-72.

Rosch, E. (1975): Cognitive Reference Points, in: Cognitive Psychology, Vol. 7, No. 4, S. 532-547.

Schnauffer, R./Jung, H.-H. (2004): CRM-Entscheidungen richtig Treffen: Die Unternehmensindividuelle Ausgestaltung der Anbieter-Kunden-Beziehung, Berlin

Seiders, K./Voss, G. B./Grewal, D./Godfrey, A. L. (2005): Do Satisfied Customers Buy More? Examining Moderating Influences in a Retailing Context, in: Journal of Marketing, Vol. 69, No. 4, S. 26-43.

Simon, H./Homburg, Ch. (1995): Kundenzufriedenheit als strategischer Erfolgsfaktor – einführende Überlegungen, in: Simon, H./Homburg, Ch. (Hrsg.), Kundenzufriedenheit: Konzepte – Methoden – Erfahrungen, Wiesbaden, S. 15-27.

Sinha, I./DeSarbo, W. S. (1998): An Integrated Approach Toward the Spatial Modeling of Perceived Customer Value, in: Journal of Marketing Research, Vol. 35, No. 2, S. 236-249.

Stauss, B. (1999): Kundenzufriedenheit, in: Marketing ZFP, 21. Jg., Nr. 1, S. 5-24.

Thaler, R. (1985): Mental Accounting and Consumer Choice, in: Marketing Science, Vol. 4, No. 3, S. 199-214.

Treacy, M./Wiersema, F. (1995): The Discipline of Market Leader, Boston.

Tversky, A./Kahneman, D. (1991): Loss Aversion and Riskless Choice: A Reference Dependent Model, in: Quarterly Journal of Economics, Vol. 106, No. 4, S. 1039-1061.

Ulaga, W. (2011): Investigating Customer Value in Global Business Markets: Commentary Essay, in: Journal of Business Research, Vol. 64, No. 8, S. 928-930.

Ulaga, W./Chacour, S. (2001): Measuring Customer-Perceived Value in Business Markets. A Prerequisite for Marketing Strategy Development and Implementation, in: Industrial Marketing Management, Vol. 30, No. 6, S. 525-540.

Ulaga, W./Eggert, A. (2006): Value-Based Differentiation in Business Relationships: Gaining and Sustaining Key Supplier Status, in: Journal of Marketing, Vol. 70, No. 1, S. 119-136.

Vandenbosch, M./Dawar, N. (2002): Beyond Better Products: Capturing Value in Customer Interactions, in: MIT Sloan Management Review, Vol. 43, No. 4, S. 35-42.

Voeth, M. (2003): Gruppengütermarketing, München.

Werani, T. (1998): Der Wert von kooperativen Geschäftsbeziehungen in industriellen Märkten. Bedeutung, Messung und Wirkungen, Linz.

Wieseke, J./Alavi, S./Habel, J. (2016): Willing to Pay More, Eager to Pay Less: The Role of Customer Loyalty in Price Negotiations, in: Journal of Marketing, Vol. 78, No. 6, S. 17-37.

Woodall, T. (2003): Conceptualising 'Value for the Customer': An Attributional, Structural and Dispositional Analysis, in: Academy of Marketing Science Review, o. Vol., No. 12 (2003).

Zeithaml, V. A. (1988): Consumer Perceptions of Price, Quality, and Value: A Means-End Model and Synthesis of Evidence, in: Journal of Marketing, Vol. 52, No. 3, S. 2-22.

Zhang, S. S./van Doorn, J./Leeflang, P. S. (2014): Does the Importance of Value, Brand and Relationship Equity for Customer Loyalty Differ Between Eastern and Western cultures?, in: International Business Review, Vol. 23, No. 1, S. 284-292.

Summary

In recent years, relationship value has attracted increasing attention among marketing researchers and practitioners alike. This paper argues that understanding the constituents of value in buyer-seller relationships is key to retaining customers in competitive markets. To provide a better understanding of the value construct, we first compare it to customer satisfaction. Next, we review its four recurring characteristics: (1) value is a subjective concept, (2) it is conceptualized as a trade-off between benefits and sacrifices, (3) value perceptions are relative to competition, and (4) benefits and sacrifices can be multi-facetted. Finally, we report on a study that compares the constituents of value across key- and backup-supplier relationships. Findings indicate that relationship benefits display a stronger potential for differentiation in key supplier relationships than cost considerations. Service support and personal interaction are identified as core differentiators, followed by a supplier's know-how and its ability to improve a customer's time-to-market. Being aware of the core differentiators in buyer-seller relationships is fundamental for crafting effective retention schemes under competitive market conditions.

Bernhard Swoboda und Dirk Morschett

Kundenbindung im vertikalen Marketing

1. Bestimmungsfaktoren und Grundlagen des vertikalen Marketing
   1.1 Entwicklungstendenzen in Industrie und Handel
   1.2 Dimensionen des vertikalen Marketing
   1.3 Ausgewählte Determinanten des vertikalen Marketing

2. Bedeutung der Kundenbindung im vertikalen Marketing
   2.1 Vom Transaktions- zum Relationsfokus
   2.2 Dimensionen der Kundenbindung

3. Integrierte Kundenbindungsstrategien im vertikalen Marketing
   3.1 Grundmodell und Philosophien der Zusammenarbeit
   3.2 Herstellerdominante Kundenbindungsstrategien
   3.3 Handelsdominante Kundenbindungsstrategien
   3.4 Partnerschaftliche Kundenbindungsstrategien
   3.5 Management integrierter Kundenbindungsstrategien

4. Fazit

Literaturverzeichnis

Prof. Dr. Prof. h.c. Bernhard Swoboda ist Inhaber der Professur für Marketing und Handel der Universität Trier. Prof. Dr. Dirk Morschett ist Inhaber des Lehrstuhls für Internationales Management der Universität Freiburg/Schweiz.

1. Bestimmungsfaktoren und Grundlagen des vertikalen Marketing

1.1 Entwicklungstendenzen in Industrie und Handel

Während bis in die 1970er Jahre hinein die Marktposition der Markenartikelhersteller in Deutschland gesichert war und sie die Absatzkanäle der Konsumgütermärkte dominierten, führte vor allem das Verbot der Preisbindung zweiter Hand und die Expansion von Handelsketten zur Veränderung der Marktgleichgewichte. Durch die Konzentration wurde der Handel als Verhandlungspartner der Industrie ständig mächtiger; durch eine zunehmende Professionalisierung des Handels, elektronische PoS-Systeme und nicht zuletzt Kundenkarten baute er seine Informationsbasis stetig aus (vgl. bereits Irrgang 1993, S. 1; Levy/Weitz/Grewal 2014, S. 14ff.). In den 1990er und 2000er Jahren gelang vielen Handelsunternehmen der Schritt, in vielen der Hersteller-Handels-Dyaden zum dominanten Partner zu werden. Dies findet Ausdruck im Streben nach eigenständigen Profilierungs- und Marketingkonzepten, die nicht mehr alleine auf den Hersteller-initiierten Maßnahmen fußen (Theis 1999, S. 32f.; Morschett 2002, S. 2). Gleichzeitig gewinnen auf Seiten der Hersteller Maßnahmen des handelsbezogenen Marketing einerseits und der so genannten Secured Distribution und Controlled Distribution andererseits an stetiger Bedeutung (Zentes/Neidhart/Scheer 2006).

Die Betrachtung bestehender *Beziehungen zwischen Industrie und Handel* zeigt dennoch häufig ein eher konfliktäres Verhältnis. Ursachen dafür liegen im zunehmenden Verdrängungswettbewerb, in stagnierenden Umsätzen und steigenden Kosten im Handel bei gleichzeitig hohen Serviceerwartungen der Konsumenten. Diese Situation führt in der Konsumgüterwirtschaft zu einem steigenden Konfliktpotenzial, vertikal wie horizontal.

In den letzten Jahren kommt das rasante Wachstum des Online-Handels hinzu. Neue Händler mit teilweise hoher Marktmacht entstehen, insb. Amazon, das innerhalb weniger Jahre zu einem der größten Händler der Welt aufgestiegen ist. Gleichzeitig hat sich im Internet ein anderes Suchverhalten von Konsumenten entwickelt; häufig wird zunächst nach einem (Marken-)Produkt gesucht und dann der Händler mit dem günstigen Preis dafür ausgewählt. Allerdings ist der stationäre Handel immer noch mit Abstand der dominante Absatzkanal.

Insgesamt erfordern die (veränderten) Rahmenbedingungen eine strategische Neuorientierung. Da die Möglichkeiten, durch Aktivitäten innerhalb des eigenen Unternehmens Effizienzsteigerungspotenziale zu realisieren, vielerorts weithin erschöpft sind und eine isolierte Marktbearbeitungspolitik nur bedingt zum Erfolg führt, werden Ansätze, die über eine bloße Optimierung der eigenen Wertschöpfungskette und Marketingaktivitäten hinausgehen, erforderlich (Zentes 1996; Swoboda 1997a; 1997b). Daher ist seit Mitte der 1990er Jahre der Versuch der *verstärkten Kooperation* zwischen Industrie und Handel zu beobachten. Die Efficient-Consumer-Response-Initiativen (ECR) erkundeten neue

Wege der Zusammenarbeit von Industrie und Handel. Es handelt sich dabei u.a. um Maßnahmen des vertikalen Marketing, wie der Kundenbindung, die mehrere Marktstufen beachten und – zumindest teilweise in koordinierter Art und Weise – den Endkunden einbinden oder beeinflussen sollen.

1.2 Dimensionen des vertikalen Marketing

Die *Konzeption des vertikalen Marketing* wird in der Literatur seit vielen Jahren in unterschiedlicher Form erörtert (z.B. Thies 1976; Tietz/Mathieu 1979; Belz 1989; Zentes 1992; Irrgang 1993; Olbrich 1995; Zentes 2012). Nach Irrgang (1993, S. 1f.) bezeichnet vertikales Marketing das handelsgerichtete Marketing eines Herstellers mit dem Ziel der Beeinflussung des Endkunden. Es ergänzt die unmittelbar konsumentengerichteten Marktbearbeitungsmaßnahmen der Hersteller. Oehme (2001, S. 457) sieht das vertikale Marketing als *Brücke* zwischen dem klassischen Herstellermarketing und dem Handelsmarketing, d.h. dem Marktbearbeitungsmix der Handelsunternehmen. Um der Vielfalt des Absatzmanagements gerecht zu werden, ist folgende umfassende *Begriffsabgrenzung des vertikalen Marketing* sinnvoll: Ein Unternehmen betreibt vertikales Marketing, wenn es versucht, durch ein mit Unternehmen anderer Marktstufen koordiniertes Vorgehen die Konsumenten zu beeinflussen.

Meist wird dabei der Hersteller als möglicher Ausgangspunkt des vertikalen Marketing gesehen. Vor dem Hintergrund der Branchenentwicklungen können jedoch ebenso Unternehmen der Handelsstufe als *Initiator des vertikalen Marketing* auftreten, indem Groß- oder Einzelhandelsunternehmen Herstellerunternehmen dazu veranlassen, ihr absatzpolitisches Instrumentarium in einer bestimmten Weise auszurichten (Olbrich 1995, Sp. 2616f.), um den Bedürfnissen der Konsumenten adäquater gerecht zu werden oder diese zu beeinflussen. Die einbezogenen Marktstufen sind oft umfassender, da in den meisten Bereichen der Konsumgüterwirtschaft eine mehrstufige Marktbearbeitung vorliegt. Der Absatz der Produkte erfolgt über Einkaufszentralen, den Großhandel, den Einzelhandel oder in kombinierter Form.

1.3 Ausgewählte Determinanten des vertikalen Marketing

Die Beziehungen von Industrie und Handel werden durch die Wettbewerbsposition bestimmt, wobei grundsätzlich die horizontale und die vertikale Wettbewerbsposition zu unterscheiden sind:

- Die *horizontale Wettbewerbsposition* betrifft das Verhältnis zwischen verschiedenen Unternehmen der Markenartikelindustrie oder des Handels.

- Die *vertikale Wettbewerbsposition* kennzeichnet das Verhältnis zwischen Unternehmen unterschiedlicher Marktstufen, z.B. zwischen Handel und Industrie.

Für die Ausgestaltung der Koordination und insbesondere die Realisierung der intendierten eigenen Marketingkonzeption ist die Machtverteilung zwischen Hersteller- und Handelsunternehmen relevant (Olbrich 1995, Sp. 2619). Es kann davon ausgegangen werden, dass sich die strategische Grundhaltung der Unternehmen mit zunehmender Marktmacht verändert (zu den situationsspezifischen Konstellationen vgl. Abbildung 1). Meffert (1999, S. 417) differenziert hier neben einer Anpassungsstrategie über die Kooperationspräferenz auch eine Umgehung bis hin zu einer offenen Konfrontation.

	Händlerdominanz	Interdependenz
Händlermacht gegenüber dem Hersteller *(hoch)*	• Wenige Handelsunternehmen / viele Hersteller • Hoher Marktanteil des Händlers • Niedrige Kosten des Lieferantenwechsels, z.B. wegen niedriger Suchkosten des Händlers für Alternativen • Hohe Kosten des Abnehmerwechsels • Kunden des Händlers sind wichtig für Hersteller • Angebot des Herstellers ist austauschbar • Händler hat deutlichen Informationsvorsprung • schwache Herstellermarke / starke Retail Brand	• Wenige Handelsunternehmen / wenige Hersteller • Relativ hoher Marktanteil des Händlers • Hohe Kosten des Lieferantenwechsels, z.B. wegen hoher Suchkosten des Händlers für Alternativen • Hohe Kosten des Abnehmerwechsels • Kunden des Händlers sind wichtig für Hersteller • Angebot des Herstellers ist einzigartig • Hersteller und Händler verfügen jeweils über spezifische Informationen • starke Herstellermarke / starke Retail Brand
	Unabhängigkeit	**Herstellerdominanz**
(niedrig)	• Viele Händler / viele Hersteller • Relativ niedriger Marktanteil des Händlers • Niedrige Kosten des Lieferantenwechsels, z.B. wegen relativ niedriger Suchkosten des Händlers für Alternativen • Niedrige Kosten des Abnehmerwechsels • Kunden des Händlers sind nicht besonders wichtig für Hersteller • Angebot des Herstellers ist austauschbar • Hersteller hat nur begrenzten Informationsvorsprung	• Viele Handelsunternehmen / wenige Hersteller • Niedriger Marktanteil des Händlers • Hohe Kosten des Lieferantenwechsels, z.B. wegen hoher Suchkosten des Händlers für Alternativen • Niedrige Kosten des Abnehmerwechsels • Kunden des Händlers sind nicht wichtig für Hersteller • Angebot des Herstellers ist einzigartig • Hersteller hat deutlichen Informationsvorsprung • starke Herstellermarke / schwache Retail Brand
	niedrig	*hoch*
	Herstellermacht gegenüber dem Händler	

Abbildung 1: Abhängigkeitskonstellationen in Hersteller-Handels-Beziehungen
(Quelle: in Anlehnung an Cox 2001, S. 14)

Grundsätzlich sind eine *Machtdominanz* beim Hersteller oder beim Handel, eine *Interdependenz (Pattsituation)* oder *Unabhängigkeit* denkbar, nachfolgend vor allem auf die Konsumgüterwirtschaft bezogen. In der Praxis zeigt sich heute aufgrund asymmetrischer Abhängigkeitsbeziehungen oft ein Machtübergewicht beim Handel. Selbst die größten (Markenartikel-) Hersteller erzielen in den seltensten Fällen mehr als ein Prozent des Umsatzes der führenden Handelsunternehmen. Dagegen kann der Anteil eines Handelsunternehmens als Kunde am Umsatz eines Herstellers durchaus mehr als 20 Prozent betragen. Zudem führen die Entwicklungen des Kundenbindungsmanagements zu einem Machtgewinn des Handels, da Händler einfacher als Hersteller in der Lage sind, eigenständig ein solches Konzept zu implementieren (Palmer 1996, S. 254). Weitere Einflussfaktoren auf die Machtverhältnisse zeigt Abbildung 1.

Trotz der starken Machtstellung des Handels kann für ihn auch eine *Kompetenzpartnerschaft* mit dem Hersteller von Nutzen sein. So hat z.B. der Lebensmitteleinzelhandel mit oft über 100 Warengruppen die optimale Aussteuerung der Warengruppen untereinander zum Ziel und verfügt in diesem Bereich über spezifisches Wissen. Allerdings hat er in der Regel nicht die Ressourcen, sich mit jeder einzelnen Warengruppe detailliert auseinanderzusetzen, sodass es hilfreich sein kann, hierfür auf die Kompetenz und die Ressourcen eines Herstellers, mit seinen oft besseren Detailkenntnissen in einer einzelnen Warengruppe, zurückzugreifen (Gooner/Morgan/Perreault 2011, S. 18). Dies zeigt, dass auch Kompetenz und Informationsverfügbarkeit einen Einfluss auf die Beziehung ausüben. Parallel bauen vertikale Industrieunternehmen (u.a. die „Verticals") eigene Kompetenzen in Richtung Handel und Vertrieb auf (vgl. hierzu Swoboda/Giersch 2004; Zentes/Morschett/Schramm-Klein 2011, S. 93ff.).

Ob ein Handelsunternehmen überhaupt daran interessiert ist, eine eigenständige Marketingstrategie – meist unter erheblichem Ressourceneinsatz – durchzusetzen, hängt auch von der Rolle der Warengruppe, in die ein Produkt im Handelssortiment fällt, ab. So wird z.B. im Rahmen des Category-Management-Konzeptes einer Warengruppe eine Bedeutungsrolle zugeteilt, die in Profilierungs-, Pflicht-, Ergänzungs- oder Saisonalrolle unterschieden wird (ECR Europe 1997). Diese Rollenzuordnung dient zugleich der Bestimmung der Ressourcenallokation. So übernimmt der Handel etwa bei Produkten, die nur in einer Ergänzungsrolle sind, häufig die Marketingkonzepte des Herstellers oder überlässt ihm sogar das Management der Warengruppe (insbesondere bei komplexeren Warengruppen).

2. Bedeutung der Kundenbindung im vertikalen Marketing

2.1 Vom Transaktions- zum Relationsfokus

Kundenorientierung ist für die betriebswirtschaftliche Forschung und insbesondere für das Marketing nicht neu. Bezeichnend ist demgegenüber die zunehmende Bedeutung der Kundenbindung als Zielgröße unternehmerischer Aktivitäten. Viele Unternehmen bewegen sich von der Betrachtung einzeltransaktionsbezogener Austauschbeziehungen hin zu einer überwiegend relationalen Betrachtung des Marketing (Grönroos 1991). Dabei wird versucht, sich auf einzelne Kunden bzw. Kundengruppen zu konzentrieren und statt der Fokussierung auf die Gewinnung von Neukunden eher durch die spezifische Ansprache vorhandener Kunden langfristige Beziehungen zu diesen aufzubauen (Foscht/Swoboda

2011, S. 185ff.; Tzempelikos/Gournaris 2013, S. 180; Bruhn 2016, S. 12ff.). Dabei ist es für eine effektive Kundenbindung notwendig, dem Kunden über den unmittelbaren Nutzen aus dem Produkt- bzw. Leistungsangebot hinaus, der auch bei einer lediglich wiederholten Transaktion wirksam werden kann, einen direkten Nutzen aus der Fortsetzung der Geschäftsbeziehung zu einem spezifischen Anbieter zu bieten (Rust/Lemon/Zeithaml 2001, S. 5; Eisenbeiß/Bleier 2012, S. 477ff.).

In der Unternehmenspraxis resultiert die Relevanz unter anderem aus folgenden Überlegungen:

- Die Kundenbindung erscheint wirtschaftlich attraktiv (Eisenbeiß/Bleier 2012, S. 464f.). So wird geschätzt, dass eine aktive Kundenbindung lediglich 15 bis 20 Prozent der Aufwendungen erfordert, die für eine vergleichbare Gewinnung neuer Kunden entstehen würden (Müller/Riesenbeck 1991, S. 69). Die häufig zitierte Untersuchung von Reichheld/Sasser (1990, S. 110), welche die Auswirkungen einer Senkung der Kundenabwanderungsquote auf die Gewinne andeutet, zeigte für den Handel unter allen Branchen den bei weitem höchsten Effekt auf.

- Erfahrungen zeigen eine abnehmende Loyalität der Konsumenten bei der Markenwahl und bei der Einkaufsstättenwahl; abnehmende Bindungsbereitschaft des Konsumenten ist ein wichtiger Konsumententrend (Zentes/Swoboda/Foscht 2012, S. 382ff.).

Handelsspezifisch stellt bereits Jungwirth (1997, S. 22f.) die ökonomischen und vor- bzw. außerökonomischen Kundenbindungsziele ausführlich dar. Erklärt werden können die Auswirkungen einer höheren Kundenbindung unter anderem durch Erlös- und Kosteneffekte (Bruhn 2016, S. 3f.). So bestehen einerseits auf der Erlösseite Vorteile einer Absatzsicherung, aber auch einer Kauffrequenzsteigerung der bestehenden Kunden und der Ausschöpfung von Cross-Selling-Potenzialen. Zudem sind treue Kunden oft bereit, ihr reduziertes Kaufrisiko mit einem Preispremium zu belohnen. Dies kann im Einzelhandel z.B. zu einem höheren Ausgabenanteil in einem Geschäft führen, wobei zugleich kostenintensive Rabattaktionen vermindert werden können. Auf der Kostenseite sind oftmals Kostenreduzierungen durch Erfahrungseffekte festzustellen; ebenso erhöht sich meist die Effizienz der Kundenbeziehung mit zunehmender Dauer.

Zugleich wird in Konsumgütermärkten die Bedeutung des Kundenbindungsmanagements durch endogene und exogene Rahmenbedingungen forciert. Für den Handel wurde in einer Reihe von Studien ein Zusammenhang zwischen der zunehmenden Marktkonzentration und dem Streben nach einer erhöhten Kundenbindung nachgewiesen (Duke 1991). Die zunehmende Internationalisierung im Handel führt dazu, dass in vielen Branchen ausländische Händler als Konkurrenten auftreten (Swoboda/Foscht/Pennemann 2009). Dies verschärft einerseits die Wettbewerbssituation und beschleunigt andererseits den Know-how-Transfer zwischen einzelnen Ländermärkten, wobei z.B. in Großbritannien, aber auch in der Schweiz ein Kompetenzvorsprung im Bereich der Kundenbindungspolitik des Handels gegenüber anderen europäischen Märkten, so auch Deutschland, gesehen wird. Zugleich führten und führen (rechtliche) *Deregulierungsmaßnahmen* in Deutschland zu einem Anstieg der Optionen. Der Wegfall des Rabattgesetzes und der Zugabeverordnung im Jahre 2001 ermöglichte in Deutschland die Realisierung von Konzepten, die den Einsatz von Kundenbindungsmaßnahmen in sehr viel differenzierterer und individualisierterer Form mit einem breiten Einsatz verschiedener Instrumente eröffnen.

Darüber hinaus ist einer der fundamentalen Trends im Handelsmarketing der Versuch, die Einkaufsstätten als Marke (*Retail Brand*) zu etablieren, sie deutlich zu profilieren und klar zu positionieren (Morschett 2002; Burt/Davies 2010).

2.2 Dimensionen der Kundenbindung

Während bislang die Bedeutung der Kundenbindung in Konsumgütermärkten allgemein aufgezeigt wurde, ist für eine weiter gehende Analyse eine differenziertere Betrachtung vorzunehmen. So liegt naturgemäß eine unterschiedliche Art der Marktbearbeitung von Hersteller- und Handelsunternehmen vor. Wird beispielsweise die Profilierung der eigenen Leistung gegenüber der horizontalen Konkurrenz als Oberziel unternehmerischer Aktivitäten betrachtet, dann ergeben sich als Herstellerziel die Profilierung der Marken und als Händlerziel die Profilierung des Geschäfts, des Betriebstyps/Formats oder der Vertriebsschiene (Zentes/Morschett 2004). Mit Blick auf die *Kundenbindung* resultieren daraus zwei unterschiedliche Ansätze:

- Bindung von Konsumenten durch Hersteller (*Markenbindung*) und
- Bindung der Konsumenten durch den Handel (*Einkaufsstättenbindung*).

Die Klammer zwischen der Herstellermarkenbindung und der Einkaufsstättenbindung bildet das vertikale Marketing. Folglich kann das vertikale Marketing einerseits selbst als Konzept begriffen werden, um den intendierten Marktauftritt und damit die Kundenbindung durchzusetzen. Andererseits umfasst es unterschiedliche Konzeptionen der Kundenbindung, die in Abhängigkeit vom inhaltlichen Verständnis des vertikalen Marketing variieren (Olbrich 1995, Sp. 2615ff.; vgl. zum vertikalen Marketing als bilaterales, kooperatives Konzept bereits Diller 1993, S. 58ff.).

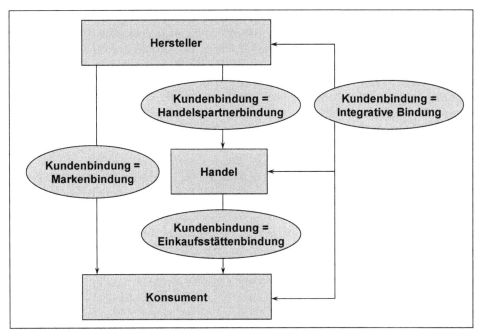

Abbildung 2: Dimensionen der Kundenbindung bei vertikaler Marktbearbeitung

In einer vertikalen Betrachtung sind – selbst bei Vernachlässigung von Wertschöpfungsstufen wie Vorlieferanten, Logistikdienstleister, Großhandel usw. – vier verschiedene *Dimensionen der Kundenbindung* zu unterscheiden (vgl. Abbildung 2).

Als wichtiges Ziel des Marketing von Konsumgüterherstellern ist die Etablierung ihrer Produkte als Marke zu sehen. Diese erzeugen oftmals eine hohe Bindung der Konsumenten und bieten dem Hersteller erhebliche Vorteile für seine Marktbearbeitung (Esch 2005; Bruhn 2012). Einerseits sind dieser Markenaufbau und die *Markenbindung* originäre und zunächst isolierte Aufgaben der Industrie. Zugleich wirkt eine starke Marke beeinflussend auf den gesamten vertikalen Absatzkanal, da dadurch Konsumentennachfrage („Pull") im Handel erzeugt wird. Damit profitiert auch der Handel davon, „vorverkaufte" Produkte in seinen Einkaufsstätten anzubieten.

Auch der Handel ist, zunächst isoliert, daran interessiert, seine Kunden an seine Einkaufsstätten zu binden. Als ein relativ neues Marketinginstrument im Handel zur Erreichung einer *Einkaufsstättenbindung* kann hier eine aktive Kundenbindungspolitik genannt werden. Zwar ist es Ziel aller Handelsmarketinginstrumente, die Kundenbindung zu erhöhen; die Kundenbindungspolitik versucht aber, aus der Kenntnis der einzelnen Kunden sowie der direkten Ansprache individueller Kunden, besondere Anreize für den Wiederholungskauf bzw. für die Einkaufsstättentreue zu geben (Morschett 2002, S. 104ff.; Zentes/Swoboda/Foscht 2012, S. 614ff.). Eine enge Einkaufsstättenbindung ist nur möglich, wenn dem Konsumenten einmalige Leistungen angeboten werden. Dies sind meist nicht die ubiquitären Markenartikel der etablierten Hersteller, die eine austauschbare Leistung darstellen können, sondern andere Profilierungsdimensionen, wie Service, Ladenatmosphäre, attraktive und differenzierte Sortimente, Handelsmarken und Convenience (Rudolph 1993, S. 204ff.). Zugleich driften das Produktmarketing der Industrie und das sortimentsbezogene Vertriebsmarketing des Handels häufig auseinander. Die Folgen davon sind zu hohe, vermeidbare Kosten, z.B. durch vermeidbare Fehlentscheidungen in der Produkt- bzw. Sortimentspolitik, nicht genutzte Synergieeffekte und eine unzureichende Kundenorientierung (vgl. bereits Zentes 1989, S. 224). Die zunehmende gegenseitige Abhängigkeit der Systeme, z.B. in der Produktionsplanung, Warenwirtschaft und Logistik, machte eine Harmonisierung des Herstellermarketing und des Handelsmarketing unabdingbar (Zentes 1989, S. 225). Aus dieser Notwendigkeit heraus entwickelte sich eine dritte Dimension der Kundenbindung, die Bindung des Handels durch Hersteller (*Handelspartnerbindung*).

Zugleich ist eine enge *Abhängigkeit der verschiedenen Loyalitätskonzepte* festzustellen. So zeigen bereits Bloemer/Lemmink (1992, S. 359), dass die Loyalität der Konsumenten zum Händler, basierend auf der Zufriedenheit mit bestimmten Leistungsdimensionen des Händlers, einen wesentlichen Einfluss auf die Loyalität zur Marke ausübt. Jensen (2001, S. 159f.) weist auf einen engen Zusammenhang zwischen der Zufriedenheit der Händler mit der Leistung der Hersteller und der Zufriedenheit der Konsumenten mit der Leistung ihrer Händler hin, wobei ein wichtiger Einflussfaktor die durch die Händlerzufriedenheit induzierte Motivation, sich für das System zu engagieren, ist.

Da also Marken-, Einkaufsstätten- und Handelspartnerbindung bei isolierter Betrachtung zu eher suboptimalen Lösungen führen, ist eine Integration der genannten Kundenbindungsdimensionen erforderlich. Daraus resultiert eine weitere Dimension der Kundenbindung, die an dieser Stelle als *integrative Kundenbindung* bezeichnet wird, und bei der eine Abstimmung der jeweiligen Maßnahmen bzw. ihre koordinierte Nutzung stattfindet. Dabei wird der Begriff der Integration im Sinne einer vertikalen Integration, also einer unternehmensübergreifenden Verknüpfung bzw. Eingliederung der Kundenbindungsmaßnahmen verstanden. Dies kann wiederum in mehr oder weniger kooperativer Form erfolgen. *Ziele* einer derartigen Koordination in vertikalen Absatzsystemen sind u.a.:

- *Konzentration der Ressourcen auf einheitliche Ziele*: Durch eine (mehr oder weniger kooperative) Abstimmung kann vermieden werden, dass die Ressourcen von Industrie und Handel für gegensätzliche Ziele eingesetzt werden, anstatt sich auf die Bereiche der Zielkongruenz zu konzentrieren.

- *Synergieeffekte*: Durch eine enge Geschäftsbeziehung können sich Synergieeffekte in Produkten, Technologien, Supply-Chain- und Marktbearbeitungs-Prozessen ergeben.

- *Bündelung der Kundeninformationen*: Die oben dargestellten unterschiedlichen Kompetenzen können in Kombination zur wesentlich besseren Beeinflussung bzw. Bindung des Konsumenten eingesetzt werden.

3. Integrierte Kundenbindungsstrategien im vertikalen Marketing

3.1 Grundmodell und Philosophien der Zusammenarbeit

Theorien über die Begründung und Aufrechterhaltung von Kooperationen fußen auf zwei Grundüberlegungen (Tietz 1994, S. 41; Swoboda 2005): Da eine Kooperation stets mit der freiwilligen Aufgabe von Freiheitsgraden verbunden ist, wird sie nur zustande kommen,

(1) wenn Unternehmen durch die Harmonisierung der Aktivitäten ihre Ziele besser erreichen als bei unabgestimmtem Vorgehen und/oder

(2) wenn zwischen den kooperationswilligen Unternehmen eine gute Beziehungsqualität bei vorhandener Beziehungsattraktivität herrscht.

Der erstgenannte Punkt betrifft die *Transaktionsebene* (Heide/Stump 1995) als Ebene von robusten Kooperationsfaktoren, d.h. Kooperationsfeldern und/oder -instrumenten, welche die sachbezogene inhaltliche Zusammenarbeit zwischen den Kooperationspartnern ausmachen. Dazu zählen

- die Leistungsprogrammpolitik, die sich auf strukturelle, marktorientierte, faktor- und kostenbezogene sowie finanzielle Entscheidungen bezieht,
- die Technologiepolitik als Grundlage für eine Realisierung der Strategie sowie
- die Managementpolitik, in deren Rahmen die Probleme der Planung, der Organisation, der Führung und der Kontrolle erörtert werden (Tietz 1994, S. 41).

Demgegenüber steht im Fokus neuerer Ansätze die *Beziehungsebene* (Swoboda/Giersch 2004; Foscht/Swoboda 2011, S. 185ff.; Zentes/Swoboda/Morschett 2011). Als Ebene von sensiblen Kooperationsfaktoren bildet sie die Plattform, innerhalb derer sich eine Harmonisierung der Transaktionen vollzieht (Laurent 1996, S. 99). Dabei besteht eine Beziehung zwischen der Transaktion (Input-Output) und den Beziehungsfaktoren (Kompetenz und Sympathie). Wesentliches Element der Beziehungsebene sind das Grundverständnis eines Unternehmens über die eigene Rolle und die des Marktpartners im Absatzkanal. Dieses Grundverständnis kann wesentlich verbessert werden durch die so genannte „*Perspektivenübernahme*", ein wichtiges Prinzip des vertikalen Kundenbindungsmanagements, nach dem Unternehmen aufgefordert sind, sich bei der Gestaltung der Kundenbeziehungen in die Kundenperspektive zu versetzen.

Aus dem Rollenverständnis der Hersteller (Rolle des Produzenten: Produktspezialist) und der Händler (Rolle des Dienstleisters: Servicespezialist) und dem Verhältnis der kooperierenden Akteure untereinander resultieren unterschiedliche *Philosophien der Zusammenarbeit* (vgl. Abbildung 3 und Laurent 1996, S. 164):

- Bei Kooperationen mit einseitiger Dominanz eines der Beteiligten (*Dominanzsysteme*) ist der Anspruch auf Führerschaft im Absatzkanal ein wesentliches Element der Philosophie. Dies umfasst in vertikaler Betrachtung die Beziehungen zum jeweilgen Kooperationspartner (Hersteller- oder Handelsdominanz) sowie in horizontaler Sicht die Führerschaft gegenüber der Konkurrenz.
- Bei Gleichberechtigung der Akteure enthalten Partnerschaftsphilosophien die grundlegenden Aspekte der Kooperation und des Miteinanders (*Partnerschaftssysteme*).

Beide bieten Ansatzpunkte für Kundenbindungsstrategien. Je nach Kooperationsintensität ergeben sich unterschiedliche kundenorientierte Strategien, z.B. die unverbindliche Angebotsstrategie gegenüber dem Partner und die verbindliche Programm- und Durchsetzungsstrategie gegenüber dem Partner. Ein Partner kann sich bei der verbindlichen Verpflichtungsstrategie für ein Paket oder eine Kombination von Kooperationspaketen entscheiden, an die er für eine bestimmte Vertragsdauer gebunden ist (Tietz 1994, S. 49).

Abbildung 3: Kontinuum der vertikalen Kundenbindungsstrategien

Andererseits zeigen sich Grenzen der Partnerschaft. So beruht das vertikale Marketing auf der Zusammenarbeit von selbstständigen Partnern, die versuchen, jeweils ihren eigenen Nutzen zu maximieren, was zumindest in Teilbereichen zu Interessendivergenzen führen kann. Damit sind Konflikte nicht vollständig zu vermeiden (Jensen 2001, S. 153f.). Das Bemühen um eine Kompetenz-Partnerschaft wird daher seine Grenzen in *systemimmanenten Zielkonflikten* zwischen Herstellern und Handel finden, wie

- dem Streben beider Stufen nach Unabhängigkeit und den daraus resultierenden Konflikten bei der Aufteilung der absatzwirtschaftlichen Funktionen (Streben nach Erhöhung des Einflusses auf die gesamte Wertschöpfungskette) sowie
- dem Streben beider Marktpartner nach Gewinn und den damit verbundenen Konflikten bei der Verteilung der Anteile an der Vertriebsspanne eines Produktes (Irrgang 1989, S. 7).

Somit wird als Zwischenfazit deutlich, dass wegen der Interdependenzen der jeweiligen Marketingstrategien eine Koordination der Kundenbindungsmaßnahmen von Industrie und Handel in vielen Fällen zur Notwendigkeit wird (Meffert 1999, S. 408). Zugleich führen verbleibende Interessendivergenzen und Machtunterschiede dazu, dass eine Koordination bzw. Abstimmung des Marketing teilweise durch die Dominanz eines Partners erreicht werden kann. Es ist also zu unterscheiden, ob die Koordination herstellerdominant, handelsdominant oder partnerschaftlich/kooperativ abläuft. Damit werden im Folgenden diese unterschiedlichen „Geschäftsbeziehungstypen" als Grundlage der Betrachtung von Kundenbindungsstrategien differenziert.

3.2 Herstellerdominante Kundenbindungsstrategien

Zu den herstellerdominierten kundenorientierten Kooperationentypen sind jene Strategien zu zählen, die von Herstellern initiiert und auch beherrscht werden. Aus Sicht der Hersteller haben sie eine stärkere Einflussnahme bzw. Kontrolle des Absatzweges durch die Bindung der Handelsstufe zum Ziel und sind Ausdruck der zunehmenden Differenzierung der absatzmarketingorientierten Aktivitäten der Hersteller nach den Basiszielgruppen Handel (direkte Kunden) und Konsumenten (indirekte Kunden) (Zentes 1994, S. 74). Aus Herstellersicht ist die geeignete Selektion von Absatzwegen, also die Auswahl der einzuschaltenden Absatzmittler, bereits die erste Teilstrategie im Rahmen des vertikalen Marketing, in der die Hersteller (zumindest zunächst) als dominanter Partner auftreten (Irrgang 1993, S. 6). Die Maßnahmen, mit denen die Absatzmittler dann enger an den Hersteller gebunden werden, können zunächst in distributionsorientierte und absatzmarketingorientierte Kooperationstypen unterschieden werden.

Distributionsorientierte Kooperationstypen

Zu den traditionellen Kooperationstypen ist neben den vertragsfreien Formen der Zusammenarbeit vor allem das so genannte *Kontraktmarketing* (Tietz/Mathieu 1979) zu zählen, das dauerhaft angelegt ist, gemeinsame Aktivitäten unter Abstützung auf Verträge umfasst und bei dem die Hersteller im Sinne einer *Controlled Distribution* ihre Absatzwege absichern. Von Bedeutung sind u.a. folgende Formen (Tietz/Mathieu 1979, S. 32ff.; Zentes/Neidhart/Scheer 2006):

- Rahmenvereinbarungen
- Partnerschaftsmodelle
- Franchising
- Konzessionen/Agenturen.

Diese Formen der Controlled Distribution haben für die Hersteller eine Reihe von Vorteilen. Neben dem stärkeren Einfluss auf den Endkunden wird eine sehr intensive Beziehung zu den Händlern aufgebaut, die einen langfristig gesicherten Absatz mit sich bringt. Zugleich kann die Wertschöpfungskette insgesamt straffer koordiniert werden; durch die enge Beziehung wird oftmals eine höhere Effizienz erreicht und zugleich kann die eigene Distributions- und Marketingstrategie insgesamt im vertikalen System besser durchgesetzt werden. Als wesentlicher Vorteil aus Sicht des Herstellers ist die Stärkung seiner Marke zu nennen. In herstellergebundenen Outlets kann wesentlich besser als beim unabhängigen Handel das Sortiment eines Herstellers umfassend dargestellt und präsentiert werden (Zentes/Morschett/Schramm-Klein 2011, S. 93ff.). Obwohl diese Strategie in einzelnen Branchen, wie der Textilwirtschaft, schon seit langem eingesetzt wird, ist in den letzten Jahren ein deutlicher Zuwachs – sowie eine Verbreitung in vielen Branchen – zu beobachten.

Weiter gehenden Einfluss sichern sich die Hersteller durch *Secured Distribution* in Form eigener Verkaufsstellen (equity stores) oder eigenen Online-Shops. Gerade letzteres ist in den letzten Jahren fast zum Standard geworden, man kann sehr viele Markenprodukte (z.B. Bekleidung, Elektronik usw.) direkt online vom Hersteller kaufen. Oftmals treten Konzepte der Controlled Distribution, der „Secured Distribution" und der (klassischen) indirekten Distribution im Sinne einer *Multi-Channel-Distribution* parallel auf (vgl. hierzu Zentes 2012).

Absatzmarketingorientierte Kooperationstypen

Weitere Kooperationstypen werden unter dem Konzept des *Trade Marketing* diskutiert (vgl. bereits Zentes 1989, S. 224). Es handelt sich um Ausprägungen einer stärkeren Ausrichtung der absatzmarketingorientierten Herstelleraktivitäten auf den „Gatekeeper" Handel durch die Berücksichtigung handelsspezifischer Anforderungen in der Marktbearbeitung (Zentes 1994, S. 74). Die strategische Einheit ist hier nicht die „Marke", sondern der „Handelskunde" (Böhlke 1995, S. 2487). Die *Ziele des Trade Marketing* unterscheiden sich in Abhängigkeit von der Marktbedeutung des Handelspartners. Zu unterscheiden sind:

- Kooperationen von gleich starken und voneinander eher unabhängigen Partnern und
- Kooperationen mit Marktübergewicht des Herstellers.

Die erste Beziehung ist typisch für die Kooperationen zwischen Anbietern und Abnehmern von Food- bzw. Near-Food-Artikeln im Lebensmittelsektor. Sie steht unter dem Vorzeichen der Machtverschiebung im Absatzkanal hin zum Handel. Die zweite Beziehung findet sich überwiegend im Non-Food-Facheinzelhandel.

Betrachtet man die zwei Ebenen der Beziehung auf einer Transaktionsebene – Kundenbindung und Marktbearbeitung – bei eher gleichgewichtigen Partnern, so resultieren hieraus unterschiedliche Primärziele des Trade Marketing:

- die Stärkung der Position des eigenen Unternehmens beim direkten Abnehmer, also die Verbesserung der Geschäftsbeziehungen zum Handel (*Kundenbindung*), sowie
- die Stärkung der eigenen Marken beim Abnehmer (*Marktbearbeitung*).

Als Primärziele des Trade Marketing bei Herstellerdominanz lassen sich

- die Stärkung der Bindung des Fachhändlers an den Hersteller (*Kundenbindung*) und
- die Stärkung der Position des Abnehmers im horizontalen Wettbewerb (*Marktbearbeitung*)

unterscheiden. Dabei verfolgt der Hersteller beim Trade Marketing das Ziel der Erreichung einer „Preferred Supplier"-Position. Dazu muss er dem Handelsunternehmen die Frage beantworten, warum sein Angebot eine bevorzugte Behandlung rechtfertigt. Dies versucht er durch einen Mix aus konsumenten- sowie handelsgerichteten Instrumenten, z.B. dem Handelsservice, zu erreichen (Laurent 1996, S. 261).

Neuere Entwicklungen von herstellerdominanten Instrumenten, die teilweise auf der Ebene des Konsumenten, teilweise beim Handelskunden ansetzen, sind unter anderem

- Kundenkarten und -clubs von Herstellerunternehmen,
- auf einzelne Handelskunden oder Vertriebsschienen zugeschnittene Produkt-, Kommunikations- und Markenpolitik sowie
- eine umfassende, händlerspezifische Informationsbeschaffung und -auswertung durch den Hersteller.

Obwohl der Handel bei verbrauchergerichteten Kundenbindungsmaßnahmen eine Reihe von Vorteilen gegenüber dem Hersteller hat, versuchen auch diese immer stärker, im Rahmen eines Beziehungsmanagements den direkten Dialog mit dem Verbraucher ihrer Produkte aufzunehmen (Palmer 1996, S. 254) und durch eigene *Kundenkarten/-clubs* eine Quasi-Individualisierung der Konsumentenbeziehung zu erreichen (vgl. bereits Morschett/Zentes 2001, S. 42). Interaktive Medien und insbesondere die neuen Formen der *Social Media* vereinfachen heute diese Formen der Beziehung mit dem Endkunden. Die meisten der genutzten Kundenbindungsprogramme sind darauf ausgelegt, beim Vertrieb über den Handelskanal eingesetzt zu werden. Der Vorteil für den Hersteller liegt in der Erhöhung des Konsumenten-Pulls beim Handel (d.h. der Nachfrage nach einem spezifischen Produkt), einer oftmals geringeren Preissensitivität der Konsumenten und einer verbesserten Marktposition (Morschett/Zentes 2001, S. 41f; Zentes/Schramm-Klein 2004).

Eine handelsorientierte Marketingmaßnahme ist die *spezifische Ausrichtung der Produktpolitik* auf einzelne Handelskunden. Ein Beispiel ist die Anpassung der entsprechenden Produkte im Bereich der Elektrowerkzeuge bei Bosch an bestimmte Handelskanäle. So wird für Baumärkte eine so genannte „grüne Linie" von Produkten angeboten, die in erster Linie Heimwerker anspricht. Für den Fachhandel, der in erster Linie Profis, also Handwerker, anspricht, wird eine „blaue Linie" von Werkzeugen angeboten. Noch fokussierter ist die Exklusivmarkenstrategie, bei der ein Hersteller eine Marke (oder ein Produkt, eine Variante) in einer bestimmten Region exklusiv einem bestimmten Einzelhändler zur Verfügung stellt. Durch diese Exklusivität kann der Händler eine hohe Bindung an seine Einkaufsstätte erreichen; zugleich entsteht eine hohe Zielkonvergenz von Handel und Hersteller (Swoboda/Giersch 2004; Zentes/Morschett 2004). Gerade durch den Preisdruck und die sehr schnelle Vergleichbarkeit von Preisen durch das Internet nehmen handelsexklusive Produkte (neben Handelsmarken) eine wichtigere Rolle ein.

Auch in der Marktforschung nimmt aus Herstellersicht eine Berücksichtigung der Interessen der Handelspartner zu. So führt beispielsweise Procter & Gamble umfassende *Käuferstudien* durch, die Informationen über Käuferverhalten und -einstellungen in einzelnen Handelsunternehmen bzw. Vertriebsschienen liefern. Auf der Basis dieser Daten wird versucht, die Strategien von Händler und Hersteller aufeinander abzustimmen. Die Daten geben zugleich Ansatzpunkte für die Differenzierung gegenüber anderen Händlern und zeigen auf, welchen Beitrag die P&G-Marken dazu leisten können. Ähnlich versucht Henkel dem Kunden auf Basis der Daten eines Haushaltspanels Hinweise für die gemeinsame Marktbearbeitung zu geben. Man „sieht die betrachtete Vertriebsschiene als Marke", legt auf dieser Basis die Rolle der Henkel-relevanten Categories fest und passt die Henkel-Marketingstrategie bei den jeweiligen Händlern daran an (Speer 1999). Durch die eigene Informationsbeschaffung und die Beratung des Handels versuchen die Hersteller dabei, ihre Marketingführerschaft zu erhalten. Die weitergehende Integration der Kunden und auch der Handelspartner bei Vorschlägen für Produktverbesserungen bzw. -entwicklungen wurde anhand von Bosch oder P&G bereits genannt.

3.3 Handelsdominante Kundenbindungsstrategien

Zu der handelsdominanten Kundenbindung sind alle Instrumente des Handelsmarketing zu zählen, die der Handel im Hinblick auf die Bindung der Konsumenten einsetzt, so Sortiments- und Preispolitik sowie kundenpolitische Instrumente wie Kundenkarten u.Ä. (Jungwirth 1997, S. 240; Foscht/Swoboda 2011, S. 250 ff.). Im engeren Sinne sind nur diejenigen Instrumente dem vertikalen Marketing zuzuordnen, die unmittelbar auch einen Einfluss auf die Marktbearbeitung anderer Marktstufen, wie der Lieferanten, ausüben.

Homburg (1999, S. 878) zeigt auf, dass bei geeignetem Einsatz fast alle Instrumente des Handelsmarketing zugleich als Instrumente des Kundenbindungsmanagements im Handel eingesetzt werden können. Wenn man einige *Prinzipien der Kundenbindung* näher betrachtet, beispielsweise

- das Sammeln umfassender und aktueller Information über den Kunden,
- das Eingehen auf persönliche Präferenzen,
- eine Individualisierung der Geschäftsbeziehung oder
- die Einbeziehung der Kunden im Wege der Integration und Interaktion,

dann erscheinen die Möglichkeiten, diese Prinzipien umzusetzen, auf Seiten des Handels größer (vgl. bereits Homburg 1999, S. 880f.). Während der Hersteller bei der Vermittlung von für die Bindung wichtigen emotionalen Inhalten und Zusatznutzen in der Regel auf Werbung mittels klassischer (Massen-) Kommunikationsinstrumente angewiesen ist, hat der Handel dazu im Rahmen von persönlichen Beratungs- und Serviceleistungen prinzipiell vielfältigere Möglichkeiten. Diesen „menschlichen Faktor" können Hersteller nur äußerst schwierig in Geschäftsbeziehungen einbringen (Goerdt 1999, S. 19). So erschwert die Existenz von persönlichen Beziehungen zwischen Mitarbeitern und Kunden das Abwandern von Kunden zu Konkurrenten; sie sind ein Hauptgrund dafür, dass Kunden Stammkunden sind (Homburg 1999, S. 879). Vor diesem Hintergrund werten Handelsunternehmen auch Mitarbeitermotivation und -schulungen (auch durch den Hersteller) als wirkungsvolle Instrumente der Kundenbindung (Kaapke/Dobbelstein 2001, S. 64).

Neuere *Entwicklungen von handelsdominanten Instrumenten*, die teilweise auf der Ebene des Konsumenten, teilweise beim Hersteller ansetzen und im Folgenden kurz erläutert werden, sind u.a.

- die übergeordnete Strategie des Retail Branding,
- das lieferantenorientierte Reverse Marketing,
- die Kooperation mit Handelsmarkenlieferanten und
- der Einsatz von Kundenkarten und -clubs.

Seit längerem wird betont, dass die Profilierung der Einkaufsstätten als Marke (*Retail Branding*) zu den wichtigsten strategischen Aufgaben der Handelsunternehmen gehört (Morschett 2002; Ailawadi/Keller 2004; Morschett 2012; Zentes/Swoboda/Foscht 2012, S. 114). Als grundlegende Voraussetzung für den Aufbau einer Marke ist hierbei ein konsistentes Markenbild zu sehen, bei dem alle Einkaufsstättenattribute eine einheitliche Botschaft gegenüber dem Konsumenten vermitteln. Dies zeigt ein Konfliktfeld in Bezug auf die Zusammenarbeit bei der Kundenbindung, weil ein konsistentes Erscheinungsbild eine rigorose Durchsetzung der eigenen Marketingpolitik verlangt und dabei die Freiheitsgrade des Herstellermarketing, beispielsweise am PoS, wesentlich einschränkt.

Das Ziel des Retail Branding führt jedoch zugleich dazu, dass Herstellermarken, welche die Kernbotschaft der Retail Brand unterstützen, an Bedeutung gewinnen. Hieraus resultieren auf der Beschaffungsseite Maßnahmen des *Reverse Marketing*, d.h. offensive Aktivitäten der Lieferantenpolitik, bei denen der Einkäufer eines Handelsunternehmens die Initiative mit dem Ziel der Beschaffungsoptimierung ergreift. Beispiele sind vom Handel ausgehende Beschaffungsinitiativen, Produktanforderungen an die Lieferanten, Single Sourcing, Forderungen nach Beschaffungsexklusivität und Unterstützung der Marktbearbeitung, etwa beim PoS-Marketing (vgl. bereits Tietz 1993, S. 508ff.). Im Kontext des hier diskutierten Kundenbindungsmanagements bedeutet dies, dass neben dem Customer

Relationship Management (CRM) des Handels auch ein *Supplier Relationship Management* (SRM) tritt (Cox et al. 2003; Bartsch 2004; Schramm-Klein 2004).

Neben Markenartikeln werden vor allem *Eigen-* bzw. *Handelsmarken* als mögliche Profilierungsinstrumente genannt (Bruhn 2012). Durch Zufriedenheit mit den Handelsmarken und eine dadurch induzierte Wiederkaufabsicht kann leichter eine erhöhte Loyalität gegenüber der Retail Brand erreicht werden (Morschett 2002, S. 240). Morschett (2002, S. 322, 465) hypothetisiert, dass der Anteil der Handelsmarken am Sortiment eines Handelsunternehmens einen positiven Einfluss auf die Einstellung der Konsumenten zur Retail Brand hat und bestätigt dies empirisch. Zugleich zeigt sich, dass Handelsunternehmen mit Lieferanten von Eigenmarken oft sehr enge Beziehungen pflegen, wodurch der Charakter der vertikalen Bindung im definierten Sinne zum Ausdruck kommt (vgl. Hertel/Zentes/Schramm-Klein 2011, S. 92f.). Ein Beispiel ist die Kooperation von dm-Drogerie-Markt mit seinen Handelsmarkenlieferanten. Frühzeitige Informationen und der volle Zugriff auf die relevanten Daten führen hier dazu, dass diese ihre Produktionsauslastung genau planen können, sich damit eine sehr effiziente und kostengünstige Zusammenarbeit ergibt und die Marktanforderungen schnell umgesetzt werden können.

Einer der wichtigsten Trends im Einzelhandelsmarketing ist der verstärkte Einsatz von *Mikro-Marketing*. Umgesetzt wird dieses meist auf der Basis von *Kundenkarten/-clubs*, die im deutschen Handel häufig und mit steigender Tendenz eingesetzt werden (vgl. bereits Kaapke/Dobbelstein 2001, S. 65). Damit können vielfältige Leistungen erbracht werden. Eine wirkliche Kundenbindung erreicht man allerdings langfristig durch Kundenkarten nur, wenn sie sich tatsächlich an den Bedürfnissen der einzelnen Konsumenten orientieren, wobei davon auszugehen ist, dass diese mindestens kundengruppenspezifisch unterschiedlich sind (Homburg 1999, S. 884ff.). Dem Handelsunternehmen liegen dabei durch Kundenkarten eine erhebliche Menge an Kundeninformationen vor, bei denen neben den Stammdaten vor allem auch die Kaufhistorie wichtig ist, sodass der Kunde seine Anonymität verliert (Zentes/Swoboda/Foscht 2012, S. 626ff.). Darüber hinaus kann man die getätigten Käufe auch in Bezug zu den Marketingaktivitäten des Unternehmens setzen und damit Reaktionsfunktionen auf verschiedene Maßnahmen ermitteln, um den Kunden in Zukunft mit genau den Maßnahmen anzusprechen, die von ihm gewünscht werden und die auch zu einer Verhaltenswirkung führen. Stammkundenvorteile, die über Kundenkarten oder -clubs geboten werden, erhöhen nicht nur den sachlichen Kundennutzen einer intensivierten Beziehung, sondern fördern zugleich den Aufbau einer emotionalen Beziehung sowie eine stärkere Identifikation der Konsumenten mit dem Handelsunternehmen, indem sie das Gefühl vermitteln, zu einem exklusiven Kundenkreis zu gehören. Das erfolgreichste deutsche Kartenprogramm ist Payback, ein System, an dem verschiedene Handelsunternehmen, wie Real, Depot, dm-Drogeriemarkt und Fressnapf, teilnehmen. Weitere Beispiele bieten Handelsunternehmen wie Coop oder Migros in der Schweiz.

3.4 Partnerschaftliche Kundenbindungsstrategien

Aufgrund der einseitigen Initiative und der Machtverhältnisse bei vertikalen Dominanztypen, entsprechen deren Kooperationsziele stark den individuellen Zielen des dominierenden Akteurs. Die Dominanz dieses Partners zielt auf die Verbesserung seiner Position beim schwächeren Akteur ab. Dies führt zu einseitigen Bindungsbeziehungen im vertikalen Marketing. Demgegenüber stehen *Partnerschaftssysteme*, d.h. Gegenseitigkeitstypen der vertikalen Kooperation, bei denen Hersteller- und Handelsunternehmen gemeinsam und gleichberechtigt das Management entlang der Schnittstellen im Absatzkanal im gegenseitigen Nutzen betreiben (Laurent 1996, S. 139). Zwischen den Akteuren herrscht Gleichwertigkeit, die häufig durch eine gegenseitige Abhängigkeit begründet ist, sodass „Hersteller und Händler nicht mehr isoliert, sondern gemeinsam an den Konsumenten verkaufen" (Tietz 1993, S. 521f.).

Folgende *Merkmale* kennzeichnen diese Partnerschaften (Spekman/Salmond 1992, S. 2ff.; Laurent 1996, S. 139f.):

- Auf der Transaktionsebene lassen sich die Verbesserung der Produktivität entlang der Wertkette zur gemeinsamen Nutzensteigerung oder der freie Informations- und Know-how-Austausch herausstellen.
- Auf der Beziehungsebene sind es Merkmale wie Commitment, Vertrauen, Offenheit, Glaubwürdigkeit oder die Anerkennung der gegenseitigen Abhängigkeit.
- Auf der Managementebene können gemeinsame Ziele, gemeinsame Planung und die gemeinsame Durchführung der Strategien als Merkmale genannt werden.
- Als zeitliche Dimension interessieren die Zukunftsorientierung und die Dauerhaftigkeit der Zusammenarbeit.

Das gemeinsame Oberziel ist die *Stärkung der Leistungs- und Durchsetzungsfähigkeit des Kooperationssystems* auf dem Markt gegenüber der horizontalen und vertikalen Konkurrenz und die Profilierung beim Konsumenten. Partnerschaftsinterne Ziele betreffen die gemeinsame Transaktionsnutzen- und Wertschöpfungsmaximierung (Swoboda 2005). Letztgenannte kommt in der Realisierung von Win-Win-Konzepten zum Ausdruck, d.h. Konzepten zur Steigerung der Wertschöpfung bei den Kooperationspartnern Industrie und Handel. Durch eine konsequente Berücksichtigung von Konsumenten erfolgt die Realisierung von Win-Win-Win-Strategien. Insofern geht es bei derartigen Wertschöpfungspartnerschaften um eine kooperative Optimierung der Schnittstellen Hersteller-Handel-Konsument (Laurent 1996, S. 140f.). Ein Aspekt, der dabei im Großhandel von besonderer Bedeutung ist, ist die Schulung der Verkaufsmitarbeiter des Handels durch die Hersteller, um die komplexen Produkteigenschaften besser zu verstehen und vermarkten zu können.

Die Idee der *Wertschöpfungs- bzw. Value-Adding-Partnerschaften* ist nicht neu (Swoboda 1997b). So hat erstmalig das amerikanische Food Marketing Institute, eine Gemeinschaftsorganisation von Lebensmitteleinzelhändlern und der Lebensmittelindustrie, 1992 ein Projekt zur Verbesserung der Industrie-Handels-Beziehungen mit dem Ziel der verstärkten Kundenorientierung initiiert. Dieser Ansatz wird als *Efficient Consumer Response (ECR)* bezeichnet, worunter man eine Vision, Strategien und Maßnahmen versteht, um Ineffizienzen entlang der Wertschöpfungsketten zwischen Hersteller, Händler und Konsument zu beseitigen, mit dem Ziel, den Warenfluss und die damit einhergehenden Transaktionen zu verbessern und zu beschleunigen. Basis von ECR ist die partnerschaftliche und auf Vertrauen basierende Kooperation zwischen Hersteller und Handel (unter Einbezug der Dienstleister in der Wertschöpfungskette) (GS1 Schweiz 2016, S. 3).

Der Strategie-Mix des ECR umfasst die Kooperation im *Supply Management* und im *Demand Management* (vgl. Abbildung 4 und im Überblick Hertel/Zentes/Schramm-Klein 2011, S. 28ff.). In der Kundenorientierung ist der eigentliche Ansatz der ECR-Bewegung zu sehen. So setzte ECR im ursprünglichen Sinne den Fokus auf die Neugestaltung der gesamten Wertschöpfungskette (vom Hersteller bis zum Handel) und verband damit das Ziel, die Kooperationsvorteile an den gemeinsamen Kunden weiterzuleiten. Die zunehmende Umsetzung dieser Konzeption bedeutet einen Wandel im vertikalen Marketing. Sie umfasst zumindest in Ansätzen eine Integration von bisher getrennten Sichtweisen, nämlich der vertikalen, kooperativen Verknüpfung von Wertketten aller Marktteilnehmer, dem gemeinsamen Effizienzstreben als Maxime der Kooperation und einer konsequenten Kundenorientierung. Durch die Hervorhebung der Konsumenten wird verdeutlicht, dass es letztlich darum geht, die individuelle Nachfrage schnell, gezielt und nachhaltig zu decken.

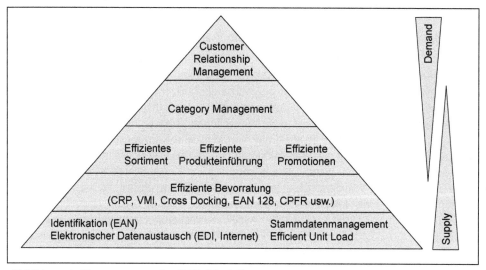

Abbildung 4: Komponenten des ECR-Modells
(Quelle: In Anlehnung an GS1 Schweiz 2016, S. 5)

Kooperation im Supply Management

Die Kooperationsprojekte zwischen Industrie und Handel im Rahmen von ECR waren zunächst auf die effiziente Warenversorgung ausgerichtet (Zentes/Swoboda/Foscht 2012, S. 678ff.), wobei auch hier neben der internen Effizienz eine bessere Leistung für den Kunden (z.B. frischere Produkte) und eine dadurch induzierte höhere Kundenzufriedenheit angestrebt wurde.

Betrachtet man als Basis für Verbesserungen zunächst die traditionelle Wertschöpfungskette zwischen Industrie und Handel, dann wird deutlich, dass früher das so genannte *Push-Prinzip* dominierte. Das bedeutet, der Konsumgüterhersteller „drückte" seine Produkte durch das Lager des Handels und somit in die Verkaufsstätte des Einzelhändlers. Dieser Lagerdruck in Form einer schubweisen Belieferung des Handels mit großen Mengen führte am PoS zu einem Abverkaufsdruck an die Konsumenten. Durch dieses Vorgehen und die entsprechenden isolierten Betrachtungen der Handels- und Herstellersysteme entsteht eine ganze Reihe von Nachteilen, die sich in erheblichen Ineffizienzen ausdrücken (Swoboda/Morschett 2004, S. 6ff.). Durch ECR wird diese Denkhaltung und Vorgehensweise des „Drückens" durch den Absatzkanal praktisch umgedreht. Bei einer Wertschöpfungskette nach dem ECR-Konzept liegt in erster Linie ein „*Pull*" vor. Im Idealfall steuert der „Sog" des Konsumentenverhaltens und damit die Scannerkasse im Handel über die entsprechenden Informationsströme und im Extremfall sogar die Zahlungsströme selbst die gesamte Wertschöpfungskette bis hin zur Produktion beim Hersteller (vgl. bereits Zentes 1996). ECR stellt konkrete Konzepte bzw. *Prozessmodelle zur effizienten Warenversorgung* zur Verfügung (Hertel/Zentes/Schramm-Klein 2011, S. 133ff.; Zentes/Swoboda/Foscht 2012, S. 678ff.; Levy/Weitz/Grewal 2014, S. 283f.; GS1 Schweiz 2016, S. 7):

- CRP, *Continous Replenishment*, bei dem eine kontinuierliche, verbrauchergesteuerte Nachschubversorgung angestrebt wird
- VMI, *Vendor Managed Inventory*, bei dem die Lieferanten das Bestandsmanagement beim Handel übernehmen
- CPFR, *Collaborative Planning, Forecasting, and Replenishment*, ein gemeinsamer Planungsprozess zur Entwicklung einer gemeinsamen Prognose der Konsumentennachfrage, wobei diese Prognose die gesamte Wertkette steuert.

Kooperation im Demand Management

Wesentliches Instrument der marketingseitigen Kooperation ist das *Category Management* (Schröder 2012, S. 527ff.). Dies ist ein Prozess, bei dem die Warengruppen des Handels als Strategische Geschäftseinheiten geführt werden und im Fokus seines Marktauftritts stehen. Kernstück des Category Managements ist die kooperative Gestaltung der Sortimente. Warengruppen bzw. Kategorien (categories) sollen mit Hilfe verschiedener Maßzahlen bewertet werden, wobei neben produktivitäts- und finanzbezogenen Maßzahlen in hohem Maße auch kunden- und marktorientierte Maßzahlen eingesetzt werden. Explizite Ziele sind Umsatzwachstum, eine Erhöhung der Kundenloyalität und das Ausnutzen von Verbundeffekten zum Erzielen höherer Durchschnittsbons (ECR Europe 1997, S. 7ff.). Industrie und Handel messen diesen Konzepten, die auf eine Gesamtsystemoptimierung hinauslaufen, außerordentliche Bedeutung bei.

Eines der wichtigsten Konzepte des Category Managements ist die gemeinsame Gestaltung von *Verkaufsförderungsaktionen* (promotions). In partnerschaftlichen Systemen sind handelsspezifische Promotions gefragt, also Verkaufsförderungsaktionen, die in Kooperation entwickelt werden und die spezifisch auf die Bedürfnisse eines einzelnen Handelspartners zugeschnitten sind. Der Vorteil liegt hier darin, dass dadurch ein eigenständiges Profil des Handelsunternehmens gestärkt wird. Ein klassisches Beispiel ist die Kooperation von P&G und Real in Deutschland. Hier entwickelte P&G spezifisch für Real eine Aktion zum Thema „Baby", bei der eine Aktionsfläche in verschiedenen Real-Verkaufsstellen mit einer kompletten Produktpalette sowie einem intensiven Beratungs- und Dienstleistungsangebot aufgebaut wurde. Ebenfalls handelsspezifisch ist die Kooperation zwischen dem Nudelhersteller Barilla und seinen Schlüsselkunden. Hier wurde den Handelsunternehmen ein von Barilla entwickelter Platzierungs-Ratgeber zur Verfügung gestellt, um die Warenpräsentation im Rahmen des Category Managements zu optimieren.

Sehr viel weitgehender sind Verkaufsförderungsaktionen, bei denen *Kundendaten* partnerschaftlich für eine gemeinsame Zielsetzung eingesetzt werden (Zentes et al. 2002). So gewähren schon seit einigen Jahren britische Einzelhändler, allen voran Tesco, ihren Lieferanten Einblick in diese Daten. Dadurch konnte beispielsweise Nestlé in Großbritannien seine Verkaufsförderungsaktionen, die es bei Tesco durchführt, auf der Basis von Kundenkartendaten von Tesco sehr genau an die Wünsche der von Tesco festgelegten Zielkunden anpassen (Schmickler/Rudolph 2002, S. 61).

3.5 Management integrierter Kundenbindungsstrategien

Das Management der Kundenbindung hängt mit den Abhängigkeitskonstellationen zusammen. Allgemein haben Partnerschaftsphilosophien aufgrund ihres höheren Innovationspotenzials in bisher konfliktgeladenen Marktstrukturen eine weitaus höhere kritische Bedeutung für den Kooperationserfolg als einseitig dominierte Philosophien. Sie erfordern eine stärkere Beziehungsorientierung und damit einen stärkeren Einstellungs- und Verhaltenswandel innerhalb einer Organisation, z.B. intraorganisationale Lernprozesse der Manager und Mitarbeiter, und nach außen gegenüber dem Partner. Dies hat Auswirkungen auf die Organisations-, die Führungs- sowie die Planungs- und Kontrollinstrumente des Kundenbindungsmanagements (vgl. Lassar 1998 bezüglich Kontrollsystemen in Absatzkanälen).

Als organisatorische Konsequenz im Management kann *Key Account Management* erwähnt werden. Viele Hersteller sahen sich aufgrund der gestiegenen Bedeutung einzelner Kunden gezwungen, ihre regional organisierte Vertriebsstruktur um eine kundenorientierte Struktur zu ergänzen. Hierbei sind einzelne Key Account Manager statt wie bisher oft für Produktgruppen nun für einzelne Kunden oder Kundengruppen verantwortlich, und sie ermöglichen die Bindung dieser (Handels-)Kunden durch Maßnahmen, die spezifisch für dieses Handelsunternehmen entwickelt werden. Fundamentales Ziel ist es, durch die Entwicklung einer strategischen Kooperation mit Schlüsselkunden langfristige Beziehungen zu entwickeln und so gemeinsam beim Handelskunden erfolgreich zu agieren. Der Key Account Manager ist dabei wegen seiner kundenbezogenen Informationen in einer Schnittstellenfunktion zwischen Hersteller und Handel zu sehen; ihm obliegt die funktionsübergreifende Koordination kundengerichteter Aktivitäten (Meffert 1999, S. 421; Tzempelikos/Gounaris 2013, S. 179f.).

Als weitergehenden Schritt kann man in einzelnen Kooperationen zwischen Industrie und Handel sogar eine Auflösung von Organisations- bzw. Unternehmensgrenzen feststellen. Hierbei sind unternehmensübergreifend zusammengesetzte Teams aus Hersteller- und Handelsspezialisten für eine einzelne Warengruppe bei einem Handelsunternehmen verantwortlich und managen diese „gemeinsam", wenngleich die letzte Entscheidung beim Handelsunternehmen verbleibt.

4. Fazit

Die Entwicklung von Kontraktsystemen über das Trade Marketing bis zu Partnerschaftssystemen dokumentiert die Dynamik in den Hersteller-Handels-Beziehungen des vertikalen Marketing. Sie kann als Ausdruck einer zunehmenden Kooperationsnotwendigkeit mit dem Ziel einer stärkeren Bindung der jeweiligen Marktpartner interpretiert werden, z.B. des Handels an die Industrie und umgekehrt. Die Notwendigkeit wiederum basiert auf dem übergeordneten Ziel der Bindung von Konsumenten, d.h. von Endkunden.

Zugleich ist zu beachten, dass systemimmanente Zieldivergenzen auch in Zukunft bestehen bleiben dürften. In der Hersteller-Handels-Dyade allgemein und insbesondere in den unternehmensübergreifend wirksamen Maßnahmen des Kundenbindungsmanagements werden unterschiedliche Geschäftsbeziehungstypen auch auf Dauer bestehen bleiben. Zwar ist ein deutlicher Trend weg von isolierten hin zu unternehmensübergreifend integrierten Kundenbindungsstrategien festzustellen, da die Reibungs- bzw. Effizienzverluste durch isoliert durchgeführte Maßnahmen aufgrund des zunehmenden Wettbewerbsdrucks auf Dauer nicht hinzunehmen sind. Wie gezeigt wurde, müssen integrierte Systeme aber nicht zwangsläufig partnerschaftlich ablaufen. Die Entscheidung für einen der Geschäftsbeziehungstypen (herstellerdominiert, handelsdominiert, partnerschaftlich) wird von der Konstellation der Einflussgrößen, vor allem der Machtverteilung, aber auch von den anderen aufgezeigten Aspekten determiniert oder zumindest moderiert.

Partnerschaftliche Strategien der Kundenbindung stellen eine wichtige Entwicklung dar. Sie werden sich vor allem in den Bereichen durchsetzen, in denen die Interessenkonflikte zwischen Handel und Hersteller gering sind. Dies gilt beispielsweise für den Bereich des Supply Chain Managements, dessen kooperative Steuerung zu deutlichen Vorteilen führen kann. In anderen Bereichen werden sich einzelne strategische Partnerschaften ergeben, bei denen auch die Kundenbindungsstrategien in kooperativer Art und Weise durchgeführt werden. In wiederum anderen Bereichen sind jedoch eine weitere Stärkung der Händlermacht und damit verstärkt handelsdominierte Kundenbindungsstrategien (durchaus unter Einbeziehung der Hersteller) zu erwarten, welche die Retail Brand in den Vordergrund stellen. Hersteller, die über die entsprechenden Kompetenzen, insbesondere Marktinformationen, verfügen, werden hier aber weiterhin eine wichtige Rolle spielen können, wenn sie ihre Strategien entsprechend auf die Bedürfnisse der Handelsunternehmen ausrichten.

Zugleich unterliegt die „vertikale Bindungskette", die im vorliegenden Beitrag nur ansatzweise beleuchtet werden konnte – weitgehend ausgeklammert wurden Wertschöpfungsstufen wie Vorlieferanten, Großhandel, Logistikdienstleister usw. – ständig weiteren Adaptionen, insbesondere wegen der Veränderungen der Rahmenbedingungen. Im Verhältnis zwischen Industrie und Handel gehören dazu die Entstehung neuer Informations- und Kommunikationsbedingungen, insbesondere des enormen Einflusses des Internets, die Internationalisierung der Marktaktivitäten, insbesondere die Internationalisierung des Handels sowie die zunehmende Konzentration auf beiden Seiten.

Durch diese Entwicklungen ist eine weitere Professionalisierung der Kundenbindungspolitik beim Handel und beim Hersteller zu erwarten; die Verfügbarkeit von Kundeninformationen wird ebenso zunehmen wie die Möglichkeit der direkten Kundenansprache über das Internet und darauf basierenden Technologien. Zudem gewinnen die Beziehungen, nicht zuletzt aufgrund der Internationalisierung und Konzentration in der Konsumgüterwirtschaft eine andere, nämlich zunehmend international-multifunktionale Qualität. Gerade auf neuen Märkten ist nicht das „Tuning" im ECR-Management vordringlich, sondern überhaupt der Aufbau von (kooperativen) Supply Chains. Insgesamt ist aber auch hier in Zukunft eine hohe Dynamik von Kundenbindungskonzepten im vertikalen Marketing zu erwarten.

Literaturverzeichnis

Bartsch, A. (2004): Transaktionales vs. relationales Lieferantenmanagement – Eine vergleichende Analyse, in: Zentes, J./Biesiada, H./Schramm-Klein, H. (Hrsg.), Performance Leadership im Handel, Frankfurt a. M., S. 159-190.

Ailawadi, K./Keller, K. (2004): Understanding Retail Branding: Conceptual Insights and Research Priorities, in: Journal of Retailing, Vol. 80, No. 4, S. 331-342.

Belz, C. (1989): Abhängigkeit der Hersteller vom Handel und Tendenzen zur Rivalität im vertikalen Marketing, in: Markenartikel, 51. Jg., Nr. 4, S. 175-176.

Bloemer, J./Lemmink, J. (1992): The Importance of Customer Satisfaction in Explaining Brand and Dealer Loyalty, in: Journal of Marketing Management, Vol. 8, No. 4, S. 351-364.

Böhlke, E. (1995): Trade Marketing, in: Tietz, B./Köhler, R./Zentes, J. (Hrsg.), Handwörterbuch des Marketing, 2. Aufl., Stuttgart, S. 2483-2494.

Bruhn, M. (2012): Handelsmarken – Erscheinungsformen, Potenziale und strategische Stoßrichtungen, in: Zentes, J./Swoboda, B./Morschett, D./Schramm-Klein, H. (Hrsg.), Handbuch Handel, 2. Aufl., Wiesbaden, S. 543-564.

Bruhn, M. (2016): Relationship Marketing, 5. Aufl., München.

Burt, S./Davies, K. (2010): From the Retail Brand to the Retailer as a Brand, in: International Journal of Retail & Distribution Management, Vol. 38, No. 11/12, S. 865-878.

Cox, A. (2001): Understanding Buyer and Supplier Power. A Framework for Procurement and Supply Competence, in: Journal of Supply Chain Management, Vol. 37, No. 2, S. 8-15.

Cox, A./Lonsdale, C./Watson, G./Qiao, H. (2003): Supplier-Relationship-Management: A Framework for Understanding Managerial Capacity and Constraints, in: European Business Journal, Vol. 15, No. 3, S. 135-145.

Diller, H. (1993): Key-Account-Management auf dem Prüfstand, in: Irrgang, W. (Hrsg.), Vertikales Marketing im Wandel, München, S. 49-80.

Duke, R. (1991): Post-Saturation Competition in UK Grocery Retailing, in: Journal of Marketing Management, Vol. 7, No. 1, S. 63-76.

ECR Europe (1997): Category Management Best Practice Report, London.

Eisenbeiß, M./Bleier, A. (2012): Customer Relationship Management, in: Zentes, J./Swoboda, B./Morschett, D./Schramm-Klein, H. (Hrsg.), Handbuch Handel, 2. Aufl., Wiesbaden, S. 463-485.

Esch, F. R. (2005) (Hrsg.): Moderne Markenführung, 4. Aufl., Wiesbaden.

Fernie, J. (2009): Relationships in the Supply Chain, in: Fernie, J./Sparks, L. (Hrsg.): Logistics & Retail Management: Emerging Issues and new Challenges in the Retail Supply Chain, 3. Aufl., S. 38-62.

Foscht, T./Swoboda, B. (2011): Käuferverhalten, 4. Aufl., Wiesbaden.

Goerdt, T. (1999): Die Marken- und Einkaufsstättentreue der Konsumenten als Bestimmungsfaktoren des vertikalen Beziehungsmarketing, Nürnberg.

Gooner, R./Morgan, N./Perreault, W. (2011): Is Retail Category Management Worth the Effort (and Does a Category Captain Help or Hinder)?, in: Journal of Marketing, Vol. 75, No. 9, S. 18-33.

Grönroos, Ch. (1991): The Marketing Strategy Continuum: Towards a Marketing Concept for the 1990s, in: Management Decision, Vol. 29, No. 1, S. 7-13.

Gruner, K./Garbe, B./Homburg, Ch. (1997): Produkt- und Key-Account-Management als objektorientierte Form der Marketingorganisation, in: Die Betriebswirtschaft, 57. Jg., Nr. 2, S. 234-251.

GS1 Schweiz (2016): Efficient Consumer Response (ECR), Bern.

Heide, J. B./Stump, R. L. (1995): Performance Implications of Buyer-Supplier Relationships in Industrial Markets. A Transaction Cost Explanation, in: Journal of Business Research, Vol. 32, No. 1, S. 57-66.

Hertel, J./Zentes, J./Schramm-Klein, H. (2011): Supply-Chain-Management und Warenwirtschaftssysteme, 2. Aufl., Wiesbaden.

Homburg, C. (1999): Kundenbindung im Handel: Ziele und Instrumente, in: Beisheim, O. (Hrsg.), Distribution im Aufbruch, München, S. 873-890.

Irrgang, W. (1989): Strategien im vertikalen Marketing, München.

Irrgang, W. (1993): Vertikales Marketing im Wandel, München.

Jensen, Ch. (2001): Kundenorientierung in vertikalen Absatzsystemen, Wiesbaden.

Jungwirth, G. (1997): Geschäftstreue im Einzelhandel, Wiesbaden.

Kaapke, A./Dobbelstein, T. (2001): Kundenbindung im Handel, in: Müller-Hagedorn, L. (Hrsg.), Kundenbindung im Handel, 2. Aufl., Frankfurt a. M., S. 47-66.

Lassar, W.M. (1998): Control Systems in Supplier-Retailer Relationships and their Impact on Brand Performance, in: Journal of Retailing and Consumer Services, Vol. 5, No. 2, S. 65-75.

Laurent, M. (1996): Vertikale Kooperationen zwischen Industrie und Handel, Frankfurt a. M.

Levy, M./Weitz, B./Grewal, D. (2014): Retailing Management, 9. Aufl., New York.

Meffert, H. (1999): Zwischen Kooperation und Konfrontation: Strategien und Verhaltensweisen im Absatzkanal, in: Beisheim, O. (Hrsg.), Distribution im Aufbruch, München, S. 407-424.

Morschett, D. (2002): Retail Branding und Integriertes Handelsmarketing, Wiesbaden.

Morschett, D. (2012): Retail Branding, in: Zentes, J./Swoboda, B./Morschett, D./ Schramm-Klein, H. (Hrsg.), Handbuch Handel, 2. Aufl., Wiesbaden, S. 441-461.

Morschett, D./Zentes. J. (2001): Direktvertrieb von Konsumgüterherstellern im Spannungsfeld von Wettbewerb und Kooperation entlang der Wertschöpfungskette, in: Trommsdorff, V. (Hrsg.), Handelsforschung 2000/01. Kooperations- und Wettbewerbsverhalten des Handels, Köln, S. 27-49.

Müller, W./Riesenbeck, H.-J. (1991): Wie aus zufriedenen Kunden auch anhängliche Kunden werden, in: Harvard Manager, 13. Jg., Nr. 3, S. 67-79.

Oehme, W. (2001): Handels-Marketing, 3. Aufl., München.

Olbrich, R. (1995): Vertikales Marketing, in: Tietz, B./Köhler, R./Zentes, J. (Hrsg.), Handwörterbuch des Marketing, 2. Aufl., Stuttgart, Sp. 2612-2623.

Palmer, A. (1996): Integrating Brand Development and Relationship Marketing, in: Journal of Retailing and Consumer Services, Vol. 3, No. 4, S. 251-257.

Reichheld, F. F./Sasser, E. W. (1990): Zero-Defections: Quality Comes to Services, in: Harvard Business Review, Vol. 68, No. 5, S. 105-111.

Rudolph, T. (1993): Positionierungs- und Profilierungsstrategien im Europäischen Einzelhandel, St. Gallen.

Rust, R./Lemon, K./Zeithaml, V. (2001): Driving Customer Equity: Linking Customer Lifetime Value to Strategic Marketing Decisions, Marketing Science Institute Working Paper No. 01-108, Cambridge/MA.

Schmickler, M./Rudolph, T. (2002): Erfolgreiche ECR-Kooperationen, Neuwied.

Schramm-Klein, H. (2003): Multi-Channel-Retailing, Wiesbaden.

Schramm-Klein, H. (2004): Internationales Supplier-Relationship-Management: Perspektiven in der internationalen Beschaffung, in: Zentes, J./Morschett, D./Schramm-Klein, H. (Hrsg.), Außenhandel: Marketingstrategien und Managementkonzepte, Wiesbaden, S. 765-791.

Schröder, H. (2012): Category Management, in: Zentes, J./Swoboda, B./Morschett, D./Schramm-Klein, H. (Hrsg.), Handbuch Handel, 2. Aufl., Wiesbaden, S. 527-541.

Speer, F. (1999): Category Management: Organisatorische Ansätze, in: von der Heydt, A. (Hrsg.), Handbuch Efficient Consumer Response, München, S. 181-193.

Spekman, R. E./Salmond, D. A. (1992): A Working Consensus to Collaborate: A Field Study of Manufacturer-Supplier Dyads, Marketing Science Institute Paper 92-134, Cambridge/MA.

Swoboda, B. (1997a): Barrieren und Erfolgsfaktoren des Efficient Consumer Response Managements, in: IM Informations Management, 12. Jg., Nr. 2, S. 36-42.

Swoboda, B. (1997b): Wertschöpfungspartnerschaften in der Konsumgüterwirtschaft. Ökonomische und ökologische Aspekte des ECR-Managements, in: Wirtschaftswissenschaftliches Studium, 26. Jg., Nr. 9, S. 449-454.

Swoboda, B. (2005): Kooperation: Erklärungsperspektiven grundlegender Theorien, Ansätze und Konzepte im Überblick, in: Zentes, J./Swoboda, B./Morschett, D. (Hrsg.), Kooperationen, Allianzen und Netzwerke, 2. Auflage, Wiesbaden, S. 35-64.

Swoboda, B./Morschett, D. (2004): Prozessorientierung im Handel, in: Baumgarten, H./Wiendahl, H.-P./Zentes, J. (Hrsg.), Logistik-Management, Berlin/Heidelberg, S. 1-25.

Swoboda, B./Foscht, Th./Pennemann, K. (2009): HandelsMonitor 2009: Internationalisierung des Handels – Erfolgreiches „Going" & „Being International", Frankfurt a. M.

Swoboda, B./Giersch, J. (2004): Markenführung und Vertriebspolitik, in: Bruhn, M. (Hrsg.), Handbuch Markenführung, 2. Aufl., Wiesbaden, S. 1706-1732.

Theis, H.-J. (1999): Handels-Marketing, Frankfurt a. M.

Thies, G. (1976): Vertikales Marketing, Berlin/New York.

Tietz, B. (1993): Zukunftsstrategien für Handelsunternehmen, Frankfurt a. M.

Tietz, B. (1994): Kooperation statt Konfrontation – Kontraktmarketing zwischen Hersteller und Handel, in: Trommsdorff, V. (Hrsg.), Jahrbuch Handelsforschung 1994/95, Wiesbaden, S. 39-56.

Tietz, B./Mathieu, G. (1979): Das Kontraktmarketing als Kooperationsmodell, Köln.

Tzempelikos, N./Gounaris, S. (2013): Approaching Key Account Management from a Long-term Perspective, in: Journal of Strategic Marketing, Vol. 21, No. 2, S. 179-198.

Zentes, J. (1989): Trade-Marketing, in: Marketing ZFP, 11. Jg., Nr. 4, S. 224-229.

Zentes, J. (1992): Kooperative Wettbewerbsstrategien im internationalen Konsumgütermarketing, in: Zentes, J. (Hrsg.), Strategische Partnerschaften im Handel, Stuttgart, S. 3-31.

Zentes, J. (1994): Strategische Allianzen: Neuorientierung der kooperativen Wettbewerbsstrategien im Handel, in: Trommsdorff, V. (Hrsg.), Handelsforschung 1994/95, Wiesbaden, S. 73-85.

Zentes, J. (1996): ECR – eine neue Zauberformel?, in: Töpfer, A. (Hrsg.), Efficient Consumer Response, Mainz, S. 24-46.

Zentes, J. (2012): Vertikale Integration, in: Zentes, J./Swoboda, B./Morschett, D./Schramm-Klein, H. (Hrsg.), Handbuch Handel, 2. Aufl., Wiesbaden, S. 89-102.

Zentes, J./Morschett, D. (2004): Entwicklungstendenzen des Markenartikels aus Handelsperspektive, in: Bruhn, M. (Hrsg.), Handbuch Markenführung, 2. Aufl., Stuttgart, S. 2719-2746.

Zentes, J./Morschett, D./Schramm-Klein, H. (2011): Strategic Retail Management, 2. Aufl., Wiesbaden.

Zentes, J./Neidhart, M./Scheer, L. (2006): HandelsMonitor Spezial: Vertikalisierung – Die Industrie als Händler, Frankfurt a. M.

Zentes, J./Schramm-Klein, H. (2004): CRM im Kontext internationaler Unternehmenstätigkeit, in: Hippner, H./Wilde, K.-D. (Hrsg.), Management von CRM-Projekten, Wiesbaden, S. 275-308.

Zentes, J./Swoboda, B. (2005): Hersteller-Handels-Beziehungen aus markenpolitischer Sicht, in: Esch, F.-R. (Hrsg.): Moderne Markenführung, 4. Aufl., Wiesbaden, S. 1063-1086.

Zentes, J./Swoboda, B./Foscht, T. (2012): Handelsmanagement, 3. Aufl., München.

Summary

Customer loyalty in vertical marketing has three different aspects: the loyalty of the customer to a brand (brand loyalty), the loyalty of the customer to a retailer or a store (store loyalty) and the loyalty of the retailer to a manufacturer. The first two of these aspects have traditionally been the domain of customer relationship management. In most cases, there were isolated concepts, i.e. not joint concepts of retailers and manufacturers. These led only partially to an effective goal accomplishment, so that in the consumer goods sector, a decreasing brand and store loyalty can be found. Consequently, the question of new vertical concepts to achieve customer loyalty co-operatively arose. This question is the main topic of this article. It differentiates between three different forms of building customer loyalty in a coordinated form. Dominance systems are initiated and dominated by one of the vertical partners. Partnership systems go one step further. They demand a joint management of the interface between the manufacturer and the retailer and are, since they explicitly take the consumer into consideration, totally integrated systems for achieving consumer loyalty throughout the entire distribution chain. Category Management or joint efforts to exploit the customer database available to retailers are examples for this approach. One important determinant for the choice of one of the three forms is the distribution of power in the distribution channel.

Klaus Backhaus, Luise Hildebrand und Sascha Witt

Kundenbindung im Industriegütermarketing

1. Kundenbindung als strategisches Erfordernis auf Industriegütermärkten
2. Besonderheiten von Kundenbindung auf Industriegütermärkten
3. Geschäftstypenspezifischer Einsatz von Kundenbindungsmaßnahmen
    3.1 Kundenbindung bei Verbundgeschäften
        3.1.1 Kundenbindung im Integrationsgeschäft
        3.1.2 Kundenbindung im Systemgeschäft
    3.2 Kundenbindung durch Geschäftstypenwechsel
        3.2.1 Kundenbindung im Produktgeschäft
        3.2.2 Kundenbindung im Projektgeschäft
4. Fazit

Literaturverzeichnis

Prof. Dr. Dr. h.c. Klaus Backhaus ist Direktor des Betriebswirtschaftlichen Instituts für Anlagen und Systemtechnologien an der Westfälischen Wilhelms-Universität Münster, Marketing Center Münster. Dr. Luise Hildebrand ist wissenschaftliche Mitarbeiterin am Betriebswirtschaftlichen Institut für Anlagen und Systemtechnologien an der Westfälischen Wilhelms-Universität Münster, Marketing Center Münster. Dr. Sascha Witt ist Assistant to the CEO, DMG Mori USA.

1. Kundenbindung als strategisches Erfordernis auf Industriegütermärkten

Auf vielen Industriegütermärkten ließen sich in den vergangenen Jahren zunehmend Sättigungstendenzen feststellen. Die stagnierende Nachfrage führt dabei zu einer verschärften Wettbewerbssituation, da sich in vielen Industriegüterbranchen eine Erhöhung der vordisponierten Kosten und eine gleichzeitige Verkürzung der Produktlebenszyklen beobachten lässt. Zudem haben Kunden einen besseren Zugang zu Informationen und es ist einfacher und billiger, zu einem Wettbewerber zu wechseln (Jahromi et al. 2014). Als problematisch erweist sich darüber hinaus, dass komparative Konkurrenzvorteile (KKV®) häufig lediglich einen kurzfristigen Vorteil versprechen, da technologische Vorsprünge der Konkurrenz durch steigende Flexibilität und kürzere Reaktionszeiten rasch auszugleichen sind (Peter/Schneider 1994, S. 7; van den Bulte 2000).

In dieser Wettbewerbssituation können Unternehmen zwei Strategien verfolgen: Neukundenakquisition sowie Kundenbindung. Viele Unternehmen versuchen Ertragssteigerungen durch *Neukundenakquisition* zu realisieren. Dies führt allerdings häufig zu einem Verdrängungswettbewerb, bei dem ein Unternehmen nur zu Lasten seiner Konkurrenten wachsen kann und gleichzeitig der Gefahr ausgesetzt ist, selbst verdrängt zu werden. Daher wird Kundenbindung als strategische Antwort immer wichtiger. Der Begriff *Kundenbindung* wird im Folgenden anbieterbezogen als „Bündel von Aktivitäten" verstanden, um *Kundenloyalität* zu erzeugen (Diller 1996, S. 82). Kundenloyalität stellt auf die nachfragerbezogene Perspektive des Ge- und/oder Verbunden-Seins ab (Bliemel/Eggert 1997; Homburg/Bruhn 2013, S. 8) und setzt vorangegangene, nicht zufällig getätigte Transaktionen ursächlich voraus (Plinke 2011, S. 23; Weiber 2011, S. 298ff.). Dieser zeitliche Kaufverbund kann psychologisch, ökonomisch, vertraglich/institutionell und/oder technisch-funktional/organisational begründet sein (Linke 2006, S. 12f.). Zudem zeichnet sich das Loyalitätskonstrukt im Industriegütergeschäft nach Homburg/Jensen (2004) neben dem zeitlichen Kaufverbund durch mengenbezogenes Commitment (Zusatzkauf), preisliches Commitment (Preiserhöhungsakzeptanz) und beziehungsspezifische Zusatzinvestitionen aus.

Der Einsatz von Kundenbindungsmaßnahmen zur Generierung von Kundenloyalität bringt für einen *Anbieter* Effizienzvorteile, da eine höhere Kundenbindungsrate einen höheren Kunden- und Firmenwert sowie ROI begründet (Gupta et al. 2004, S. 17; Jahromi et al. 2014; Götz/Tillmanns 2011). Sie bringt aber auch Effektivitätsvorteile, wie z.B. verbessertes Wissen über Kundenbedürfnisse und kann so für die Entstehung von KKVs® verantwortlich sein (Naumann 1995; Diller 1996, S. 82). Aus inputorientierter Perspektive ist davon auszugehen, dass die zum Aufbau einer langfristigen Bindung von Kunden an ein Unternehmen notwendigen Investitionen geringer sind, als die Investitionen zur Neukundenakquisition (Diller 1996, S. 82; Kotler et al. 2015, S. 156).

Vor diesem Hintergrund kann es sinnvoll sein, dass ein Anbieter seine Ziele eher auf die Erhaltung als auf die Ausweitung des Kundenkreises richtet. Der Kunde wird als Investitionsobjekt gesehen, bei dem die Folgegeschäfte die Amortisation der Vorleistungen in der Erstakquisition bringen sollen (Diller/Kusterer 1988, S. 211). Jedoch ist die ökonomische Vorteilhaftigkeit einer dauerhaften Geschäftsbeziehung stets zu prüfen, da gezeigt wurde, dass viele Kundenbeziehungen nicht profitabel sind, weshalb eine Beschränkung enger Beziehungen auf die wichtigsten Kunden (Key-Accounts) langfristig vorteilhaft sein kann (Reinartz/Krafft 2001; Jensen 2004, S. 24).

Ein Anbieter wird allerdings nur dann Effizienz- und Effektivitätsvorteile realisieren können, wenn die auf Kundenloyalität ausgerichtete Strategie vom Kunden akzeptiert wird (Blois 1996, S. 171; Backhaus 2013, S. 23). Dies wird wiederum nur dann der Fall sein, wenn loyales Verhalten für den *Nachfrager* ebenfalls zu Effektivitäts- oder Effizienzvorteilen führt, d.h., wenn der Nutzen aus dem Wiederholungskauf größer ist als bei einer ungekoppelten Folge von Einzelkäufen (Backhaus/Büschken 1999, S. 245f.).

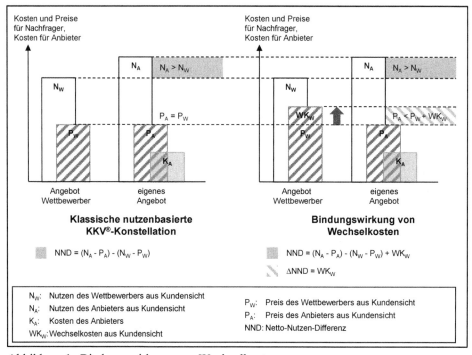

Abbildung 1: Bindungswirkung von Wechselkosten

Kundenloyalität lässt sich somit zum einen durch Kundenbindungsmaßnahmen zur Realisierung eines nutzenbasierten Kundenvorteils erzeugen, zum anderen jedoch auch allein durch den Aufbau von Wechselkosten (Homburg/Jensen 2004, S. 503ff.; Blut 2008, S. 20ff.). *Wechselkosten* als Determinante loyalen Kundenverhaltens (vgl. Schütze 1992; Buttle et al. 2002; Adler 2003) beziehen sich nicht ausschließlich auf monetäre Größen, sondern umfassen auch qualitative Elemente wie Kundenzufriedenheit und Vertrauen (Cater/Cater 2010; Plinke 2011, S. 28; Ramaseshan et al. 2013). Damit sind Wechselkosten in ihrer Höhe von der subjektiven Einschätzung des Nachfragers abhängig und werden bei Folgetransaktionen vom Nachfrager in dessen Nettonutzenvergleich einbezogen (vgl. Plinke 2000, S. 78ff.; Backhaus 2006). Abbildung 1 illustriert die Bindungswirkung von Wechselkosten auf Basis einer klassischen KKV®-Konstellation. Die Wechselkosten addieren sich dabei zum Preis der Konkurrenz.

Wechselkosten sind im Wesentlichen auf drei miteinander verbundene Effekte zurückzuführen (Bliemel/Eggert 1997, S. 39ff.; Linke 2006, S. 12f.; Blut et al. 2016): technisch-funktionale/organisationale, psychologische und vertraglich/ökonomische Bindung.

1. Spezifische Investitionen (Gebunden-Sein)

In einer Lieferbeziehung zwischen Anbieter und Kunde werden regelmäßig Aktiva eingebracht, die genau auf den jeweiligen Transaktionspartner zugeschnitten und damit spezifisch sind. Diese spezifischen Investitionen können Sachkapital- oder auch Humankapitalinvestitionen bzw. Idiosynkrasien durch die Einübung spezieller Arbeitsabläufe sein (Williamson 1985, S. 62f.). Dabei bringen spezifische Investitionen einerseits organisationale Effektivitäts- und Effizienzvorteile mit sich, schränken jedoch aufgrund der dazu notwendigen *technisch-funktionalen/organisationalen Kompatibilitäten* andererseits die Zahl alternativer Verwendungsmöglichkeiten ein. Die Differenz zur nächstbesten Verwendung der Aktiva wird nach Marshall als Quasirente bezeichnet (Marshall 1890, S. 74, 412, 626; Schumann et al. 2011, S. 409ff.). Sie ist ein Ausdruck für den Bindungsgrad und die Abhängigkeit des Nachfragers von einem Anbieter, da sie nur innerhalb der bestehenden Geschäftsbeziehung realisiert werden kann. Diese Quasirente ist ein zentraler Bestandteil der Wechselkosten, die dem Nachfrager beim Übergang zu einem anderen Anbieter entstehen (Luthardt 2003).

2. Wahrgenommenes Risiko (Verbunden-Sein)

Das von einem Kunden subjektiv wahrgenommene Risiko, bei einem Anbieterwechsel eine Fehlentscheidung zu treffen, kann die Wechselkosten erhöhen, da bei einem Anbieterwechsel zur Risikoreduktion Informationen über mögliche Beschaffungsalternativen einzuholen sind. Insbesondere Nachfrager auf Industriegütermärkten empfinden häufig ein hohes Beschaffungsrisiko, da Industriegüter meist einen hohen Anteil an Erfahrungs- und Vertrauenseigenschaften aufweisen (Kleinaltenkamp 1993, S. 11; Adler 1996, S. 68ff.), so dass innerhalb kurzfristiger Geschäftsbeziehungen oder einmaliger Transaktionen dieses Risiko vor dem Kauf kaum reduziert werden kann. Liegt einem Kunden hingegen durch eine Vielzahl von Markttransaktionen mit demselben Anbieter mehr Informationen über die vom Anbieter gelieferte Qualität vor, dann wird der Kunde mit jeder zufriedenstellenden Wiederholung einer Transaktion mehr Vertrauen in die zukünftige Leistungsfähigkeit und -bereitschaft eines Anbieters setzen (Kleinaltenkamp 1992, S. 820; Engelhardt/Freiling 1995, S. 39). Das gewachsene Vertrauen führt dazu, dass ein Kunde bei diesem Anbieter in Folgetransaktionen weniger oder keine transaktionsspezifischen Maßnahmen zur Reduktion des empfundenen Risikos durchführen muss. Dies senkt seine Transaktionskosten mit dem bestehenden Anbieter bzw. erhöht diese bei einem Anbieterwechsel und damit die Bindung des Kunden an den Anbieter. Diese auf Zufriedenheit und Vertrauen beruhende Bindung an einen Anbieter wird auch als *psy-*

chologische Bindung bezeichnet (Weiber/Beinlich 1994, S. 122f.; Meyer/Oevermann 1995). Der beziehungsspezifische Einsparungseffekt hängt dabei von der Höhe der durch den Verzicht auf risikoreduzierende Maßnahmen eingesparten Kosten und von der Zahl der mit einem Anbieter bereits durchgeführten Transaktionen ab (Plötner 1995, S. 48ff.). Es wurde gezeigt, dass diese psychologische Bindung der stärkste Treiber von Kundenloyalität und Wechselkosten ist (Blut et al. 2016; Cater/Cater 2010).

3. Direkte monetäre Wechselkosten (Gebunden- und/oder Verbunden-Sein)

Loyales Kundenverhalten kann sich auch auf Basis direkter monetärer Sanktionsmechanismen einstellen. Zum einen ist es möglich, Kundenbeziehungen anhand *vertraglicher Institutionen* abzusichern, die – im Falle einer frühzeitigen Beendigung – Vertragsstrafen nach sich ziehen (Linke 2006, S. 13). Zum anderen können direkte monetäre Wechselkosten durch entgangene Erlöse entstehen, sofern *ökonomische Vorteile* durch die Beendigung einer Geschäftsbeziehung (z. B. befristete Preisnachlässe für (Folge-) Investitionen) nicht realisiert werden können (Backhaus/Voeth 2014, S. 520).

2. Besonderheiten von Kundenbindung auf Industriegütermärkten

Industriegütermarketing unterscheidet sich vom Konsumgütermarketing im Kern dadurch, dass es sich bei den Nachfragern von Industriegütern nicht um Endkonsumenten, sondern um Organisationen handelt, die die bezogenen Güter zur Erstellung weiterer Leistungen verwenden (Engelhardt/Günter 1981, S. 24; Backhaus/Voeth 2014, S. 5ff.). Ihre Kaufentscheidungen werden daher nicht von einzelnen Personen getroffen, sondern sind das Ergebnis *multipersonaler* und häufig auch *multiorganisationaler Entscheidungsprozesse* (Backhaus/Voeth 2014, S. 9). Dies liegt daran, dass die Risiken des Kaufprozesses reduziert werden sollen und die Kompetenzen, die für die Kaufentscheidung benötigt werden, über verschiedene Abteilungen verteilt sind (Hauser et al. 2006; Puri/Korgaonkar 1991). Kundenbindungsinstrumente auf Industriegütermärkten müssen daher unter Berücksichtigung des Kaufeinflusses, des Informations- sowie des Entscheidungsverhaltens der verschiedenen Mitglieder des Einkaufsgremiums (Buying Center) gestaltet werden. Dabei ist zu beachten, dass Größe, Zusammensetzung und Entscheidungsverhalten des Buying Centers sowie dessen Einflussstruktur situationsspezifisch variieren (Büschken 1994, S. 11ff.; Backhaus/Büschken 1995, S. 1957f.). Insbesondere der hohe Grad an Situationsspezifität organisationaler Beschaffungsprozesse erschwert es, die organisationale und personale Ebene simultan bei der Gestaltung von Kundenbindungsmaßnahmen zu berücksichtigen. Deshalb soll hier die Analyse von Kundenbindungsmaßnahmen vereinfachend auf die Ebene interorganisationaler Beziehungen begrenzt werden, obwohl streng genommen organisationales Verhalten durch aggregiertes Individualverhalten determiniert wird (Backhaus/Voeth 2014, S. 43f.).

Eine weitere Besonderheit des Industriegütermarketing liegt darin, dass die Kauf- und Verkaufsprozesse auf Industriegütermärkten ein hohes Maß an *Heterogenität* aufweisen. Eine sich auf alle Industriegüter zugleich beziehende Analyse von Kundenbindungsinstrumenten ist somit wenig zweckmäßig, da gerade kaufverhaltensspezifische Merkmale die Akzentuierung von Kundenbindungsmaßnahmen bestimmen. Die Gestaltung von Kundenbindungsinstrumenten hat deshalb an den Unterschieden industrieller Transaktionsprozesse anzusetzen. Es ist daher notwendig, Geschäftstypen zu identifizieren, bei denen die Transaktionsprozesse innerhalb eines Typs relativ homogen sind und damit jeweils spezielle Anforderungen an Kundenbindungsinstrumente stellen. Dazu lässt sich eine theoriegestützte Strukturierung von Geschäftstypen auf Basis einer institutionenökonomischen Analyse erreichen, wobei Art und Ausmaß vorhandener Unsicherheiten strukturgebend sind (Plinke 2011, S. 10ff.; Backhaus/Voeth 2014, S. 198ff.). Unterschieden wird dabei zwischen Ex-ante- und Ex-post-Unsicherheit.

Die *Ex-ante-Unsicherheit* beschreibt den Teil der Kaufunsicherheit, der durch (zum Teil sehr kostenintensive) Suchprozesse *vor dem Kauf* beseitigt werden kann. Sie liegt vor, wenn bei einer Transaktion keine spezifischen Investitionen anfallen, so dass nach Vertragsabschluss keine Abhängigkeiten entstehen. Vermarktungsprozesse von Leistungen, die ausschließlich durch Ex-ante-Unsicherheit gekennzeichnet sind, werden als Geschäftstyp Produktgeschäft bezeichnet (Backhaus et al. 1994, S. 35).

Ex-post-Unsicherheit tritt hingegen auf, wenn eine Marktpartei in die andere spezifisch investiert und damit eine ausbeutbare Quasirente aufbaut. Sie beschreibt damit solche Unsicherheiten, die erst *nach dem Kauf* relevant werden, jedoch vor dem Kauf im Entscheidungskalkül berücksichtigt werden. Fällt im Rahmen eines Transaktionsprozesses die Quasirente überwiegend beim Anbieter an und sind die nach Vertragsabschluss potenziell auftretenden Leistungsunsicherheiten intersubjektiv überprüfbar, dann bezeichnet man diesen Geschäftstyp als Anlagengeschäft. Fällt hingegen die Quasirente ausschließlich beim Nachfrager an und ist eine (gerichtsfeste) Verifizierbarkeit von Leistungsmängeln nicht möglich, dann liegt der Geschäftstyp des Systemgeschäftes vor. Entsteht die Quasirente schließlich sowohl nachfragerseitig als auch (vor allem) anbieterseitig, bezeichnet man diesen Fall als Integrationsgeschäft (vgl. et al. 1994, S. 74ff.).

Die institutionenökonomisch begründeten Geschäftstypen lassen sich auch anhand praktisch orientierter Kriterien systematisieren, so dass das in Abbildung 2 dargestellte *Geschäftstypenportfolio* entsteht (vgl. Plinke 1992). Gemeinsames praktisches Merkmal des System- und Integrationsgeschäftes ist das Vorhandensein eines zeitlichen Kaufverbunds, der dadurch entsteht, dass der Nachfrager spezifisch in den Anbieter investiert und eine nachfragerseitige Quasirente aufbaut. Im Zuliefer- und Anlagengeschäft erstellt der Anbieter seine Leistungen speziell für Einzelkunden. Dadurch liegt der Fokus auf dem Einzelkunden, so dass der Vermarktungs- dem Fertigungsprozess vorausgeht. Da der Anbieter damit vom späteren Verhalten des Einzelkunden abhängig wird, entsteht ihm eine Quasirente. Dieser zeitliche Kaufverbund ist auf der vertikalen Achse dargestellt. Im System- und Produktgeschäft dagegen richtet sich das Leistungsangebot auf einen mehr oder weniger stark ausgeprägten anonymen Markt, d.h. es entsteht anbieterseitig keine Quasirente. Die Ausrichtung des Verhaltensprogramms, einzelkundenbezogen oder bezogen auf den mehr oder weniger anonymen Markt, ist auf der horizontalen Achse abgetragen. Die Typologisierungskriterien bilden dabei keine dichotomen Ausprägungen, sondern sind als Pole eines Kontinuums zu verstehen.

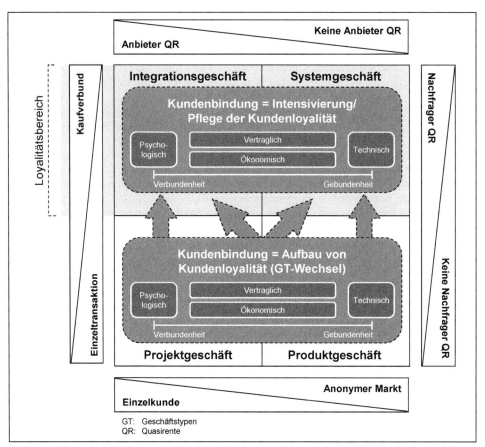

Abbildung 2: Besonderheiten beim Einsatz von Kundenbindungsinstrumenten auf Industriegütermärkten

Die auf diese Weise gebildeten Geschäftstypen weisen jeweils spezielle Anforderungen an Kundenbindungsinstrumente auf. Für die Geschäftstypen, die per se durch einen einzeltransaktionsübergreifenden Verbund gekennzeichnet sind, besteht geschäftstypbedingt bereits eine bestimmte Form der Kundenloyalität, die ggf. intensiviert bzw. zeitlich verlängert werden kann. Für die Geschäftstypen, die auf Einzeltransaktionen ausgerichtet sind, muss ein loyales Kundenverhalten erst aufgebaut werden. Der Einsatz von Kundenbindungsinstrumenten bewirkt dann einen Geschäftstypenwechsel. In diesem Fall spricht man von einem dynamischen Geschäftstypenmanagement (Mühlfeld 2004; Backhaus/Mühlfeld 2005).

3. Geschäftstypenspezifischer Einsatz von Kundenbindungsmaßnahmen

3.1 Kundenbindung bei Verbundgeschäften

3.1.1 Kundenbindung im Integrationsgeschäft

Im Integrationsgeschäft werden Leistungsangebote vermarktet, die ein Anbieter speziell für den Einbau oder die Verwendung in (End-)Produkte(n) einzelner Kunden, so genannter Original Equipment Manufacturer (OEM), entwickelt hat. Sie zeichnen sich auf der Anbieterseite damit durch eine einzelkundenspezifische Gestaltung aus. Da der OEM die Leistung aufgrund der Individualisierung nicht beliebig von anderen Anbietern beziehen kann, besteht ein langfristiger Kaufverbund. Dieser äußert sich darin, dass der Kunde im Idealfall das Leistungsangebot während des gesamten Lebenszyklus seines (End-)Produktes, in das er die Teilleistung einbaut, in identischer Ausführung von demselben Anbieter (In-Supplier) bezieht (Backhaus/Voeth 2014, S. 528ff.).

Der Prozess der Leistungsindividualisierung erfordert, dass sowohl Anbieter als auch Nachfrager partnerspezifisch investieren, wodurch sie sich für die Dauer des Lebenszyklus des Produktes aneinander binden. Häufig erfährt diese lebenszyklusorientierte Geschäftsbeziehung auch eine *vertragliche Absicherung*, um opportunistisches Verhalten der Partner für die Dauer der Geschäftsbeziehung zu verhindern (Adolphs 1997, S. 177f.). Die Chancen konkurrierender Anbieter (Out-Supplier), eine bestehende Geschäftsbeziehung aufzubrechen und selbst In-Supplier zu werden, sind damit während der Lebensdauer des Endproduktes relativ gering (Kleinaltenkamp 1992, S. 820).

Allerdings steht die Geschäftsbeziehung immer dann zur Disposition, wenn das Ende des Lebenszyklus des Kundenproduktes, z. B. in Form eines Modellwechsels, erreicht wird. Ein Modellwechsel beim OEM kann zu Änderungen bei zugekauften Vorprodukten führen, so dass der OEM aktiv nach Zulieferern für das neue Zulieferprodukt sucht. Der OEM beschränkt sich in seiner Suche nicht notwendigerweise auf In-Supplier, sondern bezieht auch diejenigen Out-Supplier mit in seinen Suchprozess ein, die sich in seinem „consideration set" befinden (Luthardt 2003, S. 24ff.). Je nach Ausmaß der Wechselneigung und -bereitschaft des Nachfragers öffnet sich für die relevanten Out-Supplier ein strategisches Einstiegsfenster (Luthardt 2003, S. 38). Daher muss der In-Supplier bestrebt sein, seine bestehende Position zu verteidigen, indem er frühzeitig Maßnahmen ergreift, die den OEM auch in nachfolgenden Lebenszyklen an ihn binden sollen – vorausgesetzt, es handelt sich um einen für den In-Supplier tatsächlich attraktiven Kunden (vgl. beispielsweise Adler 2003).

Neben den bereits adressierten *vertraglichen Absicherungsmechanismen* der beidseitig getätigten, geschäftstypenimmanenten spezifischen Investitionen, können Unternehmen im Integrationsgeschäft ihre Kundenbindungsmaßnahmen darauf richten,

(1) die Koordinationseffizienz in der bestehenden Geschäftsbeziehung durch technologische Vernetzung zu erhöhen (Blois 1996, S. 166ff.).

(2) eine mehrstufige Marketingstrategie zur Erzeugung psychologisch begründeter Kundenpräferenzen zu implementieren (vgl. Baumgarth 1998).

(1) Kundenbindungsmaßnahmen zur Erhöhung der Koordinationseffizienz

Das Integrationsgeschäft erfordert aufgrund der einzelkundenspezifischen Leistungsgestaltung und -erstellung häufig eine intensive Zusammenarbeit in F&E, Produktion und Logistik. Dies führt zu engen *organisatorischen Kopplungen* zwischen den Unternehmen und erfordert eine informationsbezogene Koordination von Abnehmer und Zulieferer. Die informationelle Koordinationseffizienz innerhalb einer Geschäftsbeziehung kann durch den Aufbau einer *(informations-) technischen Vernetzung* zwischen Abnehmer- und Zulieferunternehmung erheblich gesteigert werden. Einige Autoren sprechen hier bereits von virtuellen Unternehmensstrukturen (Picot et al. 2003, S. 417ff.). Zudem ist Industrie 4.0 immer mehr im Fokus des Interesses von Zulieferern und OEMs, da Effizienzsteigerungen durch eine Automatisierung über die gesamte Wertschöpfungskette hinweg, erzielt werden können (pwc 2014). Unternehmensübergreifende Netzwerke von Produktionsverbünden werden dabei immer wichtiger.

Der Ausbau einer informationstechnischen Vernetzung ist z. T. noch immer mit hohen Kosten auf Anbieter- als auch auf Nachfragerseite verbunden. Dies gilt vor allem für kundenindividuell gestaltete Systeme. Solche Vernetzungslösungen sind häufig nur zu geringen Teilen in Geschäftsbeziehungen mit anderen Zulieferern nutzbar (Monse/Reimers 1994, S. 76ff.; Wald 1997, S. 52), womit die mit dem Aufbau verbundenen Investitionen partnerspezifisch sind und eine *technologische Bindung* des Abnehmers an den In-Supplier verursachen (Götz 2015, S. 162). Darüber hinaus erhöht die informationstechnische Vernetzung mit jeder zusätzlichen Transaktion die wechselseitige Bindung der Partner. Insofern kann sie die existierende Geschäftsbeziehung auch über den Lebenszyklus des Produktes hinaus festigen.

Zunehmend werden Internettechnologien und Web 2.0-Ansätze eingesetzt, die unter anderem Vorteile bei der Schnittstellenvereinheitlichung bieten (Braun 2012, S. 69). Internet- und Web 2.0-basierte Systeme erfordern sowohl für den In-Supplier als auch für den OEM weniger spezifische Investitionen, da diese nicht mehr zwangsläufig nur einen Kunden mit einem Anbieter verbinden. Ein Daten- und Informationsaustausch ist somit über das gleiche Basissystem mit vielen Zulieferern bzw. OEMs möglich. Vor dem Hintergrund niedrigerer Transaktionskosten und einer gesteigerten Effizienz der Geschäftsbeziehungen ist eine solche Lösung für beide Seiten wünschenswert. Jedoch sind mit standardisierten Informations- und Kommunikationslösungen auch negative Implikationen verbunden. Dadurch, dass sowohl die Anbieter- als auch die Nachfragerseite weniger spezifisch investieren, kann der Anbieter leichter gewechselt werden. Daher muss ein Anbieter abwägen, ob die positiven Auswirkungen der Transaktionskostensenkung durch die Schnittstellenvereinheitlichung die negativen Bindungseffekte (über-) kompensieren. Daher sollte stets geprüft werden, ob eine informationstechnische Vernetzung oder ein kundenindividuelles System vorteilhafter ist. Jedoch kann eine Entscheidung für oder gegen eine Schnittstellenstandardisierung nicht ausschließlich durch den Zulieferer getroffen werden. In einigen Branchen des Integrationsgeschäfts, insbesondere in der Automobilindustrie, besteht ein deutliches Machtgefälle zwischen Zulieferern und OEM (Buchenau et al. 2010). Dementsprechend diktieren die Hersteller oftmals, welche Systeme zur Vernetzung der Unternehmen zu implementieren sind.

(2) Kundenbindungsmaßnahmen zur Präferenzbildung

Das mehrstufige Marketing zielt auf eine indirekte Bindung des OEMs im Integrationsgeschäft ab. Im Rahmen des mehrstufigen Marketing richtet ein Anbieter seine absatzpolitischen Maßnahmen auf die Marktstufen, die seinen unmittelbaren Abnehmern nachfolgen (Rudolph 1989, S. 34; Kleinaltenkamp/Rudolph 2002, S. 287). Er verfolgt damit das Ziel, auf den nachgelagerten Marktstufen Nachfragerpräferenzen und schließlich einen Nachfragesog für die eigenen Komponenten zu erzeugen (Pull-Effekt; Kleinaltenkamp/Rudolph 2002, S. 291ff.; Kotler et al. 2015, S. 468). Dabei nutzt das mehrstufige Marketing *psychologische Bindungseffekte* und wird deshalb nur dann zur Erzielung von Kundenloyalität beitragen, wenn zwei Bedingungen in Bezug auf die KKV-fähigkeit des Leistungsangebots erfüllt sind (Backhaus/Voeth 2014, S. 557ff.). Zum einen muss das Leistungsangebot in der Wahrnehmung der Nachfrager der nachgelagerten Marktstufen eine wesentliche Bedeutung für die Qualität bzw. das Qualitätsimage des Endproduktes haben. Zum anderen muss die Komponente für die Nachfrager der nachgelagerten Marktstufen identifizierbar sein. Die unbedingt erforderliche Identifizierbarkeit rückt im Integrationsgeschäft unter dem Stichwort *Ingredient Branding* (z.B. Engelhardt/Günter 1981, S. 216ff; Baumgarth 2008, S. 355ff.), in den Mittelpunkt der Instrumentepolitik.

Psychologische Bindungseffekte durch ein erfolgreiches Ingredient Branding können Zulieferer auch mithilfe von Neuen Medien und Sozialen Medien erreichen bzw. unterstützen. Die Ansprache ist dabei direkt auf die Endkunden ausgerichtet und ähnelt hinsichtlich der Social Media-Kommunikation dem B2C-Geschäft. Soziale Medien können ihre Wirkung jedoch ebenfalls nur entfalten, wenn als Basis ein KKV-fähiges Leistungsangebot vorliegt. Durch ein erfolgreiches Ingredient Branding, gepaart mit einer Endkunden-Kommunikation über Soziale Medien, können Zulieferer einen Nachfrage-Pull durch den Endkunden erreichen, erschweren die Substituierbarkeit ihrer Produkte aus Sicht des OEM und verschaffen sich einen Wettbewerbsvorteil.

3.1.2 Kundenbindung im Systemgeschäft

Im Systemgeschäft werden aus Anbietersicht Leistungen für einen anonymen Markt bzw. ein Marktsegment erstellt. Darüber hinaus ist es durch einen zeitlichen Kaufverbund gekennzeichnet, den Nachfrager bei der sukzessiven Beschaffung von Leistungen eingehen und der bereits die erste Beschaffungsentscheidung beeinflusst (Weiber 2011, S. 297). Der Nachfrager legt sich in der Regel mit der ersten Investition in ein System auf eine Systemarchitektur fest, die ihn – je nach Offenheit des Systems – bei Folgekäufen in der Auswahl von Systemkomponenten mehr oder weniger limitiert. Da der Offenheitsgrad häufig an der Technologie festgemacht wird, führt die spezifische Anfangsinvestition in die Systemarchitektur zu einer so genannten *technikbasierten Bindung*. Zumeist sind vom Nachfrager auch die organisatorischen Abläufe spezifisch auf das anzuschaffende System auszurichten. Dies erfordert Zeit sowie Investitionen und begründet somit zusätzlich eine *technisch-organisationale Bindung* der Nachfrager (Backhaus/Voeth 2014, S. 457). Eine weitere potenzielle Bindungsdimension stellt die vertragliche Komponente der Transaktion dar. *Verträge* können einen Bindungseffekt erzeugen, wenn sie den Nachfrager zu einer Anfangsinvestition veranlassen, die den Bezug von Folgeleistungen innerhalb des Vertragssystems („vertragliche Systemarchitektur") gegenüber dem externen Leistungsbezug begünstigt.

Zusammengenommen bilden organisations- und technikbedingte bzw. vertraglich gestützte Bindung den *Systembindungseffekt* („lock-in"). „Customer lock-in" ist aus Anbietersicht von Bedeutung, da Systembindung profitsteigernd wirken kann (Büschken 2004). Die Motivation der Kunden auf der anderen Seite besteht in dem angestrebten Nutzenzuwachs, der die mit der Systembindung einhergehende Einbuße an zukünftiger Entscheidungsfreiheit kompensiert. Hat ein Nachfrager sich für die Systemarchitektur eines Anbieters entschieden, dann kann dieser In-Supplier zunächst darauf vertrauen, dass der Kunde bei Systemerweiterungen auf die herstellerspezifischen Systemkomponenten zurückgreift.

Bezüglich der Entwicklung der Systembindung im Zeitablauf sind zwei grundlegende Fälle zu unterscheiden: Erstens nimmt der Grad der Systembindung im Zeitablauf ab. Grund hierfür ist, dass die systemspezifische Anfangsinvestition durch die Nutzung des Systems quasi „abgeschrieben" wird. Deshalb werden mit fortlaufender Nutzung, insbesondere gegen Ende der Systemnutzungsdauer, die Chancen von konkurrierenden Anbietern größer, den betreffenden Nachfrager abzuwerben. Zweitens, der Grad der Systembindung bleibt über einen relativ langen Zeitraum hin stabil oder nimmt sogar zu. Diese Situation kann vor allem bei vertraglich gestützten Systemen oder in Bereichen mit relativ langen Technologiezyklen eintreten, wenn der Kunde das System im Zeitablauf ausbaut, und diese Erweiterung die „Abschreibung" der Anfangsinvestition (über-) kompensiert. Dabei ist die beim Kunden in der Summe resultierende Nutzenerhöhung relevant. Erst mit der Verfügbarkeit einer grundlegend veränderten Technologie bzw. dem Ablauf des Initialvertrags vermindert sich die kundenseitige Systembindung, ggf. erheblich.

Da ein Anbieter aus Motiven der Sicherung seines Geschäftsvolumens sowie der Amortisation seiner Vorleistungen heraus grundsätzlich ein Interesse an der Fortsetzung der Lieferbeziehung sowohl in Bezug auf Folgekäufe als auch in Bezug auf neue Systemkäufe hat, sieht er sich zwei Fragestellungen gegenüber:

(1) Welche Kundenbindungsmaßnahmen können ergriffen werden, um zu verhindern, dass der Kunde frühzeitig aus dem eigenen System aussteigt?

(2) Welche Kundenbindungsmaßnahmen können ergriffen werden, damit der Kunde, nach Ablauf des Systemlebenszyklus, wieder ein herstellereigenes System kauft und damit erneut eine Systembindung eingeht?

(1) Kundenbindungsmaßnahmen zur Sicherung von Folgekäufen im bestehenden System

Ein Nachfrager steigt frühzeitig aus einem System aus, wenn sich die anfangs erhoffte Quasirente nicht oder nur teilweise realisieren lässt. Die Quasirente ist einerseits durch unvorhergesehene technische und wirtschaftliche Entwicklungen gefährdet, auf die der Anbieter nur mittelbar Einfluss hat. Andererseits kann ein Anbieter durch opportunistisches Verhalten, wie z. B. durch überhöhte Forderungen bei Systemergänzungen, die Quasirente des Nachfragers teilweise oder ganz abschöpfen (Backhaus et al. 1994; Bliemel/Eggert 1997). Ein (weitgehender) Verzicht auf opportunistisches Verhalten ist somit als notwendige Maßnahme zu sehen, um den Kunden in dem aktuellen System zu halten und Folgekäufe zu sichern. Langfristig gewinnt die Demonstration nicht-opportunistischen Verhaltens als *psychologische Kundenbindungsmaßnahme* an Bedeutung, da der Kunde Vertrauen in das System und damit den Anbieter aufbauen kann. Vertrauen gilt als wichtige Voraussetzung für eine dauerhafte Geschäftsbeziehung (Stump/Joshi 1998).

Eine andere Gefahr für die aktuelle Geschäftsbeziehung stellen konkurrierende Anbieter dar, die einen Kunden zu einem frühzeitigen Systemausstieg veranlassen können. Bedingung hierfür ist, dass das Leistungsangebot des Out-Suppliers einen Nettonutzenvorteil verspricht, der die Quasirente der In-Supplier-Beziehung und damit die Wechselkosten überkompensiert. Dies ist nur dann der Fall, wenn es einem Out-Supplier gelingt, mit Systeminnovationen auf Basis von Technologiesprüngen als Erster auf den Markt zu kommen.[1] Der In-Supplier sieht sich in einem solchen Fall nicht nur der Gefahr ausgesetzt, dass Kunden frühzeitig aus dem System aussteigen, sondern gleichzeitig verringert sich das Potenzial an Kunden.

In einem solchen Fall, in dem ein Out-Supplier mit einer technisch überlegenen Systementwicklung in den Markt einbricht, bietet eine wirksame Vorankündigungspolitik (Lilly/Walters 1997; Niedbal 2005) die Möglichkeit, den Kunden *psychologisch* zu binden und einen frühzeitigen Systemausstieg zu verhindern, indem ein (noch zu entwickelndes) gleichwertiges oder möglicherweise überlegenes System in absehbarer Zeit avisiert wird (Heß 1991, S. 10). Auf diese Weise vergrößert sich der Entscheidungsraum des Nachfragers, da diesem eine zwar noch nicht existente, jedoch zusätzliche Alternative vor Augen geführt wird (Preukschat 1993, S. 75ff.). Zudem wirken Vorankündigungen im Industriegütergeschäft als Kommunikationsinstrument für Supply-Chain-Partner positiv auf die Erfolgsaussichten einer Neuprodukteinführung (Schatzel/Calantone 2006, S. 365).

Die konkrete Ausgestaltung der Aktionsparameter hängt maßgeblich vom Innovationsgrad des Neuproduktes ab (Niedbal 2005, S. 235). Dabei stehen einem Anbieter für die Ausgestaltung der Preannouncement-Politik insbesondere folgende *Steuerungsgrößen* zur Verfügung (Niedbal 2005, S. 208 u. 235):

- die Länge der Vorankündigung
- der Detaillierungsgrad

---

[1] Die Ausführungen gelten jedoch nicht für so genannte Netzeffektgüter, die durch die Existenz von Netzwerkexternalitäten gekennzeichnet sind.

- die Reihenfolge der Informationsbereitstellung
- die Auswahl der Medien zur Informationsverbreitung

Die *Länge der Vorankündigung* beeinflusst dabei den Wissensstand der Käufer über die Auswahl der Produkte zum Zeitpunkt der Markteinführung (Niedbal 2005, S. 147). Bei radikalen Innovationen bieten sich deshalb oft lange vor der Produkteinführung liegende Preannouncements an, bei inkrementalen Neuerungen (z. B. Systemupdates, New Releases) reicht es dagegen oftmals aus, die (potentiellen) Nutzer kurzfristig zu informieren. Aus Kundensicht sind zudem zwei zentrale Aspekte zu berücksichtigen. Einerseits könnten Konsumenten in Folge eines Preannouncements eine abwartende Haltung einnehmen und das aktuelle System überspringen (Leapfrogging) bzw. dessen Updates nicht weiter beziehen. Andererseits können mit jeder Zeiteinheit, in der der Kunde das neue System noch nicht nutzen kann, Opportunitätskosten durch den Nutzenverzicht entstehen.

Der *Detaillierungsgrad* der Informationen spielt ebenfalls eine zentrale Rolle. Hier sind in erster Linie die Spezifität und die Tiefe der Vorankündigung von Bedeutung. Je mehr Details ein Unternehmen über Produktinnovationen preisgibt, desto höher ist der Wissensstand der Konsumenten zu den Vor- und Nachteilen eines Produktes, verglichen mit Wettbewerbsangeboten bei Markteinführung (Niedbal 2005, S. 148).

Bei der *Reihenfolge der bereitgestellten Informationen* ist von Anbietern zu bedenken, dass die Konsumenten bei radikalen Neueinführungen nicht „überfordert" werden. Zumeist werden derartige Innovationen deshalb angekündigt, indem zuerst nur das Produkt und das Eingehen auf die Bedürfnisse der Nachfrager kommuniziert werden, um in der Folge (technische) Details zu präsentieren (Niedbal 2005, S. 237).

Der *Auswahl des geeigneten Mediums* wird mittlerweile eine sehr große Bedeutung zuteil. In Zeiten des *Web 2.0* und *Social Media* spielen gerade diese Neuen Medien für die Preannouncement-Aktivitäten von Unternehmen eine elementare Rolle. Facebook beispielsweise wird heutzutage sehr häufig als Medium verwendet, um Informationen über Produktneueinführungen oder Systemupdates im Markt bekanntzumachen. Online-Preannouncements werden dabei als Mittel der psychologischen Kundenbindung sowohl im B2C- als auch im B2B-Geschäft genutzt. Da sich *Soziale Netzwerke* und *Communities* eine breite Akzeptanz in der Wirtschafts- und Arbeitswelt erst noch erarbeiten müssen, richten Unternehmen oftmals als Ergänzung eigene anwenderorientierte Foren und Plattformen ein (Kreutzer 2010, S. 609).

Obwohl Preannouncements für Anbieter im Systemgeschäft eine wichtige Rolle in der Kundenbindung spielen, sind mit ihrem Einsatz auch erhebliche Risiken verbunden. Produktvorankündigungen unterliegen der Gefahr, Wettbewerbsreaktionen zu provozieren, vor allem im Zeitalter des Internets und der Sozialen Medien (Niedbal 2005). Bei der konkreten Festlegung auf eine Preannouncement-Strategie sollte deshalb stets berücksichtigt werden, dass die detaillierte und frühzeitige Bereitstellung von Informationen über eine Produktinnovation den Wissensstand von potentiellen Imitatoren verbessert und die Wahrscheinlichkeit einer Imitation erhöht. Daher sollten Preannouncements erst erfolgen, sofern ein temporärer Entwicklungsvorsprung gegenüber den potentiellen Imitatoren besteht. Grundsätzlich kritisch ist die Tatsache, dass die Vorankündigung einer späteren Systementwicklung auf der Nachfragerseite Glaubwürdigkeitsprobleme aufwirft, die sowohl den Zeitpunkt der Systemeinführung als auch die angekündigten Leistungsmerkmale, im Extremfall sogar die Einführung des neuen Systems als solche, betreffen. Ein Nachfrager wird ein Preannouncement nur dann in seinem Entscheidungskalkül berücksichtigen, wenn er dieses für wahr bzw. glaubwürdig erachtet (Heß 1991). Da der Kunde den Wahrheitsgehalt des Informationsinhaltes aufgrund der Zukunftsbezogenheit selbst nicht beurteilen kann, wird er ersatzweise überprüfen, inwieweit von der Informationsquelle, also dem Anbieter, glaubwürdige Aussagen zu erwarten sind. Dies setzt Vertrauen in den Anbieter voraus. Vertrauen weist einen investiven Charakter auf und dessen Beschädigungsmöglichkeit stellt für den Nachfrager ein „Faustpfand" dar (Backhaus et al. 1994). Ein solches steht dem Nachfrager allerdings nur zur Verfügung, wenn das Signal „Vorankündigung" dem Anbieter Kosten verursacht: je höher diese Kosten, wie bspw. Vertrauensverlust, desto glaubwürdiger das Signal (Gardner 1995).

(2) Kundenbindungsmaßnahmen zur Sicherung systemlebenszyklusübergreifender Folgekäufe

Für den In-Supplier ergeben sich insbesondere zum Ende des Lebenszyklus eines Systems (bzw. zum Ende eines Technologielebenszyklus oder des Vertragszyklus) erhebliche Gefahren, Kunden an Out-Supplier zu verlieren. Um Kunden über diesen Zyklus hinaus an sich zu binden und zu einem neuen Systemeinstieg zu bewegen, kann der In-Supplier erstens lebenszyklusbegleitende und zweitens lebenszyklusabschlussbezogene Maßnahmen ergreifen.

Aufgrund des Systembindungseffektes wird der Kunde mit zunehmendem Proprietätsgrad eines Systems bereits im Zuge des Erstkaufprozesses restriktiv an den In-Supplier gebunden. Dies eröffnet dem In-Supplier die Möglichkeit, im Laufe der Folgetransaktionen Bindungseffekte aufzubauen, die nicht allein an die gewählte Systemwelt gekoppelt sind. Eine Möglichkeit, systemunabhängige Bindungseffekte zu generieren, stellt der Aufbau psychologischer Bindungseffekte dar (Weiber/Beinlich 1994, S. 122ff.). Die unter *psychologischer Bindung* subsumierten Kriterien, wie Zufriedenheit und Vertrauen, sind primär anbieterbezogen und gehen damit nicht mit dem Ende eines Systemlebenszyklus verloren. Sie wirken im Gegenteil bei einer neu zu treffenden Systementscheidung transaktionskostensenkend bzw. wechselkostenerhöhend. Eine wichtige lebenszyklusbegleitende Maßnahme zum Aufbau von Zufriedenheit und Vertrauen besteht darin, auf eine Ausbeutung der nachfragerseitigen Quasirente durch opportunistisches Verhalten zu verzichten.

Lebenszyklusabschlussbezogene Maßnahmen werden erst am Ende des Lebenszyklus, jedoch vor Beendigung der Nutzungszeit, ergriffen. Eine denkbare lebenszyklusabschlussbezogene, *ökonomische Kundenbindungsmaßnahme* stellt die Erstattung der noch ausstehenden abzuschöpfenden Quasirente, z. B. durch die Inzahlungnahme alter Systemkomponenten beim Kauf eines neuen herstellerbezogenen Systems, dar (Backhaus/ Voeth 2014, S. 520). Damit kann eine herstellerspezifische Wechselprämie generiert werden, die der Nachfrager in den Vorteilhaftigkeitsvergleich mit einbezieht und die den Nettonutzen erhöht. Es ist jedoch anzunehmen, dass diese Maßnahme nur dann die Kaufentscheidung beeinflusst, wenn zuvor auch systemlebenszyklusbegleitende Maßnahmen ergriffen wurden. Eine grundsätzliche Gefahr besteht ferner darin, dass die Erzeugung einer herstellerspezifischen Wechselprämie letztlich einer Preisreduktion gleichkommt, die von der Konkurrenz relativ schnell nachgeahmt werden kann und das Risiko birgt, lediglich eine allgemeine Preiserosion auszulösen.

3.2 Kundenbindung durch Geschäftstypenwechsel

3.2.1 Kundenbindung im Produktgeschäft

Im Produktgeschäft werden Leistungen vermarktet, die für einen anonymen Markt entwickelt worden sind, ohne dass Kaufverbunde zu anderen Leistungen bestehen. Es handelt sich damit in der Regel um vorgefertigte und in Mehrfachfertigung erstellte Leistungen, deren Vermarktungsprozess regelmäßig durch ein hohes Maß an Routine gekennzeichnet ist. Zur Erzielung von Kundenloyalität können im Produktgeschäft einerseits Maßnahmen ergriffen werden, die zu einer psychologischen Bindung führen (Schütze 1992; Bliemel/Eggert 1997; Götz et al. 2015, S. 375ff.). Andererseits kann ein Anbieter gezielt (System-) Bindungseffekte erzeugen, indem er einen Nachfrager dazu veranlasst, spezifisch zu investieren. Letzteres führt aus dem Produkt- in das Systemgeschäft und kann im Extremfall zu einem Geschäftstypenwechsel führen.

Maßnahmen, die darauf abzielen, eine psychologische Bindung des Kunden an einen Anbieter zu erreichen, beruhen darauf, ein Gefühl von Vertrauen und Zufriedenheit zu erzeugen. Beim Vertrieb im Produktgeschäft handelt es sich in erster Linie um standardisierte (so genannte *Commodities*) und wenig erklärungsbedürftige Leistungen, die in vielen Fällen hauptsächlich durch Sucheigenschaften gekennzeichnet sind und eines überschaubaren Maßes an Informations- und Suchkosten (Transaktionskosten) auf Nachfragerseite bedürfen (Backhaus/Voeth 2014, S. 216 ff.). Daher können die Transaktionskosten durch eine Transaktionshistorie kaum wahrnehmbar gesenkt werden, es entstehen dem Nachfrager nur sehr geringe oder keine Wechselkosten und die psychologische Bindung ist minimal.

Aufgrund dessen ist die Möglichkeit eines Geschäftstypenwechsels in das Entscheidungskalkül miteinzubeziehen. Ein Wechsel vom Produkt- in das Systemgeschäft als Kundenbindungsstrategie impliziert, dass anbieterseitig keine individualisierte Leistungserstellung vorgenommen und die Leistung weiterhin für den anonymen Markt entwickelt wird. Nachfragerseitig wird jedoch durch spezifische Investitionen eine Quasirente aufgebaut, die zu Kundenloyalität führt. Grundsätzlich kann der Aufbau einer nachfragerseitigen Quasirente in drei Dimensionen initiiert werden: (1) das Angebot technologischer Ergänzungsleistungen, (2) das Angebot ökonomischer Ergänzungsleistungen sowie (3) das Angebot vertraglich gestützter Ergänzungsleistungen.

(1) Kundenbindung durch technologische Ergänzungsleistungen

Es kann durch das Angebot *technologiegestützter Ergänzungsleistungen* eine nachfragerseitige Quasirente gefördert werden (in Anlehnung an Willeé 1991, S. 129 ff.; Weigand

1992, S. 29; Plinke 2011, S. 46). Ein OEM-Lieferant mit standardisierten und somit auswechselbaren Leistungen, die jedoch technisch komplex sind, kann beispielsweise eine Software zur Unterstützung der Leistungsauswahl bereitstellen. Das Softwarepaket wird den Kunden als eigenständiges Leistungsangebot in Rechnung gestellt. Ein Nachfrager wird dieses Angebot nur dann akzeptieren, wenn es mit einem Nutzenzuwachs gegenüber dem herkömmlichen Leistungsangebot verbunden ist, der die mit den spezifischen Investitionen einhergehende nachfragerseitige Einbuße an zukünftiger Entscheidungsfreiheit kompensiert (Hentschel 1991, S. 26). Beispielsweise können vielfältige Rationalisierungspotenziale entstehen, Übertragungsfehler minimiert werden oder die Konstruktionsdauer verkürzt werden. Durch den Kauf der technologiegestützten Ergänzungsleistung tätigt der Kunde eine erste Investition in ein System und legt sich auf eine Systemphilosophie fest (Initialkauf). Der Kunde kann die versprochenen Nutzenpotenziale nur durch eine regelmäßige Anwendung der Ergänzungsleistung realisieren. Dies impliziert neben der Nutzung des Softwarepakets auch Folgetransaktionen. Während der Nutzungsdauer der Software erschwert der Lieferant konkurrierenden Anbietern das Aufbrechen der bestehenden Kundenbeziehung.

Für den Kunden ist ein Wechsel aus der bestehenden Geschäftsbeziehung zu einem konkurrierenden Anbieter nur dann sinnvoll, wenn die versprochenen Nutzenpotenziale durch Gefährdung der Quasirente nicht erreicht werden können. Dies kann einerseits der Fall sein, wenn sich die versprochenen Rationalisierungspotenziale nicht realisieren lassen oder wenn die Preise für die Leistungen oder Updates der Software nachträglich erhöht werden. Zudem kann ein Wechsel sinnvoll sein, wenn ein konkurrierender Anbieter neben den bei dem Kunden bereits angefallenen Kosten und humanspezifischen Investitionen auch die im Falle eines Wechsels nicht zu realisierenden Nutzenvorteile mit seinem Leistungsangebot überkompensieren kann.

Es darf allerdings nicht übersehen werden, dass Maßnahmen zum Erreichen eines technologiegestützten Systembindungseffekts, gegenüber dem Produktgeschäft, mit zusätzlichen Marketinganstrengungen verbunden sind. Dies ist der Fall, da ein Nachfrager die mit der Systementscheidung einhergehende Systembindung bei der Initialkaufentscheidung antizipiert (Weiber 1997, S. 376). Aufgrund dessen ist die Initialkaufentscheidung des Nachfragers wesentlich durch Unsicherheit geprägt, die sich auf den Zeitraum nach dem (Erst-) Kauf bezieht. Die empfundene Unsicherheit kann dazu führen, dass Nachfrager die Einstiegsinvestitionen zurückstellen oder ggf. fallen lassen und ein konkurrierendes Leistungsangebot vorziehen, welches keine Bindung mit sich bringt. Je mehr die Leistungsvermarktung daher Kennzeichen des Systemgeschäfts trägt, desto wichtiger wird es aus Marketingsicht, das empfundene Risiko der Nachfrager so weit zu verringern, dass es trotz antizipierter Bindung zum Kauf kommt (Backhaus 2003, S. 631).

(2) Kundenbindung durch ökonomische Ergänzungsleistungen

Eine Alternative zum technologiebasierten Wechsel in Richtung Systemgeschäft besteht im Angebot *ökonomischer Loyalitätsleistungen*. Das Angebot von Bonus- oder Loyalitätsprogrammen, wie z. B. Kundenkarten (Künzel 2002; Yi/Jeon 2003), stellt eine solche Möglichkeit dar. Solche Bonusprogramme als unilaterale Verträge eines Anbieters können mit seinen Kunden ausgestaltet werden. Der Anbieter verpflichtet sich einseitig zur

Erbringung einer bestimmten Leistung unter vertraglich fixierten Bedingungen. Auch wenn der physischen „Karte" eine deutlich geringere Bedeutung im Industriegüter- als im Konsumgütermarketing beizumessen ist, können die grundlegenden Charakteristika und resultierenden Bindungseffekte dieser Bonusprogramme auch in solchen Märkten, vor allem im Produktgeschäft, realisiert werden (Nalebuff/Brandenburger 1996).

Das Grundprinzip von Kundenkarten, die sich besonders für Branchen mit hoher Transaktionsfrequenz eignen, ist die Belohnung loyaler Kunden. Die Belohnung beinhaltet in der Regel eine Belohnungs- und eine Statuskomponente (Nalebuff/Brandenburger 1996, S. 132). Mit zunehmender Zahl von Transaktionen bzw. mit steigendem Transaktionsvolumen wachsen die Ansprüche auf Bonusleistungen. Damit mit der Einlösung dieser Ansprüche die Bindung nicht schlagartig entfällt, besitzen Kundenkarten meist einen zweiten Belohnungsbestandteil mit höherer Konstanz. Das dauerhafte Erreichen bestimmter Mindestzahlen bzw. -volumina von Transaktionen ist dabei mit einer Statusveränderung verbunden, wobei ein höherer Status mit höherer Belohnung verbunden und jeweils für einen bestimmten Zeitraum gültig ist. Zudem haben Kundenkarten den zusätzlichen positiven Effekt, die Gefahr von Preiskämpfen zu vermindern (Nalebuff/Brandenburger 1996, S. 132f.).

Aus Sicht von Industriegüterunternehmen stehen „Belohnungen" bzw. Bonusbestandteile im Rahmen von Kundenkartenprogrammen zur Verfügung, die grundsätzlich in monetäre und nichtmonetäre Elemente unterteilt werden können. Kommunikationspolitische Maßnahmen wie gemeinsame Werbeanzeigen („Freundschaftsanzeigen"), können auch für den Anbieter selbst u.U. positive Reputationseffekte aus der Demonstration der betreffenden Geschäftsbeziehung resultieren. Schulungen von Mitarbeitern im Kundenunternehmen zum optimalen Einsatz des eigenen Produktes, Unterstützung beim kostengünstigeren Bezug von Rohstoffen oder monetäre Rabatte für den Kunden stellen weitere Optionen dar.

(3) Kundenbindung durch vertraglich gestützte Ergänzungsleistungen

Die Bedeutung *vertraglich gestützter Bindungsmaßnahmen* wird dort an Relevanz gewinnen, wo sich technologie- oder organisationsbedingte Systembindungseffekte nicht oder weniger stark realisieren lassen. Da aus Anbietersicht eine Kompensation dieses Bindungsverlustes anzustreben ist, nimmt in solchen Fällen die Bedeutung vertraglich gestützter Kundenbindungsmaßnahmen zu. Ein Beispiel hierfür stellt das „Performance Contracting" dar (Backhaus/Kleikamp 2001, S. 80ff.). Der Kunde erwirbt nicht mehr das physische Produkt, sondern stattdessen die eigentlich benötigte Leistung bzw. das erwünschte Leistungsergebnis. Durch die Variabilisierung von investitionsbedingten Fixkosten werden dem Kunden zusätzliche Freiheitsgrade bei zukünftigen Entscheidungen gewährt, was eine vertragliche Bindung notwendig macht.

3.2.2 Kundenbindung im Projektgeschäft

Transaktionen im Projektgeschäft werden vom Anbieter kundenindividuell konzipiert. Ihre Vermarktung erfolgt daher zeitlich vor der Fertigung. Dadurch wird der Anbieter vom späteren Verhalten des Kunden abhängig und ein erheblicher Teil der Quasirente fällt beim Anbieter an. Gleichzeitig besteht für den Kunden prinzipiell kein zeitlicher Kaufverbund zu anderen Leistungen, da es sich bei den Leistungen um kundenindividuelle Hardware- oder Hardware-/Softwarebündel zur Fertigung weiterer Güter bzw. Leistungen handelt. Die Hard- und Softwareelemente werden zum großen Teil in Einzel- und Kleinserienfertigung erstellt und häufig beim Kunden zu funktionsfähigen Einheiten montiert (Backhaus/Voeth 2014, S. 351ff.).

Die beschriebenen Charakteristika des Projektgeschäfts erlauben es kaum, effiziente Kundenbindungsmaßnahmen einzusetzen, insbesondere wenn es sich bei den kontrahierten Gütern um komplexe Anlagen mit aus Kundensicht niedriger Beschaffungsfrequenz handelt (z. B. Kraftwerke). Spezifische Investitionen finden auf der Nachfragerseite nicht oder nur in sehr geringem Ausmaß statt. Eine Kundenbindung aufgrund von spezifitätsbedingten Wechselkosten kann folglich meist nicht im Projektgeschäft aufgebaut werden. Ähnlich verhält es sich auch mit dem wahrgenommenen Risiko, dass ein Kunde bei einem Anbieterwechsel eine Fehlentscheidung treffen könnte. Da eine Geschäftsbeziehung im Projektgeschäft i.d.R. auf eine einmalige Transaktion ohne Kaufverbund ausgerichtet ist und die ausgetauschten Güter zumeist situations- und kundenindividuell konzipiert sind, ist es kaum möglich, ein Verbunden-sein aufgrund einer psychologischen Kundenbindung zu erreichen. Da persönliche Verbindungen im Projektgeschäft jedoch eine wichtige Bedeutung einnehmen, kann eine psychologische Bindung – wenn überhaupt – nur durch den weichen Faktors „Mensch" erreicht werden (Tomczak et al. 2009, S. 119). *Soziale Netzwerke* und *Communities* (insbesondere „Business-Netzwerke", wie z.B. Xing) können dabei eine unterstützende Wirkung einnehmen, um die Geschäftspartner eines Projektes dauerhaft miteinander zu vernetzen, so dass bei zeitlich nachgelagerten Projekten eine schnelle Kontaktaufnahme möglich ist. Allgemein ist der Aufbau von Kundenbindung auch durch direkte monetäre Wechselkosten möglich. Im Großanlagengeschäft kommt dieser Art der Kundenbindung jedoch auch eine sehr untergeordnete Rolle zu, da Verträge zwar jeweils die Einzeltransaktion absichern, jedoch i.d.R. nicht projekt- bzw. transaktionsübergreifend als Bindungsinstrument zur Verfügung stehen.

Trotz des Einzeltransaktionscharakters und der Langlebigkeit der Wirtschaftsgüter im Projektgeschäft sollten auch in solchen Geschäftsbeziehungen Wiederkäufe ins Entscheidungskalkül einbezogen werden. Folgende Auflistung von *Kauftypen*, die Wiederkäufe objektbezogen unterscheidet, zeigt, wie auch bei langlebigen Gütern des Anlagengeschäfts weitere Umsätze generiert werden können (nach Günter 1979, S. 223):

- Folgekäufen, die sich auf Ersatz von Elementen der installierten Anlage – wie z. B. Walzen für Walzwerke und auf Dienstleistungen an dieser Anlage – beziehen.
- Ersatzinvestitionen, bezogen auf die Gesamtanlage nach Ablauf ihrer Nutzungsdauer.
- Erweiterungsinvestitionen, etwa die Errichtung einer Parallelanlage bzw. bei Kraftwerken eines zweiten „Blocks".
- Ergänzungsinvestitionen, die dem Ausbau oder Umbau des Systems dienen, z. B. der Erhöhung der Antriebsleistung.

• Beschaffung von Anlagen, die in keinem unmittelbaren Zusammenhang mit dem Erstkauf stehen, wie z. B. dem Bau einer weiteren Produktionsstätte bei einem Tochterunternehmen, mit Investitionsentscheidung durch das Mutterunternehmen.

Neben komplexen Großanlagen werden im Anlagengeschäft zudem auch geringwertige Güter mit einer niedrigen Lebensdauer vermarktet, so dass von einer hohen Wahrscheinlichkeit eines Wiederkaufbedarfs ausgegangen werden kann (z.B. industrielle Leuchtreklamen). Daher ist es auch im Anlagengeschäft aus Effizienz- und Effektivitätsgründen in bestimmten Situationen sinnvoll, Kundenloyalität zu erzeugen. Hauptansatzpunkte sind dabei der Ersatz von Komponenten oder Subsystemen von Anlagen (In-Supplier-Zielsetzung) sowie die Akquisition von Neukunden für Folgeprojekte (Out-Supplier-Zielsetzung).

Kundenloyalität im Ersatzteilgeschäft kann zum einen durch positive und zufriedenstellende Erfahrungen in der vorangegangenen Projektabwicklung entstehen, die *psychologische Bindungswirkung* begründet. Sowohl die Zufriedenheit mit dem harten Faktor „Kernproduktqualität" als auch die Zufriedenheit mit dem weichen Faktor „Mensch" kann dabei Kundenbindungswirkung entfalten (Festge 2006, S. 163). Zum anderen können Schnittstelleninvarianzen zu *technisch bedingter Kundenloyalität* führen (Backhaus/Voeth 2014, S. 523ff.). Out-Supplier können jedoch in eine bestehende Geschäftsbeziehung einbrechen, wenn es ihnen gelingt, Imitationen anzubieten oder durch Adapter Schnittstellenvarianzen zu schaffen. Sie werden dies dann versuchen, wenn durch das Angebot von Ersatzteilen (Günter 1979, S. 230; Pfohl 1991, S. 1034; Ihde et al. 1999, S. 9ff.) Umsätze mit hohen Deckungsbeiträgen erzielt werden und/oder Neukunden gewonnen werden können.

Während für den In-Supplier bei konkurrierenden Anbietern, die ausschließlich Ersatzteile verkaufen, „nur" die Gefahr besteht, Deckungsbeiträge aus dem Ersatzteilgeschäft zu verlieren, besteht darüber hinaus im zweiten Fall die Gefahr, dass der Kunde beim Wiederkauf einer Gesamtanlage zum Out-Supplier wechselt. Kunden werden dies vor allem dann in Betracht ziehen, wenn die vom Out-Supplier angebotenen Komponenten oder Subsysteme technologische Vorteile bieten oder zu niedrigeren Preisen zu beziehen sind.

Dem Versuch von Out-Suppliern, Kunden abzuwerben, kann ein In-Supplier dadurch begegnen, dass er die durch den Out-Supplier erzeugten technologischen Kompatibilitäten durch gewährleistungsbezogene Maßnahmen ausgleicht. So kann beispielsweise deklariert werden, dass die Gewährleistung für die Gesamtanlage nur dann aufrechterhalten wird, wenn jeweils Originalersatzteile verwendet werden (Engelhardt/Seibert 1980, S. 450). Auf diese Weise werden gewährleistungsbedingte Inkompatibilitäten erzeugt, die aus Kundensicht zu einem zeitlichen Kaufverbund zwischen Einzeltransaktionen führen. Dies impliziert einen zumindest teilweisen Geschäftstypenwechsel. Produziert der Anbieter die Ersatzkomponenten bzw. Subsysteme kundenindividuell und damit auf Kundenanforderung, verändert er sein Leistungsangebot in Richtung Integrationsgeschäft. Produziert ein Anbieter die Ersatzkomponenten bzw. Subsysteme hingegen für Anlagen verschiedener Kunden auf Vorrat, bewegt er sich mit seinem Leistungsangebot in Richtung Systemgeschäft.

4. Fazit

Die Ausführungen haben gezeigt, dass der Einsatz von psychologischen, vertraglichen, ökonomischen und technisch-funktionalen/organisationalen Kundenbindungsinstrumenten im Industriegütergeschäft sowohl unter Effektivitäts- als auch unter Effizienzaspekten eine zentrale Marketingaufgabe darstellt. Gleichzeitig wurde aufgezeigt, dass die Heterogenität der Transaktionsprozesse auf Industriegütermärkten eine differenzierte Betrachtung von Kundenbindungsmaßnahmen notwendig macht. In Fällen, in denen geschäftstypbedingt bereits Kaufverbunde relevant sind, geht es bei dem Thema Kundenbindung um eine In- und Extensivierung bereits vorhandener Bindungseffekte. Daneben lassen sich im Industriegüterbereich auch Transaktionsprozesse nachweisen, die keine oder nur schwache zeitliche Verbundeffekte aufweisen. Hier führen Kundenbindungsmaßnahmen zu einem (tendenziellen) Geschäftstypenwechsel. Es wurde ansatzweise aufgezeigt, wie aus den beiden Geschäftstypen „Produkt-" und „Anlagengeschäft" durch Kundenbindungsmaßnahmen (zeitliche) Verbundgeschäfte erzeugt werden können. Beispiele haben gezeigt, dass Kundenbindungsmaßnahmen mit dem Ziel eines Geschäftstypenwechsels auch über eine hohe praktische Bedeutung im Industriegütermarketing verfügen (vgl. Abb. 3).

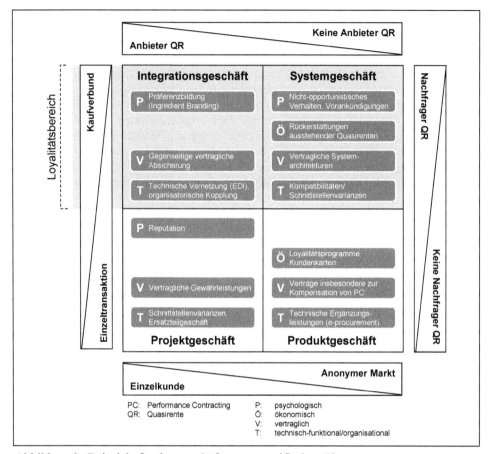

Abbildung 3: Beispiele für den geschäftstypenspezifischen Einsatz von Kundenbindungsinstrumenten

Literaturverzeichnis

Adler, J. (1996): Informationsökonomische Fundierung von Austauschprozessen. Eine nachfragerorientierte Analyse, Wiesbaden.

Adler, J. (2003): Anbieter- und Vertragstypenwechsel: Eine nachfragerorientierte Analyse auf der Basis der Neuen Institutionenökonomik, Wiesbaden.

Adolphs, B. (1997): Stabile und effiziente Geschäftsbeziehungen. Eine Betrachtung von vertikalen Koordinationsstrukturen in der deutschen Automobilindustrie, Lohmar/Köln.

Backhaus, K. (2006): Vom Kundenvorteil über die Value Proposition zum KKV, in: Thexis, 23. Jg., Nr. 3, S. 7-10.

Backhaus, K. (2013): Relationship Marketing – Ein neues Paradigma im Marketing?, in: Bruhn, M./Steffenhagen, H. (Hrsg.), Marktorientierte Unternehmensführung. Reflexionen – Denkanstöße – Perspektiven, 2. Aufl., Wiesbaden, S. 19-35.

Backhaus, K./Aufderheide, D./Späth, G.-M. (1994): Marketing für Systemtechnologien, Stuttgart.

Backhaus, K./Büschken, J. (1995): Organisationales Kaufverhalten, in: Tietz, B./Köhler, R./Zentes, J. (Hrsg.), Handwörterbuch des Marketing, 2. Aufl., Stuttgart, S. 1954-1966.

Backhaus, K./Büschken, J. (1999): The Paradox of Unsatisfying but Stable Relationships. A Look at German Car Suppliers, in: Journal of Business Research, Vol. 46, No. 3, S. 245-257.

Backhaus, K./Kleikamp, C. (2001): Performance Contracting, in: Bruhn, M./Meffert, H. (Hrsg.), Handbuch Dienstleistungsmanagement. Von der strategischen Konzeption zur praktischen Umsetzung, 2. Aufl., Wiesbaden, S. 73-101.

Backhaus, K./Mühlfeld, K. (2005): Strategy dynamics in industrial marketing: a business types perspective, in: Management Decision, Vol. 43, No. 1, S. 38-55.

Backhaus, K./Voeth, M. (2014): Industriegütermarketing, 10. Aufl., München.

Baumgarth, C. (1998): Vertikale Marketingstrategien im Investitionsgüterbereich, Frankfurt am Main.

Baumgarth, C. (2008): Markenpolitik. Markenwirkung – Markenführung – Markencontrolling, 3. Aufl., Wiesbaden.

Bliemel, F.W./Eggert, A. (1997): Kundenbindung – eine neue Sollstrategie?, Arbeitspapier Nr. 2/97, Lehrstuhl für Marketing, Universität Kaiserslautern, Kaiserslautern.

Blois, K.J. (1996): Relationship Marketing in Organizational Markets. When is it Appropriate?, in: Journal of Marketing Management, Vol. 33, No. 12, S. 161-173.

Blut, M. (2008): Der Einfluss von Wechselkosten auf die Kundenbindung, Wiesbaden.

Blut, M./Evanschitzky, H./Backhaus, C./Rudd, J./Marck, M. (2016): Securing business-to-business relationships: The impact of switching costs, in: Industrial Marketing Management, Vol. 52, No. 1, S. 80-90.

Buchenau, M.-W./Herz, C./Schneider, M.C. (2010): Zulieferer fürchten wachsende Macht der Autogiganten, in: Handelsblatt, http://www.handelsblatt.com/ unternehmen/industrie/studie-zulieferer-fuerchten-wachsende-macht-der-autogiganten /3482310.html. (Zugriff am 24.05.2016)

Büschken, J. (1994): Multipersonale Kaufentscheidungen – Empirische Analyse zur Operationalisierung von Einflußbeziehungen im Buying Center, Wiesbaden.

Büschken, J. (2004): Higher Profits Through Customer Lock-In. A Roadmap, Mason.

Buttle, F.A./Ahmad, R./Aldaigan, A.H. (2002): The Theory and Practice of Customer Bonding, in: Journal of Business-to-Business Marketing, Vol. 9, No. 2, S. 3-27.

Cater, T./Cater, B. (2010): Product and relationship quality influence on customer commitment and loyalty in B2B manufacturing relationships, in: Industrial Marketing Management, Vol. 39, No. 8, S.1321-1333.

Diller, H. (1996): Kundenbindung als Marketingziel, in: Marketing ZFP, 18. Jg., Nr. 2, S. 81-94.

Diller, H./Kusterer, M. (1988): Beziehungsmanagement. Theoretische Grundlagen und explorative Befunde, in: Marketing ZFP, 10. Jg., Nr. 3, S. 211-220.

Engelhardt, W.H./Freiling, J. (1995): Integrativität als Brücke zwischen Einzeltransaktion und Geschäftsbeziehung, in: Marketing ZFP, 17. Jg., Nr. 1, S. 37-43.

Engelhardt, W.H./Günter, B. (1981): Investitionsgüter-Marketing, Stuttgart u.a.

Engelhardt, W.H./Seibert, K. (1980): Absatzpolitische Überlegungen zur Bezugsbindung für Ersatzteile, in: Die Betriebswirtschaft, 40. Jg., Nr. 3, S. 449-452.

Festge, F. (2006): Kundenzufriedenheit und Kundenbindung im Investitionsgüterbereich, Wiesbaden.

Gardner, R. (1995): Games for Business and Economics, New York u.a.

Götz, P. (2015): Key-Account-Management im Zuliefergeschäft. Eine theoretische und empirische Untersuchung, Berlin.

Götz, O./Krafft, M./Hoyer, W.D./Reinartz, W.J. (2015): Der Einsatz von Customer Relationship Management zur Steuerung von Kundenzufriedenheit, in: Homburg, Ch. (Hrsg.), Kundenzufriedenheit. Konzepte, Methoden, Erfahrungen, 9. Aufl., Wiesbaden, S. 369-394.

Götz, O./Tillmanns, S. (2011): Ein empirischer Vergleich von Kundenbindungsdeterminanten im Business-to-Business-Bereich, in: Marketing ZFP, 33. Jg., Nr. 2, S. 111-132.

Günter, B. (1979): Das Marketing von Großanlagen. Strategieprobleme des Systems Selling, Berlin.

Gupta, S./Lehmann D.R./Stuart, J.A. (2004): Valuing Customers, in: Journal of Marketing Research, Vol. 41, No. 1, S. 7-18.

Hentschel, B. (1991): Beziehungsmarketing, in: Wirtschaftswissenschaftliches Studium, 20. Jg., Nr. 1, S. 25-28.

Heß, G. (1991): Marktsignale und Wettbewerbsstrategien. Theoretische Fundierung und Fälle aus der Unternehmenspraxis, Erlangen/Nürnberg.

Homburg, Ch./Bruhn, M. (2013): Kundenbindungsmanagement – Eine Einführung in die theoretischen und praktischen Problemstellungen, in: Bruhn, M./Homburg, Ch. (Hrsg.), Handbuch Kundenbindungsmanagement, 8. Aufl., Wiesbaden, S. 3-39.

Homburg, Ch./Jensen, O. (2004): Kundenbindung im Industriegütergeschäft, in: Backhaus, K./Voeth, M. (Hrsg.), Handbuch Industriegütermarketing, Wiesbaden, S. 481-519.

Ihde, G.B./Merkel, H./Henning, R. (1999): Ersatzteillogistik – Theoretische Grundlagen und praktische Handhabung, 3. Aufl., München.

Jahromi, A.T./Stakhovych, S./Ewing, M. (2014): Managing B2B customer churn, retention and profiability, in: Industrial Marketing Management, Vol. 42, No. 7, S. 1258-1268.

Jensen, O. (2004): Key-Account-Management: Gestaltung, Determinanten, Erfolgsauswirkungen, 2. Aufl., Wiesbaden.

Kleinaltenkamp, M. (1992): Investitionsgüter-Marketing aus informationsökonomischer Sicht, in: Zeitschrift für betriebswirtschaftliche Forschung, 44. Jg., Nr. 9, S. 809-829.

Kleinaltenkamp, M. (1993): Institutionenökonomische Begründung der Geschäftsbeziehung, in: Backhaus, K./Diller, H. (Hrsg.), Dokumentation des 1. Workshops „Beziehungsmanagement" vom 27.-28.9.1993 in Frankfurt am Main u.a., S. 8-39.

Kleinaltenkamp, M./Rudolph, M. (2002): Mehrstufiges Marketing, in: Kleinaltenkamp, M./Plinke, W. (Hrsg.), Strategisches Business-to-Business Marketing, 2. Aufl., Berlin u.a., S. 283-320.

Kotler, P./Keller, K./Opresnik, M. O. (2015): Marketing Management, 14. Aufl., New Jersey.

Künzel, S. (2002): Das Bonusprogramm als Instrument zur Kundenbindung – Eine kritische Analyse zentraler Determinanten, 2. Aufl., Berlin.

Kreutzer, R.T. (2010): Dialog-Marketing im Kontext der B-to-B-Markenführung, in: Baumgarth, C. (Hrsg.), B-to-B-Markenführung. Grundlagen – Konzepte – Best-Practice, Wiesbaden, S. 575-611.

Lilly, B./Walters, R. (1997): Toward a Model of New Product Preannouncement Timing, in: Journal of Product Innovation Management, Vol. 14, No. 1, S. 4-20.

Linke, R. (2006): Kundenbindung durch spezifische Investitionen, Wiesbaden.

Luthardt, S. (2003): In-Supplier versus Out-Supplier: Determinanten des Wechselverhaltens industrieller Nachfrager, Wiesbaden.

Marshall, A. (1890): Principles of Economics, Band 1, Neudruck der 9. Aufl., London.

Meyer, A./Oevermann, D. (1995): Kundenbindung, in: Köhler, R./Tietz, B./Zentes, J. (Hrsg.), Handwörterbuch des Marketing, 2. Aufl., Stuttgart, S. 1340-1351.

Monse, K./Reimers, K. (1994): Interorganisationale Informationssysteme des elektronischen Geschäftsverkehrs (EDI). Konstellation und institutionelle Strukturen, in: Sydow, J./Windeler, A. (Hrsg.), Management interorganisationaler Beziehungen, Opladen, S. 71-92.

Mühlfeld, K. (2004): Strategic Shifts between Business Types, Wiesbaden.

Nalebuff, B.J./Brandenburger, A.M. (1997): Co-opetition, London.

Naumann, E. (1995): Creating Customer Value. The Path to Sustainable Competitive Advantage, Cincinnati.

Niedbal, M. (2005): Vorankündigung von Produktinnovationen: Eine marktprozesstheoretische Analyse der Käufer- und Wettbewerbsreaktionen, Wiesbaden.

Peter, S./Schneider, W. (1994): Strategiefaktor Kundennähe. Vom Transaktionsdenken zum Relationship Marketing, in: Marktforschung und Management, 36. Jg., Nr. 1, S. 7-11.

Pfohl, H.C. (1991): Ersatzteil-Logistik, in: Zeitschrift für Betriebswirtschaft, 61. Jg., Nr. 9, S. 1027-1044.

Picot, A./Reichwald, R./Wigand, R.T. (2003): Die grenzenlose Unternehmung. Information, Organisation und Management, 5. Aufl., Wiesbaden.

Plinke, W. (1992): Ausprägungen der Marktorientierung im Investitionsgüter-Marketing, in: Zeitschrift für betriebswirtschaftliche Forschung, 44. Jg., Nr. 9, S. 830-846.

Plinke, W. (2000): Grundlagen des Marktprozesses, in: Kleinaltenkamp, M./Plinke, W. (Hrsg.), Technischer Vertrieb. Grundlagen des Business-to-Business Marketing, 2. Aufl., Berlin u.a., S. 3-98.

Plinke, W. (2011): Grundlagen des Geschäftsbeziehungsmanagements, in: Kleinaltenkamp, M./Plinke, W. (Hrsg.), Geschäftsbeziehungsmanagement, Berlin u.a., S. 1-61.

Plötner, O. (1995): Das Vertrauen des Kunden. Relevanz, Aufbau und Steuerung auf industriellen Märkten, Wiesbaden.

Preukschat, U.D. (1993): Vorankündigungen von Neuprodukten, Wiesbaden.

pwc (2014): Industrie 4.0 – Chancen und Herausforderungen der vierten industriellen Revolution, Bericht, pwc Wirtschaftsprüfungsgesellschaft und Strategy, München.

Ramaseshan, B./Rabbanee, F.K./Hsin Hui, L.T. (2013): Effects of customer equity drivers on customer loyalty in B2B context, in: Journal of Business and Industrial Marketing, Vol. 28, Nr. 4, S. 335-346.

Reinartz, W./Krafft, M. (2001): Überprüfung des Zusammenhangs von Kundenbindungsdauer und Kundenertragswert, in: Zeitschrift für Betriebswirtschaft, 71. Jg., Nr. 11, S. 1263-1281.

Rudolph, M. (1989): Mehrstufiges Marketing für Einsatzstoffe, Frankfurt a.M. u.a.

Schatzel, K./Calantone, R. (2006): Creating Market Anticipation: An Exploratory Examination of the Effect of Preannouncement Behavior on a New Product's Launch, in: Journal of the Academy of Marketing Science, Vol. 34, No. 3, S. 357-366.

Schumann, J./Meyer, U./Ströbele, W. (2011): Grundzüge der mikroökonomischen Theorie, 9. Aufl., Berlin u.a.

Schütze, R. (1992): Kundenzufriedenheit, Wiesbaden.

Stump, R.L./Joshi, A.W. (1998): To Be or Not to Be [Locked in]: An Investigation of Buyers´ Commitments of Dedicated Investments to Support New Transactions, in: Journal of Business-to-Business Marketing, Vol. 5, No. 3, S. 33-63.

Tomczak. T./Reinecke, S./Reinecke, S. (2009): Kundenpotenziale ausschöpfen – Gestaltungsansätze für Kundenbindung in verschiedenen Geschäftstypen, in: Hinterhuber, H.H./Matzler, K. (Hrsg.), Kundenorientierte Unternehmensführung, 6. Aufl., Wiesbaden, S. 115-135.

van den Bulte, C. (2000): New Product Diffusion Acceleration: Measurement and Analysis, in: Marketing Science, Vol. 19, No. 4, S. 366-380.

Wald, K.E. (1997): Auf dem Weg zu Electronic Commerce, in: Beschaffung Aktuell, o. Jg., Nr. 1, S. 52-53.

Weiber, R. (2011): Das Management von Geschäftsbeziehungen im Systemgeschäft, in: Kleinaltenkamp, M./Plinke, W. (Hrsg.), Geschäftsbeziehungsmanagement, 2. Aufl., Berlin u.a., S. 277-348.

Weiber, R. (1997): Die Bedeutung der Nachfrageverbundenheit im Systemgeschäft, in: Backhaus, K./Günter, B./Kleinaltenkamp, M./Plinke, W./Raffée, H. (Hrsg.), Marktleistung und Wettbewerb. Strategische und operative Perspektiven der marktorientierten Leistungsgestaltung, Wiesbaden, S. 365-383.

Weiber, R./Beinlich, G. (1994): Die Bedeutung der Geschäftsbeziehung im Systemgeschäft, in: Marktforschung und Management, 36. Jg., Nr. 31, S. 120-127.

Weigand, R.E. (1992): Buy In-Follow On Strategies For Profit, in: Sloan Management Review, Vol. 32, No. 3, S. 29-38.

Willeé, C. (1991): Bossard Zug: CAD-fähige Kataloginformation (Fastothek), in: Belz, C./Bircher, B./Buesser, M./Hillen, H./Schlegel, H./Willeé, C. (Hrsg.), Erfolgreiche Leistungssysteme. Anleitungen und Beispiele, Stuttgart, S. 128-134.

Williamson, O.E. (1985): The Economic Institutions of Capitalism. Firms, Markets, Relational Contracting, New York.

Yi, Y./ Jeon, H. (2003): Effects of Loyalty Programs on Value Perception, Program Loyalty, and Brand Loyalty, in: Journal of the Academy of Marketing Science, Vol. 31, No. 3, S. 229-240.

Summary

With regard to efficiency and effectiveness, customer retention in industrial markets is an important topic both for suppliers and customers. As transaction processes on industrial markets are complex and heterogeneous, the article identifies four types of transaction processes, each demanding specific strategies for retaining existing customers. The four types are clustered according to two dimensions: Firstly, the degree of individualization of the product and the marketing program and secondly, the question as to whether there exists any customer lock-in over time. On the basis of this typology the authors discuss for each type separately specific tools for keeping customers and also hint at possibilities of switching between types if necessary.

Manfred Bruhn und Silke Boenigk

Kundenabwanderung als Herausforderung des Kundenbindungsmanagements

1. Gefährdete Beziehungen und Kundenabwanderung im Kundenlebenszyklus

2. Kundenabwanderung als Forschungsgebiet
    2.1 Forschungsschwerpunkte im Überblick
    2.2 Stand der methodischen Marketingforschung
    2.3 Stand der empirischen Marketingforschung

3. Kundenabwanderung und Kundenbindung
    3.1 Identifikation relevanter Zielgruppen
    3.2 Selektion relevanter Zielgruppen
    3.3 Ansprache relevanter Zielgruppen

4. Ganzheitliche Betrachtung der Kundenabwanderung
    4.1 MPT-Modell als theoretischer Bezugsrahmen für zukünftige Forschungsarbeiten
    4.2 Erkenntnisse für das Kundenbindungsmanagement

Literaturverzeichnis

Prof. Dr. Dr. h.c. mult. Manfred Bruhn ist Ordinarius für Betriebswirtschaftslehre, insbesondere Marketing und Unternehmensführung, an der Wirtschaftswissenschaftlichen Fakultät der Universität Basel und Honorarprofessor an der Technischen Universität München. Prof. Dr. Silke Boenigk hat die Professur für Betriebswirtschaftslehre, insb. für das Management von Öffentlichen, Privaten & Nonprofit-Organisationen, an der Universität Hamburg inne.

1. Gefährdete Beziehungen und Kundenabwanderung im Kundenlebenszyklus

Ein professionelles Kundenbeziehungsmanagement beinhaltet Aktivitäten in Bezug auf die Phase der Neukundengewinnung, Kundenbindung sowie Kundenrückgewinnung (Stauss 2011; Bruhn 2016; Homburg 2015; Abbildung 1). Die Kundenakquisitionsphase umfasst sämtliche Unternehmensaktivitäten, die mit der Initiierung einer Kundenbeziehung in Zusammenhang stehen. Die Kundenbindungsphase beschreibt den Auf- und Ausbau einer bestehenden Kundenbeziehung bis zu deren Auflösung. Die Kundenrückgewinnungsphase bezieht sich nicht ausschließlich auf die Reaktivierung einer beendeten Kundenbeziehungen, sondern beinhaltet auch die Identifikation von abwanderungsgefährdeten Kunden (Roos 1999; Michalski 2002; Homburg/Hoyer/Stock 2007; Bruhn 2008, 2009; Pick/Krafft 2009; Neu/Günter 2015; Pick et al. 2016). Als „*abwanderungsgefährdet*" werden jene Kundenbeziehungen bezeichnet, bei denen sich der Kunde gedanklich mit der Möglichkeit der Abwanderung auseinandersetzt. Erkennbar ist die Abwanderungsgefahr zumeist an aktiven Handlungen des Kunden, beispielsweise an Beschwerden oder an einer negativen Mund-zu-Mund-Kommunikation (Edvardsson/Roos 2003). In Unternehmen wird in diesem Zusammenhang auch von *Kündigungspräventionsmanagement* gesprochen (Boenigk 2011). Insofern bezieht sich das Kundenbeziehungsmanagement grundsätzlich auf zwei unterschiedliche Typen von Kundenbeziehungen: die stabilen sowie die gefährdeten Kundenbeziehungen, wobei letztgenannte den Diskussionsschwerpunkt des vorliegenden Beitrags bilden.

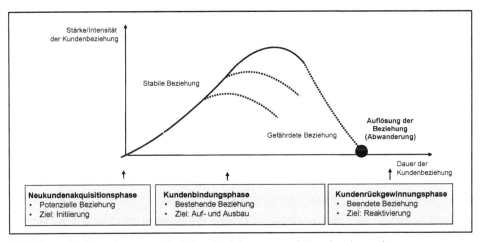

Abbildung 1: Einordnung gefährdeter Beziehungen und Kundenabwanderung im Kundenlebenszyklus

2. Kundenabwanderung als Forschungsgebiet

2.1 Forschungsschwerpunkte im Überblick

Seit Mitte der 1990er Jahre hat sich das Thema Kundenabwanderung und Kundenrückgewinnung als eigenständiges Forschungsgebiet international etabliert und es wurden zahlreiche Studien in unterschiedlichen Branchenkontexten, insbesondere im Business-to-Business-, Konsumgüter-, Dienstleistungs- und Nonprofit-Kontext, veröffentlicht. Bei der Kundenabwanderungsanalyse im *Business-to-Business-Bereich* werden die einschlägigen Studien meist unter den Stichworten: „Business Relationship Ending", „Channel Relationship Termination", „Buyer-Supplier Relationship Ending" oder auch „Churn Management im B2B" publiziert (u.a. Pick 2008, 2010, 2016; Pressey/Qiu 2007; Pressey/Selassie 2007; Ritter/Geersbro 2011; Chen et al. 2013; Selos et al. 2013; Schreiner 2015; vgl. für einen Überblick zu den Forschungsschwerpunkten im Themenbereich Kundenabwanderung Abbildung 2).

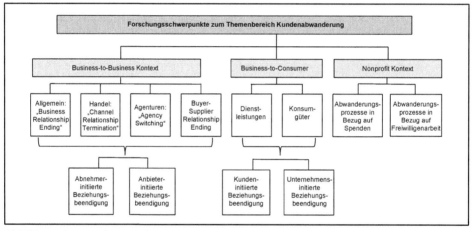

Abbildung 2: Forschungsschwerpunkte zum Themenbereich Kundenabwanderung

Im *Konsumgüter- und Dienstleistungsbereich* stehen die Abwanderungen von privaten Geschäftsbeziehungen im Zentrum des Forschungsinteresses. Die Forschungen beziehen sich insbesondere auf die Abwanderungswahrscheinlichkeiten, die Abwanderungsgründe sowie den konkreten Verlauf des Abwanderungsprozesses, z.B. in seiner Länge, Form und den Möglichkeiten, die Abwanderung zu verhindern (Homburg/Hoyer/Stock 2007; Wieringa/Verhoef 2007; Khan et al. 2010; Roos/Gustafsson 2011; Kumar/Bhagwat/Zhang 2015; Roos 2015).

Im *Nonprofit-Sektor* stehen Abwanderungsprozesse in Bezug auf (Geld) Spenden sowie auf Freiwilligenarbeit im Zentrum des Forschungsinteresses. Typische Gründe für die Beendigung der Spendenbeziehung sind, dass der Spendende die Spende nicht mehr aufbringen kann, andere Spendenzwecke priorisiert werden oder Unzufriedenheit mit der Nonprofit-Organisation vorherrscht (Sargeant/Jay 2004). In der Spenderrückgewinnungsphase wird das Ziel verfolgt, Spender von einem Abbruch der Spendenbeziehung abzuhalten und verlorene Spender zumeist mit kommunikativen Maßnahmen zurückzugewinnen (Hunziker 2010; Helmig/Boenigk 2012; Feng 2014).

Die Beendigung von Kundenbeziehungen wird in manchen Fällen auch durch das Unternehmen selbst geplant und durchgeführt, sodass hierbei zwischen einer *unternehmensinitiierten* sowie einer *anbieterseitigen Beziehungsbeendigung* differenziert wird (Alajoutsijärvi/Möller/Thätinen 2000; Lucco 2008; Helm/Rolfes/Günter 2006; Holmlund/Hobbs 2009; Haenlein/Kaplan 2010; Geersbro/Ritter 2013; Selos et al. 2013; Ritter 2015; Vidal et al. 2016). Dieses Gebiet der Kundenabwanderungsforschung beschäftigt sich mit den Gründen zur „Bereinigung des Kundenstammes" sowie mit der Ableitung von Dialogmaßnahmen bzw. -strategien in Richtung Kunde. Als Alternative zur vollständigen Auflösung von Kundenbeziehungen wird vermehrt auch die partielle Beendigung von Geschäftsbeziehungen – im Sinne eines Demarketing bzw. der Kundenausgrenzung – untersucht (Mai/Hoffmann/Schmidt 2014; Blömeke/Clement 2009).

2.2 Stand der methodischen Marketingforschung

Hinsichtlich des *Einsatzes von Methoden* zur Durchführung von wissenschaftlichen Kundenabwanderungsanalysen hat sich im Zeitablauf eine Verschiebung weg von den merkmalsorientierten und ereignisorientierten Ansätzen hin zu einem prozessorientierten Ansatz vollzogen (Tabelle 1; vgl. hierzu auch Roos 2011).

	Merkmalsorientierte Methoden	Ereignisorientierte Methoden	Prozessorientierte Methoden
Analyseinstrumente der Kundenabwanderung	▪ Standardisierte Befragungen ▪ Einsatz von Kausalanalysen	▪ Critical Incident Technique (CIT) ▪ Sequential Incident Technique (SIT)	▪ Switching Path Analysis Technique (SPAT)

Tabelle 1: Strukturierung relevanter Methoden zur Analyse von Kundenabwanderungen

Merkmalsorientierte Ansätze: In der Praxis stark verbreitet sind die merkmalsorientierten Methoden, bei denen abgewanderte Kunden mittels eines standardisierten Instrumentariums (z.B. telefonisch oder schriftlich) befragt werden (z.B. Simon/Kucher/Partners 2012). Im Zentrum steht die Erhebung der Abwanderungsgründe, die mittels vorgegebener Antwortkategorien (Merkmalen) ermittelt werden. Bei der standardisierten Befragung von Kunden nach ihren Abwanderungsgründen ist jedoch kritisch anzumerken, dass lediglich pauschale Ergebnisse generiert werden (z.B.: „Der Grund für meine Abwanderung war der schlechte Service"). So wird der generelle Informationsstand im Unternehmen zwar erhöht, jedoch ist es dem jeweiligen Unternehmen aufgrund der Analyse nur schwer möglich, konkrete Maßnahmen zur Reduktion der Abwanderungsquote zu ergreifen. Darüber hinaus kommen Kausalanalysen zum Einsatz, die insbesondere der Überprüfung einzelner Konstruktzusammenhänge der Kundenabwanderung dienen (Homburg et al. 2007).

Ereignisorientierte Ansätze: In der Wissenschaft wird zur Analyse von negativen Ereignissen und Servicefehlern hauptsächlich die *Critical Incident Technique* (CIT) eingesetzt (Bejou/Edvardsson/Rakowski 1996; Edvardsson/Roos 2001; Van Doorn/Verhoef 2008; Paulssen/Sommerfeld 2015; für einen ausführlichen Überblick zu CIT-Studien Gremler 2004). Die Critical Incident Technique bezieht sich auf die detaillierte Analyse einer konkreten (bei Abwanderungen zumeist negativen) Kontaktsituation; die Vielzahl aller mangelhaften Kontaktsituationen, die letztlich zur Abwanderung führ(t)en, kann jedoch nicht erfasst werden. Daher existiert mit der *Sequential Incident Technique* (SIT) eine Weiterentwicklung der CIT, die mehrere Sequenzen der Interaktion zwischen Unternehmen und Kunde in die Analyse einbezieht (Stauss/Weinlich 1996; Jüttner et al. 2013).

Prozessorientierter Ansatz: Diese Erkenntnis mündete schließlich in der von Roos (1999) entwickelten *Switching Path Analysis Technique* (SPAT), die auf Basis eines individuellen sowie prozessorientierten Untersuchungsdesigns versucht, den gesamten Kundenabwanderungsprozess, angefangen von einem bestimmten Auslöser (Trigger), über die Ausgangssituation (Initial State), über den Abwanderungsprozess (Process), bis hin zu einem bestimmten Endergebnis (outcome), abzubilden (Roos 1999, 2002; Michalski 2002, 2004; Roos et al. 2005, 2006; Roos/Friman 2008; Roos/Gustafsson 2011; Roos 2015). Im Ergebnis sind drei Formen denkbar; nämlich ein sog. „reparabler" Prozess, indem der Kunden zurückgewonnen werden kann. Ein „bedingt reparabler" Prozess, bei dem der Kunde zwar nicht direkt abwandert, jedoch ein hoher Vertrauensverlust entsteht und somit die Beziehung weiterhin instabil bleibt. Oder ein „irreparabler" Prozess, bei dem der Kunde abwandert und das Unternehmen keinen Erfolg bei den Rückgewinnungsversuchen haben wird (vgl. Abbildung 3).

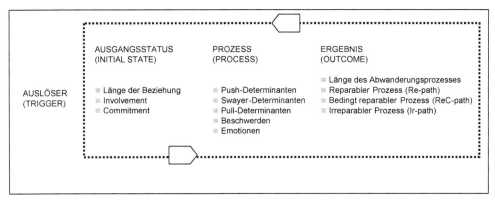

Abbildung 3: Switching Path Analysis Technique (SPAT)
(Quelle: Roos 1999, 2011; Michalski 2002, S. 78)

Mittlerweile wird die *Switching Path Analysis Technique* nicht mehr ausschließlich im Dienstleistungsbereich, sondern auch in anderen Kontexten, wie beispielsweise in der Studie von Selos et al. (2013), zur Analyse des Lieferantenwechselprozesses auf Unternehmensebene (Business-to-Business) angewendet.

2.3 Stand der empirischen Marketingforschung

Im Folgenden beschäftigt sich dieser Beitrag mit dem *Stand der empirischen Forschung* zum Thema Kundenabwanderung und -rückgewinnung. In Tabelle 2 sind neuere, empirische Kundenabwanderungsstudien dokumentiert (für ältere Studien im Zeitraum 1999-2009 siehe die 8. Aufl. dieses Handbuch-Beitrags sowie Bruhn/Michalski 2001, 2003). Bei den aufgelisteten Studien wird der starke Einfluss der Nordic School sowie die Etablierung der Switching Path Analysis Technique (SPAT) zur Untersuchung von Abwanderungsprozessen deutlich. Zu beachten ist, dass in Tabelle 2 keine der ebenfalls zahlreich publizierten Kundenrückgewinnungsstudien aufgelistet sind (z.B. Kumar et al. 2015).

Autoren	Methode (Stichprobe)	Branche (Land)	Zentrale Ergebnisse
Prozessorientierte Abwanderungsanalysen			
Khan et al. (2010)	Umfrage, teilweise per E-Mail (n = 302)	Banken (Pakistan)	Bestätigung der Signifikanz der von Clemens/Gan/Zhang (2009) untersuchten Einflussfaktoren für das Privatkundengeschäft im Banksektor in Pakistan. Der Angebotspreis wird als der am meisten signifikante, Werbung als der am wenigsten signifikante Einflussfaktor für einen Anbieterwechsel identifiziert.
Roos/ Gustafsson (2011)	Switching Path Analysis Technique (SPAT) (n = 140)	Telekommunikation (Schweden)	Je nachdem, ob sich Kunden aktiv oder passiv in der Kundenbeziehung verhalten, führen verschiedene Auslöser (Trigger) zur Kundenabwanderung. Aktive Kunden reagieren auf „Situational Triggers", „Reactional Triggers" und „Influential Triggers". Passive Kun-

				den reagieren hauptsächlich auf „Influential Triggers".
Siddiqui (2011a)	Umfrage (n = 987)	Mobilfunk und Kreditkarten (Pakistan)		Die Anbieterwechselbereitschaft ist abhängig von den Einflussfaktoren Alter, Geschlecht und Einkommen.
Siddiqui (2011b)	Umfrage (n = 808)	Mobilfunk und Kreditkarten (Pakistan)		Persönlichkeitsmerkmale von Kunden haben einen Einfluss auf deren Anbieterwechselbereitschaft. Die Offenheit gegenüber neuen Erfahrungen des Kunden wurde als signifikanter Einflussfaktor sowohl im Mobilfunk- als auch im Kreditkartenbereich identifiziert.
Ryan/ Tähtinen 2012	Longitudinal Case Study	Beendigung einer Sponsoringbeziehung (Telco Corporation und Art Festival)		Fokus liegt auf der Rolle des „non-initiator" in einer Geschäftsbeziehung, die von einem der Partner beendet wird.
Selos et al. (2013)	Switching Path Analysis Technique (SPAT) (n = 9)	Verschiedene Branchen (Finnland)		Bestätigung, dass die Switching Path Analysis Technique (SPAT) nicht nur im Business-to-Consumer- sondern auch im Business-to-Business-Bereich anwendbar ist.

Tabelle 2: Empirische Studien zur Analyse von Kundenabwanderungsprozessen mit dem Schwerpunkt in Dienstleistungsbranchen

3. Kundenabwanderung und Kundenbindung

Neben der Analyse von gefährdeten Kundenbeziehungen und Kundenabwanderungsprozessen ist ferner von Interesse, welche Aktivitäten ein Unternehmen ergreifen kann, um Kunden innerhalb der Gefährdungsphasen zu erkennen und durch geeignete Maßnahmen auf das alte Bindungsniveau zurückzuführen. Im Kern geht es somit um die Identifikation, Beschreibung sowie Ansprache abwanderungsgefährdeter und abgewanderter Kunden.

3.1 Identifikation relevanter Zielgruppen

Die Identifikation der von einer Abwanderung gefährdeten Kunden erweist sich in Abhängigkeit von der Dialogbereitschaft des Kunden als unterschiedlich schwierig. Handelt es sich um Kunden, die androhen, die Beziehung in Kürze zu beenden, so ist eine Identifikation unmittelbar möglich. Auch bei Beschwerdeführern ist eine Einordnung in die Kategorie „abwanderungsgefährdete Kundenbeziehung" unproblematisch. Im Normalfall geht der expliziten Kündigung jedoch ein längerer Entscheidungsprozess voraus, in dem lediglich bestimmte Verhaltensmuster darauf schließen lassen, dass der Kunde die Beziehung beenden will. Im Kern geht es bei der Identifikation gefährdeter Kundenbeziehungen somit um den Aufbau eines Frühwarnsystems im Unternehmen, das drohende Kundenabwanderungen individuell anzeigt. Ein proaktives Monitoring – im Sinne der Frühwarnung – umfasst zwei Aufgaben (Boenigk 2011):

(1) Ermittlung von Frühwarnindikatoren

Die erste Aufgabe besteht darin, die unternehmensindividuell relevanten Frühwarnindikatoren von gefährdeten Kundenbeziehungen zu ermitteln. Diese hängen dabei stark von allgemeinen Wettbewerbsmechanismen innerhalb der jeweiligen Branche ab. Während beispielsweise im Bankenbereich Geldtransfers ein Indiz für eine mögliche Abwanderung sind, weisen in Business-to-Business-Geschäftsbeziehungen eher direkte Unzufriedenheitsäußerungen darauf hin.

Kunden(un)zufriedenheit: Das Merkmal Kundenunzufriedenheit ist als alleiniges Merkmal kein ausreichendes Frühwarnsignal einer drohenden Abwanderung. Eine ausgeprägte Kundenunzufriedenheit kann zwar als Ausdruck dafür gewertet werden, dass sich ein Kunde in einem Abwanderungsprozess befindet; jedoch, und darin besteht die Schwierigkeit, ist im Umkehrschluss nicht davon auszugehen, dass zufriedene Kunden sich nicht mit der Abwanderung beschäftigen. Die Gründe sind darin zu sehen, dass nicht nur unternehmensbezogene Abwanderungsgründe, sondern auch persönliche Gründe zu Kundenabwanderungen führen, z.B. der Wunsch nach Abwechslung (Pick et al. 2016). Michalski (2002) kommt auf Basis einer qualitativen Befragung bei Banken zu dem Schluss, dass weniger die Kundenunzufriedenheit mit Produkten und Dienstleistungen, sondern eher negative Emotionen geeignet sind, Abwanderungen zu identifizieren.

Emotionen: Kundenabwanderungsprozesse gehen häufig mit negativen Emotionen, wie beispielsweise Wut, Ärger und Gereiztheit, einher. Diese Konfliktsituationen sind deutliche Signale für eine drohende Abwanderung. Es ist davon auszugehen, dass derartige „Verärgerungen" für die Entscheidung des Kunden, das Unternehmen zu wechseln, bedeutsamer als die Unzufriedenheit mit Produkten oder Dienstleistungen sind. So identifizieren Roos/Friman (2008) Emotionen als eine Komponente der Auslöser (Trigger) im Kundenabwanderungsprozess. In einer Folgestudie fanden Roos/Friman/Edvardsson (2009) heraus, dass besonders Kunden mit einer weniger stabilen Beziehung zum Anbieter negative Emotionen wie Pessimismus und Erregbarkeit aufweisen. Die systematische Datenerfassung der relevanten Ereignisse im Kundenkontakt stellt folglich eine wesentliche, aber auch schwer zu realisierende Aufgabe des Kundenbindungsmanagements dar.

(2) Ableitung von Kündigungsprofilen und Abwanderungswahrscheinlichkeiten

Nach der Festlegung der unternehmensspezifischen Frühwarnindikatoren kann mit dem Aufbau des Frühwarnsystems begonnen werden (zweite Aufgabe). Ein erster Realisierungsschritt ist hierbei die Festlegung der einzusetzenden Auswertungsmethode. Die Bandbreite der möglichen Verfahren reicht von den traditionellen statistischen Verfahren über die regelbasierten Systeme bis hin zu Verfahren des Data Mining. Die *traditionelle Statistik* zielt auf die Verifizierung von Hypothesen ab, die unter Anwendung von statistischen Softwareprogrammen (z.B. SPSS, AMOS, PLS, E-Views) überprüft werden. Die Berücksichtigung komplexer sowie nichtlinearer Zusammenhänge des Entscheidungsverhaltens abwandernder Kunden ist bei den traditionellen Verfahren jedoch nur bedingt möglich. Zur Berechnung von Abwanderungswahrscheinlichkeiten kommen in wissenschaftlichen Studien insbesondere der Markov-Ketten-Ansatz (Pfeiffer/Carraway 2000), die logistische Regressionsanalyse (Athanassopoulos 2000) sowie Hazard-Rate-Modelle (Hüppelshäuser et al. 2006) zum Einsatz. Die zur Kundenabwanderungsprognose einsetzbaren *regelbasierten Expertensysteme* entstammen der Entscheidungstheorie und basieren auf der Ableitung von Wenn-Dann-Aussagen. Es handelt sich bei Expertensystemen stets um individuelle Lösungen auf Basis von Expertenwissen, das durch Informatiker programmiert und somit nutzbar gemacht wird.

Das *Data Mining* geht noch einen Schritt weiter, indem die Suche nach Wissen vollständig automatisiert wird. Im Rahmen des Data Mining geht es um die Suche nach unbekannten Strukturen bis hin zur automatischen Hypothesengenerierung. Von den traditionellen multivariaten Analysemethoden unterscheiden sich Data-Mining-Methoden insbesondere hinsichtlich der zu analysierenden Datenmenge, wobei Data Mining für sehr große Datenbestände (ab 50.000 Kundendaten) eingesetzt wird.

Das Entscheidungsproblem des Kundenmanagers besteht nun darin, eine Auswahl des für seine Zwecke besten Verfahrens zur Identifikation abwandernder Kunden unter Berücksichtigung der bereits bestehenden Systemlandschaft zu treffen oder eine der hierzu bereits am Markt vorhandenen CRM-Softwarelösungen auszuwählen, die in der Regel verschiedene der oben dargestellten Verfahren kombinieren. Bei der Entscheidung zur Auswahl von Methoden kann auch das Ergebnis einer Studie von Neslin et al. (2006) hilfreich sein, bei der fünf verschiedene Methoden zur Churn-Analyse durch 33 Wissenschaftler verglichen wurden (*churn* engl. für Kundenabwanderung). Die Studie kommt zu dem Ergebnis, dass die Unterschiede zwischen den verschiedenen Methoden in Bezug auf Gütemaße der Prognose im zu vernachlässigenden Bereich liegen. Gute Ergebnisse erzielte der Ansatz der logistischen Regression („Logit-Modelle") sowie das Entscheidungsbaumverfahren („Trees").

3.2 Selektion relevanter Zielgruppen

Liegen auf Basis der oben genannten Methoden Erkenntnisse dazu vor, dass bestimmte Kundenbeziehungen abwanderungsbedroht sind, ist ferner zu prüfen, ob diese auch gehalten werden sollten. Diese Zielgruppenselektion wird oft mit Hilfe der *Kundenprofitabilitäts- und Rückgewinnungswahrscheinlichkeits-Analyse* beantwortet. Auch die Analyse von Austrittsbarrieren und Nachteilen, die aus der Beziehungsbeendigung resultieren (im Original Attenuating Factors), kann den Wert einer Beziehung aufzeigen und damit Gründe liefern, diese im Falle einer Gefährdung oder Beendigung aufrechtzuerhalten bzw. wieder aufzunehmen (Tähtinen/Vaaland 2006).

(1) Analyse der Kundenprofitabilität

Zur Bewertung der Kundenprofitabilität können verschiedene Instrumente gewählt werden, wie die Kundendeckungsbeitragsrechnung, das Kundenportfolio, das Kundenscoringmodell und der (Second) Customer Lifetime Value (Seidl 2009). In der Unternehmenspraxis wird jedoch mehrheitlich die ABC-Analyse, meist auf Basis von Umsätzen oder Deckungsbeiträgen der Kunden, angewendet. Bei dieser Methode ist vorteilhaft, dass die für die ABC-Analyse erforderlichen Ausgangsinformationen in der Regel verfügbar sind und die Segmentierung von abwanderungsgefährdeten Kunden ohne größeren Zeitaufwand durchgeführt werden kann. Nachteil des Verfahrens ist, dass lediglich auf vergangenheitsbezogene Kundendaten Bezug genommen wird und die zukünftigen Ertragspotenziale nicht berücksichtigt werden. Vor diesem Hintergrund wird in der Wissenschaft zur Kundensegmentierung der Einsatz des Customer-Lifetime-Value-Konzeptes empfohlen, bei dem der gegenwärtige Wert eines Kunden durch die Abzinsung sämtlicher Zahlungsströme vom Beginn bis zum Ende der Kundenbeziehung ermittelt wird (Beverland et al. 2004).

(2) Analyse der Rückgewinnungswahrscheinlichkeit

Obwohl Rückgewinnungsmaßnahmen unter Profitabilitätsgesichtspunkten zu rechtfertigen sind, werden diese bislang nur vereinzelt von Unternehmen angewandt und sind nicht flächendeckend implementiert (Seidl 2009). Die Rückgewinnungswahrscheinlichkeit kann grob anhand der eruierten *Abwanderungsgründe* abgeschätzt werden:

- *Unternehmensinduzierte Abwanderungsgründe*, bei denen die Beziehung aufgrund von Fehlleistungen des Unternehmens beendet wird (z.B. Unfreundlichkeit, falsche Ausführung von Aufträgen usw.), weisen tendenziell eine erhöhte Rückgewinnungswahrscheinlichkeit auf bzw. diese ist grundsätzlich gegeben (Hoch).
- *Wettbewerbsinduzierte Abwanderungsgründe*, bei denen die drohende Abwanderung auf ein direktes Angebot eines Wettbewerbers zurückgeht (z.B. Preisangebot im Telekommunikationsbereich), weisen eine eher eingeschränkte, mittlere Rückgewinnungswahrscheinlichkeit auf. Die Rückgewinnung ist lediglich dann gegeben, wenn das Unternehmen zu der Einschätzung gelangt, dass die Wettbewerbsangebote im Vergleich mit dem eigenen Angebot schlechtere Konditionen aufweisen (Mittel).
- *Kundeninduzierte Abwanderungsgründe*, bei denen die Kundenabwanderung auf persönlichen Gründen bzw. privaten Veränderungen im Umfeld des Kunden basiert (z.B. Umzug, Bedürfnis wurde aufgegeben usw.), weisen eine niedrige Rückgewinnungswahrscheinlichkeit auf bzw. diese ist kaum gegeben (Niedrig).

Im Anschluss können diejenigen Kunden, bei denen eine Bearbeitung aussichtsreich erscheint (Hoch oder Mittel), mit gezielten Kundenbindungsmaßnahmen angesprochen werden.

Einen weiteren Ansatz zur Einschätzung der Rückgewinnungswahrscheinlichkeit entwickelten Pick et al. (2016). Demnach sind Kunden eher bereit zurückzukehren, wenn sich die Gründe für die Abwanderung ändern können bzw. vermeidbar sind und im Einflussbereich des Unternehmens liegen, auch wenn das Unternehmen ursprünglich gar nicht dafür verantwortlich war. Anhand der beiden Kriterien, wie hoch die Zufriedenheit eines Kunden vor der Abwanderung war, und wie viel Zeit seit der Abwanderung vergangen ist, lassen sich (vier) Cluster bilden, die eine gute Einschätzung der Rückgewinnungswahrscheinlichkeit ermöglichen (für detailliertere Ergebnisse vgl. Pick et al. 2016).

3.3 Ansprache relevanter Zielgruppen

Für die Kundenkategorie mit unternehmensinduzierten Gründen ist die Fehlerkorrektur und die Wiedergutmachung, ausgerichtet auf die jeweiligen Gründe der drohenden Beziehungsbeendigung, ein geeigneter Ansatz, den Dialog aufzunehmen (Bruhn 2009, 2016):

- *Fehlerkorrektur*: Es erfolgt eine sofortige Korrektur der vom Unternehmen oder seinen Mitarbeitenden begangenen Fehler.
- *Wiedergutmachung*: Dem Kunden wird aufgezeigt, dass sich das Unternehmen des Fehlers bewusst ist, und dass es sich dabei um eine Ausnahme handelt. Bei der Wiedergutmachung steht folglich die Kompensation im Vordergrund.

Sowohl eine Fehlerkorrektur als auch eine Wiedergutmachung lassen sich durch Maßnahmen innerhalb der vier Marketingmix-Bereiche – Leistungs-, Kommunikations-, Preis- und Vertriebspolitik – herstellen. Daneben können Personalmaßnahmen unterstützend eingesetzt werden. Im Rahmen der *Leistungspolitik* ist eine Fehlerkorrektur durch Leistungsnachbesserungen möglich. Wenn die fehlerhafte Leistung im Nachhinein reparierbar ist, kann der Fehler behoben werden, sodass die Leistung für den Kunden wie geplant nutzbar ist (z.B. Rückrufaktion von Autos). Als Wiedergutmachung können in der Leistungspolitik Ersatzleistungen bereitgestellt werden, die für den Kunden den Zweck der ursprünglich gekauften Leistung erfüllen (z.B. Bereitstellung eines neuen Autos).

Auch mit Hilfe der *Kommunikationspolitik* können sowohl Korrekturen als auch Wiedergutmachungen realisiert werden. Korrekturen sind beispielsweise durch eine Kundenschulung möglich, falls das Problem in einer fehlerhaften Leistungsnutzung durch den Kunden liegt (z.B. nachträgliche Schulung zur Maschinennutzung). Eine Wiedergutmachung durch kommunikationspolitische Maßnahmen ist in Form von Entschuldigungen durchführbar.

Preisnachlässe im Rahmen der *Preispolitik* können zum einen als Verbesserung interpretiert werden, weil bei einer fehlerhaften Leistung durch den Preisnachlass das Preis-Leistungs-Verhältnis nachträglich auf das ursprünglich angestrebte Niveau zurückgeführt wird. Zum anderen hat ein Preisnachlass eine Funktion als Wiedergutmachung, indem er ein Geldpräsent darstellt.

Schließlich können auch mittels der *Vertriebspolitik* Verbesserungen und Wiedergutmachungen umgesetzt werden. Wenn beispielsweise eine Lieferung verzögert ist, kann im Vertriebskanal nachgeforscht werden, um sie beschleunigt erledigen zu lassen (z.B. Paketsuche durch die Post). Als Wiedergutmachung können Vertriebsgeschenke geleistet werden, indem beispielsweise einem Kunden, der eine Leistung normalerweise im Handel bezieht, diese einige Male nach Hause geliefert wird (z.B. Freiversand).

Im Hinblick auf die relative Bedeutung der einzelnen Maßnahmenbereiche ist davon auszugehen, dass der Leistung selbst die höchste Priorität zukommt, wobei in diesem Zusammenhang auch die Qualität des Kundenservices aus Konsumentensicht eng mit der Kernleistung verbunden und somit ebenfalls von entscheidender Bedeutung sein kann (Roos/Edvardsson 2008). Anschließend ist der Preis aus Kundensicht von Relevanz, da über ihn der wahrgenommene Wert einer Leistung gesteuert wird. Erst dann spielen Kommunikations- oder Vertriebsmaßnahmen eine Rolle. Eine Entschuldigung wird einen Kunden selten von der Abwanderung abhalten, wenn sich an dem eigentlichen Problem nichts ändert. Bei der Ansprache von Kunden, die aufgrund von wettbewerbsinduzierten Gründen die Beziehung beenden wollen, sind ebenfalls zwei Anspracheoptionen möglich (Bruhn 2009, 2016):

- *Überzeugung des Kunden* sowie
- *Stimulierung des Kunden.*

Überzeugung des Kunden: Wenn als Grund für die drohende Abwanderung eruiert wurde, dass Angebote der Wettbewerber als attraktiv angesehen werden, kann versucht werden, den Kunden von der Vorteilhaftigkeit bzw. vom Mehrwert des eigenen Angebots zu überzeugen. Ein Mehrwert kann aus allen vier Marketingmix-Bereichen resultieren. Im Rahmen der *Leistungspolitik* kann ein leistungsbezogener Mehrwert geschaffen werden, indem die Leistung zukünftig stärker auf die Bedürfnisse des Kunden ausgerichtet wird (z.B. Beratung des Kunden außerhalb der Öffnungszeiten). Durch Maßnahmen der *Kommunikationspolitik* kann ebenfalls ein kommunikationsbezogener Mehrwert verwirklicht werden (z.B. persönlicher Ansprechpartner im Bankbereich). Mit Hilfe der *Preispolitik* kann ein preisbezogener Mehrwert durch ein besseres Preis-Leistungs-Angebot geschaffen werden (z.B. erfolgsabhängige Bepreisung bei der Anlageberatung). Im Rahmen der *Vertriebspolitik* kann ein distributionsbezogener Mehrwert erreicht werden, indem die Distributionsprozesse stärker an die Kundenbedürfnisse angepasst werden. Beispielsweise kann dem Kunden die Wahl eines anderen als des Standardvertriebskanals angeboten werden (z.B. Hauslieferung durch ein Restaurant). Sämtliche dieser mehrwertbezogenen Maßnahmen haben Kosten zur Folge, und sollten daher nur eingesetzt werden, wenn eine Bindung der entsprechenden Kunden tatsächlich rentabel ist (Stauss 2000a, 2000b).

Stimulierung des Kunden: Zur Bindung des Kunden können auch attraktive Angebote gemacht werden, um den abwandernden Kunden (spontan) zu einer sofortigen Verstärkung der Beziehung zu bewegen. Stimulierungsmaßnahmen können insbesondere die drei Marketingmix-Bereiche Leistungs-, Preis- und Kommunikationspolitik betreffen. Ein *leistungsbezogenes Angebot* kann beispielsweise in der Offerierung spezieller Dienstleistungen bestehen. Eine einfache Form des *preisbezogenen Angebots* liegt in der Gewährung eines kundenindividuellen Bonus bzw. Rabatts. Mit Hilfe der *Kommunikati-*

onspolitik gilt es, dem Kunden ein individuelles Kundenbindungsangebot mitzuteilen. Dies ist durch persönliche, telefonische oder schriftliche Kommunikation möglich.

4. Ganzheitliche Betrachtung der Kundenabwanderung

Die Erforschung der Themen gefährdete Kundenbeziehungen und Kundenabwanderung hat sich in den letzten Jahren stark in Richtung *Prozessorientierung* verändert, und es kommen immer neue Subthemengebiete hinzu, die ebenfalls einen Zusammenhang zum Thema Kundenbindungsmanagement aufweisen. Mit dem Ziel, einen ganzheitlichen Blick auf die relevanten Forschungsthemen zu geben, wird im Folgenden ein *theoretischer Bezugsrahmen* vorgeschlagen, der eine prozessorientierte Sicht, im Sinne der *M*erkmale, *P*hasen und *T*ypen (MTP-Modell) eines Kundenabwanderungsprozesses, berücksichtigt sowie auch die Option der Initiierung eines Kundenrückgewinnungsprozesses integriert. Ein solcher Bezugsrahmen kann insbesondere Nachwuchswissenschaftlern bzw. Forschenden, die in die Thematik der Kundenabwanderung und -rückgewinnung neu einsteigen, helfen, eigene Forschungsschwerpunkte zu bestimmen, zu reflektieren oder Schnittstellen zu angrenzenden Themengebieten des Kundenbindungsmanagements zu erkennen.

4.1 MPT-Modell als theoretischer Bezugsrahmen für zukünftige Forschungsarbeiten

Abbildung 4 stellt den angesprochenen theoretischen Bezugsrahmen im Überblick dar, wobei davon ausgegangen wird, dass sich der eigentliche Abwanderungsprozess in drei Elemente unterteilen lässt (Abbildung 4, graue Schattierung): die *M*erkmale, *P*hasen und *T*ypen des Abwanderungsprozesses. Deshalb wird im Folgenden auch vom MPT-Modell gesprochen.

Der Bezugsrahmen bzw. das MPT-Modell unterstellt, dass Kunden zwischen einem Zustand der Kundenbeziehung vor sowie nach Eintritt in den Kundenabwanderungsprozess unterscheiden. Die Situation vor Eintritt in den Abwanderungsprozess – erkennbar durch Aussagen wie: *„Es war alles gut, bis ...."* – wird derzeit primär durch die Indikatoren Beziehungslänge sowie Verbundenheit beschrieben (Roos 1999). Hier könnten noch weitere Forschungen folgen, die untersuchen, durch welche weiteren Merkmale die Situation vor einem Abwanderungsprozess beschrieben werden kann, optimalerweise in Bezug auf bisher noch nicht untersuchte Branchen. Zu denken ist hier beispielsweise an die Rolle des Konstrukts Commitment oder auch an das Konstrukt Identität im Zusammenhang mit Nonprofit-Beziehungen.

Der Beginn eines Abwanderungsprozesses wird ferner durch bestimmte *Auslöser* (so genannte „Trigger") eingeleitet. Ein Auslöser eines Kundenabwanderungsprozesses entspricht einem Kriterium, das zu einer Veränderung der Bewertung der Beziehung aus Kundensicht führt (z.B.: „Der Mitarbeitende hat mich unfreundlich bedient"). Interessant ist in diesem Zusammenhang beispielsweise, ob es noch weitere als die drei in der Literatur diskutierten Formen von Triggern (situational, reactional, influencial trigger) existieren (z.B. Roos/Gustafsson 2011) bzw. ob in unterschiedlichen Branchen bestimmte Formen von Triggern eine dominante Stellung einnehmen. Ferner könnten sich Forschungsarbeiten auf die Abgrenzung zwischen einem Trigger und einem Abwanderungsgrund konzentrieren.

Nachdem der Kunde in einen Abwanderungsprozess eingetreten ist, kann der weitere Verlauf dieses Prozesses durch Prozessmerkmale, -phasen sowie -typen näher beschrieben werden. Wesentliche *Abwanderungsmerkmale* sind die direkt oder indirekt artikulierte Kundenunzufriedenheit mit den Leistungen des Unternehmens, sehr starke Emotionen, Beschwerden, Dialogversuche oder auch eine negative Mund-zu-Mund-Kommunikation gegenüber Dritten. Interessante Fragestellungen für neue Forschungsarbeiten sind beispielsweise die vertiefende Analyse der Rolle von Emotionen in Abwanderungsprozessen oder die Unterschiede der Merkmale für verschiedene Typen von Kundenbeziehungen.

Ferner können verschiedene *Kundenabwanderungsphasen* unterschieden werden, die mit zunehmender Länge des Abwanderungsprozesses ebenfalls an Konkretisierung zunehmen. Bislang noch nicht untersucht ist in diesem Zusammenhang beispielsweise die Frage der Länge bestimmter Phasen oder auch, ob neue oder andere Phasen in unterschiedlichen Kontexten beobachtbar sind. Schließlich ist durch die Kombination von Abwanderungsmerkmalen auch eine *Typologisierung der Abwanderungsprozesse* in Bezug auf einzelne Branchen möglich, wobei sich die Diskussion aktuell primär auf den Bankensektor konzentriert (zu unterschiedlichen Typen von Abwanderungsprozessen bei Banken ausführlich Michalski 2004).

Die Kündigung kennzeichnet schließlich das Ende des Abwanderungsprozesses. Nach Abschluss der Abwanderung ist zwischen reaktivierbaren sowie nicht-reaktivierbaren Kundenbeziehungen zu unterscheiden, d.h., bei einigen abgewanderten Kunden ist der Einsatz von Rückgewinnungsmaßnahmen Erfolg versprechend. Trotz der erfreulichen Steigerung von Forschungsarbeiten innerhalb dieses Subthemas bieten sich auch in diesem Zusammenhang noch zahlreiche offene Fragestellungen an. Beispielsweise ist nahezu unerforscht, welche Rolle der Dialog spielt, wenn im Rahmen der persönlichen Kündigungssituation direkt Rückgewinnungsmaßnahmen kommuniziert werden. Auch die detaillierte Untersuchung der Erfolgsquoten von verschiedenen Rückgewinnungsstrategien oder der Einsatz von Kommunikationsinstrumenten zur Kundenrückgewinnung bieten noch Raum für neue Forschungsarbeiten.

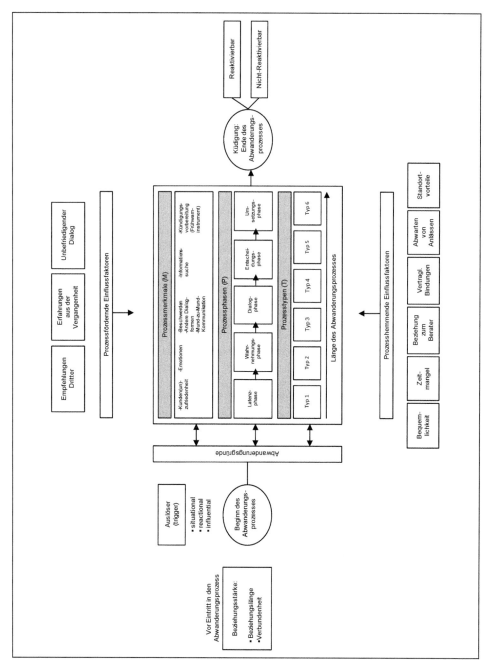

Abbildung 4: MPT-Modell der Kundenabwanderung als theoretischer Bezugsrahmen (Quelle: Michalski 2002, S. 109)

4.2 Erkenntnisse für das Kundenbindungsmanagement

Vor dem Hintergrund der oben aufgezeigten offenen Forschungsfelder sowie der stetig steigenden Abwanderungsquoten in vielen Branchen ist es aus Sicht der Kundenbindungspraxis erforderlich, die bisherigen Strukturen, Maßnahmen und Prozesse des Kundenbindungsmanagements kritisch zu beleuchten. Hierbei ist insbesondere zu prüfen, ob im eigenen Unternehmen das Kundenbindungsmanagement bereits auf beide Zielgruppen, d.h. auf die stabilen sowie die gefährdeten Kundenbeziehungen, ausgerichtet ist. Als *Implikationen für die Unternehmenspraxis* ergeben sich insbesondere folgende Punkte:

- *Verstehen von gefährdeten Kundenbeziehungen*: Der Nutzen einer systematischen Kundenabwanderungsanalyse liegt nicht primär darin, dass abgewanderte Kunden zu einer Reaktivierung der Beziehung bewogen werden. Vielmehr ist es der hohe Lerneffekt bzw. das Verstehen, wie Kunden in Abwanderungsprozessen denken, fühlen und handeln, der als zentraler Nutzen für das Kundenbindungsmanagement generiert wird. Unternehmen lernen durch eine systematische Abwanderungsanalyse, die Kundenbeziehung besser zu verstehen. Sie lernen die Treiber für den Erfolg oder Misserfolg von Kundenbeziehungen kennen und können effiziente Maßnahmen zum Management gefährdeter Kundenbeziehungen ableiten.

- *Etablierung eines Frühwarnsystems*: Die Kundenabwanderungsanalyse ist in der Lage, die relevanten Frühwarnindikatoren der Kundenabwanderung zu identifizieren. Hieraus folgt die Notwendigkeit zum Aufbau eines Frühwarnsystems als Teil des Kundenbindungsmanagements. Auf der Basis identifizierter Wechselwahrscheinlichkeiten und bestimmter Schlüsselereignisse können geeignete Maßnahmen der individuellen Kundenansprache folgen, die bei konsequenter Umsetzung zu einer Senkung der Abwanderungsrate führen.

- *Sensibilisierung der Mitarbeitenden:* Die intensive Auseinandersetzung mit Kundenabwanderungsprozessen sollte auch interne Wirkungen nach sich ziehen. Primär geht es um eine Bewusstmachung der Treiber der Abwanderung bei den Mitarbeitenden. Die Erkenntnisse zu den spezifischen Frühwarnindikatoren sind in die vorhandenen Aus- und Weiterbildungsmaßnahmen von Mitarbeitenden einzubinden. Ebenso ist es erforderlich, geeignete Dialogstrategien für den Fall einer drohenden Kundenabwanderung zu erarbeiten und die Mitarbeitenden mit diesen Handlungsanweisungen vertraut zu machen.

- *Konsequente Nutzung der Verbesserungspotenziale:* Die Analyse der Ursachen bzw. der Gründe von Kundenabwanderungen gibt detaillierte Hinweise auf Verbesserungspotenziale im Unternehmen, die es zu nutzen gilt. Die unternehmensbezogenen Abwanderungsgründe reichen von einer Unzufriedenheit mit den Konditionen über Standortnachteile bis hin zur Unzufriedenheit mit dem Kundenkontakt. Insbesondere ist unternehmensseitig zu erkennen, dass der Interaktion zwischen Kunde und Mitarbeitenden eine hohe Bedeutung zukommt.

Der Wettbewerb um die Kunden wird auch in Zukunft weiter voranschreiten. Die zu beobachtende sinkende Kundenloyalität wird in zahlreichen Branchen zunehmen. Insofern ist davon auszugehen, dass die Themen Kundenabwanderungsanalyse bzw. die Bindung gefährdeter Kunden in Branchen mit stagnierenden Märkten zukünftig auch weiterhin an Bedeutung gewinnen werden.

Literaturverzeichnis

Alajoutsijärvi, K./Möller, K./Tähtinen, J. (2000): Beautiful Exit. How to Leave your Business Partner, in: European Journal of Marketing, Vol. 34, No. 11/12, S. 1270-1290.

Bejou, D./Edvardsson, B./Rakowski, J. P. (1996): A Critical Incident Approach to Examining the Effects of Service Failures on Customer Relationships. The Case of Swedish and U.S. Airlines, in: Journal of Travel Research, Vol. 35, No. 1, S. 35-40.

Beverland, M./Farrelly, F./Woodhatch, Z. (2004): The Role of Value Change Management in Relationship Dissolution: Hygiene and Motivational Factors, in: Journal of Marketing Management, Vol. 20, No. 9/10, S. 927-939.

Blömeke, E./Clement, M. (2009): Selektives Demarketing: Management von unprofitablen Kunden, in: Zeitschrift für betriebswirtschaftliche Forschung, 61. Jg., Nr. 11, S. 801-832.

Boenigk, S. (2011): Kündigungspräventionsmanagement, in: Hippner, H./Wilde, K. D. (Hrsg.): Grundlagen des CRM. Strategie, Geschäftsprozesse und IT-Unterstützung, 3. Aufl., Wiesbaden, S. 475-497.

Bruhn, M. (2008): Beendigung von Kundenbeziehungen aus Anbietersicht. Wirkungen der wahrgenommenen Gerechtigkeit auf die Zufriedenheit und Verbundenheit ehemaliger Kunden in unterschiedlichen Beendigungsszenarien, in: Marketing ZFP, 30. Jg., Nr. 4, S. 221-238.

Bruhn, M. (2009): Exit Management, in: Link, J./Seidl, F. (Hrsg.), Kundenabwanderung, Früherkennung, Prävention, Kundenrückgewinnung. Mit erfolgreichen Praxisbeispielen aus verschiedenen Branchen, Wiesbaden, S. 93-115.

Bruhn, M. (2016): Relationship Marketing. Das Management von Kundenbeziehungen, 5. Aufl., München.

Bruhn, M./Michalski, S. (2001): Rückgewinnungsmanagement. Ergebnisse einer explorativen Studie zum Stand des Rückgewinnungsmanagements bei Banken und Versicherungen, in: Die Unternehmung, 55. Jg., Nr. 2, S. 423-437.

Bruhn, M./Michalski, S. (2003): Analyse von Kundenabwanderungen. Forschungsstand, Erklärungsansätze, Implikationen, in: Zeitschrift für betriebswirtschaftliche Forschung, 55. Jg., Nr. 3, S. 431-454.

Chen, Y./Rungtusanatham, M. J./Goldstein, S. M./Koerner, A. F. (2013): Theorizing Through Metaphorical Transfer in OM/SM Research: Divorce as a Metaphor for Strategic Buyer-Supplier Relationship Dissolution, in: Journal of Operations Management, Vol. 31, No. 7-8, S. 579-586.

Clemes, M. D./Gan, C./Zhang, D. (2010): Customer Switching Behaviour in the Chinese Retail Banking Industry, in: International Journal of Bank Marketing, Vol. 28, No. 7, S. 519-546.

Edvardsson, B./Roos, I. (2001): Critical Incident Techniques. Towards a Framework for Analysing Criticality of Critical Incidents, in: International Journal of Service Industry Management, Vol. 12, No. 3, S. 251-268.

Edvardsson, B./Roos, I. (2003): Customer Complaints and Switching Behavior – a Study of Relationship Dynamics in a Telecommunication Company, in: Journal of Relationship Marketing, Vol. 2, No.1/2, S. 43-68.

Feng, S. (2014): Getting Lapsed Donors Back: An Empirical Investigation of Relationship Management in the Post-Termination Stage, in: Journal of Nonprofit & Public Sector Marketing, Vol. 26, No. 2, S. 127-141.

Geersbro, J./Ritter, T. (2013): Antecedents and Consequences of Sales Representatives' Relationship Termination Consequence, in: Journal of Business & Industrial Marketing, Vol. 28, No.1, S. 41-49.

Gremler, D. D. (2004): The Critical Incident Technique in Service Research, in: Journal of Service Research, Vol. 7, No. 1, S. 65-89.

Haenlein, M./Kaplan, A. M. (2010): An Empirical Analysis of Attitudinal and Behavioral Reactions Toward the Abandonment of Unprofitable Customer Relationships, in: Journal of Relationship Marketing, Vol. 9, No. 4, S. 200-228.

Helm, S./Rolfes, L./Günter, B. (2006): Suppliers' Willingness to End Unprofitable Customer Relationships: An Exploratory Investigation in the German Mechanical Engineering Sector, in: European Journal of Marketing, Vol. 40, No. 3/4, S. 366-383.

Helmig, B./Boenigk, S. (2012): Nonprofit Management, München.

Holmlund, M./Hobbs, P. (2009): Seller-initiated Relationship Ending. An Empirical Study of Professional Business-to-Business Services, in: Managing Service Quality, Vol. 10, No. 3, S. 266-285.

Homburg, Ch. (2015): Marketingmanagement. Strategie – Instrumente – Umsetzung – Unternehmensführung, 5. Aufl., Wiesbaden.

Homburg, Ch./Hoyer, W. D./Stock, R. (2007): How to Get Lost Customers Back? A Study of Antecedents of Relationship Revival, in: Journal of the Academy of Marketing Science, Vol. 35, No. 4, S. 461-474.

Homburg, Ch./Sieben, F./Stock, R. (2004): Einflussgrößen des Kundenrückgewinnungserfolgs, in: Marketing ZFP, 26. Jg., Nr. 1, S. 25-41.

Hunziker, B. (2010): Abwanderungsverhalten von Spendern. Eine empirische Untersuchung des Abwanderungsprozesses und der Rückgewinnungsmöglichkeit von Mehrfachspendern, Wiesbaden.

Hüppelshäuser, M./Krafft, M./Rüger, E. (2006): Hazard-Raten-Modelle im Marketing, in: Marketing ZFP, 28. Jg., Nr. 3, S. 197-210.

Jüttner, U./Schaffner, D./Windler, K./Maklan, S. (2013): Customer Service Experiences, in: European Journal of Marketing, Vol. 47, No. 5/6, S. 738-768.

Khan, N. R./Ghouri, A. M./Siddiqui U. A./Shaikh, A./Alam, I. (2010): Determinants Analysis of Customer Switching Behavior in Private Banking Sector of Pakistan, in: Interdisciplinary Journal of Contemporary Research in Business, Vol. 2, No. 7, S. 96-110.

Kumar, V./Bhagwat, Y./Zhang, X. A. (2015): Regaining „Lost" Customers: The Predictive Power of First-Lifetime Behaviour, the Reasons for Defection, and the Nature of the Win-Back Offer, in: Journal of Marketing, Vol. 79, No. 4, S. 34-55.

Lucco, A. (2008): Anbieterseitige Kündigung von Kundenbeziehungen. Empirische Erkenntnisse und praktische Implikationen zum Kündigungsmanagement, Wiesbaden.

Mai, R./Hoffmann, S./Schmidt, D. (2014): Selektives Demarketing. Wie werden Unternehmen unerwünschte Kunden wieder los?, in: Die Betriebswirtschaft, 74. Jg., Nr. 5, S. 305-330.

Michalski, S. (2002): Kundenabwanderungs- und -rückgewinnungsprozesse. Eine theoretische und empirische Untersuchung am Beispiel von Banken, Wiesbaden.

Michalski, S. (2004): Types of Customer Relationship Ending Processes, in: Journal of Marketing Management, Vol. 20, No. 9/10, S. 977-999.

Neslin, S. A./Gupta, S. /Kamakura, W./Lu, J./Mason, C. (2006): Defection Detection: Measuring and Understanding the Predictive Accuracy of Customer Churn Models, in: Journal of Marketing Research, Vol. 43, No. 2, S. 204-211.

Neu, M./Günter, J. (2015): Erfolgreiche Kundenrückgewinnung – Verlorene Kunden identifizieren, halten und zurückgewinnen, Wiesbaden.

Paulssen, M./Sommerfeld, A. (2015): The Impact of Critical Incidents on Customer Relationships, in: Die Betriebswirtschaft, 75 Jg., Nr. 5, S. 291-308.

Pfeiffer, P. E./Carraway, R. L. (2000): Modeling Customer Relationships as Markov Chains, in: Journal of Interactive Marketing, Vol. 22, No. 2, S. 43-55.

Pick, D. (2008): Wiederaufnahme vertraglicher Geschäftsbeziehungen: Eine empirische Untersuchung der Kundenperspektive, Wiesbaden.

Pick, D. (2010): Never Say Never – Status Quo and Research Agenda for Relationship Termination in B2B Markets, in: Journal of Business Market Management, Vol. 4, No. 2, S. 91-108.

Pick, D. (2016): Churn Management, in: Wirtschaftswissenschaftliches Studium, 45. Jg., Nr. 2, S. 60-64.

Pick, D./Krafft, M. (2009): Status quo des Rückgewinnungsmanagements, in: Link, J./Seidl, F. (Hrsg.): Kundenabwanderung. Früherkennung, Prävention, Kundengewinnung, Wiesbaden, S. 121-136.

Pick, D./Thomas, J. S./Tillmanns, S./Krafft, M. (2016): Customer Win-back: The Role of Attributions and Perceptions in Customers' Willingness to Return, in: Journal of the Academy of Marketing Science, Vol. 44, No. 2, S. 218-240.

Pressey, A. D./Qiu, X. X. (2007): Buyer-supplier Relationship Dissolution: The Chinese Context, in: Journal of Business & Industrial Marketing, Vol. 22, No. 2, S. 107-117.

Pressey, A. D./Selassie, H. (2007): Motives for Dissolution in Export Relationships: Evidence from the UK, in: Journal of Consumer Behaviour, Vol. 6, No. 2/3, S. 132-145.

Ritter, T. (2015): Beendigung von Geschäftsbeziehungen, in: Backhaus, K./Voeth, M. (Hrsg.): Handbuch Business-to-Business-Marketing, 2. Aufl., Wiesbaden, S. 249-259.

Ritter, T./Geersbro, J. (2011): Organizational Relationship Termination Competence: A Conceptualization and an Empirical Test, in: Industrial Marketing Management, Vol. 40, No. 6, S. 988-993.

Roos, I. (1999): Switching Paths in Customer Relationships, Publication No. 78, Swedish School of Economics and Business Administrations, Helsinki.

Roos, I. (2002): Methods of Investigating Critical Incidents: A Comparative Review, in: Journal of Service Research, Vol. 4, No. 3, S. 193-204.

Roos, I. (2015): SPAT (Switching Path Analysis Technique) – A Qualitative Approach to Customer Relationships, in: Gummerus, J./Von Koskull, C. (Hrsg.), The Nordic School – Service Marketing and Management for the Future, Helsinki, S. 465-475.

Roos, I./Gustafsson, A. (2007): Understanding Frequent Switching Patterns – a Crucial Element in Managing Customer Relationships, in: Journal of Service Research, Vol. 10, No. 1, S. 93-108.

Roos, I./Edvardsson, B. (2008): Customer-Support Service in the Relationship Perspective, in: Managing Service Quality, Vol. 18, No. 1, S. 87-107.

Roos, I./Friman, M. (2008): Emotional Experiences in Customer Relationships – a Telecommunication Study, in: International Journal of Service Industry Management, Vol. 19, No. 3, S. 281-301.

Roos, I./Friman, M./Edvardsson, B. (2009): Emotions and Stability in Telecom-Customer Relationships, in: Journal of Service Management, Vol. 20, No. 2, S. 192-208.

Roos, I./Gustafsson, A. (2007): Understanding Frequent Switching Patterns: A Crucial Element in Managing Customer Relationships, in: Journal of Service Research, Vol. 10, No. 1, S. 93-108.

Roos, I./Gustafsson, A. (2011): The Influence of Active and Passive Customer Behavior on Switching in Customer Relationships, in: Managing Service Quality, Vol. 21, No. 5, S. 448-464.

Roos, I./Gustafsson, A./Edvardsson, B. (2005): The Role of Customer Clubs in Recent Telecom Relationships, in: International Journal of Service Industry Management, Vol. 16, No. 5, S. 436-454.

Roos, I./Gustafsson, A./Edvardsson, B. (2006): Defining Relationship Quality for Customer-driven Business Development: A Housing-mortgage Company Case, in: International Journal of Service Industry Management, Vol. 17, No. 2, S. 207-223.

Ryan, A./Tähtinen, J. (2012): Relationship Ending From the Perspective of the Non-Initiator, in: Journal of Customer Behaviour, Vol. 11, No. 2, S. 197-212.

Sargeant, A./Jay, E. (2004): Reasons for Lapse: The Case of Face-to-Face Donors, in: International Journal of Nonprofit and Voluntary Sector Marketing, Vol. 9, No. 2, S. 171-182.

Schreiner, A. (2015): Triadic analysis of business relationship's ending: a case study of a dyad and a third actor, in: Journal of Business & Industrial Marketing, Vol. 30, No. 8, S. 891-905.

Seidl, F. (2009): Customer Recovery Management und Controlling. Erfolgsmodellierung im Rahmen der Kundenabwanderungsfrüherkennung, -prävention und Kundenrückgewinnung, in: Link, J./Seidl, F. (Hrsg.), Kundenabwanderung: Früherkennung, Prävention, Kundenrückgewinnung. Mit erfolgreichen Praxisbeispielen aus verschiedenen Branchen, Wiesbaden, S. 3-34.

Selos, E./Laine, T./Roos, I./Suomala, P./Pitkänen, L. (2013): Applying SPAT for Understanding B2B Supplier Switching Processes, in: Managing Service Quality, Vol. 23, No. 4, S. 321-340.

Simon/Kucher/Partners (Hrsg.): Kundenflucht bei Energieversorgern: Agieren statt reagieren, Pressemitteilung, online verfügbar unter: http://www.simon-kucher.com.

Stauss, B. (2011): Der Kundenbeziehungs-Lebenszyklus, in: Hippner, H./Hubrich, B./Wilde, K. (Hrsg.): Grundlagen des CRM. Strategie, Geschäftsprozesse und IT-Unterstützung, Wiesbaden, S. 319-34.

Stauss, B. (2000a): Rückgewinnungsmanagement. Verlorene Kunden als Zielgruppe, in: Bruhn, M./Stauss, B. (Hrsg.), Kundenbeziehungen im Dienstleistungsbereich. Dienstleistungsmanagement. Jahrbuch 2000, Wiesbaden, S. 449-471.

Stauss, B. (2000b): Rückgewinnungsmanagement (Regain Management), in: Das Wirtschaftsstudium, 29. Jg., Nr. 10, S. 579-582.

Stauss, B./Weinlich, B. (1996): Die Sequentielle Ereignismethode – ein Instrument der prozeßorientierten Messung von Dienstleistungsqualität, in: Der Markt – Zeitschrift für Absatzwirtschaft und Marketing, 35. Jg., Nr. 136, S. 49-58.

Siddiqui, K. (2011a): Individual Differences in Consumer Behaviour, in: Interdisciplinary Journal of Contemporary Research in Business, Vol. 2, No. 11, S. 475-485.

Siddiqui, K. (2011b): Personality Influences Customer Switching, in: Interdisciplinary Journal of Contemporary Research in Business, Vol. 2, No. 10, S. 363-372.

Tähtinen, J./Vaaland, T. I. (2006): Business Relationships Facing the End: Why Restore Them?, in: Journal of Business & Industrial Marketing, Vol. 21, No. 1, S. 14-23.

Van Doorn, J./Verhoef, P. C. (2008): Critical Incidents and the Impact of Satisfaction on Customer Share, in: Journal of Marketing, Vol. 72, No. 4, S. 123-142.

Vidal, D./Fenneteau, H./Paché, G. (2016): Should I Stay or Should I Go? Customers' Reactions faced With the Deterioration of a Business Relationship, in: Journal of Business & Industrial Marketing, Vol. 31, No. 1, S. 47-58.

Wieringa, J. E./Verhoef, P. C. (2007): Understanding Customer Switching Behavior in a Liberalizing Service Market. An Exploratory Study, in: Journal of Service Research, Vol. 10, No. 2, S. 174-186.

Summary

Relationship marketing, i.e. establishing and maintaining customer relationships, is clearly a key research area in marketing management. From the mid-1990s, the phenomenon of relationship ending has received increased attention from marketing researchers. This article contributes to the research area of relationship ending by a state-of-the-art review and overview on research focussing on relationship ending processes. Based on this review, relevant activities linked to loyalty management (e.g., identification, segmentation of lost customers) are discussed. At the end of this article a theoretical framework (the so-called MPT-model) on relationship ending are introduced to discuss new research topics and management implications for customer retention management.

Florian Becker, Stephanie Bothe und Karsten Hadwich

Kundenbindung durch Kundenbegeisterung

1. Bedeutung der Kundenbegeisterung für das Kundenbindungsmanagement

2. Konzept der Kundenbegeisterung
    2.1   Theoretische Fundierung und Definition der Kundenbegeisterung
    2.2   Abgrenzung der Kundenbegeisterung von Kundenzufriedenheit
    2.3   Ansätze zur Messung der Kundenbegeisterung

3. Wirkungsbeziehungen der Kundenbegeisterung
    3.1   Einflussgrößen der Kundenbegeisterung
    3.2   Wirkungen der Kundenbegeisterung

4. Management der Kundenbegeisterung

5. Zusammenfassung und Ausblick

Literaturverzeichnis

Dr. Florian Becker ist Referent des Vorstands bei GFT Technologies SE. Dr. Stephanie Bothe ist Dozentin an der Hochschule Luzern. Prof. Dr. Karsten Hadwich ist Inhaber des Lehrstuhls für Dienstleistungsmanagement an der Universität Hohenheim.

1. Bedeutung der Kundenbegeisterung für das Kundenbindungsmanagement

In der Unternehmenspraxis ist immer häufiger zu beobachten, dass Kunden nicht mehr nur zufrieden gestellt, sondern begeistert werden sollen. So formuliert der Automobilbauer Audi (2016) die Vision „Wir werden Anbieter nachhaltiger, individueller Premium-Mobilität und begeistern damit Kunden weltweit.", das Telekommunikationsunternehmen Deutsche Telekom (2015) definiert das Handlungsprinzip „Customer delight and simplicity drive our action" und der Versandhändler Zappos (2010) hat als Mission „To live and deliver WOW". Die Unternehmen erhoffen sich dadurch, ihre Kunden stärker emotional zu binden und eine Abwanderung zur Konkurrenz zu verhindern. Die dahinter stehende Überlegung ist, dass Kundenbegeisterung, aufgrund der stärkeren Aktivierung, eine nachhaltigere Wirkung auf das Verhalten hat als die Kundenzufriedenheit (Rost 1990).

Seit den 1990er Jahren steigt das Interesse in der Marketingforschung am *Phänomen der Kundenbegeisterung* und entwickelt sich immer weiter. Die Arbeiten befassen sich insbesondere mit der Konzeptualisierung der Kundenbegeisterung sowie deren Determinanten und Wirkungen. Empirische Studien belegen vielfach den positiven Einfluss der Kundenbegeisterung auf die Kundenbindung (z.B. Arnold et al. 2005; Chitturi/Raghunathan/Mahajan 2008). Kundenbegeisterung ist somit anzustreben, um sich von der Konkurrenz zu differenzieren und ökonomisch erfolgreich zu sein (Bartl/Gouthier/Lenker 2013).

Um Kundenbegeisterung zu erreichen, müssen sich Unternehmen immer schneller auf wandelnde und neue Kundenbedürfnisse einstellen. Die Bemühungen dafür sind vielfältig: Audi will dies durch seine Premium-Fahrzeuge, aber auch digitalisierte Prozesse und Services, Kooperationen mit Städten für verträgliche Mobilität sowie nachhaltige Produkte und Services entlang ihrer Wertschöpfungskette erreichen (Audi 2016). Die Telekom arbeitet an immer neuen innovativen Dienstleistungen, einem besonders kundenzentrierten Kundenservice (z. B. Telekom-hilft-Community) sowie einem schnellen und sensiblen Umgang mit Beschwerden (Deutsche Telekom 2015). Zappos will nicht durch monetäre Kompensationen begeistern, sondern durch innovative und unkonventionelle Mitarbeiter, die ihre Kunden emotional bewegen (Zappos 2010).

Ziele dieses Beitrags sind die Darstellung der Bedeutung der Kundenbegeisterung für das Kundenbindungsmanagement und die Herleitung der damit verbundenen Implikationen. Grundlage dafür bildet eine systematische Literaturanalyse bisheriger konzeptioneller und empirischer Studien zu Kundenbegeisterung. Dafür beschäftigt sich der vorliegende Beitrag zunächst mit den vorherrschenden Definitionen, Konzeptualisierungen und Messansätzen. Darauf folgt eine Bestandsaufnahme von Einflussfaktoren und Wirkungen. Die Erkenntnisse werden dann in ein Begeisterungsmanagementsystem als Handlungsempfehlung für Unternehmen integriert.

2. Konzept der Kundenbegeisterung

2.1 Theoretische Fundierung und Definition der Kundenbegeisterung

Kundenbegeisterung wird in der Literatur aus *zwei Perspektiven* diskutiert: Kundenbegeisterung als hohe Kundenzufriedenheit und Kundenbegeisterung als eigenständiges emotionspsychologisches Konstrukt.

(1) Kundenbegeisterung als hohe Kundenzufriedenheit

Kundenbegeisterung als hohe Kundenzufriedenheit wird innerhalb des theoretisch-konzeptionellen Bezugsrahmens des *Confirmation/Disconfirmation-Paradigmas* (C/D-Paradigma) erklärt (Oliver 1980). Das C/D-Paradigma unterstellt, dass das Zufriedenheitsurteil eines Kunden das Ergebnis eines kognitiven Evaluationsprozesses ist, bei dem die Erwartung an eine Leistung mit dem wahrgenommenen Leistungsniveau verglichen wird. Wenn die Erwartung erfüllt (Konfirmation) bzw. übererfüllt wird (positive Diskonfirmation), resultiert daraus Zufriedenheit. Bei der Nicht-Erfüllung (negative Diskonfirmation) kommt es zu Unzufriedenheit (Oliver 1980, S. 460f.). Bei einer positiven Diskonfirmation ist nach dem Ausmaß der Übererfüllung zu unterscheiden. Geringe positive Leistungsabweichungen werden als normal erachtet, während hohe positive Abweichungen zu einer unerwarteten bzw. überraschenden Konsumerfahrung führen. Diese überraschende Diskonfirmation wird als Kundenbegeisterung verstanden (Oliver 1989; Oliver/Rust/Varki 1997). Nach dieser Auffassung ist die Kundenbegeisterung kein separates Konstrukt, sondern lediglich ein Bestandteil der Kundenzufriedenheit. Die höchste Ausprägung der Zufriedenheitsskala stellt damit die Kundenbegeisterung dar (z.B. Kumar/Iyer 2001; Vanhamme 2008). Demzufolge stehen beispielsweise bei einer 5-stufigen Likert-Skala zur Messung der Kundenzufriedenheit die Werte eins bis drei für Unzufriedenheit, vier für Zufriedenheit und fünf für Begeisterung (Rust/Zahorik/Keiningham 1995).

Auf Basis des C/D-Paradigmas hat sich das Modell der *„Zone of Delight"* als Erklärungsansatz der Kundenbegeisterung entwickelt (Finn 2012). Bei diesem Ansatz wird ein nichtlinearer Verlauf des Wirkungszusammenhangs zwischen Kundenzufriedenheit und Kundenbindung unterstellt, bei dem das Zufriedenheitskontinuum einen Grenzwert erreicht und in Kundenbegeisterung übergeht (Jones/Sasser 1995). Rust, Zahorik und Keiningham (1995) unterstellen einen invers s-förmigen Verlauf des Zusammenhangs der Kundenzufriedenheit und Kundenbindung, der durch zwei Grenzwerte in drei Bereiche aufgeteilt ist. Die Kurve verläuft außerhalb der Grenzwerte deutlich steiler als innerhalb der beiden Grenzwerte. Damit ist der Effekt an den äußeren Enden als stärker zu bewerten. Demnach nimmt die Wirkung des Kundenzufriedenheitslevels auf die Kundenbindung im Bereich niedriger Werte überproportional zu. Dieser Bereich spiegelt Unzufriedenheit wider, die dann zu illoyalem Kundenverhalten führt. Im Bereich mittlerer Werte ist nur ein geringer Effekt zu verzeichnen und kennzeichnet den Bereich der Zufriedenheit. Im Fall hoher Zufriedenheitswerte steigt der Effekt wieder überproportional an und steht damit für den Bereich der Begeisterung, der als „Zone of Delight" definiert wird und positiv auf Kundenbindung wirkt (Coyne 1989; Rust/Zahorik/Keiningham 1995; Anderson/Mittal 2000).

Ein weiterer Ansatz, der Kundenbegeisterung als hohe Ausprägung des Zufriedenheitsniveaus erachtet, ist das *Kano-Modell* (Kano et al. 1984). Es stellt ein theoretisches Konzept zur Erklärung des Mehrfaktorenstruktures der Kundenzufriedenheit dar (Matzler 2003) und bezeichnet üblicherweise die grafische Darstellung des Zusammenhangs zwischen der Erwartungserfüllung und den Zufriedenheitsfaktoren. Die zentrale Annahme der Autoren besteht darin, dass dieser Zusammenhang linear, asymmetrisch oder nicht existent sein kann (Nilsson-Witell/Fundin 2005). Daraus werden Basis-, Leistungs- und Begeisterungsanforderungen abgeleitet (Kano et al. 1984). Bei den *Basisfaktoren* handelt es sich um so genannte „Muss-Kriterien", die unbedingt zu erfüllen sind. Sie werden nicht explizit artikuliert, ihr Vorhandensein wird jedoch als Mindestanforderung erwartet. Durch Nichterfüllung wird Unzufriedenheit ausgelöst, die Erfüllung führt allerdings nicht zu Zufriedenheit, sondern kann lediglich Unzufriedenheit vermeiden. Dadurch ist hier der Einfluss auf die Kundenzufriedenheit nicht proportionaler Natur (Wang 2013). Bei *Leistungsfaktoren* steigt der Zufriedenheitsgrad dagegen proportional zum Erfüllungsgrad der Anforderung. Je höher der Erfüllungsgrad, desto höher die Zufriedenheit des Kunden und umgekehrt. Diese Leistungsattribute werden in der Regel vom Kunden explizit verlangt (Füller/Matzler 2008). Zur Kategorie der *Begeisterungsanforderung* zählen Leistungsattribute, die bei einem hohen Erfüllungsgrad Kundenbegeisterung auslösen, deren Nicht-Erfüllung jedoch keine Unzufriedenheit bedingt. Diese Anforderungen werden von den Kunden weder explizit erwartet noch artikuliert und stellen somit latente, unbewusste Bedürfnisse dar. Hierbei handelt es sich auch um einen nichtproportionalen Zusammenhang (Chen/Chuang 2008), der den höchsten Einfluss auf die Zufriedenheit eines Kunden ausübt (Matzler/Hinterhuber 1998). Es muss jedoch beachtet werden, dass eine Begeisterungsanforderung im Laufe der Zeit als selbstverständlich erachtet werden kann und sich so zu einem Leistungsfaktor oder auch zu einem Basisfaktor transformiert. Dieses Phänomen ist als Anspruchsinflation bekannt (Falk/Hammerschmidt/Schepers 2010).

Für die Konzeption der Kundenbegeisterung als hohe Ausprägung der Kundenzufriedenheit ist insgesamt festzustellen, dass die dargelegten Erklärungsansätze keine Emotionen und Affekte explizit berücksichtigen. Eine zweite Forschungsströmung in diesem Kontext greift hingegen emotionale und affektive Aspekte auf und integriert diese in die entsprechenden Modellierungen.

(2) Kundenbegeisterung als eigenständiges emotionspsychologisches Konstrukt

Die Konzeption der Kundenbegeisterung als eigenständiges Konstrukt stellt die affektive Komponente in den Vordergrund und ist in der Emotionspsychologie theoretisch verankert. Die Emotionsforschung versteht Begeisterung als positive Emotion zweiter Ebene, die sich aus verschiedenen Primäremotionen zusammensetzt (Plutchik 1980; Russell 1980; Watson/Tellegen 1985). So entwickelt Plutchik (1980) beispielsweise eine Typologie mit acht Basisemotionen (Primäremotionen), die das emotionale Erleben bestimmen. Die Basisemotionen sind in Kreisform angeordnet und bilden ein so genanntes *Circumplex-Modell*. Die Kombinationen von Primäremotionen ergeben Sekundäremotionen. Demnach ist Begeisterung eine Sekundäremotion und als Kombination der Basisemotionen *Freude* und *Überraschung* definiert (Oliver/Rust/Varki 1997).

Andere Emotionstypologien beschreiben Begeisterung hingegen als Kombination von *Freude* und *Erregung* (Russell 1980; Watson/Tellegen 1985). Russell (1980) konzentriert sich auf die Bestimmung von zwei Dimensionen, nach denen Emotionen eingeordnet werden können: Valenz (Abszisse) und Aktivierung (Ordinate). Die Endpunkte der Valenz werden durch Annehmlichkeit/Unannehmlichkeit bestimmt, die Endpunkte der Aktivierung stellen Erregung/Ruhe dar. Die Eigenschaften einzelner Emotionen können anhand dieser Dimensionen beschrieben werden. In diesem Modell wird die Kundenbegeisterung dem rechten oberen Quadranten zugeordnet, der durch hohe Aktivierung und Annehmlichkeit gekennzeichnet ist. In diesen Quadranten fallen auch die Emotionen Glück und Aufregung sowie Erstaunen und Überraschung (Russell 1980, S. 1164). So wird zwar die inhaltliche Nähe der Begeisterung zur Überraschung deutlich, aber im Gegensatz zum Verständnis von Plutchik (1980) ist sie hier nicht Teil der Definition.

Die empirische Arbeit von Westbrook und Oliver (1991) wird häufig als Validierung dieser Erkenntnisse erachtet. Diese branchenübergreifende Studie zeigt auf, dass Kunden, die die höchste Ausprägung von Freude und Überraschung empfinden, sich durch das höchste Zufriedenheitsniveau auszeichnen (Westbrook/Oliver 1991). Auch die richtungsweisende Arbeit in der Kundenbegeisterungsforschung von Oliver, Rust und Varki (1997) orientiert sich an den Erkenntnissen aus der Emotionspsychologie. Sie kombinieren verschiedene Emotionstypologien miteinander und verstehen Kundenbegeisterung letztlich als Funktion aus einer überraschend positiven Konsumerfahrung, Erregung und Freude (Oliver/Rust/Varki 1997).

Bis heute hat sich allerdings noch kein einheitliches Bild bezüglich der Kundenbegeisterung etabliert. Das Verständnis von Kundenbegeisterung als eigenständiges emotionspsychologisches Konstrukt hat sich zwar mehrheitlich durchgesetzt, dennoch wird noch immer kontrovers über die Überraschung als notwendige Bedingung der Begeisterung diskutiert. Viele Autoren teilen die Überzeugung von Chandler (1989), dass die Überraschung die fundamentale Voraussetzung der Kundenbegeisterung und Abgrenzung zur Kundenzufriedenheit darstellt (z.B. Verma 2003; Berman 2005). Auch empirisch ist dieser Zusammenhang in einigen Studien belegt (z.B. Finn 2005; Wang 2011). Kumar, Olshavsky und King (2001) verweisen darauf, dass Überraschung in ihren Studien mehrheitlich nicht genannt wird, um Begeisterung zu beschreiben, und sind davon überzeugt, dass Begeisterung lediglich mit Freude verknüpft sein muss. Außerdem ist festzustellen, dass die Überraschung in jüngster Vergangenheit keine Berücksichtigung in empirischen Studien findet (Barnes/Ponder/Hopkins 2015; Collier/Barnes 2015).

Chitturi, Raghunathan und Mahajan (2008) sind der Auffassung, dass es einen direkten Weg zur Kundenbegeisterung gibt und einen indirekten, der über die Überraschung führt. Diese Ansicht wird in weiteren Forschungsarbeiten geteilt. So wird ein starker Einfluss der Überraschung auf die Kundenbegeisterung nachgewiesen, die absolute Notwendigkeit jedoch in Frage gestellt (Bartl/Gouthier/Lenker 2013; Torres/Kline 2013).

Auf Basis der gewonnenen Erkenntnisse wird der Begriff der Kundenbegeisterung als *eigenständiges emotionspsychologisches Konstrukt* definiert. Dabei wird am etablierten Begriffsverständnis von Finn (2005, S. 104) angeknüpft: „Customer delight is conceptualized as an emotional response, which results from surprising and positive levels of performance." Diese Definition orientiert sich wiederum am Verständnis von Begeisterung nach Oliver, Rust und Varki (1997). Allerdings wird in diesem Beitrag der Auffassung gefolgt, dass Überraschung keine grundsätzliche Voraussetzung für Kundenbegeisterung ist und wird daher nicht als explizite Komponente des Begeisterungskonzepts verstanden. Somit ergibt sich folgende Definition:

> *Kundenbegeisterung* ist eine intensiv empfundene, positive Emotion des Kunden, ausgelöst von einer besonders überzeugenden Leistung.

2.2 Abgrenzung der Kundenbegeisterung von Kundenzufriedenheit

Da in früheren Studien ein Unterschied zwischen Kundenbegeisterung und Kundenzufriedenheit wiederholt in Frage gestellt wurde (z.B. Kumar/Iyer 2001; Verma 2003), wird an dieser Stelle eine Abgrenzung der beiden Konstrukte vorgenommen.

Die Arbeit von Oliver, Rust und Varki (1997) adressiert diese Unterscheidung und definiert Kundenzufriedenheit als Funktion aus positiver Diskonfirmation und einer positiven Emotion. Es werden strukturelle Unterschiede der beiden Konstrukte aufgedeckt, aber auch, bedingt durch die gemeinsame Komponente der positiven Emotion (Freude), auf eine mögliche Korrelation hingewiesen (Oliver/Rust/Varki 1997). Daher ist von verwandten Konstrukten zu sprechen, die analytisch aber getrennt und eigenständig zu betrachten sind.

Zentrale Unterschiede lassen sich zunächst hinsichtlich der *Erwartungen* erkennen. So spiegelt Kundenzufriedenheit die Erfüllung oder leichte Übererfüllung von subjektiven Erwartungen seitens der Kunden wider, während Kundenbegeisterung durch unerwartete Leistungen und Merkmale hervorgerufen, bzw. die Erwartung in unerwarteter Art und Weise übererfüllt wird (Berman 2005). Chandler (1989) fasst Zufriedenheit als weitgehend statischen Prozess mit bekannten Umständen auf. Das Hervorrufen von Kundenbegeisterung wird hingegen als ein dynamischer Prozess unter unbekannten Umständen verstanden. So entsteht Zufriedenheit dadurch, dass die Erwartungen erfüllt werden und keine Probleme auftreten (Chandler 1989). Dagegen resultiert Begeisterung daraus, dass der Kunde eine positive Überraschung erlebt (Schneider/Bowen 1999; Berman 2005).

Für die Gestaltung der Leistung selbst hat das zur Folge, dass Kundenbegeisterung *außergewöhnliche* Komponenten erfordert, wohingegen für Zufriedenheit die gewöhnliche, erwartete Leistung ausreicht. Außerdem wird Kundenzufriedenheit als eher kognitives und Begeisterung als eher *affektives Konstrukt* beschrieben (Berman 2005). Chitturi, Raghunathan und Mahajan (2008) verfolgen in diesem Kontext die Ansicht, dass Zufriedenheit von präventiven Emotionen wie Schutz oder Sicherheit geleitet ist, während Begeisterung mit Emotionen wie Spannung oder Heiterkeit in Verbindung steht. Die Unterscheidung der Konstrukte macht sich hier an nützlichen und an hedonistisch geprägten Merkmalen fest (Chitturi/Raghunathan/Mahajan 2008).

Der Gefühlszustand der Begeisterung wird außerdem als intensiver beschrieben als die Zufriedenheit (Schneider/Bowen 1999). Es ist daher bei begeisterten Kunden von einem höheren *Grad der Aktivierung* auszugehen als bei zufriedenen Kunden. Dies bedingt auch eine höhere Wahrscheinlichkeit der *Erinnerung*, da begeisternde Erlebnisse tiefer im Gedächtnis verankert bleiben. Daher liegt die Vermutung nahe, dass die bessere Erinnerung auch das Nutzungsverhalten der Kunden beeinflusst (Berman 2005).

Ein weiterer Unterschied besteht in der *Wirkung* auf die Verhaltensabsicht (Berman 2005). Finn (2012) zeigt, dass Kundenzufriedenheit und Kundenbegeisterung über eine ausreichend hohe Diskriminanzvalidität verfügen und eigenständige signifikante Wirkungen auf die Wiedernutzung ausüben. Der Effekt der Kundenbegeisterung beschreibt einen positiv quadratischen Verlauf, während der Effekt der Kundenzufriedenheit negativ kubisch verläuft (Finn 2012). Außerdem hat Kundenbegeisterung einen stärkeren Effekt auf die Weiterempfehlung und die Wiederkaufabsicht als die Kundenzufriedenheit (Chitturi/Raghunathan/Mahajan 2008).

2.3 Ansätze zur Messung der Kundenbegeisterung

Bei der Messung von Kundenbegeisterung ist zu unterscheiden zwischen (1) der Identifikation von begeisternden Kundenerlebnissen, (2) der Messung von Merkmalen der Kundenbegeisterung und (3) der Messung von Wirkungen der Kundenbegeisterung:

(1) Identifikation von begeisternden Kundenerlebnissen

Die Identifikation von Ereignissen, die Begeisterung bei Kunden auslösen, bildet die Grundlage, um daraus Merkmale bzw. Einflussfaktoren der Kundenbegeisterung abzuleiten. Hierfür stehen insbesondere die Methoden *Critical-Incident-Technik*, *Tiefeninterviews* und die *Fokusgruppenanalyse* zur Verfügung, die bereits in der Begeisterungsforschung eingesetzt wurden.

Die *Critical-Incident-Technik* erfreut sich in der empirischen Forschung zur Kundenbegeisterung besonderer Beliebtheit (z.B. Verma 2003; Arnold et al. 2005; Barnes/ Ponder/Dugar 2011; Swanson/Davis 2012; Barnes et al. 2013), da durch eine gezielte Fragetechnik extrem positive Erlebnisse bzw. die begeisternden Momente identifiziert werden können (Flanagan 1954, S. 328f.). Die Critical-Incident-Technik zeichnet sich dadurch aus, dass die gewonnenen Daten aus Kundenperspektive, in deren eigenen Worten, generiert werden (Edvardsson 1992, S. 19). Dadurch wird ein Zugang zu detaillierten Erfahrungen aus erster Hand geschaffen (Bitner/Booms/Mohr 1994, S. 97). In der Kritik steht jedoch die Subjektivität des Verfahrens, da die Ereignisse missinterpretiert werden können (Edvardsson 1992). Außerdem ist die Technik relativ zeit- und kostenaufwändig und deshalb nicht für eine kontinuierliche Anwendung geeignet (Gelbrich 2009). Ein weiterer Kritikpunkt ist darin zu sehen, dass die Datenerhebung im Vergleich zu Tiefeninterviews als oberflächlicher bewertet wird (Pritchard/Havitz 2006).

Ein *Tiefeninterview* stellt ein intensives Gespräch zu einem vorgegebenen Thema zwischen Interviewer und Befragtem dar und zielt darauf ab, möglichst alle relevanten Meinungen und Einstellungen zu diesem Thema zu erfahren (Kepper 2008). Die Vorzüge dieser Erhebungsmethode machen sich insbesondere an der Vollständigkeit der Gedanken und Argumente fest, die zahlreiche Einzelaspekte enthalten. Dadurch ist es möglich, komplexe Phänomene wie die Kundenbegeisterung hinreichend detailliert zu betrachten. Durch gezieltes Nachfragen durch den Interviewer ist es möglich, Informationen zu erhalten, die dem Befragten vorher noch nicht bewusst waren. Allerdings ist diese Methode eine sehr zeit- und kostenintensive Erhebungsform. Außerdem stehen der Aspekt der nicht repräsentativen Auswahl der Auskunftspersonen und die damit verbundene schwere Generalisierbarkeit in der Kritik. Zudem ist ein geschulter Interviewer erforderlich und ein gewisses intellektuelles Mindestniveau hinsichtlich der Verbalisierungsfähigkeit der Befragten notwendig (Salcher 1995; Kuß 2012).

Die *Fokusgruppenanalyse* stellt eine Form der strukturierten Gruppendiskussion dar, bei der die Gruppen nach spezifischen Kriterien zusammengestellt werden und eine Diskussion unter der Leitung eines geschulten Moderators durchgeführt wird (Töpfer/Silbermann 2008). Die Vorteile dieser Methode bestehen vor allem darin, dass sie als kostengünstige, aber trotzdem informationsreiche Analyse eingestuft wird. Eine Besonderheit der Fokusgruppenanalyse ist darin zu sehen, dass die Diskussion durch den Moderator angeregt und gelenkt werden kann, beispielsweise durch die Präsentation geeigneter Stimuli, die Kundenbegeisterung auslösen sollen. Zudem handelt es sich um eine eher natürliche Gesprächssituation, bei der die Hemmungen der Teilnehmer abgebaut werden (Kuß 2012). Kritisch zu beurteilen ist hingegen der Umstand, dass relativ wenig Information pro Teilnehmer generiert wird. Außerdem wird die geringe Vollständigkeit der Angaben der Einzelpersonen beanstandet, weil sich nicht jeder Teilnehmer zu jedem Aspekt äußert (Salcher 1995).

(2) Messung von Kundenbegeisterungsmerkmalen

Um Begeisterungsmerkmale zu messen, sind vor allem die Ansätze *Kano-Methode, Single-Item Messung, Multi-Item-Messung* und *Sentiment-Analyse* zu betrachten.

Die *Kano-Methode* ermöglicht es bei einer vorgegebenen Leistung, zwischen Basis-, Leistungs- und Begeisterungsmerkmalen aus Kundensicht zu differenzieren (Matzler et al. 1996). Zu den vorab identifizierten Merkmalen werden zwei Fragen formuliert. Die „funktionale Frage" fragt die Reaktion auf das Vorhandensein einer Eigenschaft ab und die „dysfunktionale Frage" lässt die Reaktion bewerten, wenn diese Eigenschaft nicht vorhanden ist. Die jeweilige Skala umfasst fünf Stufen von „Ich würde mich sehr freuen" bis „Das würde mich sehr stören". Durch die Kombination der zwei Antworten in einer Auswertungstabelle lassen sich die Eigenschaften in einer der drei Kategorien klassifizieren (Chen/Chuang 2008; Wang 2013). Die simple Anwendbarkeit und Auswertungsmöglichkeit dieser Methode zeigt sich anhand zahlreicher empirischer Studien zur Messung von Begeisterungsmerkmalen (z.B. Matzler/Hinterhuber 1998; Nilsson-Witell/Fundin 2005; Yang 2011). Die Reliabilität und Validität der Kano-Methode wurde von Sauerwein (2000) untersucht und als zufriedenstellend befunden. Durch die Standardisierung des Kano-Fragebogen ist nur ein geringer Einfluss des Interviewers auf die Teilnehmer festzustellen (Matzler/Hinterhuber 1998). Allerdings steht die Kano-Methode auch in der Kritik. Denn sie ist zwar in der Lage aufzudecken, wie die Beurteilung der einzelnen Merkmale ausfällt, inwieweit jedes Merkmal für die Gesamtbeurteilung der Leistung wichtig ist, bleibt jedoch offen (Mikulic/Prebežac 2011).

Die *Single-Item Messung* von Begeisterungsmerkmalen stellt die Bestimmung eines Konstrukts und dessen Spektrum mittels einer Indikatorvariable dar. Dieses Verfahren findet unter anderem Anwendung in der Arbeit von Westbrook (1980) mit der so genannten „Delighted-Terrible-Skala" (D-T-Skala). Einen weiteren Single-Item-Ansatz bringen Chitturi, Raghunathan und Mahajan (2008) mit dem Indikator „Based on the overall experience of using ..., I feel delighted" hervor, der mittels 7-stufiger Likert-Skala (1: not at all, 7: extremely) bewertet wird. Insgesamt steht die Messung mit Hilfe nur einer Frage jedoch in der Kritik, das Konstrukt Kundenbegeisterung nicht in seinem vollständigen Spektrum zu erfassen (Kwong/Yau 2002).

Deutlich weiter verbreitet ist die *Multi-Item-Messung* von Begeisterungsmerkmalen. Hierbei ist auf die Arbeit von Finn (2005) zu verweisen, in der die Begeisterung gemessen wird, indem die Häufigkeit des Auftretens eines Gefühlszustands auf einer 5-stufigen Skala zu bewerten ist (1: nie, 2: fast nie, 3: manchmal, 4: häufig und 5: immer). Diese Skala lehnt sich an Oliver, Rust und Varki (1997) an, trennt jedoch den Aspekt der Überraschung heraus. Es sind demnach die drei Indikatoren „fröhlich", „freudig erregt" und „begeistert" zu bewerten (Finn 2005). Eine Fülle empirischer Studien (z.B. Finn 2012; Bartl/Gouthier/Lenker 2013) weist adäquate Gütemaße für diese Messung aus. Ein einheitliches Verständnis von der Multi-Item-Messung hat sich bisher in der Literatur noch nicht herauskristallisiert. Dennoch ist zu unterstellen, dass komplexe Konstrukte wie die Kundenbegeisterung durch eine Multi-Item-Messung vollständiger erfasst werden als mit dem Single-Item-Verfahren. Sie repräsentiert in der jüngsten Literatur zur Kundenbegeisterung die am häufigsten genutzte Messmethodik.

Die *Sentiment-Analyse* ist die neueste Methode im Kontext der Messung von Begeisterungsmerkmalen und basiert auf der automatischen Auswertung von Texten. Mit Hilfe von statistischer Sprachanalyse, Text-Mining und Computerlinguistik ermöglicht diese Methode, Meinungen nach dem jeweiligen Standpunkt und der emotionalen Konnotation zu klassifizieren (Arazy/Woo 2007). Somit lassen sich auch entsprechende Merkmale einer Leistung auf die Emotion Begeisterung zuordnen. Die Quellen dieser automatisierten Methode stellen häufig soziale Netzwerke, Foren und Blogs im Internet dar (Wright 2009). Dadurch ist die Vorteilhaftigkeit der Sentiment-Analyse vor allem in der Effizienz der Untersuchung zu sehen. So werten Misopoulos et al. (2014) beispielsweise nahezu 68.000 Twitter-Nachrichten aus und sind damit unter anderem in der Lage, entsprechende Leistungskomponenten als begeisternd zu klassifizieren.

(3) Messung der Wirkungen von Kundenbegeisterung

Zur Messung der Wirkungen von Kundenbegeisterung sind insbesondere der *Net Promoter Score* und die *Kausalanalyse* von Bedeutung.

Der *Net Promoter Score* wurde als branchenübergreifendes Verfahren von Reichheld (2003) entwickelt, um die Weiterempfehlung durch die Kunden zu messen. Die Bewertung der Wahrscheinlichkeit der Weiterempfehlung erfolgt auf einer Skala von „0 = extrem unwahrscheinlich" bis „10 = extrem wahrscheinlich". Ziel ist es, den Anteil der Befürworter, die so genannten Promotoren, und den Anteil der Kritiker, die so genannten Detraktoren, festzustellen (Antwortwert 0-6: Detraktoren, 7-8: Passive, 9-10: Promotoren). Der Net Promoter Score errechnet sich aus der Differenz des Anteils der Detraktoren und Promotoren (Reichheld 2006). Dadurch, dass die Promotoren als begeisterte Kunden angesehen werden, drückt der Net Promoter Score implizit das Begeisterungspotenzial einer Leistung aus. So geht ein hoher Net Promoter Score mit einer hohen Anzahl begeisterter Kunden einher, was wiederum zu einer höheren Weiterempfehlungsabsicht führt. Aufgrund ihrer Einfachheit ist diese Methode mittlerweile in der Managementpraxis weit verbreitet (Keiningham et al. 2007, S. 39). Gerade die Einfachheit wird jedoch auch kritisiert und die tatsächliche Aussagekraft dieser Kennzahl aufgrund der mangelnden wissenschaftlichen Fundierung angezweifelt (Schwarz 2009, S. 106).

Die *Kausalanalyse* als Verfahren zur Überprüfung hypothetischer Ursache-Wirkungs-Zusammenhänge stellt ein prädestiniertes Instrument zur Messung der Wirkungen von Kundenbegeisterung dar. Im Kontext der Forschung zu Kundenbegeisterung ist festzustellen, dass sich eine Vielzahl von empirischen Arbeiten, die sich mit ihren Wirkungen befassen, dieser Methodik bedient (z.B. Chitturi/Raghunathan/Mahajan 2008; Barnes/Beauchamp/Webster 2010; Loureiro/Kastenholz 2011; Wang 2011; Finn 2012; Bartl/Gouthier/Lenker 2013). Hinsichtlich der quantitativen Beweisführung zu den Auswirkungen von Kundenbegeisterung wurde bisher fast ausnahmslos die Kausalanalyse eingesetzt. Diese Messung stellt zwar ein relativ aufwändiges Verfahren dar, das hohe Fallzahlen erfordert, zeichnet sich aber durch die hohe Verlässlichkeit der Ergebnisse aus (Weiber/Mühlhaus 2014).

3. Wirkungsbeziehungen der Kundenbegeisterung

3.1 Einflussgrößen der Kundenbegeisterung

Die Analyse bisheriger Kundenbegeisterungsforschung offenbart eine Vielzahl an empirischen Arbeiten zu den *Determinanten der Kundenbegeisterung*, deren Aggregationsniveau erheblich variiert (vgl. für eine umfassende Diskussion Becker 2016). Abbildung 1 gibt einen Überblick über die in empirischen Studien untersuchten Einflussgrößen der Kundenbegeisterung. Neben den Faktoren, die im direkten Zusammenhang mit dem Personal stehen, können ein hohes Maß an wahrgenommener Problemlösung, Personalisierung, Exklusivität, Schnelligkeit, hedonistische Nutzenaspekte, Kommunikation und Zusatzleistung als zentrale Einflussgrößen der Kundenbegeisterung verstanden werden.

Die Mehrheit der Studien zur Kundenbegeisterung hat bestimmte Charakteristika des *Personals* als Einflussgröße der Begeisterung untersucht. Besonders häufig werden Aspekte angeführt wie: Freundlichkeit (Bitner/Booms/Tetreault 1990; Verma 2003; Torres/Kline 2013), Engagement (Johnston 1995; Barnes/Ponder/Dugar 2011), Aufmerksamkeit (Bitner/Booms/Tetreault 1990; Menon/Dube 1999), Empathie (Swanson/Davis 2012) und die Zeit, die sich das Personal für Kunden nimmt (Arnold et al. 2005).

Ein weiterer untersuchter Auslöser von Kundenbegeisterung ist, dass ein wesentliches Kundenbedürfnis genau adressiert bzw. ein relevantes *Problem* der Kunden *gelöst* wird (Verma 2003). Dieser Gesichtspunkt wird auch als Zielerreichung beschrieben, die für Kunden eine besondere Wichtigkeit aufweist und dem Anbieter zuzuschreiben ist (Ma et al. 2013). Dies gilt ebenso für die Art und Weise, wie mit Problemen umgegangen wird, die während der Leistungserbringung auftreten (Arnold et al. 2005). Es wird sogar argumentiert, dass die Art und Weise, wie mit Fehlern oder Mängeln umgegangen wird, Begeisterung hervorrufen kann (Johnston 2004).

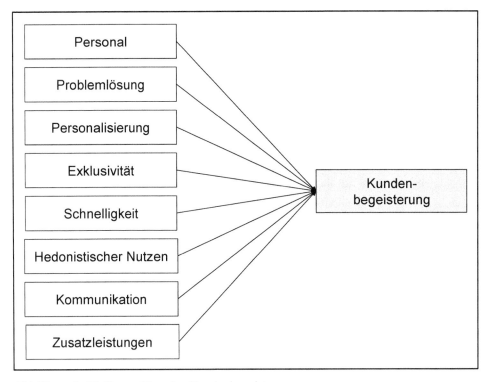

Abbildung 1: Einflussgrößen der Kundenbegeisterung

Des Weiteren finden sich empirische Nachweise dafür, dass *personalisierte Leistungen* das Potenzial aufweisen, Kunden zu begeistern (Verma 2003). Ähnliche Ergebnisse charakterisieren begeisternde Leistungen dadurch, dass sie mit einer persönlichen Note versehen sind (Johnston 2004). Im Kontext der Gastronomie zeigt Raj (2012), dass individuell angepasste Leistungskomponenten ein Gefühl von Wichtigkeit vermitteln und so begeisternde Erlebnisse prägen.

Zudem wird die wahrgenommene *Exklusivität* einer Leistung als Begeisterungstreiber identifiziert. So zeigen Misopoulos et al. (2014), dass bei Fluggesellschaften die meisten überraschenden und begeisternden Kundenerlebnisse auf exklusive Services im Lounge-Bereich zurückzuführen sind. So wird argumentiert, dass der spezielle Zugang zu limitierten Leistungen von den Kunden als besondere Wertschätzung empfunden wird, die wiederum zu Begeisterung führt (Kwong/Yau 2002). Dieses Gefühl einer exklusiven Behandlung resultiert oft aus der wahrgenommenen Bereitschaft eines Anbieters, sich für den Kunden über das übliche Maß zu engagieren (Johnston 2004). Butori und DeBruyn (2013) konstruieren „bevorzugte Behandlung" als Einflussgröße von Begeisterung, jedoch in Abhängigkeit von Rechtfertigung, Schuldgefühlen und Sichtbarkeit.

Die empirischen Befunde stellen *Schnelligkeit* als zentralen Einflussfaktor der Kundenbegeisterung heraus. Eine kurze Reparaturdauer in einer Autowerkstatt trägt z.B. wesentlich zur Kundenbegeisterung bei (Kumar/Iyer 2001). Im Bereich der Wirtschaftsprüfung ist das Einhalten von Terminen als elementarer Begeisterungstreiber auszumachen (McNeilly/Feldman Barr 2006). In einer branchenübergreifenden Erhebung wird Schnelligkeit als wichtigster personenunabhängiger Auslöser von Kundenbegeisterung bewertet (Barnes/Ponder/Dugar 2011). Besonders deutlich wird dieser Aspekt am Beispiel von Online-Services (Bartl/Gouthier/Lenker 2013).

Darüber hinaus ist auf *hedonistische Nutzenaspekte* zu verweisen, die empirisch als Einflussgröße der Begeisterung identifiziert wurden (Chitturi/Raghunathan/Mahajan 2008). Hierzu zählen ästhetische sowie erlebnis- und genussbezogene Faktoren, wie z.B. eine ansprechende Ästhetik und Erholung auf einer Reise (St-James/Taylor 2004). Weitere Studien verstehen diesen Faktor als Unterhaltungswert bzw. Spaß an der Nutzung und belegen einen positiven Effekt auf die Kundenbegeisterung (Bartl/Gouthier/Lenker 2013; Collier/Barnes 2015).

Aus der Sichtung der Literatur geht außerdem hervor, dass eine perfektionierte *Kommunikation* ein hohes Potenzial an Begeisterung birgt. Fühlt sich ein Kunde während der Inanspruchnahme einer Leistung stets gut durch den Anbieter informiert, so steigt die Wahrscheinlichkeit, ein begeisterndes Erlebnis zu schaffen (Menon/Dube 1999). Nach Aussagen von Geschäftskunden ist der kontinuierliche, aktive Informationsfluss über verschiedene Kommunikationskanäle hinweg ein zentraler Auslöser der Begeisterung (McNeilly/Feldman Barr 2006). Im Online-Kontext spiegelt die Nützlichkeit der Information auf einer Webseite die wahrgenommene Kommunikation wider, die Begeisterung auslöst (Bartl/Gouthier/Lenker 2013).

Schließlich sind noch unerwartete bzw. kostenlose *Zusatzleistungen* anzuführen, die durch empirische Ergebnisse als Auslöser der Kundenbegeisterung erkannt werden (Menon/Dube 1999). Es ist festzustellen, dass auch kostenlose Zusatzleistungen, die nicht mit der Kernleistung in Verbindung stehen, in der Lage sind, zu begeistern. Ist jedoch die Kernleistung an sich qualitativ minderwertig, so entfaltet die Zusatzleistung ihr Begeisterungspotenzial nicht (Wang 2011). Gouthier et al. (2015) stellen dazu fest, dass ein Geschenk zeitlich nach der Inanspruchnahme einer Leistung als Sachleistung einen positiven, signifikanten Effekt auf die Kundenbegeisterung hat. Als monetäre Leistung kann dieser Effekt jedoch nicht nachgewiesen werden.

Die identifizierten Determinanten aus der Kundenbegeisterungsforschung (Personal, hohes Maß an wahrgenommener Problemlösung, Personalisierung, Exklusivität, Schnelligkeit, hedonistische Nutzenaspekte, Kommunikation und Zusatzleistung) bilden somit die Voraussetzungen für Kundenbindung durch Kundenbegeisterung.

3.2 Wirkungen der Kundenbegeisterung

Als elementare Wirkungen der Kundenbegeisterung sind Kundenbindung, positives Word-of-Mouth, Erinnerung, höhere Zahlungsbereitschaft und steigende Erwartungen anzuführen.

Die Literaturanalyse zeigt, dass als nachgelagerte Wirkungsgröße der Kundenbegeisterung besonders häufig *Kundenbindung* betrachtet wird. So stellen Schneider und Bowen (1999) fest, dass begeisterte Kunden mit einer hohen Wahrscheinlichkeit zu loyalen „Aposteln" der begeisternden Leistung werden. Zudem wird Kundenbegeisterung als Auslöser „echter Kundenbindung" aufgefasst, „falsche Kundenbindung" wird durch hohe Wechselbarrieren erreicht (Berman 2005). Im Zusammenhang mit begeisterten Kunden wird sogar von lebenslanger Loyalität gesprochen (Mascarenhas/Kesavan/Bernacchi 2004).

Die meisten Arbeiten zu Kundenbegeisterung konzeptualisieren Kundenbindung anhand von Wiederbesuchs-, Wiedernutzungs- oder Wiederkaufsintention. Eine der ersten Arbeiten, die den Zusammenhang zwischen Kundenbegeisterung und Kundenbindung empirisch überprüft, bestätigt die Wiederbesuchsabsicht als signifikante Wirkungsgröße der Kundenbegeisterung im Rahmen von Konzertbesuchen, kann diesen Effekt jedoch nicht für Freizeitparkbesuche bestätigen (Oliver/Rust/Varki 1997). Dieses nicht eindeutige Ergebnis hat Anlass für diverse Replikationsstudien in unterschiedlichen Branchen gegeben. Empirische Analysen, anhand von 146 selbst gewählten Webseiten (Finn 2005) und 20 kanadischen Online-Händlern (Finn 2006), weisen eine positive Wirkung der Kundenbegeisterung auf die Wiedernutzung nach. Eine weitere Replikationsstudie im Kontext von landwirtschaftlichem Tourismus in Portugal bestätigt diesen Effekt (Loureiro/Kastenholz 2011). Jedoch kann eine sehr ähnlich angelegte Replikationsstudie am Beispiel von Restaurantbesuchen in Australien diesen Wirkungszusammenhang nicht bestätigen (Bowden/Dagger 2011). Auch Studien, die sich vom Modellrahmen der Arbeit von Oliver, Rust und Varki (1997) lösen, kommen zu unterschiedlichen Ergebnissen. Swanson und Davis (2012) ziehen die Critical-Incident-Technik im Umfeld darstellender Künste heran und stellen fest, dass eine Darbietung, die bei den Besuchern Begeisterung auslöst, die Intension steigert, diese erneut zu besuchen (Swanson/Davis 2012). In einer experimentellen Studie untersucht Wang (2011) die Wirkung von Zusatzleistungen anhand fiktiver Service-Szenarien im Restaurantkontext. Die Ergebnisse bestätigen die Wiederkaufintention und damit im weiteren Sinne die Kundenbindung als Wirkungsgröße der Kundenbegeisterung. Allerdings zeigt die empirische Analyse auch, dass diese Beziehung nur unter der Voraussetzung einer hohen Servicequalität gegeben ist (Wang 2011). Im Kontext des E-Commerce in der Automobilindustrie belegen Bartl, Gouthier und Lenker (2013) einen signifikanten Zusammenhang zwischen der Kundenbegeisterung und der Kaufintention. Das Konstrukt der Kaufintention entspricht dabei der Konzeption der Kundenbindung. Demgegenüber stellen Herington und Weaven (2007) im Online-Banking keinen signifikanten Zusammenhang zwischen Begeisterung und „E-Loyalty" fest (Herington/Weaven 2007). Demzufolge lässt sich zusammenfassen, dass die Mehrheit der empirischen Arbeiten der Kundenbegeisterung eine positive Wirkung auf die Kundenbindung bescheinigt.

Als weitere Wirkungsgröße der Kundenbegeisterung wird häufig das *Weiterempfehlungsverhalten* angeführt (Mascarenhas/Kesavan/Bernacchi 2004). Begeisternde Konsumerfahrungen führen dazu, dass die positiven Erlebnisse aktiv an andere, potenzielle Kunden kommuniziert werden (Berman 2005). Empirische Belege für diesen Zusammenhang liefern unter anderem die Studien von Loureiro und Kastenholz (2011) sowie von Swanson und Davis (2012). Eine Critical-Incident-Studie stellt fest, dass begeisternde Einkaufserlebnisse in der Regel mit positiven Weiterempfehlungen einhergehen (Arnold et al. 2005). Barnes, Beauchamp und Webster (2010) erbringen, mit Hilfe verschiedener Szenarien eines Restaurantbesuchs, einen weiteren empirischen Beleg dafür, dass positives Word-of-Mouth als Wirkung der Kundenbegeisterung zu verstehen ist (Barnes/Beauchamp/Webster 2010). Es ist festzustellen, dass die bisherige Literatur noch relativ wenig positives Word-of-Mouth als Wirkungsgröße der Kundenbegeisterung untersuchte. Die bisherigen Erkenntnisse zu diesem Zusammenhang sind jedoch widerspruchsfrei.

Es finden sich auch konkrete Hinweise, dass sich Kunden an Konsumerfahrungen besser erinnern können, wenn sie dabei Begeisterung empfanden (Berman 2005, S. 143). Rust und Oliver (2000) diskutieren in diesem Zusammenhang das Konzept des „Reenacted Delight" und unterstellen, dass die Emotion Begeisterung zwar vergeht, die *Erinnerung* an die Begeisterung aber noch weiterhin genossen wird. So wird ein begeisterndes Erlebnis in eine angenehme Erinnerung umgewandelt und kann dementsprechend wiedererlebt werden (Rust/Oliver 2000). Das Konzept des „Reenacted Delight" wird durch die Arbeit von St-James und Taylor (2004) unterstützt. Sie erweitern diesen Ansatz durch die Erkenntnis, dass die Erinnerung zusätzlich ein Bedürfnis schafft, die Begeisterung tatsächlich erneut erleben zu wollen (St-James/Taylor 2004). Die Herleitung der Erinnerung als Wirkungsgröße der Kundenbegeisterung ist bisher rein konzeptionell und noch nicht empirisch validiert.

Mit der Fragestellung, ob Kundenbegeisterung eine *höhere Zahlungsbereitschaft* bewirkt, befassen sich lediglich zwei Studien. Die empirische Arbeit von Barnes, Beauchamp und Webster (2010) kommt zu dem Ergebnis, dass begeisterte Kunden dazu bereit sind, für einen Restaurantbesuch mehr zu bezahlen und trotz einer Preissteigerung wiederzukommen. Die empirische Studie von Swanson und Davis (2012) betrachtet das Konstrukt der Zahlungsbereitschaft als Intention, für eine Kunstorganisation zu spenden. Auch sie erbringen den Nachweis, dass Kundenbegeisterung einen positiven Effekt auf die Zahlungsbereitschaft hat (Swanson/Davis 2012). Über diese beiden Arbeiten hinaus finden sich in der Forschung zur Kundenbegeisterung keine weiteren Erkenntnisse zu diesem Zusammenhang.

Eine kritische Wirkung der Kundenbegeisterung stellen *steigende Erwartungen* dar (Berman 2005), die auch als „Raising the Bar"-Phänomen bezeichnet werden (Rust/Oliver 2000). Im Kano-Modell (Kano et al. 1984) wird die dynamische Natur der Wahrnehmung hervorgehoben. Demnach werden anfänglich begeisternde Leistungen im Laufe der Zeit als selbstverständlich erachtet und dementsprechend ein höheres Erwartungsniveau erzeugt (Nilsson-Witell/Funin 2005). Demzufolge wird es für Unternehmen zukünftig schwerer, diese Kunden zu begeistern (oder zufriedenzustellen), da wiederum ein noch höheres Leistungsniveau notwendig ist (Rust/Oliver 2000). Diese Anspruchsinflation ist jedoch auch unter Wettbewerbsgesichtspunkten zu betrachten, d.h. steigende Erwartungen, die durch Kundenbegeisterung ausgelöst wurden, schaden den Wettbewerbern mehr als dem Unternehmen, das die Begeisterung verursacht. Die Erwartungen werden durch die höchste verfügbare Qualität am Markt bestimmt, so dass auch Kunden der Konkurrenz ihre Erwartungen anpassen. Der Wettbewerbsvorteil der begeisternden Leistung löst damit Wechselbereitschaft bei Konkurrenzkunden aus. Es wird gefolgert, dass der Effekt des zukünftig steigenden Aufwands durch den Effekt wechselnder Kunden überkompensiert wird (Rust/Oliver 2000). Hinsichtlich der Wirkungsgröße Erwartungssteigerung besteht folglich bisher kein einheitliches Verständnis.

4. Management der Kundenbegeisterung

Um Kundenbegeisterung hervorrufen zu können, ist die Implementierung eines Managementsystems notwendig, das auf die Generierung von Begeisterungsmomenten abzielt (Gouthier/Giese/Bartl 2012).

Das *Management der Kundenbegeisterung* dient der Entwicklung von besonders überzeugenden Leistungen, die zu intensiv empfundenen Emotionen des Kunden führen. Im Mittelpunkt stehen der Kunde und die Analyse seiner Gefühle bzw. Erfahrungen in der Interaktion mit dem Unternehmen als Grundlage zur Konzeption von Begeisterungsmomenten. Ziel ist es, den Kunden durch eine überlegene und bedürfnisgerechte Kundenerfahrung zu begeistern, um ihn emotional und langfristig an das Unternehmen zu binden.

Das Kundenbegeisterungsmanagement bedingt ein systematisches Entscheidungsverhalten, das sich durch einen *Managementprozess* realisieren lässt. Abbildung 2 zeigt einen idealtypischen Prozess mit den klassischen Phasen der Analyse, Planung, Durchführung und Kontrolle.

(1) Analysephase des Kundenbegeisterungsmanagements

Der Schlüssel zum erfolgreichen Kundenbegeisterungsmanagement liegt im Verständnis der Begeisterung aus Kundensicht. Um Kunden zu begeistern, benötigt ein Unternehmen neue innovative Ansätze. Die herkömmlichen Ansätze zur Kundenzufriedenheit reichen nicht aus (Arnold et al. 2005). Um die Erwartungen der Kunden zu übertreffen und damit Kundenbegeisterung zu erzeugen, muss ein Unternehmen seine Kunden genau kennen (Schneider/Bowen 1999).

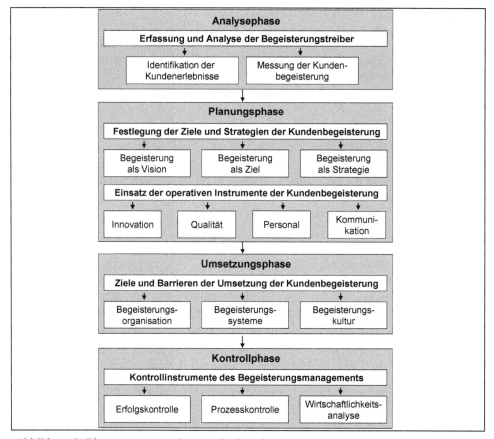

Abbildung 2: Planungsprozess des Kundenbegeisterungsmanagements

Im Zentrum steht daher die Analyse der Kundenerlebnisse, die eine ausreichend große informatorische Grundlage zur Generierung von Kundenbegeisterung sicherstellt. Nur durch den „Blick durch die Brille des Kunden" können die wichtigen Erlebnisse an den Kundenkontaktpunkten, den so genannten „Moments of Truths", identifiziert und die dahinterstehenden Bedürfnisse der Kunden analysiert werden. Ausgangspunkt zur Gestaltung von Kundenbegeisterung bildet daher die Analyse der begeisternden Kundenerlebnisse, der Merkmale der Kundenbegeisterung und der Wirkungen der Kundenbegeisterung.

(2) Planungsphase des Kundenbegeisterungsmanagements

Die Erkenntnisse der Kundenbegeisterungsanalyse bilden die Grundlage zur strategischen und operativen Planung der Kundenbegeisterung.

Im Rahmen der *strategischen Planung* bedarf es zunächst einer klaren Entscheidung der Geschäftsleitung zur Etablierung und aktiven Unterstützung eines Kundenbegeisterungsmanagements (Gouthier/Giese/Bartl 2012). Nur durch ein solches Bekenntnis kann es zu einer Verinnerlichung des Kundenbegeisterungsgedankens kommen, der notwendig ist, um die Strategie eines Unternehmens konsequent danach auszurichten. Das aktive Vorleben der Vision Kundenbegeisterung durch die Geschäftsleitung überträgt sich in der Konsequenz auch auf die Mitarbeitenden eines Unternehmens. Dies ist von besonderer Bedeutung, da es sich bei der Kundenbegeisterung keinesfalls um eine kurzfristige und lediglich aufgesetzte Zielsetzung handeln darf. Bei der Festlegung der Ziele, die durch ein Kundenbegeisterungsmanagement angestrebt werden, steht die Entstehung und Generierung positiver und einzigartiger begeisternder Kundenerlebnisse im Mittelpunkt. Entsprechende Ziele sind die Schaffung von Kundenbegeisterung, die emotionale Kundenbindung sowie die Umsatzsteigerung. Des Weiteren besteht eine Aufgabe der strategischen Planung in der Konzeption eines übergeordneten Begeisterungsmotivs, das zum einen die Kernwerte und die übergeordnete Marketingstrategie des Unternehmens verkörpert und zum anderen als Bezugspunkt aller begeisterungsorientierten Maßnahmen des Anbieters fungiert (Mayer-Vorfelder 2012).

Im Mittelpunkt der *operativen Planung* des Kundenbegeisterungsmanagements steht die Gestaltung der Kundenerlebnisse. Ausgehend vom Kano-Modell lassen sich Basis-, Leistungs- und Begeisterungsanforderungen unterscheiden und entsprechend der Klassifizierung von Kundenerwartungen an den einzelnen Kundenkontaktpunkten Prioritäten für die Optimierung des Kundenerlebnisses ableiten. Viele Unternehmen konzentrieren sich dabei auf die Erfüllung von Begeisterungsfaktoren, da diese ein hohes Potenzial zur Differenzierung vom Wettbewerb haben. Die Konzentration auf diese Faktoren darf jedoch nicht zu einer Vernachlässigung der erfolgskritischen Basisanforderungen führen. Basisanforderungen stellen das Fundament der Qualitätswahrnehmung dar, bei dem das notwendige Qualitätsniveau sichergestellt werden muss. Sofern die Kundenkontaktpunktanalyse ergibt, dass einzelne rationale und emotionale Basisanforderungen der Kunden derzeit nicht erfüllt werden, gilt es, diese Lücke als erstes zu schließen, bevor eine Konzentration auf die Leistungs- und Begeisterungsfaktoren erfolgt. Vor dem Hintergrund der unterschiedlichen Kundenanforderungen sind im Rahmen der operativen Planung entsprechend begeisternde Innovationen zu entwickeln, diese an den Kunden zu kommunizieren, durch den Einsatz begeisternder Mitarbeiter zu realisieren sowie die Begeisterungsqualität sicherzustellen. Hierbei sind die zentralen Determinanten der Kundenbegeisterung Personal, Problemlösung, Personalisierung, Exklusivität, Schnelligkeit, Unterhaltungswert, Kommunikation und Zusatzleistung in den Mittelpunkt zu stellen.

(3) Umsetzungsphase des Kundenbegeisterungsmanagements

Der Erfolg von Kundenbegeisterungsmaßnahmen hängt wesentlich von den internen Voraussetzungen für ein Kundenbegeisterungsmanagement ab, die im Rahmen der Umsetzungsphase zu schaffen sind. Dabei empfiehlt sich die begeisterungsorientierte Anpassung bzw. Ausrichtung von Strukturen, Systemen und der Kultur des Unternehmens (Meffert/Bruhn/Hadwich 2015).

Insbesondere die *Mitarbeitenden* stellen einen wichtigen Implementierungstreiber des Kundenbegeisterungsmanagements dar (Kumar/Iyer 2001). Nur begeisterte Mitarbeiter können auch ihre Kunden begeistern (Hines 1995). Bei den Mitarbeitenden ist entsprechend ein Bewusstsein für Kundenbegeisterung zu schaffen. Hierzu ist es notwendig, den Mitarbeitenden (1) ein Gefühl dafür zu geben, welche Kundenkontaktpunkte die Kundenbegeisterung prägen, (2) welche rationalen und emotionalen Erwartungen und Anforderungsniveaus die Kunden an die einzelnen Interaktionen haben und (3) welchen Beitrag jeder einzelne Mitarbeitende zur Generierung von Kundenbegeisterung leisten kann. Entsprechend sind Ressourcen in Personalschulungen und in die Einstellung neuer Mitarbeitenden zu investieren. Bei der Einstellung neuer Mitarbeitenden ist auf deren Charaktereigenschaften zu achten und zu prüfen, ob ein potenzieller Mitarbeitender zum Begeisterungsprogramm passt. Zur Einarbeitung neuer Mitarbeitenden sollten diese zunächst mit bestehenden Mitarbeitenden zusammenarbeiten, deren Verhalten von den Kunden als begeisternd beurteilt wurde (Kumar/Iyer 2001).

(4) Kontrollphase des Kundenbegeisterungsmanagements

Kundenbegeisterung lässt sich nicht ohne zusätzlichen Aufwand und Kosten erreichen. Der langfristige ökonomische Erfolg der Kundenbegeisterung ist daher sicherzustellen (Rust/Oliver 2000). Um den Erfolg des Kundenbegeisterungsmanagements zu gewährleisten, bedarf es einer kontinuierlichen Erfolgskontrolle der begeisternden Maßnahmen und ihrer Wirkungen. Vor allem der Einsatz von Tracking-Systemen ist im Rahmen einer effizienten Erfolgskontrolle wichtig. Hierunter wird ein multidimensionales Kontrollsystem verstanden, durch das sich mehrere Wirkungsgrößen sowie deren Interdependenzen durch periodische Erhebungen kontrollieren lassen. Dazu gehören Kundenbindung (z.B. Wiederbesuchs-, Wiedernutzungs-, Wiederkaufintention), Weiterempfehlungsbereitschaft, Erinnerung an das begeisternde Moment, höhere Zahlungsbereitschaften, aber auch die risikobehaftete Wirkung der steigenden Erwartungen.

5. Zusammenfassung und Ausblick

Der vorliegende Beitrag bietet eine Darstellung des derzeitigen Stands der Forschung zu Kundenbegeisterung. Neben der Übersicht zu Konzeptualisierungen und Möglichkeiten der Messung von Kundenbegeisterung wird gezeigt, welche Einflussfaktoren zu Kundenbegeisterung führen und welche Wirkungen Kundenbegeisterung hat. Der starke und positive Zusammenhang zwischen Kundenbegeisterung und Kundenbindung wurde vielfältig belegt.

Für Unternehmen wurde zudem ein systematischer Ansatz entwickelt, um ein Kundenbegeisterungsmanagement zu implementieren. Dazu gehören zunächst die Identifikation begeisternder Erlebnisse in der Interaktion zwischen Kunde und Unternehmen und die Analyse der Merkmale und Determinanten, die Begeisterung beim Kunden auslösen. Die Analyseergebnisse sind dann in die strategische und operative Planung zu integrieren, um Momente der Kundenbegeisterung zu erreichen. Für die Umsetzung sind dann die notwendigen Ressourcen bereitzustellen und ein Umfeld im Unternehmen zu schaffen, die dann die Mitarbeitenden in die Lage versetzen, die Kunden zu begeistern. Zuletzt ist zu überprüfen, ob durch das Kundenbegeisterungsmanagement die angestrebte positive Wirkung auf die Kundenbindung erreicht wurde oder ob Korrekturen zu ergreifen sind.

Dieser Beitrag zeigt durch die intensive Analyse der bestehenden Forschungsarbeiten zur Kundenbegeisterung, dass das Potenzial zur Begeisterung vor allem durch Mitarbeitende und in Dienstleistungssituationen entfaltet wird. Im Zeitalter der Digitalisierung bieten vor allem technologiebasierte Services erhebliches Potenzial, um Kundenbegeisterung zu erreichen und sich dadurch vom Wettbewerb zu differenzieren. Damit sinkt jedoch die Bedeutung des einzelnen Mitarbeiters und es steigt die Bedeutung der Entwicklung technologiebasierter Self-Services, wie Car Sharing oder Cloud Services, unter der Berücksichtigung der begeisternden Komponenten im Servicedesign.

Die Übertragung der Determinanten von Kundenbegeisterung aus früheren (nicht-technologiebasierten/nicht-digitalen/offline) Kontexten auf Kontexte, in denen Kunden mit Technologien interagieren und nicht länger mit Personen, stellt einer Herausforderung für die Unternehmen dar sowie eine relevante Richtung für die zukünftige Kundenbegeisterungsforschung.

Literaturverzeichnis

Anderson, E. W./Mittal, V. (2000): Strengthening the Satisfaction-Profit Chain, in: Journal of Service Research, Vol. 3, No. 2, S. 107-120.

Arazy, O./Woo, C. (2007): Enhancing Information Retrieval Through Statistical Natural Language Processing: a Study of Collocation Indexing, in: MIS Quarterly, Vol. 31, No. 3, S. 525-546.

Arnold, M. J./Reynolds, K. E./Ponder, N./Lueg, J. E. (2005): Customer Delight in a Retail Context: Investigating Delightful and Terrible Shopping Experiences, in: Journal of Business Research, Vol. 58, No. 8, S. 1132-1145.

Audi AG (2016): Unternehmensstrategie 2025, http://www.audi.com/corporate/de/unternehmen/unternehmensstrategie.html (Zugriff am 29. August 2016).

Barnes, D. C./Beauchamp, M. B./Webster, C. (2010): To Delight, or Not to Delight? This Is the Question, in: Journal of Marketing Theory and Practice, Vol. 18, No. 3, S. 275-283.

Barnes, D. C./Collier, J. E./Ponder, N./Williams, Z. (2013): Investigating the Employee's Perspective of Customer Delight, in: Journal of Personal Selling & Sales Management, Vol. 33, No. 1, S. 91-104.

Barnes, D. C./Ponder, N./Dugar, K. (2011): Investigating the Key Routes to Customer Delight, in: Journal of Marketing Theory and Practice, Vol. 19, No. 4, S. 359-375.

Barnes, D. C./Ponder, N./Hopkins, D. H. (2015): The Impact of Perceived Customer Delight on the Frontline Employee, in: Journal of Business Research, Vol. 68, No. 2, S. 433-441.

Bartl, C./Gouthier, M. H./Lenker, M. (2013): Delighting Consumers Click by Click: Antecedents and Effects of Delight Online, in: Journal of Service Research, Vol. 16, No. 3, S. 386-399.

Becker, F. (2016): Kundenbegeisterung durch Serviceinnovationen. Eine Analyse am Beispiel technologiebasierter Self-Services, Wiesbaden.

Berman, B. (2005): How to Delight Your Customers, in: California Management Review, Vol. 48, No. 1, S. 129-151.

Bitner, M. J./Booms, B. H./Mohr, L. A. (1994): Critical Service Encounters: The Employees's Viewpoint, in: Journal of Marketing, Vol. 58, No. 4, S. 95-106.

Bitner, M. J./Booms, B. H./Tetreault, M. (1990): The Service Encounter: Diagnosing Favorable and Unfavorable Incidents, in: Journal of Marketing, Vol. 54, No. 1, S. 71-84.

Bowden, J. H./Dagger, T. S. (2011): To Delight or Not to Delight? An Investigation of Loyalty Formation in the Restaurant Industry, in: Journal of Hospitality Marketing & Management, Vol. 20, No. 5, S. 501-524.

Bruhn, M. (2003): Relationship Marketing. Management of Customer Relationships, Harlow u.a.

Butori, R./De Bruyn, A. (2013): So You Want to Delight Your Customers: The Perils of Ignoring Heterogeneity in Customer Evaluations of Discretionary Preferential Treatments, in: International Journal of Research in Marketing, Vol. 30, No. 4, S. 358-367.

Chandler, C. H. (1989): Quality: Beyond Customer Satisfaction, in: Quality Progress, Vol. 22, No. 2, S. 30-32.

Chen, C. C./Chuang, M. C. (2008): Integrating the Kano Model Into a Robust Design Approach to Enhance Customer Satisfaction with Product Design, in: International Journal of Production Economics, Vol. 114, No. 2, S. 667-681.

Chitturi, R./Raghunathan, R./Mahajan, V. (2008): Delight by Design: The Role of Hedonic Versus Utilitarian Benefits, in: Journal of Marketing, Vol. 72, No. 3, S. 48-63.

Collier, J. E./Barnes, D. C. (2015): Self-service Delight: Exploring the Hedonic Aspects of Self-Service, in: Journal of Business Research, Vol. 68, No. 5, S. 986-993.

Coyne, K. (1989): Beyond Service Fads-Meaningful Strategies for the Real World, in: Sloan Management Review, Vol. 30, No. 4, S. 69-76.

Deutsche Telekom AG (2015): Guiding Principles, https://www.telekom.com/company/at-a-glance/code-of-conduct/11764 (Zugriff am 29. August 2016).

Edvardsson, B. (1992): Service Breakdowns. A Study of Critical Incidents in an Airline, in: International Journal of Service Industry Management, Vol. 3, No. 4, S. 17-29.

Falk, T./Hammerschmidt, M./Schepers, J. J. (2010): The Service Quality-Satisfaction Link Revisited: Exploring Asymmetries and Dynamics, in: Journal of the Academy of Marketing Science, Vol. 38, No. 3, S. 288-302.

Finn, A. (2005): Reassessing the Foundations of Customer Delight, in: Journal of Service Research, Vol. 8, No. 2, S. 103-116.

Flanagan, J. (1954): The Critical Incident Technique, in: Psychological Bulletin, Vol. 51, No. 4, S. 327-357.

Füller, J./Matzler, K. (2008): Customer Delight and Market Segmentation: An Application of the Three-Factor Theory of Customer Satisfaction on Life Style Groups, in: Tourism Management, Vol. 29, No. 1, S. 116-126.

Gelbrich, K. (2009): Blueprinting, sequentielle Ereignismethode und Critical Incident Technique. Drei Methoden zur qualitativen Messung von Dienstleistungsqualität, in: Buber, R./Holzmüller, H. H. (Hrsg.), Qualitative Marktforschung. Konzepte – Methoden – Analysen, Wiesbaden, S. 617-633.

Gouthier, M. H./Giese, A. /Bartl, C. (2012): Customer Experiences, Kundenbegeisterung und Service Excellence: Die Spezifikation DIN SPEC 77224, in: Bruhn, M./Hadwich, K. (Hrsg.), Customer Experience. Forum Dienstleistungsmanagement, Wiesbaden, S. 63-83.

Gouthier, M. H./Ludwig, N./Krämer, T./Giese, A. (2015): "Never look a gift horse in the mouth." – The Effects of After-Sales Gifts on Customer Delight in Different Markets, Proceedings of the Frontiers in Service Conference, San José.

Herington, C./Weaven, S. (2007): Can Banks Improve Customer Relationships with High Quality Online Services?, in: Managing Service Quality, Vol. 17, No. 4, S. 404-427.

Hines, J. (1995): Delight Makes the Difference: The Story of AT&T Universal Card, in: The TQM Magazine, Vol. 7, No. 3, S. 6-11.

Johnston, R. (1995): The Determinants of Service Quality: Satisfiers and Dissatisfiers, in: International Journal of Service Industry Management, Vol. 6, No. 5, S. 53-71.

Johnston, R. (2004): Towards a Better Understanding of Service Excellence, in: Managing Service Quality, Vol. 14, No. 2/3, S. 129-133.

Jones, T. O./Sasser, W. E. (1995): Why Satisfied Customers Defect, in: Harvard Business Review, Vol. 73, No. 6, S. 88-99.

Kano, N./Seraku, N./Takahashi, F./Tsuji, S. (1984): Attractive Quality and Must Be Quality, in: Quality – Journal of the Japanese Society for Quality Control, Vol. 14, No. 2, S. 165-186.

Keiningham, T. L./Cooil, B./Andreassen, T./Aksoy, L. (2007): A Longitudinal Examination of Net Promoter and Firm Revenue Growth, in: Journal of Marketing, Vol. 71, No. 3, S. 39-51.

Kepper, G. (2008): Methoden der qualitativen Marktforschung, in: Herrmann, A./Homburg, C./Klarmann, M. (Hrsg.), Handbuch Marktforschung. Methoden – Anwendungen – Praxisbeispiele, 3. Aufl., Wiesbaden, S. 175-212.

Kumar, A./Iyer, R. (2001): Role of Interpersonal Factors in Delighting Customers, in: Marketing Management Journal, Vol. 11, No. 1, S. 49-57.

Kumar, A./Olshavsky, R. W./King, M. F. (2001): Exploring Alternative Antecedents of Customer Delight, in: Journal of Consumer Satisfaction, Dissatisfaction and Complaining Behavior, Vol. 14, o. No., S. 14-26.

Kuß, A. (2012): Marktforschung. Grundlagen der Datenerhebung und Datenanalyse, 4. Aufl., Wiesbaden.

Kwong, K. K./Yau, O. H. (2002): The Conceptualization of Customer Delight: A Research Framework, in: Asia Pacific Management Review, Vol. 7, No. 2, S. 255-266.

Loureiro, S. M./Kastenholz, E. (2011): Corporate Reputation, Satisfaction, Delight, and Loyalty Towards Rural Lodging Units in Portugal, in: International Journal of Hospitality Management, Vol. 30, No. 3, S. 575-583.

Ma, J./Gao, J./Scott, N./Ding, P. (2013): Customer Delight from Theme Park Experiences: The antecedents of Delight Based on Cognitive Appraisal Theory, in: Annals of Tourism Research, Vol. 42, o. No., S. 359-381.

Magnini, V. P./Crotts, J. C./Zehrer, A. (2011): Understanding Customer Delight: An Application of Travel Blog Analysis, in: Journal of Travel Research, Vol. 50, No. 5, S. 535-545.

Mascarenhas, O. A./Kesavan, R./Bernacchi, M. (2004): Customer Value-Chain Involvement for Co-Creating Customer Delight, in: Journal of Consumer Marketing, Vol. 21, No. 7, S. 486-496.

Matzler, K. (2003): Kundenzufriedenheit: Prospect Theory oder Kano-Modell, in: Zeitschrift für Betriebswirtschaft, 73. Jg., Nr. 4, S. 341-344.

Matzler, K./Hinterhuber, H. (1998): How to Make Product Development Projects More Successful by Integrating Kano's Model of Customer Satisfaction Into Quality Function Development, in: Technovation, Vol. 18, No. 1, S. 25-38.

Matzler, K./Hinterhuber, H./Bailom, F./Sauerwein, E. (1996): How to Delight Your Customers, in: Journal of Product & Brand Management, Vol. 5, No. 2, S. 6-18.

Mayer-Vorfelder, M. (2012): Kundenerfahrungen im Dienstleistungsprozess – Eine theoretische und empirische Analyse, Wiesbaden.

McNeilly, K. M/Feldman Barr, T.(2006): I Love my Accountants – They're Wonderful: Understanding Customer Delight in the Professional Services Arena, in: Journal of Services Marketing, Vol. 20, No. 3, S. 152-159.

Meffert, H./Bruhn, M./Hadwich, K. (2015): Dienstleistungsmarketing. Grundlagen – Konzepte – Methoden, 8. Aufl., Wiesbaden.

Menon, K./Dube, L. (1999): Scripting Consumer Emotions in Extended Service Transactions: a Prerequisite for Successful Adaptation in Provider Performance, in: Advances in Consumer Research, Vol. 26, No. 1, S. 18-24.

Mikulic, J./Prebežac, D. (2011): A Critical Review of Techniques for Classifying Quality Attributes in the Kano Model, in: Managing Service Quality, Vol. 21, No. 1, S. 46-66.

Misopoulos, F./Mitic, M./Kapoulas, A./Karapiperis, C. (2014): Uncovering Customer Service Experiences with Twitter: the Case of Airline Industry, in: Management Decision, Vol. 52, No. 4, S. 705-723.

Nilsson-Witell, L./Funin, A. (2005): Dynamics of Service Attributes: a Test of Kano's Theory of Attractive Quality, in: International Journal of Service Industry Management, Vol. 16, No. 2, S. 152-168.

Oliver, R. L. (1980): A Cognitive Model of the Antecedents and Consequences of Satisfaction Decisions, in: Journal of Marketing Research, Vol. 17, No. 4, S. 460-470.

Oliver, R. L. (1989): Processing of the Satisfaction Response in Consumption: A Suggested Framework and Research Propositions, in: Journal of Consumer Satisfaction, Dissatisfaction and Complaining Behavior, Vol. 2, o. No., S. 1-16.

Oliver, R. L./Rust, R. T./Varki, S. (1997): Customer Delight: Foundations, Findings, and Managerial Insight, in: Journal of Retailing, Vol. 73, No. 3, S. 311-336.

Plutchik, R. (1980): Emotion: A Psychoevolutionary Synthesis, New York.

Pritchard, M./Havitz, M. (2006): An Analysis of Critical Incidents, in: Annals of Tourism Research, Vol. 33, No. 1, S. 25-46.

Raj, A. (2012): A Mixed Method Approach to Understanding the Role of Emotions and Sensual Delight in Dining Experience, in: Journal of Consumer Marketing, Vol. 29, No. 5, S. 333-343.

Reichheld, F. F. (2003): The One Number You Need to Grow, in: Harvard Business Review, Vol. 81, No. 12, S. 46-54.

Reichheld, F. F. (2006): The Ultimate Question: Driving Good Profits and True Growth, Boston.

Russell, J. A. (1980): A Circumplex Model of Affect, in: Journal of Personality and Social Psychology, Vol. 39, No. 6, S. 1161-1178.

Rust, R. T./Oliver, R. L. (2000): Should We Delight the Customer?, in: Journal of the Academic of Marketing Science, Vol. 28, No. 1, S. 86-94.

Rust, R. T./Zahorik, A. J./Keiningham, T. L. (1995): Return on Quality (ROQ): Making Service Quality Financially Accountable, in: Journal of Marketing, Vol. 59, No. 2, S. 58-70.

Salcher, E. F. (1995): Psychologische Marktforschung, 2. Aufl., Berlin.

Schneider, B./Bowen, D. E. (1999): Understanding Customer Delight and Outrage, in: Sloan Management Review, Vol. 58, No. 8, S. 35-45.

Schwarz, O. (2009): Absicherung des Net Promoter Score – die Ermittlung von Konfidenzintervallen mit dem Bootstrap Verfahren, in: Der Markt – Journal für Marketing, 48. Jg., Nr. 3, S. 105-115.

St-James, Y./Taylor, S. (2004): Delight-As-Magic: Refining the Conceptual Domain of Customer Delight, in: Advances in Consumer Research, Vol. 31, No. 1, S. 753-758.

Swanson, S. R./Davis, J. C. (2012): Delight and Outrage in the Performing Arts: A Critical Incidence Analysis, in: Journal of Marketing Theory and Practice, Vol. 20, No. 3, S. 263-278.

Töpfer, A./Silbermann, S. (2008): Einsatz von Kunden-Fokusgruppen, in: Töpfer, A. (Hrsg.), Handbuch Kundenmanagement – Anforderungen, Prozesse, Zufriedenheit, Bindung und Wert von Kunden, 3. Aufl., Berlin, S. 267-279.

Torres, E. N./Kline, S. (2013): From Customer Satisfaction to Customer Delight. Creating a New Standard of Service for the Hotel Industry, in: International Journal of Contemporary Hospitality Management, Vol. 25, No. 5, S. 642-659.

Vanhamme, J. (2008): The Surprise-Delight Relationship Revisited in the Management of Experience, in: Recherche et Applications en Marketing, Vol. 23, No. 3, S. 113-138.

Verma, H. V. (2003): Customer Outrage and Delight, in: Journal of Services Research, Vol. 3, No. 1, S. 119-133.

Wang, C. H. (2013): Incorporating Customer Satisfaction Into the Decision-Making Process of Product Configuration: a Fuzzy Kano Perspective, in: International Journal of Production Research, Vol. 51, No. 22, S. 6651-6662.

Wang, X. (2011). The Effect of Unrelated Supporting Service Quality on Consumer Delight, Satisfaction, and Repurchase Intentions, in: Journal of Service Research, Vol. 14, No. 2, S. 149-163.

Watson, D./Tellegen, A. (1985): Toward a Consensual Structure of Mood, in: Psychological Bulletin, Vol. 98, No. 2, S. 219-235.

Weiber, R./Mühlhaus, D. (2014): Strukturgleichungsmodellierung. Eine anwendungsorientierte Einführung in die Kausalanalyse mit Hilfe von AMOS, SmartPLS und SPSS, 2. Aufl., Heidelberg.

Westbook, R. (1980): A Rating Scale for Measuring Product/Service Satisfaction, in: Journal of Marketing, Vol. 44, No. 4, S. 68-72.

Westbrook, R./Oliver, R. (1991): The Dimensionality of Consumption Emotion Patterns and Consumer Satisfaction, in: Journal of Consumer Research, Vol. 18, No. 1, S. 84-91.

Wright, A. (2009): Our Sentiments, Exactly, in: Communications of the ACM, Vol. 52, No. 4, S. 14-15.

Yang, C. (2011): Identification of Customer Delight for Quality Attributes and its Applications, in: Total Quality Management, Vol. 22, No. 1, S. 83-98.

Zappos IP, inc. (2010): The Zappos Family Core Values, https://www.zapposinsights.com/about/core-values (Zugriff am 29. August 2016).

Summary

This paper analyses the relationship between customer delight and customer loyalty based on a systematic literature review. First, customer delight conceptualizations and measurements are shown. Second, an overview of both empirically proven factors influencing customer delight and the effects of customer delight on customer loyalty is given. Third, we develop a customer delight management approach that is based on our findings from the literature review. It offers a structured management method to improve processes, products and services regarding their potential to delight customers and therefore boosts customer loyalty.

Sebastian Schubach, Janina Garbas und Jan Hendrik Schumann

Kundenbindung im digitalen Zeitalter

1. Einleitung

2. Kundenbindung und digitale Medien
   2.1 Digital Signage – die Bedeutung digitaler Inhalte
   2.2 Internet – die Virtualität der Unternehmens-Kunden-Beziehung
   2.3 Soziale Medien – von der Einbahnstraße in der Kommunikation hin zur Interaktion
   2.4 Mobile Technologien – immer und überall erreichbar sein

3. Zusammenfassende Betrachtung und Herausforderungen der Kundenbindung in digitalen Medien

4. Fazit

Literaturverzeichnis

M.A., M.Sc. Sebastian Schubach und M.Sc. Janina Garbas sind Wissenschaftliche Mitarbeiter am Lehrstuhl für Marketing und Innovation an der Universität Passau. Prof. Dr. Jan H. Schumann ist Inhaber des Lehrstuhls für Marketing und Innovation der Universität Passau.

1. Einleitung

Mit dem Beginn des digitalen Zeitalters im ausgehenden 20. und beginnenden 21. Jahrhundert hat sich ein umfassender Wandel in der klassischen Unternehmens-Kunden-Beziehung vollzogen. Digitale Displays, das Internet, Soziale Medien aber auch mobile Technologien bieten neue Kommunikations- und Vertriebsmöglichkeiten für Unternehmen. Durch sie hat sich auch der Beziehungscharakter zwischen Unternehmen und Kunden grundlegend verändert: Vor der digitalen Wende spielte sich die Kundenbeziehung vor allem im physischen Ladengeschäft ab und es waren die Unternehmen, welche die Kommunikation mit ihren Kunden dominierten, zum Beispiel in von durch Unternehmen getriebenen Informations- und Werbebotschaften. Im digitalen Zeitalter können Kunden nun zu jeder Zeit und an jedem Ort (z.B. mit Smartphones) mit einem Unternehmen in Kontakt treten und sich aktiv (z.B. über Soziale Medien) in die Unternehmens-Kunden-Beziehung einbringen. Es überrascht insofern wenig, dass die Mehrheit der deutschen börsennotierten Unternehmen die *Digitalisierung* als eine der größten Herausforderungen des Marketing sieht (Horizont 2013).

Welche Auswirkung hat der digitale Wandel auf die Kundenbindung?

Kundenbindung, von Homburg und Bruhn (2013, S. 8) als allumfassendes Maßnahmenpaket eines Unternehmens verstanden, das zum Ziel hat, „(…) sowohl die Verhaltensabsichten als auch das tatsächliche Verhalten eines Kunden gegenüber einem Anbieter oder dessen Leistungen positiv zu gestalten, um die Beziehung zu diesem Kunden für die Zukunft zu stabilisieren bzw. auszuweiten", ist im Kundenbeziehungsmanagement zu einer zentralen Komponente des unternehmerischen Erfolgs geworden. Zur Kundenbindung wurde eine Vielzahl verschiedener Instrumente entwickelt: beispielsweise Kundenkarten, das Dialogmarketing oder das Kundenbeschwerdemanagement.

Digitale Medien erlauben es nun, diese etablierten Kundenbindungsinstrumente in neuem Gewand zu präsentieren, das digitale Medium durch seine Existenz selbst als Kundenbindungsinstrument zu verwenden oder aber völlig neue Kundenbindungsinstrumente zu entwickeln, die im vordigitalen Kundenbindungsmanagement nicht existierten. Beispielsweise nutzen Anbieter von Loyalitätsprogrammen die Möglichkeit, ihren Kunden digitale Coupons an Stelle von gedruckten Coupons anzubieten. Kunden können diese Coupons bequem über eine App auf ihrem Smartphone speichern und im Ladengeschäft einlösen (z.B. PAYBACK). Zahlreiche Unternehmen nutzen wiederum Soziale Medien zur Behandlung und Bearbeitung von Kundenbeschwerden. Aber auch das digitale Medium an sich kann die Kundenbindung unterstützen: Allein die Einführung eines digitalen Kanals trägt zur Kundenbindung bei, da Onlinekunden grundsätzlich loyaler sind als Offlinekunden (Johnson et al. 2004; Goldfarb 2006). Zu guter Letzt bieten digitale Medien die Möglichkeit, neue Instrumente der Kundenbindung zu entwickeln. Sie basieren auf großen Mengen an Verhaltensdaten, die Kunden in der digitalen Welt hinterlassen (z.B. Surf- oder Geodaten). Davon ausgehend haben sich im Internet beispielsweise Empfehlungssysteme herausgebildet, die Kunden auf Basis ihrer eigenen oder Präferenzen Dritter Empfehlungen für Cross-Buying-Artikel aussprechen (z.B. die Funktion „Kunden, die diesen Artikel gekauft haben, kauften auch" von Amazon) (Ansari et al. 2000).

Digitale Medien bieten also eine Vielzahl an *neuen Möglichkeiten zur Kundenbindung*. Auch die Wissenschaft hat sich im Zuge des digitalen Wandels in direkter oder indirekter Form mit den Konsequenzen dieser Entwicklung auf die Kundenbindung befasst. Ziel des folgenden Beitrags ist es, die bisherige wissenschaftliche Betrachtung aufzuarbeiten und zusammenfassend darzustellen. Der Beitrag soll die Frage beantworten, welchen Einfluss das digitale Zeitalter auf die Kundenbindung nimmt. Im folgenden Kapitel 2 wird hierfür zunächst noch einmal näher auf das Konstrukt der Kundenbindung eingegangen sowie die charakteristischen Eigenschaften digitaler Medien beleuchtet. Im Anschluss daran erfolgt die Darstellung und Einordnung bestehender Forschungsarbeiten. In Kapitel 3 werden die Erkenntnisse zusammengefasst und relevante Herausforderungen an der Schnittstelle von digitalen Medien und Kundenbindung skizziert. Der Beitrag schließt mit einem kurzen Fazit.

2. Kundenbindung und digitale Medien

Ziel der Kundenbindung ist es, eine *verhaltensbezogene Loyalität* gegenüber dem Unternehmen zu fördern, die sich in vier zentralen Verhaltensweisen der Kunden zeigt: (1) dem *Wiederkauf*, (2) dem *Cross-Buying*, d.h. dem Erwerb von gleichwertigen Produkten aus der gleichen oder einer anderen Produktkategorie, (3) der Bereitschaft von Kunden, *positives Word-of-Mouth* zu betreiben, sowie (4) der *Akzeptanz eines Preis-Premiums* (Kumar/Reinartz 2012; Homburg/Bruhn 2013).

Langfristig erfolgreich ist Kundenbindung jedoch nur, wenn dem loyalen Kundenverhalten eine *einstellungsbezogene Loyalität* zu Gunsten des Unternehmens vorausgeht. Das loyale Verhalten darf also nicht nur die bloße Reaktion auf Unternehmensmaßnahmen sein (z.B. unternehmensseitige, monetäre Incentivierung von positivem Word-of-Mouth oder vertragliche Bindung des Kunden) (Dick/Basu 1994; Kumar/Reinartz 2012; Homburg/Bruhn 2013). Kunden mit hoher einstellungsbezogener Loyalität bringen dem Unternehmen eine positivere Einstellung entgegen als dessen Wettbewerbern. Je höher dieser relative Einstellungsvorteil gegenüber Wettbewerbern ist, desto weniger suchen Kunden nach alternativen Anbietern. Zudem sind Kunden weniger empfänglich für Wettbewerbsangebote (Dick/Basu 1994). Sie verschreiben sich dem Unternehmen und fühlen sich emotional an dieses gebunden (Kumar/Reinartz 2012; Homburg/Bruhn 2013). Aus diesem Grund sollte die Kombination aus einstellungsbezogener und verhaltensbezogener Loyalität – auch als sog. „wahre Loyalität" (Kumar/Reinartz 2012) bezeichnet – das Primärziel von Kundenbindungsmaßnahmen darstellen. Solch ein relativer Einstellungsvorteil gegenüber Wettbewerbern ist jedoch nicht notwendigerweise dauerhaft gegeben, sondern muss beständig behauptet werden.

Digitale Medien eröffnen Unternehmen nun neue Möglichkeiten und Ansatzpunkte, Kunden durch die *Förderung von verhaltensbezogener und einstellungsbezogener Loyalität* an das Unternehmen zu binden. Im breitesten Verständnis umfassen digitale Medien ein vielfältiges Spektrum an Informations- und Kommunikationstechnologien, die es sowohl Kunden wie auch Unternehmen erlauben, auf digitale Inhalte zuzugreifen (Hennig-Thurau et al. 2010; Yadav/Pavlou 2013). Digitale Medien reichen von einfachen digitalen Ladendisplays über das Internet bis hin zu neueren Medienformen wie Sozialen Medien sowie mobilen Technologien (z.B. Smartphones, Google Glasses, digitale Fitnessarmbänder). Die Besonderheit dieser neuen Medienform gründet dabei auf (1) der *Digitalität*, die es erlaubt, Inhalte in maschinenlesbarer Form aufzuzeichnen, zu speichern, kostengünstig zu reproduzieren und wieder abzurufen, (2) der *Virtualität*, d.h. Kunden kommunizieren mit Unternehmen nicht mehr von Angesicht zu Angesicht, sondern über eine digitale Technologie, (3) der *Interaktionsfähigkeit*, die Kunden eine aktive Rolle in der Kommunikation zwischen Unternehmen und Kunden einräumt und so deren Einflussstärke erhöht, sowie auf (4) der *Ubiquität* von digitalen Medien, die eine Unternehmens-Kunden-Kommunikation zu jeder Zeit und insbesondere an jedem Ort ermöglicht (Hennig-Thurau et al. 2010; Labrecque et al. 2013; Malthouse et al. 2013; Yadav/Pavlou 2013).

Auf Basis dieser ausführlichen Vorüberlegungen soll in den folgenden Unterkapiteln dargelegt werden, wie digitale Medien und ihre Eigenschaften zur Umsetzung einer verhaltensbezogenen und einstellungsbezogenen Loyalität beitragen. Hierfür wurden vier digitale Medien herausgegriffen, die bedeutende digitale Innovationen darstellen und die jeweils stellvertretend für die genannten Charakteristika digitaler Medien stehen: Digital Signage für die Digitalität, das Internet für die Virtualität, Soziale Medien für die Interaktionsfähigkeit und mobile Technologien für die Ubiquität. Jedem dieser Medien wird im Folgenden ein eigenes Unterkapitel gewidmet, in dem ausführlich dargestellt wird, wie sie zur Einstellungsförderung, zum Wiederkauf, zum Cross-Buying, zum positiven Word-of-Mouth und zur Akzeptanz eines Preis-Premiums beitragen.

2.1 Digital Signage – die Bedeutung digitaler Inhalte

Traditionelle Formen der Werbung im öffentlichen Raum, wie Plakate oder Verkehrsmittelwerbung (Homburg/Krohmer 2009), wurden in den letzten Jahren immer häufiger durch *Digital Signage* (digitale Displays) ergänzt. Digital Signage ermöglicht die Darbietung von audiovisuellen und digitalisierten Inhalten und ist ein Medium, das zur Übermittlung von Werbung, Nachrichten oder Unterhaltungsinhalten eingesetzt wird (Dennis et al. 2010; Dennis et al. 2012). Trotz der zunehmenden Bedeutung von mobilen

Endgeräten, die in einem potenziellen Konkurrenzverhältnis zu Digital Signage stehen, hatte der Digital Signage-Markt im Jahr 2015 ein Volumen von 17 Milliarden USD. Bis zum Jahr 2022 wird sogar eine Steigerung auf 27 Milliarden USD erwartet (MarketsandMarkets 2016).

Digitale Displays helfen Unternehmen beispielsweise, gezielt Kunden anzusprechen, die sich in einer Kaufsituation im Ladengeschäft befinden (Dennis et al. 2010). Der wesentliche Vorteil von vernetzten, digitalen Displays liegt für Unternehmen in der *Zeit- und Kosteneffizienz*. Im Gegensatz zu traditioneller Außenwerbung kann der Werbeinhalt ohne größeren Aufwand erstellt, verbreitet und eingerichtet werden (Harrison/ Andrusiewicz 2003). In der bisherigen Marketingforschung liegt der Fokus vor allem auf der Untersuchung der Effektivität von Digital Signage als Gestaltungsinstrument der Kaufhaus- oder Ladenatmosphäre (Dennis et al. 2010; Dennis et al. 2012). In der Praxis werden digitale Displays sowohl von Kaufhäusern wie Harrods oder Macy's als auch in Geschäften vieler Einzelhandelsunternehmen eingesetzt. Dazu zählen beispielsweise Nike, Burberry, Victoria's Secret und Apple.

Der aktuelle *Forschungsstand zum Einsatz von digitalen Displays* zur Kundenbindung beschränkt sich auf die Förderung der Einstellung und der Verhaltensabsichten von Konsumenten. Die Gestaltung von Inhalten digitaler Displays kann die Einstellung von Kunden gegenüber dem Unternehmen entscheidend beeinflussen (Dennis et al. 2014). Affektive Botschaften, übermittelt durch ausdrucksstarke Bilder (z.B. karibischer Sandstrand), haben gegenüber textbasierten, kognitiven Botschaften (z.B. Preisinformationen) eine deutlich stärkere Wirkung auf die Einstellung von Konsumenten wie auch auf deren Verhaltensabsichten (z.B. Besuchshäufigkeit, Ausgabeverhalten und Wiederbesuch). Affektive Auslösereize führen vor allem bei Erstbesuchern zu einer Annäherung an das werbetreibende Unternehmen und sind somit von bedeutender Relevanz für die Erzeugung von Loyalität.

Die vorangehenden Ausführungen zeigen, dass digitale Displays einen zusätzlichen Wert für die Kundenbindung liefern können. Die bisherige Forschung zu Digital Signage thematisiert vor allem den *Einsatz als atmosphärisches Werkzeug* des Marketing und dessen Auswirkungen auf die Einstellung und Verhaltensabsichten von Konsumenten gegenüber dem Unternehmen. Einhergehend mit der Weiterentwicklung von Technologien der Gesichtserkennung eröffnet sich aktuell die Möglichkeit, unspezifische Inhalte von Digital Signage zu personalisieren. Konsumenten lassen sich so noch zielgerichteter ansprechen. Die Untersuchung der Konsequenzen von personalisierten Digital Signage-Inhalten auf die verschiedenen Ziele der Kundenbindung bleiben bisher aber unberücksichtigt.

2.2 Internet – die Virtualität der Unternehmens-Kunden-Beziehung

Das Internet, auch unter den Begriff der *computer mediated environment* gefasst, bezeichnet ein dynamisches und verteiltes Netzwerk, dessen Zugang über die entsprechende Hard- und Software (z.B. Desktop-PC und Browser) sichergestellt ist. Es erlaubt Kunden wie auch Unternehmen, (a) Onlineinhalte bereitzustellen sowie auf diese zuzugreifen und (b) direkt über das Netzwerk zu kommunizieren (Hoffman/Novak 1996). Onlineinhalte können entweder auf einer eigenen Internetseite dargestellt werden oder in anderen Onlinekanälen, wie beispielsweise in Suchmaschinenanzeigen, E-Mails oder Onlinewerbebannern. Das Internet kann einerseits als zusätzlicher Informationskanal für Unternehmen genutzt werden, andererseits lässt es sich aber auch als Vertriebskanal nutzen, bei dem die Kunden über das Internet Produkte und Dienstleistungen beziehen können. Gemein ist sowohl dem Internet als Informationskanal als auch dem Internet als Vertriebskanal die Tatsache, dass sich die Beziehung von Unternehmen und Kunde aus der Realität in den virtuellen Raum verlagert.

Insgesamt können Kunden durch den Zugriff auf Onlineinhalte mit geringem Aufwand eine Vielzahl an Informationen zu einem Gut sowie zu möglichen Alternativen erhalten (Alba et al. 1997). Gleichzeitig führt das Internet aber auch zu einem höheren wahrgenommenen Risikoempfinden bei Kunden: Durch die virtuelle Unternehmens-Kunden-Beziehung ist die Angst von Kunden vor einem opportunistischen Verhalten von Unternehmen (z.B. die Produktqualität entspricht nicht den veröffentlichten Angaben des Unternehmens) sowie die Besorgnis um Privatsphäre und Sicherheit (z.B. die unerlaubte Nutzung persönlicher Daten durch Unternehmen) deutlich ausgeprägter, da Kunden die Qualität von Unternehmen und deren Angeboten nicht unmittelbar beurteilen können (Pavlou et al. 2007). Unternehmen müssen diese *Besonderheiten des Internets* im Blick behalten, wenn es um die gezielte Kundenbindung über das Internet geht.

Einstellungsbezogene Loyalität

Ein zentraler Treiber, um Kunden über das Internet zu binden, ist der Aufbau von Vertrauen (Urban et al. 2009). Besonders wichtig ist Vertrauen für Güter, die weniger oft gekauft werden und mit einem hohen Involvement verbunden sind (Larivière et al. 2013). Vertrauen lässt sich auf zwei Wegen herstellen: durch die Gewährleistung von Privatsphäre und Sicherheit, aber auch durch eine auf Vertrauensaufbau abzielende Gestaltung von Internetseiten (Belanger et al. 2002; Schlosser et al. 2006). Privatsphäre oder Sicherheit können dem Kunden z.B. über die Transparenz der Informationssammlung oder aber über Privatsphäre- oder Sicherheitssiegel signalisiert werden. Eine auf Vertrauensaufbau ausgerichtete Gestaltung umfasst eine ansprechende Navigation, ein übersichtliches Layout oder virtuelle Beratungsmöglichkeiten, da sie die generellen

Fähigkeiten des Unternehmens symbolisieren. Die richtige Gewichtung beider Aspekte ist dabei abhängig vom spezifischen Gut. Bei Produkten mit hohem Involvement (z.B. Reisen) verspüren Kunden in der Regel ein sehr hohes Risiko (Bart et al. 2005). Unternehmen sollten in solch einer Produktkategorie insbesondere eine verlässliche und mit Blick auf die von Kunden bereitgestellten persönlichen Daten sichere Kaufabwicklung in den Vordergrund rücken. Bei rein informationsintensiven Internetseiten (z.B. Nachrichtenportalen, Onlineauktionsplattformen) liegt der Fokus hingegen deutlich stärker auf der Navigation. Suchgüter mit einem hohen finanziellen Risiko (z.B. Finanzprodukte, Kraftfahrzeuge, Elektronikgeräte) profitieren von interaktiven Tools wie beispielsweise virtuellen Beratungsmöglichkeiten.

Unternehmen sollten darauf achten, dass Kunden unterschiedliche Präferenzen für Privatsphäre- und Sicherheitselemente sowie Gestaltungsparameter haben (Bart et al. 2005). Dabei sind der regulatorische Fokus und die Landeskultur des Kunden treibende Faktoren dieser unterschiedlichen Präferenzen (Steenkamp/Geyskens 2006; van Noort et al. 2008). Der regulatorische Fokus bezeichnet das Bestreben von Personen nach Gewinnen und der Erfüllung von Zielen und Wünschen (*promotion focus*) oder nach der Vermeidung von Verlusten und der Erfüllung von Pflichten (*prevention focus*) (Higgins 1997). So sind beispielsweise Sicherheitshinweise besonders für Kunden von Bedeutung, die einen *prevention focus* aufweisen. Länderübergreifende Unterschiede in der Wahrnehmung von Internetseitenelementen ergeben sich wiederum aus den in den jeweiligen Ländern dominierenden Regel-, Werte- und Moralvorstellungen. Kunden aus Ländern mit einem gering ausprägten Regelsystem legen bei Internetseiten besonderen Wert auf Sicherheits- und Privatsphäreelemente. Gleiches gilt für Kunden aus eher individualistisch geprägten Landeskulturen. Zusätzlich wünschen sich diese Gestaltungselemente, die den Spaß beim Seitenbesuch fördern und/oder die eine Individualisierungsmöglichkeit von Inhalten bereitstellen. In Ländern mit einer ausgeprägten Nationalidentität bevorzugen Kunden Gestaltungsformen, die diese nationale Identität aufgreifen (z.B. Sprache, kulturelle Symbole) (Steenkamp/Geyskens 2006). Eine individuelle Anpassung der Gestaltung von Internetseiten, das so genannte *Website Morphing* (Hauser et al. 2009), könnte hier ein Ansatzpunkt sein, um den jeweiligen Kundenpräferenzen gerecht zu werden.

Wiederkauf

Entgegen der ursprünglichen Annahme, dass der Wettbewerber im Internet nur einen Mausklick entfernt ist (Shapiro/Varian 1999), bleiben Kunden einer Internetseite aufgrund von Lerneffekten treu und besuchen nur wenige weitere Internetseiten und -plattformen (Johnson et al. 2004; Goldfarb 2006). Bei Internetseiten von Handelsunternehmen (z.B. Lebensmitteleinzelhandel) sind Kunden zusätzlich auch gegenüber einer einzelnen Marke loyal: Degeratu et al. (2000) weisen nach, dass Kunden online ein geringeres Markenwechselverhalten aufweisen als offline. Eine starke Marke gewinnt dementsprechend an Bedeutung, insbesondere in sensorischen Produktkategorien (z.B.

Schokolade). In diesen Produktkategorien können Informationen über das Produkt nur sehr schwer im Internet dargestellt werden. Die Marke ist für den Kunden also eine der wenigen diagnostischen Informationen über die Produktqualität (Saini/Lynch Jr. 2016).

Bei der *Gestaltung des Onlinekanals* stellt die Personalisierung von Unternehmensinhalten ein einflussreiches Instrument dar, um den Wiederbesuch auf der Internetseite des Unternehmens zu fördern. In diesem Zusammenhang ist insbesondere die gezielte Ansprache von potenziellen Kunden, die online bereits zu einem früheren Zeitpunkt mit einem Unternehmen in Kontakt gekommen sind, über Onlinewerbebanner oder E-Mails erfolgreich (sog. Retargeting) (Ansari/Mela 2003; Lambrecht/Tucker 2013; Bleier/Eisenbeiss 2015a). So zeigen beispielsweise Ansari und Mela (2003), dass Inhalte von E-Mail-Newslettern, die auf Basis des Klickverhaltens eines Kunden auf Links in zuvor erhaltenen Newslettern nach Relevanz geordnet sind, öfters angeklickt werden und somit zu einer höheren Wiederbesuchwahrscheinlichkeit führen.

Im *Kontext von Onlinewerbebannern* stehen sechs Aspekte im Vordergrund: (1) das vergangene Verhalten des Kunden auf der Internetseite des Unternehmens, (2) der Zeitpunkt der Ausspielung des Werbebanners nach dem Seitenbesuch, (3) der Inhalt des personalisierten Werbebanners, (4) der Ort, an dem der Werbebanner ausgespielt wird, (5) das Vertrauen in das werbende Unternehmen und (6) die Transparenz der für die Personalisierung notwendigen Informationssammlung. Für Kunden, die sich bei ihrem ersten Seitenbesuch nur umgesehen haben und weder Produkte in den Warenkorb gelegt noch gekauft haben, sind hoch personalisierte Werbebanner kurz nach dem Seitenbesuch am erfolgreichsten. Hochpersonalisierte Banner greifen Produkte aus der am häufigsten angesehenen Produktkategorie und Marke auf. Zu späteren Zeitpunkten nach dem Seitenbesuch überzeugen hingegen Onlinewerbebanner mit einem mittleren Personalisierungsgrad (d.h. Produkte aus der am häufigsten angesehenen Produktkategorie). Für Seitenbesucher, die bei ihrem vorherigen Seitenbesuch ein Produkt in ihren Warenkorb gelegt hatten, führt eine personalisierte Werbeanzeige zu jeglichem Zeitpunkt nach dem Seitenbesuch eher zu einem Wiederbesuch als eine standardisierte Werbeanzeige. Käufer reagieren wiederum kurz nach dem Seitenbesuch insbesondere auf hochpersonalisierte Anzeigen (Bleier/Eisenbeiss 2015a). Die Autoren arbeiten zudem heraus, dass Kunden auch ohne einen Klick auf einen Werbebanner wieder auf eine Seite zurückkehren können. Dazu müssen Unternehmen die personalisierten Werbebanner aber auf den richtigen Internetseiten platzieren. So sollten personalisierte Anzeigen immer auf den zum Einkaufsmotiv des Kunden passenden Internetseiten erscheinen: Für Kunden mit einem konkreten Einkaufsziel eignen sich hier beispielsweise Produktsuchen; für Kunden ohne konkretes Einkaufsziel dagegen Nachrichtenseiten. Den *positiven Effekt von Personalisierung* kann die Vertrauenswürdigkeit des werbenden Unternehmens einschränken (Bleier/Eisenbeiss 2015b). So führt ein hoher Personalisierungsgrad der Werbeanzeige nur bei Unternehmen, denen Kunden vertrauen, zu einer höheren Wiederbesuchwahrscheinlichkeit. Bei nicht vertrauenswürdigen Unternehmen führt eine hohe Personalisierung hingegen zu Reaktanz und Privatsphärebedenken, die wiederum einen Wiederbesuch verhindern können. Ein weiterer wichtiger Faktor für den Erfolg von Personalisierungsmaßnahmen ist die offene Kommunikation der Datensammlung durch Unternehmen. Ansonsten empfinden Nutzer Verletzlichkeit und haben eine geringere Intention, zur Seite des Unternehmens zurückzukehren (Aguirre et al. 2015).

Neben der Personalisierung von Kommunikationsmitteln gibt es weitere Maßnahmen, um das Wiederkaufverhalten zu fördern: Personalisierungswerkzeuge auf der Internetseite, wie z.B. eigene Shopping-Listen oder Übersichten über vergangene Einkäufe, haben eine positive Wirkung auf die Wiederkauffrequenz; Preis- und Markensortierungsmechanismen wirken sich im Gegensatz dazu negativ auf die Wiederkauffrequenz aus (Shi/Zhang 2014). Zudem können Kunden durch die Preispersonalisierung langfristig an das Unternehmen gebunden werden. So führen zum Beispiel Rabattpersonalisierungen, die gezielt auf die Einkaufshistorie des Kunden abgestimmt sind, zu einer höheren Wiederkaufwahrscheinlichkeit als einheitliche Rabatte für alle Kunden. Rabatte sollten insbesondere für Produkte gewährt werden, die bereits zuvor gekauft wurden (Zhang/Wedel 2009).

Cross-Buying

Wie im Fall des Wiederkaufs führt allein die *Einführung eines Onlinekanals* zur Ausweitung der Ausgaben in und außerhalb einer Produktkategorie (Danaher et al. 2003; Ma 2016; Melis et al. 2016). Der Onlinekanal macht es Kunden leichter, nach verschiedenen Produkten zu suchen und diese zu finden. Kunden kaufen online daher beispielsweise mehr Produkte aus der Hauptproduktlinie sowie mehr Nischenprodukte als bei einer Katalogbestellung (Ma 2016). Gleichzeitig ist die Bestellung über das Internet bequemer, insbesondere für Kunden, die weit entfernt vom Ladengeschäft wohnen und/oder sich unter ständigem Zeitdruck befinden. Gerade im Lebensmitteleinzelhandel kaufen Kunden bei einem Händler online oft Produkte, die sie in der physischen Ladenumgebung üblicherweise vom Wettbewerb bezogen haben (Melis et al. 2016). Von dem Angebot eines neuen Onlinekanals profitieren neben dem Händler zudem diejenigen Marken aus dem Sortiment, die einen hohen Marktanteil aufweisen (Danaher et al. 2003). Des Weiteren eignen sich digitale Empfehlungssysteme (*recommendation agents*) im Onlinekontext zur Vertiefung der Kundenbeziehung. Unternehmen können in diesem Zusammenhang auf das *collaborative filtering* oder das *content filtering* zurückgreifen: Beim *collaborative filtering* werden Empfehlungen auf Basis der Präferenzen anderer Kunden ausgesprochen; beim *content filtering* hingegen direkt aus den Präferenzen des jeweiligen Kunden abgeleitet (Ansari et al. 2000). Insbesondere das *content filtering* bringt Kunden dazu, mehr Produkte von einem Unternehmen zu beziehen (Tam/Ho 2005; Chung et al. 2008). Bodapati (2008) empfiehlt bei der Gestaltung des Empfehlungssystems die Wahrscheinlichkeit, dass ein Kunde das Produkt auch ohne ausgesprochene Empfehlung kaufen könnte, bei der Berechnung des zu empfehlenden Produkts zu berücksichtigen.

Unternehmen können jedoch auch von Internetseiten profitieren, wenn diese nicht als Vertriebskanal genutzt werden. Insbesondere für Kunden mit hohem Involvement in einer Produktkategorie reichen Informationen über Preise und Produkte auf der Internetseite des Unternehmens aus, um im physischen Ladengeschäft mehr Produkte aus dieser Produktkategorie zu kaufen (Pauwels et al. 2011).

Positives Word-of-Mouth

In Anbetracht vielfältiger Rezensionsplattformen im Internet hat sich die Forschung in der jüngsten Vergangenheit intensiv mit der Frage auseinandergesetzt, welche Auswirkung elektronisches Weiterempfehlungsverhalten auf das Kaufentscheidungsverhalten von Empfängern der Weiterempfehlung hat (Chevalier/Mayzlin 2006; Moore 2015). Weniger Erkenntnisse gibt es hingegen dazu, was Kunden konkret *zum elektronischen Weiterempfehlungsverhalten motiviert*, insbesondere mit Blick auf positives Word-of-Mouth in bestehenden Kundenbeziehungen. Einen Ansatzpunkt hierzu liefert die Studie von Hennig-Thurau et al. (2004): Elektronisches Word-of-Mouth ist für Kunden eine Möglichkeit, soziale Beziehungen zu knüpfen, ihr Selbstwertgefühl zu steigern, aber auch andere Kunden vor möglichen negativen Erfahrungen mit einem Unternehmen zu bewahren. Ökonomische Vorteile durch die Incentivierung durch Unternehmen spielen ebenfalls eine zentrale Rolle. Insofern können Unternehmen das Internet dazu nutzen, diese Motive von Kunden gezielt anzusprechen und somit das positive Word-of-Mouth im Rahmen von Kundenbeziehungen zu fördern (z.B. durch die Schaffung einer unternehmenseigenen Präsenz in Sozialen Medien, um den sozialen Aspekt in den Vordergrund zu rücken).

Akzeptanz eines Preis-Premiums

Kunden schätzen die hohe Convenience des Onlinekanals. Anstatt für ein regelmäßig gekauftes Produkt in das nächste Einkaufszentrum zu fahren, bestellen Kunden bequem im Internet. Dafür nehmen sie auch höhere Preise in Kauf (Lal/Sarvary 1999). Zudem ist die hohe Kundentreue im Internet für Onlineunternehmen ein weiterer großer Vorteil für die *Durchsetzung höherer Preise*. Tatsächlich akzeptieren Kunden diese insbesondere für Suchgüter, über deren Produkteigenschaften sie sich ohne den Besuch eines Ladengeschäfts informieren können (Brynjolfsson/Smith 2000; Kim/Krishnan 2015). Selbst einem Preiswettbewerb können Unternehmen im Internet mit geeigneten Maßnahmen beggnen; zum Beispiel, indem sie ausführliche Informationen zu den Produkten bereitstellen oder einzigartige Produkte anbieten (Lynch/Ariely 2000). Für Unternehmen ohne eigenen Online-Shop ist die reine Bereitstellung von Informationen auf der eigenen Internetseite ein Weg, um insbesondere bei Kunden mit einem hohen Involvement in der Produktkategorie einen Wechsel zu höherwertigen Produktkategorien anzuregen (Pauwels et al. 2011).

Das *Internet* spielt durch die Verlagerung der Unternehmens-Kunden-Beziehung in den virtuellen Raum eine *tragende Rolle in der Kundenbindung*. Unternehmen müssen es früher als Wettbewerber schaffen, das Vertrauen von Kunden zu gewinnen. Unternehmen können dann von der generellen Trägheit von Kunden profitieren, welche die bequeme Bestellung über das Internet schätzen und ein geringes Wechselverhalten aufweisen. Die Technologie erlaubt es darüber hinaus, ihre Kunden mit neuen Instrumenten wie dem Retargeting oder persönlichen Empfehlungssystemen an sich zu binden. Unternehmen müssen dabei insbesondere den Balanceakt zwischen einer zunehmend individualisierten Kundenansprache und gleichzeitiger Privatsphäre-bedenken schaffen. Gerade im Hinblick auf den zunehmenden Trend der Personalisierung auf Basis von Vergangenheitsdaten stehen Unternehmen zudem langfristig vor der Herausforderung, Kunden im Internet auch die Möglichkeit zur Exploration von passenden neuen Produkten einzuräumen, auf die sie durch eine reine vergangenheitsorientierte Personalisierung nicht stoßen würden. Außerdem müssen Unternehmen Möglichkeiten finden, um Kunden auch vom Kauf höherwertigerer, intangibler Produkte zu überzeugen.

2.3 Soziale Medien – von der Einbahnstraße in der Kommunikation hin zur Interaktion

Soziale Medien sind eine Gruppe von internetbasierten Anwendungen, die auf dem ideologischen und technologischen Fundament des *Web 2.0* aufbauen. Sie erlauben Nutzern die Erstellung und den Austausch von Inhalten (Kaplan/Haenlein 2010). Soziale Medien vereinen den Grundsatz der Partizipation und Kollaboration und sind für jeden öffentlich zugänglich. Zu Sozialen Medien zählen unter anderem Foren (sog. *virtual communities* wie z.B. Nikon Camera Forum) und Blogs (z.B. Tumblr, Twitter), Soziale Netzwerke (z.B. Facebook), Bewertungsportale (z.B. Yelp) sowie Foto-, Video-, Musik-, oder Document-Sharing-Portale (z.B. YouTube).

Mit der zunehmenden *Verbreitung von Sozialen Medien* haben auch Unternehmen das Potenzial dieser Kanäle für das Management von Kundenbeziehungen sowie die Umsatzgenerierung entdeckt. Sie integrieren Soziale Medien zunehmend als fixen Bestandteil in ihre Kommunikationsstrategie. Gemäß einer Umfrage des Bundesverbandes für Digitale Wirtschaft (BVDW) aus dem Jahr 2014 setzen deutsche Unternehmen Soziale Medien am häufigsten (70 Prozent) zur Kundenbindung ein (BVDW 2014). Während Konsumenten bisher eine passive Rolle in der Unternehmens-Kunden-Kommunikation innehatten, haben Soziale Medien diese Beziehung grundlegend verändert: Konsumenten gewinnen durch die interaktive Kommunikationsmöglichkeit an Macht und befinden sich auf Augenhöhe mit den Unternehmen (Labrecque et al. 2013). Zudem können sich auch andere Nutzer an der Kommunikation beteiligen und sich gegenseitig in ihrem Verhalten beeinflussen. Die Besonderheit von

Sozialen Medien liegt also in der *Interaktivität der (potenziellen) Nutzergruppen*: Unternehmen, Konsumenten und andere Internetnutzer. Sie stellt zugleich das wesentliche Differenzierungsmerkmal zu anderen digitalen Medien dar. Die Aufgabe von Unternehmen in Sozialen Medien und mit Blick auf die Kundenbindung besteht daher nicht nur in der bloßen Kommunikation von Unternehmensbotschaften. Sie sollten zeitgleich die Erstellung von Nutzerinhalten fördern, auf deren Inhalte reagieren und Kommunikationsprozesse unter Nutzern moderieren.

Einstellungsbezogene Loyalität

Folgen Konsumenten Unternehmen in Sozialen Medien, so weisen sie generell eine *positive Einstellung* gegenüber dem betreffenden Unternehmen auf. Diese positive Einstellung wird dann durch den offenen und authentischen Kommunikationsstil in Sozialen Medien noch verstärkt (Beukeboom et al. 2015). Manager sollten deshalb Maßnahmen ergreifen, um aus so vielen Kunden wie möglich Unterstützer, d.h. Follower der Unternehmensseite in Sozialen Netzwerken oder Mitglieder in virtuellen Communities, zu machen. Sind Kunden zu Unterstützern geworden, gilt es für Unternehmen in einem nächsten Schritt, Inhalte gezielt auf die weitere Förderung der einstellungsbezogenen Loyalität auszurichten. In diesem Rahmen erweisen sich insbesondere Inhalte, die auf weiterführende Informationen verweisen (z.B. Links im Kontext von Facebook oder Twitter) als erfolgversprechend. Weniger geeignet sind hingegen Inhalte mit Referenzen auf andere Personen (klassische @-Verweise in Sozialen Netzwerken) (Risius/Beck 2015).

Wiederkauf

Die Erstellung einer eigenen Präsenz in den Sozialen Medien führt nicht nur zu einer positiven Einstellungsveränderung, sondern erhöht auch die monetären Ausgaben von Unterstützern in Form einer *erhöhten Kauffrequenz* (Manchanda et al. 2015). Die Auswirkung auf die Kauffrequenz ist verhältnismäßig stärker für Nutzer, die sich aktiv beteiligen (d.h. in Form von Beiträgen) und die besser mit anderen Nutzern in der Gemeinschaft vernetzt sind. Die Förderung des aktiven Engagements von Nutzern ist bei der Steuerung von Sozialen Medien dementsprechend von besonderer Bedeutung. Engagement kann beispielsweise durch die Reaktion auf positive Kommentare von Nutzern über das Unternehmen erreicht werden, da sie Offenheit und Interaktionsbereitschaft signalisiert. Dabei ist es nach Schamari und Schaefers (2015) unerheblich, ob die Reaktion persönlich (z.B. Profilbild der antwortenden Person) oder unpersönlich (z.B. Logo des Unternehmens) gestaltet ist.

Auch die richtige Reaktion auf über Soziale Medien geäußerte *Beschwerden* als Reaktion auf Fehler im Leistungserstellungsprozess von Unternehmen ist ein wichtiger Ansatzpunkt, um die *Wiederkaufwahrscheinlichkeit* von Kunden zu erhöhen. Öffentliche Beschwerden in Sozialen Netzwerken sind zu einem für Unternehmen nicht mehr zu vernachlässigenden Phänomen geworden. Fast die Hälfte aller Kunden (45 Prozent) teilen negative Serviceerfahrungen innerhalb von Sozialen Medien (Dimensional Research 2013). Wichtig ist es vor allem, zeitnah auf Beschwerden zu reagieren – unabhängig davon, ob dies vom Kunden explizit erwartet wird oder nicht (Grégoire et al. 2009; van Noort/Willemsen 2012). Die zeitnahe Reaktion und Entschuldigung verhindert insbesondere mögliche Rache- und Vergeltungsaktionen von betroffenen Kunden mit hoher Beziehungsstärke zum Unternehmen (Grégoire et al. 2009). Die Entschuldigung sollte erzählerisch und empathisch anstatt faktenbasiert gestaltet sein (van Laer/Ruyter 2010). Zudem sollte sie vom verantwortlichen Mitarbeiter kommuniziert werden. Parallel müssen sich Unternehmen der Wirkung einer Beschwerdebehandlung in der Öffentlichkeit bewusst sein und das Verhalten anderer Nutzer antizipieren. Die Präsenz von anderen Nutzern wirkt sich positiv auf die (Wieder-)Kaufintention des Beschwerdeführers aus, sofern die Beschwerde erfolgreich gelöst wurde. Dieser Effekt wird durch positive Kommentare anderer Nutzer über die generelle Dienstleistungsqualität des Unternehmens noch verstärkt. Umgekehrt wirken sich negative Kommentare anderer Nutzer bei einer nicht erfolgreichen Beschwerdebehandlung besonders negativ auf die Intentionen des Beschwerdeführers aus, insbesondere wenn die entsprechenden anderen Nutzer als Experten wahrgenommen werden (Schaefers/Schamari 2016). Auch wenn das *Kundenbeschwerdemanagement über Soziale Medien* ein wichtiger Faktor zur Kundenbeziehungpflege ist, so reicht sie bei Kunden mit einer hohen Beziehungsqualität nicht aus. Grégoire et al. (2009) zeigen, dass diese Kunden das Unternehmen nach ihrer Beschwerde mit der Zeit immer mehr meiden, unabhängig davon, wie das Unternehmen auf die Beschwerde reagiert hat.

Cross-Buying

Firmenerstellte Inhalte in Sozialen Medien helfen Unternehmen außerdem das *Cross-Buying-Verhalten* von Kunden zu fördern und so die Beziehung zum Konsumenten zu vertiefen. Im Kontext des Sozialen Netzwerks Facebook zeigen Kumar et al. (2016), dass vor allem positiv gestaltete Posts sowie Posts, die zu einer hohen Anzahl von Likes und Kommentaren führen, einen positiven Effekt auf das Cross-Buying ausüben. Das Ausmaß des Effektes ist abhängig von individuellen Kundencharakteristika, und dabei vor allem von der Länge der Beziehung zum Unternehmen. Unternehmen können die Reaktion von Kunden auf ihre Inhalte aktiv steuern: Zielt es auf eine Erhöhung der Likes ab, empfehlen sich lebendige Inhalte mit einem mäßigen Interaktionsanteil, wie beispielsweise Videos oder Wettbewerbe. Außerdem sollte die Unternehmensbotschaft möglichst lange am Seitenanfang platziert sein, um so die Anzahl an Likes und Kommentaren zu erhöhen. Kommentare können außerdem durch interaktive Unternehmensinhalte gefördert werden (de Vries et al. 2012).

Positives Word-of-Mouth

Viralität spielt in Sozialen Medien aufgrund der einfachen Möglichkeit, Inhalte mit einem Netzwerk zu teilen, eine große Rolle. Unterstützer teilen vor allem positive Inhalte und solche Inhalte, die zu einem hohen persönlichen Erregungszustand führen; egal, ob dieser mit positiven oder negativen Emotionen (z.B. Vergnügen oder Wut) verbunden ist (Berger/Milkman 2012). Die Forschung konnte außerdem zeigen, dass die Aktivitäten von Firmen in Sozialen Medien sowie die positive Reaktion von Unternehmen auf Nutzerinhalte das *positive Weiterempfehlungsverhalten von Unterstützern* beeinflussen. Produktneuankündigungen erweisen sich als treibende Kraft der Weiterempfehlungsbereitschaft von Nutzern (Colicev et al. 2016). Mit persönlichen Referenzen versehene Inhalte ziehen darüber hinaus eine höhere Weiterempfehlungsbereitschaft nach sich als informative Inhalte (Risius/Beck 2015).

Akzeptanz eines Preis-Premiums

Die Studien *zur Akzeptanz eines Preis-Premiums in Sozialen Medien* begrenzen sich auf den speziellen Fall von Auktionsplattformen. Algesheimer et al. (2010) zeigen, dass Soziale Medien (in Form einer *virtual community*) innerhalb dieser Plattform negative Auswirkungen auf das Kauf- und Verkaufverhalten von Konsumenten haben. Nutzer lernen in diesen Communities vor allem, wie die Plattform funktioniert und wie für den Käufer effiziente Gebotsstrategien aussehen könnten. Infolgedessen sind die Kunden nicht bereit, höhere Preise zu akzeptieren.

Soziale Medien können vielseitig zur Erweiterung der Kundenbeziehung eingesetzt werden. Im Gegensatz zu anderen Medien ist die explizite Beteiligung von Kunden maßgeblich für die Erreichung von Kundenbindungszielen. Unternehmen sollten diese anhand von geeigneten Gestaltungsmaßnahmen fördern. Mit der Förderung von Nutzerinhalten alleine enden die Aufgaben des Unternehmens jedoch nicht: Sie müssen die aktive Beteiligung von Kunden dauerhaft im Blick behalten und zeitnah auf deren positive wie auch negative Kommentare über das Unternehmen reagieren. Die Frage, ob die Unterstützer in Sozialen Medien langfristig auch diejenigen sind, zu denen die Beziehung anhand von Cross-Buying eher vertieft werden kann und deren Bereitschaft zur Akzeptanz eines Preis-Premiums höher ist, sollte in zukünftigen Forschungsarbeiten noch genauer beleuchtet werden.

2.4 Mobile Technologien – immer und überall erreichbar sein

Spätestens mit der *Einführung der Smartphone-Technologie* haben mobile Endgeräte breite gesellschaftliche Akzeptanz und Anwendung gefunden. Speziell für Unternehmen sind *mobile Endgeräte* zu einem wichtigen neuen Kommunikations- und Vertriebskanal geworden: In Deutschland gaben 2015 knapp 70 Prozent aller Nutzer an, schon einmal mit dem mobilen Endgerät eingekauft zu haben; das Umsatzvolumen belief sich dabei auf ca. 15 Milliarden EUR (Statista 2016). Auch die Einnahmen aus mobiler Werbung verzeichnen starke Zugewinne: Im Jahr 2014 konnten Unternehmen mit dieser neuen Werbeform 134 Millionen EUR erlösen, Tendenz steigend (BVDW 2015).

Neben dem Smartphone oder Tablet wurden zahlreiche *weitere mobile Technologien* entwickelt, die Unternehmen neue Chancen bieten, diese aber auch vor Herausforderungen stellen. Darunter fallen unter anderem Smartwatches, digitale Fitnessarmbänder oder Erfindungen wie Google Glasses. Sie zeichnen sich durch folgende *Eigenschaften* aus: (1) Portabilität, d.h. die Möglichkeit, ein mobiles Endgerät zu jedem Zeitpunkt und insbesondere an jedem Ort zu nutzen (Balasubraman et al. 2002), (2) eine starke persönliche Beziehung zwischen Nutzer und mobilem Endgerät, (3) die kabellose Vernetzung mit anderen mobilen Geräten (z.B. zwischen Smartphone und Smartwatch oder Fitnessarmband) sowie (4) die Möglichkeit, verschiedene Dienstleistungen (durch sog. *Apps*) über ein einziges Gerät zu nutzen (Shankar/ Balasubramanian 2009; Larivière et al. 2013). Insbesondere der Aspekt, überall und immer erreichbar zu sein (sog. *Ubiquität*), und der persönliche Bezug eines Nutzers zu seinem Smartphone heben mobile Endgeräte von anderen digitalen Medien ab.

Einstellungsbezogene Loyalität

Den Persönlichkeitsbezug können sich Unternehmen insbesondere zur *Förderung der einstellungsbezogenen Loyalität von Kunden* zu Nutze machen, da Kunden das Gefühl des psychologischen Besitzes auf die auf einem Endgerät dargestellten Inhalte übertragen. Das Gefühl von psychologischem Besitz wiederum fördert eine positive Einstellung (van Dyne/Pierce 2004). Kunden verspüren gegenüber Produkten, die auf dem eigenen mobilen Endgerät dargestellt werden, ein deutlich stärkeres Gefühl psychologischen Besitzes, als wenn dieselben Produkte auf eigenen stationären Endgeräten dargestellt werden. Dieser psychologische Besitzeffekt ist umso stärker, je höher der Anteil an haptischen Eigenschaften eines Produkts ist: So sind die Unterschiede zwischen den Endgeräten für ein Kleidungsstück (hoher Anteil haptischer Eigenschaften) deutlich größer als bei einer angebotenen Stadttour (geringer Anteil haptischer Eigenschaften) (Brasel/Gips 2014). Ein weiteres zentrales Element zur Förderung einstellungsbezogener Loyalität ist die Nutzung von so genannten *Branded Apps*. Dabei handelt es sich um eine von einem Unternehmen, speziell zum Download für mobile Endgeräte entwickelte Software. Die Software ermöglicht es dem Kunden, die Unternehmensmarke anhand verschiedener Funktionalitäten (z.B. mobile Boardkarte der Lufthansa App) kennenzulernen (Bellman et al. 2011; Kim et al. 2015). Die Nutzung von *Branded Apps* verändert die Einstellung gegenüber einem Unternehmen nachweislich positiv (Bellman et al. 2011).

Wiederkauf

Branded Apps, die Kunden auch das Einkaufen über mobile Endgeräte ermöglichen (sog. *M-Commerce*), üben Einfluss auf das *Wiederkaufverhalten von Konsumenten* aus. Nutzer von *Branded Apps* weisen eine im Jahresvergleich höhere Kauffrequenz auf als Kunden, die im Online-Shop über den Laptop oder Desktop-PC einkaufen (Wang et al. 2015). Bei Kunden mit einem niedrigen Ausgabenvolumen wirkt sich die Nutzung einer App zudem positiv auf das Ausgabenniveau aus. Im Kontext des Lebensmitteleinzelhandels konnte gezeigt werden, dass diese Kunden im jährlichen Vergleich knapp 50 USD mehr ausgeben (Wang et al. 2015). Mobile Rabattcoupons eignen sich wiederum gut, um den Wiederkauf beziehungsweise den Wiederbesuch in physischen Ladengeschäften positiv zu beeinflussen. Dabei sollte im Rahmen der Gestaltung darauf geachtet werden, dass Kunden die Entscheidung überlassen wird, zu welchem Zeitpunkt (d.h. Tag sowie Zeitfenster an einem Tag) sie einen mobilen Rabattcoupon erhalten möchten. Durch diese Form der Kontrolle haben Kunden eine bessere Einstellung gegenüber dem Inhalt des Coupons. Sie haben zudem weniger Angst vor einer späteren missbräuchlichen Nutzung von mobilen Coupons durch das Unternehmen (z.B. durch aufdringliche und unpassende Kommunikationsinhalte oder eine hohe Versandfrequenz) (Bacile et al. 2014).

Cross-Buying

Die Forschung zu mobilen Endgeräten legt nahe, dass mobile Coupons auch dazu geeignet sind, das *Cross-Buying von Kunden* zu erhöhen. In diesem Zusammenhang hat der Kontext, in dem sich der Kunde im Moment des Empfangs des Coupons befindet, eine herausragende Bedeutung (Grewal et al. 2016). Je nach Charakter des Cross-Buying-Produkts – utilitaristisch oder hedonistisch – kommt es auf das richtige Timing des Versands des mobilen Coupons an. Kunden lösen Angebote für utilitaristische Cross-Buying-Produkte eher ein, wenn Unternehmen die Coupons vormittags verschicken. Für hedonistische Produkte erweist sich der frühe Nachmittag als erfolgreicher (Baker et al. 2014). Erreicht ein mobiler Coupon einen Kunden, wenn er gerade unterwegs ist, spielt die Belebtheit des Ortes, an dem sich der Kunde gerade befindet, eine wichtige Rolle. Andrews et al. (2016) können in ihrer Studie zeigen, dass Cross-Buying-Botschaften vor allem dann erfolgversprechend sind, wenn Personen im Moment des Empfangs des Coupons von vielen anderen Personen umgeben sind. Da sie sich durch die anderen anwesenden Personen in ihrer Privatsphäre gestört fühlen, vertiefen sich Personen als eine Art Schutzmechanismus in die Nutzung ihres mobilen Endgeräts und sind so empfänglicher für Cross-Buying-Angebote des Unternehmens. In Ladengeschäften wiederum sind Bewegungsmuster von Kunden ausschlaggebend für den Erfolg von Cross-Buying-Angeboten. Mobile Coupons sollten den Kunden möglichst zu Produkten leiten, die weit entfernt von ihrem eigentlichen Einkaufspfad positioniert sind. Kunden gelangen so mit verschiedenen Stimuli in Kontakt und erhöhen in der Folge die Anzahl ihrer ungeplanten Käufe (Hui et al. 2013). Dennoch gibt es auch

Situationen, in denen der Rückgriff auf Kontextinformationen zur Gestaltung von mobilen Coupons nicht sinnvoll erscheint. Ghose et al. (2015) zeigen am Beispiel von Einkaufszentren, dass Coupons, die auf Basis von Kontextinformationen versendet werden, nur dann zufällig ausgespielten Coupons überlegen sind, wenn Kunden beim Betreten eines Einkaufszentrums bereits einen gezielten Einkauf im Kopf haben. Ist dies jedoch nicht der Fall, sind zufällig ausgespielte mobile Coupons erfolgversprechender. Abgesehen vom Kontext spielt auch die konkrete Gestaltung eine bedeutende Rolle: Generell führen hedonistisch gestalte Coupons zu einer höheren Cross-Buying-Wahrscheinlichkeit als utilitaristische Botschaften (Baker et al. 2014). Handelt es sich bei dem Grundprodukt, auf dessen Basis das Cross-Buying-Angebot erstellt wird, um ein utilitaristisches Produkt, ist hingegen ein utilitaristisch gestalteter mobiler Coupon zu bevorzugen.

Weitere Forschung zu mobilen Coupons, die sich nicht konkret mit dem Kontext existierender Kundenbeziehungen auseinandersetzt, legt zudem weitere Erfolgsfaktoren sowohl für den Wiederkauf als auch für das Cross-Buying nahe: Mobile Coupons weisen eine höhere Einlösungsrate auf, wenn sich Kunden in der Nähe des Geschäfts befinden, welches den Coupon aussendet (Luo et al. 2014; Danaher et al. 2015). In diesem Fall sollten noch am selben Tag einlösbare Coupons ausgesendet werden. Befindet sich der Kunde jedoch geographisch gesehen weiter entfernt, überzeugen mobile Coupons, die erst an einem der folgenden Tage einlösbar sind (Luo et al. 2014).

Positives Word-of-Mouth

Mobile Endgeräte sind aufgrund ihrer Ubiquität besonders gut geeignet, um konsumrelevante Erfahrungen quasi in Echtzeit mit Dritten zu teilen (Hennig-Thurau et al. 2010). Trotzdem scheint der Einfluss mittels mobiler Endgeräte übermittelter Erfahrungen nach aktuellem Forschungsstand gering. Mobil verfasste Rezensionen erweisen sich für andere Nutzer weniger hilfreich als auf nicht-mobilen Endgeräten erstellte Rezensionen (Lurie et al. 2014). Dies ist unter anderem auf die geringe Textlänge oder aber auch die ichbezogene Textgestaltung von mobilen Rezensionen zurückzuführen. Zudem kann schon die reine Tatsache, dass eine Rezension auf einem mobilen Endgerät verfasst wurde, einen negativen Effekt auf den Wert dieser Rezension für Rezipienten ausüben, zumindest wenn Rezipienten ein nicht-mobiles Endgerät für das Lesen der Rezension nutzen. Verwenden sie hingegen ein mobiles Endgerät, wird die Nützlichkeit einer auf einem mobilen Endgerät verfassten Rezension als höher eingeschätzt. Die Verwendung eines mobilen Endgeräts zur Erstellung einer Rezension wird von Rezipienten in dieser Situation als kompatibel mit der Nutzung des mobilen Endgeräts zum Lesen der Rezension angesehen (März et al. 2017).

Mobile Endgeräte nehmen durch ihre Ubiquität, aber auch durch ihre persönliche Beziehung zwischen ihnen und ihren Nutzern einen wichtigen Platz im Kundenbindungsmanagement von Unternehmen ein, der so von anderen digitalen Technologien nicht besetzt werden kann. Interessant wird zukünftig zu sehen sein, wie sich die Ubiquität nicht nur auf das Antwortverhalten von Kunden auf Werbemaßnahmen auswirkt, sondern auch das tatsächliche Surf- und Einkaufsverhalten in Online-Shops beeinflusst – ein Aspekt, der aktuell überraschenderweise noch relativ unerforscht ist. Zudem muss es Unternehmen gelingen, Kunden zum Kauf von neuen, bis dato noch nicht mobil gekauften Produkten zu bringen; Kunden erwerben mobil in der Regel nur Produkte, die sie bereits in früheren Kaufzyklen erworben hatten (Wang et al. 2015). Auch die Bedeutung von weiteren mobilen Technologien wie Google Glasses, welche die natürlichen Grenzen zwischen realer und virtueller Welt immer mehr verschwimmen lassen, stellen spannende neue Felder für Unternehmen wie Wissenschaft dar. Bei all diesen Chancen von mobilen Technologien dürfen Unternehmen nicht vergessen, dass die Vorteile der Technologien nicht nur ihnen, sondern auch Wettbewerbern zu Gute kommen: Kunden können noch im Ladengeschäft Preise zwischen Marktteilnehmern vergleichen (Rapp et al. 2015) oder durch ortsgenaue mobile Coupons angesprochen und im Zweifelsfall abgeworben werden (Fong et al. 2015).

3. Zusammenfassende Betrachtung und Herausforderungen der Kundenbindung in digitalen Medien

Unternehmen sehen in der Digitalität und der Kundenbindung die größten Herausforderungen des beginnenden 21. Jahrhunderts (Horizont 2013). Die vorangegangenen vier Abschnitte haben deutlich gemacht, dass diese beiden Themen eng miteinander verknüpft sind und Unternehmen diese Herausforderungen daher integriert angehen sollten. Digitale Medien mit ihren vier charakteristischen Eigenschaften (Digitalität, Virtualität, Interaktivität, Ubiquität) tragen in hohem Maße dazu bei, dass Unternehmen ihre Kundenbindungsziele erreichen. Der vorliegende Beitrag thematisiert die bisherigen *Forschungsschwerpunkte an der Schnittstelle von Digitalität und Kundenbindung* (Tabelle 1). Mithilfe unserer Darstellung der bisherigen Forschung können Unternehmen einen ersten Einblick gewinnen, wie sich der Einsatz von digitalen Medien zur Förderung einstellungs- und verhaltensbezogener Loyalität von Kunden eignet. Die Einführung von digitalen Medien und die gestalterischen Aktivitäten in diesen sind wichtige Stellschrauben, um Kunden langfristig an das Unternehmen zu binden. Die Ausführungen zeigen, dass digitale Medien dabei auf ganz unterschiedliche Art und Weise zur Kundenbindung beitragen können. Deshalb müssen sich Unternehmen deutlich vor Augen führen, welche Kundenbindungsziele sie konkret erreichen wollen.

Aus Forschungssicht besteht gerade bei der Interaktion verschiedener digitaler Medien *zukünftiger Forschungsbedarf*. Bis dato beschäftigen sich Forschungsstudien vorwiegend mit einzelnen digitalen Medien, nicht aber mit ihrem konkreten Zusammenspiel. Kanalübergreifende Betrachtungen finden sich vorwiegend innerhalb eines

Mediums, wie es insbesondere die Forschung zu Onlinemarketingkanälen zeigt (Li/Kannan 2013; Anderl et al. 2016). Jedoch sind in Zeiten des Omni-Channel-Shopping (d.h. Kunden verwenden mehrere oder alle digitalen und nicht-digitalen Kanäle gleichzeitig) (Verhoef et al. 2015) ganzheitlichere und *integriertere Betrachtungen über verschiedene Medien* und über Kanäle verschiedener Medien hinweg notwendig, um deren Zusammenspiel besser zu verstehen und somit auch die komplexe Unternehmensrealität abzubilden. Ein zentraler Ansatz wäre hier die Auswertung von Datensätzen, die ein umfassendes Spektrum an Medien und Kanälen abbildet. Ein weiterer Ansatz könnte es sein, sich von einer reinen Kanal- oder Medienlogik zu lösen. Wie der vorliegende Beitrag gezeigt hat, stehen Medien (wie auch Kanäle) repräsentativ für dahinterliegende Charakteristika und Konzepte. Um Kanäle und Medien einzuordnen und deren Einfluss auf das Kundenverhalten besser zu verstehen, sollten diese Charakteristika in den Vordergrund wissenschaftlicher Betrachtungen gerückt werden. Mit Blick auf die Kundenbindung zeigt unser Überblick den Weg für weitere Forschung an der Schnittstelle von Digitalität und Kundenbindung auf. Wie Tabelle 1 deutlich macht, fehlt es insbesondere an Erkenntnissen, wie digitale Medien zu positivem Weiterempfehlungsverhalten und der Akzeptanz höherer Preise beitragen, die letzten Stufen zur Erreichung einer starken Kundenbindung.

Mit den Chancen, die digitale Medien für die Kundenbindung mit sich bringen, sehen sich Unternehmen jedoch auch neuen Herausforderungen gegenüber: Unternehmen müssen sich Gedanken darüber machen, wie sie im Kontext des Omni-Channel-Shopping einzelne Medien und Kanäle integrieren, um für den Kunden ein einzigartiges Kundenerlebnis zu schaffen (Lemon/Verhoef 2016). So erhöhen sie die Zufriedenheit ihrer Kunden, steigern ihre Umsätze und Gewinne sowie ihren Share of Wallet (Payne/Frow 2004). Die wesentlichen *Herausforderungen* stellen in diesem Zusammenhang die fünf folgenden Aspekte dar: (1) Datenintegration, (2) Verständnis des Konsumentenverhaltens, (3) Kanalbewertung, (4) Zuteilung von Ressourcen über die verschiedenen Kanäle und (5) Koordination der Kanalstrategien. Die umfassende Erfassung und Nutzung von Kundendaten sowie deren Qualität spielen für Unternehmen eine entscheidende Rolle, um einen nachhaltigen Wettbewerbsvorteil zu erzielen (Neslin et al. 2006).

Eine weitere Herausforderung ist der gestiegene *Grad an Privatsphärebedenken* durch die zunehmende Nutzung von privaten Daten von Unternehmen für gezieltes, kundenindividuelles Targeting. Besonders zum Tragen kommen Privatsphärebedenken dementsprechend bei der Personalisierung von Onlinewerbebannern oder aber auch der ortsgenauen Ansprache über mobile Endgeräte. Unternehmen müssen in ihren Targetingaktivitäten den Balanceakt schaffen, Privatsphärebedenken zu berücksichtigen, ohne dabei den Mehrwert von individuellen Targetingmaßnahmen aus den Augen zu verlieren; in beiden Fällen leidet der langfristige und nachhaltige Erfolg von Unternehmen (Arora et al. 2008; White et al. 2008). Die vorherige Einholung der Einwilligung

Kundenbindungsziele		Digitale Medien			
		Digital Signage	Internet	Soziale Medien	Mobile Technologien
Einstellungsbezogene Loyalität		Inhaltliche Gestaltung firmenerstellter Botschaften	Auftreten im Internetkanal • Privatsphäre- und Sicherheitselemente • Gestaltungselemente wie Usability, Layout etc.	• Einstellung von Unterstützern • Gestaltung der Inhalte durch Unternehmen	• Mobile Technologien als Besitzobjekt • Bereitstellung von Branded Apps
Verhaltensbezogene Loyalität	Wiederkauf		• Einführung eines Onlinekanals • Personalisierung von Kommunikationsmitteln und Preis	• Aktive Beteiligung und Vernetzung von Nutzern • Beschwerdebehandlung	• Bereitstellung von Branded Apps • Einsatz von mobilen Coupons
	Cross-Buying		• Einführung eines Onlinekanals • Einsatz von digitalen Empfehlungssystemen	• Gestaltung firmenerstellter Inhalte	• Einsatz von mobilen Coupons
	Positives Word-of-Mouth		• Treiberfaktoren von eWOM und Auswirkungen auf Empfänger	• Gestaltung firmenerstellter Inhalte • Reaktion auf nutzererstellte Inhalte durch Unternehmen	
	Akzeptanz eines Preis-Premiums		• Einführung und Gestaltung eines Onlinekanals	• Einsatz im Rahmen von Auktionsplattformen	

Tabelle 1: Bisherige Forschungsschwerpunkte an der Schnittstelle von digitalen Medien und Kundenbindung

von Kunden für Targetingmaßnahmen, deren transparente Darlegung durch das Unternehmen oder die Steigerung der wahrgenommen Nützlichkeit von Targetingmaßnahmen helfen Unternehmen, diese Balance herzustellen (Tsang et al. 2004; White et al. 2008; Schumann et al. 2014). Im Rahmen der transparenten Darlegung von Targetingmaßnahmen sollten Unternehmen in ihrer Argumentation Kunden den Austauschcharakter einer Unternehmens-Kunden-Beziehung vor Augen führen: Schumann et al. zeigen im Kontext von kostenfreien Internetdienstleistungen (z.B. werbe-finanzierte Nachrichtenportale), dass Unternehmen die Akzeptanzrate von Targeting dramatisch steigern können, wenn sie Kunden bewusst machen, dass die Bereitstellung kostenfreier Inhalte nur möglich ist, wenn sie Onlinewerbung durch individuelles Targeting gezielter ausrichten.

4. Fazit

„We live in very exciting times. I truly believe that digitalization is one of the most fundamental periods of transformation we have ever witnessed. It provides a unique opportunity for global leaders to shape our future."

Jim Hagemann Snabe (2015), Chairman, Center for Global Industries

Digitale Medien sind aus unserem Alltag nicht mehr wegzudenken und haben es geschafft, private sowie geschäftliche Beziehungen umfassend zu verändern. Für das Kundenbindungsmanagement sind sie zu einem elementaren Faktor zur Förderung von einstellungs- und verhaltensbezogener Loyalität und somit zur Vertiefung der Unternehmens-Kunden-Beziehungen geworden. Die vorliegenden Ausführungen stellen aus einer wissenschaftlichen Perspektive dar, welchen konkreten Beitrag die digitalen Medien und ihre charakteristischen Eigenschaften zur Erreichung von Kundenbindungszielen leisten und zeigt die Forschungsschwerpunkte an der Schnittstelle von digitalen Medien und Kundenbindung auf. Die Ausführungen sind dabei als aktuelle Momentaufnahme zu verstehen. Immer neuere Technologien drängen auf den Markt und mit dem *Internet of Things*, der digitalen Vernetzung von Gegenständen des täglichen Lebens wie Haushaltsgeräten oder Autos, steht ein neuer Entwicklungsschritt vor der Tür (Atzori et al. 2010). Es wird spannend sein zu sehen, wie Unternehmen diese weiteren technologischen Entwicklungen für sich und insbesondere das Kundenbindungsmanagement nutzen können, um die Beziehung zum Kunden weiter zu vertiefen und ihn so langfristig noch profitabler zu machen.

Literaturverzeichnis

Aguirre, E./Mahr, D./Grewal, D./Ruyter, K. de/Wetzels, M. (2015): Unraveling the Personalization Paradox: The Effect of Information Collection and Trust-Building Strategies on Online Advertisement Effectiveness, in: Journal of Retailing, Vol. 91, No. 1, S. 34-49.

Alba, J./Lynch, J./Weitz, B./Janiszewski, C./Lutz, R./Sawyer, A./Wood, S. (1997): Interactive Home Shopping: Consumer, Retailer, and Manufacturer Incentives to Participate in Electronic Marketplaces, in: Journal of Marketing, Vol. 61, No. 3, S. 38-53.

Algesheimer, R./Borle, S./Dholakia, U. M./Singh, S. S. (2010): The Impact of Customer Community Participation on Customer Behaviors. An Empirical Investigation, in: Marketing Science, Vol. 29, No. 4, S. 756-769.

Anderl, E./Schumann, J. H./Kunz, W. (2016): Helping Firms Reduce Complexity in Multichannel Online Data: A New Taxonomy-Based Approach for Customer Journeys, in: Journal of Retailing, Vol. 92, No. 2, 185-203.

Andrews, M./Luo, X./Fang, Z./Ghose, A. (2016): Mobile Ad Effectiveness. Hyper-Contextual Targeting with Crowdedness, in: Marketing Science, Vol. 35, No. 2, S. 218-233.

Ansari, A./Essegaier, S./Kohli, R. (2000): Internet Recommendation Systems, in: Journal of Marketing Research, Vol. 37, No. 3, S. 363-375.

Ansari, A./Mela, C. F. (2003): E-Customization, in: Journal of Marketing Research, Vol. 40, No. 2, S. 131-145.

Arora, N./Dreze, X./Ghose, A./Hess, J. D./Iyengar, R./Jing, B./Joshi, Y./Kumar, V./Lurie, N./Neslin, S./Sajeesh, S./Su, M./Syam, N./Thomas, J./Zhang, Z. J. (2008): Putting One-to-One Marketing to Work. Personalization, Customization, and Choice, in: Marketing Letters, Vol. 19, No. 3-4, S. 305-321.

Atzori, L./Iera, A./Morabito, G. (2010): The Internet of Things: A Survey, in: Computer Networks, Vol. 54, No. 15, S. 2787-2805.

Bacile, T. J./Ye, C./Swilley, E. (2014): From Firm-Controlled to Consumer-Contributed: Consumer Co-Production of Personal Media Marketing Communication, in: Journal of Interactive Marketing, Vol. 28, No. 2, S. 117-133.

Baker, B. J./Fang, Z./Luo, X. (2014): Hour-by-Hour Sales Impact of Mobile Advertising, http://papers.ssrn.com/sol3/papers.cfm?abstract_id=2439396 (Zugriff am 18.08.2016).

Balasubraman, S./Peterson, R. A./Jarvenpaa, S. L. (2002): Exploring the Implications of M-Commerce for Markets and Marketing, in: Journal of the Academy of Marketing Science, Vol. 30, No. 4, S. 348-361.

Bart, Y./Shankar, V./Sultan, F./Urban, G. L. (2005): Are the Drivers and Role of Online Trust the Same for All Web Sites and Consumers? A Large-Scale Exploratory Empirical Study, in: Journal of Marketing, Vol. 69, No. 4, S. 133-152.

Belanger, F./Hiller, J. S./Smith, W. J. (2002): Trustworthiness in Electronic Commerce: The Role of Privacy, Security, and Site Attributes, in: The Journal of Strategic Information Systems, Vol. 11, No. 3-4, S. 245-270.

Bellman, S./Potter, R. F./Treleaven-Hassard, S./Robinson, J. A./Varan, D. (2011): The Effectiveness of Branded Mobile Phone Apps, in: Journal of Interactive Marketing, Vol. 25, No. 4, S. 191-200.

Berger, J./Milkman, K. L. (2012): What Makes Online Content Viral?, in: Journal of Marketing Research, Vol. 49, No. 2, S. 192-205.

Beukeboom, C. J./Kerkhof, P./Vries, M. de (2015): Does a Virtual Like Cause Actual Liking? How Following a Brand's Facebook Updates Enhances Brand Evaluations and Purchase Intention, in: Journal of Interactive Marketing, Vol. 32, o. No., S. 26-36.

Bleier, A./Eisenbeiss, M. (2015a): Personalized Online Advertising Effectiveness: The Interplay of What, When, and Where, in: Marketing Science, Vol. 34, No. 5, S. 669-688.

Bleier, A./Eisenbeiss, M. (2015b): The Importance of Trust for Personalized Online Advertising, in: Journal of Retailing, Vol. 91, No. 3, S. 390-409.

Bodapati, A. V. (2008): Recommendation Systems with Purchase Data, in: Journal of Marketing Research, Vol. 45, No. 1, S. 77-93.

Brasel, S. A./Gips, J. (2014): Tablets, Touchscreens, and Touchpads: How Varying Touch Interfaces Trigger Psychological Ownership and Endowment, in: Journal of Consumer Psychology, Vol. 24, No. 2, S. 226-233.

Brynjolfsson, E./Smith, M. D. (2000): Frictionless Commerce? A Comparison of Internet and Conventional Retailers, in: Management Science, Vol. 46, No. 4, S. 563-585.

BVDW (2014): Für welche Projekte/Aufgaben setzen Sie Social Media bislang wie häufig ein? Hrsg.: Statista – Das Statistik-Portal, http://de.statista.com/statistik/daten/studie/214160/umfrage/einsatzbereiche-von-social-media-in-unternehmen/ (Zugriff am 13.09.2016).

BVDW (2015): MAC MOBILEREPORT 2015 / 02. Mobile-Advertising im Überblick, http://www.bvdw.org/mybvdw/media/download/01-mac-report-online.pdf?file=3642 (Zugriff am 05.09.2016).

Chevalier, J. A./Mayzlin, D. (2006): The Effect of Word of Mouth on Sales: Online Book Reviews, in: Journal of Marketing Research, Vol. 43, No. 3, S. 345-354.

Chung, T. S./Rust, R. T./Wedel, M. (2008): My Mobile Music: An Adaptive Personalization System for Digital Audio Players, in: Marketing Science, Vol. 28, No. 1, S. 52-68.

Colicev, A./Malshe, A./Pauwels, K./O'Connor, P. (2016): How Earned and Owned Social Media Impact Shareholder Value Through Consumer Mindset Metrics, Marketing Science Institute Working Paper Series 2016, Report No. 16-115, S. 1-70.

Danaher, P. J./Smith, M. S./Ranasinghe, K./Danaher, T. S. (2015): Where, When, and How Long. Factors That Influence the Redemption of Mobile Phone Coupons, in: Journal of Marketing Research, Vol. 52, No. 5, S. 710-725.

Danaher, P. J./Wilson, I. W./Davis, R. A. (2003): A Comparison of Online and Offline Consumer Brand Loyalty, in: Marketing Science, Vol. 22, No. 4, S. 461-476.

de Vries, L./Gensler, S./Leeflang, P. S. (2012): Popularity of Brand Posts on Brand Fan Pages. An Investigation of the Effects of Social Media Marketing, in: Journal of Interactive Marketing, Vol. 26, No. 2, S. 83-91.

Degeratu, A. M./Rangaswamy, A./Wu, J. (2000): Consumer Choice Behavior in Online and Traditional Supermarkets: The Effects of Brand Name, Price, and Other Search Attributes, in: International Journal of Research in Marketing, Vol. 17, No. 1, S. 55-78.

Dennis, C./Brakus, J. J./Gupta, S./Alamanos, E. (2014): The Effect of Digital Signage on Shoppers' Behavior: The Role of the Evoked Experience, in: Journal of Business Research, Vol. 67, No. 11, S. 2250-2257.

Dennis, C./Michon, R./Brakus, J. J./Newman, A./Alamanos, E. (2012): New Insights into the Impact of Digital Signage as a Retail Atmospheric Tool, in: Journal of Consumer Behaviour, Vol. 11, No. 6, S. 454-466.

Dennis, C./Newman, A./Michon, R./Josko Brakus, J./Tiu Wright, L. (2010): The Mediating Effects of Perception and Emotion: Digital Signage in Mall Atmospherics, in: Journal of Retailing & Consumer Services, Vol. 17, No. 3, S. 205-215.

Dick, A. S./Basu, K. (1994): Customer Loyalty: Toward an Integrated Conceptual Framework, in: Journal of the Academy of Marketing Science, Vol. 22, No. 2, S. 99-113.

Dimensional Research (2013): Customer Service and Business Results: Survey of Customer Service from Mid-Size Companies, https://d16cvnquvjw7pr.cloudfront.net/resources/whitepapers/Zendesk_WP_Customer_Service_and_Business_Results.pdf (Zugriff am 13.09.2016).

Fong, N. M./Fang, Z./Luo, X. (2015): Geo-Conquesting. Competitive Locational Targeting of Mobile Promotions, in: Journal of Marketing Research, Vol. 52, No. 5, S. 726-735.

Ghose, A./Beibei, L./Siyuan, L. (2015): Mobile Advertising Using Customer Movement Patterns, http://faculty.chicagobooth.edu/workshops/marketing/pdf/MobileTraj_Beibei2015.pdf (Zugriff am 04.10.2016).

Goldfarb, A. (2006): State Dependence at Internet Portals, in: Journal of Economics & Management Strategy, Vol. 15, No. 2, S. 317-352.

Grégoire, Y./Tripp, T. M./Legoux, R. (2009): When Customer Love Turns into Lasting Hate: The Effects of Relationship Strength and Time on Customer Revenge and Avoidance, in: Journal of Marketing, Vol. 73, No. 6, S. 18-32.

Grewal, D./Bart, Y./Spann, M./Zubcsek, P. P. (2016): Mobile Advertising. A Framework and Research Agenda, in: Journal of Interactive Marketing, Vol. 34, o. No., S. 3-14.

Harrison, J. V./Andrusiewicz, A. (2003): Enhancing Digital Advertising Using Dynamically Configurable Multimedia, in: 2003 International Conference on Multimedia and Expo. ICME '03. Proceedings. Baltimore, S. 717-720.

Hauser, J. R./Urban, G. L./Liberali, G./Braun, M. (2009): Website Morphing, in: Marketing Science, Vol. 28, No. 2, S. 202-223.

Hennig-Thurau, T./Gwinner, K. P./Walsh, G./Gremler, D. D. (2004): Electronic Word-of-Mouth via Consumer-Opinion Platforms. What Motivates Consumers to Articulate Themselves on the Internet?, in: Journal of Interactive Marketing, Vol. 18, No. 1, S. 38-52.

Hennig-Thurau, T./Malthouse, E. C./Friege, C./Gensler, S./Lobschat, L./Rangaswamy, A./Skiera, B. (2010): The Impact of New Media on Customer Relationships, in: Journal of Service Research, Vol. 13, No. 3, S. 311-330.

Higgins, E. T. (1997): Beyond Pleasure and Pain, in: American Psychologist, Vol. 52, No. 12, S. 1280-1300.

Hoffman, D. L./Novak, T. P. (1996): Marketing in Hypermedia Computer-Mediated Environments: Conceptual Foundations, in: Journal of Marketing, Vol. 60, No. 3, S. 50-68.

Homburg, C./Bruhn, M. (2013): Kundenbindungsmanagement. Eine Einführung in die theoretischen und praktischen Problemstellungen, in: Bruhn M./Homburg C. (Hrsg.), Handbuch Kundenbindungsmanagement. Strategien und Instrumente für ein erfolgreiches CRM. 8. Aufl. Wiesbaden, S. 4-37.

Homburg, C./Krohmer, H. (2009): Grundlagen des Marketingmanagements. Einführung in Strategie, Instrumente, Umsetzung und Unternehmensführung, 2. Aufl., Wiesbaden.

Horizont (2013): Was sind die größten Herausforderungen für das Marketing? Hrsg.: Statista – Das Statistik-Portal. (Horizont Nr. 12, 21.03.2013, S. 14), http://de.statista.com/statistik/daten/studie/255142/umfrage/herausforderungen-fuer-das-marketing-von-dax-unternehmen/ (Zugriff am 13.09.2016).

Hui, S. K./Inman, J. J./Huang, Y./Suher, J. (2013): The Effect of In-Store Travel Distance on Unplanned Spending: Applications to Mobile Promotion Strategies, in: Journal of Marketing, Vol. 77, No. 2, S. 1-16.

Johnson, E. J./Moe, W. W./Fader, P. S./Bellman, S./Lohse, G. L. (2004): On the Depth and Dynamics of Online Search Behavior, in: Management Science, Vol. 50, No. 3, S. 299-308.

Kaplan, A. M./Haenlein, M. (2010): Users of the World, Unite! The Challenges and Opportunities of Social Media, in: Business Horizons, Vol. 53, No. 1, S. 59-68.

Kim, S. J./Wang, R. J.-H./Malthouse, E. C. (2015): The Effects of Adopting and Using a Brand's Mobile Application on Customers' Subsequent Purchase Behavior, in: Journal of Interactive Marketing, Vol. 31, o. No., S. 28-41.

Kim, Y./Krishnan, R. (2015): On Product-Level Uncertainty and Online Purchase Behavior: An Empirical Analysis, in: Management Science, Vol. 61, No. 10, S. 2449-2467.

Kumar, A./Bezawada, R./Rishika, R./Janakiraman, R./Kannan, P. K. (2016): From Social to Sale. The Effects of Firm-Generated Content in Social Media on Customer Behavior, in: Journal of Marketing, Vol. 80, No. 1, S. 7-25.

Kumar, V./Reinartz, W. (2012): Customer Relationship Management. Concept, Strategy, and Tools, 2. Aufl., Berlin.

Labrecque, L. I./vor dem Esche, J./Mathwick, C./Novak, T. P./Hofacker, C. F. (2013): Consumer Power. Evolution in the Digital Age, in: Journal of Interactive Marketing, Vol. 27, No. 4, S. 257-269.

Lal, R./Sarvary, M. (1999): When and How Is the Internet Likely to Decrease Price Competition?, in: Marketing Science, Vol. 18, No. 4, S. 485-503.

Lambrecht, A./Tucker, C. (2013): When Does Retargeting Work? Information Specificity in Online Advertising, in: Journal of Marketing Research, Vol. 50, No. 5, S. 561-576.

Larivière, B./Joosten, H./Malthouse, E. C./van Birgelen, M./Aksoy, P./Kunz, W. H./Huang, M. (2013): Value Fusion: The Blending of Consumer and Firm Value in the Distinct Context of Mobile Technologies and Social Media, in: Journal of Service Management, Vol. 24, No. 3, S. 268-293.

Lemon, K. N./Verhoef, P. C. (2016): Understanding Customer Experience throughout the Customer Journey, Forthcoming at Journal of Marketing.

Li, H./Kannan, P. K. (2013): Attributing Conversions in a Multichannel Online Marketing Environment: An Empirical Model and a Field Experiment, in: Journal of Marketing Research, Vol. 51, No. 1, S. 40-56.

Luo, X./Andrews, M./Fang, Z./Phang, C. W. (2014): Mobile Targeting, in: Management Science, Vol. 60, No. 7, S. 1738-1756.

Lurie, N. H./Ransbotham, S./Liu, H. (2014): The Characteristics and Perceived Value of Mobile Word of Mouth, Marketing Science Institute Working Paper Series 2014, Report No. 14-109, S. 1-26.

Lynch, J. G./Ariely, D. (2000): Wine Online: Search Costs Affect Competition on Price, Quality, and Distribution, in: Marketing Science, Vol. 19, No. 1, S. 83-103.

Ma, J. (2016): Does Greater Online Assortment Pay? An Empirical Study Using Matched Online and Catalog Shoppers, in: Journal of Retailing, Vol. 92, No. 3, S. 373-382.

März, A./Schubach, S./Schumann, J. H. (2016): "Why Would I Read a Mobile Review?" Device Compatibility Perceptions and Effects on Perceived Helpfulness, in: Journal Psychology & Markting, noch nicht erschienen.

Malthouse, E. C./Haenlein, M./Skiera, B./Wege, E./Zhang, M. (2013): Managing Customer Relationships in the Social Media Era. Introducing the Social CRM House, in: Journal of Interactive Marketing, Vol. 27, No. 4, S. 270-280.

Manchanda, P./Packard, G./Pattabhiramaiah, A. (2015): Social Dollars. The Economic Impact of Customer Participation in a Firm-Sponsored Online Customer Community, in: Marketing Science, Vol. 34, No. 3, S. 367-387.

MarketsandMarkets (2016): Digital Signage Market by Product (Kiosks, Menu Boards, Billboards, Signboards), Offering (Hardware (Display Panels, Media Players, Projectors), Software, and Services), Application, and Geography – Global Forecast to 2022, http://www.marketsandmarkets.com/Market-Reports/digital-signage-market-513.html (Zugriff am 13.09.206).

Melis, K./Campo, K./Lamey, L./Breugelmans, E. (2016): A Bigger Slice of the Multichannel Grocery Pie: When Does Consumers' Online Channel Use Expand Retailers' Share of Wallet?, in: Journal of Retailing, Vol. 92, No. 3, S. 268-286.

Moore, S. G. (2015): Attitude Predictability and Helpfulness in Online Reviews: The Role of Explained Actions and Reactions, in: Journal of Consumer Research, Vol. 42, No. 1, S. 30-44.

Neslin, S. A./Grewal, D./Leghorn, R./Shankar, V./Teerling, M. L./Thomas, J. S./Verhoef, P. C. (2006): Challenges and Opportunities in Multichannel Customer Management, in: Journal of Service Research, Vol. 9, No. 2, S. 95-112.

Pauwels, K./Leeflang, P. S./Teerling, M. L./Huizingh, K. E. (2011): Does Online Information Drive Offline Revenues? Only for Specific Products and Consumer Segments!, in: Journal of Retailing, Vol. 87, No. 1, S. 1-17.

Pavlou, P. A./Liang, H./Xue, Y. (2007): Understanding and Mitigating Uncertainty in Online Exchange Relationships: A Principal-Agent Perspective, in: MIS Quarterly, Vol. 31, No. 1, S. 105-136.

Payne, A./Frow, P. (2004): The Role of Multichannel Integration in Customer Relationship Management, in: Industrial Marketing Management, Vol. 33, No. 6, S. 527-538.

Rapp, A./Baker, T. L./Bachrach, D. G./Ogilvie, J./Beitelspacher, L. S. (2015): Perceived Customer Showrooming Behavior and the Effect on Retail Salesperson Self-Efficacy and Performance, in: Journal of Retailing, Vol. 91, No. 2, S. 358-369.

Risius, M./Beck, R. (2015): Effectiveness of Corporate Social Media Activities in Increasing Relational Outcomes, in: Information & Management, Vol. 52, No. 7, S. 824-839.

Saini, Y. K./Lynch Jr., J. G. (2016): The Effects of the Online and Offline Purchase Environment on Consumer Choice of Familiar and Unfamiliar Brands, in: International Journal of Research in Marketing, Vol. 33, No. 3, S. 702-705.

Schaefers, T./Schamari, J. (2016): Service Recovery via Social Media: The Social Influence Effects of Virtual Presence, in: Journal of Service Research, Vol. 19, No. 2, S. 1-17.

Schamari, J./Schaefers, T. (2015): Leaving the Home Turf. How Brands Can Use Webcare on Consumer-generated Platforms to Increase Positive Consumer Engagement, in: Journal of Interactive Marketing, Vol. 30, o. No., S. 20-33.

Schlosser, A. E./White, T. B./Lloyd, S. M. (2006): Converting Web Site Visitors into Buyers: How Web Site Investment Increases Consumer Trusting Beliefs and Online Purchase Intentions, in: Journal of Marketing, Vol. 70, No. 2, S. 133-148.

Schumann, J. H./Wangenheim, F. von/Groene, N. (2014): Targeted Online Advertising: Using Reciprocity Appeals to Increase Acceptance Among Users of Free Web Services, in: Journal of Marketing, Vol. 78, No. 1, S. 59-75.

Shankar, V./Balasubramanian, S. (2009): Mobile Marketing: A Synthesis and Prognosis, in: Journal of Interactive Marketing, Vol. 23, No. 2, S. 118-129.

Shapiro, C./Varian, H. R. (1999): Information Rules. A Strategic Guide to the Network Economy, Boston.

Shi, S. W./Zhang, J. (2014): Usage Experience with Decision Aids and Evolution of Online Purchase Behavior, in: Marketing Science, Vol. 33, No. 6, S. 871-882.

Snabe, J. H. (2015): What will digitalization do to the future?, https://www.weforum.org/agenda/2015/11/what-will-digitalization-do-to-the-future/ (Zugriff am 04.10.2016).

Statista (2016): Mobile Commerce – Statista-Dossier, https://de.statista.com/statistik/studie/id/7395/dokument/mobile-commerce-statista-dossier/ (Zugriff am 05.09.2016).

Steenkamp, J.-B. E./Geyskens, I. (2006): How Country Characteristics Affect the Perceived Value of Web Sites, in: Journal of Marketing, Vol. 70, No. 3, S. 136-150.

Tam, K. Y./Ho, S. Y. (2005): Web Personalization as a Persuasion Strategy: An Elaboration Likelihood Model Perspective, in: Information Systems Research, Vol. 16, No. 3, S. 271-291.

Tsang, M. M./Ho, S.-C./Liang, T.-P. (2004): Consumer Attitudes Toward Mobile Advertising: An Empirical Study, in: International Journal of Electronic Commerce, Vol. 8, No. 3, S. 65-78.

Urban, G. L./Amyx, C./Lorenzon, A. (2009): Online Trust: State of the Art, New Frontiers, and Research Potential, in: Journal of Interactive Marketing, Vol. 23, No. 2, S. 179-190.

van Dyne, L./Pierce, J. L. (2004): Psychological Ownership and Feelings of Possession: Three Field Studies Predicting Employee Attitudes and Organizational Citizenship Behavior, in: Journal of Organizational Behavior, Vol. 25, No. 4, S. 439-459.

van Laer, T./Ruyter, K. de (2010): In Stories We Trust: How Narrative Apologies Provide Cover for Competitive Vulnerability after Integrity-violating Blog Posts, in: International Journal of Research in Marketing, Vol. 27, No. 2, S. 164-174.

van Noort, G./Kerkhof, P./Fennis, B. M. (2008): The Persuasiveness of Online Safety Cues: The Impact of Prevention Focus Compatibility of Web Content on Consumers' Risk Perceptions, Attitudes, and Intentions, in: Journal of Interactive Marketing, Vol. 22, No. 4, S. 58-72.

van Noort, G./Willemsen, L. M. (2012): Online Damage Control: The Effects of Proactive Versus Reactive Webcare Interventions in Consumer-generated and Brand-generated Platforms, in: Journal of Interactive Marketing, Vol. 26, No. 3, S. 131-140.

Verhoef, P. C./Kannan, P. K./Inman, J. J. (2015): From Multi-Channel Retailing to Omni-Channel Retailing, in: Journal of Retailing, Vol. 91, No. 2, S. 174-181.

Wang, R. J.-H./Malthouse, E. C./Krishnamurthi, L. (2015): On the Go. How Mobile Shopping Affects Customer Purchase Behavior, in: Journal of Retailing, Vol. 91, No. 2, S. 217-234.

White, T. B./Zahay, D. L./Thorbjørnsen, H./Shavitt, S. (2008): Getting too Personal. Reactance to Highly Personalized Email Solicitations, in: Marketing Letters, Vol. 19, No. 1, S. 39-50.

Yadav, M. S./Pavlou, P. A. (2013): Marketing in Computer-Mediated Environments: Research Synthesis and New Directions, in: Journal of Marketing, Vol. 78, No. 1, S. 20-40.

Zhang, J./Wedel, M. (2009): The Effectiveness of Customized Promotions in Online and Offline Stores, in: Journal of Marketing Research, Vol. 46, No. 2, S. 190-206.

Summary

The digital era tremendously changed the customer-firm relationship within the last decades. Thus, for both practitioners and scholars it is important to gain a deeper understanding of how exactly digital media influence the customer-firm relationship in general and customer retention in particular as the latter one is one of the driving forces of companies' success. Based on an extensive review of prior scholarly work, the current article addresses this question by showing how four important digital innovations (Digital Signage, Internet, Social Media, Mobile Technologies) contribute to the behavioral and attitudinal aspects of customer loyalty. We conclude with key findings across digital media but also highlight the challenges that come along with the digital shift.

Vierter Teil

Instrumente der Kundenbindung

Laura Braun, Sven Reinecke und Torsten Tomczak

Kundenbindung durch Loyalitätsprogramme

1. Einführung und Ziele des Beitrags

2. Definition, Ziele und Zielgruppen von Loyalitätsprogrammen

3. Design von Loyalitätsprogrammen
   3.1 Strukturmerkmale von Loyalitätsprogrammen
   3.2 Gestaltungselemente von Kundenprogrammen

4. Controlling von Kundenbindungsprogrammen

5. Zusammenfassung und Ausblick

Literaturverzeichnis

Laura Braun, M.Sc., ist wissenschaftliche Mitarbeiterin am Institut für Marketing an der Universität St. Gallen (IfM-HSG). Prof. Dr. Sven Reinecke ist Direktor des Instituts für Marketing sowie Titularprofessor für Betriebswirtschaftslehre mit besonderer Berücksichtigung des Marketing an der Universität St. Gallen (HSG). Prof. Dr. Torsten Tomczak ist Direktor des Instituts für Customer Insight an der Universität St. Gallen (FCI-HSG). Die Autoren danken Frau Dr. Sabine Reinecke, geb. Dittrich, für die Mitarbeit am ursprünglichen Artikel in den ersten Auflagen dieses Handbuchs.

1. Einführung und Ziele des Beitrags

Im Zuge des rasanten Wachstums der Informationstechnologie und des E-Commerce haben Loyalitätsprogramme in den letzten zehn Jahren eine enorme Veränderung erfahren (Leeflang et al. 2014; Beck/Chapman/Palmatier 2015). Vor allem im Bereich der Onlineangebote ist eine stetig steigende Zahl an Loyalitätsprogrammen zu verzeichnen (Dotoric/Bijmolt/Verhoef 2012; Berry 2013). So sind Loyalitätsprogramme aktuell in zahlreichen Branchen wie z.B. dem Lebensmittelhandel, Tankstellen, Autovermietungen, Airlines, Bekleidungshandel, Versicherungen sowie in Form von branchenübergreifenden Programmen (z.B. Payback) vertreten.

Die verbreitete Teilnahme an Loyalitätsprogrammen wird vor allem durch aktuelle Marktforschungsstudien deutlich. Im Jahr 2015 war beispielsweise jeder amerikanische Kunde Teilnehmer an durchschnittlich 13 Loyalitätsprogrammen (bond.brandloyality 2015). Studien in Deutschland verweisen auf 4,5 Bonuskarten pro Konsument (TNS Emnid 2015). Unter diesen sind im Handel neben Payback vor allem die IKEA FAMILY Karte, Tchibo Karte, DeutschlandCard und DouglasCard am häufigsten im Umlauf (TNS Emnid 2015).

Unter Loyalitätsprogrammen werden im Allgemeinen sowohl offline als auch online agierende Kundenbindungsinstrumente in Form von Kundenclubs und -karten zusammengefasst. Loyalitätsprogramme dienen dazu, Einstellungen und Kaufverhalten von Kunden positiv zu beeinflussen und dadurch die Bindung zum Kunden zu stärken (Hennig-Thurau/Hansen 2000; Verhoef 2003; Dorotic/Bijmolt/Verhoef 2012). Aus diesem Grund können Loyalitätsprogramme im Sinne des aufgabenorientierten Ansatzes nach Tomczak und Reinecke (1996) der Kernaufgabe der Kundenbindung (Dittrich 2001) zugeordnet werden. Sie gehören folglich zu den Instrumenten des Customer Relationship Managements.

Für viele Unternehmen dienen Loyalitätsprogramme heute als ergänzende Möglichkeit, sich vom Wettbewerb zu differenzieren, insbesondere dann, wenn sich das Leistungsspektrum diverser Anbieter stark überschneidet und die einzelnen Angebote für den Kunden austauschbar erscheinen (Bolton et al. 2004; de Wulf et al. 2001; Hennig-Thurau/Hansen 2000). Gleichzeitig stehen auch Loyalitätsprogramme selbst vor der Herausforderung, stetig aktuellen Kundenbedürfnissen gerecht zu werden und der wahrgenommenen Austauschbarkeit, in Anbetracht der Vielzahl an Programmen, entgegenzuwirken (Rudolph/Nagengast 2013; bond.brandloyalty 2015; capgemini 2015). Aus diesem Grund haben Loyalitätsprogramme und deren Design in jüngster Vergangenheit sowohl in der Praxis als auch Forschung enormes Interesse erlangt (Melancon/Noble/Noble 2011; Dorotic/Bijmolt/Verhoef 2012). Um Kundenbindung zu erreichen, können verschiedene Gestaltungsmerkmale eingesetzt werden. So arbeiten manche Programme vorwiegend mit monetären Belohnungen für vorheriges Kaufverhalten, während andere Instrumente auf der Erfahrungs- oder Beziehungsebene zwischen Unternehmen bzw. Marke und Kunde ansetzen (Leenheer et al. 2007; Bowen/McCain 2015). Der kurz- bzw. langfristige Erfolg dieser Maßnahmen ist stark abhängig von den gewählten Anreizen im Programm, dem Anwendungskontext und der ausgewählten Zielgruppe (Rudolph/Nagengast 2013). Darüber hinaus ist es für Unternehmen im Zuge vermehrter Online-Angebote notwendig, sich neben ständig wechselnden Kunden- und Marktanforderungen insbesondere den technologischen Möglichkeiten anzupassen (Heinemann 2013; Hennig-Thurau/vor dem Esche/Wege 2014). Vor diesem Hintergrund ist eine sorgfältige und zielorientierte Planung des Programms ausschlaggebend für dessen Effektivität und Effizienz.

Ziel des Beitrages ist eine Einführung in die Definition, Ziele und Herausforderungen von Loyalitätsprogrammen. Hierzu werden nachfolgend Gestaltungs- und Strukturmerkmale von Loyalitätsprogrammen sowie ausgewählte Effekte im Hinblick auf das Loyalitätsverhalten thematisiert. Zudem stellt der vorliegende Beitrag auch erste Ansätze der Erfolgsmessung sowie Zukunftsperspektiven im Bereich der Kundenloyalitätsprogramme vor. Auf Basis dieser Ausführungen sollen Marketingmanager befähigt werden, relevante Fragen hinsichtlich der potenziellen Einführung und des Managements eines Loyalitätsprogramms für ihr Unternehmen zu stellen. Um dies zu erreichen, wurde der Fokus des vorliegenden Artikels primär auf strategische Entscheidungen und nicht auf technische Fragen bei der Umsetzung von Loyalitätsprogrammen gesetzt, wie z.B. in Bezug auf Datenschutz und -sicherheit.

2. Definition, Ziele und Zielgruppen von Loyalitätsprogrammen

Der folgende Abschnitt beschäftigt sich mit der konkreten Definition und den Hauptcharakteristika von Loyalitätsprogrammen. Basierend auf diesen Ausführungen werden Ziele von Loyalitätsprogrammen sowie Segmentierungsmöglichkeiten herausgearbeitet.

Definition von Loyalitätsprogrammen

In der Praxis und Forschung versteht man unter Loyalitätsprogrammen kontinuierliche Anreizprogramme, die von einem Hersteller, Händler oder Dienstleister angeboten werden. Sie dienen dazu, Kunden für vorherige Käufe zu belohnen und dadurch für

Wiederkäufe zu motivieren. Dabei bezieht sich die Belohnung beispielsweise überwiegend auf das vorherige Volumen oder die Anzahl an Käufe oder Ladenbesuche (Dorotic/Bijmolt/Verhoef 2012; AMA 2016). Zu den wichtigsten *Merkmalen von Loyalitätsprogrammen* zählen die folgenden Charakteristika, auf die nachfolgend eingegangen wird (Bijmolt/Dorotic/Verhoef 2010; Dorotic/Bijmolt/Verhoef 2012):

(1) Loyalitätsprogramme dienen dazu, Kundenbindung gegenüber einem Unternehmen oder einer Marke auf Einstellungs- und/oder Verhaltensebene zu belohnen und zu stärken.

Loyalitätsprogramme haben den Zweck, die Bindung von bestehenden Kunden zu fördern und den Kundenanteil des Unternehmens zu erhöhen. Eine solche Kundenbindung soll vor allem durch die Förderung der Kauffrequenz, des Kaufumfangs und des Share-of-Wallet für eine Marke bzw. für ein Unternehmen erreicht werden.

(2) Loyalitätsprogramme sind strukturiert und aus Sicht des Unternehmens als Langzeit-Initiativen anzusehen.

Loyalitätsprogramme sind formelle Anreizsysteme, die durch ein Unternehmen eingeführt und gepflegt werden. Um die Vorteile von Loyalitätsprogrammen nutzen zu können, bedarf es häufig einer formalen Anmeldung von Kunden zum Programm. Diese umfasst zum einen eine Zustimmung zur Nutzung der Programmangebote und zum anderen eine Einwilligung, dass die persönlichen Daten im Rahmen des Programms verwendet werden dürfen. Auf diese Weise werden Unternehmen befähigt, existierende Mitglieder im Kaufprozess zu identifizieren und weiterführende Daten über das Kaufverhalten und die Interessen des Kunden zu sammeln.

Mit dem Ziel der Kundenbindung sind Loyalitätsprogramme aus Unternehmenssicht langfristig ausgerichtet. Im Vergleich zu anderen Maßnahmen zur Verkaufsförderung sollen sie nicht vorrangig einem kurzzeitigen Umsatzanstieg dienen. Vielmehr möchte man durch langfristige Investitionen im Programm Kunden stärker an die Programmleistungen und darüber hinaus an das Unternehmen oder eine Marke binden. Auch aus Sicht des Kunden ist ein gewisses Maß an Investitionen notwendig, um das Programm bestmöglich nutzen zu können.

Ausgewählte Aktionen, wie z.B. ein Sofortgutschein bei Registrierung zum Programm, können jedoch auch kurzfristig interessierte Kunden anlocken, die sich häufig nach der einmaligen Programmnutzung wieder zurückziehen.

(3) Loyalitätsprogramme zeichnen sich durch Belohnung des Kunden aus.

Loyalitätsprogramme dienen als Plattform, um mittels Belohnung vorherigen Kaufverhaltens Kunden langfristig an ein Unternehmen zu binden. Die Belohnungshöhe hängt dabei häufig vom aktuellen oder potenziellen Wert eines Kunden für das Unternehmen ab. Kunden können im Rahmen von Loyalitätsprogrammen unterschiedlich belohnt werden. Dabei ist es wichtig, dass die Belohnung auf die Bedürfnisse der favorisierten Zielgruppe des Kundenbindungsprogramms abgestimmt ist.

Neben Loyalitätsprogrammen werden diverse ähnliche Maßnahmen zur Kundenbindung wie z.B. Customer-to-Customer, Brand-Communities oder spezielle Online-Services von Unternehmen angeboten. Dabei grenzen sich Loyalitätsprogramme per Definition durch das zentrale Belohnungsmotiv ab.

(4) Loyalitätsprogramme sollen zukünftige Marketingmaßnahmen unterstützen.

Mit Hilfe von Loyalitätsprogrammen können umfangreiche Daten vom Kunden erhoben werden. Mit Hilfe einer entsprechenden Analyse der Daten können zukünftige Marketingmaßnahmen im Hinblick auf die Kundenbedürfnisse angepasst werden (McCall/Voorhees 2010). Auch wenn einzelne Unternehmen diese Möglichkeit noch nicht intensiv nutzen, lassen sich viele Best Practices z.B. im Lebensmittelhandel, finden. Beispielsweise bietet die Supermarktkette Tesco im Rahmen des Onlinezugangs zur Tesco-Clubcard spezifische Angebote und Aktionen an, die an die vorherigen Einkäufe und persönlichen Daten der Kunden angelehnt sind.

Ziele von Loyalitätsprogrammen

Nachfolgend wird in erster Linie auf Kundenbindungsziele eingegangen – auch wenn sich die Einführung und Unterhaltung eines Loyalitätsprogramms durchaus positiv auf die Kundenakquisition auswirken kann (beispielsweise durch Weiterempfehlung von Programmmitgliedern). Die Ziele von Loyalitätsprogrammen lassen sich in fünf Bereiche gliedern, die wiederum positiv auf Wachstums-, Gewinn- und Sicherheitsziele (Diller 2006, S.101) eines Unternehmens wirken:

1. Kundenselektion
2. Informationsbeschaffung
3. Verstärkung von Kommunikation und Integration des Kunden
4. Verbesserung des Unternehmensimages
5. Verkürzung des Kaufprozesses/Eröffnung zusätzlicher Distributionswege

Kundenselektion

Um für das Unternehmen wertvolle Kundengruppen stärker zu binden, fokussieren sich Loyalitätsprogramme mit Hilfe ihrer Kommunikation und Angebote bewusst auf ausgewählte Kundengruppen. Dazu ist eine genaue Kundensegmentierung erforderlich (für eine Übersicht z.B. Freter 2008). Je genauer eine Zielgruppe und das Ziel des Programms definiert sind, desto präziser kann das Loyalitätsprogramm auf die relevanten Bedürfnisse und Erwartungen der Kunden ausgerichtet werden. Dadurch können, anhand des Programms, die Kundenzufriedenheit signifikant gesteigert, die Kundenwerte erhöht und die Wechselquoten verringert werden (Volkmann/Gaul 2003; Conze 2007; Kracht/Günther/Töpfer 2008, S. 734). Weist die anzusprechende Kundengruppe eine hohe Heterogenität auf, ist es erforderlich, das Leistungsangebot auf relativ allgemeine Kundenbedürfnisse auszurichten. Dabei wird häufig auf zentrale Beitrittsmotive von Kunden zurückgegriffen, wie z.B. monetäre Anreize in Form von Gutscheinen, Rabatten oder Treuepunkten zur Prämieneinlösung.

Werden Loyalitätsprogramme auf eine konkrete Zielgruppe zugeschnitten, ermöglichen sie Selbstselektionseffekte. Dies bedeutet, dass bestimmte Kunden tendenziell stärker von einem Programm angezogen werden als andere (Leenheer et al. 2007). So zeigt sich, dass oftmals loyale Kunden oder Heavy User, die bereits vor der Einführung des Programms über eine starke emotionale oder transaktionale Bindung zum Unternehmen verfügten, einem Programm beitreten und dieses intensiv nutzen (Herzog 2007; Leenheer et al. 2007). Da der Effekt der Selbstselektion einen großen Einfluss auf die Bewertung der Programmeffektivität haben kann, sollte dieser in der Messung des Returns on Investments von Loyalitätsprogrammen unbedingt berücksichtigt werden.

Auch wenn ein Programm für eine spezielle Zielgruppe konzipiert ist, kann nicht ausgeschlossen werden, dass auch Personen angesprochen werden, die nur begrenzt von dem möglichen Leistungszuwachs profitieren können. So sind Vielfliegerprogramme wie z.B. das Miles & More-Angebot der Lufthansa, vorrangig auf Geschäftskunden (und Heavy User) mit häufiger Reisezeit ausgerichtet. Personen, die nur 1-2x jährlich eine Flugreise für Urlaubszwecke buchen, können vom Leistungsangebot nur beschränkt profitieren, auch wenn das Programm prinzipiell allen Kunden offensteht. In diesem Zusammenhang spielen vor allem die Barriere zur Ausschüttung einer Leistung sowie die Frist zur Einlösung der Leistung eine große Rolle (für eine weiterführende Analyse siehe auch Schnöring 2016). Entsprechend können ungenutzte oder unerreichbare Leistungen des Programms negative Effekte auf die Programmzufriedenheit und -loyalität haben, die sich in erhöhten Ausstiegsquoten oder einer niedrigen Nutzungsintensität des Programms widerspiegeln können (Stauss/Schmidt/Schöler 2004).

Beschaffung von Kundeninformationen mit Hilfe eines Loyalitätsprogramms

Durch den Beitritt eines Kunden in ein Programm erhält das Unternehmen – in Abhängigkeit von der Leistungsgestaltung – Einblick in das Kundenverhalten und die Interessen des Kunden. Die gesammelten Daten ermöglichen eine Optimierung der Kommunikation und der Programmleistungen in Hinblick auf die Interessen, das Kaufverhalten und die Lebenssituation des Kunden (McAlexander/Schouten/Koenig 2002; Dorotic/Bijmolt/Verhoef 2012). Auf diese Weise können viele Vorteile für den Kunden und das Unternehmen entstehen:

Aus Sicht des Unternehmens:

- Möglichkeit einer effektiveren und effizienteren Kommunikation,
- angepasste Leistungsgestaltung auf Basis vorhandener Daten und
- Möglichkeit der Prognose zukünftigen Verhaltens und zukünftiger Käufe.

Aus Sicht des Kunden:

- bedarfsgerechte Kommunikation, Vermeidung uninteressanter Werbung und Informationen,
- bedürfnisgerechtes Angebot im Rahmen der Programmleistungen und
- Möglichkeiten der individualisierten Empfehlungen, auf Basis vorheriger Käufe und Handlungen.

Vor allem im Bereich des Lebensmittelhandels werden kundenspezifische Daten bereits für die Gestaltung des Kommunikations- und Leistungsangebots genutzt. Dabei verwenden viele Programme wie z.B. der Weinclub Mondovino (Coop Schweiz) Informationen zu vorherigen Käufen zur Angebotserstellung: Im Weinclub Mondovino von Coop erhalten Mitglieder neben Rabatten, Club-Angeboten und Einladungen zu Weinevents persönliche Weinempfehlungen vor dem Hintergrund vorangegangener Weinkäufe. Für die Empfehlungen werden nicht nur persönliche Daten des betroffenen Kunden, sondern auch Daten anderer Kunden genutzt, die bereits ähnliche Weinkäufe online getätigt haben.

Werden Kundendaten zur Anpassung der Kommunikation oder Angebote genutzt, kommt der Kundenkarte bzw. dem digitalen Kundenprofil eine besondere Rolle zu. Anhand eines Mitgliedskontos können Käufe bestimmter Personen zu deren demografischen Merkmalen, Bewegungsdaten und z.T. auch Aktivitäten auf Social Media-Plattformen zugeordnet werden (Tomczak/Reinecke/Dittrich 2010; Prein 2011).

Tabelle 1 zeigt eine Übersicht häufig erhobener Kundendaten im Rahmen von Loyalitätsprogrammen.

Erhobene Kundendaten

Kategorie	Beispiele
Stammdaten	Name, Vorname, Geschlecht, Adresse (Rechnungs- und Lieferadressen), Telefonnummern, Alter, Haushaltsgröße, Beruf, Ausbildungsabschluss, Kartennummer, Zahlungsarten & -daten
Geografische Daten	Wohngebiet, Entfernung zum nächsten Unternehmensstandort, Shop, Service- oder Reparaturwerkstätte
Marketing- und verkaufshistorische Daten	Form der Akquisition des Kunden, Reaktionen auf unterschiedliche Kommunikationsmittel und -medien, Beschwerdeverhalten, geäußerte Kundenpräferenzen, Anzahl geworbener Freunde und Bekannte, Kaufgewohnheiten: Kauffrequenz, Kaufmenge, Kauforte, Kaufzeiten, Kaufwert, Art und Kombination der Leistungen, Nutzung von Sonderangeboten, Zahlungsverhalten, Mobilnutzung
Online Aktivität	Online-Suchverhalten, Aktivität in sozialen Medien, Reaktion auf Unternehmenskampagnen, Anzahl Besuche auf der Programmwebsite, programmspezifisches Suchverhalten

Tabelle 1: Beispiele erhobener Kundendaten

Verstärkung von Kommunikation und Integration des Kunden

Loyalitätsprogramme können eine verstärkende Rolle in der Kommunikation zwischen Kunden und Unternehmen einnehmen. Neben der reinen Weitergabe an Informationen bieten Loyalitätsprogramme die Möglichkeit, Feedback beim Kunden einzuholen, in den Dialog zu treten und den Kunden in Produkt- oder Service-Entwicklungsprozesse einzubinden. Je nach Gestaltung der Kommunikationsmöglichkeiten kann der Kunde aktiv oder passiv einbezogen und dadurch eine ein- oder zweiseitige Kommunikation realisiert werden. Viele Programme beschränken sich auf die Nutzung des Loyalitätsprogramms als zusätzliche Kommunikations- bzw. Werbemöglichkeit. Tabelle 2 zeigt eine Übersicht der häufigsten Informationen an den Kunden.

Bezogen auf das Unternehmensangebot	Bezogen auf das Individuum
Information über Grund- und Zusatzleistungen des Unternehmens oder des Programms	Auswahl zielgruppenrelevanter Medien, Response- und Dialog-Elemente
Information über aktuelle Angebote und Mitglieder-Events	Persönliche Ansprache und angepasster Kommunikationsstil
Information über die Abwicklung der einzelnen Leistungen innerhalb des Programms	Zielgruppenrelevante Themen, aktuelle Trends (nicht nur produkt- oder unternehmensbezogen)
Hintergrundinformationen zum Unternehmen und seinen Leistungen	Beachtung von persönlichen Ereignissen und letzten Handlungen des Mitglieds (z.B. Geburtstag)
Vorstellung von Produkt- und Serviceneuheiten	Schaffung von Möglichkeiten zur Personalisierung und Benutzeranpassung

Tabelle 2: Übersicht zentraler Aufgaben der Kommunikation im Programm

Vor allem vom Dialog mit dem Kunden kann ein Unternehmen stark profitieren: Je stärker Kunden in die Kommunikation durch Feedback oder Dialog einbezogen werden, desto besser können Leistungsangebote auf Basis der zur Verfügung gestellten Informationen erstellt werden (Bliemel/Fassott/Theobald 2013). Auf diese Weise kann ein Unternehmen nicht nur relevante Anregungen von Kundenseite einholen, sondern auch maßgeblich Einfluss auf die Inhalte des Dialogs und die Wahrnehmung des Loyalitätsprogramms, der Marke oder des Unternehmens nehmen.

Um das Potenzial der Integration von Kunden ausschöpfen zu können, ist eine Bereitstellung ausreichender Dialogmöglichkeiten für den Kunden unerlässlich. Dabei kann ein Unternehmen besonders im Online-Bereich von zahlreichen Maßnahmen wie Kontaktformularen, Online-Umfragen, direkten Hilfefunktionen und Chatmöglichkeiten sowie Feedback-Formularen Gebrauch machen (Bliemel/Fassott/Theobald 2013). Offline gestaltet sich der Dialog mit dem Kunden deutlich ressourcenintensiver.

Verbesserung des Unternehmens- oder Markenimages

Die Verstärkung des Dialogs zwischen Kunden und Unternehmen innerhalb eines Loyalitätsprogramms kann die emotionale Bindung des Kunden positiv beeinflussen (Uncles/Dowling/Hammond 2003; Tomczak/Reinecke/Dittrich 2010). Aus Sicht des

Unternehmens bieten sich viele Möglichkeiten, diese Wahrnehmung aktiv und passiv zu beeinflussen. So spielt die Interaktion mit dem Kunden über die zur Verfügung gestellten Möglichkeiten innerhalb des Programms eine wichtige Rolle zur Imagebeeinflussung. Letzteres kann durch ein Bereitstellen relevanten Hintergrundwissens, Kundenevents für Programmmitglieder oder mittels des Ausdrucks der Wertschätzung gegenüber Kunden (z.B. durch Geburtstagsgeschenke) erfolgen (Gwinner et al. 1998; Evanschitzky et al. 2012). Eine relevante Voraussetzung für positive Effekte des Loyalitätsprogramms im Hinblick auf das Unternehmensimage ist, dass das Programm auf die anderen existierenden Kommunikationsmaßnahmen abgestimmt ist. Sind Kommunikation und Leistungsangebot des Programms nicht konsistent zum Unternehmensimage, kann ein Unternehmen Gefahr laufen, an Glaubwürdigkeit zu verlieren (Meyer 2010).

Verkürzung von Distributionswegen

Neben der Gestaltung der Kommunikation besteht für Unternehmen grundsätzlich auch die Möglichkeit, mit Hilfe des Loyalitätsprogramms einen weiteren Distributionskanal einzuführen. Im Rahmen der Programmgestaltung können Unternehmen zugehörige Kundenkarten und digitale Kundenprofile mit und ohne direkte Bezahlfunktion ausstatten. Dabei bieten Unternehmen in webbasierten Loyalitätsprogrammen häufig die Möglichkeit, die präferierten Zahlungsmodalitäten im Mitgliedsprofil zu hinterlegen. Darüber hinaus offerieren ausgewählte Loyalitätsprogramme eine eigene Kreditkarte (z.B. IKEA FAMILY Karte), um den Kaufprozess zu beschleunigen und aus Unternehmenssicht effizienter zu gestalten.

Die Verkürzung von Distributionswegen über ein Loyalitätsprogramm hat für Unternehmen und auch für Kunden viele Vorteile. Aus Unternehmenssicht kann über das Programm ein neuer direkter Distributionskanal mit vergleichsweise geringem Aufwand etabliert werden. Über das Programm können so Unternehmen bestehende Kundendaten automatisch zum individuellen Kauf- und Zahlungsverhalten zuordnen.

Auch Kunden können von der Eröffnung eines direkten Distributionskanals innerhalb eines Loyalitätsprogramms profitieren. Kunden haben die Möglichkeit, ohne Umwege Produkte direkt beim Hersteller/Händler zu erwerben. Aufgrund der gespeicherten persönlichen Daten kann eine einfachere und schnellere Kaufabwicklung realisiert werden, wie z.B. über eine App. Zudem bieten hohe Sicherheitsstandards zur Speicherung und Nutzung der persönlichen Daten sowie vorangegangene positive Programm- und Unternehmenserfahrungen eine solide Vertrauensbasis für den Direktkauf von Produkten über das Programm.

Zielgruppe	Beschreibung	Mögliche Anreize
Preis- bzw. Rabattkäufer	• Besonders in Low-Involvement-Märkten • Kaufen auf Basis von aktuellen Preisen und weisen weitgehend keine emotionale Verbundenheit zum Unternehmen auf • Sind preis- und nicht unternehmensloyal und wechseln daher häufig entsprechende Leistungsanbieter	• Funktionale Anreize; v.a. monetäre • Sofortige Anreize, die dazu dienen, Kontakt- und Kauffrequenz sowie -umfang zu steigern
Schlüsselkunden; Sporadische Käufer	• Kunden, die besonders rentabel für ein Unternehmen sind oder Käufer aus Branchen mit längeren Kaufzyklen und austauschbaren Leistungen • Sollen durch Anreize für ihre Treue belohnt werden, um die Stabilität der Beziehung zu erhöhen	• Erfahrungsbasierte Anreize • Anreize können auch verzögert geboten werden, wenn die Wertigkeit aus Kundensicht entsprechend hoch ist
Kunden mit starker emotionaler Bindung zum Unternehmen	• Hohe Affinität zum Unternehmen, der Marke und/oder den Leistungen eines Anbieters • Hohe Verbundenheit zum Unternehmen, welche auch identitätsstiftend sein kann	• V.a. erfahrungsbasierte Anreize wie z.B. Events, Communities, Geschenke und Überraschungen • Zusätzliches Informationsmaterial zur Marke/dem Unternehmen
Heavy User	• Regelmäßige Käufer mit einer hohen Nutzungs- und Anwendungsfrequenz der Produkte • Vertrauen den Kompetenzen eines Anbieters und sind interessiert an neuen Angeboten des Unternehmens	• Funktionale Anreize (monetäre Anreize wie z.B. Gutscheine oder Gratisprodukte) • Erfahrungsbasierte Anreize (z.B. Proben neuer Produkte; Events)

Tabelle 3: Ausgewählter Zielgruppen von Loyalitätsprogrammen

Ein gutes Beispiel für die Realisierung direkter Distributionsmöglichkeiten im Programm ist der Nespresso-Club. Inhaber der Nespresso-Card können via App ihren Lieblingskaffee auswählen, bestellen und innerhalb von 24 Stunden kostenfrei nach Hause liefern lassen. Dabei erfordert der Prozess nur wenige Klicks, da alle relevanten Kundendaten in der App hinterlegt sind. Die Zahlung kann flexibel über verschiedene Online-Zahlungsmöglichkeiten oder per Rechnung abgewickelt werden.

Zielgruppen von Loyalitätsprogrammen

Loyalitätsprogramme können mit Hilfe der Angebotsgestaltung verschiedene Zielgruppen gezielt ansprechen. In der Literatur lassen sich daher diverse Schemata zur *Kategorisierung von Kundengruppen* finden. Beispielhaft findet in Tabelle 3 eine Einteilung in vier Käufertypen statt, welche sich an die Ausführung von Tomczak, Reinecke und Dittrich (2010) anlehnt. Dabei werden neben einer Beschreibung der vorgestellten Zielgruppen auch Hinweise zu geeigneten Anreizen gemacht.

3. Design von Loyalitätsprogrammen

Die folgenden Abschnitte widmen sich dem Design von Loyalitätsprogrammen. Dabei wird näher auf ausgewählte Struktur- und Gestaltungsmerkmale von Loyalitätsprogrammen eingegangen.

3.1 Strukturmerkmale von Loyalitätsprogrammen

Im Folgenden werden ausgewählte Strukturmerkmale von Loyalitätsprogrammen charakterisiert. Dabei werden unternehmensspezifische, unternehmensübergreifende, kostenfreie und gebührenpflichtige sowie formale und informale Programme vorgestellt.

(1) Unternehmensspezifische vs. -übergreifende Programme

Unternehmensspezifische Programme bieten Mitgliedern besondere Zusatzleistungen, die das allgemeine Leistungs- und Kommunikationsangebot des Unternehmens erweitern. Um langfristig Kunden an das Loyalitätsprogramm und Unternehmensangebot zu binden ist es notwendig, dass die Programmleistungen, verglichen mit dem allgemeinen Unternehmens- und Wettbewerbsangebot, hinreichend differenziert, einzigartig sowie relevant sind.

Je stärker das Involvement eines Kunden zum Unternehmen, desto geringer ist die Eintrittsbarriere in das zugehörige Loyalitätsprogramm. Gleichzeitig erfordern gering involvierte Kunden hohe Investitionen von Seiten des Unternehmens in das Leistungsangebot. Dabei sind vor allem monetäre Anreize für gering involvierte Kunden attraktiv (Kivetz/Simonson 2003; Leenheer et al. 2007), die jedoch leicht von Wettbewerbern kopiert werden können. Aufgrund der hohen Investitionskosten in unternehmensspezifische Programme ist es erforderlich, sowohl den eigenen Ressourcenbedarf zur Realisierung des Programms als auch den erwarteten Unternehmensnutzen aus dem Programm zu schätzen. Reichen die eigenen Ressourcen nicht aus, können Kooperationen mit anderen Unternehmen in Form unternehmensübergreifender Loyalitätsprogramme eingegangen werden (Tomczak/Reinecke/Dittrich 2010; Rudolph/Nagengast 2013).

Unternehmensübergreifende Programme sind für Unternehmen nicht nur im Hinblick auf mögliche Ressourceneinsparungen im Bereich der Leistungsgestaltung, sondern auch der Logistik, Administration (Datenbank, Customer Care, IT-Leistungen usw.) und Kommunikationsleistungen attraktiv. Durch die gemeinsame Abwicklung administrativer Aufgaben und Kommunikationsmaßnahmen benötigen beteiligte Unternehmen keine spezialisierten Abteilungen zur Realisierung und Betreuung eines Loyalitätsprogramms.

Unternehmensübergreifende Programme bieten sich vor allem dann an, wenn die Bindung des Kunden vorrangig über die Produkte bzw. das Produktsegment und nicht direkt zum Unternehmen hergestellt ist. Beispielsweise ziehen übergreifende Vielfliegerprogramme der StarAlliance nicht nur Kunden einer bestimmten Airline an, sondern generell Personen, die über das Sammeln von Flugmeilen Vorteile erwirtschaften wollen (Evanschitzky et al. 2012). Unternehmensübergreifende Programme verringern auf diese Weise Eintrittsbarrieren für Personen, die ein niedriges Commitment zu einem bestimmten Anbieter haben. Dabei ist die erweiterte Zugänglichkeit und Vielfältigkeit der Angebote ausschlaggebend für die Anmeldung zur Mitgliedschaft im Programm.

Neben unternehmensübergreifenden Programmen, die sich zunächst über Kooperationen zwischen Anbietern derselben Branche definieren (z.B. kombinierbare Vielfliegerprogramme), existieren als erweitere Form auch branchenübergreifende Programme wie z.B. Payback. Solche Programme erreichen eine weitaus größere Zahl an existierenden und potenziellen Kunden und erleichtern den Zugang für Neukunden zum Unternehmensangebot (Dorotic/Bijmolt/Verhoef 2012). Durch die erweiterte Zielgruppe solcher Programme werden in der Anreizgestaltung meist funktionale Anreize (z.B. Rabatte, Gutscheine gegen Punkte) eingesetzt, die vor allem preissensible Kunden ansprechen. Dadurch führen branchenübergreifende Programme nicht zwangsläufig zu einer stärkeren Kundenbindung zu den beteiligten Anbietern (Evanschitzky et al. 2012). Da die Teilnahme an unternehmensübergreifenden Programmen mit hohen Kosten verbunden sein kann, müssen potenziell interessierte Unternehmen abwägen, ob die entsprechend positiven Umsatz- und Profitabilitätseffekte die unternehmensspezifischen Kosten überwiegen. Wichtig ist dabei zu prüfen, inwiefern das jeweilige Unternehmen die Kunden- und Kaufverhaltensdaten des Programms ausschöpfen kann; als reine Rabattprogramme sind sie häufig für teilnehmende Unternehmen nicht wirtschaftlich.

(2) Kostenfreie vs. gebührenpflichtige Programme

Kostenfreie Loyalitätsprogramme bieten dem Kunden maximale Flexibilität in ihrer Nutzung. Neben einer entgeltfreien Teilnahmemöglichkeit bestehen in den meisten Programmen keinerlei Einschränkungen in Bezug auf die Mitgliedsaufnahme bzw. in Form einer temporären Bindungsverpflichtung. Demzufolge weisen kostenfreie Programme sehr niedrige Eintrittsbarrieren auf.

Neben einer Vielzahl an kostenfreien Angeboten berechnen einige Unternehmen für die Nutzung des Loyalitätsprogramms eine Gebühr. Dadurch findet in *gebührenpflichtigen Programmen* schon vor dem Programmeintritt eine Selektion der Kunden statt. Die anfallenden Programmkosten determinieren dabei die Höhe der Eintrittsbarriere. Tendenziell nehmen somit insbesondere unternehmens-, produkt- bzw. serviceloyale Kunden die Nutzung eines gebührenpflichtigen Programms wahr. Beispiele für gebührenpflichtige Programme sind der ADAC Club oder Diners Club.

Gebührenpflichtige Programme können positive Effekte auf die Wertschätzung des Kunden hinsichtlich der Leistungen eines Loyalitätsprogramms haben (Ashley/ Gillespie/Noble 2010). Eine Voraussetzung dafür ist, dass die Leistung einen angemessenen Wert im Vergleich zu den Investitionen des Kunden hat. Entspricht die Programmleistung nicht dem erwarteten Programmnutzen, kann dies zu nachhaltig negativen Effekten und zu einem Ausstieg aus dem Programm führen.

(3) Formale vs. informale Programme

Formale Loyalitätsprogramme bezeichnen gemäß der vorgenommenen Definition traditionelle Programme, die Konsumenten nutzen können, um Prämien für ihr Kaufverhalten zu erhalten. Dabei registriert der Kunde sich formal für das Programm, da es nicht unmittelbar mit dem Unternehmensangebot oder -shop verbunden ist.

Informale Programme nutzen ähnliche Strukturen wie traditionelle Programme. Auch sie haben häufig Mechanismen, die es erlauben, einen Konsumenten zu identifizieren, sein Kaufverhalten zu beobachten und Kundenbindung über persönliche Empfehlungen, Sonderangebote, Rabatte, Newsletter usw. herzustellen (bond.brandloyalty 2015).

Beispiele für erfolgreiche „informale" Programme sind Nike+Plus und Apple iTunes Genius. Im Rahmen von iTunes Genius erhalten Kunden persönliche Empfehlungen auf Basis ihres vorherigen Kauf- und Suchverhaltens sowie Zugang zu speziellen Sonderaktionen (bond.brandloyalty 2015). Der wesentliche Unterschied zwischen formalen und informalen Programmen liegt in der Integration der Programme in den generellen Service. Kunden erhalten Apple iTunes Genius automatisch mit der Registrierung bei iTunes, sodass es nicht gesondert als Loyalitätsprogramm deklariert und vom Kunden wahrgenommen wird. Dennoch können solche Maßnahmen ähnliche Effekte auf die Kundenbindung wie formale Programme erzielen.

3.2 Gestaltungselemente von Kundenprogrammen

Im Rahmen von Loyalitätsprogrammen lassen sich unterschiedliche Instrumente einsetzen, um die Loyalität des Kunden gegenüber dem Unternehmen, der Marke oder den Unternehmensleistungen kurz- und/oder langfristig zu stärken. Diese Instrumente können anhand verschiedener Parameter gestaltet werden, die je nach Ausprägung variierende Effekte auf die Bindung zu verschiedenen Kundengruppen haben können (Leenheer et al. 2007). Tabelle 4 zeigt in Anlehnung an die Arbeiten von Dorotic, Bijmolt und Verhoef (2012), Rudolph und Nagengast (2013) sowie Tomczak, Reinecke und Dittrich (2010) eine Übersicht ausgewählter Parameter zur Anreizgestaltung in Loyalitätsprogrammen. Die folgenden Ausführungen dienen der Erläuterung dieser Designparameter.

(1) Art des Nutzens: Funktionale und erfahrungsbezogene Leistungen

Funktionale Anreize („Hard Benefits") dienen dazu, loyales Kundenverhalten in Form von Rabatten, Gutscheinen oder Punkten zu belohnen. Funktionale Anreize sind als monetäre Anreize zu verstehen, die in ihrer Ausprägung häufig auf den Umfang oder die Anzahl vorheriger Käufe beziehen (Dorotic/Bijmolt/Verhoef 2012). Funktionale Anreize lassen sich z.B. im Reise- oder Transportwesen (z.B. LeClub Accor Hotels), im Lebensmittelhandel (z.B. Cumulus-Card, Super Card in der Schweiz) oder in der Bekleidungsbranche (z.B. GÖRTZ Schuhe, Hunkemöller, Breuninger Card) finden. Eines der bekanntesten Beispiele für den Einsatz funktioneller Anreize ist das Payback-Programm, in dessen Rahmen Kunden durch Umsatz bei verschiedenen Anbietern Punkte sammeln und gegen (materielle) Prämien, Gutscheine oder Rabatte einlösen können. Weitere klassische Beispiele für funktionelle Anreize sind vor allem im Bereich der Vielfliegerprogramme wie z.B. Lufthansa Miles & More zu finden.

Parameter	Ausprägungen	Beispiele
Art des Nutzens	funktional (monetär, „hard benefits")	Prämien, Rabatte, Gutscheine (monetär oder auf eine Leistung bezogen); Produktproben; Sonderangebote für Mitglieder
	erfahrungsbasiert (nicht monetär, sozial, emotional, „soft benefits")	Geschenke, Überraschungen, Sonderbehandlungen & -services; Status (z.B. Gold-Status); Events
Zeitliche Verzögerung	sofort	Direktrabatt beim Kauf; Mengenrabatte
	verzögert	versendete Gutscheine ab z.B. ausreichender Punktanzahl; Gratisprodukt beim nächsten Kauf
Anbieterbezug	anbieterbezogen	Gutscheine, Rabatte oder Gratisprodukte & -services aus dem Unternehmenssortiment
	nicht-anbieterbezogen	Gutscheine für andere Anbieter z.B. Rabatte auf Freizeitparktickets im ADAC Club
Individualisierung der Anreize	programmspezifisch	Rabatte oder Gutscheine auf bestimmte Produkte; Hintergrundinformationen zu ausgewählten Produkten
	kundenspezifisch	Sonderangebote basierend auf vorherigen Käufen; Empfehlungen auf Basis der Kundeninteressen und soziodemographischen Daten

Tabelle 4: Ausgewählte Parameter zur Anreizgestaltung in Loyalitätsprogrammen

Funktionale Anreize müssen sich nicht auf das Leistungsangebot des Unternehmens beschränken. So bietet z.B. die Raiffeisenbank Schweiz für treue Bankkunden vergünstigte Tickets zu Sportevents, Museumsbesuchen oder Konzerte über ihr Member-Plus Programm an.

Erfahrungsbasierte Anreize („Soft Benefits") stiften einen zusätzlichen Nutzen oder Wert für den Kunden, unabhängig von monetären Anreizen. Erfahrungsbasierte Anreize sollen die konkreten Bedürfnisse des Kunden adressieren und Wertschätzung gegenüber dem Kunden ausdrücken (Dorotic/Bijmolt/Verhoef 2012; Evanschitzky et al. 2012; Bowen/McCain 2015). Sie sind häufig in Form besonderer Dienstleistungen für Kunden, Kundenstatus (z.B. Platin Card Breuninger) oder persönlicher Empfehlungen während des Kaufprozesses zu finden. Erfahrungsbasierte Anreize können sich sowohl auf den Umfang, die Anzahl bisheriger Käufe als auch den direkt erworbenen Mitgliedsstatus (bei zahlungspflichtigen Loyalitätsprogrammen wie z.B. Diners Club) beziehen.

Beispielsweise erhalten Kunden bei Breuninger ab einem Umsatz von 7.500 € (innerhalb von zwei Kalenderjahren) den so genannten Platin-Status. Hier soll nicht nur über den Status selbst, sondern auch die verknüpfte bevorzugte Kundenbehandlung eine Wertschätzung gegenüber dem Kunden ausgedrückt werden. So erhalten Platinkunden bei Breuninger Services wie z.B. exklusive Parkplätze, Luxus-Geschenkverpackungen oder einen persönlichen Ansprechpartner vor Ort (Breuninger 2016).

Ausgewählte Unternehmen arbeiten mit kleinen Überraschungen für ihre Kunden. So bietet IKEA FAMILY eine kleine Geburtstagüberraschung, meist in Form eines Gutscheins für das IKEA-Restaurant oder ein IKEA-Produkt. Möbel Pfister in der Schweiz schenkt Clubmitgliedern zum Geburtstag ausgefallene Espresso-Tassen, die im Geschäft abgeholt werden können. Auch ausgewählte Programme im lokalen Bekleidungshandel bieten attraktive erfahrungsorientierte Angebote für Mitglieder: So erhalten Kunden der Prinz-Card nicht nur die Möglichkeit der kostenfreien Reservierung von Kleidung über mehrere Tage, sondern auch das Angebot, Kleidung zur Anprobe mit nach Hause zu nehmen und erst innerhalb von 14 Tagen zu bezahlen.

(2) Zeitliche Verzögerung: sofortige und verzögerte Anreize

Innerhalb eines Loyalitätsprogramms können Boni direkt beim Kauf oder zeitlich verzögert ausgeschüttet werden. So arbeiten Unternehmen einerseits beispielsweise mit Sofortrabatten oder Sonderaktionen für Mitglieder und andererseits mit dem Versand von Gutscheinen, ab einem gewissen Umsatz oder Punktestand. *Sofortige oder verzögerte Anreizdarbietungen* haben je nach Kundengruppe unterschiedliche Effekte auf die Kundenbindung (Rudolph/Nagengast 2013). So zeigt sich, dass eine zeitliche Verzögerung der Belohnung nur einen geringen Effekt auf das Loyalitätsverhalten hat. Sie wirkt sich vor allem dann positiv auf die Bindung aus, wenn die verzögerte Belohnung einen erhöhten Wert aufweist. Gering involvierte Kunden werden demgegenüber stärker von sofortigen Belohnungen angesprochen (Yi/Jeon 2003; Keh/Lee 2006).

Neben festen Einschränkungen hinsichtlich des Ausschüttungs- und Einlösezeitpunktes kann der Einsatz von Belohnungen auch vom Kunden selbst bestimmt werden. Beispielsweise arbeiten manche Unternehmen wie z.B. GÖRTZ Schuhe oder

Hunkemöller mit dem Aufbau persönlicher Geldguthaben auf der Kundenkarte, in Abhängigkeit vorheriger Umsätze. Dieses Budget kann von den Kunden flexibel bei zukünftigen Käufen eingesetzt werden. Flexible Belohnungszeitpunkte können sich nicht nur auf die Loyalität gegenüber dem Programm, sondern auch positiv auf das Kaufverhalten auswirken. Dabei zeigt sich, dass Kunden in Loyalitätsprogrammen mit flexiblen Belohnungseinsatz, nach und vor der Einlösung der Boni häufiger und mehr beim Anbieter kaufen (Dorotic/Verhoef/Bijmolt 2014).

(3) Anbieterbezug: anbieterbezogene und anbieterferne Anreize

Die Leistungen in einem Loyalitätsprogramm können direkt an das Kerngeschäft eines Anbieters, d.h. das eigene Produkt- und Dienstleistungsgeschäft, gekoppelt sein oder anbieterferne Prämien darstellen (Keh/Lee 2006; Dorotic/Bijmolt/Verhoef 2012).

Anbieterbezogene Anreize können einen zusätzlichen Service zur besseren Nutzung bestehender Leistungen darstellen oder finanzielle Anreize bieten. So sind Gratisprodukte (z.B. „Kaufe 10 Kaffee, erhalte einen Kaffee deiner Wahl gratis"), Gratisbehandlungen oder -services (z.B. kostenloser Reifenwechsel), exklusive Proben von Produktneuheiten und/oder Sonderbehandlungen alles Beispiele für anbieterbezogene Anreize. Setzen Unternehmen anbieterbezogene Leistungen innerhalb eines Loyalitätsprogramms ein, wird auch in der Belohnungssituation ein für den Kunden sichtbarer Bezug zum Sortiment hergestellt. Dadurch erweitern sich nicht nur das für den Kunden relevante Set des Unternehmensangebots, sondern auch die individuellen Erfahrungen mit dem Unternehmen (z.B. Kumar/Shah 2004). Auf diese Weise kann auch künftiges Cross- und Up-Selling initiiert werden.

Anbieterferne Angebote ermöglichen Unternehmen und dem Kunden ein breiteres Leistungsspektrum innerhalb eines Loyalitätsprogramms. Unternehmen können im Rahmen strategischer Kooperationen branchenübergreifende oder -ferne Anreize bieten, die sich positiv auf die wahrgenommene Attraktivität eines Programms auswirken können (Dorotic/ Bijmolt/Verhoef 2012). Die Effektivität des Einsatzes anbieterferner Angebote hängt maßgebend vom Involvement der Kunden gegenüber den Unternehmensgrundleistungen ab: Kunden, die nur ein geringes Involvement gegenüber den Kernleistungen eines Unternehmens haben, schätzen die Attraktivität der Beziehung zum Unternehmen höher ein, wenn dieses neben den eigenen Zusatzleistungen auch unternehmensferne Angebote im Programm offeriert (Holz 1997). Viele Unternehmen arbeiten im Bereich der anbieterfernen Angebote mit diversen Leistungen wie z.B. Massagegutscheine, Reiseangebote, Konzerttickets, Mietwagenrabatte oder Versicherungen (Roehm et al. 2002). Zum Beispiel erhalten Mitglieder des ADAC-Clubs nicht nur attraktive Rabatte auf Tankpreise, sondern haben darüber hinaus auch Zugriff auf Vergünstigungen im Bereich der Autovermietung oder exklusive Konzerttickets.

Bei der Einführung eines Loyalitätsprogramms ist es grundsätzlich ratsam, zunächst die allgemeinen Unternehmensleistungen durch eigene Prämien im Rahmen des Programms zu erweitern, um so bereits involvierte Kunden mit eigenen Angeboten zu belohnen. Folglich werden stets Kunden auf das Sortiment des Unternehmens aufmerksam gemacht und dadurch die Kundenbindung zum Unternehmen gestärkt werden (Butscher 1996; Roehm et al. 2002; Kivetz 2003). Entsprechend haben Studien gezeigt, dass v.a. stark involvierte Kunden Prämien bevorzugen, die direkt aus dem Unternehmenskontext stammen (Kivetz 2005; Keh/Lee 2006).

Erst im Zuge der weiteren Programmentwicklung sind Überlegungen hinsichtlich der Angebotserweiterung durch grundleistungsferne Angebote ratsam. Dabei sollte stets darauf geachtet werden, dass sich zusätzliche Angebote hinreichend von denen möglicher Wettbewerber differenzieren. Bekommen Kunden beispielsweise von mehreren Loyalitätsprogrammen Rabatte bei Mietwagengesellschaften angeboten, so sind Einzigartigkeit und Kaufverhaltensrelevanz eher bescheiden.

(4)   Individualisierung der Anreize: Programm- und kundenspezifische Anreize

Anreize können in Anlehnung an eine bestimmte Zielgruppe des Programms oder auf Basis individueller Kundendaten gestaltet werden. Um eine hohe Programmzufriedenheit herzustellen und dadurch Loyalitätsverhalten zu fördern, müssen *programmspezifische Anreize* auf die Zielgruppe abgestimmt werden. Voraussetzung dafür ist eine klare Definition der Zielgruppe und ihren Charakteristika sowie eine zielgruppenadäquate Gestaltung von Eintrittsbedingungen.

Um expliziter auf den einzelnen Kunden einzugehen, können *personalisierte Kommunikation und Anreize* im Sinne des One-to-One-Marketings eingesetzt werden (Bliemel/Fassott/Theobald 2013). Online-Profile sind mit ihrer Vielzahl an Kundendaten, im Sinne von soziodemografischen Daten, Interessen oder Informationen zu Kauf- und Suchverhalten besonders geeignet und stellen eine wertvolle Basis dar (Kumar/Shah 2004).

Personalisierte Kommunikation und Anreizgestaltung kann sich stark auf die Kundenbindung auf Einstellungs- und Verhaltensebene auswirken (Rust/Verhoef 2005; Dorotic/Bijmolt/Verhoef 2012). Dabei beschränkt sich der Einfluss personalisierter Anreize nicht nur auf das Business-to-Customer-Geschäft, sondern wirkt sich auch im Business-to-Business-Bereich positiv auf die Kundenbeziehung aus (Palmatier/ Gopalakrishna 2005).

Zusammenfassung und Vorgehen beim Design von Loyalitätsprogrammen

Die vorgestellten Parameter zur Anreizgestaltung bieten die Möglichkeit, je nach favorisierter Zielgruppe das Loyalitätsprogramm anderweitig zu gestalten bzw. eine Palette an Anreizen für unterschiedliche Zielgruppen innerhalb eines Programms anzubieten. Um ausgewählte Zielgruppen über das Programm hinweg an ein Unternehmen zu binden, ist eine genaue Programmplanung und Anreizgestaltung von hoher Bedeutung. Basierend auf den vorherigen Ausführungen zeigt Abbildung 1 eine Zusammenfassung relevanter Schritte im Design eines Loyalitätsprogramms.

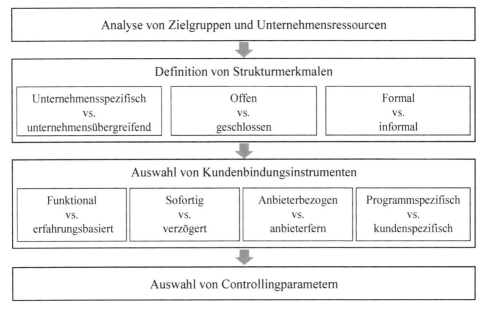

Abbildung 1: Design von Loyalitätsprogrammen

4. Controlling von Kundenbindungsprogrammen

Aufgrund der hohen Investitionskosten bei der Einführung und Betreuung eines Loyalitätsprogramms ist die Frage nach der Effektivität (Wirksamkeit) und Effizienz (Wirtschaftlichkeit) des Instruments für die einzelnen Unternehmen von höchster Bedeutung.

Zur *Bewertung der Programmeffizienz* müssen neben einer detaillierten Aufstellung anfallender Kosten, mögliche Umsatz- und Profitabilitätsauswirkungen geschätzt werden. Dabei stellt die konkrete Zuordnung von Kosten und Umsätzen zum Loyalitätsprogramm eine große Herausforderung dar. Tabelle 5 fasst mögliche direkte Umsatz- und Kostenquellen eines Loyalitätsprogramms zusammen.

Umsatzquellen	*Kostenquellen*
Mitgliedsbeitrag (optional)	Vorlaufkosten (Konzept, Beratung, Implementierungs- und Personalkosten)
Spezielle Veranstaltung im Rahmen des Programms	
Provisionen durch Zusammenarbeit mit externen Unternehmen, z.B. Sonderaktionen zu speziellen Produkten	Technische Administration: Aufbau und Pflege von Kundendatenbanken, Websites, Mobilen Apps usw.
Werbeeinkünfte von Partnerunternehmen z.B. Online-Werbung	Kundenbetreuung - Service-Center (Online- und Offline-Betreuung, telefonischer Service)
Verkauf von Anzeigen und Beilagen in der Zeitschrift des Kundenprogramms	ggf. Herstell- und Lagerkosten für Programmleistungen
Verkauf von Special-Editions, Sondermodellen usw.	Vertriebskosten (Porto, Verpackung, Transport usw.)
	Kosten der Mitgliederkommunikation (Mailings, Zeitschrift, Hotline, Internet, Facebook usw.)
	Koordinationskosten durch Zusammenarbeit mit externen Firmen

Tabelle 5: Umsatz- und Kostenquellen eines Kundenprogramms (Beispiele)

Auch wenn die Kostenquellen einfach identifizierbar scheinen, so ist eine eindeutige Quantifizierung durchaus schwierig. Kosten für die Kommunikation des Loyalitätsprogramms in „Owned Media" (Kundenzeitschrift, Social Media, Point-of-Sale-Kommunikation) können demensprechend sehr unterschiedlich bewertet werden (Markt-/Opportunitätskosten oder lediglich auszahlungswirksamer Aufwand). Das Gleiche gilt für die Integration von Loyalitätsprogrammen in die Imagekommunikation (Werden diese Kampagnen dem Loyalitätsprogramm als Kosten zugerechnet oder wäre die Kampagne ja ohnehin durchgeführt worden?).

Neben den direkten Umsatz- und Kostenquellen existieren indirekte Einnahmen und Ausgaben, beispielsweise aus der Gewinnung von Neukunden und den dabei resultierenden Umsätzen. Diese sind für Firmen jedoch schwer zu erfassen und auf die konkreten Elemente des Programms zurückzuführen. Des Weiteren ist es erforderlich, auch nicht-monetäre Effekte zu berücksichtigen – beispielsweise die Integration von Mitgliedern von Loyalitätsprogrammen in die Neuproduktentwicklung.

Zur *Bestimmung der Programmeffektivität* (Wirksamkeit) sind Kenngrößen heranzuziehen, die auf die Zielsetzung des Loyalitätsprogramms abgestimmt sind. Dies können beispielsweise Kennzahlen bezüglich des Kaufverhaltens, der Programmnutzung und der Kundenprofitabilität sein. Zu den am meisten erhobenen Verhaltenskennzahlen gehören die relative Kaufintensität bzw. die Wiederkaufrate, die Kaufhäufigkeit, die Anzahl an Kundenkontakten, die Kundendurchdringungsrate bzw. der Kundenanteil („Share of Wallet", Bedarfsdeckungsquote), die Kundenabwanderungsrate und die durchschnittliche Dauer einer Kundenbeziehung. Ergänzend wird auf der Einstellungsebene häufig die Einstellung zum Loyalitätsprogramm und dem Unternehmen, die Programm- und generelle Kundenzufriedenheit, das Vertrauen gegenüber dem Unternehmen bzw. der Marke sowie die Weiterempfehlungsintention erhoben.

Generelle Aussagen über die Effektivität und Effizienz von Loyalitätsprogrammen sind sehr schwierig. Aus diesem Grund sollten Unternehmen Vergleiche zwischen Mitglieder- und Nicht-Mitgliedern eines Programms über die Zeit hinweg anstreben. Um gültige Aussagen über die Wirksamkeit eines Programms machen zu können ist es daher wichtig, nicht nur den Status Quo, sondern auch die Veränderung der Kennzahlen über die Zeit zu betrachten. Der grundsätzliche Effekt von Loyalitätsprogrammen auf die Kundenbindung wird in Forschung und Praxis kontrovers diskutiert (Leenheer et al. 2007; Sharp 2010; Dorotic/Bijmolt/Verhoef 2012). In der Vergangenheit wurden viele Struktur- und Gestaltungsmerkmale von Loyalitätsprogrammen verglichen und deren Effekte untersucht. Dabei wurden sowohl positive als auch negative Effekte von Loyalitätsprogrammen gefunden, in Abhängigkeit von der Zielgruppe und der Gestaltung des Programms. Bisherige Forschungsarbeiten konnten dabei herausstellen, dass Loyalitätsprogramme die wahrgenommene Kundenbindung gegenüber einem Unternehmen stärken und auf diese Weise ebenfalls den Share of Wallet erhöhen können (Leenheer et al. 2007; Meyer-Waarden 2007; Wirtz et al. 2007). Weiterhin konnten positive Zusammenhänge zwischen der Nutzung von Loyalitätsprogrammen in Hinblick auf Kaufhäufigkeit und -umfang gefunden werden (Liu 2007). Auch die Dauer der Kundenbeziehung und der gesamte Unternehmensprofit können durch Loyalitätsprogramme beeinflusst werden. (Taylor/Neslin 2005). Generell hängt der Erfolg eines Loyalitätsprogramms stark von der Anreizgestaltung im Programm ab. So weisen Kundenloyalitätsprogramme häufig Selbstselektionseffekte auf, die nur schwer aus den Berechnungen eliminiert werden können. So zeigen ausgewählte Studien, dass vor allem bereits loyale Kunden eine Mitgliedschaft in einem Programm anstreben und dadurch lediglich ein Bruchteil des scheinbar erzielten Mehrumsatzes tatsächlich ursächlich auf die Leistungen des Programms zurückführbar ist (Bolton et al. 2004; Herzog 2007; Leenheer et al. 2007). Gute Kunden „nehmen das Loyalitätsprogramm mit", weil sie ohnehin die Leistungen des Unternehmens in Anspruch genommen hätten und verzerren damit die tatsächliche Programmeffektivität.

In diesem Zusammenhang stellt die Anreizgestaltung einer der relevantesten Hebelmechanismen dar. So zeigt sich, dass die Zufriedenheit hinsichtlich der im Programm eingesetzten Anreize durchaus positive Einflüsse auf die Kundenbindung haben kann. Gleichzeitig kann eine Programmunzufriedenheit auch zu negativen Konsequenzen im Hinblick auf die Kundenbindung führen (Stauss/Schmidt/Schöler 2005). Vor allem der Einsatz monetärer Anreize kann je nach Programmgestaltung unterschiedliche kurz- und langfristige Effekte mit sich bringen. Ausgewählte Studien zeigen, dass eine Verwendung monetärer Anreize lediglich zu kurzfristigen Loyalitätseffekten führt. Dabei bewirkt die Wegnahme dieser Anreize nicht selten auch den Wegfall der gewünschten Loyalität auf Einstellungs- und Verhaltensebene. In einem solchen Fall sind die Kunden nicht gegenüber dem Anbieter, sondern eher gegenüber den in einem Programm angebotenen Anreizen verbunden (Fehr/Falk 2002; Evanschitzky et al. 2012). Eine weitere Gefahr besteht darin, dass monetäre Anreize ein Crowding-out „echter" Kundenloyalität bewirken können, indem markenloyale Programmmitglieder zu Rabattjägern umerzogen werden. Auch ehemals treue Unternehmenskunden können aufgrund verstärkter Rabatte, Promotionaktionen und Gutscheinen eine Preissensibilität aufbauen und so eine Preis- statt Unternehmensloyalität entwickeln (Nunes/Drèze 2006; Henderson et al. 2011; Melancon/Noble/Noble 2011).

Abschließend ist beim Controlling darauf hinzuweisen, dass Loyalitätsprogramme eine langfristige Entscheidung sind. Der Entschluss für die Einführung eines Programms sollte dementsprechend wohlüberlegt sein, da er sich nicht kurzfristig ohne Kosten- und Imageauswirkungen rückgängig machen lässt.

5. Zusammenfassung und Ausblick

Als Instrumente des Customer-Relationship-Managements ermöglichen Loyalitätsprogramme nicht nur eine konkrete Definition und Kategorisierung verschiedener Kundengruppen, sondern mit Hilfe des Einsatzes verschiedenartiger Anreize auch eine Stärkung der Kundenbindung.

Einhergehend mit den jüngsten Entwicklungen im Bereich der digitalen und mobilen Kommunikation bieten Loyalitätsprogramme heute eine Vielzahl neuer Chancen, um jederzeit in Kundeninteraktion treten zu können. Auf diese Weise ermöglichen Loyalitätsprogramme eine personalisierte Kommunikation sowie Leistungs- und Anreizgestaltung – selbst dann, wenn ein direkter bzw. persönlicher Kontakt zum Händler oder Hersteller nicht möglich ist. Vor diesem Hintergrund können Loyalitätsprogramme – im Gegensatz zu anderen Instrumenten der Verkaufsförderung – nicht nur einen ökonomischen, sondern auch einen emotionalen Zusatznutzen für den Kunden bewirken.

Betrachtet man die Entwicklungen von Loyalitätsprogrammen genauer, so zeigt sich deutlich, dass nicht alle Initiativen in jeder Situation erfolgreich sind. Aufgrund steigernder Konkurrenzangebote müssen selbst Loyalitätsprogramme eine hinreichende Differenzierung, Relevanz und Wettbewerbsfähigkeit aufweisen, um auf diese Weise am Markt bestehen zu können. Eine grundlegende Voraussetzung für den Erfolg eines Programms bildet eine weitgehend akzeptierte und zufriedenstellende Basisleistung seitens des Unternehmens, auf welche ein Angebot aus dem Loyalitätsprogramm aufbauen kann.

Über die konkrete Gestaltung von Loyalitätsprogrammen ist es Unternehmen möglich, ausgewählte Kunden über die Kommunikation und Eintrittsbedingungen gezielt anzusprechen und mit Hilfe des Leistungsangebots an das Unternehmen zu binden. Auch wenn Loyalitätsprogramme einen großen Beitrag zur Kundenbindung und dadurch den Unternehmensumsatz leisten können (Meyer-Waarden 2007), hängt die tatsächliche Wirksamkeit stark von der Zielgruppe, dem Kontext und der Anpassung des Leistungsangebots ab. Aus diesem Grund ist eine genaue Zielsetzung, Planung, Kontrolle und eine stetige Anpassung des Programms unerlässlich, um langfristige Erfolge erzielen zu können.

Literaturverzeichnis

American Marketing Association (2016): Definition Frequent Shopper Program, https://www.ama.org/resources/Pages/Dictionary.aspx?dLetter=F#frequent+shopper+program (Zugriff am 08.08.2016).

Ashley, C./Gillespie, E. A./Noble, S. M. (2016): The Effect of Loyalty Program Fees on Program Perceptions and Engagement, in: Journal of Business Research, Vol. 69, No. 2, S. 964-973.

Beck, J. T./Chapman, K./Palmatier, R. W. (2015): Understanding Relationship Marketing and Loyalty Program Effectiveness in Global Markets, in: Journal of International Marketing, Vol. 23, No. 3, S. 1-21.

Berry, J. (2013): Bulking up: The 2013 COLLOQUY Loyalty Census: Growth and Trends in U.S. Loyalty Program Activity, https://www.loyalty.com/research-insights/whitepapers/the-2013-colloquy-loyalty-census-us-edition (Zugriff am 18.08.2016).

Bijmolt, T. H. A./Dorotic, M./Verhoef, P. C. (2010): Loyalty Programs: Generalization on their Adoption, Effectiveness & Design, in: Foundations and Trends in Marketing, Vol. 5, No. 4, S. 197-258.

Bliemel, F./Fassott, G./Theobald, A. (2013): Electronic Commerce: Herausforderungen – Anwendungen – Perspektiven, Heidelberg.

Bolton, R. N./Lemon, K. N./Verhoef, P. C. (2004): The Theoretical Underpinnings of Customer Asset Management: A Framework and Propositions for Future Research, in: Journal of the Academy of Marketing Science, Vol. 32, No. 3, S. 271-293.

Bond.brandloyalty (2015): 2015 Loyalty Report 2015 US – Executive Summary, http://info.bondbrandloyalty.com/the-loyalty-report-2015 (Zugriff am 18.08.2016).

Bowen, J. T./McCain, S.-L. C. (2014): Transitioning Loyalty Programs. A Commentary on "the Relationship Between Customer Loyalty and Customer Satisfaction", in: International Journal of Contemporary Hospitality Management, Vol. 27, No. 3, S. 415-430.

Breuninger (2016): Vorteile der Breuninger Card, https://www.e-breuninger.de/de/kundenkarte/breuninger-card/ (Zugriff am 08.08.2016).

Butscher, S. (1996): Kunden-Bindung durch Kunden-Clubs, in: Marketing Journal, o. Jg., Nr. 1, S. 46-49.

Capgemini Consulting (2015): Fixing the Cracks: Reinventing Loyalty Programs for the Digital Age, https://www.capgemini-consulting.com/reinventing-loyalty-programs (Zugriff am 18.08.2016).

Conze, O. (2007): Kundenloyalität durch Kundenvorteile – Segmentspezifische Analyse von Einflussgrößen der Kundenloyalität und Implikationen für das Management von Kundenbeziehungen, Unveröffentlichte Dissertation, Universität St. Gallen.

de Wulf, K./Odekerken-Schröder, G./Iacobucci (2001): Investments in Consumer Relationships: A Cross-Country and Cross-Industry Exploration, in: Journal of Marketing, Vol 65, No. 4, S. 33-50.

Dholakia, U. M. (2006): How Customer Self-Determinantion Influences Relational Marketing Outcomes: Evidence from Longitudinal Field Studies, in: Journal of Marketing Research, Vol. 43, No.1, S. 109-120.

Diller, H. (2006): Die Bedeutung des Beziehungsmarketing für den Unternehmenserfolg, in: Hippner, H./Wilde, K. D. (Hrsg.), Grundlagen des CRM – Konzepte und Gestaltung, Wiesbaden, S. 97-120.

Dittrich, S. (2001): Kundenbindung als Kernaufgabe im Marketing, 2. Aufl., St. Gallen.

Dorotic, M./Bijmolt, T. H. A./Verhoef, P. C. (2012): Loyalty Programmes: Current Knowledge and Research Directions, in: Journal of Management Reviews, Vol. 14, No. 3, S. 217-237.

Dorotic, M./Verhoef, P. C./Fok, D./Bijmolt, T. H. A. (2014): Reward Redemption Effects in a Loyalty Program when Customers Choose How Much and When to Redeem, in: International Journal of Research in Marketing, Vol. 31, No. 4, S. 339-355.

Evanschitzky H./Ramaseshan, B./Woisetschläger, D. M./Richelson, V./Blut, M./Backhaus, C. (2012): Consequences of Customer Loyalty to the Program and to the Company, in: Journal of Academy in Marketing, Vol. 40, No. 5, S. 625-638.

Fader, P. (Hrsg.) (2012): Customer Centricity: Focus on the Right Customers for Strategic Advantage, Philadelphia.

Fehr, E./Falk, A. (2002): Psychological Foundations of Incentives, in: European Economic Review, Vol. 46, No. 4, S. 687-724.

Freter, H. (2008): Markt- und Kundensegmentierung. Kundenorientierte Markterfassung und -bearbeitung, Stuttgart.

Hansen, U. (2011): Beziehungslos im Dschungel des Beziehungsmarketing oder: Grenzen des Beziehungsmarketing aus Verbraucherperspektive, in: Hippner, H./Hubrich, B./Wilde, K.-D. (Hrsg.), Grundlagen des CRM, Heidelberg, S. 293-315.

Heinemann, G. (2013): Digitale Revolution im Handel – steigende Handelsdynamik und disruptive Veränderung der Handelsstrukturen, in: Heinemann, G./Haug, K./Gehrckens, M. (Hrsg.), Digitalisierung des Handels mit ePace, Wiesbaden, S. 3-26.

Henderson, C. M./Beck, J. T./Palmatier, R. W. (2011): Review of the Theoretical Underpinnings of Loyalty Programs, in: Journal of Consumer Psychology, Vol. 21, No. 3, S. 256-276.

Hennig-Thurau, T./Hansen, U. (2000): Relationship Marketing – some Reflections on the State-of-the-Art of the Relational Concept, in: Hennig-Thurau, T./Hansen, U. (Hrsg.), Relationship Marketing, Heidelberg, S. 3-27.

Herzog, W. (2007): On the Functional Significance of Loyalty Rewards: An Experimental Study with Small Sample Robust Tests of Covariance Structure Models, Unveröffentlichte Dissertation, Universität St.Gallen.

Henning-Thurau, T./Vor dem Esche, J./Wege, E. (2014): Marketing in der digitalen Welt, in: Harvard Business Manager, o. Jg., Nr. 9, S. 34-43.

Holz, S. (1997): Kundenclubs als Kundenbindungsinstrument: generelle und situationsbezogene Gestaltungsempfehlungen für ein erfolgreiches Kundenclub-Marketing. Bamberg.

Keh, H. T./Lee, Y. H. (2006): Do Reward Programs Build Loyalty for Services? The Moderating Effect of Satisfaction on Type and Timing of Rewards, in: Journal of Retailing, Vol. 82, No. 2, S. 127-136.

Kivetz, R. (2005): Promotion Reactance: the Role of Effort-Congruity, in: Journal of Consumer Research, Vol. 31, No. 4, S. 725-736.

Kivetz, R./Simonson, I. (2003): The Idiosyncratic Fit Heuristic: Effort Advantage as a Determinant of Consumer Response to Loyalty Programs, in: Journal of Marketing Research, Vol. 40, No. 4, S. 454-467.

Kracht, N. M./Günther, S./Töpfer, A. (2008): Wirkung der Payback-Karte auf die Bindung und Loyalität der Kunden von Drogerieprodukten – Ergebnisse einer empirischen Analyse, in: Töpfer, A. (Hrsg.), Handbuch Kundenmanagement, Heidelberg, S. 719-736.

Leeflang, P. S./Verhoef, P. C./Dahlström, P./Freundt, T. (2014): Challenges and Solutions for Marketing in a Digital Era, in: European Management Journal, Vol. 32, No. 1, S. 1-12.

Leenheer, J./van Heerde, H. J./Bijmolt, T. H. A./Smidts, A. (2007): Do Loyalty Programs Really Enhance Behavioral Loyalty? An Empirical Analysis Accounting for Self-Selected Members, in: International Journal of Research in Marketing, Vol. 24, No. 1, S. 31-47.

McAlexander, J. H./Schouten, J. W./Koenig, H. J. (2002): Building Brand Community, in: Journal of Marketing, Vol. 66, No. 1, S. 38-54.

McCall, M./Voorhees, C. (2010): The Drivers of Loyalty Program Success: An Organizing Framework and Research Agenda, in: Cornell Hospitality Quarterly, Vol. 51, No. 1, S. 35-52.

Melancon, J. P./Noble, S. M./Noble, C. H. (2011): Managing Rewards to Enhance Relational Worth, in: Journal of the Academy of Marketing Science, Vol. 39, No. 3, S. 341-362.

Meyer, N. (2010): 360-Grad-Kommunikation und Customer Touchpoint Management – Die Pepsi-Kampagne „I CAN be a Star", in: Marketing Review St. Gallen, 27. Jg., Nr. 2, S. 32-36.

Meyer-Waarden, L. (2007): The Effects of Loyalty Programs on Customer Lifetime Duration and Share of Wallet, in: Journal of Retailing, Vol. 83, No. 2, S. 223-236.

Nunes, J. C./Drèze, X. (2006): Your Loyalty Program is Betraying You, in: Harvard Business Review, Vol. 84, No. 4, S. 124-131.

Nunes, J. C./Drèze, X. (2011): Recurring Goals and Learning: The Impact of Successful Reward Attainment on Purchase Behavior, in: Journal of Marketing Research, Vol. 48, No. 2, S. 268-281.

Prein, J. (2011): Einsatzmöglichkeiten mobiler Dienste im Kontext von Kundenkartenprogrammen, in: Prein, J. (Hrsg.), Akzeptanz mobiler Kundenkartenprogramme bei Konsumenten, Heidelberg, S. 11-20.

Reinecke, S. (2004): Marketing Performance Management: Empirisches Fundament und Konzeption für ein integriertes Marketingkennzahlensystem, Wiesbaden.

Roehm, M. L./Pullins, E. B./Roehm Jr, H. A. (2002): Designing Loyalty-Building Programs for Packaged Goods Brands, in: Journal of Marketing Research, Vol. 39, No. 2, S. 202-213.

Rudolph, T./Nagengast, L. (2013): Kundenbindung in Handels- und Serviceunternehmen – Die Wirkung von Kundenbindungsinstrumenten auf Einstellungen und Kaufverhalten, in: Journal für Betriebswirtschaft, 63. Jg., Nr. 1, S. 3-44.

Rust, R. T./Verhoef, P. C. (2005): Optimizing the Marketing Interventions Mix in Intermediate-Term CRM, in: Marketing Science, Vol. 24, No. 3, S. 477-489.

Schnöring, M. (2015): Konsequenzen der Prämieneinlösung in Kundenbindungsprogrammen: Theoretische Fundierung und empirische Analyse, Heidelberg.

Sharp, B. (2010): How Brands Grow. What Marketers Don´t Know, Oxford.

Shugan, S. M. (2005): Loyality Programs? Are they Shams?, in: Marketing Science, Vol. 24, No. 2, S. 185-193.

Stauss, B./Schmidt, M./Schöler, A. (2004): Negative Effekte von Loyalitätsprogrammen – eine frustrationstheoretische Fundierung, in Meyer, A. (Hrsg.), Dienstleistungsmarketing, Heidelberg, S. 297-331.

Stauss, B./Schmidt, M./Schöler, A. (2005): Customer Frustration in Loyalty Programs, in: International Journal of Service Industry Management, Vol. 16, No. 3, S. 229-252.

Taylor, G. A./Neslin, S. A. (2005): The Current and Future Sales Impact of a Retail Frequency Reward Program, in: Journal of Retailing, Vol. 81, No. 4, S. 293-305.

TNS Emnid (2015): Kundenkarten: Vertrauenswürdigkeit ist höchstes Gebot, http://www.tns-emnid.com/presse/pdf/presseinformationen/2015_02_02_tns-emnid_bonusprogramme.pdf (Zugriff am 02.02.2015).

Tomczak, T./Reinecke, S. (1996): Der aufgabenorientierte Ansatz – Eine neue Perspektive für das Marketing-Management, Fachbericht für Marketing, St. Gallen.

Tomczak, T./Reinecke, S./Dittrich, S. (2010): Kundenbindung durch Kundenkarten und -clubs, in: Bruhn, M./ Homburg, C. (Hrsg.), Handbuch Kundenbindungsmanagement, Wiesbaden, S. 376-398.

Uncles, M. D./Dowling, G. R./Hammond, K. (2003): Customer Loyalty and Customer Loyalty Programs, in: Journal of Consumer Marketing, Vol. 20, No. 4, S. 294-316.

Volkmann, M./Gaul, W. (2003): Kundenprogramme: Richtig kombiniert, können sie den Erfolg beeinflussen, in: Absatzwirtschaft, 46. Jg., Nr. 4, S. 48-51.

Verhoef, P. C. (2003): Understanding the Effect of Customer Relationship Management Efforts on Customer Retention and Customer Share Development, in: Journal of Marketing, Vol. 67, No. 4, S. 30-45.

Wiencke, W./Koke, D. (1994): Cards & Clubs: Der Kundenclub als Dialogmarketing-Instrument. Berlin.

Yi, Y./Jeon, H. (2003): Effects of Loyalty Programs on Value Perception, Program Loyalty, and Brand Loyalty, in: Journal of the Academy of Marketing Science, Vol. 31, No. 3, S. 229-240.

Summary

Driven by the rapid growth of information technology and e-commerce, loyalty programs receive growing attention among both practitioners and researchers. The present article focus on the main objectives and respective characteristics of todays` loyalty programs. In this context, an overview of state-of-the-art literature on the design of program features as well as the measurement of loyalty program success is given. Goal of this article is to provide a first knowledge basis in order to enable strategic marketing decisions regarding the implementation and maintenance of loyalty programs.

Bernd Stauss

Vermeidung von Kundenverlusten durch Beschwerdemanagement

1. Beschwerdemanagement

2. Das Konstrukt Beschwerdezufriedenheit
   2.1 Beschwerdezufriedenheit – Transaktionszufriedenheit
       – Beziehungszufriedenheit
   2.2 Das Diskonfirmationsmodell der Beschwerdezufriedenheit
   2.3. Determinanten der Beschwerdezufriedenheit
   2.4 Dimensionen und Merkmale der Beschwerdezufriedenheit

3. Die Bindungswirkung der Beschwerdezufriedenheit
   3.1 Die einfache Wirkungskette der Beschwerdezufriedenheit
   3.2 Ergänzung der Wirkungskette durch moderierende Variablen

4. Forschungsdefizite und offene Fragen

Literaturverzeichnis

Prof. Dr. Dr. h. c. Bernd Stauss (em.), Ingolstadt School of Management, Katholische Universität Eichstätt-Ingolstadt, Ingolstadt.

1. Beschwerdemanagement

Seit Jahren gewinnt das Thema „Beschwerdemanagement" in Praxis und Wissenschaft zunehmende Aufmerksamkeit und Bedeutung. Ursache hierfür ist die praktische Erfahrung, dass durch Maßnahmen des Beschwerdemanagements Kundenzufriedenheit (Beschwerdezufriedenheit) erreicht und Kundenverluste vermieden werden können. Dementsprechend befasst sich auch die wissenschaftliche Forschung verstärkt mit dem Zusammenhang zwischen Beschwerdezufriedenheit und Kundenbindung. Im Folgenden werden Ergebnisse dieser Forschung präsentiert und kritisch reflektiert.

Beschwerdemanagement beinhaltet die Planung, Durchführung und Kontrolle aller Maßnahmen, die ein Unternehmen im Zusammenhang mit Beschwerden ergreift.

Das *Globalziel des Beschwerdemanagements* liegt darin, Wettbewerbsfähigkeit und Gewinn des Unternehmens dadurch zu erhöhen, dass Kundenzufriedenheit wiederhergestellt, die negativen Auswirkungen von Kundenunzufriedenheit auf das Unternehmen minimiert und die in Beschwerden enthaltenen Hinweise auf betriebliche Schwächen und marktliche Chancen genutzt werden. Daraus lassen sich Teilziele ableiten, die schwerpunktmäßig den Bereichen des Kundenbeziehungsmanagements und des Qualitätsmanagements zuzuordnen sind, wobei zugleich die Anforderung einer produktiven Aufgabenerfüllung besteht (Stauss/Seidel 2014).

Das wesentlichste *kundenbeziehungsrelevante Teilziel* liegt in der Vermeidung von Kundenverlusten durch die Herstellung von Beschwerdezufriedenheit. Zudem soll vor allem negative Mundkommunikation verhindert und positive stimuliert werden. *Qualitätsrelevante Teilziele* richten sich primär auf die Verbesserung der Qualität von Produkten und Dienstleistungen durch Nutzung der in Beschwerden enthaltenen Informationen sowie auf die Reduzierung interner und externer Fehlerkosten. Zur Erreichung der kundenbeziehungs- und qualitätsrelevanten Teilziele ist der Einsatz von Ressourcen erforderlich, der möglichst wirtschaftlich zu erfolgen hat. Deshalb ist bei allen Maßnahmen das *produktivitätsrelevante Teilziel* einer effizienten Aufgabenerfüllung zu beachten.

Die Erreichung dieser Beschwerdemanagementziele erfordert es, für unzufriedene Kunden leicht zugängliche Beschwerdekanäle zu schaffen, die eingehenden Beschwerden sachgerecht anzunehmen und zu bearbeiten sowie angemessen zu reagieren. Darüber hinaus sind die in den Beschwerden enthaltenen Informationen systematisch auszuwerten, in verdichteter Form an Entscheidungsträger weiterzugeben und für Verbesserungsmaßnahmen zu nutzen. Auch bedarf es einer kontinuierlichen Überprüfung von Effizienz und Effektivität des Beschwerdemanagements. Dementsprechend umfasst das Beschwerdemanagement folgende acht wesentliche Aufgabenbereiche: *Beschwerdestimulierung, Beschwerdeannahme, Beschwerdebearbeitung, Beschwerdereaktion, Beschwerdeauswertung, Beschwerdemanagement-Controlling, Beschwerdereporting sowie Beschwerdeinformationsnutzung*.

Abbildung 1 gibt einen Überblick über die Einordnung der Teilaufgaben in den gesamten Beschwerdemanagementprozess. Beschwerdestimulierung, Beschwerdeannahme sowie Beschwerdebearbeitung und -reaktion gehören zum direkten Beschwerdemanagementprozess, der Kundenkontakt erfordert. Beschwerdeauswertung, Beschwerdemanagement-Controlling, Beschwerdereporting und Beschwerdeinformationsnutzung sind dem indirekten Beschwerdemanagementprozess zuzuordnen, an dem der Kunde nicht unmittelbar beteiligt ist.

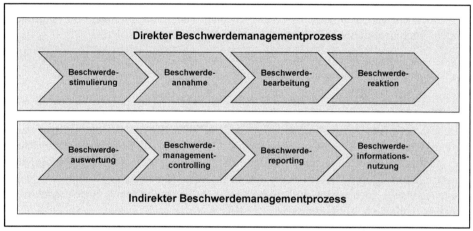

Abbildung 1: Der Beschwerdemanagementprozess im Überblick
(Quelle: Stauss/Seidel 2014, S. 67)

Für die Bindungswirkung des Beschwerdemanagements ist insbesondere der Aufgabenbereich der Beschwerdereaktion relevant. Hier geht es um die Entscheidung, welche Lösung dem Kunden angeboten werden soll, wobei finanzielle (Preisnachlass), materielle (Ersatzprodukt) oder immaterielle Kompensationsangebote (Entschuldigung) in Betracht kommen, sowie um Art und zeitliche Gestaltung der Kommunikation mit dem Beschwerdeführer. Jeweils gilt es, eine ökonomisch sinnvolle Lösung zu finden, die den Kunden zufriedenstellt und mittels Beschwerdezufriedenheit die gewünschten Bindungseffekte zeitigt.

2. Das Konstrukt Beschwerdezufriedenheit

Beschwerdezufriedenheit ist das primäre kundenbeziehungsrelevante Teilziel des Beschwerdemanagements, weil man davon ausgeht, dass auf diese Weise Kundenverluste vermieden und Kundenloyalität erhalten werden können. Deshalb erscheint es notwendig, das Konstrukt der Beschwerdezufriedenheit näher zu betrachten. Insbesondere geht es darum, das Konstrukt klar zu definieren und aufzuzeigen, wie Beschwerdezufriedenheit entsteht, welche Determinanten die Zufriedenheitsbildung beeinflussen und welche Dimensionen bzw. Merkmale der beschwerdepolitischen Reaktion vom Beschwerdeführer bewertet werden. Erst auf dieser Basis lassen sich Analysen zur Bindungswirkung der Beschwerdezufriedenheit anstellen und konkrete Konsequenzen für ein auf Kundenbindung abzielendes Beschwerdemanagement ableiten.

2.1 Beschwerdezufriedenheit – Transaktionszufriedenheit – Beziehungszufriedenheit

Beschwerdezufriedenheit ist die Zufriedenheit des Kunden mit der unternehmerischen Antwort auf seine Beschwerde. In der angloamerikanischen Literatur sind für dieses Konstrukt neben „Complaint Satisfaction" (Kolodinsky 1992) eine Reihe weiterer Synonyme zu finden wie „Secondary Satisfaction" Oliver (1997), „Service Recovery Satisfaction" (Boshoff 1999, 2005; de Ruyter, Wetzels 2000) oder „Recovery Disconfirmation" (McCollough et al. 2000). Beschwerdezufriedenheit muss von zwei anderen Typen der Zufriedenheit unterschieden werden, die der Kunde gleichzeitig empfindet: von der Transaktionsunzufriedenheit und der Beziehungszufriedenheit.

Transaktionsunzufriedenheit ist die Unzufriedenheit des Kunden mit dem Produkt oder der Dienstleistung, die Anlass zur Beschwerde gegeben hat. Sie geht in einer Periode t dem Beschwerdeerleben in Periode t+1 voraus. Es ist zu erwarten, dass das Ausmaß der Transaktionsunzufriedenheit die Erwartungen des Kunden an die unternehmerische Reaktion, seine Bewertung dieser Reaktion und auch sein Verhalten in den Folgeperioden beeinflusst.

Die problematische Transaktion findet häufig innerhalb einer bestehenden Beziehung statt. Dies impliziert, dass auch eine transaktionsübergreifende Zufriedenheit des Kunden mit der Geschäftsbeziehung, die *Beziehungszufriedenheit,* existiert. Das Niveau der Beziehungszufriedenheit, das in der Periode vor dem Problemauftritt (t-1) bestand, wird durch den negativen Vorfall (die Transaktionsunzufriedenheit in t) reduziert, und diese reduzierte Beziehungszufriedenheit hat ebenfalls Einfluss auf die Erwartungen und Wahrnehmungen des Beschwerdeführers und damit auf dessen Beschwerdezufriedenheit sowie auf die Beziehungszufriedenheit der Periode t+1 und die resultierenden Verhaltensintentionen bzw. konkreten Verhaltensweisen des Kunden.

Die Unterscheidung der verschiedenen Zufriedenheitsformen verdeutlicht einen wichtigen Sachverhalt: Beschwerde(un)zufriedenheit wirkt sich nicht nur direkt auf die Absichten und das reale Verhalten von Kunden aus, sondern diese Reaktionen werden – wie die Beschwerdezufriedenheit selbst – auch durch die zuvor bestehende Zufriedenheit mit der Beziehung und durch das Ausmaß der Unzufriedenheit mit dem Problemfall bestimmt. Insofern greift eine isolierte Betrachtung der Beschwerdezufriedenheit zu kurz. Abbildung 2 verdeutlicht den komplexen Zusammenhang der Zufriedenheitsarten graphisch.

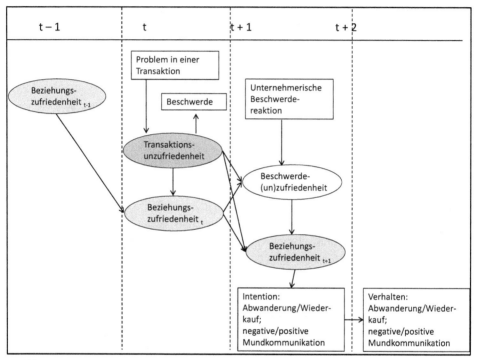

Abbildung 2: Der Zusammenhang von Beziehungszufriedenheit,
Transaktions(un)zufriedenheit und Beschwerdezufriedenheit
(Quelle: In Anlehnung an Stauss 2002, S. 178)

2.2 Das Diskonfirmationsmodell der Beschwerdezufriedenheit

Für die Erklärung der Entstehung von Zufriedenheit hat das Diskonfirmations-Paradigma in der Forschung die größte Akzeptanz gefunden (Oliver 1980; Stauss 1999). Insofern erscheint es naheliegend, dieses Paradigma auch auf das Konstrukt der Beschwerdezufriedenheit zu übertragen. Dementsprechend verbindet ein unzufriedener Kunde seine Beschwerde mit einer bestimmten Erwartung in Bezug auf die Antwort des Unternehmens und die angestrebte Lösung. Diese *erwartete Beschwerdeantwort* ist nun der Standard, an dem er seine tatsächliche Erfahrung mit der unternehmerischen Reaktion (*wahrgenommene Beschwerdeantwort*) vergleicht. Werden die Erwartungen erfüllt oder gar übertroffen, tritt *Beschwerdezufriedenheit*, andernfalls *Beschwerdeunzufriedenheit* ein (Oliver 1980; Oliver 1997; Smith/Bolton 1998; Tax et al. 1998; McCollough et al. 2000; Gruber et al. 2011; Krishna et al. 2011).

In Orientierung an dem Zufriedenheitsmodell von Zeithaml et al. (1993) ist diese Betrachtung zu erweitern und zu berücksichtigen, dass Kunden bei der Zufriedenheitsbildung in der Regel verschiedene Erwartungsstandards heranziehen, insbesondere Erwartungen hinsichtlich der gewünschten und der noch für akzeptabel gehaltenen Beschwerdeantwort.

- *Die gewünschte Beschwerdeantwort:* Beschwerdeführer haben eine Vorstellung davon, welche Lösung sie sich wünschen, wie die Beschwerdereaktion ausfallen sollte, d.h., wie das Unternehmen auf die artikulierte Kritik antworten und welche Lösung es anbieten *sollte*. Es handelt sich hier also um einen normativen, gewünschten oder idealen Erwartungsstandard.

- *Die akzeptable Beschwerdeantwort:* Die sich beschwerenden Kunden machen in der Regel Abstriche von ihren Idealvorstellungen und verwenden einen niedrigeren zweiten Standard, der das Minimalniveau festlegt und der gerade noch toleriert bzw. als akzeptabel angesehen wird.

Zwischen gewünschter und gerade noch für akzeptabel gehaltener Antwort liegt die Toleranzzone der Beschwerdeantwort bzw. die *Beschwerdeantwort-Toleranzzone*. Wird der Standard der akzeptablen Beschwerdeantwort nicht erreicht, tritt Beschwerdeunzufriedenheit ein, da nicht einmal die Minimalanforderungen des Kunden an eine Beschwerdereaktion erfüllt wurden. Übersteigt die wahrgenommene Beschwerdeantwort das Niveau der akzeptablen Beschwerdeantwort, tritt Indifferenz oder geringe Beschwerdezufriedenheit auf. Das Ausmaß der Beschwerdezufriedenheit hängt davon ab, in welchem Umfang das Niveau der akzeptablen Beschwerdeantwort überschritten bzw. ob sogar das Niveau der gewünschten Leistung erreicht wird. Mit einer sehr hohen Beschwerdezufriedenheit ist erst zu rechnen, wenn die unternehmerische Reaktion die vom Kunden gewünschte Antwort noch übertrifft (Estelami 2000). In Abbildung 3 ist dieser Sachverhalt wiedergegeben, indem unterschiedliche Positionen der wahrgenommenen Beschwerdeantwort in Relation zu den beiden Erwartungsstandards gesetzt werden.

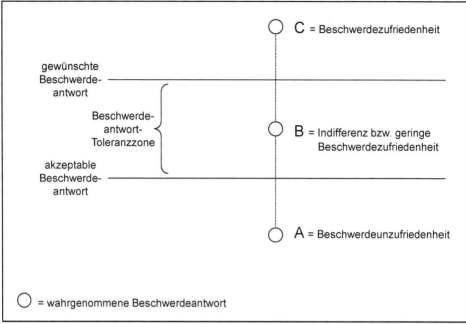

Abbildung 3: Beschwerde(un)zufriedenheit als Ergebnis des Vergleichs zwischen wahrgenommener Beschwerdeantwort einerseits und gewünschter bzw. akzeptabler Beschwerdeantwort andererseits
(Quelle: Stauss 2009, S. 350)

2.3 Determinanten der Beschwerdezufriedenheit

Die Höhe von gewünschter und akzeptabler Beschwerdeantwort und damit Lage und Breite der Beschwerdeantwort-Toleranzzone sind von einer Reihe von Einflussgrößen abhängig. Zu ihnen gehören vor allem: Das Rollenverständnis des Kunden, die Problemrelevanz, die wahrgenommene Schuld des Anbieters, explizites und implizites Reaktionsversprechen, Beschwerdeerfahrungen, Mundkommunikation und vermutete Beschwerdeantwort (Stauss 2009).

So steigt das Niveau von gewünschter und gerade noch als akzeptabel angesehener Beschwerdeantwort und es verringert sich die Toleranzzone,

- je mehr sich der Kunde im Vergleich zum Anbieter in einer bevorzugten und überlegenen Rolle sieht (Rollenverständnis),

- je relevanter das Problem vom Kunden erlebt wird und je bedeutsamer daher auch eine Problemlösung für ihn ist (Problemrelevanz),
- je stärker Kunden davon überzeugt sind, dass allein der Anbieter der Problem zu verantworten hat (wahrgenommene Schuld des Anbieters),
- je mehr eindeutige oder subtile Versprechungen des Unternehmens hinsichtlich einer kundenorientierten Reaktion vorliegen (explizites bzw. implizites Reaktionsversprechen),
- je mehr Kunden über positive Beschwerdeerfahrungen verfügen und
- je mehr Kunden in ihrem sozialen Umfeld von positiven Beschwerdereaktionen des Unternehmens erfahren haben (Mundkommunikation).

2.4 Dimensionen und Merkmale der Beschwerdezufriedenheit

Für ein Unternehmen ist nicht allein die Information wichtig, in welchem Maße sie die Beschwerdeerwartungen ihrer Kunden erfüllen. Sie müssen auch wissen, welche Merkmale der wahrgenommenen Qualität des Beschwerdemanagements zur Bewertung herangezogen werden. Denn nur bei Vorliegen entsprechender Kenntnisse können Maßnahmen zur zielorientierten Steuerung des Beschwerdemanagements eingesetzt werden.

In der diesbezüglichen wissenschaftlichen Diskussion werden zwei unterschiedliche, aber kompatible Konzepte vertreten: der zufriedenheits- und der gerechtigkeitstheoretische Ansatz.

Beim *zufriedenheitstheoretischen Ansatz* wird an dem Konstrukt der Beschwerdezufriedenheit festgehalten und dieses differenziert betrachtet. Die Ergebnisse der empirischen Beschwerdezufriedenheitsforschung weisen einen hohen Grad an Übereinstimmung auf (Tax et al. 1998; Boshoff 1999; Smith et al. 1999; Davidow 2003). Grundsätzlich beziehen sich Erwartungen und Wahrnehmungen der Beschwerdeführer auf das Ergebnis der Beschwerdeantwort, die Interaktion mit dem Unternehmen sowie auf den Prozess der Beschwerdebearbeitung. Dementsprechend unterscheiden Stauss/Seidel (2014) zwischen Beschwerdeergebnis-, Beschwerdeinteraktions- und Beschwerdeprozess-Zufriedenheit, wobei sich diesen drei Dimensionen acht Merkmale zuordnen lassen (siehe Abbildung 4):

Beschwerdeergebnis-Zufriedenheit: Zufriedenheit mit der unternehmerischen Antwort.

- *Angemessenheit/Fairness*: Angemessenheit der Problemlösung; Fairness der angebotenen Wiedergutmachung.

Beschwerdeinteraktions-Zufriedenheit: Zufriedenheit mit der Interaktion während der Annahme und Bearbeitung.

- *Freundlichkeit/Höflichkeit*: Zuvorkommenheit, mit der ein Beschwerdeführer behandelt wird; höflicher Umgangston/Sprachstil.
- *Einfühlungsvermögen/Verständnis*: Bereitschaft, die Kundenperspektive einzunehmen; Verständnis für den Ärger des Kunden; individuelle Behandlung des Falls.
- *Bemühtheit/Hilfsbereitschaft*: erkennbares Bemühen, das Problem im Kundensinne zu lösen.
- *Aktivität/Initiative*: aktive Suche des Kontaktes zum Kunden; Erkundigung nach gewünschten Lösungen; Benachrichtigung über Verzögerungen.
- *Verlässlichkeit*: Einhaltung von Zusagen in inhaltlicher und zeitlicher Hinsicht.

Beschwerdeprozess-Zufriedenheit: Zufriedenheit mit Aspekten des Bearbeitungsprozesses.

- *Zugänglichkeit*: Leichtigkeit, mit der ein unternehmerischer Ansprechpartner für ein Kundenproblem gefunden wird; aktive Kommunikation der zuständigen Beschwerdeadresse.
- *Reaktionsschnelligkeit*: Schnelligkeit, mit der eine Eingangsbestätigung eintrifft; Schnelligkeit, mit der auf Kundenrückfragen reagiert wird; Schnelligkeit der Problemlösung.

Als eine Alternative zur konsequent zufriedenheitstheoretischen Betrachtung schlägt eine Reihe von Forschern ein gerechtigkeitstheoretisches Konzept vor (u.a. Tax et al. 1998; Pizzutti/Fernandes 2010; Homburg et al. 2010; Davidow 2014). Sie unterscheiden folgende drei Dimensionen der wahrgenommenen Gerechtigkeit und wenden diese auf die Beschwerdeerfahrung des Kunden an:

- *Distributive Justice* bezieht sich auf das Ergebnis der unternehmerischen Entscheidung, also Angemessenheit, Gleichbehandlung, Bedürfnisgerechtigkeit.
- *Procedural Justice* betrifft den Entscheidungsprozess, also wahrgenommene Prozess- und Entscheidungskontrolle, Zugänglichkeit, Reaktionsgeschwindigkeit, Flexibilität.
- *Interactional Justice* hat das interpersonale Verhalten zum Gegenstand, also Ehrlichkeit, Höflichkeit, Bemühtheit, Einfühlungsvermögen.

In der internationalen Beschwerdeforschung hat sich das gerechtigkeitstheoretische Konzept weitgehend durchgesetzt. (Homburg/Fürst 2005, 2007; Liao 2007; Pizzutti/Fernandes 2007; Homburg et al. 2010; Orsingher et al. 2010; Gelbrich/Roschk 2011; Her Astuti et al. 2011; Lin et al. 2011; Siu et al. 2013).

Vergleicht man das diskonfirmatorische und das gerechtigkeitstheoretische Konzept, so fällt die hohe Übereinstimmung in Bezug auf Dimensionen und Merkmale auf (siehe Abbildung 4).

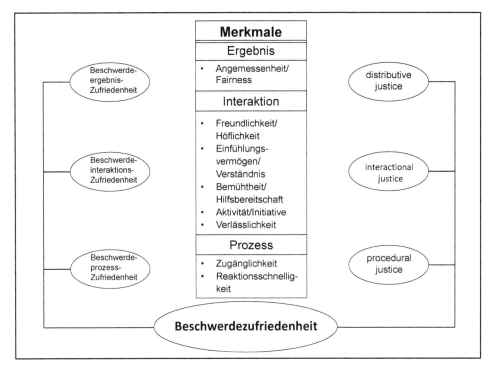

Abbildung 4: Diskonfirmations- und gerechtigkeitstheoretisches Verständnis der Beschwerdezufriedenheit

Allerdings hat der zufriedenheitsorientierte Ansatz eine Reihe von konzeptionellen Vorteilen:

(1) Er vermeidet den Theoriebruch. Beschwerdezufriedenheit wird zufriedenheitstheoretisch und nicht unter Rückgriff auf eine andere Theorie erklärt, was auch nur schwer nachvollziehbar ist: Warum sollten die Kunden die gesamte unternehmerische Beschwerdereaktion mittels Zufriedenheit bewerten (Beschwerdezufriedenheit), nicht aber die Einzelmerkmale der Beschwerdereaktion?

(2) Das Zufriedenheitskonzept kann befragungstechnisch eindeutig im theoretischen Rahmen bleiben, da jeweils die Zufriedenheit des Beschwerdeführers mit den Einzel-

merkmalen erhoben wird. Demgegenüber zeigen die Items des gerechtigkeitstheoretischen Ansatzes, dass vielfach Bewertungen abgefragt werden, die mit Fairness oder Gerechtigkeit gar nichts zu tun haben, etwa Fragen zur Schnelligkeit des Prozesses.

(3) Auf der Basis beider Konzepte werden die zwischen Beschwerdereaktion und globaler Beschwerdezufriedenheit moderierenden Variablen untersucht. Dabei kann der zufriedenheitsorientierte Ansatz theoriegestützt zeigen, inwiefern bestimmte Aspekte die Lage von Erwartungsstandards und die Breite der Toleranzzone determinieren und damit die Beschwerdezufriedenheit beeinflussen (siehe Abschnitt 2.3). Demgegenüber gibt es im Rahmen des gerechtigkeitstheoretischen Ansatzes keine plausible Erklärung für die Auswahl und Wirkung der Determinanten, da sie in der Regel nicht mit Fairnesseinschätzungen in Beziehung gesetzt werden können.

Aus Managementperspektive ist die Diskussion um die theoretischen Dimensionenkonzepte irrelevant. Dies gilt zum einen aufgrund der Ähnlichkeit der Merkmalskataloge. Zum anderen ist jede Zusammenfassung von Einzelmerkmalen zu Dimensionen höchst problematisch. Zwar mag es nicht uninteressant sein zu erfahren, in welchem Umfang etwa die interactional justice die Beschwerdezufriedenheit beeinflusst. Doch diese Dimension umfasst unterschiedliche Aspekte wie Freundlichkeit, Eigenaktivität und Verlässlichkeit. Für Manager ist es aber keine handhabbare Information, dass diese in aggregierter Form zur Beschwerdezufriedenheit beitragen. Sie müssen wissen, welcher Aspekt für welche Kundengruppe in welchem Ausmaß zu Zufriedenheit führt und Bindungseffekte auslöst. Deshalb ist allein die Betrachtung auf Merkmalsebene relevant.

3. Die Bindungswirkung der Beschwerdezufriedenheit

3.1 Die einfache Wirkungskette der Beschwerdezufriedenheit

Beschwerdezufriedenheit wird vom Management nicht als Selbstzweck angestrebt, sondern mit einer ökonomischen Zielsetzung, die sich auf Annahmen über spezifische Wirkungen von Beschwerde(un)zufriedenheit auf Psyche und Verhalten der Beschwerdeführer stützt.

Auf der *psychischen Ebene* führt danach die *Beschwerdeunzufriedenheit* des Kunden zu einer niedrigeren Zufriedenheit mit der Beziehung insgesamt, zu einem Verlust an Vertrauen im Sinne eines stärkeren Zweifels an Zuverlässigkeit und Integrität des Unternehmens und einer Schwächung der affektiven Bindung im Sinne des Commitments.

Auf *Verhaltensebene* führt die Beschwerdeunzufriedenheit direkt und/oder indirekt über die psychischen Konstrukte zu einem Abbruch der Geschäftsbeziehung bzw. einer Kaufeinschränkung sowie zu negativer Mundkommunikation. Dem entsprechen auf Absichtsebene die Intentionen, die Geschäftsbeziehung zu beenden, Wiederkäufe zu reduzieren und negative Mundkommunikation zu betreiben.

Demgegenüber sieht die angenommene Wirkungskette bei durch Beschwerdemanagement erzielter *Beschwerdezufriedenheit* folgendermaßen aus: In *psychischer Hinsicht* wird sich bei Kunden, die mit der Beschwerdeantwort zufrieden sind, das durch das zuvor erlebte Problem reduzierte Niveau von Beziehungszufriedenheit, Vertrauen und Commitment wieder erhöhen. Damit gehen auf *Verhaltensebene* der Verzicht auf Abwanderung und negative Mundkommunikation bzw. die Fortsetzung der Geschäftsbeziehung (Wiederkauf) und positive Mundkommunikation im sozialen Umfeld einher. Sofern die Verhaltensweisen noch nicht realisiert sind, haben Kunden, die Beschwerdezufriedenheit empfinden, die entsprechenden Verhaltensabsichten. Diese einfache Wirkungskette der Beschwerdezufriedenheit ist in Abbildung 5 dargestellt.

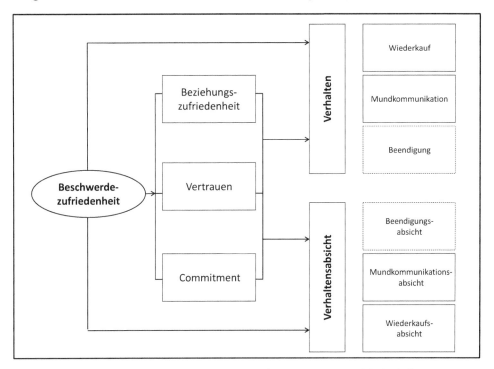

Abbildung 5: Direkte und indirekte Wirkungen der Beschwerdezufriedenheit

Es gibt inzwischen eine Fülle von empirischen Belegen dafür, dass viele der in der Wirkungskette unterstellten Effekte faktisch eintreten (Fornell/Wernerfelt 1987; Reichheld 1993; Andreassen 1999; Blodgett/Anderson 2000; Miller et al. 2000; Maxham 2001; Maxham/Netemeyer 2003; Pizzutti/Fernandes 2010, 2011).

Große Übereinstimmung besteht hinsichtlich der negativen Effekte der *Beschwerdeunzufriedenheit*. Wie schon Oliver (1997) ausführt, folgt die Bewertung der Beschwerdeantwort in einer Situation, in welcher der Kunde bereits ein hohes Maß an Unzufriedenheit aufgrund des Problems mit dem Produkt oder der Dienstleistung empfindet. Wird er nun auch noch durch die Beschwerdeantwort enttäuscht, liegt der Fall einer doppelten negativen Erwartungsdiskonformation ('double deviation') vor. Dementsprechend sinken bei Beschwerdeunzufriedenheit die Beziehungszufriedenheit, Vertrauen und Commitment (Smith/Bolton 1998; Her Astuti et al. 2011; Paulssen/Cantenazzo 2015).

Sei es direkt, sei es indirekt über den negativen Effekt auf Beziehungszufriedenheit, Vertrauen und Commitment, wirkt die Beschwerdeunzufriedenheit auch negativ auf die Verhaltensintentionen der Beschwerdeführer. Ihre Wiederkaufabsicht sinkt (Smith/Bolten 1998), und besonders steigt ihre Neigung zu negativer Mundkommunikation (Orsingher et al. 2010). Dabei zeigt es sich auch, dass die negative Wirkung der Beschwerdeunzufriedenheit auf die Verhaltensabsicht weit stärker ausfällt als die positive Wirkung der Beschwerdezufriedenheit (Andreassen 1999). So tendieren nicht zufrieden gestellte Beschwerdeführer weit häufiger dazu, den Vorfall im persönlichen Umfeld zu thematisieren, als dies zufriedene Beschwerdeführer tun (Hansen/Jeschke 2000).

Die unterstellten Wirkungen der *Beschwerdezufriedenheit* werden ebenfalls durch zahlreiche empirische Studien bestätigt, auch wenn diese in der Regel nur ausgewählte Beziehungen untersuchen und dabei im Einzelfall zu abweichenden Ergebnissen kommen.

Vielfach wird nachgewiesen, dass Beschwerdezufriedenheit die Beziehungszufriedenheit (Smith/Bolton 1998) sowie das Vertrauen der Kunden und/oder das Commitment der Beschwerdeführer stärkt (Alvarez et al. 2011; Her Astuti et al. 2011). Tax et al. (1998, S. 72) bringen diese Erkenntnis folgendermaßen auf den Punkt: "Complaint handling satisfaction is significantly and strongly associated with both trust and commitment, which provides empirical support for the proposition that complaint handling is tied closely to relationship marketing".

Entweder direkt und/oder indirekt hat die Beschwerdezufriedenheit auch einen positiven Einfluss auf Wiederkaufintention und intendierte Mundkommunikation (Andreassen 1999; Smith et al. 1999; Maxham/Netemeyer 2002; Homburg/Fürst 2005; Rothenberger et al. 2008; siehe auch die Ergebnisse der Meta-Analyse von Gelbrich/Roschk 2011).

Umstritten ist, ob bzw. unter welchen Bedingungen ein „*Service Recovery Paradox*" auftritt (Etzel/Silverman 1981; McCollough/Bharadwaj 1992). Dieses liegt vor, wenn das Beschwerdemanagement eine so hohe Beschwerdezufriedenheit bewirkt, dass Kunden nach dem Beschwerdeerlebnis eine höhere Beziehungszufriedenheit empfinden – bzw. auch stärkeres Vertrauen und Commitment sowie ausgeprägtere Verhaltensabsichten haben – als dies vor dem Problemauftritt der Fall war (alternativ: als die entsprechenden Werte für Kunden ausfallen, die gar kein Problem erlebt haben).

Dieser Effekt kann diskonfirmationstheoretisch erklärt werden, indem eine besonders hohe Beschwerdezufriedenheit als Folge einer hohen positiven Diskonfirmation der

Beschwerdeerwartung eintritt und die Beziehungszufriedenheit (sowie weitere Konstrukte) in besonderem Maße positiv beeinflusst. Eine skripttheoretische Erklärung dieses Phänomens geht dahin, dass Beschwerdefälle als Abweichungen vom üblichen Konsumskript besonders kognitiv beachtet und emotional stark empfunden werden (De Matos 2007; Maginini et al. 2007).

Eine Vielzahl von empirischen Studien befasst sich mit dem Service Recovery Paradox, wobei diese zu abweichenden, ja konträren Ergebnissen kommen. Eine Reihe von Autoren finden diesen Effekt bestätigt (u.a. Smith/Bolton 1998; McCollough 2000; Michel 2001; Maxham/Netemeyer 2002; Magnini 2007, siehe auch die Übersicht bei Michel/Meuter 2008). Dabei fallen die Ergebnisse in Bezug auf Beziehungszufriedenheit, Wiederkauf- und Mundkommunikationsabsichten teilweise unterschiedlich aus. So stellt De Matos (2007) in seiner Meta-Analyse fest, dass das Service Recovery Paradox zwar signifikant in Bezug auf die Beziehungszufriedenheit ist, nicht aber in Bezug auf die Absicht zu Wiederkauf und positiver Mundkommunikation. Andere Forscher berichten, dass sich der Effekt in ihren Studien nicht nachweisen lässt (u.a. Maxham 2001; Brock et al. 2010; Lin et al. 2011; Knox/van Oest 2015).

Die Gründe für die abweichenden Ergebnisse liegen zum einen in verschiedenen Definitionen und Operationalisierungen des Effekts sowie in der (Nicht-) Berücksichtigung unterschiedlicher moderierender Variablen. So erscheint ein Service Recovery Paradox nur dann wahrscheinlich, wenn die Beschwerdezufriedenheit sehr hoch ist, der Servicefehler vom Kunden als wenig schwerwiegend eingeschätzt wird, dem Vorfall nicht bereits ein weiteres Problem vorangegangen ist und wenn die Kunden der Ansicht sind, dass der Fehler nicht vom Anbieter vorhersehbar und zu kontrollieren war (Magnini et al. 2007; Ok et al. 2007; McCollough 2009). Offenbar stellt das Service Recovery Paradox ein Ausnahmephänomen dar. Deshalb erscheint es realistischer, von einem exzellenten Beschwerdemanagement eher die Vermeidung der Abwanderung und die Chance zur positiven Fortsetzung als eine Stärkung der Beziehung zu erwarten.

Generell muss aber auf gravierende Defizite der empirischen Forschung und damit auf die eingeschränkte Aussagefähigkeit der Forschungsergebnisse hingewiesen werden. Ein Hauptproblem stellt die Tatsache dar, dass in den Studien zu den Verhaltenswirkungen von Beschwerdezufriedenheit das faktische Verhalten von Kunden in der Regel gar nicht untersucht wird. Stattdessen werden nur Kundenaussagen zur ihren zukünftigen Verhaltensabsichten abgefragt und diese als verhaltensrelevante Indikatoren interpretiert, obwohl es erwiesen ist, dass Verhaltensintentionen nicht mit dem späteren tatsächlichen Verhalten gleichzusetzen sind (Chandon et al. 2005). Angesichts dieser Problematik ist besonders auf die einzige (!) bisher vorliegende empirische Studie hinzuweisen, die auf der Basis von Paneldaten die Wirkungen realer Kundenbeschwerden und unternehmerischer Beschwerdereaktionen auf das Kaufverhalten untersucht (Knox/van Oest 2015). Die Auswertung von umfangreichen Daten einer Kundendatenbank bestätigt grundsätzlich einige Hypothesen, die aufgrund der Wirkungskette zu erwarten sind, etwa die Abwanderungsgefahr bei Beschwerden, die Verstärkung dieser Gefahr bei Vorliegen früherer Beschwerden und die Reduzierung der Abwanderungswahrscheinlichkeit bei unternehmerischen Beschwerdereaktionen. Die Existenz eines recovery paradox konnte nicht bestätigt werden. Allerdings muss man berücksichtigen, dass die Datenbankanalyse nur die Beschwerden, die Beschwerdereaktion und das Kaufverhalten in die Analyse einbezieht, aber gerade nicht die Bewertung der Vorgänge durch die Kunden, so dass die psychischen Konstrukte (Beschwerdezufriedenheit, Beziehungszufriedenheit, Vertrauen, Commitment) nicht untersucht werden. Eine empirische Analyse, wie sich die Beschwerdezufriedenheit auf das faktische Abwanderungsverhalten auswirkt, steht somit auch nach Jahrzehnten der Beschwerdezufriedenheitsforschung weiterhin aus.

3.2 Ergänzungen der Wirkungskette durch moderierende Variablen

In Abschnitt 2.1 (und Abbildung 1) wurde das Beziehungsgeflecht zwischen Beschwerdezufriedenheit, Transaktionsunzufriedenheit und Beziehungszufriedenheit skizziert. Dieses bleibt in der einfachen Wirkungskette unberücksichtigt.

Eine vollständige Analyse dieses Beziehungsgeflechts liegt bisher noch nicht vor. Aber es existieren Forschungsergebnisse, die partielle Beziehungen betreffen. So deuten verschiedene Studien darauf hin, dass die Transaktionsunzufriedenheit eine moderierende Funktion zwischen Beschwerdezufriedenheit und Verhalten der Beschwerdeführer hat. So wird wiederholt bestätigt, dass die Beschwerdezufriedenheit nicht die erhofften Verhaltenswirkungen zeigt, wenn Kunden sehr schwerwiegende oder wiederholte Fehler erlebt haben (Maxham/Netemeyer 2002; Pizzutti/Fernandes 2010; Anupam et al. 2011).

Auch beziehungsorientierte Aspekte sind vielfach Gegenstand der Analyse. So wird kontrovers diskutiert, wie die Existenz einer längeren und positiven Beziehung des Kunden zum Unternehmen, also hohe Beziehungszufriedenheit, die Wirkung der Beschwerdezufriedenheit beeinflusst. Tax et al. (1998) weisen nach, dass sich bei Kunden, die über eine längere Kaufhistorie verfügen und daher die Produkte und Dienstleistungen gut kennen, die negative Wirkung der Beschwerdeunzufriedenheit auf das Kundenvertrauen abschwächt (nicht aber auf ihr Commitment). Die Studie von Asheley/Varki (2009) ergibt, dass loyale Kunden weniger negative Mundkommunikation betreiben. DeWitt/Brady (2003) zeigen, dass Beschwerdeführer, die eine besonders vertrauensvolle Kontaktbeziehung („rapport") zu Dienstleistungsmitarbeitern haben, mehr Verständnis zeigen, die etablierte Beziehung nicht gefährden wollen und daher auch höhere Wiederkaufintentionen haben. Auch Siu et al (2013) stellen die starke Verhaltensrelevanz der Beziehungszufriedenheit fest. In der Datenbankanalyse von Knox/van Oest (2015), die nur Beschwerde-, Beschwerdereaktions- und Kaufdaten, nicht aber Zufriedenheitswerte berücksichtigt, wird bestätigt, dass frühere Kauferfahrungen den Abwanderungseffekt von Beschwerden mindern, und die bisherige Kaufhäufigkeit erweist sich als bedeutsamster Treiber des Nachbeschwerdeverhaltens.

Während in dieser Perspektive eine bestehende enge Kundenbeziehung als eine Art 'Impfung' gegen die Gefahren eines negativen Problemerlebnisses erscheint, kommen Grégoire et al. (2009, 2011) zu einem ganz anderen Ergebnis. In ihrer Untersuchung der Langzeitwirkung von Rachegefühlen und Abwanderungsintentionen enttäuschter Online-Beschwerdeführer fühlen sich gerade Kunden mit einer starken emotionalen Beziehung zum Unternehmen durch eine unbefriedigende Beschwerdebearbeitung besonders enttäuscht. Bei ihnen sinkt der Wunsch nach Rache mit der Zeit langsamer und die Abwanderungsintention steigt schneller als bei Kunden mit einer schwachen Beziehung ("love-becomes-hate effect").

Neben Transaktions- und Beziehungszufriedenheit wirkt noch eine Reihe weiterer Faktoren moderierend auf die Beziehung zwischen Beschwerdezufriedenheit und Intentionen bzw. Verhalten von Beschwerdeführern. Dazu gehören beispielsweise die Produktkategorie und die Art des Problems. So zeigen Paulssen/Catenazzo (2015), dass ein Produktmangel bei hochwertigen Gebrauchsgütern zu einer nachhaltigen Beeinträchtigung von Zufriedenheit und Loyalität führt, die auch durch eine vollständige Behebung des Mangels im Rahmen des Beschwerdeprozesses nicht kompensiert werden kann. Andere moderierende Variablen sind u.a. die bereits angesprochenen Aspekte der wahrgenommene Problemrelevanz des Beschwerdevorfalls, die Wahrscheinlichkeit eines wiederholten Problemeintritts und die wahrgenommene Kontrollierbarkeit des Problems durch das Unternehmen.

Angesichts der Komplexität des Sachverhalts und der nicht einheitlichen Forschungsergebnisse lassen sich für Manager eher grundsätzliche Folgerungen ziehen: Bei Kunden mit hoher Beschwerdeunzufriedenheit besteht eine sehr große Gefahr des Beziehungsabbruchs; bei Kunden mit hoher Beschwerdezufriedenheit kann man sich hinsichtlich der zukünftigen Loyalität keinesfalls sicher sein, da die Bindungswirkung der Beschwerdezufriedenheit durch eine Vielzahl von Variablen moderiert wird.

4. Defizite der bisherigen Forschung und offene Fragen

Im Kontext der Diskussion zur Kundenbindung hat das Beschwerdemanagement in den letzten Jahren in Wissenschaft und Praxis starke Aufmerksamkeit gewonnen. Dabei werden die hohen Investitionen von Unternehmen in den Aufbau und die Verbesserung des Beschwerdemanagements durch eine Vielzahl von empirischen Forschungsarbeiten gestützt und legitimiert. Diese zeigen zudem, wie durch eine kundenorientierte Ausgestaltung der verschiedenen Merkmale des Beschwerdemanagements (wie Angemessenheit/Fairness der Problemlösung, Einfühlungsvermögen/Verständnis oder Schnelligkeit der Reaktion) die Beschwerdezufriedenheit erhöht werden kann, was direkte und/oder indirekte positive Wirkungen auf Verhaltensintentionen und Verhalten der Beschwerdeführer hat.

Der zusätzliche Erkenntnisgewinn, den die Praxis aus der Fülle aktueller empirischer Studien ziehen kann, ist allerdings gering. Die grundsätzlichen Zusammenhänge sind seit langem bekannt, die Detailergebnisse oft widersprüchlich und aus methodischen Gründen zweifelhaft. Vor allem folgende Aspekte der Beschwerdeforschung sind höchst problematisch:

(1) Im Mittelpunkt der Forschung steht die Frage nach den Bindungseffekten des Beschwerdemanagements, d.h. wie durch Beschwerdezufriedenheit die Beziehungszufriedenheit und Loyalität des Kunden gestärkt werden kann. Übersehen wird dabei aber weitgehend, dass Beschwerdeführer unzufriedene Kunden sind und es für Unternehmen primär darum geht, diese gefährdeten Kunden davon abzubringen, die Geschäftsbeziehung abzubrechen und zum Wettbewerber abzuwandern. Der primäre Erfolg eines Beschwerdemanagements zeigt sich demnach in der Vermeidung von Kundenverlusten. Genau dieser Aspekt wird in der Forschung so gut wie gar nicht thematisiert.

(2) Aus Gründen der leichteren Erhebbarkeit beschränken sich die Forschungsarbeiten ganz überwiegend darauf, die Kundenbindung allein über Indikatoren der Verhaltensintentionen zu messen, und vernachlässigen die Analyse des tatsächlichen Verhaltens. Da man aber weiß, dass Verhaltensintention keineswegs mit Verhalten gleichgesetzt werden kann, lassen die Forschungsergebnisse allenfalls vorsichtige Annahmen über potenzielle zukünftige Bindungseffekte zu. Ehrlich wäre es, wenn expliziter formuliert würde, dass man über die tatsächlichen Bindungseffekte des Beschwerdemanagements kaum etwas weiß.

(3) Selbst die Ergebnisse zu den Verhaltensintentionen sind problematisch. In den Befragungen zu den Bindungsintentionen werden die Beschwerdeführer zu ihrer Wiederkaufabsicht und zu ihrer Bereitschaft zur Mundkommunikation befragt. Dabei fehlt in der Regel aber die Frage, inwieweit die Kunden zu ihrer Absicht durch die Beschwerdereaktion (und nicht beispielsweise durch frühere positive Erfahrungen) veranlasst wurden. Insofern erscheint es nicht zulässig, die geäußerten Verhaltensabsichten allein als Konsequenz des Beschwerdeerlebens anzusehen.

(4) Die Forschungsarbeiten ähneln sich außerordentlich in Fragestellung, theoretischer Fundierung und methodischer Vorgehensweise. Dies ist vor allem darauf zurückzuführen, dass Beiträge nur dann eine Chance auf Veröffentlichung in einer angesehenen Fachzeitschrift haben, wenn sie bekannte Konstrukte und Skalen verwenden. Dies führt allerdings zu eine Art gemeinsamem Tunnelblick und zu Ergebnissen, die fast nur noch für die forschungsimmanente Diskussion von Bedeutung sind. So herrscht beispielsweise allgemeine Akzeptanz, dass die Beschwerdezufriedenheit durch Gerechtigkeitsdimensionen determiniert wird, selbst wenn zugeordnete Merkmale der Beschwerdereaktion keinerlei Gerechtigkeitsaspekt aufweisen. Auch können aus den konfligierenden Detailergebnissen zur Bindungswirkung dieser Dimensionen kaum konkrete Handlungsempfehlungen abgeleitet werden, da die Dimensionen Merkmalsbündel umfassen und die jeweiligen Ergebnisse von einer Fülle intervenierender Variablen abhängig ist, von denen immer nur einzelne untersucht werden (können).

Für Manager bleibt die grundlegende Erkenntnis relevant, dass sie durch die Art ihrer Beschwerdereaktion massiv die Beschwerdezufriedenheit des Kunden beeinflussen und dass die Gefahr der Kundenabwanderung außerordentlich hoch ist, wenn sie ihre bereits unzufriedenen Kunden auch noch durch die Art der Beschwerdeantwort enttäuschen. Daraus resultiert die Notwendigkeit, Beschwerdeführer hinsichtlich ihrer Zufriedenheit mit den Einzelmerkmalen der Beschwerdereaktion zu befragen und unmittelbar dort Korrekturmaßnahmen zu ergreifen, wo problem-, produkt- und kundengruppenspezifisch differenziert Unzufriedenheit festzustellen ist. Selbstverständlich kann in diesem Kontext auch die Bindungsintention abgefragt werden. Dann allerdings ist dabei zu erheben, inwiefern die geäußerte Absicht auf die Beschwerdereaktion zurückzuführen ist. Wichtiger wäre es zudem, regelmäßig durch Analyse der Kundendatenbank das faktische Loyalitätsverhalten der Beschwerdeführer zu untersuchen und im Rahmen einer Lost-Customer-Befragung zu ermitteln, in welchem Umfang das Beschwerdeproblem und die erlebte Beschwerdereaktion für die Abwanderung der Kunden verantwortlich waren. An verringerten Kundenverlusten aufgrund von erlebten Produktproblemen bzw. negativen Beschwerdeerfahrungen ließe sich der ökonomische Erfolg eines unternehmerischen Beschwerdemanagements sinnvoll ablesen.

Literaturverzeichnis

Alvarez, L./Casielles, R. V./ Martin A. M. (2011): Analysis of the Role of Complaint Management in the Context of Relationship Marketing, in: Journal of Marketing Management, Vol. 27, No. 1/2, S. 143-164.

Andreassen, T. W. (1999): What Drives Customer Loyalty With Complaint Resolution?, in: Journal of Service Research, Vol. 1, No. 4, S. 324-332.

Anupam, K./Dangayach, G. S./Rakesh J. (2011): Critical Factors of Service Failure and Corresponding Recovery System, in: Advances in Management, Vol. 4, No. 7, S. 39-44.

Ashley, C./Varki, S. (2009): Loyalty and its Influence on Complaining Behavior and Service Recovery Satisfaction, in: Journal of Consumer Satisfaction, Dissatisfaction and Complaining Behavior, Vol. 22, o. No., S. 21-35.

Blodgett, J. G./Anderson, R. D. (2000): A Bayesian Network Model of the Consumer Complaint Process, in: Journal of Service Research, Vol. 2, No. 4, S. 321-338.

Boshoff, Ch. (1999): An Instrument to Measure Satisfaction With Transaction-Specific Service Recovery, in: Journal of Service Research, Vol. 1, No. 3, S. 236-249.

Boshoff, Ch. (2005): A re-assessment and refinement of RECOVSAT, in: Managing Service Quality, Vol. 15, No. 5, S. 410-425.

Brock, C./Blut, M./Evanschitzky, H./Voorhees, C. (2010): Service Recocery Paradox, Myth or Reality, in: AMA Winter Educators' Conference Proceedings, Vol. 21, o. No., S. 202-203.

Chandon, P./Morwitz, V. G./Reinartz, W. J. (2005) : Do Intentions Really Predict Behavior? Self-Generated Validity Effects in Survey Research, in: Journal of Marketing: Vol. 69, No. 2, S. 1-14.

Davidow, M. (2003): Organizational Responses to Customer Complaints, What Works and What Doesn´t, in: Journal of Service Research, Vol. 5, No. 3, S. 225-250.

Davidow, M. (2014): The A-Craft Model of Organizational Responses to Customer Complaints and Their Impact on Post-Complaint Behavior, in: Journal of Consumer Satisfaction, Dissatisfaction and Complaining Behavior, Vol. 27, o. No., S. 70-89.

De Matos, C. A./Henrique, J. L./Vargas Rossi, C. A. (2007): Service Recovery Paradox, A Meta-Analysis, in: Journal of Service Research, Vol. 10, No. 1, S. 60-77.

de Ruyter, K./Wetzels, M. (2000): Customer Equity Considerations in Service Recovery, A Cross-Industry Perspective, in: International Journal of Service Industry Management, Vol. 11, No. 1, S. 91-108.

DeWitt, T./Brady, M. L. (2003): Rethinking Service Recovery Strategies, in: Journal of Service Research, Vol. 6, No. 2, S. 193-207.

Estelami, H. (2000): Competitive and Procedural Determinants of Delight and Disappointment in Consumer Complaint Outcomes, in: Journal of Service Research, Vol. 2, No. 3, S. 285-300.

Etzel, M. J./Silverman, B. I. (1981): A Managerial Perspective on Directions for Retail Customer Satisfaction Research, in: Journal of Retailing, Vol. 57, No. 3, S. 124-136.

Fornell, C./Wernerfelt, B. (1987): Defensive Marketing Strategy by Customer Complaint Management: A Theoretical Analysis, in: Journal of Marketing Research, Vol. 24, No. 4, S. 337-346.

Fürst, A. (2005): Beschwerdemanagement, Wiesbaden.

Gelbrich, K./Roschk, H. (2011): A Meta-Analysis of Organizational Complaint Handling and Customer Responses, in: Journal of Service Research, Vol. 14, No. 1, S. 24-43.

Grégoire Y./Tripp T./Legoux R. (2009): When Customer Love Turns into Lasting Hate, The Effects of Relationship Strength and Time on Customer Revenge and Avoidance, in: Journal of Marketing, Vol. 73, No. 6, S. 18-32.

Grégoire, Y./Tripp, T./Legoux, R. (2011): When Your Best Customers Become Your Worst Enemies, Does Time Really Heal All Wounds?, in: Gfk-Marketing Intelligence Review, Vol. 3, No. 1, S. 26-35.

Gruber, T. (2011): I Want to Believe They Really *Really* Care: How Complaining Customers Want to be Treated by Frontline Employees, in: Journal of Service Management, Vol. 22, No. 1, S. 85-110.

Hansen, U./Jeschke, K. (2000): Beschwerdemanagement für Dienstleistungsunternehmen – Beispiel des Kfz-Handels, in: Bruhn, M., Stauss, B. (Hrsg.), Dienstleistungsqualität. Konzepte – Methoden –Erfahrungen, 3. Aufl., Wiesbaden, S. 443-459.

Her Astuti, P./Nusantara, J./Basu Swastha, D. (2011): The Evaluation of Customer Complaint Handling with Justice Dimensions, Effect on Trust and Commitment with Prior Experiences as Moderating Effect, in: Interdisciplinary Journal of Contemporary Research in Business, Vol. 2, No. 11, S. 228-237.

Homburg, Ch./Fürst, A. (2005): How Organizational Complaint Handling Drives Customer Loyalty: An Analysis of the Mechanistic and the Organic Approach, in: Journal of Marketing, Vol. 69, No. 3, S. 95-114.

Homburg, Ch./Fürst, A. (2007): See no Evil, Hear no Evil, Speak no Evil: A Study of Defensive Organizational Behavior Towards Customer Complaints, in: Journal of the Academy of Marketing Science, Vol. 35, No. 3, S. 523-536.

Homburg, Ch./Fürst, A./Koschate, N. (2010): On the Importance of Complaint Handling Design, A Multi-level Analysis of the Impact in Specific Complaint Situations, in: Journal of the Academy of Marketing Science, Vol. 38, No. 3, S. 265-287.

Knox, G./van Oest, R. (2014) Customer Complaints and Recovery Effectiveness: A Customer Base Approach, in: Journal of Marketing, Vol. 78, No. 5, S. 42-57.

Kolodinsky, J. (1992): A System for Estimating Complaints, Complaint Resolution and Subsequent Purchases of Professional Services, in: Journal of Consumer Satisfaction, Dissatisfaction and Complaining Behavior, Vol. 5, o. No., S. 36-44.

Krishna, A./Dangayach, G./Jain, R. (2011): A Conceptual Framework for the Service Recovery Paradox, in: Marketing Review, Vol. 11, No. 1, S. 41-56.

Liao, H. (2007): Do It Right This Time, The Role of Employee Service Recovery Performance in Customer-Perceived Justice and Customer Loyalty After Service Failures, in: Journal of Applied Psychology, Vol. 92, No. 2, S. 475-489.

Lin, H./Wang, Y./Chang, L. (2011): Consumer Responses to Online Retailer's Service Recovery After a Service Failure. A Perspective of Justice Theory', in: Managing Service Quality, Vol. 21, No. 5, S. 511-534.

Magnini, V. P./Ford, J. D./Markowski, E. P./Honeycutt, E. D. (2007): The Service Recovery Paradox: Justifiable Theory or Smoldering Myth?, in: Journal of Services Marketing, Vol. 21, No. 3, S. 213-225.

Maxham III, J. G. (2001): Service Recovery´s Influence on Consumer Satisfaction, Positive Word-of-Mouth, and Purchase Intentions, in: Journal of Business Research, Vol. 54, No. 1, S. 11-24.

Maxham III J. G./Netemeyer R. G. (2002): A Longitudinal Study of Complaining Customers' Evaluations of Multiple Service Failures and Recovery Efforts, in: Journal of Marketing, Vol. 66, No. 4, S. 57-71.

Maxham III J. G./Netemeyer R. G. (2003): Firms Reap What They Sow, The Effects of Shared Values and Perceived Organizational Justice on Customers' Evaluations of Complaint Handling, in: Journal of Marketing, Vol. 67, No. 1, S. 46-62.

McCollough M. (2009): The Recovery Paradox: The Effect of Recovery Performance and Service Failure Severity on Post-Recovery Customer Satisfaction, in: Academy of Marketing Studies Journal, Vol. 13, No. 1, S. 89-104.

McCollough, M. A./Berry, L. L./Yadav, M. S. (2000): An Empirical Investigation of Customer Satisfaction After Service Failure and Recovery, in: Journal of Service Research, Vol. 3, No. 2, S. 121-137.

McCollough, M. A./Bharadwaj, S. G. (1992): The Recovery Paradox: An Examination of Customer Satisfaction in Relation to Disconfirmation, Service Quality, and Attribution Based Theories, in: Allen, C. T. et al. (Hrsg.), Marketing Theory and Applications, Chicago, S. 1-19.

Michel, S. (2001): Analyzing Service Failures and Recoveries: A Process Approach, in: Journal of Service Industry Management, Vol. 12, No. 1, S. 20-33.

Michel, S./Meuter, M. L. (2008): The Service Recovery Paradox: True But Overrated?, in: International Journal of Service Industry Management, Vol. 19, No. 4, S. 441-457.

Miller, J. L./Craighead, Ch. W./Karwan, K. R. (2000): Service Recovery. A Framework and Empirical Investigation, in: Journal of Operations Managements, Vol. 18, No. 4, S. 387-400.

Ok, C./Back, K.-J./Shanklin, C. W. (2007): Mixed Findings on the Service Recovery Paradox, in: Service Industries Journal, Vol. 27, No. 6, S. 671-686.

Oliver, R. L. (1997): Satisfaction. A Behavioral Perspective on the Consumer, Boston u.a.

Oliver, R. L. (1980): A Cognitive Model of the Antecedents and Consequences of Satisfaction Decisions, in: Journal of Marketing Research, Vol. 17, No. 4, S. 460-469.

Orsingher, C./Valentini, S./de Angelis, M. (2010): A Meta-Analysis of Satisfaction with Complaint Handling in Services, in: Journal of the Academy of Marketing Science, Vol. 38, No. 2, S. 169-186.

Paulssen, M./Catenazzo, G. (2015): No Mercy for Products: Recovery Effects for Products and Services, in: Journal of Consumer Satisfaction, Dissatisfaction and Complaining Behavior, Vol. 28, o. No., S. 90-103.

Pizzutti, C./Fernandes D. (2010): Effect of Recovery Efforts on Consumer Trust and Loyalty in E-Tail, A Contingency Model, in: International Journal of Electronic Commerce, Vol. 14, No. 4, S. 127-160.

Pizzutti, C./Fernandes, D. (2011): Perceptions of Justice after Recovery Efforts in Internet Purchasing: The Impact on Consumer Trust and Loyalty toward Retailing Sites and Online Shopping in General, in: Brazilian Administration Review, Vol. 8, No. 3, S. 225-246.

Pizzutti dos Santos/C.,Fernandes D. (2007): The Impact of Service Recovery Processes on Consumer Trust and Loyalty in Car Repair Services, in: Latin American Business Review, Vol. 8, No. 2, S. 89-113.

Reichheld, F. F. (1993): Loyalty-Based Management, in: Harvard Business Review, Vol. 71, No. 2, S. 64-73.

Rothenberger, S./Grewal, D./Iyer, G. R. (2008): Understanding the Role of Complaint Handling on Consumer Loyalty in Service Relationships, in: Journal of Relationship Marketing, Vol. 7, No. 4, S. 359-376.

Siu, N. Y-M./Zhang, T. J-F./Jau , Ch.-Y. J. (2015): The Roles of Justice and Customer Satisfaction in Customer Retention: A Lesson from Service Recovery; in: Journal of Business Ethics, Vol. 114, No. 4, S. 675-686.

Smith, A. K./Bolton, R. N. (1998): An Experimental Investigation of Customer Reactions to Service Failure and Recovery Encounters: Paradox or Peril?, in: Journal of Service Research, Vol. 1, No. 1, S. 65-81.

Smith, A. K./Bolton, R. N./Wagner, J. (1999): A Model of Customer Satisfaction with Service Encounters Involving Failure and Recovery, in: Journal of Marketing Research, Vol. 36, No. 8, S. 356-372.

Stauss, B. (1999): Kundenzufriedenheit, Marketing ZFP, in: Zeitschrift für Forschung und Praxis, 21. Jg., Nr. 1, S. 5-24.

Stauss, B. (2002): The Dimensions of Complaint Satisfaction, Process and Outcome Complaint Satisfaction versus Cold Fact and Warm Act Complaint Satisfaction, Managing Service Quality, Vol. 12, No. 3, S. 173-183.

Stauss, B. (2009): Beschwerdemanagement als Instrument der Kundenbindung, in: Hinterhuber, H. H., Matzler, K. (Hrsg.), Kundenorientierte Unternehmensführung, 6. Aufl., Wiesbaden, S. 345-365.

Stauss, B./Seidel, W. (2014): Beschwerdemanagement, 5. Aufl., München.

Tax, S. S./Brown, S. W./Chandrashekaran, M. (1998): Customer Evaluations of Service Complaint Experiences, Implications for Relationship Marketing, in: Journal of Marketing, Vol. 62, No. 2, S. 60-76.

Zeithaml, V. A./Berry, L. L./Parasuraman, A. (1993): The Nature and Determinants of Customer Expectations of Service, in: Journal of the Academy of Marketing Science, Vol. 21, No. 1, S. 1-12.

Summary

In recent years, complaint management has become an important management approach. The main reason for its growth in importance is the plausible assumption that a proactive complaint management can satisfy the dissatisfied customer and stabilize the threatened relationship. This assumption is subject of this contribution. At first, complaint management is defined and the main features of a professional complaint management are highlighted. Subsequently, die theoretic construct 'complaint satisfaction' is described. Here particularly the disconfirmation model of complaint satisfaction and justice-theoretical influence factors are presented. Then – on the basis of the results of many empirical studies – the effects of complaint satisfaction are analyzed, considering loyalty indicators like trust, commitment and the intentions to repurchase and to do actively positive or negative word-of-mouth.

Summarizing, it becomes evident that complaint research produced an abundance of detailed findings, supporting the principal retention effect of an excellent complaint management. But there is still an urgent need for further research. Especially, empirical studies are missing that investigate the actual behavior of complaining customers (and not only their behavioral intentions) und the extent of prevented terminations of business relationships.

Hermann Diller und Björn Sven Ivens

Kundenbindung durch Preispolitik

1. Konzeptionelle Grundlagen
   1.1 Preispolitik
   1.2 Preiszufriedenheit, Preisvertrauen und Kundenbindung

2. Preisstrategische Ansätze zur Kundenbindung
   2.1 Preissystem
   2.2 Preispositionierung
   2.3 Preissegmentierung

3. Operative Ansätze der Preispolitik zur Kundenbindung
   3.1 Preisattraktionen
   3.2 Preiskommunikation

4. Preisadministrative Ansätze zur Kundenbindung
   4.1 Preisorganisation
   4.2 Preiscontrolling
   4.3 IT-Unterstützung
   4.4 Preiskultur

5. Zusammenfassung

Literaturverzeichnis

Prof. Dr. Dr. h.c. Hermann Diller ist Emeritus am Lehrstuhl für Marketing an der Universität Erlangen-Nürnberg und Vizepräsident der Wissenschaftlichen Gesellschaft für Innovatives Marketing e.V. Prof. Dr. Björn Sven Ivens ist Inhaber des Lehrstuhls für Marketing an der Otto-Friedrich-Universität Bamberg.

1. Konzeptionelle Grundlagen

Die Anliegen der Kundenbindung und der Preispolitik können schwer miteinander vereinbar erscheinen. Letztere zielt auf eine möglichst hohe Abschöpfung der Preisbereitschaft der Kunden. Deren Interesse liegt hingegen in möglichst niedrigen Einkaufspreisen. Wie soll es da zu Kundenzufriedenheit und Kundenbindung kommen? Eine zumindest partielle Auflösung dieses Gegensatzes erschließt sich, wenn man erstens Preispolitik nicht mit Preisfindung gleichsetzt, sondern *kundenorientiert* definiert, und zweitens zwischen verschiedenen *Formen der Kundenbindung* unterscheidet, die mit Hilfe preispolitischer Instrumente beeinflusst werden können. Beiden Aufgaben wird sich in diesem Hauptabschnitt gewidmet, bevor anschließend konkrete Instrumente und Maßnahmen einer kundenbindenden Preispolitik vorgestellt und diskutiert werden.

1.1 Preispolitik

Aus der Sicht eines Anbieters besitzen Preise nicht nur einen *Preiszähler* (Entgelt), sondern auch einen Preisnenner (Leistungsumfang).

$$p = \frac{\text{Entgelt}}{\text{Leistungsumfang}} \qquad (1)$$

Der Einbezug des Nenners in die Definition zielt auf das Preis-Leistungs-Verhältnis der Produkte ab. Diese Definition unterstreicht die Interdependenz zwischen Leistungsumfang und Entgelt, die über die Kosten höherer Leistung hergestellt wird und gleichzeitig implizit die Antinomie der Anbieter- und Nachfragerinteressen bzgl. des Preisquotienten deutlich macht. Der Anbieter möchte diesen maximieren, der Nachfrager minimieren. Dass die Preispolitik trotzdem Möglichkeiten besitzt, über Preispräferenzen Kundenbindung aufzubauen, erschließt sich, wenn man den *Preis aus Kundensicht* definiert, was dem Marketing als kundenorientiertem Konzept entspricht (Diller 2008, S. 31f). Dann kommt es nicht auf die objektiven Realitäten, sondern auf die subjektiven Wahrnehmungen der Kunden, also auf deren Preisverständnis an. Bei einer derartigen Konzeptionalisierung gilt es, insbesondere zwei Aspekte zu beachten:

(1) Aus Verbrauchersicht sind Preise *Kosten des Gütererwerbs*. Sie bestimmen den güterbezogenen „Akquisitionsnutzen" (Thaler 1985) eines Kaufs (*Preiswürdigkeit*). Dieser endet nicht (wie aus der Anbieterperspektive) mit dem Gütererwerb, sondern beginnt damit erst und erstreckt sich je nach Güterart über einen mehr oder minder langen Zeitraum. Vor allem bei Gebrauchsgütern werden mit der Kaufentscheidung auch die Weichen für *Folgekosten* des Produktkaufs im Gebrauchszyklus des Produktes gestellt. Für den Kunden sind damit nicht nur der Verkaufspreis selbst, sondern alle mit dem Gebrauch verbundenen Ausgaben über den Gebrauchszyklus hinweg (objektiv) für den Ak-

quisitionsnutzen entscheidend („*Total Cost of Ownership*", TCO). Sparsame und umweltbewusste Verbraucher achten z.B. beim Kauf eines Kühlschranks auf den Stromverbrauch und mögliche Recyclingausgaben. Bei Automobilen können z.B. die Reparaturkosten im Gebrauchszyklus höher sein als der Neuwagenpreis und von Anbieter zu Anbieter variieren. Die Unsicherheit über den tatsächlichen Anfall und die Höhe dieser Kosten machen eine Abschätzung dieser Ausgaben für Käufer aber schwierig, weshalb sie zum Kaufzeitpunkt oft nur eine unterproportionale Bedeutung spielen, aber langfristig umso bedeutsamer werden, wenn es um den Wiederkauf des Produktes geht.

Die Preisverhaltensforschung zeigt, dass die Konsumenten bei der Interpretation von Preisen oft gedankliche *„Unterkonten" für bestimmte Preiskomponenten* führen (Theorie des „mental accounting", Thaler 1985; Diller 2008, S. 143ff) und einem pagatorischen Kostenverständnis folgen. Man orientiert sich also an den tatsächlichen Ausgaben („out-of-pocket-costs"), nicht an betriebswirtschaftlich kalkulierten Kosten. Viele Verbraucher nehmen z.B. beim Kreditkauf keine finanzmathematische Vergleichsrechnung des Bar- bzw. Teilzahlungs- oder Leasingpreises vor. Sie lassen sich primär von der monatlichen Belastung (Liquiditätsüberlegungen) leiten. Für eine Preisinterpretation aus Kundensicht sind so vor allem die ausgabenwirksamen Preiskomponenten subjektiv relevant. Dazu zählen neben dem eigentlichen Verkaufspreis auch Rabatte und ähnliche Preisminderungen, die (als negative Preiskomponenten) die Liquiditätsbelastung senken.

(2) Aus Kundensicht ergibt sich die Vorteilhaftigkeit eines Güterkaufs neben dem Akquisitions- auch aus dem *Transaktionsnutzen*. Dieser betrifft die für die Transaktion neben dem Entgelt in Kauf zu nehmenden Kosten und Mühen und die relative *Preisgünstigkeit* des bezahlten Entgelts im Vergleich zu anderen Anbietern. Eine Trennung des Produktpreises von Beschaffungs- und anderen Transaktionskosten, z.B. für Einkaufsfahrten, Parkgebühren, Kreditierung des Kaufbetrages, Auslieferung usw. ist nicht kundenorientiert, auch wenn diese Kosten dem Produkt gelegentlich wegen Verbundkäufen nicht eindeutig zurechenbar bzw. als psychische Kosten schwer quantifizierbar sind.

So erscheint eine Ausweitung der Preisdefinition (1) auf alle mit dem Einkauf eines Gutes für den Kunden verbundenen Kostenkomponenten zweckmäßig. Sie lautet dann:

$$P_i = \sum_t^T \left(N_{it} - K^A_{it} - K^T_{it} \right) \qquad (2)$$

N_{it} = Durch den Kauf des Gutes *i* in Periode *t* bewirkter Kundennutzen.

K^A_{it} = mit dem Kauf des Gutes *i* in Periode *t* verbundene Akquisitionskosten (Entgelte für den Erwerb des Gutes, Ersatzteile, Verbrauchsmaterialien zur Güternutzung, etc.).

K^T_{it} = mit dem Kauf des Gutes *i* in Periode *t* verbundene Transaktionskosten (Kosten und Mühen beim Erwerb des Gutes zu seinem Gebrauch erforderliche Ersatzteile, Verbrauchsmaterialien, etc.).

Der Kundennutzen kann dabei weiter in verschiedene Teilnutzen bzw. -qualitäten eines Gutes aufgegliedert werden, was in (2) aber nicht ausgewiesen wird, da es hier vor allem um die Preis- bzw. Kostenkomponenten für die Kunden geht.

Aus kundenorientierter Sicht ergibt sich der Preis also als Summe aller mittelbar oder unmittelbar mit dem Kauf eines Produktes verbundenen Ausgaben eines Käufers. Dabei lassen sich negative und positive Preiskomponenten unterscheiden, die sich über den Gebrauchszyklus eines Produktes hin zum effektiven Gesamtpreis saldieren.

Abbildung 1 veranschaulicht dies am Beispiel der bei Gebrauchsgütern wie Haushaltsgeräten oder Automobilen relevanten Preiskomponenten. Manche Komponenten erhöhen, andere senken die Life Cycle Costs, was die kumulierten Balkenlängen andeuten sollen.

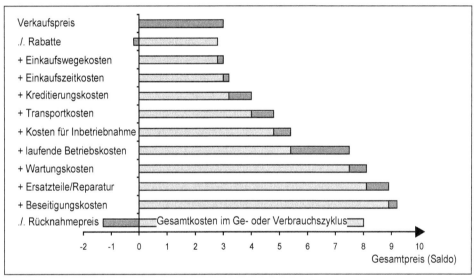

Abbildung. 1: Preisbestandteile eines Gebrauchsgutes aus Kundensicht

Ein *kundenorientiertes Verständnis* der *Preispolitik* folgt dieser Preisdefinition. Dann stellt der Preis nicht nur ein Vermarktungsinstrument, sondern ein *Problemlösungsfeld* für Kundenprobleme dar, die im Zusammenhang mit der Begleichung des so definierten Preises auftreten können (Diller 1999). Abbildung 2 macht an der Metapher eines Eisbergs deutlich, dass solche *Preisprobleme* für den Kunden (linker Teil in Abbildung 2) oft tiefer liegen, als es der Preiswettbewerb mit seinem meist auf Rabatte, Sonderpreise usw. fokussierten Preis-Leistungen (mittlerer Teil in Abbildung 2) vermuten lässt. Diese Preis-Leistungen bedienen die Spitze eines Eisberges an möglichen Preisproblemen. Teils noch über, teils bereits unter der Wasserlinie befinden sich *Preiswürdigkeitsprobleme*, die aus verschiedenen Preiskonflikten im Motivsystem des Käufers resultieren, etwa zwischen Preis und Qualität, Suchaufwand und erwarteten Preisvorteilen oder Preisbequemlichkeit und Preisoptimierung (Diller 2000a, S. 118ff.). Daraus entsteht *Präferenzunsicherheit*. Noch versteckter angesiedelt ist die *Preisunsicherheit* der Käufer, die aus der Intransparenz der Preisverteilungen am Markt resultiert und gegen die spezifische Problemlösungen der Preispolitik (Beispiele auf der rechten Seite in Abbildung 2) offeriert werden können. Auf den untersten Ebenen des Eisbergs ergeben sich aus einer den gesamten Gebrauchszyklus eines Produktes überspannenden Perspektive Probleme mit den Erwartungen bezüglich *Preiszufriedenheit* beim Gebrauch des Gutes (Akquisitionsnutzen) und *Preisvertrauen* in den Verkäufer (Transaktionsnutzen), die mehr oder minder enttäuscht werden können, weil zum Kaufzeitpunkt nicht klar zu beurteilen war, ob sich die Käufererwartungen erfüllen.

Sieht man in der Preispolitik den Versuch, durch Lösung von Preisproblemen Präferenzen beim Nachfrager zu erzielen, erlangt die Preispolitik Spielraum zur Überwindung der Antinomie zwischen Anbietern und Nachfragern hinsichtlich des Preises. Dann zählen z.B. auch Preisgarantien, eine übersichtliche Preisauszeichnung oder eine Pflege der Gebrauchtwarenpreise zur Preispolitik. Die hierdurch entstehenden Kosten können weit geringer sein als die durch sie bewirkte gesteigerte Preisbereitschaft. Dieses Verständnis der Preispolitik folgt den im sog. Beziehungsmarketing entwickelten und für die Kundenbindungspolitik maßgeblichen Leitlinien (Diller 1997a).

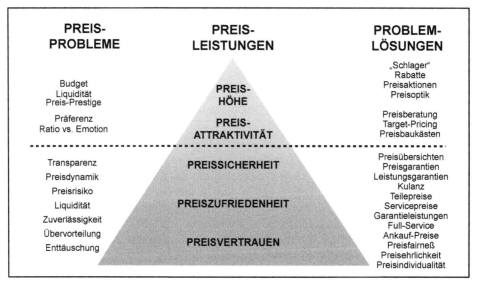

Abbildung 2: „Eisberg-Modell" der Preisprobleme von Kunden

Wie viele Ansatzpunkte für eine so verstandene Preispolitik existieren, zeigt das *Preisgeschehen am Pkw-Markt*. Der Listenpreis ist hier ein eher nachrangiger Aktionsparameter. Stattdessen nutzen Anbieter z.B.:

- Preise für Altwageninzahlungnahme,
- Umfang von Fahrzeugausstattung und Zubehör (bei gleichem Listenpreis),
- Aufpreise für Zusatzausstattungen und Modellvarianten,
- Gewährung (kostenloser) Garantieleistungen oder Servicepakete,
- Temporäre Sondermodelle mit Zusatzwertpaketen,
- Firmen- oder Flottenrabatte,
- Zahlungs- bzw. Leasingkonditionen,
- Leistungspakete für Auto, Service, Versicherung und andere Zusatzkosten zu fixen Monatsbeträgen,
- Kosten der Überführung des Pkw ab Auslieferungslager,
- Quersubventionierung des (niedrigen) Neuwagenpreises durch höhere Ersatzteilpreise,
- Recyclingpreise (Altwagenrücknahme).

Man erkennt hieran auch, wie verwoben die Preispolitik mit anderen Bereichen des Marketingmix ist.

Das *Aktionsfeld* der Preispolitik ist also vielfältiger als jenes der grundlegenden „Preiskalkulation" und vereint zahlreiche Instrumente, die zu einem „Preismix" zusammenzufügen sind (Homburg 2012, S. 649ff.). Wir definieren als *preispolitisches Instrument* jeden Aktionsparameter, mit dem Preis-Leistungs-Relationen und Preis-Problemlösungen so ausgestaltet werden können, dass dies der Durchsetzung preispolitischer Ziele dient.

Wie in Abbildung 3 dargestellt, lassen sich zunächst drei preispolitische Entscheidungsfelder unterscheiden:

(1) *Informationsentscheidungen* betreffen die Auswahl von Erhebungsverfahren, Analysemethoden und Entscheidungsmodelle, mit denen die Preisfindung und -durchsetzung unterstützt werden. Sie besitzen nur mittelbaren Bezug zur Kundenbindungspolitik und werden deshalb nachfolgend ausgeblendet.

(2) *Aktionsentscheidungen* steuern die konkrete Ausgestaltung der Preispolitik. Sie lassen sich in drei Unterbereiche aufgliedern, die man als *Ebenen des Preismanagements* interpretieren kann:

- Operative Entscheidungen umfassen alle kurzfristig variierbaren Pricing-Instrumente, wie die Kalkulation des Listenpreises oder die Auswahl bestimmter Preisattraktionen (Sonderangebote, Coupons, Preisbündel, Rabatte usw.).

- Auf strategischer Ebene wird über grundlegende, langfristige Preisparameter entschieden. Hier geht es um die Ausgestaltung des Preissystems, die preisliche Positionierung der Angebotsleistungen und die strategische Preissteuerung.

- *Administrative Preisentscheidungen* betreffen schließlich die Optimierung der verschiedenen, mit der Preispolitik verbundenen internen Prozesse.

(3) Die Festlegung der *preispolitischen Ziele* stellt einen dritten grundlegenden Entscheidungsbereich dar. Das Management muss Ziele finden, abgleichen, vorgeben und kontrollieren. Ziele mit Bezug zur Kundenbindung werden in Abschnitt 1.2 dargelegt.

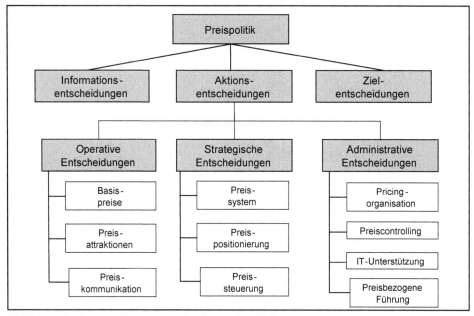

Abbildung 3: Entscheidungsbereiche der Preispolitik

1.2 Preiszufriedenheit, Preisvertrauen und Kundenbindung

Kundenbindung liegt vor, wenn innerhalb eines Zeitraums wiederholte Informations-, Güter- oder Finanztransaktionen zwischen zwei Geschäftspartnern stattgefunden haben (ex post-Betrachtung) bzw. geplant sind (ex ante-Betrachtung). Sie besitzt positive Wirkungen auf die Oberziele Wachstum, Profitabilität und Sicherheit (Diller 1996), die umso stärker ausfallen, je größer die Kundenzufriedenheit mit den Leistungen des Anbieters ausfällt. Dann besteht für den Kunden kein Anlass, Suchanstrengungen nach alternativen Lieferanten und ggf. Wechselkosten in Kauf zu nehmen. Allerdings lassen sich gerade im Hinblick auf die Preispolitik verschiedene *Arten der Kundenbindung* unterscheiden (Diller 1996; Bliemel/Eggert 1998):

Ist die Kundenbindung durch Incentives, etwa Preisvorteile, Bonusprogramme oder Coupons, vom Anbieter quasi „erkauft" oder durch situative Bedingungen (z.B. Monopole) erzwungen, bestehen weniger Chancen auf positive Folgewirkungen bezüglich Wiederkauf, Weiterempfehlung oder Fehlertoleranz als im Falle der freiwilligen, auf positiver Einstellung zum Anbieter basierenden „Loyalität" eines Kunden. Letztere wird v.a. von der Kundenzufriedenheit mit dem Akquisitionsnutzen geprägt.

Bei hohem Involvement basiert Kundenbindung auf emotional unterlegter Hinwendung, während Bindungen ohne Involvement u.U. nur zufällig oder aus kurzfristigen Zweckmäßigkeitsüberlegungen heraus eingegangen werden. Gelingt es der Preispolitik, z.B. durch kostenfreies Sampling neuer Produkte oder Umkehrung des Preisbildungsmechanismus mit Reverse Pricing-Verfahren, emotionales oder kognitives Involvement zu erzeugen, bestehen erhöhte Chancen zur Kundenbindung.

Gelingt es dem Anbieter, das Vertrauen des Kunden zu gewinnen, ist die Bindung intensiver („Liason") als im Falle einer (noch) nicht gefestigten und deshalb noch unter Vorbehalt künftigen Wohlverhaltens stehenden „kritischen Kundenbindung".

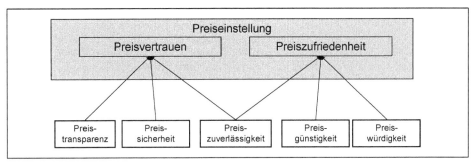

Abbildung 4: Das Zielsystem einer Preispolitik im Zeichen des Beziehungsmarketing (Quelle: Diller 1997a, S.760)

Als preispolitische Oberziele ergeben sich daraus die *Preiszufriedenheit* und das *Preisvertrauen* der Kunden, welche eine positive Preiseinstellung zum Anbieter, d.h. ein positives *Preisimage* prägen (vgl. Abbildung 4). Treiber des Preisimages und damit preispolitische Unterziele sind die vom Kunden empfundene *Preistransparenz* des Angebots, die *Sicherheit* bzgl. der preislichen Leistungsfähigkeit und Zuverlässigkeit sowie die Zufriedenheit mit der Preiswürdigkeit und Preisgünstigkeit des Anbieters im Sinne der Preisdefinition (2). Die Preiszufriedenheit kann *multiattributiv* differenziert werden, um Ansatzpunkte für ein kundenbezogenes Preismanagement zu erhalten (Diller 2000b; Matzler 2003). Sie baut auf den Erfahrungen des Kunden mit dem Anbieter auf, ist also vergangenheitsbezogen, während das Preisvertrauen eine subjektive Einschätzung des künftigen Preisgebarens eines Anbieters ausdrückt. Preisvertrauen ist die Erwartung eines Kunden, dass der Anbieter sich bzgl. Preis-Leistungen nicht opportunistisch verhält. Relevant hierfür sind alle Bemühungen des Anbieters um Preistransparenz, Preissicherheit und Preiszuverlässigkeit. Das Preisvertrauen zielt stärker als die Preiszufriedenheit auf die Informationsaspekte im Preisgeschehen einer Geschäftsbeziehung ab. Es resultiert u.a. aus der vom Kunden subjektiv empfundenen *Preisehrlichkeit* mit Unteraspekten wie *Preisklarheit, Preiswahrheit* oder *Kulanz* in der Nachkaufphase (Diller 1997b).

2. Preisstrategische Ansätze zur Kundenbindung

Preisstrategien sind ganzheitliche Handlungskonzepte der Preispolitik, welche auf die Erschließung und Sicherung von Erfolgspotenzialen der Unternehmung abzielen (Diller 2007b). In den letzten Jahren gewannen insbesondere ertragsorientierte Strategien an Bedeutung. Dazu zählen auch Kundenbindungsstrategien. Besonderen Stellenwert besitzen das *Preissystem,* die *Preispositionierung* und die *Preissegmentierung.*

2.1 Preissystem

Ein *Preissystem* beschreibt alle vom Unternehmen verwendeten Preisformen, Preisfindungsregularien sowie die ausgewiesenen Preis- und Konditionenkomponenten eines Anbieters (Diller 2008, S. 220ff). Preissysteme beeinflussen den Akquisitions- und den Transaktionsnutzen der Käufer und damit Preiszufriedenheit und Preisvertrauen. Wir greifen nachfolgend ausgewählte Aspekte auf, die für die Kundenbindung wichtig sind.

2.1.1 Preisformen

Nicht in allen Märkten und Geschäftsbeziehungen ist es zweckmäßig, Preise als monetäre Entgelte zu definieren. Vielmehr kann man andere Preisformen festlegen, die den jeweiligen preispolitischen Zielen u.U. besser gerecht werden. Es lassen sich drei Unterscheidungskriterien definieren, die auch kombiniert zur Anwendung kommen können:

(1) *Zahlungsmedium*: Der Preis kann entweder als *monetäre* Gegenleistung, also in Geldform, oder als Kompensationsgeschäft, also in Form von *Realgütern*, definiert werden (*„Barter"*). Letzteres geschieht vor allem im Auslandsgeschäft, wenn der Kunde über unzureichende Devisen für eine monetäre Abwicklung verfügt. Es kann sich dann um ein „Preis-Essential" handeln, ohne dass der Kunde nicht (wieder) kauft; es ist also für die Kundenbindung maßgeblich.

(2) *Bezugsbasis*: Der Kaufpreis kann sich auf die verkaufte *Leistung* oder auf die versprochene *Wirkung* der verkauften Leistung beim Kunden, also z.B. die Senkung der Betriebskosten oder die effizientere Prozessabwicklung, beziehen (Hüttmann 2003). So übernimmt der Lieferant selbst Nutzungs- und/oder Erfolgsrisiken des Kunden, um dessen Preisbereitschaft und -vertrauen zu steigern. Dabei kommt es oft zu einer

engen Kooperation bei der Vereinbarung und Überwachung der Leistungsverbesserungen, die die Geschäftsbeziehung positiv beeinflusst. Solche Preissysteme sind z.B. im Anlagen-, aber auch im Beratungsgeschäft verbreitet. Abbildung 5 systematisiert die entsprechenden Ansätze.

(3) *Produkt oder Dienst*: In vielen Märkten werden Kernleistungen durch zusätzliche Elemente angereichert („Service Infusion"). Dies ist z.B. bei sog. Flotten-Modellen der Fall. Hier wird dem Kunden permanent gegen eine fixe Monatsgebühr eine definierte Geräteflotte bereitstellt und darüber hinaus das gesamte Management dieser Flotte übernommen (Bestandsüberwachung, Einsatzkontrolle, Abschreibung, Wartungsmanagement, Ersatzmanagement, usw.). Hardware wird zur Software, der Kunde hat reduzierte *Preisrisiken* und geringere Kapitalbindung. Kundenbindungseffekte entstehen durch größere Preissicherheit und Preisbequemlichkeit, aber auch durch sinkende Transaktionskosten beim Kunden. Zusätzlich findet eine Integration des Lieferanten in die Kundenorganisation statt, welche die gegenseitige Kenntnis und das Vertrauen zueinander stärken und Lock-In-Effekte beim Kunden auslösen.

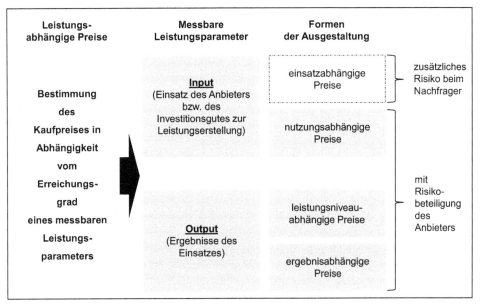

Abbildung 5: Formen leistungsabhängiger Preise
(Quelle: Hüttmann 2003, S. 55)

2.1.2 Preisstrukturen

2.1.2.1 Preisaufgliederung

Preissysteme können ein- oder mehrteilig sein, je nachdem, wie viele *Preiskomponenten* in den Endpreis eines Gutes einfließen (Büschken 2001; Pechtl 2003). Häufig findet man zweiteilige Preise. Ein Preissockel gilt dabei als *Periodenbasispreis* („Grundgebühr"), zu dem ein von der Nutzungsintensität abhängiger Verbrauchspreis pro Zeit- oder Mengeneinheit hinzukommt. Solche Systeme dienen direkt der Kundenbindung, aber auch der leichteren personellen, sachlichen oder mengenmäßigen Preisdifferenzierung für bestimmte Kundengruppen. Hohe Basispreise rechnen sich für den Kunden umso besser, je intensiver er den Dienst nutzt. Alternativ werden Tarife mit geringem Basispreis, aber hohen *Nutzungspreisen* angeboten (z.B. für Mobilfunk). Letztlich handelt es sich um Varianten des Mengenrabattes. Stark wirkt diese Preisdifferenzierung bei mehrstufigen Tarifen wie der Bahncard, weil dort der Bezugspreis für die einzelne Einheit (25 bzw. 50 Prozent) klar reduziert wird, wenn die Grundgebühr bezahlt ist. So entsteht ein „Lock-in"-Effekt, der den Kunden incentiviert, das Angebot des Anbieters und nicht jenes von Wettbewerbern zu wählen. Zudem können die einmal getätigten Ausgaben für den Basistarif als „sunk costs" betrachtet und in späteren Kaufprozessen nicht eingerechnet werden (Grunberg 2004). Im B2C-Geschäft waren lange Zeit Komplettpreise üblich, da sie für den Kunden Preistransparenz schaffen und dem Anbieter Möglichkeiten der Mischkalkulation zwischen verschiedenen Preiskomponenten lassen. Doch breiten sich auch hier mehrteilige Preissysteme aus.

Gleichzeitig gibt es auch den Gegentrend zu *Pauschalpreisen* („*flat rates*"), wo der Kunde gegen einen fixen Periodenbetrag so viele Einheiten beziehen kann, wie er wünscht. Auch dies stellt im Grunde eine Preisdifferenzierung nach Nutzungsintensität dar, weil der Durchschnittspreis pro bezogener Einheit mit zunehmender Bezugsmenge entsprechend sinkt. Untersuchungen zeigen, dass viele Käufer aufgrund der Sicherheit vor Preisüberraschungen bereit sind, den höheren Pauschalpreis zu zahlen (vgl. z.B. Lambrecht/Skiera 2006). Die Preiszufriedenheit steigt und mit ihr die Kundenbindung.

2.1.2.2 Preisbaukästen und Konditionensysteme

Je komplexer das Leistungsangebot eines Unternehmens, umso eher wird es möglich, *Preisbaukästen* zur Preisdifferenzierung zu entwickeln, bei denen für bestimmte Zusatzleistungen wie Finanzierung, Zustellung, Schulung, Installation, Garantien usw. optionale Preisbausteine definiert werden (Diller 1993). Preisbaukästen beruhen also auf Produkt- und Servicebaukästen und unterstützen damit die *Individualisierung* des Leistungsangebots und der Preispolitik, weil der Kunde nur für Leistungen zahlt, die er effektiv wünscht. Individualisierung bringt größere Kundennähe und Kundenzufriedenheit, weil das Angebot und der Preis auf die Wünsche des Kunden zugeschnitten werden. Gleichzeitig ergeben sich neue Möglichkeiten der gemischten Preisbündelung. Beispielsweise können im Bankengeschäft unterschiedliche Geld- und Beratungsservices für die Kunden mit separaten Preisen (z.B. für Kontoführung, Kontoauszug, Kreditkarte, Depotführung mit oder ohne Beratung usw.) ausgelobt, aber auch zu entsprechenden Servicepaketen zusammengefügt werden. Ziel ist es in beiden Fällen, die Preiszufriedenheit und mit ihr die Kundenbindung spezifischer Kundengruppen zu erhöhen.

Einem analogen Ansatz im B2B-Bereich folgen *leistungsorientierte Konditionensysteme*, die auf Preisfairness und Preiseinheitlichkeit am Markt abzielen. Konditionen sind „...zwischen Anbieter und Abnehmer vereinbarte, an bestimmte Umstände gekoppelte, abnehmerspezifische Modifikationen der ansonsten üblichen Standardbemessung von Anbieterleistungen oder Abnehmer-Gegenleistungen bei Markttransaktionen" (Steffenhagen 2001, S. 797). Sie knüpfen am *Kaufvolumen* (Mengenkonditionen), am *Kaufzeitpunkt* (z.B. Frühbucherrabatt, Vorsaisonpreis), an den *Zahlungsmodalitäten* (z.B. Inkassovergütung, Skonti, Zahlungsziele), an *Logistik-Parametern* (z.B. Palettenabnahme, Zustellort), an *Kundenleistungen* (z.B. Distributionsdichte, Umsatzsteigerung, Warenpräsentation) oder anderen Größen an, in denen zumindest eine der beiden Seiten eine Leistung sieht, die eine Preisreduktion verdient. Die Logik der Preisfindung soll von rein machtgetriebenen Preisverhandlungen losgelöst und sachlich fundiert werden.

2.1.3 Preisfindungsregeln

Maßgeblich für die Möglichkeiten und Grenzen differenzierter Preissysteme ist auch das marktübliche *System der Preisbildung*. Es schafft spezifische Freiheitsspielräume oder begrenzt sie bis zur Fixierung auf einen reinen Marktpreis bei Produktbörsen. Durch das *Internet* ändern sich dabei die Bedingungen auf manchen Märkten, weil Preisbildungsverfahren bis hin zum sogenannten *Reverse Pricing* möglich sind, bei dem der Nachfrager selbst, z.B. im Wege von Auktionen, ein *Preisgebot* abgibt, das vom Anbieter dann angenommen wird, wenn es oberhalb einer verdeckt gehaltenen Preisuntergrenze liegt. Erste Erfahrungen zeigen, dass auf diesem Wege sowohl Preiszufriedenheit als auch Abschöpfung von Konsumentenrenten möglich sind (Spann et al. 2005; Hinz 2008). Die Kundenbindung kann mit solchen Preissystemen gesteigert werden, weil bestimmte Kundengruppen einen Transaktionsnutzen (Preisgünstigkeit) empfinden. Besonders kundenorientiert sind „Pay-What-You-Want-Systeme", bei denen es der Anbieter dem Kunden überlässt, einen (möglichst fairen) Preis zu bezahlen (Kim/Natter/Spann 2009). Betriebswirtschaftlich sinnvoll erscheinen solche Formen der Preisbildung jedoch nur in „face-to-face"-Beziehungen, wie z.B. in Restaurants oder Kinos, wo die dem Anbieter persönlich bekannten Kunden zu der Zahlung eines fairen Entgelts bereit sind.

2.1.4 Preisdifferenzierung

Preisdifferenzierung (PD) liegt vor, wenn für gleiche oder doch sehr ähnliche Leistungen gleichzeitig unterschiedliche Abgabepreise gefordert werden. Es lassen sich drei *Grundformen* der PD unterscheiden:

- Bei der *PD ersten Grades* werden im Wege individueller Preisverhandlungen, Versteigerungen bzw. durch Reverse Pricing-Systeme kundenindividuelle Preise gebildet. Die Kundenbindung kann dabei sehr flexibel durch Preis- oder Leistungszugeständnisse im Verhandlungsverlauf gefördert werden.

- *PD zweiten Grades* liegt vor, wenn der Kunde selbst bestimmt, welche der vom Anbieter vorgegebenen Preisangebote er wählt. Er ordnet sich damit indirekt selbst einer bestimmten Preishöhe zu. Diese variiert mit leistungsbezogenen oder mengenmäßigen Kriterien oder durch Definition von Preisbündeln. Leistungsbezogene PD variieren die Angebotsleistung, ohne dass neue Güter entstehen. Üblicherweise geschieht dies durch Veränderung der Verpackung, Verbesserung der Ausstattung oder anderer peripherer Produktmerkmale. Typisch sind z.B. Preisunterschiede für Flugreisen in Sitzklassen. Bei mengenmäßiger PD variiert der Preis (je Einheit) mit der bezogenen Zahl an Einheiten. Wird ein Rabatt über die Zeit hinweg auf die gesamte Absatzmenge bezogen und ex post gewährt, spricht man von einem Bonus. Boni können (wie Rabatte allgemein) nicht nur in Form von Preisnachlässen, sondern auch in Form von Naturalrabatten oder Sachprämien erfolgen. Bei Bonusprogrammen erlangt der Kunde bei Überschreiten bestimmter Punktwerte Anspruch auf Sach- oder Geldleistungen. Dies kann zu stärkerer Kundenbindung und höherer Kauffrequenz führen und die z.T. hohen Kosten solcher Programme überkompensieren (Müller 2006).

- Von *PD dritten Grades* spricht man dann, wenn nicht der Kunde selbst, sondern der Anbieter bestimmt, welche Preise für den jeweiligen Kunden gelten. Dies gelingt bei PD nach bestimmten personellen, räumlichen oder zeitlichen Merkmalen. Personelle PD liegt z.B. bei Sozialtarifen für Studenten oder Senioren oder bei spezifischen Beamtentarifen in der Kraftfahrzeugversicherung vor, welche aus Gründen der Preisattraktivität oder der Preisfairness Bindungswirkungen erzeugen können. Häufig sind derartige Preisunterschiede mit unterschiedlichen Kosten für den Anbieter (z.B. Schadenshäufigkeit) verbunden, die entsprechend in den Tarifen abgebildet werden und den Kundenkreis damit insgesamt gerechter bedienen.

Kundendatenbanken und Kundenkarten sind die Basis personeller PD und damit auch der *kundenwertgesteuerten Bindungspolitik*. Ist der Kundenwert hinreichend, lohnt es sich, in Kundenbindung zu investieren, u.a. mit preispolitischen Maßnahmen wie Couponing, Sonderpreisaktionen oder Spezialrabatten. Kunden fühlen sich individuell bedient und reagieren potentieller mit höherer Treue. Hingegen wirkt die PD abschreckend, wenn sie zu einem intransparenten „Preisdschungel" führt (Berry/Yadav 1996).

2.2 Preispositionierung

Die Preispositionierung als zweites preisstrategisches Gestaltungsfeld beinhaltet die Platzierung einer Unternehmung im *Preis-Qualitäts-Feld* (vgl. Abbildung 6). Unternehmen positionieren ihre Angebote oft auf der Diagonalen. Es existieren drei Optionen:

Niedrigpreisstrategie: Angebote mit begrenzten Produktqualitäten bei niedrigen Preisen. Die Mindestansprüche der Kunden an die Qualität müssen dabei überschritten werden. Typische Beispiele sind Discountanbieter (z.B. Flüge oder Hotellerie).

Mittelfeldstrategie: Angebote mittlerer Qualität zu durchschnittlichen Preisen. Auf vielen Märkten hat sich eine Polarisierung ergeben, so dass der relative Anteil der Anbieter, die eine Mittelfeldstrategie verfolgen, sich deutlich reduziert hat (Becker 1998, S. 359 ff.).

Premiumstrategie: Angebote mit (weit) überdurchschnittlichen Produktqualitäten und entsprechend hohen Preisen. Erscheinungsformen umfassen u.a. Luxusmärkte bei Uhren, Spezialitäten- bzw. Feinschmecker-Konzepte im Lebensmittelbereich oder Hochleistungsgeräte im industriellen Produktgeschäft.

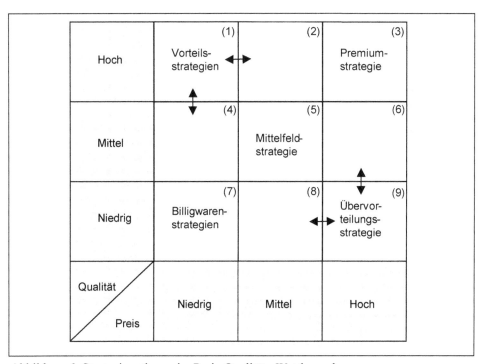

Abbildung 6: Strategieoptionen im Preis-Qualitäts-Wettbewerb
(Quelle: Kotler/Bliemel 1995, S. 745)

Neben diesen in sich konsistenten Optionen bestehen „*Vorteilstrategien*" oder „*Übervorteilungsstrategien*". Letztere können auf Dauer nur schwer betrieben werden, weil Kunden i.d.R. den für sie negativen Nettonutzen erkennen. Vorteilsstrategien sind dagegen immer dann möglich, wenn eine Unternehmung Wettbewerbsvorteile besitzt, die ihr zu besonderen Kostenvorteilen verhelfen. Dies führt kurzfristig zu *Preiszufriedenheit*, verschiebt aber auf Dauer die Preis-Qualitäts-Relationen, wenn sich die Kunden an diese Verhältnisse gewöhnen. Insofern unterliegt das Preis-Qualitätsfeld einer Dynamik und verschiebt sich nach links, d.h., frühere Vorteilspositionen erodieren, der Käufer bekommt frühere Premiumprodukte zu mittleren Preisen usw.

Hinter der Positionierung im Preis-Qualitäts-Feld stehen *preisstrategische Kundennutzen-Konzepte*, d.h. ganzheitliche Entwürfe zur Lösung von Preisproblemen, die ein Preisversprechen definieren, das im Wettbewerb profilieren und die Kunden an das Unternehmen binden kann. Preisprobleme der Kunden sind dabei nicht nur ein niedriger Preis (Preisgünstigkeit) bzw. ein gutes Preis-Leistungs-Verhältnis (Preiswürdigkeit), sondern z.B. auch Preisemotionen (z.B. Stolz auf Preisschnäppchen), Sicherheit vor Preisärger und -enttäuschungen, Preisübersichtlichkeit und -sicherheit. So lassen sich in allen Preislagen u.U. imageträchtige Preiskonzepte entwickeln. So warb Ibis als Billig-Hotelkette mit der Fairness seines Preis-Leistungs-Verhältnisses und bot den Kunden in Aktionszeiträumen an, den Preis der Übernachtung selbst zu bestimmen (der erzielte Durchschnittserlös lag nur unwesentlich unter dem üblichen Niveau!), Lands'End als Textilversender unterstreicht sein Preis-Qualitäts-Versprechen mit einer lebenslangen Produktgarantie (Preissicherheit!).

Preispositionierungen prägen das *Preisimage* eines Anbieters. Darunter sind die Summe der subjektiv von Nachfragern wahrgenommenen Eindrücke und Erfahrungen bezüglich des Preisgebarens eines Anbieters zu verstehen, die sich bei Konsistenz im Laufe der Zeit zu einer dauerhaften und das Kaufverhalten prägenden Preiseinstellung verfestigen (Müller 2003). Viele Praxisbeispiele vom Niedrig- bis Hochpreisbereich (z.B Aldi, Ikea, Lindt, Apple) belegen, dass solche Images ein *Preisvertrauen* schaffen, welches die Kundenbindung enorm stärkt. Der Konsistenz und Kontinuität im Preisauftritt kommen hierbei eine besondere Bedeutung zu.

2.3 Preissegmentierung

Bei einer preisorientierten Segmentierung, kurz „Preissegmentierung", werden Merkmale des Preisverhaltens von Kunden oder andere preisbezogene Marktcharakteristika zur Unterteilung von Märkten und zur Auswahl von Zielgruppen herangezogen (Diller/Stamer 2004; Stamer 2006). Preissegmentierung stellt einen Spezialfall der Marktsegmentierung dar. Die *Zielsetzung* liegt in der Aufdeckung von Kundengruppen mit unterschiedlichem Preisverhalten (Informationsseite) und der Entwicklung differenzierter bzw. fokussierter Strategien für eine oder mehrere Kundengruppen (Aktionsseite). Durch immer stärker auf individuellem Niveau vorliegende kundenspezifische Daten ist sowohl die Zuordnung einzelner Kunden zu identifizierten Segmenten als auch die kundenindividuelle Ansprache eines „segment of one" zunehmend möglich (Grewal et al. 2011, S. S44). Die Umsetzung erfolgt mit allen Instrumenten des Marketingmix und nicht nur mit der Preispolitik.

Die Preissegmentierung erbringt ein besseres Verständnis der „Marktmechanik". Diese kommt i.d.R. durch ein Zusammenspiel der Reaktionen unterschiedlich agierender Kundengruppen zustande. Möglicherweise führen z.B. mehrere Kundengruppen mit teilweise sehr hoher, teilweise aber auch sehr niedriger Preiselastizität zu einer eher durchschnittlichen Preiselastizität. Häufig geht es bei der Umsetzung der Preissegmentierung deshalb auch um eine PD, bei der gleiche oder ähnliche Leistungen einer Unternehmung nebeneinander an verschiedene Kundengruppen zu unterschiedlichen Preisen verkauft werden, um die unterschiedliche Preisbereitschaft auszunutzen. Gelingt es auf der Basis dieses Wissens, Untergruppen des Marktes durch spezifische preispolitische Maßnahmen gezielt anzusprechen, können zusätzlich auch die Preiszufriedenheit der Kunden gesteigert, die Kundenbindung erhöht und so auch der Ertrag maximiert werden. Dies gelingt nicht nur durch die Abschöpfung von Konsumentenrente durch PD, sondern auch wegen des zielgruppenspezifisch optimalen Zuschnitts des Preismix. Im Extremfall des „segment of one" handelt es sich dann um eine individualisierte Preispolitik („customized pricing"), wie sie u.a. im Internet betrieben wird.

3. Operative Ansätze der Preispolitik zur Kundenbindung

Operative Preisentscheidungen betreffen

(1) die *Basispreise*, d.h. die grundsätzlich in der Planperiode gültigen Angebotspreise. Sie beziehen sich auf alle relevanten Preiskomponenten, also Listenpreise und Basiskonditionen,

(2) die sogenannte *Mischkalkulation*,

(3) *Preisattraktionen*, zu denen Preisabschriften, Rabattaktionen, Sonderangebote, Coupons, temporäre Preisbündel und Bonusaktionen gezählt werden, und

(4) die Parameter der *Preiskommunikation*.

Für die Zwecke der Kundenbindung können insbesondere Preisattraktionen und die Preiskommunikation eingesetzt werden.

3.1 Preisattraktionen

Preisattraktionen sind temporär innerhalb der Planperiode eingesetzte preispolitische Aktivitäten, mit denen Anbieter Kunden Preisanreize bieten, um ihr eigenes Preisimage sowie die Preiszufriedenheit der Kunden zu stärken. Häufig genutzt werden sie im Einzelhandel, wo große Sortimente Gelegenheit zur *Mischkalkulation* bieten, wenn Kunden durch Preisattraktionen angezogen werden (Kundenfrequenzeffekt), dann aber auch andere Produkte kaufen (Verbundkaufeffekt). Misst man die Kundenbindung nicht nur an Einstellungen, sondern auch direkt am Kaufverhalten, so fördern der Kundenfrequenz- und insbesondere der Verbundkaufeffekt also auch die Kundenbindung.

3.1.1 Sonderangebote

Sonderangebote sind kurzfristige Preisabsenkungen für einzelne Artikel im Sortiment eines Anbieters. Sie erlauben preisachtsamen Kunden preisgünstigere Einkäufe und beinhalten eine Art der *Preissegmentierung*, bei welcher „Sonderangebotsjäger" zu niedrigeren Preisen bedient werden als weniger preisachtsame Kunden. Für Erstere stellen Sonderangebote also ein Mittel zur Kundenbindung dar (Chen/Pearcy 2013). Die Zufriedenheit mit dem Transaktionsnutzen verbessert das Preisimage. Media-Markt betrieb eine solche Politik seit vielen Jahren und hat sich so ein positives Preisimage und Einkaufsstättentreue innerhalb der Zielgruppe erarbeitet (Brambach/Ivens 2008).

Gleichzeitig fördert man mit einer solchen „Hoch-Tief-Preispolitik" aber die Illoyalität der restlichen Kunden, wenn damit langfristig bei immer mehr Kunden die Aktionspreise zum Hauptkriterium für die Auswahl des Anbieters werden, was bei *Dauerniedrigpreisen* vermieden wird. Darüber hinaus bietet man den Preisvorteil allen Kunden, also auch solchen mit niedrigem Kundenwert. Insofern sind Sonderangebote sehr unselektiv.

3.1.2 Couponing

Couponing umgeht dieses Problem von Sonderangeboten, wenn dafür ausgewählte Kunden sog. Coupons, also kostenlose Wertgutscheine zum begünstigten Kauf von Produkten, z.B. per Mail, Brief oder SMS, erhalten. Coupons gewähren also nur selektierten Kunden einen Vorteil (*Segmentierung*). Auch negative Effekte direkter Preisreduktionen auf den Referenzpreis der Kunden werden bei Coupons vermieden, da diese den Angebotspreis des Produktes nicht öffentlich erkennbar verändern. Während häufige Preisaktionen die Qualitätswahrnehmung eines Produktes negativ beeinflussen können, bleibt diese beim Einsatz von Coupons unverändert. Manche Konsumgüterhersteller, etwa Procter&Gamble, setzen deshalb Coupons zunehmend dazu ein, um besonders wertvolle Kundengruppen an sich und die bedienten Distributionskanäle zu binden (Diller/Metz 2006). Allerdings stehen den Vorteilen auch erheblich höhere Handlingkosten von Coupon- im Vergleich zu Sonderpreisaktionen gegenüber.

3.1.3 Preisbündel und Cross-Promotions

Bei der *Preisbündelung* bietet ein Anbieter mehrere heterogene Güter in einem Bündel (Paket) zu einem Gesamtpreis an. Dieser ist i.d.R. niedriger als die Summe der Einzelpreise. Insofern handelt es sich um eine mengenmäßige PD. Solche „Paketangebote" sind in der Praxis weit verbreitet und dienen ganz unterschiedlichen Zielen, insb. dem Cross-Selling und der Kundenpenetration, also auch der Kundenbindung. Von *reiner* Preisbündelung spricht man, wenn nur das Bündel und nicht auch die Einzelprodukte offeriert werden, wie es z.B. bei Pauschalangeboten von Reiseveranstaltern der Fall ist. Bei der *gemischten* Preisbündelung werden auch die Einzelprodukte zum Verkauf angeboten, etwa bei Computerkomponenten oder Menübestandteilen in der Gastronomie. Bei *Koppelungsverkäufen* erwirbt der Käufer neben dem Hauptprodukt Komplementärprodukte oder verpflichtet sich, diese künftig nur vom gleichen Lieferanten zu kaufen (z.B. Handy-Kauf und Telefonvertrag). *Umsatzboni*, die auf den (mit verschiedenen Produkten) zustande gekommenen Periodenumsatz gewährt werden, stellen ebenfalls Modelle der Preisbündelung dar. Bei *Mehr-Personen-Preisen* wird ein Preisnachlass für eine zweite oder mehrere Personen gewährt, welche die Leistung gemeinsam nutzen (z.B. Hotelzimmer, Seminarveranstaltung; Simon/Wübker, 2000).

Im Einzelhandel treten Preisbündel meist in Form von Sonderpackungsgrößen, Multipacks, BOGOFs („Buy One, Get One Free"), Multibuys oder Linksaves auf. Bei *Sonderpackungsgrößen* wird die ursprüngliche Größe der Packung kurzfristig verändert. Bei *Multipacks* werden dem Verbraucher mehrere Packungen desselben Produkts gemeinsam angeboten. Bei sogenannten *BOGOFs* erhält der Käufer beim Kauf des entsprechenden Produktes ein weiteres Stück kostenlos dazu. Ein ähnliches Konzept steckt hinter *Multibuys*, wo zwei oder mehr Packungen eines identischen Produktes zu einem niedrigeren Preis angeboten werden als die Einzelpackung. Die Artikel sind einzeln erhältlich, d.h. nicht zu einer Verbundpackung verschweißt. Mit dem Begriff „*Linksave*" bezeichnet man eine Form der Preisbündelung, bei der der Kunde beim Kauf eines bestimmten Produktes eine Zugabe oder ein weiteres, u.U. auch artfremdes Produkt günstiger oder kostenlos dazu erhält. Die einzelnen Artikel sind auch hier nicht miteinander verschweißt. Eine Sonderform der Preisbündelung ist das *Cross-Couponing* (z.B. On-Pack-Coupon für ein Produkt einer anderen Warengruppe).

Der Haupteffekt von Preisbündeln liegt im Transfer unterschiedlich hoher Zahlungsbereitschaften auf das Bündel. Würde man einzelne Produkte wegen Überschreitung des subjektiven Höchstpreises nicht kaufen, tut man es bei Preisbündeln u.U. doch, wenn die Summe der individuellen Preisbereitschaften kleiner als der Bündelpreis ausfällt. Preisbündelung bietet ferner gegenüber Sonderangeboten den Vorteil, kaum Einfluss auf den Referenzpreis der Kunden zu nehmen. Zur Kundenbindung tragen sie wie alle Preisattraktionen über den erhöhten Transaktionsnutzen für den Käufer und die dadurch verbesserte Preiszufriedenheit bei. Jedes solcher „Preiserlebnisse" zahlt auf das Preisimage des jeweiligen Anbieters ein und stärkt die Preispräferenz der begünstigten Kunden.

3.1.4 Bonusaktionen

Preisattraktionen können auch durch kurzfristige und temporäre Erhöhungen der Bonifizierung bestimmter Käufe in *Bonusprogrammen* erzeugt werden, wie das z.B. viele „Aktions-Partner" im Rahmen des Payback-Systems tun. Dadurch lassen sich vor allem sehr gezielt ganz bestimmte Sortimentsbereiche forcieren und gleichzeitig die Nutzung des Bonusprogramms und dessen Wertschätzung beim Kunden steigern. Die Kundenbindung wird durch entsprechend häufigere Transaktionen beim Anbieter bzw. höhere Einkaufsbons und damit Kundenpenetration gesteigert. Durch Einsatz sogenannter hedonistischer Prämien, z.B. Upgrades, Einladungen zu Events oder Güter mit luxuriösem Charakter, lassen sich Präferenz und Kundenbindung in manchen Branchen dabei stärker fördern als durch direkte Preisvorteile (Müller 2006).

3.1.5 Up-Selling

Up-Selling umfasst Maßnahmen, die ein Anbieter ergreift, um einen Kunden zum Kauf höherpreisiger Leistungen in seinem Sortiment zu bewegen. So kommt es zur *Kundenwertsteigerung*. Dem Anbieter gelingt es damit, einen höheren Teil der Kaufkraft des Kunden an sich zu binden.

Up-Selling erfolgt in unterschiedlichen Formen, so in Verkaufsgesprächen, bei denen Vorteile höherwertiger Produkte angeführt werden, bei Folgekäufen im Gebrauchszyklus einer Produktgattung, z.B. bei Wiederkauf eines Autos, wenn inzwischen höhere Kaufkraft oder Preisbereitschaft des Kunden vorliegen, oder beim sogenannten *Versioning*, wo dem Kunden zunächst kostenlose oder besonders preisgünstige Produktversionen (z.B. Virenschutzprogramme, E-Mail-Providing) angeboten werden, um ihn im Verlauf des Kundenlebenszyklus zum Kauf höherwertiger Leistungsvarianten zu bewegen.

3.2 Preiskommunikation

Unter die *Preiskommunikation* fallen alle Aktivitäten zur Information der Händler und Kunden über die eigenen Angebotspreise und deren optimale „Preisoptik". Eine günstige „Färbung" von Preisen in der Wahrnehmung von Kunden kann z.B. durch Wortzusätze („Fabrikpreis", „Hammer-Preis" usw.), durch die Schriftgröße oder -farbe (hervorgehobene Preise gelten als relativ günstig) oder durch Preisgegenüberstellungen (Preisempfehlung des Herstellers, früherer Preis usw.) erfolgen (Diller 2000, S. 136ff.). Der gesetzliche Rahmen, aber auch die Prinzipien einer kundenorientierten Preispolitik gebieten allerdings „*Preisklarheit*" und „*Preiswahrheit*", d.h. keine irreführende, sondern für die Kunden leicht verständliche Preisinformation und damit verbundene Informations-Services, (z.B. *Preiskonfiguratoren, Warenkorbinformationen*), die Käufer jederzeit wissen lassen, was ein Produkt in der ausgewählten Konfiguration kostet bzw. wie hoch die aktuelle Summe der bereits gekauften Produkte im Warenkorb ausfällt.

Als je nach Branche mehr oder minder wichtige *Instrumente* der *Preiskommunikation* kommen in Frage:

- Preislisten und -verzeichnisse, die zunehmend in elektronischer Form und damit aktueller und effizienter, aber auch für den Kunden besser aufbereitbar (Sortierfunktion) erstellt werden; damit bieten sich Ansatzpunkte zur Erhöhung der Preiszufriedenheit.

- Preisauszeichnung am Produkt bzw. Regal (Preisetikettierung), die grundsätzlich eine Aufgabe des Handels darstellt, aber z.T. auch von herstellereigenen Merchandiser-Organisationen erledigt wird. Immer häufiger finden im Handel elektronisch ferngesteuerte Preisdisplays am Regal Einsatz, welche die Einzelpreisauszeichnung am Produkt überflüssig machen und sekundengenaue Preisänderungen zulassen; dadurch werden die für den Kunden besonders ärgerlichen Preisfehler beim Kassieren vermieden.

- Preisdisplays im Handel, mit denen vor allem auf Preisattraktionen hingewiesen wird.

- Preisanzeigen in Zeitungen, Zeitschriften, Prospekten, auf Wurfzetteln oder anderen Werbemitteln, mit denen insbesondere die besonders günstigen Preise beworben werden, um das Preisimage des Anbieters zu stärken.

- Herstellerseitige Preisempfehlungen, an den Handel („Handelspreisempfehlung") oder an den Endverbraucher („Endverbraucherpreisempfehlung") gerichtet; so wollen Hersteller Orientierungen für einen „normalen" Verkaufspreis liefern, der laut Gesetz mit keinerlei Druckmitteln durchgesetzt werden darf und eine schwache Form der Preiskommunikation darstellt. Händlern dienen sie nicht selten als willkommener Preisanker für Preisgegenüberstellungen.

- Preisverhandlungstechniken, bei denen versucht wird, den Angebotspreis optisch niedriger erscheinen zu lassen, etwa durch Vergleich mit den bewirkten Kosteneffekten, durch Verrechnung des Preises auf Nutzungstage oder Anwendungen, Hervorhebung des Risikos niedrigpreisiger Produkte usw.

- Preisgarantien, mit denen den Kunden die Suche nach preisgünstigeren Anbietern erspart wird, weil diese darauf vertrauen, dass der Anbieter mit Preisgarantie tatsächlich der Preisgünstigste ist. Die Einlösequoten solcher Garantien sind weit geringer als die tatsächlichen Preisunterbietungen des Wettbewerbs.

Preiskommunikation verbindet sich bei Markenartikelherstellern oft mit dem Anliegen der *Preispflege*, d.h. der Vermeidung einer zu großen Preisspreizung am Markt, durch die der Kunde irritiert werden könnte, der Preiswettbewerb angeheizt und teurere, aber u.U. wichtige Distributionskanäle wie der Fachhandel (mit höheren Kosten) behindert würden.

Nach einer Studie von Müller (2003) prägen die Aktivitäten der Preiskommunikation insbesondere das Preisimage von Handelsunternehmen nicht unerheblich. Das Beispiel des Elektronikhändlers Saturn, dessen langjähriger Werbeslogan „Geiz ist geil" zum Synonym für emotional aufregendes Smart Shopping wurde, belegt dies eindrucksvoll. Die Stimulierung von *Preisemotionen* kann deshalb als ein probates Mittel zur Präferenzsteigerung bei Kunden angesehen werden (Diller 2008, S. 95ff).

4. Preisadministrative Ansätze zur Kundenbindung

Im Gegensatz zur Betrachtungsweise der traditionellen betriebswirtschaftlichen Preistheorie umfasst die Preispolitik keineswegs nur die Bestimmung der jeweiligen Abgabepreise. Vielmehr gilt es bereits im Vorfeld aktiv dafür Sorge zu tragen, dass optimale Preisstrategien und operative Preisentscheidungen gefällt, aber auch am Markt durchgesetzt, d.h. von Händlern und Endkunden akzeptiert werden. Die unter dieser Zielsetzung stehenden Regelungen und Maßnahmen werden als *Preisadministration bezeichnet* (Diller 2007, S. 403ff.). Es handelt sich um *unternehmensinterne Regelungen*, deren Notwendigkeit auch aus der organisatorischen Komplexität von Preisbildungsprozessen in Unternehmen resultiert. Im Einzelnen geht es um die Preisorganisation, das Preis-Controlling, die IT-Unterstützung von Pricing-Prozessen und einer angemessenen Führung der Mitarbeiter im Hinblick auf kundenorientiertes Pricingverhalten. Der begrenzte Raum lässt nachfolgend nur eine kurze Charakterisierung der entsprechenden Aufgaben zu.

4.1 Preisorganisation

Die Vielfalt des Preismix, der zu berücksichtigenden Wirkungsbeziehungen und der hierfür bereitzustellenden Informationen sowie u.U. notwendige Preisverhandlungen mit den Kunden führen dazu, dass Preisentscheidungen in aller Regel im Zusammenwirken mehrerer Organisationsbereiche einer Unternehmung getroffen werden. Daraus entsteht ein aufbau- und ablauforganisatorischer Regelungsbedarf („*Preisorganisation"*). In vielen Unternehmen sind die Pricing-Prozesse gar nicht oder nur unzureichend organisatorisch verankert (*Aufbauorganisation*). Insbesondere bestehen zu viele Schnittstellen, sodass sich häufig eine crossfunktionale Teamorganisation (z.B. aus Controlling, Vertrieb und Produktmanagement) empfiehlt. Denkbar und praktiziert werden aber auch spezialisierte Pricing-Manager bzw. -Abteilungen, in denen alle Aufgaben der Preisbildung und -durchsetzung gebündelt werden. Besonders kritisch ist die „Preishoheit" des Außendienstes, die meist auf einen Preiskorridor beschränkt wird, von dem nur auf Nachfrage bei der Vertriebs- oder Geschäftsleitung abgewichen werden darf.

Im Zeichen des Beziehungsmarketing wird die Preisfindung vor allem im B2B-Sektor und bei neuen, innovativen Produkten zur gemeinsamen Sache von Anbieter und Kunden (*Preiskooperation*). Nur wenn der Kunde den Preis eines Gutes auch betriebswirtschaftlich verkraften kann, wird er seine Akzeptanz finden. Ein darauf zugeschnittenes Preisfindungskonzept stellt das *Target Costing bzw. -Pricing* dar (Seidenschwarz 1993). Es fordert, die Preisbereitschaft des Kunden oder einen anderen Marktpreis zum Ausgangs- statt zum Endpunkt aller Überlegungen zur Preisbildung zu machen und von da aus die erforderlichen Kosten zu ermitteln, ggf. auf kostentreibende Produktmerkmale zu verzichten und den Preis schrittweise an die betriebswirtschaftlichen Bedingungen des Kunden anzupassen. Eine Kombination mit Verfahren des Conjoint Measurement liegt hier nahe.

Für die Preisfindung selbst sind darüber hinaus Preisbildungsregeln (Ablauforganisation) festzulegen, die z.B. die Überschreitung bestimmter Preisuntergrenzen, den Preisabstand zu Konkurrenten oder die Differenzierung zwischen Kundengruppen betreffen. Die getroffenen Regelungen können in einem Qualitätshandbuch dokumentiert und damit einem Controlling zugänglich gemacht werden.

4.2 Preiscontrolling

Verschiedene Abteilungen verfolgen oft unterschiedliche Ziele bei der Preispolitik, sodass Koordinationsbedarf entsteht, dem durch ein *Preiscontrolling* entsprochen werden kann. Hierbei geht es v.a. um die Ermittlung und Bereitstellung von Informationen, die für die Preiskoordination einschlägig sein können. Beispiele sind *Erlösabweichungsanalysen*, mit denen untersucht wird, wie es zu bestimmten Unter- bzw. Überschreitungen der Durchschnittserlöse bei bestimmten Produkten bzw. Produktgruppen gekommen ist, oder *Preistreppenanalysen*, mit denen man den oft beträchtlichen und kundenspezifisch verursachten Abstand zwischen den Listenpreisen und den tatsächlich gezahlten Preisen unter die Lupe nimmt. Aufgabe des Preiscontrolling ist es darüber hinaus auch, die Exzellenz der Pricingprozesse hinsichtlich Effektivität und Effizienz zu überwachen.

4.3 IT-Unterstützung

Exzellente Preispolitik bedarf exzellenter *Informationssysteme* über alle für die Preisbildung relevanten Komponenten (Kosten, Kunden, Händler, Wettbewerber usw.) in möglichst aktueller und für die Mitarbeiter leicht verfügbarer Form. Dazu werden elektronische Informationssysteme aufgebaut, die z.B. die vom Außendienst gemeldeten Wettbewerberpreise, die in der Marktforschung ermittelten Preisbereitschaften von Kunden und die vom Controlling erstellten Kundendeckungsbeiträge in einer abgestimmten Weise für die Preisentscheider verfügbar machen.

4.4 Preiskultur

Ein weiterer interner Erfolgsfaktor der Preispolitik liegt in der *Preiskultur* eines Unternehmens. Sie betrifft das subjektive *Bewusstsein für die Bedeutung der Preispolitik* und die dafür zur Verfügung zu stellende Infrastruktur an Daten und Methoden auf Seiten des Managements. Wichtigster Aktionsparameter sind *Seminare* und *Schulungen* für jene Mitarbeiter, die an der Preisbildung und -durchsetzung mitarbeiten. Teilweise benutzt man aber auch spezifische *Incentive-Systeme*, mit denen z.B. die Verkäufer durch Prämien oder Anbindung der Provisionen an den Ertrag der Aufträge zu kundenorientierterem Verhalten oder weniger Preisnachgiebigkeit bewegt werden sollen.

5. Zusammenfassung

Der vorliegende Beitrag sollte aufzeigen, wie die Antinomie zwischen Anbieter und Kunden im Kontext der betrieblichen Preispolitik durch ein kundenorientiertes Verständnis von Preisen und Preispolitik überwindbar wird. Unter Ökonomen und Juristen herrschen unterschiedliche Auffassungen darüber, inwieweit bestimmte preispolitische Kundenbindungsaktivitäten eventuell wettbewerbshemmend sind. Jedoch lässt sich argumentieren, dass viele der hier diskutierten preispolitischen Aktivitäten eher wettbewerbsfördernde Wirkung haben (Caminal/Claici 2007). Darüber hinaus gilt, dass die exakten Rahmenbedingungen jeweils durch die in einem Markt geltenden gesetzlichen Vorschriften geregelt sind.

Anbieter können mit den geschilderten strategischen und operativen Aktivitäten und auf der Grundlage einer professionellen Preisadministration gezielt die Preiszufriedenheit ihrer Kunden steigern und dadurch auch die Kundenbindung verbessern. Angesichts der großen Bedeutung, welche der Preis für viele Kunden heute besitzt, stellt ein solches Preis-Marketing sogar eine besonders wichtige Aufgabenstellung im Kundenbindungsmanagement dar. Im Gegensatz zu vielen anderen Möglichkeiten der Kundenbindungsförderung müssen hierzu in der Preispolitik nicht unbedingt hohe Kosten in Kauf genommen werden. Wichtiger erscheint eine innovative, kundenorientierte Vorgehensweise zu sein, die auf profunder Kenntnis des Preisverhaltens der einschlägigen Zielgruppen basiert. Nur wer das Preisbewusstsein seiner Kunden durchschaut, wird in der Lage sein, Preisprobleme effektiv und effizient zu lösen.

Literaturverzeichnis

Becker, J. (1998): Marketing-Konzeption, 6. Aufl., München.

Berry, L. L./Yadav, M. S. (1996): Capture and Communicate Value in the Pricing of Services, in: Sloan Management Review, Vol. 37, No. 4, S. 41-51.

Bliemel, F. W./Eggert, A. (1998): Kundenbindung – die neue Sollstrategie? in: Marketing ZFP, 20. Jg., Nr. 1, S. 37-46.

Brambach, G./Ivens, B. S. (2008): Media Markt – La communication basée sur le prix, in: Mayrhofer, U./Hertrich, S. (Hrsg.), Cas en marketing, Paris.

Büschken, J. (2001): Nicht-lineare-Tarife, in: Diller, H. (Hrsg.), Vahlens Großes Marketinglexikon, München, S. 1184-1190.

Caminal, R./Claici, A. (2007): Are Loyalty-Rewarding Pricing Schemes Anti-Competitive?, in: International Journal of Industrial Organization, Vol. 25., No. 4, S. 657-674.

Chen, Y./Pearcy, J. (2010): Dynamic pricing: When to Entice Brand Switching and When to Reward Consumer Loyalty, in: The RAND Journal of Economics, Vol. 41, No. 4, S. 674-685.

Diller, H. (1993): Preisbaukästen als preispolitische Option, in: Wirtschaftswissenschaftliches Studium, 22. Jg., Nr. 6, S. 270-275.

Diller, H. (1996): Kundenbindung als Marketingziel, in: Marketing ZFP, 18. Jg., Nr. 2, S. 81-94.

Diller, H. (1997a): Preis-Management im Zeichen des Beziehungsmarketing, in: Die Betriebswirtschaft, 57. Jg., Nr. 6, S. 749-763.

Diller, H. (1997b): Preisehrlichkeit – Eine neue Zielgröße im Preismanagement des Einzelhandels, in: THEXIS, Fachzeitschrift für Marketing, 14. Jg., Nr. 2, S. 16-21.

Diller, H. (1999): Entwicklungslinien in Preistheorie und -management, in: Marketing ZFP, 21. Jg., Nr. 1, S. 39-60.

Diller, H. (2000a): Preispolitik, 3. Aufl., Stuttgart.

Diller, H. (2000b): Preiszufriedenheit bei Dienstleistungen, in: Die Betriebswirtschaft, 60. Jg., Nr. 5, S. 570-587.

Diller, H. (2007): Marketingprinzipien, 2. Aufl., Nürnberg.

Diller, H. (2008): Preispolitik, 4. Aufl., Stuttgart.

Diller, H./Metz, R. (2006): Couponing bei Procter & Gamble, in: Müller-Hagedorn, L./Mesch, R. (Hrsg.), Akademische Partnerschaft ECR Deutschland, Efficient Consumer Response in der Praxis, Frankfurt am Main, S. 215-228.

Diller, H./Stamer, H. (2004): Preissegmentierung im Markt für Konsumgüter, in: Baumgarth, C: (Hrsg.), Marktorientierte Unternehmensführung. Grundkonzepte Anwendungen und Lehre, Frankfurt am Main u.a., S. 35-74.

Grewal, D./Ailawadi, K. L./Gauri, D./Hall, K./Kopalle, P./Robertson, J. R. (2011): Innovations in Retail Pricing and Promotions. Journal of Retailing, Vol. 87, No. 1, S. S43-S52.

Grunberg, B. (2004): Zeitbezogene Nutzenkomponenten von Verkehrsdienstleistungen, Frankfurt am Main.

Hinz, O. (2008): Interaktive Preismechanismen in dynamischen Märkten, Hamburg.

Homburg, Ch. (2012): Marketingmanagement: Strategie – Instrumente – Umsetzung – Unternehmensführung, 4. Aufl., Wiesbaden.

Hüttmann, A. (2003): Leistungsabhängige Preiskonzepte im Investitionsgütergeschäft, Wiesbaden.

Lee-Kelley, L./Gilbert, D./Mannicom, R. (2003): How e-CRM Can Enhance Customer Loyalty, in: Marketing Intelligence & Planning, Vol. 21, No. 4, S. 239-248.

Kim, J.-Y./Natter, M./Spann, M. (2009): Pay What You Want: A New Participative Pricing Mechanism, in: Journal of Marketing, Vol. 73, No. 1, S. 44-58.

Kotler, Ph./Bliemel, F. (1995): Marketing-Management, 8. Aufl., Stuttgart.

Lambrecht, A./Skiera, B. (2006): Paying Too Much and Being Happy About It: Existence, Causes, and Consequences of Tariff-Choice Biases, in: Journal of Marketing Research, Vol. 43, No. 2, S. 212-223.

Matzler, K. (2003): Preiszufriedenheit, in: Diller, H./Herrmann, A. (Hrsg.), Handbuch Preispolitik, Wiesbaden, S. 303-328.

Müller, I. (2003): Die Entstehung von Preisimages im Handel, Nürnberg.

Müller, St. (2006): Bonusprogramme als Instrumente des Beziehungsmarketing, Nürnberg.

Pechtl, H. (2003): Logik von Preissystemen, in: Diller, H./Herrmann, A. (Hrsg.), Handbuch Preispolitik, Wiesbaden, S. 69-92.

Seidenschwarz, W. (1993): Target Costing. Marktorientiertes Zielkostenmanagement, München.

Simon, H./Wübker, G. (2000): Mehr-Personen-Preisbildung: Eine neue Form der Preisdifferenzierung mit beachtlichem Gewinnsteigerungspotential, in: Zeitschrift für Betriebswirtschaft, 70. Jg., Nr. 6, S. 729-746.

Spann, M./Skiera, B./Schäfers, B. (2005): Reverse-Pricing Verfahren und deren Möglichkeiten zur Messung von individuellen Suchkosten und Zahlungsbereitschaften, in: Zeitschrift für betriebswirtschaftliche Forschung, 57. Jg., Nr. 3, S.107-129.

Stamer, H. (2006): Segmentspezifische Analyse des Preisverhaltens, Nürnberg.

Steffenhagen, H. (2001): Konditionenpolitik, in: Diller, H. (Hrsg), Vahlens großes Marketinglexikon, 2. Aufl., München, S. 797-798.

Thaler, R. (1985): Mental Accounting and Consumer Choice, in: Marketing Science, Vol 4, No. 3, S. 199-214.

Summary

Pricing is not necessarily directed against customers' interests. Rather, by setting appropriate incentives marketers can enhance customer loyalty. This contribution presents appropriate activities at the strategic as well as the tactical and the administrative level of pricing. They aim at improving price satisfaction and price trust and, in turn, customer loyalty.

Dirk Möhlenbruch, Steffen Dölling und Falk Ritschel

Instrumente des Web 2.0 im Kundenbindungsmanagement des Multichannel E-Commerce

1. Einleitung
   1.1 Aktuelle Problemfelder im Kundenbindungsmanagement
   1.2 Voraussetzungen und Treiber einer Kundenbeziehung

2. Klassisches Kundenbindungsmanagement im Multichannel E-Commerce

3. Web 2.0-Instrumente im Multichannel E-Commerce
   3.1 Einsatzpotenziale in der Sortiments- und Preispolitik
   3.2 Einsatzpotenziale in der Kommunikations- und Front-End-Politik

4. Interaktives Kundenbindungsmanagement im Multichannel E-Commerce
   4.1 Anwendungen des Web 2.0 im Kundenbindungsmanagement
   4.2 Diskussion ausgewählter Anwendungskombinationen entlang der Wirkungskette

5. Fazit

Literaturverzeichnis

Prof. Dr. Dirk Möhlenbruch ist Inhaber des Lehrstuhls für Marketing & Handel an der Martin-Luther-Universität Halle-Wittenberg. Dipl.-Kfm. Steffen Dölling ist Doktorand am Lehrstuhl für Marketing & Handel an der Martin-Luther-Universität Halle-Wittenberg. Dr. Falk Ritschel ist Geschäftsführer der Unternehmensberatung Conomic Marketing & Strategy Consultants GmbH.

1. Einleitung

1.1 Aktuelle Problemfelder im Kundenbindungsmanagement

In Wissenschaft und Wirtschaft besteht weitgehende Übereinstimmung darin, dass Kundenbindung durch die Generierung von Wieder- oder Cross-Buying-Käufen, Weiterempfehlungen sowie eine Steigerung der Preiserhöhungstoleranz von Nachfragern einen wesentlichen Beitrag zum Unternehmenserfolg leisten kann (Homburg et al. 2005, S. 93; Bruhn 2016, S. 95f.). Auch im Handel weisen Kundenbeziehungen einen hohen ökonomischen Stellenwert auf und können als Investitionsobjekte charakterisiert werden (Piller/Schaller 2002, S. 442; Martin 2009, S. 204). Die zu beachtenden Zielgrößen im Kundenbindungsmanagement sind das faktische Verhalten sowie die zukünftige Verhaltensabsicht der Kunden (Martin 2009, S. 18f.; Bruhn 2016, S. 97). Hierzu bedarf es einer aktiven Gestaltung von Kundenbeziehungen mit Hilfe verschiedener Instrumente sowie unterschiedlicher Kommunikations- und Distributionskanäle (Schmieder 2010, S. 230f.; Schramm-Klein/Wagner 2013, S. 474f.; Wirtz 2013, S. 15f.).

Aufgrund der informationstechnologischen Entwicklungen haben sich die Kommunikations- und Transaktionsprozesse zwischen Anbietern und Nachfragern allerdings insofern verändert, als dass die Kunden gegenwärtig durch die hohe Transparenz des Angebots eine verbesserte Verhandlungsposition und einen umfassenden Informationsstand erlangt haben (Heinemann 2016, S. 11f.; Kollmann 2016, S. 73f.). Ca. 41 Prozent der Konsumenten suchen über elektronische Informationskanäle entscheidungsrelevante Produktinformationen bei Kaufentscheidungen (Heinemann 2016, S. 15). Diese Informationsquellen reduzieren die Such- und Informationskosten der Kunden erheblich und verringern etwaige Informationsbarrieren.

Darüber hinaus bietet das mobile Internet sowohl durch die hinzugewonnene Mobilität als auch durch die Möglichkeit einer Kundenlokalisierung bzw. -identifizierung hohe Kommunikationspotenziale für Handelsunternehmen und Kunden (Stafflage 2016, S. 31f.). In der Bundesrepublik Deutschland nutzen über 46 Mio. Menschen ein sog. Smartphone (Schmidt 2015). Ca. 67 Prozent dieser Nutzer beteiligen sich über dieses mobile Endgerät an sozialen Netzwerken (Bitkom Research 2016, S. 749). Die User kommunizieren demnach untereinander mobil über Produkte, Kauferlebnisse und -empfindungen, die durch sog. geo-tagged Social Media Daten (bspw. Tweets, Photos usw.) einen geographischen Bezug erhalten (Oku/Hattori 2015, S. 18f.). Hierdurch kann eine weitere Determinante für zukünftige Kaufentscheidungsprozesse abgeleitet werden, denn Orte bzw. Regionen erlangen im Entscheidungskontext eine hohe Relevanz (Krol 2010, S. 91f.). Ebenso können auf der Grundlage von Location Based Services (LBS) (Basiri et al. 2015, S. 246) den Kunden über mobile Endgeräte standortbezogene sog. Push-Mitteilungen sowie interlokale Verbundempfehlungen und Warenverfügbarkeitsanzeigen (Pull-Informationen) übermittelt werden (Lanzer 2012, 63f.; ECC Köln 2014, S. 9). 72 Prozent der Smartphone-Nutzer setzen diese Geräte zudem in Ladenlokalen ein, um sowohl weiterführende Produktinformationen, Preisangebote oder zusätzliche Beschaffungsquellen zu identifizieren als auch auf Cross-Channel-Services zurückzugreifen (Goldmedia 2014, S. 33). Die beschriebenen Situationen führen tendenziell zu einer Absenkung von Wechselbarrieren und reduzieren die Wiederkaufwahrscheinlichkeit (Diller 2001, S. 71; Förster/Kreuz 2002, S. 4). Des Weiteren ist festzustellen, dass sich die Menge der anbieterseitig im elektronischen Kommunikationskanal zur Verfügung gestellten Informationen stärker erhöht hat als das Volumen der von den Kunden nachgefragten Botschaften (Holland 2014, S. 23). Eine damit möglicherweise einhergehende kognitive Überlastung der Konsumenten kann ein Bedürfnis nach Individualisierung von Informationen oder auch gesamter Kommunikationsprozesse auslösen (Kroeber-Riel/Gröppel-Klein 2013, S. 94; Kollmann 2016, S. 31f.).

Ein Handlungsbedarf im Kundenbindungsmanagement ist offensichtlich und wird nunmehr auch unter dem Begriff Social Customer Relationship Management diskutiert (Van Looy 2016, S. 91f.).

Die Einsatzpotenziale des Web 2.0 ermöglichen Unternehmen zwar eine interaktive Gestaltung von Geschäftsbeziehungen (Möhlenbruch et al. 2008, S. 206; Heinemann 2016, S. 84; Van Looy 2016, S. 93), aber eine hohe Entwicklungsdynamik sowie die vielfältigen Ausprägungsformen dieser Instrumente lassen bisher jedoch lediglich erste Ansätze der Systematisierung von Anwendungsbereichen im Kundenbindungsmanagement erkennen (O'Reilly 2005b; Bender 2008, S. 183f.). Weil diese Aktivitäten neue Konzepte für die Gestaltung elektronischer Geschäftsbeziehungen über das Internet erfordern, ist eine Einordnung in das Kundenbindungsmanagement des Multichannel E-Commerce von großer Bedeutung.

Die Zielsetzung dieses Beitrags besteht darin, die Anwendungsmöglichkeiten des Web 2.0 unter Berücksichtigung ihrer Funktionsweisen zu analysieren und zu systematisieren. Basierend auf einer Einordnung der klassischen Kundenbindungsinstrumente in den Multichannel E-Commerce werden zudem die interaktiven Möglichkeiten des Web 2.0 im Hinblick auf ihre Nutzungsmöglichkeiten geprüft. Abschließend werden interaktive Ansätze eines Kundenbindungsmanagement entlang der Wirkungskette der Kundenbindung beispielhaft für ausgewählte Instrumentalbereiche diskutiert.

1.2 Voraussetzungen und Treiber einer Kundenbeziehung

Der Betrachtungsschwerpunkt der folgenden Ausführungen liegt auf den verbundenheitsdeterminierten Erscheinungsformen der Kundenbindung, bei denen vom Anbieter zur Erfolgssicherung zufriedenheits- und vertrauensbildende Maßnahmen zu entwickeln sind (Bliemel/Eggert 1998, S. 39). Nachfragerseitig kann diese Situation durch eine freiwillige Bindung ohne einen fixierten Bindungszustand sowie durch individuell eingeschätzte und erlebte Vorteile beschrieben werden (Garcia/Rennhak 2006, S. 6). Die

Kunden können als gebunden charakterisiert werden, wenn innerhalb eines Betrachtungszeitraums Informations-, Güter- und Finanztransaktionen wiederholt stattfinden (Bruhn 2016, S. 12).

Die Wirkungskette der Kundenbindung dient als Ausgangspunkt für das Beziehungsmarketing (Bruhn 2016, S. 73f.). Abbildung 1 dokumentiert dieses Phasenmodell mit den relevanten Hauptphasen und den zugehörigen Bestimmungsfaktoren. Innerhalb der Prozesselemente kann ein phasenbezogener Fokus identifiziert und theoretisch begründet werden. Er determiniert die Auswahl geeigneter Kundenbindungsmaßnahmen.

Abbildung 1: Identifizierte Schwerpunkte im Phasenmodell der Kundenbindung (vgl. den einführenden Beitrag in dem vorliegenden Handbuch sowie Möhlenbruch et al. 2008, S. 203)

Ein Zustand der *Kundenzufriedenheit* kennzeichnet die erste Kernphase (Homburg et al. 1999, S. 177). Diese Phase ist durch das Ergebnis eines Vergleichs- und Bewertungsprozesses zu charakterisieren (Homburg/Koschate 2003, S. 621; Trommsdorff/Teichert 2011, S. 34; Bösener/Roth 2015, S. 68). Aus einer Gegenüberstellung der im Vorfeld vom Konsumenten konstruierten Soll-Erwartung mit der tatsächlich wahrgenommenen Ist-Leistung resultiert ein individuelles Vertrauensbild (Betz/Krafft 2002, S. 3; Homburg et al. 2005, S. 85f.). Bei der zugrunde liegenden Bewertung der Leistung durch die Kunden spielen die subjektiven Erwartungen eine entscheidende Rolle, weil diese ein Referenzniveau für den Vergleich hervorrufen (Wiswede 2012, S. 286f.). Die Grundlage für die persönlichen Erwartungen bildet ein Pool an Informationen, welcher Zufriedenheitsempfindungen determiniert (Bauer et al. 1999, S. 285; Kroeber-Riel/Gröppel-Klein 2013, S. 255). Die Bildung einer derart spezifischen Informationsbasis wird durch eine individualisierte Kommunikation positiv beeinflusst, denn auf diese Weise können die gewünschten Informationsinhalte personalisiert und möglicherweise aufgrund eines emotionalisierten „Ich-Bezuges" leichter erinnert werden (Diller 1996, S. 83; Fung/Carstensen 2003, S. 169; Homburg 2015, S. 82f.). Das Vereinfachen, Strukturieren sowie Individualisieren von Informationsprozessen fördert ein besseres Kennenlernen des Unternehmens und kann zu einer Verbundenheit führen (Bauer et al. 2002, S. 159). Im Kontext der Kundenzufriedenheit ist daher ein Fokus auf *Information* offensichtlich.

Charakteristisch für die zweite Kernphase ist die Eigenschaft der *Kundenloyalität*. Eine unmittelbare Weiterentwicklung hinsichtlich des vorherigen Zustandes der Zufriedenheit kann vor allem anhand der Determinanten Vertrauen, Akzeptanz sowie Commitment (vgl. den einführenden Beitrag von Homburg/Bruhn in dem vorliegenden Handbuch) und zusätzlich durch die Kundenbegeisterung hervorgehoben werden (Becker 2016, S. 28). *Vertrauen* reduziert als zukunftsgerichtete Eigenschaft die unkontrollierbare Komplexität und das Risiko bei der Entscheidungsfindung (Piller/Schaller 2002, S. 443; Kroeber-Riel/Gröppel-Klein 2013, S. 145). Es ist die Basis für Erwartungen an zukünftiges Handeln und resultiert vornehmlich aus Wissen (Kroeber-Riel/Gröppel-Klein 2013, S. 470f.). Bei der Entstehung von Vertrauen dominiert die Verlässlichkeit von Informationen und Ereignissen (Bauer et al. 2002, S. 156; Gilbert 2007, S. 61f.). Vertrauen in einer Beziehung wirkt sich zudem positiv auf das Commitment aus, welches die freiwillige Treue und die Verbundenheit des Kunden beinhaltet (Bliemel/Eggert 1998, S. 40; Bauer et al. 2002, S. 156). Die Determinante der *Akzeptanz* kann als zustimmendes Werturteil verstanden werden. Die daraus folgende Bereitschaft, auch kleinere Fehler zu akzeptieren bzw. den Anbieter gegen Anschuldigungen durch Dritte zu verteidigen, basiert auf einem Austausch der Beziehungsparteien (Bauer et al. 1999, S. 295). Das Ziel in dieser Phase sollte es daher sein, Dialog fördernde Aktivitäten in das Kundenbindungsmanagement zu integrieren. Der permanente Kommunikationsfluss zwischen Kunden und Unternehmen bedarf einer Interaktivität, die Vertrauen stärkt und *Commitment* bedingt (Bauer et al. 2002, S. 159). Somit lässt sich in der zweiten Prozessstufe ein strategischer Fokus auf *Interaktion* feststellen.

Die *Kundenbindung* kennzeichnet die dritte Kernphase (vgl. den einführenden Beitrag von Homburg/Bruhn in dem vorliegenden Handbuch). Zur theoretischen Analyse dieses Bereichs wird auf die Inhalte der Transaktionskostentheorie sowie auf die Motivationstheorie zurückgegriffen. Die erstgenannte Theorie stellt auf Ineffizienzen von Märkten ab, die eine Entstehung von Transaktionskosten verursachen (Bayón 1997, S. 27f.). Ein individuelles Senkungspotenzial dieser Kosten kann nachfragerseitig beispielsweise durch Wiederholungskäufe erreicht werden, nicht zuletzt aufgrund der kognitiven Bequemlichkeit, eine zufriedenstellende Aktion zu wiederholen und dabei das empfundene Risiko zu reduzieren (Wirtz/Lihotzky 2005, S. 145). Die darüber hinaus zu berücksichtigende Determinante des Cross-Buying wird vor allem durch einen funktionalen Verbund der angebotenen Leistungen begründet. Auch hierbei ermöglichen der Wegfall von Suchkosten sowie der mit einem Anbieterwechsel verbundenen Aufwendungen die Senkung von Transaktionskosten (Bruhn 2016, S. 28). Die Motivationstheorie bietet ebenfalls einen Ansatzpunkt für die Kundenbindung. Beispielsweise bewirken soziale Kontakte einen gesteigerten Zufriedenheitseffekt, der in allen Kundenaltersgruppen empirisch nachzuweisen ist (Moschis/Mathur 2006, S. 339). Weiterempfehlungen oder

der Bericht von positiven Erlebnissen führen tendenziell zu einer Gruppenzugehörigkeit und insbesondere zur Transaktion von Informationen (Bruhn 2016, S. 39). Alle dargestellten Determinanten dieser Phase bedürfen somit Maßnahmen mit einem Fokus auf *Transaktionen*.

2. Klassisches Kundenbindungsmanagement im Multichannel E-Commerce

Durch die Realisierung von Transaktionen über das Internet können Anbieter die Kunden aktiv in die Geschäftsabwicklung einbinden sowie personalisierte Interaktionsprozesse durchführen (Heinemann 2016, S. 43; Kollmann 2016, S. 89f.). Im Folgenden wird Multichannel E-Commerce als Anbahnung, Aushandlung und Abschluss von Transaktionen zwischen Wirtschaftssubjekten mittels des Internets über verschiedene elektronische Endgeräte verstanden (Schramm-Klein/Wagner 2013, S 474f.; Wagner 2015, S. 7).

Um die relevanten Instrumentalbereiche im Multichannel E-Commerce zu identifizieren, kann das absatzpolitische Instrumentarium des Einzelhandels als Ausgangspunkt zugrunde gelegt werden. Dieses lässt sich in die Bereiche Ware, Personal, Standort, Werbung, Preis und Verkaufsraumgestaltung einteilen (Müller-Hagedorn/Natter 2011, S. 26f.). Die Instrumente Personal sowie Verkaufsraum erscheinen im Kontext des Internet weniger relevant und werden nicht berücksichtigt. Demgegenüber ist die Front-End-Politik als Schnittstelle zum Konsumenten von Bedeutung und findet zusätzlich Anwendung in den weiteren Überlegungen (Wilke et al. 2005, S. 106). Diese Relevanz resultiert daraus, dass im Multichannel E-Commerce ein hoher Innovationsdruck für die Anbieter insbesondere auch im Bereich der Leistungsfähigkeit bzw. der Ausgestaltung des Front-End identifiziert werden kann (Heinemann 2016, S. 31).

Zudem steigt bei multikanalen Überlegungen die Bedeutung sowohl des gewählten Absatz- bzw. Kommunikationskanals als auch des dynamischen Kundenstandorts (Schramm-Klein/Wagner 2013, S. 470f.). Die individuelle und variable Kundenposition kann Auswirkungen auf die Potenziale der im Folgenden behandelten Instrumentalbereiche haben. Demzufolge wird der Kundenstandort als ein übergeordneter Aspekt in die weiteren Diskussionen aufgenommen. Die Kundenbindungsinstrumente werden somit zusätzlich danach differenziert, ob der jeweilige Instrumentaleinsatz unter Berücksichtigung des Kundenstandortes positionsspezifisch oder positionsunabhängig erfolgen sollte, um gegebenenfalls eine höhere Einsatzqualität zu erzielen. Eine denkbare Systematisierung der Instrumentalbereiche im Multichannel E-Commerce ist Abbildung 2 zu entnehmen.

		Sortimentspolitik	Preispolitik	Kommunikationspolitik	Front-End-Politik
		POSITION/STANDORT DES KUNDEN			
Eigenschaften		• Sortimentsbreite und -tiefe • Anteil der markierten Waren • Verfügbarkeit	• Höhe des Preises • Preislagenbestückung • Sonderangebotspolitik • Preisdifferenzierung • Umtauschmöglichkeiten	• Botschaft • Kommunikationsmittel • Kommunikationsbudget	• Schnittstelle zum Kunden • Verlinkungen • Gestaltung des Front-End
Instrumente des Kundenbindungsmanagement	Kundenpositions-unabhängig [0]	• Individuelle Massenproduktion	• Rabattsysteme • Prämiensysteme	• Kundenclubs • Newsletter & Permission Marketing • Virales & kooperatives Marketing	
	Kundenpositions-spezifisch [+]	• Exklusive Produktangebote • Verbundangebote	• E-Coupons	• One-to-One Kommunikation • Kundenprofile	• Individualisierte Internetpräsenz • Online-Event-Marketing • Push-Nachrichten • Virtuelle Communities

Abbildung 2: Instrumentalbereiche des Multichannel E-Commerce
(Quelle: Wilke et al. 2005, S. 107; Müller-Hagedorn/Natter 2011, S. 26.)

Vor dem Hintergrund der bisherigen Überlegungen kann eine weitergehende Systematisierung der klassischen Instrumente des Kundenbindungsmanagements erfolgen. Hierzu erscheint es sinnvoll, die in den Phasen der Wirkungskette der Kundenbindung diskutierten Schwerpunkte aufzugreifen und die innerhalb der ausgewählten Instrumentalbereiche zu beachtenden Kundenbindungsinstrumente sinnvoll zu kombinieren. Zudem wird berücksichtigt, dass einzelne Bindungsinstrumente eine höhere Leistungsfähigkeit entfalten, wenn diese unter Berücksichtigung der Kundenpositionen eingesetzt werden.

Der Abbildung 3 ist zu entnehmen, dass mithilfe der klassischen Instrumente vor allem eine Abdeckung des Fokus auf *Information* gewährleistet werden kann. Hierbei wird lediglich ein Push-Kanal genutzt, welcher die Kunden aktiv und standortspezifisch mit unternehmensseitig gesteuerten Informationen versorgt. Dieser Fokus auf die Bereitstellung und Verbreitung von Informationen entspricht einem eher klassischen Verständnis des Marketing (Meffert et al. 2015, S. 9f). Dies erscheint allerdings nicht per se nachteilig, denn die Informationsbereitstellung erlangt als erster Schritt in der Wirkungskette der Kundenbindung einen hohen Stellenwert (Diller et al. 2005, S. 91). Bemerkenswert ist, dass für diesen Schwerpunkt nahezu alle Instrumentalbereiche des Multichannel E-Commerce abgedeckt werden und eine gute Durchdringung im Sinne des Kundenbindungsmanagements zu erreichen ist. Darüber hinaus kann der unmittelbare kundenbezogene Einsatz von positionsspezifischen Bindungsinstrumenten bspw. in Form von Push-Nachrichten, Verbund- oder exklusiven Produktangeboten die Kundeninformation gezielt verbessern sowie die beabsichtigten Verhaltensreaktionen hervorrufen (Kroeber-Riel/Gröppel-Klein 2013, S. 255).

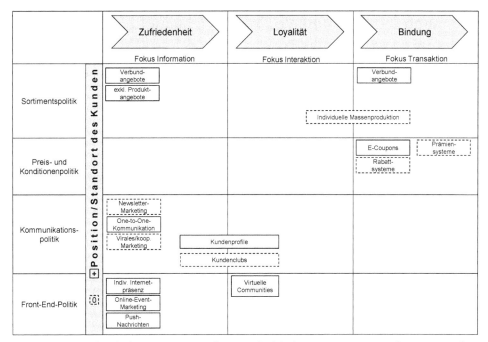

Abbildung 3: Klassische Instrumente des Kundenbindungsmanagements im Kontext des Multichannel E-Commerce

Der Fokus auf *Interaktion* kann hingegen mittels der klassischen Bindungsinstrumente nur bedingt abgebildet werden. Die individuelle Massenproduktion sowie Kundenprofile bzw. -clubs bieten zwar Ansätze zur Abdeckung dieses Schwerpunktes. Dennoch ist aber insgesamt von einer unzureichenden Realisation im Sinne der Wirkungskette auszugehen. Lediglich virtuelle Communities ermöglichen themen- und standortspezifisch ein zumeist textbasiertes Interaktionspotenzial, was grundsätzlich dem Phasenschwerpunkt entspricht (Herstatt/Sander 2004, S. 4f.). Kritisch ist außerdem zu bemerken, dass vor allem in der beim Kundenkontakt besonders wichtigen Front-End-Politik Möglichkeiten für Interaktionen eingeschränkt sind. Ähnliches zeigt sich für den Schwerpunkt der *Transaktion*, welcher zwar in der Sortiments- sowie der Preis- und Konditionenpolitik eine ausreichende Abdeckung erfährt und hierbei kundenpositionsbezogen variiert werden kann, aber in den beiden verbleibenden Instrumentalbereichen nicht schwerpunktmäßig unterstützt wird. Hinsichtlich der identifizierten Diskrepanzen zwischen der Abdeckung der Schwerpunkte des Kundenbindungsmanagements und den Möglichkeiten der klassischen Bindungsinstrumente des Multichannel E-Commerce erscheint eine Suche nach ergänzenden Maßnahmen geboten.

3. Web 2.0-Instrumente im Multichannel E-Commerce

Eine Lösung der dargelegten Problemstellung ist mit Hilfe interaktiver Instrumente des Web 2.0 möglich (Schütt 2006, S. 32; Berthon et al. 2012, S. 264). Im Folgenden werden diese Aktivitäten definitorisch abgegrenzt und schwerpunktmäßig den einzelnen Instrumentalbereichen des Multichannel E-Commerce zugeordnet. Anschließend wird eine Prüfung im Kontext eines interaktiven Kundenbindungsmanagements vorgenommen.

Das sog. Social Web und die damit verbundenen Technologien weisen eine rasante Entwicklung auf (Berthon et al. 2012, S. 265). Das Portfolio verfügbarer technischer Hilfsmittel, die eine effektivere und effizientere Erfassung, Archivierung, Verarbeitung und Übertragung von Daten, Informationen und Wissen ermöglichen, wächst kontinuierlich. Diese technologische Fortentwicklung wird unter dem Begriff Web 2.0 subsumiert (O'Reilly 2005a). Bei den meisten der Definitionen für diese Entwicklungsstufe des WWW wird auf den Ansatz von O'Reilly zurückgegriffen, der darunter eher eine Einstellung als eine Technologie versteht (O'Reilly 2005b; Wirtz et al. 2012, S. 217). Jedoch existieren idealtypische Forderungen an die einzelnen Web 2.0 Anwendungen, die ein Begriffsverständnis ermöglichen (O'Reilly 2005a). Demzufolge sind nicht nur ökonomische oder technologische Gesichtspunkte bei der Nutzung dieser interaktiven online Instrumente relevant, sondern auch soziologische, psychologische und rechtliche Aspekte. Die Partizipation und die Integration der Nutzer sind die wesentlichen Paradigmen des Web 2.0 (Graham 2005; Reichwald/Piller 2009, S. 52f.).

Die Web 2.0 Anwendungen können anhand ihrer Aufgabenschwerpunkte den Instrumentalbereichen des Multichannel E-Commerce zugeordnet und dabei auch kundenpositionsspezifisch adaptiert werden. In Abbildung 4 ist diese Zuordnung dokumentiert, wobei ergänzend die etablierten Kundenbindungsmaßnahmen gegenübergestellt sind.

		Sortimentspolitik	Preispolitik	Kommunikationspolitik	Front-End-Politik
		POSITION/STANDORT DES KUNDEN			
Instrumente des Kundenbindungsmanagement	Kundenpositionsunabhängig	• Individuelle Massenproduktion	• Rabattsysteme • Prämiensysteme	• Kundenclubs • Newsletter & Permission Marketing • Virales & kooperatives Marketing	
	Kundenpositionsspezifisch	• Exklusive Produktangebote • Verbundangebote	• E-Coupons	• One-to-One Kommunikation • Kundenprofile	• Individualisierte Internetpräsenz • Online-Event-Marketing • Push-Nachrichten • Virtuelle Communities
Anwendungen des Web 2.0	Kundenpositionsspezifisch	• Abonnementdienste • Bewertungsportale • Madia-Sharing Plattform • Pod- und Videocasts • Social Networks (passiv) • Social News • Virtuelle Welten • Wikis	• Social Networks (passiv) • Social Shopping	• Abonnementdienste • Bewertungsportale • Blogs • Pod- und Videocasts • Social Bookmarking • Social Networks (aktiv)	• Folksonomy • Mashups • Social Bookmarking • Tagging

Abbildung 4: Ergänzung von Anwendungen des Web 2.0 innerhalb der Instrumentalbereiche

Die aufgeführten Anwendungen des Web 2.0 werden im Folgenden erläutert und das Leistungsvermögen innerhalb des jeweiligen Instrumentalbereichs begründet.

3.1 Einsatzpotenziale in der Sortiments- und Preispolitik

Abonnementdienste, die auch als Feeds bezeichnet werden, stellen eine Technologie dar, die es dem Nutzer ermöglicht, die Inhalte einer Webseite zu abonnieren oder in andere Webseiten einzufügen. Die bekannteste Umsetzungsmöglichkeit sind die sog. RSS-Feeds (Real Simple Syndication). Feeds sind unidirektional und eröffnen dem anbietenden Unternehmen einen Push-Kanal zum Kunden (Beyer 2005, S. 144ff.). Im Gegensatz zur klassischen Push-Kommunikation fordert der Anwender Abonnementdienste an, nachdem er vorher auf ein Angebot aufmerksam gemacht wurde oder das Eintreten eines bestimmten Ereignisses festgelegt hat. Der Empfänger gibt somit sein Einverständnis (opt-in) zum Empfang der Informationen. Durch diese Anforderungen können Nutzerprofile entwickelt werden. Damit wird es den Anbietern möglich, Informationen über gewünschte Produktausprägungen zu gewinnen. Der sich hieraus ergebende Anwendungsschwerpunkt in der Sortimentspolitik (Möhlenbruch 2006, S. 5245) wird zusätzlich dadurch unterstützt, dass derartige Dienste gezielte Informationen über Verfügbarkeiten sowie weitere Produktvorschläge an die Kunden ermöglichen. Das daraus resultierende Senkungspotenzial für kapitalbindende Lagerbestände (z.B. werden Abverkaufsschwankungen ggf. durch gezielte Benachrichtigungen ausgeglichen) sowie die sich ergebende Möglichkeit von Cross-Selling-Transaktionen sind für das Unternehmen attraktiv.

Bewertungsportale sind Internetplattformen, auf denen User ihre Meinungen und Erfahrungen in Bezug auf Produkte, Dienstleistungen oder Unternehmen in Form von Beurteilungen zumeist als Notenpunkte oder Piktogramme (bspw. Anzahl an Sternen) äußern (Rapp 2014, S. 13). Derartige Internetforen werden zwar häufig kommerziell betrieben, sie stellen aber die auf den Angaben der Nutzer basierenden Kunden-Bewertungen kostenlos zur Verfügung (Raake/Hilker 2010, S. 136). Auf dem jeweiligen Portal werden die Einzelbewertungen der Rezensenten aggregiert und als ein Gesamtbild des Bewertungsobjektes dokumentiert. Zusätzlich können die Leser der Beiträge diese als „hilfreich" einschätzen, wodurch ein Regulativ gegen einseitige Bewertungen möglich ist (Hettler 2010, S. 60). Über 25 Prozent der Kunden beziehen Ergebnisse aus Bewertungsportalen in den Kaufentscheidungsprozess ein (Raake/Hilker 2010, S. 138.), denn die Einschätzung einer Unternehmensleistung durch Dritte besitzt für Kunden eine hohe Glaubwürdigkeit (Hettler 2010, S. 60; Heinemann/Gaiser 2015, S. 49). Für den bewerteten Anbieter ist es somit möglich, die aktuelle Kundenwahrnehmung sowohl für das Unternehmen insgesamt als auch für einzelne Sortimentsbereiche im Rahmen des sog. Reputationsmanagements zu bestimmen (Mack/Vilberger 2015, S. 50). Zudem kann auf ggf. negative Bewertungen umgehend bspw. mit Erklärungen, Umtauschangeboten oder letztlich mit Sortimentsbereinigungen reagiert werden. Positive Bewertungen hingegen lassen sich über weitere Kanäle kommunizieren, um u.a. auf eine unternehmensbezogene Sortimentskompetenz hinzuweisen.

Media-Sharing Plattformen ermöglichen es den Unternehmen oder Kunden, Inhalte wie Videos, Fotos, Dokumente oder Audio-Dateien im Internet zu veröffentlichen und demzufolge der Öffentlichkeit zugänglich zu machen (Kreutzer et al. 2014, S. 197). Die User können die jeweiligen Uploads kommentieren und mit sog. Hashtags systematisieren. Das Auffinden der Fotos oder Videos wird somit für die anderen Nutzer erleichtert. Zudem bieten die Plattformen auch Funktionalitäten an, Fotos oder Videos zu bewerten und demzufolge auch das individuelle Interesse bzw. Ästhetikempfinden mitzuteilen. Die Bedeutung der Bildkommunikation zur Verbesserung der Informationsaufnahme durch die Kunden ist im Marketing unbestritten (Kroeber-Riel/Gröppel-Klein 2013, S. 337ff.). Vor diesem Hintergrund bietet insbesondere die mobil erreichbare Plattform Instagram vielfältige visuelle Möglichkeiten für Unternehmen, um auf neue Produkte hinzuweisen, Verwendungssituationen von Produkten darzustellen oder das Produkt in einer imagegerechten Umgebung abzubilden (Firsching 2015). Die Reaktionen der Kunden auf die unternehmensbezogenen Fotos in Form von Bewertungen ermöglichen einerseits Rückschlüsse für Sortimentsentscheidungen. Andererseits ist es auch denkbar, dass Kunden Bilder zum Bewertungsobjekt mit Hilfe von Smartphones erstellen, hochladen und teilen, wodurch Erkenntnisse zu Warenverbünden, Kundensegmentierungen, Produktwahrnehmungen sowie etwaige Trends möglich werden (Firsching 2015).

Ein *Pod- oder Videocast* ist der Inhalt einer Audio- oder Videodatei, die im Internet meist in Kombination mit einem Abonnementdienst bereitgestellt wird (Faltin 2006, S. 12; Hettler 2010, S. 51). Die Dateien werden von den Anbietern auf einem Webserver abgelegt und in regelmäßigen Abständen ergänzt. Nutzer können diese dann entweder einmalig abrufen oder abonnieren. Dies bietet ihnen die Möglichkeit, Dateien unabhängig von Zeit und Ort abzuspielen. Daher werden Pod- und Videocasts häufig in Verbindung mit mobilen Endgeräten genutzt (Blue Sky Media 2009, S. 16). Die mediale Komponente in Kombination mit dem Push-Kanal der Abonnementdienste liefert Multichannel E-Commerce-Anbietern die Chance, zusätzliche Informationen in einer ansprechenden Form zu präsentieren sowie Nutzerprofile mit zielgerichteten Präferenzen zu pflegen.

Sogenannte *Social Networks* als Weiterentwicklung der *virtuellen Communities* bezeichnen Webseiten, die Beziehungen von Nutzern untereinander als virtuelles Interaktionsgeflecht darstellen (Hippner 2006, S. 13; Schroll/Neef 2006, S. 2). Benutzer derartiger Webseiten können ein persönliches Profil von sich anlegen und pflegen. Zusätzlich beteiligen sie sich an Diskussionsforen, welche ihren individuellen Interessengebieten entsprechen (Wirtz et al. 2012, S. 220). Hierbei ergibt sich im Rahmen der Sortimentspolitik die Möglichkeit eines passiven Monitorings, um Anhaltspunkte für Produktentwicklungen zu gewinnen, Verkaufsargumente kennen zu lernen oder lediglich die Meinung der Community zu den einzelnen Produkten in Erfahrung zu bringen. *Social Networks* haben passiv genutzt ebenfalls Auswirkungen auf die Preis- und Konditionenpolitik, da durch ein Monitoring auch Informationen für die Preisgestaltung der Unternehmen gewonnen werden können. Diese ungefilterten und nicht beeinflussten Inhalte sind für die Leistungsanbieter von großer Bedeutung, da die Gefahr einer Verfälschung der Aussagen nicht gegeben ist. Ein Problem kann allerdings darin gesehen werden, dass die Nutzer einer Community nicht fortlaufend über die Inhalte preispolitischer Maßnahmen diskutieren. Dies macht ein längerfristiges Monitoring möglicherweise höchst ineffizient und erweckt den Wunsch nach einer aktiven Beeinflussung des Netzwerks, welche im Abschnitt zur Kommunikationspolitik thematisiert wird.

Dem *Social Shopping* kann zusätzlich ein hoher Stellenwert innerhalb der Preispolitik beigemessen werden. Hierbei erfolgt die Bildung sozialer Netze, um Einkäufe zu tätigen bzw. vorzubereiten. Social Shopping basiert auf dem Prinzip der Gruppendynamik, indem große Gruppen von Usern Produkte untereinander zum Kauf empfehlen und gemeinsam eine Kaufentscheidung treffen (Komus 2006, S. 37f.). Diese Web 2.0 Anwendung begünstigt, dass Kunden bei der Realisierung von Käufen eine Preisdiskussion führen sowie durch ihren Zusammenschluss die Preisverhandlungen mit den Unternehmen und damit deren Preissetzung nachhaltig beeinflussen. Über mobile Endgeräte ist es zudem möglich, regionale Preisdifferenzierungen vorzunehmen, um auf verschiedene Zahlungsbereitschaften und lokale Nachfrageschwankungen unmittelbar zu reagieren.

Social News-Portale kennzeichnen Webseiten, auf denen die Internetnutzer Webinhalte zu den von ihnen definierten Themen zusammenstellen und bewerten (Zarella 2012, S. 130f.). Der Zweck der Bewertungen ist es, eine dem Interesse der User entsprechende Auswahl an Themen und Quellen sicherzustellen (Zarella 2012, S. 131). Anhand von

Diskussionsintensitäten und Bewertungen der Nachrichten ist es den Unternehmen möglich, sowohl Trends und Interessen der Kunden zu ermitteln als auch gegebenenfalls zu überprüfen, ob unternehmenseigene News-Meldungen zu Produkten oder Aktivitäten eine entsprechende Resonanz auf einem Portal erfahren. Die Kombinationsstruktur der Nachrichten innerhalb einer Website ermöglicht es zusätzlich, Erkenntnisse über etwaige Bedarfsverbunde im Sortiment zu erhalten und entsprechend zu reagieren.

Virtuelle Welten können als netzwerkbasierte, persistente und soziale virtuelle Umgebungen bezeichnet werden, die ein Abbild einer Parallelwelt darstellen und in denen eine Vielzahl von Nutzern, repräsentiert durch ihre sog. Avatare, synchron mit anderen Nutzern interagiert (Cullmann 2015, S. 19f.). Diese Online-Plattformen sind durch eine uneingeschränkte und interaktionsreiche Kommunikation der User gekennzeichnet und ermöglichen Unternehmen u.a. auch die Durchführung einer sog. Open Innovation in der Sortimentspolitik (Bächle 2009, S. 15; Daecke 2009, S. 44). Die Nutzer von virtuellen Welten agieren demzufolge als Berater oder Kritiker bei Produkt- sowie Dienstleistungsentwicklungen (Daecke 2009, S. 47ff.), wodurch ein unmittelbarer Bezug zu Sortimentsentscheidungen auch für die reale Welt erkennbar wird. Zudem ermöglichen virtuelle Welten umfassende Erkenntnisse sowohl zum Freizeit- und Entscheidungsverhalten der Avatare bzw. der User als auch u.a. zu Verbundkäufen anhand einer Analyse virtueller Warenkörbe (Cullmann 2015, S. 150ff.). Eine Beteiligung von Unternehmen an virtuellen Welten bietet demzufolge ein zusätzliches Instrument zur Messung des Kauf- und Nutzungsverhaltens von Kunden.

Unter dem Begriff *Wiki* werden offene, kooperative Autorensysteme für Web-Seiten verstanden, welche in der Regel von allen Benutzern gleichermaßen bearbeitet werden können (Wirtz 2016, S. 366). Wikis stellen ein Gruppenprodukt mehrerer Autoren dar, in denen die Inhalte kollektiv zusammengetragen werden und einzelnen Personen nicht direkt zuzuordnen sind. Sie dokumentieren Autoren-, Diskussions- und Kollaborationswerkzeuge (Groß/Hülsbusch 2004, S. 44ff.), die einen Schwerpunkt in der Sortimentspolitik des Multichannel E-Commerce einnehmen können. Mit ihnen sind Unternehmen in der Lage, die Bedeutung von Produkten herauszustellen bzw. Informationen wie Bedienungsanleitungen und Erfahrungsberichte zu platzieren sowie von einer Autorengemeinschaft pflegen zu lassen. Auf dieser Grundlage können Online-Anbieter Value-Added-Services in das Leistungsangebot integrieren, die für den Kunden durch eine nutzergenerierte Erstellung einen Mehrwert darstellen.

3.2 Einsatzpotenziale in der Kommunikations- und Front-End-Politik

Abonnementdienste entsprechen den klassischen Instrumenten des Kundenbindungsmanagements in diesem Instrumentalbereich, indem sie direkt das Newsletter- und Permission-Marketing unterstützen. Durch die neuen Technologien werden zudem Möglichkeiten einer mobilen One-to-One-Kommunikation mit dem Kunden geschaffen, um gezielt individualisierte und positionsbezogene Botschaften zu übermitteln. Den *Social Networks* können zudem ein hohes Nutzenpotenzial und eine große Bedeutung für die Kommunikationspolitik (Barth et al. 2015, S. 221f.) zugesprochen werden, da durch eine Informationsübermittlung der Unternehmensvertreter die Möglichkeit einer aktiven Beeinflussung der Nutzer erreicht wird. Derartige Strategien sind allerdings sehr vorsichtig durchzuführen, da im Falle einer Entdeckung äußerst negative Effekte für die Unternehmen und die Netzwerke auftreten können (Wiedmann/Langner 2004, S. 207; Barman 2016, S. 22). Ebenso bieten *Bewertungsportale* Ansatzpunkte für eine verlässliche und durch Dritte fundierte Kommunikation über Unternehmensangebote, die nunmehr auch mobil verfüg- und editierbar sind (Heinemann/Gaiser 2015, S. 49).

Ein *Blog* (Weblog) hat die Form eines Online-Tagebuchs, in dem zu ausgewählten Themen Beiträge erstellt und in regelmäßigen Abständen aktualisiert werden (Wolff 2007, S. 3f.). Grundsätzlich sind Blogs frei zugänglich und die einzelnen Beiträge von den Lesern kommentierbar. Will sich ein sog. Blogger auf den Inhalt eines anderen Blogs beziehen, dann kann er eine Verlinkung zu diesem setzen. Am Ende des Artikels wird der Link zum Referenzbeitrag aufgeführt und die Entstehung (bzw. die Begründung dafür) kann somit zurückverfolgt werden. Zusätzlich erscheint in den verlinkten Beiträgen der Hinweis auf die Verwendung. Diese Funktionen sind unter dem Begriff Trackback bekannt (Groß/Hülsbusch 2004, S. 44). Durch das Kommentieren, die Möglichkeit des Trackbacks und die sog. Verschlagwortung, dem Tagging, bieten Blogs eine ideale Plattform für eine schnelle und breite Kommunikation (Fini 2009, S. 239ff.). Daher ist der Schwerpunkt dieser Anwendung trotz der bestehenden Nutzungsmöglichkeiten auch in anderen Instrumentalbereichen im Wesentlichen in der Kommunikationspolitik zu sehen (Hippner 2006, S. 15; Scherberich 2012, S. 126f.). Unterstützt wird diese Einordnung durch die Eigenschaft der Blogs, eine individualisierte Kommunikation zu initiieren und zu fördern (Faltin 2006, S. 12; Schütte/Diederich 2006, S. 27).

Die Technologie des *Tagging* ermöglicht den Nutzern das Beschreiben von Inhalten. Sie können eine beliebige Ressource mit einem selbst gewählten Stichwort, einem *Tag*, belegen. Hierbei wird eine zuvor definierte Menge an Stichworten vorgegeben und dem Nutzer steht es frei, eine eigene Kategorisierung zu wählen (Smolnik/Riempp 2006, S. 21). Inhalte werden auf diese Weise durch verschiedene subjektiv gewählte Schlagworte beschrieben. Die aus dem Tagging resultierenden Vernetzungen erreichen oftmals umfassendere Informationsmöglichkeiten als Suchmaschinen (Bächle 2006, S. 123). Es wird deutlich, dass es sich hierbei um eine Anwendung handelt, die unmittelbar der Front-End-Politik zugeordnet werden kann, da eine Gestaltung der direkten Schnittstelle zum Kunden möglich erscheint.

Dies gilt ebenso für die Anwendung von *Mashups*, bei denen das Konzept offener Schnittstellen zur Anwendung kommt. Ein Mashup ist ein webbasiertes Verfahren, das durch das Kombinieren von Inhalten und Daten bereits bestehender Diensteanbieter einen zusätzlichen Kundennutzen stiftet. Die offenen Schnittstellen einzelner Anbieter werden genutzt und alle notwendigen Daten in einer eigenen Anwendung vereint (Kunze 2006, S. 176), sodass die Schnittstelle des Multichannel E-Commerce-Anbieters zu seinen Kunden eine Aufwertung erfährt bzw. ein neues Geschäftsmodell möglich wird (Göhring et al. 2006, S. 62f.).

Social-Bookmarking-Plattformen bieten weitere Ansatzpunkte in der Front-End-Politik, denn sie kennzeichnen ein aggregiertes Ordnungs- und Bewertungsschemata für Internetbeiträge (Hettler 2010, S. 94). Die User können Fundstellen im Internet mit einer hohen Nutzeneinschätzung für die Community in Form eines sog. Lesezeichens (Favorit) auf diesen Portalen veröffentlichen. Die gesetzten Lesezeichen werden durch andere Nutzer ergänzt, bewertet, mit weiteren Schlagwörtern versehen oder gegebenenfalls gelöscht (Hettler 2010, S. 94). Diese Plattformen bieten häufig eine Suchfunktion an, die ein schnelles Auffinden von Informationen insbesondere auch über mobile Endgeräte ermöglicht. Ein Schwerpunkt dieser Anwendung in der Front-End Politik lässt sich demzufolge ableiten, denn die Portale ermöglichen ähnlich wie etablierte Suchmaschinen auch einen raschen Zugang insbesondere zu relevanten und durch Nutzerbewertungen fundierten Informationen. Darüber hinaus bieten Social-Bookmarking-Portale für die Unternehmen Erkenntnisse darüber, ob produkt- oder unternehmensbezogene Informationen innerhalb der Community von Interesse sind und demzufolge per Lesezeichen aufgenommen werden. Zudem bringt das Unternehmen durch diese Anwendung in Erfahrung, wie die jeweiligen Bewertungen dieser Beiträge ausfallen (Hettler 2010, S. 94). Erkenntnisse für Adaptionen in der Kommunikationspolitik sind demzufolge möglich.

Eine Verbindung zwischen Tags und Social-Bookmarking lässt sich in der Anwendung *Folksonomy* identifizieren. Sobald ein Bookmark online gespeichert wurde, kann der jeweilige Nutzer ein entsprechendes Schlagwort (Tag) zuordnen, um das elektronische Lesezeichen zu kategorisieren und die Auffindbarkeit zu erleichtern (Krämer 2014, S. 61). Eine Sammlung dieser verschiedenen Tags wird als Folksonomy bezeichnet (Krämer 2014, S. 61). Das zugrunde liegende Ordnungsschema beruht auf den heterogenen Interessen und Erfahrungen der jeweiligen Community (Krämer 2014, S. 61). Durch diese Funktionalität ist eine interessenbezogene und im Hinblick auf die Relevanz gefilterte Auflistung von wesentlichen Beiträgen im Internet möglich. Auch hierbei wird insbesondere beim Einsatz mobiler Endgeräte das Auffinden von situationsspezifisch gesuchten und standortrelevanten Informationen erleichtert.

4. Interaktives Kundenbindungsmanagement im Multichannel E-Commerce

Die Ergebnisse der vorherigen Kapitel zeigen neben dem Bedarf an interaktiven Ansatzpunkten auch eine grundsätzliche Eignung der Instrumente des Web 2.0 im Multichannel E-Commerce auf. Die bereits dargestellte Systematisierung der einzelnen absatzpolitischen Handlungsfelder entlang der Wirkungskette der Kundenbindung soll daher im Folgenden um die Schwerpunkte des Web 2.0 ergänzt werden.

4.1 Anwendungen des Web 2.0 im Kundenbindungsmanagement

Der für die Phase der Zufriedenheit relevante Fokus auf *Information* wird maßgeblich durch Wikis, Abonnementdienste, Social News sowie Pod- und Videocasts unterstützt. Während Wikis vor allem nutzergetrieben Informationen bereitstellen und somit vertrauensbildende Mehrwerte für den Kunden im Umfeld des angebotenen Sortiments ermöglichen, besitzen Abonnementdienste und Podcasts die Eigenschaft, auf der Basis von Anforderungen des Nutzers positionsbezogene Inhalte zu liefern und im Gegenzug Präferenzen der Kunden zu protokollieren. Zusätzlich wirken Abonnementdienste sowie Pod- und Videocasts im Rahmen der Kommunikationspolitik unterstützend auf die Steigerung der Kundenzufriedenheit, da den Unternehmen ein wirksamer Push-Kanal für Informationsübermittlungen zur Verfügung steht. Die kundenspezifischen Informationen können in Abhängigkeit vom jeweiligen Kundenstandort im Hinblick auf Themen und Angebote variiert werden, wodurch individualisierte und bedarfsorientierte Botschaften möglich sind. Ebenso können Social News Angebote sowie Inhalte auf Media-Sharing-Plattformen zur Verbesserung der Informationsbasis der Kunden bspw. in unbekannten Regionen oder spontanen Bedarfssituationen beitragen. Bereits wenige Postings des Unternehmens können eine hohe Reichweite in der Community erzielen, denn diese Beiträge werden durch andere Nutzer geteilt bzw. kommentiert (Heinemann/Gaiser 2015, S. 20). Im Ergebnis kann dies zu einer Verringerung von Service-Anfragen im Unternehmen führen, wenn die Community bspw. aktiv über neue Artikel im Sortiment und deren Nutzung diskutiert. Es ist auch denkbar, dass durch sog. geo-tagged Mediadaten in unterschiedlichen Regionen die Standortspezifika in Kombination mit den hierfür geeigneten Sortimentsbereichen des Unternehmens visuell dargestellt werden.

Mit dem Einsatz von Tagging sowie Folksonomy werden weitere informationsbezogene Komponenten im Rahmen der Front-End-Politik des Multichannel E-Commerce genutzt. Diese ermöglichen es den Anbietern, eine kundenindividuelle Suche auf ihren Seiten zu etablieren und somit eine höhere Transparenz und bessere Qualitätswahrnehmung der Kunden zu erreichen. Insbesondere bei einer Kontaktaufnahme über das mobile Internet und der damit einhergehenden eingeschränkten Displaygröße ist es durch diese Anwendungen möglich, sowohl den Informationszugang zu erleichtern als auch positionsbezogene Schlagwort- bzw. Linklisten zu präsentieren.

Die als zweite Phase der Wirkungskette der Kundenbindung gekennzeichnete Loyalität und der damit verbundene Fokus auf *Interaktion* lässt sich ebenfalls durch mehrere Instrumente des Web 2.0 positiv beeinflussen. Social Networks, Media-Sharing Portale sowie virtuelle Welten sind interaktionsbezogene Anwendungen, welche die Loyalität der Kunden fördern (Förster/Kreuz 2002, S. 185f.; Cullmann 2015, S. 19f.). Durch ein passives Monitoring dieser Anwendungen (Interaktionen der Kunden untereinander) erhalten die Unternehmen wertvolle Informationen über Präferenzen und Meinungen, die sie in weiteren Ausgestaltungen z.B. der Sortiments- und Preispolitik nutzen können (Kreutzer 2014, S. 350). Die hieraus abzuleitenden zielgerichteten Aktivitäten können das Vertrauen und die Akzeptanz der Kunden verbessern, eine aktive Beeinflussung dieser Communities erreichen sowie ein positives Bild von der Unternehmung und den angebotenen Produkten entwickeln. Die Gefahr einer Umkehr möglicher positiver Effekte ist jedoch sehr groß, da insbesondere ein Verlust an Authentizität einen Bruch des Vertrauens darstellt (Göhring et al. 2006, S. 64). In diesem Zusammenhang ist auch auf mögliche Diskrepanzen hinzuweisen, weshalb Konsumenten mit den Unternehmen über Social Networks kommunizieren (Kreutzer 2014, S. 340).

Bewertungsportale bieten den Unternehmen ebenfalls ein hohes Potenzial für die Interaktion mit den Kunden. Eine aktive Kundenbeteiligung auf diesen Portalen z. B. aufgrund der Beschreibung einer empfundenen Unternehmensleistung ist bereits als beziehungsfördernd zu bezeichnen. Eine positive Bewertung kann dem Unternehmen als Weiterempfehlung dienen und zudem das Unternehmensimage in der Community insgesamt beeinflussen (Kreutzer 2014, S. 353f.). Dieser Effekt ist auch bei negativen Bewertungen denkbar, wenn das Unternehmen zielgerichtet und schnell auf geäußerte Monita bzw. negative Bewertungen reagiert. Auch wenn die Beschwerde eines Kunden öffentlich erfolgt, kann das Unternehmen diese Äußerung sowohl in der kundengerichteten Kommunikation als auch in seinen Entscheidungen zur Sortimentspolitik nutzen. Eine Interaktion mit kritischen Kunden ermöglicht ein rasches elektronisches Beschwerdemanagement, sodass aus zuvor negativen Bewertungen ggf. abgemilderte oder sogar positive Einschätzungen werden, wenn eine Erklärung für den jeweiligen Beschwerdegrund gefunden wird. Darüber hinaus eröffnet das Social Shopping durch die Interaktion der Nutzer preispolitische Möglichkeiten in Abhängigkeit von Kundenstandorten, welche die Loyalität der Kunden verbessern können. Dies ergibt sich vor allem aus der nutzergetriebenen Bewertung von Preisen, die für die Unternehmen direkte Erkenntnisse über Preisbereitschaften enthalten. Eine zielgerichtete Verwertung von Informationen über Zahlungsbereitschaften bietet somit die Chance, Vertrauen und Akzeptanz bei den Verbrauchern hervorzurufen. Die Nutzung von Weblogs zur aktiven Kommunikation von Inhalten des Unternehmens kann aufgrund der interaktiven Komponente ebenfalls zu einer Verbesserung der Kundenloyalität führen. Dies gilt ebenso für die Verbindung von Diensten in Mashups oder den Einsatz von Social Bookmarking bzw. Folksonomy, welche in bestimmten Ausprägungen interaktionsfördernd und loyalitätssteigernd wirken und somit die Akzeptanz der Internetseiten bzw. der Linkauswahl erhöhen.

Eine direkte Unterstützung der Bindung von Kunden kann im Social Shopping durch den Fokus auf *Transaktionen* erreicht werden. Denn eine gemeinsame Durchführung von Kaufvorgängen erhöht in der Regel die Tendenz zu Wieder- bzw. Cross-Buying-Käufen. Zudem wird den Nutzern eine direkte Weiterempfehlung erleichtert. Ähnliches gilt für bestimmte Ausprägungen von Mashups oder virtuelle Welten, bei denen durch die Verbindung bestimmter Services ebenfalls Transaktionen unterstützt werden. Mehrwerte für die Nachfrager können hierbei beispielsweise dann entstehen, wenn vom Anbieter relevante Informationen geboten werden, die der Durchführung von Kaufprozessen dienen (Göhring et al. 2006, S. 62; Cullmann 2015, S. 150ff.).

Darüber hinaus ist festzustellen, dass die weiteren dargestellten Anwendungen des Web 2.0 durch die Beeinflussung von Zufriedenheit und Loyalität ebenfalls Auswirkungen auf die Kundenbindung haben können, da die Wirkungskette als logisches Phasenmodell des Kundenbindungsmanagements anzusehen ist. Abbildung 5 dokumentiert die Anwendungen des Web 2.0 strukturiert nach den Instrumentalbereichen des Multichannel E-Commerce sowie in Bezug auf die Phasen der Wirkungskette der Kundenbindung.

Hierdurch kann eine sinnvolle Ergänzung der klassischen Kundenbindungsmaßnahmen durch die interaktiven Instrumente des Web 2.0 erreicht werden. Außerdem erschließt sich durch das mobile Internet und den Einsatz von Smartphones eine zusätzliche Dimension im Kundenbindungsmanagement, da interaktive Bindungsinstrumente positionsspezifisch und kundenindividuell einzusetzen sind. Derartige Lokalisierungs- und Individualisierungsspezifika können tendenziell die Zielgenauigkeit der eingesetzten Web 2.0-Instrumente erhöhen und somit zu unmittelbaren Mehrwerten in der direkten Interaktion zwischen Unternehmen und Kunden führen. In diesem Zusammenhang ist jedoch kritisch auf einen Prozess der kontinuierlichen Einschränkung von Leistungen und Informationen hinzuweisen, bei dem ggf. nur noch relevanzbasierte Angebote erfolgen (Kreutzer 2014, S. 506). Hierdurch besteht die latente Gefahr, dass sich erhebliche Reduzierungen bei der Bildung neuer Präferenzstrukturen von Kunden ergeben. Vor dem Hintergrund von unterschwelligen sog. Variety-Seeking-Tendenzen sind diese Entwicklungen bzw. Kundenbedürfnisse ebenfalls in einem interaktiven Kundenbindungsmanagement zu beachten (Olderog 2003, S. 86).

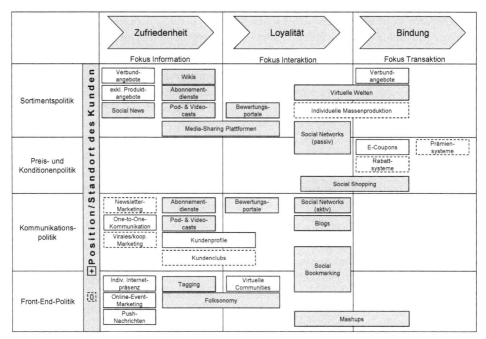

Abbildung 5: Kombination der Instrumente des Kundenbindungsmanagement im Multichannel E-Commerce
(Quelle: In Anlehnung an Möhlenbruch et al. 2008, S. 210)

4.2 Diskussion ausgewählter Anwendungskombinationen entlang der Wirkungskette

Neben einer Systematisierung sowohl der klassischen als auch der interaktiven Kundenbindungsinstrumente erscheint es sinnvoll, leistungsfähige Kombinationsmöglichkeiten dieser Maßnahmen entlang der Wirkungskette der Kundenbindung unter Berücksichtigung der verschiedenen Instrumentalbereiche zu diskutieren. Hierbei bieten sich Chancen, die neueren Instrumente in bestehende Aktivitäten zu integrieren sowie diese sinnvoll zu verknüpfen. Des Weiteren ist anzunehmen, dass der Wirkungsgrad der beschriebenen Instrumente bei einer Verknüpfung von On- und Offline-Welt weiter steigt (Möhlenbruch et al. 2010, S. 17).

Betrachtet man beispielsweise die Sortimentspolitik, dann bietet sich der Einsatz von Wikis gemeinsam mit Verbundangeboten an. Durch eine Aggregation themenspezifischer Informationen (Wirtz 2016, S. 362) besteht einerseits die Möglichkeit, für die entsprechenden Produkte eine dauerhafte Sortimentskompetenz aufzubauen und zusätzliche Informationsservices anzubieten. Andererseits erscheint es zweckmäßig, die publizierten

Kundenbeiträge der User in Bezug auf ihre kollektive Reaktion zu analysieren und ggf. geeignete Verbundangebote zu entwickeln. Im Bereich Fashion werden die Kundenbeiträge beispielsweise sogar prämiert (Stylefruit 2016). Die Interaktion der Nutzer innerhalb von Social Networks, Bewertungsportalen oder virtuellen Welten kann darüber hinaus ebenfalls als Ideengeber für Sortimentsentscheidungen genutzt werden, denn der Anbieter erlangt hierdurch einen Überblick bzgl. der am Sortiment interessierten Verbraucher. Zudem liefern in Social Networks integrierte multimediale Inhalte zumeist authentische Informationen, um passgenaue Verbundangebote bzw. Adaptionen des Produktsortiments zu fördern. Dies kann letztlich durch die Anbieter im Rahmen einer individualisierten Massenproduktion genutzt werden (Förster/Kreuz 2002, S. 191).

In der Preispolitik können interaktive Kundenbindungsinstrumente ebenfalls geeignete Ergänzungen zu etablierten Bindungsaktivitäten liefern, um vor allem die Preistransparenz im Multichannel E-Commerce abzuschwächen (Crockford/Ritschel 2015, S. 4). Social Networks beispielsweise könnten insbesondere zur Ermittlung kundenspezifischer Bedarfe für die Erstellung von Rabatt- bzw. Prämiensystemen genutzt werden. Zusätzlich bieten sowohl die Interaktion der Nutzer innerhalb der Netzwerke als auch die Kundenposition interessante Potenziale hinsichtlich des Einsatzes von E-Coupons. Weiterempfehlungen erfolgen hierbei beispielsweise durch eine Vernetzung von Usern und geo-tagged Inhalten, wobei außerdem ein Monitoring des Einsatzes der elektronischen Coupons zusätzliche Kundeninformationen ermöglicht (Kaiser 2014, S. 183). Hierbei liefern die Einsatzfelder des Customer-Profiling in Verbindung mit positionsspezifischen Daten überzeugende Lösungen (Möhlenbruch et al. 2009). Obwohl die sog. Social Shopping-Aktivitäten gegenwärtig noch nicht ausreichend analysiert wurden, erscheint es zweckmäßig, dieses Instrument ebenfalls mit Rabatt- bzw. Prämiensystemen zu verknüpfen. Darüber hinaus bietet der Einsatz mobiler Endgeräte in diesem Kontext interessante Cross-Channel-Möglichkeiten.

Im Rahmen der Kommunikationspolitik wurde der Stellenwert klassischer Kundenbindungsinstrumente im Hinblick auf eine Bereitstellung von Informationen bereits dargestellt. Ein Einsatz klassischer Instrumente der Kundenbindung zur Information der Nutzer erscheint daher auch unter Berücksichtigung interaktiver Möglichkeiten sinnvoll, um vor allem die Push-Kommunikation zum Konsumenten aufrecht zu erhalten. Als problematisch erweist sich allerdings häufig eine mangelnde Relevanz dieser Kommunikationsform, da allgemeine und für den Kunden uninteressante Newsletterinhalte zum Abbruch der Kommunikation führen können. Um den individuellen und standortabhängigen Informationsansprüchen der Konsumenten gerecht zu werden, bietet es sich daher an, sowohl pull-orientierte Instrumente wie Abonnementdienste zu nutzen als auch interaktive Komponenten wie z.B. Blogs in die News-Kommunikation zu integrieren. Hierdurch kann das Unternehmen zusätzliche Dialoginstrumente initiieren, Kundendaten bzw. Interessen erfassen und somit die Zielgenauigkeit seiner Kommunikationsmaßnahmen erhöhen. Darüber hinaus werden Beiträge und Hinweise anderer User als vertrauenswürdige Quellen eingeschätzt, sodass insgesamt die Kommunikationspolitik als glaubhafter empfunden wird (Heinemann/Gaiser 2015, S. 49).

In der Front-End-Politik beeinflusst eine individualisierte und personalisierte Internetpräsenz zusammen mit Mashups, Social Bookmarking oder Folksonomy positiv die Usability der Web-Seite. Das Instrument der Mashups ermöglicht dabei nicht nur die Integration einer interaktiven und transaktionsfördernden Komponente in das Front-End des Web-Shops, sondern lässt auch wichtige Rückschlüsse auf die kundenseitigen Personalisierungswünsche (Wiedmann et al. 2004, S. 22) und absatzfördernde Effekte für einen Multichannel E-Commerce-Anbieter zu.

5. Fazit

Im Ergebnis kann festgestellt werden, dass eine Kombination klassischer und neuer interaktiver Instrumente des Multichannel E-Commerce im Kundenbindungsmanagement sinnvoll erscheint. Entlang der Wirkungskette der Kundenbindung verschieben sich die Präferenzen von einem anfänglichen Schwerpunkt auf den klassischen und pushorientierten Komponenten hin zu pull-basierten und interaktiven Maßnahmen.

Unternehmen, die erfolgreich Web 2.0 Anwendungen im Rahmen ihrer Kundenbindungsstrategie einsetzen wollen, sollten sich umfassend mit den wettbewerblichen Rahmenbedingungen des Web 2.0 auseinandersetzen und eine systematische Integration in das Kundenbindungsmanagement vornehmen. Die dargestellten Ansätze werden sich in der Praxis allerdings dauerhaft nur dann durchsetzen lassen, wenn sie neben der Generierung von Mehrwerten durch ein höheres Involvement der Kunden ihre Wirtschaftlichkeit für die anwendende Unternehmung unter Beweis stellen. Darüber hinaus erfordert ein nachhaltiger Informations- und Wissenstransfer mittels interaktiver Instrumente eine gegenseitige Nutzungs- und Interaktionsdisziplin, welche beachtliche Auswirkungen auf die kundenbezogene Akzeptanz und Adoption der Maßnahmen haben kann (Kollmann/Stöckmann 2011, S. 50; Heinemann/Gaiser 2015, S. 49). Außerdem ist es erforderlich, eine auf die jeweiligen unternehmerischen Bedürfnisse abgestimmte Kombination aus klassischen und interaktiven Instrumenten zu finden. Der Einsatz von interaktiven Internetanwendungen bietet neben einer stärkeren Emotionalisierung im Multichannel E-Commerce auch die Möglichkeit, sich von der Konkurrenz nachhaltig abzuheben und eine positionsbezogene Kundeninteraktion voranzutreiben. Darüber hinaus erhalten Multichannel E-Commerce-Anbieter mittels der Kundenbindungsaktivitäten durch das Web 2.0 zwar leistungsfähige Dialoginstrumente, verlieren aber möglicherweise die Kontrolle über die Art der kommunizierten Inhalte (Zerfass/Linke 2012, S. 50). Deshalb sollten sie sich mit dem Problem eines kritischen Beeinflussungsgrades beim Beziehungsaufbau auseinandersetzen, da eine von den Nachfragern als zu intensiv empfundene Einflussnahme wiederum mit Akzeptanzproblemen verbunden sein kann.

Insgesamt ergibt sich ein noch weitergehender Forschungsbedarf. So ist der bislang fehlende empirische Nachweis von wirkungssteigernden Zusammenhängen zwischen den einzelnen Schwerpunkten des Kundenbindungsmanagements und den Anwendungen des Web 2.0 von Interesse. Zudem wäre es sinnvoll, die Einsatzpotenziale der vorgestellten Anwendungen in den einzelnen Instrumentalbereichen des Multichannel E-Commerce zu konkretisieren und empirisch zu validieren. Bisher erscheint es weitgehend ungeklärt, ob und inwieweit effektive Steuerungsmöglichkeiten für die Instrumente des Web 2.0 aus Sicht der Multichannel E-Commerce-Anbieter entwickelt werden können.

Literaturverzeichnis

Bächle, M. (2006): Social Software, in: Informatik Spektrum, Vol. 29, No. 2, S. 121-124.

Bächle, M. (2009): Web 2.0 viel mehr als ein Hype, in: Wirtschaftsinformatik und Management, 1. Jg., Nr. 1, S. 14-18.

Barman, H. (2016): Managing Negative Publicity on Social Media: Getting Back on Track, in: Singh, A./Duhan, P. (Hrsg.), Managing Public Relations and Brand Image through Social Media, Hershey, S. 20-29.

Barth, K./Hartmann, M./Schröder, H. (2015), Betriebswirtschaftslehre des Handels, 7. Aufl., Wiesbaden.

Basiri, A./Moore, T./Hill, C./Bhatia, P. (2015): Challenges of Location-Based Services Market Analysis: Current Market Description, in: Gartner, G./Huang, H. (Hrsg.), Progress in Location-Based Services 2014, Heidelberg, S. 273-282.

Bauer, H./Grether, M./Leach, M. (1999): Relationship Marketing im Internet, in: GfK Jahrbuch der Absatz- und Verbrauchsforschung, 45. Jg., Nr. 3, S. 284-302.

Bauer, H./Grether, M./Leach, M. (2002): Building Customer Relations Over the Internet, in: Industrial Marketing Management, Vol. 31, No. 2, S. 155-163.

Bayón, T. (1997): Neuere Mikroökonomie und Marketing: Eine wissenschaftstheoretisch geleitete Analyse, Wiesbaden.

Becker, F. (2016): Kundenbegeisterung durch Serviceinnovationen – Eine Analyse am Beispiel technologiebasierter Self-Services, Wiesbaden.

Bender, G. (2008): Kundengewinnung und -bindung im Web 2.0, in: Hass, B./Walsh, G./Kilian, T. (Hrsg.), Web 2.0, Heidelberg, S. 173-190.

Betz, J./Krafft, M. (2002): Die Wirkung des E-Commerce auf die Kundenzufriedenheit und Kundenbindung, Wiss. Schriftenreihe des Zentrums für Marktorientierte Unternehmensführung, Nr. 23, Vallendar.

Beyer, T. (2005): RSS-Feeds im Internet, in: CLB Chemie im Labor und Biotechnik, 56. Jg., Nr. 5, S. 144-148.

Berthon, P. R./Pitt, L. F./Plangger, K./Shapiro, D. (2012): Marketing Meets Web 2.0, Social Media, and Creative Consumers: Implications for International Marketing Strategy, in: Business Horizons, Vol. 55, No. 3, S. 261-271.

Bitkom Research (2016): Smartphone-Nutzer; ab 14 Jahre, Anteil der befragten Smartphone-Nutzer, die die folgenden Funktionen mit ihrem Smartphone nutzen. Statista – Das Statistik-Portal, http://de.statista.com/statistik/daten/studie/166150/umfrage/nutzung-von-smartphone-funktionen-in-deutschland/ (Zugriff am 07.06.2016).

Bliemel, W. F./Eggert, A. (1998): Kundenbindung – die neue Sollstrategie, in: Marketing ZFP, 20. Jg., Nr. 1, S. 37-46.

Blue Sky Media (2009): Die Podcaster – Podcast-Befragung 2009, Hannover/Berlin.

Bösener, K./Roth, S. (2015): Kundenzufriedenheit und Kundenpreisverhalten, in: Meyer, A. (Hrsg.), Aktuelle Aspekte in der Dienstleistungsforschung, Wiesbaden, S. 65-91.

Bruhn, M. (2016): Relationship Marketing – Das Management von Kundenbeziehungen, 5. Aufl., München.

Crockford, G./Ritschel, F. (2015): Pricingherausforderungen im E-Commerce, Halle.

Cullmann, C.F. (2015): Virtueller Konsum – Warenkörbe, Wägungsschemata und Verbraucherpreisindizes in virtuellen Welten, Koblenz-Landau.

Daecke, J.C. (2009): Nutzung virtueller Welten zur Kundenintegration in der Neuproduktentwicklung: Eine explorative Untersuchung am Beispiel der Automobilindustrie, Wiesbaden.

Diller, H. (1996): Kundenbindung als Marketingziel, in: Marketing ZFP, 18. Jg., Nr. 2, S. 81-94.

Diller, H. (2001): Die Erfolgsaussichten des Beziehungsmarketing im Internet, in: Eggert, A./Fassott, G. (Hrsg.): Electronic Customer Relationship Management – Management der Kundenbeziehungen im Internet-Zeitalter, Stuttgart, S. 66-85.

Diller, H./Haas, A./Ivens, B. (2005): Verkauf und Kundenmanagement – Eine prozessorientierte Konzeption, Stuttgart.

ECC Köln (2014): Cross-Channel 2020 – Smart Natives im Fokus. Zusammenarbeit mit hybris GmbH, Köln.

Faltin, C. (2006): Vom Web 2.0 zum Marketing 2.0, in: Marketing Journal, 39. Jg., o. Nr., Sonderheft Web 2.0, S. 10-13.

Fini, A. (2009): Social Networking and Personal Learning Environment, in: Dasgupta, S. (Hrsg.), Social Computing – Concepts, Methodologies, Tools, and Applications, IGI Global, S. 238-246.

Firsching, J. (2015): Mehr als Cat Content und Selfies – Erfolgreiches Instagram Marketing für Unternehmen, in: Scholz, H. (Hrsg), Social goes Mobile – Kunden gezielt erreichen, o.S.

Förster, A./Kreuz, P. (2002): Offensives Marketing im E-Business, Heidelberg.

Fung, H./Carstensen, L. L. (2003): Sending Memorable Messages to the Old: Age Differences in Preferences and Memory for Advertisements, in: Journal of Personality and Social Psychology, Vol. 85, Nr. 1, S. 163-178.

Garcia, A. G./Rennhak, C. (2006): Kundenbindung – Grundlagen und Begrifflichkeiten, in: Rennhak, C. (Hrsg.), Herausforderung Kundenbindung, Wiesbaden, S. 1-38.

Gilbert, D. U. (2007): Vertrauen als Gegenstand der ökonomischen Theorie- ausgewählte theoretische Perspektiven, empirische Einsichten und neue Erkenntnisse, in: Zeitschrift für Management, 2. Jg., Nr. 1, S. 60-107.

Göhring, M./Happ, S./Müller, T. (2006): Web 2.0 im Kundenmanagement, in: Hildebrand, K./Hofmann, J. (Hrsg.), Social Software, Praxis der Wirtschaftsinformatik, 43. Jg., Nr. 252, S. 54-65.

Goldmedia (2014): Location-based Services Monitor 2014, Berlin.

Graham, P. (2005): Web 2.0, http://www.paulgraham.com/web20.html (Zugriff am 18.05.2016).

Groß, M./Hülsbusch, W. (2004): Weblogs und Wikis – eine neue Medienrevolution?, in: Wissensmanagement, 6. Jg., Nr. 8, S. 44-48.

Heinemann, G. (2016): Der neue Online-Handel, Geschäftsmodell und Kanalexzellenz im Digital Commerce, 7. Aufl., Wiesbaden.

Heinemann, G./Gaiser, Ch. (2015): SoLoMo – Always-on im Handel, Die soziale, lokale und mobile Zukunft des Shopping, 2. Aufl., Wiesbaden.

Herstatt, C./Sander, J. G. (2004): Produktentwicklung mit virtuellen Communities – Kundenwünsche erfahren und Innovationen realisieren, Wiesbaden.

Hettler, U. (2010): Social Media Marketing: Marketing mit Blogs, Sozialen Netzwerken und weiteren Anwendungen des Web 2.0, München.

Hippner, H. (2006): Bedeutung, Anwendungen und Einsatzpotenziale von Social Software, in: Hildebrand, K./Hofmann, J. (Hrsg.), Social Software, Praxis der Wirtschaftsinformatik, 43. Jg., Nr. 252, S. 6-16.

Homburg, Ch. (2015): Marketingmanagement: Strategie, Instrumente, Umsetzung und Unternehmensführung, 5. Aufl., Wiesbaden.

Homburg, Ch./Koschate, N./Hoyer W. D. (2005): Do Satisfied Customers Really Pay More? A study of the Relationship Between Customer Satisfaction and Willingness to Pay, in: Journal of Marketing, Vol. 69, No. 2, S. 84-96.

Homburg, Ch./Koschate, N. (2003): Kann Kundenzufriedenheit negative Reaktionen auf Preiserhöhungen abschwächen?, in: Die Betriebswirtschaft, 63. Jg., Nr. 6, S. 619-634.

Homburg, Ch./Giering, A./Hentschel, F. (1999): Der Zusammenhang zwischen Kundenzufriedenheit und Kundenbindung, in: Die Betriebswirtschaft, 59. Jg., Nr. 2, S. 174-195.

Holland, H. (2014): Dialogmarketing – offline und online, in: Holland, H. (Hrsg.), Digitales Dialogmarketing – Grundlagen, Strategien und Instrumente, Wiesbaden, S. 3-28.

Kaiser, T. (2014): Direct – Mail - Couponing. Eine Empirische Untersuchung der langfristigen Absatzwirkung, Wiesbaden.

Kollmann, T. (2016): E-Business – Grundlagen elektronischer Geschäftsprozesse in der Net Economy, 6. Aufl., Stuttgart.

Kollmann, T./Stöckmann, C. (2011): Diffusion von Web 2.0-Plattformen, in: Hass, B./ Walsh, G./Kilian, T. (Hrsg.), Web 2.0, 2. Aufl., Heidelberg, S. 33-47.

Komus, A. (2006): Social Software als organisatorisches Phänomen – Einsatzmöglichkeiten in Unternehmen, in: Hildebrand, K./Hofmann, J. (Hrsg.), Social Software, Praxis der Wirtschaftsinformatik, 43. Jg., Nr. 252, S. 36-44.

Krämer, J. (2014): Mittelstand 2.0, Typabhängige Nutzungspotenziale von Social Media in mittelständischen Unternehmen, Wiesbaden.

Kreutzer, R. T. (2014): Praxisorientiertes Online-Marketing. Konzepte – Instrumente – Checklisten, 2. Aufl., Wiesbaden.

Kreutzer, R. T./Rumler, A./Wille-Baumkauff, B. (2014): B2B-Online-Marketing und Social Media, Wiesbaden.

Kroeber-Riel, W./Gröppel-Klein, A. (2013): Konsumentenverhalten, 10. Aufl., München.

Krol, B. (2010): Standortfaktoren und Standorterfolg im Electronic Retailing, Konzeptualisierung, Operationalisierung und Erfolgswirkungen von virtuellen Standorten elektronischer Einzelhandelsunternehmen, Wiesbaden.

Kunze, M. (2006): Verflochtenes Leben, in: c't, o. Jg, Nr. 1, S. 174-178.

Lanzer, W. (2012): Kontextsensitive Services für mobile Endgeräte- Spezifizierung und Evaluation eines Steuerungsmodells im Mobile Marketing, Wiesbaden.

Mack, D./Vilberger, D. (2015): Social Media für KMU: Der Leitfaden mit allen Grundlagen, Strategien und Instrumenten, Wiesbaden.

Martin, I. (2009): Kundenbindung im beratungsintensiven Einzelhandel, Wiesbaden.

Meffert, H./Burmann, Ch./Kirchgeorg, M. (2015): Marketing – Grundlagen marktorientierter Unternehmensführung, 12. Aufl., Wiesbaden.

Möhlenbruch, D. (2006): Sortimentspolitik, in: Handelsblatt (Hrsg.), Wirtschaftslexikon, Band 11, Stuttgart, S. 5245-5254.

Möhlenbruch, D./Blunck, D. E./Ritschel, F. (2010): Interactive Web 2.0 Applications in the Multi-Channel-Marketing for Retailers, in: European Retail Research, Vol. 24, No. 1, S. 1-25.

Möhlenbruch, D./Dölling, S./Ritschel, F. (2008): Neue interaktive Instrumente des Kundenbindungsmanagements im E-Commerce, in: Bauer, H. H./Große-Leege, D./Rösger, J. (Hrsg.), Interactive Marketing im Web 2.0+, 2. Aufl., S. 197-214.

Möhlenbruch, D./Ritschel, F./Sinning, F. (2009): Einsatzmöglichkeiten des Customer Profiling im Kundenrückgewinnungsmanagement des E-Retailing, Betriebswirtschaftliche Diskussionsbeiträge der Martin-Luther-Universität Halle-Wittenberg, Nr. 78/2009, Halle.

Moschis, G. P./Mathur, A. (2006): Older Consumer Responses to Marketing Stimuli: The Power of Subjective Age, in: Journal of Advertising Research, Vol. 46, Nr. 3, S. 339-346.

Müller-Hagedorn, L./Natter, M. (2011): Handelsmarketing, 5. Aufl., Stuttgart.

Oku, K./Hattori, F. (2015): Mapping Geotagged Tweets to Tourist Spots Considering Activity Region of Spot, in: Matsua, T./ Hashimoto, K./Iwamoto, H. (Hrsg.), Tourism Informatics – Towards Novel Knowledge Based Approaches, Heidelberg, S. 15-30.

Olderog, T. (2003): Faktoren des Markterfolges im Online-Handel, Wiesbaden.

O'Reilly, T. (2005a): What is the Web 2.0?, http://www.oreilly.com/pub/a/web2/archive/what-is-web-20.html (Zugriff am 16.06.2016).

O'Reilly, T. (2005b): Web 2.0: Compact Definition?, http://radar.oreilly.com/2005/10/web-20-compact-definition.html (Zugriff am 16.06.2016).

Piller, F./Schaller, C. (2002): E-Loyalty – Kundenbindung durch Individualisierung im E-Business, in: Keuper, F. (Hrsg.), Electronic Business und Mobile Business, Wiesbaden, S. 440-463.

Raake, S./Hilker, C. (2010): Web 2.0 in der Finanzbranche: Die neue Macht des Kunden, Wiesbaden.

Rapp, B. (2014): Bewertungsportale. Entwicklungen, Situationen und Potenziale, Hamburg.

Reichwald, R./Piller, F. (2009): Interaktive Wertschöpfung – Open Innovation, Individualisierung und neue Formen der Arbeitsteilung, 2. Aufl., Wiesbaden.

Scherberich, J.-U. (2012): CRM und Web 2.0, in: Helmke, S./Uebel, M./Dangelmaier, W.(Hrsg.), Effektives Customer Relationship Management: Instrumente – Einführungskonzepte und Organisation, 5. Aufl., Wiesbaden, S. 119-138.

Schmidt, H. (2015): Anzahl der Smartphone-Nutzer in Deutschland in den Jahren 2009 bis 2015 (in Millionen). In Statista – Das Statistik-Portal, http://de.statista.com/statistik/daten/studie/198959/umfrage/anzahl-der-smartphonenutzer-in-deutschland-seit-2010/ (Zugriff am 07.06.2016).

Schmieder, U.-M. (2010): Integrierte Multichannel-Kommunikation im Einzelhandel, Wiesbaden.

Schütt, P. (2006): Social Computing im Web 2.0, in: Wissensmanagement, 8. Jg., Nr. 3, S. 30-33.

Schütte, C./Diederich, L. (2006): Neues aus der Blogoshäre – digitale Mundpropaganda via Weblog, in: Marketing Journal, 39. Jg., o. Nr., Sonderheft Web 2.0, S. 26-28.

Schramm-Klein, H./Wagner, G. (2013): Multichannel-E-Commerce – Neue Absatzwege im Online-Handel, in: Crockford, G./Ritschel, F./Schmieder, U.-M. (Hrsg.), Handel in Theorie und Praxis, Wiesbaden, S. 468- 492.

Schroll, W./Neef, A. (2006): Web 2.0 Report, Teil 1, Web 2.0-Was ist dran, in: Z-trend, o. Jg., Nr. 1, S. 1-6.

Smolnik, S./Riempp, G. (2006): Nutzenpotenziale, Erfolgsfaktoren und Leistungsindikatoren von Social Software für das organisationale Wissensmanagement, in: Hildebrand, K./Hofmann, J. (Hrsg.), Social Software, Praxis der Wirtschaftsinformatik, 43. Jg., Nr. 252, S. 17-26.

Stafflage, M. (2016): In-store Mobile Marketing-Kommunikation – Empirische Analysen von Determinanten aus Konsumentensicht, Wiesbaden.

Stylefruit (2016): Style-Contests, http://www.stylefruits.de/mag/contests (Zugriff am 16.06.2016).

Trommsdorff, V./Teichert, T. (2011): Konsumentenverhalten, 8. Aufl., Stuttgart.

Van Looy, A. (2016): Social Media Management – Technologies and Strategies for Creating Business Value, Heidelberg.

Wagner, G. (2015): Multichannel e-Commerce: Consumer Behavior Across e-Channels and e-Channel Touchpoints, Siegen.

Wiedmann, K.-P./Langner, S. (2004): Beeinflussung im Internet – Klassische Techniken und aktuelle Phänomene, in: Wiedmann, K.-P./Buxel, H./Frenzel, T./Walsh, G. (Hrsg.), Konsumentenverhalten im Internet, Wiesbaden, S. 197-225.

Wiedmann, K.-P./Walsh, G./Frenzel, T./Buxel, H. (2004): Konsumentenverhalten im Internet: Eine Einführung, in: Wiedmann, K.-P./Buxel, H./Frenzel, T./Walsh, G. (Hrsg.), Konsumentenverhalten im Internet, Wiesbaden, S. 11-32.

Wilke, K./Duscha, A./Hudetz, K. (2005): Kundenbindung über das Internet, in: Hudetz, K. (Hrsg.), E-Commerce im Handel – Status Quo und Perspektiven, Gernsbach, S. 101-133.

Wirtz, B. W./Lihotzky, N. (2005): Kundenbindungsmanagement im Electronic Business: Instrumente und ihre Wirkung, in: GfK Jahrbuch der Absatz- und Verbrauchsforschung, 51. Jg., Nr. 2, S. 136-155.

Wirtz, B. W. (2013): Multi-Channel-Marketing. Grundlagen, Instrumente, Prozesse, 2. Aufl., Wiesbaden.

Wirtz, B. W. (2016): Direktmarketing-Management. Grundlagen – Instrumente - Prozesse, 4. Aufl., Wiesbaden.

Wirtz, B. W./Nitzsche, P./Ullrich, S. (2012): Nutzerintegration im Web 2.0, in: Die Betriebswirtschaft, 72. Jg., Nr. 3, S. 215-234.

Wiswede, G. (2012): Einführung in die Wirtschaftspsychologie, 5. Aufl., München.

Wolff, P. (2007): Die Macht der Blogs. Chancen und Risiken von Corporate Blogs und Podcasting, 2. Aufl., Frechen.

Zarella, D. (2012): Das Social Media Marketing Buch, 2. Aufl., Köln.

Zerfass, A./Linke, A. (2012): Social Media in der Unternehmenskommunikation: Strategien, Kompetenzen, Governance, in: Die Unternehmung, 66. Jg., Nr. 1, S. 49-62.

Summary

Multichannel E-Commerce is of growing interest for vendors and customers and with that its importance within the mix of marketing and distributing channels increases. This is of particular significance when customer retention and improved service are essential success factors. Because of their focus on customer integration the instruments of Web 2.0 offer interactive possibilities for customer retention management. With a systematization of the web-based applications added to the classical approach linked to an evaluation of existing possibilities of customer retention this article offers a reasonable frame of reference for the utilization of Web 2.0 within the success chain of customer retention management.

Fünfter Teil

Implementierung des Kundenbindungsmanagements

Sven Reinecke

Controlling der Kundenbindung

1. Kundenbindungsmanagement: Ansatzpunkte für das Marketingcontrolling
   1.1 Facetten der Kundenbindung
   1.2 Bindungsarten, -potenziale und -ebenen
   1.3 Kundenzufriedenheit, Vertrauen und Commitment

2. Kennzahlengestütztes Controlling des Kundenbindungsmanagements
   2.1 Potenziale der Kundenbindung
   2.2 Effektivität der Kundenbindung
       2.2.1 Stärke der Kundenbindung
       2.2.2 Struktur der Kundenbindung
       2.2.3 Stabilität der Kundenbindung
   2.3 Effizienz der Kundenbindung

3. Fazit

Literaturverzeichnis

Prof. Dr. Sven Reinecke ist Direktor des Instituts für Marketing sowie Titularprofessor für Betriebswirtschaftslehre mit besonderer Berücksichtigung des Marketing an der Universität St. Gallen (HSG).

1. Kundenbindungsmanagement: Ansatzpunkte für das Marketingcontrolling

1.1 Facetten der Kundenbindung

Kundenbindung ist auch nach zwei Jahrzehnten der intensiven Diskussion immer noch einer der am meisten diskutierten Themen der heutigen Marketingwelt. Die einen Unternehmen erwähnen sie in ihren Geschäftsberichten, andere Firmen suchen in Stellenanzeigen „den/die Marketingreferent/in Kundenbindung/Dialog". Seminaranbieter (siehe für die nachfolgenden Ausführungen insbesondere Dittrich 2002) übertrumpfen sich mit Veranstaltungsangeboten zu Themen wie „Kundenloyalität und -bindung", „Customer Relationship Management" oder „Effektive und effiziente Kundenorientierung". Da der Begriff „Kundenbindung" aus Kundensicht häufig eine negative Konnotation aufweist (niemand ist gerne „gebunden"), wird der Begriff häufig durch anscheinend positiver klingende, wenn auch nicht inhaltsidentische englischsprachige Ausdrücke wie „Customer Retention" oder „Customer Centricity" ersetzt.

Häufig wird vereinfacht angenommen, dass Kundenbindung ein wiederholtes Kaufverhalten abbildet. Bei genauerer Analyse zeigt sich jedoch ein sehr facettenreiches Begriffsverständnis. Zunächst gilt es daher, zwischen einer nachfrager- und einer anbieterbezogenen, bzw. wie Meffert (2008) es formuliert, einer kaufverhaltens- und managementbezogenen Sichtweise der Kundenbindung zu unterscheiden.

Nimmt man die *nachfragerorientierte Perspektive* ein, so ist das Bezugs*subjekt*, d.h. der Träger einer bestimmten Einstellung oder eines speziellen Verhaltens, der Kunde. Seine Treue oder Bindung kann sich nun auf verschiedene *Objekte* beziehen: beispielsweise auf ein Produkt, eine Marke, eine Firma, ein Handelsgeschäft, eine Technologie oder eine Person. Vereinfachend kann aus nachfragerorientierter Sicht Kundenbindung wie folgt definiert werden: Kundenbindung ist dann vorhanden, wenn es auf Kundenseite Gründe gibt, die wiederholtes Kaufen als sinnvoll und/oder notwendig erscheinen lassen. Dies äußert sich im bisherigen Kauf- und Weiterempfehlungsverhalten sowie durch zukünftige Kauf- und Weiterempfehlungsabsichten.

Eine *anbieterorientierte Sichtweise* bezieht sich auf die Maßnahmen der Unternehmen, das Ziel Kundenbindung zu erreichen. Viele Beiträge in der Literatur beschränken sich auf die Untersuchung einzelner Instrumente, wie beispielsweise Verkaufsförderung, Direct Marketing, Beschwerdemanagement, Kundenberatung, Internet, Kundenzeitschriften, Kundenkarten, Kundenclubs, Hotlines, Bonusprogramme oder Servicegarantien. Kundenbindungsmanagement jedoch umfasst die systematische Konzeption, Planung, Durchführung und Kontrolle aller Tätigkeiten mit dem Ziel, im Rahmen der Unternehmensziele eine positive Einstellung und ein zielkonformes Verhalten bei vorhandenen Kunden zu erhalten und auszubauen (Meyer/Oevermann 1995, Sp. 1344). Unter *Kundenbindung* werden dabei sämtliche Maßnahmen verstanden, die zu *kontinuierlichen oder vermehrten Wieder-, Zusatz- und Folgekäufen* führen bzw. *verhindern, dass Kunden abwandern* (Tomczak/Reinecke 1999, S. 296; Tomczak/Kuß/Reinecke 2014,

S. 130f.) Aus anbieterorientierter Sicht umfasst die Kernaufgabe Kundenbindung demnach das *Ausschöpfen von Kundenpotenzialen*.

1.2 Bindungsarten, -potenziale und -ebenen

Grundsätzlich lassen sich bei der Kundenbindung die *Bindungsarten* Attraktivität und Abhängigkeit unterscheiden (siehe Abbildung 1).

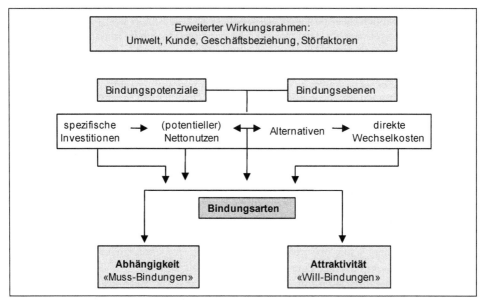

Abbildung 1: Bindungsarten Attraktivität und Abhängigkeit sowie deren Determinanten (Quelle: Dittrich 2002, S. 59)

(1) *Attraktivität:* Attraktive Geschäftsbeziehungen bieten dem Kunden einen positiven derzeitigen und/oder zukünftigen Nettonutzen. Unter Nettonutzen versteht man alle technisch-funktionalen (z.B. Kapazitätsumfang, Messgenauigkeit, Qualität i.e.S.), wirtschaftlichen (z.B. monatliche statt wöchentliche Rechnungen, längere Lebensdauer von Verbrauchsteilen), servicebezogenen (z.B. Beratung, Schulung) sowie emotionalen (Sicherheitsgefühl) und sozialen Vorteile (z.B. Image gegenüber eigenen Kunden, Anerkennung im sozialen Umfeld), die durch die Leistung und innerhalb der Beziehung gewonnen werden abzüglich jeglicher damit verbundenen Kosten bzw. Aufwendungen, inklusive des Einkaufspreises (ähnlich Anderson/Narus 1999, S. 98; Backhaus/Voeth 2014, S. 13 ff.).

(2) *Abhängigkeit:* An dieser Stelle soll es genügen, Abhängigkeit beim Kunden als dessen eingeschränkte Handlungsfreiheit in Bezug auf den Wiederkauf zu bezeichnen

(zur Abhängigkeit siehe ausführlich Reinecke 1996, S. 116ff.). Diese Einschränkung resultiert daraus, dass bei einem Wechsel zusätzliche Kosten und/oder Nutzeneinbußen entstehen. *Quellen der Abhängigkeit* sind:

- Spezifische Investitionen, die mit einem potenziellen Nutzenverlust im Fall eines Partnerwechsels verbunden sind („sunk costs").
- Direkte Wechselkosten, d.h. Vertragsstrafen bzw. Anstrengungen, um beispielsweise eine gewisse Wechselträgheit zu überwinden, oder hohe Umstellungskosten und gewisse Risiken bei der Aufnahme einer neuen Beziehung.
- Fehlende oder als schlechter beurteilte Alternativen.

Häufig ist es hilfreich, nicht nur die Bindungsarten, sondern auch die Bindungspotenziale zu analysieren (siehe Abbildung 2 linker Teil).

Die Gestaltung der *Bindungspotenziale* führt zu *Will-* und/oder *Muss-Bindungen* (siehe auch Tomczak/Reinecke/Dittrich 2009). Es lassen sich ökonomische, technisch-funktionale, organisatorische, vertragliche und sozialpsychologische Bindungspotenziale unterscheiden.

Ökonomische Bindungspotenziale beziehen sich insbesondere auf die Leistung und die damit verbundenen Austauschprozesse. Es gibt drei Quellen zur Erhöhung:

(1) Anbieter können den Nettonutzenvorteil gegenüber der Konkurrenz vergrößern (Zeitpunkt), indem Kosten gesenkt und/oder Nutzen gesteigert werden.

(2) Ein höherer Nettonutzen entsteht erst im Zeitverlauf. Zukünftige Boni, und Rationalisierungs- oder Profitabilitätseffekte steigern zunehmend den Wert der Beziehung (Krapfel/Salmond/Spekman 1991, S. 25f.).

(3) Hohe direkte Wechselkosten bewirken, dass es ökonomisch unvorteilhaft erscheint, zu wechseln.

Technisch-funktionale Bindungspotenziale erzeugen einen Kaufverbund von Kern- und Zusatzleistungen, z.B. aufgrund einer inkompatiblen Systemtechnologie. Zum einen kann Abhängigkeit („Lock-in-Effekt") durch eingeschränkte Beschaffungswege von Zusatz- oder Ersatzteilen die Folge sein. Zum anderen besteht die Möglichkeit, dass Kunden einzelne Komponenten erst sukzessiv erwerben, was insbesondere im klassischen Systemgeschäft sinnvoll ist.

Organisatorische Bindungspotenziale sind dann relevant, wenn Unternehmen ihre internen Prozesse und Strukturen aufeinander abstimmen. Schulungen der Mitarbeiter des Kunden und eingespielte Abläufe (z.B. Bestellung, Bezahlung) führen dann zu höherem Nettonutzen, aber auch zu einer gewissen Abhängigkeit.

Vertragliche Bindungspotenziale dienen vorrangig der Absicherung von Austauschprozessen. Für den Kunden erwachsen daraus i.d.R. sowohl Rechte (z.B. auf den Erhalt einer bestimmten Leistung) als auch Pflichten (z.B. Zahlung innerhalb einer bestimmten Frist, gegebenenfalls von Vertragsstrafen).

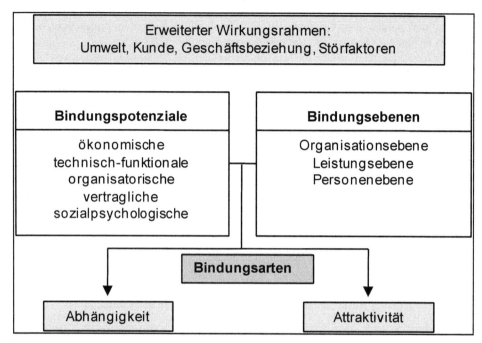

Abbildung 2: Bindungspotenziale und Bindungsebenen
(Quelle: Dittrich 2002, S. 66.)

Geschäftsbeziehungen sind komplex. Je intensiver die Zusammenarbeit und je größer die Zahl der beteiligten Personen am Kauf- und Entscheidungsprozess, desto zahlreicher sind die Schnittstellen zwischen Anbieter und Kunde. Vereinfacht lassen sich drei *Bindungsebenen* unterscheiden (siehe Abbildung 2 rechter Teil; vgl. auch Diller/Kusterer 1988; Plinke 1989, S. 308; Diller 1995):

- *Organisationsebene* – betrifft die Bindung an das Unternehmen als solches sowie transaktionsübergreifend wirkende Strukturen und Prozesse zwischen Anbieter(unternehmen) und Kunde(nunternehmen). So entstehen einerseits Bindungen aufgrund formeller und informeller Arbeitsabläufe zur Geschäftsabwicklung (z.B. Informations- und Warenströme, Produktionsplanungssysteme oder Mehrwegverpackungssysteme); andererseits bewirken auch Kapitalverflechtungen und Kooperationsabkommen Bindungen zwischen zwei Organisationen.

- *Leistungsebene* – betrifft die Austauschleistung und alle direkt damit zusammenhängenden Prozesse zwischen Anbieter(unternehmen) und Kunde(nunternehmen). Als Kernstück der Austauschbeziehungen ist die Leistungsebene für alle Unternehmen entscheidend. Für Markenartikler ist sie oft die einzige direkte Beziehung zum Endkunden und deshalb besonders wichtig (Sheth/Parvatiyar 1995, S. 256; Tomczak et al. 1998, S. 42ff.). Als Mittel zur sozialpsychologischen Bindung nimmt die Marke (z.B. adidas, Apple) eine besondere Position ein.

▪ *Personenebene* – betrifft die beteiligten Individuen und gegebenenfalls diese in ihrer Rolle als Mitarbeiter des Anbieter- und Kundenunternehmens. Auf der Personenebene entstehen sozialpsychologische Bindungen zwischen zwei oder mehreren Individuen (z.B. Bindung durch Vertrauen). Die Ebene ist insbesondere für Dienstleister und Unternehmen mit persönlichem Verkauf relevant (siehe Tomczak et al. 1998, S. 15ff. und S. 63). Insbesondere dann, wenn Produkt und Anbieter nicht trennbar sind (z.B. Friseur, Arzt), entwickeln Kunden auch zum Mitarbeiter eine Beziehung (Sheth/Parvatiyar 1995, S. 256).

1.3 Kundenzufriedenheit, Vertrauen und Commitment

Bisher wurden die Ursachen der Kundenbindung hauptsächlich aus Kosten- und Nutzengesichtspunkten betrachtet. Der Vorteil der in Abbildung 3 dargestellten psychologischen Konstrukte liegt darin, dass diese eine relativ höhere Aussagekraft in Bezug auf *Verhaltensabsichten* und das tatsächliche Kundenverhalten haben.

Kundenzufriedenheit wird neben den klassischen theoretischen Konstrukten wie z.B. Einstellung oder Involvement herangezogen, um das Verhalten von Konsumenten näher zu erklären. Sie ist das Ergebnis eines psychischen Bewertungsprozesses, bei dem die subjektiv wahrgenommenen Leistungen eines Anbieters (Ist) mit den eigenen Erwartungen (Soll) verglichen werden (Confirmation/Disconfirmation-Paradigma; siehe Day 1982, S. 5 sowie ausführlicher im Beitrag von Homburg/Becker/Hentschel in diesem Handbuch). Allerdings muss Zufriedenheit nicht zwingend zum Wiederkauf führen. Für eine Kundenabwanderung trotz Zufriedenheit sind die unterschiedlichen Intensitäten und Qualitäten von Kundenzufriedenheit maßgebend (siehe hierzu Stauss 1997 und den Beitrag von Homburg/Becker/Hentschel 2016 in diesem Handbuch).

Vertrauen und *Commitment* werden als die Schlüsselfaktoren für langfristige Beziehungen bezeichnet (z.B. Ganesan 1994; Morgan/Hunt 1994). Sie tragen dazu bei, dass sich spezifische Investitionen durch kooperatives Verhalten rechnen. Aufgrund der Erwartung, dass sich der Partner nicht opportunistisch verhält, können unsichere, aber ökonomisch sinnvolle Aktionen durchgeführt werden, die allein nicht realisierbar gewesen wären (Morgan/Hunt 1994, S. 22). *Vertrauen* ist eine notwendige Bedingung, um beispielsweise Zeitdifferenzen zwischen dem Abgeben und Einhalten von Versprechen zu überbrücken. Zudem hat Vertrauen eine kostenreduzierende Funktion, indem es u.a. hilft, bürokratischen Koordinations- und Kontrollaufwand zu senken, Verhandlungen einzusparen, einen offenen Informationsaustausch zu führen und teilweise auf schriftliche Vereinbarungen zu verzichten. Luhmann bezeichnet deshalb Vertrauen als Mechanismus zur Reduzierung von unkontrollierbarer Komplexität (Luhmann 2014). Untersuchungen haben allerdings gezeigt, dass Vertrauen nur dann Kundenbindungseffekte hervorruft, wenn der Kundennutzen und somit die Attraktivität des Angebots aus Kundensicht positiv beeinflusst wird (Siredeshmukh/Singh/Sabol 2002).

Das Konstrukt des *Commitments* hat seinen Ursprung in der Verhaltensforschung, insbesondere in der Sozialpsychologie. Im Zusammenhang mit Kundenbindung ist ein zentraler Bestandteil des Commitments die Absicht, eine wertvolle Beziehung fortzusetzen (Moorman/Zaltman/Desphande 1992, S. 316; siehe auch Morgan/Hunt 1994, S. 23, und anders Anderson/Weitz 1992, S. 19; Rusbult 1983, S. 102, m.w.N.). Darin enthalten ist die Bereitschaft, dafür auch kurzfristig Opfer zu bringen (Dwyer/Schurr/Oh 1987).

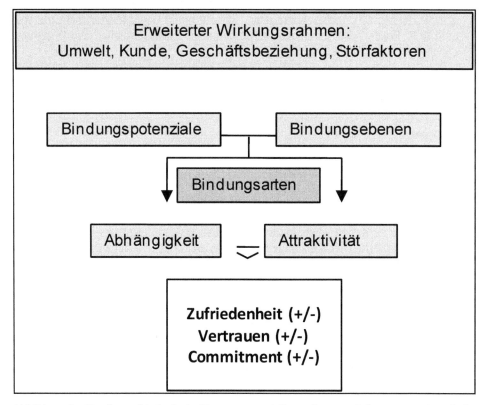

Abbildung 3: Kundenzufriedenheit, Vertrauen und Commitment als bewertetes Ergebnis der wahrgenommenen Bindungen (+/– als neutrale Bezeichnung) (Quelle: Dittrich 2002, S. 75)

2. Kennzahlengestütztes Controlling des Kundenbindungsmanagements

Ein Controlling der Kernaufgabe „Kundenbindung" strebt danach, „klassische" Marketingfragen zu beantworten, beispielsweise: Wie lange bleiben Kunden dem Unternehmen durchschnittlich treu? Wie und warum verändert sich dieses Verhalten?

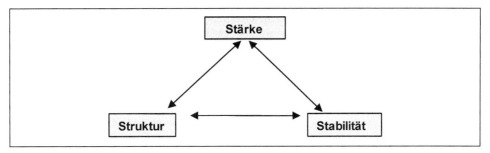

Abbildung 4: Drei zentrale Kriterien für eine optimale Kundenbindung
(Quelle: Reinecke 2004, S. 277)

Marketingcontrolling dient der Sicherstellung von Effektivität (= Wirksamkeit) und Effizienz (= Wirtschaftlichkeit) einer marktorientierten Unternehmensführung (Reinecke/Janz 2007; Reinecke 2014). Somit ist es sinnvoll, zwischen Effektivität und Effizienz der Kundenbindung zu unterscheiden. Bezüglich der Effektivität der Kundenbindung lassen sich drei Aspekte unterscheiden: Kundenbindungsstärke, -struktur und -stabilität (Tomczak/Reinecke/Dittrich 1999, S. 7; Reinecke 2004; siehe Abbildung 4).

(1) *Stärke der Kundenbindung:* Hierunter wird das Ausmaß an wahrgenommener Attraktivität und faktischer Abhängigkeit der Kunden verstanden.

(2) *Struktur der Bindung:* Die Kundenbindungsstruktur bezieht sich auf drei Aspekte. Erstens auf das aus Kundensicht wahrgenommene Verhältnis zwischen Attraktivität (freiwilliger Loyalität) und Abhängigkeit. Zweitens ist zu analysieren, auf welche Bezugsebenen (Unternehmen, Marke bzw. Leistung oder Person) sich die Kundenbindung richtet. Drittens interessiert die Struktur der gebundenen Kunden.

(3) *Stabilität der Kundenbindung*: Diese drückt den Grad der Resistenz der Kundenbindung gegenüber Störfaktoren aus.

Ein integriertes Controlling der Effektivität der Kundenbindung muss alle drei Bereiche umfassen (siehe Tabelle 1); neben der Messung der Kundenbindungs*stärke* sind somit auch die *Struktur* und die *Stabilität* der Bindungen zu bewerten. Hier stößt ein kennzahlengestütztes Controlling allerdings an gewisse methodenimmanente Grenzen.

Potenziale der Kundenbindung	Finanz-, Human- und Strukturkapital	Voraussetzungen und Determinanten für eine effektive und effiziente Kundenbindung
	Marktpotenziale (Kunden- und Leistungspotenziale)	(z.B. finanzielle Mittel, verfügbare Informationstechnologie, Fähigkeiten und Wissen der Mitarbeiter bei der Kundenbetreuung, verfügbare Distributionskanäle, Historie der Kundenbeziehungen)
Effektivität der Kundenbindung	Stärke der Kundenbindung	Intentionale und faktische Kundenbindung (wahrgenommene Attraktivität und faktische Abhängigkeit)
	Struktur der Kundenbindung	Wahrgenommenes Verhältnis zwischen Attraktivität und Abhängigkeit aus Kundensicht
		Bezugsebenen der Kundenbindung: Bindung an Personen, Leistungen und/oder Organisation
		Zusammensetzung der Stammkunden hinsichtlich Herkunft, Eigenschaften sowie Potenzial
	Stabilität der Kundenbindung	Grad der Resistenz der Kundenbindungsstärke gegenüber Störfaktoren
Effizienz der Kundenbindung	Wirtschaftlichkeit der Kundenbindungsmaßnahmen	Kosten-/Nutzen- bzw. Aufwands-/Ertrags-Betrachtungen bezüglich der Kundenbindungsmaßnahmen

Tabelle 1: Controlling des Ausschöpfens von Kundenpotenzialen (Überblick)
(Quelle: Reinecke 2004, S. 278)

2.1 Potenziale der Kundenbindung

Die Potenziale der Kundenbindung entsprechen jenen Voraussetzungen, die erforderlich sind, damit das Ausschöpfen von Kundenpotenzialen bestmöglich erfolgen kann (siehe Tabelle 2). Neben den für die Kundenbindung zur Verfügung stehenden finanziellen Mitteln und dem Leistungsangebot des Unternehmens kommt insbesondere Wissensaspekten eine hohe Bedeutung zu. Um die unterschiedlichen Teilaufgaben dieser Kernaufgabe zu erfüllen, sind besondere Kompetenzen erforderlich (Diller 1995, S. 50ff.; Specht 1996, S. 11f.; Tomczak/Dittrich 1998, S. 35ff.; Tomczak/Reinecke/Mühlmeier 2002): Die Mitarbeiter müssen in der Lage sein, Kundeninformationen durch einen intelligenten Einsatz von Technologien umfassend zu erfassen und zu nutzen (Day 2000), Kunden zu segmentieren und gegebenenfalls zu selektieren (Day 2000, S. 6), individuell und bedürfnisgerecht zu betreuen, mit ihnen zu interagieren und sie in die Unternehmensprozesse zu integrieren (Kleinaltenkamp/Fließ/Jacob 1996). Hierzu zählt insbesondere auch der Einsatz von sozialen Medien (ausführlich Malthouse et al. 2013).

Für eine erfolgreiche Kundenbindung ist es wichtig, dass Wissen über die Kunden vorhanden ist und auch tatsächlich genutzt wird (Reinecke/Mühlmeier 2002). Ferner sind loyale Mitarbeiter, die ihren persönlichen Erfolg auch in der Zufriedenheit und Loyalität der Kunden sehen, eine wichtige Voraussetzung für eine effektive Kundenbindung (Reichheld/Kenny 1990, S. 21). Eine niedrige Mitarbeiterfluktuation führt zu einem geringeren Verlust an Wissen und somit in der Regel zu einer individuelleren, bedürfnisgerechteren Betreuung von Kunden; dies wirkt sich wiederum positiv auf die Kundenbindung aus (Heskett et al. 1994).

Potenziale („Inputs")	Kennzahlen (Beispiele)
Finanzielle Mittel, die für Kundenbindung zur Verfügung stehen	Finanzwirtschaftlicher Aufwand für Kundenbindung
Humankapital:	
• Personelle Basis	• Anteil/Anzahl der Mitarbeiter mit Kundenkontakt
	• Anteil/Anzahl der Mitarbeiter in der Kundenbetreuung (ggf. im Verhältnis zur Kundenanzahl)
	• Anteil verzögerter oder stornierter Kundenbindungsprojekte aufgrund fehlenden Personals
• Fähigkeiten der Mitarbeiter zur Nutzung von Kundeninformationen, Kundensegmentierung und -selektion, individuellen Betreuung, Interaktion mit Kunden, Kundenintegration, zum Aufbau emotionaler Bindungen	• Anteil/Anzahl der bezüglich Kundenorientierung oder -bindung ausgebildeten Mitarbeiter
	• Anteil/Anzahl der Kundenbindungsprojekte, an denen Kunden mitwirken
	• Index zur Messung der Beziehungskompetenz und der Empathie
• Einsatzbereitschaft, Flexibilität	• Kundenkenntnis der Mitarbeiter
• Kooperationsfähigkeit	• Nutzungsgrad bzw. -intensität der Kundendatenbank
• Mitarbeiterzufriedenheit und niedrige -fluktuation	• Mitarbeiterzufriedenheitsindex, -fluktuationsquote
Strukturkapital:	
• Kundenbindungsorientierte Führungskultur und wissensorientierte Unternehmenskultur	• Wahrnehmung der Kundenorientierung durch Management, Mitarbeiter, Kunden und Lieferanten
	• Wahrnehmung des marktorientierten Problemlösungs- und Entscheidungsverhaltens durch Management und Mitarbeiter
• Kundendatenbank	• Größe, Präzision und Aktualität der Datenbanken/ Größe und Engagement in Social Media & Online-Communities
• Verfügbare Distributionskanäle	• Anzahl und relative Bedeutung der Distributionskanäle (einschließlich Kooperationen)
Insbesondere Marktpotenziale:	
• Vorhandene Leistungspotenziale	• Image und Marktanteil des Unternehmens bzw. der vorhandenen Marktleistungen, aggregierter Markenwert
• Vorhandene Kundenpotenziale	• Aggregierter potenzieller Kundenwert und dessen bisheriger Ausschöpfungsgrad sowie diesen bestimmende Kenngrössen, beispielsweise Marktgröße, Marktdurchdringung, Kundenanteile

Tabelle 2: Potenziale der Kundenbindung (Beispiele)
(Quelle: In Anlehnung an Reinecke 2004, S. 279)

2.2 Effektivität der Kundenbindung

2.2.1 Stärke der Kundenbindung

Die vereinfachte grundsätzliche *Wirkungskette der Kundenbindung* (zu kritischen Anmerkungen siehe Reinartz/Krafft 2001) kann wie folgt zusammengefasst werden: Maßnahmen des Kundenbindungsmanagements führen zu Kundenzufriedenheit, Kundenzufriedenheit führt über positive Kundenverhaltensabsichten (Helm 1995, S. 29; Zeithaml/Berry/Parasuraman 1996, S. 33) zu Kundenbindung und Kundenbindung zu ökonomischem Erfolg (vgl. den Einführungsbeitrag von Homburg/Bruhn sowie den Beitrag von Bruhn/Georgi in diesem Handbuch). Für eine Beurteilung der Kundenbindungsstärke ist somit eine Analyse der Kundenbindungsmaßnahmen (Prozesse zwischen Unternehmen und Kunde) sowie eine *intentionale Effektivitätskontrolle* (Indikatoren für das nur indirekt messbare beabsichtigte Kaufverhalten) und eine *faktische Effektivitätskontrolle* (Messung des tatsächlichen Kaufverhaltens) erforderlich (siehe Tabelle 3, vgl. Diller 1996; und den Einführungsbeitrag von Homburg/Bruhn in diesem Handbuch).

Die kundennahen Prozesse (u.a. Kühn 2002, S. 106ff.) entsprechen wiederum der Informations-, Leistungs- und Entgeltebene (Ford 1990). Eine häufig wichtige Kennzahl zur Beurteilung kundennaher Prozesse ist die Größe „Perfect order"; sie misst, ob der Kunde die Ware in richtiger Qualität und Quantität mit korrekter Rechnung an dem von ihm gewünschten Termin erhält (Neely 1998, S. 164). Auch der „Customer Effort Score" (Dixon/Freeman/Toman 2010) misst die Prozessebene in Form des Kundenaufwands bei einer Anfrage.

Kundennahe Prozesse bzw. deren Wahrnehmung durch den Kunden (Kelley/Davis 1994, S. 54ff.) schlagen sich letztlich in *Einstellungen* nieder, insbesondere *Kundenzufriedenheit und Vertrauen* (zu den nachfolgenden Ausführungen siehe Dittrich 2002, S. 74ff.). Die Kenngröße Kundenzufriedenheit ist für die Kundenbindung zweifelsohne eine der wichtigsten Größen, der nicht nur eine Kontroll-, sondern vor allem eine Frühwarnfunktion zukommt (Helm 1995). Als alleinige Kennzahl reicht sie allerdings nicht aus. *Vertrauen* und *Commitment* (Ganesan 1994; Morgan/Hunt 1994) helfen sicherzustellen, dass sich kundenspezifische Investitionen auch ohne vertragliche Bindungen auszahlen. Die Preiswürdigkeit gibt die Kundenwahrnehmung des Preis-Leistungs-Verhältnisses wieder, während sich die Preisgünstigkeit allein auf die Einschätzung des absoluten Preises (ohne Bezug auf die Leistung) bezieht (Diller 2008, S. 136ff.).

Commitment (siehe insbesondere Söllner 1993, S. 92ff.) schließt die *Absicht* ein, eine wertvolle Beziehung fortzusetzen (Moorman/Zaltman/Deshpandé 1992, S. 316; Morgen/Hunt 1994, S. 23). Weitere, insbesondere mit Hilfe von Kundenbefragungen *direkt messbare Verhaltensabsichten* sind Wechsel- bzw. Weiterempfehlungsbereitschaft und -absicht, Zusatzkaufabsicht sowie die Bereitschaft zur Intensivierung der Geschäfte (u.v.a. Anderson/Sullivan 1993; Jones/Sasser 1995; Zeithaml/Berry/Parasuraman 1996). Allerdings ist die Validität direkt erfragter Kaufabsichten unsicher, weil eine Absicht lediglich mehr oder weniger eine Kaufwahrscheinlichkeit ausdrückt. Dennoch haben sich die Größen „Wiederkaufabsicht" und insbesondere die „Weiterempfehlungsbereitschaft" in der Praxis durchaus bewährt. Letztere wird in der Wissenschaft insbesondere in ihrer Operationalisierung als „Net Promotor Score" (Reichheld/Markey 2011) durchaus kontrovers diskutiert.

Verhaltensgrößen zur Messung der Kundenbindungsstärke beziehen sich entweder auf den Kundenstamm und/oder auf einzelne Kunden. Sie kennzeichnen konkretes Verhalten – sei es bzgl. kundeninitiierter Kontakte auf sozialen Medien (ausführlich Peters et al. 2013), die Kundenabwanderungsrate (siehe hierzu Jahromi/Stakhovych/Ewing 2014) oder ökonomische Resultate (beispielsweise die durchschnittliche Umsatzhöhe pro Kauf). Auch Abwanderungs- bzw. Stornoanalysen zählen hierzu. Letztere bilden wiederum Frühwarnindikatoren, um weitere Wechsel zu vermeiden. Die „Cross Buying-Rate" misst, ob es gelungen ist, bestehende Kunden zu Zusatzkäufen zu motivieren. Die zentrale Größe „Kundendurchdringungs- bzw. -penetrationsrate" („Share of Wallet") geht einen Schritt weiter, weil sie sowohl den Gesamtbedarf des Kunden als auch die relevante Konkurrenz einbezieht. Mit Hilfe der Größen „Zeitdauer nach letztem Kauf" sowie der „Kauffrequenz" lassen sich „schlafende" Kunden ermitteln, die in letzter Zeit beim Anbieter nicht mehr gekauft haben. Die Kontakt- bzw. Kauffrequenz ist insbesondere für den Handel, den persönlichen Verkauf oder bei Dienstleistungen eine relevante Größe (Diller/Müllner 1997, S. 19ff.). Eine der Schlüsselkennzahlen ist die Kundenbindungsrate. Sie gibt an, welcher Anteil der Kunden einer Periode in der nächsten Periode noch Kunde ist. In vielen Branchen wird anstelle der Kundenbindungs- die Kundenabwanderungsrate verwendet.

Unternehmen in mehrstufigen oder anonymen Massenmärkten sind häufig nicht in der Lage, einzelkundenbezogene Verhaltensgrößen zu ermitteln. Ihr primäres Bezugsobjekt ist meist das Produkt oder die Marke. Eine zentrale Kundenbindungskennzahl ist daher die Wiederholungskaufrate (Kroeber-Riel/Gröppel-Klein 2013, S. 485ff.).

Das Kaufverhalten der Stammkunden schlägt sich letztlich im *finanzwirtschaftlichen Ergebnis* der bisherigen Kunden nieder (beispielsweise dem Anteil des Gesamtdeckungsbeitrags, der mit Stammkunden erwirtschaftet wurde).

Abbildung 5 fasst die vereinfachte Ursache-Wirkungs-Kette mit ausgewählten Kenngrößen der verschiedenen Ebenen zusammen. Eine einzige „goldene" bzw. überlegene Kundenbindungskennzahl gibt es nicht: weder Kundenzufriedenheit, noch Net Promoter Score, noch Customer Effort Score (siehe auch Doorn/Leeflang/Tijs 2013 und Haan/Verhoef/Wiesel 2015).

Prozesse	**Kontaktintensität:** Anzahl der Kontakte mit Stammkunden während einer definierten Periode; „Reach" in sozialen Medien **Angebotsgeschwindigkeit:** Durchschnittliche Dauer der Angebotserstellung **Anzahl Offerten:** Anzahl der für Stammkunden abgegebenen Angebote **Perfect Response:** Anteil bzw. Anzahl der Kundenanfragen, die vom Unternehmen unmittelbar beantwortet werden (können) **Verfügbarkeit bzw. Distributionsgrad:** Präsenz der Marktleistungen zu dem vom Kunden gewünschten Termin und am gewünschten Ort **Perfect Order:** Anteil bzw. Anzahl der Lieferungen, die zum vom Kunden gewünschten Termin vollständig und korrekt ausgeliefert wurden (Liefermenge, -qualität, -ort, -zeit und -rechnung korrekt)
Einstellung	**(Relative) Kundenzufriedenheit:** Vergleich der Kundenerwartungen mit den subjektiv wahrgenommenen Leistungen (im Konkurrenzvergleich) **Wahrgenommener Kundenaufwand:** wahrgenommene Kundenanstrengung bei Anfragen **Vertrauen:** Kundenwahrnehmung von Anbieterkompetenz und der Wahrscheinlichkeit, dass dieser auf opportunistisches Verhalten verzichtet **Wahrgenommene Abhängigkeit:** Einschätzung der Abhängigkeit von einem Anbieter aus Kundensicht **Wahrgenommene Preisgünstigkeit:** Einschätzung der Preisgünstigkeit der Angebote aus Sicht der Stammkunden **Wahrgenommenes Preis-Leistungs-Verhältnis:** Wahrgenommene Preiswürdigkeit der Angebote aus Sicht der Stammkunden
Verhaltens- absichten	**Kooperationsbereitschaft:** Bereitschaft des Kunden, mit dem Anbieter zu kooperieren (beispielsweise im Rahmen der Produktentwicklung) **Commitment bzw. Wiederkaufabsicht:** Absicht der eigenen Kunden, beim Anbieter erneut zu kaufen **Weiterempfehlungsbereitschaft bzw. -absicht:** (grundsätzliche) Bereitschaft bzw. tatsächliche Absicht der eigenen Kunden, den Anbieter weiterzuempfehlen (z.B. „Net Promotor Score") **Wechselbereitschaft:** (grundsätzliche) Bereitschaft der eigenen Kunden, den Anbieter zu wechseln **Wechselabsicht:** Absicht der eigenen Kunden, den Anbieter zu wechseln
Kunden- verhalten (außer Kauf)	**Kontakthäufigkeit:** Anzahl der kundeninitiierten Kontakte pro Zeiteinheit (per Telefon, per E-Mail, Besuche auf Webseite usw.; Ladenbesuche) **Interaktionsrate:** Anzahl von Fans in sozialen Medien; Anzahl von Interaktionen auf sozialen Medien **Beschwerde- bzw. Reklamationsanzahl:** Zahl der Beschwerden in einer Periode (ggf. aufgeschlüsselt nach Beschwerdearten) **Weiterempfehlungen:** Anzahl der Weiterempfehlungen in einer Periode t
(Kauf-) Verhalten	**Umsatz pro Kauf:** Durchschnittlicher Kaufbetrag von Stammkunden **Kaufintensität:** Anzahl der Käufe pro Zeiteinheit **Wiederkaufrate:*** Anteil der Kunden am Gesamtkundenstamm, die Wiederkäufe getätigt haben *oder* Anteil des Umsatzes mit vorhandenen Kunden (mit mindestens einem Wiederkauf) am Gesamtumsatz **Auftragsquote:*** Aufträge in Relation zu Anfragen bei Stammkunden

	Relative Zeitdauer seit letztem Kauf: Zeitdauer seit dem letzten Kauf bzw. erwartete durchschnittliche Zeitdauer bis zum Wiederkauf
	(Gewichtete) Kundenbindungsrate:* Anteil der Kunden aus t_0, die in t_1 noch Kunde sind (pro Jahr oder nach Alter der Beziehung) (ggf. gewichtet nach Umsatz oder Deckungsbeitrag)
	Angepasste Kundenbindungsrate:* Kundenbindungsrate, die um die nicht beeinflussbare Kundenabwanderung korrigiert wird (z. B. Todesfälle)
	(Gewichtete) Kundenabwanderungsrate:* Anteil der Kunden aus t_0, die in t_1 nicht mehr Kunde sind (= Kundenfluktuationsrate bzw. „attrition rate" im Finanzdienstleistungs- oder „churn rate" im Telekommunikationsbereich) (ggf. gewichtet nach Umsatz oder Deckungsbeitrag)
	Kundenhalbwertszeit:* Zeitdauer, nach der die Hälfte aller neu akquirierten Kunden das Unternehmen wieder verlassen hat (bzw. haben würde) („Drehtürgeschwindigkeit")
	Rückgewinnungsrate:* Anteil der zurückgewonnenen Kunden an der Gesamtzahl der kontaktierten abgewanderten Kunden
	Rabattanteil am Umsatz: Durchschnittliche Rabattgewährung am Umsatz mit Stammkunden
	(Gewichtete) Stornoquote bei Stammkunden:* Anteil der stornierten Aufträge von Stammkunden an allen Aufträgen (ggf. umsatzgewichtet)
	Kundendurchdringungsrate: Anteil der Bedarfsdeckung des Kunden beim Anbieter in Relation zum (geschätzten) Gesamtbedarf des Kunden (= Share of Wallet, Kundenanteil, Kundenpenetrationsrate)
	Relative Kundendurchdringungsrate: Anteil der Bedarfsdeckung des Kunden beim Anbieter in Relation zum Anteil des größten Konkurrenten
	Cross Buying-Rate: Zusatzkäufe nach Anzahl/Art, Umsatz pro Zeiteinheit
	Erschließungsgrad:* Zahl der eigenen Kunden im Verhältnis zur Zahl potenziell möglicher Nachfrager
Finanzwirtschaftliches Ergebnis	**Umsatz mit Stammkunden:** Erzielter Umsatz mit Nichtneukunden
	Kundendeckungsbeitrag mit Stammkunden: Erzielter Kundendeckungsbeitrag mit Kunden, die bereits einmal gekauft haben
	Stammkundenanteil am Umsatz:* Anteil des Umsatzes mit Nichtneukunden am Gesamtumsatz
	Stammkundenanteil am Deckungsbeitrag:* Anteil des Deckungsbeitrags mit Nichtneukunden am Deckungsbeitrag aller Kunden
	Forderungsausfall: Höhe bzw. Anteil der Forderungsausfälle am Umsatz mit Stammkunden
	*Kennzahl ist ausschließlich auf aggregierter Ebene sinnvoll.

Tabelle 3: Ausgewählte Kennzahlen zur Messung der Kundenbindungsstärke
(Quelle: In Anlehnung an DeSouza 1992, S. 25f.; Jones/Sasser 1995, S. 94; Dittrich 2002, S. 204; Reinecke 2004, S. 282f.)

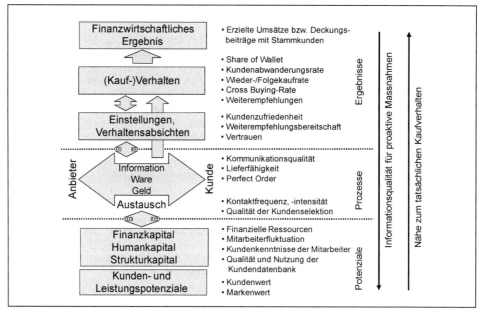

Abbildung 5: Ursache-Wirkungs-Kette zur Messung der Kundenbindungsstärke
(Quelle: In Anlehnung an Dittrich 2002, S. 198)

2.2.2 Struktur der Kundenbindung

Neben der Messung der Kundenbindungsstärke ist es erforderlich, die Struktur dieser Kernaufgabe zu analysieren (Bindungsarten, Bindungsebenen, Struktur der gebundenen Kunden). Alle drei Aspekte können mit Hilfe von Kenngrößen allein allerdings lediglich eingeschränkt analysiert werden (siehe Tabelle 4).

Mit Hilfe einer Analyse der Bindungsarten (Attraktivität und Abhängigkeit) kann das Gleichgewicht der Kundenbindung überprüft werden (Plinke 1997, S. 50; Tomczak/ Reinecke/Dittrich 2009): Kundenbindung nur über Attraktivität (beispielsweise Kundenzufriedenheit) zu erzielen ist häufig teuer. Kundenbindung nur über Abhängigkeit (beispielsweise über Verträge) zu erreichen, fördert opportunistisches Verhalten und erschwert die Kundenakquisition. Langfristig ist somit sicherzustellen, dass die Kundenbindungsmaßnahmen in ihrer Gesamtheit sowohl zu Attraktivität als auch zu einer gewissen Abhängigkeit führen. Ergänzend sind Risikokenngrößen sinnvoll, um selbst nicht von einzelnen Key Accounts abhängig zu sein.

Je nach Unternehmenssituation kann es sinnvoll sein, auch bezüglich der verschiedenen *Bindungsebenen* (Organisation/Unternehmen, Leistung/Marke, Personen) ein Gleichgewicht anzustreben. So ist es für eine Privatbank beispielsweise nicht vorteilhaft, wenn die Kundenbindung ausschließlich auf persönlichen Beziehungen zwischen Mitarbeitern und Kunden beruht. Denn für den Fall, dass die Mitarbeiter den Arbeitgeber wechseln sollten, besteht sonst die Gefahr, dass die Kunden das Unternehmen ebenfalls wechseln.

Die Struktur der Stammkunden kann analog zur Kundenakquisition mit Kennzahlen analysiert werden; sie beeinflusst die Effektivität der Kundenbindung maßgeblich (siehe hierzu auch Palloks 1998, S. 257).

Bindungsarten[*] (Verhältnis von Attraktivität und Abhängigkeit)	**Analyse der Wahrnehmung der Bindungsart aus Kundensicht:** Verhältnis von Kundenzufriedenheit und wahrgenommener Abhängigkeit **Vertragliche Bindung:** Durchschnittliche Restdauer der vertraglich vereinbarten Kundenbindung **Gegenüberstellung Kundenzufriedenheit und Kaufverhalten:** Analyse von Differenzen zwischen der gemessenen Kundenzufriedenheit und dem tatsächlichen Kauf- und Migrationsverhalten der Kunden **Abhängigkeit von einem Kunden:** Umsatzanteil des Kunden in Prozent im Verhältnis zu (1 − Break-even-Kapazität in Prozent)
Bindungsebenen (Bindung an Unternehmen, Leistungen bzw. Marken oder Personen)	**Kaufgrundanalysen:** Analyse der Bezugsfaktoren für die Kundenbindung (beispielsweise Vertreter, Marke, Unternehmensimage, Leistung, ggf. als Rangordnungsziffern) **Zufriedenheitsanalysen:** Analyse von Differenzen zwischen Unternehmens-, Marken- und Mitarbeiterzufriedenheiten **Wechselwahrscheinlichkeitsanalysen:** Analyse des voraussichtlichen Kaufverhaltens, wenn gewisse Leistungsaspekte geändert würden (beispielsweise Vertreterwechsel)
Kundenstruktur	**Zielkundenanteil:** (Umsatz-/Deckungsbeitrags-)Anteil der Stammkunden, die auch dem anvisierten Kundensegment angehören **Aktionskundenanteil:** Anteil der Stammkunden, die ausschließlich zu Sonderpreisen bzw. -konditionen kaufen **Durchschnittliches Potenzial der Stammkunden:** Durchschnittliches Umsatz- oder Deckungsbeitragspotenzial der Stammkunden für einen definierten Zeitraum **A-, B-, C-Kundenanteil der Stammkunden:** Anteil der A-, B- oder C-Kunden (beispielsweise nach Umsatz, Deckungsbeitrag, Share of Wallet oder Potenzial) an den Stammkunden **Großhandelskundenanteil:** (Umsatz-/Deckungsbeitrags-)Anteil der Großhandelskunden an den Stammkunden **Forderungsausfallquote:** Stammkundenanteil mit Forderungsausfällen **Dauer der Kundenbeziehung:** Durchschnittliche Dauer der Kundenbeziehung bzw. Anteil verschiedener Altersklassen an Umsatz, Deckungsbeitrag oder Gesamtkundenzahl

[*]Analyse ist nur eingeschränkt mit Hilfe von Kennzahlen möglich

Tabelle 4: Ausgewählte Kennzahlen zur Messung der Struktur der Kundenbindung
(Quelle: In Anlehnung an Reinecke 2004, S. 290)

2.2.3 Stabilität der Kundenbindung

Neben der Stärke und der Struktur ist auch der *Stabilität* der Kundenbindung spezielle Aufmerksamkeit zu widmen (Meyer/Oevermann 1995, Sp. 1342; Palloks 1998, S. 263). So müssen bei der Kundenbindung insbesondere externe potenzielle Gefährdungen im Sinne einer umfassenden Frühaufklärung (Krystek/Müller-Stewens 1993, S. 21) antizipiert werden, beispielsweise der mögliche Markteintritt neuer Wettbewerber, geänderte rechtliche Bestimmungen oder neue Branchenspielregeln (beispielsweise Outsourcing).

Zusammenfassend kann festgestellt werden, dass sich die Stärke der Kundenbindung mit geeigneten spezifischen Kenngrößen kontrollieren lässt. Um Struktur und Stabilität ebenfalls in ein integriertes Kundenbindungscontrolling einzubeziehen, bedarf es weiterer Controllinginstrumente, beispielsweise Portfolio- und Szenariotechniken.

2.3 Effizienz der Kundenbindung

Für eine umfassende Wirtschaftlichkeitsanalyse der Kundenbindung wäre es erforderlich, den Nutzen der Kundenbindung vollständig zu quantifizieren und den ebenfalls in monetären Einheiten ausgedrückten Kosten gegenüberzustellen. Anschließend müsste beurteilt werden, ob das erzielte *Output-Input-Verhältnis* optimal ist, oder ob alternative Maßnahmen die Wirtschaftlichkeit erhöhen könnten. Diese Aufgabe kann nur annähernd gelöst werden, weil zahlreiche Faktoren eine umfassende *Bewertung* erschweren:

- Die Quantifizierung des Nutzens (beispielsweise von Image-, Referenz- und Weiterempfehlungsaspekten) ist nicht vollumfänglich und objektiv möglich.
- Die Kostenzurechnung auf die Kundenbindung ist selten präzise, weil viele Marketingmaßnahmen häufig mehrere Aufgaben gleichzeitig erfüllen.
- Die Dauer der Kundenbeziehung ist selten eindeutig vorhersehbar.
- Geschäftsbeziehungen sind Investitionsobjekte (Plinke 1989, S. 320ff.; Pallocks 1998, S. 263ff.; Pallocks-Kahlen 2001, S. 540), sodass der zu betrachtende Zeitraum aufgrund der Wirkungsverzögerungen deutlich über einem Jahr liegen müsste.
- Aufgrund zu hoher Opportunitätskosten können in der Regel nicht mehrere Kundenbindungsvarianten für Effizienzvergleiche umfassend miteinander verglichen werden.

Theoretisch ist es trotz der beschriebenen Herausforderungen jedoch denkbar, Nutzen und Kosten des Kundenbindungsmanagements zumindest annäherungsweise zu ermitteln und als Kundenbindungsgewinn (absolute Differenz), als Kundenbindungsrendite (Verhältnis Gewinn zu Kosten) oder auch als Kundenbindungswert (dynamisch, kumulierter abgezinster Gewinn, vgl. Beitrag von Bruhn/Georgi in diesem Handbuch) auszuweisen (siehe auch Tabelle 5).

> **Kundenbindungsgewinn:** Differenz von Kosten und monetär bewerteten Leistungen des Kundenbindungsmanagements
>
> **Kundenbindungsrendite:** Verhältnis von Kundenbindungsgewinn zu -kosten
>
> **Kundenbindungswert:** Abgezinste Differenz von einzahlungs- und auszahlungsbezogenen Wirkungen von Kundenbindungsmaßnahmen im Verhältnis zum eingesetzten Kapital
>
> **Return on Customer Satisfaction:** Abgezinste Differenz von einzahlungs- und auszahlungsbezogenen Wirkungen von Kundenzufriedenheitsmaßnahmen im Verhältnis zum eingesetzten Kapital
>
> **Umsatzrentabilität einer Geschäftsbeziehung:** Verhältnis des kumulierten kundenspezifischen Betriebsergebnisses zu dem mit diesem Kunden erzielten Umsatz
>
> **Betreuungseffizienz:** Durchschnittlicher Deckungsbeitrag eines Kunden(-segments) im Verhältnis zum finanziellen Aufwand in einer definierten Periode
>
> **Kundeneffizienz:** Kundendeckungsbeitrag im Verhältnis zur Inanspruchnahme einer definierten Engpasskapazität
>
> **Anzahl betreuter Kunden pro Verkaufsperson:** Durchschnittliche Anzahl von Kunden, die von einem Mitarbeiter betreut werden (ggf. differenziert nach A-, B-, C-Kunden)
>
> **Kalkulationsabweichung:** Verhältnis von Vorkalkulation zu Nachkalkulation bei Projekten mit bisherigen Kunden

Tabelle 5: Ausgewählte Kennzahlen zur Beurteilung der Wirtschaftlichkeit der Kundenbindungsmaßnahmen (Effizienz)
(Quelle: In Anlehnung an Reinecke 2004, S. 293)

3. Fazit

Der vorliegende Beitrag hat den Schwerpunkt insbesondere auf die Analyse langfristiger Geschäftsbeziehungen sowie ein auf Kennzahlen gestütztes Controlling der Kundenbindung gelegt. Ein wirksames Controlling der Kundenbindung darf aber nicht isoliert erfolgen, sondern sollte im Rahmen eines *integrierten Marketingcontrolling* (Reinecke/Janz 2007; Reinecke 2014) stattfinden. So sind beispielsweise insbesondere die Kundenstruktur sowie Wechselbeziehungen zu anderen Marketingaufgaben im Sinne einer durchdachten Marketingstrategie zu berücksichtigen: Beispielsweise sollten sich Kundenbindungsmaßnahmen auf attraktive Kunden fokussieren; ferner besteht die Gefahr, dass sich eine übertriebene Kundenbindung durchaus negativ auf die Leistungsinnovationsfähigkeit eines Unternehmens auswirken könnte.

Entscheidend für ein wirksames Kundenbindungsmanagement in der Praxis ist ferner, dass die Umsetzung der Kundenbindung durch geeignete Ressourcen und eine optimale Organisation erleichtert wird (siehe hierzu Dittrich 2002, S. 205ff. sowie den Beitrag von Homburg/Bruhn 2016 in diesem Handbuch).

Literaturverzeichnis

Anderson, E./Weitz, B. (1992): The Use of Pledges to Build and Sustain Commitment in Distribution Channels, in: Journal of Marketing Research, Vol. 29, No. 2, S. 62-74.

Anderson, E. W./Sullivan, M. (1993): The Antecedents and Consequences of Customer Satisfaction for Firms, in: Marketing Science, Vol. 12, No. 2, S. 125-143.

Anderson, J. C./Narus, J. A. (1999): Welchen Wert hat Ihr Angebot für den Kunden?, in: Harvard Business Manager, 21. Jg., Nr. 4, S. 97-107.

Backhaus, K./Voeth, M. (2014): Industriegütermarketing, Grundlagen des Business-to-Business-Marketings, 10. Aufl., München.

Bendapudi, N./Berry, L. L. (1997): Customers' Motivations for Maintaining Relationships With Service Providers, in: Journal of Retailing, Vol. 73, No. 1, S. 15-37.

Day, R. L. (1982): The Next Step: Commonly Accepted Constructs for Satisfaction Research, Paper presented at the 7th Annual Conference on Consumer Satisfaction, Dissatisfaction, and Complaining Behavior, Knoxville.

Day, G. S. (2000): Capabilities for Forging Customer Relationships, MSI Working Paper No. 00-118, Cambridge.

DeSouza, G. (1992): Designing a Customer Retention Plan, in: Journal of Business Strategy, Vol. 13, No. 2, S. 24-28.

Diller, H. (1995): Kundenbindung als Zielvorgabe im Beziehungs-Marketing, Arbeitspapier Nr. 40 des Lehrstuhls für Marketing an der Universität Erlangen-Nürnberg, Nürnberg.

Diller, H. (1996): Kundenbindung als Marketingziel, in: Marketing ZFP, 18. Jg., Nr. 2, S. 81-94.

Diller, H. (2008): Preispolitik, 4. Aufl., Stuttgart u.a.

Diller, H./Kusterer, M. (1988): Beziehungsmanagement, Theoretische Grundlagen und explorative Befunde, in: Marketing ZFP, 10. Jg., Nr. 3, S. 211-220.

Diller, H./Müllner, M. (1997): Kundenbindungsmanagement bei Dienstleistungen, Arbeitspapier Nr. 54 des Lehrstuhls für Marketing an der Universität Erlangen-Nürnberg, Nürnberg.

Dittrich, S. (2002): Kundenbindung als Kernaufgabe im Marketing, 2. Aufl., St. Gallen.

Dixon, M./Freeman, K./Toman, N. (2010): Stop Trying to Delight Your Customers, in: Harvard Business Review, Vol. 88, No. 7/8, S. 116-122.

Doorn, J. v./Leeflang, P. S. H./Tijs, M. (2013): Satisfaction as a Predictor of Future Performance: A Replication, in: International Journal of Research in Marketing, Vol., 30, No. 3, S. 314-318.

Dwyer, R. F./Schurr, P. H./Oh, S. (1987): Developing Buyer-Seller Relationships, in: Journal of Marketing, Vol. 51, No. 2, S. 11-27.

Ford, D. (Hrsg.) (1990): Understanding Business Markets: Interaction, Relationships and Networks, London u.a.

Ganesan, S. (1994): Determinants of Long-Term Orientation in Buyer-Seller Relationships, in: Journal of Marketing, Vol. 58, No. 2, S. 1-19.

Haan, E. d./Verhoef, P. C./Wiesel, T. (2015): The Predictive Ability of Different Customer Feedback Metrics for Retention, in: International Journal of Research in Marketing, Vol. 32, S. 195-206.

Helm, R. (1995): Strategisches Controlling für den Vertrieb zur Unterstützung der Marketing-Kommunikation, in: Marktforschung & Management, 39. Jg., Nr. 1, S. 27-32.

Heskett, J. L./Jones, T./Loveman, G./Sasser, E. W./Schlesinger, L. A. (1994): Putting The Service-profit Chain to Work, in: Harvard Business Review, Vol. 72, No. 2, S. 164-174.

Jahromi, A. T./Stakhovych, S./Ewing, M. (2014): Managing B2B Customer Churn, Retention and Profitability, in: Industrial Marketing Management, Vol. 43, No. 7, S. 1258-1268.

Jones, Th. O./Sasser, W. E. (1995): Why Satisfied Customer Defect, in: Harvard Business Review, Vol. 73, No. 6, S. 88-99.

Keller, S. W./Davis, M. A. (1994): Antecedents to Customer Expectations for Service Recovery, in: Journal of the Academy of Marketing Science, Vol. 22, No. 1, S. 52-61.

Kleinaltenkamp, M./Fliess, S./Jacob, F. (1996) (Hrsg.): Customer Integration – Von der Kundenorientierung zur Kundenintegration, Wiesbaden.

Krapfel, R. E./Salmond, D./Spekman, R. (1991): A Strategic Approach to Managing Buyer-Seller Relationships, in: European Journal of Marketing, Vol. 25, No. 9, S. 22-37.

Kroeber-Riel, W./Gröppel-Klein, A. (2013): Konsumentenverhalten, 10. Aufl., München.

Krystek, U./Müller-Stewens, G. (1993): Frühaufklärung für Unternehmen: Identifikation und Handhabung zukünftiger Chancen und Bedrohungen, Stuttgart.

Kühn, R. (2002): Vorschlag für eine prozessorientierte Interpretation des Marketing-Mix, in: Böhler, H. (Hrsg.), Marketing-Management und Unternehmensführung, Stuttgart, S. 99-118.

Luhmann, N. (2014): Vertrauen. Ein Mechanismus der Reduktion sozialer Komplexität, 5. Aufl., Stuttgart.

Malthouse, E. C./Haenlein, M./Skiera, B./Wege, E./Zhang, M.(2013): Managing Customer Relationships in the Social Media Era: Introducing the Social CRM House, in: Journal of Interactive Marketing, Vol. 27, No. 4, S. 270-280.

Meffert, H. (2008): Kundenbindung als Element moderner Wettbewerbsstrategien, in: Bruhn, M./Homburg, Ch. (Hrsg.), Handbuch Kundenbindungsmanagement, Grundlagen – Konzepte – Erfahrungen, 6. Aufl., Wiesbaden, S. 157-179.

Meyer, A./Oevermann, D. (1995): Kundenbindung, in: Tietz, B./Köhler, R./Zentes, J. (Hrsg.), Enzyklopädie der Betriebswirtschaftslehre, Bd. 4, Handwörterbuch des Marketing, 2. Aufl., Stuttgart, Sp. 1340-1351.

Moorman, C./Zaltman, G./Desphande, R. (1992): Relationships Between Providers and Users of Market Research: The Dynamics of Trust Within and Between Organizations, in: Journal of Marketing Research, Vol. 29, No. 3, S. 314-328.

Morgan, R. M./Hunt, S. D. (1994): The Commitment-Trust Theory of Relationship Marketing, in: Journal of Marketing, Vol. 58, No. 3, S. 20-38.

Neely, A. (1998): Measuring Business Performance – Why, what and how, London.

Palloks, M. (1998): Controlling langfristiger Geschäftsbeziehungen, in: Lachnit, L./Lange, C./Palloks, M (Hrsg.), Zukunftsfähiges Controlling: Konzeption, Umsetzungen, Praxiserfahrungen, München, S. 246-274.

Peters, K./Chen, Y./Kaplan, A. M./Ognibeni, B./Pauwels, K. (2013): Social Media Metrics – A Framework and Guidelines for Managing Social Media, in: Journal of Interactive Marketing, Vol. 27, Vo. 4, S. 281-298.

Plinke, W. (1989): Die Geschäftsbeziehung als Investition, in: Specht, G./Silberer, G./Engelhardt, H.W. (Hrsg.), Marketing-Schnittstellen, Stuttgart, S. 305-325.

Plinke, W. (1997): Grundlagen des Geschäftsbeziehungsmanagements, in: Kleinaltenkamp, M./Plinke, W. (Hrsg.), Geschäftsbeziehungsmanagement, Berlin u.a., S. 1-61.

Reichheld, F. F./Kenny, D. W. (1990): The Hidden Advantages of Customer Retention, in: Journal of Retail Banking, Vol. 12, No. 4, S. 19-23.

Reichheld, F./Markey, R. (2011). The Ultimate Question 2.0: How Net Promoter Companies Thrive in a Customer-Driven World, Boston.

Reinartz, W./Krafft, M. (2001): Überprüfung des Zusammenhangs von Kundenbindung und Kundenertragswert, in: Zeitschrift für Betriebswirtschaft, 71. Jg., Nr. 11, S. 1263-1281.

Reinecke, S. (1996): Management von IT-Outsourcing-Kooperationen. Von der IT-Effizienzsteigerung zur Informationsoptimierung, St.Gallen.

Reinecke, S. (2004): Marketing Performance Management. Empirisches Fundament und Konzeption für ein integriertes Marketingkennzahlensystem, Wiesbaden.

Reinecke, S. (2014): Return on Marketing. Sicherstellen der Marketing Performance in der Praxis – Empirische Ergebnisse und Implementierungshinweise zum Marketing- und Verkaufscontrolling, St. Gallen.

Reinecke, S./Mühlmeier, S. (2002): Customer Relationship Management bei europäischen Dienstleistern. Untersuchung grundlegender Zusammenhänge im CRM sowie Länder- und Branchenunterschiede, Arbeitspapier des Instituts für Marketing und Handel an der Universität St. Gallen, St. Gallen.

Reinecke, S./Janz, S. (2007): Marketingcontrolling. Sicherstellen von Marketingeffektivität und -effizienz, Stuttgart.

Rusbult, C. E. (1983): A Longitudinal Test of the Investment Model: The Development (and Deterioration) of Satisfaction and Commitment in Heterosexual Involvements, in: Journal of Personality and Social Psychology, Vol. 45, No. 1, S. 101-117.

Sheth, J./Parvatiyar, A. (1995): Relationship Marketing in Consumer Markets, Antecedents and Consequences, in: Journal of the Academy of Marketing Science, Vol. 23, No. 4, S. 255-271.

Siredeshmukh, D./Singh, J./Sabol, B. (2002): Consumer Trust, Value, and Loyalty in Relational Exchanges, in: Journal of Marketing, Vol. 66, No. 1, S. 15-37.

Söllner, A. (1993): Commitment in Geschäftsbeziehungen. Das Beispiel Lean Production, Wiesbaden.

Stauss, B. (1997): Führt Kundenzufriedenheit zur Kundenbindung?, in: Belz, Ch. (Hrsg.), Marketingtransfer, Bd. 5, Kompetenz für Marketinginnovationen, St.Gallen, S. 76-86.

Tomczak, T./Dittrich, S. (1998): Erfolgreich Kunden binden – Eine kompakte Einführung, Zürich.

Tomczak, T./ Kuß, A./Reinecke, S. (2014): Marketingplanung, Einführung in die marktorientierte Unternehmens- und Geschäftsfeldplanung, 7. Aufl., Wiesbaden.

Tomczak, T./Reinecke, S. (1999): Der aufgabenorientierte Ansatz als Basis eines marktorientierten Wertmanagements, in: Grünig, R./Pasquier, M. (Hrsg.), Strategisches Management und Marketing, Festschrift für Richard Kühn, Bern u.a., S. 293-327.

Tomczak, T./Reinecke, S./Dittrich, S. (2009): Kundenpotenziale ausschöpfen – Gestaltungsansätze für Kundenbindung in verschiedenen Geschäftstypen, in: Hinterhuber, H.H./Matzler, K. (Hrsg.), Kundenorientierte Unternehmensführung, 6. Aufl., Wiesbaden, S. 107-131.

Tomczak, T./Reinecke, S./Mühlmeier, S. (2002): Der aufgabenorientierte Ansatz – Ein Beitrag der Marketingtheorie zu einer Weiterentwicklung des ressourcenorientierten Ansatzes, Arbeitspapier des Instituts für Marketing und Handel an der Universität St. Gallen, St. Gallen.

Tomczak, T./Reinecke, S./Karg, M./Mühlmeyer, J. (1998): Best Practice in Marketing – Empirische Erfolgsstudie zum aufgabenorientierten Ansatz, Fachbericht für Marketing, Nr. 2, St. Gallen.

Zeithaml, V. A./Berry, L. L./Parasuraman, A. (1996): The Behavioral Consequences of Service Quality, in: Journal of Marketing, Vol. 60, No. 2, S. 31-46.

Summary

Management control of customer retention, one of the core tasks in marketing, should be based on a comprehensive analysis of the interdependencies of long-term customer relationships. On the one hand, it is necessary to distinguish between intensity, structure and stability of customer retention in order to guarantee a balanced customer retention-mix. Moreover, metrics for measuring both efficacy and efficiency of customer retention are important. The article presents the most important metrics to manage and control customer retention, based on cause-and-effect chains. These metrics build a useful basis for a customer retention scorecard.

Christina Kühnl und Jana-Kristin Prigge

Kundenpriorisierung zur Wahrung profitabler Geschäftsbeziehungen

1. Konzept und Bedeutung der Kundenpriorisierung
    1.1 Konzept der Kundenpriorisierung
    1.2 Bedeutung der Kundenpriorisierung

2. Entscheidungsfindung im Rahmen der Kundenpriorisierung
    2.1 Entscheidung über die Priorisierungskriterien
    2.2 Entscheidung über das Priorisierungsverfahren
    2.3 Entscheidung über die Ausgestaltung der Kundenpriorisierung

3. Umsetzung der Kundenpriorisierung
    3.1 Herausforderungen an die Implementierung der Kundenpriorisierung
    3.2 Voraussetzungen für die Implementierung der Kundenpriorisierung

4. Erfolgsauswirkungen der Kundenpriorisierung
    4.1 Positive Konsequenzen der Kundenpriorisierung
    4.2 Negative Konsequenzen der Kundenpriorisierung

5. Zusammenfassende Schlussbetrachtung

Literaturverzeichnis

Prof. Dr. Christina Kühnl hat die Professur für Allgemeine Betriebswirtschaftslehre, insbesondere Unternehmensführung, an der ESB Business School an der Hochschule Reutlingen inne. Dr. Jana-Kristin Prigge ist wissenschaftliche Assistentin am Lehrstuhl für Business-to-Business Marketing, Sales & Pricing an der Universität Mannheim.

1. Konzept und Bedeutung der Kundenpriorisierung

Die Bedeutung eines effektiven Kundenbeziehungsmanagements für den Unternehmenserfolg ist unumstritten (z.B. Reinartz/Kumar 2000; Kamakura et al. 2002; Reinartz et al. 2004). Da Unternehmen jedoch grundsätzlich mit knappen Ressourcen wirtschaften müssen und nicht allen Kunden beliebig viel Zeit, Unterstützung oder Vorzugsbehandlung zukommen lassen können, ist es für Unternehmen elementar, die eigenen Ressourcen gezielt zu allokieren. Daher hat sich in den vergangenen Jahren sowohl in der Forschung als auch in der Praxis die Erkenntnis durchgesetzt, dass langfristig positive Auswirkungen auf den Unternehmenserfolg nur durch ein differenziertes Management unterschiedlicher Kundenbeziehungen, d.h. durch Priorisierung unterschiedlicher Kunden, gewährleistet werden kann (z.B. Droll 2008; Wetzel 2012).

1.1. Konzept der Kundenpriorisierung

Kundenpriorisierung wird definiert als „(…) eine nach der Wichtigkeit der Kunden differenzierte Marktbearbeitung" (Droll 2008, S. 5). Dies bedeutet, dass die Aktivitäten der Marktbearbeitung entsprechend der Bedeutung der Kunden unterschiedlich intensiv eingesetzt werden (Homburg et al. 2008). Dabei wird ein Großteil der Ressourcen auf die wichtigsten und lohnenswertesten Kunden konzentriert und im Gegenzug Abstand vom „Gießkannenprinzip" genommen (Reinartz et al. 2004). Die Kundenpriorisierung folgt somit dem „Leitgedanken der Effizienz. Sie ermöglicht Aussagen darüber, welche Kunden(gruppen) gemäß ihrer wirtschaftlichen Attraktivität bevorzugt zu behandeln sind" (Homburg et al. 2010, S. 38).

Der Effizienzgedanke kann dabei unterschiedlich stark vorangetrieben werden. Einige Ansätze empfehlen neben der reinen Priorisierung von Ressourcen auch das freiwillige Ausscheiden von als weniger profitabel eingeschätzten Kunden aus der Geschäftsbeziehung zu fördern (Bechwati/Eshghi 2005). Dieses Vorgehen birgt jedoch einige Risiken, da so Kunden verloren gehen können, die eine strategisch wichtige Bedeutung haben, aber bis dato nicht profitabel sind (vgl. hierzu auch Abschnitt 2.2).

1.2. Bedeutung der Kundenpriorisierung

Das *Konzept der Kundenpriorisierung* entwickelte sich aus einem Paradigmenwechsel im Kundenbeziehungsmanagement. In den 1980er- und zu Beginn der 1990er-Jahre stand die absolute Kundenorientierung im Mittelpunkt aller Handlungen, die anhand ihres Einflusses auf die Kundenzufriedenheit und die Kundenloyalität beurteilt wurde. Der Aufbau und die Pflege langfristiger Kundenbeziehungen wurden in diesem

Zusammenhang als stets lohnenswert angesehen. Es fand kaum eine Differenzierung der Kunden anhand ihrer Profitabilität und ihrer strategischen Wichtigkeit für das Unternehmen statt (Jaworski/Kohli 1993; Bauer et al. 2002; Kumar et al. 2011; Wetzel 2012).

Gegen Ende der 1990er-Jahre setzte sich jedoch die Erkenntnis durch, dass Kundenzufriedenheit und -loyalität nicht zwangsläufig zu hoher Kundenprofitabilität führen. Entsprechend war die Kundenorientierung nun nicht mehr das alleinige Credo des Kundenbeziehungsmanagements (Wetzel 2012; Kumar 2015). Mit dem Wandel hin zur *wertorientierten Unternehmensführung* fand zudem der Shareholder Value als unternehmerisches Leitprinzip Einzug (Rappaport 1986) und der Kunde wurde fortan auch als „monetäre Größe" angesehen (Johnson/Selnes 2005).

Als Folge dieser Neuausrichtung fand zunehmend eine Priorisierung der Kunden statt. Die differenzierte Behandlung der Kunden war somit auch eine Rechtfertigungsgrundlage für kostenintensive Maßnahmen, die dann jedoch ausschließlich für profitable Kunden durchgeführt wurden (Cannon/Perreault 1999; Wetzel 2012). Hieraus ergab sich eine Diversifizierung des Kundenportfolios, welche das Paradigma des wertorientierten Kundenbeziehungsmanagements widerspiegelt (Johnson/ Selnes 2005).

In den vergangenen fünfzehn Jahren lieferten Studien unterschiedliche Aussagen hinsichtlich der Profitabilität von kundenbezogenem Priorisierungsaktivitäten. So stellen Kamakura et al. (2002) einen negativen Einfluss von kundenbezogenen Investitionen auf die Kundenprofitabilität fest. Hingegen finden Reinartz et al. (2004) eine positive Wirkung der Implementierung von CRM-Prozessen auf den Unternehmenserfolg; die Kundenprofitabilität wurde dabei allerdings nicht untersucht. Schließlich wird von Reinartz et al. (2005) konstatiert, dass durch eine zwischen den Kunden differenzierte Verwendung von Kommunikationsmitteln eine höhere Kundenprofitabilität erzielt werden kann, was die Bedeutung von Kundenpriorisierung für den wirtschaftlichen Erfolg eines Unternehmens aufzeigt (vgl. hierfür ebenfalls Droll 2008; Homburg et al. 2008).

Zudem zeigt sich, dass eine Kundenpriorisierung besonders dann sinnvoll ist, wenn die Ressourcen für die Marktbearbeitung begrenzt sind, wenn Kunden unterschiedliche Ansprüche an die jeweilige Betreuungsqualität haben, die sie auch zu honorieren bereit sind, und wenn eine Differenzierung zwischen den Kundengruppen grundsätzlich möglich ist (Homburg et al. 2010).

Eine erfolgreiche *Gestaltung der Kundenpriorisierung* determiniert sich in zwei zentralen Schritten. Zum einen müssen Unternehmen im Rahmen der Entscheidungsfindung profitable Kunden zunächst definieren und identifizieren (vgl. Abschnitte 2.1 und 2.2). Im Anschluss muss der Betreuungsaufwand und der Marketingmix an die individuelle Wertigkeit der Kunden angepasst werden (vgl. Abschnitt 2.3). Zum anderen müssen die beschlossenen Priorisierungsmaßnahmen adäquat umgesetzt werden. Hierbei sollten sich Unternehmen der Herausforderungen der Kundenpriorisierung, insbesondere im Hinblick auf vorhandene Strukturen, Prozesse und der Unternehmenskultur, bewusst werden (vgl. Abschnitt 3.1). Des Weiteren sollten Unternehmen die notwendigen Voraussetzungen für eine erfolgreiche Umsetzung der Kundenpriorisierung schaffen (vgl. Abschnitt 3.2). Schließlich sollten die unterschiedlichen Erfolgsauswirkungen von Kundenpriorisierung kritisch überprüft werden (vgl. Abschnitte 4.1 und 4.2).

2. Entscheidungsfindung im Rahmen der Kundenpriorisierung

2.1. Entscheidung über die Priorisierungskriterien

Bevor die Priorisierung von Kunden- und Kundenbeziehungen überhaupt vorgenommen werden kann, muss zunächst entschieden werden, anhand welcher Größe die Kunden in unterschiedliche Kategorien eingeteilt, d.h. priorisiert werden sollen. Meist erfolgt die Priorisierung von Kunden anhand des *Kundenwerts*, der die Wertigkeit von Kundenbeziehungen für das Unternehmen beschreibt (z.B. Blattberg/Deighton 1996). Allerdings gilt zu beachten, dass es nicht den *einen* Kundenwert gibt, sondern verschiedene Arten, die sich an unterschiedlichen Zielgrößen, d.h. vorab definierten kundenbezogenen Kennzahlen orientieren.

In der Regel wird ein *ökonomischer Kundenwert* zugrunde gelegt, also beispielsweise der Umsatz, der mit dem Kunden erzielt wird, der Deckungsbeitrag eines Kunden oder der sogenannte Customer Lifetime Value (CLV), welcher eine Art Barwert der erwarteten Kosten und Erträge aus einer Kundenbeziehung darstellt (vgl. hierzu den Beitrag „Kundenwert als Steuerungsgröße des Kundenbindungsmanagements" in diesem Handbuch sowie Abschnitt 2.2). Es gibt dabei eine ganze Reihe von Verfahren, mit Hilfe derer der jeweils zugrunde gelegte Kundenwert ermittelt werden kann (für einen systematischen Überblick über diese Verfahren vgl. Bruhn et al. 2000, S. 169f.).

Die Bewertung der Kunden kann aber auch mittels des strategischen Kundenwerts, des Informationswerts oder des Referenzwerts für das Unternehmen erfolgen (Winkelmann 2012). Die zugrunde liegenden Werte sind jedoch schwieriger zu ermitteln und zu quantifizieren. Entsprechend besteht auch eine erhöhte Schwierigkeit, die Erfolgsauswirkungen der hierauf basierenden Priorisierung zu kontrollieren.

2.2. Entscheidung über das Priorisierungsverfahren

In diesem Abschnitt werden die zentralen *Analyseverfahren* vorgestellt, mit deren Hilfe sich Kunden systematisch bewerten und folglich priorisieren lassen. Diese Verfahren können nach verschiedenen Ansatzpunkten kategorisiert werden. So werden die

Analyseverfahren zur Kundenbewertung und -priorisierung in monetäre und nichtmonetäre Ansätze unterteilt. Weiterhin sind Unterscheidungen in quantitative vs. nicht quantitative sowie dynamische (mehrere sowie zukünftige Perioden betrachtende) vs. statische (eine einzelne Periode bzw. Zeitpunkt betrachtende) Verfahren üblich (Bauer et al. 2006; Wetzel 2012). Da eine ganze Reihe von Priorisierungsverfahren existiert, liegt der Fokus in diesem Abschnitt daher auf einer *Auswahl der gängigsten Verfahren*. Eine Unterteilung dieser zentralen Verfahren soll an dieser Stelle aber nicht erfolgen.

Die *ABC-Analyse* stellt das am häufigsten verwendete Priorisierungsverfahren dar. Sie ist eine Form der Konzentrationsanalyse und dient der Identifikation der wertvollen und weniger wertvollen Kunden. Die ABC-Analyse bezieht sich dabei meist nur auf ein bestimmtes Kriterium, welches in der Regel der Umsatz ist. Häufig wird eine 80:20-Pareto-Struktur angenommen, der zufolge 20 Prozent der Kunden für 80 Prozent des Umsatzes sorgen. Dabei stellen die A-Kunden die umsatzstärksten Kunden dar. Die Vielzahl an Kunden, die jedoch einzeln einen relativ geringen Umsatz aufweisen, sind die sogenannten C-Kunden (Homburg 2015). Der Nutzen der ABC-Analyse besteht vor allem in der Veranschaulichung der wirtschaftlichen Bedeutung der Betrachtungsobjekte, also der Kunden. Dadurch ist eine Beurteilung des Vertriebsaufwands möglich, der für die verschiedenen Kundenkategorien aufgewendet wird. Es zeigt sich dabei, dass der Aufwand, der für C-Kunden betrieben wird, oftmals überproportional zu deren erbrachten Umsatz ist. Entsprechend sollte in solchen Fällen eine Reallokation der Ressourcen hin zu den A-Kunden erfolgen. Problematisch ist jedoch die Eindimensionalität der ABC-Analyse, da meist nur der aktuelle Umsatz, nicht aber das Potenzial des Kunden berücksichtigt wird. Auch werden mögliche Verbund- oder Cross-Selling-Effekte nicht beachtet. Zudem ist die pauschalisierte Zuordnung von Vertriebskosten als kritisch anzusehen. Schließlich werden externe und interne Erfolgsfaktoren nicht zukunftsorientiert betrachtet (Böing/Barzing 1992a; Homburg 2015).

Ein weiteres zentrales Verfahren der Kundenpriorisierung ist die *Kundendeckungsbeitragsrechnung*. Ausgehend von den Bruttoerlösen, werden – analog zur klassischen Deckungsbeitragsrechnung – verschiedene Ebenen der Kundendeckungsbeitragsrechnung bestimmt, wobei sukzessive die dem Kunden zurechenbare Kosten abgezogen werden (Köhler 1993). Um die Kunden auf Basis der ermittelten Deckungsbeiträge passend priorisieren zu können, müssen entsprechende Segment- bzw. Priorisierungsgrenzen gewählt werden (z.B. „Alle Kunden mit einem Deckungsbeitrag über X erhalten Vorzugsbehandlung Y"). Bei der Berechnung des Deckungsbeitrags wird der Kunde als Bezugsgröße für die Zurechnung von Kosten herangezogen. Meist erfolgt die Berechnung über die Zurechnung von Gemeinkosten und auf Basis des von Riebel geprägten Identitätsprinzips. Auf Ebene der Kunden können zahlreiche Elemente für die Kostenberechnung herangezogen werden, wie zum Beispiel Produktanpassungen, Serviceleistungen, Kundenbesuche, Kundendienst, Rabatte oder Mahnwesen (Banzhaf/Feyrer 2006). Auch bei diesem Verfahren besteht die Problematik der Eindimensionalität und der Nichtberücksichtigung zukünftiger Entwicklungen, was zu

Fehleinschätzungen und Fehlpriorisierungen führen kann. So weisen zum Beispiel umsatzstarke Kunden nicht zwangsläufig einen hohen Kundendeckungsbeitrag auf, bieten jedoch oftmals ein großes Potenzial für Wiederkäufen und Cross Selling. Insgesamt stellt die Kundendeckungsbeitragsrechnung zwar ein sinnvolles Instrument zur Unterstützung bei der Kundenpriorisierung dar, das jedoch ausschließlich vergangenheitsbezogene Kennzahlen und abgegrenzte Perioden berücksichtigt (Banzhaf/ Feyrer 2006) und durch entsprechende Zusatzanalysen ergänzt werden sollte.

Bei der *Share of Wallet-Analyse* wird der kundenbezogene Marktanteil (auch als Bedarfsdeckungsanteil, Lieferanteil oder Share of Customer bezeichnet) gemessen. Dieser ist definiert als der Anteil des betrachteten Bedarfs eines Kunden, der bei einem bestimmten Unternehmen gedeckt wird. Auch die Ermittlung der *relativen* Bedarfsdeckungsquote, bei der der eigene Share of Wallet mit dem des stärksten Konkurrenten verglichen wird, ist möglich (Homburg 2015). Bei der Share of Wallet-Analyse ist eine Berücksichtigung des zusätzlichen Umsatzpotenzials von Kunden und ein Fokus auf potenzialträchtige Kunden realisierbar. Als kritisch ist jedoch anzusehen, dass eine Vielzahl von Informationen für die Share of Wallet-Analyse von Nöten sind, beispielsweise über das Budget des Kunden und ggf. der Konkurrenz (Schawel/Billing 2009), die häufig jedoch nicht oder nur in Teilen zur Verfügung stehen. Eine zuverlässige Ermittlung des Share of Wallet-Werts ist daher in der Praxis häufig nicht möglich. Durch die Schaffung entsprechender Voraussetzungen, wie zum Beispiel bedarfsgerechten Informationssystemen (vgl. Abschnitt 3.2), lässt sich dieser Problematik jedoch zumindest teilweise entgegenwirken.

Mit Hilfe von *Scoring-Modellen* können Kunden anhand zuvor definierter quantitativer und qualitativer Kriterien beurteilt werden. Dabei wird zum einen anhand einer festgelegten Punkteskala bewertet, inwieweit die definierten Kriterien (z.B. Umsatz) von einem Kunden erfüllt werden. Zum anderen können die Kriterien selbst wiederum gewichtet werden. Der finale Wert eines Kunden ergibt sich dabei durch das Aufaddieren der Einzelwerte, die durch die Multiplikation des erreichten Punktewerts bzgl. eines Kriteriums mit der jeweiligen Gewichtung des Kriteriums gebildet wurden. Scoring-Modelle bieten eine recht hohe Flexibilität, was die Hinzunahme unterschiedlicher Kriterien angeht. Auch eine Zusammenfassung zu Gruppen, ähnlich der Systematisierung bei der ABC-Analyse, ist möglich. Allerdings sind diese Bewertungsverfahren auch in hohem Maße subjektiv (Plinke 1997) und erfordern daher das Abgleichen mit weniger subjektiven Bewertungsverfahren.

Im Rahmen der *klassischen Portfoliomodelle* steht eine breite Auswahl an Modellen zur Priorisierung von Kunden zur Verfügung. Im Allgemeinen stellen die Portfolios dar, in welchem Umfang ein Unternehmen Ressourcen in die Bearbeitung eines bestimmten Marktes investieren sollte. Sie sind zweidimensional und repräsentieren auf einer Achse die Attraktivität des untersuchten Objekts (z.B. Markt- oder Kundenattraktivität) und auf der anderen Achse die Position bzw. Stellung des Unternehmens bzgl. des Objekts.

Kunden-Portfolios positionieren Kunden in einer Matrix, die anhand der Dimensionen „Kundenattraktivität" und „Anbieterposition" gebildet wird (Homburg et al. 2010). Die Dimensionen können sich dabei auf einzelne Kriterien (z.B. auf das noch ausschöpfbare (Umsatz-)Potenzial des Kunden; Homburg/Jensen 2004) beziehen oder durch Verdichtung mehrerer Kriterien gebildet werden (Homburg/Daum 1997). Zur systematischen und strategischen Verteilung der Marketing- und Vertriebs-Ressourcen werden die Kunden entsprechend der definierten Kriterien in vier Kategorien unterteilt (Böing/Barzen 1992a; 1992b; Homburg et al. 2010). Diese Kategorien orientieren sich an der klassischen BCG-Matrix und umfassen Star-Kunden (hohe Kundenattraktivität; hohe Anbieterposition), Fragezeichen-Kunden (hohe Kundenattraktivität; schwache Anbieterposition), Ertrags-Kunden (geringe Kundenattraktivität; starke Anbieterposition) und Mitnahme-Kunden (geringe Kundenattraktivität; schwache Anbieterposition) (Homburg 2015). Ist die Anzahl der Kunden für eine individuelle Positionierung im Kunden-Portfolio zu groß, so werden nicht die einzelnen Kunden, sondern Kundensegmente betrachtet (Homburg/Werner 1998). Entsprechend ihrer Positionierung im Kundenportfolio erhalten die Kunden dann eine differenzierte Ansprache und unterschiedliche (Zusatz-)Leistungen.

Grundsätzlich können Kunden-Portfolios als sinnvoller Ausgangspunkt für die Kundenpriorisierung angesehen werden. Allerdings ist zu beachten, dass hierbei Verbundeffekte bei den Kunden vernachlässigt werden. Da bei der Bildung der Kunden-Portfolio-Dimensionen häufig Bewertungsverfahren wie bei Scoring-Modellen herangezogen werden, muss auch hier auf eine gewisse Subjektivität bei der Kundenbewertung hingewiesen werden.

Ein weiteres sehr wichtiges Analyseverfahren ist der *Customer Lifetime Value (CLV)* (vgl. auch den Beitrag „Kundenwert als Steuerungsgröße des Kundenbindungsmanagements" in diesem Handbuch). Im Gegensatz zu den statischen, gegenwartsorientierten Analysen findet hier eine zukunftsorientierte Betrachtung des Werts von Kunden statt. Zur Berechnung des Kundenwerts müssen die Einzahlungen und die Auszahlungen aus einer Geschäftsbeziehung prognostiziert werden. Das Basismodell stellt somit eine dynamische Investitionsrechnung dar, der CLV ist also der Kapitalwert der Geschäftsbeziehung mit einem Kunden, wobei ein positiver Wert für eine positive wirtschaftliche Bewertung spricht (Jain/Singh 2002; Bechwati/Eshghi 2005). Die Möglichkeit, sowohl Kostengrößen als auch zukünftige Potenziale in die Analyse aufzunehmen, macht den CLV zu einer sinnvollen Steuerungsgröße, wenngleich die Abschätzung zukünftiger Zahlungsströme häufig eine große Herausforderung darstellt. Diese kann allerdings durch adäquate Informationssysteme teilweise adressiert werden (vgl. Abschnitt 3.2).

In den letzten Jahren hat das Konzept des CLV zunehmend an Bedeutung gewonnen und eine Reihe unterschiedlicher Ansätze zur Berechnung des Customer Lifetime Value wurden entwickelt (z.B. Rust et al. 2004; Venkatesan/Kumar 2004; Reinartz et al. 2005). Venkatesan/Kumar (2004) zeigen dabei, dass eine Kundenpriorisierung auf Basis ihres

CLV-Modells zu einer signifikant höheren zukünftigen durchschnittlichen Kundenprofitabilität führt als die Priorisierung auf Basis einiger anderer Werte bzw. Verfahren, wie zum Beispiel dem Vorjahresumsatz oder dem Share of Wallet. Zudem zeigen zum Beispiel Zeithaml et al. (2001) oder Haenlein et al. (2006), dass sich sogar eine Beendigung von Geschäftsbeziehungen mit niedrigem CLV deutlich positiv auf die Unternehmensprofitabilität auswirken kann. Bei solch einem Vorgehen ist allerdings zu beachten, dass eine proaktive Terminierung von Geschäftsbeziehungen durchaus auch problematische Reaktionen, wie zum Beispiel negative Word-of-Mouth-Aktivitäten, und mittel- bis langfristig auch entsprechend negative Profitabilitätsauswirkungen nach sich ziehen können (vgl. Abschnitt 4.2).

2.3. Entscheidung über die Ausgestaltung der Kundenpriorisierung

Mit Hilfe der in Abschnitt 2.2 vorgestellten Methoden der Kundenpriorisierung können Unternehmen ermitteln, welche Kunden sie priorisieren sollten. Aus dieser Erkenntnis heraus ergibt sich die Frage, wie das Kernziel der Kundenbewertungsansätze, die *selektive Marktbearbeitung* bzw. der effiziente Einsatz von Marketinginstrumenten, umgesetzt werden kann. Hierzu existieren grundsätzlich drei *Möglichkeiten* (Wetzel 2012):

(1) Vollständige Reallokation von Ressourcen, sodass bei weniger wichtigen Kunden Ressourcen eingespart werden, die dann in Aktivitäten von priorisierten Kunden investiert werden können.

(2) Reine Kosteneinsparungen, sodass weniger wichtige Kunden weniger Services erhalten und bei bevorzugten Kunden dieselben Serviceleistungen beibehalten werden.

(3) Mehrausgaben werden für wichtige Kunden bei gleichem Aufwand für weniger wichtige Kunden getätigt.

Im Folgenden wird ein Überblick über die wichtigsten *Arten der Kundenpriorisierungsinstrumente* gegeben. Dabei wird der Fokus auf solche Instrumente gelegt, die der Grundidee der Kundenpriorisierung – der Wahrung einer langfristigen Geschäftsbeziehung – dienen und sich auf die Bearbeitung priorisierter Kunden beziehen.

Eine häufig angewandte Klassifikation des Priorisierungsinstrumentariums bedient sich der *Einteilung gemäß dem Marketingmix* in die Facetten Produkt-, Preis-, Vertriebs- und Kommunikationspolitik. Um dem Dienstleistungssektor besser gerecht zu werden, wird diese Systematisierung oftmals um den Bestandteil „Prozesse" ergänzt (Homburg 2015). Abbildung 1 zeigt beispielhaft, inwiefern die 4Ps und Prozesscharakteristika gemäß der Kundenpriorisierung in ihrer Ausgestaltung und Intensität angepasst werden können.

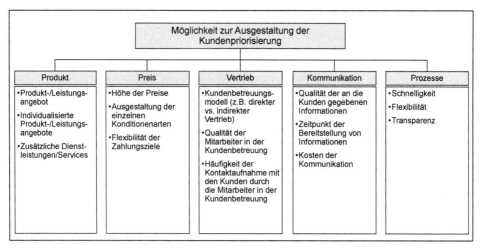

Abbildung 1: Instrumente der Kundenpriorisierung (Quelle: Homburg et al. 2010, S. 117)

Im Hinblick auf das *Produkt- und Dienstleistungsangebot* bieten Unternehmen ihren priorisierten Kunden häufig eine größere und z.T. exklusive Sortimentsauswahl sowie individualisierte Produkte und Dienstleistungen an, die um Value-added Services ergänzt werden. Grundsätzlich zielt diese Art der Differenzierung des Leistungsangebots darauf ab, für wichtige Kunden einen produktbezogenen Mehrwert zu generieren.

Preisbezogene Priorisierungsinstrumente führen hingegen oftmals zu stärkeren Zugeständnissen bei Preisverhandlung mit priorisierten Kunden. Dabei sollten sich Unternehmen allerdings stets bewusst sein, dass dieses Priorisierungsinstrument in seiner direkten Wirkung zu einer Reduktion des Umsatzes und des Unternehmensgewinns führt. Daher sollten Unternehmen vorab kritisch prüfen, ob und wie die Vorteile dieser Priorisierungsmaßnahmen (z.B. Steigerung der Kundenloyalität, Erhöhung des Share of Wallet) im Verhältnis zu der Reduktion von Umsatz und Unternehmensgewinn stehen.

Vertriebsmaßnahmen zur bevorzugten Behandlung von Kunden sehen ein intensiveres Kundenbetreuungsmodell vor, die sich oftmals durch einen direkten Vertrieb, häufigere Kontaktaufnahmen und persönliche Beziehungen zwischen den Geschäftspartnern charakterisieren lassen.

Auch im Bereich der *Kommunikationspolitik* sind zentrale Unterschiede zwischen den verschieden priorisierten Kundengruppen vorzufinden. So erhalten bevorzugte Kunden im Gegensatz zu weniger bevorzugten Kunden zu einem früheren Zeitpunkt umfassendere Informationen, oder Verkaufsförderprogramme und Handelswerbung werden gemeinsam durchgeführt.

Letztlich können Unternehmen ihre Kunden auch anhand ihrer *Prozesse*, zum Beispiel im Hinblick auf Flexibilität, Schnelligkeit und Transparenz, differenziert behandeln. Dies kennzeichnet sich oftmals dadurch, dass wichtige Kunden ihre Bestellungen zu einem späteren Zeitpunkt noch nachträglich ändern können, sie kontinuierlich über den aktuellen Status der Bestellung informiert und die Bestellungen auch schneller zugestellt werden (Brielmaier 1998; Droll 2008; Homburg/Droll 2008).

Eine weitere, etwas abstraktere Klassifikation des Priorisierungsinstrumentariums unterteilt die Ausgestaltung der Kundenpriorisierung in *nicht-ökonomische* und *ökonomische Maßnahmen* (Bolton et al. 2004). Steht die Bindung von Kunden an den Anbieter im Vordergrund, so sollten nicht-ökonomische Instrumente, wie personalisierte Kommunikationsmaßnahmen sowie eine persönliche Interaktion mit den wichtigen Kunden, eingesetzt werden. Ist hingegen das Ziel, die Abhängigkeit des Kunden vom Anbieter zu erhöhen, so kann dies vor allem durch ökonomische Priorisierungsinstrumente wie preisbezogene Sonderleistungen oder wertschaffenden Serviceleistungen umgesetzt werden (Bolton et al. 2004; Wetzel 2012).

Im engen Zusammenhang mit der Ausgestaltung der Kundenpriorisierung stehen das *Key-Account-Management* (KAM), Loyalitätsprogramme sowie Kundenclubs. Das KAM beschäftigt sich mit den Beziehungen zu den wichtigsten Kunden, wobei der Kundenstamm ausschließlich in wichtige (Key-Accounts) und unwichtige Kunden (Nicht-Key-Accounts) unterteilt wird. Alle Aktivitäten werden anhand dieser Zweiteilung durchgeführt (Homburg et al. 2002). Wenngleich es viele inhaltliche Überschneidungen zwischen dem KAM und der Kundenpriorisierung gibt, so besteht ein zentraler Unterschied darin, dass bei der Kundenpriorisierung die Intensität der Aktivitäten graduell nach der Wichtigkeit der Kunden angepasst wird. Es existieren folglich mehr als zwei in ihrer Wichtigkeit für das Unternehmen unterschiedliche Kundengruppen.

Eine weitere praktische Möglichkeit der Umsetzung der Kundenpriorisierung im Rahmen von Beziehungsmarketing im Endkundengeschäft sind *Loyalitätsprogramme* wie Payback. Dabei werden Kunden für ihre Loyalität entweder monetär, zum Beispiel dank der Möglichkeit zu Ersparnissen, oder anhand nicht-monetärer Vorteile, wie zum Beispiel durch personalisierte Dienstleistungen, bevorzugt behandelt (Mimouni-Chaabane/Volle 2010).

Kundenclubs können als ein weiteres Instrument des Kundenbindungsmanagements angesehen werden und dienen vor allem der Stabilisierung der Beziehung zwischen dem Anbieter und dem Kunden. Der Fokus von Kundenclubs liegt auf dem Angebot eines speziellen Leistungsangebots, das auf die entsprechende Zielgruppe zugeschnitten sein sollte. Eine besondere Form sind geschlossene Kundenclubs, die den Kunden Exklusivität vermitteln sollen. Der Nutzen der Kunden besteht dabei darin, dass ihnen Respekt und Anerkennung entgegengebracht werden. Daher sollten die Eintrittsschranken so hoch wie möglich und so tief wie nötig sein, um Exklusivität zu erzeugen (Bernecker/Hüttl 2003). Ein klassisches Priorisierungs-Beispiel ist das Miles & More-Programm der Lufthansa (siehe www.miles-and-more.com sowie den Beitrag „Fallstudie Miles & More: Profitable Kundenbindung in der Airline Industrie" in diesem Handbuch).

Insgesamt ist bei der Gestaltung der Kundenpriorisierung zu beachten, dass die eingesetzten Instrumente sich auch an der Art und an den Bedürfnissen der Kunden orientieren sollten. So ist eine Kundenkarte wie z.B. Payback, sicherlich kein geeignetes Instrument, um Kunden in einem Business-to-Business-Kontext zu binden. Im Gegensatz dazu findet ein klassisches Key-Account-Management hauptsächlich im Business-to-Business-Kontext, jedoch weniger für Business-to-Consumer-Kunden, Anwendung.

3. Umsetzung der Kundenpriorisierung

3.1. Herausforderungen an die Implementierung der Kundenpriorisierung

Dieser Abschnitt thematisiert, welchen Herausforderungen Unternehmen bei der *Implementierung einer Kundenpriorisierung* gegenüberstehen und welche Maßnahmen sie unternehmensintern durchführen sollten, um diese Herausforderungen erfolgreich zu meistern. Die Brisanz dieser beiden Aspekte wird durch aktuelle Studienergebnisse verdeutlicht, bei denen nach einer von Unternehmen intendierten und einer in der Marktbearbeitung tatsächlich umgesetzten Kundenpriorisierung unterschieden wird. So stellt Droll (2008) in einer repräsentativen Stichprobe deutscher Unternehmen fest, dass zwar 83 Prozent der befragten Firmen eine Kundenpriorisierung in ihrer Marktbearbeitungsstrategie verankert haben, aber nur 38 Prozent diese auch konsequent implementieren. Diese Problematik wird durch die Tatsache weiter verschärft, dass etwa die Hälfte der Unternehmen, die eine Kundenpriorisierung dann tatsächlich umsetzen, an ihrer Umsetzung scheitert (Droll 2008). Zu einem ähnlichen Ergebnis kommen Studien in einem internationalen Kontext, die belegen, dass Priorisierungsprogramme oftmals nicht die an sie gestellten Erwartungen erfüllen oder gänzlich erfolglos sind (Zablah et al. 2004; Anderson/Jap 2005).

Grundsätzlich müssen sich Unternehmen bei der Umsetzung der Kundenpriorisierung im Klaren darüber sein, dass sie in wichtige Kundenbeziehungen investieren sollten, um deren Potenzial steigern und ausschöpfen zu können. Da in der Regel allerdings nur begrenzte Ressourcen zur Marktbearbeitung zur Verfügung stehen, müssen Unternehmen auch bereit sein, auf Dauer defizitäre Kundenbeziehungen aufzugeben und die Intensität der Marktbearbeitung für weniger wichtige Kundengruppen konsequent zu reduzieren. Erfolgt dies nicht, können Unternehmen im Extremfall nicht nur weniger wichtige Kunden, sondern auch wichtige Kunden verlieren, da für deren Bearbeitung nicht mehr ausreichend Ressourcen zur Verfügung stehen (Droll 2008).

In vielen Fällen ist das *Scheitern vieler Priorisierungsbemühungen* auf vorhandene Strukturen, Prozesse und der Unternehmenskultur zurückzuführen. Insbesondere mangelt es oftmals an einer Koordination der Priorisierungsaktivitäten, an denen viele verschiedene Mitarbeiter, Abteilungen und Funktionen involviert sind. Des Weiteren kann der Widerspruch zwischen der „The customer is king"-Maxime vieler Unternehmen und der Ungleichbehandlung verschiedener Kundengruppen unter Mitarbeitern zu Konflikten und teilweise sogar zur Reaktanz gegenüber der Kundenpriorisierung führen. Letztlich wirken sich fehlende Fähigkeiten und Trainings, mangelnde Unterstützung durch das Organisationssystem oder durch die Personalentwicklung, sowie Gegensätze zwischen individuellen Zielen der Mitarbeiter und den Zielen der Organisation häufig negativ auf die Umsetzung der Kundenpriorisierung aus. Befinden sich Mitarbeiter in solch einer Unternehmensumwelt, weisen sie meist nur eine geringe oder keine Handlungsmotivation auf, eine Kundenpriorisierung umzusetzen (Peppers et al. 1999; Zablah et al. 2004; Droll 2008). Zudem konnte nachgewiesen werden, dass Unternehmen keineswegs von einer sporadischen oder unstrukturierten Umsetzung der Kundenpriorisierung, dem sogenannten „Sweethearting", durch ihre Mitarbeiter profitieren (Brady et al. 2012; Xia/Kukar-Kinney 2014). Daher thematisiert der nachfolgende Abschnitt, wie Unternehmen diesen Herausforderungen entgegenwirken können.

3.2. Voraussetzungen für die Implementierung der Kundenpriorisierung

Aus den in Abschnitt 3.1 beschriebenen Herausforderungen ergeben sich drei zentrale Voraussetzungen für die erfolgreiche Umsetzung der Kundenpriorisierung. Erstens ist das Vorhandensein der nötigen *Informationen* unabdingbar, die in einem Informationssystem abgespeichert werden sollen und somit jederzeit abgerufen werden können (Shah et al. 2006). Insbesondere sollten quantitative Angaben zu Erlösen und Kosten auf Kundengruppen-Ebene um qualitative Informationen wie aktuelle verhaltens- und bedürfnisbezogene Kundendaten ergänzt werden. Somit steht Mitarbeitern eine solide und vor allem aktuelle Datengrundlage zur Verfügung, auf deren Basis sie die Wichtigkeit von Kunden beurteilen und daran die entsprechende Marktbearbeitung orientieren können (Homburg et al. 2010).

Als zweite wesentliche Voraussetzung für die Kundenpriorisierung wird die *organisatorische Anpassung* von Unternehmen angesehen, um die Bedürfnisse der wichtigsten Kunden besser befriedigen zu können. Dazu wird oftmals analog dem KAM eine eigens hierfür eingerichtete Organisationseinheit empfohlen, die sich ausschließlich der Betreuung der priorisierten Kunden widmet. So wird sichergestellt, dass wichtige Kunden einen persönlichen Ansprechpartner haben, der mit ihnen in Kontakt tritt, und der befähigt ist, Entscheidungen über die Marktbearbeitung priorisierter Kunden zu treffen. Ebenso ist eine funktionsübergreifende Ausgestaltung der Kundenpriorisierung sinnvoll und die Einbindung von Mitarbeitern wichtiger Kunden in die Produktentwicklung empfehlenswert, um die Individualisierung der Produkte einfacher zu implementieren (Droll 2008).

Drittens sollten die *Mitarbeiter motiviert* werden, die Kundenpriorisierung in der Unternehmenspraxis umzusetzen. Dies kann anhand mehrerer Maßnahmen realisiert werden. Zum einen sollte den Mitarbeitern die Wichtigkeit der Kundenpriorisierung durch die Partizipation des Top-Managements an der Bearbeitung wichtiger Kunden signalisiert werden. Zum anderen hilft eine adäquate Ausgestaltung des Planungs- und Kontrollsystems. Entgegen der meist vorherrschenden Ausrichtung des Planungssystems an Produkten, sollte dieses sich allerdings an der Wichtigkeit der unterschiedlichen Kundengruppen orientieren. Dabei sollten die Ziele innerhalb der Planung so spezifisch wie möglich formuliert werden, damit Mitarbeiter eines Unternehmens die spezifizierten Maßnahmen der Priorisierungsstrategie einfacher implementieren können. Wesentlich bei der Ausgestaltung ist zudem, dass die Planungs- und Kontrollprozesse mit steigender Wichtigkeit der Kundensegmente detaillierter beschrieben sind. Des Weiteren können Mitarbeiter durch die Anpassung der variablen Vergütung an den Ergebnissen der Kundenpriorisierung, wie der Kundenzufriedenheit oder dem Umsatzvolumen der priorisierten Kunden, extrinsisch dazu motiviert werden, diese Kunden tatsächlich priorisiert zu bearbeiten. Letztlich unterstützt eine Unternehmenskultur eine erfolgreiche Umsetzung der Kundenpriorisierung, wenn sie deren hohe Wichtigkeit in gemeinsamen Werten, Überzeugungen und Denkweisen den Mitarbeitern gegenüber widerspiegelt. Hierdurch kann das Commitment und die intrinsische Handlungsmotivation der Mitarbeiter erzielt werden, die Marktbearbeitungsstrategie umzusetzen (Homburg/Droll 2008; Homburg et al. 2011).

Abschließend verdeutlicht Abbildung 2, inwiefern die hier aufgeführten Erfolgsfaktoren substanziell die interne Umsetzung der Kundenpriorisierung positiv beeinflussen können. Dabei wird auf der y-Achse der *Umsetzungsgrad der Kundenpriorisierung* mit einer Skala von 0-100 verdeutlicht. Auf der x-Achse ist eine niedrige versus hohe Ausprägung der Erfolgsfaktoren Quantitative Kundeninformationen, Qualitative Kundeninformationen, Organisationssystem, Top-Management, Planungs- und Kontrollsystem, variable Vergütung und Kultur abgebildet. Für alle betrachteten Einflussgrößen zeigen die Ergebnisse der Studie von Homburg et al. (2010), dass der Umsetzungsgrad der Kundenpriorisierung höher ausfällt, je stärker die Kundenpriorisierung durch den jeweiligen Faktor unterstützt wird.

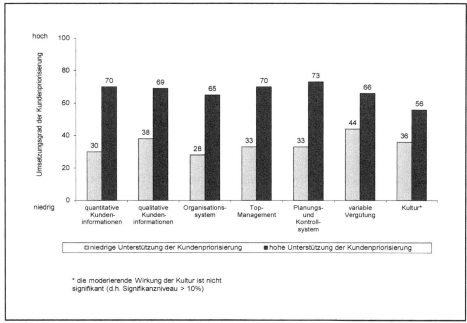

Abbildung 2: Bezugsrahmen des Umsetzungsmodells
(Quelle: Homburg et al. 2010, S. 119)

4. Erfolgsauswirkungen der Kundenpriorisierung

Die Ziele der Kundenpriorisierung liegen darin, Marktbearbeitungsressourcen effizient und effektiv zu allokieren und dabei gleichzeitig das Verhalten der Kunden in die vom Unternehmen intendierte Richtung zu lenken (Wetzel 2012). Daher beschäftigt sich dieser Abschnitt mit den positiven (Abschnitt 4.1) und negativen (Abschnitt 4.2) *Konsequenzen der Kundenpriorisierung* auf Kunden- und Unternehmensseite.

4.1. Positive Konsequenzen der Kundenpriorisierung

Ein zentraler *Vorteil von Kundenpriorisierung* ergibt sich, wenn Kunden ihre bevorzugte Behandlung wahrnehmen. Dies kann sich einerseits direkt durch den hinzugewonnen höheren Leistungsnutzen, den sie durch die in Abschnitt 2.3 vorgestellten Priorisierungsinstrumente erfahren, oder durch den höheren sozialen Nutzen im Sinne eines höheren Status niederschlagen (Wetzel 2012). Die hervorgerufene Wahrnehmung dieser Nutzenarten resultiert in den mit der Kundenpriorisierung intendierten

Verhaltensweisen der wichtigen Kunden. Sie bringen dem Unternehmen eine gesteigerte Kundenzufriedenheit, Commitment und Vertrauen, eine bessere Beziehungsqualität, eine größere Abhängigkeit (Morgan/Hunt 1994; Cannon/Perreault 1999; Bowman/Narayandas 2004; Yim et al. 2004; Palmatier et al. 2007; Wetzel 2012) sowie höhere Kunden-loyalität und positive Mund-zu-Mund-Propaganda entgegen (De Wulf et al. 2001; Palmatier et al. 2007; Xia/Kukar-Kinney 2014). Diese positiv zu verzeichnenden Auswirkungen priorisierter Kunden lassen sich damit begründen, dass Kunden auf die bevorzugte Behandlung mit Dankbarkeit dem Unternehmen gegenüber reagieren (De Wulf et al. 2001; Shugan 2005; Palmatier et al. 2009; Wetzel et al. 2014; Xia/Kukar-Kinney 2014).

Die beschriebenen Konsequenzen der Kundenpriorisierung bringen für Unternehmen auch den erhofften *finanziellen Nutzen* mit sich (Reinartz et al. 2004). Die Wirkung und Bedeutung von Kundenpriorisierung für den wirtschaftlichen Erfolg ergibt sich vor allem aus vier Facetten (Homburg/Droll 2008 sowie Abbildung 3). Eine sinnvoll entschiedene und umgesetzte Kundenpriorisierung führt erstens zu einem höheren Gesamtumsatz dank der Konzentration auf wichtige Kundenbeziehungen (Yim et al. 2004). Zudem führen die durchschnittlich effektivere Erhaltung und der Ausbau bestehender Geschäftsbeziehungen zu geringeren Marketing- und Vertriebskosten, einem erhöhten Deckungsbeitrag pro Kunde und entsprechend zu einer höheren Umsatzrendite. Dabei ist in der Praxis zu beobachten, dass sich ein hoher Grad an Kundenpriorisierung grundsätzlich positiver auswirkt als ein mittlerer bzw. niedriger Grad (vgl. Abbildung 3). Durch die effektivere Ressourcenallokation innerhalb des Kundenportfolios kann somit insgesamt die Profitabilität eines durchschnittlichen Kunden gesteigert werden (Homburg et al. 2008). Während die bisher getroffenen Aussagen sich auf die Auswirkungen der Kundenpriorisierung auf ausschließlich wichtige Kunden bezogen haben, untersuchen Homburg et al. (2008) in ihrer Studie die Konsequenzen der Marktbearbeitung von zwei unterschiedlich priorisierten Kundengruppen. Die Autoren stellen dabei die durch die Kundenpriorisierung hervorgerufene Kundenzufriedenheit, Kundenloyalität und Kundendurchdringung von A-Kunden den jeweiligen Ausprägungen dieser Variablen von C-Kunden gegenüber.

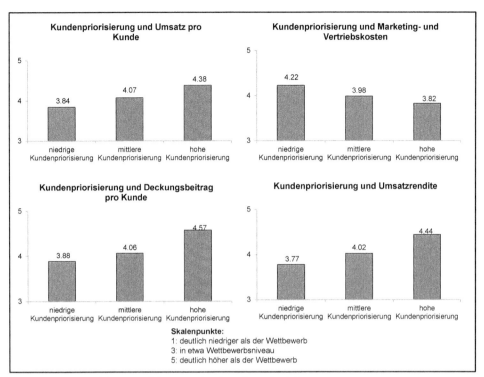

Abbildung 3: Erfolgsauswirkungen der Kundenpriorisierung
(Quelle: Homburg et al. 2010, S. 114)

Die Ergebnisse dieser Untersuchung verdeutlichen, dass erwartungsgemäß die Kundenpriorisierung die Kundenzufriedenheit der A-Kunden und damit die Charakteristika der Kundenbeziehungen zu den A-Kunden insgesamt positiv beeinflusst. Interessanterweise wird im Gegensatz dazu die Kundenzufriedenheit der C-Kunden nicht durch die Kundenpriorisierung und somit durch eine ungleich schlechtere Behandlung negativ beeinflusst. Homburg et al. (2008) erklären diesen Effekt anhand unterschiedlicher Erwartungshaltungen: Oftmals sind sich Kunden ihrer Wichtigkeit für den Anbieter bewusst und äußern dies in ihrer Erwartungshaltung. So stellen A-Kunden häufig höhere Ansprüche an den Anbieter, die dank der Kundenpriorisierung auch erfüllt oder sogar übererfüllt werden (vgl. hierzu aber auch Abschnitt 4.2). Hingegen wird die relativ gesunkene Intensität der Marktbearbeitung aufgrund der Kundenpriorisierung von C-Kunden erwartet und bewirkt folglich bei ihnen keine negative Konsequenz für deren Kundenzufriedenheit. Insgesamt konnten die Autoren somit nachweisen, dass eine Kundenpriorisierung die Effektivität der Marktbearbeitung steigern kann.

Wenngleich die Studie von Homburg et al. (2008) darauf hindeutet, dass eine Kundenpriorisierung keine negativen Konsequenzen hervorruft, so weisen zugleich andere Autoren auf die Risiken hin, die die unterschiedlichen Marktbearbeitungsstrategie bei den jeweiligen Kundengruppen hervorrufen kann. Um den Chancen und Risiken der Kundenpriorisierung gerecht zu werden, stehen im nachfolgenden Abschnitt daher diese potenziell negativen Auswirkungen der Kundenpriorisierung im Fokus der Betrachtung.

4.2. Negative Konsequenzen der Kundenpriorisierung

Die bevorzugte Behandlung priorisierter Kundensegmente kann auch *negative Konsequenzen* hervorrufen, wie zum Beispiel eine erhöhte Erwartungs- und Anspruchshaltung dem Anbieter gegenüber (Dowling/Uncles 1997; Boyd/Helms 2005; Lacey et al. 2007; Wetzel et al. 2014) und verstärkten Opportunismus eines Geschäftspartners (Rokkan et al. 2003; Anderson/Jap 2005; Baron/Roy 2010). Diese führen dann zu höheren Kosten der Kundenbearbeitung und schmälern somit die Kundenprofitabilität. Daher sollten sich Unternehmen des dualen Einflusses der bevorzugten Marktbearbeitung bei priorisierten Kunden bewusst sein, der sich sowohl positiv in gesteigerter Dankbarkeit als auch negativ in einer erhöhten Anspruchshaltung widerspiegeln kann (Wetzel et al. 2014). Aus diesem Grund sollten Unternehmen es tendenziell vermeiden, Kunden proaktiv ihren Kundenstatus mitzuteilen, da eine gestiegene Statuswahrnehmung zu höherem Anspruchsdenken und somit zur Reduktion der Kundenprofitabilität aufgrund gestiegener Kundenbearbeitungskosten führen kann (Wetzel 2012).

Kunden, die *nicht* priorisiert behandelt und sich dessen bewusst werden, reagieren in der Regel mit negativer Mund-zu-Mund-Propaganda und der Abwanderung zu anderen Anbietern. So müssen Unternehmen langfristig mit Umsatz- und Gewinneinbußen aufgrund des Verlusts nicht priorisierter Kunden rechnen (Oliver 1999; Brady 2000; Lemon et al. 2002; Bechwati/Eshghi 2005; Kumar/George 2007). Ähnlich verhalten sich ehemals bevorzugte Kunden, die zum Beispiel aufgrund der Nichterreichung eines bestimmten Umsatzziels in ihrem Status herabgestuft werden. Ihre Herabstufung ruft eine vergleichsweise stärkere negative Reaktion hervor als eine Heraufstufung in positiver Hinsicht bewirkt hätte. Letztlich verlieren Unternehmen diese Kunden, wenn sie ihnen nicht zum Beispiel durch ein Schreiben proaktiv eine Entschuldigung zukommen lassen oder ihnen die Möglichkeit anbieten, sich den beispielsweise fehlenden Umsatz (wie z.B. bei der Lufthansa die fehlenden Flugmeilen) käuflich zu erwerben, um den höheren Status zu behalten (Wagner et al. 2009).

Aktuelle Studien untersuchen den zugrundeliegenden Mechanismus sowie den *Einfluss weiterer Faktoren auf die Beurteilung von Kundenpriorisierung*. So erfolgt die Beurteilung der Kundenpriorisierung in der Regel auf Basis von Fairnessüberlegungen (Mayser/Wangenheim 2013; Xia/Kukar-Kinney 2014). Kunden, die allgemein eine Ungleichheitsbehandlung als unfair betrachten, reagieren besonders stark auf eine Nichtpriorisierung, wobei teilweise auch eine Priorisierung negative Reaktionen hervorrufen kann. Dahingegen sehen Kunden, die allgemein eine Ungleichheitsbehandlung als fair betrachten, Kundenpriorisierung als weniger unfair an

(Mayser/Wangenheim 2013), da sie darin z.B. eine Art Belohnung für langjährige Beziehungen sehen bzw. diese sogar erwarten (Xia/Kukar-Kinney 2014). Kundenpriorisierung kann aber auch Skepsis (Eggert et al. 2015) und soziales Unbehagen hervorrufen, besonders wenn die Bevorzugung als ungerechtfertigt oder unverdient wahrgenommen wird (Jiang et al. 2013) oder vor anderen Personen stattfindet (Xia/Kukar-Kinney 2014). Außerdem werden Dankbarkeit-, Status- und Unfairnesswahrnehmungen und damit in Folge die Auswirkungen von Kundenpriorisierung durch die Klarheit der Priorisierungskriterien, die Exklusivität und die Sichtbarkeit der Belohnungen beeinflusst (Steinhoff/Palmatier 2016). Diese Faktoren können sich dabei positiv auf z.B. bevorzugte Kunden auswirken, während sie einen negativen Effekt auf nicht-priorisierte Kunden ausüben. Ein eindeutig vorhersehbares Muster der Konsequenzen der Kundenpriorisierung ist deshalb unmöglich und eine sorgfältige Gestaltung der Priorisierungsmaßnahmen unerlässlich (Steinhoff/Palmatier 2016).

Zusammengefasst lassen sich zahlreiche positive Konsequenzen aus der Kundenpriorisierung ableiten, allerdings ausschließlich bei denjenigen Kunden, die bevorzugt behandelt werden. Die vergleichsweise schlechtere Behandlung nicht-priorisierter oder herabgestufter Kunden birgt die Gefahr negativer Mund-zu-Mund-Propaganda und die Abwanderung dieser Kundensegmente. Ebenso können unter Umständen Skaleneffekte einer über alle Kundengruppen hinweg standardisierten Marktbearbeitung nicht realisiert werden, wenn nur eine begrenzte Anzahl an Kunden bearbeitet oder bevorzugt behandelt wird (Johnsen/Selnes 2004). Zudem wird das Prinzip der Risikodiversifizität zumindest teilweise ignoriert, wenn wenige Kunden stark bevorzugt werden und somit das Risiko hervorgerufen wird, dass nichtpriorisierte Kunden abwandern. Denn eine hohe Anzahl nichtpriorisierter Kundenbeziehungen kann die Abhängigkeit von einzelnen bevorzugten Kunden reduzieren (Dhar/Glazer 2003). Daher sollten sich Unternehmen grundsätzlich auch der negativen Auswirkungen der Kundenpriorisierung bewusst sein.

5. Zusammenfassende Schlussbetrachtung

Kundenorientierung allein stellt nicht mehr die Maxime vieler Unternehmen dar – sie muss profitabel sein. Als Folge findet in der Unternehmenspraxis oftmals eine nach der Wichtigkeit der Kunden differenzierte Marktbearbeitung, also eine Priorisierung der Kunden, statt. Hierfür steht eine Reihe von Priorisierungsverfahren zur Verfügung. Als die gängigsten und damit besonders wichtigen Methoden wären hier Portfolioanalysen, ABC-Analysen oder der Customer Lifetime Value zu nennen. Welches Verfahren zur Bestimmung der Kundenpriorisierung für ein Unternehmen am geeignetsten ist, hängt von den jeweiligen Zielsetzungen ab.

Bei der anschließenden Ausgestaltung der Kundenpriorisierung können beispielsweise individualisierte Produkte und Dienstleistungen, monetäre Anreize, der Direktvertrieb und personalisierte Kommunikation als Priorisierungsinstrumenten genutzt werden. Deren Einsatz kann allerdings oftmals mit hohen Kosten und immensen Implementierungsaufwand für Unternehmen verbunden sein. Ein sinnvoll gewähltes Kundenselektionskriterium ist daher eine unabdingbare Voraussetzung für eine effiziente Ressourcenallokation und somit den gezielten Einsatz von Priorisierungsinstrumenten.

Als essentielle Voraussetzungen für eine erfolgreiche Implementierung der Kundenpriorisierung innerhalb eines Unternehmens gelten dabei effiziente Informations-, Planungs- und Kontrollsysteme sowie eine motivierende Mitarbeiterführung und Personalentwicklung.

Das Ziel der Kundenpriorisierung liegt schlussendlich darin, das Verhalten der Kunden in die vom Unternehmen intendierte Richtung zu lenken und Marktbearbeitungsressourcen effizient und effektiv zu allokieren. Wissenschaftliche Untersuchungen haben diese erhoffte Wirkungsweise empirisch nachgewiesen und gezeigt, dass sich bevorzugt behandelte Kunden durch höheres Commitment, Kundenzufriedenheit und Loyalität dem Anbieter gegenüber dankbar zeigen. Hieraus resultiert in der Regel auch die gewünschte Steigerung der durchschnittlichen Kundenprofitabilität. Allerdings sollten sich Unternehmen grundsätzlich der positiven und potenziell negativen Auswirkungen der Kundenpriorisierung bewusst sein.

Literaturverzeichnis

Anderson, E./Jap, S. D. (2005): The Dark Side of Close Relationships, in: MIT Sloan Management Review, Vol. 46, No. 3, S. 75-82.

Auh, S./Bell, S. J./McLeod, C. S./Shih, E. (2007): Co-Production and Customer Loyalty in Financial Services, in: Journal of Retailing, Vol. 83, No. 3, S. 359-370.

Banzhaf, J./Feyrer, Y. (2006): Kundensegmentierung mittels Kundendeckungsbeitragsrechnung als anwendungsbezogenes Instrument wertorientierter Unternehmensführung, in: Banzhaf, J./Wiedmann, S. (Hrsg.), Entwicklungsperspektiven der Unternehmensführung und ihrer Berichterstattung: Festschrift für Helmut Kuhnle anlässlich seiner Emeritierung, Wiesbaden, S. 93-107.

Bauer, H. H./Grether, M./Leach, M. (2002): Building Customer Relations over the Internet, in: Industrial Marketing Management, Vol. 31, No. 2, S. 155-163.

Bauer, H. H./Stokburger, G./Hammerschmidt, M. (2006): Marketing Performance: Messen – Analysieren – Optimieren, Wiesbaden.

Bechwati, N. N./Eshghi, A. (2005): Customer Lifetime Value Analysis: Challenges and Words of Caution, in: Marketing Management Journal, Vol. 15, No. 2, S. 87-97.

Bell, D./Deighton, J./Reinartz, W. J./Rust, R. T./Swartz, G. (2002): Seven Barriers to Customer Equity Management, in: Journal of Service Research, Vol. 5, No. 1, S. 77-85.

Bernecker, M./Hüttl, F. (2003): Kundenclubs, in: Helmke, S./Uebel, M. F./Dangelmaier, W. (Hrsg.), Effektives Customer Relationship Management: Instrumente – Einführungskonzepte – Organisation, 3. Aufl., Wiesbaden, S. 155-177.

Berry, L. L. (1995): Relationship Marketing of Services – Growing Interest, Emerging Perspectives, in: Journal of the Academy of the Marketing Science, Vol. 23, No. 4, S. 236-245.

Blattberg, R. C./Deighton, J. (1996): Manage Marketing by the Customer Equity Test, in: Harvard Business Review, Vol. 74, No. 4, S. 136-144.

Böing, E./Barzen, D. (1992a): Aussendienststeuerung: Teil 1 / Kunden-Portfolio im Praktiker-Test, in: Absatzwirtschaft, o. Jg., Nr. 2, S. 85-87.

Böing, E./Barzen, D. (1992b): Aussendienststeuerung: Teil 2 / Kunden-Portfolio im Praktiker-Test, in: Absatzwirtschaft, o. Jg., Nr. 3, S. 102-112.

Bolton, R. N./Lemon, K. N./Verhoef, P. C. (2004): The Theoretical Underpinnings of Customer Asset Management: A Framework and Propositions for Future Research, in: Journal of the Academy of Marketing Science, Vol. 32, No. 3, S. 271-292.

Bowman, D./Narayandas, D. (2004): Linking Customer Management Effort to Customer Profitability in Business Markets, in: Journal of Marketing Research, Vol. 41, No. 11, S. 433-447.

Boyd, H. C./Helms, J. E. (2005): Consumer Entitlement Theory and Measurement, in: Psychology & Marketing, Vol. 22, No. 3, S. 271-286.

Brady, M./Voorhees, C./Brusco, M. (2012): Service Sweethearting: Its Antecedents and Customer Consequences, in: Journal of Marketing, Vol. 76, No. 2, S. 81-98.

Cannon, J. P./Perreault, Jr., W. D. (1999): Buyer-Seller-Relationships in Business Markets, in: Journal of Marketing Research, Vol. 36, No. 4, S. 439-460.

De Wulf, K./Odekerken-Schröder, G./Iacobucci, D. (2001): Investments in Consumer Relationships: A Cross-Country and Cross-Industry Exploration, in: Journal of Marketing, Vol. 65, No. 4, S. 33-50.

Diller, H. (1993): Key-Account-Management auf dem Prüfstand, in: Irrgang, W. (Hrsg.), Vertikales Marketing im Wandel: Aktuelle Strategien und Operationalisierungen zwischen Hersteller und Handel, München, S. 49-80.

Droll, M. (2008): Kundenpriorisierung in der Marktbearbeitung: Gestaltung, Erfolgsauswirkung und Implementierung, Wiesbaden.

Eberling, G. (2002): Kundenwertmanagement: Konzept zur wertorientierten Analyse und Gestaltung von Kundenbeziehungen, Wiesbaden.

Eggert, A./Steinhoff, L./Garnefeld, I. (2015): Managing the Bright and Dark Sides of Status Endowment in Hierarchical Loyalty Programs, in: Journal of Service Research, Vol. 18, No. 2, 210-228.

Guth, W. D./Macmillan, I. C. (1986): Strategy Implementation versus Middle Management Self-Interest, in: Strategic Management Journal, Vol. 7, No. 4, S. 313-327.

Haenlein, M./Kaplan, A./Schoder, D. (2006): Valuing the Real Option of Abandoning Unprofitable Customers When Calculating Customer Lifetime Value, in: Journal of Marketing, Vol. 70, No. 3, S. 5-20.

Homburg, Ch. (2015): Marketingmanagement: Strategie – Instrumente – Umsetzung – Unternehmensführung, 5. Aufl., Wiesbaden.

Homburg, Ch./Daum D. (1997): Marktorientiertes Kostenmanagement: Kosteneffizienz und Kundennähe verbinden, Frankfurt a.M.

Homburg, Ch./Droll, M. (2008): Kundenpriorisierung. Wegweiser für ein wertorientiertes Kundenbeziehungsmanagement, Management-Know-how (M111), Instituts für Marktorientierte Unternehmensführung (IMU), Universität Mannheim.

Homburg, Ch./Jensen, O. (2004): KAM-Excellence. Key-Account-Management mit System, Management Know-how (M085), Institut für Marktorientierte Unternehmensführung (IMU), Universität Mannheim.

Homburg, Ch./Droll, M./Totzek, D. (2008): Customer Prioritization: Does It Pay Off, and How Should It Be Implemented?, in: Journal of Marketing, Vol. 72, No. 5, S. 110-130.

Homburg, Ch./Schäfer, H./Schneider, J. (2010): Sales Excellence: Vertriebsmanagement mit System, 6. Aufl., Wiesbaden.

Homburg, Ch./Steiner, V. V./Totzek, D. (2009): Managing Dynamics in A Customer Portfolio, in: Journal of Marketing, Vol. 73, No. 5, S. 70-89.

Homburg, Ch./Workman, J. P. Jr./Jensen, O. (2002): A Configurational Perspective on Key Account Management, in: Journal of Marketing, Vol. 66, No. 2, S. 38-60.

Ivens, B. S. (2003): Key-Account-Management: Empirische Ergebnisse zu Kundenpriorisierung und Kundenreaktion, in: Die Unternehmung, 57. Jg., Nr. 3, S. 217-235.

Jain, D./Singh, S. S. (2002): Customer Lifetime Value Research in Marketing: A Review and Future Directions, in: Journal of Interactive Marketing, Vol. 16, No. 2, S. 34-46.

Jaworski, B. J./Kohli, A. K. (1993): Market Orientation: Antecedents and Consequences, in: Journal of Marketing, Vol. 57, No. 3, S. 53-70.

Jiang, L./Hoegg, J./Dahl, D. (2013): Consumer Reaction to Unearned Preferential Treatment, in: Journal of Consumer Research, Vol. 40, No. 3, S. 412-427.

Johnson, M. D./Selnes, F. (2005): Diversifying Your Customer Portfolio, in: MIT Sloan Management Review, Vol. 46, No. 3, S. 11-14.

Kamakura, W. A./Mittal, V./de Rosa, F./Mazzon, J. A. (2002): Assessing the Service-Profit Chain, in: Marketing Science, Vol. 21, No. 3, S. 294-317.

Köhler, R. (1993): Beiträge zum Marketing-Management: Planung, Organisation, Controlling, 3. Aufl., Stuttgart.

Kumar, V. (2015): Evolution of Marketing as a Discipline: What Has Happened and What to Look Out For, in: Journal of Marketing, Vol. 79, No. 1, S. 1-9.

Kumar, V./Jones, E./Venkatesan, R./Leone, R. P. (2011): Is Market Orientation a Source of Sustainable Competitive Advantage or Simply the Cost of Competing?, in: Journal of Marketing, Vol. 75, No. 1, S. 16-30.

Lacey, R./Suh, J./Morgan, R. M. (2007): Differential Effects of Preferential Treatment Levels on Relational Outcomes, in: Journal of Service Research, Vol. 9, No. 3, S. 241-256.

Mayser, S./von Wangenheim, F. (2013): Perceived Fairness of Differential Customer Treatment: Consumers' Understanding of Distributive Justice Really Matters, in: Journal of Service Research, Vol. 16, No. 1, S. 99-113.

Mimouni-Chaabane, A./Volle, P. (2010): Perceived Benefits of Loyalty Programs: Scale Development and Implications for Relational Strategies, in: Journal of Business Research, Vol. 63, No. 1, S. 32-37.

Mintzberg, H. (1978): Patterns in Strategy Formation, in: Management Science, Vol. 24, No. 9, S. 934-948.

Pepels, W. (2013): Darstellung und Bedeutung des Kundenlebenszeitwerts im Business to Business-Marketing, in: Helmke, S./Uebel, M. F./Dangelmaier, W. (Hrsg.), Effektives Customer Relationship Management: Instrumente – Einführungs-konzepte – Organisation, 5. Aufl., Wiesbaden, S. 207-239

Rappaport, A. (1986): Creating Shareholder Value, New York.

Plinke, W. (1997): Bedeutende Kunden, in: Kleinaltenkamp, M./Plinke, W. (Hrsg.), Geschäftsbeziehungsmanagement, Berlin u.a., S. 113-159.

Reichheld, F. F. (1996): The Loyalty Effect, Boston.

Reinartz, W./Kumar, V. (2004): On the Profitability of Long-Life Customers in a Noncontractual Setting: An Empirical Investigation and Implications for Marketing, in: Journal of Marketing, Vol. 64, No. 4, S. 17-35.

Reinartz, W./Krafft, M./Hoyer, W. D. (2004): The Customer Relationship Management Process: Its Measurement and Impact on Performance, in: Journal of Marketing Research, Vol. 41, No. 3, S. 293-305.

Reinartz, W./Thomas, J. S./Kumar, V. (2005): Balancing Acquisition and Retention Resources to Maximize Customer Profitability, in: Journal of Marketing, Vol. 69, No. 1, S. 63-79.

Schawel, C./Billing, F. (2014): Top 100 Management Tools, 5. Aufl., Wiesbaden.

Scheer, L. K./Miao, C. F./Garrett, J. (2010): The Effects of Supplier Capabilities on Industrial Customers' Loyalty: The Role of Dependence, in: Journal of the Academy of Marketing Science, Vol. 38, No. 1, S. 90-104.

Steinhoff, L./Palmatier, R. (2016): Understanding loyalty program effectiveness: managing target and bystander effects, in: Journal of the Academy of Marketing Science, Vol. 44, No. 1, S. 88-107.

Wagner, T./Hennig-Thurau, T./Rudolph, T. (2009): Does Customer Demotion Jeopardize Loyalty?, in: Journal of Marketing, Vol. 73, No. 3, S. 69-85.

Wetzel, H. (2012): Kundenpriorisierung im Business-to-Business Marketing: Eine Analyse aus Anbieter- und Kundenperspektive, Wiesbaden.

Wetzel, H./Hammerschmidt, M./Zablah, A. (2014): Gratitude Versus Entitlement: A Dual Process Model of the Profitability Implications of Customer Prioritization, in: Journal of Marketing, Vol. 78, No. 2, S. 1-19.

Winkelmann, P. (2012): Marketing und Vertrieb: Fundamente für die marktorientierte Unternehmensführung, 8. Aufl., München.

Xia, L./Kukar-Kinney, M. (2014): For Our Valued Customers Only: Examining Consumer Responses to Preferential Treatment Practices, in: Journal of Business Research, Vol. 67, No. 11, S. 2368-2375.

Zablah, A. R./Bellenger, D. N./Johnston, W. J. (2004): Customer Relationship Management Implementation Gaps, in: Journal of Personal Selling and Sales Management, Vol. 24, No. 4, S. 279-295.

Zeithaml, V. A./Rust, R. T./Lemon, K. N. (2001): The Customer Pyramid: Creating and Serving Profitable Customers, in: California Management Review, Vol. 43, No. 4, S. 118-142.

Summary

Customer prioritization is a common marketing activity in business practice. It aims at an increase in average customer profitability and return on sales by treating important customers more intensively. After a short introduction highlighting the importance of customer prioritization, the present article provides an overview of key aspects of customer prioritization. First, companies need to select a prioritization criterion, determine the method to identify important customers, and decide on how to treat these customers in a particular way. Second, companies face challenges and need to address key requirements for implementing customer prioritization within a company. Finally, the article emphasizes positive and negative consequences of customer prioritization.

Oliver Götz und Manfred Krafft

Erfolgreiche Implementierung von CRM-Strategien

1. Einleitung

2. Grundlagen zum Customer Relationship Management
   2.1 Theoretisch-konzeptionelle Grundlagen des CRM
   2.2 Erfolgswirkungen des CRM

3. Determinanten einer erfolgreichen CRM-Implementierung
   3.1 Strategische Orientierung
   3.2 Human Resource Management
   3.3 Informationsmanagement
   3.4 Aufbau- und Ablauforganisation
   3.5 Übergreifende Aspekte der Implementierung

4. Grenzen einer erfolgreichen CRM-Implementierung

5. Zusammenfassung und Implikationen für das Management

Literaturverzeichnis

Prof. Dr. Oliver Götz ist Professor für internationales Business-to-Business Marketing und Sales Management an der ESB Business School der Hochschule Reutlingen. Prof. Dr. Manfred Krafft ist Direktor des Instituts für Marketing und wissenschaftlicher Leiter des Centrums für Interaktives Marketing an der Westfälischen Wilhelms-Universität Münster.

1. Einleitung

Eine verschärfte Wettbewerbssituation und die branchenübergreifend festzustellende Angleichung von Produktvorteilen („commoditization") führt dazu, dass dem Customer Relationship Management (CRM) immer mehr Bedeutung beigemessen wird, und die Kunden als Marktteilnehmer in den Mittelpunkt der Unternehmensaktivitäten rücken.

CRM-Lösungen sind in den letzten Jahren branchenübergreifend in einer steigenden Zahl von Unternehmen eingeführt worden. Diese Entwicklung wurde dadurch beschleunigt, dass Unternehmen heute über mehr und bessere Kundendaten verfügen als jemals zuvor (Schmittlein/Peterson 1994; Bult/Wansbeek 1995). Darüber hinaus können Unternehmen aufgrund technologischer Fortschritte leichter auf individueller Ebene mit Kunden kommunizieren und Leistungen personalisieren, was eine Abkehr vom traditionellen Massen-Marketing hin zu einem systematischen CRM ermöglicht.

Ein Schlüsselelement des CRM ist die Betrachtung von Kunden als Vermögenswerte, die gemanagt werden müssen und denen gemäß ihres heutigen und zukünftigen Wertes Ressourcen zugewiesen werden (Blattberg/Deighton 1996; Zeithaml/Rust/Lemon 2001). Dies macht deutlich, dass *CRM als Management-Konzept* verstanden werden muss, das unter Einsatz betriebswirtschaftlicher Konzepte und moderner Informationstechnologie zur Entwicklung von Kundenbeziehungsstrategien dient, die es Unternehmen ermöglichen, langfristige und profitable Kundenbeziehungen aufzubauen und zu erhalten. Die eigentliche Herausforderung des CRM liegt darin, geeignete Strategien und Prozesse für einzelne Kunden und Kundensegmente erfolgreich zu implementieren. Umso mehr verwundert es, dass sehr viele Implementierungen von CRM-Maßnahmen scheitern oder nicht die Erwartungen der Unternehmen erfüllen konnten (Almquist/Heaton/Hall 2002; Gartner Group 2003). Agarwal/Harding/Schumacher (2004) sehen – vor dem Hintergrund der Ergebnisse einer McKinsey-Studie mit 60 Managern von Versicherungsunternehmen – die Hauptursache des *Scheiterns von CRM-Projekten* in einer mangelnden Berücksichtigung der mit der CRM-Implementierung verbundenen organisatorischen Herausforderungen. Diese Herausforderungen resultieren den Autoren zufolge vor allem aus der großen Bandbreite von Personen, die für eine erfolgreiche CRM-Implementierung zusammenarbeiten müssen. Dazu zählen u.a. Vertriebs- und Servicemitarbeiter, Business Analysten, IT-Spezialisten und verschiedene Führungskräfte.

Es ist Ziel dieses Beitrags, die Determinanten einer erfolgreichen Implementierung von CRM-Strategien und -Prozessen zu untersuchen. Dabei werden Handlungsempfehlungen abgeleitet, die der Unternehmenspraxis helfen, CRM erfolgreich zu implementieren und somit zur Steigerung der Wettbewerbsfähigkeit von Unternehmen beizutragen.

2. Grundlagen zum Customer Relationship Management

Seit Anfang der 1980er Jahre haben Vertreter aus Forschung und Praxis die zunehmende Bedeutung erkannt, die dem *Management von Kundenbeziehungen* zukommt. Insbesondere ermöglicht eine konsequente Nutzung aller transaktionsgebundenen Informationen eine kundenbezogene Profitabilitätsrechnung. Die Profitabilität der Geschäftsbeziehung ist dabei die entscheidende Zielgröße des CRM, die neben der Wertigkeit und Stabilität der Beziehung auch den Ressourceneinsatz des Unternehmens über den gesamten Kundenlebenszyklus umfasst (Krafft/Götz 2011, S. 215 ff.).

Da in der Literatur eine Vielzahl unterschiedlicher Definitionen für das CRM existiert und diese sehr häufig aus informationstechnologischer Sicht begründet werden, soll zunächst die diesem Beitrag zu Grunde gelegte *Definition des CRM* erörtert werden. CRM wird in diesem Beitrag aufgefasst als kundenbezogene Ausrichtung aller unternehmerischen Strukturen, Prozesse und Aktivitäten, die darauf gerichtet sind, profitable Kundenbeziehungen zu identifizieren, zu begründen, zu intensivieren und bei nicht mehr gegebener Vorteilhaftigkeit zu beenden (Krafft/Götz 2003, S. 340). Dieser systematische Managementprozess erfolgt über alle Kontaktkanäle zum Kunden und verfolgt das Ziel der Wertmaximierung des Beziehungsportfolios (Reinartz/Krafft/Hoyer 2004).

2.1 Theoretisch-konzeptionelle Grundlagen des CRM

Als theoretische Grundlagen der Vorteilhaftigkeit eines Managements von Kundenbeziehungen werden im Wesentlichen *Erklärungsansätze* des neoklassischen, des neoinstitutionellen und des neobehavioristischen Paradigmas angeführt (Bruhn 2016, S. 21 ff.). Dabei kommt der behavioristischen Perspektive eine besondere Bedeutung zu, da diese ökonomisch erstrebenswerte Verhaltensweise (wie Kundenbindung) als Ergebnis zu Grunde liegender psychologischer Prozesse (z.B. Vertrauen, Commitment, Kundenzufriedenheit) behandelt (Diller 1996). Des Weiteren werden beziehungsorientierte Strategien auf der Grundlage von Überlegungen der Transaktionskostentheorie beurteilt.

Auf Basis dieser und weiterer theoretisch-konzeptioneller Überlegungen werden *CRM-Strategien* häufig anhand von zwei Dimensionen unterschieden, nämlich (1) der Kundenlebenszyklus-Dimension (Neukunden-Akquisition, Intensivierung und ggf. Beendigung) und (2) einer Management-Interaktions-Dimension (Analyse und Bewertung sowie Beeinflussung von Kunden) (Krafft/Götz 2003, S. 352). Aus diesen Überlegungen folgt eine konzeptionelle Struktur von strategischen CRM-Prozessen und -Elementen, die in Abbildung 1 im Überblick wiedergegeben ist.

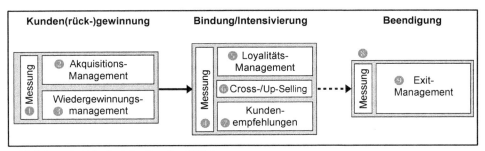

Abbildung 1: Die drei Stufen des CRM
(Quelle: Krafft et al. 2002, S. 42)

Die Einführung von CRM-Aktivitäten geht dabei auf die Markt- bzw. Kundenorientierung des betreffenden Unternehmens zurück (Kohli/Jaworski 1990). Während Kunden- und Marktorientierung sich jedoch eher auf eine generelle Haltung des Unternehmens beziehen, ist CRM als Aktivitätenbündel zu begreifen, das auf ein Kundenmanagement entlang der Kundenlebenszyklen abzielt.

2.2 Erfolgswirkungen des CRM

Der vorangegangene Abschnitt beschäftigte sich mit der Definition des CRM-Konzepts. Ein wesentliches Merkmal des CRM besteht darin, schneller und genauer auf eine Veränderung der Kundenwünsche einzugehen als bisher und die einzelnen Kunden ihren Bedürfnissen und ihrer Wertigkeit entsprechend zu bedienen.

Ein hoher Grad an *CRM-Implementierung* bedeutet, dass die betreffenden Unternehmen ihre Interaktionen mit den Kunden an deren Lebenszyklus ausrichten und die einzelnen Geschäftsbeziehungsphasen aktiv und systematisch beeinflussen. Ziel dieser Aktivitäten ist die Orientierung der für den Kunden eingesetzten Ressourcen an den auf diesen Kunden zurückzuführenden ökonomischen Wert. Dieser *Kundenwert* als eine Messgröße der Kundenrentabilität wird in der Literatur als Folge einer nachhaltig kundenorientierten Gestaltung von Geschäftsbeziehungen bezeichnet (Peter 1999, S. 46 ff.; Homburg/Bucerius 2016, S. 64 ff.).

Eine erfolgreiche CRM-Strategie ermöglicht den Unternehmen, das Leistungsangebot an den Erwartungen der Kunden auszurichten und so einen wichtigen Beitrag zur Steigerung von Kundenzufriedenheit und -bindung zu leisten (Götz et al. 2016). Es sollte aber hervorgehoben werden, dass eine konsequente Umsetzung des CRM-Konzepts auch bedeuten kann, dass unattraktive Geschäftsbeziehungen systematisch und bewusst beendet werden oder das Service- und Leistungsniveau von weniger lukrativen Kundenbeziehungen aufgrund der Wertorientierung des CRM reduziert wird.

Die empirischen Analysen von Reinartz/Krafft/Hoyer (2004) zeigen, dass extensivere *CRM-Prozesse* mit höheren Unternehmenserfolgen einhergehen. Diese Effekte fallen sowohl für den subjektiv gemessenen als auch für den objektiv erhobenen Unternehmenserfolg moderat positiv und statistisch signifikant aus. Lediglich für die Phase der Beendigung sind die Koeffizienten mit dem subjektiv gemessenen Erfolg nicht signifikant. CRM-Technologien verstärken den positiven Zusammenhang von ‚Relationship Termination' und dem Unternehmenserfolg, während ein signifikant negativer moderierender Effekt auf den Zusammenhang von Prozessen des Beziehungsaufbaus und dem Erfolg festzustellen ist. Da die Unternehmen dieser Studie auf der Stufe der Sicherstellung der Beziehung die CRM-Prozesse bereits in nennenswertem Umfang implementiert haben, bieten die Phase des Beziehungsaufbaus und die Beendigungs-Phase die größten Gestaltungsfreiräume. Der erfolgsmindernde Effekt von CRM-Technologien in der Phase des Beziehungsaufbaus wird von den Autoren mit Ergebnissen kommerzieller Studien in Verbindung gebracht, in denen berichtet wird, dass CRM-Technologie-Projekte überwiegend nicht erfolgssteigernd gewirkt haben. Zudem erwarten Reinartz/Krafft/Hoyer (2004), dass die überwiegend erst vor kurzem getätigten CRM-Investitionen sich mittel- bis langfristig auszahlen werden und dann zu einer Verstärkung des positiven Zusammenhangs von CRM-Prozessen und dem Erfolg von Unternehmen führen.

Ernst et al. (2011) konnten in ihrer Untersuchung zur Umsetzung von CRM-Strategien ebenfalls einen positiven Effekt auf den Erfolg von Unternehmen feststellen. Die Autoren überprüfen hierbei die Wirkung der Umsetzung von CRM-Strategien auf die Implementierung von CRM-Prozessen, -Strukturen und -Technologien und deren Wirkung auf den Innovations- und Unternehmenserfolg.

Reimann/Schilke/Thomas (2010) hingegen fanden heraus, dass es keine direkte Beziehung zwischen der Implementierung von CRM-Prozessen und dem Unternehmenserfolg gibt. Die Autoren zeigen anhand der Ergebnisse einer Befragung von 318 US-Unternehmen unterschiedlicher Branchen, dass CRM vielmehr einen indirekten Einfluss auf den Erfolg hat. Der Erfolg von CRM wird der Studie zufolge vollständig durch die Wettbewerbsstrategien (Differenzierungsstrategie und Kostenführerschaft) mediiert.

Abschließend kann festgehalten werden, dass die Umsetzung von CRM-Strategien eine substanzielle Wirkung auf den Unternehmenserfolg ausübt. Eine erfolgreiche Implementierung von CRM hängt jedoch von verschiedenen Faktoren ab, die im nachfolgenden Abschnitt ausführlich dargestellt werden sollen.

3. Determinanten einer erfolgreichen CRM-Implementierung

Ein hoher Grad an CRM-Implementierung bedeutet, dass die betreffenden Unternehmen ihre Interaktion mit den Kunden am Lebenszyklus der Geschäftsbeziehung ausrichten und die einzelnen Phasen der Geschäftsbeziehung aktiv beeinflussen. Eine der Schlüsselfragen im Zusammenhang mit dem Einsatz von CRM-Strategien ist, welche Faktoren eine erfolgreiche Implementierung begünstigen.

Auf Grundlage theoretischer Überlegungen werden fünf *Kategorien von Variablen* unterschieden, die eine Schlüsselrolle bei einer erfolgreichen Implementierung von CRM-Strategien, -Prozessen und -Technologien spielen: (1) Strategische Orientierung, (2) Human Resource Management, (3) Informationsmanagement, (4) Aufbau- und Ablauforganisation und (5) übergreifende Aspekte der Implementierung. Auf Grundlage der identifizierten Kategorien sollen im Folgenden die wesentlichen Erfolgsfaktoren einer CRM-Implementierung ausführlich für jede Kategorie dargestellt werden.

3.1 Strategische Orientierung

Unternehmen weisen in der Regel einen unterschiedlichen Grad an *Innovationsorientierung* auf. Gerade innovativen Unternehmen wird aufgrund des hohen Wettbewerbsdrucks ein großer Wettbewerbsvorteil zugeschrieben. Innovative Unternehmen sind häufig dadurch gekennzeichnet, dass sie neue Prozesse und Technologien einsetzen. So konnten Götz et al. (2005) in einer länderübergreifenden Studie nachweisen, dass gerade innovative Unternehmen besonders erfolgreich bei der CRM-Implementierung – bezogen auf die Prozesse der Kundenbindung – sind. Dies macht deutlich, dass eine innovative Unternehmenskultur nicht nur auf den Erfolg von Neuproduktentwicklungen einen Einfluss hat, sondern auch die erfolgreiche Intensivierung der Geschäftsbeziehungen zu bestehenden Kunden fördert. Ernst et al. (2011) bestätigen in ihrer Studie den Zusammenhang zwischen CRM-Strategie und dem Erfolg von Neuproduktentwicklungen. Hierbei konnten die Autoren zeigen, dass Unternehmen, deren Strategie sich nachhaltig an dem CRM-Konzept orientiert, erfolgreicher bei der Neuproduktentwicklung und -einführung sind als Unternehmen, die diese Orientierung nicht aufweisen. Auch Šebjan/Bobek/Tominc (2014) kommen zu dem Ergebnis, dass eine hohe Innovationsorientierung von Unternehmen die Akzeptanz von CRM-Lösungen verstärkt. Darüber hinaus beschreiben sie Prozess- und Technologieorientierung als weitere Faktoren die die Akzeptanz von CRM fördern können.

Day/van den Bulte (2002) konnten die Bedeutung der Orientierungskomponente, welche sich auf den Grad der Ausrichtung der Unternehmenskultur auf die Entwicklung und Aufrechterhaltung von Kundenbeziehungen bezieht, für den CRM-Erfolg nachweisen.

Richard/Thirkell (2007) sehen in der Implementierung von CRM-Initiativen eine wesentliche Voraussetzung für intensive und profitable Geschäftsbeziehungen. Die Ergebnisse ihrer konzeptionellen Analyse im B2B-Bereich zeigen, dass die Markt- und Technologieorientierung eines Unternehmens den Grad der Implementierung von CRM-Initiativen innerhalb einer Unternehmung beeinflusst.

Darüber hinaus gelangen van Bentum/Stone (2005) in einer Studie mit 65 an CRM-Projekten beteiligten Personen aus zehn europäischen Unternehmen ebenfalls zu dem Ergebnis, dass CRM-Projekte ohne angemessene kulturelle Basis schnell scheitern. Die Ergebnisse zeigen, dass es zwar keine in jedem Fall optimale Unternehmenskultur gibt, eine „communal culture" jedoch für den Aufbau und die Aufrechterhaltung einer CRM-Orientierung im Unternehmen optimale Voraussetzungen bietet. Dies lässt sich dadurch erklären, dass CRM eine funktionenübergreifende Zusammenarbeit und schnelle Reaktionen auf Kundenerwartungen/-bedürfnisse erfordert, was durch die Charakteristika der „communal culture" erleichtert wird. Die Autoren betonen jedoch die Notwendigkeit, die verschiedenen Subkulturen innerhalb eines Unternehmens zu koordinieren.

Neben dem Grad der Innovationsbereitschaft und dem Vorhandensein einer kundenorientierten Unternehmenskultur lassen sich Unternehmen auch danach unterscheiden, ob sie mit Hilfe von Marketingaktivitäten eine *Technologie- bzw. Markenführerschaft* anstreben oder alternativ versuchen, durch den *Aufbau starker Kundenbeziehungen* am Markt erfolgreich zu sein. Eine gleichzeitige Verfolgung beider Ansätze ist dabei aufgrund begrenzter Marketing-Ressourcen in der Regel nicht möglich. Götz et al. (2005) konnten zeigen, dass, je intensiver Marketingaktivitäten im Bereich Forschung und Entwicklung sowie Werbeaktivitäten eingesetzt werden, desto geringer die Wahrscheinlichkeit von CRM-Aktivitäten zur Unterstützung des Beziehungsaufbaus und zur Sicherstellung der Kundenbeziehung ist.

Des Weiteren lassen sich Unternehmen hinsichtlich ihres Grades an Markt- bzw. Kundenorientierung unterscheiden. Götz et al. (2005) konnten in ihrer Studie nachweisen, dass die Implementierung von CRM-Konzepten insbesondere bei Unternehmen mit einer nachhaltigen Marktorientierung sehr ausgeprägt ist.

3.2 Human Resource Management

Das Human Resource Management mit seinen verschiedenen Facetten der Personalgewinnung und -entwicklung sowie Personalführung gilt als eines der wichtigsten Instrumentarien zur Umsetzung von Strategien in Unternehmen. Van Bentum/Stone (2005) konnten in einer Studie zeigen, dass die *Führungskompetenz* der CRM-Verantwortlichen wesentlich zum CRM-Erfolg beiträgt. Als weitere CRM-Erfolgsfaktoren wurden Empowerment und eine kontinuierliche Beurteilung der Leistung der involvierten Mitarbeiter auf allen Organisationsebenen identifiziert. Um eine erfolgreiche CRM-Implementierung sicherzustellen, sollte grundsätzlich die Umsetzung der CRM-Strategie in Form eines unternehmensweiten Programms erfolgen.

Eine von Croteau/Li (2003) durchgeführte Studie mit kanadischen Unternehmen zeigte, dass der Erfolg von CRM-Initiativen wesentlich vom Grad der Unterstützung dieser Projekte durch das Top-Management beeinflusst wird. Dieses Ergebnis deckt sich mit den Befunden anderer Studien, die nachweisen konnten, dass die *Unterstützung der Unternehmensführung* einen wesentlichen Erfolgsfaktor bei der Entwicklung und Implementierung von Management-Informationssystemen (Jarvenpaa/Ives 1991) sowie für die Förderung innovativer Verhaltensweisen im Allgemeinen darstellt (Meyer/Goes 1988; Rai/Bajwa 1997). Dies wird dadurch erklärt, dass bei Desinteresse und mangelnder Anteilnahme der Führungspersonen auch die Mitarbeiter nicht an den Erfolg der CRM-Projekte glauben, sondern dazu neigen werden, sich jeglichen Neuerungen zu verweigern. Bohling et al. (2006) konnten in einer Studie mit 101 Unternehmen ebenfalls zeigen, dass die Unterstützung durch das Top-Management einen entscheidenden Erfolgsfaktor darstellt. So sind Unternehmen, deren Führungspersonal die CRM-Initiative als strategisch bedeutsam betrachtet, bei der Umsetzung erfolgreicher. Wenn das Top-Management die Implementierung von CRM hingegen lediglich als nützlich, aber nicht kritisch beurteilt, wirkt sich dies negativ auf die Erfolgswahrscheinlichkeit der Initiative aus. Zudem betonen Bohling et al. (2006), dass das CRM-System nicht nur an den Bedürfnissen der Kunden, sondern auch an den Bedürfnissen und Zielen der Mitarbeiter ausgerichtet sein sollte, um zum Erfolg zu führen. Shum/Bove/Seigyoung (2008) identifizieren in ihrer qualitativen Studie das Commitment der Mitarbeiter als zentralen Erfolgsfaktor für eine erfolgreiche CRM-Implementierung. Die Mitarbeiter sollten zudem frühzeitig in die Implementierung der CRM-Strategie eingebunden werden und durch weitere Maßnahmen sollten ihre für die CRM-Implementierung notwendigen Kernkompetenzen gefördert werden (Neumann 2014).

3.3 Informationsmanagement

Das *Informationsmanagement* und die damit verbundene *Informationsqualität* stellt eine notwendige Bedingung für eine erfolgreiche Umsetzung von CRM-Aktivitäten dar. Kundeninformationen sollten vollständig und zweckmäßig sein, Mess- und Segmentierungsaktivitäten unterstützen sowie die Prognose des ökonomischen Wertes einzelner Kunden ermöglichen (Roh/Ahn/Han 2005). Neben der Qualität der Informationen ist die Qualität der Informationssysteme ein wichtiger Faktor für die Umsetzung der CRM-Prozesse. So sollte eine ausreichende Investition, ein hoher Implementierungsgrad sowie die Integration des CRM-Systems in die bestehenden Management-Informationssysteme und die Einbindung der Vertriebsmitarbeiter in das Netzwerk sichergestellt werden.

Als weiteren wichtigen Erfolgsfaktor identifizieren Croteau und Li (2003) das Vorhandensein von Wissensmanagement-Kompetenz im Unternehmen. Wissensmanagement-Kompetenz wird dabei als die Fähigkeit definiert, authentische kunden-, produkt- und dienstleistungsbezogene Informationen umgehend zu erfassen, zu verarbeiten und bereitzustellen, um so die Kundenreaktionen zu verbessern und schnellere Entscheidungen basierend auf zuverlässigen Informationen zu ermöglichen. Unternehmen, die sich durch starke Kompetenzen in diesem Bereich auszeichnen, gelingt es demnach, die im Unternehmen vorhandene IT-Infrastruktur zu nutzen, um operatives, analytisches und gemeinsames Wissen über Kunden, Produkte und Dienstleistungen zu generieren und für ein effektives und effizientes Kundenmanagement zu nutzen. Zwischen der IT-Infrastruktur als notwendige Voraussetzung für die Entwicklung von Wissensmanagement-Kompetenz und der Stärke dieser Kompetenz wurde dabei ein signifikanter positiver Zusammenhang festgestellt. Ein direkter Zusammenhang zwischen der technologischen Bereitschaft des Unternehmens und dem Erfolg von CRM-Maßnahmen ließ sich jedoch nicht feststellen. Dies unterstreicht erneut, dass die Einführung von CRM-Technologie allein nur eine Grundvoraussetzung für den CRM-Erfolg darstellt. Damit sich die Investition lohnt, muss das gesamte Unternehmen kundenorientiert ausgerichtet sein. Die Wichtigkeit der Umstrukturierung des Interaktions- und Informationsmanagements im gesamten Unternehmen im Rahmen einer CRM-Implementierung identifizierten auch Steel/Dubelaar/Ewing (2013). Sie betonen, dass besonders der Zugang zu Erfahrungswerten aus früheren CRM-Implementierungen erfolgsführend ist.

Day/van den Bulte (2002) untersuchen in einer Studie mit 345 US-Unternehmen den Erfolg von CRM-Initiativen im Hinblick auf die Erzielung von Wettbewerbsvorteilen, Absatzwachstum und Profitabilität anhand der Faktoren Orientierung, Information und Konfiguration. Die Ergebnisse zeigen, dass die Komponente Information, die Kundendaten- und Informationstechnologie umfasst, nur wenig zum CRM-Erfolg beiträgt, sobald ein Mindestmaß an Kompetenz in diesem Bereich aufgebaut wurde. Die vorangegangenen Ausführungen machen deutlich, dass CRM-Technologien der Informationsverarbeitung nur bedingt zum Erfolg von CRM-Maßnahmen beitragen können. Hierbei darf jedoch nicht außer Acht gelassen werden, dass die Leistungsfähigkeit der CRM-Technologien auch eine moderierende Wirkung auf die Beziehung zwischen CRM-Aktivitäten und CRM-Erfolg ausübt. Letztlich ist dabei jedoch davon auszugehen, dass es sich hierbei um einen nichtlinearen Effekt handelt, sodass es in Unternehmen einen optimalen Grad der Leistungsfähigkeit von CRM-Technologien gibt.

Neben den dargestellten CRM-Technologien und -Systemen besteht ein weiterer wichtiger Faktor für den Erfolg von CRM-Maßnahmen in der Qualität der Informationsprozesse. Jayachandran et al. (2005) untersuchten auf der Grundlage einer Befragung von 172 Marketing-, Vertriebs- und Servicemanagern verschiedener Branchen die Bedeutung relationaler Informationsprozesse für den CRM-Erfolg. Als wesentliche Dimensionen relationaler Informationsprozesse definierten sie dabei Informationsreziprozität, -erfassung, -integration, -zugang und -nutzung. Die Autoren konnten zeigen, dass diese Informationsprozesse durch die Unternehmenskultur und die Organisationsstrukturen im Unternehmen beeinflusst werden. Kundenorientierung als mögliche Ausprägung der Unternehmenskultur fördert die Bereitschaft, angemessene relationale Informationsprozesse zu entwickeln, da diese eine Voraussetzung für den Aufbau effektiver Kundenbeziehungen darstellen. Die Kundenorientierung sollte sich zudem in den Organisationsstrukturen und Anreizsystemen widerspiegeln: Ein kundenfokussiertes Managementsystem erleichtert die Einführung relationaler Informationsprozesse, da es die Aufhebung funktionaler Barrieren und angemessene Interaktionen mit Kunden unterstützt. Relationale Informationsprozesse zeigten bei den untersuchten Unternehmen somit eine moderierende Wirkung zwischen den genannten unternehmensbezogenen Faktoren und dem CRM-Erfolg.

3.4 Aufbau- und Ablauforganisation

Eine fehlende *organisatorische Anpassung* an die Erfordernisse des CRM wird als einer der Hauptgründe für das Scheitern von CRM-Projekten identifiziert (Agarwal/Harding/Schumacher 2004). Nach Foss/Stone/Ekinci (2008) liegen die Hauptgründe für Misserfolge von CRM-Initiativen in einer schlechten Planung, dem Fehlen klarer Ziele und dem Unvermögen, die Notwendigkeit einer Anpassung der Organisationsstruktur zu erkennen. Die Formulierung der Ziele und Planung des Implementierungsprozesses ist dabei Aufgabe des Managements (Rodriguez/Trainor 2016). Homburg/Droll/Totzek (2008) zeigten in ihrer Studie von 310 Unternehmen aus dem B2B- und B2C-Bereich, dass neben weiteren Erfolgsfaktoren besonders die organisatorische Anpassung, die Einbindung des Top-Managements sowie eine adäquate Ausführung von Planung und Kontrolle für die erfolgreiche Implementierung einer Kunden-Priorisierungsstrategie im Rahmen der CRM-Aktivitäten von Bedeutung sind. Garrido-Moreno/Lockett/García-Morales (2014) betonen in diesem Zusammenhang, dass eine CRM-Implementierung eine organisatorische Umstrukturierung bedeutet, welche beim Top-Management beginnt und sich auf alle anderen Unternehmensbereiche ausweiten muss, um so die wichtige Akzeptanz der CRM-Strategie durch die Mitarbeiter zu erhalten. Die Schaffung einer adäquaten Organisationsstruktur wurde auch von Chang (2007) als bedeutsam identifiziert. In seiner qualitativen Studie identifizierte er, dass eine zuvor erfolgte Einführung von Business Process Reengineering und organisationalem Lernen in einem Unternehmen sich vorteilhaft auf die Implementierung von CRM-Initiativen auswirkt. Darüber hinaus konnten auch Roh/Ahn/Han (2005) in ihrer Studie von 234 Mitarbeitern aus 14 koreanischen Versicherungsunternehmen die Bedeutsamkeit der Gestaltung von internen Prozessen für eine erfolgreiche CRM-Implementierung feststellen. Den Ergebnissen der Studie zufolge tragen eine gute Ausstattung der Kundeninteraktionsprozesse, eine hohe Integration der Vertriebskanäle, eine adäquate Ausgestaltung der Personalisierungsprozesse sowie eine klare Definition der After-Sales-Prozesse zum Gelingen von CRM-Projekten bei. Die kontinuierliche Schulung und Motivation von Mitarbeitern bei gleichzeitiger Kundenorientierung der Unternehmenskultur während des gesamten Prozesses ist laut Padilla-Meléndez/Garrido-Moreno (2015) ebenfalls wichtig für den CRM-Erfolg.

Darüber hinaus kommen Tuominen/Rajala/Möller (2000) in ihrer Untersuchung zu dem Ergebnis, dass die Ausgestaltung der internen Beziehungen einen wesentlichen Einfluss auf die Intensität der Kundenbeziehungen, die Nutzung von Marktchancen und weitere operative Erfolgsgrößen ausübt. So konnten sie zeigen, dass bei den 140 untersuchten finnischen Unternehmen Unterschiede in der Organisationsstruktur zwischen erfolgreichen und weniger erfolgreichen Unternehmen bestehen. Demnach wirken sich eine starke Bindung der Mitarbeiter an das Unternehmen, eine funktionsübergreifende Koordination und eine effektive Ausgestaltung der Anreizsysteme positiv auf die Leistung des Unternehmens aus. Die Wirksamkeit dieser Dimensionen ist dabei abhängig von markt- und kundenbezogenen Faktoren. Bei den untersuchten global ausgerichteten Unternehmen mit transaktionalen Kundenbeziehungen erwies sich hingegen insbesondere die funktionsübergreifende Koordination als erfolgssteigernd. Unternehmen, deren Kundenbeziehungen „relational-based" geprägt sind, und die den nationalen Markt bearbeiten, profitieren laut den Autoren insbesondere von einer starken Mitarbeiterbindung.

Auch die organisatorische Ausgestaltung des Key Account Managements (KAM) hat Auswirkungen auf den CRM-Erfolg. Homburg/Workman Jr./Jensen (2002) kommen zu dem Ergebnis, dass Organisationen mit einem funktionsübergreifenden KAM hervorragende Leistungen am Markt erbringen und über eine hohe Anpassungsfähigkeit verfügen. Unternehmen, welche kein KAM oder nur isoliert einzelne KAM-Aktivitäten einsetzen, sind hingegen weniger erfolgreich. Insbesondere zeichnet sich ein erfolgreiches KAM oft dadurch aus, dass das Involvement beim Top-Management für das KAM hoch ausgeprägt ist. Diese Erkenntnisse werden auch in Studien zum CRM bestätigt. Den Ergebnissen einer Studie von Bohling et al. (2006) zufolge sind Organisationen, bei denen die Verantwortung für die Umsetzung von CRM-Strategien auf Unternehmensebene angesiedelt ist, erfolgreicher als solche, bei denen einzelne funktionale Ebenen wie Marketing, Vertrieb, Kundenservice oder IT die CRM-Verantwortung haben.

3.5 Übergreifende Aspekte der Implementierung

Gefen/Ridings (2002) stellten in einer quasi-experimentellen Studie mit Mitarbeitern aus zwei Betriebsstätten eines Telekommunikationsunternehmens fest, dass die Art der Interaktion zwischen dem technischen Implementierungsteam und den zukünftigen Nutzern der CRM-Technologie vor und während der Implementierungsphase einen wesentlichen Einfluss auf den Projekterfolg ausübt. So konnten sie zeigen, dass die Mitarbeiter der Betriebsstätte, deren Implementierungsteam sich durch hohe Reaktions- und Kooperationsbereitschaft auszeichnete, die Konfiguration des CRM-Systems positiver beurteilten und eine höhere Nutzungsbereitschaft aufwiesen. Verantwortliche für die CRM-Implementierung in Unternehmen sollten demzufolge ihre Teammitglieder dazu motivieren, Anfragen von zukünftigen Nutzern zügig zu beantworten, Nutzerfeedback in die Konfiguration einzubeziehen und Probleme schnell und sorgfältig zu beheben.

Als erfolgreiches Beispiel einer CRM-Implementierung nennen Roberts/Liu/Hazard (2005) die CRM-Initiative des Versicherungsunternehmens UnumProvident. Den Erfolg führen die Autoren u.a. darauf zurück, dass das Unternehmen einen Risikomanagement-Ansatz verfolgte, bei dem zunächst verschiedene CRM-System-Prototypen entworfen und bewertet wurden. Dabei wurde insbesondere Wert auf eine enge Zusammenarbeit zwischen der IT-Abteilung und den zukünftigen Anwendern gelegt. Vorrangiges Ziel war die Schaffung einer soliden Daten- und Informationsbasis, die als Grundlage für weitere CRM-Projekte diente. Zudem erfolgten Leistungsbeurteilungen sowie die Einführung von Scorecards durch ein Managementteam.

Bohling et al. (2006) konnten in ihrer Untersuchung zeigen, dass bei kleinen Unternehmen insbesondere ein effektives Change Management sowie eine effiziente Budgetallokation für den Implementierungserfolg entscheidend sind. Bei großen Unternehmen erweist sich dagegen die Einbindung der CRM-Strategie in die Marketingstrategie und die Unterstützung der Unternehmensführung für den Implementierungserfolg als besonders bedeutsam. Zudem konnten Ko et al. (2008) in ihrer Studie von 94 Unternehmen aus der Bekleidungsindustrie nachweisen, dass sowohl die Strategie eines Unternehmens als auch die Reife des IT-Systems und die Produktkategorie einen signifikanten Einfluss auf die Implementierung von CRM-Initiativen ausüben.

Ryals (2005) identifiziert den Wert des Kunden für das Unternehmen als wichtige Steuerungsgröße für den Erfolg von CRM-Strategien. Anhand von zwei Fallstudien im Finanzdienstleistungssektor zeigt der Autor, dass vorhandene Kenntnisse über den Kundenwert zu einer Anpassung der Kundenmanagement-Strategien führen. Unternehmen, die ausreichend über die Profitabilität ihrer Kunden informiert sind, können ihre Entscheidungsprozesse besser anpassen, was letztlich zu einem höheren Unternehmenserfolg führt. Die Berücksichtigung wichtiger Kunden als zentrale Dimension des CRM ist auch Gegenstand der Studie von Yim/Anderson/Swaminathan (2004).

Elmuti/Jia/Gray (2009) zufolge ist CRM eine förderliche Strategie um die Leistungsfähigkeit des Unternehmens zu verbessern. Anhand einer explorativen Studie identifizieren die Autoren eine Reihe von Barrieren bei der effektiven Implementierung von CRM-Prozessen. Dazu gehören das fehlende Commitment von Führungskräften und die nicht ausreichende Unterstützung durch das Management, fehlende Projektmanagementfähigkeiten, sowie nicht ausreichendes Kapital für Investitionen in CRM-Software und CRM-Instrumente.

Becker/Greve/Albers (2009) untersuchen den technologischen und organisatorischen Einfluss der CRM-Implementierung auf die Phasen Kundenakquisition, Kundenbeziehungsintensivierung und Kundenbindung. Zu der technologischen Implementierung zählen Systeme wie Datenbanken und Softwareanwendungen. Unter organisatorischer Implementierung verstehen sie das Ausmaß der Anpassung von internen Strukturen, Mitarbeitern und Prozessen an die Kundenorientierung. Die Autoren weisen nach, dass signifikant positive Beziehungen zwischen der technologischen Implementierung und dem Erfolg der Kundenakquisition und Kundenbeziehungsintensivierung bestehen. Darüber hinaus trägt eine aktive Unterstützung der Mitarbeiter, beispielsweise durch den Einsatz der spezifischen Datenbanken, zu diesem Erfolg bei. Keine signifikanten Effekte auf die untersuchten Erfolgsgrößen identifizieren die Autoren für die organisatorische

Implementierung, jedoch wirkt die organisatorische Implementierung in Verbindung mit der Unterstützung des Top-Managements positiv auf den Erfolg der Kundenakquistion.

Keramati/Mehrabi/Mojir (2010) unterscheiden zwischen technologischen und infrastrukturellen CRM-Ressourcen. Technologische CRM-Ressourcen sind beispielsweise Softwarelösungen für die Datenanalyse und die Datenverwaltung, zu infrastrukturellen CRM-Ressourcen gehören unter anderem die Fähigkeiten und Erfahrungen der Mitarbeiter und eine Anpassung der Organisation hinsichtlich der Kundenorientierung. Mithilfe einer Befragung von 77 iranischen Internetanbietern konnte festgestellt werden, dass der CRM-Prozess insbesondere durch infrastrukturelle CRM-Ressourcen positiv beeinflusst wird und technologische CRM-Ressourcen nur teilweise den Prozess beeinflussen. Die Autoren kommen zu dem Ergebnis, dass technologische CRM-Ressourcen allein nicht für einen erfolgreichen CRM-Prozess ausreichen, sondern das Entwickeln und Zusammenspiel von allen CRM-Ressourcen zu einem höheren Erfolg führt.

Krasnikov/Jayachandran/Kumar (2009) untersuchen in ihrer Studie den Einfluss der CRM-Implementierung auf die operationale Kosteneffizienz und die Gewinneffizienz. Die Autoren finden heraus, dass eine CRM-Implementierung mit einer Abnahme der Kosteneffizienz zusammenhängt, aber die Gewinneffizienz erhöht. Ein hohes CRM-Commitment des Unternehmens reduziert den negativen Effekt der CRM-Implementierung auf die Kosteneffizienz. Ferner leiden Unternehmen, die sehr früh CRM-Prozesse implementieren, im Vergleich zu späten Anwendern unter stärkeren Rückgängen der Kosteneffizienz und haben eine niedrigere Gewinneffizienz. Außerdem sinkt im Zeitverlauf der negative Effekt auf die Kosteneffizienz und der positive Effekt auf die Gewinneffizienz steigt, da Unternehmen mit der Zeit lernen, wie CRM effizient eingesetzt werden kann.

Tabelle 1 fasst die betrachteten Studien und deren zentrale Erkenntnisse für dieses Kapitel nochmals zusammen.

Autor	Untersuchungsgegenstand	Ergebnisse
Strategische Orientierung		
Day/van den Bulte (2002)	Bedeutung von Orientierung, Information und Konfiguration für den CRM-Erfolg	Eine Ausrichtung der Unternehmenskultur auf die Entwicklung und Aufrechterhaltung von Kundenbeziehungen trägt zur Erreichung der CRM-Ziele bei.
Götz et al. (2005)	Branchen-, unternehmens- und kundenbezogene Bestimmungsgrößen der CRM-Implementierung	Innovationsorientierung hat einen positiven Einfluss auf die Implementierung von Kundenbindungsprozessen. Es besteht für alle Phasen des CRM-Prozesses ein positiver Zusammenhang zwischen Marktorientierung und CRM-Implementierung.

Autor	Untersuchungs-gegenstand	Ergebnisse
		Ein Fokus auf Marketingaktivitäten trägt zur Verminderung der Aktivitäten des Beziehungsaufbaus und zur Sicherstellung der Kundenbeziehung bei.
Ko et al. (2008)	Untersuchung des Einflusses der Organisationseigenschaften auf den Implementierungsprozess von CRM	Die Wahrnehmung der Vorteilhaftigkeit von CRM-Aktivitäten beeinflusst die CRM-Implementierung und damit den Einsatz der verschiedenen CRM-Technologien. Die Strategie der Organisation, die Reife des IT-Systems und die Produktkategorie beeinflussen den Implementierungsprozess signifikant.
Richard/ Thirkell (2007)	Konzeptionelle Analyse der Einflussgrößen auf die CRM-Implementierungen im B2B-Bereich	Die Implementierung einer CRM-Technologie wird als Voraussetzung für starke und profitable Geschäftsbeziehungen angesehen. Die Markt- und Technologieorientierung eines Unternehmens beeinflussen den Grad der Implementierung von CRM-Technologien innerhalb eines Unternehmens.
Šebjan/ Bobek/ Tominc (2014)	Organisatorische Faktoren, die die Akzeptanz von CRM-Lösungen beeinflussen	Hohe Prozess-, Technologie- und Innovationsorientierung von Unternehmen sind Faktoren, welche die Akzeptanz von CRM-Lösungen positiv beeinflussen können.
van Bentum/ Stone (2005)	Einfluss der Unternehmenskultur auf den CRM-Erfolg	Eine „communal culture" bietet für den Aufbau und die Aufrechterhaltung einer CRM-Orientierung im Unternehmen optimale Voraussetzungen.

Autor	Untersuchungs-gegenstand	Ergebnisse
Human Resources		
Bohling et al. (2006)	Erfolgsfaktoren einer CRM-Implementierung	- Das Top-Management sollte die CRM-Initiative als kritischen Bestandteil der Marketingstrategie sehen und sich aktiv und sichtbar an der Implementierung beteiligen. - Das CRM-System sollte sowohl an den Bedürfnissen der Kunden als auch an den Zielen der Mitarbeiter ausgerichtet werden.
Croteau/Li (2003)	Erfolgsfaktoren technologischer CRM-Initiativen	- Unterstützung durch das Top-Management ist ein kritischer Erfolgsfaktor bei der CRM-Implementierung.
Neumann (2014)	Mitarbeiter als zentrale Voraussetzung für ein erfolgreiches CRM	- Mitarbeiter müssen Interaktionsarbeit leisten, damit CRM erfolgreich umgesetzt werden kann. Diese beinhaltet drei Kernkompetenzen: Emotionsarbeit, Gefühlsarbeit und subjektivierendes Arbeitshandeln. - Die erfolgreiche Leistung der Interaktionsarbeit determiniert den Erfolg der Erfüllung der Mitarbeiter-Rollen und somit die CRM Umsetzung. - Die erfolgskritischen Kompetenzen, die die Erfüllung der verschiedenen Rollen ermöglichen, sollten von Unternehmen durch verschiedenste Maßnahmen gefördert werden (z.B. durch die frühzeitige Einbindung der Mitarbeiter in die CRM-Systemgestaltung).
Shum/ Bove/ Seigyoung (2008)	Einfluss der Mitarbeiter auf den CRM-Erfolg	- Lediglich eine Bank hat einen Großteil ihres CRM-Budgets auf Change Management und organisationale Veränderungen aufgewendet, die kritisch für die Implementierung waren. Die anderen zwei Banken haben dem Organisationsfaktor und den Mitarbeitern weniger Beachtung geschenkt und waren mit der CRM-Implementierung weniger erfolgreich. - Eine Korrelation zwischen dem Commitment der Mitarbeiter ggü. den CRM-Initiativen und der Performance der Organisationen wird bestätigt.
van Bentum/ Stone (2005)	Einfluss der Unternehmenskultur auf den CRM-Erfolg	- CRM-Verantwortliche müssen über starke Führungskompetenzen verfügen. - Empowerment der Mitarbeiter ist ein weiterer wesentlicher Erfolgsfaktor.

Autor	Untersuchungs-gegenstand	Ergebnisse
Informationsmanagement		
Croteau/Li (2003)	Erfolgsfaktoren technologischer CRM-Inititativen	Wissensmanagement-Kompetenz ist ein wesentliches Erfolgskriterium bei der CRM-Implementierung. Eine adäquate IT-Infrastruktur stellt eine notwendige Voraussetzung für die Entwicklung von Wissensmanagement-Kompetenz dar.
Day/van den Bulte (2002)	Bedeutung der Faktoren Orientierung, Information und Konfiguration für den CRM-Erfolg	Die Ausgestaltung der Kundendaten- und Informationstechnologie trägt nur wenig zum CRM-Erfolg bei, sobald ein Mindestmaß an Kompetenz in diesem Bereich aufgebaut wurde.
Jayachandran et al. (2005)	Relationale Prozesse als Mittler zwischen Unternehmenskultur und Organisationsstrukturen und dem CRM-Erfolg	Die relationalen Informationsprozesse werden durch eine kundenorientierte Unternehmenskultur und Managementsystem positiv beeinflusst und tragen zum CRM-Erfolg bei. Der Einsatz von CRM-Technologie kann dabei eine verstärkende Wirkung ausüben.
Roh/Ahn/Han (2005)	Erfolgsfaktoren technologischer CRM-Inititativen	Die Qualität der Informationen und Informationssysteme erhöht die Effizienz, welche sich positiv auf die Kundenzufriedenheit und somit auf die Profitabilität des Unternehmens auswirkt.
Steel/Dubelaar/Ewing (2013)	Einfluss von Industrie, Kunden und organisatorischem Rahmen auf CRM-Projekte	Die Verfügbarkeit von Informationen (z.B. Erfahrungen aus vorherigen CRM-Implementierungen) kann den Implementierungsprozess unterstützen und beschleunigen. Eine CRM-Implementierung erfordert meist eine Umstellung des Interaktions- sowie Informationsmanagements. Eine interne Umstrukturierung, insbesondere ein Informationsaustausch zwischen allen Unternehmensbereichen, ist wichtig für die Implementierung.
Aufbau- und Ablauforganisation		
Bohling et al. (2006)	Erfolgsfaktoren einer CRM-Implementierung	CRM-Ownership sollte möglichst weit oben in der Hierarchie einer Organisation angesiedelt sein.
Chang (2007)	Das Zusammenspiel von Business Process Reengineering (BPR), organisatio-	Ein Zusammenspiel der 4 Faktoren bei der CRM-Implementierung wird nachgewiesen. Die CRM-Aktivitäten tragen zur Verbesserung der Beziehungsqualität und der Gesamtperfor-

Autor	Untersuchungs-gegenstand	Ergebnisse
	nalem Lernen, Beziehungsqualität und Unternehmenserfolg bei der CRM-Implementierung	mance der Organisation bei. Der CRM-Implementierung sollte in einem Unternehmen die Einführung von BPR und organisationalem Lernen vorausgehen.
Day/van den Bulte (2002)	Bedeutung der Faktoren Orientierung, Information und Konfiguration für den CRM-Erfolg	Die Organisationsstruktur, die Ausgestaltung der Anreizsysteme sowie der Grad der Zurechenbarkeit des Projekterfolgs sind wichtige Erfolgsdeterminanten.
Ellinger/ Daugherty/ Keller (2000)	Bedeutung funktionenübergreifender Koordination für den CRM-Erfolg	Ein hoher Integrationsgrad von Marketing und Logistik wirkt sich positiv auf die Servicequalität in der Distribution und den Unternehmenserfolg aus.
Foss/Stone/ Ekinci (2008)	Erfolgsfaktoren der CRM-Implementierung	Der Umfang, die Größe, die Komplexität und die Dauer von CRM-Implementierungen unterscheiden sich in großem Maße. Eine schlechte Planung, das Fehlen klarer Ziele und das Unvermögen, die Notwendigkeit einer Änderung der Organisation zu erkennen, sind die Hauptgründe für den Misserfolg von CRM-Implementierungen.
Garrido-Moreno/ Lockett/ García-Morales (2014)	Einfluss von Wissensmanagement und organisatorischem Commitment auf den Erfolg von CRM-Technologien	CRM ist eine organisatorische Verwandlung des Unternehmens, welche beim Top-Management beginnt und sich dann auf alle Unternehmensebenen ausbreitet. Organisatorisches Commitment ist eine entscheidende Determinante des CRM Erfolgs. Dieses beinhaltet Engagement und Unterstützung des Top-Managements sowie der Mitarbeiter, Führungskompetenz sowie Trainings- und Belohnungssysteme. Es ist von hoher Relevanz die Zustimmung und das Engagement der Mitarbeiter für die Implementierung der CRM-Strategie zu gewinnen. Da CRM von Wissen über Kunden geprägt ist, hat das Wissensmanagement eine zentrale Rolle in der CRM-Technologie Implementierung.
Homburg/ Droll/ Totzek	Effekte einer Strategie der Priorisierung von Kunden und die	Die Priorisierung von Kunden führt zu einer höheren durchschnittlichen Kundenprofitabilität und einer höheren Umsatzrendite. Unterstützende Faktoren zur Implementierung

Autor	Untersuchungs-gegenstand	Ergebnisse
(2008)	unterstützenden Faktoren zur Implementierung einer solchen Priorisierungsstrategie.	einer Priorisierungsstrategie sind die Messbarkeit der Kundenprofitabilität, die Qualität der Kunden-informationen, die zugeschnittene organisationale Anordnung, die Einbindung des Top-Managements und die adäquate Ausführung von Planung und Kontrolle.
Homburg/ Workman/ Jensen (2002)	Bedeutung der organisatorischen Ausgestaltung des Key Account Managements (KAM) für den CRM-Erfolg	Eine funktionenübergreifende Organisation des KAM und eine Ansiedelung auf hohen Führungsebenen tragen zum Unternehmenserfolg bei.
Padilla-Meléndez/ Garrido-Moreno (2015)	Erfolgsfaktoren der CRM-Implementierung	Organisatorische Faktoren wie die Unterstützung des Top-Managements, Schulung und Motivation der Mitarbeiter sowie organisatorische Prozesse und Strukturen sind entscheidende Faktoren für eine erfolgreiche CRM-Implementierung. Schaffung einer kundenorientierten Unternehmenskultur ist eine wichtige Voraussetzung für eine erfolgreiche CRM-Implementierung.
Rodriguez/ Trainor (2016)	Treiber von mobilen CRM Anwendungen	Unternehmen benötigen für die Implementierung von mobilen CRM Anwendungen einen gut organisierten Vertriebsprozess. Individuen, welche die Vorteile des mobilen CRM verstehen, sind erfolgsorientierter. Das Management muss die Unternehmensziele klar kommunizieren sowie Hilfestellung und Unterstützung bei dem Implementierungsprozess der CRM-Strategie geben.
Roh/Ahn/ Han (2005)	Erfolgsfaktoren technologischer CRM-Inititativen	Eine geeignete Ausgestaltung interner Prozesse hat eine direkte positive Wirkung auf die Profitabilität. Zudem besteht eine indirekte Erfolgswirkung über eine Steigerung der Effizienz und eine damit verbundene Erhöhung der Kundenzufriedenheit.
Tuominen/ Rajala/ Möller (2000)	Auswirkungen von unternehmensbezogenen Faktoren auf den CRM-Erfolg	Eine starke Mitarbeiterbindung, funktionenübergreifende Koordination und eine effektive Ausgestaltung der Anreizsysteme verbessern die CRM-Ergebnisse.

Autor	Untersuchungs-gegenstand	Ergebnisse
Implementierungsphase		
Becker/ Greve/ Albers (2009)	Einfluss von technologischen und organisatorischen CRM-Implementierungsaspekten	• Technologische Implementierungsmaßnahmen haben einen positiven Einfluss auf den Erfolg der Kundenakquisition und der Kundenbeziehungsintensivierung. • Die aktive Unterstützung der Mitarbeiter und die Unterstützung des Top-Managements sind wichtige Einflussfaktoren auf den Erfolg von CRM-Prozessen.
Bohling et al. (2006)	Erfolgsfaktoren einer CRM-Implementierung	• Bei großen Unternehmen sind die Einbindung der CRM-Strategie in die Marketingstrategie und Unterstützung der Unternehmensführung für den Implementierungserfolg besonders bedeutsam. Bei kleinen Unternehmen sind ein effektives Change Management und die Budgetallokation zentrale Erfolgsfaktoren.
Elmuti/Jia/ Gray (2009)	Einfluss von CRM auf die Unternehmenseffizienz und Identifizierung von Barrieren des CRM Erfolgs	• Eine effektive Implementierung von CRM-Prozessen erfordert Veränderungen auf allen Unternehmensebenen. Dazu gehören die Anpassung der Prozesse und Strukturen im Unternehmen, sowie der Unternehmenskultur und der Unterstützung des Top-Managements.
Gefen/ Ridings (2002)	Auswirkung der Interaktionsqualität zwischen technischem Implementierungsteam und CRM-Nutzern auf den CRM-Erfolg	• Bei hoher Kooperationsbereitschaft des technischen Implementierungsteams zeigen CRM-Nutzer eine höhere Zufriedenheit mit der System-Konfiguration sowie eine höhere Nutzungsbereitschaft.
Keramati/ Mehrabi/ Mojir (2010)	Bedeutung von technologischen und infrastrukturellen CRM-Ressourcen für den CRM-Erfolg	• Infrastrukturelle CRM-Ressourcen, wie die kundenorientierte Anpassung der Organisation, sind positive Einflussfaktoren des CRM-Erfolgs. • Das Zusammenspiel aller CRM-Ressourcen führt zum erhöhten CRM-Erfolg.
Krasnikov/ Jayachandran/ Kumar (2009)	Einfluss der CRM Implementierung auf die operationale Kosteneffizienz und die Gewinneffizienz	• CRM-Implementierungen verringern die Kosteneffizienz und erhöhen die Gewinneffizienz • CRM-Commitment des Unternehmens reduziert den negativen Effekt der CRM-Implementierung auf die Kosteneffizienz • Ein früher Zeitpunkt der Einführung von CRM-

Autor	Untersuchungs-gegenstand	Ergebnisse
		Prozessen erhöht den negativen Effekt auf die Kosteneffizienz und verringert den positiven Effekt auf die Gewinneffizienz. Im Zeitverlauf sinkt der negative Effekt auf die Kosteneffizienz und der positive Effekt auf die Gewinneffizienz steigt.
Roberts/ Liu/ Hazard (2005)	Auswirkungen unternehmensbezogener Faktoren auf den CRM-Erfolg	Das Testen von System-Prototypen sowie eine enge Zusammenarbeit zwischen IT-Abteilung und zukünftigen Anwendern können zum Projekterfolg beitragen. Die Bildung eines CRM-Projektteams beeinflusst den CRM-Erfolg ebenfalls positiv.
Ryals (2005)	Bedeutung der Analyse des Kundenwerts für den Erfolg von CRM	Ausreichende Kenntnisse über den Wert des Kunden für das Unternehmen führen zu einer Anpassung der Kundenmanagement-Strategien. Diese Anpassung erhöht den Unternehmenserfolg.
Yim/ Anderson/ Swaminathan (2004)	Auswirkungen von diversen CRM-Dimensionen auf die Kundenzufriedenheit, Kundenbindung und das Umsatzwachstum	Die Fokussierung auf die wichtigsten Kunden hat einen signifikant positiven Einfluss auf die Kundenzufriedenheit und einen indirekten positiven Effekt auf die Kundenbindung und das Umsatzwachstum.

Tabelle 1: Kategorisierung ausgewählter Arbeiten zur Erfolgswirkung der Implementierung von CRM

4. Grenzen einer erfolgreichen CRM-Implementierung

In diesem Abschnitt soll auf einige ausgewählte Aspekte hingewiesen werden, die sich als potenzielle *Grenzen der erfolgreichen Implementierung* von CRM-Aktivitäten erweisen könnten:

Zusammenspiel mit Markenführung: Ein Blick in die unternehmerische Praxis verdeutlicht, dass ein systematisches Kundenbeziehungsmanagement nicht isoliert von Aktivitäten des Branding betrachtet werden kann. Aus Kosten- und Effektivitätsgesichtspunkten konzentrieren sich beispielsweise Markenartikler verstärkt auf Maßnahmen des Markenmanagements. Aufgrund der Zwischenschaltung des Handels bestehen Kontakte der Endkunden zudem in erster Linie mit diesen Intermediären, und der Handel ist aus nachvollziehbaren Gründen eher zögerlich, direkte Kundenkontakte mit den Herstellern zu fördern. Es ist aber selbst im Fast Moving Consumer Goods-Bereich zu beobachten, dass Markenartikler zunehmend CRM-Programme initiieren. Auch ein umgekehrter Trend von noch CRM-dominierten Unternehmen hin zu verstärkt markenführungsgeprägten Organisationen ist festzustellen – insbesondere im B2B-Sektor und der pharmazeutischen Branche. Welche der beiden Managementoptionen bzw. welcher Mix aus Kunden- bzw. Markenmanagement zu wählen ist, sollte unter Effizienz- und Effektivitätsgesichtspunkten entschieden werden. Die Autoren betonen, dass sich sehr häufig eine aufeinander abgestimmte Gestaltung einer Kombination von CRM und Markenführung als erfolgsversprechend erweist.

- *Markt-, Produkt- und Kundencharakteristika*: Ist ein Unternehmen auf dem bedienten Markt Monopolist oder als marktbeherrschend anzusehen, erweisen sich CRM-Maßnahmen kurzfristig nur als kostentreibend, da ein Anbieterwechsel der Kunden unmöglich oder nur sehr unwahrscheinlich ist. Langfristig gesehen könnten sich diese Aufwendungen aber dennoch auszahlen, sofern Wechselbarrieren oder die Verbundenheit zum Anbieter gesteigert werden können. Ob CRM-Strategien sinnvoll sind, hängt zudem von der Art des Kaufverhaltens ab: Sofern Kunden Produkte oder Dienstleistungen aus Gewohnheit oder Bequemlichkeit beim selben Anbieter kaufen, erweisen sich Bindungsaktivitäten, die primär kognitiv gesteuertes und bewusstes Kaufverhalten adressieren, sogar als möglicherweise dysfunktional. Derartige Kunden sollten durch gut gemeinte Bindungsaktivitäten möglichst nicht zum Überdenken ihres habituellen Kaufverhaltens angeregt werden.

- *Vorbehalte der Kunden*: Das Aufkommen von nicht unberechtigten „privacy concerns" führt u.a. dazu, dass sich Kunden nicht für Bindungsprogramme anmelden, unvollständige oder falsche Angaben tätigen, Kundenkarten nicht oder nicht regelmäßig einsetzen usw. Diese Haltung der Kunden kann zu Selektionseffekten dergestalt führen, dass sich gerade die nicht profitabelsten, sondern vielmehr nur mäßig rentable Kunden bereitfinden, an Bindungsprogrammen teilzunehmen, so dass die primäre Zielgruppe von Loyalitätsmaßnahmen eventuell gar nicht erreicht wird.

- *Abwehrhaltung von Mitarbeitern*: Da CRM-Strategien dazu beitragen, dass ein Unternehmen mehr über seine Kunden lernt, und dieses Wissen bei einer vertikal integrierten, direkten Distribution stets dem Verkaufsaußendienst vorbehalten ist, sperren sich insbesondere Vertriebsmitarbeiter oft gegen die Implementierung eines Kundenbeziehungsmanagements. Dann kann es sinnvoll sein, die Unterstützung der Verkäufer durch den begleitenden Einsatz von CRM-Technologie zu bewirken, beispielsweise indem die Mitarbeiter nützliche Informationen oder Tools im Gegenzug für das Einspeisen kunden- und marktrelevanter Daten erhalten. Auch die Incentivierung kundenorientierten Verhaltens (in Form von Vergütung, Schulungen, Beförderung u.Ä.) kann in diesem Zusammenhang wirksam sein (vgl. Reinartz/Krafft/Hoyer 2004).

5. Zusammenfassung und Implikationen für das Management

In diesem Beitrag wurden zentrale Publikationen zu Aspekten der erfolgreichen Implementierung eines Customer Relationship Managements systematisch dargestellt und diskutiert. Es wurde deutlich, dass davon auszugehen ist, dass die Einführung von CRM-Strategien und -Prozessen unter bestimmten Voraussetzungen einen nachhaltigen Effekt auf den Unternehmenserfolg ausübt. In der Studie von Reinartz/Krafft/Hoyer (2004) zum Erfolgsbeitrag CRM-orientierter Prozesse auf den Kundenlebenszyklus-Stufen der Akquisition, Bindung und Beendigung von Geschäftsbeziehungen konnte gezeigt werden, dass die Implementierung umfassender CRM-Prozesse erfolgssteigernd wirkt. Hierbei können unterstützende Technologien dazu beitragen, dass kundenorientierte Unternehmen systematisch die Zufriedenheit profitabler Kunden mit dem eigenen Leistungsangebot beeinflussen, um deren Verbundenheit und Loyalität zu steigern.

Als wesentlicher Befund der vorliegenden Untersuchung ist festzuhalten, dass eine erfolgreiche CRM-Implementierung von verschiedenen Faktoren abhängig ist. Der vorliegende Beitrag konzentrierte sich auf die endogenen Erfolgsfaktoren, die durch Unternehmen gezielt gestaltet werden können, um daraus Handlungsempfehlungen für eine erfolgreiche Implementierung von CRM-Strategien, -Prozessen und -Technologien abzuleiten. In diesem Zusammenhang konnten Götz et al. (2005) in ihrer Untersuchung zu den Determinanten einer erfolgreichen CRM-Implementierung zeigen, dass der Grad der CRM-Implementierung von Faktoren abhängt, die Manager aktiv beeinflussen können. Schlüsselgrößen für eine erfolgreiche CRM-Implementierung sind laut dieser Untersuchung in kundenkontakt- und absatzkanalbezogenen Aspekten zu sehen. Darüber hinaus konnten die Autoren die These bestätigen, dass Marktorientierung ein wichtiger Treiber für kundenorientiertes Handeln ist.

Der vorliegende Beitrag liefert weitere sowohl für die Wissenschaft als auch für die Unternehmenspraxis interessante Ergebnisse. So konnte gezeigt werden, dass die Unterstützung der CRM-Implementierung durch das Top-Management einen wesentlichen Erfolgsfaktor darstellt. Ferner müssen CRM-Verantwortliche über eine starke Führungskompetenz verfügen, um CRM-Strategien erfolgreich umzusetzen.

Eine weitere Beobachtung ist, dass die Unternehmenskultur einen nachhaltigen Effekt auf den CRM-Erfolg ausübt. So konnte gezeigt werden, dass besonders marktorientierte, kundenorientierte und innovationsorientierte Unternehmen eine hohe Erfolgswahrscheinlichkeit von CRM-Initiativen aufweisen. Darüber hinaus bedarf eine erfolgreiche Implementierung von CRM-Strategien und -Prozessen auch struktureller Anpassungen der Aufbau- und Ablauforganisation. So ist davon auszugehen, dass eine funktionsübergreifende Organisation des CRM-Konzepts positiv auf dessen Erfolg wirkt.

CRM ist immer noch ein eher junges Forschungsgebiet, dessen Prozesse sich im Zeitablauf mit großer Wahrscheinlichkeit noch weiterentwickeln werden. Eine interessante Richtung zukünftiger Forschung könnte daher die Identifikation weiterer unternehmensbezogener Variablen mit erklärender Wirkung für eine erfolgreiche CRM-Implementierung sein. Darüber hinaus werden manche Praktiken zukünftig als ineffektiv identifiziert und verworfen werden; andere existierende Prozesse werden eine Verbesserung erfahren. Es ist zudem zu erwarten, dass neue Prozesse und Aktivitäten entwickelt und eingeführt werden. Eine Folge dieser Entwicklungen kann sein, dass die hier berichteten Zusammenhänge sich im Laufe der Zeit ebenfalls ändern. Ein interessanter Forschungsansatz wäre daher die Beobachtung dieser Evolution im Zeitablauf.

Literaturverzeichnis

Agarwal, A./Harding, D. P./Schumacher, J. R. (2004): Organizing for CRM, in: McKinsey Quarterly, o. Vol., No. 3, S. 80-91.

Almquist, E./Heaton, C./Hall, N. (2002): Making CRM Make Money, in: Marketing Management, Vol. 11, No. 3, S. 16-21.

Becker, J. U./Greve, G./Albers, S. (2009): The Impact of Technological and Organizational Implementation of CRM on Customer Acquisition, Maintenance, and Retention, in: International Journal of Research in Marketing, Vol. 26, No. 3, S. 207-215.

Berry, L. L. (1983): Relationship Marketing, in: Berry, L. L./Shostack, G. L./Upah, G. (Hrsg.), Emerging Perspectives on Services Marketing, Chicago, S. 25-28.

Blattberg, R. C./Deighton, J. (1996): Manage Marketing by the Customer Equity Test, in: Harvard Business Review, Vol. 74, No. 4, S. 136-144.

Bohling, T./Bowman, D./LaValle, S./Mittal, V./Narayandas, D./Ramani, G./Varadajaran, R. (2006): CRM Implementation: Effectiveness Issues and Insights, in: Journal of Service Research, Vol. 9, No. 2, S. 184-194.

Bruhn, M. (2016): Relationship Marketing, 5. Aufl., München.

Bult, J./Wansbeek, R. (1995): Optimal Selection for Direct Mail, in: Marketing Science, Vol. 14, No. 4, S. 378-394.

Chang, H. H. (2007): Critical Factors and Benefits in the Implementation of Customer Relationship Management, in: Total Quality Management, Vol. 18, No. 5, S. 483-508.

Croteau, A.-M./Li, P. (2003): Critical Success Factors of CRM Technological Initiatives, in: Canadian Journal of Administrative Sciences, Vol. 20, No. 1, S. 21-34.

Day, G. S./van den Bulte, C. (2002): Superiority in Customer Relationship Management: Consequences for Competitive Advantage and Performance, Report No. 02-123, Marketing Science Institute, Cambridge.

Diller, H. (1996): Kundenbindung als Marketingziel, in: Marketing ZFP, 18. Jg., Nr. 2, S. 81-94.

Dwyer F. R./Schurr, P. H./Oh, S. (1987): Developing Buyer-Seller Relationships, in: Journal of Marketing, Vol. 51, No. 2, S. 11-27.

Ellinger, A. E./Daugherty, P. J./Keller, S. B. (2000): The Relationship Between Marketing/Logistics Interdepartmental Integration and Performance in U.S. Manufacturing Firms: An Empirical Study, in: Journal of Business Logistics, Vol. 21, No. 1, S. 1-22.

Elmuti, D./Jia, H./Gray, D. (2009): Customer Relationship Management Strategic Application and Organizational Effectiveness: An Empirical Investigation, in: Journal of Strategic Marketing, Vol. 17, No. 1, S. 75-96.

Ernst, H./Hoyer, W. D./Krafft, M./Krieger, K. (2011): Customer Relationship Management and Company Performance – The Mediating Role of New Product Performance, in: Journal of the Academy of Marketing Science, Vol. 39, No. 2, S. 290-306.

Foss, B./Stone, M./Ekinci, Y. (2008): What Makes for CRM System Success - or Failure?, in: Database Marketing & Customer Strategy Management, Vol. 15, No. 2, S. 68-78.

Garrido-Moreno, A./Lockett, N./García-Morales, V. (2014): Paving the Way for CRM Success: The Mediating Role of Knowledge Management and Organizational Commitment, in: Information & Management, Vol. 51, No. 8, S. 1031-1042.

Gartner Group (2003): Gartner Says. Through 2005, 75 Percent of CRM Projects That Do Not Deliver Measurable ROI Will Have Failed Because of Poor Business Executive Decisions, http://www.gartner.com/press_releases/prjune302003b.html, Zugriff am 10.09.2005.

Gefen, D./Ridings, C. M. (2002): Implementation Team Responsiveness and User Evaluation of Customer Relationship Management: A Quasi-Experimental Design Study of Social Exchange Theory, in: Journal of Management Information Systems, Vol. 19, No. 1, S. 47-69.

Götz, O./Hoyer, W. D./Krafft, M./Reinartz, W. J. (2005): Determinanten einer erfolgreichen CRM-Implementierung, in: Haas, A./Ivens, B. S. (Hrsg.), Innovatives Marketing. Entscheidungsfelder – Management – Instrumente, Wiesbaden, S. 213-231.

Götz, O./Krafft, M./Hoyer, W. D./Reinartz, W. J. (2016): Der Einsatz von Customer Relationship Management zur Steuerung von Kundenzufriedenheit, in: Homburg, C. (Hrsg.), Kundenzufriedenheit. Konzepte, Methoden, Erfahrungen, 9. Aufl., Wiesbaden, S. 349-376.

Homburg, C./Bucerius, M. (2016): Kundenzufriedenheit als Managementherausforderung, in: Homburg, C. (Hrsg.), Kundenzufriedenheit. Konzepte, Methoden, Erfahrungen, 9. Aufl., Wiesbaden, S. 53-91.

Homburg, C./Droll, M./Totzek, D. (2008): Customer Prioritization: Does it Pay Off, and How Should it Be Implemented?, in: Journal of Marketing, Vol. 72, No. 5, S. 110-130.

Homburg, C./Workman Jr., J. P./Jensen, O. (2002): A Configurational Perspective on Key Account Management, in: Journal of Marketing, Vol. 66, No. 2, S. 38-60.

Jarvenpaa, S. L./Ives, B. (1991): Executive Involvement and Participation in the Management of Information Technology, in: MIS Quarterly, Vol. 15, No. 2, S. 205-227.

Jayachandran, S./Sharma, S./Kaufman, P./Raman, P. (2005): The Role of Relational Information Processes and Technology Use in Customer Relationship Management, in: Journal of Marketing, Vol. 69, No. 4, S. 177-192.

Keramati, A./Mehrabi, H./Mojir, N. (2010): A Process-Oriented Perspective on Customer Relationship Management and Organizational Performance: An Empirical Investigation, in: Industrial Marketing Management, Vol. 39, No. 7, S. 1170-1185.

Ko, E./Kim, S. H./Kim, M./Woo, J. Y. (2008): Organizational Characteristics and the CRM Adoption Process, in: Journal of Business Research, Vol. 61, No. 1, S. 65-74.

Kohli, A. K./Jaworski, B. J. (1990): Market Orientation: The Construct, Research Propositions, and Managerial Implications, in: Journal of Marketing, Vol. 54, No. 2, S. 1-18.

Krafft, M. (1999): Der Kunde im Fokus. Kundennähe, Kundenzufriedenheit, Kundenbindung – und Kundenwert?, in: Die Betriebswirtschaft, 59. Jg., Nr. 4, S. 511-530.

Krafft, M. (2007): Kundenbindung und Kundenwert, 2. Aufl., Heidelberg.

Krafft, M./Götz, O. (2003): Customer Relationship Management öffentlicher und privater TV-Sender, in: Wirtz, B. W. (Hrsg.), Handbuch Medien- und Multimediamanagement, Wiesbaden, S. 337-363.

Krafft, M./Götz, O. (2011): Der Zusammenhang zwischen Kundennähe, Kundenzufriedenheit und Kundenbindung sowie deren Erfolgswirkungen, in: Hippner, H./Hubrich, B./Wilde, K. D. (Hrsg.), Grundlagen des CRM.Strategie, Geschäftsprozesse und IT-Unterstützung, 3. Aufl., Wiesbaden, S. 213-246.

Krafft, M./Hoyer, W. D./Reinartz, W. J./Müller, H. D. (2002): Einsatz von Customer Relationship Management (CRM)-Systemen. Eine internationale Studie, Arbeitsbericht des ZMU an der WHU, Vallendar.

Krasnikov, A./Jayachandran, S./Kumar, V. (2009): The Impact of Customer Relationship Management Implementation on Cost and Profit Efficiencies: Evidence from the U.S. Commercial Banking Industry, in: Journal of Marketing, Vol. 73, No. 6, S. 61-76.

Meyer, A. D./Goes, J. B. (1988): Organizational Assimilation of Innovations. A Multilevel Contextual Analysis, in: Academy of Management Journal, Vol. 31, No. 4, S. 897-923.

Neumann, A. K. (2014): CRM mit Mitarbeitern erfolgreich umsetzen. Aufgaben, Kompetenzen und Maßnahmen der Unternehmen, Wiesbaden.

Padilla-Meléndez, A./Garrido-Moreno, A. (2014): Customer Relationship Management in Hotels: Examining Critical Success Factors, in: Current Issues in Tourism, Vol. 17, No. 5, S. 387-396.

Peter, S. I. (1999): Kundenbindung als Marketingziel. Identifikation und Analyse zentraler Determinanten, 2. Aufl., Wiesbaden.

Rai, A./Bajwa, D. S. (1997): An Empirical Investigation into Factors Relating to the Adoption of Executive Information Systems: An Analysis of EIS for Collaboration and Decision Support, in: Decision Sciences, Vol. 28, No. 4, S. 939-974.

Reimann, M./Schilke, O./Thomas, J. S. (2010): Customer Relationship Management and Firm Performance: The Mediating Role of Business Strategy, in: Journal of the Academy of Marketing Science, Vol. 38, No. 3, S. 326-346.

Reinartz, W. J./Krafft, M./Hoyer, W. D. (2004): The Customer Relationship Management Process: Its Measurement and Impact on Performance, in: Journal of Marketing, Vol. 41, No. 3, S. 293-305.

Richard, J. E./Thirkell, P. C. (2007): The Strategic Value of CRM: A Technology Adoption Perspective, in: Journal of Strategic Marketing, Vol. 15, No. 5, S. 421-439.

Roberts, M. L./Liu, R. R./Hazard, K. (2005): Strategy, Technology and Organisational Alignment: Key Components of CRM Success, in: Database Marketing & Customer Strategy Management, Vol. 12, No. 4, S. 315-326.

Rodriguez, M./Trainor, K. (2016): A Conceptual Model of the Drivers and Outcomes of Mobile CRM Application Adoption, in: Journal of Research in Interactive Marketing, Vol. 10, No. 1, S. 67-84.

Roh, T. H./Ahn, C. K./Han, I. (2005): The Priority Factor Model for Customer Relationship Management System Success, in: Experts Systems with Applications, Vol. 28, No. 4, S. 641-654.

Ryals, L. (2005): Making Customer Relationship Management Work: The Measurement and Profitable Management of Customer Relationships, in: Journal of Marketing, Vol. 69, No. 4, S. 252-261.

Schmittlein, D. C./Peterson, R. A. (1994): Customer Base Analysis: An Industrial Purchase Process Application, in: Marketing Science, Vol. 13, No. 1, S. 41-67.

Šebjan, U./Bobek, S./Tominc, P. (2014): Organizational Factors Influencing Effective Use of CRM Solutions, in: Procedia Technology, Vol. 16, o. No., S. 459-470.

Shum, P./Bove, L./Seigyoung, A. (2008): Employees' Affective Commitment to Change: The Key to Successful CRM Implementation, in: European Journal of Marketing, Vol. 42, No. 11/12, S. 1346-1371.

Steel, M./Dubelaar, C./Ewing, M. T. (2013): Developing Customized CRM Projects: The Role of Industry Norms, Organizational Context and Customer Expectations on CRM Implementation, in: Industrial Marketing Management, Vol. 42, No. 8, S. 1328-1344.

Tuominen, M./Rajala, A./Möller, K. (2000): Intraorganizational Relationships and Operational Performance, in: Journal of Strategic Marketing, Vol. 8, No. 2, S. 139-160.

van Bentum, R./Stone, M. (2005): Customer Relationship Management and the Impact of Corporate Culture: A European Study, in: Database Marketing & Customer Strategy Management, Vol. 13, No. 1, S. 28-54.

Yim, F. H./Anderson, R. E./Swaminathan, S. (2004): Customer Relationship Management: Its Dimensions and Effect on Customer Outcomes, in: Journal of Personal Selling & Sales Management, Vol. 24, No. 4, S. 263-278.

Zeithaml, V. A./Rust, R. T./Lemon, K. N. (2001): The Customer Pyramid: Creating and Serving Profitable Customers, in: California Management Review, Vol. 43, No. 4, S. 118-142.

Summary

While the topic of Customer Relationship Management (CRM) has generated an increasing amount of research attention in recent years, still lacking is a comprehensive overview that helps to explain how companies can implement CRM successfully. To address these issues, this article identifies and discusses factors that are associated with a greater degree of CRM success. More specifically, we identify and discuss determinants on strategy, human resources, information management, structure and processes as well as specific factors within the implementation phase which help to improve CRM success. First, our results indicate that the implementation of CRM processes is associated with better company performance, especially at the relationship initiation and maintenance stage. Second, the findings emphasis a predominant influence of firm-based factors vis-à-vis structural industry, and customer-based factors. More specifically, having a market orientation respectively customer and innovation orientation plays a key role in determining the degree of CRM success. Furthermore, cross-functional CRM teams and a top management feeling responsible for CRM projects help to improve CRM success. In addition, internal processes which are related to customer contact points have to be redesigned to enhance the interaction between employees and customers. Interesting results are also provided by CRM technology. A large proportion of CRM technology deployments do not lead to success. This is an important finding because it emphasises the difficulty of making CRM technology investments pay off. However, some studies provide evidence, that there is a moderating role of CRM technology on the effect between CRM activities and CRM success. Overall, CRM appears to produce some of the payoff that companies expect when they invest in CRM activities. However, firms should be aware of more or less drivers, moderators, and even barriers of CRM strategy implementation. The current article sheds some more light on what really drives CRM success.

Sechster Teil

Kontrolle der Kundenbindung

Andreas Fürst und Katharina Thomas

Messung der KPIs der Kundenbindung

1. Einleitung

2. Methodik der Messung der KPIs der Kundenbindung
   2.1 Definition und Konzeptualisierung
   2.2 Ansätze zur Messung
   2.3 Operationalisierung

3. Durchführung der Messung der KPIs der Kundenbindung
   3.1 Konzeption der Messung der KPIs der Kundenbindung
   3.2 Auswertung der Messung der KPIs der Kundenbindung
      3.2.1 Gütebeurteilung der Messinstrumente
      3.2.2 Analyse und Interpretation der Ergebnisse
      3.2.3 Grafische Darstellung mithilfe von Dashboards

4. Schlussbemerkungen

Literaturverzeichnis

Prof. Dr. Andreas Fürst ist Inhaber des Lehrstuhls für BWL, insbesondere Marketing, an der Friedrich-Alexander-Universität Erlangen-Nürnberg und Präsident der Wissenschaftlichen Gesellschaft für Innovatives Marketing (WiGIM). Katharina Thomas ist Doktorandin am Lehrstuhl für BWL, insbesondere Marketing, an der Friedrich-Alexander-Universität Erlangen-Nürnberg.

1. Einleitung

Kundenbindung ist ein zentrales Thema im Marketing und erfährt seit geraumer Zeit zunehmend Aufmerksamkeit (vgl. hierfür insbesondere den Beitrag von Bruhn/Homburg im vorliegenden Handbuch sowie Jensen/Fürst 2004; Watson et al. 2015). Eine ausführliche Begriffsbestimmung von Kundenbindung wird an anderer Stelle in diesem Buch vorgenommen (vgl. hierfür insbesondere den Beitrag von Homburg/Becker/Hentschel) ebenso wie eine Darstellung des Einflusses der Kundenbindung auf die Profitabilität und Effizienz des Unternehmens (vgl. hierfür insbesondere den Beitrag von Bruhn/Georgi im vorliegenden Handbuch) und eine ausführliche Beschreibung des Managements von Kundenbindung (vgl. hierfür insbesondere den vierten und siebten Teil des vorliegenden Handbuches).

Kundenbindung ist ein zentrales Marketingziel (Watson et al. 2015) und um die Kundenbindung zu steuern, muss diese quantifiziert werden. Dazu wird das weiche Konstrukt in messbare Zahlen überführt. Diese Kennzahlen oder *Key Performance Indikatoren (KPIs)* beziehen sich auf strategische Ziele und machen es möglich, diese Ziele quantitativ auszudrücken. Dabei decken sie Dimensionen ab, die für den Erfolg eines Unternehmens unabdingbar sind (Parmenter 2015). Das Monitoring solcher KPIs fällt in den Bereich des Marketingcontrollings, wobei das Controlling von Marketingaktivitäten anhand eines Sets mehrerer KPIs erfolgen sollte – einem so genannten *Marketing Performance Measurement System*. Im Rahmen eines derartigen Systems sollten zur Messung und Prognose des Unternehmens- bzw. des Marketingerfolgs neben Finanzzahlen auch weiche kundenbasierte Metriken wie die Kundenbindung analysiert werden (Rust et al. 2004). Definition und Implementierung eines solchen Systems gelten dabei als zentrale Herausforderung für Marketingmanager (Homburg et al. 2012).

Neben dem Erfolgscontrolling ist auch die Ausarbeitung von Strategien für ein effektives Management von Kundenbindung erforderlich. Diese Aufgabe ist im Unternehmen im Bereich des *Customer Relationship Managements* angesiedelt. Basis für die Entwicklung einer solchen Strategie ist der aktuelle Stand der Bindung der Kunden an das Unternehmen, welcher durch eine Messung der Kundenbindung ermittelt wird (Reichheld 1993; Homburg/Werner 1998). Dabei kommen folgende *Fragen* auf, die im Rahmen des vorliegenden Beitrags beantwortet werden sollen:

- Was sind KPIs der Kundenbindung und wie kann das Konstrukt definiert, konzeptualisiert und operationalisiert werden?
- Was ist bei der Konzeption der Messung der KPIs der Kundenbindung zu beachten?
- Wie können die Ergebnisse der Messung der KPIs der Kundenbindung analysiert und grafisch aufbereitet werden?
- Wie erfolgt die Messung der KPIs der Kundenbindung in der Praxis?

Im Zusammenhang mit der Kundenbindung wird häufig auch die Zufriedenheit von Kunden genannt. Dies liegt in der Tatsache begründet, dass eine hohe Kundenzufriedenheit zwar in den meisten Fällen zu einer hohen Kundenbindung führt, jedoch weder als hinreichende noch als notwendige Voraussetzung für eine hohe Kundenbindung angesehen werden kann. Dennoch können die Gesamtzufriedenheit oder die Zufriedenheit mit einzelnen Leistungsparametern und Leistungskriterien Anhaltspunkte für die Erklärung des Bindungsniveaus liefern. Vor diesem Hintergrund liegt der Fokus des vorliegenden Kapitels auf der Bindung von Kunden an ein Unternehmen, wohingegen die Zufriedenheit der Kunden als Determinante der Kundenbindung verstanden wird.

Im Folgenden werden in Abschnitt 2 einige grundlegende Aspekte der Messung der KPIs der Kundenbindung erläutert. Im Rahmen dessen wird in Abschnitt 2.1 eine Definition und Konzeptualisierung von Kundenbindung vorgenommen. Abschnitt 2.2 beschäftigt sich mit verschiedenen Ansätzen zur Messung des Konstruktes. Anschließend wird in Abschnitt 2.3 die Operationalisierung aufgezeigt. In Abschnitt 3 wird die Messung der KPIs der Kundenbindung vorgestellt. Im Rahmen dessen werden die zentralen Entscheidungsfelder im Vorfeld der Messung erläutert (3.1) und im Anschluss auf die Analyse der Ergebnisse (3.2) eingegangen. Im Rahmen der Analyse werden insbesondere Methoden zur Gütebeurteilung der Messinstrumente, Möglichkeiten der Auswertung und Interpretation der Befragungsergebnisse sowie die grafische Darstellung mithilfe von Dashboards aufgezeigt.

2. Methodik der Messung der KPIs der Kundenbindung

2.1 Definition und Konzeptualisierung

Kundenbindung ist als ein komplexes, mehrdimensionales Konstrukt zu verstehen (vgl. z.B. den Beitrag von Homburg/Becker/Hentschel im vorliegenden Handbuch, Homburg/Faßnacht 2001; McAlexander et al. 2003). Es umfasst die zwei *Dimensionen*:

- bisheriges Verhalten (Ex-post-Zeitebene) und
- Verhaltensabsichten (Ex-ante-Zeitebene).

In diesem Beitrag wird die Sichtweise der vorgenannten Autoren sowie Meyer/ Oevermann (1995, S. 1341) angenommen. Letztere definieren Kundenbindung wie folgt: „Die aktuelle Kundenbindung umfasst einerseits das bisherige Kauf- und Weiterempfehlungsverhalten und andererseits die zukünftigen Wiederkauf-, Zusatzkauf- [...] und Weiterempfehlungs-Absichten (Goodwill) eines Kunden gegenüber einem Anbieter oder dessen Leistungen".

Kundenbindung als mehrdimensionales Konstrukt (Homburg/Giering 1996) umfasst also die Dimensionen ‚bisheriges Verhalten' und ‚Verhaltensabsichten'. Dabei wird die Dimension des ‚bisherigen Verhaltens' über die Key Performance Indikatoren Wiederkaufverhalten und Weiterempfehlungsverhalten erfasst. Die KPIs Wiederkauf-, Zusatzkauf-, (Cross-Buying-) und Weiterempfehlungsabsicht gehören der Dimension ‚Verhaltensabsichten' an. Folglich werden für die Kundenbindung nicht nur das Kaufverhalten, sondern auch darüber hinausgehende positive Handlungsweisen eines Kunden (Weiterempfehlung) beachtet. Bei der Erfassung des vergangenen und des zukünftigen Kaufverhaltens empfiehlt es sich, auch den ‚Share of Wallet' zu messen (Cooil et al. 2007), d.h. den Anteil der Kundenausgaben in der Produktkategorie, der auf den Anbieter entfällt. Die Bindung an ein Unternehmen fällt somit geringer aus, wenn der Konsument bei diesem Anbieter nur einen kleinen Teil seines Bedarfes deckt. Abbildung 1 gibt einen Überblick über die *Konzeptualisierung des Konstruktes ‚Kundenbindung'*.

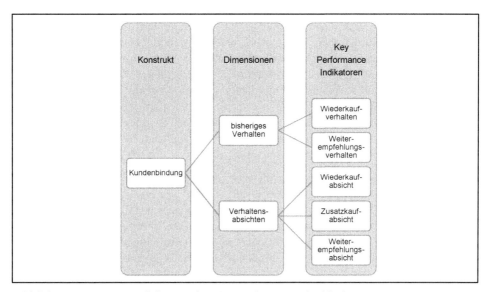

Abbildung 1: Konzeptualisierung des Konstruktes Kundenbindung

Neben den genannten Dimensionen, die das Konstrukt der Kundenbindung umfasst, ist es zur Steuerung der Kundenbindung ebenfalls notwendig, Determinanten oder *Treiber der Kundenbindung* in die Betrachtung einzubeziehen, da diese als Stellhebel der Kundenbindung verstanden werden können. Wie bereits erwähnt, kommt hierbei der Kundenzufriedenheit eine zentrale Rolle zu. So bestehen sowohl direkte Effekte der Kundenzufriedenheit auf die Kundenbindung (Chandrashekaran et al. 2007) als auch indirekte Effekte (positiver Einfluss der Zufriedenheit auf die Wiederkaufabsicht und somit auf die Kundenbindung) (Anderson/Sullivan 1993).

2.2 Ansätze zur Messung

Zur Messung von Kundenbindung wird in der Literatur eine ganze Reihe von Ansätzen behandelt (Meffert/Bruhn 1981; Schütze 1992; Fürst 2012). Dabei unterscheidet sich die Messung der ersten Dimension der Kundenbindung (‚bisheriges Verhalten') klar von der Messung der zweiten Dimension (‚Verhaltensabsichten').

Zur Messung der ersten Dimension der Kundenbindung, die sich auf ‚bisheriges Verhalten' bezieht, werden objektive Verfahren angewandt. Sie stützen sich auf beobachtbare Größen, die nicht durch subjektive Wahrnehmung verzerrt sind. So kann etwa das Wiederkaufverhalten durch die Analyse der Kundenhistorie oder durch die Erfassung von kundenbezogenen Daten am ‚Point of Sale' (v.a. durch Scannerkassen) ermittelt werden.

Die Messung des Weiterempfehlungsverhaltens ist beispielsweise durch die Befragung von Neukunden, wie sie beispielsweise auf das Unternehmen aufmerksam wurden, möglich. Der Anteil der Neukunden, der hierbei Empfehlungen durch ‚Bestandskunden' in den Mittelpunkt stellt, kann als Indikator für das Weiterempfehlungsverhalten herangezogen werden. Während dadurch vorwiegend generelle Aussagen über das Weiterempfehlungsverhalten des Kundenstamms getroffen werden können, ermöglichen entsprechende Auswertungen so genannter ‚Mitglieder werben Mitglieder'-Programme (Ryals 2002) auch Rückschlüsse auf das Weiterempfehlungsverhalten von einzelnen Kunden. Auch Kundenkontaktpunkte wie die Neuen Medien und im Speziellen Social Media-Plattformen eröffnen neue Möglichkeiten zur Messung und zum Monitoring der Weiterempfehlung bzw. des Word-of-mouth (Kozinets 2010).

Die meisten dieser Verfahren sind jedoch mit einem relativ hohen Aufwand verbunden. Zudem kann von vergangenem Verhalten nur bedingt auf zukünftiges Verhalten geschlossen werden. Deshalb sollte man sich bei der Messung von Kundenbindung meist auf die Dimension ‚Verhaltensabsichten' konzentrieren. Sie ist mit geringerem Aufwand messbar, erlaubt bessere Prognosen des zukünftigen Kundenverhaltens und kann in die üblichen Erhebungsformate für kundenbindungsbezogene Daten integriert werden.

Die *Verfahren zur Messung der Dimension ‚Verhaltensabsichten'* lassen sich zunächst in

- objektive Verfahren und
- subjektive Verfahren

einteilen (vgl. Abbildung 2 sowie z.B. auch Schütze 1992; Krafft 1999; Fürst 2012).

Objektive Verfahren stützen sich hauptsächlich auf Messgrößen wie die Entwicklung des Marktanteils, Umsatzes oder Gewinns. Diesen Indikatoren wird eine hohe Korrelation mit der Kundenbindung zugeschrieben. Ihre Verwendung im vorliegenden Kontext erweist sich jedoch aus verschiedenen Gründen als problematisch. Neben den bereits erwähnten Aspekten ist in diesem Zusammenhang zum einen die zeitlich verzögerte Wirkung der Kundenbindung auf die erläuterten Größen zu nennen. Zum anderen werden diese Größen auch von zahlreichen anderen Faktoren (z.B. der konjunkturellen Lage) stark beeinflusst (vgl. hierzu auch Krafft 1999).

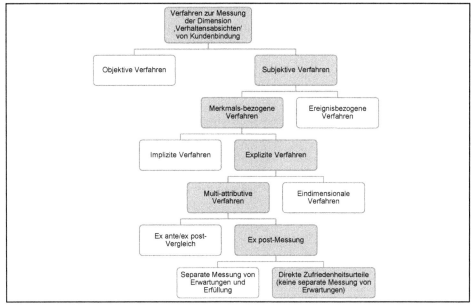

Abbildung 2: Verfahren zur Messung der Dimension ‚Verhaltensabsichten' von Kundenbindung

Subjektive Verfahren stellen dagegen auf die Erfassung der vom Kunden subjektiv empfundenen Bindung ab. Dabei kann man zwischen

- ereignisbezogenen Verfahren und
- merkmalsbezogenen Verfahren

unterscheiden (vgl. hierzu z.B. auch Stauss/Hentschel 1992; Krafft 1999; Fürst 2012).

Ereignisbezogene Verfahren beleuchten lediglich ein (oder mehrere) als besonders wichtig empfundene(s) Kundenkontaktereignis(se). Beispiele sind die Neuinstallation eines Gerätes, die Inanspruchnahme einer Dienstleistung oder auch ein kürzlich erfolgtes Telefonat mit dem Unternehmen. Ermittelt wird nur die Zufriedenheit mit diesen Ereignissen. Deswegen werden diese Ansätze auch als Spot-Ansätze bezeichnet, um anzudeuten, dass ein spezielles Ereignis näher beleuchtet wird. Ihr punktueller Charakter bedingt jedoch auch, dass ereignisbezogene Ansätze zur Erfassung von Kundenzufriedenheit genutzt werden können, zur Messung der Kundenbindung jedoch ungeeignet sind.

Merkmalsbezogene Verfahren zur Messung von Kundenbindung beziehen sich auf ein breites Spektrum an Produkt-, Service- oder Interaktionsmerkmalen, über die sich Kunden im Laufe der Zeit eine Meinung bilden. Sie werden aus diesem Grund auch als kumulative Ansätze bezeichnet (Homburg/Werner 1998). Die Kumulativität gilt auch für die zentrale Größe der Kundenbindung, wie sie im Rahmen dieses Beitrages diskutiert wird. Merkmalsorientierte Ansätze können anhand der Direktheit der Messung in

- implizite Verfahren und
- explizite Verfahren

unterteilt werden (vgl. hierzu auch Fürst 2012).

Implizite Verfahren basieren im Wesentlichen auf der Ermittlung von wahrgenommenen Leistungsdefiziten anhand einer umfassenden Analyse von Kundenbeschwerden. Diese Vorgehensweise setzt allerdings voraus, dass sich der Großteil der unzufriedenen Kunden tatsächlich beim betreffenden Unternehmen beschwert. Wie empirische Studien jedoch zeigen, ist dies in der Realität meist nicht der Fall (vgl. z.B. Meffert/Bruhn 1981; Richins 1987; Andreasen 1988). Somit sind implizite Verfahren zur Messung der Kundenbindung als problematisch anzusehen.

Explizite Verfahren setzen hingegen auf die direkte Befragung der Kunden und ermitteln die Kundenbindung durch geeignete Befragungsinstrumente. Hierbei lassen sich

- eindimensionale Verfahren und
- multiattributive (mehrdimensionale) Verfahren

unterscheiden (vgl. hierzu auch Fürst 2012).

Eindimensionale Verfahren erfassen die Kundenbindung lediglich mit Hilfe einer inhaltlichen Dimension (Wiederkaufabsicht) oder sogar nur mittels eines einzigen Indikators (d.h. einer Frage). Diese Vorgehensweise wird jedoch der inhaltlichen Komplexität von Kundenbindung nicht gerecht. Zudem ist die Reliabilität von Konstruktmessungen, die nur einen einzigen Indikator (,Single Item') umfassen, schwer zu beurteilen (Yi 1990) und generell bedeutend geringer ausgeprägt als die Reliabilität von Konstruktmessungen, die mehrere Indikatoren (,Multi Item') verwenden (vgl. z.B. Churchill/Surprenant 1982; Bearden/Teel 1983). Aus diesen Gründen wird meist dazu geraten, für die Messung von Kundenzufriedenheit und Kundenbindung multiattributive bzw. mehrdimensionale Verfahren zu verwenden (Oliver 1980; Chan et al. 2003; Fürst 2012).

Ein Versuch die Kundenbindung über eine einzelne Facette abzubilden ist der Net-Promoter Score (NPS). Der NPS wird mit genau einer Frage gemessen: „Wie wahrscheinlich ist es, dass Sie [Marke oder Unternehmen X] an einen Freund oder Kollegen weiterempfehlen würden?". Zur Beantwortung wird eine Skala von 0 bis 10 vorgegeben, wobei 0 bedeutet ,trifft überhaupt nicht zu' und 10 bedeutet ,trifft voll und ganz zu'. Um den NPS zu ermitteln wird im Anschluss die Anzahl der Detraktoren oder Kritiker (Skalenpunkte 0 bis 6) von der Anzahl der Promotoren oder Befürworter (Skalenpunkte 9 und 10) abgezogen (Reichheld 2003). Jedoch konnte empirisch nachgewiesen werden, dass der NPS als eindimensionales Instrument nicht ausreichend valide ist, um Aussagen über die Bindung der Kunden an ein Unternehmen zu treffen (Keiningham et al. 2007).

Multiattributive (mehrdimensionale) Verfahren sind dadurch gekennzeichnet, dass Kundenbindung über eine Vielzahl von Einzelaspekten erhoben wird.

Unter den multiattributiven Ansätzen existieren Verfahren, die eine *ex ante* erhobene Erwartung einer *ex post* erhobenen Beurteilung der Leistungserfüllung durch das Unternehmen gegenüberstellen. Diese Methode lehnt sich stark an den aus der Forschung zur Dienstleistungsqualität bekannten SERVQUAL-Ansatz (Parasuraman et al. 1988; Parasuraman et al. 1991) an. Aus den gleichen Gründen wie beim SERVQUAL-Ansatz (z.B. Hentschel 1990; Cronin/Taylor 1992; Buttle 1996) wird jedoch diese Form der multiattributiven Messung zunehmend kritisiert und verliert merklich an Bedeutung.

Eine andere Gruppe von multiattributiven Verfahren verzichtet auf eine ex ante-Erhebung der Leistungserwartung. Sie arbeitet ausschließlich mit einer *ex post-Messung*. Zwar ist dabei auch eine *separate Messung von Erwartungen und Erfüllung dieser Erwartungen* möglich, jedoch führt dies zu weitgehend analogen Problemen wie beim ex ante/ex post-Vergleich. Zudem ist eine unverzerrte nachträgliche Ermittlung von Vorkaufserwartungen nicht möglich, sondern die erinnerten Erwartungen werden zwangsläufig durch die wahrgenommene Leistung beeinflusst (Kaas/Runow 1984; Pieters et al. 1995; Oliver 2010). Verbreiteter ist daher die *direkte Erhebung von Zufriedenheitsurteilen*, d.h. ohne separate Messung von Erwartungen. Diese Form der Messung gilt heute als die valideste Form und dominiert sowohl in der Forschung als auch in der Praxis (vgl. z.B. Stauss 1999; Giering 2000). Dementsprechend beziehen sich die folgenden Ausführungen auf diese Form der Messung (in Abbildung 2 ist dies anhand der grauen Kästen nochmals verdeutlicht).

2.3 Operationalisierung

Zur Operationalisierung der Dimension ‚Verhaltensabsichten' der Kundenbindung werden die KPIs zu einem Gesamtscore verdichtet. Der *Kundenbindungsscore (KBS)* wird dazu als Mittelwert der einzelnen Indikatoren berechnet (Tabelle 1). Aus Gründen der Anschaulichkeit sollten die Werte für den KBS auf eine Skala von 0 bis 100 transformiert werden. Eine hohe Kundenbindung wird dabei durch hohe Werte des KBS ausgedrückt.

Kundenbindungs-Score (KBS)	Wiederkaufabsicht	• Wenn Sie das betrachtete Produkt/die betrachtete Dienstleistung nochmals kaufen müssten, würden Sie es wieder bei der Firma XYZ kaufen? • Wollen Sie langfristig Kunde der Firma XYZ bleiben? • Werden Sie langfristig einen gleichbleibenden oder steigenden Anteil Ihres Bedarfs bei der Firma XYZ decken?
	Zusatzkaufabsicht (Cross-Buying-Absicht)	• Werden Sie auch beim Kauf anderer Produkte/Dienstleistungen die Firma XYZ in Erwägung ziehen? • Können Sie sich vorstellen, auch Produkte aus anderen Produktklassen von XYZ zu beziehen?
	Weiterempfehlungsabsicht	• Werden Sie die Firma XYZ weiterempfehlen? • Werden Sie Freunden und Bekannten zum Kauf bei der Firma XYZ raten?

Tabelle 1: Überblick über gebräuchliche Fragen zur Messung der Dimension ‚Verhaltensabsichten' von Kundenbindung

Um die Vergleichbarkeit zwischen verschiedenen Messungen sicherzustellen, sollten die verwendeten Multi-Indikator-Skalen (‚Multi Item Scales') hinreichend standardisiert sein. Dennoch sollte auch auf unternehmensindividuelle Gegebenheiten eingegangen werden. Die Messung von Kundenbindung sollte folglich mit einer Reihe standardisierter Fragen erfolgen, die fallweise umformuliert bzw. ergänzt werden können. Tabelle 1 stellt gebräuchliche Formulierungen zur Erfassung der Dimension ‚Verhaltensabsichten' von Kundenbindung dar (z.B. auch Rapp 1997; Peter 2001; Fürst 2012).

3. Durchführung der Messung der KPIs der Kundenbindung

3.1 Konzeption der Messung der KPIs der Kundenbindung

Im Rahmen der Konzeption der Datenerhebung sollten die folgenden zentralen *Entscheidungsfelder* berücksichtigt werden (vgl. hierzu auch Fürst 2012):

- Auswahl der Zielgruppe der Befragung,
- Identifikation der Ansprechpartner der Befragung,
- Design der Stichprobe,
- Auswahl der Form der Befragung,
- Gestaltung des Fragebogens.

Bei der *Auswahl der Zielgruppe der Befragung* gilt es zu beachten, dass nur Kunden kontaktiert werden, die auch tatsächlich Auskunft über das betreffende Unternehmen (bzw. dessen Leistungsangebot) geben können. Dieser Hinweis ist insbesondere für Unternehmen mit mehreren nachgelagerten Handels- bzw. Kundenstufen von Bedeutung. Beispielsweise sollte ein Automobilzulieferer vornehmlich Automobilhersteller, Werkstätten und Händler hinsichtlich deren Bindung befragen.

Während sich die *Identifikation der Ansprechpartner der Befragung* im Privatkundenbereich noch relativ einfach gestaltet (z.B. Finanzdienstleistung: Konto- bzw. Depotinhaber; Zeitungen/Zeitschriften: Abonnent; Energie-/Wasserversorgung: Haushaltsvorstand), ist dies im Firmenkundenbereich oftmals bedeutend schwieriger. Um die Geschäftsbeziehungen zwischen dem Lieferanten und dessen Kunden vollständig durchleuchten zu können, ist eine Befragung aller Mitglieder des jeweiligen Buying Center (d.h. Gatekeeper, Beeinflusser, Entscheider, Einkäufer, Nutzer) empfehlenswert (Rudolph 1998; Rossomme 2003; Fürst 2012). Insofern müssen Personen aus unterschiedlichen Bereichen der betreffenden Kundenunternehmen (v.a. Qualitätssicherung, Logistik, F&E, Geschäftsführung, Einkauf, Produktion/Technik) interviewt werden.

Im Rahmen des *Designs der Stichprobe* muss zwischen Vollerhebung und Teilerhebung entschieden werden. Eine Vollerhebung, d.h. eine Befragung aller Kunden, kommt insbesondere bei einer geringen Anzahl an Kunden in Betracht. Bei einer größeren Kundenzahl ist hingegen aus Kostengründen eine Teilerhebung ratsam. In diesem Fall wird mit Hilfe von geeigneten Methoden der optimale Stichprobenumfang festgelegt und die Stichprobenauswahl getroffen (vgl. hierzu allgemein Scheffler 2000; Homburg 2015).

Bei der *Auswahl der Form der Befragung* stehen Befragungsformen mit Interviewer (persönlich oder telefonisch) und Befragungsformen ohne Interviewer (schriftlich oder online) zur Verfügung. Die Wahl der Befragungsform hängt stark von der Situation und dem Ziel der Untersuchung ab. Falls beispielsweise eine umfangreiche Datenmenge bei einer großen Zahl an Kunden erhoben werden soll, sind schriftliche Befragungen besonders geeignet. Bei einer relativ langen Interviewdauer (z.B. aufgrund von komplexen Fragestellungen) und einem geringen Stichprobenumfang bieten sich hingegen Befragungen mit Interviewer an. Indessen hat sich im Falle einer überschaubaren Menge an zu erhebenden Daten sowie der Notwendigkeit einer hohen Rücklaufquote (z.B. aufgrund einer kleinen Grundgesamtheit) der Einsatz von telefonischen Interviews bewährt (für eine detailliertere Darstellung der einzelnen Befragungsarten z.B. Homburg/Werner 1998; Scheffler 2000; Homburg et al. 2008; Fürst 2012). Empirische Untersuchungen zeigen, dass mittels persönlicher oder telefonischer Interviews ermittelte Werte durchschnittlich ungefähr 10 bis 12 Prozent höher ausfallen als Werte, die im Rahmen einer Befragung ohne Interviewer gemessen werden (LeVois et al. 1981; Peterson/Wilson 1992). Aus Gründen der Vergleichbarkeit ist deshalb bei einer Kombination verschiedener Befragungsformen (insbesondere persönlicher/telefonischer Interviews mit schriftlichen Interviews) Vorsicht geboten. Falls möglich, sollte sich für eine der drei

Befragungsformen entschieden werden, die möglichst auch bei Folgebefragungen beizubehalten ist. Bei der Auswahl der Befragungsform ist zudem darauf zu achten, dass die Grundgesamtheit repräsentativ abzubilden ist. Diese Thematik kann besonders im Rahmen von Online-Befragungen wichtig sein. So gibt es Zielgruppen, wie beispielsweise die Generation 60+, die schlecht bis gar nicht über das Internet zu erreichen sind. Andere Zielgruppen, wie beispielsweise Manager internationaler Unternehmen, sind durchaus über das Internet zu erreichen (Kuß et al. 2014).

Bei der *Gestaltung des Fragebogens* ist zum Ersten über die Frageninhalte zu entscheiden. Diese sind von der Kompetenz und der Antwortbereitschaft der befragten Kunden abhängig. Neben Sachfragen zu Zufriedenheit, Loyalität, Auskunftsperson und Unternehmen können auch Kontrollfragen verwendet werden. Letztere dienen dazu, die Plausibilität bzw. Sorgfalt der Beantwortung des Fragebogens zu überprüfen.

Zum Zweiten muss ein Gleichgewicht zwischen geschlossenen und offenen Fragen gefunden werden. Geschlossene Fragen erlauben aufgrund vorgegebener Skalen nur bestimmte Antworten. Für die Messung der Kundenbindung sind 5- oder 6-Punkt-Skalen (mit den Endpunkten ‚sehr zufrieden' und ‚sehr unzufrieden') am verbreitetsten (für eine Diskussion sowie teilweise abweichende Empfehlungen siehe Neumann/Neumann 1981; Colman et al. 1997; Coelho/Esteves 2007). Offene Fragen dienen der Ermittlung von zuvor nicht antizipierten Antworten. Hierdurch können individuelle Wünsche, Trends und Probleme der Kunden detailliert erfasst werden. Nachteilig wirkt sich allerdings der erhöhte Zeitaufwand bei der Befragung und Datenauswertung aus.

Zum Dritten ist eine angemessene Formulierung der Fragen sicherzustellen. Insbesondere sollte auf Einfachheit (z.B. durch Verzicht auf komplexe Formulierungen und Fachbegriffe), Eindimensionalität (z.B. durch Vermeidung von Vermischungen mehrerer Aspekte in einer Frage) und Relevanz (z.B. durch Konzentration auf Fragen, deren Inhalte auf alle Mitglieder der Zielgruppe zutreffen) der Fragen geachtet werden. Zudem ist bei der Fragenformulierung eine weitgehende Neutralität anzustreben (z.B. durch Vermeidung von Suggestivformulierungen).

Zum Vierten gilt es, im Rahmen der Fragebogengestaltung, eine Entscheidung über die Reihenfolge der einzelnen Fragen zu treffen. Grundsätzlich sollte der Aufbau des Fragebogens spannend und gleichzeitig nachvollziehbar sein, sodass hohe Abbruchquoten vermieden werden (Carroll 1994). Zur Erhöhung des Interesses an der Befragung ist es ratsam, einige interessante Einleitungsfragen (‚Eisbrecherfragen') an den Anfang des Fragebogens zu stellen. Um zu vermeiden, dass von den Auskunftspersonen vor kurzem gemachte, äußerst positive und negative Erfahrungen mit dem Unternehmen die gesamte Befragung übermäßig beeinflussen, sollten sich die Kunden zu Beginn des Fragebogens zu derartigen extremen Erfahrungen äußern können. Fragen besonders sensiblen Inhaltes (z.B. zu Einkommen, Umsatz, Gewinn, Marktanteil) sind an das Ende des Fragebogens zu stellen, so dass ein (durch diese Fragen verursachter) Befragungsabbruch nur geringe negative Konsequenzen hätte.

Im Rahmen der Festlegung der Fragenreihenfolge gilt es außerdem zu entscheiden, ob die Fragen zu den Zufriedenheiten mit einzelnen Leistungsparametern (und Leistungskriterien) vor oder nach den Fragen zur Gesamtzufriedenheit und Kundenbindung (KBS) gestellt werden. Eine empirische Untersuchung von Auh et al. (2003) hat in diesem Zusammenhang festgestellt, dass die abgefragten Leistungsparameter zusammen mehr Varianz in Bezug auf die Gesamtzufriedenheit (und in etwa gleich viel in Bezug auf die Kundenbindung) erklären, falls sie vor den globalen Fragen zur Gesamtzufriedenheit und Kundenbindung platziert werden. Generell geben die Autoren jedoch die Empfehlung, diese Entscheidung von der Art des Produktes bzw. der Art der Dienstleistung abhängig zu machen: Im Falle von ‚Low-Involvement-Produkten' (z.B. alkoholfreie Getränke, Haushaltsprodukte) raten sie dazu, mit den globalen Fragen zu starten, während im Falle von ‚High-Involvement-Produkten' (z.B. Computer, teure Haushaltsgeräte) mit den Fragen zu den Zufriedenheiten mit den verschiedenen Leistungsparametern begonnen werden sollte. Wie empirische Untersuchungen zeigen, beeinflusst die Entscheidung, ob die Fragen zu den Zufriedenheiten mit den einzelnen Leistungsparametern vor oder nach den globalen Fragen gestellt werden, auch die Höhe der ermittelten Kundenzufriedenheits- und Kundenbindungswerte. Falls mit der Abfrage der Zufriedenheiten mit den Leistungsparametern begonnen wird, fallen die Kundenurteile in Bezug auf die Gesamtzufriedenheit (Meffert/Schwetje 1998; Auh et al. 2003) und Kundenbindung (Auh et al. 2003) signifikant positiver aus als im umgekehrten Fall. Um Vergleichbarkeit zu gewährleisten, ist es deshalb empfehlenswert, in Folgebefragungen die gewählte diesbezügliche Fragenreihenfolge beizubehalten.

Zum Fünften sollte vor der eigentlichen Durchführung der Befragung bei ausgewählten Kunden ein Pretest des Fragebogens stattfinden. Hierdurch kann festgestellt werden, ob die Fragen verständlich, eindeutig und neutral formuliert sind, ob der Fragebogen logisch aufgebaut und vollständig ist sowie ob die vollständige Beantwortung des Fragebogens im vorgesehenen Zeitrahmen realisierbar ist. Für die Durchführung von Pretests dieser Art haben sich insbesondere persönliche Interviews und Fokusgruppen bewährt. Als sinnvoll erachtete Änderungsvorschläge sollten im Fragebogen entsprechend Berücksichtigung finden.

An die Konzeption der Datenerhebung schließt sich die Durchführung der Datenerhebung und die Dateneingabe an (für diesbezügliche Hinweise, siehe z.B. Homburg/Werner 1998; Scheffler 2000; Fürst 2012; Homburg 2015). Im kommenden Abschnitt werden wir die Vorgehensweise bei der im Anschluss an die Dateneingabe stattfindenden Datenanalyse beschreiben.

3.2 Auswertung der Messung der KPIs der Kundenbindung

3.2.1 Gütebeurteilung der Messinstrumente

Den ersten Schritt im Rahmen der Analyse der Messung der KPIs der Kundenbindung stellt die *Gütebeurteilung der verwendeten Messinstrumente* dar.

Wie in Abschnitt 2.2 beschrieben, empfiehlt sich für die Messung der Dimension ‚Verhaltensabsichten' von Kundenbindung (KBS) der Einsatz von Multi-Indikator-Skalen (‚Multi Item Scales'). Da bei dieser Art von Messung eine Verdichtung von Indikatoren (d.h. Einzelfragen) zu Faktoren (d.h. Konstrukten/Dimensionen bzw. Leistungsparametern) stattfindet, muss sich mit der Frage beschäftigt werden, inwieweit diese Verdichtung mit einem Informationsverlust verbunden ist. Hierzu dient die Beurteilung der Reliabilität und Validität der Messinstrumente.

Validität beschäftigt sich mit der Gültigkeit von Messungen. Eine Messung wird dann als valide bezeichnet, wenn sie sowohl von zufälligen als auch von systematischen Fehlern frei ist (Kinnear/Taylor 1996). Es lassen sich mit der Inhaltsvalidität, Kriteriumsvalidität und Konstruktvalidität drei verschiedene Validitätsbegriffe unterscheiden. Im Hinblick auf die vorliegende Fragestellung ist vor allem die Konstruktvalidität von Interesse, die bei einer Übereinstimmung der Messung mit den wahren Werten eines Konstruktes gegeben ist. Innerhalb der Konstruktvalidität können mit der Konvergenzvalidität und Diskriminanzvalidität weitere Validitätsbegriffe unterschieden werden. Für die Gütebeurteilung der Messinstrumente ist vor allem die Konvergenzvalidität relevant (vgl. hierzu im Detail z.B. Homburg/Giering 1996).

Peter/Churchill (1986) definieren *Reliabilität* als den Grad, zu dem das Messinstrument frei von zufälligen Fehlern ist. Reliabilität zeigt sich somit darin, dass bei einer Wiederholung der Messung unter gleichen Rahmenbedingungen wiederum das gleiche Ergebnis erzielt wird. Zur Beurteilung der Reliabilität von Messinstrumenten ist, in Anlehnung an Homburg (2000) und Homburg/Giering (1996), ein zweistufiges Verfahren angebracht. In einem ersten Schritt werden so genannte Gütekriterien der ersten Generation herangezogen, insbesondere die Item-to-Total-Korrelation und das Cronbachsche Alpha.

Die *korrigierte Item-to-Total-Korrelation* misst den Zusammenhang zwischen einem Indikator und der Summe aller übrigen Indikatoren, die denselben Faktor messen. Der Korrelationskoeffizient kann Werte zwischen 0 und 1 annehmen. Je höher er ausfällt, desto stärker ist der betrachtete Zusammenhang (Nunnally 1978).

Das *Cronbachsche Alpha* ist ein anderes weit verbreitetes Maß zur Reliabilitätsbeurteilung (Cronbach 1951). Auch der Wertebereich dieses Gütemaßes bewegt sich zwischen 0 und 1, wobei hohe Werte auf eine hohe Reliabilität hinweisen.

In der Literatur wird meist ab einem Wert von 0,7 von einer befriedigenden Reliabilität ausgegangen (Nunnally 1978). Liegt das Cronbachsche Alpha eines Faktors unter diesem Schwellenwert, so wird empfohlen, den Indikator mit der niedrigsten Item-to-Total-Korrelation zu entfernen (Churchill 1979). Dies führt üblicherweise zu einer Steigerung des Cronbachschen Alpha.

Aufgrund der Tatsache, dass Gütekriterien der ersten Generation einige gravierende Nachteile im Zusammenhang mit der Reliabilitäts- und Validitätsbeurteilung aufweisen (z.B. Bagozzi/Phillips 1982; Gerbing/Anderson 1988), empfiehlt es sich, in einem zweiten Schritt die so genannten Gütekriterien der zweiten Generation heranzuziehen.

Diese Kriterien basieren auf der *konfirmatorischen Faktorenanalyse* (z.B. Jöreskog 1967; 1969). Die konfirmatorische Faktorenanalyse basiert auf der Annahme, dass jeder Indikator als lineare Kombination verschiedener Faktoren dargestellt werden kann. Die Beziehungen zwischen Indikatoren und Faktoren werden im Voraus festgelegt. Dabei fasst man die Indikatoren als fehlerbehaftete Messungen der Faktoren auf. Die Modellparameter (z.B. Faktorladungen, Varianzen und Kovarianzen der Faktoren sowie Varianzen der Messfehlervariablen) werden so geschätzt, dass eine möglichst gute Übereinstimmung der vom Modell reproduzierten Kovarianzmatrix der Indikatorvariablen mit der empirischen Kovarianzmatrix der Indikatoren erzielt wird. Durch die Beurteilung einer Reihe von Gütekriterien (z.B. Indikatorreliabilität, Faktorreliabilität), deren Darstellung an dieser Stelle zu weit führen würde, können Aussagen über die Güte der Indikatoren getroffen werden, die einen zugrunde liegenden Faktor messen (vgl. hierzu im Detail z.B. Homburg/Giering 1996).

3.2.2 Analyse und Interpretation der Ergebnisse

Nach der Beurteilung (und ggf. Optimierung) der Güte der Messinstrumente (Multi-Indikator-Skalen) kann eine *Verdichtung der Indikatoren* zur Dimension ‚Verhaltensabsichten' von Kundenbindung (KBS) vorgenommen werden. Im Anschluss an diese Aggregation werden die Ergebnisse weiter ausgewertet, um die Determinanten und Stellhebel der Kundenbindung im Einzelfall zu identifizieren. Anschließend werden die Ergebnisse interpretiert und Implikationen abgeleitet.

Wie bereits in Abschnitt 2.3 erwähnt, ergibt sich der *Globalparameter KBS* durch Bildung des Mittelwerts der zugrunde gelegten Indikatoren. Aus Gründen der Anschaulichkeit empfehlen die Autoren, die Werte auf einer Skala von 0 bis 100 anzugeben, d.h., es sollte eine entsprechende Transformation durchgeführt werden. Hohe Kundenbindung wird dabei durch hohe Werte des KBS ausgedrückt.

Zur *Segmentierung* der befragten Kunden können diese anhand ihrer Kundenbindung und ihrer Zufriedenheit mit dem Anbieter in eine Matrix eingetragen werden (vgl. hierzu auch Jones/Sasser 1995; Herrmann/Johnson 1999; Yoon/Kim 2000). Abbildung 3 stellt beispielhaft ein solches *Portfolio* dar. In den meisten Fällen wird sicherlich eine hohe Kundenbindung mit einer hohen Kundenzufriedenheit einhergehen sowie eine geringe

Kundenbindung mit einer geringen Kundenzufriedenheit. Ein Teil der Kunden weist jedoch trotz hoher Zufriedenheit nur eine geringe Bindung auf (z.B. aufgrund von Variety-Seeking-Verhalten, z.B. Homburg/Giering 2000, 2001; Peter 2001). Ziel sollte es sein, dass mindestens 80 Prozent der Kunden im Feld rechts oben (hohe Zufriedenheit bei gleichzeitig hoher Bindung) angesiedelt sind. Neben der Ableitung von Handlungsempfehlungen dient diese a priori-Segmentierung auch der optimalen Allokation von Ressourcen, da Maßnahmen zur Kundenbindung dort angesetzt werden sollten, wo es am notwendigsten ist. Insbesondere bei diesen Kunden (sowie bei Kunden, die sich durch eine niedrige Zufriedenheit und eine niedrige Bindung auszeichnen) sollte ein aktives Kundenbindungsmanagement ansetzen.

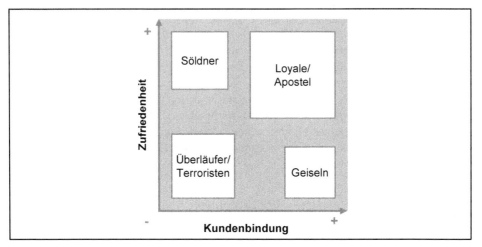

Abbildung 3: Beispiel für eine Matrix mit Kundenbindung und Zufriedenheit

Zum besseren Verständnis und zur Optimierung des KBS sollten in einem nächsten Schritt spezifische Differenzierungskriterien und Kontextfaktoren identifiziert, sowie die Treiber der Kundenbindung und entsprechende Handlungsempfehlungen abgeleitet werden.

Um zusätzliche Hinweise auf konkreten Handlungsbedarf in Bezug auf die Verbesserung der Kundenbindung zu erhalten, sollte der KBS nach vorab festgelegten Kriterien differenziert analysiert werden. Zu diesen *Differenzierungskriterien* zählen insbesondere

- Art des Kunden (d.h. Firmenkunde oder Privatkunde),
- Sozio-demografische Merkmale des Ansprechpartners (d.h. Geschlecht, Alter, Bildungsniveau, Beruf, Einkommenshöhe, Familienstand usw.),
- Region des Kunden (d.h. Standort des Firmenkunden bzw. Wohnort des Privatkunden),

- Funktion des Ansprechpartners (d.h. Position der befragten Person im Kundenunternehmen),
- Branche des Kunden (d.h. Wirtschaftszweig, in dem der Firmenkunde tätig ist) und
- Wert des Kunden (d.h. wirtschaftliche Bedeutung des Kunden aus Anbietersicht).

Ein Beispiel für eine nach dem Kundenwert differenzierte Darstellung des KBS wird in Abschnitt 3.2.3 gezeigt.

Um die Ergebnisse der Messung der KPIs der Kundenbindung besser interpretieren zu können, ist es zudem notwendig *Determinanten* der Bindung der Kunden abzufragen und deren Einfluss zu analysieren. Ein wichtiger Treiber der Kundenbindung ist die Zufriedenheit mit dem Leistungsangebot. Dabei sollte nicht nur die Zufriedenheit, die sich auf den Erwerb des Produkts bezieht, gemessen werden, sondern die ‚Zufriedenheit mit dem Markenerlebnis an allen Kundenkontaktpunkten' (Löffler/Einhorn 2012). Die Ergebnisse einer solchen Treiberanalyse können demnach dazu dienen, Erklärungsansätze für die Höhe des KBS zu finden sowie Ansatzpunkte zur Verbesserung zu identifizieren. Diese Verbindung von Marktforschung (Datenerhebung) und Customer Relationship Management (Maßnahmen zur Erhöhung der Kundenbindung) folgen einem Trend aus der Praxis, diese Funktionsbereiche Hand in Hand operieren zu lassen. Da Kunden aber nicht allen Leistungsparametern die gleiche Relevanz beimessen, ist es im Hinblick auf die Ableitung von Verbesserungsmaßnahmen zur Steigerung der Kundenzufriedenheit (und somit der Kundenbindung) von besonderem Interesse, Aussagen über die Wichtigkeiten der einzelnen Leistungsparameter oder Treiber für die Bildung der Kundenbindung zu erlangen (z.B. auch Schütze 1992; Scharitzer 1994; Homburg/Werner 1998). Die Ermittlung der Wichtigkeiten kann entweder durch direkte Erfragung bei den Kunden oder durch indirekte Berechnung erfolgen. Die *direkte Erfragung* weist jedoch die folgenden gravierenden *Schwächen* auf (z.B. auch Homburg/Werner 1998; Meffert/Schwetje 1998; Chu 2002; Gustafsson/Johnson 2004):

- Mangelnder Differenzierungsgrad: Viele Kunden neigen dazu, alle Leistungsparameter als sehr wichtig bzw. gleich wichtig einzustufen.
- Gefahr der kognitiven Überforderung: Mit zunehmender Zahl der Leistungsparameter wird es für die befragten Kunden immer schwieriger, eine konsistente und valide Bewertung der einzelnen Wichtigkeiten vorzunehmen.
- Tendenz zu sozial erwünschten Antworten: Aufgrund gesellschaftlicher Normvorstellungen werden bestimmte Leistungsparameter (z.B. die Umweltverträglichkeit eines Produktes) hinsichtlich ihrer Bedeutung von Kunden oftmals überbewertet.
- Existenz unbewusster Entscheidungskriterien: Die hohe Bedeutung einiger Faktoren (z.B. persönliche Beziehung zwischen Einkäufer und Verkäufer) ist den befragten Kunden nicht immer voll bewusst und wird deshalb häufig unterbewertet.

- Gefahr strategischer Antworten: Insbesondere Firmenkunden neigen dazu, politische Antworten zu geben (z.B. in Bezug auf die Bedeutung des Preises), um dadurch ihre zukünftige Verhandlungsposition zu verbessern.
- Höhere Wahrscheinlichkeit von Reaktanz- und Ermüdungserscheinungen: Zusätzlich notwendige Fragen zur direkten Ermittlung der Wichtigkeiten kann bei den Ansprechpartnern zu Unmut und mangelnder Konzentration führen.

Aufgrund der Unzulänglichkeiten der direkten Erfragung raten wir zu einer *indirekten Berechnung der Wichtigkeiten* der verschiedenen Leistungsparameter. Hierfür steht eine Reihe von Methoden zur Auswahl (z.B. Johnson/LeBreton 2004; Greco et al. 2007; Homburg/Klarmann 2012). Im Folgenden werden kurz die folgenden *Methoden* vorgestellt:

- Multiple Regressionsanalyse,
- Kausalanalyse,
- Conjoint-Analyse.

Im Rahmen der multiplen *Regressionsanalyse* erfolgt eine Schätzung des Einflusses der Zufriedenheiten mit den einzelnen Leistungsparametern (unabhängige Variablen) auf die Kundenbindung (abhängige Variable). Je höher die auf diese Weise ermittelten standardisierten Regressionskoeffizienten (Beta-Koeffizienten) der einzelnen unabhängigen Variablen, desto wichtiger ist der jeweilige Leistungsparameter für die Kundenbindung (z.B. Danaher/Mattsson 1994; Mittal et al. 1998; Stauss 1999). Während in der Praxis meist auf die lineare multiple Regressionsanalyse zurückgegriffen wird, weisen einige Studien auf die alternative Möglichkeit des Einsatzes der nichtlinearen multiplen Regressionsanalyse hin (Danaher 1997; Garver 2002). In Zusammenhang mit der Anwendung der multiplen Regressionsanalyse tritt häufig das Problem der Multikollinearität (d.h. linearen Abhängigkeit der unabhängigen Variablen) auf (z.B. Backhaus et al. 2016). Im Falle einer Kundenbindungsmessung bedeutet dies, dass die Zufriedenheiten mit den einzelnen Leistungsparametern nicht (wie von der multiplen Regressionsanalyse angenommen) unabhängig voneinander sind (z.B. Rust et al. 1994; Stauss 1999; Garver 2002). Dies führt zu einer Vergrößerung der Standardfehler der Beta-Koeffizienten und damit zu einer unzuverlässigeren Parameterschätzung. Um diesem Problem zu begegnen, kann man beispielsweise im Vorfeld eine explorative Faktorenanalyse durchführen und die dadurch extrahierten Faktoren als unabhängige Variablen in die multiple Regressionsanalyse eingehen lassen (Stauss 1999; Backhaus et al. 2016).

Die *Kausalanalyse* ist eine weitere Methode, mit der die Wichtigkeiten der verschiedenen Leistungsparameter indirekt berechnet werden können. Dieses Verfahren besitzt im Vergleich zur multiplen Regressionsanalyse einige Vorteile. So berücksichtigt die Kausalanalyse explizit Korrelationen zwischen den unabhängigen Variablen (und wirkt damit dem Problem der Multikollinearität entgegen) sowie Fehler bei der Messung der Variablen (z.B. Homburg/Pflesser/Klarmann 2008; Homburg 2015). Analog zur Regressionsanalyse ergeben sich auch bei der Kausalanalyse die Wichtigkeiten der Leistungsparameter aus dem geschätzten Zusammenhang zwischen den Zufriedenheiten mit den einzelnen Leistungsparametern und der Kundenbindung.

Schließlich kann die indirekte Berechnung der Wichtigkeiten von verschiedenen Leistungsparametern auch durch die *Conjoint-Analyse* erfolgen (für eine detaillierte Darstellung der Conjoint-Analyse vgl. z.B. Homburg 2015; Backhaus et al. 2016). Hierbei werden Kunden gebeten, verschiedene hypothetische Szenarien (,Profile') zu bewerten, die sich hinsichtlich der Höhe der Zufriedenheiten mit den einzelnen Leistungsparametern unterscheiden (z.B. Danaher 1997). Die anschließend aus den Antworten der Kunden ermittelten so genannten ,Nutzenwerte' der einzelnen Leistungsparameter stellen die gesuchten Wichtigkeiten dar. Die Anwendung der Conjoint-Analyse zur Ermittlung der Wichtigkeiten der Leistungsparameter weist jedoch einige Nachteile im Vergleich zum Einsatz der multiplen Regressionsanalyse oder der Kausalanalyse auf. Beispielsweise können nur relativ wenige Leistungsparameter gleichzeitig in die Analyse eingehen. Darüber hinaus besteht aufgrund der hohen Komplexität des Befragungsdesigns die Gefahr der kognitiven Überforderung der befragten Kunden.

Bei der Interpretation der ermittelten Wichtigkeiten ist zu beachten, dass die Bedeutung der Leistungsparameter für die Bildung der Gesamtzufriedenheit auch von *kontextspezifischen Faktoren* abhängt. Insbesondere werden die Wichtigkeiten der einzelnen Leistungsparameter von den folgenden Kontextfaktoren beeinflusst:

- Wahrgenommene Unternehmensleistung bezüglich der einzelnen Leistungsparameter,
- Länge der Geschäftsbeziehung,
- Kundenmerkmale.

Die Tatsache, dass sich Leistungsparameter je nach *Höhe der wahrgenommenen Unternehmensleistung* oftmals unterschiedlich stark auf die Kundenbindung auswirken, steht im Einklang mit dem Zwei-Faktoren-Modell der Mitarbeiterzufriedenheit (z.B. Herzberg 1965, 1966) bzw. dem Mehr-Faktoren-Modell der Kundenzufriedenheit (z.B. Oliver 2010) und wird von einer Reihe empirischer Arbeiten bestätigt (z.B. Cadotte/Turgeon 1988; Mittal et al. 1998; Bartikowski/Llosa 2004). Beispielsweise identifizieren Bartikowski/Llosa (2004) und Cadotte/Turgeon (1988) Leistungsparameter, die bei positiver Bewertung einen starken Einfluss und bei negativer Bewertung einen schwachen Einfluss auf die Gesamtzufriedenheit besitzen (,Satisfier') sowie Leistungsparameter, die sich bei positiver Bewertung durch einen schwachen Einfluss und bei negativer Bewertung durch einen starken Einfluss auszeichnen (,Dissatisfier'). Letztere Kategorie von Leistungsparametern weisen auch Mittal et al. (1998) unter Rückgriff auf die Prospect Theorie (z.B. Kahneman/Tversky 1979; Tversky/Kahneman 1981) nach. Sie zeigen, dass ein negativ bewerteter Leistungsparameter einen stärkeren Einfluss auf die Gesamtzufriedenheit besitzt als ein positiv bewerteter Leistungsparameter.

Darüber hinaus zeigen verschiedene empirische Untersuchungen, dass sich die Wichtigkeiten der einzelnen Leistungsparameter im *Laufe einer Geschäftsbeziehung* ändern (z.B. Mittal et al. 1999; Mittal/Katrichis 2000; Licata et al. 2001; Mittal et al. 2001). Demzufolge können beispielsweise langjährige Kunden eines Unternehmens andere Präferenzen in Bezug auf die verschiedenen Leistungsparameter aufweisen als Neukunden.

Schließlich scheinen auch diverse *Kundenmerkmale* einen Einfluss auf die Wichtigkeiten der einzelnen Leistungsparameter zu besitzen. Hierzu zählen unter anderem das Produktwissen (Kekre et al. 1995), die Art des Nutzens des betreffenden Produktes aus Kundensicht (Garbarino/Johnson 2001), die Zugehörigkeit zu einer bestimmten Vertriebsstufe (Kocakoc/Senn 2006) sowie die Rolle des Ansprechpartners im Buying Center des Kundenunternehmens (Qualls/Rosa 1995; Homburg/Rudolph 2001). Somit ist es durchaus wahrscheinlich, dass sich die verschiedenen Kundensegmente eines Unternehmens hinsichtlich der Wichtigkeit der einzelnen Leistungsparameter unterscheiden (vgl. hierzu auch Garbarino/Johnson 1999).

Vor diesem Hintergrund ist es ratsam, die Wichtigkeiten der Leistungsparameter nicht nur pauschal, sondern auch differenziert nach verschiedenen (aus Sicht des Unternehmens relevanten) Kontextfaktoren auszuwerten.

Ergänzend zu den Informationen aus dem Kundenbindungsprofil können noch einige *weitere Kriterien* herangezogen werden, um die Bereiche für die Einleitung von Maßnahmen zur Leistungsverbesserung zu priorisieren (z.B. Kocakoc/Sen 2006). Beispielsweise besteht die Möglichkeit mit Hilfe von Korrelationsanalysen herauszufinden, ob bestimmte Leistungsparameter/-kriterien aus Kundensicht einen besonders starken Einfluss auf andere Leistungsparameter/-kriterien besitzen. Verbesserungsmaßnahmen, die an diesen Leistungsparametern/-kriterien ansetzen, haben somit gleichzeitig auch merklich positive Auswirkungen auf die Kundenbewertung von anderen Leistungsparametern/-kriterien. Zudem sollte in die Entscheidungsfindung einfließen, wie stark die Kundenwahrnehmung der Leistungsparameter/-kriterien überhaupt seitens des Unternehmens beeinflussbar ist und in welchem Verhältnis der Nutzen und die Kosten möglicher Verbesserungsmaßnahmen stehen.

Als Beispiele aus der Praxis zur Messung und Analyse von Kundenbindung können das Stakeholder Management Tool von TNS TRI*M™ (TNS 2016) sowie das Instrument GfK Loyalty Plus® (GfK 2012) genannt werden. Die beiden Instrumente dieser Marktforschungsinstitute sind teilstandardisierte Tools, die Unternehmen dabei helfen, Kundenbindung und -zufriedenheit zu messen, zu steuern und zu kontrollieren. Beide Servicepakete lehnen sich stark an die wissenschaftliche Forschung an und messen die Kundenbindung und die Zufriedenheit der Kunden mit der Beziehung zum Anbieter. Auf dieser Basis werden anschließend konkrete Handlungsempfehlungen für die Unternehmenspraxis gegeben. Auch die auf Jones und Sasser (1995) zurückgehende Einteilung des Kundenportfolios wird in der Marktforschungspraxis eingesetzt, Abbildung 4 zeigt gängige Darstellungsformen (GfK 2012; Homburg & Partner 2012; TNS 2016).

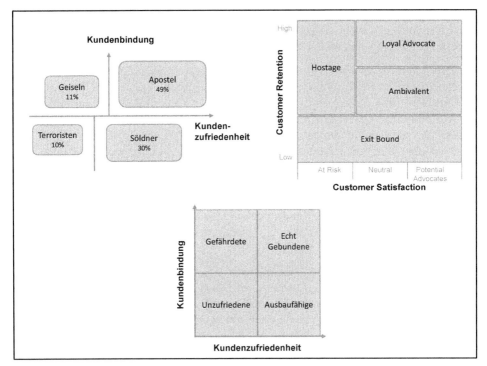

Abbildung 4: Praxisbeispiele Matrix Kundenbindung und Kundenzufriedenheit

3.2.3 Grafische Darstellung mithilfe von Dashboards

Die Implementierung von Marketing Performance Measurement Systemen und die daraus resultierende Möglichkeit, den Marketingerfolg zu quantifizieren, kann die Stellung des Marketing im gesamten Unternehmen stärken (O'Sullivan/Abela 2007). Um die Ergebnisse transparent zu kommunizieren und bei Abweichungen von den strategischen Zielvorgaben schnell gegensteuern zu können, werden in der Praxis vermehrt *Marketing-Dashboards* eingesetzt. Die schnelle Reaktion ist insbesondere wichtig, da die Ausschöpfung von Erfolgsreserven eine der wichtigsten Aufgaben des Marketingmanagements ist. Die systematische Unterstützung aller Marketingprozesse durch ein umfassendes und zeitgemäßes Marketingcontrolling erweist sich deshalb als unabdingbar. Neue und umfassendere Datengrundlagen, etwa aus ERP- und CRM-Systemen, erlauben zudem ein weit detailliertes Tracking des Marktgeschehens als früher und immer mehr Manager nutzen Dashboards als kompakte Steuerungshilfen im immer schwieriger zu durchschauenden Marketing- und Vertriebsgeschehen. Für ein Dashboard werden typischerweise die wichtigsten Kennzahlen und deren Treiber zusammengefasst und visualisiert (Pauwels et al. 2009). Dashboards dienen folglich der grafischen Darstellung der Zielerreichung und auch die Ergebnisse einer Kundenbindungsanalyse können mit einem solchen Tool grafisch aufbereitet werden.

Das Dashboard als solches stellt dabei lediglich die Oberfläche dar, auf der die Zahlen präsentiert werden. Dem zugrunde liegt ein Data Warehouse, welches alle marketingrelevanten Daten in nicht-aggregierter Form enthält. Über On-Line Analytical Processing (OLAP) stellt der Verwender Anfragen an das Data Warehouse und erhält als Ergebnis aggregierte Daten, die im Dashboard dargestellt werden (Bruhn 2011; Homburg 2015). Ein Marketing-Dashboard zeigt typischerweise die Key Performance Indikatoren zusammen mit relevanten Determinanten und Prozessen (Wind 2004). Im Fall der Kundenbindung sind die KPIs die Konstrukte der Dimensionen der Kundenbindung, die Treiber der KPIs sind die Zufriedenheit mit einzelnen Leistungsaspekten und der zugrundeliegende Prozess ist das Kundenbindungsmanagement des Unternehmens. Somit kann die Effektivität von Marketing- beziehungsweise Kundenbindungsstrategien schnell und objektiv aufgezeigt werden.

Pauwels et al. (2009) stellen die Integrationsfunktion in den Mittelpunkt der Dashboard-Nutzung. Dabei werden Daten, Prozesse und Blickwinkel integriert und gegenübergestellt. Folglich liefern Dashboards neben der grafischen Anschaulichkeit auch die Möglichkeit, Zahlen miteinander zu vergleichen. So können beispielsweise unterschiedliche Regionen, Business Units oder Zeitpunkte gegenübergestellt und Abweichungen aufgezeigt werden. Zudem ist die Integration von unternehmensinternen Schwellenwerten möglich. Wissenschaftliche Studien sowie Praxiserfahrungen haben in Bezug auf die Kundenbindung unterschiedliche Bereiche identifiziert. So weist ein KBS von kleiner als 70 auf akuten Handlungsbedarf hin. Aber erst Kunden mit einem KBS von größer als 80 gelten als tatsächlich gebunden. Diese Schwellenwerte könnten in ein Dashboard integriert werden und – ähnlich einer Ampel – als rote, gelbe und grüne Zone aufgezeigt werden.

Abbildung 5 zeigt beispielhaft ein *Dashboard für Marketingmanager*. Dabei kann zwischen einer Gesamtansicht und der Ansicht einzelner Geschäftseinheiten, zwischen einer Ansicht mit aggregierten und einer Ansicht mit detaillierten Werten sowie zwischen verschiedenen Perioden gewechselt werden.

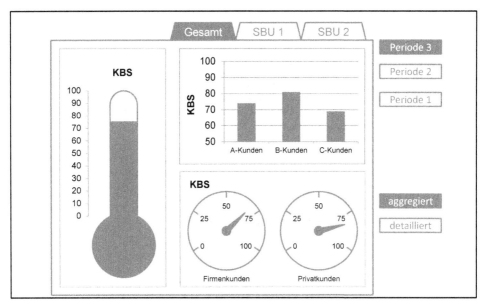

Abbildung 5: Beispiel eines Marketing-Dashboards

Zur *Darstellung der KPIs* oder aggregierten Scores können in der Praxis unterschiedliche Formate verwendet werden. So können diese als einzelne Kennzahlen gezeigt werden. Die Darstellung mit Thermometer oder Tachometer soll dabei helfen anzuzeigen, ob Planwerte bzw. Schwellenwerte über- oder unterschritten wurden. Mithilfe dieser Visualisierungselemente kann auf einen Blick erkannt werden, ob die strategischen Ziele erreicht wurden oder ob Handlungsbedarf besteht. Auch die differenzierte Betrachtung von Scores oder Indizes ist möglich. Die Betrachtung des Balkendiagramms innerhalb des Dashboards zeigt beispielsweise, dass die B-Kunden des betreffenden Unternehmens stärker an den Anbieter gebunden sind als die A-Kunden oder C-Kunden. Während die deutlich höhere Bindung der B-Kunden im Vergleich zu den C-Kunden als positiv zu werten ist, signalisiert die im Vergleich zu den B-Kunden deutlich niedrigere Kundenbindung der A-Kunden umgehenden Handlungsbedarf. Um konkrete Optimierungspotenziale zu lokalisieren, sollte daher in einem nächsten Schritt die Zufriedenheit der A-Kunden mit einzelnen Leistungsparametern analysiert werden.

Mit dieser Visualisierung kann das Dashboard dazu genutzt werden, den Entscheidungsträgern im Unternehmen Informationen über den Erreichungsgrades von Zielsetzungen im Marketing beziehungsweise Kundenbindungsmanagement zu liefern. Bei der Betrachtung ist es jedoch essentiell, die Daten nicht nur absolut zu betrachten sondern auch relativ, z.B. im Zeitablauf oder im Vergleich zu Wettbewerbern (McGovern et al. 2009).

4. Schlussbemerkungen

Der vorliegende Beitrag beschäftigte sich mit der Messung der KPIs der Kundenbindung. Dieser Thematik kommt im Rahmen des Kundenbindungsmanagements besondere Bedeutung zu, da ein solches Management nur mit einer fundierten Kenntnis über den Stand der Bindung von Kunden möglich ist. Nach der Definition und Konzeptualisierung von Kundenbindung wurden verschiedene Ansätze zur Messung des Konstruktes diskutiert. Als valideste und in der Forschung wie auch der Praxis am weitesten verbreitete Form der Messung hat sich die multiattributive Messung mit direkten Urteilen herausgestellt. Anschließend wurde auf die Operationalisierung von Kundenbindung eingegangen. Im darauffolgenden Abschnitt fand eine Erläuterung der zentralen Entscheidungsfelder in Bezug auf das Studiendesign bei der Durchführung einer Befragung zur Kundenbindung statt. Nach der Diskussion von Möglichkeiten zur Beurteilung der Güte der Messinstrumente wurde abschließend dargestellt, auf welche Art und Weise die Messergebnisse ausgewertet, interpretiert und visualisiert werden können.

Literaturverzeichnis

Anderson, E. W./Sullivan, M. W. (1993): The Antecedents and Consequences of Customer Satisfaction for Firms, in: Marketing Science, Vol. 12, No. 2, S. 125-143.

Andreasen, A. R. (1988): Consumer Complaints and Redress. What We Know and What We Don't Know, in: Maynes, E. S., ACCI Research Committee (Hrsg.), The Frontier of Research in the Consumer Interest, Proceedings of the International Conference on Research in the Consumer Interest, American Council on Consumer Interests, University of Missouri, Columbia, S. 675-722.

Auh, S./Salisbury, L. C./Johnson, M.D. (2003): Order Effects in Customer Satisfaction Modelling, in: Journal of Marketing Management, Vol. 19, No. 3/4, S. 379-400.

Backhaus, K./Erichson, B./Plinke, W./Weiber, R. (2016): Multivariate Analysemethoden. Eine anwendungsorientierte Einführung, 14. Aufl., Berlin.

Bagozzi, R./Phillips, L. (1982): Representing and Testing Organizational Theories. A Holistic Construal, in: Administrative Science Quarterly, Vol. 27, No. 3, S. 459-489.

Bartikowski, B./Llosa, S. (2004): Customer Satisfaction Measurement. Comparing Four Methods of Attribute Categorisations, in: Service Industries Journal, Vol. 24, No. 4, S. 67-82.

Bearden, W. O./Teel, J. E. (1983): Selected Determinants of Consumer Satisfaction and Complaint Reports, in: Journal of Marketing Research, Vol. 20, No. 1, S. 21-28.

Bruhn, M. (2011): Zufriedenheits- und Kundenbindungsmanagement, in Hippner, H./ Hubrich, B./Wilde, K. D. (Hrsg.), Grundlagen des CRM. Strategie, Geschäftsprozesse und IT-Unterstützung, 3. Aufl., Wiesbaden, S. 409-439.

Buttle, F. (1996): SERVQUAL. Review, Critique, Research Agenda, in: European Journal of Marketing, Vol. 30, No. 1, S. 8-32.

Cadotte, E. R./Turgeon, N. (1988): Dissatisfiers and Satisfiers. Suggestions from Consumer Complaints and Compliments, in: Journal of Consumer Satisfaction, Dissatisfaction, and Complaining Behavior, Vol. 1, No. 1, S. 74-79.

Carroll, S. (1994): Questionnaire Design Affects Response Rate, in: Marketing News, Vol. 28, No. 12, S. 25-26.

Chan, L. K./Hui, Y. V./Lo, H. P./Tse, S. K./Tso, G. K. F./Wu, M. L. (2003): Consumer Satisfaction Index. New Practice and Findings, in: European Journal of Marketing, Vol. 37, No. 5/6, S. 872-909.

Chandrashekaran, M./Rotte, K./Tax, S. S./Grewal, R. (2007): Satisfaction Strength and Customer Loyalty, in: Journal of Marketing Research, Vol. 44, No. 1, S. 153-163.

Chu, R. (2002): Stated-Importance Versus Derived-Importance Customer Satisfaction Measurement, in: Journal of Services Marketing, Vol. 16, No. 4, S. 285-301.

Churchill, G./Surprenant, C. F. (1982): An Investigation into the Determinants of Customer Satisfaction, in: Journal of Marketing Research, Vol. 19, No. 4, S. 491-504.

Coelho, P. S./Esteves, S. P. (2007): The Choice Between a Five-Point and a Ten-Point Scale in The Framework of Customer Satisfaction Measurement, in: International Journal of Market Research, Vol. 49, No. 3, S. 313-339.

Colman, A. M./Norris, C. E./Preston, C. C. (1997): Comparing Rating Scales of Different Lengths. Equivalence of Scores from 5-Point and 7-Point Scales, in: Psychological Reports, Vol. 80, No. 2, S. 355-362.

Cooil, B./Keiningham, T. L./Aksoy, L./Hsu, M. (2007): A Longitudinal Analysis of Customer Satisfaction and Share of Wallet. Investigating the Moderating Effect of Customer Characteristics, in: Journal of Marketing, Vol. 71, No. 1, S. 67-83.

Cronbach, L. (1951): Coefficient Alpha and the Internal Structure of Tests, Psychometrika, Vol. 16, No. 3, S. 297-334.

Cronin, J./Taylor, S. (1992): Measuring Service Quality. A Reexamination and Extension, in: Journal of Marketing, 56, 3, S. 55-68.

Danaher, P. (1997): Using Conjoint Analysis to Determine the Relative Importance of Service Attributes Measured in Customer Satisfaction Surveys, in: Journal of Retailing, Vol. 73, No. 2, S. 235-260.

Danaher, P./Mattsson, J. (1994): Customer Satisfaction During the Service Delivery Process, in: European Journal of Marketing, Vol. 28, No. 5, S. 5-16.

Fürst, A. (2012): Verfahren zur Messung der Kundenzufriedenheit im Überblick, in: Homburg, Ch. (Hrsg.), Kundenzufriedenheit, 8. Aufl., Wiesbaden, S. 123-153.

Garbarino, E./Johnson, M. (1999): The Different Roles of Satisfaction, Trust, and Commitment in Customer Relationships, in: Journal of Marketing, Vol. 63, No. 2, S. 70-87.

Garbarino, E./Johnson, M. (2001): Effects of Consumer Goals on Attribute Weighting, Overall Satisfaction, and Product Usage, in: Psychology & Marketing, Vol. 18, No. 9, S. 929-949.

Garver, M. (2002): Using Data Mining for Customer Satisfaction Research, in: Marketing Research, Vol. 14, No. 1, S. 8-12.

Gerbing, D./Anderson, J. (1988): An Updated Paradigm for Scale Development Incorporating Unidimensionality and its Assessment, in: Journal of Marketing Research, Vol. 25, No. 2, S. 186-192.

GfK (2012): Ambivalent about Banking, in: Quirk's Marketing Research Review, Vol. 26, No. 12, S. 16.

Giering, A. (2000): Der Zusammenhang zwischen Kundenzufriedenheit und Kundenloyalität. Eine Untersuchung moderierender Effekte, Wiesbaden.

Greco, S./Matarazzo, B./Slowinski, R. (2007): Customer Satisfaction Analysis Based on Rough Set Approach, in: Zeitschrift für Betriebswirtschaft, Vol. 77, No. 3, S. 325-339.

Gustafsson, A./Johnson, M. (2004): Determining Attribute Importance in a Service Satisfaction Model, in: Journal of Service Research, Vol. 7, No. 2, S. 124-141.

Hentschel, B. (1990): Die Messung wahrgenommener Dienstleistungsqualität mit SERVQUAL, Marketing ZFP, 12. Jg., Nr. 4, S. 230-240.

Herrmann, A./Johnson, M. D. (1999): Die Kundenzufriedenheit als Bestimmungsfaktor der Kundenbindung, in: Zeitschrift für betriebswirtschaftliche Forschung, 51. Jg., Nr. 6, S. 579-598.

Herzberg, F. (1965): The New Industrial Psychology, in: Industrial and Labor Relations Review, Vol. 18, No. 3, S. 364-376.

Herzberg, F. (1966): Work and the Nature of Man, Cleveland.

Homburg, Ch. (2000): Kundennähe von Industriegüterunternehmen. Konzeption – Erfolgsauswirkungen – Determinanten, 3. Aufl., Wiesbaden.

Homburg, Ch. (2015),: Marketingmanagement. Strategie – Instrumente – Umsetzung – Unternehmensführung, 5. Aufl., Wiesbaden.

Homburg, Ch./Faßnacht, M. (2001): Kundennähe, Kundenzufriedenheit und Kundenbindung bei Dienstleistungsunternehmen, in: Bruhn, M./Meffert, H. (Hrsg.), Handbuch Dienstleistungsmanagement. Von der strategischen Konzeption zur praktischen Umsetzung, 2. Aufl., Wiesbaden, S. 442-463.

Homburg, Ch./Giering, A. (1996): Konzeptualisierung und Operationalisierung komplexer Konstrukte. Ein Leitfaden für die Marketingforschung, in: Marketing ZFP, 18. Jg., Nr. 1, S. 5-24.

Homburg, Ch./Giering, A. (2000): Kundenzufriedenheit. ein Garant für Kundenloyalität?, in: Absatzwirtschaft, 43. Jg., Nr. 1-2, S. 82-91.

Homburg, Ch./Giering, A. (2001): Personal Characteristics as Moderators of the Relationship Between Customer Satisfaction and Loyalty. An Empirical Analysis, in: Psychology & Marketing, Vol. 18, No. 1, S. 43-66.

Homburg, Ch./Klarmann, M. (2012): Die indirekte Wichtigkeitsbestimmung im Rahmen von Kundenzufriedenheitsuntersuchungen. Probleme und Lösungsansätze, in: Homburg, Ch. (Hrsg.), Kundenzufriedenheit, 8. Aufl., Wiesbaden, S. 193-230.

Homburg, Ch./Rudolph, B. (2001): Customer Satisfaction in Industrial Markets. Dimensional and Multiple Role Issues, in: Journal of Business Research, Vol. 52, No. 1, S. 15-33.

Homburg, Ch./Werner, H. (1998): Kundenorientierung mit System, Frankfurt a.M.

Homburg, Ch./Artz, M./Wieseke, J. (2012): Marketing Performance Measurement Systems. Does Comprehensiveness Really Improve Performance?, in: Journal of Marketing, Vol. 76, No. 3, S. 56-77.

Homburg, Ch./Pflesser, Ch./Klarmann, M. (2008): Strukturgleichungsmodelle mit latenten Variablen. Kausalanalyse, in: Herrmann, A./Homburg, Ch./Klarmann M. (Hrsg.), Marktforschung. Methoden, Anwendungen, Praxisbeispiele, 3. Aufl., Wiesbaden, S. 547-578.

Homburg & Partner (2012): Das Kundenzufriedenheits-/Kundenloyalitäts-Portfolio, Mannheim.

Jensen, O./Fürst, A. (2004): „In Search of Excellence". Das Fazit einer 20 Jahre währenden Suche, in: Absatzwirtschaft, 47. Jg., Nr. 1, S. 44-47.

Johnson, J./LeBreton, J. (2004): History and Use of Relative Importance Indices in Organizational Research, in: Organizational Research Methods, Vol. 7, No. 3, S. 238-257.

Jones, T. O./Sasser, W. E. (1995): Why Satisfied Customers Defect, in: Harvard Business Review, Vol. 73, No. 6, S. 88-99.

Jöreskog, K. (1967): Some Contributions to Maximum Likelihood Factor Analysis, in: Psychometrika, Vol. 32, No. 4, S. 443-482.

Jöreskog, K. (1969): A General Approach to Confirmatory Maximum Likelihood Factor Analysis, in: Psychometrika, Vol. 34, No. 2, S. 183-202.

Kaas, K. P./Runow, H. (1984): Wie befriedigend sind die Ergebnisse der Forschung zur Verbraucherzufriedenheit?, in: Die Betriebswirtschaft, 44. Jg., Nr. 3, S. 451-460.

Kahneman, D./Tversky, A. (1979): Prospect Theory. An Analysis of Decision Under Risk, in: Econometrica, Vol. 47, No. 2, S. 263-291.

Keiningham, T. L./Cooil, B./Andreassen, T. W./Aksoy, L. (2007): A Longitudinal Examination of Net Promoter and Firm Revenue Growth, in: Journal of Marketing, Vol. 71, No. 3, S. 39-51.

Kekre, S./Krishnan, M./Srinivasan, K. (1995): Drivers of Customer Satisfaction for Software Products. Implications for Design and Service Support, in: Management Science, Vol. 41, No. 9, S. 1456-1470.

Kinnear, T./Taylor, J. (1996): Marketing Research – An Applied Approach, 5. Aufl., New York.

Kocakoc, I. D./Sen, A. (2006): Utilising Surveys for Finding Improvement Areas for Customer Satisfaction Along the Supply Chain, in: International Journal of Market Research, Vol. 48, No. 5, S. 623-636.

Kozinets, R. V./de Valck, K./Wojnicki, A. C./Wilner, S. J. S. (2010): Networked Narratives. UnderstandingWord-of-Mouth Marketing in Online Communities, in: Journal of Marketing, Vol. 74, No. 2, S. 71-89.

Krafft, M. (1999): Der Kunde im Fokus. Kundennähe, Kundenzufriedenheit, Kundenbindung – und Kundenwert?, in: Die Betriebswirtschaft, 59. Jg., Nr. 4, S. 511-530.

Kuß, A./Wildner, R./Kreis, H. (2014): Marktforschung. Grundlagen der Datenerhebung und Datenanalyse, 5. Aufl., Wiesbaden.

LeVois, M./Nguyen, T. D./Attkisson, C. (1981): Artifact in Client Satisfaction Assessment. Experience in Community Mental Health Settings, Evaluation and Program Planning, Vol. 4, No. 2, S. 139-150.

Löffler, M./Einhorn, M. (2012): Vom Kundenwissen zur Kundenorientierung – Trends in Marktforschung und CRM am Beispiel der Porsche AG, in: Marketing St. Gallen Review, Vol. 29, No. 2, S. 7-13.

McAlexander, J. H./Kim, S. K./Roberts, S. D. (2003): Loyalty. The Influences of Satisfaction and Brand Community Integration, in: Journal of Marketing Theory and Practice, Vol. 11, No. 4, S. 1-11.

McGovern, G. J./Court, D./Quelch, J. A./Crawford, B. (2004): Bringing Custom into the Boardroom, in: Harvard Business Review, Vol. 82, No. 11, S. 70-80.

Meffert, H./Bruhn, M. (1981): Beschwerdeverhalten und Zufriedenheit von Kunden, in: Die Betriebswirtschaft, 41. Jg., Nr. 4, S.597-613.

Meffert, H./Schwetje, T. (1998): Meßprobleme der Kundenzufriedenheit. Erfahrungen aus einem Marktforschungsprojekt, in: Erichson, B./Hildebrandt, L. (Hrsg.), Probleme und Trends in der Marketing-Forschung, Stuttgart, S. 73-93.

Meyer, A./Oevermann, D. (1995): Kundenbindung, in: Tietz, B./Köhler, R./Zentes, J. (Hrsg.), Handwörterbuch des Marketing, 2. Aufl., Stuttgart, S. 1340-1351.

Mittal, V./Katrichis, J. (2000): Distinctions Between New and Loyal Customers, in: Marketing Research, Vol. 12, No. 1, S. 26-32.

Mittal, V./Katrichis, J./Kumar, P. (2001): Attribute Performance and Customer Satisfaction Over Time. Evidence from Two Field Studies, in: Journal of Services Marketing, Vol. 15, No. 5, S. 343-356.

Mittal, V./Kumar, P./Tsiros, M. (1999): Attribute-Level Performance, Satisfaction, and Behavioral Intentions over Time. A Consumption-System Approach, in: Journal of Marketing, Vol. 63, No. 2, S. 88-101.

Mittal, V./Ross, W. T./Baldasare, P.M. (1998): The Asymmetric Impact of Negative and Positive Attribute-Level Performance on Overall Satisfaction and Repurchase Intentions, in: Journal of Marketing, Vol. 62, No. 1, S. 33-47.

Neumann, L./Neumann, Y. (1981): Comparison of Six Lengths of Rating Scales. Students' Attitudes Towards Instruction, in: Psychological Reports, Vol. 48, No. 2, S. 399-404.

Nunnally, J. (1978): Psychometric Theory, New York.

Oliver, R. L. (1980): A Cognitive Model of the Antecedents and Consequences of Satisfaction Decisions, in: Journal of Marketing Research, Vol. 17, No. 4, S. 460-469.

Oliver, R. L. (2010): Satisfaction – A Behavioral Perspective on the Consumer, 2. Aufl., Boston.

O'Sullivan, D./Abela, A. V. (2007): Marketing Performance Measurement Ability and Firm Performance, in: Journal of Marketing, Vol. 71, No. 2, S. 79-93.

Parasuraman, A./Berry, L. L./Zeithaml, V. (1991): Refinement and Reassessment of the SERVQUAL Scale, in: Journal of Retailing, Vol. 67, No. 4, S. 420-450.

Parasuraman, A./Zeithaml, V./Berry, L. L. (1988): SERVQUAL – A Multiple-Item Scale for Measuring Consumer Perceptions of Service Quality, in: Journal of Retailing, Vol. 64, No. 1, S. 12-40.

Parmenter, D. (2015): Key Performance Indicators. Developing, Implementing, and Using Winning KPIs, 3. Aufl., Hoboken, New Jersey.

Pauwels, K./Ambler, T./Clark, B. H./LaPointe, P./Reibstein, D./Skiera, B./Wierenga, B./Wiesel, T. (2009): Dashboards as a Service. Why, What, How, and What Research Is Needed?, in: Journal of Service Research, Vol. 12, No. 2, S. 175-189.

Peter, S. I. (2001): Kundenbindung als Marketingziel. Identifikation und Analyse zentraler Determinanten, 2. Aufl., Wiesbaden.

Peter, J./Churchill, G. (1986): Relationships among Research Design Choices and Psychometric Properties of Rating Scales. A Meta-Analysis, in: Journal of Marketing Research, Vol. 23, No. 1, S. 1-10.

Peterson, R. A./Wilson, W. R. (1992): Measuring Customer Satisfaction. Fact and Artifact, in: Journal of the Academy of Marketing Science, Vol. 20, No. 1, S. 61-71.

Pieters, R./Koelemeijer, K./Roest, H. (1995): Assimilation Processes in Service Satisfaction Formation, in: International Journal of Service Industry Management, Vol. 6, No. 3, S. 17-33.

Qualls, W. J./Rosa J. A. (1995): Assessing Industrial Buyers' Perceptions of Quality and their Effects on Satisfaction, in: Industrial Marketing Management, Vol. 24, No. 5, S. 359-368.

Rapp, R. (1997): Kundenzufriedenheit durch Servicequalität. Konzeption – Messung – Umsetzung, Wiesbaden.

Reichheld, F. F. (1993): Loyalty-Based Management, in: Harvard Business Review, Vol. 71, No. 2, S. 64-73.

Reichheld, F. F. (2003): The One Number You Need to Grow, in: Harvard Business Review, Vol. 81, No. 12, S. 46-54.

Richins, M. L. (1987): A Multivariate Analysis of Responses to Dissatisfaction, in: Journal of the Academy of Marketing Science, Vol. 15, No. 3, S. 24-31.

Rossomme, J. (2003): Customer Satisfaction Measurement in a Business-to-Business Context. A Conceptual Framework, in: Journal of Business & Industrial Marketing, Vol. 18, No. 2, S. 179-195.

Rudolph, B. (1998): Kundenzufriedenheit im Industriegüterbereich, Wiesbaden.

Rust, R. T./Zahorik, A. J. (1993): Customer Satisfaction, Customer Retention, and Market Share, in: Journal of Retailing, Vol. 69, No. 2, S. 193-215.

Rust, R. T./Zahorik, A. J/Keiningham, T. L. (1994): Return on Quality, Chicago.

Rust, R. T./Ambler, T./Carpenter, G. S./Kumar, V./Srivastava, R. K. (2004): Measuring Marketing Productivity. Current Knowledge and Future Directions, in: Journal of Marketing, Vol. 68, No. 4, S. 76-89.

Ryals, L. J. (2002): From Product-Based to Relationship Pricing, in: Management Quarterly, Vol. 17, o. No., S. 3-8.

Scharitzer, D. (1994): Dienstleistungsqualität – Kundenzufriedenheit, Wien.

Scheffler, H. (2000): Stichprobenbildung und Datenerhebung, in: Herrmann, A./Homburg, Ch. (Hrsg.), Marktforschung. Methoden – Anwendungen – Praxisbeispiele, 2. Aufl., Wiesbaden, S. 59-77.

Schütze, R. (1992): Kundenzufriedenheit. After Sales Marketing auf industriellen Märkten, Wiesbaden.

Stauss, B. (1999): Kundenzufriedenheit, in: Marketing ZFP, 21.Jg., Nr. 1, S. 5-24.

Stauss, B./Hentschel, B. (1992): Attribute-Based versus Incident-Based Measurement of Service Quality. Results of an Empirical Study in the German Car Service Industry, in: Kunst, P./Lemmink, J. (Hrsg.), Quality Management in Services, Assen, S. 59-78.

TNS (2016): Areas of Expertise – TRI*M™. Verfügbar unter: http://www.tns-infratest.com/Kernkompetenzen/kundenbefragungen-trim.asp [17. Mai 2016].

Tversky, A./Kahneman, D. (1981): The Framing of Decisions and the Psychology of Choice, in: Science, Vol. 211, No. 30, S. 453-458.

Watson, G. F./Beck, J. T./Henderson, C. M./Palmatier, R. W. (2015): Building, measuring, and profiting from customer loyalty, in: Journal of the Academy of Marketing Sciences, Vol. 43, No. 6, S. 790-825.

Wind, Y. (2004): Marketing as an Engine of Business Growth. A Cross-Functional Perspective, in: Journal of Business Research, Vol. 58, No. 7, S. 863-873.

Yi, Y. (1990): A Critical Review of Consumer Satisfaction, in: Zeithaml, V.A. (Hrsg.), in: Review of Marketing, Chicago, S. 68-123.

Yoon, S. J./Kim, J. H. (2000): An Empirical Validation of a Loyalty Model Based on Expectation Disconfirmation, in: Journal of Consumer Marketing, Vol. 17, No. 2, S. 120-136.

Summary

This paper deals with the key performance indicators of customer retention and their measurement. After defining and conceptualizing the construct, a variety of measurement approaches are discussed. In this context multiattribute approaches which do not measure customers' expectations separately are most widely used in academic research and business practice. Next, ideas concerning the scales for the measurement of customer retention are developed. Subsequently, the main decision areas in the study design of a customer retention survey are discussed. After describing methods for the assessment of measurement validity and reliability, the authors show how measurement results can be analyzed, interpreted and visualized.

Manfred Bruhn und Dominik Georgi

Wirtschaftlichkeit des Kundenbindungsmanagements

1. Bedeutung und Grundlagen der Wirtschaftlichkeitsanalyse des Kundenbindungsmanagements

2. Analyse der Kosten des Kundenbindungsmanagements
   2.1 Kategorien der Kundenbindungskosten
   2.2 Theoretische Erklärung der Kostenentwicklung des Kundenbindungsmanagements
   2.3 Ermittlung der Kosten des Kundenbindungsmanagements

3. Analyse des Nutzens des Kundenbindungsmanagements
   3.1 Kategorien des Kundenbindungsnutzens
   3.2 Theoretische Erklärung der Nutzenentwicklung des Kundenbindungsmanagements
   3.3 Ermittlung des Nutzens des Kundenbindungsmanagements

4. Kosten-Nutzen-Analyse des Kundenbindungsmanagements
   4.1 Theoretische Ermittlung des Kosten-Nutzen-Optimums
   4.2 Ansätze der Kosten-Nutzen-Analyse des Kundenbindungsmanagements
   4.3 Statische und dynamische Kosten-Nutzen-Analyse des Kundenbindungsmanagements

5. Schlussbemerkungen

Literaturverzeichnis

Prof. Dr. Dr. h.c. mult. Manfred Bruhn ist Ordinarius für Betriebswirtschaftslehre, insbesondere Marketing und Unternehmensführung, an der Wirtschaftswissenschaftlichen Fakultät der Universität Basel und Honorarprofessor an der TU München. Prof. Dr. Dominik Georgi ist Professor für Marketing an der Hochschule Luzern (HSLU).

1. Bedeutung und Grundlagen der Wirtschaftlichkeitsanalyse des Kundenbindungsmanagements

Aufgrund der Informationsüberlastung von Konsumenten und der Zweifel an der Effizienz von Maßnahmen des Massenmarketing ist in vielen Situationen für Unternehmen eine *auf Kundenbindung ausgerichtete Marketingstrategie* Erfolg versprechender als eine Strategie mit dem Ziel der reinen Neukundenakquisition (Reichheld/Sasser 1990; Rust et al. 1994; Blattberg/Deighton 1996; Bruhn 2016).

Wesentliches Ziel kundenorientierter Marketingstrategien und explizite Intention des Kundenbindungsmanagements stellt die Bindung aktueller Kunden an das Unternehmen dar. Unter *Kundenbindung* (vgl. zu einer Übersicht über Definitionsansätze der Kundenbindung Diller 1996, S. 81ff.) werden sämtliche psychologischen Bewusstseinsprozesse bzw. beobachtbaren Verhaltensweisen eines Kunden verstanden, in denen sich die Erhaltung bzw. Intensivierung seiner Beziehung zum Unternehmen aufgrund von bestimmten Bindungsursachen manifestiert (Meyer/Oevermann 1995, S. 1341f.; Bruhn 1998, S. 210). Letztere können anhand ihrer Steuerbarkeit durch das Unternehmen in exogene (z.B. Mangel an Alternativen) und endogene (z.B. Kundenzufriedenheit, Wechselbarrieren) Bindungsursachen unterteilt werden.

Gegenstand des *Kundenbindungsmanagements* ist die Beeinflussung der endogenen Bindungsursachen. Auch wenn teilweise eine ökonomische Bindung des Kunden, z.B. durch den Verkauf von Abonnements, verfolgt wird, ist die positive Beeinflussung psychologischer Kundenprozesse, insbesondere der Kundenzufriedenheit, wesentliche Grundlage für die langfristige Schaffung von Kundenbindung (Oggenfuss 1992, S. 25).

Die Neuorientierung der Marketingaktivitäten zahlreicher Unternehmen über die Implementierung eines Kundenbindungsmanagements basiert auf der Grundüberlegung, durch eine höhere Kundenzufriedenheit die Kundenbindungsrate und den *ökonomischen Erfolg* des Unternehmens zu steigern (Heskett et al. 1994, S. 51). Auf Basis der Daten zum American Customer Satisfaction Index (ACSI) wurde auf einer Metaebene beispielsweise ein Zusammenhang zwischen Kundenzufriedenheit und dem Börsenkurs eines Unternehmens festgestellt (Fornell et al. 2006). Allerdings zeigt die praktische Erfahrung, dass die Erfolgskette von Kundenzufriedenheit über Kundenbindung zu ökonomischem Erfolg *kein allgemein gültiges Gesetz* ist (Rust et al. 1994; Zeithaml et al. 1996).

Weiterhin machen Plausibilitätsüberlegungen deutlich, dass trotz möglicher Erlössteigerungs- und Kostensenkungseffekte diese Aktivitäten ab einem bestimmten Punkt unprofitabel werden (Rust et al. 1995).

Auch wenn empirische Studien sowohl auf der Metaebene (Capon et al. 1990) als auch für einzelne Kundenbeziehungen (Reichheld/Sasser 1990; Blattberg/Deighton 1996) einen positiven Zusammenhang zwischen Kundenbindungsmanagement, Kundenbindung und ökonomischem Erfolg nachweisen, müssen Unternehmen ihre Kundenbindungsaktivitäten im Einzelfall auf ihre Profitabilität hin überprüfen.

Hierzu ist es sinnvoll, Maßnahmen zur Sicherung langfristiger Kundenbeziehungen unter *Investitionsgesichtspunkten* zu beleuchten (Rust et al. 1995, S. 58; Wildemann 1995; Bruhn 1998, S. 16f.). Wie bei Investitionen in Sachkapital sind Aktivitäten des Kundenbindungsmanagements als Ausgaben anzusehen, die mittel- bis langfristig Ertragswirkungen aufweisen.

Eine *Kundenbindungsinvestition* kann in Anlehnung an die klassische Investitionsdefinition (Altrogge 1996, S. 5f.) als eine Aktivität im Rahmen des Kundenbindungsmanagements verstanden werden, die zwischen zwei bestimmten Zeitpunkten langfristige positive und negative finanzielle Konsequenzen zur Folge hat.

Ausgehend vom wertorientierten Investitionsansatz (Brühl 1996, S. 92ff.) werden die negativen bzw. positiven Investitionskonsequenzen als *Kosten* bzw. *Nutzen des Kundenbindungsmanagements* bezeichnet, die während der vom Investitionszeitpunkt und -horizont begrenzten Investitionsdauer entstehen. Die nutzenseitigen Erfolgswirkungen weisen im Gegensatz zu den Kosten zumeist eine gewisse Time-Lag-Wirkung auf.

Zur ökonomischen Beurteilung von Maßnahmen des Kundenbindungsmanagements wird deren Wirtschaftlichkeit betrachtet, die das Verhältnis zwischen Mitteln und Zielerreichung einer unternehmerischen Aktivität (Schierenbeck/Wöhle 2012) und somit das Verhältnis zwischen Kosten und Nutzen des Kundenbindungsmanagements konkretisiert.

Die Erhebung der zur Ermittlung der Wirtschaftlichkeit erforderlichen Daten sowie die Berechnung und Interpretation von Wirtschaftlichkeitskennziffern erfolgen durch die *Wirtschaftlichkeitsanalyse des Kundenbindungsmanagements*. Zu deren systematischen Durchführung kann das in Abbildung 1 dargestellte *Phasenkonzept* herangezogen werden.

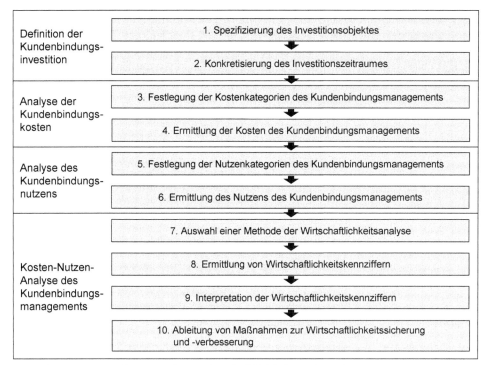

Abbildung 1: Phasenkonzept einer Wirtschaftlichkeitsanalyse des Kundenbindungsmanagements

2. Analyse der Kosten des Kundenbindungsmanagements

2.1 Kategorien der Kundenbindungskosten

Die *Kosten des Kundenbindungsmanagements* sind der bewertete Güterverzehr, der durch Aktivitäten zur Steuerung der Kunden im Hinblick auf die Erhaltung bzw. den Ausbau ihrer Beziehung zum Unternehmen entsteht. Hinsichtlich verschiedener Arten von Kundenbindungskosten kann gemäß ihrer Zurechenbarkeit auf ein bestimmtes Kalkulationsobjekt zwischen Einzel- und Gemeinkosten unterschieden werden (Hummel/Männel 1995). Da sich Kundenbindungskosten selten auf ein bestimmtes Produkt zurückführen lassen, stellt der Großteil der Kosten des Kundenbindungsmanagements Gemeinkosten dar. Im Hinblick auf die Häufigkeit des Anfalls der Kosten des Kundenbindungsmanagements können Implementierungskosten des Kundenbindungsmanagements, die tendenziell zum Investitionszeitpunkt anfallen (z.B. Projektkosten für den Aufbau eines Kundenbindungsprogramms), und während der gesamten Investitionsdauer entstehende laufende Kosten (z.B. im Rahmen eines Kundenbindungsprogramms das Versenden einer Kundenzeitschrift oder Vergabe von Boni an treue Kunden) unterschieden werden. Schließlich lassen sich in Abhängigkeit vom Aktivitätsniveau des Kundenbindungsmanagements und nicht von der Beschäftigung wie in der Gesamtkostenrechnung (Botta 1997, S. 223; Reckenfelderbäumer 1998, S. 42; Corsten/Gössinger 2015) fixe (z.B. Gehalt der Angestellten der Beschwerdeabteilung), intervallfixe (z.B. Kosten für die Telefonanschlüsse einer Hotline) und variable Kosten des Kundenbindungsmanagements (z.B. Telefongebühren einer 0180-Nummer) differenzieren. Zur *Kostenerfassung und -analyse* ist eine Orientierung an inhaltlich abgeleiteten Kostenkategorien sinnvoll, die an den Instrumenten des Kundenbindungsmanagements auszurichten sind. Somit können z.B. anhand der sich am Marketingmix orientierenden Instrumenteeinteilung (Meyer/Oevermann 1995) leistungs-, kommunikations-, preis-, vertriebs- und personalpolitische Kosten des Kundenbindungsmanagements differenziert werden (Abbildung 2).

Kostenkategorie	Beispielaktivität	Beteiligte Unternehmensbereiche
Leistungspolitische Kundenbindungskosten	Festlegung und Überprüfung von Leistungsstandards	Qualitätsmanagement, Marketing, Marktforschung, Beschwerdemanagement
Kommunikationspolitische Kundenbindungskosten	Beschwerdebearbeitung	Beschwerdemanagement, Marketing, Qualitätsmanagement
Preispolitische Kundenbindungskosten	Kundenkreditkarte	Finanzen, Marketing
Vertriebspolitische Kundenbindungskosten	Abonnement	Vertrieb, Beschaffung, Logistik, Marketing
Personalpolitische Kundenbindungskosten	Mitarbeiterbindungsprogramm	Personal, Marketing, Qualitätsmanagement

Abbildung 2: Kostenkategorien des Kundenbindungsmanagements und Beispiele für Unternehmensbereiche mit kostenverursachenden Aktivitäten

2.2 Ermittlung der Kosten des Kundenbindungsmanagements

Die Grundproblematik bei der Erfassung der Kosten des Kundenbindungsmanagements besteht aufgrund ihres grundsätzlichen Gemeinkostencharakters in der verursachungsgerechten Zuordnung. Neben *primären Aktivitäten* (z.B. eines Mitarbeiters der Marketingabteilung, der lediglich für Kundenbindungsmaßnahmen verantwortlich ist) fallen bei der Durchführung von Kundenbindungsmaßnahmen größtenteils *sekundäre Aktivitäten* an (z.B. in der Personalabteilung, der Marketingabteilung, dem Qualitätsmanagement oder dem Beschwerdemanagement; Abbildung 2).

Während die für primäre Kundenbindungsaktivitäten anfallenden Kosten direkt den Kosten des Kundenbindungsmanagements zugerechnet werden können, ist zur Erfassung der Kosten aufgrund sekundärer Aktivitäten die Prozesskostenrechnung einzusetzen (Porter/Rayner 1992, S. 75). Die Vorgehensweise der *Prozesskostenrechnung des Kundenbindungsmanagements* orientiert sich an der Methodik der herkömmlichen Prozesskostenrechnung (Mayer 1991, S. 85).

Die Bestimmung der Hauptprozesse orientiert sich an den zuvor definierten Kostenkategorien. Mögliche Kostentreiber des Kundenbindungsmanagements sind die Anzahl von Kundenklassen, die Anzahl der Fehlermöglichkeiten oder die Anzahl der Leistungsvarianten. Durch eine Tätigkeitsanalyse sind die sekundären Kundenbindungsaktivitäten zu identifizieren, die in aktivitätsinduzierte und aktivitätsneutrale Prozesse unterteilt werden. Durch Addition der primären Kundenbindungskosten mit der Summe der aus einer Verdichtung der (bewerteten) aktivitätsinduzierten Teilprozesse resultierenden Hauptprozesskosten ergeben sich die Gesamtkosten des Kundenbindungsmanagements.

Zentrale *Voraussetzung* für die Durchführung einer Prozesskostenanalyse des Kundenbindungsmanagements ist die Existenz einer Prozesskostenrechnung für sämtliche Abläufe im Unternehmen. Auf diese Weise kann der Aufwand für die Konzeption der kundenbindungsbezogenen Prozesskostenrechnung relativ gering gehalten werden, ohne auf deren Vorzug einer verursachungsgerechten Kostenermittlung verzichten zu müssen. Anhand diverser *Beispielrechnungen* in der Literatur können die generelle Vorgehensweise der Prozesskostenrechnung (z.B. Mayer 1991) sowie ihre Besonderheiten im Dienstleistungsbereich (z.B. Reckenfelderbäumer 1995), im Qualitätsmanagement für Dienstleistungen (Bruhn 1998, S. 168ff.) sowie im Vertrieb (Dickinson/Lere 2003) nachvollzogen werden.

3. Analyse des Nutzens des Kundenbindungsmanagements

3.1 Kategorien des Kundenbindungsnutzens

Der Nutzen des Kundenbindungsmanagements stellt das bewertete Maß der Zielerreichung durch Aktivitäten des Kundenbindungsmanagements dar (in Anlehnung an Diller 2001, S. 848f.). Demnach setzt die Konkretisierung des kundenbindungsbezogenen Nutzens an den Zielgrößen des Kundenbindungsmanagements, insbesondere der (zufriedenheitsinduzierten) Steigerung der Kundenbindung, an.

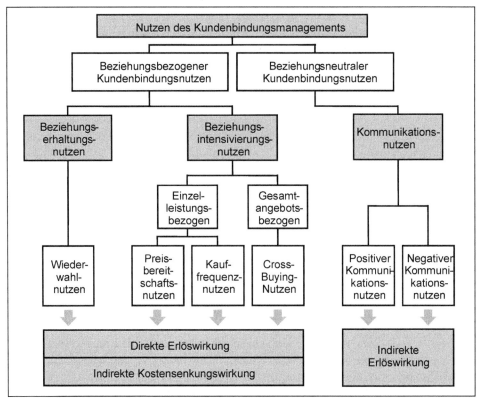

Abbildung 3: Nutzenkategorien des Kundenbindungsmanagements

Die in Abbildung 3 aufgezeigten Kategorien des Kundenbindungsnutzens, die durch bestimmte Verhaltensweisen gebundener Kunden generiert werden, lassen sich einem beziehungsbezogenen und einem beziehungsneutralen Nutzen zuordnen (Bruhn 1998, S. 218ff.; Stauss/Seidel 2007). Der *beziehungsbezogene Nutzen* entsteht durch die Steuerung von Parametern, die eine einzelne Kundenbeziehung betreffen. Der Beziehungserhaltungsnutzen ergibt sich unmittelbar aus dem Nichtabbruch einer Kundenbeziehung, d.h. der Wiederwahl. Weitergehend ist der Beziehungsintensivierungsnutzen durch eine Modifikation der Beziehung gekennzeichnet, indem der Kunde bereit ist, einen höheren Preis für eine Leistung zu zahlen (Preisbereitschaftsnutzen; Homburg et al. 2005), diese häufiger zu beanspruchen (Kauffrequenznutzen) bzw. weitere Leistungen des Unternehmens zu kaufen (Cross-Buying-Nutzen; Zeithaml et al. 1996, S. 34). Die Beziehungserhaltung und -intensivierung haben eine direkte Erlöswirkung zur Folge (Stauss 1992, S. 112), während eine Kostensenkungswirkung indirekt eintreten kann. Durch entsprechend beschaffene Informationssysteme können die Beziehungserhaltung und -intensivierung über eine systematische Verbesserung der Kenntnis von Kundenmerkmalen zu einer effizienteren Gestaltung von Transaktionen und Beziehungen führen

(Reichheld 1993, S. 109; Anderson et al. 1994, S. 55; Atkinson et al. 1994, S. 40; Diller 1996, S. 82). Schließlich betrifft der Kommunikationsnutzen als *beziehungsneutraler Nutzen* nicht die betrachtete Unternehmen-Kunde-Beziehung, sondern kann durch die Steigerung positiver bzw. die Verringerung negativer Mund-zu-Mund-Kommunikation eine Neukundenakquisition und somit eine indirekte Erlöswirkung verursachen. Dieser Nutzen hängt vom sozialen Netzwerk, der Meinungsführerschaft und der Kundenzufriedenheit des jeweiligen Kunden ab (Cornelsen 2000; Ranaweera/Prabhu 2003).

3.2 Ermittlung des Nutzens des Kundenbindungsmanagements

Im Rahmen der Quantifizierung des Kundenbindungsnutzens werden erstens die absoluten Ausprägungen der Nutzenkategorien erfasst und zweitens aufgrund einer noch zu erörternden Zurechnungsproblematik ihre relativen Ausprägungen bestimmt. Zur *Erfassung der absoluten Nutzenausprägungen* ist zunächst die Erhebung einer Vielzahl von Informationen erforderlich, die sowohl externen als auch internen Quellen entnommen werden können (Bruhn 1998, S. 253ff.).

Als *externe Informationsquellen* sind vor allem Kundenbefragungen und unternehmensübergreifende Kaufverhaltensstudien heranzuziehen. Durch Kundenbefragungen werden die Verhaltensabsichten (z.B. Wiederwahlabsicht, Weiterempfehlungsabsicht) der Kunden erfragt. Die Resultate genereller Kaufverhaltensstudien, z.B. des „Technical Assistance Research Program" (TARP), können Informationen liefern, deren Erhebung für das einzelne Unternehmen zu aufwändig wäre (z.B. Kaufwahrscheinlichkeit potenzieller Kunden, die über positive Mund-zu-Mund-Kommunikation von einem Unternehmen erfahren).

Relevante *interne Informationsquellen* stellen Prozessanalysen und die Kostenrechnung des Unternehmens dar. Prozessanalysen dienen insbesondere der Generierung von Informationen zur Quantifizierung von Effizienzgewinnen. Hierzu sind weiterhin Daten aus der Kostenrechnung erforderlich (z.B. aufgrund einer geringeren Fehlerzahl entfallene Kosten), die ebenfalls zur Bestimmung des Gewinns pro Kunde herangezogen werden, der zur (finanziellen) Quantifizierung der Erlöswirkungen notwendig ist.

Auch wenn die dargestellten Nutzenkategorien inhaltlich zum Gesamtnutzen des Kundenbindungsmanagements hinführen, entspricht die Summe ihrer absoluten Ausprägungen aufgrund einer *zweifachen Zurechnungsproblematik* diesem nicht. Erstens sind die Ausprägungen der Kategorien nicht ausschließlich auf Aktivitäten des Kundenbindungsmanagements zurückzuführen. So nehmen bei fehlendem Kundenbindungsmanagement beispielsweise nicht sämtliche Kunden eines Unternehmens dessen Leistungen lediglich einmal in Anspruch. Zweitens können die Nutzenausprägungen nicht eindeutig den Kosten des Kundenbindungsmanagements zugeordnet werden, weil zu ihrer Realisierung zusätzliche Ausgaben in anderen Unternehmensbereichen entstehen. Diese Überlegungen führen zur Notwendigkeit der Verwendung relativer Ausprägungen der Nutzenkategorien. Die *Ermittlung der relativen Nutzenausprägungen* erfolgt über den Ausprägungsvergleich in verschiedenen Situationen (Abbildung 4), die anhand des Aktivitätsgrades der jeweiligen Kundenbindungsinvestition in Aktivitätspräsenz und Aktivitätsabsenz differenziert werden können (Bruhn 1998; 2011; Stauss/Seidel 2007).

Aktivitätspräsenz bezeichnet die Situation, in der die entsprechenden Maßnahmen eingesetzt werden bzw. wurden, während bei *Aktivitätsabsenz* die betrachtete Kundenbindungsinvestition nicht durchgeführt wurde. Die Grundproblematik besteht hierbei in der *Operationalisierung* der Situation der Aktivitätsabsenz. Durch einen Zeitvergleich wird sie durch dieselbe Unternehmenseinheit *vor* Durchführung einer Kundenbindungsmaßnahme ausgedrückt. In jedem Fall ist auf die „kundenbindungsneutrale Übereinstimmung" der die Aktivitätspräsenz und -absenz repräsentierenden Unternehmenseinheiten zu achten, die sich auf die Ausprägungen kundenbezogener (z.B. Kundenportfolio), mitarbeiterbezogener (z.B. Qualifikationsstruktur) und unternehmensbezogener Kriterien (z.B. finanzielle Kennzahlen) bezieht.

Schließlich ergibt sich durch die Addition der relativen Ausprägungen sämtlicher Nutzenkategorien der *Gesamtnutzen des Kundenbindungsmanagements*, der gemeinsam mit den Kosten in die Kosten-Nutzen-Analyse einfließt (vgl. für Modellrechnungen der Nutzenermittlung des Qualitätsmanagements Bruhn/Georgi 1998; 1999b).

Wirtschaftlichkeit des Kundenbindungsmanagements

	Rechenschritte	Aktivitäts-absenz	Aktivitäts-präsenz	Nutzen
Beziehungserhaltungsnutzen	Zufriedenheitsrate x Wiederwahlrate x Kundenzahl x Gewinn pro Kunde	0,80 0,90 100 000 100 €	0,90 0,90 100 000 100 €	
	Erlöswirkung	7,20 Mio. €	8,10 Mio. €	0,90 Mio. €
	Kosten pro Kunde Kostensenkungsrate pro Kunde	300 € 0,1	300 € 0,1	
	Kostensenkungswirkung	2,16 Mio. €	2,43 Mio. €	0,27 Mio. €
	Beziehungserhaltungsnutzen			1,17 Mio. €
Beziehungsintensivierungsnutzen	Zufriedenheitsrate x Preisbereitschaftsrate x Preisbereitschaftsgrad x Kundenzahl x Gewinn pro Kunde	0,80 0,60 0,20 100 000 100 €	0,90 0,60 0,20 100 000 100 €	
	Preisbereitschaftsnutzen	0,96 Mio. €	1,08 Mio. €	0,12 Mio. €
	Zufriedenheitsrate x Kauffrequenzsteigerungsrate x Kauffrequenzsteigerungsgrad x Kundenzahl x Gewinn pro Kunde	0,80 0,80 0,40 100 000 100 €	0,90 0,80 0,40 100 000 100 €	
	Kauffrequenznutzen	2,56 Mio. €	2,88 Mio. €	0,32 Mio. €
	Zufriedenheitsrate x Cross-Buying-Rate x Cross-Buying-Grad x Kundenzahl x Gewinn pro Kunde	0,80 0,70 0,50 100 000 100 €	0,90 0,70 0,50 100 000 100 €	
	Cross-Buying-Nutzen	2,8 Mio. €	3,15 Mio. €	0,35 Mio. €
	Beziehungsintensivierungsnutzen			0,79 Mio. €
Kommunikationsnutzen	Zufriedenheitsrate x Positive Kommunikationsrate x Anzahl der Kommunikationspartner x Kaufwahrscheinlichkeit x Kundenzahl x Gewinn pro Kunde	0,80 0,50 10 0,02 100 000 100	0,90 0,50 10 0,02 100 000 100	
	Positiver Kommunikationsnutzen	0,08 Mio. €	0,09 Mio. €	0,01 Mio. €
	Unzufriedenheitsrate x Negative Kommunikationsrate x Anzahl der Kommunikationspartner x Vermeidungswahrscheinlichkeit x Kundenzahl x Gewinn pro Kunde	0,20 0,90 20 0,05 100 000 100	0,10 0,90 20 0,05 100 000 100	
	Negativer Kommunikationsnutzen	1,8 Mio. €	0,90 Mio. €	0,90 Mio. €
	Kommunikationsnutzen			0,91 Mio. €
Gesamtnutzen				2,87 Mio. €

Abbildung 4: (Fiktives) Beispiel für die Ermittlung des Kundenbindungsnutzens

4. Kosten-Nutzen-Analyse des Kundenbindungsmanagements

4.1 Ansätze der Kosten-Nutzen-Analyse des Kundenbindungsmanagements

Zur Erfassung der finanziellen Konsequenzen des Kundenbindungsmanagements werden die Ausprägungen der Kosten- und Nutzenkategorien im Rahmen eines Kosten-Nutzen-Vergleichs einander gegenübergestellt. Auf diese Weise sind *Kenngrößen* zu ermitteln, die konkrete Aussagen über die Profitabilität der Kundenbindungsaktivitäten zulassen und Ansatzpunkte für mögliche Wirtschaftlichkeitsverbesserungen aufzeigen. Abbildung 5 zeigt einen Überblick über verschiedene *Ansätze einer Wirtschaftlichkeitsanalyse* des Kundenbindungsmanagements, die anhand von vier *Dimensionen* abgegrenzt werden können (Bruhn 1998, S. 267f.):

(1) Der Grad der Investitionsorientierung gibt an, inwiefern die Verfahren dem Investitionscharakter des Kundenbindungsmanagements Rechnung tragen.

(2) Der Detaillierungsgrad der Wirtschaftlichkeitskomponenten gibt das Ausmaß der betrachteten Kategorien oder Parameter wieder.

(3) Der Grad der Vergangenheitsorientierung der Verfahren stellt dar, ob sich die einfließenden Größen auf bereits vorgenommene oder zu planende Kundenbindungsinvestitionen beziehen.

(4) Der Grad der Erfolgsdeterminierung bringt die Direktheit der Beeinflussung des Erfolgs des Kundenbindungsmanagements gemäß den betrachteten Größen zum Ausdruck.

Durch die Erstellung einer *Kundenbindungsbilanz* lassen sich die Erfolgswirkungen der vergangenen Periode strukturieren (vgl. zu den ähnlich konzipierten Qualitätsbilanzen Wildemann 1992, S. 780; Bruhn 1998, S. 268f.). Kosten und Nutzen des Kundenbindungsmanagements werden hier einander tabellarisch gegenübergestellt. Um eine langfristige Steuerung und Kontrolle der Kundenbindungsaktivitäten zu ermöglichen, können die Erfolgswirkungen anschließend zu *Kundenbindungskennzahlen* verdichtet werden (vgl. zu Qualitätskennzahlen Wildemann 1992, S. 780; Bruhn 1998, S. 270ff.).

Die *nicht-monetäre Wirtschaftlichkeitsrechnung* untersucht die Entwicklung einzelner Nutzenparameter, die zur Verbesserung der Kundenbindung des betrachteten Unternehmens beitragen. In diesem Zusammenhang sind zwei Methoden zu unterscheiden: der *Qualitäts-Performance-Index (QPI)* als statischer und die *Halbwertzeit-Methode* als dynamischer Ansatz (Bruhn 1998, S. 277ff.). Der QPI wird vor allem eingesetzt, um eine Parameteranalyse in einzelnen Abteilungen und Prozesseinheiten vorzunehmen (Lee 1992, S. 62ff.). Im Mittelpunkt der Halbwertzeit-Methode steht die Differenz zwischen dem Ausgangswert des untersuchten Parameters und seiner angestrebten Ausprägung

(Verbesserungsbedarf). Die Halbwertzeit entspricht somit der Zeitspanne, die zur Halbierung des Verbesserungsbedarfs benötigt wird (Garvin 1993, S. 89; Coenenberg et al. 1996, S. 364ff.).

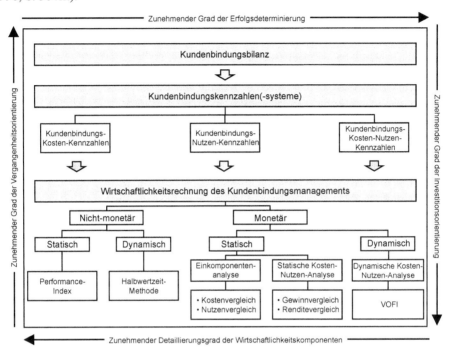

Abbildung 5: Ansätze der Wirtschaftlichkeitsanalyse des Kundenbindungsmanagements

Im Rahmen der *monetären Wirtschaftlichkeitsrechnung* wird der Blickwinkel von der Analyse einzelner Nutzenparameter auf die Beurteilung ganzer Investitionsalternativen ausgeweitet. Die *statische Einkomponentenanalyse* stellt das einfachste Vergleichsverfahren dar und geht bei der Beurteilung davon aus, dass die Zeit keinen Einfluss auf den Wert der Investitionskonsequenzen hat. Demnach wird die kundenbezogene Wirtschaftlichkeitsrechnung anhand der entstehenden durchschnittlichen Kosten *(Kostenvergleich)* oder des durchschnittlichen Nutzens *(Nutzenvergleich)* vorgenommen (Bruhn 1998, S. 283ff.).

Auch wenn diese Ansätze wertvolle Hinweise auf die Wirtschaftlichkeit des Kundenbindungsmanagements liefern, ist zur Durchführung einer vollständigen Untersuchung der Profitabilität des Kundenbindungsmanagements der Einsatz einer Kosten-Nutzen-Analyse erforderlich, die je nach Berücksichtigung von Zeitaspekten statisch oder dynamisch gestaltet werden kann.

4.2 Statische und dynamische Kosten-Nutzen-Analyse des Kundenbindungsmanagements

Bei der *statischen Kosten-Nutzen-Analyse* werden gleichzeitig die durchschnittlichen Kosten- und Nutzenausprägungen des Kundenbindungsmanagements betrachtet (zur statischen Wirtschaftlichkeitsrechnung vgl. Schierenbeck/Wöhle 2012; zur statischen Kosten-Nutzen-Analyse des Qualitätsmanagements vgl. Bruhn 1998, S. 283ff.). Beim Gewinnvergleich wird der durch Differenzbildung von Nutzen und Kosten errechenbare *Kundenbindungsgewinn* als Wirtschaftlichkeitskennziffer untersucht. Eine Kundenbindungsinvestition ist umso wirtschaftlicher, je höher der Kundenbindungsgewinn ist. Im Unterschied zum Gewinnvergleich werden beim Renditevergleich die gebundenen Mittel bei der Wirtschaftlichkeitsbeurteilung einer Kundenbindungsinvestition berücksichtigt, indem die *Kundenbindungsrendite*, d.h. das Verhältnis aus Kundenbindungsgewinn und -kosten, als Kennziffer dient. Eine Kundenbindungsinvestition wird umso wirtschaftlicher eingestuft, je höher die Kundenbindungsrendite ist. Größen wie die Kundenbindungsrendite werden im Marketing – im Sinne eines Return on Marketing (Rust et al. 2004) – vermehrt entwickelt, um Wirtschaftlichkeitsaussagen über Marketinginvestitionen zu treffen. Beim Alternativenvergleich wird diejenige Investition mit dem höchsten Kundenbindungsgewinn oder der höchsten Kundenbindungsrendite als wirtschaftlicher eingeschätzt.

Bei einer *dynamischen Kosten-Nutzen-Analyse* des Kundenbindungsmanagements (zur dynamischen Wirtschaftlichkeitsrechnung vgl. Schierenbeck/Wöhle 2012; zur dynamischen Kosten-Nutzen-Analyse des Qualitätsmanagements vgl. Bruhn 1998, S. 293ff.) werden zeitliche Unterschiede im Auftreten von Kosten und Nutzen einer Kundenbindungsinvestition nicht wie bei den statischen Verfahren durch die Verwendung von Durchschnittsgrößen nivelliert, sondern fließen durch die Verwendung der Zinseszinsrechnung explizit in das Ergebnis der Wirtschaftlichkeitsanalyse ein (Abbildung 6). Zu unterschiedlichen Zeitpunkten anfallende Zahlungen lassen sich in Form eines *vollständigen Finanzplans (VOFI)* übersichtlich darstellen. Gleichzeitig schaffen vollständige Finanzpläne durch die explizite Berücksichtigung von Ergänzungsinvestitionen bzw. -finanzierungen unter Berücksichtigung voneinander abweichender Soll- und Habenzinssätze eine tatsächliche Vergleichbarkeit der Handlungsalternativen (Locarek-Junge 1997, S. 104ff.). Zentrale Kenngröße im Rahmen der dynamischen Kosten-Nutzen-Analyse ist der *Kundenbindungskapitalwert*, der die Differenz aus der Summe der abgezinsten periodisch anfallenden Kundenbindungsgewinne (-verluste) einerseits und den diskontierten Implementierungskosten andererseits darstellt. Eine Einzelinvestition ist bei einem Kundenbindungswert größer Null vorteilhaft. Bei einem Alternativenvergleich wird diejenige Investition am wirtschaftlichsten beurteilt, deren Kundenbindungswert am größten ist (Schierenbeck/Wöhle 2012).

Periode	0	1	2	3	4	5
Implementierungskosten	-10 000					
Laufende Kosten		-3 000	-3 000	-3 000	-3 000	-3 000
Beziehungserhaltungsnutzen		0	3 000	3 000	3 000	3 000
Intensivierungsnutzen		0	4 500	4 500	4 500	4 500
Kommunikationsnutzen		0	3 000	3 000	3 000	3 000
Kundenbindungsgewinn	-10 000	-3 000	7 500	7 500	7 500	7 500
Kundenbindungsgewinn (diskontiert)	-10 000	-2 857	6 803	6 479	6 170	5 876
Kundenbindungswert (kumuliert)	-10 000	-12 857	-6 054	424	6 595	**12 471**
Kosten des Kundenbindungsmanagements (diskontiert und kumuliert)	10 000	12 857	15 578	18 170	20 638	**22 988**
Kundenbindungsrendite	-100 %	-100 %	-39 %	2 %	32 %	**54 %**

Abbildung 6: Dynamische Kosten-Nutzen-Analyse des Kundenbindungsmanagements (Fiktives Beispiel)

Unabhängig davon, ob der Kundenbindungsgewinn, die Kundenbindungsrendite oder der Kundenbindungswert als Wirtschaftlichkeitskennziffer herangezogen wird, bestehen für die Kosten-Nutzen-Analyse verschiedene *Einsatzmöglichkeiten*:

Zur Entscheidungsunterstützung können beide Ansätze sowohl in Form eines absoluten als auch eines relativen *Vorteilhaftigkeitsvergleichs* eingesetzt werden. Eine Kundenbindungsmaßnahme ist absolut wirtschaftlich, wenn die verwendete Kennziffer größer als Null oder als ein bestimmter unternehmensspezifisch festgelegter Schwellenwert ist. Im Vergleich zu einer alternativen Maßnahme ist sie wirtschaftlicher, wenn die entsprechende Kennziffer höher als bei der Alternativaktivität ausfällt.

Zur Wirtschaftlichkeitskontrolle werden die jeweiligen Kennziffern nach Durchführung der Kundenbindungsinvestition analysiert. Beim *Soll-Ist-Vergleich* wird die Realisierung eines angestrebten Kennzifferwertes überprüft, während beim *Zeitvergleich* die intertemporale Entwicklung der Kennziffern untersucht wird.

Eine *vergleichende kritische Würdigung* der statischen und dynamischen Kosten-Nutzen-Analyse des Kundenbindungsmanagements kann in theoretischer und praktischer Hinsicht vorgenommen werden. Aus *theoretischer Perspektive* ist bei Betrachtung genereller Merkmale von Investitionen anzumerken, dass die dynamische Kosten-Nutzen-Analyse anders als die statische sowohl die Langfristigkeit der finanziellen Konsequenzen einer Kundenbindungsinvestition als auch die Ausprägungsvariation der Kosten- und Nutzen-Kategorien im Zeitablauf berücksichtigt. Außerdem ermöglicht sie im

Hinblick auf spezifische Merkmale von Kundenbindungsinvestitionen eine adäquate Operationalisierung der nutzenseitigen Time-Lag-Dauer. Aus *praktischer Perspektive* lässt sich bezüglich der Durchführbarkeit feststellen, dass die statische Kosten-Nutzen-Analyse mit einem geringeren Aufwand als die dynamische Analyse verbunden ist, weil letztere insbesondere durch die erforderliche Schätzung zukünftiger Kosten- und Nutzenausprägungen Schwierigkeiten mit sich bringt.

Schließlich weisen beide Ansätze im Hinblick auf Interpretationsmöglichkeiten ihrer Resultate Unterschiede auf. Während die dynamische Kosten-Nutzen-Analyse einen Vergleich unterschiedlich strukturierter Kundenbindungsinvestitionen eher ermöglicht, sind die Ergebnisse der statischen Kosten-Nutzen-Analyse leichter nachvollziehbar.

5. Schlussbemerkungen

Die Erfolgskette von Kundenzufriedenheit und Kundenbindung ist nicht allgemein gültig, weil zum einen die Stärke der Zusammenhänge zwischen den betreffenden Variablen von moderierenden Faktoren determiniert wird, und zum anderen die nichtlineare Struktur der jeweiligen Beziehungen die Existenz eines optimalen Aktivitätsniveaus des Kundenbindungsmanagements zur Folge hat. Demnach sind nicht sämtliche Kundenbindungsmaßnahmen profitabel, so dass Unternehmen ihre Kundenbindungsaktivitäten idealerweise sowohl vor deren Umsetzung als auch anschließend einer kontinuierlichen Wirtschaftlichkeitsprüfung zu unterziehen haben.

Zur permanenten Effizienzverbesserung ergeben sich folgende *Gestaltungsempfehlungen* für ein wirtschaftlichkeitsorientiertes Kundenbindungsmanagement:

- Aufgrund der langfristigen finanziellen Konsequenzen marktbezogener Aktivitäten ist zur Gewährleistung ihrer effizienten Ausrichtung eine Beurteilung sämtliche Marketingentscheidungen anhand von *Investitionskalkülen* zu empfehlen.

- Zur Steigerung der Wirtschaftlichkeit des Kundenbindungsmanagements dient Unternehmen eine *effiziente Kundenauswahl und -pflege*, indem sich Kundenakquisition und Kundennähe auf Zielgruppen konzentrieren, mit denen die Gestaltung einer langfristig ertragreichen Beziehung möglich ist.

- Durch den Einsatz neuer *Technologien* empfiehlt sich eine Ausrichtung der Elemente von Transaktionen und Beziehungen in der Art, dass angemessene Kosten-Nutzen-Verhältnisse von Marketingaktivitäten erzielt und analysiert werden können.

- Als Reaktion auf die zunehmende Individualisierung und Flexibilisierung der Kunden bietet sich eine Erhöhung der *Handlungsflexibilität* der Mitarbeiter des Unternehmens, z.B. durch Empowerment, an.

- Um den Nutzen langfristiger Kundenbeziehungen realisieren zu können, ist die Umsetzung eines konsequenten *Beziehungsmanagements* notwendig.

Die Gesamtproblematik der Wirtschaftlichkeitsanalyse des Kundenbindungsmanagements zeigt, dass zukünftig eine stärkere Zusammenarbeit zwischen Marketing und Controlling notwendig ist. Controller tragen hierzu bei, indem sie die vorgelagerten Prozesse der Kundenbindung zu verstehen und nachzuvollziehen lernen. Aufgabe des Marketing ist es, Erfolgsgrößen in einzelnen Phasen zu definieren. In Kooperation ist von beiden Bereichen zu erwarten, ein System zu erarbeiten, anhand dessen die Kundenbindungsmaßnahmen effektiv und effizient gesteuert werden können.

Literaturverzeichnis

Altrogge, G. (1996): Investition, 4. Aufl., München.

Anderson, E. W. (1994): Cross-Category Variations in Customer Satisfaction and Retention, in: Marketing Letters, Vol. 5, No. 1, S. 19-30.

Anderson, E. W./Fornell, C./Lehmann, D. R. (1994): Customer Satisfaction, Market Share and Profitability. Findings from Sweden, in: Journal of Marketing, Vol. 58, No. 3, S. 53-66.

Anderson, E. W./Mittal, V. (2000): Strengthening the Satisfaction-Profit Chain, in: Journal of Service Research, Vol. 3, No. 2, S. 107-120.

Atkinson, H./Hamburg, J./Ittner, C. (1994): Linking Quality to Profits. Quality-Based Cost Management, Milwaukee.

Blattberg, R. C./Deighton, J. (1993): Die neue Dimension. Immer enger, mein Kunde, mit Dir, in: Harvard Business Manager, 15. Jg., Nr. 1, S. 96-107.

Blattberg, R. C./Deighton, J. (1996): Manage Marketing by the Customer Equity Test, in: Harvard Business Review, Vol. 74, No. 4, S. 136-144.

Bloemer, J. M. M./Kasper, H. D. P. (1995): The Complex Relationship Between Customer Satisfaction and Brand Loyalty, in: Journal of Economic Psychology, Vol. 16, No. 2, S. 311-329.

Bolton, R. N. (1998): A Dynamic Model of the Duration of the Customer's Relationship with a Continous Service Provider: The Role of Satisfaction, in: Marketing Science, Vol. 17, No. 1, S. 45-65.

Botta, V. (1997): Einführung in das Controlling. Wirtschaftswissenschaftliches Studium und praktische Relevanz, in: Walter, R. (Hrsg.), Wirtschaftswissenschaften. Eine Einführung, München, S. 220-253.

Boulding, W./Kalra, A./Staelin, R./Zeithaml, V. A. (1993): A Dynamic Process Model of Service Quality. From Expectations to Behavioral Intentions, in: Journal of Marketing Research, Vol. 30, No. 1, S. 7-27.

Brühl, R. (1996): Führungsorientierte Kosten- und Erfolgsrechnung, München.

Bruhn, M. (1998): Wirtschaftlichkeit des Qualitätsmanagements. Qualitätscontrolling für Dienstleistungen, Heidelberg.

Bruhn, M. (2000): Qualitätssicherung im Dienstleistungsmarketing. Eine Einführung in die theoretischen und praktischen Probleme, in: Bruhn, M./Stauss, B. (Hrsg.), Dienstleistungsqualität. Grundlagen – Konzepte – Methoden, 3. Aufl., Wiesbaden, S. 21-48.

Bruhn, M. (2013): Qualitätsmanagement für Dienstleistungen. Grundlagen – Konzepte – Methoden, 9. Aufl., Berlin.

Bruhn, M. (2016): Relationship Marketing, 5. Aufl., München.

Bruhn, M./Georgi, D. (1998): Kundenbezogene Wirtschaftlichkeitsanalyse des Qualitätsmanagements für Dienstleistungen, in: Marketing ZFP, 20. Jg., Nr. 2, S. 98-108.

Bruhn, M./Georgi, D. (1999a): Sales-Related Benefit-Analysis of Service Quality Investments – The Moderating Role of Customer Relationship Type, in: Kunst, P./Lemmink, J./Stauss, B. (Hrsg.), Service Quality and Management, Maastricht, S. 275-300.

Bruhn, M./Georgi, D. (1999b): Kosten und Nutzen des Qualitätsmanagements, München.

Capon, N./Farley, J. U./Hoenig, S. (1990): Determinants of Financial Performance. A Meta-Analysis, in: Management Science, Vol. 36, No. 10, S. 1143-1159.

Coenenberg, A. G./Fischer, T. M./Schmitz, J. (1996): Qualitätscontrolling mit Kennzahlen, in: Controlling, 9. Jg., Nr. 6, S. 360-369.

Cornelsen, J. (2000): Kundenwertanalysen im Beziehungsmarketing, Nürnberg.

Corsten, H./Gössinger, R. (2015): Dienstleistungsmanagement, 6. Aufl., München.

Coyne, K. (1989): Beyond Service Fads – Meaningful Strategies for the Real World, in: Sloan Managment Review, Vol. 30, No. 4, S. 69-76.

Danaher, P. J./Rust, R. T. (1996): Indirect Financial Benefits from Service Quality, in: Quality Management Journal, Vol. 3, No. 2, S. 63-75.

Dickinson, V./Lere, J. C. (2003): Problems Evaluating Sales Representative Performance? Try Activity-based Costing, in: Industrial Marketing Management, Vol. 32, No. 4, S. 301-307.

Diller, H. (1996): Kundenbindung als Marketingziel, in: Marketing ZFP, 18. Jg., Nr. 2, S. 81-94.

Diller, H. (Hrsg.) (2001): Vahlens Großes Marketinglexikon, 2. Aufl., München.

Fornell, C. (1992): A National Customer Satisfaction Barometer. The Swedish Experience, in: Journal of Marketing, Vol. 56, No. 1, S. 6-21.

Fornell, C./Mithas, S./Morgeson III, F. V./Krishnan, M. S. (2006): Customer Satisfaction and Stock Prices: High Returns, Low Risk, in: Journal of Marketing, Vol. 70, No. 1, S. 3-14.

Garbarino, E./Johnson, M. S. (1999): The Different Roles of Satisfaction, Trust and Commitment in Customer Relationships, in: Journal of Marketing, Vol. 63, No. 2, S. 70-87.

Garvin, D. A. (1993): Building a Learning Organization, in: Harvard Business Review, Vol. 71, No. 4, S. 78-91.

George, W. R./Berry, L. L. (1981): Guidelines for the Advertising of Services, in: Business Horizons, Vol. 24, No. 4, S. 52-56.

Hallowell, R./Schlesinger, L. A. (2000): The Service Profit Chain, in: Swartz, T. A./Bowen, D. E./Brown, S. W. (Hrsg.), Handbook of Services Marketing and Management, 4. Aufl., London u.a., S. 203-221.

Herrmann, A./Johnson, M. D. (1999): Die Kundenzufriedenheit als Bestimmungsfaktor der Kundenbindung, in: Zeitschrift für betriebswirtschaftliche Forschung, 51. Jg., Nr. 6, S. 579-598.

Heskett, J. L./Jones, T. O./Loveman, G. W./Sasser, W. E./Schlesinger, L. A. (1994): Dienstleister müssen die ganze Service-Gewinn-Kette nutzen, in: Harvard Business Manager, 16. Jg., Nr. 4, S. 50-61.

Homburg, Ch. (2000): Kundennähe von Industriegüterunternehmen. Konzeption – Erfolgsauswirkungen – Determinanten, 3. Aufl., Wiesbaden.

Homburg, Ch./Faßnacht, M. (2001): Kundennähe, Kundenzufriedenheit und Kundenbindung bei Dienstleistungsunternehmen, in: Bruhn, M./Meffert, H. (Hrsg.), Handbuch Dienstleistungsmanagement. Von der strategischen Konzeption zur praktischen Umsetzung, 2. Aufl., Wiesbaden, S. 441-463.

Homburg, Ch./Giering, A. (2001): Personal Characteristics as Moderators of the Relationship Between Customer Satisfaction and Loyalty – An Empirical Analysis, in: Psychology & Marketing, Vol. 18, No. 1, S. 43-66.

Homburg, Ch./Koschate, N./Hoyer, W. D. (2005): Do Satisfied Customers Really Pay More? A Study of the Relationship Between Customer Satisfaction and Willingness to Pay, in: Journal of Marketing, Vol. 69, No. 2, S. 84-96.

Hummel, S./Männel, W. (1995): Kostenrechnung 1, 4. Aufl., Wiesbaden.

Jones, T. O./Sasser, W. E. (1995): Why Satisfied Customers Defect, in: Harvard Business Review, Vol. 73, No. 6, S. 88-99.

Lee, J. Y. (1992): How to Make Financial and Nonfinancial Data Add Up, in: Journal of Accountancy, Vol. 174, No. 9, S. 62-66.

Locarek-Junge, H. (1997): Finanzmathematik, 3. Aufl., München.

Mayer, R. (1991): Prozesskostenrechnung und Prozesskostenmanagement. Konzept, Vorgehensweise und Einsatzmöglichkeiten, in: Horváth & Partner (Hrsg.), Prozesskostenmanagement, München, S. 75-99.

Meyer, A./Oevermann, D. (1995): Kundenbindung, in: Tietz, B./Köhler, R./Zentes, J. (Hrsg.), Handwörterbuch des Marketing, 2. Aufl., Stuttgart, S. 1340-1351.

Mittal, V./Kamakura, W. A. (2001): Satisfaction, Repurchase Intent, and Repurchase Behavior: Investigating the Moderating Effect of Customer Characteristics, in: Journal of Marketing Research, Vol. 38, No. 1, S. 131-142.

Mittal, V./Ross, W. T./Baldasare, P. M. (1998): The Asymmetric Impact of Negative and Positive Attribute Level Performance on Overall Satisfaction and Repurchase Intentions, in: Journal of Marketing, Vol. 62, No. 1, S. 33-47.

Müller, W./Riesenbeck, H.-J. (1991): Wie aus zufriedenen auch anhängliche Kunden werden, in: Harvard Manager, 13. Jg., Nr. 3, S. 67-79.

Ngobo, P. V. (1999): Decreasing Returns in Customer Loyalty: Does It Really Matter to Delight the Customer?, in: Advances in Consumer Research, Vol. 26, No. 1, S. 469-476.

Oggenfuss, C. W. (1992): Retention Marketing, in: Thexis, 9. Jg., Nr. 6, S. 25-29.

Parasuraman, A./Berry, L. L./Zeithaml, V. A. (1991): Refinement and Reassessment of the SERVQUAL Scale, in: Journal of Retailing, Vol. 67, No. 4, S. 420-450.

Porter, L. J./Rayner, P. (1992): Quality Costing for Total Quality Management, in: International Journal of Production Economics, Vol. 27, No. 1, S. 69-81.

Ranaweera, C./Prabhu, J. (2003): On the Relative Importance of Customer Satisfaction and Trust as Determinants of Customer Retention and Positive Word of Mouth, in: Journal of Targeting, Measurement & Analysis for Marketing, Vol. 12, No. 1, S. 82-90.

Reckenfelderbäumer, M. (1995): Marketing-Accounting im Dienstleistungsbereich. Konzeption eines prozeßkostengestützten Instrumentariums, Wiesbaden.

Reckenfelderbäumer, M. (1998): Entwicklungsstand und Perspektiven der Prozesskostenrechnung, 2. Aufl., Wiesbaden.

Reichheld, F. F. (1993): Treue Kunden müssen auch rentabel sein, in: Harvard Business Manager, 14. Jg., Nr. 3, S. 106-114.

Reichheld, F. F./Sasser, W. E. (1990): Zero Defections: Quality Comes to Services, in: Harvard Business Review, Vol. 68, No. 5, S. 105-111.

Richins, M. L. (1983): Negative Word-of-Mouth by Dissatisfied Consumers. A Pilot Study, in: Journal of Marketing, Vol. 47, No. 1, S. 68-78.

Rust, R. T./Zahorik, A. J./Keiningham, T. L. (1994): Return on Quality. Measuring the Financial Impact of Your Company's Quest for Quality, Chicago.

Rust, R. T./Zahorik, A. J./Keiningham, T. L. (1995): Return on Quality (ROQ). Making Service Quality Financially Accountable, in: Journal of Marketing, Vol. 59, No. 2, S. 58-70.

Rust, R. T./Lemon, K. N./Zeithaml, V. A. (2004): Return on Marketing: Using Customer Equity to Focus Marketing Strategy, in: Journal of Marketing, Vol. 68, No.1, S. 109-127.

Schierenbeck, H./Wöhle, C. (2012): Grundzüge der Betriebswirtschaftslehre, 18. Aufl., München.

Shenkar, O./Hattem, E./Globerson, S. (1992): Cost-Benefit Analysis of Quality Circles. A Case Study, in: Human Systems Management, Vol. 11, No. 11, S. 35-40.

Stauss, B. (1992): Dienstleistungsqualität contra Kostensenkung?, in: Betriebswirtschaftliche Blätter, 41. Jg., Nr. 2, S. 111-115.

Stauss, B./Seidel, W. (2007): Beschwerdemanagement. Fehler vermeiden, Leistung verbessern, Kunden binden, 4. Aufl., München.

Van Doorn, J./Verhoef, P. (2008): Critical Incidents and the Impact of Satisfaction on Customer Share, in: Journal of Marketing, Vol. 72, No. 7, S. 123-142.

Wildemann, H. (1992): Kosten- und Leistungsbeurteilung von Qualitätssicherungssystemen, in: Zeitschrift für Betriebswirtschaft, 62. Jg., Nr. 7, S. 761-782.

Wildemann, H. (1995): Qualitätskosten- und Leistungsmanagement, in: Controlling, 8. Jg., Nr. 5, S. 268-276.

Woodruff, R./Cadotte, E./Jenkins, R. (1983): Modeling Customer Satisfaction Process Using Experienced-Based Norms, in: Journal of Marketing Research, Vol. 20, No. 3, S. 296-304.

Zeithaml, V. A./Berry, L. L./Parasuraman, A. (1993): The Nature and Determinants of Customer Expectations of Service, in: Journal of the Academy of Marketing Science, Vol. 21, No. 1, S. 1-12.

Zeithaml, V. A./Berry, L. L./Parasuraman, A. (1996): The Behavioral Consequences of Service Quality, in: Journal of Marketing, Vol. 60, No. 2, S. 31-46.

Summary

There have been several empirical studies during the last decade indicating a profitability effect of customer retention. Based on the studies' results there is a strong belief in the service success chain in literature as well as in practice. This chain links customer orientation, customer satisfaction, customer retention and economic success in order to explain the economic consequences of retention management strategies. On this basis, many companies are trying to keep their customers by spending their marketing budgets in customer satisfaction and retention programs. Nevertheless, the success chain cannot be of general validity because of the non-linear relationship between the elements of the chain. Therefore, this article presents approaches for the measurement of the return on retention management. These instruments can build the foundation of a profitable oriented retention management.

Manfred Bruhn, Karsten Hadwich und Dominik Georgi

Kundenwert als Steuerungsgröße des Kundenbindungsmanagements

1. Bedeutung des Kundenwerts für das Kundenbindungsmanagement

2. Konzept und Messung des Kundenwerts
   2.1 Definition und Dimensionen des Kundenwerts
   2.2 Ansätze zur Messung des Kundenwerts

3. Konzeption des Customer Value Managements
   3.1 Planungsprozess des Customer Value Managements
   3.2 Kundenwertanalyse
   3.3 Kundenwertstrategien
   3.4 Kundenwertmaßnahmen
   3.5 Kundenwertcontrolling

4. Empirische Befunde zum Customer Value Management in der Praxis
   4.1 Qualitative Studie zum Customer Value Management
   4.2 Quantitative Studie zum Customer Value Management

5. Zusammenfassung und Ausblick

Literaturverzeichnis

Prof. Dr. Dr. h. c. mult. Manfred Bruhn ist Ordinarius für Betriebswirtschaftslehre, insbesondere Marketing und Unternehmensführung, an der Wirtschaftswissenschaftlichen Fakultät der Universität Basel und Honorarprofessor an der Technischen Universität München. Prof. Dr. Karsten Hadwich ist Inhaber des Lehrstuhls für Dienstleistungsmanagement an der Universität Hohenheim. Prof. Dr. Dominik Georgi ist Professor für Marketing an der Hochschule Luzern (HSLU).

1. Bedeutung des Kundenwerts für das Kundenbindungsmanagement

Die Marketingaktivitäten vieler Unternehmen haben sich in den vergangenen Jahren deutlich gewandelt. Stand früher noch die Akquisition neuer Kunden an erster Stelle von marketingpolitischen Überlegungen, so rückt seit längerer Zeit die Kundenbindung in deren Zentrum (Grönroos 1994; Diller 1995; Bruhn/Georgi 2006; Munk 2013; Kumar/Shah 2015; Bruhn 2016). Im Rahmen der wissenschaftlichen Diskussion und Unternehmenspraxis sind intensive Anstrengungen zu beobachten, die sich mit der Problematik der Kundenorientierung und Kundenbindung auseinandersetzen.

Der Auslöser dieser Entwicklung ist die Erkenntnis, dass durch eine systematische Pflege der Kundenbeziehungen der unternehmerische Erfolg – in Form von höheren Wiederkaufraten, Weiterempfehlungen, Cross Selling oder einer geringeren Preissensibilität – gesteigert werden kann. Die diesbezüglich viel zitierte Studie von Reichheld und Sasser (1990) kommt zu dem Ergebnis, dass z.B. mit einer Steigerung der Kundenbindung um fünf Prozent in einigen Branchen eine Verdoppelung des Unternehmensgewinns erzielt werden kann. Eine zunehmende Beziehungsdauer geht demzufolge mit einer höheren Profitabilität einher.

Die Hypothese bezüglich eines positiven Zusammenhangs zwischen der Kundenbindung und der Profitabilität ist in der Literatur allerdings nicht unumstritten. So zeigen Studien, dass beispielsweise nicht nur langfristige Beziehungskunden, sondern auch Transaktionskunden profitabel sein können (Garbarino/Johnson 1999, S. 81; Krafft 2007, S. 200f.). Die wesentliche Kritik gilt aber der Pauschalisierung bzw. groben Vereinfachung dieser Hypothese, die von einem Automatismus des Zusammenhangs zwischen Kundenbindung und Profitabilität ausgeht und damit eine undifferenzierte Kundenbindungspolitik von Unternehmen einfordert. Dabei werden jedoch zum einen Sättigungseffekte vernachlässigt, die ab einem bestimmten Niveau auftreten und dazu führen, dass Kundenbindungsinvestitionen unprofitabel werden. Zum anderen bleibt unberücksichtigt, dass sich der ökonomische Erfolg der Kundenbindung nicht einstellt, wenn auf der Kundenseite z.B. keine entsprechenden Ertragspotenziale vorhanden sind. Demzufolge sind längerfristige Beziehungen zu manchen Kunden profitabel, zu anderen allerdings auch unprofitabel (Berheide/Wunderlich 2002, S. 164f.).

Aufbauend auf diesen Überlegungen wird postuliert, dass ein an ökonomischen Zielen ausgerichtetes Kundenbindungsmanagement eine monetäre Bewertung von Beziehungsinvestitionen des Anbieters voraussetzt. Das Ziel des Kundenbindungsmanagements ist die differenzierte Steigerung der Kundenbindung, d.h., dass Beziehungen ausschließlich zu besonders profitablen Kunden stabilisiert und ausgebaut werden (Eggert 2006, S. 45). Der *Wert eines Kunden* für den Anbieter stellt damit die zentrale Steuerungsgröße für das Kundenbindungsmanagement dar.

Die wissenschaftliche Diskussion zum Kundenwert hat sich bislang insbesondere auf die Analyse des Kundenwerts konzentriert (z.B. Blattberg/Deighton 1996; Berger/Nasr 1998; Reinartz/Kumar 2000; Jain/Singh 2002; Gupta et al. 2006; Kumar 2006; Kiwitz/Scheffler 2009; Kumar/Shah 2015). Zu den behandelten Fragestellungen gehören die Entwicklung von Modellen zur Messung und Prognose des Kundenwerts (z.B. Schmittlein/Morrison/Colombo 1987; Bolton 1998), die Analyse der Zusammenhänge zwischen Kundenwertkomponenten, wie beispielsweise zwischen Beziehungsdauer und Profitabilität (Reinartz/Kumar 2003), die Kundenwertsegmentierung (z.B. Marcus 1998) und die Ableitung von Marketingaktivitäten auf Basis des Kundenwerts (z.B. Ness et al. 2002).

Aufgrund der hohen Bedeutung des Kundenwerts für ein profitabilitätsorientiertes Kundenbindungsmanagement wird die Erreichung der Kundenbindungsziele durch eine Abstimmung mit einem systematischen *Customer Value Management* unterstützt. Bisher sind jedoch kaum Beiträge zu finden, die sich systematisch und umfassend mit dem Customer Value Management, seiner Ausgestaltung und Umsetzung im Unternehmen auseinandersetzen.

Vor diesem Hintergrund widmet sich der vorliegende Beitrag dem Konzept des Customer Value Managements. Im Kapitel 2 werden zunächst die Grundlagen zu Konzept und Messung des Kundenwerts vorgestellt. Das Kapitel 3 entwirft einen systematischen Planungsprozess des Customer Value Managements. Kapitel 4 präsentiert empirische Befunde zum Customer Value Management in der Praxis. Der Beitrag schließt mit einem Ausblick in Kapitel 5.

2. Konzept und Messung des Kundenwerts

2.1 Definition und Dimensionen des Kundenwerts

Der *Begriff Kundenwert* wird in der Literatur vielfältig definiert. Generell ist er als Wert aufzufassen, der von den Kundenbeziehungen eines Unternehmens generiert wird (Blattberg/Deighton 1996; Kumar/George 2007; Wiesel/Skiera 2007; Kumar/Shah 2015; Bruhn 2016).

Ausgehend von dieser Definition lassen sich als *Dimensionen des Kundenwerts* die Wert- und die Zeitdimension unterscheiden (Abbildung 1). Während die Wertdimension die für den Anbieter nutzenstiftenden Beiträge der Kundenbeziehung widerspiegelt, wird mit der Zeitdimension die Dauer der Kundenbeziehung berücksichtigt.

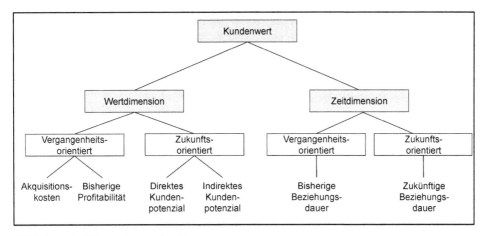

Abbildung 1: Dimensionen des Kundenwerts

Im Rahmen der Kundenbindung sind als Elemente der *Wertdimension* die Akquisitionskosten und die bisherige Profitabilität als vergangenheitsorientierte Komponenten und das Kundenpotenzial als zukunftsorientierte Komponente zu unterscheiden.

Während die *Akquisitionskosten* einmalige Kosten darstellen, die dem Anbieter zum Beziehungsbeginn entstehen, ergibt sich die *bisherige Profitabilität* aus den vergangenen Erlösen und Kosten einer Kundenbeziehung. Den Erlösen können sowohl *direkte Erlöse* aus dem Erwerb von Leistungen durch den Kunden als auch *indirekte Erlöse* zugerechnet werden. Unter Letztere werden jene Erlöse gefasst, die dem Anbieter die Realisierung von Zusatzerlösen bei anderen potenziellen oder bestehenden Kunden ermöglichen (Stahl et al. 2006; Laker et al. 2009). In der Literatur werden diesbezüglich insbesondere Weiterempfehlungserlöse diskutiert, die auf die durch positive Mund-zu-Mund-Kommunikation realisierte Gewinnung von Neukunden zurückzuführen sind. Darüber hinaus werden auch Innovationserlöse erfasst, die durch eine aufgrund eines Kundenfeedbacks vorgenommene Leistungsverbesserung ausgelöst werden (Schneider 2008). Den Erlösen sind zur Ermittlung der bisherigen Profitabilität die *Kosten* gegenüberzustellen. Hierbei sind insbesondere Leistungs-, Marketing- und Vertriebskosten von Relevanz (Droll 2008). Die Leistungskosten betreffen die Stückkosten der vom Kunden erworbenen Leistungen. Die Marketingkosten ergeben sich aus den Marketingaktivitäten wie z.B. Mailings, Kataloge oder Call-Center-Kontakte. Die Vertriebskosten sind abhängig von den für den Kauf der Leistung genutzten Vertriebskanälen (z.B. Filiale, Internet, Telefon).

Das *Kundenpotenzial* stellt die zukunftsorientierte Komponente der Wertdimension dar. Dieses umfasst das direkte und das indirekte Kundenpotenzial. Das *direkte Kundenpotenzial* resultiert zum einen aus der unveränderten Fortsetzung der Beziehung durch den Kunden (Wiederkaufpotenzial), d.h. aus einer gleichbleibenden Kauffrequenz, Leistungsnutzung und Preiserhöhungsakzeptanz. Zum anderen wird das direkte Kundenpotenzial durch mögliche Erlös- und Profitabilitätssteigerungen bestimmt (Beziehungsausbaupotenzial). Dieses wird durch eine Steigerung der Kauffrequenz (Up Selling) und/oder durch den Verkauf zusätzlicher Leistungen (Cross Selling) erreicht. Das *indirekte Kundenpotenzial* ergibt sich aus der Veränderung des Kaufverhaltens anderer Personen, die aus Aktivitäten des Kunden resultiert, für den das Kundenpotenzial ermittelt wird (Referenz- und Innovationspotenzial).

Neben der Wertdimension beinhaltet der Kundenwert eine *Zeitdimension*, die mit der Dauer der Kundenbeziehung in Zusammenhang steht. Dabei lassen sich drei Komponenten differenzieren:

- Die *bisherige Lebensdauer* bezeichnet den Zeitraum zwischen Beziehungsbeginn und dem aktuellen Zeitpunkt.
- Die *Restlebensdauer* kennzeichnet die verbleibende Lebensdauer der Beziehung vom aktuellen Zeitpunkt bis zum Beziehungsende.
- Die *Gesamtlebensdauer* setzt sich aus der bisherigen Beziehungsdauer und der Restlebensdauer zusammen und umfasst somit die Lebensdauer vom Beziehungsbeginn bis zum Beziehungsende.

Die Bestimmung der Dimensionen und Komponenten des Kundenwerts bildet den Ausgangspunkt für die Messung des Kundenwerts.

2.2 Ansätze zur Messung des Kundenwerts

Die in der Literatur zur *Messung des Kundenwerts* bzw. der Kundenwertdimensionen diskutierten Kundenwertansätze sind vielfältig (für einen Überblick siehe z.B. Cornelsen 2000; Günter/Helm 2006; Kumar/Shah 2015) und lassen sich wie folgt klassifizieren (Bruhn et al. 2000, S. 169f.; Abbildung 2):

- Art des Lösungsalgorithmus (heuristisch, quasi-analytisch),
- Art der Kundenwertkomponenten (monetär, nicht-monetär),
- Art des betrachteten Zeithorizontes (statisch, dynamisch).

	Monetär			Monetär	
Heuristisch	**Statisch**	**Dynamisch**	**Quasi-Analytisch**	**Statisch**	**Dynamisch**
	• ABC-Analyse	• ABC-Analyse mit dynamischen Werten • Kundenlebenszyklusanalyse		• Kundendeckungsbeitragsrechnung • Customer Costing	• Kundendeckungsbeitragspotenzial • Customer Lifetime Value
	Nicht-Monetär			**Nicht-Monetär**	
	Statisch	**Dynamisch**		**Statisch**	**Dynamisch**
	• Demographische und ökonomische Segmentierung • Kundenportfolio	• Loyalitätsleiter		• Scoringtabelle • Scoringtabelle mit mikrogeografischen Daten	• Scoringtabelle mit Potenzialwerten (RFM-Tabelle)

Abbildung 2: Ansätze zur Kundenwertermittlung
(Quelle: In Anlehnung an Bruhn et al. 2000, S. 170)

Hinsichtlich des *Lösungsalgorithmus* werden heuristische und quasi-analytische Verfahren differenziert. *Heuristische Verfahren* geben Hinweise auf „richtige" Lösungswege und ein Erfolg versprechendes Suchverhalten. Sie ermöglichen allerdings keine Ableitung optimaler Entscheidungen. Wesentlicher Vorteil dieser Verfahren ist, dass sie unter Verwendung relativ kleiner Datenbanken durchführbar und daher mit geringen Kosten verbunden sind. Deshalb werden die heuristischen Verfahren in der Praxis – trotz der eingeschränkten Aussagekraft – immer noch häufig eingesetzt. Die *quasi-analytischen Verfahren* basieren auf mathematischen Berechnungen, die einen quantitativen Vergleich von Kunden auf der Grundlage numerischer Werte oder Punktwerte ermöglichen. Aufgrund der exakten Werte werden zumindest theoretisch optimale Entscheidungen realisierbar. Darüber hinaus erzielen diese Verfahren i.d.R. vollständigere und besser anwendbare Resultate. Die aufwändige Datenbeschaffung und -verarbeitung sowie die Komplexität der Problemerfassung gehören zu den Nachteilen dieser Verfahren.

In Bezug auf die *Art der Kundenwertkomponenten* sind monetäre und nicht-monetäre Verfahren zu unterscheiden. *Monetäre Verfahren* bieten sich an, wenn sich die benötigten Umsatz- und Kostenzahlen direkt aus dem Rechnungswesen gewinnen und jegliche Budgetüberlegungen monetär kalkulieren lassen. Diese ermöglichen durch ihre Eindeutigkeit direkte Kundenvergleiche und haben den Vorteil, dass sie in Kalkulationen und Budgetberechnungen miteinbezogen werden können. Der Nachteil der monetären Verfahren ist ihre auf den Zusatzumsatz beschränkte Wertauffassung, die aufgrund der Vernachlässigung weiterer relevanter – auf die Kundenbindung oder Kommunikation des Kunden zurückführbare – Wertkomponenten unvollständig ist. *Nicht-monetäre Verfah-*

ren beschränken sich auf eine primär qualitative Bewertung der Kunden und verzichten auf den Versuch, die Beziehung monetär zu bewerten (Cornelsen 2000).

In Abhängigkeit vom betrachteten *Zeithorizont* lassen sich statische (Zeitpunktbetrachtung) und dynamische Verfahren (Zeitraumbetrachtung) abgrenzen. *Statische Verfahren* sind für eine kurzfristige Bestandsaufnahme sinnvoll, jedoch sind sie zur langfristigen Bewertung von Kunden im Sinne des Kundenbindungsmanagements nicht einsetzbar, da sie zukünftige potenzielle Entwicklungen – anders als die *dynamischen Verfahren* – nicht miteinbeziehen.. Statische Verfahren sind den dynamischen durch ihre Unvollständigkeit der Kundenbetrachtung unterlegen. Kunden, die zum Zeitpunkt der Ermittlung unrentabel sind, können nur durch die Betrachtung ihres zukünftigen Volumens bewertet werden. Der Nachteil dynamischer Verfahren liegt in der Komplexität, die primär durch die zu erstellenden Prognosen und das zu berücksichtigende Risiko bedingt ist (Bruhn et al. 2000).

Es bleibt festzuhalten, dass zur Ermittlung eines validen, möglichst eindeutigen Kundenwerts der Einsatz eines quasi-analytischen, dynamischen und monetären Verfahrens anzustreben ist, das nach Möglichkeit um nicht-monetäre Wertkomponenten ergänzt wird. Ausgehend von dem Konzept und der Messung des Kundenwerts ist dessen Umsetzung im Rahmen eines Customer Value Managements sicherzustellen.

3. Konzeption des Customer Value Managements

3.1 Planungsprozess des Customer Value Managements

Unter *Customer Value Management (CVM)* oder *Kundenwertmanagement* wird die Analyse, Planung, Steuerung und Kontrolle sämtlicher Unternehmensaktivitäten verstanden, die mit dem Ziel einer Steigerung des Kundenwerts eingesetzt werden.

Eine diesem Verständnis entsprechende umfassende *CVM-Konzeption* ist von Berger et al. (2002) und Bell et al. (2002) entwickelt worden. Berger et al. (2002) erarbeiten ein CVM-Konzept, das die bestehende Marketingplanung um die Kundenwertperspektive ergänzt. Aufgabe des CVM ist dabei die Schaffung einer Informationsbasis, die zur Festlegung operativer Marketingmaßnahmen herangezogen werden kann. Der Kundenwert dient vor allem als Allokationsgröße zur Auswahl von bestehenden Marketingaktivitäten. Dagegen sieht der Ansatz von Bell et al. (2002) eine grundlegende Ausrichtung der gesamten Marketingplanung am Kundenwert vor. Der Kundenwert ist in diesem Ansatz eine strategische Zielgröße, die z.B. zur Bestimmung und Auswahl von Kunden (-segmenten) und zur Entwicklung von (den Kundenwert steigernden) spezifischen Marketingmaßnahmen herangezogen wird.

Die aufgeführten Arbeiten diskutieren die *Aufgaben des Customer Value Managements*. Diese lassen sich in die Entscheidungsbereiche der Analyse des Kundenwerts, der Planung von Kundenwertstrategien sowie der Festlegung von operativen Kundenwertmaßnahmen differenzieren. Während Berger et al. (2002) einen deutlichen Schwerpunkt in Analyse- und (strategischen) Planungsaufgaben sehen, wird bei Bell et al. (2002) eher ein ganzheitlicher Ansatz verfolgt, bei dem Kundenwertmanagementaufgaben darüber hinaus ebenfalls die (operative) Planung von Maßnahmen beinhalten. Wichtige Aufgaben der Kundenwertanalyse im Kundenwertmanagement stellen nach Berger et al. (2002) der Aufbau einer umfassenden und dynamischen Kundendatenbank sowie die Prognose des Customer Lifetime Value (CLV) für verschiedene Kundensegmente dar. Bell et al. (2002) sehen in der Kundenwertevaluation von Einzelkunden, Kundensegmenten sowie des Kundenstamms eine wichtige Analyseaufgabe und nennen des Weiteren die Bewertung der Kundenakquisition, -bindung und -rückgewinnung. Die Planung von Kundenwertstrategien umfasst nach Berger et al. (2002) die (kundenwertbasierte) Segmentierung des Kundenstamms und die Allokation von Ressourcen zur Maximierung des Kundenstammwerts. In Bezug auf operative Kundenwertmaßnahmen sehen Bell et al. (2002) die Auswahl von kunden- bzw. segmentspezifischen Marketingaktivitäten vor.

Im vorliegenden Beitrag wird auf Basis des Managementansatzes ein idealtypischer *Prozess des Customer Value Managements* definiert, der für jede Branche und jedes Unternehmen anzupassen ist. Dieser Prozess umfasst vier *Phasen*:

(1) Kundenwertanalyse

(2) Kundenwertstrategien

(3) Kundenwertmaßnahmen

(4) Kundenwertcontrolling

3.2 Kundenwertanalyse

Die *Kundenwertanalyse* ist der Ausgangspunkt für die folgenden Phasen des Prozesses und dient der Bestimmung der Wert- und Zeitkomponente des Kundenwerts. Dabei bereitet insbesondere die Ermittlung der zukunftsorientierten Kundenwertdimensionen Schwierigkeiten, d.h. des Kundenpotenzials sowie der Restlebensdauer (*Prognoseproblem*). In der wissenschaftlichen Literatur werden dahingehend verschiedene statistische Methoden diskutiert (z.B. Diller/Bauer 2010). Abbildung 3 zeigt eine Auswahl von *Methoden zur Prognose der zukunftsorientierten Kundenwertdimensionen*, die sich zunächst im Hinblick auf ihren Aufwand unterscheiden (siehe für einen Überblick Hippner et al. 2001; Bruhn et al. 2004; Günter/Helm 2006; Kumar/Shah 2015). Darüber hinaus variieren Reliabilität, Validität und Prognosegenauigkeit der verschiedenen Ansätze. Diese Unterschiede sind allerdings nicht allgemein gültig, sondern sind zur optimalen Methodenbestimmung für das jeweilige Unternehmen im Einzelfall zu analysieren.

Bei der Kundenwertanalyse liegen darüber hinaus zwei *Zurechnungsprobleme* vor. Zum einen ist das Kundenverhalten zur Bestimmung der erlösbezogenen Kundenwertkomponente zu analysieren. Dabei erweist sich oft die Zuordnung des Kundenverhaltens (z.B. anhand des Umsatzes gemessen) zum einzelnen Kunden als sehr schwierig (Dias et al. 2002). Zurechnungsprobleme bestehen zum anderen auch bei den Kosten einer Kundenbeziehung. Beispielsweise ist es schwierig, die für einen Bankangestellten entstehenden Kosten auf alle Kunden zu verteilen. In der Literatur werden diesbezügliche Lösungsansätze diskutiert. So wenden Ness et al. (2001) die Prozesskostenrechnung zur Bestimmung der Beziehungskosten an und identifizieren auf Basis ihrer Analyse Akquisitions-, Erstellungs-, Betreuungs- und Bindungskosten.

Methoden	Ergebnis der Wertkomponente	Ergebnis der Zeitkomponente	Datenaufwand	Entwicklungsaufwand	Implementierungsaufwand
Logistische Regression	–	Abwanderungswahrscheinlichkeit	+ +	+ +	+
Multiple Regression	Geschätzte Profitabilität	Geschätzte Lebensdauer	–	+ +	+
Markov-Kette	–	Abwanderungswahrscheinlichkeit	–	–	– –
Neuronale Netze	Profitabilität pro Cluster	Lebensdauer, Abwanderungswahrscheinlichkeit pro Cluster	+	–	–
Survival-Analyse	–	Abwanderungswahrscheinlichkeit	+	–	+
Zeitreihenanalyse	Geschätzte Profitabilität	Geschätzte Lebensdauer	– –	– –	– –
Clusteranalyse	Profitabilität pro Cluster	Lebensdauer, Abwanderungswahrscheinlichkeit pro Cluster	+ +	+ +	+

Abbildung 3: Methoden zur Prognose der zukunftsorientierten Kundenwertdimensionen (Quelle: In Anlehnung an Bruhn et al. 2004, S. 443)

3.3 Kundenwertstrategien

Auf Grundlage der Ergebnisse der Kundenwertanalysen ist eine *kundenwertbasierte Kundensegmentierung* erforderlich, die als Ausgangspunkt für die Entwicklung *segmentspezifischer Kundenwertstrategien* dient. Dabei werden – im Unterschied zur klassischen Marktsegmentierung – Daten eingesetzt, die direkt bei den aktuellen Kunden erhoben werden (z.B. über Transaktionsdatenbanken oder Kundenbefragungen).

Ansätze zur kundenwertbasierten Segmentierung werden nach zwei *Dimensionen* differenziert (Kumar/George 2007). Zum einen kann nach dem Differenzierungsgrad der Segmentierung unterschieden werden, d.h., ob eine einzelkundenorientierte Segmentierung („Segment-of-one") oder eine kundengruppenorientierte Segmentierung (klassische Segmentierung) vorgenommen wird. Zum anderen lassen sich nach der Dimensionalität der Segmentierung ein- und mehrdimensionale Segmentierungsansätze unterscheiden. Die eindimensionalen Modelle stellen partialanalytische Ansätze dar, die zur Ermittlung des Kundenwerts eine als besonders wichtig erachtete Größe (z.B. Umsatz) verwenden. Mehrdimensionale Verfahren differenzieren dagegen verschiedene Wertbeiträge des Kunden und berücksichtigen mehrere Größen, die zur Abbildung der Wertbeiträge geeignet sind (Eggert 2006, S. 45).

In der wissenschaftlichen Literatur werden überwiegend *mehrdimensionale Segmentierungsansätze* diskutiert. Dabei werden psychologische, verhaltensbezogene und ökonomische Kundenwertkomponenten in unterschiedlicher Weise miteinander kombiniert. Ness et al. (2001) stellen z.B. einen rein ökonomisch orientierten Segmentierungsansatz vor. Dabei entstehen durch die Variation der Umsatz- und Kostenkomponente des Kundenwerts verschiedene Segmente, die in „Champions" (hoher Umsatz, geringe Kosten), „Demanders" (hoher Umsatz, hohe Kosten), „Acquaintances" (geringer Umsatz, geringe Kosten) und „Losers" (geringer Umsatz, hohe Kosten) eingeteilt werden können. Krafft (2002) bildet Kundensegmente auf Basis der Reagibilität von Kunden hinsichtlich der Marketingaktivitäten des Anbieters (verhaltensbezogenes Kriterium) sowie der Kundenprofitabilität (ökonomisches Kriterium). Marcus (1998) kombiniert finanzielle und verhaltensbezogene Kennzahlen durch die Anwendung der Dimensionen „Recency", „Frequency" und „Monetary". Brusco et al. (2003) verknüpfen schließlich verhaltensbezogene (Kundenbindung) und psychologische Segmentierungskriterien (Kundenzufriedenheit).

Ausgehend von der Kundensegmentierung werden im Rahmen der *strategischen Planung* für die einzelnen Kundensegmente spezifische Ziele definiert, Strategien zu deren Erreichung entwickelt und die für die Strategieumsetzung notwendigen Budgets (Ressourcenallokation) festgelegt (Kumar/Shah 2009). Generelles Ziel ist es, individuelle, segmentbezogene Kundenwerte oder den Gesamtkundenwert zu verbessern. Für die Kundensegmente sind darüber hinaus spezifische Zielsetzungen festzulegen (z.B. Ertragssteigerung in einem bestimmten Segment, Kostenreduzierung in einem anderen Segment). Als Ansatzpunkte zur Ableitung von Zielen und zur Identifikation strategischer Handlungsfelder können die im Rahmen der Segmentierung entwickelten *Kundenwertportfolios* dienen. Ein Beispiel für ein Kundenwertportfolio zeigt Abbildung 4, das die Dimensionen Kundenbindung und Kundenwert gegenübergestellt und somit vier Beziehungstypen unterscheidet (Bruhn 2016, S. 133f.):

(1) Bei *chancenreichen Beziehungen* liegt eine geringe Kundenbindung bei hohem ökonomischem Erfolg vor. Den potenziellen Wechselabsichten ist mit entsprechenden Maßnahmen der Kundenrückgewinnung zu begegnen.

(2) Bei *erfolgreichen Beziehungen* sind sowohl die Kundenbindung als auch der Kundenwert hoch ausgeprägt. Entsprechend ist hier ein Fokus auf die Kundenpflege und die Sicherung der Kundenbindung zu legen.

(3) Die *zufälligen Beziehungen* haben sowohl bei der Kundenbindung als auch bei dem Kundenwert eine geringe Ausprägung. Hier wären zunächst die Ertragspotenziale der Kunden zu ermitteln, bevor selektiv Kundenbindungsmaßnahmen eingesetzt werden.

(4) Schließlich werden die *gesättigten Beziehungen* durch eine hohe Kundenbindung bei geringem Kundenwert charakterisiert. Hier sind vor dem Hintergrund eines geringen Ertragspotenzials die Möglichkeiten des Beziehungsabbaus zu prüfen.

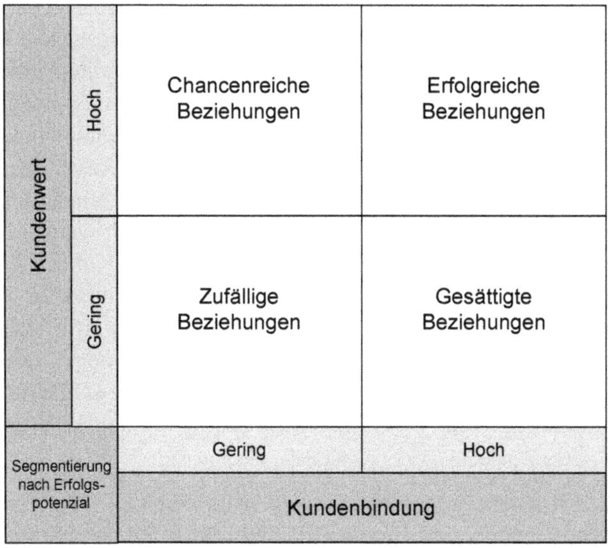

Abbildung 4: Beispiel für ein Kundenwertportfolio
(Quelle: In Anlehnung an Bruhn 2016, S. 131)

Darüber hinaus wird in der Literatur der Einsatz von *Sensitivitätsanalysen* zur Ableitung von Zielen und Strategien diskutiert. Sensitivitätsanalysen untersuchen die Einflussnahme der Variation von Determinanten des Kundenwerts – wie z.B. Kundenzufriedenheit und Kauffrequenz – auf die Steigerung des Kundenwerts und ermöglichen damit die Ableitung spezifischer strategischer Stoßrichtungen für das Kundenbindungsmanagement (Spahlinger et al. 2006).

3.4 Kundenwertmaßnahmen

In Abhängigkeit der gewählten Strategien entwickeln Unternehmen konkrete Maßnahmen, die den Kundenwert als Selektionskriterium verwenden und das Ziel verfolgen, durch einen spezifischen Einsatz von kundengerichteten Instrumenten den Kundenwert zu erhöhen (Reinartz/Thomas/Kumar 2005; Homburg/Droll/Totzek 2008; Kim/Ko 2012; Munk 2013; Kumar/Shah 2015).

Aufgrund des eher strategischen Charakters des Kundenwerts lassen sich operative Marketingmaßnahmen nicht ausschließlich auf Basis des Kundenwerts ableiten. Allerdings geben der Kundenwert oder einzelne Komponenten des Kundenwerts wesentliche Hinweise bei der Maßnahmengestaltung, die – in Verbindung mit anderen Kennziffern – bei der Planung operativer Marketingmaßnahmen genutzt werden. In entsprechender Weise kann die Ausgestaltung des Marketingmix nach Maßnahmen zur Steigerung von Umsatz, Cross-Selling-Wert, Referenzwert, Informationswert und Kundenbindung differenziert werden (Cornelsen 2000).

Eine Ableitung von Instrumenten ist zudem auch auf Basis einer Kundenselektion möglich, der Kundenwertkomponenten zugrunde gelegt werden (Bruhn et al. 2004, S. 448f.). So sind beispielsweise *Kundenbindungsmaßnahmen* insbesondere bei Kunden mit einer hohen Abwanderungswahrscheinlichkeit und einer hohen Profitabilität sinnvoll. *Cross-Selling-Maßnahmen* bieten sich beispielsweise für Kunden mit einer hohen Profitabilität an, bei denen Budgetspielraum für die Kosten zusätzlicher Maßnahmen besteht. Mit *Rückgewinnungsmaßnahmen* sind jene Kunden anzusprechen, die eine hohe Abwanderungswahrscheinlichkeit und eine hohe Profitabilität aufweisen.

3.5 Kundenwertcontrolling

Schließlich werden sowohl das Kundenportfolio selbst als auch die Strategien und Maßnahmen dahingehend kontrolliert, ob die gesetzten Ziele erreicht wurden (*Ergebniskontrolle*). Darüber hinaus gilt es zu überprüfen, inwieweit die praktisch umgesetzten Prozesse den geplanten Abläufen entsprechen (*Verfahrenskontrolle*). Gegenstand dieser Kontrolle kann darüber hinaus auch die Überprüfung der Akzeptanz und des Verhaltens von Mitarbeitenden sein, die am Customer Value Management beteiligt sind (Wirtz/Schilke 2004, S. 48). Letztlich ist in Folge der Unsicherheit von Prognosen, die z.B. im Rahmen der Kundenwertanalyse zur Ermittlung von Kundenpotenzialen durchgeführt wurden, eine *Kontrolle der Prämissen* notwendig, d.h., dass bestimmte Annahmen, wie z.B. die Kauffrequenz, kontinuierlich zu überprüfen sind.

In der wissenschaftlichen Literatur werden in Bezug auf eine kundenwertorientierte Kontrolle insbesondere die in Abschnitt 2.2 dargestellten Kundenwertansätze diskutiert (Krafft 2002, S. 248ff.). Andere Autoren entwickeln Kontrollsysteme, indem sie bekannte Konzepte – wie die Balanced Scorecard – auf die Kundenbindung-Kundenwert-Problematik anwenden (Cornelsen 2000, S. 293ff.).

Ausgehend von den dargestellten Ansatzpunkten für ein theoretisches Konzept des Customer Value Managements stellt sich die Frage nach diesbezüglichen Erfahrungen in der Unternehmenspraxis.

4. Empirische Befunde zum Customer Value Management in der Praxis

4.1 Qualitative Studie zum Customer Value Management

Der Planungsprozess des kundenwertorientierten Kundenbindungsmanagements diente als Bezugsrahmen für eine qualitative Studie, die eine Spezifizierung der Überlegungen zum kundenwertorientierten Kundenbindungsmanagement zum Ziel hatte (Bruhn/ Georgi 2004). Da das Kundenwertcontrolling in allen Planungsphasen von Bedeutung ist, wird es nicht als eigenständige Phase angesehen, so dass sich die Studie auf die Konstrukte Kundenwertanalyse, Kundenwertstrategie und Kundenwertmaßnahmen bezieht. Die Studie basiert auf 15 Tiefeninterviews mit Managern von Dienstleistungsunternehmen, die im Bereich Kundenwertmanagement tätig sind. Die befragten Probanden sind Dienstleistungsmanager deutscher und schweizerischer Unternehmen aus sechs Branchen: Flugverkehr, Banken, Versandhandel, Telekommunikation, Tourismus und Energieversorgung. Im Folgenden werden die zentralen Ergebnisse der Studie zum Stand und den Problemen des kundenwertorientierten Kundenbindungsmanagements aus Sicht der Praxis dargestellt.

Als Ergebnis der qualitativen Studie zeigte sich, dass drei Phasen des Customer Value Managements geeignet sind, die kundenwertspezifischen Aktivitäten der untersuchten Unternehmen grundsätzlich zu erfassen. Die einzelnen Kundenwertaktivitäten, die im Rahmen der Interviews identifiziert wurden, sind in Abbildung 5 dargestellt.

CVM-Phase	Aktivitäten
Kundenwertanalyse	Analyse der Kundenprofitabilität
	Bestimmung der ökonomischen Kundenpotenziale
	Analyse und Prognose des Kundenverhaltens
Kundenwertstrategie	Kundensegmentierung
	Festlegung von Kundenwertzielen
	Entwicklung von Kundenwertstrategien
Kundenwertmaßnahmen	Kundensegmentierungsmanagement
	Marketingmixmanagement
	Vertriebsmanagement

Abbildung 5: Kundenwertaktivitäten als Ergebnis der qualitativen Studie

Im Rahmen der *Kundenwertanalyse* lassen sich drei Aufgaben identifizieren: Zur Kundenwertanalyse werden in der Unternehmenspraxis zum einen vergangenheitsbezogene Kundendaten und zum anderen zukunftsbezogene Potenzialgrößen herangezogen. Die meisten befragten Unternehmen legen der vergangenheitsbezogenen Kundenwertanalyse eine *Analyse der Kundenprofitabilität* zugrunde. Eine zweite Komponente der Kundenwertanalyse betrifft die Ermittlung des *Kundenpotenzials*. Hier geht es um die Bestimmung der Möglichkeiten, eine Kundenbeziehung oder ein Kundensegment auszubauen, d.h. beispielsweise, inwiefern ein Kunde grundsätzlich Bedarf an weiteren Leistungen hat. Der dritte Fokus im Rahmen der Kundenwertanalyse-Aktivitäten liegt bei den befragten Unternehmen in der *Prognose des Kundenverhaltens*. Diese bestimmt den Anteil des Kundenpotenzials, der durch das Unternehmen realisierbar ist. Unternehmen ermitteln die Kaufverhaltenswahrscheinlichkeiten in Bezug auf die Abwanderung, Stabilisierung und Ausweitung von Kundenbeziehungen.

Die Planung von *Kundenwertstrategien* umfasst den Experteninterviews zufolge drei Aufgaben. Die Kundenwertdaten werden von den befragten Unternehmen als Grundlage einer *kundenwertorientierten Segmentierung* herangezogen. Beispielsweise nimmt eine der befragten Banken durch die Gegenüberstellung der aktuellen Kundenprofitabilität und der aktuellen Kundenbedürfnisse eine mehrdimensionale Segmentierung vor. Eine weitere wesentliche Aufgabe bei der Planung von Kundenwertstrategien wird von einem Teil der befragten Unternehmen in der *Definition von Kundenwertzielen* gesehen. Diese können in Abhängigkeit der Kundenwertanalyse und der Segmentbildung vorökonomischer und ökonomischer Art sein sowie für Einzelkunden oder Kundensegmente festgelegt werden. Des Weiteren entwickeln Unternehmen *spezifische Kundenwertstrategien* für individuelle Kunden oder Kundensegmente, um die zuvor definierten Kundenwertziele zu erreichen. Beispielsweise entwickelte eine Bank Strategien für die verschiedenen Teilsegmente des Kundensegments mit geringer Profitabilität. Eines dieser Teilsegmente bestand aus unprofitablen Kunden, die ein hohes Potenzial aufweisen. Die Bank entwickelte für diese Kunden Strategien, um das Potenzial stärker auszunutzen. Die Beziehung zu diesen Kunden sollte dazu intensiviert werden. Darüber hinaus bildeten in diesem Beispiel unprofitable Kunden mit geringem Potenzial ein weiteres Teilsegment, das die Bank durch Effizienzsteigerung profitabel machen wollte.

Bei der Festlegung operativer *Kundenwertmaßnahmen* stehen Unternehmen vor den folgenden Aufgaben: Im Rahmen des *kundenwertorientierten Marketingmanagements* wird der Kundenwert verwendet, um Kunden für eine Marketingaktivität auszuwählen, die unabhängig vom Kundenwert entwickelt worden ist. Beispielsweise werden bei einer Direct Mail-Aktion aus Kostengründen nicht alle Kunden angesprochen. Eine Adressauswahl erfolgt z.B. auf Basis des Kundenwerts. Innerhalb des Kundensegmentmanagements werden operative Maßnahmen unter dem Gesichtspunkt der Kundenwertsteigerung geplant. Unternehmen entwickeln z.B. ihre Kommunikationsmaßnahmen für einzelne Kunden (-segmente) mit dem Ziel, den Kundenwert in diesen Segmenten zu steigern. Schließlich wird in vielen Unternehmen der *Kundenwertorientierung im Vertrieb* gesonderte Aufmerksamkeit gewidmet. Mit der Einführung der Kundenwertüberlegungen wurde das Vergütungssystem bei einer der befragten Banken so modifiziert, dass der Bonus von der Kundenprofitabilität im Kundenportfolio des Beraters abhängig gemacht wurde.

Die qualitative Studie hat die Eignung des Bezugsrahmens zur Erfassung und Strukturierung von kundenwertbezogenen Aktivitäten bestätigt. Darüber hinaus wurden zahlreiche Aktivitäten in jenen Dimensionen identifiziert, die sich zur quantitativen Messung des Standes des Customer Value Managements im Unternehmen heranziehen lassen.

4.2 Quantitative Studie zum Customer Value Management

Zur quantitativen Messung des Standes des Customer Value Managements wurde eine schriftliche Befragung von Managern mit Kundenwertverantwortung durchgeführt (Bruhn et al. 2008). Die *Probandenauswahl* erfolgte dabei in zwei Schritten. Zunächst wurden jene Branchen ausgewählt, in denen Kundenwertüberlegungen eine wichtige Rolle spielen. Diesbezüglich sind ein hoher Wettbewerbsdruck, Sättigungstendenzen und die Verfügbarkeit bzw. Beschaffbarkeit von kundenwertrelevanten Daten zentrale Einflussgrößen. Der zweite Schritt diente der Identifikation der für die Befragung geeigneten Personen. Dies erfolgte durch telefonische oder schriftliche Anfragen bei Unternehmen. Die Verantwortlichkeit der Probanden für kundenwertbezogene Aktivitäten sowie ihre Bereitschaft zur Teilnahme an der Befragung wurden durch einen Anruf sichergestellt. Danach erhielten die Probanden den Fragebogen mit dem Hinweis, diesen an eine andere Person im Unternehmen weiterzuleiten, falls er sie diesen nicht selbst beantworten kann. Zur empirischen Konzeptualisierung wurde der Fragebogen an 478 Manager versendet. Der Rücklauf betrug 92 (auswertbare) Fragebögen (19 Prozent).

Die in den qualitativen Interviews ermittelten formativen Indikatoren zur Messung der drei Phasen des Customer Value Managements bildeten die Basis für die *Indikatorenformulierung*. Dabei wurden die Originalaussagen aus der qualitativen Befragung gesammelt und ggf. bei starker Überschneidung zusammengefasst. Das Ergebnis dieses Schrittes wurde den befragten Managern nochmals zur Prüfung vorgelegt. Zur Überprüfung der externen Validität wurde eine ergänzende reflektive Operationalisierung des Konstruktes „*Kundenwertmanagement*" anhand von drei Indikatoren vorgenommen: Grad der Umsetzung des Kundenwertmanagements, Zufriedenheit mit der Umsetzung des Kundenwertmanagements und wahrgenommener Erfolg bei der Umsetzung des Kundenwertmanagements. Einen Überblick zu den Mittelwerten und Standardabweichungen der verwendeten Indikatoren gibt Abbildung 6.

Die Überprüfung der im Rahmen der qualitativen Studie entwickelten Messskalen erfolgte mit Hilfe von PLS Graph 3.00 unter Verwendung der standardisierten Daten. Die Ergebnisse der PLS-Analyse zeigen auf der Ebene der *Messmodelle*, dass die Indikatoren der drei (formativen) Messmodelle „Kundenwertanalyse", „Kundenwertstrategie" und „Kundenwertmaßnahmen" mit t-Werten größer als 2,03 auf dem 5 Prozent-Niveau signifikant sind. Für das (reflektive) Messmodell Kundenwertmanagement (KWM) ergibt die Analyse hohe Indikatorladungen (Loadings) von über 0,86 mit hohen t-Werten. Auch die durchschnittlich erfasste Varianz und die Composite Reliability weisen gute Werte auf. Auf der Ebene des *Strukturmodells* wird zunächst anhand der Korrelation zwischen den exogenen Modellkonstrukten die Diskriminanzvalidität der drei (formativen) Messmodelle „Kundenwertanalyse", „Kundenwertstrategie" und „Kundenwertmaßnahmen" untersucht. Alle Werte liegen deutlich unter 0,9, sodass die Diskriminanzvalidität gegeben ist. Die Pfadkoeffizienten im Strukturmodell werden in Abbildung 7 wiedergegeben. Alle drei Pfadkoeffizienten sind signifikant. R^2 ist mit 0,57 zufriedenstellend.

Dimension	Indikatoren	Mittelwert	Standardabweichung
Kundenwertanalyse	Analyse der Kundenprofitabilität	2,80	1,23
	Bestimmung der ökonomischen Kundenpotenziale	2,55	1,00
	Analyse und Prognose des Kundenverhaltens	3,11	1,33
Kundenwertstrategie	Kundensegmentierung	3,05	1,28
	Festlegung der Kundenwertziele	3,48	1,21
	Entwicklung von Kundenwertstrategien	2,61	1,11
Kundenwertmaßnahmen	Vertriebsmanagement	3,78	1,29
	Marketingmixmanagement	3,02	1,27
	Kundensegmentmanagement	2,92	1,25
Kundenwertmanagement	Status der Implementierung	4,18	1,05
	Zufriedenheit mit dem Implementierungsstatus	3,63	1,11
	Wahrgenommener Erfolg des Kundenwertmanagements	3,48	1,33

Abbildung 6: Indikatoren des Customer Value Managements mit Mittelwert und Standardabweichung als Ergebnis der quantitativen Studie
(Skala von 1 = „Trifft voll zu" bis 5 = „Trifft gar nicht zu")

Darüber hinaus bringen bei der Beurteilung der Güte des Strukturmodells die Effektstärken der exogenen Konstrukte deren Bedeutung im Modell zum Ausdruck. Hierzu wird ein Vergleich des Modells „inklusive" des jeweiligen Konstruktes mit dem Modell „exklusive" des Konstruktes im Hinblick auf die R^2-Werte vorgenommen. In der Literatur werden folgende Gütebeurteilungen anhand der Effektstärke vorgenommen (Chin et al. 2003): Eine Effektstärke von 0,02 ist gering, eine Effektstärke von 0,15 mittel und eine Effektstärke von 0,35 hoch. Die Effektstärken für das Kundenwertmodell sind in Tabelle

5 wiedergegeben. Die Effektstärken liegen mit 0,067 (Kundenwertanalyse), 0,187 (Kundenwertstrategie) und 0,099 (Kundenwertmaßnahme) zwischen gering und mittel.

Insgesamt wird das (auf Basis der Literatur und der qualitativen Interviews) entwickelte Messmodell des Kundenwertmanagements durch die quantitative Untersuchung bestätigt.

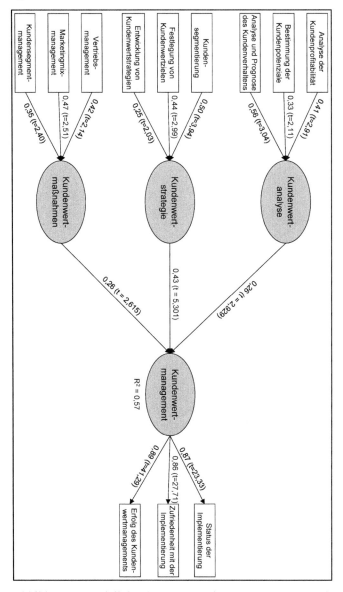

Abbildung 7: Modell des Customer Value Managements und Schätzergebnisse

5. Zusammenfassung und Ausblick

Die vorgestellten empirischen Befunde zum Customer Value Management lassen Schlussfolgerungen für die Marketingforschung und die Unternehmenspraxis zu.

Für die *Marketingwissenschaft* wurde aufgezeigt, dass eine stärkere Auseinandersetzung mit implementierungsorientierten Konzepten eines am Kundenwert ausgerichteten Kundenbindungsmanagements notwendig ist. Insgesamt sind nicht nur Methoden zur Kundenwertermittlung, sondern auch strategische und operative Konzepte stärker an den Anforderungen einer praktischen Umsetzung zu orientieren. Hierzu gehören z.B. die Fragestellung der Kundenwertsegmentierung bei bereits bestehenden Kundensegmenten oder die Entwicklung von kundenwertorientierten Kontrollsystemen. Neben analytisch-methodischen und strategisch-konzeptionellen sind insbesondere organisationsbezogene Fragestellungen stärker zu gewichten. Dahingehend scheint z.B. eine Diskussion der Ausgestaltung von kundenwertorientierten Unternehmensstrukturen, -systemen und -kulturen unter Berücksichtigung situativer Rahmenbedingungen von hoher Relevanz. Letztlich ist auch die Rolle der Mitarbeiter für die Umsetzung des CVM näher zu klären. Vor allem die Mitarbeiter im Kundenkontakt nehmen eine zentrale Rolle bei der Umsetzung ein, da sie die zentrale Schnittstelle zwischen Unternehmen und Kunde aktiv gestalten.

Für die *Unternehmenspraxis* zeigt der dargestellte Prozess des Customer Value Managements einen Ansatz zur systematischen Überprüfung des Stands von CVM auf, der vor allem die Identifikation von Implementierungsdefiziten ermöglicht. Zu den zentralen Determinanten einer erfolgreichen Umsetzung des CVM zählen neben der Schaffung einer geeigneten Datengrundlage die Kundenwertsegmentierung sowie die strategische Verankerung des Kundenwertmanagements. Auch der operative Einsatz von Kundenwertmaßnahmen im Rahmen der Kundenakquisition ist stark ausbaufähig.

Sowohl für die Marketingwissenschaft als auch für die Unternehmenspraxis liefern die vorliegenden Ergebnisse Ansatzpunkte für eine systematische Auseinandersetzung mit einem am Kundenwert ausgerichteten Management. Aufgrund der hohen Bedeutung des Kundenwerts in vielen Branchen auf der einen Seite und den zahlreichen Implementierungsproblemen auf der anderen Seite wird damit die Grundlage für eine intensivere Auseinandersetzung nicht nur für die Gestaltung, sondern vor allem für die Implementierung geliefert.

Literaturverzeichnis

Bell, D./Deighton, J./Reinartz, W. J./Rust, R. T./Swartz, G. (2002): Seven Barriers to Customer Equity Management, in: Journal of Service Research, Vol. 5, No. 1, S. 77-85.

Berger, P. D./Nasr, N. I. (1998): Customer Lifetime Value: Marketing Models and Applications, in: Journal of Interactive Marketing, Vol. 12, No. 1, S. 17-30.

Berger, P. D./Bolton, R. N./Bowman, D./Briggs, E./Kumar, V./Parasuraman, A./Terry, C. (2002): Marketing Actions and the Value of Customer Assets: A Framework for Customer Asset Management, in: Journal of Service Research, Vol. 5, No. 1, S. 39-45.

Berheide, T./Wunderlich, M. (2002): Der Erfolgsfaktor CRM am Beispiel der ASP Branche, in: Ahlert, D./Evanschitzky, H./Hesse, J. (Hrsg.), Exzellenz in Dienstleistung und Vertrieb. Konzeptionelle Grundlagen und empirische Ergebnisse, Wiesbaden, S. 161-186.

Blattberg, R. C./Deighton, J. (1996): Manage Marketing by the Customer Equity Test, in: Harvard Business Review, Vol. 74, No. 4, S. 136-144.

Bolton, R. N. (1998): A Dynamic Model of the Duration of the Customer's Relationship With a Continuous Service Provider: The Role of Satisfaction, in: Marketing Science, Vol. 17, No. 1, S. 45-65.

Bruhn, M. (2016): Relationship Marketing. Das Management von Kundenbeziehungen, 5. Aufl., München.

Bruhn, M./Georgi, D. (2004): Kundenwertmanagement im Dienstleistungsbereich – Ergebnisse einer explorativen Studie, in: Wirtz, B. W./Göttgens, O. (Hrsg.), Integriertes Marken- und Kundenwertmanagement. Strategien, Konzepte und Best Practices, Wiesbaden, S. 371-393.

Bruhn, M./Georgi, D. (2006): Services Marketing. Managing the Service Value Chain, Harlow.

Bruhn, M./Georgi, D./Hadwich, K. (2008): Customer Equity Management as Formative Second-Order Construct, in: Journal of Business Research, Vol. 61, No. 12, S. 1292-1301.

Bruhn, M./Georgi, D./Schusser, S. (2004): Einsatz des Customer Lifetime Value (CLV) im Commitmentgeschäft, in: Hippner, H./Wilde, K. D. (Hrsg.), Management von CRM-Projekten. Handlungsempfehlungen und Branchenkonzepte, Wiesbaden, S. 429-451.

Bruhn, M./Georgi, D./Treyer, M./Leumann, S. (2000): Wertorientiertes Relationship Marketing. Vom Kundenwert zum Customer Lifetime Value, in: Die Unternehmung, 54. Jg., Nr. 3, S. 167-188.

Brusco, M. J./Cradit, J. D./Tashian, A. (2003): Multicriterion Clusterwise Regression for Joint Segmentation Settings. An Application to Customer Value, in: Journal of Marketing Research, Vol. 40, No. 2, S. 225-234.

Cornelsen, J. (2000): Kundenwertanalysen im Beziehungsmarketing, Nürnberg.

Dias, S./Pihlens, D./Ricci, L. (2002): Understanding the Drivers of Customer Value. The Fusion of Macro and Micromodelling, in: Journal of Targeting, Measurement and Analysis for Marketing, Vol. 10, No. 3, S. 269-281.

Diller, H. (1995): Kundenbindung als Zielvorgabe im Beziehungs-Marketing, Arbeitspapier Nr. 40, Lehrstuhl für Marketing, Universität Erlangen-Nürnberg, Nürnberg.

Diller, H./Bauer, T. (2010): Kundenlebenswertmodelle im Einzelhandel – Ein empirischer Vergleich konkurrierender Ansätze, in: Georgi, D./Hadwich, K. (Hrsg.), Management von Kundenbeziehungen, Wiesbaden, S. 81-103.

Droll, M. (2008): Kundenpriorisierung in der Marktbearbeitung. Gestaltung, Erfolgsauswirkungen und Implementierung, in: Bauer, H. H./Homburg, Ch./Kuester, S. (Hrsg.), Schriftenreihe des Instituts für Marktorientierte Unternehmensführung, Universität Mannheim, Wiesbaden.

Dwyer, F. R. (1997): Customer Lifetime Valuation to Support Marketing Decision Making, in: Journal of Direct Marketing, Vol. 11, No. 4, S. 6-13.

Eggert, A. (2006): Die zwei Perspektiven des Kundenwerts: Darstellung und Versuch einer Integration, in: Günter, B./Helm, S. (Hrsg.), Kundenwert. Grundlagen – Innovative Konzepte – Praktische Umsetzungen, 3. Aufl., Wiesbaden, S. 41-60.

Garbarino, E./Johnson, M. S. (1999): The Different Roles of Satisfaction, Trust and Commitment in Customer Relationships, in: Journal of Marketing, Vol. 63, No. 2, S. 70-87.

Grönroos, Ch. (1994): From Marketing Mix to Relationship Marketing: Towards a Paradigm Shift in Marketing, in: Management Decision, Vol. 32, No. 2, S. 4-20.

Gupta, S./Hanssens, D./Hardie, B./Kahn, W./Kumar, V./Lin, N./Ravishanker, N./Sriram, S. (2006): Modeling Customer Lifetime Value, in: Journal of Service Research, Vol. 9, No. 2, S. 139-155.

Günter, B./Helm, S. (2006): Kundenwert. Grundlagen – Innovative Konzepte – Praktische Umsetzungen, 3. Aufl., Wiesbaden.

Hippner, H./Küsters, U./Meyer, M./Wilde, K. (2001): Handbuch Data Mining im Marketing, Wiesbaden.

Hoekstra, J. C./Huizingh, E. K. R. E. (1999): The Lifetime Value Concept in Customer-Based Marketing, in: Journal of Market Focused Management, Vol. 3, No. 3/4, S. 257-274.

Homburg, Ch./Droll, M./Totzek, D. (2008): Customer Prioritization: Does It Pay Off, and How Should It Be Implemented?, in: Journal of Marketing, Vol. 72, No. 5, S. 110-130.

Jain, D./Singh, S. S. (2002): Customer Lifetime Value Research in Marketing: A Review and Future Directions, in: Journal of Interactive Marketing, Vol. 16, No. 2, S. 34-46.

Kim, A. J./Ko, E. (2012): Do Social Media Marketing Activities Enhance Customer Equity? An Empirical Study of Luxury Fashion Brand, in: Journal of Business Research, Vol. 65, No. 10, S. 1480-1486.

Kiwitz, K./Scheffler, C. (2009): Methoden zur Messung dynamischer Kundenwerte. Ein State-of-theArt-Review, Arbeitspapier Nr. 165 des Lehrstuhls für Marketing an der Universität Erlangen-Nürnberg, Nürnberg.

Krafft, M. (2007): Kundenbindung und Kundenwert, 2. Aufl., Heidelberg.

Kumar, V. (2006): CLV: The Databased Approach, in: Journal of Relationship Marketing, Vol. 5, No. 2/3, S. 7-35.

Kumar, V./George, M. (2007): Measuring and Maximizing Customer Equity: A Critical Analysis, in: Journal of the Academy of Marketing Science, Vol. 35, No. 2, S. 157-171.

Kumar, V./Shah, D. (2009): Expanding the Role of Marketing: From Customer Equity to Market Capitalization, in: Journal of Marketing, Vol. 73, No. 6, S. 119-136.

Kumar, V./Shah, D. (2015): Handbook of Research on Customer Equity in Marketing, Cheltenham.

Laker, M./Pohl, A./Dahlhoff, D. (2009): Kundenbindung auf neuen Märkten, in: Hinterhuber, H. H./Matzler, K. (Hrsg.), Kundenorientierte Unternehmensführung. Kundenorientierung – Kundenzufriedenheit – Kundenbindung, 6. Aufl., Wiesbaden, S. 133-146.

Marcus, C. (1998): A Practical Yet Meaningful Approach to Customer Segmentation, in: Journal of Consumer Marketing, Vol. 15, No. 5, S. 494-504.

Munk, S. (2013): Kundenwertorientierung von Mitarbeitern: Implementierungstreiber und Erfolgsauswirkungen, Berlin.

Ness, J. A./Schroeck, M. J./Letendre, R. A./Douglas, W. J. (2001): The Role of ABM in Measuring Customer Value, part two, in: Strategic Finance, Vol. 82, No. 10, S. 44-49.

Reichheld, F. F./Sasser, W. (1990): Zero Defections. Quality Comes to Services, in: Harvard Business Review, Vol. 68, No. 5, S. 105-111.

Reinartz, W. J./Kumar, V. (2000): On the Profitability of Long-Life Customers in a Noncontractual Setting: An Empirical Investigation and Implications for Marketing, in: Journal of Marketing, Vol. 64, No. 4, S. 17-35.

Reinartz, W. J./Kumar, V. (2003): The Impact of Customer Relationship Characteristics on Profitable Lifetime Duration, in: Journal of Marketing, Vol. 67, No. 1, S. 77-99.

Reinartz, W. J./Thomas, J. S./Kumar, V. (2005): Balancing Acquisition and Retention Resources to Maximize Customer Profitability, in: Journal of Marketing, Vol. 69, No. 1, S. 63-79.

Schmittlein, D. C./Morrison, D. G./Columbo, R. (1987): Counting Your Customers: Who Are They and What Will They Do Next?, in: Management Science, Vol. 33, No.1, S. 1-24.

Schneider, W. (2008): Profitable Kundenorientierung durch Customer Relationship Management (CRM). Wertvolle Kunden gewinnen, begeistern und dauerhaft binden, München.

Spahlinger, L. I./Herrmann, A./Huber, F./Magin, S. (2006): Konzept zur effizienten Gestaltung von Kundenbeziehungen durch Kundenwertmanagement, in: Günter, B./Helm, S. (Hrsg.), Kundenwert. Grundlagen – Innovative Konzepte – Praktische Umsetzungen, 3. Aufl., Wiesbaden, S. 607-624.

Stahl, K. H./Matzler, K./Hinterhuber, H. H. (2006): Kundenbewertung und Shareholder Value, in: Günter, B./Helm, S. (Hrsg.), Kundenwert. Grundlagen – Innovative Konzepte – Praktische Umsetzungen, 3. Aufl., Wiesbaden, S. 425-445.

Wiesel, T./Skiera, B. (2007): Unternehmensbewertung auf der Basis von Kundenlebenswerten, in: Zeitschrift für betriebswirtschaftliche Forschung, 59. Jg., Nr. 6, S. 706-731.

Wirtz, B. W./Schilke, O. (2004): Ansätze des Kundenwertmanagements, in: Wirtz, B. W./Göttgens, O. (Hrsg.), Integriertes Marken- und Kundenwertmanagement. Strategien, Konzepte und Best Practices, Wiesbaden, S. 19-55.

Summary

Despite the great relevance of customer value to the customer loyalty programs of companies, there is a gap between the customer value concepts discussed in theory and the needs of marketing and customer managers in practice. Major reasons are conceptual lacks of marketing theory regarding a conceptual foundation of customer value oriented retention management. This article presents a conceptual framework of a Customer Value Management and major findings from a qualitative and a quantitative empirical study.

Siebter Teil

Kundenbindungsmanagement in ausgewählten Branchen und Unternehmen

1. Kapitel: Dienstleistungen

Ulrich Hauschild, Sascia Hilverkus und Andreas Koch

Fallstudie Miles & More: Profitable Kundenbindung in der Airline Industrie

1. Einführung

2. Ziele und Zielgruppe des Kundenbindungsprogramms Miles & More
   2.1 Umsatzsteigerung bei Lufthansa und vollintegrierten Airline Partnern
   2.2 Zusatzerlöse durch Marketingpartnerschaften, Kommunikation und Sachprämien
   2.3 Integrationsfunktion von Miles & More innerhalb der Star Alliance

3. Bindungsmechanismen und Kernprozesse
   3.1 Prämienmeilen als Bonussystem
   3.2 Statusbezogene Leistungen
   3.3 Wertschätzung
   3.4 Kundenservice und Kundenkommunikation

4. Zielkundenmanagement als Erfolgsfaktor
   4.1 Stufen des Zielkundenmanagements
   4.2 Individuelle Zielkundenaktionen der Lufthansa
   4.3 Erfolgskontrolle der Zielkundenaktionen
   4.4 Anwendungsgebiete der Zielkundenaktionen

5. Schlussbetrachtung und Ausblick

Ulrich Hauschild verantwortete von 2004-2008 bei Lufthansa als Vice President Kundenbindung der Deutsche Lufthansa AG das Vielfliegerprogramm Miles & More. Sascia Hilverkus war zu dieser Zeit Leiterin Marketing Support. Andreas Koch ist als Leiter Kundenbindungsprogramme seit April 2005 bei Lufthansa für die Weiterentwicklung des Miles & More-Programms zuständig.

1. Einführung

Angesichts steigenden Passagieraufkommens und zunehmenden Wettbewerbsdrucks führte die Deutsche Lufthansa AG 1993 das *Vielfliegerprogramm Miles & More* ein, um ihre potenzialträchtigen Kunden effizienter identifizieren, gewinnen, entwickeln und an sich binden zu können. Heute ist Miles & More mit weltweit rund 30 Millionen Teilnehmern das führende Vielfliegerprogramm in Europa. Während die meisten Fluggesellschaften singuläre Vielfliegerprogramme betreiben, entwickelte sich Miles & More zum gemeinsamen Kundenbindungsprogramm von mittlerweile neun Airlines (Adria Airways, Air Dolomiti, Austrian Airlines, Brussels Airlines, Croatia Airlines, LOT Polish Airlines, Lufthansa, Luxair und SWISS International Air Lines), die somit Kooperationspartner und zugleich Wettbewerber sind.

Kernfunktion ist das Sammeln und Einlösen von Prämienmeilen bei zurzeit 28 in der Star Alliance zusammengeschlossenen Fluggesellschaften, acht weiteren Partner-Airlines von Miles & More sowie über dreihundert Unternehmen anderer Branchen, wie Hotellerie, Autovermietung, Finanzdienstleistungen, Medien und Telekommunikation. Wesentlicher Treiber der Bindungswirkung ist jedoch die *Statussystematik*, über die die eigentliche Differenzierung der Kunden erfolgt. Abhängig vom Kundenwert, gemessen am bisherigen Flugvolumen, erhalten Statuskunden besondere Leistungen und Privilegien rund um die Flugreise, wie Zugang zu Airport-Lounges, Buchungsgarantie und Wartelistenpriorität. Ebenfalls mit dem Status verbunden ist eine besondere, über Kundenservice und Kommunikation empfangene Wertschätzung sowie eine entsprechende Prestigewirkung des jeweiligen Miles & More-Status gegenüber Dritten.

Zielsetzung von Miles & More ist die Erzeugung langfristiger Kundenbindung durch gezielte Anreize sowie ein effizientes, an Kundenbedürfnissen orientiertes Beziehungsmanagement. Hinzu kommt die Erwirtschaftung zusätzlicher Erlöse aus Marketingpartnerschaften. Hierdurch leistet Miles & More einen wichtigen Beitrag zum Unternehmenserfolg von Lufthansa sowie der anderen Partner-Airlines.

2. Ziele und Zielgruppe des Kundenbindungsprogramms Miles & More

2.1 Umsatzsteigerung bei Lufthansa und vollintegrierten Airline Partnern

Voraussetzung für die Umsatzsteigerung ist zum einen die genaue Kenntnis über den Kunden und seine Bedürfnisse sowie die Implementierung wirkungsvoller Bindungsmechanismen. Die Bindungsmechanismen werden in Kapitel 3 beschrieben. Hauptzielgruppe sind die Kunden mit hohen Umsätzen im Luftverkehr. Auch hier gilt wie in anderen Wirtschaftsbereichen die Pareto-Formel, dass 20 Prozent der Kunden 80 Prozent der Umsätze tätigen.

Die wichtigste *Zielgruppe* der Fluggesellschaften sind Geschäftsreisende mit hohem Flugvolumen. Die Entscheidung dieser so genannten Vielflieger, mit welcher Fluggesellschaft sie reisen, wird hauptsächlich von vier Faktoren bestimmt: Preis, Flugplan (schnelle Verbindungen), Fluggesellschaft (Service, Produkt und Marke) und Vielfliegerprogramm. Angesichts abnehmender Markentreue, d.h. steigender Wechselbereitschaft der Flugreisenden, gewinnen Kundenbetreuung und Kundenbindung mehr und mehr an Bedeutung. Dies umso mehr, da im Kaufentscheidungskriterium Flugplan durch konkurrierende globale Allianzsysteme – wie Star Alliance, Skyteam oder Oneworld – frühere Wettbewerbsvorteile zunehmend nivelliert werden.

Für den Erfolg der Fluggesellschaften rückt zunehmend der Kunde noch vor dem Produkt in den Fokus. Dem Erkennen und Befriedigen seiner persönlichen Bedürfnisse sowie dem persönlichen und aus Kundensicht relevanten Dialog mit ihm kommt damit für eine dauerhafte Bindung eine hohe Bedeutung zu. Miles & More als *Kundenbindungssystem* dient der Initiierung und dauerhaften Erhöhung der Kundenloyalität über den Dialog. Meilen und Statuskarten sind lediglich der für den Kunden sichtbare Ausgangspunkt einer erfolgreichen Kundenbindung. Die Elemente Meile und Status, Kundendaten und Kundensegmentierung sind die Basis für eine individuelle Ansprache der Kunden über das Zielkundenmanagement, das in Kapitel 4 vorgestellt wird. Die Stufen eines erfolgreichen Kundenbindungsmanagements bei Miles & More sind beispielhaft in Abbildung 1 dargestellt.

Um den sich im Laufe der Kundenbeziehung verändernden, individuellen Kundenbedürfnissen gerecht zu werden, hat Lufthansa eine *kundenwertbasierte Methodik* entwickelt, die Customer Equity-Betrachtung. Um potenzialträchtige Kunden frühzeitig und zugleich effizient zu identifizieren und zu binden, werden je nach Kundenwertigkeit exklusive Zusatzleistungen erbracht. Wesentlich sind dabei Produkt- und Servicemaßnahmen sowie eine gezielte Ausrichtung der Direktmarketingaktivitäten. Der *Customer Equity* setzt sich zusammen aus dem vergangenen Umsatz der Kunden und einem Future Customer Lifetime Value, der eine Schätzung zukünftiger Erlöse aus der Kundenbeziehung darstellt. Die Berechnung des Future Customer Lifetime Values basiert hierbei auf einem *Kundenlebenszyklusmodell*, das verschiedene Faktoren, wie Flugverhalten, geschätzter Kundenmarktanteil („share of wallet"), Alter usw., berücksichtigt. Ob ein Kunde hingegen Entscheider oder Meinungsführer ist, bleibt unberücksichtigt. Aus der Summe vergangener und zukünftiger Werte, kombiniert mit einem Potenzialfaktor durch Up-/Cross-Selling, ergibt sich der Customer Equity eines Kundensegmentes.

Abbildung 1: Stufen eines erfolgreichen Kundenbindungsmanagements

Wissenschaftliche *Ansätze des Kundenwertes* beschränken sich im Allgemeinen auf den Future Customer Life Time Value. Selbst wenn Erlöserwartungen für die Zukunft auf Prognosen aus Vergangenheitsdaten basieren, sind letztere nur indirekt einbezogen. Um sowohl die Kundenloyalität als auch mögliche zukünftige Erlöspotenziale ausreichend zu berücksichtigen, umfasst der Customer Equity-Ansatz von Lufthansa einen Past Value, einen Forecast Value sowie zusätzlich einen Potenzial Value (Abbildung 2).

Der Customer Equity-Ansatz wird durch eine verhaltensorientierte Segmentierung ergänzt. In Abhängigkeit von Flugaktivität und -frequenz ergeben sich vier *Kundensegmente*. Loyale Kunden mit sehr hoher Aktivität in hoher Frequenz stellen zwar ein zahlenmäßig sehr kleines, jedoch sehr wertvolles Kundensegment dar (Abbildung 3), da sie zusammen mehr als ein Drittel des über Miles & More identifizierten Lufthansa-Umsatzes repräsentieren. Diese Kunden haben einen entsprechend hohen Status und liegen in der Customer Equity-Segmentierung meistens in den oberen Segmenten. Die treuen, mittelfrequenten Kunden mit hoher Aktivität sowie so genannte Gelegenheitsflieger stellen zwei weitere Kundensegmente dar. Das größte Kundensegment sind die als Zykliker bezeichneten Fluggäste, die zwar regelmäßig, aber in niedriger Frequenz fliegen.

Aufbauend auf diesen vier verhaltensorientierten Segmenten kann die Clusterung aufgrund des Flugverhaltens weiter verfeinert werden: Ist ein Kunde Gelegenheits- oder Vielflieger? Nutzt er First, Business oder Economy Class? Fliegt er hauptsächlich europaweit oder interkontinental? Nutzt er neue Medien und automatisierte Prozesse? Diese Feinsegmentierung ist in Abbildung 4 dargestellt.

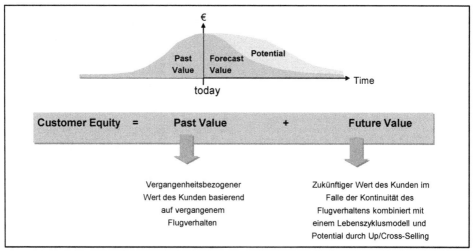

Abbildung 2: Das Customer Equity Modell der Lufthansa

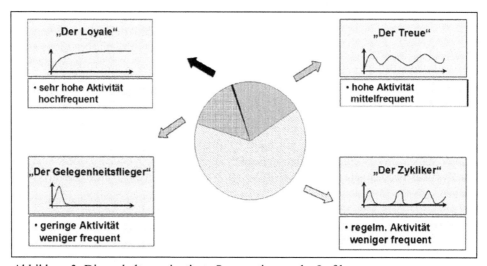

Abbildung 3: Die verhaltensorientierte Segmentierung der Lufthansa

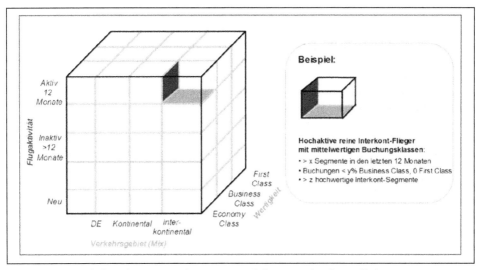

Abbildung 4: Zielkundensegmentierung von Airline-Kunden bezüglich ihres Flugverhaltens

2.2 Zusatzerlöse über Marketingpartnerschaften, Kommunikation und Sachprämien

Das umfangreiche und globale *Portfolio an Partnern* ist ein wesentlicher Erfolgsfaktor von Miles & More.

Miles & More-Partnerunternehmen werden nach der Attraktivität ihrer Produkte für den Kunden sowie Image und Markenstärke ausgewählt. Die Partner erwerben von Miles & More Prämienmeilen, um diese zur Verstärkung des Absatzes ihrer eigenen Produkte an ihre Kunden zu vergeben. Zudem erhalten sie über die Miles & More-Medien kommunikativen Zugang zur Miles & More-Kundenbasis. Durch das weltweite Partnernetzwerk in der Touristik (Fluggesellschaften, Hotels und Autovermieter), ergänzt um weitere Industrien wie Telekommunikation, Finanzdienstleistungen, Verlage und Einzelhandel, ermöglicht es Miles & More seinen Kunden, in fast allen Lebensbereichen und an jedem Ort Meilen zu sammeln und einzulösen.

Besonders deutlich wird dies im Bereich der Finanzdienstleistungen. Miles & More bietet in über 20 Ländern mit unterschiedlichen Emittenten eine Miles & More-Kreditkarte an. Die Kunden erhalten für ihre Kreditkartenumsätze Prämienmeilen auf ihrem Miles & More-Konto gutgeschrieben. Der Erfolg der Kreditkarte zeigt sich am hohen Umsatz, der etwa das Sechsfache des Branchendurchschnitts beträgt. Häufig bekommt die Miles & More-Karte erst über die Kreditkartenfunktion einen festen Platz in der Geldbörse des Kunden und wird so zum täglichen Begleiter.

Für Vielflieger, die bereits einen beträchtlichen Anteil ihrer Arbeitszeit im Flugzeug verbringen, bietet Miles & More mit dem Worldshop eine attraktive Möglichkeit, Meilen gegen Sachprämien einzulösen. Inzwischen wird etwa ein Viertel aller Prämienmeilen über den WorldShop und weitere Handelspartner eingelöst. Der WorldShop ist mit den Geschäftsfeldern Online- und Offline-Versandhandel, Bordverkauf und stationärer Handel (an den Flughäfen Frankfurt, München, Berlin, Düsseldorf und Hamburg) das einzige Vier-Kanal-Handelshaus in Deutschland.

2.3 Integrationsfunktion von Miles & More innerhalb der Star Alliance

Über die reine Kundenbindung hinaus nimmt Miles & More eine wichtige *Integrationsfunktion* im Rahmen der Allianz- und Beteiligungsstrategie von Lufthansa und Star Alliance wahr. Mehrere Fluggesellschaften waren jahrelang Miles & More-Partner, bevor sie der Star Alliance beitraten. Über die Miles & More-Partnerschaft können frühzeitig Erfahrungen hinsichtlich der konzeptionellen und operativen Zusammenarbeit mit anderen Fluggesellschaften gesammelt sowie Prozesse und IT-Systeme aufeinander abgestimmt werden. Noch intensiver greift diese Integration selbstverständlich für die vollintegrierten Partner, die über Miles & More in einen Marketing- und Kommunikationsverbund mit Lufthansa treten. Bei der Übernahme von SWISS International Air Lines durch Lufthansa war die Integration des ehemaligen Swiss Travel Clubs in Miles & More einer der ersten kundenwirksamen Meilensteine der Zusammenarbeit.

3. Bindungsmechanismen und Kernprozesse

3.1 Prämienmeilen als Bonussystem

Die meisten Vielfliegerprogramme vergeben *Flugmeilen oder -punkte* für getätigte Flüge. Dabei richtet sich die Anzahl der vergebenen Meilen regelmäßig nach der Flugdistanz in Meilen sowie der Buchungsklasse und korrespondiert folglich mit dem Wert des erworbenen Tickets. In Kombination mit speziellen Promotionen und Zielkundenaktionen (vgl. Kapitel 4) steuern die Fluggesellschaften über die Vergabe von Meilen die Nachfrage auf margenstarke oder gering ausgelastete Flüge. Da die für eine Prämieneinlösung notwendige Anzahl an Meilen nur selten durch einen einzigen Flug erreicht wird, entsteht der Anreiz des Sammelns durch Folgekäufe und damit die Kundenbindung. Neben dem Flugpreis und dem Flugplan haben Vielfliegerprogramme gerade bei Geschäftsreisen und im Langstreckenverkehr Relevanz in der Kaufentscheidung. Auch festigt sich über das Programm die Position der jeweiligen Airline im so genannten *relevant set* der vom Kunden überhaupt im Auswahlprozess berücksichtigten Fluggesellschaften. Das breite Angebot zum Meilensammeln bei anderen Partnern hilft Neukunden, schneller zu der gewünschten Flugprämie zu gelangen und verstärkt über ein schnelles Erfolgserlebnis den Bindungseffekt gerade in der abwanderungsgefährdeten ersten Zeit der Kundenbeziehung.

Die attraktivste *Prämienart* in einem Vielfliegerprogramm ist naturgemäß der Prämienflug. Grundsätzlich steht den Miles & More-Teilnehmern dabei das gesamte Flugnetz der Star Alliance und weiterer Airlinepartner zur Verfügung, von einem innerdeutschen Flug in der Economy Class bis hin zu einem First Class Ticket um die Welt. Da das Sitzplatzangebot seitens der Airlines kontingentiert ist und sich die Nachfrage zeitlich auf die Ferienzeiten und auf beliebte Urlaubsdestinationen konzentriert, gilt es hier ein gutes Maß zu finden. Ein erfüllter Prämienwunsch erzeugt eine starke rationale als auch emotionale Bindung zur Airline – wird der Kundenwunsch mangels Verfügbarkeiten wiederholt nicht erfüllt, sinkt die Attraktivität des Vielfliegerprogramms und es droht eine Abwanderung des Kunden zur Konkurrenz. Steigender Beliebtheit erfreuen sich die Upgrade Prämien, bei der der Kunde sein bezahltes Flugticket gegen Aufzahlung in Prämienmeilen in die nächst höhere Beförderungsklasse upgraden kann. Diese Wahlmöglichkeit besteht bis unmittelbar vor Abflug und veranlasst viele Kunden zu spontanen Kaufentscheidungen, sich einen Flug in der exklusiven Business oder First Class zu gönnen.

3.2 Statusbezogene Leistungen

Wesentlicher Unterschied zu reinen Rabattprogrammen wie z.B. Payback oder Deutschlandcard ist die *„Statuslogik"* von Miles & More. Die eigentliche Differenzierung der Kunden erfolgt auf Basis von Statusmeilen, die ausschließlich auf Flügen von Lufthansa, allen Star Alliance Airline und ausgewählten Miles & More Airline-Partnern gesammelt werden Somit richtet sich die statusbezogene Differenzierung nach dem Umsatz des Kunden für die Kernleistung Flugreise. Die Statusdifferenzierung unterteilt Kunden zunächst in vier Gruppen. Kunden, die sich für das Miles & More-Programm angemeldet haben, sind zunächst *Base*-Kunden. Wenn sie innerhalb eines Kalenderjahres mindestens 35.000 Statusmeilen gesammelt haben, erhalten sie eine silberne Kundenkarte für den Status des *Frequent Travellers*. Ab 100.000 Statusmeilen wird der *Senator*-Status mit einer goldenen Kundenkarte verliehen. Für die hochwertigsten Kunden führte Miles & More Ende 2004 den *HON Circle* ein. Ein Kunde erreicht diesen exklusiven Status, wenn er innerhalb von zwei aufeinanderfolgenden Kalenderjahren 600.000 HON Circle-Meilen gesammelt hat. HON Circle-Meilen unterscheiden sich von regulären Statusmeilen darin, dass sie nur auf Flügen von Lufthansa und exklusiv ausgewählten Miles & More Airline Partnern und nur bei Flügen in der First oder Business Class vergeben werden. Diese selektive Art der Vergabe unterstreicht die Exklusivität des *HON Circle* Status und erhöht nochmals die Bindungs- und Kaufanreizwirkung zur Airline. Über die verschiedenen Meilenarten wird die Kundenpräferenz nach Flugleistungen der verschiedenen Airline Partner beeinflusst. Was kompliziert klingen mag, funktioniert in der Praxis ausgezeichnet, weil sich jeder Kunde auf den für ihn relevanten Teil des Programms fokussiert. Ein Zykliker wird wissen, wie er die nächste Flugprämie oder den *FTL* Status erreicht, während ein hochwertiger *Senator* sich plötzlich für den *HON Circle* Status als ein realistisches Ziel interessiert.

Die Statuslogik ermöglicht es Lufthansa, ihre wichtigsten Kunden entlang der kompletten Servicekette zu erkennen und – entsprechend der *Kundenwertigkeit* – differenziert zu behandeln. So erhalten Senatoren z.B. gesonderte Miles & More-Servicerufnummern mit bevorzugten Serviceleistungen. Sollte ein gewünschter Flug ausgebucht sein, erhalten sie innerhalb bestimmter Vorlaufzeiten dennoch eine bestätigte Buchung und Priorität auf Wartelisten gegenüber anderen Kunden. Weitere Vorzüge sind eine kostenlose Kreditkarte, erhöhte Freigepäckmengen sowie Zugang zu exklusiven Senator-Lounges an vielen Flughäfen. Am Flughafen kann der Senator stets am First Class-Schalter einchecken, auch wenn er nur eine Buchung in der Business Class oder Economy Class hat. Hervorzuheben ist zudem der so genannte Executive Bonus: Statuskunden erhalten auf alle Flüge mit Lufthansa und ausgewählten weiteren Airline Partnern 25 Prozent mehr Prämien- und Statusmeilen. Mit der dadurch erleichterten Status Requalifizierung wird die dauerhafte Loyalität des Kunden sichergestellt.

Der *HON Circle* Service beginnt bereits am Boden im exklusiven First Class-Terminal auf einer Fläche von rund 1.800 qm in Frankfurt. Lufthansa setzt damit international neue Standards für Bodenservices. Valet-Parking, Concierge-Services, getrennte Sicherheitskontrolle und Check-in ohne Wartezeiten, individuelle Betreuung durch einen persönlichen Assistenten, exklusives Ambiente mit Bar, Gourmet-Restaurant und Badebereich sowie ein Limousinen-Transfer direkt zum Flugzeug machen den besonderen Service aus, mit dem Lufthansa ihren HON Circle Membern und First Class-Gästen das Reisen noch komfortabler gestaltet. Separate Räume, Büros mit Telefon, Notebookanschluss, Wireless LAN und Büromaterial bieten dem Gast die Möglichkeit, in absoluter Privatsphäre zu arbeiten. Entspannung findet er in exklusiv ausgestatteten Ruheräumen. Moderne, großzügig gestaltete Badezimmer mit Dusche und Badewanne sorgen für die nötige Erfrischung vor oder nach einer langen Reise. Im Restaurant des First Class-Terminals bereiten Köche saisonal wechselnde Gerichte frisch vor den Augen des Gastes zu. Für Raucher steht zudem eine separate Cigar Lounge mit Snacks und Getränken zur Verfügung. Daneben gibt es in verschiedenen Bereichen der Flughäfen Frankfurt und München First Class-Lounges mit ebenfalls exklusivem Service. Selbstverständlich genießen HON Circle-Member alle Vorteile für Senatoren wie z.B. eine spezielle Servicerufnummer, Wartelistenpriorität und Buchungsgarantie zu noch besseren Bedingungen.

3.3 Wertschätzung

Über die rationalen, statusbezogenen Leistungen rund um die Flugreise hinaus erfahren Kunden entsprechend ihres Miles & More-Status emotional empfundene *Zeichen beson-*

derer Wertschätzung. Zum einen drückt sich diese Wertschätzung in einer bevorzugten, individuellen Ansprache vor, während und nach der Flugreise sowie in der Marketingkommunikation – die exklusive HON Circle-Karte wird beispielsweise persönlich übergeben – aus. Zum anderen erhalten Kunden ausgewählte Accessoires mit Prestigewirkung gegenüber Dritten, wie z.B. die goldene Senator-Karte oder besondere Kofferanhänger für HON Circle-Mitglieder. So dient der exklusive Miles & More Status als Identifikationsanker und persönliches Statussymbol.

Da mit steigender Anzahl gesammelter Meilen der Grenznutzen der einzelnen Meile sinkt, gewinnen rationale und emotionale Statusleistungen und eine persönliche Wertschätzung für die Kundenbindung zunehmende Bedeutung. Dies zeigt sich anschaulich an einer 25-prozentigen Umsatzsteigerung hochwertiger Kunden im Umfeld der HON Circle-Einführung.

3.4 Kundenservice und Kundenkommunikation

Als führendes Vielfliegerprogramm Europas ist Miles & More auf Umsatz und Teilnehmerwachstum angelegt. Während sich ein Großteil der täglich über 6.000 Neukunden über die Webseite oder ausgegebene Broschüren selbst anmeldet, wirbt Miles & More zusätzlich an Flughäfen aktiv um potenzialträchtige neue Teilnehmer, da dort eine hohe Wahrscheinlichkeit besteht, auf Vielflieger anderer Fluggesellschaften und Kundenbindungsprogramme zu treffen.

Um sowohl neue als auch bestehende Kunden zu höherer Flugaktivität mit Lufthansa und ihren Partnern zu aktivieren, tritt Miles & More mit ihnen in einen regelmäßigen Dialog. Hierfür dienen periodische *Medien* wie der monatliche online Newsletter sowie der Miles & More Kontoauszug mit kombinierten Marketingangeboten. Statuskunden in Deutschland erhalten monatlich das Lufthansa-Magazin Exclusive zugesandt, welches sich entsprechend der hochwertigen Zielgruppe vom Lufthansa-Magazin an Bord inhaltlich und gestalterisch unterscheidet. Neben den periodischen Medien erfolgt der Dialog über gezielte Mailings und Promotionen, die im nachfolgenden Abschnitt vorgestellt werden.

Basis für eine effektive und zielgerichtete Kommunikation und Kundenbetreuung sind aktuelle und hinreichend detaillierte *Kundendaten.* Die Miles & More-Kundendaten werden in einem zentralen CRM-System verwaltet, das Schnittstellen zu allen relevanten IT-Systemen der Lufthansa aufweist. Entlang der gesamten Buchungs- und Reisekette erhalten Mitarbeiter im Kundenkontakt und die betroffenen Systeme Informationen über den Vielfliegerstatus und den Customer Lifetime Value des Kunden, um entsprechend der Kundenwertigkeit Wartelisten zu bearbeiten oder Kulanzfälle zu regeln. Von besonderer Bedeutung ist die Qualität und Aktualität der Kundendaten. Hier kommt Miles & More zugute, dass ein Großteil der Kunden seine Daten aktiv pflegt, um Kontoinformationen oder die Statuskarte zu erhalten.

Die Zukunft liegt jedoch eher in einer individualisierten und *personalisierten Kommunikation*. Zu den bereits erwähnten Standardkommunikationsmedien und dem Miles & More Internetportal als Marketing Push-Strategie kommt die Pull-Komponente durch den Kunden neu hinzu. Der Kunde kann in einer Art Wahlmenü selbst bestimmen, wie oft und zu welchen Inhalten er Informationen bekommen möchte. Auch wird ein individueller Dialog ermöglicht. Kunden können beispielsweise auf miles-and-more.com in einem Forum zu bestimmten Themen diskutieren und Fragen adressieren, die teilweise auch direkt von anderen Kunden beantwortet werden. Durch eine stärkere Einbindung des Kunden, z.B. in Programmentwicklungsthemen, Marktforschung oder Online-Abstimmungen, wird die Kundenbindung noch verstärkt – der Kunde nimmt aktiv an der Gestaltung seines Vielfliegerprogramms teil.

4. Zielkundenmanagement als Erfolgsfaktor

4.1 Stufen des Zielkundenmanagements

Wie in Abbildung 1 dargestellt, bilden die Prämien- und Statussystematik die Basis für ein erfolgreiches *Zielkundenmanagement*. Die mit der Erfassung der Daten verbundene Identifikation von Kunden wird durch verschiedene Kundensegmentierungen verfeinert, die eine zielgerichtete und effiziente Differenzierung von Leistungen, Services und Kundenkontakten im Vertrieb, Marketing und Customer Service ermöglichen. Ein effizientes Zielkundenmanagement ist auf die kundenorientierte Betreuung entlang der gesamten Servicekette sowie auf die individuelle Kommunikation maßgeschneiderter Marketingbotschaften und -angebote ausgerichtet.

Die *Kundensegmentierung* dient also dazu, Kundeninformationen in verschiedenen Bereichen jeweils profitabilitätssteigernd einzusetzen. Mit der Kenntnis über den Status, den Customer Equity sowie über das Flugverhalten der hochwertigen Kunden in der Vergangenheit versucht Lufthansa durch gezielte Direktmarketingaktivitäten den Share of Wallet des Kunden über Cross- oder Up-Selling zu erhöhen oder die Kundenbeziehung zeitlich auszuweiten. Durch diese Segmentierung kann die Kommunikation mit dem Kunden wesentlich zielgerichteter gestaltet werden. Das spart einerseits Kosten und ermöglicht andererseits eine weitere Individualisierung der Kundenansprache. Erfahrungen haben gezeigt: Je genauer der Kunde auf seine Bedürfnisse angesprochen wird, desto höher ist seine Aufmerksamkeit für die angebotenen Produkte. Dieses wird in einem durch Informationsüberfluss geprägten Umfeld strategisch immer bedeutender.

4.2 Individuelle Zielkundenaktionen der Lufthansa

Klassische Promotionen im Rahmen der Vielfliegerprogramme haben einerseits einen direkten geografischen Bezug, wie z.B. doppelte Meilen für alle Flüge innerhalb Deutschlands, und werben andererseits mit einem pauschalen Angebot. Lufthansa führt heute Promotionen mit einer pauschalen Meilen Incentivierung nur noch in Ausnahmefällen durch. In diesem Fall besteht die Zielsetzung vor allem in der Gewinnung von Aufmerksamkeit für eine neue Strecke zum Zeitpunkt der Markteinführung. Eine Weiterentwicklung der Promotion erfolgt durch stärkere *Individualisierung der Marketingmaßnahmen*. Die Kunden innerhalb eines homogenen Segments erhalten auf Basis ihres bisherigen Flugverhaltens eine Zielvorgabe – ein „Target" – in Form von zusätzlichen Flügen mit Lufthansa in einem vorgegebenen Zeitraum und ein „Incentive" – einen Anreiz – in Form von zusätzlichen Prämienmeilen.

Folgendes *Beispiel* soll die Individualisierung verdeutlichen. Zwei Kunden – Maier und Schulze – werden kontaktiert. Kunde Maier ist *Basiskunde* und in der Vergangenheit viermal im Jahr mit Lufthansa innerhalb von Europa in der Economy Class geflogen. Darüber hinaus hat er mindestens zweimal Konkurrenz-Airlines benutzt, was durch Diskontinuitäten beim Meilensammeln aufgefallen ist. Kunde Maier erhält nun folgendes Angebot: „Fliegen Sie in den nächsten vier Monaten dreimal mit Lufthansa zu einem europäischen Ziel Ihrer Wahl in der Economy Class und Sie erhalten 5.000 Prämienmeilen zusätzlich." Kunde Maier soll zu einem zusätzlichen Flug mit Lufthansa animiert werden.

Kunde Schulze ist *Frequent Traveller* und im vergangenen Jahr zehnmal mit Lufthansa in Europa in der Economy Class geflogen, einmal in die USA und zweimal nach Japan, ebenfalls in der Economy Class. Auch er ist mehrmals mit Konkurrenz-Airlines in Europa geflogen. Kunde Schulze wird im Rahmen von zwei Promotionen kontaktiert. Zum einen wird analog zum Kunden Maier versucht, sein innereuropäisches Flugverhalten zu beeinflussen, aber in Richtung Upsell zur Nutzung der Business Class: „Fliegen Sie in den nächsten drei Monaten mindestens viermal mit Lufthansa innerhalb Europas. Für Flüge in der Economy Class erhalten Sie zusätzlich 5.000 Meilen, für Flüge in der Business Class erhalten Sie sogar 20.000 Meilen." Da der Kunde Schulze Lufthansa bisher nur einmal in die USA genutzt hat, erhält er etwas zeitversetzt folgendes zweite Angebot: „Fliegen Sie in den nächsten drei Monaten mindestens einmal mit Lufthansa in die USA und Sie erhalten zusätzlich 6.000 Meilen."

Die Reaktion der Kunden Maier und Schulze auf die Promotionen und die Zielerreichung sind wichtige Indikatoren für den *Grad der Entscheidungsfreiheit*. Ist der Kunde frei in der Wahl der Fluggesellschaft, der Reiseklasse und der Reisedaten? Oder werden ihm einige oder alle Parameter z.B. durch Reiserichtlinien seines Arbeitgebers vorgeschrieben? Dadurch lassen sich Future Value, Potenzial Value und damit der Customer Lifetime Value kontinuierlich neu berechnen.

4.3 Erfolgskontrolle der Zielkundenaktionen

Der letzte Schritt nach Durchführung der Promotion ist die *Erfolgskontrolle*. Diese beginnt bereits bei der Definition der Promotion im Rahmen der „Pre-Campaign-Analyse". Das Kundensegment wird in zwei Gruppen geteilt: die Zielgruppe und eine Kontrollgruppe. Die *Zielgruppe* erhält die oben beschriebenen individualisierten Angebote zur Verhaltensbeeinflussung. Die *Kontrollgruppe*, die ca. 20 bis 30 Prozent des Segments ausmacht, wird nicht angeschrieben. Nach Abschluss der Promotion werden die Erlöse der Zielgruppe und der Kontrollgruppe verglichen. Das Delta wird als Promotionserfolg bezeichnet. Der Erfolg der Promotionen zeigt sich in zwei zeitlichen Dimensionen: Der kurzfristige Erfolg ist der, der unmittelbar durch die Promotion erzielt wird. Langfristig zeigt sich zusätzlich, dass die Kunden, die regelmäßig an Promotionen teilnehmen, im Durchschnitt auch ein höheres Flugaufkommen bei Lufthansa zeigen. Individualisierte Promotionen werden bei der Lufthansa als *„Zielkundenaktion"* bezeichnet.

4.4 Anwendungsgebiete der Zielkundenaktionen

Die Bandbreite der möglichen Anwendungen der Zielkundenaktionen ist groß: Neben den beschriebenen Maßnahmen zur *Erlössteigerung* sind auch weitere Zielkundenaktionen zur *Kostensenkung* möglich. So können Kunden durch Incentivierung zur Nutzung kosteneffizienter Lufthansa-Services animiert werden. Als Beispiel sind die Check-in-Automaten an den Flughäfen zu nennen. Kunden, die bisher gewohnt waren, am Check-in-Schalter für ihre Flüge einzuchecken, wurden durch gezielte Incentivierung über Meilen dahingehend beeinflusst, künftig am Check-in-Automat einzuchecken. Dies erspart ihnen Zeit und ist für Lufthansa die kostengünstigere Variante.

5. Schlussbetrachtung und Ausblick

Mit dem zunehmenden Reifegrad etablierter sowie der steigenden Anzahl neuer Vielfliegerprogramme reduziert sich der Wettbewerbsvorteil durch das reine Meilensammeln und -einlösen. Immer mehr Programme stellen die Punktevergabe von einer Entfernungs- auf eine ticketpreisbasierte Logik um – ein hoher Preis zählt dabei mehr als langjährige Treue. Für eine erfolgreiche und zugleich effiziente Kundenbindung ist es daher wichtig, für den Kunden attraktive und zugleich für den Wettbewerber schwer kopierbare Zusatzleistungen zu schaffen und diese nach dem individuellen Kundenwert differenziert anzubieten. Mittels Customer Equity Ansatz, Feinsegmentierungen und individualisierten Zielkundenaktionen identifiziert Miles & More potenzialträchtige Kunden und stimuliert durch gezielte Meilenangebote die Nachfrage nach profitablen Produkten. Auf Basis prädiktiver Analysen werden die Airlines darüber hinaus ihren Kunden relevante, individualisierte Angebote unterbreiten. Das kann ein Upgrade gegen Aufpreis während des Check-In Prozesses sein, eine am Flughafen über iBeacon-Technologie zugestellte Einladung zum einmaligen Lounge-Besuch oder Car Sharing-Optionen nach der Landung in München. Dadurch wird die Reichweite deutlich erhöht, denn nicht für alle Kunden ist ein Vielfliegerprogramm interessant. Kunden fühlen sich mit der Airline verbunden, die sie in ihren Bedürfnissen versteht und relevante Angebote zum richtigen Zeitpunkt und zum richtigen Preis ausspielt.

Summary

Miles & More is with more than 30 million members the leading frequent flyer program in Europe. Miles & More generates additional revenue for Lufthansa and its fully integrated Miles & More partner airlines.

A key difference in comparison to traditional bonus programs is the "status segmentation" based on so-called tier or status miles. The status allows Lufthansa to identify and differentiate their most important customers along the entire service chain and to treat them according to their customer equity. Thus creating and enhancing long-term customer loyalty and providing a sense of prestige.

Additional revenue is generated in target customer campaigns. Based on previous behaviour and demand for air transportation individual targets and incentives for flights in the near future are calculated and offered to a homogeneous customer segment.

Since airline products and networks become more and more commodity, energy costs rise and the liberalisation of markets proceeds, brand and customer loyalty programs become extremely important as a factor of differentiation. A significant number of mere bonus programs have already emerged but Miles & More maintains the industry leading position in Europe with an attractive and competitive mix of awards, status benefits and personal appreciation. However, further unique products and exclusive services need to be developed and implemented in the future.

Siebter Teil

Kundenbindungsmanagement in ausgewählten Branchen und Unternehmen

2. Kapitel: Verbrauchs- und Gebrauchsgüter

Michael Löffler

Regelkreis Customer Experience Management – mit Kundenbegeisterung zur Kundenbindung

1. Einführung
   1.1. Kundenzufriedenheit und Kundenbegeisterung in der Automobilindustrie
   1.2. Begeisterndes Kauf- und Besitzerlebnis

2. Customer Relationship Management bei Porsche

3. Die Initiative Customer Experience Management
   3.1. Erlebbar begeisterndes Kauf- und Besitzerlebnis aus Kundensicht
   3.2. Vorgehensmodell Customer Experience Management

4. Ausgewählte Anwendungsbeispiele
   4.1. Zufriedenheitsprozesse nach Kauf und Service
   4.2. Vehicle Satisfaction Check
   4.3. Kaufprozess
   4.4. Customer Journey Monitoring

5. Fazit und Ausblick

Literaturverzeichnis

Dr. Michael Löffler ist Hauptabteilungsleiter Customer Relations der Dr. Ing. h.c. F. Porsche Aktiengesellschaft, Stuttgart.

1. Einführung

„Der Kunde" wurde branchenübergreifend neu entdeckt – zumindest wird dieser Eindruck erweckt, betrachtet man die Vielzahl an Beiträgen, die zu den Themen Customer Centricity, Kundenzufriedenheit, Customer Experience Management, etc. in letzter Zeit erschienen sind. Google weist im Frühjahr 2016 allein für „Customer Experience Management" über 87 Millionen Treffer aus – beinahe das Zehnfache der Trefferanzahl für das „Brandenburger Tor" (inklusive englischer Bezeichnung).

Der Automobilbereich macht hier keine Ausnahme: bereits seit vielen Jahren erfolgt eine intensive Auseinandersetzung mit allen Aspekten der Kundenzufriedenheit in der Vorkauf-, Kauf- und Besitzphase. Bei zunehmender technischer Produktkonvergenz gewinnen differenzierende und mehrwertstiftende Kundenprozesse an Bedeutung. Sie sichern nicht nur die Kundenzufriedenheit mit dem Produkt und der Marke, sondern werden zum wichtigen Wettbewerbsfaktor: „Premium" zeigt sich laut einer Studie des Instituts für Automobilwirtschaft (vgl. Diez 2012) vor allem in der Betreuungsqualität und damit in einer gesamthaften Fokussierung auf den Kunden und seine Bedürfnisse.

Die Bedeutungszunahme optimaler Kundenprozesse geht mit einem Perspektivenwechsel einher: die Kundenbetreuung auf der Basis von Bestands- und Transaktionsdaten im Unternehmen wird zu einer Kundenerlebnisgestaltung aus der Erwartungsperspektive der Kunden. Oder in Kurzform: traditionelles CRM wird zu CEM. Das klassische Customer Relationship Management (CRM) wird zum Customer Experience Management (CEM) weiterentwickelt.

Der nachfolgende Beitrag zeichnet diese Entwicklungslinie nach, zeigt die Grundlagen eines strukturierten CEM-Prozesses auf und illustriert anhand ausgewählter Beispiele die Umsetzung in der Praxis der Dr. Ing. h.c. F. Porsche AG.

1.1 Kundenzufriedenheit und Kundenbegeisterung in der Automobilindustrie

Die verhaltenstheoretischen Grundlagen von Kundenzufriedenheit und die qualitativen sowie quantitativen Effekte hoher (beziehungsweise unzureichender) Kundenzufriedenheit sind in der einschlägigen Literatur ausführlich beleuchtet und werden hier nicht wiederholt. Differenzierte Darstellungen finden sich etwa bei Homburg/Luo (2007) und Zhang et al. (2008).

Kundenzufriedenheit wird oft mit einer guten Kundenbetreuung in Zusammenhang gebracht. Hierzu stehen im allgemeinen CRM-Tools und -Prozesse zur Verfügung, die eine optimale Nutzung der Kundendaten ermöglichen. Einfache Beispiele hierfür sind die zeitlich, inhaltlich und postalisch korrekte Übermittlung von Informationsmaterialien (z.B. die Einladung zu einer Neufahrzeugeinführung) sowie die ereignisgesteuert korrekte Kontaktaufnahme (z.B. die Erinnerung an einen Servicetermin zum richtigen Zeitpunkt). Zunehmende Konnektivitätsumfänge des Fahrzeuges führen in absehbarer Zeit dazu, dass eine Vielzahl weiterer Daten (technisch) verfügbar sein wird und somit neue Möglichkeiten der zielgruppengerechten Kundenansprache und individuellen Kundenbetreuung realisiert werden können.

Interessant ist, dass der Ausgangspunkt von CRM-Prozessen laut gängiger Vorstellung nicht direkt der Kunde, sondern die vom Kunden im Unternehmen *verfügbaren Daten* sind. Winer (2001, S. 4) beschreibt als ersten Schritt einer vollständigen CRM-Lösung die Schaffung einer Datenbank, in der die Transaktions- und Kontaktdaten der Kunden zu erfassen sind.

Betrachtet man die aktuellen Leistungsversprechen der Premium-Automobilhersteller, so wird diese Sichtweise schwerlich ausreichen: hohe Kundenzufriedenheit wird zum selbstverständlichen Basisfaktor, Kundenbegeisterung dagegen zum strategischen Ziel. Ausgewählte Beispiele verdeutlichen dies (Datenquelle sind jeweils die Internetseiten der Hersteller): die Audi AG formuliert in ihrer Strategie 2020 „Wir begeistern Kunden weltweit", die Daimler AG beschreibt ihre Strategie über „Im Fokus unseres Handelns stehen die Bedürfnisse unserer Kunden. Wir wollen sie begeistern […]" und wichtiges Ziel der Porsche Strategie 2018 ist die „Kundenbegeisterung durch ein einzigartiges Kauf- und Besitzerlebnis". Grundsätzlich ergibt sich daraus die Aufgabenstellung, „Kundenbegeisterung" zu konkretisieren und in einem strukturierten Prozess zu operationalisieren - unter Beibehaltung und Schärfung der Markenidentität und des Markenimages weltweit.

1.2 Begeisterndes Kauf- und Besitzerlebnis

Porsche erfüllt als Hersteller sportlicher Premiumfahrzeuge höchste Ansprüche hinsichtlich individueller Mobilität. Porsche ist beispielsweise gemäß der Studie des renommierten amerikanischen Marktforschungsinstitutes J.D. Power die Marke mit der höchsten Attraktivität. In der „Automotive Performance, Execution and Layout Study (APEAL)" belegt Porsche im Jahr 2015 zum 11. Mal in Folge den ersten Platz. In zahlreichen weiteren Zufriedenheitsstudien konnte Porsche darüber hinaus in den vergangenen Jahren sehr gute Platzierungen erreichen.

Neben dieser ausgesprochen hohen „Produktleistung" ist die exzellente Betreuungsleistung gleichermaßen für das gesamtheitliche Erleben der Marke Porsche und für langfristige Kundenbeziehungen relevant. Porsche folgt der Maxime, für die Kunden ein begeisterndes Kauf- und Besitzerlebnis zu bieten. Sichtbares Zeichen hierfür sind in baulicher Hinsicht nicht zuletzt die Fahrerlebniszentren, die Porsche etwa in Deutschland, Großbritannien, den USA und China errichtet hat oder aktuell erstellt. In den USA wurde erst 2015 das neue Porsche Hauptquartier mit Kundenerlebniszentrum „One Porsche Drive" eingeweiht, neben dem sich direkt eine rund 2,7 km lange Teststrecke befindet. Die

Marke öffnet sich so auch sichtbar noch weiter für die Kunden und bietet ihnen direkt „erfahrbare" Produkt- und Markenerlebnisse. Die zufriedenheitssteigernden Effekte optimaler Betreuungsprozesse sind bei Porsche empirisch belegbar (siehe etwa Löffler/Einhorn 2012, S. 13). Diese Resultate sind für Porsche ein besonderer Ansporn, das Kundenerlebnis durch optimale Betreuungsqualität weiterzuentwickeln und die Kunden nachhaltig von der Marke Porsche zu begeistern. Die korrespondierende organisatorische Verankerung und die bereichsübergreifende Initiative „Customer Experience Management" bei Porsche werden nachfolgend dargestellt.

2. Customer Relationship Management bei Porsche

Folgt man einem Beitrag des Forbes-Magazins, so nimmt die Anzahl der Unternehmen stetig zu, die sich organisatorisch auf „den Kunden" ausrichten (Hagen 2011). Die Beschreibung der zugehörigen Unternehmensfunktion wird mit „[...] (often) top executives, with the mandate and power to design, orchestrate and improve customer experiences across every customer interaction" (ebd., S. 1) angegeben. Unternehmensbeispiele, die eine eigene Funktion zur Gestaltung der „Customer Experience" auf Topmanagement-Ebene etabliert haben, sind laut Hagen (2012) unter anderem die Washington Post, Maersk Line, Fidelity, Oracle und Hewlett Packard. Längst hat der Begriff des „Chief Customer Officer" auch bei Wikipedia Einzug gehalten. Wie im Folgenden dargestellt wird, hat Porsche eine derartige organisatorische und prozessuale Verankerung konsequent umgesetzt.

Der Bereich Customer Relations ist bei Porsche als eigene Hauptabteilung ausgestaltet. Identisch zu den weiteren Hauptabteilungen Marketing, After Sales etc. wird an den Vorstand Vertrieb und Marketing berichtet. Einen Überblick vermittelt Abbildung 1.

Die Abteilungen im Bereich Customer Relations orientieren sich an der Leitidee, Kundenbedürfnisse strukturiert zu erheben, zugehörige Betreuungsprozesse zusammen mit den anderen Fachbereichen (Marketing, After Sales etc.) zu gestalten und weltweit umzusetzen:

Die Abteilung *Marktforschung* führt weltweit jährlich mehrere zehntausend Kundenbefragungen durch und ist für die Erhebung von Kundenerwartungen im Rahmen von Neuproduktprozessen (sog. Car Clinics) und weiteren Kundenstudien verantwortlich.

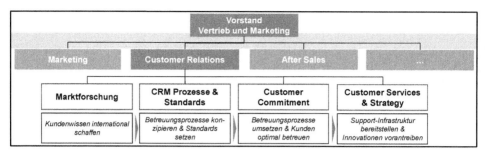

Abbildung 1: Organisatorische Verankerung der Hauptabteilung Customer Relations bei der Dr. Ing. h.c. F. Porsche AG

Die Abteilung *CRM Prozesse & Standards* setzt die von der Marktforschung eruierten Kundenbedürfnisse zusammen mit den Fachbereichen aus dem Marketing, dem After Sales etc. in Betreuungsprozesse um. Hierbei verfügt Porsche über den Vorteil eines *weltweit durchgängigen und einheitlichen CRM-Systems* mit der internen Bezeichnung C@P (CRM @ Porsche), das Hersteller, Importeure und Händler gleichermaßen einbezieht. Die Durchsetzung zentraler Betreuungsprozesse und -standards ist damit auch systemseitig gewährleistet und führt zu hoher Prozesssicherheit weltweit.

Die Abteilung *Customer Commitment* setzt die Betreuungsstandards weltweit um und betreut jährlich zusammen mit den Partnern in den Märkten mehrere zehntausend Anfragen und Kundenrückmeldungen. Auch diese Prozesse laufen nach dem einheitlich hohen Porsche-Standard ab und basieren auf der Nutzung des CRM-Systems C@P.

Die Abteilung *Customer Services & Strategie* sorgt für die Bereitstellung der weltweiten Service-Infrastruktur, um z.B. in naher Zukunft die Porsche Car Connect-Umfänge kundenseitig zu betreuen. Sie entwickelt ferner die CRM-Strategie für neue Kanäle, etwa die Kunden- und Interessentenbetreuung über ausgewählte soziale Medien.

Mit der organisatorischen Verankerung und prozessorientierten Ausrichtung hat Porsche ideale Voraussetzungen für professionelle und differenzierende Betreuungsprozesse: Kundenwissen kann direkt in Kundenbetreuungsprozesse übersetzt und mittels eines weltweiten CRM-Systems operativ umgesetzt werden. Diese Kombination dürfte *in der Automobilindustrie einmalig* sein und stellt einen aktuellen Trend im CRM-Bereich dar, welchen Porsche vorwegnimmt (Löffler/Einhorn 2012).

Mit dem monatlichen Regelgremium „Forum Produktqualität und Kundenzufriedenheit" besteht ferner die Möglichkeit, kundenrelevante Themen direkt beim Gesamtvorstand der Dr. Ing. h.c. F. Porsche AG zu platzieren; hier werden produktbezogene und kundenbetreuungsrelevante Sachverhalte mit Einfluss auf die Kundenzufriedenheit *gesamtheitlich* betrachtet. Die Geschäftsstelle für den Bereich Kundenzufriedenheit des Forums ist in der Hauptabteilung Customer Relations angesiedelt.

Die Hauptabteilung Customer Relations bei Porsche spiegelt in ihrer organisatorischen Aufstellung somit nahezu den von Burmann/Kanitz/Schusser (2011, S. 31) beschriebenen „Prozess der Kundenfokussierung" wider.

3. Die Initiative Customer Experience Management

Bei Porsche wird ein Customer Experience Management (CEM)-Ansatz verfolgt, der genau einen Start- und einen Zielpunkt hat: den Kunden mit seinen Erwartungen. Beginnend von der Erhebung der Kundenerwartungen, der Gestaltung entsprechender Kundenkontaktpunkte bis zur Umsetzung entsprechender Maßnahmen und deren Wirksamkeitsmessung, wird ein geschlossenes Konzept verfolgt. Hier greift die prozessorientierte Aufstellung der Organisationseinheit Customer Relations (siehe Abbildung 1):

- Die Erhebung von Kundenerwartungen,
- die darauf basierende Ausgestaltung von Kundenkontaktpunkten und deren koordiniertes Zusammenspiel als begeisternde „Customer Journey" und
- die Umsetzung im Markt

bilden eine geschlossene Leistungskette von der Kundenerwartung zum Kundenerlebnis. Grundsätzliche Darstellungen zum Konzept des Customer Experience Management finden sich bei Schmitt/Mangold (2004) und Shaw/Dibeehi/Walden (2010) und werden in diesem Rahmen nicht wiederholt. Eine prägnante Beschreibung der CEM-Idee führt Gouthier (2013) an: „Die ganzheitliche Gestaltung der Interaktionspunkte wird durch das Konzept des Customer Experience Management angesprochen […]" (Gouthier 2013, S. 136). Eine Darstellung der Umsetzung bei Porsche findet sich nachfolgend.

3.1 Erlebbar begeisterndes Kauf- und Besitzerlebnis aus Kundensicht

Für Porsche ist ein begeisterndes Kauf- und Besitzerlebnis kein einmaliges Projekt, sondern ein fortwährender Prozess. Porsche ist kontinuierlich bestrebt, bei jedem Kundenkontakt mit der Marke und beim resultierenden Gesamterleben das Strategieziel eines begeisternden Kauf- und Besitzerlebnisses darzustellen. Dabei wird auf die Kundenkontaktpunkte fokussiert, die Porsche aktiv gestaltet. Jeder einzelne Interessent bzw. Kunde nutzt hiervon jedoch nur einen Teil. Abbildung 2 veranschaulicht diesen Sachverhalt der vom Kunden selektiv genutzten Kontaktpunkte, die sich dann zur individuellen Customer Journey ergänzen.

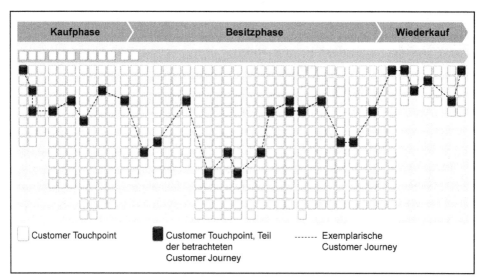

Abbildung 2: Gesamtheit aller aktiv gesteuerten sowie von einem Kunden individuell genutzten Kontaktpunkte (illustrative Darstellung)

Aus Kundenperspektive ergeben sich hieraus zwei Aspekte; beispielhaft sei ein fiktiver Kunde angenommen, dessen individuelle Markenkontakte und der resultierende Customer Journey in Abbildung 3 dargestellt sind.

Zum einen sollte *jeder einzelne Kundenkontakt* mit der Marke Porsche begeistern, zum anderen ist das *Zusammenspiel der Kontaktpunkte* für das Gesamterlebnis Porsche maßgeblich. Erlebt der Kunde beispielsweise die Marke im Porsche Pavillon in der Autostadt in Wolfsburg emotional (Kontaktpunkt 1 in Abbildung 3), muss konsequenterweise die Beratung im Porsche Zentrum, die dieser (fiktive) Kunde gemäß Abbildung 3 nachfolgend in Anspruch nimmt, die hohen Erwartungen für ein konsistentes Marken- und Betreuungserlebnis erfüllen und im Idealfall übertreffen.

Die Erfahrung hoher Beratungskompetenz in wertschätzender Atmosphäre (Kontaktpunkt 2 in Abbildung 3) wird konsistent fortgeführt, wenn der Kunde auf der Porsche Homepage relevante Informationen einfach findet und das Besondere der Porsche Sportwagen durch die emotionalen Beschreibungen vermittelt bekommt (Kontaktpunkt 3 in Abbildung 3).

Dies setzt sich in den nachfolgenden Kontaktpunkten entsprechend fort. Damit ergibt sich aus den einzelnen, jeweils optimal ausgestalteten Kontaktpunkten im Idealfall ein konsistentes und begeisterndes Kauf- und Besitzerlebnis entlang des Kundenlebenszyklus. Die Aufgabe für die operative Umsetzung eines CEM-Prozesses besteht damit in der Identifikation der aktiv gesteuerten (und ggf. noch fehlenden) Kundenkontaktpunkte, ihrer optimalen Ausgestaltung und ihres koordinierten Zusammenspiels.

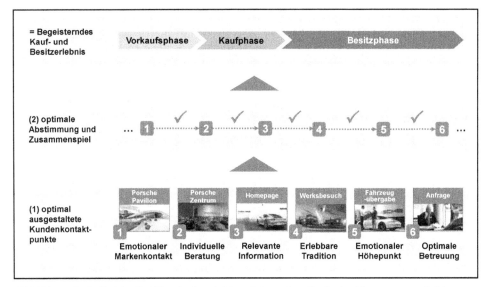

Abbildung 3: Individuelle Kundenkontaktpunkte und optimiertes Zusammenspiel im Rahmen der Customer Journey

3.2 Vorgehensmodell Customer Experience Management

Die Umsetzung der CEM-Initiative erfolgt bei Porsche vereinfacht dargestellt in 4 Schritten (siehe hierzu Abbildung 4).

In *Schritt 1* wird eine Ist-Aufnahme durchgeführt: die aktuellen (von Porsche gesteuerten) Kontaktpunkte werden strukturiert erhoben und beschrieben. Dabei werden die betroffenen Fachbereiche des After Sales, des Marketing etc. intensiv mit einbezogen. Der Erhebung geht eine ausführliche Beschreibung der zugrundeliegenden Konzepte zu Kundenbegeisterung und Kundenbetreuungsprozessen bzw. -erlebnisgestaltung voraus.

Schritt 1 hat im Rahmen der CEM-Initiative bei Porsche in mehrfacher Hinsicht einen Mehrwert erbracht:

- *Reflexion*: die Diskussion der von den Fachbereichen verantworteten Kontaktpunkte hat zu einer intensiven Auseinandersetzung mit der eigenen Tätigkeit aus Kundenperspektive geführt. Die Output-orientierte Sichtweise („Was erzeuge ich?") wurde um einen kundenorientierten Blickwinkel („Was kommt beim Kunden wie an und was bewirkt es dort?") ergänzt.

- *Involvement*: die beteiligten Fachbereiche erleben die CEM-Initiative als ihr Projekt. Sie bekommen nicht ein fertiges Konzept zur operativen Umsetzung vorgelegt, sondern sind Mitgestalter der Initiative und haben aktiv Ideen eingebracht, die zum Teil auch außerhalb ihres Bereiches liegen.
- *Information*: die Erhebung aller aktiv gesteuerten Kontaktpunkte hat fachbereichsübergreifend zu einem Wissensaustausch geführt. Es wurde eine vollständige Darstellung des Ist-Zustandes der „Customer Touchmap", der strukturiert gegliederten Auflistung aller gesteuerten Kundenkontaktpunkte, erstellt. Durch diese kompakte Information wurde zudem das Verständnis um die Tätigkeitsumfänge anderer Fachbereiche erweitert und die interne Vernetzung gefördert.

In *Schritt 2* wird das „Selbstbild" mit der Wahrnehmung und den *Erwartungen der Kunden* abgeglichen. Eine umfangreiche Primärerhebung (n>1.000) in mehreren absatzstarken Märkten zeigte auf, welche Kontaktpunkte von den Kunden wahrgenommen bzw. selbst genutzt werden, wie wichtig sie für die Kunden sind und in welchem Ausmaß die einzelnen Kontaktpunkte bereits Zufriedenheit mit der Marke oder gar Begeisterung vermitteln konnten. „Kunde" steht hier nicht nur für aktive und vormalige Kunden der Marke Porsche. Einbezogen wurden auch Fahrer von Wettbewerbsmarken, die einen Kontakt mit der Marke Porsche hatten, gleichzeitig aber auch von den Erfahrungen mit ihrer „anderen" Marke berichten konnten.

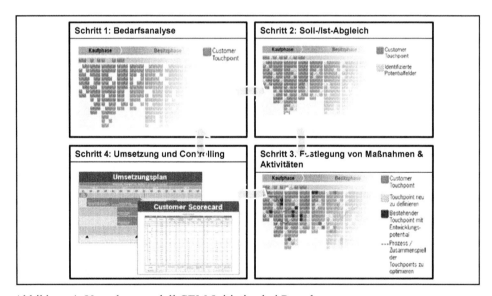

Abbildung 4: Vorgehensmodell CEM-Initiative bei Porsche

In *Schritt 3* wird auf der Basis einer Fit/Gap-Analyse aus Schritt 2 die zukünftige Customer Journey gestaltet. Dabei gibt es drei wesentliche Aktivitätsfelder:

- Bestehende Kundenkontaktpunkte werden weiterentwickelt, falls sie noch kein ausreichendes Maß an Kundenzufriedenheit bzw. Kundenbegeisterung vermitteln. Ein Praxisbeispiel (Optimierung der Zufriedenheitsprozesse nach Kauf und Service) findet sich in Abschnitt 4.1.

- Werden Kundenerwartungen identifiziert, die noch nicht über einen Kundenkontaktpunkt abgedeckt sind, werden diese Potenziale genutzt: ein zusätzlicher Kontaktpunkt oder Betreuungsprozess wird eingeführt. Abschnitt 4.2 stellt das Praxisbeispiel des sogenannten „Vehicle Satisfaction Checks" vor.

- Das Zusammenspiel der Kontaktpunkte wird dort optimiert, wo „das Ganze mehr als die Summe der Einzelteile" darstellt. Typischerweise sind das aus Kundenperspektive wesentliche Ereignisse, die mehrfache oder aufeinander aufbauende Markenkontakte bedingen. Das Beispiel des Kaufprozesses wird als Praxisbeispiel in Abschnitt 4.3 illustriert.

In *Schritt 4* werden die im 3. Schritt erarbeiteten Konzepte umgesetzt. Dabei gilt es, eine zeitlich sinnvolle Staffelung der einzelnen Handlungsfelder, eine optimale Priorisierung des Mitteleinsatzes sowie eine transparente Messbarkeit der Maßnahmenwirksamkeit sicherzustellen. Die Umsetzung erfolgt immer maßgeblich mit den Tochtergesellschaften in den einzelnen Märkten.

Bei der Porsche AG wird in einzelnen Märkten über ein sog. „Customer Journey Monitoring" erhoben, wie die einzelnen Kundenkontaktpunkte sowie die gesamthafte Customer Journey erlebt wird. Ausgewählte kundenzentrierte Kennzahlen werden prägnant in einer „Customer Scorecard" für die weltweiten Porsche Märkte als Managementinfo zur Verfügung gestellt. Insgesamt ergibt sich mit den 4 Schritten ein kontinuierlicher *Regelkreis Customer Experience Management*.

Ein kurzer Einblick wird nachfolgend in Abschnitt 4.4 vorgestellt.

4. Ausgewählte Anwendungsbeispiele

Für die zuvor genannten Aktivitätsfelder wird nachfolgend jeweils ein Anwendungsbeispiel aus der Praxis der Dr. Ing. h.c. F. Porsche AG vorgestellt.

4.1 Zufriedenheitsprozesse nach Kauf und Service

Kauf und Service sind wichtige Kundenkontaktpunkte (siehe Abbildung 5, Nummer 1). In der Automobilbranche ist es üblich, die Zufriedenheit der Kunden an diesen Kontaktpunkten marktforschungsseitig zu erheben (Abbildung 5, Nummer 2).

Die Ergebnisse werden gesammelt und im Rahmen der periodischen Berichtslegung kommuniziert. Der Kunde ist damit eher Datenlieferant denn wertgeschätzter Partner, dessen individuelle Zufriedenheit im Vordergrund steht. Die beispielsweise quartalsweise Berichterstattung von Zufriedenheitsmittelwerten erlaubt insbesondere kein Eingehen auf den individuellen Kundenfall, falls hier weitere Betreuungsmaßnahmen zur Erzielung eines begeisternden Kauf- und Besitzerlebnisses notwendig sein sollten.

Bei der Dr. Ing. h.c. F. Porsche AG wurden daher die Kontaktpunkte Kauf bzw. Service um korrespondierende Zufriedenheitsprozesse erweitert: wird auf Basis der individuellen Kundenrückmeldung (Abbildung 5, Nummer 3) keine vollständige Zufriedenheit festgestellt, wird für den Kunden innerhalb von 72 Stunden die Erarbeitung einer Lösung des Anliegens angestrebt (Abbildung 5, Nummer 4). Dabei kann bei Porsche auf ein weltweit durchgängiges CRM-System zurückgegriffen werden, das die Porsche AG, die Landesgesellschaft (im Beispiel anhand der Porsche Cars North America Inc. dargestellt) und den Händler vor Ort durchgängig vernetzt (Abbildung 5, Nummer 5). Nach der Durchführung des Betreuungsprozesses ist wiederum entscheidend, ob der Kunde eine aus seiner Sicht zufriedenstellende, individuelle Lösung seines Anliegens erfahren hat (Abbildung 5, Nummer 6). Die Kundenzufriedenheit mit dem Kauf- und Serviceerlebnis konnte durch die Optimierung des Kontaktpunktes ebenso wie die prospektive Kundenbindung deutlich messbar gesteigert werden.

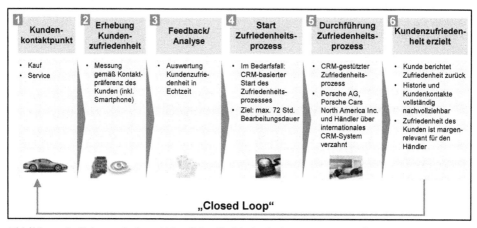

Abbildung 5: Schematischer Ablauf des Zufriedenheitsprozesses nach Kauf- und Service

4.2 Vehicle Satisfaction Check

Erhebungen wie die amerikanische J.D. Power IQS (Initial Quality Study) oder die unter anderem in den europäischen Ländern durchgeführte NCBS (New Car Buyer Study) zeigen, dass in den ersten Monaten nach dem Besitz eines Neufahrzeuges Potenziale für eine Festigung der Beziehung des Kunden zur Marke bestehen. Oftmals werden Fahrzeugzusatzfunktionen als erklärungsbedürftig empfunden, bestehen Rückfragen (etwa zu Garantiebedingungen) oder werden individuelle Einstellungen des Infotainment-Systems gewünscht. Ein zugehöriger Kontaktpunkt ist bei den meisten Herstellern jedoch nicht implementiert. Bei der Dr. Ing. h.c. F. Porsche AG wurde in diesem Zusammenhang in ausgewählten Ländern der sogenannte „Vehicle Satisfaction Check" (im Sinne der Kundenzufriedenheit mit dem Fahrzeug) als Kontaktpunkt wenige Monate nach der Fahrzeugübergabe eingeführt. Der Kunde wird aktiv kontaktiert und der persönliche Kontakt zum Händler angeboten (z.B. um offene Fragen zu Bedienumfängen zu klären). Die Kunde-Händler-Beziehung wird gefestigt und die Kundenbindung gestärkt.

Im Jahr 2015 wurden allein im US-amerikanischen Markt rund 34.000 derartige Kontaktangebote an Kunden ausgesprochen. Rund 30 Prozent der Kunden haben das Kontaktangebot aufgegriffen. Für diese Kunden wurde mit dem zusätzlichen Kontaktpunkt „Vehicle Satisfaction Check" eine bislang bestehende (Betreuungs-)Lücke geschlossen.

4.3 Kaufprozess

Der Kaufprozess im Automobilbereich ist schematisch in Abbildung 6 dargestellt. Aus Kundenbindungssicht stellt er eine besondere Herausforderung dar: Neukunden sind von der Produkt- und Betreuungsleistung zu überzeugen, Bestandskunden sind zu loyalisieren und erneut für die Marke zu gewinnen. Die zahlreichen einzelnen Kontaktpunkte vom ersten Interesse bis hin zum Kauf sind optimal aufeinander abzustimmen.

Porsche setzt sich zum Ziel, die Kunden und Interessenten an den einzelnen Kontaktpunkten besonders zu begeistern und so für die Marke zu gewinnen bzw. sie an diese zu binden. An der Phase 4 im Kaufprozess gemäß Abbildung 6 wird dies nachfolgend illustriert:

Typischerweise erfolgt für Interessierte nach dem Beratungsgespräch die Probefahrt mit dem Fahrzeug, an das sich die Konfiguration des individuellen Wunschfahrzeuges anschließt. Auch hier hat Porsche den entsprechenden Kundenkontaktpunkt weiter emotional aufgeladen. Nach der Fahrzeugkonfiguration (Nummer 4 in Abbildung 6) erhalten die Interessenten ein Booklet, welches das individuelle Wunschfahrzeug bis ins letzte Detail darstellt: in der gewünschten Aussenfarbe, mit der gewählten Innenausstattung, den geplanten Ausstattungsoptionen, mit zu diesem Fahrzeug passenden Accessoires, etc.

Das Booklet ist so individuell wie das zugehörige Fahrzeug bzw. der zugrundeliegende Kundenwunsch - das „most personal car" wird dem Kunden nochmals durch ein einzigartiges Mailing vorgestellt. Eine Illustration findet sich in Abbildung 7.

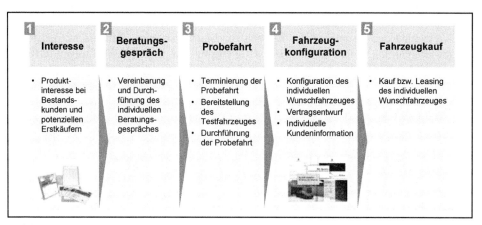

Abbildung 6: Schematischer Kaufprozess im Automobilbereich

Alle Kontaktpunkte des Kaufprozesses in Abbildung 6 sind CRM-seitig hinterlegt und prozessual miteinander verzahnt. So wird durch das Customer Experience Management bei Porsche über optimal aufeinander abgestimmte Kontaktpunkte, die selbst wiederum bestmöglich auf die Kundenbedürfnisse ausgerichtet sind, ein Höchstmaß an Kauf- und Besitzerlebnis vermittelt.

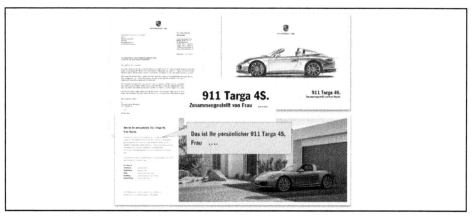

Abbildung 7: Hochgradig individualisierte Vorstellung des Wunschfahrzeuges (exemplarische Darstellung)

4.4 Customer Journey Monitoring

Entscheidend ist, welchen Beitrag die CEM-Aktivitäten zum Strategieziel der Kundenbegeisterung liefern. Bei Porsche wird hierfür in immer mehr Ländern das „Customer Journey Monitoring" implementiert. Damit wird Schritt 4 (gemäß Abbildung 4) praktisch umgesetzt.

Die Kernidee besteht darin, bei Kunden die Bekanntheit, die Nutzungsintensität und die wahrgenommene Güte ausgewählter Kundenkontaktpunkte zu erheben. Dabei wird nach dem jeweiligen Besitzjahr unterschieden, um die Wahrnehmung von Kundenkontaktpunkten nicht nur aggregiert, sondern als Längsschnittdatum entlang der Customer Jouney zu erheben. Ebenfalls werden Kunden mit einbezogen, zu denen schon länger kein aktiver Kontakt dokumentiert wurde. Interessenten, die sich zum damaligen Zeitpunkt noch nicht für ein Porsche Fahrzeug entschieden haben, werden ebenfalls mit einbezogen, um im Bedarfsfall Optimierungsbedarfe in der Vorkaufphase zu identifizieren.

5. Fazit und Ausblick

Das gesamthafte Betreuungs- und Markenerlebnis wird zunehmend zu einem differenzierenden Leistungsmerkmal: technisch-funktionale Produktqualität wird durch Betreuungsqualität ergänzt und erweitert. Das klassische CRM (Customer Relationship Management) leistet hierzu bereits einen wichtigen Beitrag, indem Kundeninformationen für eine bestmögliche Kundenbetreuung genutzt werden. Das CEM (Customer Experience Management) geht einen Schritt weiter. Kundenerwartungen werden individuell in einer entsprechenden Ausgestaltung der Kundenkontaktpunkte und deren Zusammenspiel, der sogenannten Customer Journey, abgebildet. Im Idealfall resultiert ein Kauf- und Besitzerlebnis, das zu einer langfristigen Kundenbeziehung und damit nachhaltiger Kundenbindung führt.

Der vorliegende Beitrag illustriert, wie die Dr. Ing. h.c. F. Porsche AG eines ihrer strategischen Ziele, die Kundenbegeisterung durch ein einzigartiges Kauf- und Besitzerlebnis, organisatorisch verankert hat. Gleichzeitig wird das Customer Experience Management als unternehmensweite Initiative vorgestellt, die den Rahmen für die Erarbeitung und Umsetzung der zugehörigen Aktivitäten bilden kann.

Ausgewählte Umsetzungsbeispiele zeigen, wie entsprechende Maßnahmen fachbereichsübergreifend als Teamleistung umgesetzt werden. Die positiven Effekte auf Kundenzufriedenheit und prospektive Loyalität sind messbar und signifikant.

Gleichzeitig bleibt festzuhalten, dass die Erzielung von Kundenbegeisterung kein einmaliges Projekt, sondern eine kontinuierliche Initiative darstellt: Kundenerwartungen verändern sich, und damit auch die zur Erfüllung der Kundenerwartungen notwendigen Betreuungsprozesse. Mit der Erschließung neuer Absatzmärkte einerseits und der Bildung weiterer Kundensegmente durch eine Ergänzung des Produktprogrammes andererseits nimmt das Spektrum an differenzierten Kundenbedürfnissen zu. Diese gilt es sowohl individuell als auch markenadäquat zu erfüllen. Für ein Unternehmen wie die Dr. Ing. h.c. F. Porsche AG mit dem Strategieziel der „Kundenbegeisterung durch ein einzigartiges Kauf- und Besitzerlebnis" ist das eine spannende Herausforderung. Dieser stellen sich die engagierten Porsche Mitarbeiter weltweit jeden Tag erneut.

Literaturverzeichnis

Burmann, Ch./Kanitz, Ch./Schusser, S. (2011): So stellen Sie Ihre Kunden in den Fokus, in: Absatzwirtschaft, 45. Jg., Nr. 8, S. 30-33.

Diez, W. (2012): Wie viel Wachstum verträgt eine Premiummarke?, Institut für Automobilwirtschaft, Nürtingen-Geislingen, S. 1-36.

Gouthier, M. (2013): Die Produkte und Dienstleistungen aufwerten und weiterentwickeln, in: Esch, F.-R. (Hrsg.), Strategie und Technik des Automobilmarketing, Wiesbaden, S. 129-147.

Hagen, P. (2011): The Rise Of The Chief Customer Officer, in: Forbes.com, (Zugriff am 02.06.2011).

Hagen, P. (2012): How Chief Customer Officers Are Driving Change, in: UXmagazine, o. Vol., No. 785, o. S.

Homburg, Ch./Luo, X. (2007): Neglected Outcomes of Customer Satisfaction, in: Journal of Marketing, Vol. 71, No. 4, S. 133-149.

Löffler, M./Einhorn, M. (2012): Vom Kundenwissen zur Kundenorientierung, in: Marketing Review St. Gallen, 29. Jg., Nr. 2, S. 7-13.

Schmitt, B./Mangold, M. (2004): Kundenerlebnis als Wettbewerbsvorteil: Mit Customer Experience Management Marken und Märkte gestalten, Wiesbaden.

Shaw, C./Dibeehi, Q./Walden, S. (2010): Customer Experience – Future Trends and Insights, New York.

Winer, R. S. (2001): A Framework for Customer Relationship Management, in: California Management Review, Vol. 43, No. 4, S. 89-105.

Zhang, J./Beatty, S./Walsh, G. (2008): Review and Future Directions of Cross-Cultural Consumer Services Research, in: Journal of Business Research, Vol. 61, No. 3, S. 211-224.

Summary

Customer Experience Management (CEM) is one of the most recent topics in Marketing. Whereas Customer Relationship Management focusses on optimizing customer oriented processes by utilizing existing customer and transaction data, CEM goes one step further: customer expectations are elicited and reflected in each single customer touchpoint as well as in the overall customer journey.

The article describes the organizational structure and the key elements of the CEM initiative at Dr. Ing. h.c. F. Porsche AG. Selected outcomes are illustrated. However, CEM is not a one-time activity, but an ongoing process to continuously fulfil and even exceed customer expectations. The initiative is aimed at realizing one of the strategic targets of Dr. Ing. h.c. F. Porsche AG: to provide the customers an outstanding purchase and ownership experience.

Rolf Kunold

Kundenloyalität im Automobilsegment

1. Einführung in den After Sales-Bereich im Automobilsegment
   1.1 Hintergrund
   1.2 Herausforderungen und Aufgabenstellung

2. Kundenloyalität für den Markt mit fünf bis zehn Jahre Fahrzeugalter
   2.1 Fokussierung der Herangehensweise
   2.2 Transparenz durch ganzheitliche Analyse
   2.3 Bewertung der Chancen und Risiken
   2.4 Handlungsfelder

3. Fazit

Literaturverzeichnis

Rolf Kunold ist Partner von Homburg & Partner, Mannheim, einer international tätigen Unternehmensberatung.

1. Einführung in den After Sales-Bereich im Automobilsegment

1.1 Hintergrund

Eine der wichtigsten Branchen in der deutschen Wirtschaft ist die Automobilbranche. Deutsche Automobilisten gehören zu den erfolgreichsten weltweit. Wachstumsraten und Profitabilität im In- und Ausland sind für VW, BMW und Daimler selbst in Krisenzeiten weitgehend unter Kontrolle. Zwar haben auch die deutschen Automobilisten in der Weltwirtschaftskrise kämpfen müssen, aber sie konnten sich deutlich besser schlagen als einige ihrer internationalen Konkurrenten.

Ihr Erfolg ist insbesondere auf hohe Ingenieurskunst und Fokus auf den Neuwagenverkauf zurückzuführen. Auch das Etablieren von Markenwerten, interne sowie externe Kommunikation und das Entwickeln von neuen Modellreihen sind Erfolgshebel. Neben dem Neuwagengeschäft ist der After Sales-Bereich ein großes Geschäftsfeld: Gebrauchtwagenverkauf, Service, Reparatur, Ersatzteile, u.a. In diesem Markt sind neben den Automobil OEMs (Original Equipment Manufacturer), hauptsächlich durch Vertragswerkstätten, auch andere Partner aktiv:

- Freie Werkstätten übernehmen Service und Reparaturen,
- Tier-1-Zulieferer beliefern Werkstätten direkt,
- Freie Händler vertreiben Gebrauchtwagen.

	Markenwerkstatt		Freie Werkstatt + Tankstelle		Do-it-yourself	
	2014	2015	2014	2015	2014	2015
Reparatur- und Wartungsaufträge	39,3 Mio.	36,4 Mio.	28,3 Mio.	28,0 Mio.	5,0 Mio.	5,4 Mio.
Durchführung						
Große Inspektion	72 %	67 %	25 %	29 %	2 %	3 %
Kleine Inspektion	60 %	64 %	33 %	29 %	6 %	6 %
Sonst. Inspektion	46 %	45 %	47 %	47 %	5 %	7 %
Reparaturarbeiten	44 %	40 %	43 %	47 %	12 %	12 %
Unfallarbeiten	53 %	50 %	44 %	42 %	3 %	7 %
Gesamt	54 %	52 %	38 %	39 %	7 %	8 %

Abbildung 1: Wartungs- und Reparaturmarkt
(Quelle: Deutsche Automobil Treuhand GmbH 2016, S. 81)

Dass dieser Markt nicht klein ist, erkennt man z.B. an der Anzahl von freien Werkstätten, die sich alleine in Deutschland tummeln: ca. 21.000, davon ca.17.500 Markenwerkstätten (Deutsche Automobil Treuhand GmbH 2016, S. 57). Der Markt beläuft sich auf fast 69,8 Mio. durchgeführte Wartungs- und Reparatureinheiten in 2015 (Deutsche Automobil Treuhand GmbH 2016). In 2009 war das Gesamt-marktvolumen für Servicearbeiten in Deutschland für Reparatur, Wartung und Unfallinstandsetzung ca. 34,5 Mrd. EUR (Abbildung 1).

Bei dem Servicemarkt handelt es sich um ein sehr gewinnträchtiges Geschäft – insbesondere bei den Ersatzteilen können Automobil OEMs hohe Margen erzielen. Zwar können die Hersteller in ihren Vertragswerkstätten mehr als die Hälfte der Wartungen und Reparaturen realisieren (Deutsche Automobil Treuhand GmbH 2016), jedoch nimmt der Marktanteil mit zunehmendem Fahrzeugalter drastisch ab (Abbildung 2).

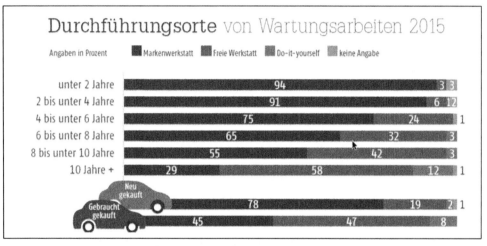

Abbildung 2: Marktanteile für Wartungs- und Reparaturarbeiten
(Quelle: Deutsche Automobil Treuhand GmbH 2016, S. 59)

Wenn man nun noch bedenkt, dass die Garantieleistung der OEMs auf Neufahrzeuge bis zu vier Jahre beträgt (z.T. sogar bis 7 Jahre im deutschen Markt durch KIA), ist die Durchdringung des Servicemarktes durch die Hersteller nicht sehr hoch.

Die deutschen Automobilkonzerne wachsen auch stark in neuen Märkten wie China und Russland. Trotzdem sind sie immer noch stark von guten Ergebnissen in den „alten" Industrieländern wie Deutschland oder USA abhängig. Die Volkswirtschaften dieser Länder wachsen schwächer als die der aufstrebenden, neuen Märkte. Insbesondere die Krise in den Jahren 2008 und 2009 hat gezeigt, dass Wachstum nicht als fortwährend angenommen werden darf. Deshalb ist es wichtig, neben der Strategie durch Neuwagenverkauf, im Gleichschritt mit dem Wachstum der Volkswirtschaft zu wachsen und andere Geschäftsmodelle (insbesondere im After Sales-Bereich) zu stärken. Durch den langjährigen Erfolg in den etablierten Märkten ist der Fahrzeugbestand dort sehr hoch und bietet ein sehr großes Potenzial.

1.2 Herausforderungen und Aufgabenstellung

Die meisten deutschen Automobil OEMs haben sich in den letzten Jahren intensiv mit der Frage beschäftigt, wie die Kundenloyalität von Autofahrern, die ein Fahrzeug mit einen Alter von mehr als fünf Jahren fahren, gesteigert werden kann. Das Ziel ist es, langfristig Potenziale zu heben, die sich aus dem großen Fahrzeugbestand in etablierten, großen Märkten ergeben. Da der Autobestand mit hohem, zunehmenden Alter der Fahrzeuge wieder abnimmt, ist für die meisten Automobilisten der Bereich mit fünf bis zehn Jahre alten Autos am interessantesten. Nicht zu vergessen ist das zum Teil sehr lukrative Geschäft mit Oldtimern im „alten" Autosegment. Da diese aber ein sehr spezielles Kunden- und Autosegment beschreiben, sind sie nicht vergleichbar mit dem der fünf bis zehn Jahre alten Autos.

Um sich dem Thema zu nähern, sind verschiedene *Stellhebel* denkbar, um die Loyalisierung der Autofahrer mit älteren Autos zu steigern:

- Technische Veränderungen am Auto,
- Verändern des angebotenen Services durch die Vertragswerkstatt,
- Kunden- oder Autobindungsprogramme,
- Einsatz von Kommunikation und Werbung.

Durch technische Veränderungen an den Fahrzeugen können Hürden geschaffen werden, um die Wartung oder Reparatur von Freien Werkstätten zu erschweren. Darunter fallen das Nutzen von Spezialwerkzeugen, um Daten auslesen zu können oder Ähnliches. Heute kann schon beobachtet werden, dass durch die zunehmende Elektrifizierung in den Fahrzeugen, die Anforderungen an die Qualifizierung in den Freien Werkstätten zunehmen und dass dadurch einige dieser Werkstätten bestimmte Fahrzeugmodelle nicht mehr annehmen. Um mit diesem Hebel erfolgreich die Loyalität der älteren Fahrzeuge zu beeinflussen, muss in den heute neuen Modellen darauf Rücksicht genommen werden. Damit das im Markt spürbar ist, müssen mindestens fünf Jahre vergehen – damit ist dies ein langfristiger Hebel und wird im Weiteren nicht mehr diskutiert.

Die drei weiteren Hebel können schon heute auf den bestehenden Car Park angewandt werden. Durch eine Veränderung im Angebot können diese Segmente zielgerichtet angesprochen werden. Bindungsprogramme können entweder am Kunden ansetzen, um Anreize zu schaffen, auch nach der Garantie das Auto zur Vertragswerkstatt zu bringen, oder es wird ein Weg gefunden, das Auto an die Werkstatt zu binden. Egal für welchen kurz- oder mittelfristigen Hebel eine Entscheidung fällt, ohne Einsatz von zielgerichteter Kommunikation und Werbung kann kein Erfolg erwartet werden.

Es ist zu erwarten, dass die Vertragswerkstätten in der Vergangenheit sich eher auf Neufahrzeuge und Garantieleistungen konzentriert haben. Dadurch hat sich eine natürliche

Aufteilung des Servicemarktes ergeben: Solange das Fahrzeug in der Garantie ist, wird die Vertragswerkstatt aufgesucht, danach ist ein Wechsel zu einer Freien Werkstatt eine viel genutzte Option. Egal welcher Hebel möglich gemacht wird, ist es eine wichtige Voraussetzung, um Erfolg zu haben, nicht nur die externe veränderte Wahrnehmung, sondern auch das interne Selbstverständnis zu beachten. Die Vertragswerkstätten müssen unterstützt und motiviert werden, um auch die älteren Automodelle als Kerngeschäft zu bedienen.

Für das hier diskutierte Beispiel möchte ein deutscher Automobil OEM seine strategische Ausrichtung für das Thema Service-Marktbearbeitung für Kunden mit einem Fahrzeug zwischen fünf und zehn Jahren neu formulieren. Kern der Überlegung ist, ob es einen Weg gibt, die Kundenloyalität dieses Kundensegments mittelfristig mit einem positiven Business Case weltweit zu steigern. Es gibt hierzu drei strategische Ergebnisoptionen (Abbildung 3).

Indirekte Betreuung	Teilweise Betreuung	Volle Betreuung
Die Kunden im Segment 5-10 Jahre werden nicht aktiv über die Vertragswerkstätten betreut. Marketing entwickelt keine Aktionen für das Segment 5-10 Jahre.	Die Vertragswerkstätten bieten nur ausgewählte Dienstleistungen im After Sales aktiv an und werden z.T. vom Marketing Unterstützt.	Vertragswerkstätten bieten den vollen Service Umfang aktiv an alle Kunden im Segment 5-10 Jahre an und werden von Seiten Marketing spezifisch unterstützt.
Fragen: • Welchen Einfluss hat diese „nicht-Betreuung" auf die Zugänglichkeit und Loyalität im Oldtimer Segment? • Wie groß sind die Auswirkungen auf den Umsatz? • Wie werden Freie Werkstätten unterstützt um die Versorgung sicher zu stellen? • ...	**Fragen:** • Welche Dienstleistungen können separat angeboten werden? • Welche Dienstleistungen sind die profitabelsten? • Welche Dienstleistungen haben den größten Effekt auf die Kundenloyalität? • Wie wird das selektive Angebot kommuniziert? • ...	**Fragen:** • Ist eine volle Betreuung noch lukrativ? • Passen die Fahrzeughalter im Segment 5-10 Jahre zu der Zielgruppe? • Müssen die Dienstleistungen preislich zwischen den Segmenten unterschieden werden? • ...

Abbildung 3: Strategische Optionen für die Service-Marktbearbeitung
(Quelle: Homburg & Partner)

2. Kundenloyalität für den Markt von fünf bis zehn Jahre Fahrzeugalter

2.1 Fokussierung der Herangehensweise

Wie weiter oben aufgezeigt, existieren verschiedene Stellhebel um ältere Fahrzeuge im Markt stärker an die Vertragswerkstätten zu binden. Da technische Veränderungen am

Fahrzeug mindestens fünf Jahre dauern, bis ein Effekt eintritt, wird sich im Folgenden auf die Hebel konzentriert, die auch kurzfristig eine Verbesserung bringen können: Veränderung im Serviceangebot, eine veränderte Kommunikation und Positionierung sowie Werbung.

Bei den Märkten wurde sich auf drei der etablierten Hochvolumenmärkte konzentriert. Natürlich gibt es mehr als drei relevante Märkte, aber auf Grund von Zeit und Ressourcen wurden drei möglichst repräsentative Märkte weltweit ausgewählt.

Als Gesamtzeit für die Initiative wurden vier Monate geplant. In dieser Zeit sollten drei Phasen durchlaufen werden (Abbildung 4).

Schritte	Analyse	Konzept	Umsetzungsplan
Aufgaben	• Auswertung Unterlagen und Daten • Durchführung Markt- und Kundenabfragen • Durchführung Wettbewerbs- und Marktbenchmark (Automotive/Non-Automotive) • Sichtung von relevanten Studien • Durchführung von lokalen Workshops in Ländern mit den Distributoren/Werkstätten	• Bewertung der Hypothesen und ggf. Priorisierung • Bewertung der Wirtschaftlichkeit • Ableitung Handlungsempfehlungen und Geschäftsmodelle • Bewertung Impact • Markenimage • Erstellung Business Case • Dokumentation	• Identifizierung von Gaps zwischen empfohlenen Geschäftsmodellen und Status Quo • Ableitung von Maßnahmen • Überführung der priorisierten Maßnahmen in einen Umsetzungsplan • Detaillierung Business Case • Dokumentation • Übergabe zur Umsetzung
Ergebnis	• Relevante Hypothesen für After Sales • Vollständige Informationen	• Empfohlene Geschäftsmodelle aus bewertetem Hypothesenbaum	• Vorgeschlagenes Projektsetup zur Implementierung der empfohlenen Geschäftsmodelle

Abbildung 4: Ablauf der Initiative zur Steigerung der Kundenloyalität
(Quelle: Homburg & Partner)

In der *Analysephase* sollten alle notwendigen Informationen gesammelt werden, um Transparenz über Marktverteilung, Kaufverhalten, Potenziale und Fokus der Marktteilnehmer aufzuarbeiten. Um das vollständig tun zu können, müssen mehrere Marktteilnehmer untersucht werden:

- OEM, um Passung und Erfahrung zu untersuchen,
- Vertragswerkstätten, um Erfahrung, Fokus und Motivation darzustellen,
- Freie Werkstätten, um Stärken, Schwächen und Preisniveaus zu erfahren,
- Autohalter, um Kaufverhalten und Kompetenzvermutung zu erfahren.

Alle Märkte im Fokus stellen sich unterschiedlich dar. Die Professionalisierung der Vertragswerkstätten ist sehr unterschiedlich: Italien ist ein stark atomisierter Markt – in Deutschland haben als einziger Markt Ketten wie ATU erfolgreich Fuß gefasst. Die Markenbekanntheit und Marktanteile des Automobil OEMs sind in den Märkten stark unterschiedlich. Insbesondere die Positionierung zwischen USA und „Alt-Europa" ist von allen deutschen Auto OEMs verschieden. Die Kundenklientel in den einzelnen Ländern sind stark verschieden und damit wahrscheinlich auch die Entscheidungsgründe. Daraus lässt sich ableiten, dass eine Informationsaufnahme pro Markt erforderlich ist.

In der *Konzeptphase* wurden die gesammelten Informationen aus den jeweiligen Ländern verglichen, um lokale Chancen und Risiken zu konsolidieren. Sollte sich der Auto OEM verstärkt im Segment mit Autos zwischen fünf und zehn Jahre Alter engagieren, dann nur, wenn es globale Stellhebel gibt, um diese dann aus der Zentrale heraus effizient zu nutzen. Trotz der globalen Sicht auf die Strategie, müssen aber alle möglichen Hebel immer in der lokalen Umsetzbarkeit überprüft werden. Wenn z.B. die verfügbare Kapazität von Vertragswerkstätten in einem Land mit Garantiefällen weitgehend ausgelastet ist, dann wird auch die beste Kampagne für neue Segmente vorerst auf volle Garagen treffen.

Der *Umsetzungsplan* koordiniert wieder alle beteiligten Stufen um ein einheitliches Gesamtbild nach außen abzugeben.

2.2 Transparenz durch ganzheitliche Analyse

Um die Transparenz herzustellen, wurden für alle wichtigen Themenfelder die *Kernfragen* aufgestellt (Abbildung 5).

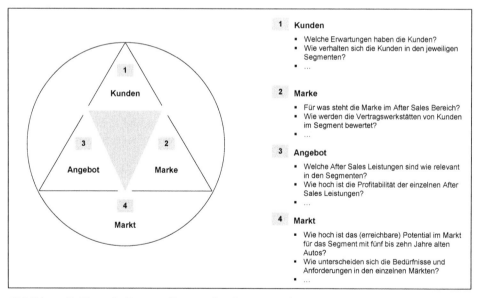

Abbildung 5: Zentrale Fragestellungen für den Strategieprozess
(Quelle: In Anlehnung an Homburg 2015)

Um diese Fragen zu beantworten, wurden verschiedene Methoden zur Untersuchung herangezogen:

- Workshops mit der Zentrale,
- Datenrecherchen,
- Workshops mit Landesorganisationen,
- Hintergrundgespräche mit Vertragswerkstätten,
- Hintergrundgespräche mit Freien Werkstätten,
- Telefonbefragung von Kunden,
- Fokusgruppen mit Kunden.

Workshops mit der Zentrale

Die Workshops mit der Zentrale wurden ganz zu Beginn und am Ende durchgeführt. Teilnehmer waren Mitarbeiter aus dem zentralen Marketing, Produktmanagement, After Sales und Vertrieb.

Zu Beginn wurden Hypothesen formuliert und Analyseziele definiert. Wichtige *Hypothesen* waren dabei unter anderen:

- Die Abwanderung der Kunden nach der Garantiezeit zu den Freien Werkstätten ist auf den großen Preisunterschied zurückzuführen.
- Es gibt keinen positiven Business Case, um dieses Segment als OEM aktiv zu bedienen.
- Potenziale sind nur einzeln vorhanden: nach Modellserie und Land.
- Je nach Modellserien und Nutzungsarten gibt es sehr unterschiedliche Fahrzeughalter mit sehr unterschiedlichen Servicebedürfnissen.
- In der Loyalität werden keine Fahrzeughalter, sondern beim Verkauf Autos verloren.

Diese und einige Hypothesen mehr waren Grundlagen, um die weiteren Recherchen zielgerichtet einzusetzen. Man kann nicht davon ausgehen, dass einzig über Hypothesenbildung ohne Initialrecherche alle wichtigen Fragen auf den Tisch kommen. Trotzdem ist es wichtig, bei einem intern politischen und visiblen Thema wie diesem, den Stand der Meinungsbildung innerhalb des Unternehmens zu kennen. Alle diese Hypothesen müssen bei der Strategiebildung berücksichtigt werden, um intern Akzeptanz zu gewährleisten.

Die Workshops am Ende waren zur gemeinsamen Interpretation und Entscheidungsvorbereitung für den Strategieprozess notwendig. Als alle Daten vorhanden waren und die eingangs aufgestellten Hypothesen verifiziert oder falsifiziert werden konnten, wurden gemeinsam mögliche Optionen zur Marktbearbeitung diskutiert und als Ergebnis empfohlen.

Datenrecherchen

Die Datenrecherchen dienten dazu, insbesondere Erkenntnisse nicht doppelt zu erheben. Für den Automobilmarkt wird eine Vielzahl von Studien erhoben und als Kennzahlengrundlagen vertrieben. Diese sind zwar meist nicht auf Markenebene, aber um eine Marktübersicht zu erlangen, dienen diese sehr gut.

Eine zentrale Frage für die Datenrecherchen war die Frage nach dem Umsatzpotenzial. Also wie viel Geld wird pro Auto in Abhängigkeit zum Fahrzeugalter ausgegeben? Aus vorhandenen Daten, vor allem in Deutschland, sind die Durchschnittsausgaben pro Auto und Wartung leicht zu erheben. Im Jahr 2015 betrugen sie z.B. 235 EUR (Deutsche Automobil Treuhand GmbH 2016). Es ist aber nicht möglich, diese Daten auf einer Ebene aus allgemeinen Daten zu füllen, in deren Genauigkeit es aber nötig war.

Um das Potenzial zu berechnen, wurde folgende Formel verwendet:

$$Potential\ (Markt) = \sum_{Modelle} \#\ Fahrzeuge\ \times\ \emptyset\ Ausgaben\ pro\ Jahr\ (Baujahr)$$

Das Potenzial eines Marktes, z.B. Deutschland, wurde berechnet, indem die Anzahl Fahrzeuge einer Modellreihe im Markt mit den durchschnittlichen Ausgaben pro Fahrzeug dieses Modells in Abhängigkeit des Baujahres multipliziert wurde.

Die Anzahl der Fahrzeuge pro Markt ist jedem Fahrzeughersteller hinreichend bekannt. Die Ausgaben pro Jahr per Modell nach Baujahr sind schwerer zu ermitteln. Hier lagen diese Informationen nicht vor. Zwar gibt es im Produktmanagement im Rahmen einer Cost of Ownership (COO)-Analyse eine Vergleichszahl insbesondere zu dem Wettbewerb, aber nicht in der Genauigkeit, die benötigt wurde (nicht nach Ländern und nicht nach Baujahr).

Um zu einem Ergebnis zu kommen, wurden Daten aus Vertragswerkstätten über verschiedene Länder verglichen. Hier war es wichtig, insbesondere die unterschiedlichen Kostensätze für Lohnstunden zu berücksichtigen (bis zu 100 Prozent Unterschied zwischen den Ländern).

Das Ergebnis war, dass es zwar eine sehr unterschiedliche Ausschöpfung des Potenzials über die Länder und den Modellen gab, aber keine Kombination von Land und Modell ausgeschlossen werden musste. Das Potenzial für ein Intensivieren der Marktbearbeitung war also tatsächlich breit (über Länder und Modelle) vorhanden.

Workshops mit Landesorganisationen

Die Landesgesellschaften fungieren als Mittler zwischen den autoherstellenden Organisationseinheiten (der Zentrale) und den Vertragswerkstätten in dem jeweiligen Land. Sie sind der operative Arm, um die Marktbearbeitung im Rahmen der OEM Strategie lokal umzusetzen.

Die Workshops mit den Landesgesellschaften hatten zwei Ziele. Zum einen sollte der Zugang zu lokalen Informationen und zu Zugängen in den lokalen Markt (Vertragswerkstätten und Freie Werkstätten) sichergestellt werden. Zum anderen wurden mit den Landesgesellschaften die lokalen Daten und Ergebnisse diskutiert und eine Bewertung einer möglichen verstärkten Segmentbearbeitung in dem Land erarbeitet.

Zentrale Ergebnis waren hier die großen Unterschiede in den Märkten, was die Ausrichtung der jeweiligen Landesgesellschaft auf dieses Segment angeht. Die Kenntnis des jeweiligen Marktes war überall sehr hoch, nur fehlten den Landesgesellschaften Möglichkeiten, hier aktiv werden zu können. Zum Teil wurden die Vertragswerkstätten stark darin unterstützt, das Ersatzteilgeschäft mit den Freien Werkstätten zu intensivieren, da aus Mangel an Werkstattkapazität (und bei alten Modellen zum Teil auch Reparaturkompetenz) wenigstens dieser Teil des lukrativen Geschäfts gesichert werden sollte.

Hintergrundgespräche mit Vertragswerkstätten

In jedem Land wurde mit ca. zehn Vertragswerkstätten gesprochen. Fokus der Diskussionen war die bisherige Erfahrung mit dem Segment der fünf bis zehn Jahre alten Fahrzeuge. Dabei wurde insbesondere die Wettbewerbsfähigkeit gegen die Freien Werkstätten und die Passung der jeweiligen Werkstatt für dieses Geschäft diskutiert. Zur Passung standen vor allem Kapazitäts-, Kompetenz- und Wirtschaftlichkeitsfragen im Vordergrund.

Der Ansatz der Vertragswerkstätten für dieses Segment war sehr unterschiedlich. Zum Teil wurde auch in diesem Segment rigoros Wettbewerb gegen Freie Werkstätten geführt. Zum Teil hatte man sich den Markt zusammen mit den Freien gut aufgeteilt und partizipierte sehr gut am Ersatzteilgeschäft. Hauptgründe für diese unterschiedliche Ausrichtung des Geschäfts waren die Auslastungssituationen. Dort, wo eine hohe Auslastung in der Werkstatt lief, wurde sich auf das standardisiertere und lukrativere Geschäft mit den jüngeren Autos konzentriert. Ältere Fahrzeuge haben öfter zusätzliche Schäden neben den Verschleißteilen. Das zieht Diskussionen mit dem Fahrzeughalter nach sich, die einen effizienten Werkstattablauf stören können. Außerdem wurde angenommen, dass die Zahlungsbereitschaft der Fahrzeughalter mit dem Restwertverfall des Fahrzeuges abnimmt. Dadurch waren zusätzliche Diskussionen mit dem Kunden vorprogrammiert.

Die Wettbewerbsfähigkeit zu den Freien Werkstätten wurde anhand der Preisfrage geklärt. Zwar gab es keine statistischen Größen, aber das Bauchgefühl war, dass in einer Freien Werkstatt Standardleistungen zu einem geringeren Preis angeboten werden. Das stelle sich insbesondere an den Stundensätzen der Monteure heraus, die signifikant unter denen in der Vertragswerkstatt sind.

Zusammenfassend konnte man sagen, dass die Vertragswerkstätten sich für dieses Segment nicht gut aufgestellt fühlten. Ihnen fehlt zum Teil die Kapazität, um dieses Segment zu bedienen. Die Zahlungsbereitschaft der Kunden mit älteren Autos wurde als geringer bewertet. Das bringt im Vergleich zu den Freien Werkstätten einen Wettbewerbsnachteil, da diese ihren Service günstiger anbieten können. Auch Ansätze, diese Kunden anzusprechen, wurden als schwierig eingestuft, da das Auto binnen den ersten fünf Jahren höchstwahrscheinlich den Besitzer wechselt. Dieser geht direkt zur Freien Werkstatt und war noch nie in einer Vertragswerkstatt. Damit ist er dort auch unbekannt. Insgesamt wurde das Geschäft mit fünf bis zehn Jahre alten Autos zwar als erstrebenswert bewertet, aber im direkten Vergleich zum Bestands-Servicegeschäft als weniger lukrativ.

Hintergrundgespräche mit Freien Werkstätten

In jedem Land wurden mit ca. zehn Freien Werkstätten gesprochen. Hierbei wurde sich offen über den Markt mit Autos unterhalten, die fünf bis zehn Jahre alt sind. Kern der Diskussion war die Marktaufteilung zwischen Vertragswerkstätten und Freien Werkstätten: Gründe dafür, Kundenverhalten, Kundenbindung und Preisniveaus.

Obwohl in den Märkten grundsätzlich ein hoher Wettbewerb zwischen Vertragswerkstätten und Freien Werkstätten existiert, waren die meisten der geführten Gespräche sehr offen und konstruktiv. Freie Werkstätten sind nicht selten durch ehemalige Mitarbeiter aus Vertragswerkstätten gegründet und besetzt.

Die Kundenbindung in den Freien Werkstätten kam aus diesen Gesprächen heraus, oft aus der persönlichen Beziehung zu den Autohaltern. In den Vertragswerkstätten wird seit Jahren auf die Professionalität der Prozesse, das Einhalten der Corporate Identity des Autobauers und die starke Systemintelligenz hohen Wert gelegt. Ist das in Summe auch notwendig, um im Wachstum einen hohen Standard sicherzustellen, können persönliche Präferenzen des einzelnen Kunden nicht mehr so einfach nachgesehen werden (z.B. mit dem Autohalter gemeinsam unter das Auto schauen, ist in einigen Vertragswerkstätten aus Sicherheitsgründen nur noch bedingt möglich). Das alles sind Kernkompetenzen der Freien Werkstätten: Das individuelle Eingehen auf die Bedürfnisse des Autohalters.

Nicht zuletzt wurde aber auch der Preisunterschied als Entscheidungskriterium diskutiert. Auch wenn die Freien Werkstätten keinen genauen Preisvergleich zu den Vertragswerkstätten haben, so ist die Meinung fast einhellig über alle Länder hinweg, dass der Unterschied bei ca. 30 Prozent liegt. Außerdem hat man in den Freien Werkstätten mehr Möglichkeiten, Komponenten zu reparieren, die in den Vertragswerkstätten ausgetauscht werden müssen. Die Preiswahrnehmung wird meist an dem Monteurstundensatz festgemacht. Dieser unterscheidet sich zwischen der Freien Werkstatt und den Vertragswerkstätten um bis zu 100 Prozent.

Telefonbefragung von Kunden

Eine der zentralen Herausforderungen war es, die *Kaufentscheidung des Kunden* zu verstehen.

- Wie viel der Entscheidung hängt wirklich am Preis?
- Wie loyal/wechselwillig sind die Autofahrer?
- Wie unterscheiden sich die Autofahrer nach Länder und Modellen?
- Wie wird die Vertragswerkstatt in Bezug auf den Service in diesem Segment bewertet und wo sind die Vorteile der Vertragswerkstatt?

Um diese Fragen zu beantworten, wurde eine Befragung in zwei der Fokusländer durchgeführt. Dabei wurde eine telefonische Befragung mit einer Gesamtstichprobe von ca. 400 Autohaltern erhoben. Quoten wurden nach den Modellen, einer Verteilung über das Alter der Fahrzeuge und ob die Fahrer eine Vertragswerkstatt besuchen oder eine Freie Werkstatt, gesteuert.

Bei der ungestützten Frage nach dem Hauptgrund der Entscheidung für eine Freie oder Vertragswerkstatt wurde am häufigsten tatsächlich auf den Preis verwiesen. Die gestützte Frage nach der Kaufentscheidung ergab aber ein ganz anderes Bild (Abbildung 6).

	Ranking Entscheidungsverhalten	Mittelwert
1	Kompetenz der Mitarbeiter/Know-How	2,6
2	Persönliches Vertrauensverhältnis	3,4
3	Erreichbarkeit der Werkstatt	3,5
4	Preis	3,6
5	Serviceangebot	3,7
6	Atmosphäre/Image	4,2

Abbildung 6: Teil der Antworten auf die Frage „Bitte ordnen Sie die folgenden Gründe nach Wichtigkeit für Ihre Wahl einer Werkstatt

Hieraus lässt sich schließen, dass zwar schon die Meinung vorherrscht, dass Preise in den Freien Werkstätten geringer seien. Aber die Gründe, eine Freie Werkstatt aufzusuchen, waren wie bei den Vertragswerkstätten eher eine Frage nach Kompetenz, persönliches Vertrauen und Erreichbarkeit der Werkstatt.

Weiterhin hat sich ergeben, dass sich die Autohalter nicht gemeinhin entweder für die Freie Werkstatt oder die Vertragswerkstatt entscheiden. Je nach Land war dieses Verhalten unterschiedlich stark ausgeprägt, aber oft wurde angegeben, Standardarbeiten durch eine Freie Werkstatt erledigen zu lassen, und kompliziertere durch eine Vertragswerkstatt.

Die Entscheidungsgründe in den einzelnen Ländern und über die Modelle haben sich entgegen der Eingangshypothesen nicht sonderlich unterschieden. Zwar waren Besonderheiten der Märkte erkennbar, aber im Allgemeinen waren immer dieselben Themen und Gründe im Vordergrund. Damit wurden einige der Eingangshypothesen der Zentrale in Frage gestellt.

Fokusgruppen mit Kunden

Insgesamt wurden vier Fokusgruppen durchgeführt. Diese waren in verschiedenen Ländern und mit einem unterschiedlichen Fokus auf die Modellreihen. Ziel der Fokusgruppen war insbesondere das Diskutieren von verschiedenen Möglichkeiten, als Autohersteller sich besser in dem Segment für Autos mit einem Alter von fünf bis zehn Jahren zu positionieren.

Durch die Fokusgruppen konnten klare Empfehlungen für Handlungsfelder herausgearbeitet werden. Insbesondere die Schärfung im Sinne der Priorisierung konnte diskutiert und über mehrere Länder hinweg konsolidiert werden.

2.3 Bewertung der Chancen und Risiken

Über den gesamten Betrachtungsbereich konnte Potenzial für das Segment der Autos zwischen fünf und zehn Jahre Alter aufgezeigt werden. Durch steigende Verkäufe in den letzten fünf Jahren in fast allen relevanten Märkten wird das Potenzial für dieses Segment auch sicher zunehmen. Über alle Modellreihen hinweg konnte nachgewiesen werden, dass es nach der Garantiezeit eine Abwanderung von der Vertragswerkstatt hin zu den Freien Werkstätten gibt. Dieser Trend wird verstärkt, wenn das Auto den Besitzer wechselt – insbesondere dann, wenn der Gebrauchtwagenverkauf nicht über die Vertragswerkstatt abgewickelt wird.

Hauptgrund für die Abwanderung ist tatsächlich ein *Kundenloyalitätsproblem*. Den Kunden werden wenig bis keine Anreize geboten, um in der Vertragswerkstatt zu bleiben. Es ist sogar eher so, dass alle Marktteilnehmer (Kunden und Werkstätten) in vielen Fällen akzeptieren, dass es eine natürliche Entwicklung ist, von der Vertragswerkstatt hin zur Freien Werkstatt zu wechseln.

Ansatzpunkte für die Wahl der Werkstatt ist nur nachgelagert der Preis. Maßgebliche Entscheidungsgründe sind vielmehr technische Kompetenz des Betriebes, persönliches Vertrauensverhältnis und Erreichbarkeit der Werkstatt. Es bieten sich demnach einige Stellhebel für den Automobil OEM, um diesen Markt zu erschließen. Es ist anzunehmen, dass das allgemeine Preisniveau in den Vertragswerkstätten beibehalten werden kann. Damit unterliegt die Bearbeitung dieses Segmentes wahrscheinlich einem positiven Business Case.

Dem Markt nach zu urteilen muss kein Bereich (Modell, Fahrzeugalter, Land) ausgeschlossen werden. Eine sehr erhebliche Herausforderung hingegen sind vorhandene Kapazitäten und Kompetenzen im Markt. Diese sind stark unterschiedlich ausgeprägt – nicht nur zwischen den Ländern, aber auch innerhalb dieser Länder. Eine Bewertung zur Abdeckung muss sehr sorgfältig durchgeführt werden, da auch geographische und insbesondere Straßengegebenheiten in Betracht gezogen werden müssen.

Die gefundenen Erkenntnisse, und damit auch Ansätze, sind international vergleichbar. Der Automobil OEM kann mit einer globalen Strategie und zentralen Kommunikationsmaßnahmen auch die lokalen Bedürfnisse befriedigen.

Um in diesem Segment erfolgreich sein zu können, müssen nicht nur marktseitige Chancen genutzt werden, sondern insbesondere muss die interne Ausrichtung auf die Marktbearbeitung erfolgen. Damit sind auf der einen Seite die Kapazitäten im Markt gemeint. Nicht zu vernachlässigen sind aber auch die Einstellungen der Mitarbeiter in der Zentrale, Landesniederlassungen und der Vertragshändler.

Obwohl marktseitig nichts dagegenspräche, eine volle Marktbetreuung anzustreben, wurde sich aus Komplexitätsgründen dafür entschieden, trotzdem eine teilweise Betreuung zu empfehlen. Damit kann sichergestellt werden, dass durch eine erfolgreiche Umsetzung alle weiteren Schritte in der internen und externen Akzeptanz einfacher angenommen werden.

2.4 Handlungsfelder

Aus den verschiedenen Analysen wurde ein transparentes Bild erarbeitet, welches nicht in allen Punkten die Hypothesen der Zentrale bestätigte. Es wurde ferner mit ein paar Vorurteilen (insb. Preis) aufgeräumt. Um nun die teilweise Betreuung dieses Segmentes sicherzustellen, wurden für die vier *Marketing-Ps* folgende Ableitungen beschlossen:

Price

Im Gegensatz zur Starthypothese wurde keine Preisreduktion, sondern eher transparente Kommunikation von aktuellen Preisen und Angeboten als Ziel beschlossen. Grundlage dafür ist eine Schulung der Vertragshändler zur empfundenen und tatsächlichen Preisdifferenz zwischen Vertragshändler und Freier Werkstatt.

Die Preise für einige Ersatzteilgruppen wurden zu hoch bewertet. Hierfür wurden Optionen erarbeitet, um am Markt den Kundenerwartungen besser begegnen zu können. Mögliche Optionen hierfür waren aufbereitete Gebrauchtteile, Zweitmarkenteile oder Finanzierungsangebote.

Product

Es wurde beschlossen, die Reparaturkompetenz der Vertragshändler für ältere Fahrzeuge zu überprüfen und Fahrzeugschulungen für ältere Modellen für die Vertragshändler aktiv anzubieten.

Die Angebote für Garantieverlängerungen sollten angepasst werden. Als eine Möglichkeit wurden Teilgarantien in Betracht gezogen, die sich nur auf Bereiche des Fahrzeugs (z.B. Motor) beschränken. Mögliche Garantieverlängerungen sollten auch aktiv an Fahrzeughalter, die einen gebrauchten Wagen der Marke kaufen, kommuniziert werden.

Place

Die Online Kommunikation für dieses Segment sollte grundlegend überarbeitet werden. Dabei war nicht primär das Kommunizieren möglicher Angebote für dieses Segment, sondern auch Hintergrundinformationen für ältere Modelle durch den Hersteller in den Fokus gerückt.

Die Vertragswerkstätten sollten aktiv die Kommunikation mit Fahrzeughalter mit fünf bis zehn Jahre alten Autos über Mailings und anderen Kanälen suchen.

Promotion

Die größte Aufgabe wurde hier in der internen Vermarktung dieses Marktsegments identifiziert. Somit sollten in drei Stufen die Marktbedürfnisse und Eigenheiten kommuniziert werden. Zuerst in der Zentrale, dann in den Landesniederlassungen und schließlich in den Vertragswerkstätten.

3. Fazit

Insbesondere für ältere Autos birgt Kundenloyalität im After Sales-Bereich der Automobil OEMs eine Wachstumschance. Diese entwickelt sich ungeachtet vom konjunkturabhängigen Neuwagengeschäft planbar stabil. Vor dem Hintergrund möglicherweise stagnierender Märkte in den Kernländern gewinnen solche noch nicht vollständig explorierten Geschäftschancen an Bedeutung.

Im vorliegenden Beitrag wurde anhand eines Beispiels gezeigt, wie mittels umfassender und vollständiger Analyse dieses Marktes einige Chancen erarbeitet werden konnten. Durch eine klar strukturierte Herangehensweise konnten in der Zentrale dieses Automobil OEMs vorliegende Meinungen zum Teil widerlegt werden. Andere Herausforderungen wurden aufgezeigt, so dass im Gesamtbild eine klare Empfehlung ausgesprochen werden konnte.

Literaturverzeichnis

Deutsche Automobil Treuhand GmbH (2016): DAT-Report2016, Ostfildern.

Homburg, C. (2015): Marketing Management, Strategie – Instrumente – Umsetzung – Unternehmensführung, 5. Aufl., Wiesbaden.

Summary

This article describes a customer loyalty program initiated by a German automotive OEM to increase its business with five to ten year old cars with After Sales business. The historical strong markets for German automotive OEMs are "old Europe" and other old industrialized countries (i.e. US). Since those markets have little or no growth in new car sales, it is increasingly important to compensate with new markets and with utilizing the big car park. The article describes different methods of analyzing the market of five to ten year old vehicles in those old industrialized countries. Some of the starting hypotheses have proven to be false (esp. market price gap between an authorized dealership to independent aftermarket). Different conclusions are drawn to increase loyalty with existing car holders in order to increase business volume with this particular segment.

Mark Schröder

Aktives Kundenbindungsmanagement anhand segmentspezifischer Preisdurchsetzungstaktik aus Sicht eines Zulieferers

1. Einleitung

2. Kundenwertanalyse als Instrument zur Priorisierung
    2.1 Transparenz in der Ausgangssituation
    2.2 Segmentierung des Kundenportfolios

3. Bestimmung des Preispotenzials
    3.1 Bewertung des Produktportfolios
    3.2 Ableitung des Preispotenzials auf Kundenebene

4. Preisverhandlungstaktik anhand einer kundenbindungsorientierten Systematik

5. Zusammenfassung

Literaturverzeichnis

Mark Schröder ist Partner und leitet das Kompetenzzentrum Industrial Goods & Machinery bei Homburg & Partner, Mannheim, einer international tätigen Unternehmensberatung.

1. Einleitung

Hersteller von Teilen, Komponenten und Baugruppen sehen sich als Zulieferer von oft großen Industrieunternehmen (OEMs) einem ungleichen Machtverhältnis ausgesetzt. Die Rahmenbedingungen für Zulieferer sind durch eine teilweise sehr große Machtdifferenz zwischen Anbieter und Abnehmer gekennzeichnet. Extreme Formen der ungleichen Machtverhältnisse finden sich in Beispielen der Automobilbranche wieder. Generell ist die Automobilzulieferindustrie einem sehr hohen, vielseitigen Druck ausgesetzt. Wachsender globaler Wettbewerb, massiver Preisdruck durch KFZ-Hersteller, der Anstieg von Materialpreisen sowie das immer schwieriger werdende Verhältnis zu Banken (Kreditvergabe) sind nur einige der Faktoren, welche die Machtdifferenz weiter verschärfen. Ähnlich den Extrembeispielen aus der Automobilindustrie sind folgende *Rahmenbedingungen für Zulieferer* in diesem Geschäftsmodell charakteristisch:

- Optimierungspotenzial produktionsseitig weitgehend erschöpft,
- Hoher Preisdruck durch vertraglich festgelegte Preisentwicklung,
- Verhandlung um langlaufende Kooperationen (Baureihen- und Seriengeschäft),
- Kurze Innovationszyklen,
- Kostenentwicklung beinahe ausschließlich losgrößenabhängig,
- Hohe Umsatzanteile mit wenigen Kunden und daraus entstehende Abhängigkeiten,
- Relativ geringe Margen.

Für Zulieferer bedeutet diese Konstellation auf der einen Seite die Notwendigkeit, Geschäftsbeziehungen langfristig anzulegen und aktiv auszubauen. Auf der anderen Seite kann aber auch ein schrittweiser Rückzug aus einer Beziehung sinnvoll sein, falls sich die Geschäftserwartung mit ihren verschiedenen Facetten mittel- bis langfristig als nicht zielführend und damit nicht sinnvoll darstellt.

Um in diesem Spannungsfeld nachhaltig erfolgreich zu sein, ist ein aktives, und umfassendes Kundenbindungsmanagement nötig, das dem Zulieferer konkrete Maßnahmen zur Steuerung und Ausgestaltung seiner Kundenbeziehungen an die Hand gibt.

Wie in Abbildung 1 dargestellt, umfasst das *aktive Kundenbindungsmanagement* daher aus Sicht der Unternehmens- beziehungsweise Vertriebsleitung zwei Seiten: Aspekte zur Intensivierung sowie Aspekte zur Reduzierung von Geschäftsbeziehungen.

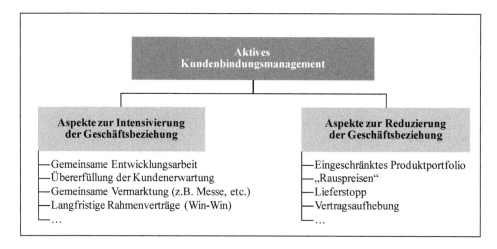

Abbildung 1: Die zwei Seiten des aktiven Kundenbindungsmanagement

Die beiden Dimensionen sind auf den ersten Blick eine logische Konsequenz. Wie jede Beziehung hat auch eine Kundenbeziehung einen gewissen Lebenszyklus – vom Beziehungsaufbau bis hin zur Reduzierung der Zusammenarbeit. Jedoch begegnet man in der Praxis häufig dem Fall, dass Geschäftsbeziehungen weit über eine gesunde Schwelle gehalten werden. Im Extremfall kann das Festhalten an nicht profitablen Kundenbeziehungen und die zurückhaltende Einstellung des Vertriebs gegenüber Maßnahmen zur Reduzierung des Kundenverhältnisses eine existenzielle Bedrohung darstellen. Die grundlegende Frage insbesondere für Zulieferer ist demnach, wie Geschäftsbeziehungen durch ein aktives Kundenbindungsmanagement gestaltet werden können, um nachhaltige und aus Unternehmenssicht sinnvolle Geschäftsbeziehungen zu fördern.

„Der Kunde ist König – wer sind wir?" – Statements wie diesen begegnet man häufig in der Arbeit mit Zulieferern. Der Status des Königs für den Kunden wird dabei vorausgesetzt und manifestiert sich in der internen Wahrnehmung und in dem damit erzeugten Selbstbild. Aber ist das tatsächlich bei jedem Kunden die richtige Einschätzung oder ist es nicht eher so, dass es zwar einige Könige gibt, in der Regel aber doch sehr viel mehr Vertreter anderer Bereiche des Hofstaats? Aus dieser Überlegung heraus erscheint eine kundenindividuelle Herangehensweise, d.h. eine *Priorisierung der Kunden* nach deren Wichtigkeit für die Zielerreichung des Unternehmens, besonders sinnvoll und erfolgversprechend. Durch einen kundenindividuellen Ressourceneinsatz werden die vorhandenen Vertriebskapazitäten effizient auf die entsprechenden Kunden, gemäß deren Wertigkeit, verteilt.

Wie oben vorgestellt existieren im Rahmen des Kundenbeziehungsmanagements verschiedene *Instrumente zur aktiven Steuerung der Geschäftsbeziehung*. Ein wesentlicher Stellhebel spiegelt sich in der Preisaussage an den Kunden wider. Sowohl für die Intensivierung als auch für die Reduzierung der Geschäftsbeziehung spielen der Preis und die damit einhergehende Kommunikation an den Kunden eine wichtige Rolle für die eigene Positionierung beim Kunden als auch die Positionierung des Kunden im gesamten Kundenportfolio.

Insbesondere im Zuliefergeschäft kann der wahrgenommene Druck bei Verhandlungen um längerfristige Vereinbarungen (z.B. als Lieferant für die Serienproduktion) bei der Preisverhandlung auf Vertriebsseite stark zunehmen. Trotz hoher Innovationsraten und eines vielfältigen Produkt- und Kundenportfolios verläuft die effektive Preisentwicklung (gemessen über einen Preisindex) in einigen Fällen sogar negativ. In Kombination mit der Inflationsrate ist eine rückläufige Margenentwicklung kostenseitig oft nicht mehr auszugleichen.

Der nachfolgende Beitrag beschreibt eine pragmatische Vorgehensweise, wie Zulieferer auf der einen Seite das vorhandene Preispotenzial ihres Produktportfolios bewerten und auf der anderen Seite dieses Potenzial durch eine kundenindividuelle Preisdurchsetzungstaktik besser realisieren können.

Dazu folgt im zweiten Kapitel die Priorisierung des Kundenportfolios anhand einer Kundenwertanalyse, die eine Aussage auf Kundenebene zulässt, welche grundsätzliche Haltung in der Preisverhandlung eingenommen werden soll. Im dritten Kapitel wird die Vorgehensweise zur Bestimmung der potenziellen Zahlungsbereitschaft für das bestehende Produktangebot beschrieben. Im vierten Kapitel geht es darum, die Erkenntnisse aus beiden Dimensionen Kundenwertanalyse und Bewertung des Produktportfolios zu verbinden, um daraus kundenindividuelle Preisverhandlungstaktiken abzuleiten.

2. Kundenwertanalyse als Instrument zur Priorisierung

In der Regel stellt die Priorisierung von Kunden die Grundlage vielfältiger vertriebsbezogener Handlungen dar: In unserem Fall liegt der Fokus auf der taktischen Ausgestaltung in der externen Preisdurchsetzung im Rahmen von Verhandlungen.

Die *Grundidee der Kundenwertanalyse* liegt in der Annahme, dass einige Kunden wertvoller für das eigene Unternehmen sind als andere. Dabei steht dieser Begriff für die Klärung des heutigen und zukünftigen ökonomischen Gesamtwerts eines Kunden aus Sicht der Unternehmensziele.

Ein *idealer Kunde* würde sich daher wie folgt beschreiben lassen:

- Er ist mit verhältnismäßig geringen Kosten zu akquirieren,
- Er akzeptiert den angebotenen Preis,
- Er ist mit relativ geringem Aufwand zu betreuen,

- Er nimmt große Einzelmengen ab,
- Er fordert keine zusätzlichen, unentgeltlichen Serviceleistungen,
- Er toleriert Terminschwankungen,
- Er widersteht Konkurrenzeinflüssen,
- Sein Name dient als Referenz bei Neukunden,
- Er ist ein aktiver Empfehlungsgeber.

Wie trennt man aber nun die Spreu vom Weizen? Der nachfolgende Abschnitt beschreibt eine mögliche Vorgehensweise, anhand der das gesamte Kundenportfolio analysiert und priorisiert werden kann.

2.1 Transparenz in der Ausgangssituation

In einem ersten Schritt geht es darum zu bestimmen, was dazu führt, dass ein Kunde als wertvoller eingestuft werden sollte als ein anderer. Ein gangbarer Weg wäre es, diese Unterscheidung auf Basis der Kundenprofitabilität festzulegen. Allerdings decken auf der einen Seite die intern verfügbaren Daten oft nur die einem Auftrag oder einem Produkt zugewiesene Marge ab und bewerten somit nicht die ganzheitliche Kundenprofitabilität. Auf der anderen Seite sollten auch qualitative Aspekte berücksichtigt werden wie Loyalität oder die Rolle als Empfehler etc., wie sie auch beim idealen Kunden beschrieben sind. Letztlich muss man im Einzelfall klären, welche Kriterien für die jeweilige Ausgangssituation sinnvoll sind, allerdings können *typische Leitfragen* helfen, diese Diskussion zu moderieren.

- Wie stehen die Kunden in Bezug auf Umsatz und Profitabilität derzeit da?
- Welches Profitabilitätsziel gilt es gesamt, pro Segment und pro Kunde zu erreichen?
- Welche Zielvorgaben existieren in Bezug auf die Verkaufspreise?
- Welche Vorgaben gibt es für die Preisbildung?
- Wie werden Verkaufspreise tatsächlich gebildet?
- Kennen wir die Produkte mit negativer Profitabilität pro Kunde?
- Wie laufen die jährlichen Prozesse der Preisanpassungen in der Realität ab?
- ...

Im Folgenden werden Beispiele für einige Analysen vorgestellt, die in diesem Zusammenhang Transparenz in den Status Quo der jeweiligen Kundenwerte bringen können.

Abbildung 2 beschreibt eine typische Analyse der Dimension „Kunde". Jeder Kunde wird bezüglich seiner aktuellen Position hinsichtlich Umsatz pro Jahr und Profitabilität (prozentualer Deckungsbeitrag) als Punkt darstellt. Es sind generell auch andere Konstellationen denkbar, jedoch ist es insbesondere für die Zulieferbranche typisch, dass größere Kunden auch eine geringere prozentuale Profitabilität aufweisen. In der Grafik zeigt sich, dass es diesen Zusammenhang generell gibt. Auf der anderen Seite existieren aber auch sehr viele Kunden, die trotz verhältnismäßig geringerem Umsatz einen dafür zu geringen prozentualen Deckungsbeitrag aufweisen.

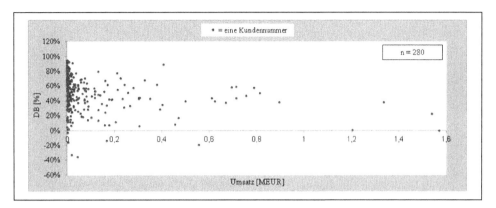

Abbildung 2: Kundenanalyse nach Umsatz und Deckungsbeitrag

Falls Profitabilitäten in der jeweiligen Organisation nicht von Vertriebsmitarbeitern eingesehen werden sollen, kann eine solche Aussage natürlich auch über die Darstellung von gegebenen Rabatten im Verhältnis zur Kundengröße getroffen werden.

In Abbildung 3 wird die Soll-Absatzmenge pro Auftragsplanung mit der realisierten Ist-Absatzmenge verglichen. Die Sollwerte stammen aus der Auftragskalkulation, die nach der Kundenanfrage erstellt wird. Wie in der Einleitung beschrieben, sind die Effekte durch die Kostendegression im Geschäftsmodell von Zulieferern für Teile, Komponenten, Baugruppen etc. relativ hoch. Die geplante Stückzahl pro Auftrag stellt somit auch den zentralen Hebel für die Kalkulation dar. Der Kunde hat folglich auch ein großes Interesse daran, möglichst hohe Stückzahlen zu kommunizieren, um sich eine optimale Verhandlungsposition in der Phase der Anfrage zu sichern. Die Auswertung zeigt eine typische Verteilung. Knapp 80 Prozent der veranschlagten Mengen werden letztlich nicht realisiert. Man kann sich leicht vorstellen, welche Effekte diese Schieflage auf die Profitabilität einzelner Aufträge und Kunden hat.

Speziell auf Basis dieser ersten Erkenntnisse empfiehlt sich eine Analyse der in Rechnung gestellten Preise im Verhältnis zu deren Abweichung zu den jeweiligen Selbstkosten.

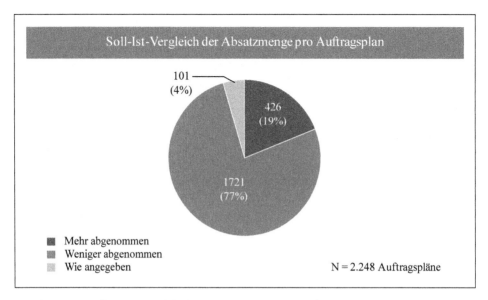

Abbildung 3: Soll-Ist-Vergleich der Absatzmenge pro Auftragsplan

Abbildung 4 verdeutlicht die Darstellung grafisch. In dem gezeigten Beispiel liegt die Hälfte aller Preise unter den Selbstkosten. Natürlich sind das nur erste Erkenntnisse und im jeweiligen Einzelfall gibt es immer auch Gründe für bestimmte Konstellationen, die im ersten Augenblick schwer erklärbar sind. Ein Grund kann zum Beispiel im falsch aufgesetzten oder nicht gelebten Prozess der Preisbestimmung liegen, was häufig der Fall ist. Dennoch ist eine solche Analyse ein wichtiger Hinweis für die Notwendigkeit, Kunden hinsichtlich einer ganzheitlichen Wertbetrachtung zu diskutieren.

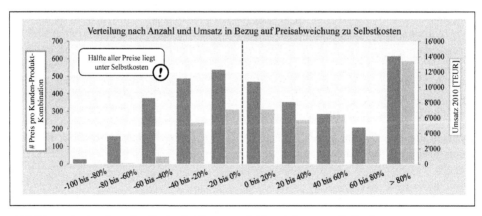

Abbildung 4: Analyse der Preise in Bezug auf Abweichung zu Selbstkosten

2.2 Segmentierung des Kundenportfolios

Im Anschluss an eine umfassende *Analyse der Ausgangssituation* hinsichtlich der wesentlichen quantitativen und qualitativen Aspekte der Bereiche

- Kunde
- Produkt
- Lieferbedingungen
- Zahlungsbedingungen

geht es im nächsten Schritt darum, die Erkenntnisse zu konsolidieren, um daraus die wesentlichen Kriterien für die Kundenwertanalyse zu bestimmen.

Eine *Kundensegmentierung* ist nicht gleich eine Kundensegmentierung. Bevor man mit der Konzeption beginnt, ist es notwendig zu klären, welche Maßnahmen später aus den Ergebnissen abgeleitet werden sollen. In unserem Fall ist die generelle Preisverhandlungstaktik das wesentliche Ziel, um vorhandene Preispotenziale effektiver realisieren zu können und damit ein wesentliches Instrument für das aktive Kundenbindungsmanagement bereitzustellen. Diese Zielsetzung muss sich demnach auch im Konzept der Kundenwertanalyse wiederfinden.

In unserem Beispiel wollen wir die Kunden generell hinsichtlich zweier wesentlicher Dimensionen bewerten: *Attraktivität* und *Preisdurchsetzungsintensität*. Wie in Abbildung 5 dargestellt, gliedern sich beide Dimensionen noch in verschiedene Kriterien.

Im Einzelnen ist die *Kundenwertanalyse* unseres Beispiels wie folgt aufgebaut:

- Attraktivität

Die *Profitabilität* (hier EBIT in Euro pro Jahr) ist aus Sicht der Kundenwertanalyse ein ganz wesentliches Kriterium der Kundenattraktivität. In Kapitel 3 wird anhand des Vergleichs der IST- und SOLL-Profitabilität auf Kundenbasis das jeweilige Preispotenzial abgeleitet. In Kombination mit dem Ergebnis aus der Kundenwertanalyse lässt sich so eine Preisdurchsetzungstaktik formulieren.

Der *Umsatz* als klassische Segmentierungsgröße wird ebenfalls in die Betrachtung mit einbezogen und ergänzt die Profitabilitätssicht in der Beschreibung der Kundenattraktivität. Da es im Zuliefergeschäft oft wenige sehr große Kunden gibt, ist es wichtig, dies bezüglich der Intensität der Preisdurchsetzungstaktik zu berücksichtigen.

Das *Umsatzwachstumspotenzial* leistet den dynamischen Aspekt in der Kundenattraktivität mit Blick in die Zukunft. Oft wird diese Größe in der Praxis gegenüber der statischen Umsatzgröße vernachlässigt, was mittelfristig zu einer Fehlstellung in der Kundenpriorisierung führen kann.

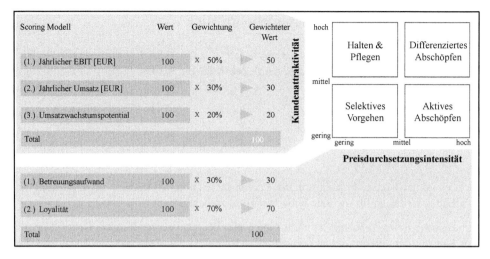

Abbildung 5: Konzept der Kundenwertanalyse

- Preisdurchsetzungsintensität

Der *Betreuungsaufwand* umfasst sämtliche Aufwände im Rahmen der Kundeninteraktion vom Erstkontakt bis hin zur Betreuung im Service. Auch wenn für dieses Kriterium keine ganzheitlichen, belastbaren Daten vorliegen sollten – die Einschätzung durch den erfahrenen Vertrieb ist in jedem Fall eine sehr gute Grundlage zur Differenzierung in diesem Aspekt. Je höher der Betreuungsaufwand, desto höher sollte die Preisdurchsetzungsintensität ausfallen, um die entstehenden Aufwände möglichst besser abzudecken.

Die *Loyalität* als Kriterium vervollständigt die Dimension. Es sind generell zwei Interpretationen der Loyalität denkbar. Zum einen kann bei einer hohen Loyalität eine geringere Preisdurchsetzungsintensität sinnvoll sein – insbesondere dann, wenn die Preistransparenz im jeweiligen Markt sehr hoch ist oder die Loyalität eher kurzfristigen Charakter hat. Auf der anderen Seite bietet eine hohe Loyalität die Chance, die vermutlich höheren Wechselbarrieren des Kunden für eine höhere Preisdurchsetzungsintensität zu nutzen. Hier ist vor allem darauf zu achten, dass die Kommunikation zum Kunden hin zwar verbindlich ist, aber nicht die Wertschätzung der Beziehung außer Acht lässt.

Mehrdimensionale Modelle wie in diesem Beispiel haben den Vorteil, dass man sowohl quantitative als auch qualitative Aspekte einfließen lassen kann. Auch eine unterschiedliche Gewichtung der Parameter lässt eine weitere Verfeinerung zu. Mit Hilfe dieser Vorgehensweise lassen sich alle Kunden letztlich in verschiedene Segmente einteilen, denen eine grundsätzliche Preisdurchsetzungstaktik zugeordnet wird.

Generell lassen sich für alle vier Quadranten des Portfolios so genannte *Normstrategien* ableiten, die das weitere Verfahren mit den Kunden pro Segment definieren:

- Halten & Pflegen

Vorgehen bei hoher Attraktivität und geringer Preisdurchsetzungsintensität. Ziel ist es, diese Kunden möglichst auf diesem Niveau zu halten. Es ist abzuwägen, wieviel Aufwand in die Kundenbeziehung zu investieren ist, um den Status Quo zu konservieren bzw. leicht auszubauen.

- Differenziertes Abschöpfen

Vorgehen bei hoher Attraktivität und hoher Preisdurchsetzungsintensität. Zwar liegt diese Normstrategie dem gesamten Quadranten zugrunde, es ist aber leicht nachvollziehbar, dass diese Taktik je nach Einzelfall stark differenziert werden muss. Es geht um die Herausforderung, eine grundsätzlich attraktive Kundenbeziehung hinsichtlich des Betreuungsaufwands zu reduzieren, ohne die Loyalität und die Geschäftserwartung zu gefährden. Durch ein transparentes Erwartungsmanagement lässt sich das unserer Erfahrung nach mittelfristig gut umsetzen.

- Selektives Vorgehen

Vorgehen bei geringer Attraktivität und geringer Preisdurchsetzungsintensität. In diesem Segment findet man häufig Einmalkunden oder Mitnahmekunden. Oft sind darunter Wettbewerbskunden, die bei speziellen Anfragen, die der Hauptlieferant nicht leisten kann, auf alternative Anbieter zugehen. Es ist die Frage, inwiefern man so eine Kundenbeziehung langfristig ausbauen kann und wie viele Ressourcen man in den Ausbau der Beziehung investieren möchte. Je nach Haltung lässt sich daraus auch die Preisdurchsetzungstaktik ableiten.

- Aktives Abschöpfen

Vorgehen bei geringer Attraktivität und hoher Preisdurchsetzungsintensität. Oft stehen hinter diesen Fällen sehr anstrengende Kundenbeziehungen, die sich aber bisher nicht nachhaltig wirtschaftlich gerechnet haben. Diese Kunden sind meist loyal und sehr betreuungsintensiv. Durch eine klare und ehrliche Kommunikation der Spielregeln lässt sich auch kurzfristig der Betreuungsaufwand erheblich reduzieren. Auf Seite der Preisdurchsetzungstaktik ergibt sich hier ein klarer Handlungsbedarf hinsichtlich „Up or Out".

Die Erkenntnisse aus Kapitel 2 stellen eine der beiden Grundlagen dar, um ein effektives Vorgehen in der Preisdurchsetzung auf Kundenebene abzuleiten. Um letztlich die kundenindividuelle Taktik festlegen zu können, ist es zudem noch notwendig, das jeweilige Preispotenzial pro Kunde zu bestimmen. Die Vorgehensweise hierfür wird im nachfolgenden Kapitel 3 beschrieben.

3. Bestimmung des Preispotenzials

Das Ergebnis aus dem vorangegangenen Kapitel ist eine differenzierte Sicht auf die Preisdurchsetzungstaktik. Wie in Abbildung 6 dargestellt wird jeder Kunde im ersten Schritt einem Quadranten und somit einer grundsätzlichen Stoßrichtung in der Preisverhandlung zugeordnet.

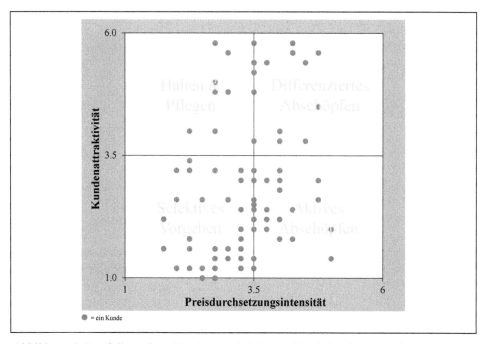

Abbildung 6: Portfolioanalyse Kundenattraktivität und Preisdurchsetzungsintensität

Nun geht es darum, die *Preispotenziale pro Kunde* zu ermitteln, um diese dann möglichst umfassend durch die festgelegte Preisdurchsetzungstaktik zu realisieren.

Die wesentliche Kennzahl, um das Preispotenzial auf Kundenebene zu bestimmen, ist die EBIT-Profitabilität. Maßgeblich dafür ist der Abgleich zwischen der Ist-Profitabilität und der Soll-Profitabilität.

- Ist-Profitabilität

Bei entsprechend vorliegender Datentransparenz ist diese Situation recht einfach für einen bestimmten Kunden und festgelegten Zeitraum darzustellen. Je nach abgenommenem Warenkorb und Mengenmix stellt sich der Status Quo für jeden einzelnen Kunden entsprechend dar.

▪ Soll-Profitabilität

Etwas umfangreicher ist die Ermittlung der Soll-Profitabilität. Notwendige Voraussetzung ist die Bestimmung des EBIT-Potenzials, das sich aufgrund der abgenommenen Produkte ergibt. Dafür ist es notwendig, die jeweilige Soll-Profitabilität [in Prozent] für jedes Produkt zu bestimmen, um darauf aufbauend den Vergleich zur Ist-Profitabilität herzustellen. Dieser Vorgang basiert auf der Einschätzung der produktbezogenen Zahlungsbereitschaft und wird im nachfolgenden Abschnitt beschrieben.

3.1 Bewertung des Produktportfolios

Die Grundlage für die Einschätzung der Soll-Profitabilität liegt in der *Bewertung des Produktportfolios* hinsichtlich der kaufentscheidenden Kriterien.

Generell ist eine Vielzahl unterschiedlicher Aspekte zur Abschätzung der Zahlungsbereitschaft denkbar – in unserem Beispiel wollen wir die beiden Kriterien

▪ Komplexität und

▪ Wettbewerbsintensität

heranziehen. Das relevante Produktportfolio wird nun in einem *Scoring-Modell* hinsichtlich dieser beiden Kriterien auf einer Skala bewertet. Natürlich können die beiden Kriterien zur weiteren Verfeinerung auch gegeneinander gewichtet werden. Das Ergebnis dieses Schritts ist die detaillierte Übersicht der Positionierung jedes einzelnen Produkts aus Preismanagement-Sicht auf der gewählten Skala. Anschließend erfolgt die Übersetzung der Bewertung jedes einzelnen Produkts in eine EBIT-Zielprofitabilität durch eine *Mark-Up Funktion* wie in Abbildung 7 dargestellt. Durch eine eindeutige Zuordnung von Mark-Up und Zielprofitabilität lässt sich dieser Zusammenhang darstellen. Der Verlauf der Funktion ist progressiv und wird in Abstimmung mit dem Management (Festlegung der Ziel-Profitabilitäten zur Eichung der Kurve) und dem Vertriebsteam (Information zur Preisdurchsetzung am Markt) festgelegt. Dafür werden Produkte aus verschiedenen Bewertungsklassen analysiert, um eine konsolidierte Aussage treffen zu können.

Ergebnis dieses Schritts ist die prozentuale Ziel-EBIT-Profitabilität in Prozent für jedes Produkt auf Basis der jeweiligen Bewertung der beiden Kriterien.

3.2 Ableitung des Preispotenzials auf Kundenebene

Die Bewertung des Produktportfolios ermöglicht durch die Analyse des relevanten Produktumfangs eine Aussage über das EBIT-Potenzial auf Kundenebene. Der abgenommene Warenkorb pro Kunde spiegelt sowohl die Ist-Profitabilität als auch die durch die Mark-Up Funktion festgelegte Ziel-Profitabilität wider.

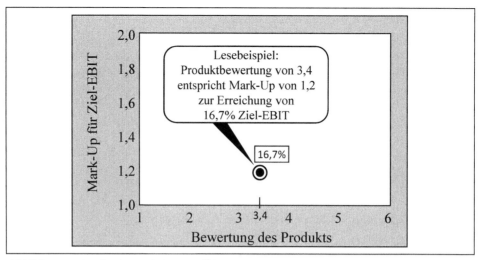

Abbildung 7: Mark-Up Funktion zur Übersetzung der Produktbewertungen

4. Preisverhandlungstaktik anhand einer kundenbindungsorientierten Systematik

Als Synthese aus Kapitel 2 und 3 können nun kundenindividuell die *Intensität der Preisdurchsetzung und konkrete Zielvereinbarungen* abgeleitet werden. Die ermittelte Kennzahl des zusätzlich möglichen EBIT spiegelt das Potenzial auf Kundenebene wider und die Preisverhandlungstaktik – als Ergebnis aus der Segmentierung – gibt die Art und Weise vor, mit der man in den Preisverhandlungsgesprächen prinzipiell auftreten soll.

In Abhängigkeit dieser beiden Informationen kann nun im Dialog zwischen Vertriebsleiter und Vertriebsmitarbeiter ein konkretes Ziel als Anteil des EBIT-Potenzials ermittelt werden, das man auf Kundenebene erreichen will. Dieses Ziel sollte neben dem methodisch abgeleiteten Potenzial und der groben Richtung für die Preisverhandlungstaktik auf jeden Fall auch die Erfahrung des Key Account-Managers und des Vertriebsleiters berücksichtigen, die die kundenindividuelle Situation natürlich am besten einschätzen können.

Im Folgenden werden zwei *beispielhafte Szenarien* vorgestellt, die das Zusammenspiel aus EBIT-Potenzial, Segmentierungsergebnis und persönlicher Einschätzung der Vertriebsmannschaft beschreiben.

Ist das EBIT-Potenzial bei einem Kunden sehr hoch und das Segmentierungsergebnis für die Preisverhandlungstaktik „Aktives Abschöpfen", dann sollte die Vorgabe für die

Zielvereinbarung nicht weit unter dem EBIT-Potenzial des Kunden liegen – auch auf die Gefahr hin, dass man den Kunden mit einer eher aggressiveren Preisdurchsetzung verlieren könnte. Aber genau das ist im Verständnis eines aktiven Kundenbindungsmanagements gewünscht. Das Management kennt das Risiko des Kundenverlusts, geht das Risiko aber bewusst ein und vertritt diese Position bei Eskalation auch dem Kunden gegenüber.

Im umgekehrten Fall bei einem Kunden, der ein negatives Delta zwischen Soll- und Ist-EBIT aufweist (also weit mehr bezahlt, als die Vorgabe es erfordert) und im Segmentierungsfeld „Halten & Pflegen" liegt, können die aktuellen Preise in den Jahresgesprächen eine untergeordnete Rolle spielen und man kann sich auf die Ausweitung der Geschäftsbeziehung konzentrieren mit Fokus auf höhere Stückzahlen oder weitere Produkte, die noch nicht gekauft werden.

Je nach Kundenwert für das eigene Unternehmen können also hiermit verschiedene kundenindividuelle Zielsetzungen formuliert werden, die in einem *Zielvereinbarungsbogen* dokumentiert werden sollten (siehe Abbildung 8). Diese Ziele sollten in den Reviewgesprächen und bei der Incentivierung der Vertriebsmannschaft konsistent verankert werden, so dass dadurch auf die enorme Bedeutung und die Notwendigkeit der Durchsetzung hingewiesen wird.

Neben den detaillierten Zielen sollte darin auch ein Werkzeugkasten an möglichen Maßnahmen beschrieben sein, die zur Realisierung der Ziele genutzt werden sollten. Die Auswahl der einzelnen Maßnahmen obliegt dem Key Account Manager.

Mögliche *Maßnahmen zur Steigerung des EBIT-Potenzials* könnten sein:

- *Management der Produkte mit einem Verkaufspreis unter Standardkosten*

In fast jedem Kunden-Produkt-Portfolio existieren Verlust-Produkte, die unter den Herstellkosten verkauft werden. Die Eliminierung dieser Produkte bzw. die Erhöhung der Preise dieser Produkte hat einen direkten Effekt auf das EBIT.

- *Einführung von Jahresstaffelpreisen mit Vereinbarung jährlicher Anpassung*

Die große Unbekannte in Preisgesprächen mit Kunden der Zulieferbranche ist oft die Information bezüglich der Jahresabnahmemenge, auf deren Basis die Verkaufspreise kalkuliert werden. Mit der Einführung von Jahresstaffelpreisen, bei denen sich der zukünftige Verkaufspreis automatisch an der Jahresabnahmemenge des vergangenen Jahres orientiert, entledigt man sich dieser Unsicherheit und erspart sich zudem die zähen jährlichen Preisverhandlungsrunden.

Einkaufseinheit: Kunde 1 **Verantwortlichkeit**: Herr Michael Mustermann

1. Informationen zur Einkaufseinheit

Zugehörige Kundennummern	Kundenname	Land	Zahlungsbedingungen	Incoterms
123456	Kunde 1a	Schweden	Zahlbar am 31. des 3. Folgemonats netto	FCA
123457	Kunde 1b	Norwegen	Zahlbar am 31. des 3. Folgemonats netto	FCA
123458	Kunde 1b	Norwegen	Zahlbar am 31. des 3. Folgemonats netto	FCA
123459	Kunde 1b	Norwegen	Zahlbar am 31. des 3. Folgemonats netto	FCA
123460	Kunde 1b	USA	innerhalb von 120 Tagen nach Rechnungsdatum netto	FOB COLLECT
123461	Kunde 1c	China	innerhalb von 90 Tagen ohne Abzug	EXW

2. Finanzkennzahlen und Potentialberechnung

✓ Standardprodukte ✓ Neuprodukte – Produkte ohne Kosteninfos	IST-Zahlen aus dem Geschäftsjahr 2011	SOLL-Zahlen für das Geschäftsjahr 2011	Potential (Delta)	Status
Gesamtumsatz	1.348.834,62 €	1.453.581,89 €	104.747,26 €	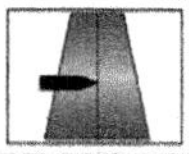
EBIT	234.843,03 €	339.590,29 €	104.747,26 €	
EBIT-Marge	17,4%	23,4%	6,0% (pp)	

3. Taktik der Potentialabschöpfung basierend auf Kundensegmentierung

Kundenattraktivität

Kriterium	Gewichtung	Bewertung		
EBIT	50%	eher hoch	4	
Umsatz	30%	sehr hoch	6	4,4
Umsatzwachstumspotential	20%	eher gering	3	

Preisdurchsetzungsintensität

Kriterium	Gewichtung	Bewertung		
Betreuungsaufwand	25%	hoch	5	
Bearbeitungsaufwand	25%	hoch	5	4,5
Loyalität	50%	eher hoch	4	

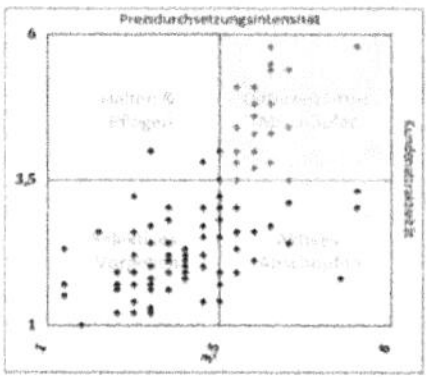

4. Methodisch abgeleitete Ziele für kommendes Geschäftsjahr

Quantitative Ziele		
	Gesamtumsatz für kommendes Geschäftsjahr	1.479.124,26 €
	EBIT für kommendes Geschäftsjahr	313.472,75 €

Erklärung: Die Umsatz- und EBIT-Ziele für das kommende Geschäftsjahr leiten sich zum einen von der Taktik der Potentialabschöpfung ab (Aktives Abschöpen → 100% des Potenials als Ziel; Selektives Vorgehen → 80% des Potentials als Ziel; Differenziertes Abschöpfen → 60% des Potentials als Ziel und Halten & Pflegen → 40% des Potentials als Ziel) und zum anderen aus der Einschätzung des Vertriebsmitarbeiters zum Umsatzwachstumspotential (Beispiel: eine Bewertung von 3 (eher gering) einer Einkaufseinheit entspricht der Einschätzung von "ca. 0 – 10% Umsatzwachstumspotential pro Jahr in den nächsten 5 Jahren", so dass der Mittelwert von 5% Umsatzwachstumspotential pro Jahr in die Zielsetzung zusätzlich miteinfließt)

5. Maßnahmen (Empfehlungen)

		Effekt	Deadline (Pflichfeld)
1.	Management der Artikel mit VK unter Standardpreis (Eliminierung vs. Preise auf VK-SOLL)	€€€	TT.MM.JJJJ
2.	Einführung von Jahresstaffelpreise mit Vereinbarung für jährliche automatische Preisanpassung	€€€	TT.MM.JJJJ
3.	Substitution der größten Verlustbringer durch vergleichbare (kostengünstigere) Artikel	€€€	TT.MM.JJJJ
4.	Vereinbarung alternativer Preisliste bei Artikelumsatz kleiner 1.000 € (Bruttoliste minus Rabatt)	€€	TT.MM.JJJJ
5.	Identifikation und Eliminierung von Altlasten (Definition von Allzeitbedarf, Preiserhöhung, etc.)	€€	TT.MM.JJJJ
6.	Vereinheitlichung von Artikeln zur Steigerung der Stückzahl pro Artikel	€€	TT.MM.JJJJ
7.	Realisierung des Umsatzwachstumspotentials (Steigerung der Stückzahlen/zusätzliche Artikel)	€€	TT.MM.JJJJ
8.	Logischer Quercheck aller Verkaufspreise auf Basis individueller Erfahrungen u. Kenntnisse	€€	TT.MM.JJJJ

6. Zusätzliche allgemeine Dimensionen

- Vereinheitlichung und Anpassung der Zahlungsbedingungen (Verkürzung des Zahlungsziels, Reduzierung des Skontos, etc.)
- Anpassung der Lieferbedingungen
- Vereinbarung von Mindestbestellwerten bzw. -mengen (Ziel: Keine Bestellung unter 150 €)
- Optimierung der Abrufe in Bezug auf Verpackungseinheiten

7. Realistische gemeinsame Zielvereinbarungen

Quantitative Ziele		
	Gesamtumsatz für kommendes Geschäftsjahr	xxx
	EBIT für kommendes Geschäftsjahr	xxx

Erklärung: Basierend auf den methodisch abgeleiteten Zielen pro Einkaufseinheit und den realistischen Einschätzung der Umsetzbarkeit der vorgeschlagenen Maßnahmen von Vertriebsleiter und Vertriebsmitarbeiter werden gemeinsam Ziele für das kommende Geschäftsjahr vereinbart. **Die Umsatz- und EBIT-Ziele können unter - aber auch über - den methodisch abgeleiteten Zielen liegen.**

8. Gemeinsames Commitment

Hiermit bestätigen wir die obenstehende kundenindividuelle Zielvereinbarung. Zur Erreichung dieser Ziele sind teilweise harte Preisverhandlungen notwendig. Im Falle einer Eskalation mit dem Kunden werden wir eine einheitliche Position einnehmen. Der Vertriebsmitarbeiter trägt die operative Verantwortung für die Umsetzung der Maßnahmen und für die Erreichung der Ziele. Die kundenindividuelle Zielvereinbarungen eines Vertriebsmitarbeiters sind wesentliche Bausteine für das Jahresreviewgespräch.

Ort, den TT.MM.JJJJ

Geschäftsfeldleiter Vertriebsleiter Vertriebsmitarbeiter

Abbildung 8: Zielvereinbarungsbogen

▪ *Substitution der größten Verlustbringer durch vergleichbare Produkte*

Oftmals können Verlust-Produkte, die entweder aufgrund von sehr kleinen Stückzahlen oder sehr hohen Materialkosten nicht mehr profitabel sind, ohne weiteres durch vergleichbare Produkte ersetzt werden. So konnte man z.B. mit einer Substitution eines Produktes aus Blech durch eine neuere und verbesserte Kunststoff-Version die Kosten substanziell senken und gleichzeitig auch den Kunden von der Innovation überzeugen.

▪ *Vereinbarung alternativer Preisliste bei Artikelumsatz kleiner 1.000 €*

Gerade beim Einkauf von Kleinstmengen bietet es sich an, eine gesonderte Preisliste mit dem Kunden zu vereinbaren. So könnten z.B. für die Produkte, deren Umsatz im vergangenen Jahr kleiner als 1.000 € war, Sonderpreise festgelegt werden, die sich am jeweiligen Listenpreis orientieren.

▪ *Identifikation und Eliminierung von Altlasten*

Bei Produkten, die schon sehr lange von Kunden bezogen werden, aber deren gesamte Absatzmengen über die letzten Jahre kontinuierlich gesunken sind, besteht Handlungsbedarf. Hier kann es unter anderem Sinn machen, einen finalen Gesamtbedarf mit dem Kunden festzulegen oder aber bewusst die Preise so zu erhöhen, dass man sich entweder rauspreist oder den Kunden damit auf neuere Produkte umlenkt.

▪ *Vereinheitlichung von Produkten zur Steigerung der Stückzahl pro Artikel*

Ähnliche Produkte mit verschiedenen Applikationen können häufig auf ein gemeinsames Basisprodukt zurückgeführt werden, wodurch die Jahresabnahmemenge des Basisprodukts steigt, ein adäquater Preis für den Kunden angeboten und zugleich die Marge des Zulieferers gesteigert werden kann.

▪ *Vereinheitlichung und Anpassung der Zahlungsbedingungen*

Historisch gewachsene Zahlungsbedingungen wie sehr lange Zahlungsfristen oder überdurchschnittlich hohe Skonti sollten angepasst und mittelfristig mit den Zahlungsbedingungen anderer Kunden vereinheitlicht werden.

▪ *Anpassung der Lieferbedingungen*

Einige Zulieferunternehmen haben „Ex-Works"-Vereinbarungen mit ihren Kunden, handhaben tatsächlich aber „Free Carrier" (FCA), da sie die LKWs noch beladen, um eine sichere Verwahrung zu gewährleisten. Wenn möglich sollten die Lieferbedingungen auch an die gelebten Bedingungen angepasst werden.

▪ *Vereinbarung von Mindestbestellwerten*

Bestellungen von kleinen Mengen verursachen intern einen verhältnismäßig hohen Aufwand. Um diesen Aufwand finanziell zu decken, sollte entweder ein Mindestbestellwert oder ein Mindermengenzuschlag mit dem Kunden vereinbart werden. Dieser Aspekt lässt sich gegenüber dem Kunden in der Regel auch gut argumentieren, da die Faktenbasis sehr klar ist und andere Zulieferer dieses Kunden ebenfalls mit dieser Anforderung auftreten.

▪ *Optimierung der Abrufe in Bezug auf Verpackungseinheiten*

Abrufe von Absatzmengen lassen sich bestenfalls in verschiedene Cluster von Verpackungsgrößen bündeln. Sollten z.B. auf eine Palette 200 Produkte passen, kann mit dem Kunden vereinbart werden, dass der Abruf nur in 200er Schritten getätigt werden kann. Oft liegt es lediglich an der Kommunikation zwischen Zulieferer und Kunde, dass solche „Prozessschmerzen" bislang nicht behoben sind.

In Abhängigkeit von Kundenwert und individuellem Preispotenzial lassen sich aus diesem Werkzeugkasten demnach Maßnahmen zusammenstellen, die – je nach Preisdurchsetzungstaktik – ähnlich einem Zwiebelschalenmodell von der direkten, nicht verhandelbaren Preiserhöhung bis hin zu Anpassungen von Zahlungs- und Lieferbedingungen reichen können.

5. Zusammenfassung

Wie in der Einleitung beschrieben, stellt das Preismanagement einen wesentlichen Hebel für die Gestaltung der Kundenbeziehung dar. Durch die erläuterte Vorgehensweise lässt sich auch im Umfeld des Zuliefergeschäfts eine kundenindividuelle Taktik ableiten, mit der die Preisdurchsetzung effektiv angegangen wird. Insbesondere die Schaffung von Transparenz im Status Quo ist dafür eine wesentliche Voraussetzung, um die Akzeptanz zuerst in den eigenen Reihen zu etablieren.

Zudem sind folgende *Voraussetzungen* notwendig, um eine erfolgreiche Umsetzung in der Praxis zu gewährleisten.

(1) Top-Management Unterstützung
   „Kundenbindungsorientiertes Preismanagement sollte (auch) Chefsache sein."

Eine übergeordnete Initiative zur effektiveren Preisdurchsetzung und aktiven Steuerung von Kundenbeziehungen sollte zwingend vom Top-Management initiiert, vorangetrieben und mit der notwendigen Konsequenz in der Umsetzung begleitet werden. Ohne klare Zielvorgaben und ohne die Unterstützung der Unternehmensführung kann kein einheitliches und konsistentes Vorgehen bei der Preisverhandlung und -durchsetzung etabliert werden. Die Unterstützung des Top-Managements ist die Basis für eine nachhaltige Operationalisierung im Unternehmen und kann nicht, beispielsweise an Vertriebsmitarbeiter, delegiert werden.

(2) Mitarbeiterschulungen
„Vertriebsmitarbeiter im Kundenkontakt müssen hohe Anforderungen bewältigen – deshalb sollten deren Fähigkeiten im Umgang mit Kunden und Preisgesprächen regelmäßig geschult werden."

Die Identifikation von Potenzialen und die Vorgabe von Zielen im Preismanagement bringen letztendlich noch keinen zusätzlichen Euro in die Unternehmenskasse. Entscheidend ist die Umsetzung der Vorgaben durch den einzelnen Vertriebsmitarbeiter im Verhandlungsgespräch. Die notwendigen Fähigkeiten für Preisverhandlungen müssen erlernt und in regelmäßigen Abständen weiterentwickelt werden. Unserer Erfahrung nach können Vertriebsmitarbeiter von Industrieunternehmen mit hoher technischer Kompetenz die Produkte vermarkten. Dabei wird das Gespräch über den Preis oftmals als notwendiges Übel betrachtet, das sehr ungern geführt wird. Die zusätzliche Weiterbildung in Verhandlungskompetenz und Preisdurchsetzung gewinnt hinsichtlich dieser Entwicklung noch weiter an Bedeutung.

(3) Werkzeugkoffer – unterstützende Tools und Templates
„Pricing Tools, die Vertriebsmitarbeiter bei der Preisbildung, der Segmentierung und beim Verkaufspreiscontrolling unterstützen, leisten einen wichtigen Beitrag zur Preisdurchsetzung."

So unterschiedlich wie die Kunden sind, so unterschiedlich kann die Herangehensweise zur Erreichung der Ziele bei der Preisdurchsetzung sein. Wichtig ist, dass dem Vertriebsmitarbeiter auch Instrumente zur Verfügung stehen, die ihn bei der Umsetzung unterstützen. Das können Tools für die Preisbildung und das Preiscontrolling sein oder aber auch Templates für Staffelpreisvereinbarungen.

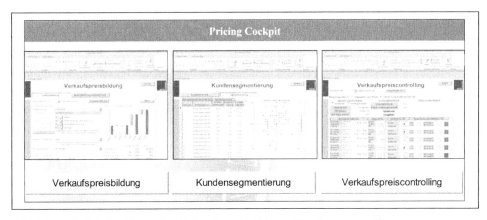

Abbildung 9: Pricing Cockpit: Verkaufspreisbildung, Kundensegmentierung und Verkaufspreiscontrolling

(4) Zielvereinbarung & Incentivierung

„Anreiz- und Vergütungssysteme sind zentrale Instrumente der Vertriebssteuerung, da dadurch das Mitarbeiterverhalten im Hinblick auf die Zielerreichung gesteuert werden kann."

Durch die Verbindung des Verhandlungserfolgs mit einer Belohnung (die nicht notwendigerweise monetär sein muss) wird ein direkter Zusammenhang hergestellt, wodurch der Vertrieb nachhaltig motiviert werden sollte, die gemeinsamen Ziele zu erreichen. Wichtig dabei ist, dass die Rahmenbedingungen für die Anreize transparent, fair, nachvollziehbar, messbar und natürlich leistungsorientiert ausgestaltet sind. Oft sieht man in der Praxis eine Diskrepanz der Unternehmensziele und der Zielgrößen, nach denen der Vertrieb incentiviert wird. Vor allem im Projektgeschäft eines Zulieferers („deal or no deal") muss auf ein ausgewogenes Verhältnis von Umsatz (oder Marktanteil) und Profitabilität geachtet werden, um einer potenziellen Neigung zur Rabattvergabe entgegenzuwirken.

(5) Systemunterstützung

„Die Aktualität und die Qualität der Daten im ERP-System sind entscheidende Faktoren für eine erfolgreiche Projektinitiative zur Preisdurchsetzung."

Betrachtet man die Informationssysteme eines Zulieferers in diesem Geschäftsfeld, so ist ein entscheidender Erfolgsfaktor für eine erfolgreiche Kundensegmentierung und Priorisierung der Aufbau bzw. Ausbau eines umfangreichen Managementsystems. Ein solches System ermöglicht nicht nur den Zugriff auf einen einzigen Bestand an Kundendaten (z.B. im Rahmen einer Kundenwertanalyse) und erhöht somit die Transparenz über den Kunden. Es reduziert auch entscheidend den Abstimmungsaufwand zwischen verschiedenen Abteilungen, beispielsweise zwischen Marketing, dem Vertrieb und dem Qualitätsmanagement.

(6) Reporting

„Eine transparente Kommunikation über die Zielgrößen des Verhandlungserfolgs ist Voraussetzung für die Bewertung der Zielerreichung."

Im letzten Schritt (Reporting) geht es darum, den Verhandlungserfolg genau nachvollziehen zu können, um den Grad der Zielerreichung abzuleiten. Das dient der Vertriebsleitung in erster Linie zur aktiven Steuerung der Vertriebsmannschaft und zur Justierung der individuellen Taktiken auf Einzelkundenebene. Sehr häufig machen hierfür speziell angefertigte Programme Sinn, die auf den jeweiligen Bedarf individuell angepasst sein sollten.

Mit dem beschriebenen Vorgehen haben wir in den vergangenen Jahren einige Zulieferunternehmen im Maschinen- und Anlagenbau dabei unterstützt, ihre externe Preisdurchsetzung wesentlich zu optimieren. Bei allen Initiativen hat sich die finanzielle Investition bereits im ersten Jahr der Umsetzung amortisiert.

Literaturverzeichnis

Homburg, Ch. (2015): Marketingmanagement: Strategie – Instrumente – Umsetzung – Unternehmensführung, 5. Aufl., Wiesbaden.

Homburg, Ch./Wieseke, J. (Hrsg.) (2011): Handbuch Vertriebsmanagement, Wiesbaden.

Homburg, Ch./Totzek, D. (2011): Preismanagement auf Business-to-Business Märkten: Preisstrategie – Preisbestimmung – Preisdurchsetzung, Wiesbaden.

Summary

This article suggests and describes the process of how suppliers of OEMs can use an active customer relationship management in order to improve business results via more effective pricing tactics. Suppliers need to analyze the existing potential and limitations of their respective product portfolio. Combined with information about a customer's total value and behavior, suppliers can identify individual tactics for effective price enforcement which, despite the limited bargaining power of suppliers, has proven to significantly optimize their business results. Furthermore, various strategies are drawn that will help top management to actually implement CRM based pricing tactics and establish them in sales operations.

Henning von Boxberg, Jürgen Mamber und Marc Jost-Benz

Kundenbindungsmanagement im Elektrowerkzeugmarkt – das Beispiel Bosch Elektrowerkzeuge

1. Bosch Elektrowerkzeuge: führender Anbieter mit starken Marken

2. Der Elektrowerkzeugmarkt: Wachstumschancen und Herausforderungen
    2.1 Historischer Hintergrund
    2.2 Elektrowerkzeuge: ein weltweiter Wachstumsmarkt
    2.3 Handelsstrukturen und Herausforderungen im deutschen Markt

3. Bedeutung der Kundenbindung im Elektrowerkzeugmarkt
    3.1 Warum Kundenbindungsmanagement bei Bosch Elektrowerkzeuge?
    3.2 Kundenbindung im Kundenlebenszyklus
    3.3 Zielgruppen-Segmentierung Heimwerker
    3.4 Ausgewählte Kundenbindungsinstrumente für Heimwerker
    3.5 Kundenbindung an die Marke Bosch im Fachhandelsbereich
    3.6 Digitale Instrumente der Kundenbindung am Beispiel Handwerker

4. Erfolgreiches Kundenbindungsmanagement am Beispiel des BPP-Konzepts
    4.1 Grundkonzept von BPP – Bosch Premium Partner
    4.2 Positionierung und strategische Zielsetzung von BPP
    4.3 Implementierung
    4.4 Kundenbindung durch BPP

5. Ausblick

Literaturverzeichnis

Henning von Boxberg ist Vorsitzender des Bereichsvorstandes Power Tools bei der Robert Bosch GmbH, Stuttgart. Jürgen Mamber ist Leiter der Abteilung Sales Consulting and Training Power Tools bei der Robert Bosch GmbH. Dr. Marc Jost-Benz ist Leiter der Abteilung User Experience Power Tools bei der Robert Bosch GmbH.

1. Bosch Elektrowerkzeuge: führender Anbieter mit starken Marken

Das Weltunternehmen Bosch steht für eine große Bandbreite an Produkten und Dienstleistungen, die die Lebensqualität der Menschen durch innovative und nutzbringende Lösungen fördern – von Zündkerzen und Automobilelektronik über Brandmeldesysteme, Photovoltaik und Verpackungstechnik bis hin zu Hausgeräten und Elektrowerkzeugen.

Der Geschäftsbereich Elektrowerkzeuge umfasst dabei viele tausend verschiedene Produkte für Heimwerker, Handwerker und Industriekunden: Elektrowerkzeuge mit entsprechenden Einsatzwerkzeugen, Gartengeräte, elektronische Messwerkzeuge, spezialisierte Industriewerkzeuge sowie ein umfangreiches Angebot an Dienstleistungen. Mit etwa 20.000 Beschäftigten und einem Gesamtumsatz von rund 4,5 Mrd. EUR im Jahr 2015 ist Bosch Elektrowerkzeuge in all diesen Produktbereichen weltweit einer der führenden Anbieter.

Die Marke Bosch hat im Elektrowerkzeugmarkt eine sehr hohe Bekanntheit und steht für Innovation und hohe Ansprüche an Produktqualität, Ergonomie und Design. Deutlich wird die zielgruppenspezifische Konzeption, Entwicklung und Vermarktung von Geräten unter der Marke Bosch nicht zuletzt durch die farblich unterschiedliche Codierung: blaue Bosch-Geräte sind für professionelle Anwender konzipiert, grüne für Heimwerker. Neben der Marke Bosch werden noch weitere Marken wie Dremel sowie Marken mit regionalen oder nationalen Schwerpunkten geführt.

2. Der Elektrowerkzeugmarkt: Wachstumschancen und Herausforderungen

2.1 Historischer Hintergrund

Das Elektrowerkzeug ist eine deutsche Erfindung. Ende des vorletzten Jahrhunderts hat die Firma Fein die erste tragbare Bohrmaschine mit elektrischem Antrieb in Stuttgart vorgestellt. In den Folgejahren entstand um Stuttgart herum das Weltzentrum für Elektrowerkzeuge. AEG, Bosch, Duss, Fein, Festool, Flex, Holzher, Kress und Metabo sind einige der Marken, mit denen Baden-Württemberg den Weltmarkt bediente. Mit den Jahren kamen amerikanische und auch japanische Hersteller von Elektrowerkzeugen hinzu. Die Dominanz der schwäbischen Elektrowerkzeugindustrie blieb zumindest beim gewerblichen Anwender jedoch ungebrochen.

In der zweiten Hälfte des letzten Jahrhunderts erfasste die Do-it-Yourself-Bewegung (DIY) – aus den USA kommend – die westlichen Länder. Erstmals wurden im

Heimwerkerbereich große Mengen von handgeführten Elektrowerkzeugen verkauft. Einhergehend mit dieser Entwicklung entstanden neue Handelsformen, wie Verbraucher- und Baumärkte.

Die politische Öffnung Chinas Ende des letzten Jahrhunderts für den Elektrowerkzeugmarkt ebenso wie für viele andere Weltmarktsegmente brachte gravierende Änderungen mit sich. Markenhersteller wurden mit Markenpiraterie und No-Name-Produkten konfrontiert, die den Weltmarkt zu Dumpingpreisen überschwemmten. Elektrowerkzeuge wurden plötzlich zwischen Wurst und Schuhcreme im Discountgeschäft angeboten. Die Folge war eine mengenmäßige Steigerung des Weltmarktes für Elektrowerkzeuge, verbunden mit einem Rückgang im Wert. Die Verschiebung in untere Preissegmente wurde von Discountern und Großflächen – SB-Warenhäuser, Verbraucher- und Baumärkte – durch aggressive Preisaktionen ausgelöst.

Auch in Deutschland führten Billigangebote Ende der 1990er Jahre und noch bis zum Jahre 2005 zu einer Abnahme der Markentreue. Kunden, die vorher nicht daran gedacht hätten, sich ein Werkzeug zuzulegen, ließen sich zum Kauf von Billiggeräten verleiten. Elektrowerkzeuge wurden zu einem Kernsegment für Sonderangebote in Baumärkten und es dominierte die Niedrigpreisstrategie.

Dieser Trend hat sich jedoch in den letzten Jahren komplett zu Gunsten der Markenprodukte gedreht: Handelsmarken und billige No-Name-Produkte haben inzwischen den Großteil ihres Absatzes verloren. Die Verwender sind zu Markenprodukten zurückgekehrt, wovon Bosch als Marktführer überproportional profitieren konnte. Schlechte Erfahrungen der Kunden mit Billigprodukten und deren gestiegene Preise aufgrund höherer Rohmaterialpreise und Einfuhrkosten haben zu dieser Entwicklung beigetragen. Entscheidend war jedoch die Innovationsstärke der Markenprodukte, die sich durch stärkere Kundenorientierung und Kundenbindung sowie technologische Neuentwicklungen – speziell im Akku-Segment – wieder Wettbewerbsvorteile sichern konnten.

In der Konsequenz sind nicht nur die Marktanteile der Billigprodukte massiv zurückgegangen, sondern auch die Durchschnittspreise im Handel wieder deutlich gestiegen (siehe Abbildung 1).

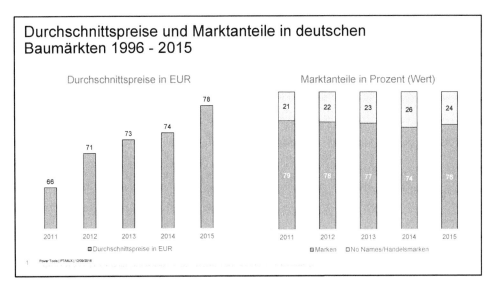

Abbildung 1: Durchschnittspreise und Marktanteile in deutschen Baumärkten

2.2 Elektrowerkzeuge: ein weltweiter Wachstumsmarkt

Der Weltmarkt für handgehaltene Elektrowerkzeuge ist seit vielen Jahren ein Wachstumsmarkt. Vor allem in Osteuropa, Asien und Lateinamerika eröffnen sich gute Wachstumschancen, während die Märkte in Westeuropa und Nordamerika bereits stärker gesättigt sind. Dies gilt trotz der schweren wirtschaftlichen Krise im Jahr 2009, in dem die weltweiten Märkte für Elektrowerkzeuge um über 15 Prozent einbrachen. Dies konnte jedoch bereits in den Folgejahren größtenteils wieder kompensiert werden.

Beeinflusst wird die Markteinschätzung durch ein nachhaltig steigendes Aufkommen für Renovierung und Modernisierung, technologische Innovationen wie die Lithium-Ionen-Akku-Technik sowie begleitende gesellschaftliche Trends: Do-it-Yourself ist „in"! War Heimwerken früher eine rein männliche Domäne, so gewinnen Frauen als Zielgruppe mehr und mehr an Bedeutung. Hier spiegelt sich das veränderte Rollenverhalten in der Gesellschaft wider: Frauen wollen längst nicht mehr nur darauf warten, bis der Mann mit dem Werkzeugkoffer kommt.

2.3 Handelsstrukturen und Herausforderungen im deutschen Markt

Bosch nimmt weltweit die führende Marktposition im Elektrowerkzeugmarkt ein, unter anderem getragen von einer besonders starken Position in Europa, wo sich unterschiedliche Dynamiken in westeuropäischen und osteuropäischen Märkten zeigen. Im Folgenden werden am Beispiel des deutschen Marktes sowohl die grundsätzlichen Handelsstrukturen als auch die besonderen Herausforderungen im Elektrowerkzeuggeschäft aufgezeigt.

Das Heimwerker-Geschäft

Elektrowerkzeuge und Zubehör werden heute in vielen Handelskanälen außerhalb der spezialisierten Fachgeschäfte verkauft. Für Heimwerker ist dabei der zentrale Einkaufskanal der *Baumarkt*. Diese Vertriebsform begann ihren Siegeszug Ende der 1960er Jahre. Aus anfänglich bis zu 800 m^2 großen Geschäften haben sich Giganten – so genannte Megamärkte – mit über 20.000 m^2 entwickelt. Der ständige Outlet- und Flächenzuwachs hat in der Branche zu einem harten Verdrängungswettbewerb geführt, verbunden mit sinkenden Betriebsergebnissen der Händler. Branchenkenner halten eine Konsolidierung in den nächsten Jahren aufgrund von Geschäftsaufgaben und Fusionen für wahrscheinlich.

Der Elektrowerkzeugmarkt innerhalb der deutschen Baumärkte ist in den vergangenen Jahren durch besonders harten Wettbewerb gekennzeichnet. Durch das Aufkommen billiger No-Name-Produkte aus China und Handelsmarken, mit denen sich die Baumärkte von der Konkurrenz abzusetzen hofften, sank der Umsatz mit Elektrowerkzeugen in diesem Kanal innerhalb von drei Jahren um 20 Prozent, und dies bei deutlich gestiegenen Stückabsätzen: Ein drastischer Rückgang des durchschnittlichen Preisniveaus und die teilweise Abwertung von Elektrowerkzeugen zu reinen Mitnahmeartikeln war das Ergebnis.

Die einseitige Betonung des Preises lockt zwar kurzfristig Kunden in die Outlets, trägt jedoch nicht zu einer langfristigen Bindung der Kunden an die Einkaufsstätten bei. Niedrigpreisstrategien und Personalabbau vernachlässigen die für hohe Kundenloyalität wichtige Beziehungsebene, so dass meistens nur dort gekauft wird, wo der niedrigste Preis im Angebot ist. Sich in diesem Umfeld als Markenartikler durchzusetzen heißt, die Schwäche der Billigprodukte zu kennen, denn Billiganbieter sind nur gut im Kopieren, auch wenn Qualität und Sicherheit oftmals leiden. Was sie in der Regel nicht können, ist Märkte mit neuen Produkten zu generieren. Dass innovative Technik oder gutes Design zu hohen Verkaufserlösen führen können, beweisen wertschaffende Innovationen wie der Bosch Ixo, ein handlicher 3,6 V-Akkuschrauber mit Lithium-Ionen-Technik, der mit hohen monatlichen Stückzahlen zu 49 EUR (Basisprodukt) verkauft wird und der seit dem Jahre 2003 bis heute zu den TOP 3 der meistverkauften Elektrowerkzeuge in Europa zählt (GfK EU 8 2015).

Weitere Vertriebswege für DIY-Elektrowerkzeuge sind neben Baumärkten die *Verbrauchermärkte*, *Warenhäuser* oder auch *Discounter*, die die oben beschriebene Entwicklung zusätzlich forciert haben.

Das *Internet* spielt bei Elektrowerkzeugen nicht nur als Informationskanal eine zunehmend wichtige Rolle, sondern nimmt auch in seiner Bedeutung als Vertriebskanal für Heimwerker signifikant zu. Das starke Wachstum des Elektrowerkzeugmarktes im Internet führt dazu, dass neben den Online-Händlern zunehmend auch die Baumärkte eigene Online-Shops eröffnen.

Das gewerbliche Geschäft

Professionelle Anwender, wie Handwerker, kaufen überwiegend im Fachhandel, wo sie die für sie notwendige Sortimentstiefe und Beratung finden. Der stationäre Eisenwarenfachhandel und der Produktionsverbindungshandel sind hier die beiden wichtigsten Fachhandelszweige.

Zur Nutzung von Einkaufs- und Vermarktungsvorteilen sind Fachhändler in der Regel einem Einkaufsverband angeschlossen. Die meisten Fachhändler sind alteingesessene Betriebe, deren Namen als regionale Marken etabliert sind. Über jahrelange enge Zusammenarbeit sind insbesondere zu den Handwerksbetrieben gefestigte Beziehungen entstanden. Regionale Präsenz und persönlicher Kontakt sind Stärken des Fachhandels zur Festigung von Kundenbindungen.

Der *stationäre Eisenwaren-Fachhandel* stützt sich dabei auf ein umfassendes Sortiment. Seine Umsätze werden hauptsächlich über die Theke getätigt. Er ist in hohem Maße von der Kundentreue abhängig, da er die Preise des Produktionsverbindungshandels nicht realisieren kann. Um die Attraktivität zu erhöhen, sind viele Fachhändler aus ihrem angestammten Ladenlokal vor die Stadt in Industriegebiete gezogen. Parkplätze sowie großzügigere, helle und moderne Verkaufsflächen sollen helfen, den Kunden an das Fachgeschäft zu binden.

Aus den stationären Fachhandelsgeschäften ist der *Produktionsverbindungshandel (PVH)* hervorgegangen. Neben Theken- und Telefonverkauf stützt sich der PVH auch auf einen Außendienst. Seine Präsenz vor Ort bei Handwerk und Industrie schafft Kundenbindung über Kontakthäufigkeit. Untereinander bilden Produktionsverbindungshändler zunehmend strategische Allianzen, um gegenüber Lieferanten und Kunden mit stärkerem Gewicht auftreten zu können. Mit strategischen Allianzen können überregionale Großabnehmer bedient und das so genannte C-Teile-Geschäft wahrgenommen werden. In Studien wurde festgestellt, dass Einkäufer 80 Prozent ihrer Arbeitszeit mit 20 Prozent des Einkaufsvolumens verbringen. Diese 20 Prozent werden unter dem Begriff C-Teile erfasst. Um Kapazität zu gewinnen, wird die Versorgung mit C-Teilen ausgelagert und einem PVH voll verantwortlich übergeben. Dieser liefert zu den abgesprochenen Preisen an und sorgt für den bedarfsgerechten Bestand.

Das gewerbliche Geschäft ist eng an die gesamtwirtschaftliche und baukonjunkturelle Entwicklung gekoppelt. Dementsprechend musste der gewerbliche Elektrowerkzeugmarkt in Deutschland im Rahmen der wirtschaftlichen Krise im Jahr 2009 Umsatzeinbußen hinnehmen, die in den Folgejahren jedoch bereits größtenteils wieder kompensiert werden konnten.

3. Bedeutung der Kundenbindung im Elektrowerkzeugmarkt

3.1 Warum Kundenbindungsmanagement bei Bosch Elektrowerkzeuge?

Lassen sich Kunden überhaupt binden? Wie ist es um die Loyalität zu einer Marke bestellt in einer Zeit der Überflutung mit Preisaktionen? Sind die Marke und ihr Image unangreifbar in der Beziehungswelt der Kunden verankert? Welche Preisunterschiede verträgt die Bindung zu einer Marke? Wie hoch sind die Wechselhürden?

Fragen über Fragen kommen auf, wenn es um die Bindung der Kunden an eine Marke geht. Markenartikel müssen heute dem Kunden täglich immer wieder aufs Neue die Frage beantworten: „Warum soll ich gerade diese Marke kaufen und welche Vorteile bringt mir diese Marke?" Wer diese Frage am besten beantworten kann, die stichhaltigsten Argumente findet und vor allen Dingen die Produktversprechen einhält, hat die besten Chancen am Markt zu bestehen.

Der Kampf um die Käufergunst beginnt mit der Wahrnehmung und der Erwartungshaltung. Marken besitzen eine „Persönlichkeit", zu denen der Käufer eine Beziehung aufbaut. Die *Bindung zu einer Marke* ist deshalb nicht „Kopfsache", sondern „Bauchsache". Erwartungshaltungen an die Marke müssen erfüllt werden. Für das Kundenbindungsmanagement ist die Marktforschung unerlässlich. Sie gibt Auskunft darüber, wie aktuelle und potentielle Kunden die Marke wahrnehmen, welche Wünsche an die Marke bestehen und warum Kaufentscheidungen für oder gegen die Marke getroffen werden.

3.2 Kundenbindung im Kundenlebenszyklus

Die Erkenntnisse der Marktforschung fließen in das *Kundenbindungsmanagement* ein, um die definierten Zielgruppen mit der passenden Problemlösung zu versorgen. Erst aus der Erkenntnis heraus, dass eine bestimmte Marke eine bestimmte Erwartungshaltung immer wieder aufs Neue erfüllt, wächst Loyalität zur Marke. Markenloyalität bedeutet somit für Markenproduzenten wie Bosch Zukunftssicherung.

Marken, die ihre Kunden ein Leben lang binden können, sind von hoher Emotionalität. Haben es die Bekleidungs- und Automobilbranche auf diesem Gebiet wesentlich leichter als Gebrauchsgegenstände wie Elektrowerkzeuge? Mit dem Fahren einer bestimmten Automarke verbindet sich ein Image, das von der Außenwelt wahrgenommen wird. Erhält das Werkzeug im Hobbykeller des Heimwerkers oder der Werkstatt des Handwerkers weniger Aufmerksamkeit?

Gewerbliche Anwender als Markenbotschafter

Der Handwerker, der ins Haus kommt, um die neue Küche einzubauen, benutzt eine Stichsäge der Marke Bosch. Für seinen Kunden, der häufig auch Heimwerker ist, kann dieser Vorgang eine Signalwirkung haben. Der Handwerker, der auf der Baustelle mit seinem Bosch-Hammer arbeitet, zeigt seinen Kollegen, dass Bosch die richtige Marke für den professionellen Anwender ist. Unbewusst gibt der Handwerker eine Empfehlung für die Marke ab, die eine geplante Kaufentscheidung beeinflussen oder nachträglich eine bereits getroffene Kaufentscheidung positiv verstärken kann.

Heimwerker als Markenbotschafter

Ein großer Teil aller Kaufentscheidungen bei Elektrowerkzeugen werden auf Empfehlung durch eine Person des Vertrauens getroffen. Das kann der Fachverkäufer im Handel sein, aber auch der Verwandte oder Bekannte, dem ein besonderes Wissen in Bezug auf das zu kaufende Produkt zugetraut wird. In letzter Zeit kommt in diesem Zusammenhang auch den Empfehlungen anderer Heimwerker im Internet eine steigende Bedeutung zu. Gelingt es einer Marke, starke und glaubwürdige „Markenbotschafter" im Netz aufzubauen, so kann sie hierdurch indirekt Einfluss auf Kaufentscheidungen nehmen. Die Urteile andere Verwender, die ein Elektrowerkzeug getestet haben und hierüber im Internet berichten, können eine Kaufentscheidung wesentlich stärker beeinflussen als zum Beispiel direkte Markenkommunikation in Form von Werbung. Es gilt folglich, diese Meinungsträger im Internet ausfindig zu machen und an die Marke zu binden, damit sie die Marke weiterempfehlen. *Blogger Relationship Building* ist in diesem Zusammenhang als eine wichtige Maßnahme zu nennen. Durch die Transparenz des Internets gilt umso mehr: Jeder Markenüberzeugte bindet andere Verwender an die Marke, da begeisterte Geschichten über das benutzte Markenerzeugnis Überzeugungen übertragen und somit nachhaltigen Einfluss auf die Kaufentscheidungen anderer Verwender haben.

3.3 Zielgruppen-Segmentierung Heimwerker

Je nach ihrer Erfahrung und Einstellung zu DIY lassen sich Heimwerker ganz bestimmten Typen zuordnen, die aufgrund ihrer unterschiedlichen Bedürfnisse auch gesonderte Zielgruppen darstellen. Vereinfacht unterscheidet man den passionierten Heimwerker, den pragmatischen Heimwerker sowie den so genannten Enjoying Hobbyist.

Der passionierte Heimwerker (29 Prozent der Zielgruppe in Deutschland)

Dieser Heimwerkertyp (überwiegend männlich und älter als 40 Jahre) sieht in seiner Tätigkeit als Heimwerker das ultimative Hobby. Für ihn ist der Weg das Ziel. Er hat sehr gute DIY-Kenntnisse, besitzt einen größeren Maschinenpark und kennt die neuesten Entwicklungen. Dass er hochwertige Markenerzeugnisse einsetzt, ist für ihn selbstverständlich. Er legt Wert auf präzises Arbeiten und hochwertige Ergebnisse. Die Tatsache, dass er sich zum Teil auch an Geräten für gewerbliche Anwender orientiert, unterstreicht seinen hohen Qualitätsanspruch.

Der pragmatische Heimwerker (31 Prozent der Zielgruppe in Deutschland)

Dieser Heimwerkertyp (ebenfalls überwiegend älter als 40 Jahre) hat das Ziel, Geld für den Handwerker einzusparen und soziale Anerkennung zu erhalten. Der Haus- oder Wohnungsbesitz „zwingt" ihn zum Heimwerken. Er verfügt über solide DIY-Kenntnisse, die er durch wiederholtes Arbeiten an bestimmten Projekten erworben hat. Er benötigt zuverlässige, kraftvolle und einfach zu bedienende Elektrowerkzeuge, die ihm die lästige Arbeit erleichtern und mögliche Risiken minimieren.

Enjoying Hobbyist (18 Prozent der Zielgruppe in Deutschland)

Dieser Heimwerkertyp (tendenziell hoher Frauenanteil, alle Altersklassen) hat fortgeschrittene oder Laien- DIY-Kenntnisse und zeigt hohes Interesse, diese auszubauen. Zentrale Motivation ist dabei die Freude am kreativen Gestalten des Zuhauses. Die Vertreter dieser Zielgruppe haben lediglich eine Grundausstattung an Elektrowerkzeugen und somit nur ein geringes Marken- und Produktwissen über Elektrowerkzeuge. Sie/er benötigt daher selbsterklärende und sichere Geräte, mit denen man(n)/Frau sich an mehr DIY-Tätigkeiten wagen kann.

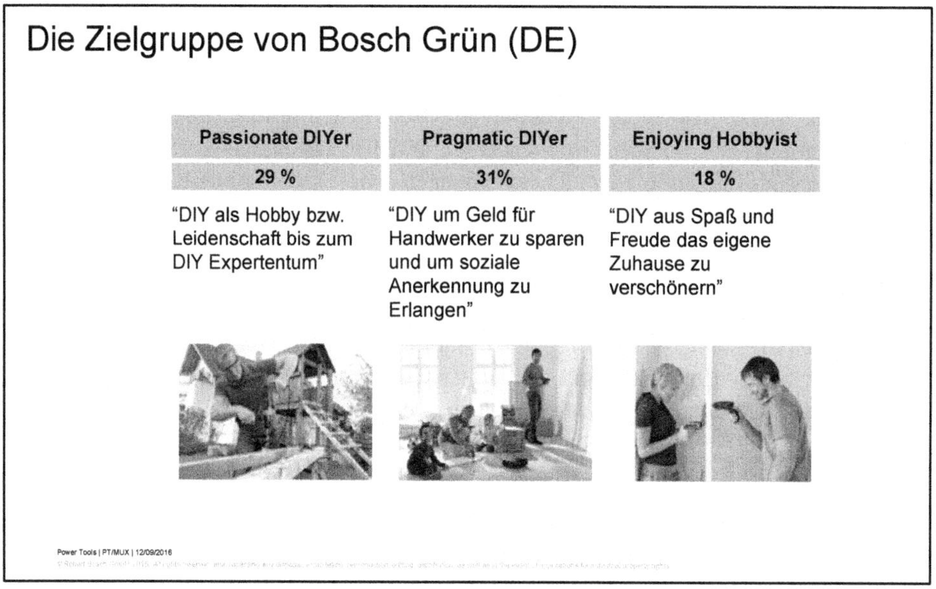

Abbildung 2: Die unterschiedlichen Käufertypen des DIY-Marktes

3.4 Ausgewählte Kundenbindungsinstrumente für Heimwerker

Im Folgenden werden ausgewählte *Kundenbindungsinstrumente* vorgestellt:

Die Bosch Experience Zone

Die Ausdünnung der Großflächen mit Fachpersonal hat zu einem erhöhten Abverkauf durch Selbstbedienung selbst bei anspruchsvollen Konsumgütern geführt. Studien zeigen, dass Kunden, die nicht beraten werden und wenig Produktwissen besitzen, den Preis zum dominanten Entscheidungskriterium erheben. Wenn die Platzierung in dieser Situation die Marken benachteiligt, können auch ein starker Bekanntheitsgrad und die beste Kommunikationsstrategie beim Kaufentscheid verpuffen.

Für das grüne Bosch-Heimwerkerprogramm wurde deshalb das System der *Bosch Experience Zone* entwickelt. Auf bis zu 25 m^2 wird in einem ladenähnlichen Display das gesamte Bosch-Sortiment präsentiert (siehe Abbildung 3). An frequenzstarken Verkaufstagen steht ein von Bosch trainierter Fachberater zur Verfügung.

Abbildung 3: Die Bosch Experience Zone – übersichtliche Blockbildung für schnelle Orientierung, eigene Erfahrungen und fachkundige Beratung

Der hohe Bekanntheitsgrad bei der Zielgruppe Heimwerker, das Qualitätsimage der Marke Bosch und die Fachberatung des Bosch Experience Zone-Verkäufers führen zu deutlichen Umsatzsteigerungen. Bei Neu- und Ersatzkäufen nutzen die Verwender die Präsenz des Fachberaters von Bosch. Die Doppelbindung des Kunden über Marke und persönlichen Kontakt kreieren hohe Wechselhürden. Kundenbindung wird so zu langjähriger Kundentreue.

Die Online-Plattform 1-2-do.com

Wie in Abschnitt 3.2 erläutert, kommt der Generierung von Markenbotschaftern im Internet eine hohe Bedeutung zu. Um zu erreichen, dass im Internet viele Heimwerker glaubwürdig und positiv über Bosch Elektrowerkzeuge sprechen, hat Bosch als eine der ersten Marken überhaupt eine *interaktive Onlineplattform* gelauncht, auf der sich Heimwerker untereinander austauschen können. Unter dem Motto „Einer weiß immer, wie es geht" werden nicht nur Tipps und Tricks rund um Heimwerkerprojekte ausgetauscht, sondern auch Produkttests durchgeführt. Die Heimwerker veröffentlichen hier ihre Erfahrungsberichte über die Produkte online und geben dadurch eine weitaus relevantere Produktbewertung ab, als es die direkte Empfehlung eines Herstellers jemals sein kann.

Zudem bietet Bosch auf *1-2-do.com* Heimwerkern die Möglichkeit, sich direkt mit den Bosch-Experten in Verbindung zu setzen, die rund um die Uhr bei jeder Anwendungsfrage sofort weiterhelfen können. Der Hilfe zur Selbsthilfe kommt beim Heimwerken eine sehr hohe Bedeutung zu, da viele Kunden während ihrer Projekte zu Hause auf unerwartete Probleme stoßen.

Aus demselben Grund wurde auch die Bosch Experten-Hotline gegründet. Hier kann der weniger online-affine Kunde telefonisch den persönlichen Kontakt zu einem Bosch Experten aufnehmen und um Rat fragen. Die Hotline wird heute von mehr als 200 Verwendern täglich kontaktiert.

Weitere Kundenbindungsinstrumente für Heimwerker

Neben der Kundeninteraktion auf den sozialen Plattformen im Internet (Facebook, Twitter, YouTube) ist Bosch auch im stationären Handel bestrebt, den direkten Kundendialog zu ermöglichen. Über sogenannte QR-Codes kann sich ein Kunde beispielsweise über sein Smartphone bei Bosch direkt über die Angebote im Handel informieren. Auch Do-it-Yourself Workshops, die von Bosch über den Handel oder das Internet initiiert werden, verstärken den direkten Kontakt von Marke und Heimwerker und ermöglichen Bosch ein genaues Kennenlernen der Kundenbedürfnisse.

Für die Bindung der zukünftigen Heimwerkergeneration hat Bosch die Marke "Bosch Minis" auf den Markt gebracht. Bosch Minis sind Spielzeuge, die den echten Werkzeugen sehr ähnlich sind und mit denen Kinder spielerisch arbeiten können. Mit Bosch Minis werden die kommenden Verwender also spielend an die Marke herangeführt. Inzwischen werden sie millionenfach über den Spielwarenhandel verkauft und fördern in jungen Jahren die Markenwahrnehmung.

3.5 Kundenbindung an die Marke Bosch im Fachhandelsbereich

Der Fachhandel wird mit dem blauen Bosch Programm für den gewerblichen Verwender beliefert. An das gewerbliche Programm sind Platzierungs-, Service- und Beratungsqualität geknüpft. Die anspruchsvollen Kriterien sind nur unter Fachhandelsbedingungen zu erfüllen. Der Käufer von Bosch Blau soll den professionellen Ansatz der Marke in jeder Form spüren. Von Bosch Blau erhält der Fachhandel ein auf seine Zielgruppen zugeschnittenes Sortiment, was die Kundenbindung auf Handelsebene fördert.

Kundenberatung für den Fachhandel und Fachhandelskunden

Ein sehr wirkungsvolles Instrument der Kundenbindung ist die telefonische Kundenberatung, die sieben Tage die Woche mit Rat und Tat zu technischen Fragen, abseits von Reparatur und Vertriebsfragen, konkrete Antworten zur richtigen Wahl des Produkts als auch zur richtigen Anwendung und Auswahl von Zubehör gibt. Fachhandel und Kunden können sich per Telefon oder Mail an die Kundenberater von Bosch wenden.

Schulungen für Fachhandelspersonal

Um den hohen Ansprüchen gerecht zu werden, stellt Bosch für die Fachverkäufer des Fachhandels ein umfassendes Schulungskonzept bereit. Es werden die Bereiche Produktanwendung, Kundennutzenargumentation, Handelsbetriebswirtschaft und Verkaufsverhalten trainiert.

Die erste Säule des Trainings sind Präsenzseminare im Bosch Schulungszentrum, vor Ort beim Kunden und bei den Schulungseinrichtungen der Handelsverbände. Das Training umfasst Produktwissen, die Fähigkeiten, das Produkt professionell vorzuführen und das kundenorientierte Verkaufsverhalten. Über diese Trainings wird eine besonders hohe Markenbindung erreicht, da der Fachverkäufer mit Vorliebe die Produkte anbietet, die er kennt und sicher erläutern kann.

E-Learning/Blended Learning/Live Online Training (Webinar)

Die zweite Säule des Trainings stellt das E-Learning dar. In Kombination mit Präsenztraining spricht man hier vom Blended Learning Ansatz. Wissensvermittlung als Kundenbindungsinstrument wird durch E-Learning sowohl vor als auch nach erfolgten Trainingsmaßnahmen nachhaltig unterstützt. In der Ausbildung zum erfahrenen Kundenberater ist das Schulungsprogramm im Mix des Blended Learning der Garant für Wissen und Erfolg. Die langfristige und adaptierte Wissensvermittlung stellt somit einen wesentlichen Baustein der Kundenbindung dar. Bosch bietet das gesamte Wissen zum Elektrowerkzeug auf einer eigenen Internetseite an. Alle Lehrmittel sind dort in digitaler Form hinterlegt. Als Besonderheit können sich die Besucher der Homepage didaktisch aufbereitetes Anwendungswissen mittels E-Learning-Programmen aneignen. Diese Programme wurden bereits mehrfach ausgezeichnet. Teile dieser Internetseite wurden von Kunden übernommen und in das kundeneigene Intranet eingebunden. Die ständig steigenden Zugriffszahlen und Verweildauer von Kunden auf den Seiten, weisen auf die verstärkte Nutzung des Markenservices hin, der in der Konsequenz den Abverkauf fördert und in seiner Art einzigartig ist. Für eine schnelle und effektive Wissensvermittlung mit Chat Charakter wird neu nun auch die Form des Live Webinars genutzt, um Teilnehmern auch im Chat live Fragen beantworten zu können. Diese Form des Lernens eignet sich hervorragend, um Wissen in kleinen Wissenseinheiten von max. 45 Minuten zu vermitteln.

Lehr- und Lernmedien

Das 1990 eingeführte Lexikon für Elektrowerkzeuge (EW-Lexikon) wurde ständig weiterentwickelt, umfasst inzwischen 1.360 Seiten und heißt seit 2004 „Taschenbuch für Handwerk und Industrie". Es ist seit 2012 in der siebten überarbeiteten Version am Markt über den Buchhandel verfügbar. Aufgrund des Informationsgehalts für Fachverkäufer und Verwender ist das Taschenbuch inzwischen das Standardwerk der Branche.

Für das tägliche Beratungsgespräch wurden die am häufigsten gestellten Fragen gesammelt und daraus das so genannte FAQ-Buch (Frequently Asked Questions) entwickelt. Es beantwortet die 75 meist gestellten Fragen zu den jeweiligen Fachgebieten. In Summe umfasst das Buch 1.500 Fragen und Antworten für den täglichen Beratungsalltag eines Fachverkäufers. Für Zielgruppen mit keinem schulischen Background werden nun neue Lehrmaterialien in nonverbaler bildhafter Sprache angeboten, um den sicheren Umgang mit Elektrowerkzeug zu schulen.

Kompetenzzentren an Berufsbildenden Schulen

Kundenbindung beginnt in der Ausbildung. So wie viele Autofahrer der ersten Marke ihrer Fahrschulzeit auch nach der Fahrschule treu bleiben, so arbeiten Auszubildende gerne mit Werkzeug und Maschinen, die sie bereits in ihrer Ausbildung kennengelernt haben. In vielen Ländern gibt es bereits feste Ausbildungsvereinbarungen mit großen Bildungseinrichtungen. Diese Art der Ausbildungsunterstützung fördert zugleich die Markenbindung über das schulische Umfeld hinaus, da auch Institutionen im Handwerk wie Handwerkskammern und Innungsverbände aktiv in diesen Bildungsprozess eingebunden sind. Mit Bosch-Ausbildungsmedien bekommen die Lehrkräfte an Berufsschulen, in ausbildenden Betrieben und überbetrieblichen Ausbildungszentren das Material für die professionelle Ausführung von Unterrichtssequenzen zur Verfügung gestellt. Die Berufsanfänger lernen am Beispiel des gewerblichen Programms von Bosch und kommen als künftige professionelle Anwender sehr früh mit der Marke in Berührung. Informationen über innovative Produkte nimmt der Berufsschüler mit in den Betrieb, was zu einem Image- und Informationstransfer führt. Des Weiteren bietet diese Kooperation erhebliche Vorteile für Marktforschung, Entwicklung und Vertrieb.

Weitere Serviceleistungen für den Fachhandel

Gemeinsam mit dem Fachhandel bietet Bosch eine Vielzahl von Serviceleistungen, die wiederum den Verwender an die Marke binden sollen.

Eine dreijährige Produktgarantie, der 5-Tages-Reparaturservice (inkl. Transport vom und zum Handel), Produktrecycling und zehn Jahre Ersatzteilgarantie sind einige der Serviceleistungen, die zu einem Elektrowerkzeug der Marke Bosch gehören. Ein Bosch-Fachberater vor Ort unterstützt den Außendienst des Fachhandels bei Anwendungsfragen. Es werden kundenindividuelle Problemlösungen erarbeitet, die den Verwender über die Beratungskompetenz an den Fachhändler und die Marke Bosch binden.

Bosch und der Fachhandel veranstalten Innungsabende und Innungsreisen zu einem der Werke von Bosch. Wenn der Verwender nicht reisen will, dann kommt die Bosch-Roadshow zu ihm.

Aufhänger einer Roadshow ist eine Produktshow mit Vorführ- und Erprobungsständen für die theoretische und praktische Anwendung. Mit den Fachhändlern einer Region wird ein zentraler Punkt gewählt, der von den gewerblichen Kunden des Fachhandels gut erreichbar ist. Über den Fachhandel wird die Zielgruppe mit Promotionmaterial eingeladen. Mit der Roadshow wird die Marke Bosch und der Name des Fachhändlers zu einem leistungsstarken Team verwoben, was zur Kundenbindung beiträgt. Auch für die Kundenbindung im Bereich der gewerblichen Anwender ist die persönliche Beziehung zu „seinem" Fachhändler von hoher Bedeutung.

3.6 Digitale Instrumente der Kundenbindung am Beispiel Handwerker

Die Bedeutung der digitalen Kommunikationskanäle hat in den letzten Jahren stark zugenommen. Bosch hat deshalb vor einigen Jahren angefangen, das Internet auch für Handwerker als Kanal in seine Kommunikationsstrategie aufzunehmen. Die Vision der Onlineaktivitäten ist es, in allen Belangen der Internetkommunikation aus Sicht der Handwerker der führende Anbieter unter allen Herstellern von professionellen Elektrowerkzeugen in Europa zu sein. Die Bosch-Internetstrategie für Handwerker setzt sich aus drei Ebenen zusammen:

- Ebene 1: Bekanntheit + Information
- Ebene 2: Dialog
- Ebene 3: eCommerce Unterstützung

Ebene 1: Bekanntheit + Information

Ziel dieser Ebene ist es, eine breite Bekanntheit für das gesamte Sortiment an professionellen blauen Elektrowerkzeugen von Bosch aufzubauen und die Informationsbedürfnisse der Zielgruppe v.a. in Hinblick auf die angebotenen Profi-Elektrowerkzeuge zu befriedigen.

Im Zentrum der Ebene 1 steht die unter www.bosch-professional.com bereitgestellte Homepage sowie alle Instrumente, um diese Homepage einer breiten Öffentlichkeit zugänglich zu machen. Die konkreten Reichweitenziele werden vor allem über Maßnahmen zur Erhöhung der Sichtbarkeit in Suchmaschinen (wie zum Beispiel Google) erreicht.

Inhaltlich hat eine Studie über Online-Nutzungsverhalten der Handwerker gezeigt, dass Produktsuche und technische Daten im Zentrum des Interesses liegen, lange Informationstexte wurden abgelehnt. Diese Anforderungen wurden auch im Rahmen des letzten Facelifts berücksichtigt: so wurden beispielsweise die Produktdetailseiten überarbeitet und technische Daten noch stärker in den Vordergrund gestellt. Neben 360°-Darstellungen wird jedes Produkt mit einem Anwendungsvideo zusätzlich visualisiert.

Ebene 2: Dialog

Dialogmarketing hat bei Bosch im B2B-Bereich eine lange Tradition. So wurden die Handwerker bis zum Jahr 2009 regelmäßig mit postalischen Mailings angeschrieben. Mittlerweile ist das digitale Direktmarketingprogramm Standard und die Kontakt- und Versandfrequenz wird stetig erhöht. So werden heute mehrere Zielgruppen mit einem maßgeschneiderten Kommunikationsprogramm bedient und möglichst individuell und personalisiert angesprochen. Die kontinuierlich versendeten Mailings mit den Bosch-Produktneuheiten bringen die Marke regelmäßig ins Gedächtnis der Handwerker und erhöhen dadurch die Kundenbindung.

Für den Bereich der Handwerker hat Bosch die stark zunehmende Bedeutung von Social Media identifiziert. So entwickelte das Brandmanagement ein Konzept zum Aufbau und Betrieb einer Brand Community auf der eigenen Homepage. Die „Bob Community" ist Europas erste Hersteller-Community für die Zielgruppe Handwerker. Im Vordergrund des Community- Ansatzes steht ein offener Austausch auf Augenhöhe mit der Zielgruppe. Dadurch will Bosch insbesondere die Fans der Marke noch stärker an sich binden und das Weiterempfehlungspotenzial dieser treuen Verwender nutzen. Marktforschungsergebnisse zeigen, dass die Wahrscheinlichkeit, dass die Bob Community-Mitglieder Bosch Blau an Kollegen weiterempfehlen, deutlich mehr als doppelt so hoch ist wie bei durchschnittlichen Handwerkern.

Ebene 3: eCommerce Unterstützung

Bosch Profi-Elektrowerkzeuge werden hauptsächlich über den Fachhandel vertrieben. Immer mehr dieser Fachhändler bieten Elektrowerkzeuge inzwischen nicht nur in ihrem stationären Ladengeschäft, sondern auch in ihrem Online-Shop an. Ziel von Bosch ist es deshalb, die Fachhändler nicht nur im Ladengeschäft, sondern zusätzlich auch in ihrem Internet-Shop zu unterstützen um eine möglichst hohe Sichtbarkeit im Handel zu erreichen. Dazu gehört zum Beispiel die anwenderfreundliche Bereitstellung von Produkttexten, Bildmaterial und Anwendungsvideos.

In ausgewählten Ländern findet zusätzlich eine prominente Verlinkung zwischen der Webseite www.bosch-professional.com und der Onlineshops der Fachhändler statt. So werden auf der Produktdetailseite von Bosch in Form eines „Marketplaces" diese Online-Shops beworben. Durch den Aktionsknopf „Jetzt kaufen" kann der Webseitenbesucher in diesem Marketplace einen Händler auswählen und im dortigen Online-Shop des Fachhändlers das Produkt erwerben.

Mobile Marketing Angebot

Smartphones gehören zum täglichen Begleiter der Handwerker. Somit müssen auch spezifische Informationen für diesen Kanal und den mobilen Einsatz entsprechend aufbereitet werden. Mehr denn je wird das Mobiltelefon der zentrale digitale Anlaufpunkt und Informationsgeber in jeder Situation, ob bei der Arbeit auf der Baustelle, im Büro oder zu Hause. Daher hat Bosch mit der „Toolbox App" als erster Hersteller von Elektrowerkzeugen flächendeckend in Europa eine MobileApp eingeführt. Dank dieser kostenlos angebotenen App kann der Handwerker auf der Baustelle beispielweise per GPS den nächsten Bosch-Händler ausfindig machen oder mit einem praktischen Einheitenrechner sehr schnell z.B. von Inch auf Zentimeter umrechnen. Durch die große inhaltliche Breite dieses „mobilen Werkzeugkastens" stellt Bosch den Handwerkern ein digitales Werkzeug zur Verfügung, das ihm seine tägliche Arbeit erleichtert und ihn nicht zuletzt stärker an Bosch Blau bindet.

4. Erfolgreiches Kundenbindungsmanagement am Beispiel des BPP-Konzepts

4.1 Grundkonzept von BPP – Bosch Premium Partner

Kundenbindungsprogramme können nicht einfach von Unternehmen zu Unternehmen übernommen werden. Um Kunden zu binden, müssen individuelle Programme entwickelt werden, die es dem Kunden ermöglichen, seine Beschaffungsvorgänge und Vertriebsmöglichkeiten zu verbessern. Bosch Elektrowerkzeuge war vor einigen Jahren vor die Aufgabe gestellt, dem Vertrieb über den Fachhandel an die professionellen Verwender neue Impulse zu geben. Grund dafür waren hauptsächlich Marktanteilsverluste des Fachhandels gegenüber anderen Vertriebsformen und damit die Schwächung der Position von Bosch Blau.

Eine Prozessanalyse von Fachhandelsunternehmen hat gezeigt, dass Beschaffung und Vertrieb nicht im optimalen Verhältnis stehen. Während 70 Prozent der Betriebskapazität für die Beschaffung aufgewendet werden, bleibt gerade einmal der Rest von 30 Prozent für den Vertrieb. Zurückzuführen ist diese Situation auf eine Verzettelung im Lieferantenbereich. Eine Vielzahl von Lieferanten und die damit verbundene Administration sowie erforderliche Verhandlungen, benötigte Lagerplätze und vieles mehr binden die dringend benötigte Zeit für den Vertrieb. Aus diesem Grund entwickelte Bosch ein Konzept, das seinen Systemspezialisten ein breites Programm bietet, das alle Anwendungsfälle abdeckt. Der Händler kann sich somit auf einen Lieferanten fokussieren. Dadurch werden seine Beschaffung rationalisiert und Kapazitäten für den Vertrieb freigesetzt.

4.2 Positionierung und strategische Zielsetzung von BPP

Aus der Prozessanalyse des Fachhandels wurden drei *Hauptfelder* abgeleitet, um Verbesserungspotenziale unter Mitwirkung von Bosch auszuschöpfen. Im Vordergrund der Positionierung steht der Partnerschaftsgedanke.

Sortimentsauftritt am PoS (Point of Sale) – der BPP-Shop

Mittels Platzierungstests werden Displaywirkung und betriebswirtschaftlicher Nutzen des Bosch-Sortiments ständig optimiert. Es mangelt jedoch an der Umsetzung der validierten Platzierungen in der Praxis. So wird die Displaywirkung der Marke dadurch gestört, dass keine zusammenhängenden Sortimentsplatzierungen erfolgen, sondern Platzierungen in fragmentierter Form über das Ladenlokal verteilt werden. Ergebnis ist ein verminderter Abverkauf mit betriebswirtschaftlichen Einbußen, weil der potenzielle Käufer die Möglichkeiten des Sortimentes nicht mehr erkennt. Entsprechend empfiehlt das Deutsche Handelsinstitut für das Sortiment Elektrowerkzeuge und Zubehör die Platzierung in Blockbildung nach Marken und Zubehör im Verbrauchszusammenhang zu den Elektrowerkzeugen. Diese Erkenntnisse wurden bei der Gestaltung des Shop-in-Shop-Systems für BP-Partner zugrunde gelegt. Die durchgängige Corporate Identity (CI) und das Category-Management sorgen für einen verkaufsstimulierenden Auftritt über die Aufwertung des Fachhandels-PoS. Die gezielte Schulung des Personals in Produkt- und Verkaufstraining sorgt dafür, dass die Kundenberatung dem Niveau des Auftritts gerecht wird.

Professionalisierung des Außendienstes für den Sortimentsverkauf – Expert

Der Außendienst des Fachhandels verkauft zwischen 40.000 und 120.000 verschiedene Produkte. Beim Produktionsverbindungshandel wird neben der normalen Schraube auch schon einmal die Anlieferung einer Parkbank gewünscht. Bei seinem Verkaufsgespräch lässt sich deshalb der Außendienst häufig vom gerade vorhandenen Kundenbedarf leiten, ohne selbst gezielt Sortimente anzusprechen.

Der BP-Partner erhält für einen bestimmten Zeitraum in einem abgesprochenen Rhythmus von Bosch Elektrowerkzeuge ein Demo-Nutzfahrzeug mit kompletter Sortimentsausstattung. Nach einem Training erhält der Außendienst des Fachhändlers das Fahrzeug, um gezielte Kundenbesuche für die Marke Bosch vorzunehmen. Bei diesen Besuchen wird ausschließlich das gewerbliche Sortiment von Bosch besprochen und gezielt verkauft. Bosch-Elektrowerkzeuge unterstützt den Fachhandelsaußendienst mit Sondermodellen und attraktiven Verkaufsaktionen. Dadurch, dass der Mitarbeiter des Fachhandels das Demo-Nutzfahrzeug übernimmt und kein Einmalbesuch eines Herstellerspezialisten erfolgt, wirkt diese Aktivität bei den Folgebesuchen nach.

After Sales-Service für die Kundenbindung

Durch ein umfassendes Service-Konzept erhöht der BPP-Handelspartner die Kundenbindung. Dieser Service bietet für den Verwender drei Jahre Garantie bei Registrierung, garantierte Reparatur innerhalb von fünf Tagen und kostenloses Produktrecycling.

4.3 Implementierung

Zum Auftakt des BP-Partnerschaftsprogramms im Jahre 2003 wurden die Fachhändler zu einem Kongress eingeladen. Die Vorträge des Kongresses hatten die Marktsituation und die Notwendigkeit der Neuorientierung in der Zusammenarbeit zum Inhalt. Hauptanliegen war die Zukunftssicherung des Fachhandels mit Bosch-Elektrowerkzeuge als starkem und fairem Partner.

Der Außendienst führte in den Folgetagen Gespräche mit den beteiligten Fachhändlern. Dem Fachhändler wurde die Möglichkeit gegeben, aus den Elementen Shop, Expert und Connect passend zum Unternehmen die gewünschte BPP-Kombination auszuwählen. Anschließend fanden in einer Zeitspanne von drei Monaten die Einrichtung der ersten Shops, die Übergabe der Demo-Vans und die Ausbildung der Fachhandelsmitarbeiter statt. Für die Händler mit eigenem Online Shop stellt Bosch ein umfassendes Paket an verkaufsrelevanten digitalen Inhalten zur Verfügung (z.B. Produktbilder, technische Daten oder Produktvideos).

Sicherstellung des Erfolgs und Weiterentwicklung

Zwischenzeitlich ist aus den Reihen der teilnehmenden Fachhändler ein Beirat gebildet worden, der Einfluss auf die Gestaltung der BPP-Aktionen und die Weiterentwicklung des Programms nimmt. Ferner tagt in regelmäßigen Abständen ein Produktausschuss mit profilierten Fachverkäufern, der Sortimentsergänzungen und -verbesserungen einbringt.

Waren zu Beginn des Partnerschaftsprogramms die Bedingungen für die Mitgliedschaft noch relativ locker gefasst, so sind diese heute ähnlich einem Franchisekonzept gestaltet. Dadurch erhält Bosch einen durchgängigen Auftritt, was wiederum dem Fachhandel zugute kommt, der sich nicht mehr in ergebnismindernden Preiskämpfen verliert, sondern seine Kapazitäten auf eine kundenindividuelle Angebots- und Beratungspolitik lenken kann. Der BP-Partner forciert gerne Bosch, weil er Gewinn bringende Deckungsbeiträge erwirtschaftet und ständig mit Innovationen in Produkt und Marketing versorgt wird.

Bosch ist sich bewusst, dass mit der Installierung des BP-Partnerkonzepts hohe Erwartungen aufgebaut sind, die es fortlaufend zu erfüllen gilt. Auch die Kommunikation mit den BP-Partnern darf nicht zu kurz kommen. Regelmäßige BPP-Partnertreffen und eine eigens für BP-Partner installierte Homepage erfüllen diesen Anspruch.

4.4 Kundenbindung durch BPP

Mit dem BP-Partnerkonzept hat Bosch dem Fachhändler eine Brücke für eine strategische Allianz gebaut. Fachhändler, die erkannt haben, dass ein Gegeneinander von Hersteller und Handel für beide Parteien außer Ärger wenig bringt, haben sich für die partnerschaftliche Zusammenarbeit entschieden. Diese Fachhändler profitieren und möchten ihren BPP-Auftritt nicht mehr missen.

Eine Partnerschaft war vor allen Dingen deshalb möglich, weil Bosch als großes Industrieunternehmen zum mittelständischen Fachhandel eine Basis des Vertrauens aufbauen konnte. Transparent werden Entwicklungen und unternehmerische Entscheidungen dargestellt. Das sichere Gefühl, von einem scheinbar mächtigeren Partner ernst genommen zu werden und mit ihm auf gleicher Ebene kommunizieren zu können, verbessert und fördert die Beziehung zwischen Fachhandel und Bosch.

Das Konzept stieß auf gute Resonanz. Fachhändler, die zunächst nur einen Baustein aus dem BPP-Programm ausgewählt hatten, entscheiden sich zunehmend für den Ausbau ihrer Partnerschaft zu Bosch. Einher mit dem Ausbau des Partnerschaftsmodells zu Bosch gehen für den Fachhändler Kompetenzgewinne im eigenen Kundenbereich aufgrund von erhöhter Servicebereitschaft in Programmbreite und -tiefe. Die sich daraus ergebenden Absatzsteigerungen sind eine weitere Bestätigung für den Erfolg des BP-Partnerkonzepts.

5. Ausblick

Bosch Power Tools hat vor vielen Jahren begonnen, systematisch Kundenbindungsinstrumente für private und gewerbliche Nutzer sowie für den Handel zu entwickeln und zu implementieren. Bosch ist der festen Überzeugung, dass dies ein wichtiger Bestandteil des überdurchschnittlichen Erfolges der letzten Jahre auf den weltweiten Werkzeugmärkten war. Allerdings ist nicht die Anzahl der Kundenbindungsinstrumente entscheidend, sondern vielmehr die Entwicklung kundengerechter Ansätze und vor allem die konsequente Implementierung. Nicht alle Ansätze sind international gleich umsetzbar, die Grundideen funktionieren jedoch in den meisten von Bosch bearbeiteten Ländern.

Literaturverzeichnis

GfK EU 8 (2015): Handelspanel Elektrowerkzeuge Europa.

Stiftung Warentest (2003): Billige Heimwerkergeräte, in: test – Stiftung Warentest, o. Jg., Nr. 10, S. 71-75.

Summary

More than 80 years ago Bosch had the idea of making the smallest possible electric motors to power handy power tools. Over the years Bosch has powered nearly every hand tool. Today's range comprises many thousand different products for nearly all sectors of trade and industry.

This article describes the broad product range and the strong brands of Bosch in the power tools market. With its products Bosch serves building trade, industry and do-it-yourselfers as one of the world's largest manufacturers. The article shows the structure and challenges in the German market for power tools. Furthermore, it focuses on the need for a systematic customer retention management in the power tools market, the customer retention in the product life cycle, customer retention instruments within the do-it-yourselfers segment and customer retention management within specialized trade. Finally, it shows how Bosch successfully mastered customer retention management with its BPP-concept.

Siebter Teil

Kundenbindungsmanagement in ausgewählten Branchen und Unternehmen

3. Kapitel: Industriegüter

Matthias Kottenhahn, Heinz Gehri und Sven Kühlborn

Kundenbindungsmanagement in der Spezialchemie am Beispiel der Evonik Industries AG

1. Das Marktumfeld
    1.1 Die Chemische Industrie
    1.2 Die Evonik Industries AG und ihre Märkte
    1.3 Relevanz von Kundenbindungsmanagement

2. Kundenbindungsmanagement in der Chemischen Industrie
    2.1 Produktinnovationen
    2.2 Value-Added-Services
    2.3 Joint Ventures
    2.4 Key Account Management

3. Kundenbindungsmanagement bei der Evonik Industries AG
    3.1 Ebenen des Kundenbindungsmanagements
    3.2 Strategic Partner Management als Instrument zur Kundenbindung

4. Fazit und Ausblick

Literaturverzeichnis

Dr. Matthias Kottenhahn ist Leiter des Geschäftsgebiets High Performance Polymers der Evonik Industries AG. Heinz Gehri ist Leiter des Moduls Strategic Partnership Management der Marketing & Sales Excellence Abteilung der Evonik Industries AG. Dr. Sven Kühlborn ist Geschäftsführer und Partner und leitet die Kompetenzzentren Chemicals sowie Building & Construction bei Homburg & Partner, Mannheim, einer international tätigen Unternehmensberatung.

1. Das Marktumfeld

1.1 Die Chemische Industrie

Die Chemiewirtschaft in Deutschland ist stark wachstumsorientiert. Der Umsatz im Jahr 2015 lag bei über 189 Milliarden Euro (Verband der Chemischen Industrie e.V. 2016). Die Chemische Industrie in Deutschland ist ein besonders wichtiger Wirtschaftszweig und nach der Automobil- und Maschinenbauindustrie die drittstärkste Industrie des Verarbeitenden Gewerbes. Deutlich mehr als 50 Prozent der in Deutschland hergestellten Chemieprodukte werden exportiert. In Europa ist die deutsche Chemieindustrie die Nummer eins, weltweit die Nummer drei hinter China und den USA (Verband der Chemischen Industrie e.V. 2016).

Die Chemische Industrie kann in unterschiedliche Segmente eingeteilt werden. Eine gängige Einteilung ist nach dem Verband der Chemischen Industrie e.V. (VCI) die folgende:

- Anorganische Grundchemikalien,
- Organische Grundstoffe (Petrochemikalien und Derivate),
- Polymere (Kunststoffe),
- Fein- und Spezialchemikalien,
- Pharmazeutika/Arzneimittel,
- Wasch- und Körperpflegemittel,
- Chemiefasern.

Gemessen am Produktionswert ist die Fein- und Spezialchemie mit den Bereichen Farben und Lacke, Farbstoffe und Pigmente, Pflanzenschutzmittel sowie Klebstoffe das größte Segment.

93 Prozent der rund 2.000 Unternehmen der Chemischen Industrie in Deutschland sind kleine und mittlere Unternehmen mit weniger als 500 Mitarbeitern. Rund zwei Drittel des Umsatzes der deutschen Chemieindustrie wird jedoch durch die sogenannte Großchemie erwirtschaftet (Unternehmen mit mehr als 500 Mitarbeitern).

1.2 Die Evonik Industries AG und ihre Märkte

Die Evonik Industries AG ist eines der weltweit größten Spezialchemie-Unternehmen. Im Jahre 2015 beschäftigte Evonik rund 34.000 Mitarbeiter und erwirtschaftete einen Umsatz von über 13 Milliarden Euro (Evonik Geschäftsbericht 2015).

Das Unternehmen ist im Wesentlichen in vier Segmenten tätig:

- Nutrition & Care,
- Resource Efficiency,
- Performance Materials,
- Services.

Das Segment Nutrition & Care produziert im Schwerpunkt für Anwendungen in Konsumgütern des täglichen Bedarfs, in der Tierernährung und im Bereich Gesundheit. Im Segment Resource Efficiency bietet Evonik Hochleistungsmaterialien für umweltfreundliche und energieeffiziente Systemlösungen für den Automobilsektor, die Farben-, Lack-, Klebstoff- und Bauindustrie an. Das Segment Performance Materials stellt polymere Werkstoffe sowie Zwischenprodukte für die Gummi-, Kunststoff- und Agroindustrie her (Evonik Geschäftsbericht 2015).

1.3 Relevanz von Kundenbindungsmanagement

Kundenbindungsmanagement hat in der Chemischen Industrie einen besonders hohen Stellenwert. Dies ist insbesondere auf drei *Gründe* zurück zu führen:

- Anbieter-/Abnehmerstrukturen,
- Kosten der Neukundenakquisition sowie
- Lieferantenstruktur.

Viele Märkte in der Chemischen Industrie weisen zwar eine *oligopolistische Marktstruktur* auf, es stehen also wenige Anbieter relativ vielen Kunden gegenüber, in den meisten Märkten konzentrieren sich aber trotzdem ca. 80 Prozent des Abnahmevolumens auf weniger als 20 Prozent der Kunden. Die Bindung von strategisch wichtigen Kunden gehört dadurch zu einer Kernaufgabe jedes Unternehmens.

Die Kosten bzw. der Aufwand zur *Gewinnung eines neuen Kunden* übersteigen zudem die Kosten bzw. den Aufwand zur Bindung bestehender Kunden um ein Vielfaches. Dies liegt beispielsweise daran, dass bei einem Neukunden in der Regel diverse technische Prüfungen, Freigaben und Beratungen durchzuführen sind, bevor der Kunde das erste Produkt kauft. Zudem kann beobachtet werden, dass das Preisniveau bei Neukunden oftmals niedriger ist als bei bestehenden Kunden.

Ein weiterer Grund für die hohe Relevanz eines systematischen Kundenbindungsmanagements ist in der *Lieferantenstruktur* zu finden. In der Regel bindet sich ein Kunde in der Spezialchemie nicht nur an einen Lieferanten, sondern setzt für ein Produkt auf zwei oder drei strategische Lieferanten, um die Abhängigkeit von einem Lieferanten nicht zu groß werden zu lassen und, im Falle von Lieferproblemen, alternative Anbieter mit bestehenden Geschäftsbeziehungen aufzuweisen. Das Wachstumspotenzial in bestehenden Kundenbeziehungen ist dadurch für innovative Chemieunternehmen signifikant und zum Teil größer als das Wachstumspotenzial über neue Kunden. Dies gilt insbesondere für die etablierten Märkte in Europa und Nordamerika.

2. Kundenbindungsmanagement in der Chemischen Industrie

Im Folgenden werden zunächst die *wesentlichen Elemente im Kundenbindungsmanagement* in der Chemischen Industrie vorgestellt.

2.1 Produktinnovationen

Produktinnovationen sind ein Grundpfeiler der Kundenbindung in der Spezialchemie. Unternehmen haben in der Regel eine sehr große Anzahl an Produkten in ihrem Portfolio und der Umsatz mit Produkten, die weniger als fünf Jahre auf dem Markt bzw. im Portfolio sind, ist substanziell.

Grundsätzlich gilt es dabei, die zwei folgenden *Formen von Produktinnovationen* zu unterscheiden:

- Produktinnovationen für den Markt und
- Entwicklung kundenspezifischer Produkte.

Zum einen entwickeln, produzieren und vermarkten Spezialchemie-Unternehmen *neue bzw. modifizierte Produkte für den Markt bzw. für spezielle Anwendungen*. Im Fokus der Entwicklung steht die jeweilige Anwendung und somit ist die Zielgruppe für dieses neue Produkt definiert als alle Kunden, die in diesem Marktsegment bzw. dieser Anwendung tätig sind. Das neue bzw. modifizierte Produkt hat meistens das Ziel, den Kunden Effizienz- oder Effektivitätsverbesserungen im Vergleich zu dem Vorgängerprodukt zu ermöglichen. Diese Verbesserungen stärken die Position der Kunden auf ihren nachfolgenden Abnehmermärkten und machen sie dadurch wettbewerbsfähiger. Ein Unternehmen, welches in regelmäßigen Abständen Produktinnovationen bzw. Produktmodifikationen dieser Art auf den Markt bringt, hat häufig eine höhere Kundenbindung als Unternehmen, die weniger regelmäßig solche Innovationen auf den Markt bringen. Grund hierfür ist, dass die Penetration der neuen Produkte zunächst bei den bestehenden Kunden des Unternehmens beginnt. Erst danach werden die Produkte in der Regel auch an Nichtkunden des Unternehmens vermarktet. Auch wenn diese Innovationen also nicht exklusiv für den Kundenkreis des Unternehmens entwickelt werden, haben in der Praxis bestehende Kunden jedoch einen früheren Zugriff auf diese Innovationen als Nicht-Kunden. Diesen Vorteil kennen natürlich die Kunden im Markt und sind deshalb bereit, eine stärkere und intensivere Kundenbindung mit solchen Unternehmen einzugehen, die über das beschriebene Innovationspotenzial im Bereich neuer bzw. modifizierter Produkte für den Markt verfügen.

Die zweite Form der Produktinnovation ist die Entwicklung von *kundenindividuellen bzw. kundenspezifischen Produkten*. Hierbei werden Produkte, oftmals auch gemeinsam mit dem Kunden, exklusiv für diesen Kunden entwickelt. Andere Kunden haben somit keinen Zugriff auf diese Produkte. Voraussetzung für eine solche kundenexklusive Entwicklung ist natürlich, dass für das Chemieunternehmen der finanzielle Nutzen aus dem Produktverkauf den Aufwand der Produktentwicklung übersteigt. Diese exklusiven Produktinnovationen erzeugen eine sehr hohe Kundenbindung. Es entsteht jedoch nicht nur die offensichtliche „gezwungene" Kundenbindung, da der Kunde das Produkt bei keinem anderen Anbieter kaufen kann, sondern zusätzlich auch eine „freiwillige" bzw. leistungsbezogene Kundenbindung. Diese entsteht dadurch, dass dem Kunden durch die Fähigkeit und Bereitschaft der exklusiven Produktinnovation gezeigt wird, welche Vorteile eine enge Geschäftsbeziehung mit diesen Lieferanten für den Kunden bedeuten kann.

Die Fähigkeit und der regelmäßige Beweis, marktgerechte Produktinnovationen zu entwickeln, ist somit ein Instrument der Kundenbindung in der Chemischen Industrie.

2.2 Value-Added-Services

Ein weiteres wichtiges Instrument, mit dem Spezialchemie-Unternehmen eine verstärkte Kundenbindung anstreben, ist die Erbringung von so genannten Value-Added-Services. Grundsätzlich ist das Spezialchemie-Geschäft ein sehr serviceintensives Geschäftsmodell. Dies bedeutet, dass neben der Produktion und Vermarktung des eigentlichen physischen Produktes auch eine Menge an technischen und kommerziellen Zusatzleistungen für die Kunden erbracht wird.

Diese Services können grundsätzlich in zwei *Arten* unterteilt werden:

- Grundleistungen sowie
- Zusatzleistungen (Value-Added-Services).

Ohne die *Grundleistungen* wäre eine sinnvolle Vermarktung des Produktes nicht möglich. Hierzu gehört in der Chemischen Industrie beispielsweise die Bereitstellung von technischen Datenblättern über die Spezifikationen des jeweiligen Produktes. Ohne diese wäre ein sinnvoller Einsatz der Produkte nicht möglich. Ebenso gehören bestimmte logistische Leistungen, wie beispielsweise eine Lieferung des Produktes zu unterschiedlichen Standorten in akzeptablen Lieferzeiten, zu einer Grundleistung, ohne die eine Vermarktung des Produktes nicht möglich wäre. Diese Grundleistungen muss jeder Anbieter erbringen, um als möglicher Lieferant für ein Produkt in Frage zu kommen (Abbildung 1).

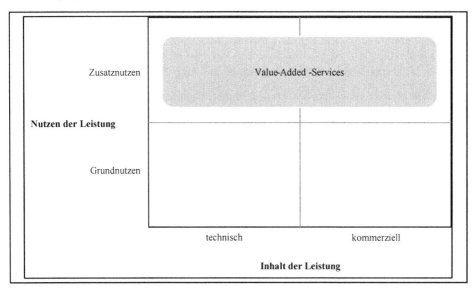

Abbildung 1: Klassifizierung von Services in der Chemischen Industrie

Welche technischen oder kommerziellen Dienstleistungen als Grundleistungen einzustufen sind, ist von Markt zu Markt verschieden. Es ist die Tendenz zu beobachten, dass Leistungen, die vor einigen Jahren noch als Zusatzleistungen in einem Markt einzustufen waren, heute eher als Grundleistungen betrachtet werden, da sie eigentlich jeder Anbieter am Markt in gleicher Qualität erbringen kann.

Darüber hinaus gibt es allerdings auch eine Menge an *Zusatzdienstleistungen*, die nicht zwingend notwendig sind, um das eigentliche Produkt an den Kunden zu vermarkten. Diese Zusatzdienstleistungen haben vielmehr das Ziel, dem Kunden einen zusätzlichen Mehrwert über das eigentliche Produkt hinaus zu liefern, daher der Name *Value-Added-Services* (Homburg 2014). Diese Zusatzdienstleistungen können auch als innovative Dienstleistungen bezeichnet werden. Hierzu gehören beispielsweise detaillierte Schulungen bezüglich technischer und kommerzieller Veränderungen am Markt bzw. in den jeweiligen Anwendungen für den Kunden. Dafür ist ein tiefes technisches und kommerzielles Verständnis über die Wertschöpfungskette der jeweiligen Industrie notwendig und dadurch können diese Schulungen oder Trainings nur durch sehr wenige Unternehmen erbracht werden.

Der Mehrwert für den Kunden besteht in diesem Fall darin, dass er sein Verständnis über die jeweilige Anwendung schärft und somit seine Wettbewerbsposition im Markt verbessern kann. Ebenso können solche Value-Added-Services im Bereich der logistischen Dienstleistungen liegen. Wenn ein Unternehmen seinen Kunden die Möglichkeit gibt, besonders kurzfristig Bestellungen durchzugeben und diese dann flexibel und schnellstmöglich bearbeitet und dem Kunden die Produkte zur Verfügung stellt, kann dies zu Prozessoptimierungen in der Supply Chain des Kunden führen und dadurch einen deutlichen Zusatznutzen stiften. Die beschriebene Art von technischen und logistischen Zusatzdienstleistungen bedarf eines besonderen Know-how des jeweiligen Anbieters.

Der *Nutzen dieser Value-Added-Services* für den Anbieter liegt im Wesentlichen in drei Aspekten:

- Erhöhte Kundenbindung,
- Zusätzliche Zahlungsbereitschaft durch erkannten Wertbeitrag sowie
- Differenzierung gegenüber dem Wettbewerb.

Zum einen erzeugen Value-Added-Services eine *erhöhte Kundenbindung*. Der Grund hierfür ist darin zu sehen, dass solche speziellen Leistungen nur von Unternehmen erbracht werden können, die die Kundenindustrie gut verstehen und dadurch dem Kunden einen deutlichen Mehrwert im Vergleich zu einem reinen Produkt- und Grundleistungslieferanten erbringen. Die Fähigkeit besondere Leistungen über das Produkt hinaus zu erbringen, wird von den Kunden durch die Bereitschaft zu einer engeren Kundenbindung belohnt.

In einigen Fällen besteht darüber hinaus auch eine *zusätzliche Zahlungsbereitschaft* für solche Dienstleistungen. Diese Zahlungsbereitschaft kann dann durch den jeweiligen Lieferanten entweder durch entsprechende Anpassung der Produktpreise oder über eine separate in Rechnungstellung der Dienstleistung erfolgen.

Der dritte Nutzen für einen Anbieter kann auch als Treiber für die erhöhte Kundenbindung sowie die zusätzliche Zahlungsbereitschaft betrachtet werden: Value-Added-Services helfen einem Unternehmen der Chemischen Industrie, sich stärker *vom Wettbewerb zu differenzieren*.

2.3 Joint Ventures

Ein Joint Venture ist eine gemeinsame Gesellschaft von mindestens zwei rechtlich und wirtschaftlich getrennten Unternehmen (Schaumburg 1999) und eine durchaus häufig auftretende Form der Zusammenarbeit von zwei Unternehmen in der Chemischen Industrie.

Die Hauptgründe für das *Eingehen eines Joint Ventures* in der Chemischen Industrie sind oftmals die folgenden:

- Zugang zu Märkten,
- Zugang zu Technologien bzw. Know-how sowie
- Risikoteilung.

So gehen Chemieunternehmen beispielsweise ein Joint Venture mit dem Ziel ein, die Marktposition in einem speziellen Marktsegment oder einer speziellen Region auszubauen. Der Joint Venture Partner ermöglicht in diesem Fall einen schnelleren und einfacheren *Zugang zu den neuen Märkten*.

Ein weiterer Grund für ein Joint Venture kann im *Zugang zu einer Technologie* liegen, dessen Know-how im eigenen Unternehmen gar nicht oder nur für spezielle Aspekte der Technologie vorliegt.

Hinter einem Joint Venture steht oftmals auch eine große Investition in einen neuen Markt oder eine neue Technologie, wobei in diesen Fällen oftmals der eine Joint Venture Partner Zugang zu essentiellen Rohstoffen besitzt, der andere Zugang zu weiterführenden Technologien. Ein solches Joint Venture hat oftmals das Ziel, die notwendigen Investitionen auf zwei Unternehmen zu verteilen und durch gemeinsames Vorgehen das *finanzielle Risiko* für jedes der beiden Unternehmen etwas zu reduzieren.

Abhängig von dem Joint Venture Partner kann ein solches Gemeinschaftsunternehmen aber auch einen Effekt im Kundenbindungsmanagement erzeugen, der auch von Chemieunternehmen genutzt wird. Dieser Kundenbindungseffekt entsteht immer dann, wenn ein Chemieunternehmen ein Joint Venture mit einem wichtigen Kunden gründet. Durch das gemeinsame Unternehmen entsteht in der Regel eine neue Qualität der Kundenbeziehung zwischen den beiden Joint Venture Partnern. Dies ist dadurch begründet, dass an einem gemeinsamen Projekt sehr intensiv in gemeinschaftlichen Teams aus technischen und kommerziellen Experten beider Unternehmen gearbeitet wird. Diese neue Qualität der Kundenbeziehung wirkt sich natürlich auch positiv auf das laufende Geschäft zwischen den Unternehmen aus. Dieser Effekt kann in einer Lieferanten-Kunden-Beziehung somit für eine verstärkte Kundenbindung sorgen.

2.4 Key Account Management

Ein weiteres gängiges Instrument der Kundenbindung in der Chemischen Industrie ist das *Key Account Management*. Unter Key Account Management verstehen wir in diesem Zusammenhang die besondere Betreuung von ausgewählten Kunden. In der Regel handelt es sich hierbei um besonders wichtige Kunden mit hohem Umsatz oder großem Umsatzpotenzial (Homburg 2014). Für diese ausgewählten Kunden (Key Accounts) werden besondere Leistungen erbracht. Diese *Leistungen* liegen beispielsweise in den Bereichen:

- Technischer Service,
- Logistik sowie
- Betreuungskonzept.

Häufig bekommen diese Key Accounts aufgrund des Geschäftsvolumens einen besonderen *technischen Service* ohne zusätzliche Berechnung zur Verfügung gestellt. Schulungen für die eigenen Mitarbeiter, spezielle Tests im Labor des Anbieters oder persönliche technische Beratung vor Ort sind Beispielleistungen, die von Chemieunternehmen für ihre Key Accounts im Bereich technischer Service erbracht werden.

Darüber hinaus werden auch besondere *logistische Dienstleistungen* für Key Accounts erbracht. Beispielsweise werden Key Accounts gerne das sogenannte Vendor Managed Inventory (VMI) in unterschiedlichen Formen angeboten. Dies bedeutet beispielsweise, dass der Anbieter ein Lager in der Nähe oder auf dem Firmengelände des Kunden bereitstellt und der Kunde sich aus diesem Lager jederzeit und kurzfristig Ware beschaffen kann (Consignment Inventory). Berechnet wird dem Kunden dabei nur die tatsächlich verbrauchte Ware. Dies ermöglicht dem Kunden einen optimierten Supply Chain Prozess sowie eine Reduktion des Working Capitals (Simacek 1999).

Die dritte Form der Sonderleistung für Key Accounts liegt im Bereich des *Betreuungskonzepts*. Für Key Accounts gibt es spezielle Key Account Manager, also Personen, die sich zu einem großen Teil ihrer Zeit mit diesem Kunden beschäftigen bzw. diesem Kunden zur Verfügung stehen. Dieser zentrale Ansprechpartner koordiniert dann über die verschiedenen Regionen und Geschäftsgebiete hinweg die Geschäftsbeziehung zu dem Key Account.

Durch diese beschriebenen Arten der Sonderleistungen für Key Accounts werden eine höhere Kundenbindung und eine tiefere Kundenbeziehung gefördert. Key Account Management wird sehr häufig als Instrument zur Kundenbindung von wichtigen Kunden eingesetzt.

3. Kundenbindungsmanagement bei der Evonik Industries AG

In diesem Abschnitt stellen wir zunächst die unterschiedlichen Ebenen bzw. Formen des Kundenbindungsmanagements bei Evonik vor. Anschließend wird das Prinzip des Strategic Partner Managements als Instrument des Kundenbindungsmanagements vorgestellt.

3.1 Ebenen des Kundenbindungsmanagements

Evonik hat ein sehr umfassendes und mehrschichtiges Kundenbindungsmanagement etabliert. Dabei werden unterschiedliche *Ebenen im Kundenbindungsmanagement* unterschieden. Im Wesentlichen sind diese Ebenen von drei Faktoren abhängig:

- Regionale Abdeckung des Kunden,
- Anzahl involvierter Geschäftsbereiche und
- Relevante Funktionen in der Kundenbeziehung.

Auf der Ebene *„regionale Abdeckung des Kunden"* wird unterschieden, ob es sich um ein lokales, regionales oder globales Kundenbeziehungsmanagement handelt. Auf der *Geschäftsbereichsebene* wiederum geht es darum, ob das Beziehungsmanagement für einen oder für mehrere Geschäftsbereiche betrieben wird. Hieraus ergibt sich eine Matrix, wie sie in Abbildung 2 dargestellt ist.

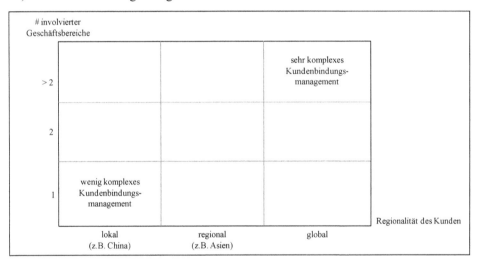

Abbildung 2: Ebenen des Kundenbindungsmanagements

Je nach Feld in der dargestellten Matrix ergeben sich unterschiedliche organisatorische Verantwortlichkeiten sowie unterschiedliche Maßnahmen im Kundenbindungsmanagement. Beim lokalen Kundenbindungsmanagement in einem Geschäftsbereich (Feld unten links) liegt die Verantwortung komplett in der jeweiligen lokalen Organisationseinheit und dem jeweiligen Geschäftsbereich. Diese Form des Kundenbindungsmanagements hat die geringste Komplexität, da wenig Koordinationsaufwand entsteht. Zielgruppe sind beispielsweise Kunden, die den größten Teil ihres Einkaufvolumens in China abdecken und dabei Bedarf an Produkten aus lediglich einem Geschäftsbereich von Evonik haben.

Ein weiterer Komplexitätstreiber im Kundenbindungsmanagement sind die *relevanten Funktionen in der Kundenbeziehung*. Je mehr Funktionen einbezogen sind, desto komplexer wird das Kundenbindungsmanagement. Die einfachste Form ist eine Geschäftsbeziehung, die ausschließlich Kontakt zu dem Einkauf des Kunden hat. Diese Form liegt aber bei Evonik Industries durch das Spezialchemiegeschäft in den wenigsten Fällen vor. Vielmehr sind Geschäftsbeziehungen mit Kontakt zu den Funktionen Einkauf, Anwendungstechnik, Produktion, Management und weiteren Funktionen beim Kunden die Regel.

Bei einem *regionalen Kundenbeziehungsmanagement* entsteht bereits eine höhere Komplexität insbesondere dann, wenn es sich um eine geschäftsbereichsübergreifende Kundenbeziehung handelt (mittleres Feld oben). Kundenbindungsmanagement in dieser Form hat einige sehr spezielle Herausforderungen. Eine Herausforderung besteht darin, dass die Kunden in unterschiedlichen organisatorischen Einheiten von Evonik einkaufen und demnach auch mit ganz unterschiedlichen Personen der Organisation in Kontakt stehen. Diese Besonderheit macht das Kundenbeziehungsmanagement auch zu einer sehr starken internen Koordinationsaufgabe. Die interne Transparenz, wer mit wem vom Kunden wann über was redet, ist eine Grundvoraussetzung für ein funktionierendes Kundenbindungsmanagement in dieser Konstellation. Hierfür gibt es klar definierte Instrumente (strukturierte Account Pläne) und Prozesse, um diese Transparenz sicherzustellen. Systematisches Kundenbindungsmanagement bedeutet in diesem Fall für Evonik, den Kunden über die Landesorganisationen und die beteiligten Geschäftsbereiche hinweg zu betreuen und die jeweils geforderten Servicestandards zu liefern. Hierzu gibt es u.a regionale Kundenbeziehungsmanager, die diese Aufgabe übernehmen und die zentrale Schnittstelle zwischen dem Kunden und den internen Organisationseinheiten bilden. Zielgruppe dieser Form des Kundenbeziehungsmanagements sind beispielsweise asiatische Abnehmerunternehmen, die den größten Teil ihres Bedarfes an Produkten von Evonik im asiatischen Raum decken.

Die komplexeste Form des Kundenbeziehungsmanagements bei Evonik ist ein *globales Kundenbeziehungsmanagement* über mehrere Geschäftsbereiche (Feld oben rechts). Die Herausforderungen sind dem regionalen Kundenbeziehungsmanagement grundsätzlich sehr ähnlich, es entsteht jedoch zusätzlich noch die Komplexität durch die unterschiedlichen Regionen. Diese *Komplexität* entsteht durch zwei Faktoren:

- Zusätzlicher interner Koordinationsaufwand sowie
- Regionale marktbedingte und kulturelle Unterschiede.

Durch die überregionale Kundenbeziehung ist eine *Koordination des täglichen Geschäftes* über die beteiligten Regionen hinweg notwendig. In der Regel gibt es hierzu einen globalen Kundenbeziehungsmanager, der diese Aufgabe wahrnimmt. Dieser sitzt dann in einer der Regionen, wodurch eine weitere Herausforderung entsteht. Globale Kundenbeziehungen haben dennoch *regional unterschiedliche marktbezogene und kulturelle Besonderheiten*. Diesen Besonderheiten gilt es in einem guten Kundenbeziehungsmanagement gerecht zu werden. Aus diesem Grund ist bei dieser Form des Kundenbindungsmanagements eine gesunde Balance zwischen globaler und regionaler Verantwortlichkeit zu finden.

Neben den beschriebenen Komplexitätstreibern im Kundenbindungsmanagement gibt es noch einen weiteren Komplexitätsfaktor. Dieser Faktor liegt in der allgemeinen Struktur der Chemischen Industrie, aber auch in der speziellen Geschäftsstruktur von Evonik begründet. Wie in Abschnitt 1.2 erläutert, macht die Evonik Industries AG einen Umsatz von über 13 Milliarden Euro (Stand 2015). Darüber hinaus kauft Evonik zur Weiterverarbeitung auch Produkte bzw. Leistungen in Höhe mehrerer Milliarden Euro jährlich von Zulieferunternehmen ein. Teilweise handelt es sich bei den Lieferanten um die gleichen Unternehmen wie bei den Kunden. Hierdurch entsteht eine *besondere Form der Kundenbeziehung auf Basis einer Einkaufs- und Verkaufsbeziehung*. Auch diese Art der Kundenbeziehung wird bei Evonik durch besondere organisatorische Strukturen gemanagt, auf die an dieser Stelle jedoch nicht näher eingegangen werden soll.

3.2 Strategic Partner Management als Instrument zur Kundenbindung

Über die beschriebenen Formen des Kundenbindungsmanagements hinaus gibt es bei Evonik das *Konzept des Strategic Partner Managements*. Darunter versteht Evonik eine enge – teilweise formlose – partnerschaftliche Kooperation mit einem strategischen Kunden. Strategic Partner Management ist somit eine besondere Form des Key Account Managements.

Ziel eines Key Account Managements ist es in der Regel, die größten und wichtigsten Kunden eines Unternehmens besser im Tagesgeschäft zu betreuen. Ziele des Strategic Partner Managements bei Evonik gehen über diese Zielsetzung allerdings hinaus. Hier gilt ist es vielmehr, gemeinsame Interessen über das Tagesgeschäft hinaus zu verfolgen.

Maßgeblich für die Definition eines strategischen Kunden sind demnach auch nicht die Größe des Kunden, der Umsatz oder die Komplexität der Geschäftsbeziehung, sondern vielmehr der strategische Fit und das Zukunftspotenzial gemeinsamer Projekte beider Unternehmen.

Ein *strategischer Fit* liegt dann vor, wenn beide Unternehmen grundsätzlich in folgenden Bereichen eine gewisse Übereinstimmung bzw. Passung haben:

- Strategische Ziele,
- Grundprinzipien der Zusammenarbeit und
- (ergänzende) Kern-Kompetenzen.

Übereinstimmende *strategische Ziele* bedeutet, dass Evonik und der Kunde in bestimmten Bereichen zueinander passende strategische Ziele haben. Dies ist beispielsweise dann gegeben, wenn beide Unternehmen in derselben Technologie ihre Marktposition stärken wollen oder die Technologien komplementär sind.

Die *Grundprinzipien der Zusammenarbeit* beider Unternehmen müssen ebenfalls passen. Strategisches Kundenmanagement macht keinen Sinn, wenn der Kunde nicht an einer engeren Zusammenarbeit und einem offenen Dialog und Austausch von Ideen bereit bzw. interessiert ist. An dieser Stelle wird ein weiterer Unterschied des strategischen Kundenmanagements zum klassischen Key Account Management deutlich. Während Key Accounts in der Regel einseitig durch das Anbieterunternehmen definiert werden und die Kunden von diesem „Sonderstatus" oft nichts wissen, beruht das Strategic Partner Management auf gemeinsam formuliertem, gegenseitigem Interesse einer engeren Zusammenarbeit. Dies geht so weit, dass gemeinsam kurz-, mittel- und langfristige Ziele vereinbart und in gemeinsamen Teams deren Erreichung regelmäßig überprüft wird.

Als drittes Kriterium sollten die jeweiligen *Kern-Kompetenzen* beider Unternehmen zueinander passen. Strategisches Kundenmanagement bedeutet – wie oben beschrieben – eine über das Tagesgeschäft hinausgehende Zusammenarbeit zwischen Lieferant und Kunde. Mit dieser Form der Zusammenarbeit wird in der Regel ein Ziel verfolgt und beide Unternehmen bringen bestimmte Kern-Kompetenzen ein. Diese Kompetenzen sollten einen klaren Mehrwert für beide Partner zur Erreichung der Ziele liefern.

Evonik Industries praktiziert für diese Strategic Partners ein besonderes Kundenbindungsmanagement. Dieses zeichnet sich im Wesentlichen durch folgende Aspekte aus:

- Besondere organisatorische Verankerung im Unternehmen,
- Besonders tiefer Austausch von Informationen über das Tagesgeschäft hinaus und
- Besonderes Involvement vom Top-Management.

Während bei den in Abschnitt 3.1 beschriebenen Formen des Kundenbindungsmanagements die Verantwortung auf Seiten von Evonik zum größten Teil in den operativen Geschäftseinheiten liegt, werden strategische Kunden durch eine *separate Stabsfunktion mit direktem Reporting* in den Vorstand koordiniert. Darüber hinaus gibt es ein global aufgestelltes Team, welches sich um die strategische und operative Betreuung des Kunden kümmert.

Mit strategischen Partnern werden, unter Beachtung der einschlägigen Gesetze, regelmäßig über das Tagesgeschäft hinausgehende *wichtige Informationen über Technologien und Märkte ausgetauscht*. Ein strategischer Kunde bekommt demnach Zugang zu Informationen, die andere Kunden nicht erhalten. Ziel dieses Informationsaustauschs ist es, bestimmte Synergien oder Potenziale für beide Unternehmen frühzeitig zu erkennen.

Für jeden strategischen Kunden gibt es dezidierte *Verantwortlichkeiten im Top-Management*. Das Top-Management pflegt gegenseitig einen regelmäßigen Kontakt zu dem strategischen Kunden und wird regelmäßig über die Aktivitäten mit diesen Partnern informiert.

4. Fazit und Ausblick

Kundenbindungsmanagement hat eine hohe Relevanz in der Chemischen Industrie. Es gibt zwar in der Regel viele potentielle Kunden in den einzelnen Marktsegmenten, aber oft sind nur wenige Kunden von strategischer Bedeutung. Diese Kunden gilt es systematisch an sich zu binden.

Um diese strategischen Kunden systematisch an das Unternehmen zu binden, ist eine Reihe von Instrumenten in der Chemischen Industrie im Einsatz. Einige der wesentlichen Instrumente wie Produktinnovationen, Value-Added-Services, Joint Ventures und Key Account Management wurden in diesem Beitrag vorgestellt und deren Wirkung auf die Kundenbindung diskutiert.

Kundenbindungsmanagement bei Evonik hat aufgrund der Unternehmensstruktur und der globalen Marktpräsenz einige besondere Herausforderungen. Je nachdem, wie viele Geschäftsbereiche und wie viele Regionen involviert sind, ist das Kundenbindungsmanagement unterschiedlich komplex und bedarf entsprechender organisatorischer Maßnahmen.

Darüber hinaus arbeitet Evonik mit dem Instrument des Strategic Partner Managements, um „strategische Kunden" stärker an das Unternehmen zu binden. Im Vergleich zum Key Account Management bearbeitet Evonik mit dem Strategic Partner Management nicht ausschließlich umsatz- oder potenzialstarke Kunden, sondern vielmehr Kunden mit einem besonderen strategischen Fit. Hierzu gibt es entsprechende Teams und Organisationsformen, die kurz andiskutiert wurden.

Aufgrund der zunehmenden Entwicklung von (noch) „Emerging Markets" wie China und Brasilien wird das Kundenbindungsmanagement auch in diesen Märkten zunehmend an Bedeutung gewinnen. Die Relevanz in den gesättigten Märkten wie Europa und USA wird weiterhin ungebrochen hoch sein, da die Wettbewerbsintensität und der Kampf um die strategischen Kunden in diesen Märkten eher noch weiter zunehmen werden. Kundenbindungsmanagement wird demnach in der Chemischen Industrie in der Zukunft eine eher noch größere Bedeutung als heute haben.

Literaturverzeichnis

Evonik Geschäftsbericht (2015): Evonik Industries AG, www.evonik.de (Zugriff am 13.10.2016).

Homburg, Ch. (2014): Marketingmanagement. Strategie – Instrumente – Umsetzung – Unternehmensführung, 5. Aufl., Wiesbaden.

Lux, H.-G./Kühlborn, S. (2015): Management von Value-Added Services in der Spezialchemie, in: Homburg, Ch. (Hrsg.), Kundenzufriedenheit: Konzepte – Methoden – Erfahrungen, 9. Aufl., Wiesbaden, S. 527- 544.

Schaumburg, H. (1999): Internationale Joint Ventures: Management, Besteuerung, Vertragsgestaltung, Stuttgart.

Simacek, K. (1999): Vendor Managed Inventory (VMI), in: von der Heydt, A. (Hrsg.), Handbuch Efficient Consumer Response, München, S. 129-140.

Verband der Chemischen Industrie e.V. (2016): Chemische Industrie 2016 – Auf einen Blick, www.vci.de (Zugriff am 13.10.2016).

Summary

Customer Relationship Management is highly relevant for the chemical industry. There usually are lots of potential customers in different market segments. However, only a few of those customers are of strategic importance. The key challenge is to systematically retain those strategic customers and win their loyalty. Some of the key CRM tools in the chemical industry, which are presented and discussed in this article, are product innovation, value-added services, joint ventures and key account management.

Furthermore, this article provides a perspective on the complexity and the challenges of CRM at Evonik. It describes how Evonik is working with the instrument "Strategic Partner Management" which goes beyond the traditional customer loyalty management. Compared to Key Account Management, Evonik addresses through Strategic Partner Management not only customers with a currently high sales potential, but rather those customers with a special strategic fit and joint growth perspectives. To implement this strategy appropriate teams and organizational forms are required which are discussed briefly.

Siebter Teil

Kundenbindungsmanagement in ausgewählten Branchen und Unternehmen

4. Kapitel: Nonprofit-Bereich

Bernd Helmig und Hellen P. Gross

Bindung interner Kunden im Nonprofit-Sektor – Der Fall „Freiwillige"

1. Besonderheiten des Nonprofit-Sektors

2. Freiwillige als interne Kunden von Nonprofit-Organisationen
    2.1 Der Kundenbegriff in Nonprofit-Organisationen
    2.2 Besonderheiten und Motive Freiwilliger als interne Kunden

3. Internes Marketing zur Bindung Freiwilliger
    3.1 Ziele des internen Marketing gegenüber Freiwilligen
    3.2 Kundenbindungsfördernde und -hemmende Aspekte des Freiwilligenengagement
    3.3 Internes Marketing zur Bindung Freiwilliger – die strategische Perspektive
    3.4 Internes Marketing zur Bindung Freiwilliger – die operative Perspektive

4. Ausblick

Literaturverzeichnis

Prof. Dr. Bernd Helmig ist Inhaber des Lehrstuhls für Allgemeine Betriebswirtschaftslehre, Public & Nonprofit Management an der Universität Mannheim. Prof. Dr. Hellen P. Gross ist Professorin für Allgemeine Betriebswirtschaftslehre und Nonprofit Management an der Hochschule für Technik und Wirtschaft des Saarlands.

1. Besonderheiten des Nonprofit-Sektors

Die meisten Gesellschaften weltweit gestalten ihre ökonomischen Aktivitäten durch Interaktionen innerhalb und zwischen dem privatwirtschaftlichen und dem öffentlichen Sektor. Private Nonprofit-Organisationen bilden dabei einen „dritten Sektor" oder Nonprofit-Sektor, der zwischen den beiden Polen Staat und Markt angesiedelt ist (Helmig/Boenigk 2012). Krankenhäuser, Kulturbetriebe, Stiftungen, Vereine, Universitäten, Wohlfahrtsorganisationen und Kirchen sind nur einige Beispiele für Nonprofit-Organisationen, deren Dienstleistungen fast täglich selbstverständlich genutzt werden. Dabei eint alle Nonprofit-Organisationen, dass sie weder erwerbswirtschaftliche Firmen noch öffentliche Behörden der unmittelbaren Staats- und Kommunalverwaltung sind, sie einem gesellschaftlich als sinnvoll anerkannten Leistungsauftrag folgen und dabei nicht vom Ziel der Gewinngenerierung geleitet sind. Nonprofit-Organisationen zeichnen sich durch das Gewinnausschüttungsverbot, ihre Sachzieldominanz, Unabhängigkeit vom Staat, ein Mindestmaß an formeller Struktur, aber auch durch ehrenamtliche Arbeit aus (Salamon/Anheier 1992).

Zahlenmäßig umfasst der Nonprofit-Sektor in Deutschland ca. 616.000 Einrichtungen. Diese werden vor allem in vier Rechtsformen unterschieden: Vereine, Stiftungen, Genossenschaften und gemeinnützige GmbHs. Davon machen Vereine den größten Teil mit etwa 580.000 Organisationen aus. Aktuelle Ergebnisse des Projekts „Zivilgesellschaft in Zahlen" weisen aus, dass die Bruttowertschöpfung der im Nonprofit-Sektor tätigen Organisationen in Deutschland insgesamt 89 Mrd. Euro beträgt. Dies entspricht 4,2 Prozent der gesamten Bruttowertschöpfung in Deutschland (Krimmer/Priemer 2013). Insgesamt sind etwa 2,3 Millionen sozialversicherungspflichtige Menschen im deutschen Nonprofit-Sektor beschäftigt, was in etwa einem Zehntel aller sozialversicherungspflichtigen Arbeitsplätze entspricht. Zusätzlich engagiert sich rund ein Drittel der deutschen Bevölkerung freiwillig. Des Weiteren hat die Anzahl der Neugründungen von gGmbHs und Stiftungen von 2001 bis 2012 stark zugenommen, was auf ein weiteres Wachstum des Sektors schließen lässt (Krimmer/Priemer 2013). Auf Grund seiner Größe und seines steten Wachstums ist der Nonprofit-Sektor von zunehmender Bedeutung für Gesellschaft und Volkswirtschaft, vor allem in den westlichen Industrienationen.

Hauptamtliche Mitarbeiter, Freiwillige und ehrenamtlich Tätige stellen eine wichtige Ressource für Organisationen des Nonprofit-Sektors dar, da diese meist Dienstleistungen anbieten, deren Qualität auf Grund der Intangibilität der Leistung zu einem großen Teil von der Leistungsbereitschaft und Motivation der drei genannten Personengruppen abhängt (Rothschild 1979). Die Zufriedenheit der Leistungsempfänger, wie bspw. Patienten oder Studenten, wird somit von der Art und Weise wie hauptamtliche Mitarbeiter, Freiwillige und ehrenamtlich Tätige mit den Leistungsempfängern umgehen, beeinflusst. Dabei spielen Freiwillige und ehrenamtlich Tätige eine nicht zu unterschätzende Rolle.

Auch monetär lässt sich der Beitrag, den Freiwillige leisten, beziffern. Eine in den USA durchgeführte Studie ergab, dass der monetäre Beitrag einer Stunde Freiwilligenarbeit mit 18,04 US$ bewertet werden kann (Karl et al. 2008). Diese Zahl verdeutlicht bereits, welchen wichtigen Beitrag ehrenamtlich und freiwillig Tätige zum Erreichen der Missionen der Nonprofit-Organisationen leisten. Vor allem die weltweit großen Wachstumsraten des Nonprofit-Sektors, die zunehmende Ökonomisierung und Kommerzialisierung der Nonprofit-Organisationen (Helmig et al. 2006), sowie der zunehmende Wettbewerb in und zwischen allen drei Sektoren, erhöhen den Druck auf Nonprofit-Organisationen, ihre Ehrenamtlichen und Freiwilligen nicht nur effektiv zu akquirieren sondern auch langfristig an ihre Organisation zu binden (Hustinx et al. 2010). Der vorliegende Beitrag erläutert im folgenden Abschnitt die Besonderheit des Kundenbegriffs in Nonprofit-Organisationen und führt Freiwillige als interne Kunden von Nonprofit-Organisationen ein. Im anschließenden Kapitel werden wichtige Determinanten der Bindung von Freiwilligen vorgestellt. Des Weiteren wird erläutert, wie diese durch interne Marketingaktivitäten beeinflusst werden können. Der Beitrag schließt mit einem Ausblick und Empfehlungen zu Umsetzungsaspekten.

2. Freiwillige als interne Kunden von Nonprofit-Organisationen

2.1 Der Kundenbegriff in Nonprofit-Organisationen

Wie bereits eingangs erläutert, herrscht innerhalb des Nonprofit-Sektors eine große Formenvielfalt an unterschiedlichen Organisationen, die bspw. in Eigenleistungs- und Drittleistungsorganisationen unterschieden werden können. Eigenleistungs-Nonprofit-Organisationen erbringen Leistungen ausschließlich für ihre Mitglieder, wie z. B. ein Sportverein, dessen Vereinsmitglieder gleichzeitig die Kunden des Vereins sind. Bei Drittleistungs-Nonprofit-Organisationen, wie z. B. Ärzte ohne Grenzen, sind die Leistungsempfänger (in der Literatur auch „Beneficiaries" oder „Nutznießer" genannt; Bruhn 2012, S. 24) hingegen nicht per se identisch mit den Mitgliedern der Organisation (Helmig/Boenigk 2012). In diesem Fall stellen die Leistungsempfänger zwar Kunden dar, für deren Leistung allerdings Spender bezahlt haben, womit eine neue Anspruchsgruppe entsteht, wenn es um die Mitteleinwerbung geht.

Ein weiterer Grund für die begrifflichen Abgrenzungsschwierigkeiten ist in der Mehrstufigkeit der Kundenbeziehungen einer Nonprofit-Organisation zu sehen. So ist bspw. das Kind in einem Krankenhaus der Patient und damit auch der prioritäre Kunde des Krankenhauses, allerdings gehören auch die Angehörigen des Kindes zu einer zweiten Gruppe, deren Integration in den Dienstleistungsprozess des Krankenhauses unerlässlich ist (Helmig 2003). Die hier aufgeführten Beispiele verdeutlichen die Vielgestaltigkeit von

Kundenbeziehungen im Nonprofit-Sektor, welche in der Vergangenheit oftmals dazu führte, dass der Kundenbegriff in der Nonprofit-Literatur nicht eindeutig definiert werden konnte, sondern man im Allgemeinen von Anspruchsgruppen sprach (Helmig/Michalski 2007; 2008).

Die Einführung eines professionellen Managements und einer konsequenten Kundenorientierung in Nonprofit-Organisationen erfordert allerdings eine konkretere Begriffsabgrenzung. Nur durch eine möglichst genaue Identifikation der einzelnen Kundengruppen können Marketingmaßnahmen externer und interner Natur abgestimmt und implementiert werden. Im Allgemeinen kann ein Kunde im Nonprofit-Kontext in Anlehnung an Helmig et al. (2009) als Person oder Organisation definiert werden, die entweder die Leistung einer Nonprofit-Organisation in Anspruch nimmt oder sich auf andere Art und Weise bewusst an der Missionserfüllung der Organisation beteiligt bzw. indirekt davon profitiert. Vier Typen von Kundengruppen lassen sich auf Basis dieser Definition im Folgenden unterscheiden (vgl. Abbildung 1): (1) direkte Kunden (Leistungsempfänger), (2) indirekte Kunden (sind an Leistungserstellung im weitesten Sinne mitbeteiligt), (3) interne Kunden (nichtvergütete Mitarbeiter: Freiwillige und Ehrenamtliche) und (4) Spender/Sponsoren (Geld-, Zeit- oder Sachspenden). Es wird empfohlen diese vier Kundensegmente mit unterschiedlichen internen und externen Marketingstrategien und -instrumenten zu bedienen, worauf im folgenden Kapitel weiter eingegangen wird.

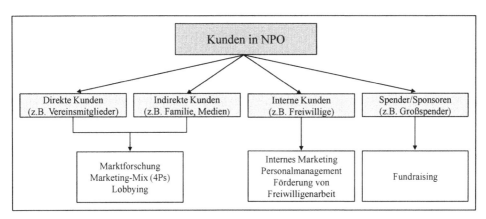

Abbildung 1: Kundengruppen in Nonprofit-Organisationen und Marketingimplikationen (Quelle: Helmig/Thaler 2010, S. 155)

Das Segment der internen Kunden lässt sich in Ehrenamtliche und Freiwillige unterscheiden. Diese Differenzierung ist notwendig, da Freiwillige keine homogene Gruppe bilden und es folglich sinnvoll ist, mindestens eine Unterscheidung hinsichtlich des Funktionsbereichs vorzunehmen, bspw. zwischen Vorstand und ausführenden Tätigkeiten (Ward/McKillop 2010). Unter Ehrenamtlichen (engl.: „Board Members") versteht man Personen, die in der Regel demokratisch für einen festgelegten Zeitraum in ein Amt (z. B. Präsident, Vorstandsmitglied) gewählt (oder für dieses bestellt) werden. Sie übernehmen unentgeltlich die strategische Verantwortung sowie die Zielformulierung für die Nonprofit-Organisation. Unter Freiwilligen (engl.: „Volunteers") versteht man hingegen Personen, die für eine bestimmte, in der Regel eher kurze, Zeitspanne eine ausführende, unentgeltliche Tätigkeit übernehmen. Ihre Tätigkeit ist somit ‚amtsunabhängig' und Freiwillige sind direkt an der Ermöglichung von Leistungen beteiligt (vgl. Abbildung 2; Puyvelde et al. 2011; Shachar 2014; Wellens/Jegers 2014).

Des Weiteren wird auch diejenige Arbeit als Freiwilligenarbeit angesehen, die geringfügig monetär entschädigt wird, da es sich hierbei um Arbeit handelt, für die eine geringere Vergütung als marktüblich vorgenommen wird (Anheier 2005). An diesen Punkt schließt sich eine Restriktion der Ressource „Freiwillige" an. Da es sich hier um eine nicht oder unter Wert bezahlte Tätigkeit handelt, wird davon ausgegangen, dass sich Freiwillige in einem gesicherten Lebensunterhaltsverhältnis befinden (Eckardstein 1999). In diesem Beitrag werden Freiwillige definiert als all diejenigen, die sich ohne gesetzliche Verpflichtungen freiwillig, amtsunabhängig und ohne Bezahlung (Aufwandsentschädigungen ausgenommen) außerhalb des eigenen Haushaltes und der direkten Familie in einer Nonprofit-Organisation engagieren. Diese Definition orientiert sich an der häufig verwendeten Definition „work without monetary pay or legal obligation provided for persons living outside the volunteer's own household" (United Nations 2003, S.249).

Aus den genannten vier Kundengruppen werden die internen Kundengruppen immer wieder als die wichtigste Kundengruppe für eine Nonprofit-Organisation hervorgehoben: Für viele Organisationen gilt, dass die Nachfrage durch direkte (und indirekte) Kunden unerschöpflich, während die Ressource der Freiwilligen endlich ist (Karl et al. 2008). Die steigende Anzahl an Nonprofit-Organisationen und der Trend, Freiwillige auch in öffentlichen Einrichtungen einzusetzen (Brudney 2010), führen zur Entstehung eines Marktes für freiwilliges und ehrenamtliches Engagement. Auf diesem Markt konkurrieren verschiedene Nonprofit-Organisationen mit ihren Angeboten zum Freiwilligenengagement auf der Suche nach ihren Nachfragern oder Kunden (hier den Freiwilligen). Folglich handelt es sich beim Freiwilligenengagement um einen Austausch zwischen einem „Verkäufer" (der Nonprofit-Organisation) und einem „Käufer" (dem Freiwilligen), wobei der Verkäufer Zeit und Arbeitskraft des Freiwilligen erhält und im Gegenzug einen psycho-sozialen Nutzen ermöglicht (Wymer/Sridhar 2002). Der extrinsische Nutzen des Volunteering besteht dabei im Ergebnis der Tätigkeit, sei er monetär, psychisch oder sozial. Ein intrinsischer Nutzen hingegen erwächst aus der Tätigkeit selbst (Dolnicar/Randle 2007). Welche Motive den Freiwilligen zu seinem Engagement bewegen, wird im folgenden Abschnitt aufgezeigt.

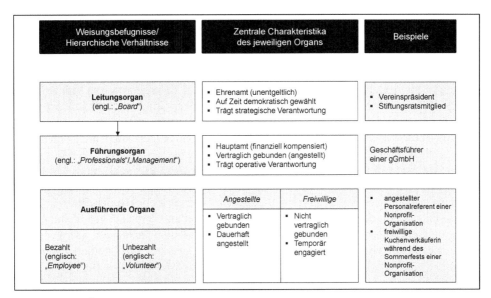

Abbildung 2: Überblick über Personalstrukturen im Nonprofit-Bereich
(Quelle: Helmig/Boenigk 2012, S. 102)

Generell sind Organisationen dann erfolgreicher als ihre Konkurrenz, wenn sie die Wünsche und Motive ihrer Kunden besser verstehen und deren Bedürfnisse besser befriedigen (Karl et al. 2008). Daher sind, wie in Abbildung 1 dargestellt, das interne Marketing und das Personalmanagement in Nonprofit-Organisationen gefordert, wenn es um die Akquisition und Bindung geeigneter und in ausreichender Anzahl vorhandener Freiwillige und Ehrenamtliche geht (Tidwell 2005). So haben Freiwillige, neben ihrer in der Einleitung erläuterten gesellschaftlichen und sozialen Relevanz, eine wichtige Bedeutung für das Management von Nonprofit-Organisationen. Kapitel 3 zeigt daher strategische und operative Managementansätze zum internen Marketing gegenüber Freiwilligen auf. Dabei beschränkt sich dieser Beitrag lediglich auf die Bindung Freiwilliger als interne Kunden von Nonprofit-Organisationen.

2.2 Besonderheiten und Motive Freiwilliger als interne Kunden

Um ein effizientes und effektives Management von Freiwilligen in Nonprofit-Organisationen zu ermöglichen, ist es wichtig, die Besonderheiten dieser internen Kundengruppe zu verstehen und ihre Motive, sich freiwillig zu engagieren, zu kennen. Freiwilliges Engagement zeichnet sich dadurch aus, dass Freiwillige in der Regel nicht vertraglich an eine Organisation gebunden sind. Dies wirkt sich wiederrum auf ihr Verhalten aus. Nonprofit-Organisationen können Freiwillige nicht wie Unternehmen ihre Mitarbeiter managen, mangelt es doch an klassischen, externen Kontroll- und Anreizmechanismen, wie bspw. der Möglichkeit zur Sanktionierung, aber auch zur Gehaltserhöhung oder Beförderung. Des Weiteren wird die Komplexität der Freiwilligenführung und -bindung dadurch erhöht, dass Freiwillige meist Laien in dem Bereich ihres Engagements sind und mit den unterschiedlichsten Arbeiten betraut werden. Hinzu kommt, dass Freiwillige die angesprochene Doppelstellung in – meist gemeinnützigen – Organisationen einnehmen: Neben ihrer Funktion als Mitarbeiter sind sie auch interne Kunden mit individuellen Wünschen, Motiven und Erwartungen. Die persönlichen Bedürfnisse und Fähigkeiten der Freiwilligen spielen somit eine wichtige Rolle für ihr Verhalten und sollten beim Freiwilligenmanagement berücksichtigt werden (Helmig et al. 2008; Kreuzer 2008). Zusätzlich führt die Heterogenität der Freiwilligen zum einen zu Interessenkonflikten innerhalb der Gruppe, zum anderen aber auch zu Konflikten zwischen den Freiwilligen und der Nonprofit-Organisation (und deren hauptamtlichen Mitarbeitern; Bürgisser 2011).

In der Nonprofit-Forschung findet sich eine Vielzahl an Erkenntnissen zu den unterschiedlichen Motiven von Freiwilligen, sich unentgeltlich und teils mit hohen Zeitaufwand für die Ziele einer Nonprofit-Organisation einzusetzen. In der wissenschaftlichen Literatur werden aktuell sechs Motive für Freiwilligentätigkeiten unterschieden: Prosoziales-Motiv, Zugehörigkeits-Motiv, Selbststärkungs-Motiv, Selbstschutz-Motiv, Entwicklungs-Motiv und Karriere-Motiv. Diese basieren auf den Prämissen, dass eine Freiwilligentätigkeit unterschiedliche Motive für unterschiedliche Personen erfüllen kann sowie eine Person gleichzeitig mehrere Motive haben kann eine Tätigkeit auszuführen (Clary et al. 1998, Oostlander et al. 2015). Dabei sind die Motive multidimensional und enthalten sowohl altruistische als auch egoistische Elemente (Studer/von Schnurbein 2013). Eine weitere Ausdifferenzierung der Motive ist generell möglich, so zeigen sich Unterschiede bspw. „sowohl international, als auch im Vergleich von Männern und Frauen respektive jüngeren und älteren Freiwilligen" (Gmür 2010, S. 6).

Motiv	Definition
Prosoziales-Motiv	Das Freiwilligenengagement erfolgt aus der Motivation heraus, anderen Menschen zu helfen und ihnen nützlich zu sein.
Zugehörigkeits-Motiv	Das Freiwilligenengagement begründet sich im Verlangen, Kontakte und Beziehungen aufzubauen bzw. zu einer Gruppe zu gehören.
Selbststärkungs-Motiv	Das Freiwilligenengagement entsteht aus der Bestrebung heraus, sich gebraucht zu fühlen, was wiederum das Selbstwertgefühl steigert.
Selbstschutz-Motiv	Das Freiwilligenengagement soll das Schuldgefühl über das eigene Lebensglück senken bzw. von eigenen persönlichen Problemen ablenken.
Entwicklungs-Motiv	Das Freiwilligenengagement reflektiert das Bedürfnis, neue Erfahrungen zu sammeln bzw. sich Wissen und Fähigkeiten während der Tätigkeit anzueignen.
Karriere-Motiv	Das Freiwilligenengagement erfolgt aus der Überzeugung, dass sie den Berufsaussichten dient und Arbeitsmarktchancen erhöht.

Tabelle 1: Die sechs Motive der Freiwilligenarbeit

In der Praxis werden die Ergebnisse der Studien zur Freiwilligenmotivation vermehrt angewendet, allerdings nicht immer zum Vorteil der Freiwilligen. Manchmal wird Freiwilligenarbeit in einigen Organisationen als billige Arbeitskraft ausgenutzt oder als Ersatz für bezahlte Arbeit angesehen (Brudney 2010). Außerdem wird Freiwilligenarbeit im Zuge der Professionalisierungswelle von Nonprofit-Organisationen teils auf weniger verantwortungsvolle Arbeit reduziert und marginalisiert (Helmig et al. 2011). Eine weitere Entwicklung in der Freiwilligenarbeit zeigt, dass die Freiwilligen selbst zu einem vielfältigen, zeitlich begrenzten und tätigkeitsorientierten Engagement tendieren. Hierbei fordern sie mehr Selbstbestimmung und Eigenverantwortung (Nichols/Ojala 2009; Oostlander et al. 2014).

Ein professionelles Freiwilligenmanagement hat die Aufgabe, die hier entstehende Diskrepanz von Wünschen und Anforderungen zwischen den Freiwilligen und ihrer Tätigkeit zu minimieren und auszubalancieren (Meijs/Ten Hoorn 2008). Das Wissen um die Motive Freiwilliger spielt sowohl bei deren Akquisition als auch Bindung eine wichtige Rolle. Vernachlässigt das Freiwilligenmanagement einer Nonprofit-Organisation die interne Kundenbindung, führt die starke Fluktuation der Freiwilligen zu erhöhtem Zeitaufwand, bedeutenden Mehrkosten und Reibungsverlusten in Prozessabläufen und in der Organisationskultur (Watson/Abzug 2010). Des Weiteren zeigt die Forschung, dass das, was Freiwillige motiviert bei einer Nonprofit-Organisation tätig zu werden, nicht zwangsläufig das gleiche ist, was sie motiviert langfristig bei dieser tätig zu bleiben (Bussell/Forbes 2002). Ein weiteres Hemmnis für die Bindung von Freiwilligen ist die mögliche Spannung zwischen „attraction and adjustment". Beim Anwerben von Freiwilligen wird oftmals nur auf positive Aspekte eingegangen während die praktische Realität auch Negativerlebnisse und Herausforderungen beinhalten kann, die zur Beendigung des Engagements führen können (McNamee/Peterson 2014). Eine erfolgreiche Bindung der Freiwilligen als interne Kunden erfordert somit die Aufmerksamkeit des Managements auf alle Erfahrungen während der Freiwilligen-Tätigkeit.

Nonprofit-Organisationen müssen neue Wege finden, die Loyalität und das Commitment der Freiwilligen zu stärken und sie dazu zu motivieren, im Sinne der Mission und der Erreichung der Organisationsziele zu agieren. Dabei gibt es nicht den *einen* Managementansatz zur Führung von Freiwilligen. Die individuellen Eigenschaften der Nonprofit-Organisationen und ihre Personenkonstellationen sowie generell die unterschiedlichen Schwerpunkte der Freiwilligenarbeit innerhalb des Nonprofit-Sektors beeinflussen die jeweiligen Managementansätze (Kreuzer 2008). Ein in der Literatur diskutierter, viel versprechender und häufig in der Praxis angewandter Managementansatz zur Bindung Freiwilliger ist das interne Marketing (Mitchell/Taylor 2004; Karl et al. 2008; Helmig/Thaler 2010; Hume/Hume 2015). Im folgenden Abschnitt soll dargestellt werden, welche kritischen Elemente während der Tätigkeit Freiwilliger einen Einfluss auf deren Entscheidung, die Organisation zu verlassen, haben und welche Ansätze das interne Marketing zur Bindung interner Kunden bietet.

3. Internes Marketing zur Bindung Freiwilliger

3.1 Ziele des internen Marketing gegenüber Freiwilligen

Seit mehr als 30 Jahren wird die Übertragbarkeit von klassischen Marketingkonzepten auf organisationsinterne Fragestellungen in Theorie und Praxis diskutiert (Bruhn 1999; Judd 2003). Diese Entwicklung ist vor allem auf die Erkenntnis zurückzuführen, dass die Qualität von Produkten, aber auch insbesondere von Dienstleistungen, stark von den eingesetzten Mitarbeitern, sowie von deren Akquisition und Entwicklung, abhängt. Folglich werden auch Mitarbeiter, Ehrenamtliche und Freiwillige zur Zielgruppe des Marketing (Bruhn 1999; Judd 2003; Choi 2016). Dabei werden die genannten drei Personengruppen als Mitglieder eines internen Marktes angesehen, der informiert, weitergebildet, motiviert und entwickelt werden muss, um die Kundenorientierung der Personen zu stärken (Bennett/Barkensjo 2005). Das interne Marketing als holistischer Managementprozess ermöglicht das Zusammenführen einer Vielzahl an Organisationsfunktionen. Zum einen stellt das interne Marketing sicher, dass die Mitarbeiter auf allen Ebenen die Organisation und ihre Aktivitäten im Kontext der Umwelt verstehen. Zum anderen zielt es auf eine optimale Vorbereitung und Motivation aller Mitarbeiter ab, so dass diese dienstleistungsorientiert handeln können (Foreman/Money 1995).

Das interne Marketing findet auch zunehmend Beachtung in der Nonprofit-Forschung (Hume/Hume 2015). In den meisten Nonprofit-Organisationen werden die angebotenen Dienstleistungen von bezahlten, hauptamtlichen Mitarbeitern, Ehrenamtlichen und Freiwilligen erstellt, weshalb es von großer Bedeutung ist, diese drei Gruppen als ein weiteres Element (als ein weiteres P für „People") in den Marketingmix einer Nonprofit-Organisation mit aufzunehmen (Judd 2003, siehe auch Abbildung 1). Bei der Entscheidung ob ein Freiwilliger zur Zielgruppe des internen Marketing zählt, ist es nicht von Bedeutung, ob der Freiwillige tatsächlich Kontakt mit dem Leistungsempfänger hat, oder nicht. Vielmehr geht es darum, beim Freiwilligen Verständnis für die Vorgehensweisen der Nonprofit-Organisation und seine Rolle innerhalb der Leistungserstellungsprozesse zu wecken. Ziel des internen Marketing ist die simultane Förderung von Leistungsempfänger- und Freiwilligenzufriedenheit, um so beide Kundengruppen im Sinne des Ressourcenmanagement langfristig an die Organisation zu binden (Helmig/Thaler 2010). Allerdings handelt es sich beim internen Marketing nicht um einen Ersatz für ein zielführendes Personalmanagement, sondern vielmehr um eine Erweiterung oder Ergänzung desselben.

Forschungsarbeiten zum Thema internes Marketing gegenüber Freiwilligen bestätigen dessen Relevanz (z.B. Foreman/Money 1995; Bennett/Barkensjo 2005; Brudney/Nezhina 2005; Hustinx 2010; Hume/Hume 2015). Es zeigt sich, dass die Einführung von Managementpraktiken in einem positiven Zusammenhang mit der Effektivität des Freiwilligenmanagements steht und dass sich Kommunikationsstrategien positiv auf die Bereitschaft zum freiwilligen Engagement auswirken. Zudem wurde nachgewiesen, dass für das erfolgreiche Management Freiwilliger andere Ansätze notwendig sind als für das Management hauptamtlicher, bezahlter Mitarbeiter (Hustinx 2010). Gemäß Bruhn (1999) umfasst das interne Marketing unterschiedliche Dimensionen. Diese werden primär in drei Zielebenen untergliedert: die kognitive Ebene, die affektive Ebene und die konative Ebene.

- *Kognitive Ziele:* Dieser Zielbereich des internen Marketing umfasst die gedanklichen Prozesse der Freiwilligen. So ist es bspw. wichtig, dass die Freiwilligen die Mission und Ziele der Nonprofit-Organisation sowie deren externe Vermarktungsstrategien kennen.

- *Affektive Ziele:* Auf dieser Zielebene ist die Entwicklung eines vertrauensvollen Verhältnisses zwischen den Freiwilligen und der Nonprofit-Organisation von Bedeutung. Zufriedenheit ist hierbei eine wichtige Voraussetzung für den Vertrauensaufbau Freiwilliger.

- *Konative Ziele:* Die konativen Ziele des internen Marketing zielen auf die Handlungen bzw. Handlungsabsichten der Freiwilligen ab. Die verschiedenen Aspekte der Freiwilligenbindung stehen hier im Mittelpunkt. Bei den Freiwilligen sollte ein hohes Commitment mit der Organisation erzeugt werden, so dass sie einen positiven Beitrag zum Erreichen der Organisationsmission leisten wollen und der Organisation treu sind.

3.2 Kundenbindungsfördernde und -hemmende Aspekte des Freiwilligenengagement

Aus der Literatur zur Bindung Freiwilliger als interne Kunden lassen sich insgesamt sechs Aspekte herausarbeiten, die einen Einfluss auf die Bindung des Freiwilligen an die Nonprofit-Organisation haben. (1) Motive und Zufriedenheit der Freiwilligen, (2) negative oder kritische Erlebnisse während der Freiwilligentätigkeit, (3) der Spaß während der Freiwilligentätigkeit, (4) die Beziehung zwischen den hauptamtlichen und den freiwilligen Mitarbeitern, (5) die Organisationskultur und (6) die Identifikation der Freiwilligen mit der Nonprofit-Organisation.

Zufriedenheit ist ein wichtiger zu beachtender Faktor zur Erklärung des Verhaltens Freiwilliger in Nonprofit-Organisationen und gleichzeitig affektives Ziel des internen Marketing (Bono 2010). Auch bei Freiwilligen entsteht die Zufriedenheit mit der Tätigkeit gemäß eines Konfirmation/Diskonfirmations-Paradigma. Werden Freiwillige als interne Kunden anstatt als Mitarbeiter gesehen, deren Kundenzufriedenheit zu einem positiven Verhalten bezüglich der Mission der Organisation führt (wie bspw. das Fortführen der Freiwilligenarbeit), ist es zweckmäßig, die Konsumentenperspektive einzunehmen (Homburg/Stock-Homburg 2011). Die Zufriedenheit Freiwilliger mit Hilfe der Arbeitszufriedenheit abzubilden erscheint nicht sinnvoll, da die Dimension des Gehaltes nicht berücksichtigt werden kann. Die Entscheidung für ein freiwilliges Engagement geht einher mit der Wahl welchen Anteil der eigenen Freizeit man hierfür aufbringen will, denn dieser könnte alternativ auch für andere (Freizeit-)Aktivitäten verwendet werden. Damit weist Freiwilligenarbeit auch Ähnlichkeiten zum Konsumentenverhalten auf (Mowen/Sujan 2005; Lindenmeier 2008).

Das Konfirmations/Diskonfirmations-Paradigma der Kundenzufriedenheit beschreibt das Kundenverhalten und den resultierenden Grad an Zufriedenheit wenn Erwartungen erfüllt, übertroffen oder enttäuscht werden. Bei Freiwilligen werden die Erwartungen, sprich Motive, die generell zum Engagement bewegen (Soll-Leistung) mit den tatsächlich erfüllbaren Motiven während des freiwilligen Engagements bei einer Nonprofit-Organisation (Ist-Leistung) verglichen (Homburg/Stock-Homburg 2011). Bei bestätigten Erwartungen folgt eine moderate Zufriedenheit des Freiwilligen. Bei Erfüllung über dem Konfirmationsniveau kommt es zu einer hohen Zufriedenheit. Untererfüllte Erwartungen wiederrum führen zur Unzufriedenheit des Freiwilligen. Damit wirkt sich die Erwartung oder Motivation direkt auf die Zufriedenheit und damit auch auf die Bindung der Freiwilligen an die Organisation aus (Bennett/Barkensjo 2005).

Die bereits angesprochenen Motive spielen also eine wichtige Rolle, nicht nur bei der Auswahl der geeigneten Freiwilligen, sondern auch dann, wenn es darum geht, deren Erwartungen an die Tätigkeit als Freiwilliger zu erfüllen und somit für Zufriedenheit bei den Freiwilligen zu sorgen. Erwiesenermaßen suchen Menschen mit unterschiedlicher Persönlichkeit auch unterschiedliche Arten von Tätigkeiten (Ward/McKillop 2010). Allerdings steigt mit dem verstärkten Wettbewerb auch das Risiko auf beiden Seiten, eine falsche Wahl zu treffen. Daher sollte bei der Auswahl der Freiwilligen besonderer Wert auf einen möglichst hohen „Fit" zwischen deren Motiven und Erwartungen und dessen, was die Organisation zu bieten hat, gelegt werden (Brudney 2010). Dies stellt eine wichtige Basis für eine langfristige interne Kundenbindung dar.

Bennett/Barkensjo (2005) zeigen in ihrer empirischen Studie anhand der Befragung von 91 Freiwilligen einer britischen Wohlfahrtsorganisation, dass die Zufriedenheit mit der Tätigkeit als Freiwilliger sich stark positiv auf deren Commitment und damit Bindung gegenüber der Organisation auswirkt. Allerdings wurde den negativen Erlebnissen während der freiwilligen Tätigkeit, bspw. der feindseligen Zurückweisung der angebotenen Hilfe durch den Leistungsempfänger, eine signifikant negativ moderierende Rolle nachgewiesen. Eine höhere Anzahl negativer Erlebnisse mindert folglich den positiven Einfluss der Zufriedenheit mit der Tätigkeit auf die Kundenbindung des Freiwilligen. Die Studie zeigt allerdings auch, dass interne Marketingaktivitäten eine signifikant positiv moderierende Rolle gegenüber der beschriebenen Beziehung zwischen Zufriedenheit und Bindung haben können.

Eine ebenfalls positive Wirkung auf die Kundenzufriedenheit und die Bindung Freiwilliger konnte dem Spaß während der Freiwilligentätigkeit nachgewiesen werden (Karl et al. 2008). Es zeigt sich, dass Freiwillige grundsätzlich positiv gegenüber Spaß während der Freiwilligentätigkeit, bspw. durch gemeinsame Aktivitäten wie Mahlzeiten, Ausflüge etc., eingestellt sind und Freiwillige, die ihre Tätigkeitsumwelt als „fun place to be" wahrnehmen zufriedener sind und keine Wechselabsichten haben. Es ist deshalb auch darauf zu achten, dass die Persönlichkeit von Freiwilligen zur Organisation und dem Arbeitskontext passt (Oostlander et al. 2014).

Auch die Ausgestaltung und die Qualität der Beziehung zwischen den Freiwilligen und den hauptamtlichen Mitarbeitern beeinflusst die Bindung Freiwilliger an die Nonprofit-Organisation. Wechselseitige Geringschätzung, sowie Konkurrenzängste können zu Konflikten zwischen den hauptamtlichen Mitarbeitern und den Freiwilligen führen. Eine kritische Reflexion der Art der Zusammenarbeit ist somit unerlässlich (Bürgisser 2011; Studer/von Schnurbein 2013). Die Qualität der Beziehung zwischen hauptamtlichen Mitarbeitern und Freiwilligen ist oftmals stark abhängig vom gegenseitigen Vertrauen und der ausbalancierten Entwicklung und Pflege eines partnerschaftlichen Verhältnisses. Eine gerechte Verteilung von Macht ist hierbei ein wichtiger Aspekt, genauso wie konstante Kommunikation (Studer/von Schnurbein 2013; McNamee/Peterson 2014).

Einen weiteren wichtigen Einfluss auf die Bindung Freiwilliger übt die Organisationskultur der Nonprofit-Organsiation aus. Generell gilt, dass interne Marketingaktivitäten in Nonprofit-Organisationen mit einer starken Organisationskultur eine größere Wirkung entfalten können (Mitchell/Taylor 1997). Wichtig ist hierbei, dass die existierende Organisationskultur zu den Zielen der Nonprofit-Organisation passt (Mitchell/Taylor 2004). Das Empfinden Freiwilliger gegenüber der Organisationskultur wird davon beeinflusst, wer die Aufgabe des Freiwilligen zuvor erledigt hat (bspw. ein bezahlter Mitarbeiter), welche Stärke des Zusammengehörigkeitsgefühls und der Ausprägung kollektiver Vereinbarungen vorliegen (bspw. ob es einen Trend in Richtung Professionalisierung geben soll), ob die Zahl der Freiwilligen zunehmen wird und inwiefern Freiwillige zum Missionserfolg beitragen (Handy et al. 2008).

Im Zusammenhang mit Freiwilligenarbeit rückt verstärkt die Theorie der sozialen Identität (engl. „Social Identity Theory"), bzw. der Identifikation mit einer Organisation (engl. „Organizational Identification") (Ashforth/Mael 1989; Mael/Ashforth 1992) in den Fokus. Gemäß der Theorie der sozialen Identität besteht die Selbstwahrnehmung von Menschen aus sozialen und persönlichen Identitäten. Während die persönliche Identität spezifische Charakteristika, wie Fähigkeiten und Interessen umfasst, setzt sich die soziale Identität aus verschiedenen Gruppenzugehörigkeiten zusammen, wie bspw. Altersgruppen, Geschlecht oder Mitgliedschaften (Tajfel/Turner 1986). Ein Individuum fühlt sich als Mitglied einer Gruppe oder Organisation, mit der es seine Entwicklung, sowie Erfolg und Niederlage teilt. Nach dieser Sichtweise ist die Identifikation mit einer Organisation eine spezielle Form der Theorie der sozialen Identität, wobei sich ein Individuum teilweise über die Mitgliedschaft, bzw. hier das freiwillige Engagement bei einer bestimmten Organisation identifiziert (Mael/Ashforth 1992). Folglich führt die Identifikation mit einer Organisation zu Aktivitäten im Sinne der Organisation (Ashforth/Mael 1989). Umgekehrt führt eine nicht zufrieden stellende soziale Identität dazu, dass das Individuum seine Gruppenzugehörigkeit auflöst, um sich mit anderen Gruppen zu assoziieren (Boenigk/Helmig 2013).

In der Marketingforschung dient die Theorie der sozialen Identität, bzw. die Identifikation mit einer Organisation vor allem dazu, Kundenidentifikation als neues Instrument zur Kundenbindung (im Sinne einer inneren, emotionalen Bindung aufzubauen, die stärker ist als reine Loyalität) zu erklären (Stokburger-Sauer/Bauer/Mäder 2008). So konnte beispielsweise empirisch nachgewiesen werden, dass die soziale Identität in positiven Zusammenhang mit der Entwicklung starker Kundenbeziehungen steht (Homburg et al. 2009). Auch in der Nonprofit-Forschung werden die Theorie der sozialen Identität, bzw. der Identifikation mit einer Organisation, in vielen Bereichen angewandt (Mael/Ashforth 1992; Tidwell 2005). Es zeigt sich, dass ein hoher Grad an Identifikation zu prosozialem Verhalten führt, sprich zu jenem Verhalten, das dem Wohle der Organisation dient (Finkelstein et al. 2005; Tidwell 2005). Dabei unterscheidet sich die Identität eines Freiwilligen von der eines hauptamtlichen Mitarbeiters, was wiederum zu Konflikten führen kann (Kreutzer/Jäger 2011). Bei Nonprofit-Organisationen fördern vor allem das Image, der Zweck und die Mission einer Organisation sowie ein strategisches Markenmanagement, die emotionale Bindung und Identifikation mit der Organisation. Strategisches Markenmanagement unterstützt so Akquisition und Bindung interner Kunden (Wymer et al. 2016). Die folgenden zwei Unterkapitel zeigen darauf aufbauend Ansatzpunkte des strategischen und des operativen internen Marketing zur Bindung Freiwilliger auf.

3.3 Internes Marketing zur Bindung Freiwilliger – die strategische Perspektive

Das Nonprofit-Marketing im Allgemeinen kann in eine organisationsexterne und eine organisationsinterne Dimension unterschieden werden. Die organisationsexterne Dimension wendet sich primär an externe Anspruchsgruppen (bspw. Spender) und beinhaltet den Einsatz der – auf den Nonprofit-Kontext adaptierten – Marketingmix-Instrumente zur Konzeption und Durchführung marktbezogener Aktivitäten. Die organisationsinterne Dimension beinhaltet das interne Marketing und wendet sich primär an interne Anspruchsgruppen wie Mitarbeiter, Ehrenamtliche und Freiwillige (Helmig/Boenigk 2012, siehe Abbildung 1). Hierbei kann ebenfalls zwischen einer strategischen Ebene und einer operativen Ebene des internen Marketing unterschieden werden.

Ziel des strategischen internen Marketing einer Nonprofit-Organisation ist die Schaffung von Voraussetzungen für die effektive und effiziente Durchführung von markt- bzw. marketingbezogenen Aktivitäten innerhalb der Organisation. Dies beinhaltet die Implementierung einer Führungsphilosophie, die die Menschen in den Mittelpunkt stellt, damit eine weite Akzeptanz für marktorientiertes Handeln innerhalb der Organisation geschaffen wird (Helmig/Boenigk 2012). Die bereits dargestellte Identifikation der Freiwilligen mit der Organisation spielt hierbei eine wichtige Rolle. Um die Identifikation von Kunden bzw. Freiwilligen mit einer Organisation zu stärken, werden Strategien für eine anhaltende und tiefe Kunden-Organisations-Beziehung benötigt. Ziel ist es dabei den Freiwilligen das Gefühl zu vermitteln, dass sie ein integraler Teil der Organisation sind (Bhattacharya/Sen 2003).

Hierfür scheint es sinnvoll zum einen eine möglichst hohe Kongruenz zwischen den Zielen der Organisation, der Organisationskultur und den Selbstkonzepten der Freiwilligen zu schaffen. Zunächst sollte abgeglichen werden, inwiefern die gelebte Organisationskultur mit den Werten und Zielen der Organisation übereinstimmt. Sollten Diskrepanzen auffällig werden, gilt es diese zu beseitigen. Des Weiteren sollte bei der Rekrutierung Freiwilliger darauf geachtet werden, dass diese mit ihrem Selbstkonzept und ihren Motiven zur Organisation passen. Hierfür kann es hilfreich sein, dass sich die Nonprofit-Organisation genau überlegt, welchen intrinsischen und extrinsischen Nutzen sie durch ihr Angebot zur Freiwilligenarbeit bietet und dann gezielt ein Freiwilligen-Segment anspricht, das diesen Nutzen sucht (Mitchell/Taylor 1997). Sobald ein Freiwilliger sich bei einer Organisation engagiert, sollte eine möglichst hohe Identifikation mit der Organisation erzeugt werden. Studer/von Schnurbein (2013) argumentieren, dass neben der Mission oder den Kernwerten einer Organisation auch eine klar definierte Freiwilligenrolle als Ankerpunkt für Identifikation sorgen kann.

Auch die Beziehung zwischen den hauptamtlichen Mitarbeitern und den Freiwilligen sollte bewusst als Teil des internen Marketing ausgestaltet werden, damit die Konkurrenz um Aufgaben, Anerkennung und Ressourcen nicht zu dauernden Konflikten und Unzufriedenheit auf beiden Seiten führt. Studer/von Schnurbein (2013) empfehlen hierfür die Angst der Hauptamtlichen abzubauen, dass Freiwillige zu einem Qualitätsverlust führen. Des Weiteren sollten für Freiwillige die Ziele ihrer Tätigkeit klar definiert und priorisiert werden und ihr Beitrag, den sie zur Missionserfüllung leisten, kommuniziert und anerkannt werden. Konflikte zwischen Freiwilligen und hauptamtlichen Mitarbeitern zu vermeiden, ist eine der Hauptaufgaben des internen Marketing.

Eine weitere Aufgabe des strategischen internen Marketing ist es, die Freiwilligen dahingehend zu motivieren, die Organisation und ihre Leistungen mit den Augen der Leistungsempfänger zu sehen (Choi 2016). So sollte die Leistungsempfänger-Orientierung in allen Bereichen der Nonprofit-Organisation etabliert werden; auch bei denjenigen Freiwilligen, die keinen direkten Kundenkontakt haben. Diese Orientierung unterstützt die Führung der Nonprofit-Organisation dabei, die Einstellungen und Handlungen der Freiwilligen mit den Organisationszielen abzugleichen und diese schneller zu erreichen. Ferner wird dadurch die Kommunikation und Kooperation innerhalb der Organisation gefördert. Bei Organisationen, die zu einem hohen Grad von freiwilliger Arbeit zur Leistungserbringung abhängig sind, ist es ratsam, die Struktur der Organisation auf die Bedürfnisse der Freiwilligen anzupassen (Pearce 1982). Auch auf der Führungsebene können Veränderungen, die das Freiwilligenverhalten positiv beeinflussen, vorgenommen werden, denn Führungsstile gelten als wichtige Einflussgrößen auf das Verhalten Freiwilliger (Rowold 2009; Hume/Hume 2015). In einem nächsten Schritt sollen nun Instrumente, mit denen sich das interne Marketing innerhalb der Nonprofit-Organisation operativ umsetzen lässt, vorgestellt werden.

3.4 Internes Marketing zur Bindung Freiwilliger – die operative Perspektive

Im folgenden Abschnitt werden einige Möglichkeiten vorgestellt, wie Nonprofit-Organisationen konkret ein internes Marketing gegenüber ihren Freiwilligen etablieren können. Wie bereits ausgeführt betrachtet das Konzept des internen Marketing Freiwillige in Nonprofit-Organisationen als einen internen Markt oder interne Kunden, die informiert, ausgebildet, entwickelt und motiviert werden müssen, damit sie Leistungsempfängern effektiv helfen können (Bennett/Barkensjo 2005). Aus der Literatur lassen sich mehrere zentrale Marketingtechniken gegenüber Freiwilligen herausarbeiten (z.B. George 1990; Galpin 1997; Davis 2001; Ahmed/Rafiq/Saad 2003; Judd 2003; Papasolomou-Doukakis 2003; Bennett/Barkensjo 2005; McNamee/Peterson 2014; Oostlander et al. 2014; Hager/Brudney 2015; Hume/Hume 2015; Choi 2016).

- *Interne Kommunikation:* Die interne Kommunikation von der Organisation zu den Freiwilligen stellt ein zentrales Instrument dar, um ausführlich zu informieren und regelmäßigen Austausch zu pflegen. Eine Zwei-Wege-Kommunikation, also eine Kommunikation, die sowohl von der Organisation ausgeht, als auch Anregungen und Impulse von den Freiwilligen auf- und annimmt, ist essentiell für ein erfolgreiches Freiwilligenmanagement. Die Kommunikation sollte genutzt werden, um die Freiwilligen mit der Strategie, den Zielen und den Aktivitäten der Nonprofit-Organisation vertraut zu machen und den Zusammenhang zwischen diesen, der eigenen freiwilligen Tätigkeit und dem Engagement anderer (bspw. hauptamtlicher Mitarbeiter), aufzuzeigen. Um eine diskrepante Wahrnehmung des Internen Marketing zwischen Organisation und Freiwilligen zu vermeiden, empfiehlt es sich Managementpraktiken regelmäßig und explizit zu kommunizieren. So können Freiwillige als interne Kunden wirklich erreicht werden.

- *Training Freiwilliger:* Freiwillige sollten darin trainiert werden, die Bedürfnisse der Leistungsempfänger zu verstehen und ihre Sozialkompetenz weiterzuentwickeln. Dabei sollte es sich um langfristige und regelmäßige Trainings handeln und nicht um einmalige und kurze Seminare oder Kurse.

- *Teamarbeit:* Die Nonprofit-Organisation sollte bewusst das Zusammenarbeiten von Freiwilligen in Teams (auch übergreifend mit hauptamtlichen und ehrenamtlichen Mitarbeitern) forcieren. Es ermöglicht den Freiwilligen gemeinsames Problemlösen zu trainieren und hilft ihnen über den „Tellerrand" der eigenen Tätigkeitsbeschreibung zu schauen. Ein weiterer Aspekt ist das Angebot der Betreuung durch Vorgesetze oder Kollegen, um mit den bereits erläuterten negativen Erfahrungen umzugehen. Finkelstein et al. (2005) schlagen außerdem vor, die Rolle als Freiwilliger zu kultivieren, bspw. indem die Nonprofit-Organisation ihre Freiwilligen mit gleichen T-Shirts ausstattet, die es erlauben, die Freiwilligen als Gruppe zu erkennen. Farmer/Fedor (1999) zeigen, dass das Ermöglichen von Interaktionen zwischen den Freiwilligen einen positiven Effekt auf deren Engagement hat. Ein web-basiertes soziales Netzwerk stellt eine Möglichkeit dar, Interaktionen zwischen den Freiwilligen zu fördern.

- *Organisationsstruktur:* Es sollte für den Freiwilligen klar ersichtlich sein, wem gegenüber er für seine Tätigkeit verantwortlich ist und wem er berichtet. Klar definierte Rollen und Angaben zu Handlungsräumen, die von Freiwilligen flexibel gestaltet werden können, helfen Spannungen zwischen zu hoher Formalisierung und chaotischer Flexibilität vorzubeugen (McNamee/Peterson 2014).

- *Organisationskultur:* Eine Organisationskultur wird stark von den obersten Führungsebenen geprägt. Ein den internen Kunden zugewandter Führungsstil sollte dementsprechend Maßnahmen zur Anerkennung der Leistung von Freiwilligen miteinbeziehen, um Erfolgserlebnisse und positive Leistungen zu fördern (Hager/Brudney 2015; Hume/Hume 2015). Des Weiteren hat sich gezeigt, dass ein Führungsstil, der eigenständige Arbeit und die Ermessensfreiheit von Freiwilligen fördert, zu bevorzugen ist (Oostlander et al. 2014). Manager sollten nicht nur hohe Erwartungen an die

Freiwilligen kommunizieren, sondern auch ihre Art und Weise zu Führen an die einzelnen Bedürfnisse und Vorlieben der Freiwilligen anpassen. Für viele Freiwillige bedeutet dies auch ein individualisiertes Feedback und individuelle Unterstützung (McNamee/Peterson 2014).

- *„Empowerment":* Freiwilligen sollte durch das Management der Nonprofit-Organisation bewusst Verantwortung übertragen werden. Dies ist von besonderer Bedeutung für die Zusammenarbeit mit jüngeren Freiwilligen, die großen Wert auf Autonomie und Individualität legen (Hustnix/Candy/Cnaan 2010; Hager/Brudney 2015). Allerdings bedarf es weiterhin einem Maß an Kontrolle. Um die Balance zwischen Autonomie und Kontrolle zu ermöglichen, kann der Kontakt bspw. über neue Medien wie E-Mails oder Handys gehalten werden und es sollten offene Gespräche gesucht werden (McNamee/Peterson 2014).

- *Sichtbarmachung von Erreichtem:* Die Zielerreichung einzelner Freiwilliger oder deren Beitrag zur Organisation sollten deutlich sichtbar gemacht werden, bspw. durch regelmäßige Newsletter oder Auszeichnungen. Studien zeigen, dass Wertschätzung, Respekt, Anerkennung und die Würdigung von Leistung einen positiven Effekt auf die Bindung von Freiwilligen hat (Murrant/Strathdee 1995; Mitchell/Taylor 1997).

- *Stärkung der Identifikation:* Engagieren sich Freiwillige nur unregelmäßig, gilt es besonders identifikationsfördernde Managementinstrumente zu verwenden, deren Ziel es ist, über längere Zeitspannen die Identifikation der Freiwilligen mit der Nonprofit-Organisation aufrecht zu erhalten. Denn vor allem der Aufbau einer emotionalen Bindung zur Nonprofit-Organisation kann ein langwieriger Prozess sein, stellt aber die Voraussetzung für eine positive Identifikation mit der Organisation dar (Musick 2008). Beispielhafte Instrumente sind regelmäßige Newsletter, jährliche Treffen, Ausflüge und andere soziale Aktivitäten, bei denen aktive und inaktive Freiwillige eingeladen werden. Des Weiteren können Sozialen Medien eingesetzt werden, um die emotionale Bindung zwischen Freiwilligen und Organisation aufrecht zu erhalten oder zu stärken (siehe auch Kapitel 3.3). Zusätzlich sollte durch den Aufbau einer starken Marke für die Organisation eine Identifikation der Freiwilligen mit der Organisation erleichtert werden. Das „Employer Branding" liefert hierfür auch in Nonprofit-Organisationen wichtige Ansätze.

- *Spaß:* Auch der weiter oben bereits angesprochene Spaß während der Freiwilligentätigkeit und seine positive Auswirkung auf die Freiwilligenbindung bietet Ansatzpunkte für das Marketing (Karl et al. 2008). Gemeinsame Ausflüge ermöglichen positive Erlebnisse und unterhaltende Aktivitäten. Freiwillige nehmen Ausflüge als Anerkennung und Dank für ihr Engagement wahr. Auch Veranstaltungen mit gemeinsamen Mahlzeiten werden von den Freiwilligen sehr geschätzt, da sie sowohl physische als auch emotionale Freude bereiten. Jährliche Zeremonien, in denen den Freiwilligen Auszeichnungen für ihre Leistungen überreicht werden, sorgen für mehr Spaß an der Tätigkeit. Diese Ergebnisse zeigen, dass der Einsatz von spaßbringenden Aktivitäten mit dem Fokus auf Anerkennung und der Verbesserung der Beziehung zwischen Hauptamtlichen und Freiwilligen zu mehr Bindung führt (Karl et al. 2008).

Neben diesen Punkten wird auch die Implementierung eines internen Marketingplans vorgeschlagen, mit dem Ziel die langfristige Loyalität der Freiwilligen zu stärken (Mitchell/Taylor 2004; Karl et al. 2008). Empfohlen wird hier eine Konzentration auf die vier Instrumente des Marketingmix. Im Falle der Bindung Freiwilliger ist das Produkt, das es zu vermarkten gilt, das "Erlebnis Freiwilligentätigkeit". Der Preis sind die monetären oder auch nicht monetären Kosten der Freiwilligentätigkeit. Zum Instrument der Distribution kann man die Einfachheit, mit der Freiwillige ihre Tätigkeit ausführen können, zählen. Zur Kommunikation zählt der Austausch zwischen der Nonprofit-Organisation und ihren Freiwilligen (Hume/Hume 2015).

Mit Blick auf die vier Instrumente bieten sich den Nonprofit-Organisationen zahlreiche Ausgestaltungsmöglichkeiten, um durch eine attraktive Freiwilligentätigkeit für mehr Bindung zu sorgen. Bezüglich des Produktes scheint es sinnvoll, nicht nur Augenmerk auf die Inhalte der eigentlichen Freiwilligentätigkeit zu richten, sondern auch auf das Umfeld in der diese geschieht. Soziale Bedürfnisse spielen bspw. eine große Rolle für die Zufriedenheit der Freiwilligen. Auch wenn die eigentliche Tätigkeit vielleicht gerade einmal nicht erfüllend ist, so vermögen soziale Kontakte und Anerkennung dies aufzuwiegen (Bussell/Forbes 2002).

Insgesamt gibt es eine Vielzahl an Möglichkeiten internes Marketing sinnvoll in das Management von Nonprofit-Organisationen einzubinden. Es sollte jedoch beachtet werden, dass nicht jede Maßnahme zu jeder Organisation bzw. zu jedem Kontext passt. Organisationen sollten die Maßnahmen daher flexibel und Ziel-spezifisch einsetzen, während man die restlichen Maßnahmen in einem „Werkzeugkasten" bereithalten sollte, um sie bei Bedarf anzuwenden (Hager/Brudney 2015).

4. Ausblick

Freiwillige sind eine unverzichtbare Ressource für Nonprofit-Organisationen und liefern einen wichtigen Beitrag für deren Missionserfüllung. Dieser Beitrag identifiziert Freiwillige als interne Kunden von Nonprofit-Organisationen, die es als knappe und wichtige Ressource an die Organisation zu binden gilt. Hierbei wurde besonderes Augenmerk auf sechs kundenbindungsfördernde oder -hemmende Aspekte des Freiwilligenengagements gelegt: (1) Motive und Zufriedenheit der Freiwilligen, (2) negative oder kritische Erlebnisse während der Freiwilligentätigkeit, (3) der Spaß während der Freiwilligentätigkeit, (4) die Beziehung zwischen den hauptamtlichen und den freiwilligen Mitarbeitern, (5) die Organisationskultur und (6) die Identifikation der Freiwilligen mit der Nonprofit-Organisation. Damit sowohl die Freiwilligen als auch die Nonprofit-Organisation von deren Zeitspende profitieren können, muss die Zufriedenheit der Freiwilligen, aber auch ihre Identifikation mit der jeweiligen Organisation vorhanden sein. Sowohl Zufriedenheit als auch Identifikation stellen wichtige Voraussetzungen für eine lang anhaltende und bereichernde Zusammenarbeit von Freiwilligen und Organisationen dar.

Durch interne Marketingmaßnahmen der Organisation können die unterschiedlichen Bedürfnisse der Freiwilligen analysiert und koordiniert werden, so dass Diskrepanzen zwischen Organisation und Freiwilligen abgebaut werden. Das interne Marketing ist dabei das Stellrad für das Verhalten von Freiwilligen in Organisationen, denn es bietet Möglichkeiten, die kundenbindungsfördernde oder -hemmende Aspekte zu verstärken oder abzuschwächen. So werden aus freiwillig Engagierten sowohl zufriedene Freiwillige, die im Sinne der Organisation handeln, als auch wichtige Meinungsführer, die in ihrem Umfeld Aufmerksamkeit für die Organisation schaffen.

Viele Aspekte des komplexen Phänomens der Freiwilligenarbeit und -bindung gilt es durch zukünftige Forschung zu untersuchen. Ausgehend von der hier aufbereiteten Literatur sind weitere Untersuchungen möglich, die sich mit Einflussgrößen auf die Identifikation Freiwilliger mit einer Organisation auseinandersetzen. Forschungsziel sollte die Bestimmung von Faktoren sein, welche die Identifikation der Freiwilligen mit der Nonprofit-Organisation begünstigen. Anschließend können entsprechende Handlungsempfehlungen für den Einsatz des internen Marketing in der Praxis abgeleitet werden. Des Weiteren sollten vermehrt Langzeitstudien zur Erfassung der dynamischen Eigenschaften der Freiwilligenarbeit durchgeführt werden.

Literaturverzeichnis

Ahmed, P./Rafiq, M./Saad, N. (2003): Internal Marketing and the Mediating Role of Organisational Competencies, in: European Journal of Marketing, Vol. 37, No. 9, S. 1221-1241.

Anheier, H. K. (2005): Nonprofit Organizations. Theory, Management, Policy, London.

Ashforth, B. E./Mael, F. (1989): Social Identity Theory and the Organization, in: The Academy of Management Review, Vol. 14, No. 1, S. 20-39.

Bennett, R./Barkensjo, A. (2005): Internal Marketing, Negative Experiences, and Volunteers' Commitment to Providing High-Quality Services in a UK Helping and Caring Charitable Organization, in: Voluntas, Vol. 16, No. 3, S. 251-272.

Bhattacharya, C. B./Sen, S. (2003): Consumer-Company Identification: A Framework for Understanding Consumers' Relationships with Companies, in: Journal of Marketing, Vol. 67, No. 2, S. 76-88.

Boenigk, S./Helmig, B. (2013): Why Do Donors Donate? Examining the Effects of Organizational Identification and Identity Salience on the Relationships Among Satisfaction, Loyalty, and Donation Behavior, in: Journal of Service Research, Vol. 16, No. 4, S. 533-548.

Bono, M. (2010): Performance Management in NPOs. Steuerung im Dienste sozialer Ziele, Baden-Baden.

Brudney, J. L. (2010): Designing and Managing volunteer Programs, in: Renz, D. O. et al. (Hrsg.), The Jossey-Bass Handbook of Nonprofit Leadership and Management, San Francisco, S. 753-793.

Brudney, J. L./Nezhina, T. G. (2005): What is Old is New Again: Achieving Effectiveness with Volunteer Programs in Kazakhstan, in: Voluntas, Vol. 16, No. 3, S. 293-308.

Bruhn, M. (1999): Internes Marketing als Forschungsgebiet der Marketingwissenschaft – Eine Einführung in die theoretischen und praktischen Probleme, in: Bruhn, M. (Hrsg.), Internes Marketing, Wiesbaden, S. 15-44.

Bruhn, M. (2012): Marketing für Nonprofit-Organisationen. Grundlagen – Konzepte – Instrumente, 2. Aufl., Stuttgart.

Bussell, H./Forbes, D. (2002): Understanding the Volunteer market. The What, Where, Who and Why of Volunteering, in: International Journal of Nonprofit and Voluntary Sector Marketing, Vol. 7, No. 3, S. 244-257.

Bürgisser, S. (2011): Konflikte zwischen Vorstand und Geschäftsführung, Eine Analyse der Spannungsfelder und deren Ursachen, Freiburg u. a.

Choi, S. (2016): An Inside-Out Marketing Strategy for Innovation among Human Service Nonprofits in South Korea, in: Nonprofit Management & Leadership, Vol. 26, No. 3, S. 331-347.

Clary, E. G./ Clary, E. G./Snyder, M./Ridge, R. D./Copeland, J./Stukas, A. A./Haugen, J./Miene, P. (1998): Understanding and Assessing the Motivations of Volunteers: A Functional Approach, in: Journal of Personality and Social Psychology, Vol. 74, No. 6, S. 1516-1530.

Davis, T. (2001): Integrating Internal Marketing with Participative Management, in: Management Decision, Vol. 39, No. 2, S. 121-130.

Dolnicar, S./Randle, M. (2007): What Motivates Which Volunteers?, in: Voluntas, Vol. 18, No. 2, S. 135-155.

Eckardstein, D. v. (1999): Personalmanagement für NPOs, in: Badelt, C. (Hrsg.), Handbuch der Nonprofit-Organisationen, Stuttgart, S. 257-276.

Farmer, M./Fedor, D. B. (1999): Volunteer Participation and Withdrawal. A Psychological Contract Perspective on the Role of Expectations and Organizational Support, in: Nonprofit Management and Leadership, Vol. 9, No. 4, S. 349-367.

Finkelstein, M. A./Penner, L. A./Brannick, M. T. (2005): Motive, Role Identity, and Prosocial Personality as Predictors of Volunteer Activity, in: Social Behavior and Personality, Vol. 33, No. 4, S. 403-418.

Foreman, K./Money, A. H. (1995): Internal Marketing, Concepts, Measurement and Application, in: Journal of Marketing Management, Vol. 11, No. 8, S. 755-768.

Galpin, T. (1997): Making Strategy Work, in: Journal of Business Strategy, Vol. 18, No. 1, S. 12-14.

George, W. (1990): Internal Marketing and Organisational Behaviour, in: Journal of Business Research, Vol. 20, No. 1, S. 63-70.

Gmür, M. (2010): Herausforderungen und Lösungsperspektiven für das Freiwilligenmanagement, in: Verbands-Management, 36. Jg., Nr. 3, S. 6-15.

Hager, M./Brudney, J. (2015): In Search of Strategy, in: Nonprofit Management and Leadership, Vol. 25, No. 3, S. 235-254.

Handy, F./Mook, L./Quarter, J. (2008): The Interchangeability of Paid Staff and Volunteers in Nonprofit Organizations, in: Nonprofit and Voluntary Sector Quarterly, Vol. 37, No. 1, S. 76-92.

Helmig, B. (2003): Indirekte Kundenbeziehungen im Dienstleistungsbereich – dargestellt am Beispiel von Patienteneltern-Krankenhausbeziehungen, in: Die Unternehmung – Schweizerische Zeitschrift für betriebswirtschaftliche Forschung und Praxis, 57. Jg., Nr. 1, S. 63-84.

Helmig, B./Boenigk, S. (2012): Nonprofit Management, München.

Helmig, B./Michalski, S. (2007): Wie viel Markt braucht eine Nonprofit-Organisation?, in: Die Unternehmung – Swiss Journal of Business Research and Practice, 61. Jg., Nr. 4, S. 309-323.

Helmig, B./Michalski, S. (2008): Stellenwert und Schwerpunkte der Nonprofit Forschung in der Allgemeinen Betriebswirtschaftslehre: Ein Vergleich deutscher und US-amerikanischer Forschungsbeiträge, in: Zeitschrift für Betriebswirtschaft, 78. Jg., Nr. 3, Special Issue, S. 23-55.

Helmig, B./Michalski, S./Lauper, P. (2008): Performance Management in Public & Nonprofit-Organisationen. Empirische Ergebnisse zum Teilaspekt Performance Appraisal, in: Zeitschrift für Personalforschung, 22. Jg., Nr. 1, S. 58-82.

Helmig, B./Michalski, S./Thaler, J. (2009): Besonderheiten und Managementimplikationen der Kundenintegration in Nonprofit-Organisationen, Wiesbaden.

Helmig, B./Purtschert, R./Beccarelli, C. (2006): Nonprofit but Management, in: Helmig, B./Purtschert, R. (Hrsg.), Nonprofit-Management, 2. Aufl., Wiesbaden, S. 1-20.

Helmig, B./Spraul, K./Tremp, K. (2011): Replication Studies in Nonprofit Research, A Generalization and Extension of Findings Regarding the Media Publicity of Nonprofit Organizations, in: Nonprofit and Voluntary Sector Quarterly, Vol. 41, No. 3, S. 360-385.

Helmig, B./Thaler, J. (2010): Nonprofit Marketing, in: Taylor, R. (Hrsg.), Third Sector Research, New York, S. 151-170.

Homburg, Ch./Stock-Homburg, R. (2011): Theoretische Perspektiven zur Kundenzufriedenheit, in: Homburg, C. (Hrsg.), Kundenzufriedenheit, Konzepte – Methoden – Erfahrungen, 8. Aufl., Wiesbaden, S. 17-53.

Homburg, Ch./Wieseke, J./Hoyer, W. D. (2009): Social Identity and the Service-Profit Chain, in: Journal of Marketing, Vol. 73, No. 2, S. 38-54.

Hume, C./Hume, M. (2015): The Critical Role of Internal Marketing in Knowledge Management in Not-for-Profit Organizations, in: Journal of Nonprofit & Public Sector Marketing, Vol. 27, No. 1, S. 23-47.

Hustinx, L. (2010): I Quit, Therefore I Am?, in: Nonprofit and Voluntary Sector Quarterly, Vol. 39, No. 2, S. 236-255.

Hustinx, L./Handy, F./Cnaan, R. (2010): Volunteering, in: Taylor, R. (Hrsg.), Third Sector Research, New York, S. 73-90.

Judd, V. C. (2003): Achieving a Customer Orientation using "People-Power," the "5th P, in: European Journal of Marketing, Vol. 37, No. 10 S. 1303-1313.

Karl, K. A./Peluchette, J. V./Hall, L. M. (2008): Give Them Something to Smile, A Marketing Strategy for Recruiting and Retaining Volunteers, in: Journal of Nonprofit & Public Sector Marketing, Vol. 20, No. 1, S. 71-96.

Kreutzer, K./Jäger, U. (2011): Volunteering Versus Managerialism, Conflict Over Organizational Identity in Voluntary Associations, in: Nonprofit and Voluntary Sector Quarterly, Vol. 40, No. 4, S. 634-661.

Kreuzer, F. (2008): Personalmanagement in Non-Profit-Organisationen: Theorie, Anwendung, Empfehlung am Beispiel Studentenschaften, Saarbrücken.

Krimmer, H./Priemer, J. (2013): Ziviz-Survey 2012 – Zivilgesellschaft verstehen, Berlin.

Leete, L. (2006): Work in the Nonprofit Sector, in: Powell, W. W., Steinberg, R. (Hrsg.), The Nonprofit Sector: A Research Handbook, 2. Aufl., New Haven u. a., S. 159-179.

Lindenmeier, J. (2008): Promoting Volunteerism, Effects of Self-Efficacy, Advertisment-Induced Emotional Arousal, Perceived Costs of Volunteering, and Message Framing, in: Voluntas, Vol. 19, No. 1, S. 43-65.

Mael, F./Ashforth, B. E. (1992): Alumni and Their Alma Mater, A Partial Test of the Reformulated Model of Organizational Identification, in: Journal of Organizational Behavior, Vol. 13, No. 2, S. 103-123.

McNamee, L. G./Peterson, B. L. (2014): Reconciling "Third Space/Place": Toward a Complementary Dialectical Understanding of Volunteer Management, in: Management Communication Quarterly, Vol. 28, No. 2, S. 214-243.

Meijs, L. C. P. M./Ten Hoorn, E. M. (2008): No "One Best", Volunteer Management and Organizing, Two Fundamentally Different Approaches, in: Liao-Troth, M. (Hrsg.), Challenges in Volunteer Management, Washington, S. 29-50.

Mitchell, M. A./Taylor, S. (2004): Internal Marketing, in: Nonprofit World, Vol. 22, No. 1, S. 25-26.

Mitchell, M. A./Taylor, L. (1997): Adapting Internal Marketing to a Volunteer System, in: Journal of Nonprofit & Public Sector Marketing, Vol. 5, No. 2, S. 29-40.

Mowen, J. C./Sujan, H. (2005): Volunteer Behavior, A Hierarchical Model Approach for Investigating Its Trait and Functional Motive Antecedents, in: Journal of Consumer Psychology, Vol. 15, No. 2, S. 170-182.

Murrant, G./Strathdee, S. A. (1995): Motivation for Service Volunteer Involvement at Casey House AIDS Hospice, in: Hospice Journal, Vol. 10, No. 3, S. 27-38.

Musick, M. A. (2008): Volunteers a social profile, Bloomington.

Nichols, G./Ojala, E. (2009): Understanding the Management of Sport Events Volunteers Through Psychological Contract Theory, in: Voluntas, Vol. 20, No. 4, S. 369-387.

Oostlander, J./ Güntert, S. T./Wehner, T. (2015): Motive für Freiwilligenarbeit – der funktionale Ansatz am Beispiel eines generationenübergreifenden Projekts, in: Wehner, T./Güntert, S. T. (Hrsg.), Psychologie der Freiwilligenarbeit. Motivation, Gestaltung und Organisation, Berlin, 59-76.

Oostlander, J./Güntert, S. T./Wehner, T. (2014): Linking Autonomy-Supportive Leadership to Volunteer Satisfaction: A Self-Determination Theory Perspective, in: Voluntas, Vol. 25, No. 6, S. 1368-1387.

Papasolomou-Doukakis, I. (2003): Internal Marketing in the UK Retail Banking Sector, Rhetoric or Reality?, in: Journal of Marketing Management, Vol. 19, No. 2, S. 197-224.

Pearce, J. L. (1982): Leading and Following Volunteers, Implications for a Changing Society, in: Journal of Applied Behavioral Science, Vol. 18, No. 3, S. 385-394.

Puyvelde, V./Caers, R./Du Bois, C./Jegers, M. (2011): The Governance of Nonprofit Organizations, in: Nonprofit and Voluntary Sector Quarterly, Vol. 41, No. 3, S. 1-21.

Rothschild, M. L. (1979): Marketing Communications in Nonbusiness Situations or Why It is So Hard to Sell Brotherhood Like Soap, in: Journal of Marketing, Vol. 43, No. 2, S. 11-20.

Rowold, J. A. (2009): Relationships Between Leadership Styles and Followers' Emotional Experience and Effectiveness in the Voluntary Sector, in: Nonprofit and Voluntary Sector Quarterly, Vol. 38, No. 2, S. 270-286.

Salamon, L. M./Anheier, H. K. (1992): In Search of the Nonprofit Sector I, The Question of Definitions, in: Voluntas, Vol. 3, No. 2, S. 125-151.

Shachar, I. T. (2014): The White Management of 'Volunteering': Ethnographic Evidence from an Israeli NGO, in Voluntas, Vol. 25, No. 6, S. 1417-1440.

Stokburger-Sauer, N./Bauer, H./Mäder, R. (2008): Kundenidentifikation als Basis von Kundenloyalität – Theoretische und empirische Grundlagen für eine Umsetzung in der Unternehmenspraxis, in: Zeitschrift für Betriebswirtschaft, 78. Jg. Nr. 9, S. 923-950.

Studer, S./von Schnurbein, G. (2013): Organizational Factors Affecting Volunteers. A Literature Review on Volunteer Coordination, in: Voluntas, Vol. 24, No. 2, S. 403-440.

Tajfel, H./Turner, J. C. (1986): The Social Identity Theory of Intergroup Bahavior, in: Worchel, S., Austin, W. G. (Hrsg.), Psychology of the Intergroup Relations, Chicago, S. 7-24.

Tidwell, M. V. (2005): A Social Identity Model of Prosocial Behaviors Within Nonprofit Organizations, in: Nonprofit Management & Leadership, Vol. 15, No. 4, S. 449-467.

United Nations (2003): Handbook on Non-Profit Institutions in the System of National Accounts, New York.

Ward, A./McKillop, D. G. (2010): Profiling: A Strategy for Successful Volunteer Recruitment in Credit Unions, in: Financial Accountability & Management, Vol. 26, No. 4, S. 367-391.

Watson, M. R./Abzug, R. (2010): Effective Human Resource Practices. Recruitment and Retention in Nonprofit Organizations, in: Renz, D. O. et al. (Hrsg.), The Jossey-Bass Handbook of Nonprofit Leadership and Management, San Francisco, S. 669-708.

Wellens, L./Jegers, M. (2014): Effective Governance in nonprofit organizations: A Literature Based Multiple Stakeholder Approach, in: European Management Journal, Vol. 32, No. 2, S. 223-243.

Wymer, W./Gross, H. P./Helmig B. (2016): Nonprofit Brand Strength: What Is It? How Is It Measured? What Are Its Outcomes?, in: Voluntas, Vol. 27, No. 3, S. 1448-1471.

Wymer, W./Sridhar, (2002): Volunteer Service as Symbolic Consumption, Gender and Occupational Differences in Volunteering, in: Journal of Marketing Management, Vol. 18, No. 9-10, S. 971-989.

Summary

Volunteers are an essential and scarce resource of nonprofit organizations and contribute strongly to their service provision and mission achievement. This article identifies volunteers as internal customers of nonprofit organizations as recipients of customer retention efforts. Six retention enhancing and hindering factors are extracted from the literature: (1) Motives and satisfaction of volunteers, (2) negative or critical events during volunteering, (3) fun during volunteering, (4) the relationship between staff and volunteers, (5) the organizational culture, and (6) the identification of volunteers with the nonprofit organization. Building on these factors, strategic and operational internal marketing activities are presented.

Stichwortverzeichnis

A
ABC-Analyse 259, 478
Abwanderung 105, 249ff., 380f.
Abwanderungsgründe 257, 259
Akquisitionsphase 251
Anlagengeschäft 227, 240
Anreizsysteme 339, 509f.
Attributionstheorie 15
Aufbau- und Ablauforganisation 509f. 515f.
Ausprägungsformen von
- Kundenbindung 130f.
- Kundenempfehlungen 128ff.

Automobilindustrie 231, 629ff.

B
Befragung von Kunden 656f.
Beschwerde(n) 105, 313f.
- -antwort 371ff.
- -antwort-Toleranzzone 371f.
- -bearbeitung 373, 381

Beschwerdemanagement(s)
- Begriff des 367f.
- -prozess 368
- Ziele des 367

Beschwerdezufriedenheit
- Begriff der 369ff.
- Bindungswirkung der 376ff.
- Determinanten der 372f.
- Dimensionen der 373ff.
- Diskonfirmationsmodell der 370ff.
- Merkmale der 373ff.

Beziehung(s)
- -marketing 394, 397, 483
- -zufriedenheit 369ff., 377ff.

Bindung
- Ökonomische 453, 563
- Psychologische 231, 236, 239
- Technisch-funktionale 453
- Technologische 230
- vertragliche 453, 465

Bindungsursachen
- Ökonomische 11, 40
- Psychologische 11, 40f.
- Situative 11, 40
- Technisch-funktionale 11, 40
- Vertragliche 11, 40

Bonusprogramme 237f., 402, 408
Buying Center 226, 539

C
Category Management 196, 211f.
C/D-Paradigma 102f., 276
Chemische Industrie 711
Collaborative Planning, Forecasting, and Replenishment (CPFR) 211
Commitment 41ff., 85f., 147, 155, 158ff., 376ff., 422, 455f., 460, 632
Conjoint-Analyse 547
Continous Replenishment (CRP) 211
Controlled Distribution 203f.
Controlling von Kundenbindungsprogrammen 354ff.
Critical Incident Technique (CIT) 253f.
Cross-Buying 304, 310f., 314, 317f., 528
Cross-Selling-Potenzial 197
Customer Experience Management 627ff.
Customer Lifetime Value (CLV) 477, 480f., 591, 612
Customer Relationship Management (CRM) 337, 451, 502ff., 631ff.
- Determinanten des 505ff.
- Erfolgswirkungen des 503ff.
- Grenzen des 519f.
- Implementierung des 519ff.

Customer Value 39, 176ff., 586ff.
Customer Value Management 590ff.

D
Database Management 24
Data Mining 258
Digital Signage 305f.
Dissonanztheorie 14f., 135
Distributive Justice 374

E
E-Commerce 89, 417ff.
Effektivitätskontrolle 26, 460
Efficient Comsumer Response (ECR) 193f., 210
Effizienzkontrolle 27
Einstellungen 5, 41, 51, 130, 133f., 460
Elektrowerkzeugmarkt 685ff.
Emotionen 46ff., 156f., 278f.
Ereignisorientierte Ansätze 254
Erfolgskontrolle 292, 622
Erlebnisorientierung 58

F
Faktorenanalyse 543
Freiwilligen
    - -arbeit 735
    - -management 734ff.
Front-End-Politik 431f.
Frühwarnindikatoren 257, 265f., 461

G
Gebundenheit 44f., 130, 174
Geschäftstypen 227ff.
    - -wechsel 236ff.
    - -portfolio 227f.

H
Handelsmarken 208
Handelspartnerbindung 200
Human Resource Management 506f.

I
Incentivierung 311, 622, 682
Informationsmanagement 507f., 515
Interaktionsansätze 13f.
Internes Marketing 736ff.

Internet 307

J
Joint Ventures 716f.

K
Kausalanalyse 284, 546f.
Key Account
    - -Management (KAM) 213, 483f. 510, 717f., 721f.
    - Manager 213, 676f., 718
Kognition(en) 46ff.
Kommunikationspolitik 20, 260f., 437, 482f.
Komparativer Konkurrenzvorteil (KKV) 223ff.
Konsumentenkultur 58f.
Kooperation(en) 194, 201ff., 354, 410f., 721
Kooperationstypen
    - Absatzmarktorientierte 204f.
    - Distributionsorientierte 203f.
Koordinationseffizienz 230f.
Kundenabwanderung
    - als Forschungsgebiet 252ff.
    - Frühwarnindikatoren der 257
    - Zielgruppen der 256ff.
    - MPT-Modell der 262ff.
    - und Kundenbindung 256ff.
Kundenabwanderungsanalysen 253f.
Kundenbearbeitungskosten 173, 490
Kundenbegeisterung
    - Definition der 276ff.
    - Abgrenzung der 279f.
    - Einflussgrößen der 284ff.
    - Management der 289ff.
    - Messung der 281ff.
    - Theoretische Fundierung der 276ff.
    - Wirkungen der 287ff.
Kundenbeziehungsmanagement 251, 475f., 666, 719ff.

Kundenbindung
- Arten der 396f.
- Begriff der 8, 44, 173f.
- bei Verbundgeschäften 229ff.
- Bezugsobjekt der 18
- Controlling der 449ff.
- Determinanten der 77ff.
- Dimensionen der 198ff.
- durch Geschäftstypenwechsel 236ff.
- Effekte der 127
- Freiwillige 18
- im Industriegütermarketing 212ff.
- im Integrationsgeschäft 229ff.
- im Produktgeschäft 236ff.
- im Projektgeschäft 238ff.
- im Systemgeschäft 231ff.
- im vertikalen Marketing 191ff.
- Integrative 200
- Messung der 534ff.
- Systemlebenszyklusübergreifende 235f.
- Timing der 19
- Verhaltenswissenschaftliche Aspekte der 37ff.
- Wirkungskette der 9ff., 421, 433ff.

Kundenbindungsdimension 18ff.
Kundenbindungsinstrument(e) 19, 303, 337, 423
- in Industriegütermärkten 226ff.
- für Heimwerker 695f.
- Kundenkarten und -clubs als 205, 207
- Preispolitik als 20, 437

Kundenbindungskapitalwert 574
Kundenbindungsmanagement(s)
- Definition des 8
- Effektivität des 26f.
- Effizienz des 27
- Entwicklungstendenzen des 6
- Implementierung des 23ff., 447ff.
- Instrumente des 20ff.
- Kontrolle des 26ff.
- Kosten des 27, 466, 565ff.
- Nutzen des 27, 564, 567ff.
- Strategische Dimensionen des 18ff.
- Wirtschaftlichkeitsanalyse des 27, 563ff.

Kundenbindungsnutzen 567ff.
Kundenbindungsperspektiven
- Interaktionsorientierte 13f.
- Sozialpsychologische 12
- Strategische 16ff.
- Transaktionskostenorientierte 15f.
- Verhaltenswissenschaftliche 14ff.

Kundenbindungsprogramme 87, 205
Kundenbindungsrendite 466f., 574f.
Kundenbindungsstrategie(n) 17ff.
- Handelsdominante 206ff.
- Herstellerdominante 203ff.
- im vertikalen Marketing 201ff.
- Management integrierter 212f.
- Partnerschaftliche 209ff.

Kundenclubs 23, 483f.
Kundendeckungsbeitragsrechnung 259, 479
Kundenempfehlungen 125ff.
- Ausprägungen von 128ff.
- Definition von 128ff.
- Wirkungen von 135f.

Kundenfunktionen
- Leistungserstellungsbezogen 150ff.
- Vor- und nachgelagerte 152ff.

Kundenintegrationsmanagement 162ff.
Kundenkarten 205ff., 237f., 402
Kunden-Lieferanten-Beziehung 13, 179ff.
Kundenloyalität 60f., 80ff., 115, 223f., 228, 236, 240, 359, 422, 645
Kundennutzen 208, 392f., 432, 455

Kundenprofitabilität 259, 358, 476, 481, 490, 668
Kundenprogramm 350ff.
Kundenqualifizierung 157ff.
Kundensegmentierung 341, 592f., 612, 615, 620, 671
Kundenunzufriedenheit 257
Kunden-werben-Kunden-Kampagnen 130, 133
Kundenwert 17, 24, 139, 402, 477, 480, 503, 545, 583ff., 612f., 618
- -analyse 591f.
- -controlling 595
- -maßnahmen 594f.
- -strategien 592ff.
Kundenzufriedenheit(s) 8, 19, 41ff., 82f., 85, 156f., 276ff., 367, 421, 455f., 563
- -analysen 24
- Auswirkungen von 104f.
- in der Automobilindustrie 629f.
- und Kundenbindung 6, 108ff., 175f., 549
Kundenzufriedenheitsforschung 102ff.

L
Lebensstile 58ff.
Lernprozesse 48, 212
Lerntheorien 14, 48f.
Loyalitätsleiter 132
Loyalitätsprogramm(en)
- Anreizgestaltung in 351ff.
- Definitionen von 338f.
- Design von 348ff.
- Strukturmerkmale von 348ff.
- Umsatz- und Kostenquellen eines 357
- Ziele von 340
- Zielgruppen von 346f.

M
Markenbindung 55, 198f.
Miles & More 609ff.

Mobile Technologien 315ff.
Motivation(en) 46ff., 58, 81, 148, 157ff., 232, 694
MPT-Modell 262ff.
Mundwerbung 128ff.

N
Nachkaufphase 41, 51, 62
Nonprofit Organisationen 727ff.
Nonprofit Sektor 727ff.

P
Payback 208, 337, 349, 352, 408, 483, 617
Preis
- aus Kundensicht 261, 391
- -kommunikation 408ff.
- -politik 391ff.
- -positionierung 403ff.
- -premium 311f.
- -segmentierung 404f.
- -strategie 398ff.
- -strukturen 400f.
- -system 398ff.
- -verhandlungstaktik 676ff.
- -vertrauen 396ff.
- -zufriedenheit 396ff.
Produktgeschäft 236ff., 242
Produktinnovationen 713f.
Projektgeschäft 238ff., 242
Prozesskostenrechnung 27, 567, 592
Prozessorientierter Ansatz 254

R
Referenzkunden 137f.
Relationship Marketing 5, 39, 104
Relationship Value 171ff.
Reliabilität 282, 536, 542f., 591
Retail Branding 207
Risikotheorien 51f.
Rückgewinnungswahrscheinlichkeit 258f.

S

Segmentierung 259, 338, 341, 404f., 543f., 591ff., 613ff., 671ff. 693ff.
Sequential Incident Technique (SIT) 254
Sortimentspolitik 200, 430, 436
Soziale Austauschtheorie 12f.
Soziale Medien 231, 312ff.
Sozialtechnik 60ff.
Spezifische Investitionen 88f., 225, 236, 239, 453, 455
Strategic Partner Management 721ff.
Supplier Relationship Management (SRM) 208
Switching Path Analysis Technique (SPAT) 254ff.
Systemgeschäft 231ff.

T

Theorie der kognitiven Dissonanz 84, 108
Total Cost of Ownership (TCO) 394
Trade Marketing 204f.
Transaktionskostentheorie 15f., 84, 88, 422, 502
Transaktionsunzufriedenheit 369, 380
Typologisierung von Bindungsursachen 10f.

V

Validität 282, 460, 542f., 591, 598f.
Value Added Services 430, 482, 714ff.
Vendor Managed Inventory (VMI) 718
Verbundenheit 44ff., 130ff., 173ff., 422
Vertikales Marketing
- Bestimmungsfaktoren und Grundlagen des 193f.
- Determinanten des 194ff.
- Dimensionen des 194

Vielfliegerprogramm 611ff.

W

Wahrgenommenes Risiko 225f.
Wechselkosten 20, 40ff., 56, 88ff., 224, 226, 233, 236, 239, 396, 452f.
Weiterempfehlung(s)
- -absicht 9, 26, 43, 130, 283, 358, 460
- -verhalten 8, 106f., 288, 311, 315, 451, 533f.

Wettbewerbsposition
- Horizontale 194
- Vertikale 195

Wiederkauf 308ff.
- -absicht 43, 133, 156, 208, 280, 378, 460ff., 536,
- -verhalten 7, 43, 84, 111, 174ff, 182, 310, 317

Wirtschaftlichkeitsanalyse 27, 466, 565, 572ff.
Word of Mouth 128f., 139, 288, 304, 311, 315, 318

Z

Zufriedenheitsforschung 6, 102ff.
Zuliefergeschäft 667, 671, 680

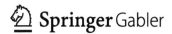 springer-gabler.de

Das Handbuch zur Kommunikation

jetzt neu in 4 Bänden

- Praxisrelevante Handlungsempfehlungen zur Konzeption, Umsetzung und Kontrolle der Kommunikation
- Fundiertes Know-how für eine erfolgreiche Kommunikation
- Praxisorientiert mit wissenschaftlichem Anspruch

M. Bruhn, F.-R. Esch, T. Langner (Hrsg.)
Handbuch Strategische Kommunikation
Grundlagen – Innovative Ansätze – Praktische Umsetzungen
2., vollst. überarb. u. erw. Aufl. 2016. XX, 461 S.
Print
€ (D) 149,99
ISBN 978-3-658-04705-4
Print + eReference
€ (D) 209,00
ISBN 978-3-658-06016-9

M. Bruhn, F.-R. Esch, T. Langner (Hrsg.)
Handbuch Instrumente der Kommunikation
Grundlagen – Innovative Ansätze – Praktische Umsetzungen
2., vollst. überarb. u. erw. Aufl. 2016. XX, 473 S. 119 Abb.
Print
€ (D) 149,99
ISBN 978-3-658-04654-5
Print + eReference
€ (D) 229,00
ISBN 978-3-658-04702-3

F.-R. Esch, T. Langner, M. Bruhn (Hrsg.)
Handbuch Controlling der Kommunikation
Grundlagen – Innovative Ansätze – Praktische Umsetzungen
2., vollst. überarb. u. erw. Aufl. 2016. XX, 605 S. 194 Abb.
Print
€ (D) 149,99
ISBN 978-3-8349-3441-3
Print + eReference
€ (D) 229,00
ISBN 978-3-658-10201-2

T. Langner, F.-R. Esch, M. Bruhn (Hrsg.)
Handbuch Sozialtechniken der Kommunikation
Grundlagen – Innovative Ansätze – Praktische Umsetzungen
2. vollst. überarb. u. erw. Aufl., 2017. Etwa 400 S.
Print
€ (D) 149,99
ISBN 978-3-658-04652-1
Print + eReference
€ (D) 229,00
ISBN 978-3-658-04653-8

Die Herausgeber

Prof. Dr. Dr. h.c. mult. Manfred Bruhn ist Inhaber des Lehrstuhls für Marketing und Unternehmensführung an der Wirtschaftswissenschaftlichen Fakultät der Universität Basel und Honorarprofessor an der Technischen Universität München.

Prof. Dr. Franz-Rudolf Esch ist Inhaber des Lehrstuhls für Markenmanagement und Automotive Marketing sowie Head of Marketing an der EBS Business School in Oestrich-Winkel.

Prof. Dr. Tobias Langner ist Inhaber des Lehrstuhls für Betriebswirtschaftslehre, insbesondere Marketing sowie Wissenschaftlicher Direktor des Instituts für Marken- und Kommunikationsforschung an der Bergischen Universität Wuppertal.

Es gilt der am Tag der Lieferung gültige Ladenpreis. € (D) sind gebundene Ladenpreise in Deutschland und enthalten 7% MwSt. Preisänderungen und Irrtümer vorbehalten.

Jetzt bestellen: springer.com/shop

bruhn partner /

bruhn+partner entwickeln Strategien zur nachhaltigen Differenzierung – für Marke, Kundenbeziehung und Geschäftsmodell. Wir sind ein Spin-off der Universität Basel und beraten Unternehmen aus unterschiedlichen Branchen. Unsere Kunden wollen mehr als «Business-as-usual» und teilen unseren Spaß an Veränderung. Unsere Schwerpunkte liegen in den Themenfeldern:

Brand Impact erzeugen
Strategische Markenpositionierung & -schärfung, Markenarchitektur, Employer Branding, Kommunikationsstrategie

Kundenbeziehungen in den Fokus rücken
Kundenbindungsmanagement, strategische Kundenorientierung und Mitarbeiterinvolvement, Messung und Steuerung von Kundenzufriedenheit, Optimierung der Customer Experience entlang der Customer Journey

Geschäftsmodelle weiterentwickeln
Analyse sich verändernder Kundenbedürfnisse und Identifikation von Trends und Wachstumschancen, Innovationsworkshops mit Lead-Usern, Kunden und Experten-Panels

Prof. Bruhn & Partner AG, Heuberg 22, CH-4051 Basel

+41 61 273 47 10
info@bruhn-partner.com

www.bruhn-partner.com

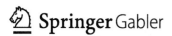

Christian Homburg
Marketingmanagement
Strategie – Instrumente – Umsetzung – Unternehmensführung
2016, 1368 S. Hardcover
39,99 € (D) | 41,11 € (A) | *CHF 50.00
ISBN 978-3-658-13655-0

Marketing und Vertrieb aus managementorientierter Sicht

Das neue Standardlehrbuch

Christian Homburg bietet Marketing-Studierenden und Praktikern einen umfassenden Überblick der Fragestellungen und Inhalte in Marketing und Vertrieb. Zum tiefergehenden Verständnis dieser Inhalte trägt die ausgeprägte theoretische Fundierung des Buches bei. Eine kritische quantitative Orientierung fördert das strukturierte und präzise Durchdenken der aufgezeigten Fragestellungen, wobei auch die Grenzen der Unterstützung von Marketingentscheidungen durch quantitative Modelle aufgezeigt werden. Neben den neuesten Erkenntnissen der Marketingforschung werden insbesondere die umsetzungsbezogenen Aspekte des Marketing dargestellt.

Aufbau und Inhalt des Buches orientieren sich dabei an den sieben Perspektiven des Marketing:

1. Theoretische Perspektive,
2. Informationsbezogene Perspektive,
3. Strategische Perspektive,
4. Instrumentelle Perspektive,
5. Institutionelle Perspektive,
6. Implementationsbezogene Perspektive,
7. Führungsbezogene Perspektive.

Neu in der 6. Auflage
In der 6. Auflage wurden alle Kapitel vollständig überarbeitet. Dabei wurden neue internationale Forschungsergebnisse, zahlreiche neue Praxisbeispiele sowie aktuelle Entwicklungen in der Kommunikationspolitik, weg von klassischen zu interaktiven Kanälen, integriert.

Neu in der 6. Auflage

€ (D) sind gebundene Ladenpreise in Deutschland und enthalten 7 % MwSt. € (A) sind gebundene Ladenpreise in Österreich und enthalten 10 % MwSt. Die mit * gekennzeichneten Preise sind unverbindliche Preisempfehlungen und enthalten die landesübliche MwSt. Preisänderungen und Irrtümer vorbehalten.

Jetzt bestellen: springer-gabler.de

Christian Homburg (Hrsg.)
Kundenzufriedenheit
Konzepte - Methoden – Erfahrungen
9., überarb. Aufl. 2016, XIV, 577 S. 95 Abb.,
Hardcover
89,99 € (D) | 92,51 € (A) | *112.00 CHF
ISBN 978-3-658-08688-6

Verlässliche Konzepte zur Messung und zum Management von Kundenzufriedenheitt

Renommierte Wissenschaftler und Praktiker widmen sich in diesem Herausgeberband den Grundlagen, den Instrumenten zur Messung sowie zentralen Instrumenten des Managements von Kundenzufriedenheit. In zahlreichen Praxisbeispielen aus unterschiedlichen Branchen werden Möglichkeiten zur Steigerung der Kundenzufriedenheit aufgezeigt. In der neunten Auflage wurden alle Beiträge überarbeitet. Neu hinzu kommen Beiträge zum Customer Experience Management, zur Händlerzufriedenheitsmessung in der Automobilbranche und zum Management der Kundenzufriedenheit durch Geschäftsmodellinnovationen.

Neu in der 9. Auflage

Der Inhalt
- Kundenzufriedenheit als strategischer Erfolgsmesser
- Instrumente zu Messung und Management von Kundenzufriedenheit
- Total Quality Management
- Beschwerdemanagement
- Customer Relationship Management
- Innovationsmanagement

Der Herausgeber
Prof. Dr. Dr. h.c. mult. Christian Homburg ist Inhaber des Lehrstuhls für Business-to-Business Marketing, Sales & Pricing und Direktor des Instituts für Marktorientierte Unternehmensführung (IMU) an der Universität Mannheim sowie Vorsitzender des Wissenschaftlichen Beirats von Homburg & Partner, einer international tätigen Unternehmensberatung.

€ (D) sind gebundene Ladenpreise in Deutschland und enthalten 7 % MwSt. € (A) sind gebundene Ladenpreise in Österreich und enthalten 10 % MwSt. Die mit * gekennzeichneten Preise sind unverbindliche Preisempfehlungen und enthalten die landesübliche MwSt. Preisänderungen und Irrtümer vorbehalten.

Jetzt bestellen: springer.com/shop

Excellence in Market Strategy, Sales & Pricing

Homburg & Partner ist eine 1997 gegründete internationale Managementberatung mit Büros in Mannheim, München, Düsseldorf, Zürich, Warschau, Boston und Istanbul. Unser Ziel ist es, Ihren Erfolg im Markt messbar zu erhöhen. Der Schwerpunkt der Beratung liegt auf den Themenfeldern:

- Market Strategy
- Sales
- Pricing
- Market & Customer Insights

Die Kernkompetenzen basieren auf der weltweiten Beschaffung von Informationen über Märkte, Kunden und Wettbewerber sowie auf der Entwicklung und Implementierung innovativer Markt- und Vertriebskonzepte zur Steigerung von Wachstum und Profitabilität. Mit unserer klaren Positionierung und spezifischen Expertise in zehn Branchenkompetenzzentren sowie einem eigenen, weltweit agierenden Research-Team hat sich Homburg & Partner seit der Gründung kontinuierlich weiterentwickelt und ein jährliches Wachstum von durchschnittlich 20 Prozent erzielt. In der 2015 erhobenen unabhängigen Studie „Hidden Champions im Beratungsmarkt" wurde Homburg & Partner zum dritten Mal in Folge zur mit Abstand besten Marketing- und Vertriebsberatung gewählt.

Kontakt:
Homburg & Partner   Tel.: +49 621 1582-0
Harrlachweg 3   Fax: +49 621 1582-102
68163 Mannheim   www.homburg-partner.com
Deutschland   contact@homburg-partner.com

© 2016 Homburg & Partner

Printed by Printforce, the Netherlands